PADRES, PAJÉS, SANTOS E FESTAS: CATOLICISMO POPULAR E CONTROLE ECLESIÁSTICO

Um estudo antropológico numa área do interior da Amazônia

CIP — Brasil. Catalogação-na-fonte
Sindicato Nacional dos Editores de Livros, RJ

Maués, Raymundo Heraldo
    Padres, pajés, santos e festas: catolicismo popular e controle ecle-
siástico. Um estudo antropológico numa área do interior da Amazônia /
Raymundo Heraldo Maués. — Belém : Cejup, 1995

    517 p.

    Inclui bibliografia

    ISBN 85-338-0301-X

    1. Devoções populares — Amazônia. 2. Igreja Católica — Amazô-
nia. 3. Sincretismo (Religião). I. Título.

95-1735   CDD 306.609811

Índices para catálogo sistemático:
1. Catolicismo popular : Vigia (PA) 282.81152
2. Igreja Católica : Devoções populares 282.81152

RAYMUNDO HERALDO MAUÉS

PADRES, PAJÉS, SANTOS E FESTAS: CATOLICISMO POPULAR E CONTROLE ECLESIÁSTICO
Um estudo antropológico numa área do interior da Amazônia

editora © cejup

EDITORA AFILIADA

Editores: Gengis Freire e Ana Rosa Cal Freire
Capa: Ethevaldo Cavalcante
Foto da capa: Adivaldo Nobre
Editoração eletrônica: Hamilton Silva e Leonardo Rodrigues
Direitos Reservados

Composto e impresso na Gráfica CEJUP
Trav. Rui Barbosa, 726
Distribuído por Edições CEJUP
Pedidos pelo reembolso postal para
EDIÇÕES CEJUP

Belém
Trav. Rui Barbosa, 726 — Fone: (091) 225-0355 (PABX)
Caixa Postal 1.804 — Telex: 2852 — Fax: 241-3184
CEP 66053-260 — Belém — PA

São Paulo
Alameda Campinas, 20
Fones: (011) 288-2794 • 284-4263
CEP 01404-000 — São Paulo — SP

À minha mulher, Maria Angélica,
e às minhas filhas,
Márcia, Sílvia e Renata,
pela compreensão que tiveram
e pelas muitas privações que passaram
no período em que estive atacado pela
"neurose da tese".

NOTA INTRODUTÓRIA

Este livro resulta da tese de doutorado do autor, defendida e aprovada em 1987, no Programa de Pós-Graduação em Antropologia Social do Museu Nacional/Universidade Federal do Rio de Janeiro, intitulada "A tensão constitutiva do catolicismo: catolicismo popular e controle eclesiástico (Estudo antropológico numa microrregião da Amazônia)".

O trabalho recebeu menção honrosa no IV Concurso de Teses Universitárias e Obras Científicas da Associação Nacional de Pós-Graduação e Pesquisa em Ciências Sociais (ANPOCS), 1988.

O livro agora é publicado sem maiores alterações, pois o autor considera que suas análises e conclusões permanecem ainda válidas e atualizadas. Muda-se apenas o título, procurando refletir melhor o conteúdo da obra.

AGRADECIMENTOS

Muitas pessoas e instituições colaboraram para a realização deste trabalho. É impossível mencionar a todas.

Entre os agradecimentos institucionais, não poderia faltar à Universidade Federal do Pará (UFPa), que me liberou de minhas atividades normais no período de 1981 a 1984, para poder freqüentar o Programa de Pós-Graduação em Antropologia Social (PPGAS) do Museu Nacional e me ofereceu condições para a realização da pesquisa de que este trabalho resulta. Durante os anos em que freqüentei o PPGAS do Museu Nacional, recebi uma bolsa do PICD, pelo que devo agradecimentos à CAPES. Agradeço, ademais, o auxílio-pesquisa recebido do CNPq, cujo apoio financeiro foi imprescindível.

Não poderia também deixar de agradecer a meus professores e colegas do Museu Nacional, com quem muito aprendi. Muito importantes para a realização deste trabalho foram a convivência e as discussões mantidas no Instituto de Estudos da Religião (ISER), sobretudo com os colegas do Grupo de Catolicismo. Mas um agradecimento especial deve ser feito ao professor Rubem César Fernandes, orientador e amigo que, tanto no Museu Nacional como no ISER, soube, com muita competência e grande simplicidade, em meio a seus inúmeros afazeres, indicar caminhos, contribuir para desfazer confusões e encontrar soluções, orientar, enfim, esta tese.

Na Universidade Federal do Pará recebi o apoio valioso de vários professores e funcionários do Grupo de Antropologia e do Núcleo de Altos Estudos Amazônicos (NAEA). Não sendo possível mencionar a todos, dentre os professores, agradeço, especialmente, a Jean Hébette que, tendo lido uma versão inicial da primeira parte deste estudo, muito contribuiu com suas críticas e sugestões. Dentre os funcionários, agradeço a Lília Maria Bitar Neves, que me orientou quanto à normalização bibliográfica, e às pessoas que me ajudaram a datilografar partes deste trabalho, em várias versões: Rosângela dos Santos Borges, Tereza de Jesus Morais Oliveira e Aracy Costa Santos. Agradeço também aos estudantes de graduação Raimundo Augusto Cardoso de Miranda e Helder César Cavalcante Leite que, como bolsistas, colaboraram nesta pesquisa.

Outro agradecimento especial deve ser feito a Maria Angélica Motta Maués, minha mulher e colega do Grupo de Antropologia da UFPa, pela colaboração intelectual nas inúmeras discussões que pudemos manter sobre as diversas questões de que trata este livro.

Minha gratidão se volta, também, para as muitas pessoas que, na região do Salgado (e especialmente em Vigia), colaboraram com a pesquisa, mas, principalmente, a meus maiores informantes — pescadores e camponeses — com quem aprendi a maior parte do que este livro contém.

LISTA DE QUADROS

SUMÁRIO

INTRODUÇÃO

*"Um dos maiores problemas metodológicos ao escrever cien-
tificamente sobre religião é deixar de lado, ao mesmo tempo, o
tom do ateu de aldeia e o de pregador da mesma aldeia, bem como seus equivalentes mais sofisticados, de forma que as implicações social e psicológica de crenças religiosas particulares possam
emergir a uma luz clara e neutra. Quando isso é feito, todas as
questões sobre se uma religião é 'boa' ou 'má', 'funcional' ou 'dis-
funcional', 'reforçadora do ego' ou 'produtora de ansiedade' desa-
parecem como as quimeras que são, e se fica com valorizações,
avaliações e diagnoses particulares em casos particulares. Permanecem, sem dúvida, as questões pouco importantes — se é verdadeira esta ou aquela afirmativa religiosa, ou se são possíveis
afirmações religiosas verdadeiras ou experiências religiosas genuí-
nas. Todavia, tais questões não podem sequer ser formuladas,
quanto mais respondidas, dentro das limitações auto-impostas pela
perspectiva científica"* (Geertz, 1978, 140).

Este trabalho está voltado, em grande parte, para o estudo das
crenças e representações dos praticantes do catolicismo popular e
da pajelança cabocla na microrregião do Salgado, área de produção
pesqueira no litoral do Estado do Pará, tendo se concentrado as investigações sobretudo no interior e na sede do município de Vigia,
que dista, aproximadamente, 90 quilômetros de Belém. O trabalho
de campo, iniciado numa pequena povoação de pescadores desse
município — Itapuá — demonstrou a necessidade de levar em conta os dados que podiam ser obtidos diretamente em outras localidades, tanto do município de Vigia como da região do Salgado. Dessa
forma, embora a pesquisa continuasse a ter como referencial de espaço a povoação de Itapuá e o município a que pertence, foi realizada também em outros municípios da microrregião, sempre a partir
daquilo que era obtido como informação em Itapuá e Vigia, com

a finalidade de testar a informação e ampliar a análise.

A microrregião do Salgado situa-se no nordeste paraense, possuindo uma área de 6.447 km^2 e uma população total de 179.045 habitantes, segundo o censo de 1980. É composta por 11 municípios (Colares, Curuçá, Magalhães Barata, Maracanã, Marapanim, Primavera, Salinópolis, Santarém Novo, Santo Antônio do Tauá, São Caetano de Odivelas e Vigia). Por sua condição litorânea, não só a pesca é importante na região, mas também o turismo, especialmente naqueles municípios que oferecem praias de areia (sobretudo Salinópolis). Ao lado disso, trata-se de uma das zonas de colonização mais antiga da Amazônia, como será visto adiante, o que confere uma importância maior a algumas de suas sedes municipais, principalmente Vigia, que ainda guarda muitos vestígios dessa colonização, especialmente duas igrejas (uma delas em parte demolida) datando do século XVIII. Não sendo o município de maior população (o mais populoso é Primavera, recentemente desmembrado de Salinópolis), Vigia é, no entanto, a cidade mais populosa do Salgado (18.766 habitantes), sendo também a mais importante da região, em razão da pesca artesanal que ali se desenvolve. É também um centro turístico, pelo seu valor histórico, perdendo, porém, em importância para Salinópolis — cuja antiguidade é comparável a Vigia — mas que se destaca não por isso e, sim, por atrair turistas e veranistas durante as temporadas de férias e feriados prolongados.

Essas breves indicações sobre a região onde se desenvolveu a pesquisa deverão ser complementadas, na medida em que forem necessárias, ao longo deste estudo. Elas não devem ser tomadas, no entanto, como um indício de que este é um estudo sobre a região do Salgado. Como lembra Clifford Geertz, "o *locus* do estudo não é o objeto do estudo". Os antropólogos não estudam comunidades, aldeias, cidades, regiões ou países (cf. Geertz, 1978, 32). A região do Salgado, por suas características especiais — antiguidade da colonização, ocupação pré-colonial pelos índios tupinambás, importância da atuação missionária nos séculos XVII e XVIII, densidade populacional (28 hab./km^2), ter se mantido mais ou menos imune aos conflitos mais recentes na Amazônia e aos processos migratórios que caracterizam as frentes pioneiras, sua ligação com a arquidiocese de Belém, sua facilidade de acesso, além de outros motivos que, espero, se tornarão mais claros adiante —, foi escolhida como *locus* de um estudo cujo objeto devo definir e problematizar nesta introdução. Antes disso, porém, torna-se necessário precisar, na medida do possível, alguns conceitos iniciais.

O catolicismo popular é aqui entendido em oposição ao catolicismo oficial, isto é, àquele que é professado pela Igreja como instituição hierárquica estabelecida, que o procura incutir no conjunto da população. Não se trata de um catolicismo das classes populares, pois o conjunto da população católica (os leigos, em oposição aos sacerdotes), independentemente de sua condição de classe, professa alguma forma de catolicismo popular, que, às vezes, é partilhada mesmo pelos clérigos, assim como os leigos também partilham do catolicismo oficial. Ao longo deste estudo coloca-se, pois, a distinção entre dois catolicismos; essa distinção, que assumo desde logo com reservas, será porém relativizada, como veremos, na conclusão deste trabalho. Por ora, vale esclarecer que a distinção proposta (e usualmente aceita) é análoga à que se faz em outros campos, quando se fala numa cultura popular e erudita, numa medicina científica ou oficial e rústica ou popular. Deve-se ter presente a ambigüidade do termo "popular", que às vezes se refere às classes ou camadas subalternas da sociedade, ou designa algo que se opõe a uma prática mais refinada, ou mesmo adquire uma extensão de significado tão ampla como no emprego da palavra "povo" por um político[1]. Não se deve esquecer, também, que o erudito e o popular perpassam toda a estrutura de classes da sociedade, não se podendo estabelecer uma identificação mecânica e *a priori* entre aquilo que é popular ou erudito e as diferentes classes sociais[2].

Entendo, pois, por catolicismo popular, aquele conjunto de crenças e práticas socialmente reconhecidas como católicas, de que partilham sobretudo os não especialistas do sagrado, quer pertençam às classes subalternas ou às classes dominantes. Embora possamos admitir, numa abordagem weberiana, que os interesses religiosos das classes são distintos e, mesmo, numa aproximação marxista, de caráter contraditório, não se pode negar que, no conjunto, os leigos, não produtores de uma sistematização do saber religioso, não podem exercer o monopólio das instâncias do sagrado, esperando, de sacerdotes e profetas — e também de feiticeiros — a satisfação de seus interesses religiosos e mágicos (embora diferenciados, em situações concretas). Mas, como será examinado ao longo deste estudo, os leigos não permanecem passivos diante desses especialistas e agem, muitas vezes em conjunto (anulando-se provisoriamente as diferenças de classe), quando seus interesses comuns são contrariados, ou, como também ocorre, quando são contrariados os interesses de alguma classe, que age isoladamente, e às vezes consegue mesmo levar com ela outras classes, em suas manifestações de protesto e contestação. Essas questões não estão desligadas da relação que a Igreja, como instituição, mantém com o Estado, nem daquilo que Bourdieu (1974) chama de "autoconsumo religioso" dos leigos (o que será retomado na conclusão deste estudo).

Ao tratar do catolicismo popular, voltando minhas atenções especialmente para as populações rurais (ou urbanas de origem rural) da área investigada, não poderia deixar de lado a pajelança, considerando as especificidades locais. Chamo de pajelança cabocla a uma forma de culto mediúnico, constituída por um conjunto de crenças e práticas muito difundidas na Amazônia, que já tem sido estudada por vários pesquisadores[3]. Tendo origem, segundo Galvão (1976), na pajelança dos grupos tupis, esse culto, que hoje se integra em um novo sistema de relações sociais, incorporou crenças e práticas católicas, kardecistas e africanas, recebendo atualmente forte influência da umbanda. Seus praticantes, entretanto, não se vêem como adeptos de uma religião diferente, considerando-se "bons católicos", inclusive os pajés ou curadores que presidem às sessões xamanísticas, nas quais se deixam incorporar por um tipo especial de entidades (encantados ou caruanas).

Uma breve discussão da literatura recente no âmbito dos estudos de catolicismo, no Brasil, pode permitir delimitar o objeto e a formulação do problema a ser investigado. Trata-se de uma literatura muito vasta, embora os estudos de sociologia ou antropologia da religião tenham sido relativamente marginais nas preocupações dos analistas até os anos 60 deste século, com especialidade aqueles voltados para uma análise crítica da Igreja Católica (cf. Alves, 1978)[4]. Uma das maneiras possíveis de classificar essa literatura é considerar, de um lado, o grande número de textos produzidos no interior da instituição eclesiástica, que abordam uma temática voltada para a teologia, a pastoral, a liturgia e temas correlatos. De outro lado, surgem aqueles trabalhos que, mesmo se elaborados em núcleos de produção mais ou menos ligados à Igreja Católica (tentando repensar-se a si mesma), apresentam uma proposta analítica que pode ser situada no âmbito das ciências sociais. É sobre este segundo conjunto de textos que devo concentrar-me na introdução deste trabalho. Proponho concebê-los em dois subconjuntos: os que apresentam uma temática mais abrangente, privilegiando a análise das relações entre a Igreja, a sociedade civil e o Estado; e os que se voltam para uma temática mais específica.

No primeiro subconjunto, alguns trabalhos publicados sobre o catolicismo tendem a analisar a Igreja como uma instituição que se molda diante das novas tendências observadas na sociedade brasileira nos últimos tempos, especialmente a partir dos anos 50, e que adota estratégias diferenciadas de atuação nas suas relações com a sociedade civil e o Estado, visando modernizar-se e fugir dos esquemas de comprometimento com as estruturas patrimonial-paternalistas vigentes na estrutura agrária do passado (cf., entre outros, Alves, 1968, 1979; Bruneau, 1974; e Della Cava, 1975, 1978). Outros estudos, ao contrário, enfatizam a questão dos conflitos sociais e da estrutura de classes, procurando relacionar a existência de diferentes grupos dentro da mesma Igreja, voltados para linhas de atuação às vezes conflitantes, com o surgimento de núcleos de atuação pastoral comprometidos com as aspirações das classes subalternas, que perpassam os diferentes segmentos da estrutura hierárquica da instituição (entre eles, Boff, 1977, 1982; Gómez de Souza, 1978, 1982; Souza Lima, 1979; e, de maneira menos clara, De Kadt, 1970). Dentro dessa mesma linha de preocupação com as relações entre a Igreja, a sociedade civil e o Estado, deve porém ser destacado o trabalho de Roberto Romano (1979), que se distingue dos anteriores por uma análise das especificidades da instituição eclesiástica, construída a partir do discurso produzido no interior dessa Igreja, o qual vai além de certas formulações mais simplistas que tendem a acentuar uma espécie de "oportunismo" católico.

Quanto aos trabalhos voltados para uma temática mais específica, é entre eles que encontramos a maioria dos estudos realizados por antropólogos. Apenas a título de exemplificação, gostaria de mencionar, de um lado, uma categoria de estudos preocupada com a análise de rituais, que vão desde o exame daqueles concebidos dentro da estrutura litúrgica de uma Igreja estabelecida ou oficial, como a missa católica, passando por festas religiosas populares onde ocorre o encontro (e muitas vezes também o confronto) com a estrutura hierárquica da instituição, até folguedos e tradições populares menos ligados à Igreja institucional, como o bumba-meu-boi, as congadas, as danças de São Gonçalo e muitos outros (cf. Alves, 1980; Brandão, 1981, 1985; Prado, 1977; e Vergolino e Silva, 1973). De outro lado, não podem ser esquecidos os estudos cuja temática se caracteriza pela análise do catolicismo e da religiosidade popular em áreas rurais e urbanas, cuja linha de preocupação se encontra de certo modo mais próxima de meus objetivos, inclusive trabalhos mais recentes, voltados para o estudo das Comunidades Eclesiais de Base (cf. Araújo, 1986; Brandão, 1978, 1980; Fernandes, 1982; Galvão, 1976; Macedo, 1986; Petrini, 1984; e Zaluar, 1983).

Essa vasta literatura, que representa em seu conjunto um esforço de reflexão importante para a compreensão do catolicismo e da religiosidade popular no Brasil, é, no entanto, carente de análises voltadas para categorias sociais específicas. Os trabalhos sociológicos e antropológicos tendem a tomar a população em sua totalidade, mesmo que levem em conta a estrutura de classes e estejam claramente preocupados com uma análise comprometida com as aspirações dos grupos sociais subalternos ou dominados nessa estrutura. Há exceções que devem ser consideradas, como aqueles estudos que se concentram em populações camponesas. Como exemplificação, vale citar, além do trabalho de Prado (1977), acima referido, o de Regina Novaes que, embora estudando camponeses pentecostais, apresenta um interesse especial, pela proposta que contém. Essa autora está preocupada em examinar "o significado e as repercussões da filiação religiosa de camponeses a uma Congregação da Assembléia de Deus", analisando esses aspectos nos campos "da organização das atividades produtivas, dos padrões de sociabilidade e das atividades políticas" (Novaes, 1985, 15 e 96). No caso da conversão ao pentecostalismo, que representa uma ruptura radical com as tradições religiosas seculares do campesinato brasileiro, a proposta analítica de Novaes resulta numa contribuição teórica relevante para o estudo da antropologia da religião no âmbito das sociedades complexas.

O mesmo não se daria no tocante ao estudo do catolicismo, onde, provavelmente, uma inversão de perspectiva de análise se tornasse mais produtiva. Ao invés de procurar examinar o significado e as repercussões das crenças e práticas católicas na vida social, tratar de perceber como a religião se manifesta na vida social do campesinato católico, em seu cotidiano. Não obstante, a dificuldade que se coloca na proposta de estudo da religião de uma categoria social específica é a generalidade do fenômeno religioso, que tende a se fazer presente em todas as classes e grupos sociais. Não existem pentecostais ou católicos somente entre os camponeses, os operários, os pescadores etc.; e, embora a especificidade da categoria social possa conferir alguma especificidade a suas manifestações religiosas, há momentos em que elas se dissolvem na generalidade.

Uma outra maneira de conceber os estudos sobre catolicismo no Brasil permite destacar aqueles que se voltam mais particularmente para a temática das religiões populares. Como assinala Fernandes (1984), a quem sigo de perto nas reflexões deste parágrafo, torna-se então importante precisar o sentido do termo "popular", concebido por alguns como o que "pertence à maioria dos homens" e, por outros, como a religiosidade das classes ou camadas populares. Dentro dessa perspectiva, os estudos tendem, de um lado, a privilegiar os "vínculos verticais" (hierárquicos) das relações sociais e, de outro, os "vínculos horizontais" (de natureza igualitária). Cada uma dessas posturas é marcada por um recorte teórico distinto. Representantes dessas tendências opostas poderiam ser citados — embora não me limitando ao âmbito do catolicismo — de um lado, em trabalhos como os de Brandão (1978, 1980, 1981) e Rolim (1980), que tendem a identificar a religiosidade popular com as classes subalternas, o proletariado urbano e o campesinato; e, de outro, em trabalhos como os de Da Matta (1979, 1985), Fry (1978), Fry e Howe (1975), Alves (1980) e Vergolino e Silva (1976) que, embora dando ênfase a distintos problemas e temáticas, apresentam como ponto de contato a preocupação com a globalidade do social e com as relações hierárquicas e de *status* presentes na sociedade brasileira. Por outro lado, embora se apresentem como opostas, também se poderia pensar, como diz Fernandes, na existência de uma espécie de "complementariedade contraditória" entre essas duas posturas teóricas.

Não foi, pois, sem razão, que comecei a introdução deste estudo pela escolha de um sentido específico do termo "popular", desejando marcar, desde logo, uma postura teórica que privilegia, basicamente, o que Fernandes chama de "vínculos verticais" das relações sociais, sem desprezar, no entanto, os "vínculos horizontais" e a estrutura de classes. Ao lado disso, embora a população de pescadores tenha uma importância muito considerável na região do Salgado, tanto nas cidades como nas vilas e povoações do interior da maioria de seus diversos municípios, a pesquisa não se voltou para o estudo dos pescadores ou entre os pescadores (categoria social específica), mas sim para o catolicismo da população comum (os leigos, em oposição aos sacerdotes ou religiosos e leigos mais identificados com os propósitos da hierarquia eclesiástica). Todavia, não é possível desconhecer, na área, a relevância da categoria pescador. Mas essa categoria também não é homogênea, distinguindo-se os pescadores da cidade, que tendem a ser parceiros assalariados, ou mesmo empregados de empresas de pesca, desprovidos dos meios de produção, dos pescadores do interior, muitos deles produtores e parceiros autônomos, proprietários de redes e/ou canoas de pesca com que atuam na produção artesanal. Ademais, nas vilas e povoações do interior, os pescadores, mesmo que não detenham a propriedade dos meios de produção, não se reduzem a simples assalariados, pois tendem a combinar a pesca com a agricultura, cultivando roças de mandioca, milho e, eventualmente, arroz, na condição de meeiros, arrendatários ou mesmo proprietários de pequenos lotes de terra. Podem, nessa condição, ser vistos como uma espécie de pescadores-camponeses. Outra categoria importante na área é a dos camponeses, que habitam zonas do interior sem facilidade de acesso ao mar[5]. A presença de pescadores, pescadores-camponeses e camponeses propriamente ditos confere uma certa especificidade às crenças e práticas do catolicismo que, também por esse fato, é muito influenciado pela pajelança cabocla, quanto a seus praticantes populares.

O objeto desta pesquisa é o estudo do catolicismo, com suas especificidades locais, numa área limitada do interior da Amazônia (a região do Salgado), enfatizando as crenças, representações e práticas religiosas das populações rurais (ou urbanas de origem rural) da área onde se desenvolveu o estudo. Como se verá a seguir, boa parte deste trabalho está voltada para uma análise do *ethos* e da visão de mundo dessas populações, enfatizando os aspectos simbólicos que podem ser detectados através das verbalizações de suas crenças e mitos, assim como da observação de suas práticas e rituais (cf. Geertz, 1978, 143 e segs.). Não obstante, ao confrontar, de início, catolicismo popular e oficial, introduzo um componente político na análise, partindo da seguinte indagação: como se dão as relações de controle-subordinação e/ou complementariedade entre catolicismo popular (onde as concepções e práticas da pajelança cabocla desempenham papel significativo) e a Igreja Católica encarada numa perspectiva oficial (a partir do lugar social da instituição enquanto estrutura hierárquica)? Assim concebida, a questão implica, de um lado, numa dicotomização entre a religiosidade popular resultante da sedimentação tradicional de um saber provindo de várias fontes (inclusive da popularização de crenças e práticas de origem católica oficial), que tende para uma autonomia relativa, e os esforços disciplinadores e controladores exercidos pela autoridade eclesiástica; e, de outro, numa espécie de "complementariedade contraditória" entre as forças em jogo (leigos populares e sacerdotes eruditos, grosso modo).

A resposta a esse problema exige o enfrentamento de outras questões de caráter mais particular, capazes de se integrar num conjunto mais amplo. Quais as concepções (crenças, representações, símbolos, visões de mundo, disposições morais) que informam esse catolicismo popular dos leigos, convergentes ou discordantes em relação à doutrina erudita dos sacerdotes? Quais as práticas rituais desse mesmo catolicismo, em relação com o sistema social total, onde o aspecto lúdico da festa de santo sobressai como o elemento mais saliente, e no qual se manifestam claramente as tensões e conflitos com a autoridade eclesiástica, mas também a sua justaposição-união? Como se processam as práticas controladoras dessa autoridade, quais seus motivos doutrinários e morais, suas estratégias políticas em ligação com os objetivos mais gerais da instituição eclesiástica, sem desprezar a relação dessas práticas — assim como das atitudes de aceitação ou reação populares — com o enfrentamento/justaposição ou coexistência dessa mesma Igreja diante de outras instituições como o Estado e os cultos concorrentes no campo religioso? Essas questões sugerem, porém, como logo se tornará evidente, que é impossível limitar totalmente o objeto de pesquisa à região do Salgado, desde que esta, assim como o catolicismo praticado por suas populações, não se encontra desligada de um contexto mais amplo.

A fim de poder resolver o problema formulado, não posso deixar de incorporar ao estudo a contribuição de alguns clássicos das ciências sociais, naquilo em que ela se torna relevante para meus propósitos analíticos, considerando, especialmente, como lembra Rubem Alves (1978, 111-112), a relação entre o fenômeno religioso e a teoria sociológica (ou antropológica), em termos mais profundos, de origem[6]. Por outro lado, o problema proposto nesta investigação não poderia também ser resolvido se não fosse adotada, ao lado da preocupação com as situações mais recentes que se pode observar na área em estudo, uma preocupação mais ampla, de caráter histórico ou diacrônico. Esta pesquisa, tendo como fio condutor a relação de oposição/complementariedade entre sacerdotes e leigos (que é sempre uma relação tensa), toma, criticamente, como um de seus conceitos centrais, a noção de campo religioso, formulada por Pierre Bourdieu, como um campo de forças onde se defrontam leigos e especialistas do sagrado. Segundo esse autor, "as relações de transação que se estabelecem, com base em interesses diferentes, entre os especialistas e os leigos, e as relações de concorrência que opõem os diferentes especialistas no interior do campo religioso, constituem o princípio da dinâmica do campo religioso e também das transformações da ideologia religiosa" (Bourdieu, 1974, 50).

Essa interação, em termos de transação e concorrência, no entanto, opõe e, ao mesmo tempo, aproxima, leigos e especialistas. Isto porque a dominação e o controle destes sobre aqueles, como se-rá retomado no corpo deste trabalho, não pode fazer-se sem que ha-ja um certo nível de consentimento (cf. Weber, 1979, 170 e segs.). Por outro lado, o campo religioso pode também ser entendido co-mo uma estrutura (ou sistema de partes integradas, embora muitas vezes conflitivas) que faz parte de uma estrutura mais vasta, a pró-pria estrutura social (no sentido objetivo) de formações sociais con-cretas. Ora, para se compreender uma estrutura em funcionamento, com suas regras próprias, que lhe dão certa continuidade no tem-po, mas que funciona como um processo dinâmico, não é possível deixar de lado as questões ligadas à sua gênese, às transformações de sistemas ou estruturas pretéritas, que contribuíram para sua con-figuração atual (cf. Godelier, s.d., 323-325). É preciso também con-siderar, como logo será visto, as continuidades estruturais, a persistência de certas estruturas que continuam existindo por sécu-los, a despeito de mudanças em outros níveis, conjunturais ou es-truturais. A análise contida neste trabalho não deixará de levar em conta, pois, a explicitação das regras da estrutura do campo religio-so em seus aspectos sincrônicos, assim como as maneiras como os atores sociais se comportam no interior desse campo, mas não po-de deixar de lado os aspectos diacrônicos, também essenciais para a compreensão do sistema como processo dinâmico. Vale esclare-cer, desde logo, para evitar confusões desnecessárias, que utilizo o termo "estrutura" em dois sentidos diferentes: de um lado, a estru-tura como parte da realidade objetiva e, de outro, a estrutura no sentido (subjetivo) de modelo analítico, construído pelo pesquisa-dor, que tenta dar conta dessa realidade.

Este estudo, partindo do ponto de vista dos atores, tem como seu objetivo principal a construção de um modelo (estrutura) de catolicismo, que seja capaz de dar conta da própria dimensão de catolicidade. Este último termo não é tomado, aqui, em seu senti-do usual. Ele tem a ver com a dimensão de universalidade que lhe confere a Igreja oficial, mas pretende ir além, no sentido de inves-tigar a própria identidade do catolicismo, já agora na visão do ana-lista, que se debruça sobre materiais empíricos, coletados numa área específica, e analisados como uma das possíveis manifestações con-cretas dessa religião. Esse modelo, a ser construído analiticamente, pretende explicitar, na conclusão deste trabalho, aquilo que é constitutivo da própria catolicidade. Se ele se aplica a outras situações concretas, como acredito que se aplica a esta, somente outras pesquisas poderão detectar.

O trabalho de campo vem sendo desenvolvido, na região do Salgado, desde dezembro de 1975, em diferentes períodos e com propósitos diversos. Durante quatro meses (dezembro de 1975 a abril de 1976) residi na povoação de Itapuá e, posteriormente, passei alguns períodos mais curtos na cidade de Vigia. Esses períodos incluíram parte de setembro de 1976 e visitas com duração variável (de uma a quatro semanas), durante os meses de janeiro, fevereiro, julho e setembro de 1979 e janeiro e julho de 1980. Meu objetivo inicial era o de realizar um estudo sobre hábitos e concepções alimentares junto à população de Itapuá, assim como sobre medicina popular nesse local. Esses trabalhos, parcialmente realizados em colaboração com Maria Angélica Motta Maués, que também realizava um estudo independente (Motta Maués, 1977), resultaram num relatório de pesquisa (Motta Maués e Maués, 1976) e em mais três estudos (Maués, 1977; Maués e Motta Maués, 1978; Motta Maués e Maués, 1980), sendo o segundo e o terceiro reelaborações do referido relatório, para publicação como artigo e livro. Do estudo sobre medicina popular, intimamente relacionada, na área, com as práticas da pajelança cabocla, resultou o interesse pela religião, que me levou à elaboração do projeto de que resulta este trabalho.

A pesquisa especificamente destinada a este estudo foi conduzida, intensivamente, no decorrer de um ano, de maio de 1984 a abril de 1985, com freqüentes visitas ao município de Vigia e aos demais municípios da região do Salgado, com períodos de permanência que variavam de uma semana a um mês (o que era facilitado pela proximidade em que a região se encontra de Belém, onde fixei residência). A pesquisa de campo, na área em estudo, foi intercalada com períodos de permanência em Belém, onde aproveitava para analisar o material coletado, assim como pesquisar em bibliotecas a que pude ter acesso (Biblioteca Pública do Pará, Biblioteca do Museu Paraense Emílio Goeldi, Biblioteca Central da

Universidade Federal do Pará e do Núcleo de Altos Estudos Amazônicos). Também foram consultadas, no Rio de Janeiro, em diversas ocasiões, a Biblioteca Nacional e as bibliotecas do Instituto de Estudos da Religião (ISER) e do Museu Nacional. A pesquisa em arquivos foi feita, principalmente, na cidade de Vigia, especialmente no arquivo paroquial[7]. O trabalho de campo, na região do Salgado, foi conduzido segundo as técnicas usuais da pesquisa antropológica: observação direta, entrevistas formais e informais, anotações em cadernos de campo, gravação de depoimentos, participação em rituais etc. Uma boa parte do material empírico coletado nas pesquisas anteriores foi utilizado para compor o presente trabalho.

Este estudo foi redigido com preocupações descritivas e analíticas. Ele tenta ser uma etnografia, no sentido que lhe confere Clifford Geertz: uma descrição interpretativa do "fluxo do discurso social", procurando preservá-lo e "fixá-lo em formas pesquisáveis"; na maior parte é, também, uma descrição "microscópica" (cf. Geertz, 1978, 31). Trabalhos fundamentalmente analíticos e teóricos costumam, com freqüência, tornar-se obsoletos, na medida em que determinados enfoques teóricos e metodológicos nos quais se baseiam deixam de estar na moda. As etnografias, no entanto, tendem a ser mais permanentes, como registros de situações que puderam ser observadas in loco, embora, evidentemente, a coleta de informações e seu registro não possam deixar de ser orientados por preocupações de caráter teórico, metodológico e mesmo por motivações subjetivas que transcendem os propósitos mais estritos de uma perspectiva científica. Afastar o subjetivismo e a pretensão às explicações cabais são preocupações sempre presentes, mas a perspectiva científica exigida por uma descrição densa é meta difícil de alcançar.

O trabalho está dividido em três partes. Na primeira, para poder entender as relações de tensão e conflito, assim como de complementariedade, entre o catolicismo popular e o oficial, torna-se necessário investigar a constituição de sua gênese em Vigia e na região do Salgado, assim como a forma através da qual evoluiu essa religião. Não se trata, porém, de escrever uma história detalhada do catolicismo na área, sobretudo no sentido de um histórico ou

27

crônica de simples registro de acontecimentos ou fatos singulares, mas sim, de analisar alguns períodos "quentes", no sentido de Claude Lévi-Strauss, quando trata do "código da história": "épocas em que numerosos acontecimentos oferecem (...) o caráter de elementos diferenciais" (cf. Lévi-Strauss, 1970 c, 295). Ora, esses períodos fazem parte de determinadas conjunturas da história da Igreja no Brasil, numa extensão do sentido usual da palavra, conferido por Braudel (1969, 1972), e são examinados para poder melhor esclarecer não só como se deu a constituição do catolicismo popular na área, mas também o estabelecimento e a manutenção do controle eclesiástico nas fases distintas do padroado e da romanização (onde esse controle se intensifica, atingindo seus limites possíveis). A distinção feita por Fernand Braudel entre diferentes patamares em que se situa a história torna-se relevante, sobretudo nessa primeira parte. Segundo esse autor:

> "A história situa-se em patamares diferentes: eu diria, de bom grado, três patamares, simplificando bastante (...). Na superfície, uma história *événémentielle* inscreve-se num tempo curto: é uma micro-história. À meia-encosta, uma história *conjuncturelle* segue um ritmo mais largo e mais lento. Até aqui ela foi estudada, sobretudo, no plano da vida material, dos ciclos e interciclos econômicos (...). Mais além desse recitativo da conjuntura, a história *structurale*, ou de longa duração, envolve séculos inteiros; ela se encontra no limite do movediço com o imóvel e, pelos seus valores há muito tempo fixos, ela parece invariável frente a outras histórias, mais fluentes e prontas a realizar-se, e que, em suma, gravitam em torno dela." (Braudel, 1961, 72).

A análise conduzida nessa primeira parte procura, pois, captar esses elementos permanentes ou repetitivos, da longa duração, onde história e sociologia (ou antropologia) quase se confundem, para tentar esboçar a configuração dessa tensão permanente entre os esforços controladores da hierarquia eclesiástica, assim como a reação popular no sentido de manter, dentro dos limites possíveis, a sua autonomia religiosa. Nesse sentido, não se trata de uma história linear e cronológica: as questões são tratadas a partir de grandes temas, com avanços e recuos no tempo, assim como, também, não podem limitar-se apenas à área restrita onde se desenvolveu o trabalho de campo antropológico.

As duas partes seguintes, fruto da pesquisa de campo, tratam, de um lado, das crenças e representações dos praticantes do catolicismo popular (e da pajelança) e, de outro, das festas de santos populares, encaradas como rituais. Embora nas duas últimas partes a análise seja, fundamentalmente, sincrônica, não é possível abandonar a perspectiva histórica, que permite melhor esclarecer os fatos analisados, na tentativa de entender não só o controle eclesiástico, que se exerce numa nova conjuntura da história da Igreja (a fase pós-Concílio Vaticano II), como também as concepções populares dos leigos e sua aceitação e/ou resistência ao controle. Embora somente a segunda parte se destine, explicitamente, a estudar as crenças e representações, é óbvio que, ao estudar os rituais (festas de santos), a mesma questão continua presente na terceira parte deste estudo. Utilizo, na análise, como conceito central, o de "representações coletivas", como transcendentes ao indivíduo isolado ou empiricamente dado e resultantes da cooperação de muitos espíritos de diversas gerações que, em épocas e espaços diferentes, associaram idéias, sentimentos, experiências e saber (cf. Durkheim, 1979, 22-23). Essas representações surgem como um substrato cultural inconsciente que, irredutível na totalidade às consciências individuais, constituem uma realidade (no plano das idéias) capaz de exprimir a própria sociedade de que fazem parte os indivíduos que a compõem.

Neste ponto, seguindo Cardoso de Oliveira (1976), cumpre distinguir entre representação coletiva, crença e ideologia. Na definição de Poulantzas (1971, 31) a ideologia se apresenta como um conjunto de representações, valores e crenças, que apresentam uma coerência relativa, não discernível da experiência vivida dos agentes sociais. Se, de um lado, apresenta um universo relativamente coerente, de outro, nesse universo, encontra-se fixada tanto uma relação real como uma relação imaginária dos atores sociais com suas condições reais de existência. Por isso, ela é "necessariamente falseada", sendo que sua função social não é a de fornecer um verdadeiro conhecimento da estrutura social, "mas simplesmente" inserir os indivíduos "de algum modo nas suas atividades práticas que suportam esta estrutura". Dizer, como Poulantzas, que a ideologia é "necessariamente falseada" não equivale a dizer que ela é inteiramente falsa. Ela distorce a realidade, por vezes a inverte, mas sempre a contém, em alguma medida. Se sua função não é oferecer um conhecimento verdadeiro, nem por isso ela deixa de ser importante para o conhecimento da realidade, desde que analisada criticamente. O mesmo se pode dizer das crenças e representações, que constituem o objeto mais explícito da segunda parte deste estudo. Mas o que importa considerar aqui, sobretudo, de acordo com meus propósitos, são dois aspectos que surgem na definição de Poulantzas: o caráter de coerência relativa da ideologia e, também, a questão da consciência do agente que a expressa.

Quanto a este último ponto, seguindo ainda Cardoso de Oliveira (1976, 40-41), e pensando a ideologia como "forma em que se assumem as representações", através de um discurso coerente, que se apresenta com uma natureza sistêmica e integrada, pode-se pensá-la como se manifestando de maneira consciente ou inconsciente, embora com freqüência se apresente "opaca aos agentes" que vivem as relações sociais capazes de lhe dar origem e sustentar. Ao contrário das ideologias, as representações coletivas, além de inconscientes, apresentam-se fracamente integradas, isto é, desprovidas do caráter coerente e sistêmico presente no discurso ideológico. No tocante às crenças populares, fundamentando-se em Belmont (1971), Cardoso de Oliveira assume a posição de que as mesmas, ao contrário das representações, são sempre conscientes, por serem vividas e verbalizadas pelos agentes sociais. Por outro lado, as representações se apresentam na condição de subjacentes às crenças, conferindo-lhes a eficácia, enquanto estas permitem que, sob forma concreta, se atualizem as representações. Tomando como exemplo um texto famoso de Lévi-Strauss (1970 a) Cardoso de Oliveira exemplifica como, numa sociedade tribal do noroeste americano (região de Vancouver, no Canadá), poder-se-ia pensar na crença no xamã como estando sustentada pelo substrato cultural das representações: a crença de que partilham o doente, o público que assiste e/ou participa do ritual xamanístico e o próprio xamã:

> "Lévi-Strauss nos mostra, por uma análise penetrante da carreira de um xamã (Quesalid), a crescente credibilidade que vai se apossando de alguém inicialmente impelido por uma simples curiosidade de descobrir fraudes nos procedimentos xamanísticos vigentes em sua sociedade. Como afirma muito a propósito Lévi-Strauss, 'Quesalid não se tornou um grande feiticeiro porque curava seus doentes; ele curava seus doentes porque se tinha tornado um grande feiticeiro. Somos, pois, diretamente conduzidos à outra extremidade do sistema, isto é, ao seu pólo coletivo' (...). A existência de *consensus* social é que torna viável o xamã (...). A crença no xamã (ou num xamã, especificamente Quesalid) é variável, pois passível de ser maior ou menor, existir hoje, deixar de existir amanhã, eventualmente tornar a existir num futuro qualquer. Mas essa crença só é suscetível de existir se o grupo, exprimindo uma sorte de inconsciente coletivo, exige um Xamã, com tais e quais atributos, como uma categoria social indispensável à viabilidade (não agora do xamã) mas do próprio sistema social, de sua própria sociedade (...). Nesse caso, a crença num determinado xamã e, por conseguinte, a legitimação dos poderes de tal ou qual xamã, só se sustentam por essa sorte de substrato cultural constituído por certos 'hábitos mentais' ou representações coletivas" (Cardoso de Oliveira, 1976, 41-42).

Assim, a segunda parte deste trabalho (bem como a terceira, que trata dos rituais e das festas), não está voltada para o estudo de ideologias, no sentido explicitado acima. Ademais, o conceito de ideologia, se bem que comporte, originalmente, um sentido muito amplo, desde as formulações de Destutt de Tracy e do uso antropológico tradicional (cf. Kaplan e Manners, 1975, 171-174), adquiriu, por outro lado, a partir de Marx, uma conotação política bem explícita, ligada ao conceito de classes sociais. A segunda parte pretende voltar-se para as crenças e representações de caráter religioso de uma parcela da população da Amazônia, especialmente as localizadas nas áreas rurais do município de Vigia (e da região do Salgado), tomando os conceitos de crença e representação nos sentidos acima definidos. Por outro lado, trabalhando com as verbalizações das crenças dos informantes, tento desvendar as representações que constituem seu substrato e que, permanecendo inconscientes, só podem expressar-se através das categorias do discurso e das formas de comportamento, especialmente do ritual. Embora o ritual — principalmente as festas de santos populares — constitua o objeto da terceira parte deste trabalho, ele não deixará de ser tratado na segunda parte, nem deixará, também, de ser considerado, na tentativa de compreender as representações religiosas que informam as crenças dos praticantes do catolicismo popular e da pajelança.

Deve novamente ser ressaltado que, nas duas últimas partes do trabalho e na conclusão, grande parte do que surge constitui-se, de fato, numa construção analítica, considerando que as representações que procuro desvendar, a partir das verbalizações das crenças e da observação do comportamento dos agentes, constituem, como foi dito acima, um substrato inconsciente, incapaz de ser explicitamente verbalizado, em sua totalidade, por qualquer dos atores do sistema social sob investigação. Esse é, porém, o modelo que considero capaz de dar conta, da melhor maneira possível, das crenças e representações dos praticantes do catolicismo popular e da pajelança na área investigada[8]. Combinando esse modelo construído a partir do "ponto de vista nativo" com a permanente tensão colocada pela relação entre catolicismo popular e oficial é que, na conclusão deste trabalho, a análise se completa, com a tentativa também de completar a construção do modelo analítico de catolicismo, sem adjetivos (aquilo a que chamei de catolicidade), em uma de suas manifestações concretas, numa região específica.

NOTAS

1 Sobre os diversos sentidos de popular, com referência às chamadas religiões populares, cf. Fernandes (1984). O termo é discutido, entre outros, por Sanchis (1983, 22-27), que o utiliza, porém, numa acepção diferente, e por Macedo (1986, 21 e segs.), que acentua, também, a ambigüidade da expressão "classes populares".

2 Vale ressaltar, no entanto, que embora a expressão "catolicismo popular" seja aplicada aos leigos, em geral, não pode ser desconhecido o fato de que os membros das classes dominantes (e também das camadas médias da sociedade), por terem mais acesso aos meios de educação formal e, de modo geral, a uma oferta mais abundante de serviços religiosos da Igreja, encontram-se numa posição privilegiada para assimilar e, mesmo, assumir, as concepções eruditas e as práticas do chamado "catolicismo oficial". Isso também ocorre em outros campos da cultura, como é óbvio. Daqui certamente decorre a fácil identificação entre "cultura popular" e "classes populares" que, no caso deste estudo particular, pode levar a ambigüidades e/ou simplificações que procuro evitar.

3 O termo "pajelança" não é usado pelas populações rurais da área investigada e, nas cidades maiores, especialmente na capital paraense, ele assume um sentido pejorativo. Entretanto, esse termo já está consagrado na literatura antropológica, tendo sido inicialmente usado por Galvão, com referência às populações rurais amazônicas, na primeira edição de seu livro *Santos e Visagens* (cf. Galvão, 1955, 118 e segs.). A tradução portuguesa do trabalho de Wagley (1957, 316-317) contém o termo "pajelança" e, também, a forma "pajeísmo". Outros estudiosos como Araújo (1961, 76), Câmara Cascudo (s.d., 662-663), Figueiredo (1976), Figueiredo e Vergolino e Silva (1972, 28) e Salles (s.d., 1967), empregam o termo "pajelança" no mesmo sentido de Galvão. Seguindo esses autores, utilizo o mesmo termo, usando, entretanto, a expressão "pajelança cabocla", para distingui-la da pajelança indígena. Roger Bastide, que faz uma avaliação negativa dos cultos que estou denominando "pajelança cabocla", usa a expressão "pajelança negra" (que considero inadequada) para distingui-la da pajelança indígena (cf. Bastide, 1971, 303). O estudo mais completo a respeito do assunto permanece sendo o livro, acima citado, de Eduardo Galvão. A pajelança foi também estudada por Gabriel (1980), no contexto dos diferentes cultos mediúnicos de Manaus. Há, por outro lado, uma semelhança notável entre certos aspectos da pajelança cabocla amazônica e o catimbó nordestino (cf., entre outros, Araújo, 1961 e Salles s.d.), o que, provavelmente, indica uma influência do catimbó sobre a pajelança cabocla, devido à intensa imigração nordestina na Amazônia no período áureo da borracha.

4   Um levantamento bibliográfico, embora incompleto, de 312 títulos (livros, artigos, manuscritos, folhetos, relatórios etc), sobre catolicismo no Brasil, no período de 1900 a 1982 (quando foi elaborado o projeto de que resultou este trabalho), com a utilização de listas a que tive acesso (Cintra e Ruiz, 1980; CNBB 1981; e Samain, 1977), além de informações coletadas pessoalmente em bibliotecas, indicou exatamente uma grande produção nesse campo nas últimas duas décadas, com um total de 254 textos elaborados em diferentes núcleos de produção a partir de 1960. De lá para cá, a produção tem aumentado consideravelmente, como demonstra o trabalho mais recente de Fernandes (1984).

5   Em anos recentes, vários pesquisadores têm estudado na região do Salgado, preocupados em investigar problemas ligados à pesca e à agricultura. Os estudos mais importantes são os de Fiuza de Mello (1985), Furtado (1980), Loureiro (1985), Palheta (1978), Penner (1980) e Silveira (1979).

6   Sem pretender, no momento, entrar numa discussão teórica sobejamente conhecida, que aliás será sinalizada ao longo deste estudo, refiro apenas os trabalhos de Durkheim (1972, 1979), Mauss (1974, 1981) e Weber (1967, 1974, 1979).

7   Mesmo depois de abril de 1985 ainda foram feitas outras pequenas viagens à região, especialmente a Vigia, com o objetivo de testar informações obtidas na pesquisa, sendo que as mais recentes tiveram tiveram propósitos bem definidos: ao município de Maracanã, para visitar a ilha de Maiandeua, onde se diz ser a morada do mais importante encantado da região, o rei Sebastião (maio de 1986); e ao município de Primavera, com o objetivo de colher dados na ilha de Fortaleza, onde existe a "pedra do rei Sabá", objeto de culto da umbanda e da pajelança cabocla (outubro de 1986).

8   A propósito, valeria lembrar o que diz Malinowski sobre o kula: embora ele apareça "aos nossos olhos como uma instituição extensa e complicada, porém bem organizada, é o resultado de muitos e muitos trabalhos e façanhas empreendidos por selvagens, os quais não possuem leis, nem objetivos, nem esquemas explicitamente formulados, e nem o conhecimento do esquema total de sua estrutura social (...). O nativo não tem a visão do todo. Ele faz parte do todo e não consegue vê-lo de fora, como um observador. A integração de todos os detalhes observados, bem como a síntese sociológica dos diversos indícios importantes, são tarefas do etnógrafo (...). A ele cabe construir o quadro ou esquema total da grande instituição, da mesma forma que o cientista formula toda a sua teoria baseado em dados experimentais que, embora sempre ao alcance de todos, precisam de interpretação coerente e organizada." (Malinowski, 1978, 72).

PARTE I

A GÊNESE E A EVOLUÇÃO HISTÓRICA DO CATOLICISMO

CAPÍTULO 1
IGREJA E ESTADO: UNIÃO E SEPARAÇÃO, COMBATE E RECOMPOSIÇÃO

Num primeiro momento, no que concerne às relações entre Estado e Igreja, elas se caracterizavam pela vigência do padroado, concedido aos reis de Portugal pela Santa Sé, o que colocava a Igreja brasileira em forte subordinação diante do governo. Isso implicava na designação de bispos indicados pelo rei, licença real para o trabalho de ordens e congregações religiosas, pagamento de côngruas aos sacerdotes, vigência das diretrizes pontifícias com autorização do governo, obrigação da parte deste de construção de igrejas e capelas etc. Nem todas as obrigações do governo eram cumpridas, como também havia certa margem de liberdade para a atuação da Igreja, o que facilmente se entende pela diferença entre o prescrito e o vivido. Essa situação, que se estendeu até o final do período do Império, por uma certa usurpação da parte do governo brasileiro de direitos que, a rigor, só pertenciam ao governo português, permitiu, no entanto, uma certa vinculação da Igreja ao poder que, com altos e baixos, de algum modo se estendeu mesmo pelo período republicano. Com a proclamação da República e a separação entre a Igreja e o Estado, após uma fase de relativo afastamento, há uma progressiva retomada de aproximação, conscientemente desejada pelos líderes do episcopado — e não explicitamente rejeitada pelos líderes governamentais — durante a fase em que se reforça o chamado período da romanização, e que alcançará seu ápice a partir de 1930, sob a liderança do cardeal do Rio de Janeiro, dom Sebastião Leme da Silveira Cintra (dom Leme)[1].

Tomando, de início, o primeiro momento — a fase do padroado — vale situar melhor a região e o período histórico trabalhado.

Embora o período corresponda a uma conjuntura específica da história da Igreja no Brasil, limito-me a uma fase "quente", como já foi dito, dentro do "código da história" (no sentido de Lévi-Strauss), que vai de meados do séulo XVII ao início da segunda metade do século XVIII. Não obstante, a contextualização do período deve levar em conta o que estava ocorrendo no século XVI (quando se inicia a colonização brasileira).

O quadro econômico se configura pelo capitalismo comercial, pelo mercantilismo e pelo antigo sistema colonial. No quadro sóciopolítico-cultural, os efeitos do Renascimento e da Reforma não podem ser esquecidos, nem, sobretudo, o confronto e a complementariedade (contraditória) entre a cultura popular do final da Idade Média e do período renascentista e a cultura erudita. O "imaginário medieval" continuava bem vivo e se refletia em vários campos da arte, inclusive na literatura, onde os reflexos da cultura popular se encontram em numerosos autores, dos quais, por brevidade, basta lembrar Cervantes, Maquiavel (o da *Mandrágora*) e, sobretudo, Rabelais.

Tudo isso teria, de alguma forma, seus reflexos no Brasil e na região sob estudo. No quadro religioso havia um grande descompasso e, por vezes, uma contradição, entre o que acontecia na Europa e no Brasil. Naquela, os embates da Reforma e da Contra-Reforma, que iriam aos poucos reduzindo as diferenças entre o cristianismo oficial e as massas, a despeito de certas inconsistências, ao longo de todo esse período. Aqui, o regime do padroado, que colocava um anteparo diante das determinações emanadas de Roma, a serem seguidas pelos bispos e ordens religiosas, graças à mediação do Estado. Isso é apontado pelos historiadores da Igreja, no Brasil, como uma das razões para a formação do catolicismo tradicional brasileiro, com suas características próprias, voltado para o social, para o comunitário das festas e devoções[2].

Por outro lado, a partir dos últimos anos do século XVI e início do XVII, o processo de conquista e colonização do Nordeste e do Norte pelos portugueses acabou por colocar em evidência a faixa litorânea entre São Luís e Belém, cuja importância estratégica era incontestável, em razão da ameaça da presença de outros povos (franceses, ingleses, holandeses e irlandeses) na foz do Amazonas.

A conquista do estuário pelos portugueses era um objetivo geopolí-
tico da mais alta relevância, para garantir a posse lusitana da imensa região que se estendia para o interior. Mas, no início, antes que
essa conquista se consolidasse e, mesmo, para mantê-la, havia necessidade de assegurar a posse e o trânsito livre entre aquelas duas
cidades. Nessa faixa litorânea localizavam-se os índios tupinambás,
em grande número. Era preciso, de um lado, garantir a navegação
e seu controle entre São Luís e Belém, assim como um caminho
fluvial-terrestre, pelo interior; e, de outro, ocupar a faixa litorânea,
submetendo e/ou pacificando os índios, pela força e pelos métodos
persuasórios disponíveis. Por essa razão, logo assumiram uma grande importância estratégica alguns estabelecimentos portugueses que,
mais tarde, viriam a se tornar vilas e atuais cidades: a Casa Forte
do Rio Guamá (atual cidade de Ourém), Bragança (antiga vila do
Souza do Caeté), Salinas (com sua atalaia para orientar a navegação) e Vigia (onde foi colocado um posto de vigilância para controlar os navios que demandavam o porto de Belém). Vigia, a caminho
entre São Luís e Belém, tinha ademais a importância de facilitar
o acesso à ilha do Marajó. Ao longo desse litoral, por outro lado,
os missionários, especialmente os jesuítas, passaram a estabelecer
aldeamentos e fazendas, onde trabalhavam com os índios[3].

Para entender a implantação da hegemonia católica e o controle eclesiástico na região do Salgado, há necessidade de analisar,
enfatizando certos pormenores de maior relevância, alguns aspectos que permitem detectar uma história de longa duração: a relação entre Estado e Igreja, a estrutura eclesiástica na área em questão,
bem como as relações que se davam dentro e fora da Igreja. Vale
lembrar que a análise não pode circunscrever-se, porém, somente
à região do Salgado, como já foi apontado acima. Preliminarmen-
te, é preciso considerar, sobretudo, toda a faixa litorânea entre São
Luís e Belém; em alguns casos, a área deve ser, aliás, consideravelmente ampliada. Em outros, à medida que o tempo avança e os documentos se tornam mais abundantes, é possível chegar a limites
municipais (ou paroquiais), especialmente no caso de Vigia.
Neste capítulo, concentrando as atenções principalmente no
primeiro dos três aspectos acima apontados — a relação entre Esta-

do e Igreja — há necessidade, quanto à fase do padroado, de examinar as situações diferenciais entre bispos, padres seculares e regulares diante do Estado. Por ora, devo acentuar a relativa autonomia dos padres regulares diante dos bispos e do próprio Estado, especialmente no caso dos jesuítas, cuja disciplina rígida dentro da Ordem e sua vinculação estrita aos superiores, os colocava em situação especial. A congregação dos jesuítas, surgida no bojo do movimento da Contra-Reforma, seguindo as diretrizes do Concílio Tridentino, com sua formação intelectual e moral dentro de padrões elevados, podia manter uma autonomia bastante acentuada, seguindo um plano catequético bem traçado e fugindo, em muitos casos, aos limites impostos pelo sistema do padroado, chegando mesmo a influenciar as decisões do governo português[4].

O trabalho dos regulares se voltava, sobretudo, para a ação catequética junto aos índios. No caso da região do Salgado, eles aí se estabeleceram desde 1653 (data de seu estabelecimento em Belém), fundando vários aldeamentos e fazendas, onde congregavam os índios, deixando de lado, num primeiro momento, os estabelecimentos mais tipicamente portugueses, como Vigia, fundada mais ou menos na mesma época, e onde passou a existir, mais tarde, uma freguesia com um vigário secular. Nesta povoação, logo depois elevada a vila (1693), onde se congregavam soldados e colonos, desenvolvia-se o culto popular de Nossa Senhora de Nazaré[5]. Os missionários que atuavam na área, jesuítas, carmelitas, mercedários e, em menor escala, franciscanos[6], foram, de fato, como em todo o território brasileiro, uma espécie de coadjuvantes da implantação do sistema colonial (cf. Fernandes, 1957). Deve-se, porém, ressalvar, como foi notado, a sua relativa autonomia diante do Estado e a ocorrência latente e, por vezes, claramente aflorada, de sérios conflitos com os colonos e as autoridades laicas, sobretudo por causa do problema da utilização da força de trabalho indígena[7].

Nem todos os missionários eram iguais ou tinham as mesmas motivações. Já me referi acima ao plano catequético dos jesuítas e a sua maior autonomia. Os franciscanos, os primeiros missionários a chegar a São Luís e a Belém, mas que tiveram uma atuação reduzida na área do Salgado (em Penha Longa, secundando a ação dos jesuítas), não possuíam uma fisionomia característica de Ordem missionária, não tendo, pois, um plano organizado. Tinham vindo para a Amazônia a partir de um fato circunstancial (a conquista maranhense) e, como religiosos de origem portuguesa, possuíam sua atividade missionária bem mais inserida no projeto colonizador de "dilatar a fé e o Império" (cf. Fragoso, 1982, *passim*). A despeito da "Nova repartição das missões", documento régio de 1693, que destinava aos jesuítas, na Amazônia, toda a margem direita do grande rio, enquanto a margem esquerda, ao norte, devia ser trabalhada pelos demais missionários, os fatos mostram que se fez uma exceção no tocante à faixa litorânea entre São Luís e Belém e, em conseqüência, à região do Salgado. Embora o trabalho missionário dos carmelitas tenha sido mais importante nos rios Negro e Solimões, sua atuação no Salgado (e no Marajó) não é desprezível. Os carmelitas, aliás, permaneceram por mais tempo na Amazônia do que outras ordens religiosas, o que, possivelmente, está ligado à sua política de colaboração com as autoridades estatais, tanto na defesa dos territórios pretendidos pelos portugueses na Amazônia oriental, colocando uma barreira à penetração das missões jesuíticas de dependência espanhola lideradas pelo padre Samuel Fritz (cf. Hoornaert, 1982, 164-165), como, mais tarde, na época da visitação do Santo Ofício (1763-1769), pelo grande número de denunciações oferecidas por esses frades à mesa da Inquisição (cf. Lapa, 1978, *passim*). No tocante aos mercedários, que tinham uma origem espanhola, chegando a Belém em companhia de Pedro Teixeira, na volta de sua famosa expedição (1637-1639), freqüentemente eram tidos sob suspeita. Vale mencionar a respeito que, no ano de 1733, na mesma época em que se estabeleciam em Vigia, o governador e o ouvidor do Estado do Maranhão queixavam-se ao rei de Portugal quanto ao "escândalo e relaxação com que vivem a maior parte dos missionários desse Estado, comerciando e cometendo várias desordens indignas do Estado religioso". A maior carga era feita contra os mercedários de São Luís que, segundo essas autoridades, além de protegerem "delinqüentes régulos e sediciosos" em seu convento, ainda eram acusados de visitarem e levarem meretrizes para sua casa[8].

Os padres seculares, diretamente subordinados à autoridade dos bispos, possuíam, de um modo geral, um nível moral e intelectual inferior ao dos missionários. O padre Antônio Vieira, superior dos jesuítas no Estado do Maranhão, na época em que estes religiosos se estabeleceram no Pará, analisando a "necessidade espiritual" dos moradores da ilha de São Luís, em carta de 20 de maio de 1653, queixava-se da "falta de curas e párocos". E, referindo-se aos padres seculares, acrescenta "serem pela maior parte os que há, homens de poucas letras, e menos zelo das almas; porque ou vieram para cá degradados, ou por não terem préstimo para ganhar a vida em outra parte, a vieram buscar a estas" (Vieira, 1912, 37). Os seculares eram encarregados das paróquias (ou freguesias) e das funções da cúria diocesana. Alguns deles, porém, alcançaram destaque, como o arcipreste José Monteiro de Noronha, educado pelos jesuítas, que presidiu o primeiro Círio de Nazaré, em Belém (1793), chegando a ocupar funções de relevo, como vigário-geral, no governo da diocese, durante as longas vacâncias da Sé episcopal do Pará (cf. Almeida Pinto, 1906, 56 e segs.; e Ramos, 1952, 28-29).

A situação dos bispos era contraditória, como agentes, ao mesmo tempo, do Estado e da Igreja. Funcionavam como uma espécie de visitadores e, os mais zelosos dentre eles, procuravam, sem grande sucesso, combater o que consideravam como "maus costumes" e, ao mesmo tempo, com mais ou menos êxito, controlar os centros de devoção popular, especialmente o culto de Nossa Senhora de Nazaré, em Belém e em Vigia. Nisto eram ajudados pelas autoridades laicas. Freqüentemente agiam a favor do regalismo estatal, mas, às vezes, também eram vítimas dele. Dois exemplos ilustram casos extremos. No primeiro, temos dom frei Miguel de Bulhões (1749-1760), que governou a diocese na época da expulsão dos jesuítas e chegou a ocupar o governo do Estado do Grão-Pará e Maranhão, substituindo o poderoso irmão do Marquês de Pombal, Francisco Xavier de Mendonça Furtado. No segundo, o seu sucessor, dom frei João de São José e Queirós (1760-1763), um dos primeiros a sofrer a ação do braço inquisitorial no Pará (cf. Lapa, 1978, 29-30 e 55-56)[9].

A partir do final da terceira década do século XVIII, jesuítas, carmelitas e mercedários começaram a se estabelecer na Vila de

Nossa Senhora de Nazaré da Vigia. Os jesuítas solicitaram permissão ao rei de Portugal para construir em Vigia "uma casa em que pudessem residir seis ou oito religiosos, incumbidos assim do pasto espiritual, por haver aí um só sacerdote (o pároco secular, R.H.M.), como também do ensino e educação dos filhos dos moradores" (Raiol, 1970, 736). Tendo os mercedários também solicitado permissão, alegando um convite da Câmara e do povo, para fundar um hospício, "para ensinar os filhos dos moradores" (Baena, 1969, 149), em 1734 o rei de Portugal consultava o governador do Maranhão sobre a necessidade dessa fundação, já que desejavam levar para Vigia quatro ou seis religiosos[10]. Não há notícias sobre o número de frades que os carmelitas desejavam levar para a vila. O curioso, porém, é que, em 1733, Vigia contava com apenas 179 "moradores"[11]. É verdade que essa expressão só inclui os homens adultos livres, o que significa que, contando-se também as mulheres, crianças, índios e escravos, a população seria bem maior (cf. Azevedo, 1901, 131-132). Mesmo assim não existe, aparentemente, justificativa plausível para a residência de um número tão grande de missionários naquela vila. O fato só pode ser compreendido se considerarmos, de um lado, que Vigia era o estabelecimento português mais importante entre São Luís e Belém; e, de outro que, estando toda a região do Salgado e a ilha do Marajó ocupada, em vários pontos estratégicos, por fazendas e aldeamentos missionários, ela serviria como base importante de onde os religiosos podiam facilmente atingir os locais onde congregavam os índios.

Nessa ocasião estava chegando ao auge a experiência missionária na Amazônia, assim como no Sul do Brasil. Em cerca de 30 anos, porém, todo esse trabalho seria posto em xeque e mesmo destruído pela ação do regalismo pombalino. Com efeito, a experiência missionária começava a entrar em choque com os interesses do Estado. Importantes transformações estavam acontecendo, na Europa, tanto no plano político-econômico, como no das idéias. Ocorria uma mudança no bloco histórico no poder, que pode ser assinalada, no tempo, a partir da substituição, na Espanha, dos Habsburgos pelos Bourbons.

"Ao lado de Pombal e de Carlos III de Bourbon reuniu-se uma burguesia comercial — dependente da burguesia industrial anglo-saxônica ou francesa — que precisava organizar a hegemonia ideológica na América, muito separatista no entender dos burgueses no poder. Os jesuítas eram o aparato ideológico fundamental contra as pretensões hegemônicas no novo bloco histórico no poder. Era necessário enfraquecê-los, destruí-los. Toda a burguesia européia estava de acordo." (Dussel, 1982, 20).

O regalismo de Pombal era fortalecido pelas influências jansenistas e iluministas que sofria[12]. Nesse momento, em que também se deu a assinatura do Tratado de Madri (1750) e em que era necessário regular as fronteiras entre os domínios portugueses e espanhóis na América, a ação dos missionários, sobretudo a dos jesuítas, nos Sete Povos das Missões e na Amazônia, passou a ser considerada como anticolonial[13]. Estava decretada a sua sorte e a sua expulsão, que veio logo depois, concretizando-se em 1760. Antes dos jesuítas, foram expulsos do Pará os franciscanos da Piedade e da Conceição. Os mercedários, por não serem de origem portuguesa e não possuírem casas em Portugal, ficaram sob severa vigilância; em 1794 foram expulsos para o Maranhão, atendendo-se a uma representação que contra eles fora feita pelo antigo bispo dom frei Caetano Brandão. Os carmelitas e franciscanos de Santo Antônio ainda permaneceriam no Pará até o início do século XIX[14].

Para substituir os missionários no governo temporal dos índios foi criado o sistema do Diretório. Em cada aldeamento, agora transformado em vila ou lugar, além do principal (líder indígena), haveria um diretor, funcionário do governo encarregado da administração dos assuntos dos índios. Estes seriam divididos em duas partes, das quais uma deveria sempre permanecer na aldeia para atender a sua defesa e aos trabalhos necessários, sendo os demais repartidos entre os "moradores" do Estado, para seu serviço, mediante salário depositado antecipadamente nas mãos dos diretores. Com isso, na prática, anulava-se a lei sobre a liberdade dos índios, anteriormente decretada por Pombal (1755), pois estes continuavam a ser tratados como escravos. A antiga proibição do Regimento das Missões era abolida, permitindo-se aos portugueses morar nessas vilas e lugares. Aí se encontra, provavelmente, a origem do fato de um bom número de cidades do interior da Amazônia ser constituídas, até pelo menos o século XIX, de duas partes: a "cidade" (habitada pelos homens livres) e a "aldeia" (onde moravam os índios ou seus descendentes). Explicitamente, porém, o sistema do Diretório abolia a distinção entre índios e brancos, incentivando os intercasamentos. Era proibido o uso do nheengatu, ou língua geral, sendo obrigatório o uso do português nas escolas. Entre as obrigações dos diretores estavam as de promover o progresso da agricultura e do comércio, estimular os índios ao trabalho e à "vida civilizada", tratá-los com brandura e auxiliar a catequese[15].

Na realidade, a maioria (senão a totalidade) dos diretores não cumpria com suas obrigações. Foram posteriormente acusados de "ineptos, ávidos e túrbidos" (Raiol, 1902, 244), procurando usar seus cargos apenas para oprimir os índios e obter vantagens materiais. O sistema resultou num fracasso, tendo sido extinto durante o governo da rainha dona Maria I, em 1798, por proposta do próprio governador do Pará[16].

Três anos depois da expulsão dos jesuítas chegava ao Pará o padre Giraldo José de Abranches, visitador do Santo Ofício da Inquisição. Isso não significa que a Inquisição já não tivesse seus tentáculos estendidos até a Amazônia (incluindo a região do Salgado) antes de 1763, como veremos. Essa visitação, porém, tem uma importância especial, no tocante às relações entre o Estado e a Igreja. Deve-se considerar que, na época, a temida instituição já se encontrava em declínio na Metrópole e no mundo em geral. Por isso mesmo, dentro do regime do padroado, ela tinha se transformado num instrumento de ação da política pombalina. Trazida para o Pará numa fase de transformações do mundo colonial português e numa época de confronto das esferas de poder político e religioso (representado, no caso, pelos regulares), a hipótese levantada por Amaral Lapa (1978) de um elo indissolúvel entre a expulsão dos jesuítas e a vinda da Inquisição parece bastante sustentável.

Ela serviria não só para examinar o alcance e a extensão do

trabalho dos jesuítas (e outros regulares) recém-expulsos, mas também como instrumento de moralização dos costumes, numa região à qual o Marquês de Pombal conferia uma grande importância econômica, o que é atestado pela criação da Companhia Geral de Comércio do Grão-Pará e Maranhão[17]. Como nota a historiadora Laura de Mello e Souza, todas as visitações e devassas importantes ocorreram em áreas cuja relevância econômica, para a Metrópole, era considerável: Bahia, Pernambuco, Minas Gerais e Pará (Mello e Souza, 1986, 289-290). A expulsão dos jesuítas não havia feito cessar todo o perigo de contestação à ordem estabelecida. Era necessário chegar até a raiz de possíveis novos focos de desordem. E (a despeito de que a fantasmagoria inquisitorial se vinha esvanecendo no mundo), depois de todas as medidas pombalinas, que culminaram com a expulsão, o meio ideológico mais eficaz de preveni-los seria a vinda do Santo Ofício. A desconfiança já existia com relação aos demais regulares e, por isso, talvez fosse possível raciocinar como afirma um historiador francês com relação à Europa: "Depois da expulsão dos jesuítas, a desconfiança tinha sido alimentada na opinião com respeito a seus sucessores, considerados capazes de piores delitos" (Delumeau, 1978, 226)[18].

Um longo período deve ser saltado, para atingir, novamente, uma fase "quente". Entro agora numa nova conjuntura da história da Igreja, no Brasil, a fase da chamada romanização. Seus primórdios se encontram ainda no período do Império, portanto, como foi dito acima, na vigência do padroado, cujo direito tinha sido reivindicado e mantido por nossos imperadores até a proclamação da República. O processo de romanização, ou de reforma da Igreja Católica, representa, na origem, justamente uma reação contra o regime do padroado. O movimento visava, no conjunto, colocar a instituição eclesiástica brasileira em sintonia com as diretrizes da Santa Sé, já estabelecidas desde o Concílio de Trento (século XVI) e reforçadas, mais tarde, pelo Concílio Vaticano I (final do século XIX)[19].

Pioneiros nesse processo foram dois prelados nascidos no Pará, dom Romualdo de Souza Coelho, que governou a diocese paraense de 1821 a 1841, e seu sobrinho, dom Romualdo Antônio de Seixas, que viria a ocupar a função de arcebispo da Bahia e primaz do Brasil, justamente quando, em meados do século XIX, começa o movimento de reforma da Igreja. Quanto ao primeiro Romualdo, diz o historiador Arthur Cezar Ferreira Reis, em sua conhecida obra *A Conquista Espiritual da Amazônia*: "O clero de que dispunha estava na sua quase totalidade contaminado pelas novidades liberais. O Seminário de Belém não era procurado pela mocidade senão para a ilustração comum" (Reis, 1942, 72).

Embora dom Romualdo Coelho fosse político e possuísse tendências regalistas, deu um início modesto ao programa de reformas que se avizinhava, preocupando-se com a instrução religiosa do povo, tendo sido o autor do primeiro catecismo romano que se difundiu no período imperial, popularizado a partir da arquidiocese da Bahia, por dom Romualdo Antônio de Seixas. Este, por sua vez, integrou-se ativamente no movimento romanizador do episcopado brasileiro, que teve entre seus pioneiros mais destacados, dom Antônio Viçoso, na diocese de Mariana, promovendo a vinda dos lazaristas franceses e das irmãs da caridade; dom Antônio Joaquim de Melo, que assumiu a diocese de São Paulo em 1852; e, no Pará, cuja diocese abrangia, na época, todo o território da Amazônia, dom José Afonso de Morais Torres (1844-1859), o antecessor do mais famoso bispo desta diocese, dom Antônio de Macedo Costa (1861-1890)[20].

O movimento de reforma da Igreja tinha como um de seus pontos básicos a ação do episcopado sobre o clero e o laicato, a partir da posição de poder ocupada por aquele, na estrutura eclesiástica. Embora este tema deva ser melhor desenvolvido no capítulo seguinte, vale adiantar que, quanto ao clero, visando proceder à elevação de seu nível moral e intelectual, era necessário uma atuação que levasse, de um lado, à formação de um clero nativo confiável e, de outro, à vinda de sacerdotes estrangeiros, sobretudo de membros de ordens religiosas, tanto para revigorar as antigas congregações remanescentes do período colonial, como para ampliar seu número, acolhendo padres de novas e antigas ordens sintonizadas com esse movimento de renovação. Aliado a isso, um constante controle episcopal, especialmente sobre o clero secular (e nativo), permitindo que os sacerdotes, no seu conjunto, como instrumentos da hierarquia, estendessem o seu braço para também controlar os fiéis. No tocante aos leigos, a preocupação de controlá-los envolvia, ao mesmo tempo, o esforço em relação a sua instrução e educação religiosas, para o que várias medidas tinham de ser implantadas (catequese, fundação de escolas católicas, estabelecimento de aulas de religião nos colégios públicos), assim como o controle dos santuários populares de devoção (do que se encarregaram as ordens religiosas estrangeiras) (cf. Fragoso, 1980, 185-186; e Azzi, 1977, 140-141).

Tudo isso, porém, não pode ser compreendido sem que se leve em conta as implicações sociológicas do processo de romanização, em sintonia com o desenvolvimento das forças produtivas no Brasil a partir de meados do século passado. O ano de 1850 é assinalado por dois fatos que, aparentemente, nada têm a ver com o esforço empreendido pelo episcopado brasileiro no sentido de reformar a instituição eclesiástica: a abolição do tráfico negreiro e o surgimento da nova lei de terras. Mas esses dois fatos, com profundos reflexos nas estruturas econômicas e sociais brasileiras, permitiram, de um lado, a transferência de capitais, até então empregados no tráfico, para as atividades produtivas; e, de outro, a possibilidade da formação das grandes fazendas de café, no Sudeste brasileiro, com a implantação do regime de trabalho livre (assalariado), que traria um elemento novo para a evolução de nossa economia e sociedade, com o surgimento do chamado capitalismo agrário. Isso permitiu o grande surto de prosperidade econômica que caracteriza o segundo reinado, até quase o final do século XIX (cf. Prado Jr., 1959, 156-157, 197 e segs.; e Sodré, 1964, 66 e segs.). Do ponto de vista social, o processo representa a emergência de uma nova classe hegemônica, a burguesia agrária, em substituição à antiga classe senhorial, cuja decadência se acentua ainda mais a partir de 1888, com a abolição da escravatura (cf. Ribeiro de Oliveira, 1985, 180 e segs.).

Que tem a ver a Igreja Católica com esse processo? Do ponto de vista da intencionalidade dos agentes sociais — os bispos romanizadores — pode-se afirmar que, provavelmente, nada. Não se pode dizer que havia uma aliança explícita entre bispos e burguesia agrária emergente. Num outro nível de análise, porém, os interesses romanizadores da Igreja convergiam com os interesses objetivos da burguesia agrária. Pois, ao se preocuparem com a educação do clero e do laicato, exercendo um controle romanizante (e, mesmo, europeizante) sobre nossas populações rurais, os bispos e a Igreja preparavam essas populações para mais facilmente aceitar a implantação do novo modelo de capitalismo agrário que se forjava nos centros mais dinâmicos de nossa economia. Essa tese é sustentada pelo sociólogo Pedro Ribeiro de Oliveira, para quem, em seu livro *Religião e Dominação de Classes*, o processo de romanização desempenhou a função social de hegemonia para a burguesia agrária brasileira (Ribeiro de Oliveira, 1985, 17-18 e 315-337) que, até pelo menos a década de 30 de nosso século, antes do início do processo de substituição das importações que permitiria o desenvolvimento da indústria, teria o papel inconteste de classe dominante em nossa sociedade.

A tese, porém, se pode ser considerada plausível no que diz respeito a outras regiões brasileiras — o Centro-Sul e, em certa medida, o Nordeste — claramente não se aplica à Amazônia. Aqui se desenvolviam, concomitantemente, outros processos sociais e econômicos, com o advento do chamado ciclo da borracha, que se ligava a uma determinada fase do industrialismo euro-americano. Constituía-se, pois, na região, uma economia fundamentalmente voltada para o exterior, onde os barões da borracha formavam uma classe muito diferente da burguesia agrária ligada à produção cafeeira e mais vinculada, em termos de interesses, aspirações e ideologia, à antiga classe senhorial. Não é possível, pois, sustentar a tese da existência de vinculações ideológicas e de função social de hegemonia entre a ação dos bispos romanizadores, na Amazônia, e o processo social e econômico ligado ao desenvolvimento do capitalismo mercantil do período do extrativismo gomífero[21].

Paradoxalmente, porém, a diocese paraense (que abrangia toda a Amazônia) irá desempenhar um papel de grande relevo, nesse processo e, mesmo, de liderança, na época do governo episcopal de dom Macedo Costa. Antes, porém, de enfrentar esse paradoxo, vale lembrar que, no início do processo de romanização, houve uma convergência de interesses entre a ação da Igreja e as autoridades do Império. Esse início coincide com a consolidação política do segundo reinado, passada a fase de convulsões políticas e agitação do período regencial. A reforma católica interessava ao Estado "como um meio de afastar o clero urbano da política, em vista de suas idéias liberais (...). Havia nesse período uma concordância básica entre o poder civil e o eclesiástico, sendo a Igreja então considerada como o sustentáculo da ordem estabelecida." (Azzi, 1983, 22). Assim, durante cerca de 20 anos, de um modo geral, reinou a paz e a concórdia entre a Igreja e o Estado no Brasil. Não obstante, a partir dos anos 70 do século XIX, no período de crise do segundo reinado, começou a fase do "combate" (para usar uma expressão do padre Júlio Maria)[22] entre as duas instituições, como decorrência natural desse movimento de reforma católica.

Não é o caso de empreender, aqui, a análise da chamada "Questão Religiosa", já tão estudada pelos historiadores, na qual tiveram maior destaque os bispos de Olinda e Recife, dom Vital Maria de Oliveira, e do Pará, dom Antônio de Macedo Costa. Basta evocar as mudanças ocorridas na cúpula da Igreja, como reação ao liberalismo europeu de modo geral e, em particular, ao movimento de unificação da Itália (processo que se completou com a tomada dos Estados Pontifícios e de Roma, apressando o término do Concílio Vaticano I). O conservadorismo ultramontano passa a predominar, reforçado pela proclamação do dogma da infalibilidade pontifícia. A maçonaria, juntamente com vários outros "erros" do mundo moderno, estava condenada pela Igreja[23]. Os líderes do episcopado brasileiro, formados na Europa — e, entre eles, dom Macedo Costa, em São Sulpício — teriam de entrar em choque com autoridades de um Estado ainda sustentado pela classe senhorial decadente que, mesmo não sendo liberais, eram, no entanto, maçons. Importante para os objetivos deste capítulo é assinalar que o conflito entre Igreja e Estado permitiu a emergência da liderança do bispo do Pará. Até a data de sua morte (1891) ele se manteria como o líder incontesto do episcopado brasileiro, desempenhando um papel político da mais alta relevância para as relações entre o Estado e a Igreja no Brasil. Entretanto, sua projeção nacional e as relações estreitas que manteve com o papa Leão XIII, aumentando-lhe o prestígio e a influência, não foram acompanhados por uma correspondente atuação em profundidade em sua vasta diocese. No Pará e na Amazônia, os efeitos de sua ação pouco transcenderam os limites da cidade de Belém[24].

Como entender que um bispo do Pará tenha podido assumir esse tipo de liderança? Ao lado das características de sua biografia individual, não deve ser esquecido que, na época, a Amazônia desempenhava um papel muito importante na economia brasileira, em conseqüência do ciclo da borracha. Suas elites, por outro lado, estavam voltadas para o exterior, especialmente preocupadas com o conhecimento da Europa e da cultura européia. A verdadeira riqueza do extrativismo se esvaía pelo porto de Belém e se destinava ao exterior. O dinheiro dos barões da borracha era desperdiçado em despesas suntuárias. Os impostos arrecadados pelo governo central eram majoritariamente aplicados no desenvolvimento do Centro-Sul e apenas uma parcela mínima se reinvestia na região (cf. Santos, 1980, 292-298)[25]. Isto me faz voltar ao paradoxo acima aludido, pois, se as elites e a classe dominante não estavam, de modo geral, preocupadas com a Amazônia, a não ser como fonte de onde podiam auferir as vultosas rendas proporcionadas pela economia gomífera, também o seu bispo, cuja aprimorada educação obtida na França o distanciava do povo comum, só podia, de fato, exercer a sua capacidade de liderança, o seu carisma (social), em relação com os interesses dos centros mais dinâmicos da economia brasileira, onde se implantava, como vimos, a hegemonia da burguesia ascendente.

Com a proclamação da República e a assinatura do decreto de separação entre a Igreja e o Estado, inaugura-se uma nova fase na história da Igreja no Brasil, mas prossegue — e até mesmo se aprofunda — o processo de romanização. E é aí, nos últimos anos de sua vida, que o papel de dom Macedo Costa se torna mais relevante. Começando pela sua atuação em plano nacional, pode-se analisar diversos níveis das relações entre Estado e Igreja, até chegar a seus reflexos em plano local, atingindo a região do Salgado e a paróquia de Vigia.

Sabe-se da ascendência que dom Macedo Costa possuía sobre Rui Barbosa, seu antigo aluno, e da influência que pôde exercer na redação do decreto de separação entre a Igreja e o Estado e da Constituição de 1891 (cf. Dornas Filho, 1938, 281; e Lustosa, 1939, 578-579). Foi possível, assim, evitar que, num Estado dominado por líderes de ideologia liberal e positivista, se incluísse dispositivos, nesses diplomas legais, cujas conseqüências poderiam ser danosas à instituição eclesiástica. Se, de um lado, a Igreja perdia certos privilégios, como o recebimento de côngruas pelos sacerdotes, possibilidade de expedição de documentos oficiais (registros de batismo e casamento) e outros menores, de outro lado, desaparecia aquela proteção governamental do regime do padroado, que a abafava, oprimia e quase completamente a atrofiava[26]. Além disso, a influência de dom Macedo Costa permitiu eliminar da Constituição de 1891 três aspectos que certamente seriam muito prejudiciais à Igreja do Brasil, na visão do episcopado: limitação nas leis sobre mão morta (bens inalienáveis), exclusão dos jesuítas (já de volta ao Brasil, após o restabelecimento de sua Ordem) e proibição da fundação de novos conventos e mosteiros (cf. Bruneau, 1974, 66).

Entrementes, logo após a publicação do decreto de separação entre a Igreja e o Estado, dom Macedo Costa redigiu a Pastoral Coletiva dos bispos brasileiros (1890), analisando esse mesmo decreto em cuja redação conseguira influir. Em sua obra *O Padroado e a Igreja Brasileira*, publicada em 1938, João Dornas Filho critica o texto da Pastoral Coletiva de 1890, por seus aspectos "contraditórios", pois, se de um lado aplaude a atitude do governo, de outro combate a "separação", preferindo o termo "independência". Ademais, a Pastoral é sempre cautelosa com relação ao novo regime, reconhecendo que "no decreto há cláusulas que podem facilmente abrir a porta a restrições odiosas" à liberdade eclesiástica, embora o mesmo tenha assegurado à Igreja "uma certa soma de liberdade que ela jamais logrou no tempo da Monarquia" (Dornas Filho, 1938, 290). Contemporâneo dos acontecimentos, o padre Júlio Maria, em sua *Memória Histórica* sobre o catolicismo no Brasil, originalmente publicada no livro do 4º Centenário do Descobrimento, afirma que a Pastoral Coletiva considerava "convenientes" os artigos do decreto de separação entre a Igreja e o Estado. Com efeito, a "contradição" apontada por Dornas Filho é apenas aparente, pois reflete a aliança precária que se estabelecera entre a Igreja, os liberais e os positivistas. Sendo, no fundo, a posição de dom Macedo Costa, uma postura conservadora (e mesmo ultramontana), era, no entanto, necessário manter um apoio, com reservas ("apoio crítico", na terminologia política mais recente), ao novo regime. O padre Júlio Maria, que compartilha, em certo grau, dessa postura conservadora, mas que censura em sua *Memória*... a atitude dos católicos saudosistas, que ainda em 1900 tentavam se apegar à nostalgia do Império, quando não às idéias monarquistas, consegue melhor captar *(et pour cause)* a atitude do episcopado[27].

Com efeito, desde o início do regime republicano, e da conseqüente conquista da liberdade, a Igreja empreende o "combate", não somente no sentido de manter essa liberdade, mas também no de sujeitar o povo católico (os leigos), a seus ditames mais estritos. Com relação ao Estado, a luta se faz com reservas, pois é necessário influenciá-lo de várias formas, como de fato foi feito, através da atuação breve mas decisiva de dom Macedo Costa que, mesmo tendo falecido em março de 1891, ainda chegou, como vimos, a exercer influência sobre a nova Constituição promulgada no mês anterior. Essa luta prossegue durante todo o período da República Velha, no sentido de reconquistar, com a manutenção da liberdade, privilégios perdidos, com uma nova face. Com relação aos leigos, a situação é bem complexa, pois estes não se deixam facilmente dobrar; o Estado não deixa de participar desse "combate", ora se colocando a favor da hierarquia, ora a favor dos leigos, segundo os contextos históricos e as situações específicas, que serão melhor examinados adiante.

É necessário, agora, descer ao nível local e, mesmo, retornar no tempo, para examinar algumas situações em que se configura a relação entre Igreja e Estado. Ainda no período colonial, tendo surgido, na segunda metade do século XVIII, o culto de Nossa Senhora de Nazaré, em Vigia, logo o mesmo se propagou, com forte apelo popular, às cercanias de Belém. "Achada" uma imagem da santa no igarapé Murutucu, em 1700, pelo caboclo Plácido, logo ali se criou uma ermida, que era muito freqüentada pelos devotos de Belém (os quais também iam a Vigia oferecer sua devoção à imagem mais antiga da mesma Senhora)[28]. O primeiro bispo do Pará, dom Bartolomeu do Pilar, pouco depois de ter tomado posse em sua diocese, na década de 20 do século XVIII, visitou a ermida da santa e incentivou a devoção iniciada por Plácido. Por volta de 1732 o mesmo bispo esteve também em Vigia, em visita pastoral (Almeida Pinto,

1906, 30 e 39). Era o início do controle eclesiástico sobre essa devoção popular, que se acentuou em 1773, quando o quinto bispo do Pará, dom João Evangelista, que também visitou a imagem de Plácido, oficializou a devoção, colocando Belém sob a proteção de Nossa Senhora de Nazaré. Mais tarde, solicitou permissão à rainha dona Maria I e ao papa para a realização de uma festa pública em homenagem à santa (Almeida Pinto, 1906, 89; e Rocque, 1981, 33-35).

Vigindo, na época, o regime do padroado, era necessário o concurso do Estado. Igreja hierárquica e Estado, unidos, exerceram seu controle sobre a devoção popular e, aquando da realização do primeiro Círio de Nazaré em Belém, programado pelo governador Francisco de Souza Coutinho para setembro de 1793, esse controle se tornou bem evidente, especialmente na ordem dada pelo governador aos diretores das vilas e povoações do interior para que não permitissem às índias o comparecimento desacompanhadas de seus irmãos ou maridos à festa religiosa (Vianna, 1904, 235). É de supor que a ordem revele o que não diz, explicitamente: a ocorrência do que a autoridade devia considerar como "abusos" em festas anteriores.

A festa de Nazaré, como veremos, sempre foi motivo de intervenções controladoras da hierarquia, ensejando o surgimento de relações diferenciais entre Igreja e Estado. Antes, porém, de voltar a ela, vale colocar uma outra situação, já na segunda metade do século XIX, agora na paróquia de Vigia. Em 1873 o padre Mâncio Caetano Ribeiro foi nomeado por dom Macedo Costa para dirigir essa paróquia. Padre Mâncio era um homem ilustrado, tendo completado seus estudos em Roma, dentro da nova política do episcopado de enviar jovens seminaristas para se educarem na Europa. Pertencia a uma família influente da cidade de Bragança, a qual estava estreitamente ligada ao Partido Conservador. O próprio padre Mâncio era político e, mais tarde, depois de deixar Vigia, chegou a ser eleito deputado provincial por esse partido[29]. Assumindo, entretanto, a paróquia, no auge da Questão Religiosa, que resultou na prisão e condenação dos bispos do Pará e Pernambuco durante o governo do gabinete conservador presidido pelo Visconde do Rio Branco (1871-1875), o padre Mâncio não deixou de criticar, como vigário, a atitude dos conservadores. Mais tarde, porém, passada a fase mais aguda da questão e concedida a anistia aos bispos, o vigário voltou a se ligar aos conservadores e a criticar os liberais. Isso era apontado pelos seus adversários como contradição e oportunismo, como aparece em alguns números do jornal local "O Espelho", ligado aos liberais. Esse jornal, aliás, do qual foi possível consultar todos os números, é um crítico constante do vigário. Uma das críticas mais comuns referia-se ao controle que o pároco procurava exercer sobre as festas religiosas populares, gerando às vezes sérios incidentes, como ocorreu, em 1878, por ocasião da festa de Santa Luzia, promovida pela Sociedade Treze de Dezembro, cuja realização o vigário, depois de ter sido contratado para oficiar os atos de culto, acabou proibindo. A despeito disso, a festa realizou-se com a pompa habitual, sem a presença do padre, mas com a realização de "ladainhas civis". Delas "O Espelho" nos dá uma definição em seu n.º 18, de 19.1.1879:

> "*Ladainhas Civis* — São assim chamadas as ladainhas cantadas sem assistência de padres. Pois por toda parte vão ficando em moda as ladainhas civis. Em Monsarás, o padre retira-se, o povo reúne-se na igreja e canta ladainhas civis; em Ourém, o vigário é suspenso e o povo reúne-se na igreja e canta ladainhas civis; no Capim, não há padre, o povo canta na igreja ladainhas civis. *Enfim, na capital, já houve ladainhas civis* (meu grifo, R. H. M.); em Porto Salvo sempre há ladainhas civis, e agora ali no Arapiranga se estão cantando ladainhas civis. Decididamente parece que o povo vai gostando de tudo que é *civil*. Também, quem há de engraçar com o que é *incivil?*"

O texto é interessante porque reflete, de um lado, o costume, muito difundido no catolicismo tradicional brasileiro, da realização de cerimônias de culto sem a presença de autoridades religiosas; mas, de outro lado, reflete também a reação contra o controle romanizante das festividades populares e, conjunturalmente, a chamada Questão Nazarena, que se encontrava em curso na capital da província. Essa questão, que pode ser considerada, em termos locais, como um desdobramento da Questão Religiosa, originou-se em outubro de 1877, quando dom Macedo Costa, que estava de viagem para Vigia, deu ordem para suspender as funções religiosas da festa de Nazaré, em Belém, por ter tido notícia, através da imprensa, da realização de "representações indecorosas" no arraial da santa. O fato teve grande repercussão na cidade e no interior, sendo a atitude do bispo criticada, violentamente, sobretudo pela imprensa liberal. A despeito da proibição, o povo, instigado por membros da irmandade de Nazaré, abriu por conta própria a porta da ermida, que encontrara fechada na noite desse dia, apoderando-se dos instrumentos sagrados, acendendo velas e lustres, tocando os sinos, para, em seguida, entoar, "com todo o recolhimento, uma ladainha que era acompanhada por grande número de pessoas, ajoelhadas até na rua." (Cf. Rocque, 1981, 63-64).

A Questão Nazarena prolongou-se até o ano de 1880, envolvendo uma disputa entre a autoridade eclesiástica e a irmandade de Nossa Senhora de Nazaré, da qual faziam parte alguns conhecidos maçons, e cuja legitimidade era contestada por dom Macedo Costa. Na época, estava sendo concluída a construção da igreja que deveria substituir a antiga ermida, sendo que a disputa se fazia também pelo controle do novo templo[30], que a irmandade desejava manter sob sua guarda. Além das ladainhas civis, foram também realizados dois "Círios civis" em 1878 e 1879, sem a participação do clero e das autoridades religiosas. Mas o que mais importa aqui enfatizar é que o governo provincial deu todo o apoio à irmandade, desconsiderando, de várias formas, a autoridade religiosa. A questão chegou a repercutir, mesmo, no Senado do Império, provocando debates inflamados. A solução do conflito se deu pela mediação do próprio presidente da província, José Coelho da Gama e Abreu (Barão do Marajó), que antes tinha apoiado a irmandade (cf. Lustosa, 1939, 397-486; e Rocque, 1981, 63-83).

Esses episódios, ocorridos na vigência do padroado, mas em contextos históricos distintos, ilustram situações de aliança, oposição e conciliação entre Igreja e Estado, em relação com os interesses religiosos dos leigos (estes mesmos diferenciados por sua condição de classe e *status*, no conjunto da sociedade global). Uma espécie de segunda Questão Nazarena, ocorrida a partir de 1926, mas que se estende até o ano de 1931, constitui também um exemplo interessante, não só por ocorrer já no regime de separação entre a Igreja e o Estado, mas por ter se desenvolvido no período de transição entre a Velha e a Nova República. O episódio estava ligado aos esforços romanizadores de dom Irineu Joffily (1925-1931) que, alegando normas emanadas da Sagrada Congregação dos Ritos, introduziu uma série de mudanças no Círio de Nazaré, visando transformá-lo numa procissão devota, com a participação ordenada de associações religiosas, orações e cânticos pios. Os aspectos mais polêmicos das reformas diziam respeito à abolição da "tradicional" corda conduzida por promesseiros, que circundava a berlinda da santa, e à abolição do próprio carro que a conduzia, sendo o mesmo transformado em andor, a ser conduzido nos ombros dos fiéis. Apesar da forte reação popular e de uma parte da imprensa, as modificações foram mantidas, com apoio do governador do Estado, Dionísio Bentes, que colocou a Polícia nas ruas para garantir, de forma até violenta, o cumprimento das ordens do arcebispo. A questão só foi resolvida depois da Revolução de 1930, quando assumiu a interventoria do Estado, o então tenente Magalhães Barata que, decididamente, colocando-se ao lado das manifestações populares, e manipulando-as em benefício político, assumiu a causa da volta do "Círio tradicional". Em julho de 1931, dom Irineu Joffily, alegando motivos de saúde, renunciava à arquidiocese; não ficou porém descartada a hipótese de que o motivo também estivesse ligado ao conflito que se estabelecera entre as autoridades laica e eclesiástica. Com a mediação do interventor, entretanto, foram feitos apelos pelo governo brasileiro ao Núcleo Apostólico, ao cardeal do Rio de Janeiro (dom Leme) e gestões junto ao Vaticano através do Ministério do Exterior. A questão passou a ser integralmente assumida pelo Estado, num sentido de conciliação. Em outubro de 1931, antes da chegada a Belém de dom Antônio Lustosa (1931-1941), o sucessor de dom Irineu, a corda foi restabelecida no Círio, cessando o conflito (cf. Roque, 1981, 85-121).

Este episódio contém novos elementos, nas relações entre a Igreja e o Estado, que, para serem compreendidos, necessitam de uma perspectiva mais vasta. Há necessidade de entender o que estava acontecendo, em plano nacional, no tocante a essas relações, desde o início do século. Como assinala Bruneau, o cardeal-arcebispo do Rio de Janeiro, dom Sebastião Leme, na segunda metade do século XX, acabou por se tornar o novo líder do episcopado brasileiro. Foi ele o condutor da política de reaproximação entre a Igreja e o Estado, cujos primeiros passos, como foi visto acima, já tinham sido dados por dom Macedo Costa. Dom Leme seguiu uma orientação distinta, que se tornou predominante, daquela preconizada pelo influente intelectual católico, o redentorista padre Júlio Maria. Este, em seus escritos, preconizava a criação de uma base sólida de "evangelização ativa", para tornar o Brasil católico, realizando a união entre a Igreja e o povo; sua posição era mais crítica e distanciada do que era proposto por dom Leme que, efetivamente, buscava uma nova união com o Estado. Para isso, o cardeal contava com o fato do incremento da organização eclesiástica, a partir da adoção das estratégias romanizantes (e europeizantes), mas, ao mesmo tempo, brandido com o argumento do "Brasil como país católico", procurava demonstrar isso na prática, pelas grandes concentrações de massa por ele promovidas no Rio de Janeiro, em 1931, durante o governo provisório de Vargas, em honra de Nossa Senhora Aparecida e do Cristo Redentor. A influência do padre Júlio Maria, apesar de ter sido grande, tinha certamente um peso menor da de alguém que, como dom Leme, ocupava um posto de grande relevância na hierarquia. Por outro lado, a morte do padre Júlio Maria se deu em 1916, exatamente no ano em que dom Leme, como arcebispo de Olinda e Recife, iniciava a sua atuação que o levaria a se transformar no novo líder do episcopado brasileiro. Essa atuação, segundo Bruneau, acabou por conduzir a Igreja brasileira a um modelo de "neo-cristandade", aumentando sua influência, pela ligação com o Estado, mas, principalmente voltada para as camadas médias urbanas, sem uma base sólida junto às massas rurais e à população mais pobre (cf. Bruneau, 1974, 73-97).

Foi no contexto mais geral desse novo modelo de Igreja que dom Antônio Lustosa assumiu a arquidiocese de Belém, que abrangia uma vasta área do interior paraense, incluindo a região do Salgado[31], com uma população dispersa, em pequenas cidades, vilas e povoações (inclusive aldeias indígenas), de difícil acesso, com um número muito pequeno de sacerdotes e inúmeras capelas rurais. Durante seu governo iriam se criar as principais condições para a consolidação do movimento de reforma da Igreja, dentro de seus limites possíveis, na área da arquidiocese. Essas condições, porém, já eram favorecidas e tinham seus rumos traçados por todo um trabalho anterior, em plano nacional, de recomposição das relações com o Estado.

CAPÍTULO 2
IGREJA E POVO:
O DESEJO DE TOTALIDADE
E AS ESTRATÉGIAS DO CONTROLE

Para além dos elementos mais permanentes da estrutura organizacional da Igreja, já brevemente assinalados no capítulo anterior, ao longo das diferentes conjunturas e das diversas fases da história brasileira e regional, torna-se necessário examinar as mudanças ocorridas. Mas, também, um elemento permanente, que me parece central para a compreensão do processo histórico que conduz aos desenvolvimentos atuais, na relação entre catolicismo oficial e popular, isto é, o desejo de totalidade que informa as ações da Igreja hierárquica.

Na fase do padroado, como se acentuou acima, o Estado funcionava como um anteparo entre hierarquia e "fiéis". Cumpre, pois, tratar da subordinação hierárquica como um elemento que possui muitos limites, a começar pelo fato de que, nos primeiros anos de colonização, o Pará (e a Amazônia) se ressente da ausência de um bispado, ficando subordinado, inicialmente, à diocese da Bahia e, mais tarde, ao bispado do Maranhão. A diocese do Pará só surgiria nos primeiros anos do século XVIII, pouco mais de um século após a fundação de Belém. Por outro lado, por quase dois séculos, observa-se a permanência de uma única diocese abrangendo todo o território da Amazônia, pois o bispado do Amazonas só surgiu em 1892, após a extinção do padroado e das limitações impostas pelo Estado à administração eclesiástica no Brasil. No tocante à região do Salgado, esse fato teve menores conseqüências, pois, desde a criação

59

da diocese do Pará, em 1719, até os dias de hoje, essa região continuou subordinada ao bispo de Belém (cf. Ramos, 1952, 11-18).

Impossível entender essa estrutura, nos primeiros tempos do padroado, sem tratar da presença dos missionários, no período colonial. Eles estão presentes, no Pará, desde os primeiros anos, antes mesmo da criação do bispado, embora, de modo geral, sejam posteriores à vinda dos primeiros (e raros) seculares. Essa presença marcante dos regulares na Amazônia, com um intervalo longo de quase ausência, a partir de meados do século XVIII (em conseqüência das medidas pombalinas), é algo que se pode detectar, também, desde o fortalecimento do processo de romanização, até os dias atuais. É preciso, porém, compreender as diferenças: no período colonial os regulares estavam fundamentalmente preocupados com os índios (que, aliás, constituíam a grande maioria da população regional). Essa preocupação não se devia somente ao grande número de índios, mas ao fato de que se tratava de *pagãos*, o que constitui um dado fundamental. Colonos portugueses, escravos (índios e negros), mestiços, moradores das vilas e povoações lusitanas, eram todos "cristãos", ou porque já vinham como cristãos da Europa, ou porque nasciam num ambiente cristão, ou porque, aprisionados como escravos, na África e na América, eram logo batizados e, basicamente, para salvar suas almas, dispunham de uma assistência religiosa mínima, durante suas vidas e na ocasião da morte. Os índios, que viviam nas florestas, precisavam, porém, ser conquistados, para aumentar a "fé e o Império". Do ponto de vista religioso, segundo as concepções da época, se morressem no paganismo, estariam condenados à danação eterna. Daí a urgência de os missionários chegarem até eles, para trazê-los ao grêmio cristão. É ilustrativo o relato feito pelo padre José de Moraes a respeito da missão do padre Luís Figueira, em 1636, o primeiro jesuíta a atuar entre os índios das cercanias de Belém:

> "(...) como era insigne no idioma dos índios, escreveu tão claros e breves compêndios, pelos quais lhes explicava os mistérios mais recônditos da nossa fé, que os al-

deanos, além de ouvir com gosto, aprendiam com facilidade, quanto por eles o caritativo padre lhes ensinava: e como ao mesmo tempo não podia acudir a todos, instruiu, qual outro Xavier, catequistas que na sua ausência fizessem todos os dias repetir as orações e explicações da doutrina (...). Assim corria, e assim discorria, de umas para outras aldeias, este anjo nos passos veloz, andando em contínuo giro, sem outro descanso que o que lhe restava de algumas poucas horas da noite, e sem mais consolação que as de que abundava o seu espírito tão oprimido de trabalhos, como atenuado de penitências, *por ver voar ao céu tantas almas* (meu grifo, R.H.M.) (...). Poucos meses gastou nestes apostólicos exercícios (...); mas para que sua vinda por transeunte não fosse causa de se secarem as plantas que com tanto suor de seu rosto tinha regado, instruiu os mesmos catequistas no modo de batizar, nos casos em que a necessidade permite, e de como haviam de animar no último perigo de vida; e aos já cristãos a bem morrer com fervorosos atos muito próprios daquela hora." (Moraes, 1860, 202-203).

É claro que os missionários não se contentavam apenas com esse trabalho: a própria história do trágico retorno do padre Luís Figueira[32], assim como o trabalho posteriormente desenvolvido pelos jesuítas e outros missionários, na Amazônia, demonstram isso. Veremos, mais adiante, como a preocupação não se limitava às almas dos índios, mas também a seus corpos, como força de trabalho. Não obstante, mesmo que os processos de evangelização e catequese levassem à morte física do índio, o mais importante, nas concepções da época, era, certamente, garantir a sua "vida" espiritual.

Como foi visto acima, os padres seculares eram responsáveis pelas freguesias ou paróquias. Tem-se notícia de que o primeiro secular a chegar ao Pará foi o padre Manoel Figueira de Mendonça, acompanhando a expedição de que resultou a fundação de Belém, em 1616; foi ele também o primeiro "vigário do Pará" (Almeida Pinto, 1906, 15). Quanto ao primeiro vigário de Vigia, onde começou a se desenvolver o culto de Nossa Senhora de Nazaré, seu nome se perdeu no tempo, assim como os dos que o sucederam, durante o período colonial. Sabe-se, porém, pelas crônicas dos jesuítas e outras informações, que havia um vigário residente naquela vila, desde pelo menos os primeiros anos do século XVIII, o qual estava promovendo a construção da matriz de Nazaré, com ajuda dos moradores e contando com a mão-de-obra indígena colocada à sua disposição pelos jesuítas dos aldeamentos das proximidades[33]. Na época, a paróquia de Vigia abrangia, provavelmente, toda a região do Salgado, mas o trabalho do vigário se limitava aos estreitos limites da vila, pois, no interior, em toda uma vasta região onde não havia colonos, estavam os missionários, em contato direto com os índios.

Os bispos, por seu turno, precisavam percorrer enormes distâncias para realizar suas visitas pastorais. Temos alguns relatos disponíveis sobre esse trabalho. Dois exemplos precisam ser aqui destacados, pois dizem respeito à ação sobre o clero. Assim, em 1749, o terceiro bispo do Pará, dom frei Miguel de Bulhões, em visita a Vigia e a outras vilas do interior, "quis conhecer a moralidade dos vigários, sendo que por isso a sua visita não foi como de passagem, e gozar as florestas, resultando dessa prática a troca de vigararias, quando se dava o caso de não serem colados" (Almeida Pinto, 1906, 53). Seu sucessor, dom frei João de São José e Queirós, em suas visitas pastorais pelo interior da Amazônia, não se limitou a adotar medidas rigorosas contra leigos e padres seculares. Queixava-se de encontrar missionários "escandalosíssimos em mancebias, homicídios, usuras e tiranias". Fazia, porém, justiça a alguns "veneráveis de todas as religiões fundadas (...) que enchiam dignamente as crônicas das Ordens que professavam" (Almeida Pinto, 1906, 71-78).

Já nos primórdios da romanização, mas ainda no contexto do padroado (do Império), dom José Afonso de Morais Torres, o nono bispo do Pará, exerceu uma ação efetiva no sentido de melhor preparação moral e intelectual do clero, ao reformar o Seminário de Belém de acordo com o modelo lazarista do Caraça, trazendo para auxiliá-lo seu antigo mestre de Lógica, o padre José Joaquim de Moura Alves. Além disso, fundou seminários preparatórios em Óbidos e Manaus (1846 e 1848), sendo que, para sua sustentação, como bom discípulo dos lazaristas, criou, nesta cidade, a Irmandade de São Vicente de Paulo. Teve também grande preocupação com as visitas pastorais no interior de sua imensa diocese, deixando-nos, delas, interessante relato (Torres, 1852)[34]. Esse trabalho pastoral e de reforma seria continuado por seu sucessor, dom Macedo Costa, que não só procedeu a uma nova reforma no seminário belemense como também se preocupou em mandar para a Europa jovens promissores, que deveriam voltar como sacerdotes mais preparados para o exercício do ministério, de acordo com as diretrizes preconizadas pela Santa Sé. Esse trabalho foi completado, inclusive por seus sucessores, com o incentivo à vinda de Ordens religiosas estrangeiras (cf. Azzi, 1983, 24-25; e Ramos, 1952, 37).

Na fase da romanização, a partir da separação entre a Igreja e o Estado, abrem-se novas perspectivas para o trabalho pastoral na Amazônia. Já foi mencionada, acima, a criação da diocese do Amazonas. Alguns anos depois, em 1906, a diocese do Pará é elevada a arcebispado. Em seguida, paulatinamente, os limites da arquidiocese vão se restringindo, à medida em que progride a organização eclesiástica, com o surgimento das prelazias de Santarém, Conceição do Araguaia, Guamá, Xingu, Marajó e Macapá, entregues a congregações religiosas estrangeiras (Ramos, 1952, 61 e segs.). Exemplo interessante é o dos barnabitas, atraídos para Belém por dom Francisco do Rego Maia, que aqui chegaram em 1903, na mesma época em que se estabeleciam na diocese de Olinda e Recife. Em Belém, os barnabitas receberam a incumbência de dirigir o seminário, sendo, mais tarde, entregue a eles o mais importante santuário de devoção popular da Amazônia, o de Nossa Senhora de Nazaré. Isso fazia parte de uma política mais geral do episcopado brasileiro no sentido de controlar os principais centros de devoção no Brasil. De Belém, os barnabitas estenderam sua ação missionária ao interior do Estado, onde lhes foi confiada a prelazia do Guamá, inicialmente com o nome de Prelazia do Gurupi, com sede na cidade de Ourém (antiga Casa Forte do Rio Guamá). Mais tarde, com a incorporação de algumas paróquias interioranas ainda pertencentes à arquidiocese de Belém, os barnabitas transferiram sua sede para Bragança, onde também havia um importante centro de devoção popular dedicado a São Benedito[35].

Neste ponto vale lembrar que toda essa política de reforma da Igreja era orientada a partir de certos documentos, elaborados pelos líderes do episcopado, alguns dos quais apresentados com a força de diretrizes coletivas, à medida que progredia o nível de organização autônoma da hierarquia católica. A Pastoral Coletiva de 1890, redigida por dom Macedo Costa, é, no entanto, um documento de menor importância do que a carta confidencial por ele escrita, no mesmo ano, já com sua autoridade de arcebispo da Bahia e primaz do Brasil. Nesse documento, intitulado "Pontos de Reforma na Igreja do Brasil" são apresentadas aos bispos brasileiros as grandes linhas de reforma que seriam colocadas em prática nos anos seguintes em sua quase totalidade[36]. Deixando de lado a parte relativa aos leigos, vale examinar, de início, as diretrizes propostas quanto ao clero e à organização eclesiástica.

Depois de descrever os abusos do clero (indisciplina eclesiástica e negligência no culto), o documento preconiza aos bispos que adotem medidas rigorosas para reprimi-los, assim como recomenda aos padres a ampliação de suas atividades pastorais. Propõe, para a reforma do clero, o estímulo do "estudo da moral", a promoção de "exercícios espirituais" e, quando possível, a realização de "reuniões mensais". Quanto aos seminários, devem ser destinados somente à formação de sacerdotes, dando-lhes um ensino rigoroso e ortodoxo, com disciplina assegurada; que os melhores alunos, como prêmio, sejam enviados a Roma para completar sua formação. No tocante às Ordens religiosas, o documento enfatiza a necessidade de trazer da Europa novos membros das Ordens tradicionais brasileiras, para dar-lhes vitalidade, assim como chamar outras congregações, de ambos os sexos. Quanto à organização da Igreja, dom Macedo Costa propõe, segundo "o desejo da Santa Sé", que se realizem reuniões periódicas do episcopado. É necessário que os bispos mantenham uma atuação uniforme, assim como também garantam, em suas dioceses, a "unidade do clero". Enfatiza a importância das visitas pastorais e a intensificação da união dos bispos com o papa. E, finalmente, considerando não mais haver a interferência indébita do Estado nos assuntos eclesiásticos é preciso aproveitar a oportunidade para propor à Santa Sé a criação de novas dioceses.

O documento, como fica claro, é uma retomada da política que já vinha sendo seguida. Deve-se, porém, atentar para os aspectos novos que contém e, entre eles, as propostas de reuniões periódicas do clero e do episcopado. Aqui já está lançada a semente de uma nova forma de organização autônoma que, a médio prazo, irá resultar no Concílio Plenário Brasileiro de 1939 e, mais tarde, na CNBB. A partir daí, irão ocorrer várias conferências episcopais (1901, 1904, 1907 e 1911), até que, na conferência de 1915, surgirá, em redação definitiva, a Pastoral Coletiva dos Arcebispos e Bispos das províncias meridionais do Brasil. Mesmo tendo sido elaborada por uma parcela do episcopado, a Pastoral Coletiva de 1915 representa, de fato, o consenso de todos os bispos, pois foi aceita e adotada nas províncias setentrionais. Por isso, "de direto e de fato", ela "funcionou como guia pastoral da Igreja Católica do Brasil até o momento em que as reformas propostas pelo Concílio Vaticano II começaram a ser aplicadas". (Ribeiro de Oliveira, 1985, 297)[37].

O documento se divide em cinco partes principais, tratando da fé, dos sacramentos, do culto, da disciplina do clero e dos costumes do povo. Quanto à primeira, começa por exortar os vigários para a necessidade de ensinar e difundir a "verdadeira fé", através do exemplo, da pregação e da catequese; trata também dos perigos que a ameaçam (os "erros modernos", sistematicamente condenados no documento), além de recomendar as vantagens que oferecem, para a fé, as escolas católicas. Por outro lado, não basta instruir os leigos naquilo que é necessário para alcançar a salvação; a administração dos sacramentos é indispensável. Os párocos são minuciosamente instruídos sobre as condições dessa administração, o uso dos sacramentais e as condições para a obtenção das indulgências. A parte referente ao culto contém prescrições detalhadas sobre a missa, as devoções a Jesus e Maria, o culto dos anjos, dos santos, das relíquias e das imagens, bem como sobre as festas, o jejum e a abstinência, as igrejas e oratórios, as procissões e peregrinações, as exéquias, os cemitérios e a música sacra. Na parte dedicada à disciplina do clero, os bispos tratam da estrutura hierárquica da Igreja, do sistema de direitos e deveres que a mesma contém, assim como das normas sobre os seminários, a vida dos sacerdotes, dos religiosos e das religiosas. Nesta parte — e é preciso chamar atenção para este ponto — deixam claro, como componente dessa estrutura hierárquica, o aspecto de segregação, e mesmo dicotomia, entre sacerdotes (eleitos para o ministério) e simples leigos. Entre a Pastoral Coletiva de 1915 e o Concílio Plenário Brasileiro, reunido em 1939, no Rio de Janeiro, por iniciativa de dom Leme, há não só um lapso de tempo considerável. A romanização fizera grandes progressos. O modelo de neo-cristandade havia sido implantado. A Igreja retomara o apoio do Estado, conseguindo introduzir, na Constituição de 1934, a conquista do ensino religioso nas escolas públicas. A Constituição de 1937 mantivera essa conquista e o Estado Novo reforçava ainda mais a aliança com a Igreja. O clero — inclusive aquele que se tinha formado no Brasil nos últimos anos — já podia ser pensado como confiável. Por isso, na "Carta Pastoral do Cardeal Arcebispo do Rio de Janeiro (Legado Pontifício) e dos Arcebispos e Bispos do Brasil por ocasião do Concílio Plenário Brasileiro"[38] o tom era outro. Logo de início, diz o documento:

> "Por dádiva singular da bondade de Deus o *Brasil é e conserva-se sinceramente religioso*. Formada a nossa história à sombra da cruz, embebeu profundamente na alma nacional o temor de Deus e o amor de Cristo. Desde o princípio os missionários que para cá vieram plasmaram a nossa vida espiritual e encheram-na do aroma divino do Evangelho. Nem permitiu Deus que campanha alguma anti-religiosa viesse solapar os alicerces da nossa fé em Deus. Mas era preciso conservar, cultivar e desenvolver este sentimento. *Mas é forçoso confessar que, apesar de todos os esforços empregados, a instrução religiosa, entre nós, não corresponde às exigências desta grande nação cristã que é o Brasil.*" (Meus grifos, R.H.M.).

Não é o caso, agora, de analisar esse documento — a despeito de sua grande importância — já que está voltado menos para a estrutura da Igreja e muito mais para a educação do laicato. O que melhor transparece do documento é esse *desejo de totalidade,* a que já aludi. Neste ponto vale lembrar um historiador cristão militante, Jean Delumeau, que em sua lição inaugural no Collège de France (fevereiro de 1975), referindo-se à época da Reforma, afirma, em relação a católicos e protestantes:

"Uma afirmação constrangedora — que não era ou que era pouco medieval — tomou corpo na mentalidade das elites cristãs sob a forma seguinte: a ignorância religiosa é causa de danação (...). Mas como fazer para que centenas de milhões de pessoas caíssem no campo de uma espiritualidade e de uma moral austeras que não se havia, na prática, exigido de seus ancestrais? (...). Pela culpabilização de consciências, pela insistência obsidiante no pecado original e nas faltas cotidianas, pelo exame de consciência levado até o escrúpulo, pela ameaça do inferno agitada sem cessar, por uma pastoral do medo (...). Não era suficiente evocar o inferno para ter as massas na mão. Este cristianismo de todos os instantes não tinha chance de ser vivido unanimemente a não ser que fosse o tempo todo sustentado e evocado aos espíritos pela autoridade civil." (Delumeau, 1977, 195-197)[39].

Ora, essa mesma pedagogia do medo e do poder acabou por ser colocada em prática pela Igreja brasileira, em diferentes momentos, com pesos variados em um e outro prato da balança. Como seria possível conseguir a desejada unanimidade do "Brasil católico"? No período colonial, com a vigência do padroado, foi aparentemente fácil evitar, com o apoio do Estado, que alguma "campanha anti-religiosa" (ou "herética") penetrasse em nosso território. Mas esse mesmo apoio estatal, como já foi notado, era também um entrave para o exercício integral do poder eclesiástico. De qualquer forma, não deixou de existir; já me referi, acima, ao controle exercido, com apoio do Estado, sobre o mais importante santuário de devoção no Pará, o de Nazaré. O mesmo bispo que iniciou esse controle, em Belém, dom Bartolomeu do Pilar, também procurou fazê-lo no interior, por volta de 1732. Vale a pena citar as palavras do cronista que compilou as principais informações sobre os bispos paraenses nesse período:

"Nas visitas que fez às vilas de Nossa Senhora da Vigia (...) e de São Batista de Cametá (...), para como-ver os corações daqueles que estavam emperrados no pe-cado, e conduzi-los a uma verdadeira contrição, ordenou processões de penitência e era ele quem verdadeiramen-te representava o primeiro papel, pois que caminhava a pé descalço, com uma áspera corda no pescoço, um cru-cifixo nas mãos, os olhos vertendo lágrimas copiosas, ex-clamava ao Céu, pedindo-lhe que inclinasse suas misericórdias em favor do povo; quebrando-se-lhe de dor o apostólico coração abrasado ao mesmo tempo em ze-lo, assim orava pela conversão de tantos pecadores mise-ráveis." (Almeida Pinto, 1906, 30).

Em 1748, o segundo bispo do Pará, dom frei Guilherme de São José, em sua terceira visita pastoral na diocese, esteve em Vigia e em outros lugares do interior. Durante essa visita, "batizou, crismou, confessou, casou, extirpando mancebias, e pregou" (Almeida Pin-to, 1906, 48). Essa forma de controle, exercida pelos bispos em suas visitas pastorais, aplicava-se, como vimos acima, também aos sacer-dotes, tanto seculares como regulares. Ela era exercida, pois, no in-terior da instituição eclesiástica. Isso não impedia, porém, que persistisse o desenvolvimento subjacente de uma forma de catoli-cismo tradicional de características medievais (filtradas pelas fontes ibéricas de onde provinha), laicas e sociais, que de certo modo fu-gia aos aspectos clericais e centralizadores da reforma tridentina. Aqui, mais uma vez, posso citar as palavras de Jean Delumeau:

"(...) se o cristianismo é, de direito, considerado co-mo a religião de todos (...) por que recusar às popula-ções a possibilidade de integrar a religião às manifestações ruidosas e coloridas da alegria urbana? Uma religião unâ-nime não pode deixar de ser sincrética e deve então se encontrar associada (...) tanto ao carnaval como aos en-terros, tanto às refeições alegres como às festas cívicas." (Delumeau, 1977, 70)[40].

Era justamente o sincretismo, a alegria e o carnaval das fontes medievais do catolicismo popular que a Igreja procurava combater, desde o período colonial, através de seus membros mais zelosos, o que se reforçou mais ainda, como veremos, na fase da romanização. Torna-se difícil, numa época e região onde se procura impor a "unanimidade", a "religião de todos", falar em relações "fora" da Igreja. Não obstante, mesmo por essa imposição, o que está "dentro" também deve ser aspeado. No tocante aos índios, no entanto, pode-se falar, de início, em relações fora da Igreja. Os métodos de trabalho dos missionários junto aos índios tinham sido desenvolvidos desde o século XVI, repetindo-se, na Amazônia e na região do Salgado, no século seguinte, aquilo que havia sido consagrado no Sudeste brasileiro. A citação acima, que descreve o trabalho do padre Luís Figueira, ilustra a primeira etapa da catequese, com o missionário percorrendo, rapidamente, diferentes aldeias e lançando a "semente" da evangelização. À maneira tradicional de pregação, a que se refere Baeta Neves (1978) com relação ao primeiro século da colonização, sob a orientação de Nóbrega e Anchieta, segue-se a criação dos aldeamentos.

Os missionários procuravam congregar os índios em aldeamentos e fazendas, fazendo o descimento de seus primitivos locais de moradia, contribuindo assim para sua destribalização e perda da cultura nativa. A todos era ensinado o nheengatu, ou língua geral, uma espécie de esperanto indígena que, em meados do século XVIII, era mais falado em Belém do que o próprio português. Descidos os índios, a eles se ensinavam novas técnicas de trabalho, assim como a doutrina cristã. Eram batizados e assistidos na hora da morte. Tornavam-se cristãos. Cumpre lembrar, porém, que a característica fundamental desse trabalho encontra-se identificada com a doutrinação. Essa identificação, contudo, só pode compreender-se dentro do processo de colonização mercantilista, sendo "concebida como um movimento ativo, que parte dos colonizadores em direção aos colonizados. Os colonizadores não discutem o lugar a partir do qual catequisam os outros". O outro tende a ser anulado em sua diferença, assumindo a catequese um "caráter maquinal e repetitivo, passivo e rotineiro (...), pelo menos dentro dos quadros de referência que são os da redução religiosa, da redução do 'outro' ao 'mesmo' " (cf. Hoornaert, 1979, 119-122). Há uma ideologia da catequese, embutida no modelo colonizador, impregnado, de um lado, pelo ideal de cruzada resultante da Idade Média, mas modificado pelo espírito tridentino e da Contra-Reforma, que visa evangelizar as novas terras descobertas, conquistando para o catolicismo seus nativos e impedindo que a "heresia" protestante lance suas bases sobre aquele povo "pagão". Daí também uma espécie de contabilidade, como diz Baeta Neves:

> "No caso das culturas indígenas no Brasil, esta contabilidade se organiza dentro de uma ideologia que tende a homogeneizar aquilo que é diferente. Em perceber como unidade o que é múltiplo. E são essa contabilidade articulada com essa homogeneização que, aliadas à inclinação prospectiva que as domina, que permitirão um projeto de instalação de um espaço que seja próprio dos inacianos: as aldeias. As aldeias reúnem diferentes tradições como se fossem uma só coisa mas, dentro das aldeias, a contabilidade se introduz como regra de disciplina, supervisão, controle." (Baeta Neves, 1978, 160-161).

Assim, o termo "redução", que em outros lugares da América se aplicou a esses aldeamentos, soa bastante apropriado, por seus objetivos e métodos. Mas cumpre também acrescentar que a pedagogia catequética não estava somente preocupada com a salvação das almas dos índios. Preocupava-se também com seus corpos, que eram usados no trabalho: na criação de gado (na ilha do Marajó), nas plantações de cacau e de café (na região do Salgado e nas cercanias de Belém), na coleta das drogas do sertão (no interior da floresta). O Colégio de Santo Alexandre, em Belém, estava quase sempre abarrotado de gêneros prontos para serem exportados para Portugal, sendo os lucros dessas transações utilizados em proveito da Ordem, na construção de igrejas e colégios, na manutenção dos serviços religiosos dos regulares. Daí as queixas dos colonos e autoridades laicas, que falavam das riquezas dos missionários, sua "cobiça" e "ganância", assim como do fato de que só desejavam preservar

70

os índios da escravidão porque queriam monopolizar para si a força de trabalho indígena[41].

Um exemplo concreto do trabalho controlador dos missionários sobre as crenças e práticas indígenas é fornecido pelo cronista João Felipe Betendorf que, tendo chegado ao Pará em 1616, foi designado pelo padre Antônio Vieira como missionário no Tapajós. Seu relato é um exemplo de como agiam os jesuítas quanto aos costumes indígenas que provavelmente estão na origem das práticas atuais da pajelança cabocla:

> "Tinham os tapajós um terreiro mui limpo pelo mato dentro, que chamavam Terreiro do Diabo, porque indo fazer ali suas beberronias e danças, mandavam as suas mulheres levassem para lá muita vinhaça, e depois se pusessem de cócoras com as mãos postas diante dos olhos para não ver, então falando alguns dos seus feiticeiros com voz rouca e grossa lhes persuadiam que esta fala era do Diabo, que lhes punha em a cabeça tudo o que queriam; assim me afirmou o principal Roque. Indo eu com ele ver aquele terreiro, para depois proibi-lo, como fiz, dando-lhes só licença para beber em suas casas, convidando-se alternativamente uns aos outros (...), mandei (o alferes João Correia) que fosse avisá-los da minha parte que logo voltassem para suas casas, e quando não obedecessem (...) quebrasse os potes ou igaçabas dos índios e derramasse o vinho no chão." (Betendorf, 1910, 170-171).

A violência contra as práticas tradicionais indígenas era, portanto, um outro aspecto dessa "pedagogia catequética". O detalhe de proibir as danças e possíveis incorporações por espírito em público, mas permitir que os índios bebessem privadamente em suas casas, tem uma importância especial. Não havia, pois, uma proibição absoluta. Nos dias de hoje, como veremos, as práticas da pajelança cabocla são realizadas nas casas particulares, limitando-se a rituais privados, para os quais somente um pequeno grupo de pessoas é convidado, mantendo-se um certo sigilo quanto a essas práticas. O sigilo é compreensível por várias razões, que serão melhor examinadas na segunda parte deste trabalho. Uma delas, porém, liga-se à longa história de repressão, onde o Santo Ofício da Inquisição desempenha papel relevante.

Já desde 1625 a Inquisição estava presente no Pará, através da nomeação do franciscano frei Cristóvão de Lisboa como "comissário do Santo Ofício e protetor dos índios" (Ramos, 1952, 11). A primeira vítima de que se tem notícia completa foi o jovem Adrião Pereira de Faria, sargento de ordenanças da Vila de Nossa Senhora de Nazaré da Vigia. Em abril de 1754 contava apenas 19 anos, quando foi denunciado por possuir um documento por ele assinado, o qual foi identificado, pelos inquisidores, como um pacto com o diabo. Levado para Portugal, foi submetido a torturas, tendo confessado seus crimes, condenado à prisão e uso de "hábito penitencial perpétuo". É também o único caso que se conhede de alguém que tenha conseguido receber comutação da pena, depois de alguns anos de prisão, e voltar ao Brasil, tentando recompor sua vida (cf. Mello e Souza, 1986, 367-368). A prisão de Adrião Pereira ocorreu antes da chegada a Belém do visitador Giraldo José de Abranches. Todo esse controle, entretanto, exercido desde os primórdios da colonização paraense, não impedira que, fora da Igreja oficial, entre negros, índios, mulatos e brancos, se desenvolvesse o sincretismo religioso. Para isso contribuíam, em parte, os próprios sacerdotes, cujos exorcismos e benzeções eram usados para curar doenças. As crenças do catolicismo de fontes ibéricas se mesclavam com crenças indígenas e africanas, contribuindo para o desenvolvimento das festas populares de santos (com aspectos profanos nem sempre do agrado das autoridades laicas e religiosas), das práticas de feitiçaria, dos aspectos demoníacos, das orações fortes, das pajelanças e dos calundus. A Visitação do Santo Ofício demonstrou o quanto o sincretismo havia progredido na Colônia, inclusive na região do Salgado, em meados do século XVIII.

Pelos documentos que produziu, a Visitação nos fornece um retrato bastante aproximado dos costumes e da sociedade paraense da época. Detenho-me, porém, somente no exame dos casos de denúncias e confissões que se referem a práticas de cura, feitiçaria e "familiaridade" com o diabo. Trata-se de 3 "pretos", 2 "mamelucos", 3 "índios" e 3 "brancos". Dentre todos, pelo número de denúncias com que aparece e pela importância social de seus pacientes, destaca-se a índia Sabina; ela é denunciada por três depoentes, por casos de cura ocorridos antes e durante o período da Visitação. Sabina chegou a tratar do próprio governador do Estado, João de Abreu Castelo Branco, por volta de 1746, desenterrando, no Palácio, um "embrulho" (feitiço) que ali tinha sido colocado contra o ex-governador José Serra. Já quando o inquisidor se encontrava em Belém, essa índia, ex-escrava, tratou também de um militar da guarnição de Belém, que tinha sido vitimado por uma doença nos olhos. Fez várias sessões de cura, usando água benta e defumações de um cachimbo, além de extrair "bichos" e outros objetos dos olhos do paciente, utilizando para isso a própria língua[42]. Notável também é o caso de Ludovina Ferreira, branca, viúva, de mais ou menos 60 anos de idade, que costumava receber a incorporação de várias entidades, usando cigarro tauari ("taquari ou cigarro da casca de um pau"), pena, maracá e cânticos, para tratar dos doentes que a procuravam, sendo ajudada, nessas sessões de cura, por um ou mais índios e por sua filha Inácia (cf. Lapa, 1978, 175-178 e 159). Vários outros casos, minuciosamente relatados diante da mesa inquisitorial, apresentam descrições de curas xamanísticas, benzeções de quebranto, mau-olhado e erisipela, práticas divinatórias etc.[43]

Vale chamar atenção para uma denúncia feita contra a preta Joana, escrava que, em setembro de 1763, teria enfeitiçado uma índia, através de uma bebida que a fez tomar. O fato tem especial interesse, pois a cura da enfeitiçada foi feita através das benzeções ou exorcismos de um padre católico, chamado pelo dono do engenho ou plantação onde a índia trabalhava (Lapa, 1978, 191-192). Aqui se encontra, claramente, uma situação de como o exemplo de um ministro católico podia ser transmitido ao povo que, apropriando-se de uma prática restrita ao sacerdote, procurava exercê-la, a seu modo, no catolicismo popular, fugindo ao controle da autoridade eclesiástica. Por outro lado, o caso é ilustrativo do fato de que, na época, a feitiçaria se considerava coisa demoníaca, pois, para expulsar a doença, era necessário uma prática sagrada que implicava na expulsão da influência maligna do demônio. Deve-se lembrar que vários denunciantes e confitentes se referem aos "exorcismos da Igreja" como prática comum para a cura de doenças provocadas por feitiçaria. E a própria índia Sabina chegava a aconselhar seus pa-

73

cientes, após realizar suas sessões, a também procurarem esses exorcismos.

Por outro lado, não deve ser esquecida a resistência popular (geralmente passiva) ao controle exercido no período colonial pela Igreja e pelo Estado quanto às manifestações de sua religiosidade. É curioso constatar, como lembra Amaral Lapa, que as denúncias e confissões iam aos poucos diminuindo em freqüência, à medida que o tempo passava, enquanto durava a Visitação. Ademais, à medida que a Visita se alongava, os sustos provocados pelos temidos personagens do Santo Ofício iam se dissipando. Com efeito, a presença continuada do inquisidor fez com que o Santo Ofício acabasse por virar rotina, reduzindo-se o medo da população, que tinha ao alcance dos seus sentidos a tão famosa instituição repressora, embora já enfraquecida em seus poderes, no início da segunda metade do século XVIII, pelo próprio controle que sobre ela exercia o regalismo português[44]. Além disso, cumpre estar atento para o fato de que havia um descompasso entre o imaginário popular e a ideologia inquisitorial, como o demonstra Melo e Souza (1986, 277 e segs.). Aquilo que era visto como "familiaridade com o demônio" pelo inquisidor podiam ser simples "sortes de São João", para prever o futuro; o que era visto como "pacto", como no caso de Adrião Pereira acima citado, podia ser simples "carta de tocar mulheres"; o que o inquisidor podia interpretar como indício de *sabbats* podiam ser simples curas de pajés ou manifestações sincretizadas de cultos de origem africana. Destarte, não só continuaram a ocorrer, durante o próprio período da Visita, as práticas condenadas, como prosseguiram depois, mantendo-se, como veremos, muitas delas ainda bastante vivas até os dias atuais.

Na fase de romanização, o controle eclesiástico sobre os leigos se faz com outros métodos, através da ação direta dos sacerdotes (seculares ou regulares) como instrumentos da hierarquia. Para entender esse controle, é necessário retomar os documentos episcopais de maior importância no período e, depois, atingir o nível local, examinando a atuação de alguns vigários na região do Salgado. No tocante aos documentos episcopais, há dois níveis a considerar. As Pastorais Coletivas, como não poderia deixar de ser, tratam de questões mais gerais, não descendo ao detalhe dos documentos produzidos pelos bispos, no interior de suas dioceses (que, no entanto, se orientam por e, freqüentemente, citam, aquelas Pastorais).

Como foi visto acima, a Pastoral Coletiva de 1915 estava dividida em cinco partes principais. As três primeiras (tratando da fé, dos sacramentos e do culto) desenvolvem a doutrina da salvação individual e os meios para se chegar a ela, pela ação dos vigários, no trabalho cotidiano junto ao povo; abordam, portanto, os meios de inculcação da doutrina católica nos fiéis, dando, como já foi examinado, um tratamento minucioso aos rituais ligados ao culto[45]. As duas últimas partes (disciplina do clero e costumes do povo) são complementares, mas não menos importantes, já que os bispos visam, através delas, controlar os vigários (instrumentos diretos de sua ação) e o povo ou laicato (objeto último desta ação). A parte relativa aos costumes do povo, além de tratar "dos meios para conservar os bons costumes e extirpar os vícios", trata da vida cristã em geral, abordando, entre outros assuntos, as questões da família, da educação religiosa, da classe operária e das associações católicas. O mundo moderno também é condenado, mas a ênfase é colocada nas normas de conduta que os sacerdotes devem procurar infundir nos fiéis.

Vários desses temas, com um outro enfoque, seriam retomados na Pastoral de 1939, divulgada por ocasião do Concílio Plenário Brasileiro. Um dos temas mais enfatizados é a "ignorância religiosa" do povo, o que se deve à "penúria de sacerdotes": "Paróquias rurais, vastas como dioceses, muitas vezes com um só sacerdote, que dificilmente pode percorrê-las uma vez por ano". A despeito dessa carência, o documento não mais se preocupa, como a Pastoral de 1915, com o controle, a disciplina e a instrução do clero; sua formação já é aceitável, com todas as medidas que foram implementadas nos últimos anos. Mas é necessário que os fiéis colaborem na obra das vocações sacerdotais, o que se constitui, para eles, num dever. Há várias formas pelas quais os fiéis podem contribuir para a solução desse problema. Em primeiro lugar, pela oração: "Enviai, Senhor, operários para vossa messe!". Em segundo lugar, é preciso cuidar do ambiente das famílias cristãs, para que nelas floresçam vocações. Além disso, não só os pais, mas também "escolas, colégios, associações, todos, enfim, têm seu quinhão de responsabilidade". Também a Pastoral de 1915 trata dos temas da família, da educação religiosa e das associações católicas. Agora, porém, o contexto é outro e a tônica é diferente. É preciso não só que as famílias eduquem seus filhos para que nelas possam surgir as vocações, mas também ofereçam o seu contributo material. E a Pastoral, depois de exortar as famílias a oferecerem seus filhos e seus recursos materiais para a formação de sacerdotes, dirige também a elas instruções bem específicas quanto à educação cristã.

Aqui, mais claramente, o documento se distancia da Pastoral Coletiva de 1915, que se dirige quase exclusivamente ao clero. A Carta Pastoral de 1939 é muito mais endereçada às famílias cristãs, que necessitam de maior orientação. Mas há outras formas de levar a educação religiosa até o povo e, por isso, o documento se preocupa, também, com escolas e colégios, com a universidade católica, com as associações religiosas e com a ação católica. As escolas e colégios devem "continuar e desenvolver a orientação espiritual do lar". As associações religiosas tradicionais não são desprezadas, mas o documento dá uma importância especial à ação católica, que o cardeal Leme deseja difundir pelo Brasil, como a menina dos olhos do papa Pio XI. Vale lembrar que, embora o documento represente um avanço em relação à Pastoral Coletiva de 1915, ao se endereçar mais claramente aos leigos, não significa, porém, mudança substancial na orientação da Igreja em relação ao laicato. Não significa uma concessão de maior autonomia ao laicato que, mesmo participando da ação católica, ainda o fará, até os anos 60, pelo exercício de um mandato conferido pela hierarquia, e sob o controle direto de um assistente eclesiástico[46].

Na época da Questão Nazarena, acima mencionada, dom Macedo Costa enviou uma carta ao clero paraense (2.11.1877) onde fala de uma tendência já há muito tempo existente na sociedade brasileira, que "consiste em querer, na direção do culto, fazer predominar o elemento secular sobre o elemento eclesiástico". Segundo o bispo, para as irmandades, ou "simples comissões de festeiros", o sacerdote "é apenas considerado como um serventuário assalariado do culto". Recebendo seu pagamento, "deve em tudo estar subordinado aos irmãos ou festeiros". Não são aceitas suas ordens, como "autoridade na igreja", mas simples sugestões. "O mesmo bispo diocesano parece-lhes estar sujeito; tanto que, se quiser deles qualquer coisa, deve ir rojar-se-lhes aos pés e dirigir-lhes um pedido" (cf. Lustosa, 1939, 403). O documento condensa o aspecto fundamental da oposição leigo *versus* sacerdote, que se agudizara no final do Império, como conseqüência do processo de romanização.

Nessa época, como vimos, o vigário de Vigia, padre Mâncio Caetano Ribeiro, também enfrentava um conflito em sua paróquia. Era muito criticado por estar introduzindo uma forma de controle em sintonia com o processo de romanização preconizado pelo episcopado brasileiro. Em primeiro lugar, a adoção de novas devoções, em substituição às tradicionais, o que fazia, ao mesmo tempo, através do controle das festas de santos. Procurava popularizar o culto a Nossa Senhora de Lourdes, reformar — por motivo da recente proclamação do dogma da Imaculada — a festa tradicional de Nossa Senhora da Conceição, introduzir o culto de Nossa Senhora da Salette, reforçar a prática do rosário e a devoção do mês de Maria. Quanto ao controle das festas de santos, proibia a realização de bailes no sábado anterior ao dia da festa, como ocorreu, em outubro de 1878, durante a festividade de Nossa Senhora do Rosário, em Porto Salvo[47]. Já foi examinado um dos conflitos mais sérios, nesse mesmo ano, quando o padre Mâncio proibiu a realização da festa de Santa Luzia, o que deu origem à ocorrência de ladainhas civis em Vigia. A atitude do vigário pode ser interpretada como uma reação contra aquela tendência de que falava dom Macedo Costa.

Ele não era, entretanto, inflexível na aplicação das determinações episcopais. Desde o tempo de dom Macedo Costa existiam proibições expressas contra as esmolações com imagens de santos, ou as tradicionais folias do catolicismo popular brasileiro[48]. No caso de Vigia eram feitas esmolações para as festas da Ascensão, do Divino Espírito Santo, da Santíssima Trindade dos Cativos ou Homens Pardos e de Nossa Senhora de Nazaré, entre outras, sem a oposição do vigário. Não eram de todo abolidas as devoções e práticas do catolicismo tradicional, embora o pároco, seletivamente, prestigiasse algumas festividades e, em relação a outras, negasse a sua presença, como ocorreu em junho de 1879 com a festa da Santíssima Trindade dos Homens Pardos[49]. Uma devoção tradicional muito prestigiada pelo vigário foi a de São Sebastião, no bairro do Arapiranga, cujo número de devotos tinha sofrido um grande incremento, provavelmente em razão da epidemia de varíola que grassava no Pará[50].

Quando o padre Mâncio ainda era vigário de Vigia, no dia 2 de maio de 1880 ordenava-se, em Belém, o padre (mais tarde cônego) Raymundo Ulysses de Pennafort que, anos depois, assumiria a paróquia de Vigia. O vicariato do cônego Ulysses (1902-1909) foi marcado por vários incidentes, tendo terminado, abruptamente, no dia 23 de janeiro de 1909, por sua expulsão da cidade. Esse sacerdote também se esforçou por implantar, na paróquia, os aspectos romanizantes da reforma católica, incentivando o culto do Sagrado Coração de Jesus e a devoção a Maria[51]. Enquanto isso, em relação ao conjunto da província do Pará e, especialmente, a Belém, o processo de romanização fazia vários progressos. Por toda parte vão surgindo novas associações do Apostolado da Oração, da Pia União das Filhas de Maria e se fundam Conferências Vicentinas. Inaugura-se, em Belém, a Igreja do Coração de Jesus. A diocese do Pará é elevada a arquidiocese (1906) e chegam a Belém novas congregações religiosas: irmãos maristas, filhas de Sant'Ana e barnabitas (cf. Ramos, 1952, 64-68).

Em 1907 começava o governo do segundo arcebispo de Belém, dom Santino Maria Coutinho. Pouco depois, esse arcebispo reclamava, por intermédio do cônego Ulysses de Pennafort, os objetos de ouro e prata existentes no tesouro de Nossa Senhora de Nazaré, em Vigia[52]. Tratava-se de mais uma medida romanizante, pois implicava na extinção da tradicional Irmandade de Nossa Senhora de Nazaré, padroeira dos vigienses, que datava de 1751, e sua substituição por uma diretoria diretamente subordinada ao vigário[53]. É de supor, considerando uma tradição popular, de que o cônego Pennafort mandava confeccionar suas esporas de prata com o que retirava do "tesouro da santa", e o forte componente emocional que sempre envolve tudo o que diz respeito ao culto de Nossa Senhora de Nazaré, em Vigia e outras regiões do Pará, que a expulsão do vigário esteja relacionada com a exigência do arcebispo, que o pároco tentou implementar[54].

78

Com a expulsão do cônego Pennafort, foi comissionado, para ocupar interinamente a direção da paróquia, o vigiense monsenhor Argemiro Pantoja, em março de 1909. Claramente, monsenhor Pantoja foi nomeado como uma espécie de interventor na paróquia rebelde, onde mais facilmente poderia pacificar os ânimos, pela sua condição de natural do lugar. Era, na época, secretário do arcebispado e foi quem, em maio de 1909, recebeu as jóias e o dinheiro do tesouro da santa das mãos do tesoureiro da antiga irmandade. Pacificados os ânimos com essa intervenção, depois da interinidade de frei Hilarião de Lodi, capuchinho, começa o longo vicariato do padre Alcides da Silva Paranhos (1910-1951), que foi sucedido pelo cônego Faustino de Brito (1952-1962). Durante o paroquiado desses dois sacerdotes é que se completou o processo de romanização na paróquia de Vigia. O trabalho desses vigários, no contexto de uma história conflitiva, merece ser examinado com alguns detalhes. Os conflitos não cessaram de todo, como veremos, tanto na paróquia de Vigia como em outras da região do Salgado, já que suas causas, ligadas ao próprio processo controlador implementado pela hierarquia, que entrava em choque com a lógica do catolicismo popular, não seriam eliminadas. Mas aqui se poderá constatar como uma certa habilidade, temperada com alguma dose de compreensão e tolerância para com as aspirações populares, é capaz de minimizar esses conflitos e permitir a implementação dos objetivos maiores da instituição eclesiástica, dentro dos limites possíveis.

Antes, porém, de retomar os eventos ligados à região do Salgado, torna-se necessário examinar um pouco mais as diretrizes eclesiásticas, tomando como exemplo a ação de um dos mais notáveis arcebispos de Belém, dom Antônio de Almeida Lustosa (1931-1941). Esse arcebispo, além de percorrer, em suas visitas pastorais, quase todas as sedes municipais e várias vilas e povoações das regiões do Salgado, Guajarina, do Marajó e Bragantina, enfrentando enormes dificuldades, numa época em que o transporte era extremamente precário, produziu também inúmeros documentos (cartas pastorais, avisos e circulares) para orientar a ação dos vigários da capital e do interior[55]. Esses documentos revelam a forte influência da Pastoral Coletiva de 1915, da política ditada pelo cardeal Leme e as questões mais particulares em que estava envolvido um pastor de uma arquidiocese com características especiais. Como exemplo dessas preocupações, vale destacar a circular n.º 69, de 20.10.1940, que trata a respeito de festas religiosas, incluindo três tópicos especiais: associações pias, festas profanas e arraiais.

O tópico sobre associações pias contém recomendações severas sobre seu controle pela autoridade eclesiástica. Depois de esclarecer que as mesmas, sendo bem organizadas e animadas de "bom espírito", constituem "poderosos instrumentos para a conservação e desenvolvimento da fé", afirma que, ao se desviarem do "reto caminho", tornam-se "um mal profundo", constituindo uma perigosa ameaça para a vida paroquial. Expõe em seguida as condições pelas quais essas confrarias, irmandades ou associações podem ser regularizadas e nota que, as não enquadradas nos dispositivos do direito canônico, *"não são irmandades ou associações, não existem"* (grifos no original). De qualquer forma, diz o documento: "Muito preferível é que existam em lugar delas simples *Diretorias de Festas* as quais se hão de reger pelos *Estatutos das Diretorias do Arcebispado*" (grifos no original). Quanto à proibição de festas profanas ou bailes concomitantemente à realização das festas religiosas, o documento é severo, instruindo os vigários até a se retirar "sem realizar as funções religiosas" caso haja "festa dançante". No tocante aos arraiais, surge também uma severa proibição, sendo apenas "tolerados" os "antigos e tradicionais", mas com a obrigação dos vigários de "restringi-los gradativamente". Um dos argumentos contra os arraiais é de que eles influem "prejudicialmente nas almas, dissipando-as, tirando-lhes o gosto da oração e dos SS. Sacramentos". Um dos trechos do documento ainda hoje costuma ser citado por sacerdotes que desejam "purificar" as manifestações da religiosidade popular: "O que nos interessa não é que venham muitos à festa; mas sim que aproveitem bem as pessoas que compareçam".

Como vigário de Vigia, o padre Alcides Paranhos é um exemplo interessante de como podia um sacerdote paraense, formado no seminário de Belém, sob a direção dos barnabitas, implementar as diretrizes do processo de romanização e, ao mesmo tempo, conviver pacificamente com o catolicismo popular. Entre as medidas que adotou, logo ao iniciar seu vicariato, estão a reativação do Apostolado da Oração e a fundação, em 1911, da Pia União das Filhas de Maria. Sendo compositor e maestro, tratou de incentivar as atividades musicais, reorganizando a Banda 31 de Agosto e criando o Coral da Matriz. Gostava de fazer missas solenes, com música e canto. Mostrava-se, entretanto, bastante severo para com as moças da Pia União e as senhoras do Apostolado. Condenava o Carnaval, proibia o tango — que, em 1915 é chamado por ele de "dança excomungada" — e o carimbó, assim como restringia às Filhas de Maria o comparecimento a bailes pagos e andar "atrás de divertimentos do boi-bumbá". Os livros de atas da Pia União e do Apostolado estão cheios de proibições, recriminações e práticas severas do vigário. As associadas faltavam à comunhão, descuravam de seus deveres no ensino do catecismo às crianças, as moças andavam desacompanhadas, à noite, no arraial da festa de Nazaré, "iam meter-se no carrossel em companhia de rapazes", participavam do jogo do bicho, dançavam o Carnaval... Tudo indica, porém, que a mesma preocupação não se colocava em relação aos homens e nem a certas manifestações da religiosidade popular.

Durante o trabalho de campo, além dos documentos que pude consultar[56], recolhi várias histórias com pessoas mais idosas, que conviveram com o vigário. Conta-se que, em suas desobrigas, costumava excursionar com a Banda 31 de Agosto. Havendo festas de santos, a banda tocava nas cerimônias religiosas, durante o dia; à noite, o padre Alcides, ao contrário de outros vigários, costumava permanecer no arraial, até o término do leilão, quando se recolhia para dormir; a partir desse momento, começava o baile, em que os "músicos do padre" tocavam, com seu conhecimento. Se isso é verdade, ele claramente estava desobedecendo às instruções de dom Lustosa quanto a "festas profanas" e "arraiais"[57]. Por outro lado, há documentos indicando que o padre Alcides não seguia estritamente as prescrições episcopais no tocante às festas religiosas. Em 1948, com a chegada a Vigia do vigário-cooperador, padre Milton Pereira, as anotações do Livro de Tombo passaram a ser feitas minuciosamente por este. Logo, o novo padre ficou desfavoravelmente impressionado com a persistência de duas "tradições": a esmolação "com uma pequenina imagem do Senhor Bom Jesus", durante a Quaresma, e a representação de figuras da Paixão de Cristo, no recinto da igreja, durante a sexta-feira e o sábado santos, "sem respeito pelo Santíssimo". No ano seguinte, o vigário-cooperador conseguiu abolir a esmolação, mas não as representações. Vale transcrever o que anotou, no Livro de Tombo, em abril de 1950:

> "Não foi possível acabar com o abuso de na Sexta-Feira Santa, moças representando as personagens do Calvário treparem no altar-mor e, pior ainda, na missa do Sábado Santo, ficarem duas nas banquetas do altar, estando já o Santíssimo. *Tudo isto fora introduzido pelo sr. vigário e S. Revm.ª zelava pela conservação desta tradição sua.*" (Meu grifo, R.H.M.).

Percebe-se que, neste momento, já havia uma clara divergência de orientação entre os dois sacerdotes; as concepções mais rígidas do jovem cooperador entravam em choque com a complacência do velho vigário em relação às manifestações tradicionais da religiosidade popular, da qual este, certamente, em boa medida participava. No final do ano de 1950 ocorreu, porém, um incidente mais grave. A despeito das proibições expressas feitas pelo vigário-cooperador, as imagens do Menino Deus e de São Sebastião, respectivamente das capelas de Itapuá e Arapiranga, saíram para esmolar, com permissão concedida pelo padre Alcides Paranhos. Padre Milton, vendo sua decisão desprestigiada, recorreu ao arcebispo dom Mário de Miranda Vilas-Boas que, no dia 22 de janeiro do ano seguinte, interditou as capelas dos dois lugares, impedindo, por um ano, a realização das festas de seus santos padroeiros[58].

O trabalho do padre Milton Pereira, como vigário-cooperador, foi, de fato, no sentido de continuar o processo de romanização, dando-lhe, ao mesmo tempo, um novo vigor e sentido. Tratava-se de um jovem sacerdote inteiramente imbuído do espírito da instituição eclesiástica (não é por acaso que chegou, mais tarde, a arcebispo de Manaus). Em Vigia, não se limitou a combater os "abusos" do catolicismo popular, mas tomou a iniciativa de fundar a ação católica, implantando as chamadas "quatro organizações fundamentais": Homens da Ação Católica (HAC), Senhoras da Ação Católica (SAC), Juventude Masculina Católica (JMC) e Juventude Feminina Católica (JFC). A ação católica, na Vigia, era anunciada não como forma de abolir as antigas associações paroquiais, mas surgia, claramente, como uma nova etapa do processo de romanização. Durante o vicariato do cônego Faustino de Brito, quando se consolida esse processo, ela convive com várias organizações tradicionais, umas mais, outras menos atuantes[59].

Antes de tratar do trabalho desenvolvido pelo cônego Faustino, como contraponto ao que ocorria simultaneamente em Vigia, é necessário colocar o exemplo de Curuçá, outra paróquia importante da região do Salgado, onde o controle eclesiástico também se implantava de forma conflitiva. Durante o governo arquidiocesano de dom Antônio Lustosa, em dezembro de 1953, os padres crúzios (holandeses) foram autorizados a assumir as paróquias de Santa Cruz (Belém) e de três cidades do Salgado: São Caetano de Odivelas, Curuçá e Marapanim (Ramos, 1952, 80)[60]. Já na época de dom Mário Vilas-Boas (1945-1957), este arcebispo tencionava criar, no Salgado, uma nova prelazia, desmembrando-a da arquidiocese de Belém; os crúzios seriam responsáveis por ela. O vigário crúzio de Curuçá era um homem decidido a fazer cumprir as determinações arquiepiscopais quanto à proibição contra as esmolações com imagens, numa paróquia onde a devoção a São Benedito Achado, datando do final do século XIX, incluía uma festa anual que, realizando-se em 26 de dezembro, ofuscava completamente as celebrações do Natal. Além disso, algumas imagens do santo, quando se aproximava a festa, saíam em esmolação pelo interior, conduzidas pelas chamadas "tripulações de São Benedito", que percorriam vários municípios vizinhos. Chegavam mesmo a atravessar a baía do Marajó, penetrando no território da ilha do mesmo nome, cantando suas folias, para regressarem os foliões triunfalmente em dezembro, com o produto de suas coletas, que incluíam até bois doados pelos fazendeiros.

Uma noite estava o vigário numa localidade do interior, quando os foliões chegaram com uma imagem de gesso de São Benedito e quiseram fazê-la pernoitar na capela do lugar. O sacerdote não consentiu e, arrancando a imagem das mãos da menina que a conduzia, partiu-a acidentalmente em três pedaços, lançando-a, atônito, ao solo. A população investiu contra o padre para linchá-lo, só não o matando pela interferência de um professor muito respeitado no lugar, que o retirou do meio da multidão quando já estava desacordado[61]. Em conseqüência, os crúzios acabaram por se retirar da paróquia e da região, frustrando-se também a tentativa de criação da prelazia. Durante algum tempo, nenhum padre quis ser vigário de Curuçá, até que essa incumbência foi aceita por um sacerdote de origem cabocla (natural de Mocajuba), chamado Edmundo Igreja. O novo vigário, agindo com grande habilidade e energia, como uma espécie de interventor da arquidiocese em Curuçá[62], conseguiu disciplinar a devoção — até certo ponto ao gosto da hierarquia — abolindo as esmolações com as imagens do santo e antecipando a festa para antes do Natal. Para isso, fazia desobrigas conduzindo a imagem de São Benedito — forma domesticada das esmolações condenadas — demonstrava ao povo sua condição de devoto do santo — chegou mesmo a acompanhar descalço uma procissão, como pagamento de promessa — e alegava o fato de que São Benedito, devoto do Menino Jesus, e que gostava de presépios, não ficaria satisfeito com o ofuscamento das celebrações natalinas pela realização de sua festa em 26 de dezembro[63].

Quando o cônego Faustino de Brito assumiu a paróquia de Vigia, em janeiro de 1952, encontrou uma paróquia pacificada pela habilidade de seu antecessor, que havia morrido em dezembro, quando em visita a uma capela do interior, cercado da admiração de seus paroquianos. Ao mesmo tempo, o trabalho do vigário-cooperador havia sanado alguns "abusos" mais graves. Mesmo assim, o cônego Faustino também teve de usar de energia contra tesoureiros de festividades, além de abolir uma festa "tradicional", o Mastro do Espírito Santo, que anualmente era erguido em Vigia pela família Barbosa[64]. Entre suas maiores preocupações estavam os assuntos financeiros, tanto no sentido de controlar a fábrica da paróquia, como no da prestação de contas da diretoria e das "classes" da festa de Nazaré. Preocupava-se também com a administração dos sacramentos, com a dificuldade das desobrigas numa paróquia tão vasta e com o combate à "heresia" protestante que, desde 1937, com a fundação da Assembléia de Deus no bairro do Arapiranga, vinha tendo um modesto crescimento. Durante seu paroquiado foi fundado, em Vigia, o Educandário Nossa Senhora das Neves (1953), pelas Irmãs do Preciosíssimo Sangue, como parte da política eclesiástica de ampliação das escolas católicas. Outra preocupação do vigário dizia respeito à conservação da matriz, a imponente Igreja da Mãe de Deus, construída pelos jesuítas em meados do século XVIII; não teve êxito, porém, nas gestões que fez junto ao governo estadual e ao Instituto do Patrimônio Histórico. Como também não conseguiu o êxito esperado nas suas tentativas de disciplinar a festa de Nazaré[65]. Sua gestão à frente da paróquia terminou no ano em que começava o Concílio Vaticano II, de onde sairia toda uma nova orientação pastoral, teológica e política renovada. Encerrava-se a fase da romanização. Não obstante, no caso de Vigia, como no da região do Salgado, seus efeitos vão perdurar, como também perduram elementos estruturais mais profundos, que remontam à época do padroado, ou mesmo a épocas anteriores.

CONCLUSÃO

O DESEJO DE TOTALIDADE E SEUS LIMITES

Nos dois capítulos que compõem a primeira parte deste trabalho, foi possível traçar um longo percurso, em duas conjunturas distintas da história da Igreja no Brasil — o padroado e a romanização
— até as vésperas do Concílio Vaticano II. Esse percurso inclui a
implantação da hegemonia católica na região do Salgado, dentro
do processo de conquista e colonização de uma área povoada pelos
tupinambás que, quando não foram dizimados pelas guerras e doenças
dos civilizados, tiveram de se submeter a uma disciplina de trabalho (escravo ou semi-escravo) e aceitar a imposição de crenças e práticas religiosas estranhas a sua cultura. No contexto do sistema
colonial, no qual a Igreja desempenhou um papel relevante, colonos portugueses — possivelmente de Açores e do Algarve[66] — trou-
xeram consigo um catolicismo de fontes populares ibéricas, centrado
no aspecto devocional e festivo, onde logo se desenvolveu o culto
de Nossa Senhora de Nazaré, na antiga povoação de Vigia, que atraía
romeiros de várias partes[67].

Pode-se supor que, até o ano de 1693, antes da criação da freguesia naquela povoação, agora elevada a vila, o catolicismo implantado pelos primeiros colonos desenvolveu-se de forma mais ou
menos livre das injunções da hierarquia eclesiástica e do governo
português. Essa situação não teria mudado, substancialmente, com
a vinda de um pároco secular, provavelmente mais identificado com
a cultura popular do que com os ditames da hierarquia. Aos poucos, porém, a vinda de missionários, as visitas pastorais dos bispos
e, mais tarde, o controle mais estrito da fase da romanização, permitiram uma subordinação mais direta à hierarquia eclesiástica. Isso porém não fez desaparecerem as crenças e manifestações religiosas

implantadas pelos primeiros colonos; nem as influências africanas, dos escravos que vieram especialmente a partir de meados do século XVIII; nem aquelas que tiveram sua origem nos primeiros habitantes da região, os índios (que, afinal, no processo de colonização, foram extintos como povo).

Para entender o processo social que se desenvolvia no Salgado, foi entretanto necessário alargar a perspectiva de análise, sobretudo na fase da romanização, quando se fortalece o papel da hierarquia, a partir da ação mais integrada do episcopado, em sintonia com o Vaticano e sob a liderança de alguns bispos que funcionavam como agentes galvanizadores da política eclesiástica. Numa primeira fase, ainda na vigência do padroado do Império, tornou-se necessária a luta contra o Estado, ao lado de outras medidas de fortalecimento da instituição, já que o objetivo fundamental de controlar e purificar o clero e o laicato não podia ser efetivamente alcançado sem que fosse obtida a liberdade da Igreja. Conseguida essa liberdade, com a República, ainda assim era preciso precaver-se contra um Estado laicista e positivista, que poderia, como em outras partes da América Latina, assumir uma atitude anticlericalista. Ao mesmo tempo, era necessário reconquistar os favores desse mesmo Estado. Dispondo de um clero preparado — moral e intelectualmente — e das benesses do Estado (sem tutela), seria possível agir sobre o povo (os leigos) no sentido de controlar os aspectos considerados como abusivos de sua religiosidade. Tudo isso se procurou fazer, com competência, mas os resultados, não há dúvida, ficaram aquém do esperado. Não está nos objetivos deste trabalho oferecer uma explicação cabal para esse relativo insucesso. Alguns pontos, porém, devem ser destacados.

Em primeiro lugar, o fato de que a Igreja não é uma instituição como as outras, nem pode ser vista como um simples "aparelho ideológico". Como diz, com razão, Roberto Romano: há uma "atitude soteriológica fundamental no interior da Igreja" que "informa efetivamente" a ação de seus membros, "transfigurando" a apreensão da realidade, a partir de uma visão teológica que tem a ver com a tentativa de compreender o plano divino da história (cf. Romano, 1979, 19-23)[68]. O que diz esse autor, aplica-se ao procedimento dos bispos romanizadores, e está também em relação com aquele desejo de totalidade acima mencionado, que leva a um esforço utópico no sentido de atingir um controle sobre as consciências, com a utilização de estratégias variadas e, aparentemente, contraditórias. Um segundo ponto está ligado ao clero e sua formação. Segundo Thomas Bruneau, analisando a política eclesiástica no período da romanização, a mesma representou uma forma de "alienação" quanto à nossa realidade[69]. Não é possível concordar, sem ressalvas, com o que diz esse autor. Muitos bispos — o exemplo mais notável, no Pará, é o de dom Lustosa — preocuparam-se em conhecer a realidade local e adaptar suas determinações às particularidades regionais. Mas é inegável que a formação européia dos bispos romanizadores e, mesmo, de boa parte do clero brasileiro dentro desse processo, assim como a vinda maciça de religiosos estrangeiros, contribuiu para um distanciamento da realidade nacional e regional. Bruneau também argumenta, a partir de seus dados de pesquisa, que a Igreja brasileira, especialmente no período correspondente à implantação do que chama de "modelo de neo-cristandade", sob a liderança do cardeal Leme, dedicou sua atenção, sobretudo, para as classes médias. Isto se refletia no tocante à preparação dos sacerdotes, que, embora pudessem ser de origem rural, saíam dos seminários "com os preconceitos e interesses da classe média" (Bruneau, 1974, 92-93). Entretanto, os exemplos acima colocados mostram que, em vários casos, essa formação não podia plasmar, de modo completo, a mentalidade desses sacerdotes, de modo a que se opusessem, radicalmente, às concepções do catolicismo tradicional brasileiro.

Um último aspecto a ser ressaltado: a questão do povo (o laicato, os "fiéis") como objeto da ação romanizante. Considerando o que foi dito acima sobre a alienação ou um certo distanciamento da realidade brasileira, em que se encontravam os agentes romanizadores, não é de admirar que a atitude soteriológica que informava esses agentes se opusesse, radicalmente, às concepções do catolicismo popular, que procuravam controlar e nem mesmo chegavam a compreender, por não participarem dele, com exceção de alguns padres que, ou por suas origens rurais, ou por sua vivência na paróquia, conseguiam, de alguma forma, penetrar nessa realidade (e ficavam, muitas vezes, como que divididos em suas lealdades).

Também por isso, a ação controladora da Igreja não podia fazer-se sem conflitos. Alguns sacerdotes, como instrumentos da hierarquia, por estarem mais identificados com o povo, e por questões de temperamento e personalidade, acabavam por exercer um controle mais frouxo, como é o caso do exemplo acima do padre Alcides Paranhos; no extremo oposto, temos o exemplo do vigário crúzio de Curuçá que, por sua ação violenta e inábil, terminou provocando conflito de difícil solução. Melhor serviço prestavam à Igreja — dentro do processo de controle romanizador — sacerdotes que, como o padre Edmundo Igreja, identificados com o povo, sabiam porém agir com energia e habilidade — não importa o quanto estivessem "divididos" — para impor os ditames da hierarquia.

Não há dúvida de que a romanização fez progressos em Vigia e na região do Salgado como um todo, embora alguns vigários estivessem bastante distanciados da realidade local e fossem muito criticados por seus adversários, ou mesmo sofressem ações violentas: são especialmente os casos dos padres Mâncio Caetano e Ulysses de Pennafort, mencionados acima[70]. Vimos como, no caso de Vigia, após um longo vicariato do padre Alcides Paranhos, pacificador e um tanto tolerante para com as manifestações do catolicismo popular, que se seguiu a uma fase conflitiva, foi possível se exercer, com certo êxito, a ação controladora de sacerdotes rigorosos e melhor identificados com os objetivos da hierarquia, como os padres Milton Pereira e Faustino de Brito. Com efeito, não só a ação pacificadora do velho vigário deve ter contribuído para isso, mas, também, certas características de personalidade dos novos vigários — prudência aliada à energia, habilidade no trato das questões mais delicadas, saber ceder em certos pontos (mantendo o essencial de suas determinações) — especialmente em referência ao cônego Faustino[71]. Este, que pode ser considerado o verdadeiro consolidador do processo de romanização em Vigia, ainda hoje é muito admirado na cidade e no interior.

E aqui vale uma observação quanto ao controle. Tratando sobre os tipos de dominação, diz Max Weber: "Um determinado mínimo de *vontade* de obediência, ou seja, de *interesse* (externo ou interno) em obedecer, é essencial em toda relação autêntica de autoridade" (Weber, 1979, 170)[72]. Ora, o controle eclesiástico que pôde ser exercido (com limites) não estava desligado dos interesses nos bens de salvação oferecidos pela Igreja, embora estes pudessem ser entendidos, de formas diversas, pelos distintos membros da "associação hierocrática": sacerdotes e leigos (é preciso marcar a *diferença*, acima assinalada, ao tratar da Pastoral Coletiva de 1915).

Por isso mesmo, embora a ação controladora se exerça com certo êxito, a capacidade popular de inventar, interpretar, reinterpretar, selecionar o que deve ou não deve adotar dos ditames da Igreja oficial, é um constante desafio. No caso da região do Salgado, um dos resultados dessa ação foi o quase desaparecimento, ou o enfraquecimento notável, de certas formas populares de manifestação religiosa, como as folias, as tirações de Reis, as irmandades de santos e mesmo, em algumas áreas, o carimbó associado à festa do santo. É verdade que outros fatores devem ser considerados e, entre eles, uma espécie da massificação imposta, mais recentemente, pelos meios de comunicação, a proliferação das aparelhagens sonoras para tocar nas festas religiosas e nos bailes, e uma certa "vergonha" pelo que é tradicional e visto como "atrasado", em oposição ao "progresso" da cidade grande. Mas novas formas são inventadas, os apelos substituem as esmolações proibidas, os bailes são dançados sem o conhecimento do vigário, o carimbó reaparece em certas festas (e não apenas como manifestação folclórica), as folias ganham nova roupagem e às vezes recrudescem, os arraiais são mantidos e, mesmo, ampliados em sua extensão, como veremos nas outras partes deste trabalho.

Os limites da romanização podem ser pensados, pois, por essa constante relação dialética de ações e reações, representações e formas do imaginário, entre sacerdotes e leigos, do que resulta na impossibilidade prática de implementar, sem concessões, o desejo de totalidade.

Numa nova conjuntura da história da Igreja, pós-Concílio Vaticano II, durante a qual transcorreu o trabalho de campo de que resultam as duas outras partes deste estudo, a mesma questão certamente se coloca. Verdade que, no tocante à paróquia de Vigia e à região do Salgado, como um todo, poucos foram os efeitos do Concílio e de seus desdobramentos (tendo em vista, especialmente, as Conferências de Medellin e de Puebla, assim como as posições assumidas pela CNBB nos últimos anos). Certamente que houve mudanças, mas elas se situaram mais num plano exterior, sem transformar a natureza do processo que vinha da romanização. Contribuíram para isso a orientação mais geral, de caráter conservador, imprimida pela arquidiocese paraense; mais ainda, porém, a orientação assumida — com poucas exceções para o caso do Salgado e nenhuma para o de Vigia — pelos diversos vigários que ocuparam as paróquias da região no período que vai de 1962 a nossos dias.

NOTAS

1 São vários os autores que tratam dessas questões. Os mais utilizados neste trabalho são Azzi (1974, 1977, 1979, 1983), Bruneau (1974), Dornas Filho (1938), Fragoso (1980), Hauck (1980), Hoornaert (1979), Lacombe (1960), Maria (1950), Ribeiro de Oliveira (1985) e Romano (1979).

2 Além dos trabalhos de Azzi (1977) e Hoornaert (1979), acima citados, cf. Bajtin (1971), Burckhardt (1973), Delumeau (1973 a, 1973 b, 1978) e Le Goff (1977, 1985).

3 Cf., entre outros, Cruz (1973), Leite (1943, III; 1965), Maués (1967a), Oliveira (1983), Palma Muniz (1916), Reis (1943, 1963) e Vianna (1905).

4 O trabalho de Spence (1986), embora se apresentando como uma espécie de biografia de um dos mais famosos jesuítas do século XVI, Matteo Ricci, oferece uma análise comparativa das condições sociais da Europa e do Oriente na época, e uma noção bastante completa sobre a educação, a disciplina, a influência política e econômica, assim como sobre as especificidades da congregação dos inacianos. Essa autonomia dos regulares e, especialmente, dos jesuítas, surge bem claramente, no caso do Pará, durante o período pombalino, quando o governador do Estado, Francisco Xavier de Mendonça Furtado, queixa-se, dizendo que o jesuíta "batiza, faz casamentos, dispensa os impedimentos, administra absoluta e despoticamente todo o espiritual, sem que ao ordinário seja lícito conhecer das inumeráveis e repetidas desordens que nelas (aldeias) se fazem e de que podem atestar os prelados deste Estado com fatos certos e notórios" (Mendonça, 1963, I, 70). Por outro lado, quando o bispo dom frei Miguel de Bulhões quis executar, no Pará, a bula *Apostolicae Servitudis*, promulgada em 1741 pelo papa Benedito XIV, que tratava sobre a liberdade dos índios (como aprovação do rei de Portugal), "impiamente usurpada pelos regulares da Companhia", os jesuítas concitam "contra o bispo uma sublevação" (Baena, 1969, 156). Claro que se deve encarar com cautela esses documentos (as queixas do governador e do bispo) pois, em meados do século XVIII, já se tinha instalado um conflito aberto entre Estado (com apoio da hierarquia) e jesuítas, nas colônias portuguesas e espanholas das Américas.

5 Essas informações se encontram em Leite (1943, III, 284-289), Baena (1839, 338; e 1969, 124), Palma Muniz (1916, 235, 273 e 679), Betendorf (1910, 21-22 e 630), Moraes (1860, 195) e Braga (1915, 62).

6 Os franciscanos só se estabeleceram em Penha Longa, no atual território do município de Vigia, provavelmente em substituição aos jesuítas (Fragoso, 1982, 133).

7   Esses conflitos são relatados por cronistas e historiadores, entre os quais Azevedo (1901) e Reis (1942). Com relação à região do Salgado, temos notícia de dois desses conflitos. O primeiro, registrado por um documento de 1718, publicado nos Anais da Biblioteca e Arquivo Público do Pará, tomo I, n.º 121, p. 166-167, diz respeito à repartição dos índios de um aldeamento situado junto à vila de Vigia, em que os oficiais da Câmara dessa vila solicitavam ao rei de Portugal que o missionário responsável não se "intrometesse no governo temporal dos ditos índios, mas só no espiritual". Diante do apelo do superior dos jesuítas no Estado do Maranhão, o rei de Portugal, para dirimir a questão, ordenou que se fizesse observar, infalivelmente, as leis vigentes, advertindo que "a repartição dos índios, que se houver de fazer, para o serviço dos moradores desta vila, seja somente da terça parte" e que "se faça por intervenção do missionário da dita aldeia", além do que, os índios a serem repartidos seriam apontados pelo principal. Os principais documentos relativos a esta questão são o "Regimento das Missões" (lei de 21.12.1686) e a "Lei sobre o Cativeiro dos Índios". Os textos completos dessas leis se encontram em Leite (1943, IV, 369-378). Resumos se encontram também em Moraes (1860) e Lisboa (1976, 198 e segs.). Algum tempo depois, ocorreu outro conflito, de que se tem notícia pela obra do padre José de Moraes, missionário em Tabapará (na ilha de Colares, em frente a Vigia), diretamente envolvido na questão. Vale transcrever as palavras do jesuíta, que se defende das acusações dos colonos: "E se disseram que quando fui missionário lhes não dava os índios que me pediam, não era por falta de vontade, mas pela penúria dos ditos índios, e ter já dado os poucos, que havia, para as obras da Igreja da milagrosa imagem da Virgem Senhora de Nazaré, por concordata que com seus fregueses fez o reverendo e zeloso vigário" (Moraes, 1860, 319-320).

8   Por causa desses fugitivos, asilados no convento dos mercedários de São Luís, o ouvidor mandara cercá-lo com tropas, para conseguir sua prisão. Os padres se revoltaram contra isso. Diz porém o ouvidor em sua defesa, dirigindo-se ao rei: "Sendo o seu (dos mercedários) maior escândalo o cerco que lhes pus com tão justo motivo (...), muito mais se haviam de escandalizar de dois religiosos (que) na primeira noite do cerco dormiram fora do convento e entraram de madrugada pela portaria dele, a qual serve de lupanar de meretrizes, até nove horas da noite todos os dias (...)". Fala também o ouvidor a respeito de um incidente em que se apanhou "uma meretriz mulata dentro da cela de um noviço do dito convento e religião (dos mercedários), o qual foi expulso dele por este motivo e se acha hoje feito frade do Carmo (...)". E pergunta: "Quando noviços fazem isto, que farão os frades mais libertos?" (Anais da Biblioteca e Arquivo Públicos do Pará, tomo VI, n.º 421, p. 231-241 e tomo VII, n.º 436, p. 223-225).

9   Dom frei João de São José e Queirós é apontado, por Azzi (1979) como um dos bispos de maior zelo episcopal no período colonial. Logo ao assumir seu posto, em agosto de 1760, tomou medidas que, se de um lado demonstravam rigor contra o que reputava de "maus costumes", de outro assumiu a paterni-

dade de ato de benevolência que, provavelmente, terá sido mal interpretado por seus contemporâneos: mandou libertar do Aljube (prisão eclesiástica) uma índia que havia sido condenada à prisão perpétua, sob acusação de "pactuar com o diabo", interpretando seu caso como fenômenos de ordem natural, isto é, "queixas uterinas" (Almeida Pinto, 1906, 70). No ano seguinte, em dezembro, iniciou suas visitas pastorais pelo interior da Amazônia, visitando a região do rio Guamá, de onde atingiu a vila de Bragança, passando depois por São Domingos do Capim e, mais tarde, pelo rio Acará. Em 1763 fez uma segunda visita pastoral, desta vez percorrendo o rio Amazonas. De tudo ele nos fala em suas memórias (Queiroz, 1961). Nessas visitas, adotou medidas rigorosas contra padres e leigos do interior. Ao voltar a Belém, já encontrou uma conspiração montada contra ele, em que se juntaram o vigário geral da diocese, padre Pedro Barbosa Canaes, o governador Manoel Bernardo de Melo e Castro, os frades carmelitas e alguns "devassos ricos" da colônia (Almeida Pinto, 1906, 78-79; e Lapa, 1978, 29). Além da denúncia feita ao Santo Ofício, foram enviadas cartas ao rei de Portugal contra o bispo. Em setembro de 1763, o novo governador, juntamente com quem chegara o visitador do Santo Ofício, já trazia instruções de como proceder quanto ao bispo. Fez-se uma reunião, de que participaram o inquisidor Giraldo José de Abranches e os dois governadores, decidindo-se pelo confisco dos documentos existentes na casa do prelado. Pouco depois da invasão de sua casa, em outubro, ele viajava de volta para Portugal, acompanhando o governador do Pará que havia sido substituído. Foi confinado no Convento de São João do Ermo, onde veio a falecer menos de um ano depois (cf. Lapa, 1978, 30, 55-56; e Ramos, 1952, 25).

10   Carta Régia de 1º de março de 1734 (Anais da Biblioteca e Arquivo Públicos do Pará, tomo IV, nº 423, p. 199-200).

11   Os resultados mais precisos da contagem ordenada pelo rei são os seguintes: 112 casais e 179 homens, dos quais 67 solteiros (Anais da Biblioteca e Arquivo Públicos do Pará, tomo VI, nº 374, p. 146-156).

12   Sobre o movimento de idéias dos século XVII e XVIII (jansenismo, galicanismo, iluminismo) que exerceu influência no regalismo pombalino e seu ódio contra os jesuítas, cf., entre outros, Hughes (1959, 198 e segs.), Rogier (1971, 7-22) e Tüchle (1983, 296-307).

13   Isso transparece, bem claramente, na mesma carta de Mendonça Furtado citada acima (nota 4), referindo-se porém ao conjunto dos regulares: "É preciso assentar que cada religião destas, forma em si mesma uma República; nela se acha toda casta de oficial; nela há pescadores; nela há os grandes currais e, por conseguinte, são senhores das carnes, e das pescarias, tanto de peixe como de tartarugas, porque todas são feitas pelas suas canoas e pelos seus índios, sem que haja uma só canoa que sirva ao público neste útil trabalho" (Mendonça, 1963, I, 75). E, numa outra carta, referindo-se à Guerra Guaranítica, que estava em curso no Estado do Brasil: "Isto que sucede com mão

armada da parte do Sul, vou eu aqui também experimentando com índios pobres miseráveis, que não tendo ação para disputarem as ordens que se lhes distribuem, são governados de sorte que vem a surtir o mesmo efeito, que é o de invalidar a execução das reais ordens de S. Majestade." (Mendonça, 1963, I, 568).

14 Estes fatos são narrados por vários autores, entre os quais Azevedo (1901), Baena (1969), Leite (1943, III) e Reis (1942). Quanto ao comportamento dos jesuítas e outros missionários, boa parte das fontes existentes é a própria correspondência de Mendonça Furtado, publicada nos Anais da Biblioteca e Arquivo Público do Pará e na coletânea de Mendonça (1963).

15 O texto do "Directorio, que se deve observar nas povoações dos índios do Pará e Maranhão enquanto Sua Majestade não mandar o contrário", em *fac-simile* da publicação feita em Lisboa, na Oficina de Miguel Rodrigues, impressor do Eminentíssimo Senhor Cardeal Patriarca (1758), está reproduzido no Boletim de Pesquisa da Comissão de Documentação e Estudos da Amazônia (CEDEAM), da Universidade do Amazonas, v. 3, n.º 4, jan-dez/84, p. 85-126. A publicação é precedida de uma introdução de Expedito Arnaud. Cf., a respeito da legislação sobre os índios na Amazônia, os trabalhos recentes de Arnaud (1973, 1984, 1985).

16 Após a Independência, as autoridades do Império interessaram-se pelo assunto, nomeando para cada província um diretor geral e para cada aldeia um diretor parcial; segundo a importância da aldeia, ela poderia ter um almoxarife, um tesoureiro e um cirurgião, "além do respectivo missionário, que era encarregado de ensinar a ler, escrever e contar, instruindo ao mesmo tempo os índios na doutrina cristã" (Raiol, 1902, 163). Esses novos diretores também não foram melhores que os antigos e o sistema não deu bons frutos (cf. Maués, 1968, 44).

17 Sobre essa companhia, que se destinava a promover o desenvolvimento do comércio e da agricultura na Amazônia, através da introdução de escravos negros, dentro dos quadros do sistema colonial mercantilista, na nova fase do processo econômico europeu, cf. a exaustiva obra de Dias (1970).

18 "(...) *despuis l'expulsion des jésuites, la méfiance avait été entretenue dans l'opinion à l'egard de leurs sucesseurs estimés capables de pires méfaits*". Novamente as cartas de M. Furtado podem ser citadas para indicar a preocupação do irmão do poderoso ministro de Portugal quanto à ação dos missionários. É verdade que elas se referiam sobretudo aos jesuítas, mas a desconfiança se estendia a todas as ordens religiosas, de quem se retirara o governo temporal das aldeias e de quem se confiscara as fazendas. O fantasma da Guerra Guaranítica estava sempre presente. Assim, existindo na aldeia de Trocano duas peças de artilharia, M. Furtado supunha que as mesmas pudessem ser usadas contra os portugueses, por incentivo dos regulares, "em ação solidária com seus colegas de Espanha, na luta que vinham sustentando seus colegas nas

missões do Uruguai contra o cumprimento do tratado de limites de 1750" (Mendonça, 1963, II, 939-942). Ou a referência à sabotagem dos padres, após a abolição de seu governo temporal nas aldeias: "Devendo ainda obrigar-nos a maior reflexão nesta matéria, lembrando-nos que estes Religiosos são os mesmos que fomentaram a rebelião que houve nesta Capitania, persuadindo o povo dela com um sermão que pregou nesta Catedral, na primeira dominga da quaresma, um Religioso que na cerca deste mesmo convento, se fez a abominável Junta de que saiu aquela sedição, e que um Regular fora o que passara dessa Cidade a esta, com o intento de comover este povo" (Mendonça, 1963, II, 1060-1062).

19 A palavra "romanização" tem sido utilizada por autores católicos, como Ribeiro de Oliveira (1985), entre outros. Deve-se ter cautela no seu uso, entretanto, pois, se representa um movimento no sentido de colocar a Igreja brasileira em sintonia com o papado (o catolicismo romano), representa, por outro lado, uma espécie de europeização (num sentido mais lato).

20 Sobre esses pontos, cf. Azzi (1977, 143), Fragoso (1980, 196), Hauck (1980, 83), Maria (1950, 172-173) e Ramos (1942, 25 e segs.).

21 Entre os estudos sobre o chamado "ciclo da borracha" vale destacar os de Santos (1980), Weinstein (1980) e Costa (1981).

22 Em sua famosa Memória Histórica sobre o catolicismo no Brasil, originalmente publicada em 1900, o padre Júlio Maria assim caracteriza os três períodos em que se costuma dividir nossa história política: a Colônia foi a fase do "esplendor" do catolicismo, o Império foi a "decadência", prenunciando-se, para a fase nascente da República, o período do "combate" (Maria, 1950, 242). Embora sem poder concordar inteiramente com essa caracterização, demasiado simplista, não há dúvida de que uma atitude combatente caracteriza a atuação da Igreja Católica no período republicano. Entretanto, pode-se afirmar que essa atitude já vinha se manifestando desde o período anterior, especialmente a partir do início dos anos 70, com a chamada Questão Religiosa.

23 Além dos aspectos acima indicados, seria o caso de lembrar, também, a proclamação do dogma da Imaculada Conceição, em 1854, as aparições de Nossa Senhora de Lourdes, em 1858, o surgimento de novas Ordens religiosas, a publicação da encíclica Quanta Cura (1864), acompanhada do Syllabus errorum (uma lista de oitenta proposições condenadas pelo papa). Para uma análise mais detida dessas questões, cf. Hughes (1959) e, sobretudo, Aubert (1975). Este último autor, tratando das condenações do Syllabus, afirma: "Algumas delas constituíam heresias manifestas ou, pelo menos, erros universalmente rejeitados nas escolas teológicas, outras constituíam precauções, muito pouco notadas na época, contra um totalitarismo estatal de inspiração hegeliana ou contra os abusos do liberalismo econômico em matéria social; uma parte dos dois documentos visava explicitamente à concepção liberal da re-

ligião e da sociedade: a reivindicação do monopólio escolar pelo Estado, a hostilidade às Ordens religiosas, a afirmação de que todas as religiões se equivalem e de que as sociedades humanas não devem mais levar em conta a religião e, conseqüentemente, a reivindicação — não mais apenas como uma solução prática para o pluralismo de fato das opiniões, mas como um ideal em si mesmo e um progresso — da laicização das instituições, da separação entre a Igreja e o Estado, da total liberdade de culto e de imprensa" (Aubert, 1975, 42).

24 Para Riolando Azzi, "isso se deve principalmente a peculiaridades regionais: distância dos grandes centros, falta de clero, precariedade de transportes, dificuldades de comunicação etc. Mas a dificuldade maior era que a concepção de Igreja de dom Macedo Costa era nitidamente européia e dificilmente se adequava a uma região predominantemente indígena e missionária. Assim sendo, a presença do bispo foi notória em Belém, mas não chegou a atingir profundamente a região amazônica". (Azzi, 1983, 23). Essa observação, com efeito, não se aplica somente a dom Macedo Costa. Muitos bispos antes dele, com muito bons propósitos, e vários posteriores, pouco fizeram sentir sua atuação no interior da imensa diocese, mesmo depois que ela foi desmembrada pelo papa Leão XIII, em 1892, com a criação da diocese do Amazonas, distinta da do Pará.

25 A conclusão desse autor, a respeito da contribuição fiscal da Amazônia para o governo central brasileiro, é a seguinte: "Todo o exposto vem demonstrar com largueza que a Amazônia, além de pagar ao resto do país cada mil réis despendido na área, ajudou simultaneamente a financiar o crescimento brasileiro no último quartel do século XIX e na primeira década do XX. Não apenas em termos cambiais, mas igualmente em termos fiscais, por meio de transferência concreta de dinheiro livre para o Erário federal" (Santos, 1980, 298).

26 Expressões da Pastoral Coletiva dos bispos brasileiros, de 1890, redigida por dom Macedo Costa, e que será analisada adiante.

27 Eis as razões apresentadas pelo padre Júlio Maria para a conclusão chegada pelo episcopado, artigo por artigo, do decreto de separação: "O primeiro, porque liberta a ação episcopal e paroquial dos pastores da Igreja da antiga tutela do Poder Executivo, que não (...) mais governará a Igreja, em nome do padroado e da maçonaria; o segundo, porque garante aos católicos o direito de não serem interrompidos ou perturbados em suas funções religiosas; o terceiro, porque garante a ação social da Igreja, não limitando a sua liberdade somente à esfera individual; o quarto, porque devolve o direito de apresentação de bispos, cônegos, vigários e outros funcionários eclesiásticos, de criar ou dividir paróquias ou dioceses, com fixação ou modificação de seus respectivos limites, de publicar no país bulas, breves, decisões dos concílios ou do soberano pontífice, às legítimas autoridades, revogando a *opressiva legislação do antigo Estado regalista, pombalino, josefista* (grifos no original); o quin-

to, porque garante à Igreja Católica e seus institutos a plenitude do direito de propriedade" (Maria, 1950, 215-216). O padre Júlio Maria deixa de lado, entretanto, a apreciação feita pela pastoral quanto ao artigo 6º do decreto, que dispõe a obrigação do governo em continuar a "prover a côngrua-sustentação dos atuais serventuários do culto católico", subvencionando "por um ano as cadeiras dos seminários, além de deixar ao arbítrio de cada Estado a manutenção dos futuros ministros desse ou de outro culto" (cf. Dornas Filho, 1938, 282-283). Na realidade, a vigência desse artigo teve curta duração, pois logo foi revogado pela Constituição de 1891, que proibia, tanto aos Estados como à União, o estabelecimento, a subvenção, assim como o embaraço, as relações de dependência ou de aliança com qualquer culto ou Igreja. Esse provavelmente o motivo da omissão cometida pelo padre Júlio Maria.

28 Em 1697, quatro anos depois da elevação de Vigia à condição de vila, o jesuíta José Ferreira refere que lá encontrou estabelecida a devoção à "milagrosa imagem da Virgem Nossa Senhora de Nazaré" (Betendorf, 1910, 630). Essa é a primeira notícia histórica a respeito do culto de Nazaré no Pará. Pouco depois, em 1700, iniciou-se o culto à mesma santa em Belém, havendo indícios de que se tenha propagado à capital do Pará a partir da influência do culto em Vigia (cf. Rocque, 1981, 30). Outro cronista que se refere a esse culto em Vigia é o padre José de Moraes (ver apêndice 1 deste trabalho).

29 Nada foi possível encontrar sobre os vigários de Vigia (exceto referências esparsas e anônimas em Cartas Régias e outros documentos publicados) com referência ao período colonial. A partir de 1821 é possível conhecer seus nomes e as respectivas datas de seus paroquiados, graças ao levantamento feito pelo cônego Faustino de Brito, vigário de Vigia no período de 1952 a 1962, consultando documentos da Cúria Metropolitana. Esse levantamento se acha transcrito no livro de tombo da paróquia (anotação de 1.1.1954) e no livro de atas da Associação de Santa Terezinha (ata de 3.4.1954). Sobre o padre Mâncio Caetano as informações derivam, em parte, de uma extensa pesquisa realizada por Afonso Florich, estudante de pós-graduação do NAEA/UFPA, consultando os jornais belemenses do final do século passado, no quadro de uma pesquisa sobre a colonização da região bragantina, que gentilmente colocou parte de seus dados à minha disposição; a parte mais substancial, entretanto, deriva de informações coletadas nas bibliotecas e no arquivo paroquial da cidade de Vigia, sobretudo a coleção completa do jornal da época "O Espelho". Desse jornal só saíram 39 números, sempre aos domingos, de 1.9.1878 a 6.7.1879, que podem ser encontrados na biblioteca da sociedade "Cinco de Agosto". É interessante lembrar que, na época do padre Mâncio, chegaram a ser publicados, em Vigia, nada menos de dez jornais diferentes. Esse número corresponde a mais de 28% de todos os jornais publicados na história de Vigia, de acordo com o levantamento realizado pela Biblioteca Pública do Pará (1985). Alguns deles, porém, são de circulação efêmera. Pelo menos dois, "O Orvalho" e "O Espelho", ambos impressos na tipografia de "O Liberal da Vigia", parecem ser um a continua-

ção do outro, embora possuam diretores diferentes. Esses jornais refletem o conflito político e religioso do período, envolvendo liberais e conservadores, sendo que, o "jornal do padre" (como era chamado pelos seus opositores) era "O Vigiense", ligado aos conservadores, embora o "órgão oficial do Partido Conservador" fosse "O Publicista" (sobre os jornais vigienses, assim como de todo o Estado, consultar o trabalho, acima referido, da Biblioteca Pública do Pará).

30 Não se trata da atual Basílica de Nossa Senhora de Nazaré, mas sim da igreja que passou a ser oficialmente matriz a 27.10.1882, sob o controle da diocese, depois de ter sido superada a questão (cf. Ramos, 1952, 53).

31 A arquidiocese de Belém, além de uma parte da região Bragantina e de toda a região do Salgado, abrangia, na época, os territórios das atuais dioceses de Cametá, Ponta de Pedras (Marajó) e Abaetetuba (cf. Lustosa, 1976; e Ramos, 1952, 78-83).

32 Depois dessa experiência, para poder continuar a obra iniciada, o padre Luís Figueira resolveu partir para Portugal, a fim de conseguir novos companheiros com que pudesse prosseguir a missão. Mas, ao voltar, no ano de 1643, em um navio com 14 ou 16 jesuítas, encalhou numa "restinga de areia", próximo dos "baixios da Barreta, distante da ilha do Sol (Colares) pouco menos de duas léguas". Alguns tripulantes foram salvos por canoas de pesca que atuavam nas proximidades, mas não foi possível recolher o padre Luís Figueira e a maioria dos jesuítas. Os náufragos ficaram flutuando numa jangada que foi dar à costa da ilha do Marajó, onde foram aprisionados pelos índios aruãs e devorados em rituais antropofágicos (cf. Betendorf, 1910, 65-67; e Moraes, 1860, 212-223).

33 Tendo sido elevada a vila em 1693 (data em que também se criou a freguesia), já na Carta Régia de 27 de agosto de 1712, o rei de Portugal se referia ao "vigário da matriz" de Vigia (Anais da Biblioteca e Arquivo Público do Pará, tomo I, n.º 98, p. 98). A informação sobre a construção da matriz de Nossa Senhora de Nazaré aparece em Leite (1943, III, 289). Ver, também, a nota 28, acima.

34 Na visita a Vigia, causou-lhe muita admiração a Igreja Madre de Deus, que descreve, em seu relato, como "um dos mais belos templos dos jesuítas". A viagem era feita, na época, percorrendo os diversos rios da região, em canoas a remo. Eis a descrição de um dos trechos da mesma, na noite do dia 2 de setembro: "Pelas 9 horas da noite, embarquei-me com os companheiros em um escaler (...); os nossos remeiros, que eram escravos do sr. Godinho, estavam todos vestidos de uniformes e toda a noite cantaram ao som dos remos uma enfiada de asneiras. Admirei-me do compositor de tal peça, mas havia harmonia e isso suavisava o incômodo dos ossos sobre os bancos duros do escaler, e rajadas d'água que o faziam pular a cada momento". (Torres, 1852, apud Ramos, 1977). Ainda na região do Salgado, na visita que fez a

Curuçá, ficou muito bem impressionado com a acolhida da população: "Desde os primeiros dias divisei no povo uma mui pronunciada adesão à minha pessoa, e sua prontidão em acudir às vozes da religião foi singular: corriam todos prontamente aos sermões e a todos os atos religiosos, e vi-me obrigado a passar algumas noites inteiras no confessionário. E apenas do púlpito anunciei a minha partida, romperam por todos os lados gritos e lamentos, e desde então não fui mais senhor de mim; a casa encheu-se de homens, mulheres e meninos que me impediam o passo, e assim me dirigi ao embarque, lamentando-se outros em altas vozes (...). Sensibilizou-me profundamente tal comoção". (Torres, 1852, apud Azzi, 1983, 29).

35 As principais informações sobre os barnabitas no Pará constam de uma coletânea xerografada de vários artigos de jornal disponíveis para consulta na paróquia de Nazaré, em Belém, intitulada "Barnabitas, 450 Anos". A maioria desses artigos é extraída do jornal da paróquia "A Voz de Nazaré". Outros dados se encontram em Ramos (1952).

36 Esse documento se encontra reproduzido no apêndice do trabalho de Azzi (1969). É analisado, detidamente, por Ribeiro de Oliveira (1985, 279-284).

37 Essa Pastoral é analisada de modo mais completo por esse autor, que parcialmente será seguido no tocante à mesma (cf. Ribeiro de Oliveira, 1985, 297-315). Não obstante, apesar da afirmação do autor, acima citada, como veremos a seguir, alguns rumos da política eclesiástica foram mudados, com o Concílio Plenário Brasileiro de 1939.

38 O documento se encontra reproduzido no livro de tombo da Paróquia de Vigia (24.10.1928 a 22.1.1951), pelo vigário da época, padre Alcides Paranhos.

39 "Une affirmation contraignante — qui n'était pas ou qui était peu médiévale — prit corps dans la mentalité des élites Chrétiennes sous la forme suivante: l'ignorance religieuse est cause de damnation (...). Mais comment faire basculer des centaines de millions de gens dans le camp d'une spiritualité et d'une morale austères que l'on n'avait pas, en pratique, exigée de leurs ancêtres? (...). Par la culpabilisation des consciences, par l'insistance obsédante sur le péché originel et les fautes quotidiennes, par l'examen de conscience poussé jusqu'au scrupule, par la menace sans cesse agitée de l'enfer, par une pastorale de la peur (...). Il ne suffisait pas d'evoquer l'enfer pour tenir en main les masses. Ce christianisme de tous les instants n'avait de chance d'être vécu dans l'unanimité que s'il était constamment soutenu et rappelé aux esprit par l'autorité civile."

40 "(...) si le christianisme est, de droit, considéré comme la religion de tous (...) pourquoi refuser aux populations la possibilité d'intégrer la religion aux manifestations bruyantes et colorées de la joie urbaine? Une religion unanime ne peut être que syncrétique, et elle doit alors se trouver associée (...) au carnaval comme aux enterrements, aux beuveries comme aux fêtes civiques." Tratando sobre as festas, religiosas e profanas, da época do Renascimento, Jacob Burckhardt observa: "É eviden-

te que, desde o início da Idade Média as procissões religiosas foram pretextos para mascaradas, quer façam escoltar o Santíssimo Sacramento, as imagens dos santos e as relíquias por crianças vestidas de anjos, quer incluam no cortejo personagens da Paixão e Cristo figure também com a cruz, os ladrões, os litores ou as santas mulheres. Mas cedo vemos figurar, nas grandes festas religiosas, cortejos de caráter local que, de acordo com o espírito ingênuo da Idade Média, contêm numerosos elementos profanos. O mais curioso é o carro em forma de navio, *carrus navalis*, que vem do paganismo (...). A procissão religiosa podia ser aformoseada por acrescentos de todo o gênero, mas ser substituída, também, pura e simplesmente, por um cortejo de mascarados" (cf. Burckhardt, 1973, 322). Para Mijail Bajtin, deve-se fazer no entanto uma distinção entre cultura leiga e clerical, sendo a primeira caracterizada pela importância do riso e do burlesco, com aspectos carnavalizantes, que se manifesta, por exemplo, no "realismo grotesco" da obra de Rabelais. Isso se opõe à seriedade dos cultos e cerimônias oficiais (laicas e eclesiásticas), o que não impedia, porém, que os ecos da alegria dos carnavais populares repercutissem mesmo nos mosteiros, universidades e colégios, dando origem a uma literatura cômica escrita em latim, além da língua vulgar, por autores que, em alguns casos, demonstravam um grau de instrução muito elevado (cf. Bajtin, 1974, 19 e *passim*). Não esquecer, porém, que, na época do Renascimento, quando se inicia a colonização brasileira, também ocorre a Reforma e a Contra-Reforma, que se insurgem contra essa alegria carnavalesca que, ademais, como nos mostram Burckhardt, Delumeau e outros autores, penetrava mesmo nas cerimônias públicas, tanto laicas como religiosas, promovidas por príncipes e cardeais, sobretudo na Itália. Isso tudo vai se refletir no catolicismo brasileiro, especialmente na festa do santo padroeiro, mesmo porque, em alguns casos (como o dos seculares, responsáveis pelas paróquias), a diferença entre cultura laica e clerical deveria ser mínima. Veremos como, no Círio de Nazaré, tanto em Belém como em Vigia, ainda hoje as alegorias são feitas, sobretudo, de barcas, que são ao mesmo tempo carros sobre rodas (*carrus navalis?*).

41 Além de outras fontes, como a correspondência de M. Furtado, publicada nos Anais da Biblioteca e Arquivo Público do Pará e na coletânea organizada por Mendonça (1963), vale citar depoimentos de dois historiadores. Tomemos inicialmente o exemplo do vigiense Antônio Raiol, um dos clássicos da historiografia regional, em sua obra sobre a catequese dos índios do Pará: "Os próprios missionários não conservaram por muito tempo a pureza dos costumes primitivos (...). Também trataram de aproveitar os índios, empregando-os em serviços de exclusiva utilidade às suas respectivas confrarias. Excetuados os religiosos da Piedade, de Santo Antônio, da Conceição da Beira e Minho, que viviam de esmola e nunca quebraram o voto de pobreza, todos os outros deixaram-se arrastar pela ambição sórdida de riquezas, parecendo mais mercadores do que homens de igreja, como alguém o disse. Negociavam francamente com o cacau, cravo, salsa e várias drogas que mandavam colher pelos índios nas matas e tinham cotação no mercado! Armazenados tais produtos nos próprios colégios, daí os vendiam ou embarcavam

para o reino em pagamento de mercadorias que recebiam, com inteira isenção de impostos, por serem em benefício das missões, conforme declaravam" (Raiol, 1902, 137). Acusações semelhantes são repetidas pelo português João Lúcio de Azevedo que, no entanto, procura compreender e desculpar as ações dos jesuítas, julgando-as "à luz da razão": "A obra, em que os jesuítas estavam empenhados, pela sua extensão, carecia de recursos vastos. Não entesouravam, consoante a opinião geral lhes atribuía e a fama perdurou (...). As rendas, à primeira vista enormes, nem sempre bastavam a satisfazer por completo as necessidades das missões (...). Engrossada pelo ciúme e ódio dos colonos, que mediam a parcimônia e atividade dos religiosos pela dissipação e indolência próprias, a riqueza das missões do Pará nos surpreende. Diferente, porém, vem a ser a nossa impressão, se compararmos, ao valor conhecido dela, o custo das tentativas de colonização, feitas depois. Mais ainda, se nos lembrarmos que, expulsos os missionários, todas as diligências de conservar e prosseguir a sua obra, quaisquer que fossem os meios empregados, saíram baldadas" (Azevedo, 1901, 208-209). Aliás, essas desconfianças e acusações contra os jesuítas não se colocavam só no Pará, ou no Brasil. No extremo-oriente, onde comerciavam com mercúrio, prata e outros produtos, os jesuítas eram também vistos com desconfiança pelas elites e autoridades locais e se colocavam, mesmo, "problemas de consciência" (cf. Spence, 1986, 191-192). Sobre o "ciclo das drogas do sertão" na Amazônia, cf. Maués (1967 b).

42 Como é bem conhecido na literatura antropológica, uma das técnicas mais difundidas de cura xamanística é a sucção. Mais adiante, neste trabalho, essa técnica será examinada, juntamente com outras, entre aquelas mais em uso pelos pajés atuais da região do Salgado.

43 O da preta Maria, escrava, denunciada por um plantador residente em Belém, por ter tratado, por volta de 1745, dos escravos de sua plantação, acometidos por epidemia de "bexigas", fazendo uma espécie de sessão, em que aparentemente recebeu entidades e fez previsões que mais tarde se confirmaram (Lapa, 1978, 173). O do índio Antônio, que foi denunciado por ter, em outubro de 1763, tratado de uma mulher, na roça de seu marido (rio Maguari), realizando algumas sessões em que "consultava" os seus "pajés" ou entidades (Lapa, 1978, 211-212). O do índio Domingos de Souza, trabalhador de uma fazenda no Utinga, nas cercanias de Belém, que, em 1764, realizava típicas sessões de cura xamanística, recebendo entidades, coberto de penas, agitando o maracá e cantando em sua própria língua (Lapa, 1978, 222-223). E o do mameluco Pedro Rodrigues, denunciado por fazer sessões de cura, em que recebia entidades, também no ano de 1764, ajudado por um índio, na vila de Boim (Lapa, 1978, 225-226). Um dos casos mais interessantes é o do índio Marçal Agostinho, referido por Laura de Mello e Souza, que teve acesso a seu processo, nos arquivos portugueses. Pode-se considerá-lo uma espécie de "Quesalid paraense", pois não acreditava em feitiçaria, mas pretendia tornar-se mestre na arte de curar. Obtendo a confiança do carpinteiro índio Pedro Açu, tornou-se seu discípulo. Mais tarde, Pedro Açu, considerando que Marçal Agostinho era capaz de guardar segredo, disse-lhe

"que tudo quanto lhe tinha visto fazer eram fingimentos, com que enganava os circunstantes para lhe terem respeito; porque não vinham almas do outro mundo a estar nos congressos, nem ele subia a chamá-las do teto das casas: e todas as vozes que se ouviam eram suas, fazendo-as mais finas, ou mais cheias, segundo as circunstâncias o pediam (...)". Iniciado por esta forma, Marçal Agostinho "ficou famoso, requisitavam-no para sessões (...), chamavam-no pajé e profeta (...). Diante da Mesa da Visitação, presidida por Giraldo José de Abranches, o índio dizia estar muito arrependido e pedia perdão de seus pecados" (cf. Mello e Souza, 1986, 271-272).

44   Como diz Amaral Lapa: "Torna-se necessário (...) entender (...) que a fantasmagoria inquisitorial, apesar de toda a sua força de persuasão, não chegava a aliciar os ânimos ou atemorizar as consciências ao ponto de amansar ou amoldar o rebanho segundo os estritos e severos ditames eclesiásticos. Os relapsos, os zombadores de todos os tempos, os desafiadores do poder, não eram poucos. Os castigos, verifica-se a cada passo, não escarmentavam o suficiente para desmanchar o atrativo do proibido, do sigiloso, do profano, da privacidade, do ilícito, enfim. Em 29.3.1766, em carta a Francisco Xavier de M. Furtado, queixava-se o inquisidor das mazelas morais em que ia o rebanho, apesar de três anos já de Visitação!" (Lapa, 1978, 54; ver também p. 64).

45   Ribeiro de Oliveira desenvolve uma longa e convincente argumentação para demonstrar que os atos de culto, como rituais, possuem, "além de sua função manifesta de propiciação de Deus e dos Santos, a função latente de reforço da fé religiosa dos participantes". E afirma que, "quando a Pastoral Coletiva insiste na freqüência aos sacramentos e aos atos de culto na igreja, ela faz mais do que insistir no dever de prestar culto a Deus e aos Santos: ela está propondo um meio excelente de fortalecer nos fiéis a doutrina católica imbutida nesses rituais religiosos. É por isso também que os atos de culto sem padre, como os que se realizam nas capelas do interior, são vistos com tanta reserva pelos bispos: ao invés de veicularem a doutrina oficial, reforçam as representações religiosas do catolicismo popular". (Ribeiro de Oliveira, 1985, 309).

46   Não é o caso de discutir aqui as questões suscitadas pelo avanço obtido por certos setores de ação católica (JEC, JUC) que, no início dos anos 60, passam a contestar a legitimidade desse mandato. Sobre o assunto, cf., entre outros, Bruneau (1974, 180-188) e Souza Lima (1979).

47   "O Espelho", n.º 8, de 20.10.1878.

48   Eram organizados "bandos precatórios" (grupos de pessoas, geralmente homens, pedindo dinheiro e outras contribuições para a festa religiosa) para diferentes santos e santas, fazendo esmolações ou apelos nas semanas antecedentes de suas festas, destacando-se, sobretudo, na região do Salgado, desde o final do século XIX, as tripulações de São Benedito, que partiam de

Curuçá com diferentes réplicas da imagem desse santo, percorrendo várias outras vilas e cidades, como se verá no final deste capítulo. Os bandos precatórios eram muitas vezes compostos de foliões, que tocavam e cantavam suas folias diante das portas e no interior das casas das pessoas que se dispunham a recebê-los, alimentá-los e contribuir para a festa.

49 "O Espelho", n? 38, de 29.6.1879.

50 Em 1875, padre Mâncio tomou a iniciativa, a pedido dos moradores, de reconstruir, ampliando-a, a capela do santo, pedindo a necessária autorização a dom Macedo Costa. Conseguida a licença, foram iniciadas as obras, de alvenaria (a antiga capela era de taipa, parcialmente coberta com telhas de barro e, a sacristia, com folhas de ubim). O vigário não chegou a ver concluída a obra, em seu paroquiado, porque, no final de 1883, teve de deixar Vigia, por motivo de doença. A nova capela, ainda hoje existente, foi inaugurada já durante o vicariato do padre Estêvão da Costa Teixeira, em 1885, com a presença de dom Macedo Costa, que não só tinha autorizado, como ainda incentivou a construção. Essas informações constam, em parte, do programa da festividade de São Sebastião, comemorativo do centenário de construção da capela (1985). Foram completadas com documentos do arquivo paroquial de Vigia e entrevistas com membros da diretoria da festividade. Sobre as epidemias de varíola, no Pará, cf. Vianna (1902, 304-305).

51 O cônego Pennafort publicava, em Vigia, o jornal "Guajará" (1904-1908), de tiragem semanal, que se autodefinia como "folha religiosa, instrutiva e nativista". Desse jornal, bastante curioso, só foi possível localizar o n? 37, de 25.9.1905. Não obstante, esse único número diz muita coisa a respeito do vigário e de suas intenções à frente da paróquia. Nele aparece um capítulo do folhetim, de autoria do vigário, intitulado "Columbina, romance indo-americano". O romance, dedicado especialmente ao público feminino, trata, nesse capítulo, de uma parte da viagem de um grupo de religiosas ursulinas do Sacré-Coeur, que se dirigem da França aos Estados Unidos da América, no navio "Colombus". No mesmo navio segue um grupo de emigrantes, "pessoas de classe social inferior", que vão tentar a vida na América, surgindo, entre os passageiros, uma epidemia. A superiora das freiras, soror Columbina, esmera-se em acudir a todos os doentes, inclusive os emigrantes. Uma das freiras, a mais jovem, é de origem indígena, Auguste Nhenghy, e também segue o exemplo da superiora, no cuidado dos doentes. Enquanto isso, recorda os ensinamentos de seu antigo diretor espiritual, que na França lhe falava sobre a devoção ao Sagrado Coração de Jesus e as palavras da então beata Margarida Maria Alacoque. A esse pretexto, o autor transcreve um longo trecho das cartas dessa santa. O folhetim visa, claramente, educar as mulheres nas "virtudes cristãs", como também difundir a devoção romântica e romanizante do Sagrado Coração de Jesus, através de cada alusão (desde o nome, que recorda o jesuíta que mais popularizou esse culto, em seus primórdios), até a doutrina explícita. Vale lembrar que, nessa época, já havia

sido fundado, em Vigia, o Apostolado da Oração, associação destinada a promover o mesmo culto incentivo pelos jesuítas e resultante das visões de Santa Margarida Maria (lembre-se que, apesar de ter sido restabelecida a sua ordem, no início do século XIX, ainda permaneciam muito vivas as desconfianças e acusações do liberalismo contra os inacianos, com que a Igreja se defrontava).

52 Documento existente no arquivo paroquial de Vigia, intitulado "Inventário dos Bens Pertencentes à Antiga Irmandade de Nossa Senhora de Nazaré", com data de 31.12.1936, assinado pelo antigo tesoureiro da Diretoria da Festividade de Nazaré, Euclides de Oliveira e Silva. Ver apêndice 3.

53 Nos dias de hoje, as festas de santos são organizadas por diretorias ou comissões, cuja presidência é sempre conferida ao vigário; não obstante, o trabalho efetivo é desempenhado pelos membros leigos das diretorias, cabendo a maior responsabilidade ao tesoureiro, que efetivamente dirige todas as tarefas. Embora essas diretorias tenham uma autonomia relativa na escolha de seus membros, os mesmos podem, no entanto, ser destituídos e substituídos, pelo vigário, sempre que este julgue conveniente fazê-lo.

54 Outra referência à expulsão do vigário se encontra no livro de tombo da paróquia (23.11.195 a 31.12.1954), registrada pelo cônego Faustino de Brito, pároco de Vigia de 1952 a 1962: "Este pároco foi banido de sua paróquia pelos políticos vigienses de então, embarcado, à força, com remadores que o lançaram nas praias de Colares, segundo reza a tradição popular; vivendo ainda hoje (anotação de janeiro de 1954) um dos caboclos remadores desta empreitada, por sinal completamente cego, pedindo esmolas à caridade pública; o motivo foi política, pois cônego Ulysses era político; o pretexto, porém, teria sido a dilapidação do célebre Tesouro de Nossa Senhora de Nazaré pelo cônego vigário". Essa referência parece confirmar a hipótese de que a expulsão estava, de fato, ligada à intervenção ocorrida na Irmandade de Nazaré da Vigia, acrescentando o dado de que o vigário expulso "era político". Mas também o vigário Mâncio Caetano era "político", tendo sido eleito, como vimos, depois que deixou Vigia, como deputado provincial. Com efeito, apesar dos progressos da romanização, os vigários vigienses, além de participarem da luta política de interesse do projeto romanizador da Igreja brasileira, também participavam da política partidária do período. Esse fato, no entanto, é coerente não só com a tradição do clero brasileiro, como também com o próprio projeto romanizante, que — além de se identificar com as correntes conservadoras da política nacional, em razão de sua luta contra o laicismo e o liberalismo — buscava, após a separação, uma *nova* aproximação com o Estado, que lhe garantisse privilégios, sem que, no entanto, se perdesse a duramente conquistada "liberdade da Igreja".

55 Ver nota 31, acima. Além disso, ele foi biógrafo do mais notável prelado paraense, dom Macedo Costa (cf. Lustosa, 1939). Ver também o apêndice 4.

56 Os dados biográficos do padre Alcides Paranhos podem ser encontrados num opúsculo de autoria de um dos últimos vigários de Vigia (cf. Nobre, 1980). São utilizados, também, como fontes, os documentos do arquivo paroquial. Há divergências entre os dados constantes do trabalho de Nobre e as anotações do padre Alcides.

57 Uma notícia de 1924, publicada pelo jornal vigiense "O Lusco Fusco", dá conta de uma dessas excursões do padre Alcides, juntamente com a Banda 31 de Agosto: "Depois de uma demora prolongada na vila de Mosqueiro, onde a contratos especiais, tocara nas festividades de N. S. de Nazaré e N. S. do Ó, regressou a esta cidade (...) a correta filarmônica 31 de Agosto (...). Após o desembarque, em companhia de seu esforçado presidente, padre Alcides Paranhos, encaminhou-se para a Igreja Matriz (...). No Mosqueiro (...) o revm.º padre Alcides Paranhos e os músicos (foram) alvo de grandes manifestações, sendo até carregados nos braços". (Transcrito em "A Gazeta da Vigia", setembro de 1925).

58 Transcrevo as anotações do padre Milton no livro de tombo da paróquia (janeiro de 1951): "Apesar do vigário-cooperador ter negado permissão às diretorias de S. Sebastião de Arapiranga e do Menino Jesus de Itapuá para esmolarem com a imagem, o sr. vigário deu, facilmente e com ciência da negativa, autorização às duas diretorias para fazerem esmolação com imagem. O vigário-cooperador recorreu ao sr. arcebispo, que reprimiu a desobediência não ao vigário-cooperador, pois a proibição não era sua, e sim à arquidiocese, com a suspensão de festas religiosas e demissão dos membros da diretoria (...). Foi na verdade questão difícil a execução da penalidade solicitada (...). Muita cautela se requeria para evitar choques com o sr. vigário, para não lhe diminuir a autoridade e nem provocar reação por parte do povo. Graças a Deus, tudo se resolveu num clima de calma e cooperação. Entretanto, para cortar a reação pela raiz foi necessário que o vigário-cooperador ocupasse o microfone da Voz Municipal, na hora da Ação Católica, para explicar as razões da medida tomada e aconselhar o necessário acatamento à autoridade arquidiocesana". Devo também acrescentar que, em Itapuá, aparentemente a medida não teve grande impacto, pois, entrevistando o antigo tesoureiro da festa do padroeiro (no ano de 1952), sr. Alceu Souza, o mesmo declarou que, tendo de fato assumido nesse ano, nada porém sabia quanto à interdição (entrevista realizada em 12.12.1984); não se pode descartar a hipótese de que ele estivesse querendo esconder o fato.

59 Apostolado da Oração, Pia União das Filhas de Maria, Obra Pontifícia das Vocações Sacerdotais (antiga Associação de Santa Terezinha), Confraria de Nossa Senhora do Carmo, Congregação da Doutrina Cristã, Cruzada Eucarística Infantil, Confraria de Nossa Senhora do Rosário, Conferência de São Vicente e Associação de São Luís de Gonzaga.

60 Sigo, aqui, basicamente, as informações prestadas por monsenhor Edmundo Igreja, antigo pároco de Curuçá e atual supervisor das paróquias do interior na arquidiocese de Belém (entrevista obtida em Vigia, em 8.12.1984 e com-

pletada na viagem que fizemos juntos a Colares, no dia seguinte, para participar do Círio dessa cidade).

61 Esse episódio foi parcialmente confirmado em diversas entrevistas com a população de Curuçá, inclusive o tesoureiro da festividade de São Benedito Achado (15.9.1984). Uma versão menos conhecida afirma que, de fato, o vigário não foi espancado, nem o episódio se deu no interior, mas sim no trapiche de Curuçá, tendo apenas o padre sido jogado n'água (o que, evidentemente, não diminui em muito a violência do episódio).

62 Esse episódio é comparável ao que ocorreu em Vigia, após a expulsão do cônego Pennafort, como foi visto acima.

63 São muito comuns, no interior do Pará, as festas de São Benedito na ocasião do Natal. A mais importante é a de Bragança, que ainda hoje provoca atritos entre a diretoria da festa e as autoridades da atual diocese (antiga prelazia, a cargo dos barnabitas). A festa é acompanhada da marujada, uma das manifestações folclóricas de maior importância no Estado (cf. Bordalo da Silva, 1959).

64 Entrevista com o professor Francisco Soeiro (20.9.1984), membro da diretoria da festa de Nazaré e com o sr. Argemiro Barbosa, delegado de Polícia em Vigia (5.4.1985), membro da família que festejava o Divino.

65 Sua preocupação maior, como transparece nas anotações do livro de tombo da paróquia, não era com possíveis abusos quanto ao culto, mas com a independência da diretoria em relação ao vigário e com a questão financeira. No segundo ano de seu paroquiado, numa apreciação que fez da festa de 1953, constatava que a maior contribuição financeira tinha provindo dos apelos do tesouro (diretoria), feitos, na maior parte, na zona rural da paróquia. Em segundo lugar estava a contribuição das "seis classes" (classes rituais em que se divide a população, durante as festas de santos, conforme veremos na terceira parte deste trabalho). A seu ver, essas classes, "caso não modifiquem para melhor o modo de contribuir para a festividade, estarão prejudicando a situação financeira do Tesouro de Nossa Senhora de Nazaré, por vários motivos, pelo menos dois; 1º) não prestam contas das arrecadações feitas (...) para a noite da classe, sendo um mistério a quanto monta o que arrecadaram em dinheiro e o quanto gastaram; 2º) não economizam com o sentido de dar maior renda a N. Senhora, pois só em fogos gastam uma quantia exorbitante. Pode-se acrescentar a hipótese: se tem havido saldo para essas classes, que fim tem levado este dinheiro? Mistério". No ano seguinte, chegou a baixar uma portaria para disciplinar a participação e prestação de contas das classes. A despeito disso, a contribuição das classes no ano de 1954 foi menor que a do ano anterior, quase igualando-se à de 1952 (quando assumiu a paróquia); por outro lado, a despesa com fogos, embora a portaria falasse expressamente na necessidade de economia, aumentou em mais de 80% em relação ao ano anterior, enquanto a mesma despesa, de 1952 para 1953,

subiu apenas 8,12%. No cômputo geral, o crescimento do saldo positivo, de 1952 para 1953 foi de 23,85% e, de 1953 para 1954, de apenas 4,58%! Tudo parece indicar que, diante das medidas controladoras do vigário, houve mesmo um esforço dos leigos no sentido de diminuir o saldo da festa de 1954. Aos poucos, nesse particular, até o final de seu paroquiado, o vigário foi cedendo, vencido pela resistência dos organizadores da festa.

66 Os primeiros colonos vindos para o Pará, logo após a fundação de Belém, foram açorianos (cf. Cruz, 1973, I: 31 e 63). No tocante a Vigia, não foi possível obter informações a respeito da origem de seus primitivos colonos, mas é possível supor que também açorianos tenham se localizado lá. Jorge Hurley, porém, informa que Jorge Gomes Alemó, o fundador de Vigia, era um fidalgo "da província do Algarve" (Hurley, 1938, 346). Pode também ter trazido colonos dessa região portuguesa. Sobre a concessão real a Jorge Gomes Alemó, cf. Betendorf (1910, 21) e Moraes (1860, 195).

67 Ver nota 28, acima. Ver também apêndice 1.

68 "Nessa linha cada ato humano é transfigurado pela interpretação teológica, que lhe atribui sentido dentro do plano divino para a história (...). A fim de reconhecer este plano infuso na história humana em sua generalidade, é empregada toda uma técnica de 'interpretação dos sinais de Deus', ao mesmo tempo em que se opera com as variadas representações culturais e políticas da sociedade. Atentar para o modo singular como os vários discursos no interior da Igreja desenvolvem para si os elementos da cultura brasileira e os recriam mediante a consideração teológica é, pois, conditio sine qua non para se abordar de maneira adequada a política católica contemporânea." (Romano, 1979, 23).

69 Cita, como exemplos, a preocupação de se opor, no período pós-Vaticano I, ao socialismo, ao secularismo e ao protestantismo, o que, para esse autor, representava apenas uma imitação do que estava ocorrendo na Europa, constituindo uma disposição não muito racional, "uma vez que socialistas, protestantes e outros grupos semelhantes não eram importantes" no Brasil. Outro exemplo diz respeito ao modernismo, heresia condenada pelo papa Pio X, em 1907, que, para Bruneau, constituía "o último dos problemas que se apresentavam à Igreja do Brasil"; a despeito disso, encarando com sinceridade a condenação, a hierarquia tratou de defender os seminários, "trancando-os" e a "uma boa parte da Igreja", para se defender dessa "ameaça", o que representava também uma atitude de fechamento contra o mundo (cf. Bruneau, 1974, 71).

70 O padre Mâncio Caetano tinha se formado em Roma e gostava de ser chamado de "doutor". Era, aparentemente, um homem de gênio irascível, sendo criticado por isso e, também, pelo fato de ser bragantino (em Vigia). Mas não chegava, como vimos, a se colocar em confronto diante de todas as ma-

nifestações do catolicismo popular. Quanto ao cônego Ulysses, nordestino, pelo que se pode ler de seu jornal, "Guajará", acima mencionado, era um homem completamente desvinculado da realidade amazônica, muito preocupado com sua "erudição" e tratando de temas verdadeiramente herméticos para uma população de cidade do interior. Apenas como exemplo, vale mencionar um artigo de sua autoria (parte de um trabalho mais vasto, intitulado *Cenontologia*, com o subtítulo *A evolução religiosa encarada sob tríplice ponto de vista: dinamiológico, moral, ontológico e social*). Nesse artigo é colocada, de início, a seguinte questão: "E não será por ventura a maior loucura querer o homem compreender a Deus, quando não compreende o mundo criado, nem se compreende a si próprio?". A partir daí desenvolve uma argumentação erudita e pedante, com citações de filósofos, físicos, biólogos, fisiologistas (muitos dos quais materialistas, segundo o cônego) para refutar o erro de uma versão do gnosticismo! Não é difícil entender que esse problema nada tinha a ver com as questões concretas com que se defrontava um vigário de uma paróquia do interior da Amazônia do início do século XX. Talvez aí esteja uma outra causa de sua expulsão: o sacerdote estava tão distanciado da realidade local que nem conseguia se fazer compreender pelos paroquianos.

71 Quanto ao cônego Faustino, no episódio acima mencionado (nota 65) da portaria regulamentando a participação das classes na festa de Nazaré, temos um exemplo, entre outros, da habilidade do vigário. Por essa portaria, os representantes (tesoureiros) das classes seriam nomeados pela diretoria da festa, passando a fazer parte da mesma, e não mais escolhidos pela própria classe, como antes. Autorizados a fazer apelos, leilões e outras promoções para a novena de sua noite, de todo o apurado deveriam entregar, mediante prestação de contas contra recibo, 70% do saldo, ficando com os restantes 30% para as despesas futuras da classe, no ano seguinte. Essa portaria provocou vários protestos dos representantes das classes, sendo que o mais veemente partiu da classe dos pescadores. Habilmente, o cônego Faustino, acatando sugestão da classe dos comerciantes, convocou uma reunião conjunta entre os representantes das classes e a diretoria, onde o assunto foi rediscutido, tendo havido duas modificações nas determinações do vigário: ao invés de os representantes serem pura e simplesmente nomeados pela diretoria, antes disso seriam indicados pela classe respectiva; foi também abolida a contribuição de 70% sobre o saldo, considerada excessiva, fixando-se uma quantia arbitrada em Cr$ 1.500,00. Todos os outros itens da portaria foram mantidos. Com isso se evitou um conflito que poderia ser desgastante para o vigário. Quanto aos cuidados do padre Milton, no caso da interdição das capelas de Itapuá e do Arapiranga, ver nota 58, acima.

72 *"Um determinado mínimo de voluntad de obediencia, o sea de interés (externo o interno) en obedecer, es essencial en toda relación auténtica de autoridad".*

APÊNDICE 1
AS ORIGENS DA VIGIA: MITO E
REALIDADE HISTÓRICA

Os primeiros cronistas que dão notícias históricas sobre Vigia
são os padres jesuítas João Felipe Betendorf e José de Moraes. Betendorf, missionário luxemburguês que chegou à Amazônia em 1661,
por solicitação feita ao geral da Ordem, pelo padre Antônio Vieira, diz em sua crônica:

> "Segue-se para a mesma banda do Pará a capitania
> de Jorge Gomes Alemó, mas como este quebrou no ne-
> gócio por certas razões, achou o governador Gomes Freire
> de Andrade[1] que a vila da Vigia, que tinha mandado
> fazer, estava nas terras d'el-rei, nem nunca teve aldeia e
> conseqüentemente nem missionário[2] e a tirou dele; e pa-
> rece nunca mais se tornou a pôr em pé, suposto que os
> moradores da vila gozam dos bons ares do mar, com seus
> peixes, ostras, caramujos e da fartura da terra pelo man-
> timento que produz em abundância, estão sujeitos ao Pará
> e o que lá têm de melhor é a imagem milagrosa de Nos-
> sa Senhora de Nazaré, que de todas as partes se freqüen-
> ta de romeiros, que vão lá fazer suas romarias e novenas."
> (Betendorf, 1910, 21-22).

Anos mais tarde, o padre José de Moraes, que trabalhou num
aldeamento indígena, na ilha de Colares (Tabapará), em frente a
Vigia, cuja história foi escrita no Colégio do Pará e terminada em
1759 (data da lei de expulsão dos jesuítas), repete em parte as informações de Betendorf e acrescenta notícias adicionais:

"Buscando a cidade do Pará, se segue a vila da Vigia. Dera o Sereníssimo Senhor Dom João IV[3] faculdade a Jorge Gomes Alemó, homem de negócios e de grandes cabedais, para fundar uma vila na capitania do Pará. Depois de lhe dar princípio com o nome de Vigia, quebrou no negócio, e não podendo contribuir com os muitos gastos, para acabar o começado, a deixou tão pouco avultada, que reduzindo-a a melhor forma o governador e capitão-general Gomes Freire de Andrade, fez com que ficasse pertencendo ao real domínio. Tem bons ares, e é muito farta em peixes e mariscos, ainda que a situação, por estar em terra rasa, é notavelmente alagada. Tem senado, capitão e sargento-mor da ordenança. Conservam nela os reverendos religiosos do Carmo um hospício, e outro os reverendos religiosos das Mercês. Têm de mais os padres da companhia uma grandiosa Igreja, com princípio para fundar um colégio por concessão real do Fidelíssimo Senhor Dom João V, de eterna memória. A sua matriz arruinada se erigiu dos fundamentos por ordem do Excelentíssimo e zelosíssimo prelado, o Senhor Dom Frei Miguel de Bulhões[4], que com particular atividade tem promovido sua factura, e se acha no presente muito adiantada esta obra, formando um bonito e asseado templo de pedra e cal, dedicado a Maria Santíssima debaixo do suavíssimo título de Nossa Senhora de Nazaré. É imagem de suma veneração para aqueles e todos os mais moradores da cidade do Pará, com um tal respeito e devoção, que são contínuas as romarias, obrigados da singular virtude de seus admiráveis prodígios." (Moraes, 1860, 195).

Esses dois textos já colocam alguns dos aspectos mais importantes da história de Vigia em seu primeiro século de existência. Mas é preciso recuar um pouco mais, tratando de início dos primitivos habitantes da região, os índios tupinambás. Segundo Adélia E. de Oliveira (1983) as estimativas a respeito da população indígena da Amazônia, na época em que se iniciou a conquista européia, variam entre 1 e 2 milhões de habitantes. Essa autora, sistematizando informações e análises de vários historiadores e antropólogos, assim como de cronistas do período colonial, aponta para as migrações dos tupinambás da costa sul e leste do Brasil em direção ao Norte, a partir de duas motivações básicas: a procura da "terra sem males" e a fuga aos portugueses, à medida em que estes iam, progressivamente, ocupando o litoral. Com efeito, quando se deu a conquista portuguesa de São Luís e a subseqüente fundação de Belém, na segunda década do século XVII, todo o litoral entre essas duas cidades era ocupado por índios tupinambás. Um cronista da época, Heriarte, que percorreu a região, escrevendo entre 1662 e 1667, deixou-nos a seguinte descrição:

> "Toda esta costa foi povoada de índios naturais, porque em todas as bocas dos rios havia grandes povoações deles que com o tempo se despovoaram, e se meteram pela terra dentro. Só em Jaguapipora se conserva uma aldeia grande, de que é o principal o Copaúba, que tem o cuidado de beneficiar umas grandes salinas, que estão no Maracanã, ou Guatapu, que dão grande quantidade de sal, que faz por conta de S. Majestade." (Heriarte, *apud* Varnhagen, 1962, III, 175).

O que Heriarte não menciona é toda a intensa guerra de extermínio desenvolvida pelos portugueses contra os nativos, desde o governo de Castelo Branco (fundador de Belém), que contribuiu para dizimar grande parte dessas populações. Deixa de mencionar, também, o trabalho dos missionários que, aldeando os índios em missões visando facilitar a catequese, retiravam-nos de suas aldeias originais, concentrando-os em grandes aglomerados, contribuindo, como já vimos, para a sua destribalização e facilitando sua utilização como mão-de-obra pelos colonos portugueses[5]. A despeito de todo esse extermínio, boa parte da população nativa pôde sobreviver fisicamente (pela própria proteção dispensada pelos missionários, especialmente a partir da segunda metade do século XVII), o que contribuiu para que, nos dias de hoje, forte contingente da população da região do Salgado apresente, marcadamente, características físicas, crenças e costumes que evidenciam uma origem indígena, sobretudo tupinambá.

Essa origem indígena se reflete na própria origem das principais cidades da área e mesmo de algumas vilas, que resultaram de antigos aldeamentos ou fazendas de missionários. Esse não foi o caso de Vigia. Não obstante, uma tradição, mencionada por Baena (1969, 124) e repetida pelo historiador vigiense Domingos Antônio Raiol, dá como origem de Vigia uma antiga aldeia indígena de nome Uruitá. Este não se refere ao antigo donatário, de que falam os cronistas antes citados, mas acrescenta a informação de que, nesse lugar, o governo português estabeleceu um posto militar de vigilância para controlar as embarcações que demandavam o porto de Belém, assim como protegê-las contra "assaltos de índios", de onde se originou o nome Vigia à povoação portuguesa ali instalada (cf. Raiol, 1970, 733). Quando se procura, em Vigia, alguma informação a respeito da história da cidade, a maior parte do que é fornecido pelos moradores provém da obra de Raiol. Consultando os arquivos da agência municipal da Fundação IBGE foi possível encontrar, entretanto, um documento, datado de 1944 e elaborado pela antiga agência municipal de estatística, que funcionava na prefeitura, cujo teor vale transcrever, em parte:

"Em 1534 habitava o lugar onde hoje existe a cidade de Vigia uma tribo de índios tupinambás, composta de duzentas e tantas pessoas. Era seu tuxaua ou governador o velho Tauaparanaçu. À aldeia onde moravam davam o nome de Uruitá (...). Em 1540 morre Tauaparanaçu, deixando três filhos: Araranaçu, Taquari e Suaçurana. Estes passaram a habitar o terreno fronteiro ao povoado, entrando pelo rio, que vai até a baía do Sol, da parte direita, até tocar no furo que hoje se denomina Trimibenaçu. Algum tempo depois aportou Manoel João de Andrade, de nacionalidade portuguesa, que se casou com Suaçurana e dessa união nasceu uma criança que tomou o nome de Tomé (...)."

Não foi possível identificar a fonte de onde surgiu esta história, com datas e nomes tão precisos, que precede a data da fundação de Belém (1616) e antecede, em cerca de um século, a concessão real a Jorge Gomes Alemó. Sua semelhança com outras lendas ou mitos[6] de origem de colonização de outras regiões do Novo Mundo (Paraguaçu, Iracema, Bartira, Pocaontas) sugere a repetição de uma estrutura que tenta valorizar a história vigiense, pelo lado mítico da ligação entre as duas "raças formadoras". Por outro lado, o nome de Tomé, dado ao filho da união entre Suaçurana (Suçuarana: onça pintada?) e Manoel Andrade não deixa de lembrar os mitos tupis ligados a um herói civilizador dos tupinambás, identificado com um dos desdobramentos de Maire-Monan, também referido como Sumé e que os primeiros missionários confundiram com o apóstolo São Tomé (cf. Métraux, 1979, 4-9)[7].

Possíveis analogias e identificações podem ser postas de lado, mas o certo é que as referências às origens históricas de Vigia são de modo geral bastante imprecisas, confundindo-se o "mito" e a "verdade" histórica, o que aliás acontece com vários outros episódios, de modo especial no que se refere à história religiosa do município e da região do Salgado. O próprio posto de vigilância que teria dado origem ao nome da cidade, segundo Raiol, não pôde ser confirmado por nenhuma outra fonte[8]. Todavia Baena (1969, 119), cronista do período colonial, escrevendo na primeira metade do século XIX, refere-se a um posto de arrecadação da alfândega, servindo com "soldados de guardas", na "aldeia dos tupinambás da ilha do Sol" (Colares), para vigiar o extravio de mercadorias dos navios que se dirigissem ao porto de Belém, estabelecido em 1688.

A notícia mais antiga sobre a presença de portugueses no território de Vigia fica por conta do padre José de Moraes, ao tratar do trágico naufrágio que vitimou o padre Luís Figueira e seus companheiros jesuítas que, em 1643, vinham de Portugal para se estabelecer no Pará. O navio encalhou numa restinga de areia, próximo dos "baixios da Barreta, distante da ilha do Sol pouco menos de duas léguas". Alguns tripulantes foram salvos por canoas de pesca de uma feitoria do capitão Pedro da Costa Favela, existente nas proximidades, mas não foi possível recolher o padre Luís Figueira e a maioria dos jesuítas. Os náufragos ficaram flutuando numa jangada que foi dar à costa da ilha do Marajó, onde foram aprisionados pelos índios aruãs e devorados em rituais antropofágicos (cf. Moraes, 1860, 212-223; o assunto é também referido por Betendorf, 1910, 65-67).

Sobre os primeiros anos de Vigia, ao longo de todas as imprecisões, somente alguns pontos podem ser razoavelmente bem estabelecidos:

a) o território onde se instalou a povoação portuguesa de nome Vigia, fundada por Jorge Gomes Alemó, possivelmente em meados do século XVII, era anteriormente habitado por índios tupinambás;

b) provavelmente esses índios foram exterminados, escravizados ou expulsos pelos colonos portugueses que ali se estabeleceram;

c) esses colonos desenvolveram o culto e a devoção a Nossa Senhora de Nazaré, que ali surgiu pela primeira vez no Pará, o qual passou a atrair devotos de outras partes da capitania, inclusive de Belém, ainda na segunda metade do século XVII, estabelecendo-se em torno dele as bases do catolicismo popular na área.

Os primeiros colonos vindos para o Pará, logo após a fundação de Belém, foram açorianos, um grupo de famílias que deram início ao primeiro núcleo agrícola, nas cercanias da cidade (Cruz, 1973, I, 31). O padre Antônio Vieira, que em meados do século XVII veio como superior dos jesuítas para o recente Estado estabelecido pelos portugueses, na "Resposta aos capítulos do procurador do Maranhão", avaliava a população de Belém, em 1650, mais ou menos na época em que Jorge Gomes Alemó lançava os fundamentos da povoação de Vigia, em 80 moradores. Deve-se estar atento para o fato de que, na expressão "moradores", inclui-se somente os homens casados, chefes de famílias da "gente grada", e seus filhos adultos, excluindo-se, pois, as mulheres e crianças, assim como os escravos e índios, a peonagem, os soldados e religiosos. Na mesma época se calculava em setecentos "moradores" portugueses a população existente em todo o Estado do Maranhão (que incluía toda Amazônia). Quase no final do século, São Luís contava com "mil e tantos vizinhos" (expressão que tem um sentido mais amplo, excluindo porém a escravatura). E em 1772, Berredo calculava a população de Belém em 500 vizinhos, o que parece indicar não ter a mesma aumentado muito num intervalo de cerca de 70 anos (cf. Cruz, 1973, I, 34 e Azevedo, 1901, 131-132). Ernesto Cruz também se refere à chegada, em Belém, no ano de 1676, de 50 famílias de açorianos, colonos destinados a uma experiência sistemática de agricultura, a ser feita nos arredores da cidade, sendo localizados numa rua especialmente preparada para eles, por decisão do Senado da Câmara (Cruz, 1973, I, 63).

No tocante à povoação de Vigia, não foi possível obter nenhuma informação a respeito da origem de seus primitivos colonos. Hurley (1938, 346) informa porém que Jorge Gomes Alemó era um fidalgo "da província de Algarve". Não obstante, a povoação certamente obteve algum progresso, ao contrário do que é sugerido pelos cronistas missionários, pois, no final do século (1693) foi elevada à condição de vila, tendo nela também sido criada uma freguesia ou paróquia (Baena, 1969, 124 e Braga, 1915, 62). Isto se deve provavelmente à importância da pesca na área, além da posição estratégica que Vigia ocupava no caminho enre São Luís e Belém. Já no ano de 1716, uma Carta Régia de 16 de outubro, dirigida ao governador Cristóvão da Costa Freire, informava sobre a existência de 80 moradores na vila recém-criada, o que significa uma população de "vizinhos" já bem considerável, sem contar os escravos.[9] Quatro anos depois de sua elevação à condição de vila, o jesuíta José Ferreira, visitando Vigia, lá encontrou estabelecida a devoção à "milagrosa imagem da Virgem Nossa Senhora de Nazaré" (Betendorf, 1910, 630). Essa é a primeira notícia histórica a respeito do culto de Nazaré no Pará, sendo possível supor que o mesmo tenha se formado antes de 1693, pois Vigia é referida, em vários documentos oficiais, como "Vila de Nossa Senhora de Nazaré da Vigia". Por outro lado, poucos anos depois, em 1700, iniciou-se o culto à mesma santa em Belém, havendo indícios de que se tenha propagado à capital do Pará a partir da influência do culto em Vigia que, conforme foi visto acima, era muito visitada por devotos belemenses. Já na Carta Régia de 27 de agosto de 1712, o rei de Portugal se referia ao "vigário da matriz" de Vigia[10]. Essa matriz estava sendo levantada, pelos moradores, com ajuda dos índios fornecidos pelos aldeamentos jesuíticos das proximidades (Leite, 1943, III, 280). E nela, possivelmente, era abrigada a "milagrosa imagem" da santa[11].

Os primeiros missionários jesuítas começaram a se estabelecer no Salgado mais ou menos na época da fundação de Vigia. Depois da fracassada tentativa do padre Luís Figueira, os jesuítas se fixaram em Belém, no ano de 1653 e, logo no ano de sua chegada, fizeram a primeira visita à aldeia de tupinambás, ou do Cabu, na ilha do Sol, sendo que essa aldeia deu origem à atual cidade de Colares, cujo território durante alguns séculos pertenceu à paróquia de Vigia. Nesse mesmo ano, os jesuítas também visitaram Maracanã (Leite, 1943, III, 284 e 289), onde estabeleceram uma fazenda, origem da atual cidade com esse nome. Dez anos depois, por volta de 1663, fez-se a primeira roça dos jesuítas em Tabapará (Tauapará), na ilha do Sol (Colares), bem em frente a Vigia. Mas já desde os primeiros tempos da missão que a aldeia de Tabapará era catequisada pelos jesuítas, que também estavam fazendo outros aldeamentos na ilha de Colares, os quais ficavam "à conta dos missionários dos tupinambás". Data provavelmente desse ano (1663) a Fazenda Mamaiacu, que deu origem a Porto Salvo, hoje uma das vilas pertencentes ao município de Vigia (Leite, 1943, III, 286-288). Por outro lado, o cronista Antônio Baena, em seu *Ensaio Corográfico*, informa que, na Fazenda Mamaiacu, havia dois aldeamentos de índios "missionados pelos regulares da Companhia de Jesus", que deram origem a Porto Salvo e Penha Longa (Baena, 1839, 338), sendo esta também uma vila pertencente hoje a Vigia. Mais tarde o aldeamento que deu origem a Penha Longa, com o nome de Guarapiranga, passou aos franciscanos de Santo Antônio, sendo destinado ao sustento do convento desses frades em Belém (Fragoso, 1982, 133). Também as cidades de Curuçá, Marapanim e São Caetano de Odivelas tiveram suas origens, no século XVII, a partir do trabalho desenvolvido pelos inacianos. Quanto à primeira, os jesuítas fundaram, em seu território, "uma fazenda denominada Curuçá, com uma importante feitoria de peixe". Em Marapanim, os mesmos missionários fundaram uma outra fazenda, com o nome de Bom Intento, no final desse século. Outra fazenda foi fundada na terceira dessas cidades, com o nome de São Caetano (Palma Muniz, 1916, 235, 373 e 679).

Dentre as cidades mais antigas da região do Salgado, as únicas que não surgiram do trabalho missionário dos jesuítas foram Vigia e Salinópolis. Esta teve origem, no ano de 1656, em razão das dificuldades de navegação na área, sendo necessário ali montar uma atalaia que, através de tiros de canhão, orientasse os navios quanto à entrada do porto de Belém, para evitar que os mesmos encalhassem nos bancos de areia das proximidades ou atingissem um canal diferente, que os levasse a caminho errado (Baena, 1969, 71 e Palma Muniz, 1916, 655). Mais tarde ali surgiu um povoado de pescadores e desenvolveu-se um serviço de praticagem da barra, que persiste até hoje.

Percebe-se, portanto, que, no final da terceira década do século XVIII, quando os jesuítas se estabeleceram na vila de Nossa Senhora de Nazaré da Vigia, eles já estavam firmemente estabelecidos em toda a região do Salgado, ocupando posições estratégicas para o desenvolvimento do trabalho missionário e a exploração econômica da área (o que contribuía para o sustento das missões). Nessa época, além das fazendas na região do Salgado, na Ilha do Marajó e em outras regiões da Amazônia, os jesuítas desenvolviam intenso comércio das chamadas "drogas do sertão", com que, certamente, obtinham recursos mais que necessários para o trabalho catequético (cf., entre outros, Azevedo, 1901, 195-210; Maués, 1967 b, 1968, 31-34; e Reis, 1942). Vimos, por outro lado, que não só os jesuítas se estabeleceram na vila de Vigia, a partir de 1730, mas também os mercedários e carmelitas; nessa época, como também foi visto acima, a população de Vigia já tinha crescido bastante, desde 1716, quando apenas possuía 80 moradores. Uma contagem de seu número, em 1733, a pedido do rei de Portugal, deu como resultado 179 moradores. Por outro lado, um fato que chama atenção é que, em 1739, foi emitida uma ordem real, para que se demolisse o hospício dos carmelitas em Vigia, desde que o mesmo fora construído "sem mais licença, que o seu livre arbítrio". Com efeito esses frades tinham vindo para Vigia em 1733, erigindo um oratório nessa vila e, no ano seguinte, um hospício junto a ele; as terras para esta última construção tinham sido doadas pelo Senado da Câmara "na enseada, para a banda da Barreta", mas os padres, achando distante a localização, preferiram erguê-lo "no corpo da vila" (Baena, 1969, 150). Não obstante, a ordem real não foi cumprida, nem mesmo no período pombalino, em que se exacerbou o regalismo português — e a despeito das reclamações do governador Mendonça Furtado, irmão do marquês de Pombal — pois o hospício foi mantido "até depois do ano de 1786"[12].

Durante o período colonial, o crescimento da população de Vigia, comparativamente ao de Belém, é bastante considerável. As informações sobre o assunto são, de modo geral, fragmentárias e imprecisas, mas, para o ano de 1822, temos dados fornecidos pelo cronista Antônio Baena que, sendo contemporâneo dos fatos, e ocupando funções de relevo na vida política paraense, assim como atividades militares (foi sargento-mor e comandante do Corpo de Artilharia de Linha da Província), permitem maior confiabilidade. Em seu trabalho mais famoso, o *Compêndio das Eras da Província do Pará*, Baena publica uma estatística da população de Belém, somando um total de 12.471 habitantes, assim distribuídos: 5.643 brancos, 1.109 índios, pretos e mestiços e 5.719 escravos. No *Ensaio Corográfico sobre a Província do Pará*, referindo-se à população de Vigia (1832), dá um total de 5.130 habitantes, sendo 2.120 brancos, 2.681 mestiços e 329 escravos (cf. Baena, 1969, 373; e 1839, 338). É de notar que a população total de Vigia corresponde a pouco mais de 41% da de Belém. Não obstante, o que faz aumentar ainda mais a população de Belém é o número de escravos, bem superior ao de Vigia. Não disponho de meios seguros para explicar essa grande diferença, podendo apenas supor que ela pode ser, em parte, explicada pela atividade econômica predominantemente voltada para a pesca, neste último município. Se, por outro lado, subtrairmos o número de escravos de ambas as populações, teremos que a população de homens livres, em Vigia, correspondia, na época, a pouco mais de 71% em relação a Belem[13].

Esse crescimento de Vigia pode, por outro lado, ser acompanhado pela coleção de Cartas Régias publicadas nos Anais da Biblioteca e Arquivo Públicos do Pará, assim como por outros documentos. O exame desses documentos permite, ademais, acompanhar todo um processo de relações competitivas ente as Câmaras de Belém e Vigia, assim como de conflitos entre missionários e colonos estabelecidos no território vigiense, que apresentam interesse para este estudo. As questões fundamentais dizem respeito à possibilidade de obter índios escravos para os moradores e privilégios, tanto de isenção do serviço militar na capital do Pará, como de direitos semelhantes aos concedidos aos membros do Senado da Câmara de Belém.

A Carta Régia de 23 de dezembro de 1705 trata de dois desses assuntos fundamentais. Nela, o rei ordena ao governador do Estado do Maranhão que sejam dados, mediante pagamento, escravos índios das tropas de resgate e de guerra, a João Torres Bezerra, "capitão de ordenança e cabo dos moradores de Vigia", segundo o merecimento dele e dos moradores da vila. Além disso, os moradores ficam isentos de servir como soldados na "cidade do Pará" (Belém), mas conservados em Vigia, pela utilidade de serem ali mantidos para atender à própria defesa daquela cidade. O texto da carta indica que ela é uma resposta à solicitação feita pelo próprio João de Torres Bezerra, agindo como porta-voz dos moradores[14]. A Carta Régia de 27 de agosto de 1712 é mais rica de informações. Em primeiro lugar, trata-se do primeiro documento da época, que pude consultar, falando a respeito do vigário da matriz de Vigia, a quem o rei ordena que se pague, anualmente, a côngrua "que tem o vigário da vila de Icatu" (no Maranhão). Pelo documento se sabe, também, que o governador informara ao rei sobre a preparação de uma tropa de resgate (conforme o próprio soberano ordenara, anteriormente), por conta da fazenda real, com a finalidade de "descer" 200 casais de índios, "para serviço dos moradores da vila da Vigia de Nazaré, e se aldearem junto a ela". Os moradores haviam solicitado vários privilégios, que o rei atendia. Entre eles, com relação aos "oficiais da Câmara", ficariam isentos de "entrar nas ordenanças" (serviço militar) no ano em que estivessem exercendo aquelas funções; além disso, tudo o que fosse obtido como resultado das "condenações pecuniárias" aplicadas na vila poderia ser utilizado nas obras da Câmara. Mas, com relação aos moradores, um de seus pleitos era negado. Diz o rei: "Pelo que respeita à pretensão de terem capitão maior, fui servido resolver que *quando crescer em moradores a dita Vila*, então se lhes deferirá"[15].

Em 1715, mais uma vez o rei defere as pretensões da Câmara de Vigia, que havia alegado ter crescido a população da vila. Eram, por isso, concedidos mais dois privilégios: o aumento do número de vereadores para 20 homens e a utilização de recursos da fazenda real na confecção da bandeira da Câmara[16]. Logo no ano seguinte, porém, ocorre uma restrição sintomática, cujos motivos só se tornam mais claros a partir da leitura de um texto que será referido mais adiante. Depois de ter recebido a Carta Régia acima mencionada, o governador do Maranhão escreveu ao rei, informando que Vigia possuía 80 moradores e que, se o rei concedesse "o privilégio de cidadãos[17], como têm os das cidades do Pará e São Luís a 20 homens, ficaria a maior parte da vila privilegiada, por se incluírem no dito privilégio os filhos e netos dos 20 nomeados". Por isso, afirmava não ter procedido às nomeações pleiteadas pela Câmara de Vigia, só tendo atendido a ordem real no que se referia à confecção da bandeira. O rei, atendendo às ponderações do governador, concedia no entanto os privilégios pleiteados pelos moradores de Vigia, somente no ano em que servissem na Câmara, acrescentando que, "pelo tempo adiante, crescendo em maior número de povoadores, poderão aqueles moradores esperar de mim atenda a sua representação"[18]. A razão da atitude do governador se explica pela leitura de um trecho do *Compêndio...* de Baena, que situa o acontecimento em 1719:

> "A Câmara da vila de Vigia dirige um requerimento ao rei, em que pede admissão de vinte pessoas para o vereamento da terra com os mesmos privilégios que têm os da capital. Cientes dessa rogativa *os vereadores da cidade (Belém) lhe resistem ponderando que os habitantes de Vigia não tinham operado serviços merecedores da mercê exorada* (meu grifo, R.H.M.). E além disso que eles, em despeito da bondade do sítio da vila, não acrementaram o número dos domicílios, pretextando falta de meios, e não consertam os que se arruinam, nem acabam os que principiam." (Baena, 1969, 142).

Havia de fato uma competição (talvez mesmo um conflito) entre as duas Câmaras, o que se reflete também nas atitudes dos governadores da capitania do Pará e do Estado do Maranhão que, freqüentemente, desrespeitavam os privilégios dos moradores de Vigia ou se contrapunham à concessão de novos privilégios. São vários os documentos em que o assunto é tratado, em 1727, 1728, 1729 e 1732[19]. Por isso, seu teor é, de modo geral, repetitivo: os moradores de Vigia alegam que seus direitos não estão sendo respeitados, o rei confirma esses direitos, faz algumas exceções, os moradores alegam o aumento da população, o rei cede novos direitos — inclusive, considerando o aumento da população, o de terem um "capitão-mor de ordenanças", que havia sido negado em 1712 — até que, como vimos, em 1733, quando já estavam instalados na vila os missionários, se faz a contagem dos moradores, por ordem real, que dá como resultado a existência de 179, mais do que o dobro dos moradores existentes em 1716.

Vimos também como ocorreram conflitos com missionários jesuítas, antes do estabelecimento desses religiosos em Vigia, relativos à utilização da força de trabalho dos índios aldeados pelos inacianos. Todavia, a despeito desses conflitos, as relações entre colonos e missionários, no geral, deviam ser boas, pois, a convite dos próprios moradores (pelo menos era isso que os padres alegavam em suas petições), é que os jesuítas acabaram por se estabelecer em Vigia. Aliás, os entendimentos para isso começaram desde a terceira década do século XVIII e, em 1729, antes mesmo de obter autorização real, já se estava construindo em Vigia a casa dos jesuítas, vindos para ensinar os filhos dos moradores, que desejavam "estudos em sua terra" (Leite, 1943, III, 280). O pedido de licença ao rei se deu em 1730, no mesmo ano em que os mercedários faziam igual pedido. Segue-se uma série de providências. Em 1731, no mês de maio, surge uma provisão real concedendo permissão para a construção da casa de residência dos jesuítas em Vigia, depois de consultado o governador do Estado do Maranhão, o ouvidor da capitania do Pará e o procurador da Coroa. No ano seguinte, em agosto, é dado o despacho do bispo do Pará, concedendo permissão, à vista da provisão real, para os jesuítas construírem em Vigia "casa de residência e Igreja Pública, sem prejuízo da Igreja Paroquial" (meu grifo, R.H.M.). E, no mesmo ano, a Câmara de Vigia expede carta de data, concedendo terreno de sessenta braças, para a construção do colégio dos jesuítas; só em 1733 é que a mesma Câmara concedia carta de data de quatro braças para a edificação da igreja desses padres (Raiol, 1970, 736-739).

A construção da Igreja Madre de Deus (ou da Mãe de Deus, como também é chamada), dos jesuítas, que ainda hoje é o mais imponente edifício da cidade, começou por volta de 1734. Entre essa data e a sua expulsão (1760) passaram-se 26 anos, durante os quais a igreja foi concluída, sendo ainda uma "igreja nova" na época em que foram expulsos, conforme consta do inventário da mesma, elaborado pelos inacianos antes de deixar a vila de Vigia (cf. Raiol, 1790, 738; e Leite, 1943, III, 437-438). Além dessa igreja, os jesuítas construíram também um colégio, contando com biblioteca com 1.010 volumes. Segundo Serafim Leite, de início a casa-colégio de Vigia tinha como superior o padre José de Sousa, também reitor da casa de Belém, havendo "indícios de que acumulou os dois cargos, ficando assim anexa à casa de Vigia ao Colégio de Santo Alexandre" (em Belém). Depois, o colégio de Vigia tornou-se autônomo, passando a ter rendimentos próprios:

> "A princípio ainda necessitou do auxílio do Colégio do Pará e dos missionários das diversas aldeias, e teve necessidade de enviar anualmente uma canoa à recoleta do cacau. Mas tanto a boa administração dos padres como a generosidade dos vigilenses consolidou em breve os seus fundos de reserva e subsistência, para garantir os estudos (...). Com os seus réditos, e com os donativos dos vigilenses, ergueu-se a casa que tinha 18 cômodos e as oficinas necessárias. Construiu-se a igreja. E começaram as aulas, de primeiras letras e Latim. As de Latim abriram-se entre 1732 e 1735 (...) e, consoante desejavam os vigilenses, com o padre José de Sousa, como superior e verdadeiro fundador da Igreja e Casa da Vigia, onde faleceu em 1752." (Leite, 1943, III, 280-281).

Serafim Leite ainda nos informa que faziam parte da casa dos jesuítas em Vigia as fazendas de Tabatinga e São Caetano (Leite, 1943, III, 283). Outras informações se encontram em Domingos Antônio Raiol:

> "Criado o Colégio da Mãe de Deus, José Lopes, que era o seu superior (era, de fato, prepósito e provincial dos jesuítas no Estado do Maranhão, R.H.M.), tratou de edificar uma igreja que melhor pudesse perpetuar a memó-

ria da Companhia de Jesus, e poucos anos depois achava-se concluída a obra. Onde fora dantes humilde chão, erguia-se majestoso templo, com elevados campanários, com varandas sustentadas por colunatas, com espaçosos salões, com sacristia adornada de painéis, com rico altar e retábulos dourados! As aulas que funcionavam na acanhada residência dos religiosos foram transferidas para este vasto edifício, que ficou por isso chamado colégio. Além das primeiras letras, ensinavam aí os frades o Latim, a Filosofia Racional e Moral e todas as outras matérias necessárias ao sacerdócio. Para auxiliar os estudos a que se aplicavam e fornecer aos seus discípulos os meios de instrução, tinham no pavimento superior uma excelente biblioteca com os livros de que poderiam carecer." (Raiol, 1970, 740).

Essas informações vão de encontro o que diz Serafim Leite, pois, para este autor, o colégio nunca se confundiu com a igreja. Leite visitou Vigia, antes de escrever sua história, apresentando nela o depoimento sobre o que constatou:

"A casa-colégio desapareceu. Ao lado esquerdo da igreja, separada dela por uma estreita rua, há hoje uma residência particular. Do lado do quintal tem uns arcos antigos. Disseram-nos, quando ali estivemos, em 1941, que a casa fora convento (...). Os arcos que dariam para o pátio interior, clássico em todas as casas maiores da Companhia, supomos ser ainda os do antigo colégio." (Leite, 1943, III, 282).

Quanto aos demais missionários (mercedários e carmelitas) que se estabeleceram na antiga vila, nada mais foi possível obter, nas fontes publicadas, a respeito de seu trabalho, além do que foi dito acima. Por outro lado, nada também restou de suas construções materiais: seus oratórios e hospícios foram demolidos com o tempo, restando apenas o registro histórico de sua presença. A própria memória social se perdeu, atribuindo hoje, os vigienses, apenas aos jesuítas, a construção dos prédios coloniais do século XVIII ainda restantes na cidade: a Igreja Madre de Deus (atual Matriz de Nossa Senhora de Nazaré, efetivamente construída pelos jesuítas) e a "igreja de pedras", ou Capela de Bom Jesus dos Passos, construção inacabada e parcialmente demolida (na década de 30 deste século), mas de grande beleza. Efetivamente, a "igreja de pedras" não foi construída pelos jesuítas, mas era a antiga matriz de Nazaré, cuja construção foi iniciada pelos moradores, sob a direção do pároco secular, antes do estabelecimento dos inacianos, e para cuja construção os jesuítas apenas contribuíram, mandando índios de seus aldeamentos das proximidades, para servir de mão-de-obra.

Quando se deu a expulsão dos jesuítas, em 1760, viviam na casa de Vigia cinco padres e um irmão, que foram aprisionados e conduzidos, em junho, para o Colégio do Pará, de onde seriam remetidos para Portugal. No ano seguinte, a igreja dos jesuítas foi transformada em matriz, tendo-se abandonado a construção da Igreja de Nossa Senhora de Nazaré (a atual "igreja de pedras"). É possível supor que, nessa ocasião, tenha sido transferida a imagem da santa padroeira para a nova matriz. Todos os bens dos jesuítas reverteram à Fazenda Real, embora eles tenham tido o cuidado de esconder, em casa de "benfeitores", alguns objetos e documentos, entre os quais títulos de terras e de escravos. Quanto à biblioteca do Colégio de Vigia, seus livros foram doados à diocese do Pará, para que fossem utilizados num "colégio dos nobres" que o rei desejava ver fundado em Belém; esse colégio, porém, nunca chegou a funcionar[20]. Quanto ao destino final desses livros, podem ter sido remetidos para Portugal, para serem usados pelos beneditinos, pelo bispo dom frei João de São José e Queirós, juntamente com outros livros dos jesuítas (cf. Almeida Pinto, 1906, 83). Os efeitos da expulsão dos inacianos logo se fizeram sentir, no que diz respeito à educação dos filhos dos moradores, conforme relata o cronista Antônio Baena, referindo-se ao ano de 1782:

"A Câmara da Vila da Vigia representa ao governador que aquele município carece de sacerdotes: e que a mesma juventude não tem quem lhe dê lições de ler, escrever e contar, como no tempo dos padres jesuítas, em cujas escolas quarenta e tantos discípulos se tinham dignamente habilitado para o estado eclesiástico (...). E finalmente que os padres mercedários, tendo celebrado um termo para a fundação de um hospício; em cujo termo se obrigaram a instruir os filhos dos moradores (...), não só se tinham subtraído a este encargo, mas ainda tinham desamparado o hospício, levando as imagens para a cidade (Belém) e deixado estragar este edifício, a cerca e a rua, que as águas escavam." (Baena, 1969, 220).

Em 1823, pouco antes da adesão do Pará à Independência, ocorreu um fato que, a princípio, parece apenas curioso, sendo registrado também por Antônio Baena, em seu *Compêndio das Eras*:

> "Representam à Junta Provisória (que governava o Pará na época) alguns cidadãos habitantes da vila da Vigia e seu distrito que existe a odiosa distinção de europeus e brasileiros nativos com que mutuamente se atacam; e que a mania de alguns chega ao incrível excesso de não reputarem compatriotas senão os naturais da mesma vila, e não os das outras vilas e lugares". Em resposta, a Junta se pronunciou da seguinte maneira: "Portugueses europeus, americanos, asiáticos, africanos, ilhéus e continentais, todos são irmãos, e como tais devem tratar-se reciprocamente, quaisquer que sejam suas opiniões políticas." (Baena, 1969, 377)[21].

Se, de um lado, o episódio pode refletir os debates políticos conflitivos que se desenrolavam no Pará de então, com a exacerbação do sentimento nativista, que iria num crescendo, mesmo depois da adesão à Independência, até estourar no violento episódio da Cabanagem (1835-1840), tendo como um de seus palcos mais sangrentos a própria cidade de Vigia, por outro, ele reflete alguma coisa mais específica — embora não inusitada, nem privativa de Vigia — que é o forte sentimento "bairrista" (etnocêntrico) dos vigienses, que naquela época se manifestava fortemente. Vigia era, como vimos, uma das maiores concentrações urbanas da província e, pelo menos até a época da Cabanagem, a mais importante cidade do Salgado e uma das mais importantes do Pará. Era, também, a mais antiga vila e paróquia de sua região, dotando do final do século XVII a criação de sua freguesia, que durante muito tempo incluiu os territórios de várias outras cidades atuais do Salgado. Sua decadência só começa depois da Cabanagem, acentuando-se no período áureo da borracha, que coincide também com o projeto de colonização agrícola da região Bragantina e a construção da estrada de ferro de Bragança. Mesmo assim, nessa época (final do século XIX e início do XX), a cidade de Vigia ainda gozava de uma importância considerável no contexto paraense, inclusive do ponto de vista cultural, como o atesta a existência, na cidade, de uma imprensa dinâmica, como foi visto acima, na época do vicariato do padre Mâncio Caetano Ribeiro (1873-1883).

NOTAS

1 Que governou o Estado do Maranhão no período de 1685 a 1687. Na realidade, essas terras pertenciam à capitania do Pará, não se tratando da doação de uma capitania, mas, provavelmente, de uma sesmaria (sobre o assunto cf. também Hurley, 1938, 346, que, infelizmente, não cita todas as fontes em que se baseia, citando erradamente pelo menos uma das fontes, o que torna suas informações menos confiáveis).

2 O cronista se refere a aldeia no sentido dos aldeamentos missionários característicos do período colonial.

3 Como é sabido, esse rei começou seu governo com a restauração portuguesa, em 1640, reinando até o ano de 1656.

4 Este foi o terceiro bispo do Pará (1749-1760), tendo feito uma visita pastoral a Vigia em 1749 (cf. Almeida Pinto, 1906, 53).

5 Consultar, a respeito, o trabalho acima citado de Oliveira (1983, 160-216) que oferece uma vívida e mesmo apaixonada descrição de todo o processo de conquista da região, especialmente no que se refere ao tratamento dispensado às populações nativas.

6 Uso aqui os termos "lenda" e "mito" aproximadamente como sinônimos, num sentido um tanto frouxo, sem descartar, no entanto, a noção do mito como uma "história sagrada".

7 Cf. também Câmara Cascudo (s.d.: 836) que nos informa ser Sumé referido (por Thevet, que apresenta a grafia Sommay), como "grand Pajé et Caraibe".

8 Somente Braga (1915, 62) e Palma Muniz (1916, 741) repetem essa informação, mas, provavelmente, colhida na própria obra de Raiol.

9 Anais da Biblioteca e Arquivo Públicos do Pará, tomo I, n.º 109, p. 152.

10 Idem, tomo I, n.º 98, p. 140.

11 Esta última afirmação é, de fato, uma conjectura provável, pois não há nenhum documento capaz de comprová-la.

12 A principal fonte a respeito do assunto é Baena (1969, 153; e 1839, 338); vale notar que, nos dois trabalhos, há uma aparente contradição, pois, no primeiro, Baena afirma que o governador, em 1740, cumpriu a ordem real, "determinando ao prior do Carmo que mande demolir o hospício" e, só no segundo, é que afirma ter o mesmo sido mantido de pé. A outra fonte é uma

carta do próprio governador do Estado do Grão-Pará e Maranhão, Mendonça Furtado, escrita em 26 de maio de 1757 (Anais da Biblioteca e Arquivo Públicos do Pará, tomo V, n.º 166, p. 210). O fato é digno de estranheza até por isso: os governadores locais não conseguiam fazer valer a ordem real em relação aos carmelitas.

13 No mesmo ano (1832), Belém já possuía um total de 6.772 habitantes livres e 6.715 escravos, o que não altera muito o quadro da população, exceto quanto a estes. Dentre as "freguesias campestres" pertencentes a Belém, a mais populosa era Cametá, com 8.068 habitantes livres e 1.382 escravos, seguida de Bragança, com 6.365 e 482, respectivamente (Baena, 1839, 341-345); logo depois vinha Vigia.

14 Anais da Biblioteca e Arquivo Público do Pará, tomo I, n.º 82, p. 124-125.

15 Idem, tomo I, n.º 98, p. 140-141. O grifo é meu, R.H.M.

16 Ibidem, tomo I, n.º 103, p. 145-146.

17 Isto é, serem vereadores do Senado da Câmara, com privilégios semelhantes aos da nobreza.

18 Anais da Biblioteca e Arquivo Público do Pará, tomo I, n.º 109, p. 152-153.

19 Idem, tomo II, n.º 195, p. 195-196 e n.º 228, p. 232-233; tomo IV, n.º 285, p. 41-43; tomo V, n.º 355, p. 386-387; e tomo VI, n.º 374, p. 146-156.

20 Estas informações se encontram em vários autores: Baena (1969, 173, 176 e 191); Leite (1943, III, 181-183 e 438); Raiol (1970, 742-743); Almeida Pinto (1906, 71); e, também, nos Anais da Biblioteca e Arquivo Público do Pará, tomo VIII, n.º 345, p. 156.

21 A junta de governo era presidida pelo bispo dom Romualdo de Sousa Coelho que, como vimos, pode ser encarado como um dos pioneiros do processo de reforma da Igreja, no Brasil, durante o século XIX.

APÊNDICE 2
DOCUMENTOS SOBRE A EXPULSÃO
DO PADRE JOÃO DANIEL*
E DE ALGUNS OUTROS JESUÍTAS
CONSIDERADOS "SEDICIOSOS"

Códice 1203 — Documentos Diversos — 1757
Arquivo Público do Pará

Carta de Mendonça Furtado ao Reitor dos Jesuítas no Pará

Copia

Porquanto os Pes. Manoel Affonso, Lourenço Kaulen, Luiz Alz', Joaquim de Carvalho, Joao' Daniel, e Joaquim de Barros, tem conspirado por diversos modos, contra a devida execução das Reaes Ordens de S. Mage., e daquellas q.' participey a V. P. em o Real Nome do dito senhor, passando a serem nao' so' desobedientes, mas cidiciosos, quando como Relligiosos se deviam conteer nos limites do seu sagrado Instituto, lembrandosse de q.' eeram filhos de Sua Relligiao', na qual sempre foy exemplar a obediencia aos seus Legitimos Monarchas: na conformidade das Reaes Ordens, q.' o dito Sr. foy servido participarme: Ordeno a V. Pe. fassa logo embarcar para o Reyno na prezte. frota os refferidos. O primr.º e Segundo por extrahirem das Aldeyas q.' admenistravao' os Gados, Canoas, Ferramentas, e o mais q.' pertencia ao comum daquellas Povoaçoens',

---

* O padre João Daniel escreveu na prisão uma crônica famosa, que se inclui entre as fontes mais importantes para a história da Amazônia no período colonial (cf. Daniel, 1976).

chegando o Segd.º ao repreensivel excesso, de mandar fundir as ditas ferramentas em Barras, para q.' ficasse mais dissimulada a violencia do roubo q.' fazia: o terceyro, e quarto, por chegarem a cometer o sacrilego insulto de tirarem das Igrejas q.' admenistravao', os Vazos Sagrados, e as Immagens' dos Santos, passando a cometer a impiedade de roubarem daquellas Immagens', q.' deixavam ficar nas Igrejas, os Resplandores de Prata e de remeterem os mesmos Vazos Sagrados, e Immagens', para o seu Colle., em cascos de frasqueiras, e outros lugares sordidos, e indecentes; e o quinto, e sexto, por cidiciosos, cuidando hu', e outro em aplicar todos os meios por introduzir hua' soblevaçao' nestes Povos, contra a Real Ley de S. Mage., e a Bulla do Sumo Pontifice, respectivas a' Liberde. dos Indios, e contra as pessoas q.' concorreram para a publicaçao' de ambas, o quinto valendosse dos Pulpitos, pa. este iniquo fim, e o sexto, semeando pessimas, e erroneas doutrinas, em converssaçoens' pres. dirigidas ao mesmo fim.

O q.' V. Pe. executara', com aquella resignaçao' e obediencia q.' he' devida as Reaes Ordens' de S. Mage. de q.' ja' fiz Semelhante avizo ao Rdo. Pe. V. Proval. Ds. Gde. a V. Pe., Para' a 12 de Set.º de 1757 // Francisco Xer. de Mendonça Furtado // Sr. Rd.º Reytor do Coll.º desta cidade.

Joao' Ant. Pinto da Sylva

Resposta do Reitor dos Jesuitas

Copia

Illm.º Exm.º Sr. Nao' duvido fazer q.' se embarquem na pres. Frota p.ª o Reyno os Pes. Manoel Affonso, Lourenço Kaulen, Luiz Alz', Joaquim de Carvalho, Joao' Daniel, e Joaquim de Barros, ja' q.' V. Ex.ª foy servido ordenarme asim en conformidade das Leys Reaes, mas como este Coll.º pl.ª sua pobreza se nao' acha com posses bastantes p.ª pagar a passagem dos dos. Pes. Suplico a V. Ex.ª seja servido mandala satisfazer pl.ª Faz.ª Real, ja' q.' en conformidade das Reaes Leys sao' obrigados a partir p.ª o Reyno. M. prospere a vida e saude de V. Ex.ª pelos annos q.' des.ª Coll.º 20 de Set.º de 1757 // De V. Ex.ª // Humilde e reverente capelao' // Domingos Antonio //
Joao' Ant. Pinto da Sylva

APÊNDICE 3
DOCUMENTO SOBRE A ENTREGA DAS JÓIAS DO TESOURO DE NOSSA SENHORA DE NAZARÉ

3.ª via
Arcebispado

INVENTARIO

dos

Bens pertencentes à antiga Irmandade de Nossa Senhora de Nazareth, Excelsa Padroeira da cidade da Vigia, para passagem do thesouro respectivo das mãos do ex-thesoureiro, Sr. Jonas José Ferreira, para as do novo thesoureiro, Sr. Euclydes Silva.

Em 31 de Dezembro de 1936

Vigia, 1936

1936

Inventario dos bens pertencentes à antiga Irmandade de Nossa Senhora de Nazareth da cidade da Vigia, para passagem do respectivo thesouro, das mãos do ex-thesoureiro, Sr. Jonas José Ferreira, para as do novo thesoureiro, Sr. Euclydes Silva.

ORDENS DE GADO

Uma ordem de um mamote, de D. Maria Teixeira da Costa, de Maracanã — logar Derrobado — de 5 de Novbr. 1935.

Uma ordem de um mamote, de Lazarino Ferreira dos Santos — Fazenda S. Sebastião — de 11 de Setembro de 1935*.

Uma ordem de um mamote, de Henriqueta Belfont — Fazenda Tocumam — 14 de Agosto de 1934.

Uma ordem de uma vitella, de Aventino Teixeira da Silva — do Maguary — Fazenda Bella Vista — de 7 de Dezembro de 1932.

Uma ordem de um mamote, de Jesuino Rodrigues Coelho, do Amapá — Fazenda Bom Jesus da Montanha — de 6 de Abril de 1931.

Uma ordem de um mamote, de Eloy Ferreira do Espirito Santo — do Marajó (Água Doce) — de 9 de Agosto de 1932.

Uma ordem de um mamote, de Eloy do Espirito Santo — do Marajó (Água Doce) — de 14 de Setembro de 1930.

Uma declaração do Sr. Raymundo Costa e Silva da existencia de um boi e um mamote no Igarapé Novo — offerta do Sr. Margarido Costa — em 26 de setembro de 1929.

Uma ordem de um mamote, de Henriqueta Belfort, do Amapá, de 27 de Agosto de 1929.

Uma ordem de um vitéllo, de Raymundo Monteiro Pereira — na Fazenda Nazareth — de 28 de Maio de 1911.

Uma ordem de um poldn, de Salustiano Monteiro da Gama — do Arrosal — de 24 de Agosto de 1903.

---

* Há uma anotação sobreposta: "Vendido por 30 ... ao Sr. João Barbosa, em 29.12.1936, Pe. Alcides Paranhos, Vigário".

Uma ordem de um mamote, de Felix Ant.º de Sousa — do Amapá — de 28 de Julho de 1901.

Uma ordem de um mamote, de Chrispim Pedro de Mello — do Baelique — de 8 de Julho de 1900.

Uma ordem de um mamote, de José Pedro Palheta, do Amapá — de 10 de Julho de 1898.

Uma ordem de um vitéllo, de Pedro Antonio Malafaia — na Fazenda Conceição — de 23 de Agosto de 1899.

Uma ordem de um mamote, de Pedro Antonio de Freitas, da Fazenda S. Pedro — de 9 de Julho de 1898.

VESTUARIO DE N. SENHORA

5 Camisinhas
12 Anaguas
4 Mantos em uso
15 Mantos paralisados
4 Vestidos em uso
17 Vestidos paralisados
1 ½ Pares de meias pequeninas
— Metros de rendas (diversos)
2 Cabelleiras em uso
1 Cxª com cabellos soltos
2 Guardanapos pequenos

NO LARGO DE EGREJA

1 Um corêto musical em boas condições

NA RUA DA ERMIDA

1 Uma casinha de madeira em forma de capella — de onde sae o Círio — denominada Ermida.

BENS DE RAIZ

1 Um predio à rua de Nazareth, em frente à casa commercial do Sr. José Vicente Esteves, legado pela Exm.ª D. Maria Clemencia de Oliveira Pantoja, ao lado da dos herdeiros do Major Maximiano de Oliveira Pantoja que, de accordo com as suas disposições testamentarias pedio que se mandasse celebrar annualmente duas missas, sendo uma pelos vivos e outra pelos defuntos — sendo a primeira em 16 de Julho, consagrada a N. S. do Carmo e a segunda em 9 de Novembro, destinada aos finados; devendo sahir os pagamentos pela verba do Thesouro de Nazareth ao respectivo celebrante.

1 Uma casa pequena à rua Commandante Castilhos França, ao sahir no Largo da Egreja Matriz, legada a N. S. de Nazareth pelo Sr. Januario Moraes.

BENS MÓVEIS

1 Um carro dos milagres (nas dep.^{cias} da Egreja)
1 Uma berlinda com o respectivo carro da Egreja
1 Commoda com tres gavetas
1 Uma commoda antiga com quinze (15) gavetas na sachristia da Egreja Matriz, toda de jacarandá, propriedade exclusiva do templo sagrado
1 Uma caixa do carro precursor, na Egreja
1 Uma commoda com seis gavetas na Egreja
1 Uma banca grande na sachristia da Egreja
1 Uma lanchinha do cirio, em máu estado, na Egreja
1 Um andôr da N. S. na Egreja
1 Uma banca oitavada p.ª os leilões na Egreja
1 Uma lampada grande de prata na Egreja
1 Um candieiro de suspensão na Egreja
4 Quatro vasos de ferro c/ flores na Egreja
6 Seis castiçaes grandes de prata na Egreja
12 Doze castiçaes metal amarelo na Egreja
6 Seis castiçaes metal amarelo na Egreja
4 Quatro castiçaes metal fino na Egreja

18 Desoito castiçaes metal menores na Egreja
    Bancas de encosto na Egreja
    Bancas simples na Egreja
1   Um tapete em máu estado na Egreja
    Columnas madeira p.ª o arraial na Egreja
10 Columninhas p.ª altares na Egreja
2   Columninhas menores na Egreja
2   Dois cofres de madeira na Egreja
1   Columna grande de madeira na Egreja
    Palmas malacacheta na Egreja
    Palmas papel de sêda
    Ramos para o andôr
    Ramos para a berlinda
    Cardões de flores de malacacheta
    Cordões de flores de papel
1   Uma chapa completa p.ª reprodução de registros de N. S.
    Diversos vasos de barro
1   Um pallio damasco encarnado c/ seis varas de prata
1   Uma cruz de prata com manga
170 Cento e setenta bandeiras novas de filéle (em uso)
50 Bandeiras filéle servidas (em uso)
60 Bandeirinhas do cirio com os respectivos cabos
    Diversas varas p.ª decoração do arraial
1   Uma estrella grande de ferro p.ª o andôr
1   Um arco de ferro p.ª o andor
1   Um coração de ferro p.ª o andôr
1   Um bahú grande de fôlha de Flandres
1   Um bahú menor de fôlha de Flandres
1   Uma malha de fôlha de Flandres
1   Uma malha grande de madeira
2   Dois trophéos de sêda em uso
2   Dois ditos paralisados
30 Taboas para bancos do arraial (diversas)
1   Uma commoda de madeira no Cemiterio da Soledade
2   Dois frontaes na Egreja
1   Um sacco branco de cobrir a berlinda
    Diversas almofadinhas p.ª andores e berlinda

Diversos lampeões antigos, sem uso
Diversos páos para os mesmos
1 Uma estante de madeira p.ª flôres
1 Uma bandêja grande
1 Uma bacia propria para lavagem da roupa de N. S.
1 Toalha da banca dos leilões
1 Uma caixinha com fitas
Diversos retalhos filó
Diversos retalhos setineta
1 Um véo de filó
5 Cinco papeis de ouro e prata em pó
2 Dois vasos branco de vidro, na Egreja
Diversos vasos de porcellana
1 Um carrinho de mão, na mão do Xico Pena
2 Duas lampadas de vidro, na Egreja
1 Candieiro de suspensão (do Côro)
1 Panno encarnado (do Côro)
1 Toalha que serve no Côro, branca
4 Quatro varas torneadas p.ª trophéos
4 Quatro candieiros "Titus" p.ª banca, pharol
2 ditos
Subscrições impressas
2 Duas cordas manilha p.ª isolamento no cirio
Diversas cordas p.ª bandeiras
5 Toalhas para as tribunas
Candieiros de parede com arandelas, na Egreja
Candieiros de suspensão
1 Um par de cortinas branca, no estado, filó
6 Seis toalhas dos altares, fóra as que estão na Egreja
1 Uma almofada de velludo
1 Uma almofada branca (ou travesseiro)
1 Uma caixa com grinaldas
2 Duas borrachas c/ 4 quilos
5 Cinco grudes c/ 0,800 gramas
1 Uma Imagemsinha de N. Senhora, no Thesouro

OBJECTOS DE OURO E PRATA QUE SERVEM NA IMAGEM DA PADROEIRA E NA OUTRA, ETC:

1 Uma palma de ouro com pedras preciosas
1 Um grilhão de ouro
1 Um rosario completo de ouro, com a cruz de ouro
2 Duas medalhas de ouro
3 Três cordões finos de ouro
1 Uma corôa de ouro — da berlinda de N. S.
1 Uma corôa de prata, na Imagem de N. S.
1 Uma corôa de prata, na Imagem maior de N. S.
1 Uma corôa de ouro com brilhante N. S.
2 Dois crucifixos de ouro
1 Uma coroasinha de prata
1 Uma coroasinha de ouro
1 Um lado de pulseira ouro

SUBSCRIPÇÕES que ainda não entraram:
(de 1936)

Araguary — Manoel Germano de Vilhena
Araguary — Alceu Mendonça
Calçoene — Antonio Alho
Norte (entrou) — Antonio Torres de Moraes (entrou)
Abaeté — Ignácio Gomes
Brigue — Diogenes da Costa Lamas
Chaves — Severiano Oliveira

CAIXA

Dinheiro existente em Caixa, proveniente do saldo líquido das operações verificadas no livro de Receita e Despesas, fechado em 31 de Dezemb.º 1936, para o effeito da entrega ao novo thesoureiro, ou quem suas vezes fizer, como se vê do respectivo livro, no corrente anno, de conformidade com os documentos apresentados sob números de 1 a 87 .... Rs .... 7.15$560

DECCLARAÇÃO NECESSARIA:
(Extr. do doc. n.º 4, em meu poder).

Nota dos objectos de ouro e prata que existiam no Thesouro e que foram reclamados por intermedio do conego Raymundo Ulysses de Pennafort, por exigencia do Exm.º Sr. Arcebispo D. Santino Maria da Silva Coutinho, entregues na Secretaria da Chancelaria Archie-piscopal de Belém do Pará, no dia 10 de janeiro de 1908, na presença dos senhores Cap.ᵐ Fernando de Miranda Costa e Manoel Antonio de Sousa Santos, tudo mediante documentos de n.ºs 1 a 4, *cujos objetos são os seguintes:*

13 Treze aneis de ouro e prata sortidos
4 Quatro coroasinhas de prata
1 Uma corôa de ouro massiço
1 Um garfo de prata
3 Tres fios de contas de ouro, 16 oitavas
2 Dois crucifixos de ouro com 16 oitavas
13 Treze fios de conta de ouro com 12 oitavas
1 Um par de brincos de prata cravejados de pedras
13 Treze pares de brincos e rosetas de ouro
1 Par de brincos de ouro com pedras finas
3 Medalhas de ouro com pedras preta, letras F.O.Z.
8 Oito medalhas de ouro (uma com pedras finas)
4 Quatro rosiclés de ouro com pedras
5 Cinco rosiclés de ouro com pedras finas
2 Dois pares de colchetes de ouro fino
2 Dois apanhadores de casco chapeados de ouro
1 Rosario de contas bacaba, de ouro fino c/ 1½ metros
1 Uma corrente de cabelos encastoada de ouro
1 Um anel de prata com pedras
8 Oito aneis de ouro com pedras
10 Dez aneis de ouro, simples
2 Duas conchas de prata dourada
5 Cinco olhos de S. Luzia, de ouro
7 Sete broches de ouro
1 Um broche encastoado, ouro

2	Dois cabellos encastoados, ouro
8	Oito botões finos de ouro pª punhos (4 pares)
	Diversas obras de ouro quebradas com 125 gramas
1	Rosario de ouro e coral
6	Seis cordões de ouro com 12 oitavas
7	Sete transelins de ouro fino, com 40 oitavas
1	Grilhão de ouro fino, com 32 oitavas
3	Tres transelins de ouro fino, c/ 16 oitavas
1	Uma corrente de plaquet fino
2	Duas voltas de ouro
1	Uma tetéia de ouro

Jonas José Ferreira

OUTRA DECLARAÇÃO

Quando em 26 de Maio de 1909 apresentei ao Exm.º Sr. Arcebispo D. Santino Maria da Silva Coutinho as minhas contas, acompanhadas do Livro de Receita e Despesas do Thesouro de Nazareth e respectivos documentos, fel-as acompanhar de um relatorio em triplicata, entregando ao digno Pastor da Egreja Paraense os objetos de ouro e prata descriptos no mesmo Inventario, cuja entrega, exigida por Sª Exª, foi feita em uma bahutasinha de ferro, na presença dos Senhores Capitão Fernando de Miranda Costa e Manoel Antonio de Sousa Santos.

O Exm.º Sr. Arcebispo, ao ficar com as referidas joias, entregou-me, conforme minha reclamação, as que são do uso da Padroeira e se acham descriptas no presente Inventario, e foram entregues ao novo Thesoureiro que me devia substituir. Desta entrega recebi como documento, das mãos do digno secretario, então, Monsenhor Argymiro Maria de Oliveira Pantoja, um certificado que é do theor seguinte:

Certifico que o Sr. Jonas José Ferreira, ex-thesoureiro da extincta Irmandade de N. S. de Nazareth da Vigia, entregou nesta Secretaria Archiepiscopal um bahú de ferro contendo os objectos de ouro e prata descriptos no Inventario de 8 de Março de 1909 e bem assim o saldo de cento e vinte e tres mil tresentos e trinta e um réis, constantes do mesmo Inventario e do livro de Receita e Despezas — Secretaria Archiepiscopal de Belem do Pará, 26 de Maio de 1909 — O Secretario Monsenhor Argymiro Maria de Oliveira Pantoja (Doc. n.º 1).

FÊCHO

O presente inventario foi extrahido em triplicata, devendo ficar um exemplar nas mãos do Thesoureiro demissionario; um em poder do novo Thesoureiro e o ultimo sob a guarda do Arcebispo.

A descripção nelle feita confere exacta e fielmente em todos os exemplares, que depois de assignados pelos dois thesoureiros (demissionario e actual), serão entregues de accôrdo com a designação acima.

Vigia, 31 de dezembro de 1936
Jonas José Ferreira, Th.º demissionario

Recibo

Recebi os objectos constantes do presente Inventario das mãos do Sr. Jonas J.é Ferreira, bem como o saldo liquido demonstrado no livro de "Receita e Despezas", na importancia de Rs. 7.15"560.

Vigia, 31 de Dezembro de 1936

O novo Thesoureiro —
Euclydes de Oliveira e Silva

APÊNDICE 4
O GOVERNO ARQUIDIOCESANO DE
DOM ANTÔNIO LUSTOSA

O longo vicariato do padre Alcides Paranhos na paróquia de Vigia se estendeu, a partir de 1910, durante os governos arquidiocesanos de dom Santino Maria Coutinho (1907-1923), dom Irineu Joffily (1925-1931), dom Antônio de Almeida Lustosa (1931-1941), dom Jaime de Barros Câmara (1942-1943) e dom Mário de Miranda Vilas-Boas (1945-1957), até a morte daquele sacerdote, ocorrida no interior da paróquia, em 1951. Foram todos arcebispos zelosos e romanizadores, alguns deles tendo se destacado em plano nacional. Entretanto, no que concerne à arquidiocese de Belém do Pará e aos propósitos deste estudo, além do que já foi dito acima, vale uma atenção especial para o trabalho pastoral de dom Antônio Lustosa; isso é facilitado por ter sido um arcebispo que deixou muitos documentos escritos e publicados.

Quando dom Lustosa assumiu o governo da arquidiocese paraense, em dezembro de 1931, ainda encontrou os ecos do que considerei uma segunda "Questão Nazarena", cujos resquícios, com tato e diplomacia, pôde finalmente contornar. Vimos acima que o episódio estava ligado aos esforços romanizadores de seu antecessor, dom Irineu Joffily, que, em 1926, alegando normas emanadas do Vaticano, introduziu uma série de mudanças no Círio de Nazaré, em Belém, das quais a mais importante e repudiada pelo população foi a abolição da tradicional corda. Vimos também que a solução desse conflito, que envolveu os governos estadual e federal, incluindo gestões diplomáticas junto à Santa Sé, deu-se dentro do contexto da implantação daquilo que Thomas Bruneau chamou de modelo de "neo-cristandade", implantado no Brasil pela política seguida pelo cardeal Leme, do Rio de Janeiro.

Foi no contexto mais geral desse novo modelo de Igreja que dom Lustosa assumiu a arquidiocese de Belém, que, como vimos, abrangia uma vasta área do interior paraense, incluindo a região do Salgado, com uma população dispersa, em pequenas cidades, vilas e povoações (inclusive aldeias indígenas), de difícil acesso, com um número muito pequeno de sacerdotes e inúmeras capelas rurais. É de fato impressionante acompanhar o desenvolvimento do trabalho pastoral desse arcebispo, que durante cerca de dez anos fez questão de visitar, pessoalmente, os mais distantes lugares de sua arquidiocese, usando os mais diferentes meios de transporte, mas, sobretudo, canoas, a vela e a remo. Além disso, escreveu alguns livros, entre eles a biografia de seu mais ilustre antecessor, dom Macedo Costa, e o relato de suas próprias visitas pastorais, com observações muito penetrantes e eruditas sobre os costumes populares, a geografia, a botânica, a zoologia e os topônimos indígenas (cf. Lustosa, 1976); e também escreveu cartas pastorais, circulares, avisos e artigos no jornal católico "A Palavra" (a maioria destes depois reunidos no segundo dos livros acima citados). Suas cartas pastorais, avisos e circulares fazem freqüentes menções à Pastoral Coletiva de 1915 e, já quase no final de seu governo arquidiocesano, antes de ser transferido para Fortaleza, às resoluções do Concílio Plenário Brasileiro (1939), do qual participou ativamente.

Por esses documentos, na maioria transcritos ou resumidos no livro de tombo da paróquia de Vigia (24.10.1928 a 22.1.1951) e também publicados nas oficinas do jornal "A Palavra", pode-se acompanhar as preocupações pastorais do arcebispo, que refletem, em seu conjunto, a orientação mais geral da Igreja Católica brasileira, especialmente endereçada aos párocos do interior da arquidiocese paraense.

Antes de examinar mais detalhadamente alguns documentos (ainda não totalmente examinados acima) a simples enumeração das temáticas mais importantes, na ordem em que os mesmos eram publicados, fornece um quadro geral das preocupações pastorais de dom Lustosa: casamento civil e religioso, com ênfase no dever dos católicos de cumprir as leis justas do Estado; finalidade das visitas pastorais ao interior (que iriam começar proximamente), com o desejo especial de conhecer mais de perto as associações paroquiais existentes; tombamento dos bens patrimoniais do arcebispado; Liga Eleitoral Católica (LEC), sua organização nacional e local; reuniões periódicas do clero arquidiocesano; obras missionárias e propagação da fé, inclusive entre os índios; a boa imprensa, como meio de propagação da fé; o espiritismo, sua condenação severa como "heresia" e proibição aos católicos; adoração do Santíssimo Sacramento e instituição do "dia eucarístico"; cuidados especiais com o vinho, o trigo e a cera utilizados nas cerimônias litúrgicas; ensino do catecismo às crianças e criação de associações da doutrina cristã; proibição das esmolações com imagens de santos; desobriga dos padres do interior, inclusive como forma de combate ao espiritismo e ao protestantismo; organização da família; freqüência popular aos sacramentos; normas a serem seguidas pelos sacerdotes do interior; a ação católica; normas sobre a edificação de capelas; normas sobre o batismo o mais cedo possível, incluindo a maneira de batizar privadamente; conservação da eucaristia nos tabernáculos; proibição de pessoas vestidas como santos durante as procissões; normas sobre associações pias, festas profanas e arraiais; proibição de festas religiosas em casas particulares, sem a presença do vigário.

Várias outras temáticas foram abordadas pelo arcebispo e muitas aparecem repetidas, em outras circulares e avisos. A enumeração revela, de pronto, a forte influência das questões propostas pela Pastoral Coletiva de 1915, da política ditada pelo cardeal Leme e as questões mais particulares em que estava envolvido um pastor de uma arquidiocese com características especiais, que ele procurou conhecer tão bem em suas viagens. A análise de alguns documentos mais relevantes, para os propósitos deste estudo, permitirá entender melhor as preocupações pastorais de dom Lustosa.

A sua primeira carta pastoral, datada de 20.12.1931, logo depois de chegar a Belém, trata, entre outros assuntos, da reforma da sociedade, das prerrogativas do homem, da educação do menino, das más companhias, das leituras, das diversões, dos negócios, do abandono das igrejas, da importância da fé e da influência paterna. Esta carta, de caráter abrangente, já prenuncia os grandes temas que serão desenvolvidos nas circulares e avisos, bem como nas outras cartas pastorais. Alguns anos depois, a 3.8.1935, aparece uma carta pastoral específica sobre a "organização da família". Sendo este um tema privilegiado por dom Lustosa, é preciso apresentar dela uma súmula mais completa. Depois de abordada a temática do "lar feliz", dom Lustosa entra no assunto mais específico do documento, que é *a importância e a regulamentação do casamento religioso*, pois, sem que isso se leve em conta, seguem-se a má organização do lar, o descaso, a ignorância e a desobediência às "sábias leis da Igreja". Entre outras causas de que provêm esses resultados indesejáveis, encontram-se a "difícil observância às leis que regem o casamento", além da "dificuldade dos párocos para muitas vezes atenderem às exigências de seus paroquianos". Passa a seguir a discorrer sobre o caráter "sublime do Grande Sacramento", procurando demonstrar que os lares regularmente constituídos pelo matrimônio atraem as bênçãos de Deus, ao passo que os outros, sem Deus, não podem ser felizes. Ensina também qual deve ser a hierarquia doméstica e os deveres dos pais. Dirigindo-se aos sacerdotes, expõe as regras práticas sobre como devem ser preparados e realizados os casamentos: com antecedência de um mês, pelo menos, não aprovando intermediários, exigindo certidões de batismo, proclamas, justificação, além de explicitar os casos de impedimentos e a maneira de efetuar os matrimônios. Finaliza expondo o modo de agir dos párocos com relação ao disposto na nova Constituição de 1934, que permitia o casamento religioso com efeitos civis.

Tratava-se, no caso, de uma das conquistas da política de dom Leme, com a aproximação realizada junto ao governo de Vargas, a organização da LEC e a eleição, para a Constituinte, de um expressivo número de parlamentares comprometidos com as propostas da Igreja. Pouco depois, numa nova carta pastoral, dom Lustosa completa a anterior, falando agora, mais detidamente, da "conquista católica" (em referência às modificações ocorridas na Constituição de 1934), como uma "vitória obtida pelo catolicismo no Brasil", tratando da Constituição estadual, da questão judiciária e explanando o modo de celebrar o casamento religioso com fins civis. Com efeito, segundo Thomas Bruneau, a Constituição de 1934:

> "Incluía todas as exigências da LEC. O seu prefácio rezava: 'Colocando a nossa confiança em Deus!'. A separação entre a Igreja e o Estado continuava, mas agora o governo podia ajudá-la financeiramente, 'no interesse da

coletividade' (art. 17). Os membros das ordens religiosas podiam votar agora (art. 108). As associações religiosas ficaram muito mais à vontade sob facilidades jurídicas (art. 113 e 5). A assistência espiritual passou a ser permitida nos estabelecimentos oficiais e militares (art. 113 e 6). O casamento religioso ficou inteiramente reconhecido nos termos civis (art. 145) e o divórcio, proibido (art. 144). E, provavelmente mais importante que tudo, ficou prevista a educação religiosa dentro do horário escolar, e o Estado podia subvencionar as escolas católicas (art. 153). Em suma, a Constituição de 1934 foi uma grande vitória para a Igreja na obtenção do reconhecimento público daquilo que considerava o seu lugar próprio na sociedade (...). A Constituição de 1934 rejeitou, assim, as cláusulas da Constituição de 1891, consideradas, pela Igreja, como obstáculos à consecução de seus objetivos." (Cf. Bruneau, 1974, 83)[1].

Os documentos pastorais de dom Lustosa refletiam, portanto, as preocupações do episcopado brasileiro, cuja unidade era garantida, na época, pela liderança do cardeal Leme. E essa influência não deixava de atingir mesmo uma paróquia do interior paraense, como, por exemplo, Vigia, embora, evidentemente, filtrada pelas particularidades locais. Vimos acima a importância do Concílio Plenário Brasileiro de 1939, tendo sido, também, analisada, a carta pastoral divulgada pelo episcopado por ocasião desse concílio. Tratava-se de um documento muito mais dirigido ao controle dos leigos do que ao dos sacerdotes. O controle mais estrito dos vigários não deixava, contudo, de ser feito, na arquidiocese paraense, como o demonstram os diversos avisos e circulares de dom Antônio Lustosa. Esse controle era feito também, através das visitas pastorais às paróquias do interior, assim como durante as reuniões periódicas do clero arquidioceano. Para os propósitos deste trabalho, entretanto, vale destacar as normas mais especificamente dirigidas aos vigários do interior e aquelas que, de mais perto, referem-se ao controle do laicato. Assim, na circular n.º 34, de 28.6.1935, diz dom Lustosa:

"Impressionante o estado atual da nossa população rural! Realmente causa compaixão o abandono espiritual em que se encontra grande parte de muitas das nossas paróquias. Nosso povo conserva ainda alguma fé de maneira quase miraculosa. E de que se alimenta essa fé? Em algumas localidades, raras vezes, se ouve a palavra de Deus. Muitos fiéis há que passam anos sem ouvir missa e dos sacramentos recebem apenas o batismo. Nessa penúria espiritual, os adultos, muitas vezes emigrados de meios mais providos de recursos religiosos, vão perdendo a fé de dia para dia e a geração nova se torna pouco menos que pagã. Entretanto, a *campanha da descrença*, pelos seus emissários, *particularmente pelos propagandistas protestantes*, perlustra essas paragens indefesas (...). Além desse perigo protestante, vê-se a pobre fé do nosso povo assediada pelos *erros funestos do espiritismo* que, sob *formas diversas*, serpeia no interior." (Meus grifos, R.H.M.).

Nessa época os dados da Fundação IBGE não registram a presença de protestantes ou espíritas no município de Vigia. A Assembléia de Deus só seria fundada em 1937, no bairro do Arapiranga, e, em 1940, o censo demográfico iria acusar a presença de 95 protestantes e 12 espíritas em Vigia. Pode-se saber, porém, pelos documentos existentes no arquivo paroquial, que pelo menos desde 1924 já se faziam sessões do espiritismo kardecista em Vigia. Não obstante, a pajelança cabocla era antiga e o próprio arcebispo a conhecia, de suas muitas viagens ao interior, tendo dela deixado referências; provavelmente por isso é que fala de "espiritismo" apresentando-se "sob formas diversas"[2]. E, na mesma circular, o arcebispo faz a seguinte recomendação aos vigários:

"De tudo isso, amados cooperadores, havemos de concluir que devemos voltar nossas vistas com maior zelo para nossa população rural. *Não bastam as festas que em algumas localidades se fazem. É necessário* — e este é o fim que visa esta circular — o *trabalho* chamado de *desobriga.*" (Meus grifos, R.H.M.).

E o documento prossegue, com instruções detalhadas aos vigários do interior. Outra circular específica a esses vigários é a de n.º
48, de 14.12.1936, que, fazendo referência à Pastoral Coletiva de
1915, traz instruções minuciosas sobre a administração do sacramento
do matrimônio, inclusive nos casos em que o mesmo seja desacom-
panhado do "contrato civil". A circular n.º 53, de 28.3.1938, trata
sobre a ação católica, que assim é definida: "Os leigos auxiliando
aos sacerdotes no apostolado". O assunto da LEC é tratado em mais
de uma circular e discutido, também, na reunião do clero:

> "Quanto à Liga Eleitoral Católica os Rev. Vigários
> se ocuparão em orientar seus paroquianos e animá-los
> no cumprimento do dever do voto (Past. Col. 1591 e seg.).
> Continua, porém, em pleno vigor, a proibição aos Rev.
> Vigários de se envolverem na política local (Past. Col.
> 1798). Quanto aos Estatutos da Liga, recordem-se as ex-
> plicações ministradas na reunião." (Circular n.º 11, de
> 28.2.1933).

Não obstante, para os propósitos deste trabalho, têm um interesse especial as recomendações e proibições de dom Lustosa quanto às manifestações do catolicismo popular. Assim, a circular n.º
38, de 20.10.1935, repete as proibições de vários prelados anteriores sobre as esmolações com imagens de santos; fato importante a
assinalar é que ela vem acompanhada "de uma outra, do dr. chefe
de Polícia, sob o n.º 88, secundando os desejos do Exm.º Revm.º
Sr. Arcebispo", como anotou, no livro de tombo da Paróquia de Vigia, o vigário padre Alcides Paranhos. O aviso n.º 209, de 15.10.1940,
lembra aos vigários "que, nas procissões, são admitidos, conforme
o costume, os 'anjos', não porém meninos e meninas vestidos à maneira de santos ou santas determinadas, como por exemplo S. Terezinha (decreto n.º 407, § 3.º do Conc. Plen. Bras.)".
Mais importante ainda é a circular n.º 69, de 20.10.1940, que
já foi, brevemente, destacada acima, no capítulo 2 deste trabalho.
Pela sua importância, torna-se necessário, agora, examiná-la mais
longamente. Essa circular trata a respeito de festas religiosas, incluindo
três tópicos especiais: associações pias, festas profanas e arraiais. O

tópico sobre as associações pias, como foi visto acima, contém recomendações severas sobre seu controle pela autoridade eclesiástica. Para melhor instruir os vigários quanto ao "saneamento" dos males causados pelas irmandades irregulares, diz dom Lustosa:

> "Geralmente tais sodalícios se preocupam apenas com festas; muitas vezes julgam-se donos das capelas ou igrejas bem como de seus bens móveis ou imóveis e consideram o próprio vigário como simples *empregado* da associação ou irmandade. Muito preferível é que existam em lugar delas simples *diretorias de festas* as quais se hão de reger pelos *estatutos das diretorias* do arcebispado. A origem dessas associações ou irmandades é por vezes uma simples reunião de alguns homens que, por sua alta recreação, se constituem 'irmãos', assumem cargos etc. Os elementos componentes da *soi-disant* irmandade e da sua mesa administrativa são por vezes cristãos de nome apenas, sem os requisitos morais para fazerem parte da irmandade e *a fortiori* da sua mesa." (Grifos no original).

Quanto à proibição de "festas profanas" concomitantemente à realização de festas religiosas, o documento é também severo, instruindo os vigários para proceder de modo drástico:

> "Vários dos nossos zelosos vigários vêm realizando bela campanha moralizadora das festas religiosas, de pleno acordo com os estatutos das 'diretorias'. Declaram formalmente aos responsáveis pela organização dos bailes, nos dias de festa religiosa, que se retiram sem realizar as funções religiosas se eles promoverem festa dançante; não sendo atendidos cumprem a palavra e a lição, por via de regra, não precisa ser repetida. Em muitas localidades o resultado consolador já é uma realidade. Deus cubra de bênçãos e recompensas a esses zelosos cooperadores."

No tocante aos arraiais, embora sendo tolerados os "antigos e tradicionais", os mesmos devem ser gradativamente restringidos. Além disso, o documento acrescenta:

"Quem conhece o fruto espiritual das festas religiosas sem arraial e o das celebradas com arraial, bem sabe que ele causa imenso prejuízo espiritual. Pior ainda quando as festas com 'arraial' se fazem sem padre (...). *O que nos interessa não é que venham muitos à festa; mas sim que aproveitem bem as pessoas que compareçam* (meu grifo, R.H.M.) Não devem as festas religiosas ter o fim de favorecer a comerciantes ou de divertir de modo profano o público. Façamos tudo por impedir que a religião sirva de pretexto, ocasião, incentivo a quanto ela reprova. Por mais inocente que seja um 'arraial', influi prejudicialmente nas almas, dissipando-as, tirando-lhes o gosto pela oração e dos SS. Sacramentos — finalidades que a festa religiosa visa conseguir e não conseguirá senão muito limitadamente. Tenhamos sempre presente que os inimigos da religião fazem todo o empenho por conservar a religiosidade apenas aparente; querem o exterior das festas religiosas sem o proveito interior das almas. Não nos é lícito colaborar para esse desvirtuamento do culto religioso."

As palavras de dom Lustosa são bem eloqüentes e ainda hoje, como foi visto acima, repetidas no interior e na capital do Estado por sacerdotes que desejam "purificar" as manifestações da religiosidade popular. Não obstante, deve ser reafirmado que, embora muitos progressos tenham sido feitos nesse empreendimento controlador, o controle eclesiástico, como ainda se verá ao longo deste trabalho, nunca chegou a se efetivar da forma como pretendia o arcebispo.

NOTAS

1 Sobre o assunto, cf. também Amoroso Lima (1936) e Fernandes (1948), autores citados por Thomas Bruneau.

2 Uma delas está no registro de suas visitas pastorais de 1933, e aparece em tom jocoso: "Cada montaria tem seu nome mais ou menos poético para uns e prosáico para outros. O nome da nossa era 'Caruana'. Meu primeiro cuidado foi naturalmente saber o significado desse nome. Logo me informaram com certa reserva que é nome de pajelança. Não pude saber ao certo o que seja. Um me disse que curuana é um dos companheiros do *pajé*. Outro disse que é coisa 'do fundo'. Outro me informou que o pajé em certo momento se põe a assobiar para chamar *caruana*. Outro me disse que é uma das doze 'cordas' do pajé. Afinal, somando tudo, cheguei a este total verdadeiro ou não: no acervo de tolices da pajelança a 'Caruana' é uma fada que inspira o pajé. Vejam agora como são as coisas: o sr. arcebispo verberou tantas vezes a *pajelança* (todos os grifos são do original) e a 'Caruana' obrigada a transportar docilmente o prelado" (Lustosa, 1976, 132). Veremos, mais adiante, neste trabalho, que *os caruanas* são entidades ("encantados do fundo") que se incorporam nos pajés, em suas sessões xamanísticas.

APÊNDICE 5
A PARÓQUIA DE VIGIA E A REGIÃO DO SALGADO NA FASE PÓS-VATICANO II

Na conclusão da primeira parte deste trabalho já foi apontado que foram quase nulas (limitando-se quase somente a aspectos exteriores) as influências do Concílio Vaticano II e de seus desdobramentos na América Latina (Medellin e Puebla), na área em estudo. As palavras finais de Roger Aubert sobre o Vaticano II, na *Nova História da Igreja*, merecem ser citadas, antes de proceder ao exame dos reflexos do mesmo na paróquia de Vigia e na região do Salgado:

> "O concílio, que terminou num clima de grande esperança, marcou, como muitos pensaram, o fim da era pós-tridentina? Ainda é muito cedo para responder afirmativamente, mas o que, em todo caso, parece certo, é que ele influenciou, muito mais nitidamente do que o Vaticano I, a evolução da Igreja romana em campos muito diferentes, embora na maioria dos casos tenha contribuído apenas com meias-soluções, já que várias das idéias diretrizes que o inspiraram ainda não estavam suficientemente amadurecidas, e já que elas foram 'contrariadas pelas estruturas decadentes e pelos homens que as habitavam' (...). Incentivando uma série de aberturas e legitimando o abandono do imobilismo, do triunfalismo e do exclusivismo, o Vaticano II tornou possível o relançamento de um processo de expansão a partir dos recursos profundos da mensagem evangélica e em colaboração com todas as forças cristãs disponíveis. Mas

também, por colocar em questão tantas coisas, que para muitos pareciam fazer parte da tradição, ele provocou uma crise cujo desenvolvimento se tem processado abertamente e cuja gravidade é concomitantemente acentuada pela crise da civilização ocidental e pelo advento da 'cidade secular', preparada há dois séculos. Trata-se apenas, como muitos esperam, de uma simples crise de crescimento, semelhante às que tão violentamente abalaram a Igreja no fim da Idade Média e no fim do século XVIII? Em todo caso, uma coisa é certa: somente daqui a uma ou duas gerações os historiadores poderão começar a responder a essa pergunta de maneira um pouco mais válida." (Aubert, 1976, 189-190)[1].

Todo o transcurso do Concílio ocorreu durante o vicariato do cônego Francisco das Chagas Costa (1962-1969) à frente da paróquia de Vigia. Os reflexos do evento podem ser acompanhados pelas anotações do vigário no livro de tombo. Suas preocupações com o conclave, no entanto, parecem ser quase nulas! Durante todo o seu paroquiado, de cerca de 7 anos, só há 4 breves anotações referentes ao assunto: a viagem do arcebispo de Belém para participar da abertura, em outubro de 1962; a celebração da primeira missa em português, na paróquia, durante a visita do arcebispo, em agosto de 1964, seguida das primeiras experiências do vigário, ao celebrar em vernáculo, no interior e na sede do município; a introdução, na festa de São Sebastião do Arapiranga, de "alguma coisa que se fala ser do Concílio", isto é, "orações, todas em português, inclusive a ladainha", em janeiro de 1965; e, em janeiro de 1967, numa rápida apreciação sobre o ano anterior: "cheio de tentativas de pôr em prática o Concílio, com acontecimentos felizes para a arquidiocese, mas com certas indecisões para alguns sacerdotes". As preocupações maiores do cônego Francisco situam-se na esfera do controle das festividades religiosas populares, destituindo tesoureiros do interior, entrando em conflito com os pescadores por causa da festa de São Pedro, substituindo a diretoria da festa de Nazaré por um conselho paroquial por ele organizado e chegando, mesmo, em 1963, a conseguiu retirar, por um ano apenas, a corda do Círio.

154

Essa é uma fase de esforço mais geral, no âmbito da arquidiocese, no sentido de estreitar o controle sobre as festas de santos, tendo ocorrido, em Belém, um dos famosos episódios de conflito entre as autoridades religiosas e a população, nesse mesmo ano de 1963, quando se tentou substituir a tradicional berlinda que conduzia a imagem da santa no Círio de Nazaré, por outra mais simples (cf. Rocque, 1981, 125-134). A reação popular fez com que, no ano seguinte, se confeccionasse nova berlinda, com aproximadamente as mesmas características da anterior. Mas os esforços controladores prosseguiram em outras frentes e, em outubro de 1966, o cônego Francisco das Chagas anotava, no livro de tombo de Vigia: "Grande esforço da arquidiocese para melhorar o Círio. Alguma coisa ter-se-á conseguido (...). O modo de celebrar a festa de Belém, aliás, é um empecilho para trabalhos de melhoria no interior".

A partir do vicariato do cônego Francisco das Chagas Costa, todos os demais párocos de Vigia foram de nacionalidade estrangeira, com uma única exceção. O primeiro deles, o italiano padre Pedro Fontana (1969-1972) ficou conhecido por ter sido o primeiro vigário a andar em Vigia sem batina e faz uma única menção, no livro do tombo (fevereiro de 1969), logo após ter assumido a paróquia, ao grande conclave. A partir daí, pela leitura desse livro, é como se não tivesse ocorrido o Concílio Vaticano II. Não obstante, desde o vicariato anterior, Vigia é constantemente visitada por padres redentoristas, que incentivam a devoção a Nossa Senhora do Perpétuo Socorro. A preocupação com a catequese (ensino do catecismo, sobretudo) se intensifica durante a gestão do padre Fontana que, no entanto, não se mostra muito severo para com as manifestações do catolicismo tradicional. Suas preocupações maiores se voltam contra o protestantismo. As duas coisas, aliás, se conjugam, como pode ser percebido pela seguinte anotação que fez a propósito de uma procissão realizada em agosto de 1969, por ocasião da festa de Nossa Senhora das Neves:

"Não há dúvida que seria prejudicial à própria religião a supressão destas manifestações (...). Com sua grandiosidade, com seu brilho, os cristãos sentem a grandeza e a importância da fé que professam. Notável o fato que quando a grande multidão passou diante da igreja protestante (a Assembléia de Deus, no caminho do Arapiranga), todos aumentaram o canto e responderam em massa ao St.º Rosário. Alguém inadvertidamente poderia interpretar isso como uma atitude de intolerância, mas para mim isso era *orgulho de pertencer à verdadeira religião* (meu grifo, R.H.M.) e a enorme massa de povo que desfilava tinha certeza disso vendo a diminuta assembléia que lá estava. Bem poucos, ou ninguém, dos que lá desfilavam, terão na sua vida vontade de mudar a sua fé. Os que deixam a religião católica são aqueles que nunca sentiram a grandeza do cristianismo, que nunca vibraram numa multidão rezando o canto uníssono à luz de centenas de velas."

As preocupações de combater o protestantismo se acentuaram durante o vicariato do padre Manfredo Knosala (1975-1979), de nacionalidade polonesa, que sucedeu o americano (de origem mexicana) padre Alfredo de La Ó (1972-1975). Este foi um vigário muito controvertido, que não deixou nenhuma anotação no livro de tombo da paróquia, homem muto temperamental, de quem se dizia que costumava andar armado com revólver, e que acabou envolvido num episódio de duplo assassinato, provavelmente ligado a contrabando, perpetrado por um estrangeiro que vivia em Vigia e era amigo do vigário. Esse episódio nunca ficou inteiramente esclarecido, mas tudo indica que o vigário se deixou envolver por um excesso de confiança no amigo. Essa foi mais uma das muitas crises em que se envolveram os párocos da cidade.

Passada a crise, o padre Manfredo assumiu a paróquia, tratando de desenvolver o trabalho de catequese, na sede e no interior do município, assim como também introduziu o movimento dos cursilhos de cristandade, criando mesmo um Centro de Retiro Espiritual na vila de Santa Rosa. Com a transferência do padre Manfredo para a paróquia de Mosqueiro, ocorreu o breve vicariato do padre Francisco de Sousa Nobre (1980-1981). O padre Nobre, de naturalidade cearense, recentemente ordenado, embora já tivesse experiência como religioso (irmão leigo) franciscano, acabou entrando em atrito com a população de Vigia, retirando-se da paróquia em clima de conflito. Vale a pena transcrever um trecho do opúsculo publicado por esse sacerdote ao se retirar da paróquia, que tem como título *A Vigia e a História dos seus Vigários*:

"Não é de agora que certas pessoas na Vigia são diplomadas em falar mal de padres. Se importar com a vida dos padres, dizer certas coisas com os padres aqui na Vigia, é algo já muito antigo, algo até muito penoso que faz desta paróquia um assombro para cada padre que para cá vem. Atualmente a coisa já melhorou um pouco. As conversões que o Movimento de Encontros de Casais têm trazido à paróquia, têm conscientizado a muitas pessoas que hoje vivem dedicadas à Igreja e são os verdadeiros esteios da vida paroquial, mas ainda há aqueles satânicos e infelizes linguarudos que não são devotos de Nossa Senhora de Nazaré e sim da má-fé, do pecado da difamação, do vício de falar sem ter provas, da mania de dizer o que fulano disse. São bons os vigienses, mas são portadores desse pecado que dá à cidade um cunho todo especial. 'Cidade de onde os padres não saem limpos'. É claro que os padres são figuras humanas e muitos deles não são mesmo muito bons como deveriam ser, mas na Vigia, mesmo que o padre não seja bom, os vigienses fazem com que ele se torne pior, pelo menos aos olhos do povo. Há pessoas nesta cidade inteiramente dedicadas a falar mal de padres. Que pena, uma gente tão boa, não saber se livrar desse mal tão crônico e tão velho! Com isto, não quero dizer que não existem pessoas boníssimas, inteiramente voltadas para o bem da Igreja." (Nobre, 1981, 5-6).

O desabafo, é claro, ganha uma dimensão maior por estar impresso. Esse tipo de condenação, embora em termos menos duros, pode ser percebido da parte de vigários anteriores e, como veremos, é também exteriorizado pelo sucessor do padre Nobre, o vigário atual (em 1985), o padre polonês Eugênio Casimiro. À parte as questões ligadas à personalidade dos vigários, o problema comporta outras dimensões, que dizem respeito não só à distância cultural em que se encontram vigários e leigos, mas também ao próprio projeto soteriológico que aqueles procuram implementar, juntamente com os meios empregados para isso. Se é verdade que, ao longo da história da paróquia da Vigia, houve conflitos com muitos sacerdotes, isso, de fato, não ocorreu com todos, especialmente na extensão dos casos mais dramáticos que foram acima examinados.

Pode-se afirmar, pois, que a análise do período pós-Concílio Vaticano II demonstra que, de fato, o pluralismo e a abertura para o social ensejados pelo mesmo e por seus desdobramentos, como o desenvolvimento do ecumenismo, o surgimento de novas formas de teologia e de conceber a Igreja como "povo de Deus" (especialmente na linha da chamada "teologia da libertação" e no modo de organização próprio das Comunidades Eclesiais de Base), pouco ou nada se refletiram na paróquia de Vigia. Continuou a romanização, ou, se quisermos, para usar a expressão mais moderna, implantou-se a "neo-romanização". Ao invés do projeto soteriológico voltado para o social, com um sentido novo e diverso daquele social (visto como festivo e exterior por certos analistas) do catolicismo tradicional brasileiro, manteve-se e até foi reforçado o projeto de *salvação individual*, sem atentar, em muitos casos, para as particularidades locais (as tradições), que vários vigários desprezavam e, mesmo, abertamente combatiam, sem a habilidade necessária para distinguir aquilo que podia ou não ser aproveitado para levar os fiéis a seguirem os ditames hierárquicos dentro da orientação mais geral imprimida pela arquidiocese paraense.

Não obstante, em paróquias vizinhas, pertencentes à mesma arquidiocese, vigários mais recentes têm adotado novas orientações, incentivando a formaçao de Comunidades Eclesiais de Base (CEBs) e seguindo uma orientação mais voltada para o social (a chamada "opção preferencial pelos pobres", como um deles repetia, quando o entrevistei). Trata-se das paróquias de Curuçá e Santo Antônio do Tauá, especialmente esta, onde se tem desenvolvido, ultimamente, uma pequena agricultura capitalista (75% das propriedades não ultrapassam 25 ha)[2] e onde atua um sacerdote bastante ativo, coadjuvado por uma pequena comunidade de religiosas. Estas paróquias, no entanto, não têm ficado livres de conflitos com a população, por razões distintas e, mesmo, pelo próprio choque com a lógica do catolicismo tradicional, especialmente no caso de Curuçá.

Por outro lado, deve ser mencionado que, enquanto os párocos de Vigia (assim como da maioria das paróquias do Salgado) desenvolviam seu trabalho sem ligação com as correntes mais modernas do pensamento teológico e pastoral da Igreja brasileira e universal, cresciam na paróquia (e na região) os cultos concorrentes ao catolicismo. Vimos, no apêndice 4, como desde 1937 tinha se estabelecido em Vigia um núcleo de pentecostais da Assembléia de Deus e, no recenseamento de 1940, já se constatava a existência de 95 protestantes e 12 espíritas no município. No período de 30 anos, que vai de 1940 a 1970, segundo os dados da Fundação IBGE, os protestantes passaram para 541, enquanto o número de espíritas (kardecistas) permaneceu estacionário. Os dados, porém, não são confiáveis, estando, de fato, aquém da realidade, em ambos os casos.

Em 1966 já havia surgido uma nova denominação cristã no município de Vigia, a Igreja Batista Equatorial que, em 1970, contava com 47 adeptos. Foi, porém, na década de 70 que surgiram as demais igrejas cristãs que hoje compõem o campo religioso do município: a Igreja Batista do Calvário, fundada em 1973, e a Igreja do Evangelho Quadrangular (Missionários da "Prece Poderosa"), em 1976. Mais tarde chegaram a Vigia duas "pregadoras de tempo integral" das Testemunhas de Jeová que, entretanto, aparentemente não conseguiram adeptos, até o encerramento desta pesquisa. Em 1978, segundo dados que colhi pessoalmente junto a pastores e secretários das igrejas, havia um total de 1.664 protestantes em Vigia, assim distribuídos: Assembléia de Deus, 1.326; Ig. Batista Equatorial, 178; Ig. Batista do Calvário, 88; Evangelho Quadrangular, 72. No mesmo ano, havia 50 pessoas que se declaravam kardecistas. Qanto aos demais cultos mediúnicos — umbanda e pajelança — não é possível quantificar, em razão da dupla filiação (católicos e umbandistas), do fato de que — como veremos — os praticantes da pajelança se identificam sempre como católicos, ao lado do escasso nível de organização formal dos cultos. Ainda no ano de 1978 havia o registro, na Delegacia de Polícia de Vigia, de 13 casas de umbanda, sendo 7 localizadas na sede do município e 6 no interior.

Todos esses dados foram colhidos durante o período do vicariato do padre Manfredo Knosala que, na fase pós-Concílio Vaticano II, foi o pároco que mais se dedicou a combater a penetração protestante na paróquia. Em 1976, quando a Igreja do Evangelho Quadrangular começou a se instalar em Vigia, esse vigário, alarmado com as proporções do movimento, que congregava massas de assistentes nas praças da cidade e de comunidades do interior, em pregações públicas muito concorridas, saiu certo dia em automóvel dotado de alto-falante, alertando os católicos contra os "missionários" e dizendo ser "pecado" participar daquelas reuniões. Esse fato provocou reações da parte da população, tendo sido apedrejado o barracão de madeira onde funcionava o novo culto pentecostal. Esse episódio é destacado, entre outros, como o mais expressivo do conflito sempre presente entre católicos e protestantes em Vigia, já numa fase pós-conciliar. Não obstante, o vigário seguinte, padre Francisco Nobre, adotou uma atitude tolerante em relação ao protestantismo, chegando mesmo a organizar, em 1980, uma concentração de todas as igreja cristãs de Vigia, no Dia Nacional de Ação de Graças, onde, segundo suas próprias palavras, no livro de tombo, "houve verdadeira aproximação das diversas igrejas e dos diversos credos aqui existentes, mas que temiam até se cumprimentar".

A despeito desse gesto que se encontra em sintonia com as diretrizes emanadas do Concílio Vaticano II, também o vicariato do padre Nobre não significou mudança profunda na orientação pastoral da Igreja Católica vigiense, permanecendo mesmo como um fato isolado, sem continuidade no paroquiado seguinte. De resto, o padre Nobre, como seus antecessores e seu sucessor, continuou pondo em prática a mesma proposta de salvação individual característica do período da romanização. Nas duas outras partes deste trabalho, serão tratados outros aspectos da atuação dos vigários vigienses, especialmente daqueles cujos paroquiados transcorreram no período em que se desenrolou a pesquisa de campo.

NOTAS

1 Muitas outras dúvidas têm sido levantadas por estudiosos a respeito dos efeitos do Concílio Vaticano II sobre a Igreja Universal. As palavras do metodista dr. Albert C. Outler, que o acompanhou na qualidade de observador, a propósito do mais importante documento conciliar, "Sobre a Igreja" (*Lume Gentium*), também merecem ser transcritas: "There is, of course, the tragic possibility that even so magnificent a document as this may suffer the fate of many of its antecedents (...): that it should promptly be interred in the vast mausoleum of ecumenical literature — rated as a classic by the *cognoscenti* but not widely read or actually implemented in the ongoing life of the Church. There is the equally tragic danger that it may be interpreted and implemented *piecemeal*: that the progressives will stress only in progressive ideas, even as the immobilists attend only to its traditional residues; that the bishops may be more preoccupied with the implications of collegiality at the level of their dioceses than at the level of parish life and work, that the laity mistake On the Church as a warrant for self-assertion without fully assuming their commission to an apostolate of Christian witness in the world; that members of religious orders may become too intent upon their life apart; that the studied ambiguities of Chapter VIII may be over-simplified in one direction or another. All of this is to say that the real meaning of On the Church has still to be deciphered — and translated into action in the polity and program of the Roman Catholic Church. This now becomes the paramount task in the years ahead. It is certain that the Council intended this Constitution to be the major resource in the renovation and reform of the Catholic Church — and in the further progress of the ecumenical dialogue. It is equally certain that history's veredict on Vatican II will turn largely on how far this intention is realized." (Outler, 1966, 105-106).

2 Em Santo Antônio do Tauá, nos últimos anos, partindo de um centro de concentração mais antigo, o município de Santa Isabel do Pará, na região Bragantina, têm se estabelecido agricultores de origem japonesa, sobretudo em pequenas, mas também em médias propriedades, utilizando técnicas agrícolas modernas, no cultivo da pimenta-do-reino, do mamão e do dendê. Seu estabelecimento está provocando a substituição da agricultura camponesa tradicional, com o surgimento de um crescente contingente de trabalhadores rurais (que vão sendo expulsos de suas terras). O processo começa a atingir áreas vizinhas do município de Vigia. Não é o caso, aqui, de analisar esse processo. O fato, porém, embora não esteja resultando na formação de latifúndios, nem gerando conflitos de terra, tem proporcionado a oportunidade para uma atuação mais intensa de grupos católicos "liberacionistas" na paróquia, ligados à FASE, CPT e CUT. Por outro lado, de alguma forma isto dificulta o entrosamento entre as duas paróquias "progressistas" do Salgado (Santo Antônio e Curuçá), já que, em Curuçá, o vigário se encontra vinculado a grupos "progressistas" do PMDB. Os dados sobre a situação da

agricultura no município de Santo Antônio do Tauá foram levantados, no ano de 1986, pela FASE, encontrando-se num documento mimeografado com o título "Quadro Sócio-Econômico de Santo Antônio do Tauá". Entre esses dados, está o quadro da extensão das propriedades agrícolas:

0 a 25 ha. — 75%
26 a 50 ha. — 10%
51 a 75 ha. — 5%
76 a 100 ha. — 5%
Mais de 100 ha. — 5%

Outro dado levantado pela FASE diz respeito à percentagem de posseiros (60%) e de proprietários com títulos de terra (40%) no município.

PARTE II

AS CRENÇAS E REPRESENTAÇÕES
DO CATOLICISMO
POPULAR E DA PAJELANÇA

CAPÍTULO 3
OS SANTOS E O CATOLICISMO POPULAR

Para entender as concepções populares sobre os santos, entre os praticantes do catolicismo e da pajelança cabocla das populações rurais (ou urbanas de origem rural) da região do Salgado, devo partir da descrição de um ritual. Trata-se de uma festa de santo que pude presenciar no interior do município de Vigia. Escolho, propositalmente, uma festa modesta em suas proporções, mas cujas implicações permitem colocar os aspectos essenciais das crenças e representações sobre os santos católicos.

Depois de três anos sem que se realizasse a festa, em junho de 1984 procedeu-se ao levantamento do mastro de Santo Antônio, na povoação de São Benedito da Barreta. Contam os moradores que, antigamente, o único santo festejado era São Benedito, o padroeiro que deu nome à povoação. Mas um comerciante influente do lugar, devoto de Santo Antônio, levou para lá uma imagem deste santo, conseguindo motivar o povo a trocar de padroeiro, erguendo-se uma capela para abrigar o novo santo, enquanto São Benedito continuava sendo guardado e cultuado na casa de sua dona[1]

Durante certo tempo a festa do novo padroeiro realizou-se sem interrupção, embora ninguém esquecesse o antigo, cujo nome continuou a designar a povoação e para quem, anualmente, se mandava celebrar uma missa no seu dia. Passados alguns anos, a povoação começou a mostrar sinais de decadência. Muitos de seus habitantes começaram a deixar o lugar, transferindo-se para uma povoação vizinha, Itapuá e, na maioria, para a cidade de Vigia. O êxodo se intensificou, ainda de acordo com os moradores, depois que a dona do São Benedito passou a morar em Vigia. Hoje só restam na povoação duas casas habitadas; muitas foram demolidas, outras permanecem de pé, mas abandonadas, e a casa do comerciante que promoveu a troca do padroeiro incendiou-se e foi destruída, juntamente com as mercadorias depositadas em seu interior. A voz corrente na Barreta, em Itapuá e na Vigia é que isso aconteceu por causa de um castigo de São Benedito, um santo "muito perigoso" que "anda com uma caixa de fósforos no bolso" e com quem não se pode brincar[2].

No dia do levantamento do mastro, véspera de Santo Antônio, um grande número de pessoas de Vigia, Itapuá e Caratateua convergiu para a povoação de Anauerá. A programação era simples: à tarde, torneio de futebol, após o que o mastro do santo seria conduzido em procissão de Anauerá até a frente da capela de São Benedito da Barreta; à noite, ladainha na capela e festa dançante na sede; no dia seguinte, pela manhã, o mastro seria derrubado, encerrando-se a festividade. Havia grande expectativa em torno dessa festa, especialmente da parte dos moradores da Barreta, pois se dizia, na ocasião, que ela podia fazer reviver a tradição local do culto de Santo Antônio e permitir a volta da prosperidade antiga da povoação de São Benedito.

Após o torneio de futebol, vencido pela equipe local, iniciaram-se os preparativos para a condução do mastro de Santo Antônio. O mastro, um tronco de marupá com cerca de 10 metros de comprimento, derrubado na véspera, estava todo enfeitado com folhas de cróton e flores, em frente à casa onde se aguardava a imagem de Santo Antônio, que fora trazida da capela da povoação de São Benedito para Anauerá; em frente à mesma casa, a bandeira do santo, com sua figura pintada por um artista da cidade de Vigia. O cortejo se formou na seguinte ordem: na frente, ao lado um do outro, o juiz da festa, conduzindo nas mãos a imagem de Santo Antônio, e a juíza, conduzindo a bandeira do santo; em seguida vinham os músicos, tocando músicas típicas da quadra junina; o mastro, conduzido por vários homens jovens e vigorosos, sem camisa; e, fechando o cortejo, o acompanhamento de homens, mulheres e crianças. O clima era de muita jocosidade e animação. Enquanto os músicos tocavam, espocavam fogos de artifício e os carregadores do mastro, sempre bebendo de uma mesma garrafa de aguardente, caminhavam com ele nos ombros, executando uma espécie de dança, indo para a frente, para trás e para os lados, durante todo o percurso de 1 quilômetro, gritando, ora de forma ritmada, ora de forma desordenada, e soltando muitos vivas: "Viva Santo Antônio!", "Viva o pau do santo!" (referindo-se ao mastro). O povo que acompanhava o cortejo conversava animadamente, rindo muito das brincadeiras que eram feitas pelos que carregavam o mastro. As únicas pessoas sérias, em todo o percurso, eram o juiz e a juíza da festa. Num dado momento, a música parou de tocar e o cortejo foi momentaneamente interrompido, porque os músicos pararam para comer fruta de cedro que havia pelo caminho. A música só voltou depois de muitos impropérios dirigidos aos músicos pelos carregadores do mastro.

Quando o cortejo chegou à povoação de São Benedito, em frente à capela, já se encontravam várias pessoas que tinham vindo de outras povoações da Barreta a fim de participarem da festa. Após alguma demora, porque faltavam cordas, a bandeira do santo foi amarrada na ponta do mastro e o mesmo foi erguido em meio a muitos vivas, alarido, espocar de fogos e ao som da música da pequena banda que acompanhava o cortejo. Durante toda a cerimônia, o juiz da festa permaneceu de pé, com a imagem de Santo Antônio nas mãos, ao lado da juíza, de costas para a capela, assistindo ao levantamento do mastro. Em seguida, entrou na capela com o santo, que foi colocado ao lado direito do altar, sendo seguido pelo povo que participava da festa. Começou então a ladainha em homenagem a Santo Antônio, que foi dirigida por uma catequista ligada à paróquia de Vigia.

Enquanto isso, prosseguiam os preparativos para a festa dançante, que começou pouco depois do término da ladainha, animada por um aparelho de som contratado em Itapuá, terminando apenas na manhã seguinte. Os músicos, também de Itapuá, haviam sido dispensados, durante a noite, e convidados a voltar às 7 da manhã, para a "derruba" do mastro. Normalmente, numa festa de santo, o mastro deveria ficar de pé durante uma ou duas semanas, enquanto se desenrolasse a festa de arraial e as ladainhas, todas as noites. Mas, devido à decadência da povoação, o mastro foi derrubado logo nos primeiros minutos da manhã, assim que terminou a festa dançante;

nem sequer se esperou pela vinda dos músicos. A "derruba" ocorreu a golpes de machado, com a participação de várias pessoas entre os assistentes; cada pessoa que dava um golpe contribuía com uma pequena importância em dinheiro para o tesouro do santo. Finalmente, quando o mastro estava prestes a cair, o juiz da festa do ano seguinte, já previamente escolhido, empunhou o machado para dar os últimos golpes; ao tombar o mastro, a nova juíza, também já escolhida, apanhou a bandeira que caíra junto com ele, a fim de guardá-la para a festa do próximo ano.

A forma mais comum que o vigiense encontra para definir o catolicismo que pratica é por oposição à religião dos crentes. Nesta comparação, o crente surge, muitas vezes, como o modelo de procedimento correto e adequado, enquanto o católico não se comporta com o respeito devido, preocupando-se mais com a diversão e a bebida alcoólica do que com atos de culto e devoção. Para um morador de Itapuá:

"O catolicismo é uma parte de idéia que, pela liberdade que tem, nós não cumprimo a lei da religião (...). O crente não, porque você chega, o crente diz: Olha, tu não bebe, porque se tu bebê, tu não entras aqui mais. Tu não fumas. Se tu fumares, tu não entras aqui mais. E assim ele vai insistindo. E a nossa religião, do católico, num insiste parte nenhuma, né? O padre num vai insisti (...). Ele fala, mas num insiste que o camarada deixe, né? Então, nós que semo os católico, num cumprimo, porque a nossa religião é a mesma do crente, a nossa religião não manda que nós beba, que nós brigue, nós faça, aconteça, não é justo? (...). Já os crente têm que fazê aquilo que eles querem. Então é uma religião nessa parte privada, porque eles querem que siga o caminho direto. E a nossa não, é uma religião liberta. O camarada tá fazendo errado, mas ele diz que tá direito (...). Então, o camarada pensando, não, a religião não tá mandando que se beba, que se fume, que se brigue, que se dance. Não, não tá mandando." (Carpinteiro aposentado, dono do aparelho de som que tocou na festa de São Benedito).

As duas categorias, privada e liberta, expressam bem a concepção dos informantes católicos a respeito das duas religiões. O catolicismo não tem peias, restrições, privações. Isso permite o comportamento folgazão das pessoas que festejam Santo Antônio, carregando seu mastro e bebendo cachaça, soltando impropérios e dando vivas ao santo, ao mesmo tempo que realizam uma espécie de dança que simula, nos movimentos executados com o mastro ("pau" do santo), um ato sexual. Isso permite também que na festa religiosa maior dos vigienses, o Círio de Nossa Senhora de Nazaré, os pescadores que se salvaram de naufrágios paguem suas promessas acompanhando a procissão molhados, com vestes sumárias, carregando as bóias com que se mantiveram até serem recolhidos por embarcações — numa alusão simbólica muito clara ao "milagre" — mas, ao mesmo tempo, divertindo-se alegremente, e bebendo a ponto de terminarem o cortejo embriagados. Essas atitudes são condenadas por muitos, mas, na verdade, são também esperadas como parte dos festejos do santo, assim como as rezas, as ladainhas, as missas, as procissões, o arraial, a festa dançante, as brigas, os namoros e tudo o mais que compõe uma verdadeira festa de santo.

O catolicismo popular apresenta, assim, um componente lúdico que lhe é inseparável e que, a despeito das tensões que provoca na sua manifestação, permanece sempre presente, o que confere à categoria festa uma importância toda especial. É mesmo, no discurso do informante acima transcrito, a marca distintiva do catolicismo por oposição ao pentecostalismo e ao protestantismo em geral; pois para esse informante, "a nossa religião é a mesma do crente", mas dela difere pelo grau de liberdade que confere a seus praticantes.

Para dois pescadores de Itapuá que entrevistei, a diversão dos pescadores promesseiros do Círio de Nossa Senhora de Nazaré não é, de fato, condenada, contanto que cumpram sua promessa com devoção[3]. Condenam-se, evidentemente, os excessos e a bebedeira durante a procissão e aprova-se a atitude do padre que "debate" (combate) esses excessos; mas contanto que a obrigação (devoção) venha antes da diversão, o divertimento do devoto fica justificado. Assim, contrariamente a uma tendência que se pode observar nas atitudes do sacerdote e de seus auxiliares mais próximos no trabalho da paróquia, a devoção ao santo, que se expressa de maneira mais enfática no momento da festa, não pode limitar-se aos atos rituais sagrados: missas, novenas, orações contritas, sacramentos. O sagrado e o profano, se bem que separados na mentalidade popular, não estão em oposição, durante a festa religiosa, mas são complementares, embora entre eles possa haver uma hierarquia que valorize o primeiro. Não obstante, elementos que seriam vistos como profanos guardam também alguma coisa de sagrado no momento em que se integram no contexto da festa do santo. Um jogo de futebol como parte das comemorações da festa de Santo Antônio não é, certamente, um jogo comum. E o mesmo se pode dizer das brincadeiras de arraial, das comidas, dos leilões, da bebida e da própria festa dançante.

Por outro lado, a diferença de caráter entre os santos permite que seu culto seja praticado com maior ou menor liberdade, com maior ou menor diversão. Um informante, dono de uma das lanchas que fazem o transporte entre Vigia e Itapuá, ao responder a uma pergunta sobre a razão de terem mudado o padroeiro da povoação de São Benedito, retrucou de forma jocosa:

> "Porque eles gostam de fazê festa dançante, e o São Benedito é sempre uma parte dum santo que parece Deus. Menino Deus (padroeiro de Itapuá) aqui, nós num gostamos de fazê festa (dançante), nem o padre deixa, porque é santo de respeito. São Benedito, Menino Deus, Divino Espírito Santo... Divino Espírito Santo ainda é farrista (risos) (...). (Mas pra Santo Antônio) levantam o pau (mastro) do santo deles, fazem aquela festa! O santo é casamenteiro, o pessoal fazem essa festa pra casamento, essas coisas assim. Então eles aproveitaram que queriam ganhá dinheiro pro bolso deles, pra levantá o comércio, eles acharam que deviam fazê aquele santo só ajudá o comércio deles. E aí o São Benedito disse: 'Agora lá vai saúba pra vocês!'. Aí jogô saúba, mas olhe, tempestade! Você pode ir em São Benedito que você vê torrões de saúba. Não se aproveita nem uma roça."

Os santos têm seus atributos — Santo Antônio casamenteiro, São Pedro pescador e dono das chaves do céu — mas também seu caráter próprio — santo de respeito ou santo farrista — e pela diversidade de atributos e caráter as festas respectivas dos santos assumem formas diversas. Mas os santos também possuem poderes diferentes: alguns são mais milagrosos que outros, com alguns se pode e com outros não se pode brincar. E isso me leva a considerar uma outra questão.

Não há nenhuma dúvida, pelo que dizem os informantes, que São Benedito é um santo muito poderoso e, por isso, se encara com muita naturalidade o fato de ele ter castigado a povoação da Barreta, cujos moradores resolveram trocar de padroeiro, passando a adotar Santo Antônio no seu lugar[4]. A decadência da povoação de São Benedito começou com uma praga de saúva que destruiu as plantações de árvores frutíferas e as roças, impedindo novos cultivos. As saúvas teriam sido mandadas pelo santo desgostoso e ofendido. Mais tarde, quando sua dona se transferiu para a cidade de Vigia, levando consigo a imagem do santo, a povoação ficou praticamente abandonada, pois quase todos os seus habitantes acabaram por acompanhar o santo, indo morar em Vigia. E o santo, não contente com isso, teria incendiado a casa do comerciante que promoveu a troca do padroeiro. Mas a história do desrespeito a São Benedito não ficou por aí. Pouco antes de ocorrer o levantamento do mastro de Santo Antônio, circulou em Vigia, Itapuá e Barreta a notícia de que a dona de São Benedito o havia trocado (vendido) por um saco de farinha de mandioca; quando o novo dono do santo foi fazer mais farinha para vender, irrompeu um incêndio em sua casa de forno, que a destruiu totalmente, inclusive seu forno de cobre. Ele, apavorado, devolveu o santo à sua antiga dona, sem mesmo querer de volta a farinha que dera em troca de São Benedito[5].

Muitas histórias locais atestam os poderes dos santos, especialmente os de São Benedito. "Contar uma história para exemplo", expressão que escutei várias vezes durante a pesquisa, ilustra a maneira pela qual a população procura expor as suas idéias e concepções através de narrativas. São histórias que envolvem casos particulares, com freqüência referentes a castigos impostos pelo santo, ou narrativas atestando milagres, de interesse coletivo, que se lhe atribui. Apesar do temor que se tem pelos poderes de São Benedito, o santo é sempre tratado com uma certa jocosidade e familiaridade que não exclui, porém, o respeito. O santo é também tratado freqüentemente como uma pessoa viva. Uma mulher, proprietária de pequena casa de comércio em Vigia, conta que sua mãe possui uma imagem de São Benedito e, quando o santo está zangado, ele se põe de lado no oratório[6].

Uma história de conhecimento geral refere-se a São Benedito Achado, da cidade de Curuçá, também na região do Salgado. Na época em que não havia estrada ligando Belém a Curuçá, a viagem entre as duas cidades se fazia por mar, em embarcações a vela que levavam dois dias viajando. Aproximava-se a festa do padroeiro de Curuçá e os encarregados da festividade resolveram mandar a imagem do santo para ser "encarnada" (pintada de novo) em Belém. Não houve meios, porém, de mandar buscar a imagem a tempo para o dia da festa, que caía num domingo. No sábado à noite, véspera da festa, um homem "escuro" pediu passagem numa canoa a vela que se dirigia de Belém a Curuçá. Durante a viagem o passageiro conversou com os tripulantes, mas não aceitou o café que lhe ofereceram, ficava somente pitando seu cachimbo. Recusou também recolher-se, alegando que desejava ficar "apreciando a viagem". De madrugada, o encarregado da embarcação perguntou aos demais tripulantes se eles não estava notando algo estranho: é que ele percebia a rapidez da viagem e que iam chegar a Curuçá antes do amanhecer. Efetivamente chegaram, o passageiro agradeceu, despediu-se e disse que logo eles se encontrariam de novo. Os tripulantes aproveitaram para assistir às comemorações da festa de São Benedito, já que tinham chegado no domingo. Quando entraram na igreja, para sua surpresa, reconheceram na imagem do santo a figura do homem "escuro" que viajara com eles.

Outros santos, como São Pedro e Santo Antônio, não são tratados com o mesmo respeito que é demonstrado para com São Benedito, nem as manifestações de desrespeito são seguidas de castigo imediato, como no caso deste último santo. Santo Antônio é folgazão, santo farrista dos festejos juninos, além de casamenteiro. São Pedro, padroeiro dos pescadores, é certamente menos considerado ou respeitado do que São Benedito ou Nossa Senhora de Nazaré. Os pescadores costumam invocar São Pedro para conseguir uma boa pescaria, mas São Benedito é visto como "camarada de trabalho" dos pescadores, sendo mais constantemente invocado por eles[7].

Em quase todas as casas que visitei em Itapuá pude observar a existência de oratórios com imagens e estampas de santos. Em muitas dessas casas o oratório se encontrava bem à mostra, na sala de visitas; em outras, ele era guardado no quarto do casal, de forma que só pude notar sua presença quando adquiri maior intimidade. Posso supor que, mesmo nas casas onde não observei a existência de oratório, ele estivesse guardado na parte mais íntima da residência[8].

Os donos desses santos costumam rezar diante deles, oferecendo-lhes velas, flores e fitas coloridas. Esses santos são para uso privado e seus donos se mostram muito orgulhosos da quantidade de santos que possuem em suas casas, desejando freqüentemente aumentar seu número. Mas há também determinados santos que, embora pertencendo a donos particulares, assumem uma importância especial, por se tornarem mais milagrosos, ou por serem usados em festas comunitárias. Assim, o caso do São Benedito da dona Fuluca, na povoação da Barreta que tem seu nome, pois, apesar de pertencer a uma moradora do lugar, era no passado cultuado como padroeiro da localidade. Um outro exemplo é o São Pedro do finado Palheta, em Itapuá que, mesmo depois da morte de seu dono, continuou a ser festejado pela classe dos pescadores. Ainda em Itapuá, o santo mais milagroso do lugar não é o Menino Deus, padroeiro da povoação, e, sim, o São Benedito do seu Zizi, que até alguns anos atrás era exibido num oratório na sala da casa de seu dono, permanecendo essa casa sempre com as janelas abertas, para que o santo pudesse ser visto por todos, da rua[9].

Os santos mais populares em Itapuá, não apenas entre os pescadores, são Nossa Senhora de Nazaré, São Benedito, São Pedro e o Menino Deus. Nossa Senhora de Nazaré, padroeira do município de Vigia, tem sua imagem cultuada na sede do município, não havendo, na povoação, nenhuma imagem da santa que seja objeto de um culto especial. Os outros três santos têm imagens que são objeto de culto em Itapuá, sendo que o Menino Deus é venerado em sua capela, a mais importante das duas que existem na povoação. Tomemos como parâmetro, para avaliar a importância desses quatro santos para a população local, a realização de promessas e de festejos:

QUADRO 1
SANTOS, PROMESSAS E FESTEJOS

	PROMESSAS	FESTEJOS
Menino Deus	+	+
São Pedro	−	+
São Benedito	+	−
Nossa Senhora de Nazaré	+	+

Os dois santos padroeiros, Menino Deus (de Itapuá) e Nossa
Senhora de Nazaré (de Vigia), são os únicos que apresentam uma
situação equilibrada entre a realização de promessas e de festejos,
enquanto que, no caso de São Pedro, os festejos em sua homenagem suplantam a realização de promessas e, no de São Benedito,
as promessas são mais relevantes do que os festejos. Como padroeiro de Itapuá, o Menino Deus é muito invocado na povoação, especialmente em casos de doenças e dificuldades financeiras; sua festa
anual, que se realiza nos primeiros dias de janeiro, segue o padrão
comum das festas do município, com a população dividida em classes que se responsabilizam, a cada noite, pelo brilho da festividade,
sendo a classe dos pescadores a que mais se movimenta todos os
anos, conseguindo geralmente superar as demais. Com relação a São
Pedro, nunca pude anotar a realização de uma promessa dirigida a
esse santo, mesmo entre os pescadores, embora se diga vagamente
que algumas promessas são feitas; os pescadores esperam a ajuda de
seu santo no mar e, freqüentemente, antes de lançar as redes, dirigem-
lhe preces, com a seguinte fórmula: "Ó meu São Pedro, me ajuda
nesta redada!". No entanto, quando se aproxima o Dia de São Pedro, toda a população se movimenta, sob a liderança do tesoureiro
(responsável principal) da classe dos pescadores, para promover a
festa local, que é parte do grande festejo anual organizado no município pela diretoria da colônia de pescadores sediada na cidade
de Vigia, como será visto na terceira parte deste estudo[10].
    Dos quatro santos considerados, aqueles que recebem maior nú-
mero de promessas são Nossa Senhora de Nazaré e São Benedito,

174

sendo muito invocados pelos pescadores em situações difíceis e riscos a que os expõe o trabalho no mar. São Benedito (e mais particularmente o São Benedito do seu Zizi) recebe promessas pelos motivos mais variados (inclusive em casos de doenças e dificuldades financeiras, como acontece com o Menino Deus), mas os pescadores costumam sempre pedir o auxílio do seu "camarada de trabalho" para conseguir boas pescarias e, principalmente, para que eles os ajude quando seus apetrechos de pesca (linhas, redes, ferros de âncora) ficam presos no fundo ou se perdem no mar[11]

São Benedito é também invocado em casos de naufrágios, mas, nessas situações, é mais comum que os pescadores apelem para Nossa Senhora de Nazaré. Não obstante, nenhuma comemoração de porte é feita no seu dia, em Itapuá; apenas uma ladainha é rezada em sua homenagem. A maior festa de São Benedito, na zona do Salgado, é feita em Curuçá. Os habitantes de Itapuá não costumam participar dela. Mas participam, intensamente, da festa de Nossa Senhora de Nazaré na Vigia, alguns cumprindo promessas por ocasião da procissão do Círio, agradecendo o milagre de terem se salvado de naufrágios, graças aos poderes da Virgem. A festa de Nazaré, em Vigia, é a maior festa religiosa do município, atraindo devotos de outros municípios e mesmo de Belém. Nossa Senhora de Nazaré é também a santa que recebe o maior número de promessas, não só da parte dos pescadores, mas de toda a população católica de Vigia.

Como já foi dito acima, a mais antiga referência ao culto de Nossa Senhora de Nazaré em Vigia é de um cronista do século XVIII, que relata a passagem de um jesuíta pelo lugar, no final do século anterior, ali encontrando a imagem milagrosa da santa[12]. Tendo os jesuítas se estabelecido no território de Vigia, ali ergueram a Igreja da Mãe de Deus, fundaram um colégio e uma biblioteca e mantiveram o culto à Virgem de Nazaré. Os vigienses reivindicam a prioridade do Círio de Nossa Senhora de Nazaré para sua cidade, que seria mais antigo do que o Círio e a festa da mesma santa na capital do Estado[13].

Há muitas histórias populares sobre a santa em Vigia, desde a que explica a localização atual da igreja, no mesmo local onde a imagem foi "achada", um "marajazal" (lugar alagadiço e cheio de espinheiros); levada para um outro lugar, à noite a santa voltava por seus próprios meios para onde fora encontrada, repetindo-se o milagre por várias vezes, até que se entendeu que ela queria permanecer sempre ali. Mesmo depois de construída a igreja, porém, a santa continuou saindo, de noite, passeando pela cidade, mas voltando sempre para seu lugar; "prova" disso era seu manto, que ficava todo sujo de mato e as marcas de seus "pezinhos" que ainda hoje estão "impressas" na pedra de mármore do batente de uma das portas da igreja. A santa é "viva", eis a voz corrente em Vigia. Uma mulher que era cega fez a promessa de preparar um manto novo para ela, caso recuperasse a visão. Conseguindo sua graça, preparou o manto mais belo e mais rico que pôde confeccionar, pedindo permissão ao padre para ir vestir a santa. Mas, quando a vestia, teve a curiosidade de ver se ela era:

"(...) perfeita, igual a uma quarqué mulhé. Ela ficô cega no ato, saiu pelas mãos de otra e ela não conseguiu, não terminô de vestir a santa. Aí ela veio e quando chegô fora é que ela revelô o que ela desejava, o que ela pensava. E que ela num jurgava que ela fosse se torná novamente cega. Num chegô a vesti a santa, só viu, mas num valeu nada mais pra ela o claro do dia". (Mulher de marreteiro de peixe, em Vigia).

A santa, como São Benedito, é capaz de castigar os abusos e desrespeitos, mas também protege seus fiéis, concedendo-lhes graças pessoais ou livrando do mal a comunidade inteira. Foi o que aconteceu, segundo a mulher de um pescador de Itapuá, na ocasião em que havia uma epidemia de varíola no Estado. Uma canoa com um doente se aproximou de Vigia e os tripulantes, sem água, encostaram em Itapuá de Fora (uma parte da ilha onde só existe a casa de um morador, bem afastada das demais). Ali encontraram uma menina que lhes disse que não precisavam ir até Vigia, pois podiam obter água potável num rio corrente que ficava próximo. Os viajantes se abasteceram do líquido e seguiram seu caminho.

"Quando dē passado uns anos, veio um dos dito que escapô da viagem, que teve a doença mas ficô bom (...).

Quando chegô no Itapuá de Fora tava o meu tio, já é falecido, o tio Palheta (dono da imagem de São Pedro que é cultuada pelos pescadores). Aí ele pegô, perguntô pra ele se ele sabia informá onde era o rio corrente lá dessa beira (...). Aí meu tio conversô com ele: rio corrente ali não existia. Ele disse: 'Existe, se nós tiremo água, eu foi um que saltei, tirei água, enchi todas vasilha' (...). Aí ele contô tudo mais ou meno, o ano que tinha sido. Meu tio disse que não, que esse ano constô que deu muito essa doença, mas na Vigia, no Itapuá tudo, num deu. Eles carcularam que aquilo só podia sê a Nossa Senhora que estava livrando os inocentes ali daquela passagem."

Em 1976 as imagens de Nossa Senhora de Nazaré e São Luís de Gonzaga foram roubadas da igreja da Mãe de Deus, em Vigia. O acontecimento causou grande abalo na população, os jornais de Belém deram grande destaque ao fato e a Polícia mobilizou-se para encontrar o culpado. Conta-se em Vigia que quando o ladrão se viu prestes a ser apanhado, resolveu queimar as imagens. A de São Luís ficou destruída, mas a de Nossa Senhora de Nazaré nada sofreu de grave, só o seu manto ficou "chamuscado". Este foi mais um milagre da santa, escapando do incêndio criminoso.[14]

Para algumas pessoas, porém, a santa viva, isto é, a imagem original "verdadeira" de Nossa Senhora de Nazaré, não se encontra mais na Vigia. Segundo elas, há vários anos que o arcebispo de Belém mandou buscá-la para ser guardada na capital do Estado, enquanto alguns chegam a afirmar que foi mandada para Roma, a pedido do papa.

Quando se procura saber o que são os santos na concepção dos praticantes do catolicismo popular, a primeira idéia que se tem é de que eles se reduzem às suas imagens ou figuras materiais. Mesmo santos que possuam uma só denominação diferem entre si, como, por exemplo, em Itapuá, onde existem duas imagens de São Benedito, mas só uma, o santo do seu Zizi, é considerada como milagrosa. Conversando-se um pouco mais sobre o assunto, percebe-se logo que as pessoas não confundem os santos com suas imagens ou representações materiais, e que os "verdadeiros" santos estão no céu, sendo que suas imagens foram "deixadas por Deus na terra" como suas "semelhanças". Entretanto, para elas, as próprias imagens têm poderes de origem divina. Muito freqüentemente, a referência aos santos católicos surge no contexto da oposição entre catolicismo e protestantismo:

"Os que estão nessa outra religião não têm a fé (...). Eles dizem que têm, eles dizem que já estão salvo, mas eles não têm (...) esta certeza. Quem tem é Nosso Salvador Divino, Nossa Virgem Mãe, viu? (...). Agora, nós, que somos católico, temos fé, o senhor sabe por quê? Pela sabedoria dos homens (...) que prepara uma imagem dessa duma massa, dum pedaço de pau que seja (...). Depois de pronto, não fica assim, vai à igreja, o padre celebra missa e benze aquela imagem (...). Por meios daquela benzeção, por meios daquela fé e daquela sabedoria dos homens é que nós emprega esta fé." (Pajé de Itapuá, pescador aposentado).

Na tentativa de definir os santos, diz um pajé de Itapuá, agricultor aposentado:

"Os santos são, diz assim, os santos são da corte do céu, mas estes nossos, estes daqui, são feitos pela mão do homem. Mas têm os santos da corte do céu (...). Olhe, a gente diz assim, este santo, não vale nada (...). Mas olhe, este santo, este santo, a pessoa tendo uma certa devoção, uma fé, a fé é redobrada de todo (...). Bom, então, se diz assim, este santo, por exemplo, este Santo Antônio não vale nada. Não, ele vale muito, ele vale sim. Não vamo dizê que ele num vale. Porque tem o Santo Antônio da corte (...). Bem, agora o crente tem um erro, porque ele num começô na crença, ele num era crente, ele era católico, louvava os santos, até que esmolô com os santos (...). E agora, ele foi crente, ele enxotô o santo com os pés."

Para alguns informantes, os santos mais importantes, aqueles em que o povo tem mais fé, foram os que viveram no tempo de Cristo, os apóstolos de Jesus; os santos "feitos pelo papa" são menos considerados. Os santos, pois, foram pessoas que viveram na terra e se santificaram. A idéia de uma santificação pessoal no presente também existe:

"O que fazem nós tudo nos tornar santo, eu ou você, otro quarqué, é o reforme de vida. Que o arrependimento, por São Pedro, nós só tinha sete vezes perdão. Aí ele perguntô: 'Mestre, quantas vezes nós devemos perdoar o irmão que pecar contra nós?'. Aí o São Pedro mesmo disse: 'Até sete vezes, não?'. Jesus disse: 'Não, Pedro, até sete vezes eu não te digo, até setenta vezes sete'. É que nós temos o perdão." (Mulher-pajé de Itapuá).

A santificação está ligada, por outro lado, à idéia de "corpos santos", isto é, cadáveres de pessoas que não se decompuseram e foram encontrados intactos no cemitério após vários anos. Um caso especial, narrado pela mulher de um comerciante de Itapuá, é o de Verônica, menina que morreu com a idade de 15 anos. Em vida, sua alimentação era muito frugal: "ela só comia ovos", segundo a narradora. Quando foram exumar o cadáver, encontraram-no perfeito, inclusive as flores com que tinha sido enterrada, que exalavam seu perfume, antes de aparecer o corpo. O padre Alcides, antigo vigário de Vigia, mandou o "corpo santo" para Roma, escondendo o fato da família: "Bico calado, pra família não se orgulhá, não se perdê."[15]

Não obstante, a concepção dos santos permanece fortemente ligada à sua representação material, especialmente às imagens. Essa mesma informante também narra a fantástica história sobre a origem de São Francisco de Canindé, um santo nordestino cujos ecos da devoção chegaram à Amazônia. Havia um chefe de família, com vários filhos, bom pai e bom esposo, que todo dia saía para trabalhar no campo com um machado e um terçado (facão). Um dia, não voltou para casa. Depois de algum tempo, a família já passava necessidades, quando dois caçadores foram ao campo e encontraram uma imagem em tamanho natural: era o corpo do homem transformado em santo. Levaram-na para o padre e este resolveu rezar missa, convidando a mulher, que já se cobria de luto. Apesar de relutante, ela concordou em ir à igreja e, lá chegando, ao ver o santo, disse: "Mas ó imagem parecida com meu esposo!". O padre, durante a cerimônia, determinou que todas as esmolas dadas àsquele santo deveriam ser repartidas: metade para a igreja e metade para a viúva.

As verbalizações dos informantes sobre os santos incluem vários elementos, que devem ser agora destacados. Em primeiro lugar, eles são pensados como pessoas iguais a todos nós, que viveram na terra, mas se distinguiram dos outros seres humanos por terem passado pelo processo de santificação. Esse processo inclui, entre outros aspectos, o "reforme de vida", significando que foram pessoas desprendidas das preocupações materiais (comida, bebida etc) e da maldade. Um importante sinal de santidade está ligado à não-decomposição do corpo após a morte, o que remete à crença européia, remontando ao Baixo Império Romano e à Alta Idade Média. Isto se relaciona a dois aspectos relevantes: de um lado, a idéia expressa por alguns informantes, de que certos santos subiram ao céu "com corpo e alma" (uma extensão da crença oficial sobre a ascensão do Senhor e a assunção de Maria); e, de outro, à representação material dos santos (suas imagens). A história fantástica de São Francisco de Canindé, acima reproduzida, parece indicar, em termos simbólicos, a estreita ligação entre o corpo do santo e a sua imagem, como semelhança.

Muitos outros elementos se encontram envolvidos nessa crença popular. A distinção entre santos "do tempo de Cristo" e os "feitos pelo papa" coloca uma hierarquia entre eles, indicando que os mais antigos devem ser mais considerados; conseqüentemente, o processo de santificação, no presente, implica numa menor valorização do santo. Não obstante se se trata de santos particulares — São Benedito, São Pedro, São Luís de Gonzaga, Nossa Senhora de Nazaré etc. — há também uma hierarquia entre eles, sendo alguns mais poderosos e milagrosos do que outros. Vimos que o mesmo se coloca no tocante às suas imagens, desde que, entre duas imagens de um mesmo santo "do céu", uma pode ser mais milagrosa que outra.

Acrescente-se a isso o processo de santificação da própria divindade, quando o Menino Deus surge como o "santo" padroeiro de Itapuá, o Espírito Santo como padroeiro de Juçarateua do Pereira, a Santíssima Trindade como "santo" festejado em Meraponga etc[16]. Ora, quais os processos mentais que operam nas representações populares que dão suporte a essas crenças? A partir de uma linha de interpretação que vem pelo menos desde Frazer, passando por Lévy-Bruhl, Paul Radin e Lévi-Strauss — para citar somente os autores mais destacados — pode-se claramente identificar, em operação nesse pensamento, os processos metafórico e metonímico. Até mesmo o indica a expressão local "semelhança", aplicada às imagens dos santos, concebidas como possuindo um poder místico de origem divina, que guarda relação com o "verdadeiro" santo que está na "corte do céu". Mas isso não explica a variabilidade na concepção a respeito dos poderes dos santos e de suas imagens, nem a importância que assumem os chamados "santos vivos", idéia muito presente em relação a determinados santos, justamente aqueles que são reputados como os mais poderosos. A idéia do santo vivo aparece freqüentemente ligada aos santos "achados": Nossa Senhora de Nazaré de Vigia (e de Belém), Nossa Senhora do Templo de Barcarena, São Benedito Achado de Curuçá, entre outros[17]. Esses santos, que surgem na crença popular fortemente identificados às suas representações materiais, são vistos nas igrejas ou capelas que os abrigam, como imagens, mas também são "vistos" andando nas próprias igrejas ou fora delas, manifestando-se como pessoas vivas a fiéis privilegiados que com eles mantém contato[18].

Se abandonarmos, por um momento, a análise desses santos — todos eles populares, mas reconhecidos também pela Igreja oficial — e nos concentrarmos numa outra categoria de santos populares — aqueles santificados pelo próprio povo, sem reconhecimento por parte da hierarquia católica — poderemos entender melhor a questão que se coloca a respeito do processo de santificação e dos poderes dos santos na lógica popular. Tomo, no caso, o exemplo da cidade de Belém, onde se cultua, nos cemitérios, vários desses santos:

Dienne Ellen: uma menina que foi morta pelo próprio pai, tendo sido seu corpo cortado em pedaços e colocado numa mala, na tentativa de escondê-lo. O "crime da mala", como ficou conhecido, foi amplamente divulgado pelos jornais de Belém há alguns anos. Seu culto se faz no Cemitério de São Jorge, o mais novo da cidade. Josephina Conte: uma jovem, falecida em 1931, aos 16 anos de idade, num desastre de automóvel. Sua sepultura, no Cemitério de Santa Isabel — o mais antigo da cidade entre os que ainda recebem sepultamentos — apresenta uma particularidade curiosa, isto é, o retrato de Josephina, com um broche no peito, representando um automóvel. Sobre ela se conta uma história muito conhecida em Belém: costumava, à noite, aparecer como visão a motoristas de táxi, passeando pela cidade e depois mandando cobrar a conta na casa de seus pais (só no momento de cobrá-la é que o motorista vinha a saber que transportara uma visagem). Hoje se diz que já terminou sua penitência e, de alguns anos para cá, seu túmulo passou a ser cultuado, nele existindo várias placas de agradecimento por "graças alcançadas". Nem todos concordam que seja santa, mas muitos afirmam que "faz milagre".

Nergescila "Lucy": jovem morta por engano, com um tiro de revólver dado pelo próprio pai, um capitão do Exército, que pensava estar sua casa sendo invadida por ladrões. Seu culto é feito também no Cemitério de Santa Isabel, sob o patrocínio do Grêmio Beneficente Rosa Vermelha que, no Dia de Finados, distribui um folheto contendo sua foto de colação de grau como professora primária e uma "oração para ser dita em grandes aflições".

Preta Domingas: escrava morta em 1871, por maus-tratos, cuja sepultura se encontra no Cemitério da Soledade, o mais antigo de Belém, que não mais recebe sepultamentos.

Severa Romana: filha de imigrantes italianos, era casada há dois anos com um soldado e estava grávida, quando foi assassinada, em 1900, a navalhadas, pelo cabo Antônio Ferreira dos Santos, por ter se recusado a manter relações sexuais com o assassino. É considerada como mártir da fidelidade conjugal, sendo feito seu culto no Cemitério de Santa Isabel. De todos os santos populares de Belém é a que possui maior número de devotos, tendo recentemente se formado um processo, na Arquidiocese, visando promover a sua canonização.

Zezinho: menino falecido em 1881, por maus-tratos. Seu culto se faz no Cemitério da Soledade, onde uma devota declarava, no Dia de Finados de 1985, que ali rezava "por todas as crianças que hoje são espancadas e assassinadas inocentemente"[19].

Em todos os casos examinados acima há um elemento comum que, provavelmente, é responsável pelo processo de santificação: a morte em circunstâncias trágicas, implicando no sofrimento. Não pode ser deixado de lado o fato de que, quando se narra a vida desses santos populares, costuma-se também exaltar as suas virtudes. Entretanto, o elemento decisivo se expressa na constatação de que, nas representações populares, é o sofrimento que santifica, ou, mesmo, que confere um poder especial àquele santo que sofreu.

Não seria, pois, a mesma noção que se encontra presente no processo de santificação dos chamados "corpos santos"?[20]. Aqui, certamente, acha-se implícita a idéia do milagre da incorruptibilidade do corpo. Esse corpo, entretanto, prisioneiro de um túmulo, evoca também a idéia de sofrimento que, metaforicamente, é a mesma noção a respeito do sofrimento da imagem (semelhança) do santo que se encontra perdido e, depois de muito tempo, é achado, por acaso, por um devoto ou grupo de devotos. O santo achado, isto é, sua imagem, passa, portanto, também, por um período de sofrimento, além do eventual sofrimento pelo qual já passou em sua condição humana, antes de se tornar um "santo do céu". Dessa forma se poderia compreender, no plano das representações coletivas (inconscientes), os poderes excepcionais atribuídos aos santos achados.

Não obstante, os santos achados são, também, os santos vivos. Se as verbalizações das crenças (conscientes), fundadas nas representações coletivas, nos falam em aparições de Nossa Senhora de Nazaré como uma "menina", em São Benedito como um homem "escuro", isso não está totalmente em contradição com a crença católica oficial. Há uma ligação das crenças populares com aquelas reconhecidas pela hierarquia católica, quando se fala nos "corpos santos", e, mesmo, na idéia de que os santos "subiram ao céu com corpo e alma", como disse uma mulher, em Itapuá. Surge, no caso, aparentemente, um processo de popularização da crença oficial que, sendo a fonte de onde provém este aspecto do saber popular, é transformada no imaginário mítico das populações católicas que recebem um ensinamento de caráter erudito[21]. Pode-se então dizer, com base nas verbalizações das crenças dos informantes sobre os santos que, no plano das representações, no caso daqueles concebidos como mais poderosos (os santos achados), eles, ao contrário do comum dos mortais, não foram sujeitos à morte como nós e, por isso, podem ser concebidos como pessoas vivas. Esta noção, por outro lado, se está ligada à idéia do "santo do céu", não se desliga da de sua semelhança ou imagem — combinando-se aí os dois processos simbólicos da metáfora e da metonímia — desde que esta é pensada, de fato, não apenas como uma representação material, mas como uma parte privilegiada do santo, uma imagem muito antiga que se perdeu, passando por um longo período de sofrimento, até ser novamente encontrada e cultuada pelos fiéis.

CAPÍTULO 4
OS ENCANTADOS E A PAJELANÇA CABOCLA

Para o visitante que chegue às zonas rurais da região do Salgado, a melhor maneira de se familiarizar com as concepções a respeito dos encantados será freqüentar uma sessão de cura da pajelança cabocla. Existe um doente e fala-se num "trabalho" que se realizará à noite, na casa do próprio doente, na casa de um pajé ou curador ou em alguma outra residência onde a sessão possa ser conduzida de modo adequado. Nem todos serão convidados e o visitante terá sorte se, estando há pouco tempo no lugar, merecer a confiança de receber um convite para participar.

Numa sala relativamente ampla reúne-se a assistência, juntamente com o doente e, eventualmente, outras pessoas que desejam fazer uma consulta. As situações são variadas, mas seguem, aproximadamente, um mesmo padrão. Depois que todos chegam, a casa toda fechada, o pajé começa dizendo várias orações, dirigidas a Deus e aos santos católicos, geralmente diante de imagens. Pode já estar vestido com roupas especiais (mas não muito diferentes das que se usa no cotidiano), envergando suas cintas passadas pelo corpo. Em seguida, segurando as penas, o maracá e o cigarro tauari, sentado num banco ou numa rede de dormir, ele começará a receber os encantados, que nele se incorporam, sucessivamente. É ajudado por um servente, que acende as velas, o cigarro tauari, os cigarros comuns (de carteira) que fuma compulsivamente — mesmo não sendo um fumante habitual —, o fogareiro de defumação, serve-lhe água e chá de cidreira, assim como realiza várias outras tarefas para permitir o bom andamento do trabalho.

Ao receber os encantados, o pajé agita o maracá, respira de forma ruidosa, cumprimenta os presentes, levanta-se, canta e dança pelo recinto. É a doutrina do encantado, que o identifica para a assistência. Logo depois, novamente sentado, conversa com as pessoas e, depois de algum tempo, se despede, dando lugar a uma nova entidade, que repetirá, aproximadamente, os mesmos procedimentos. O ambiente é descontraído, permitindo brincadeiras, ditos chistosos, que partem tanto dos encantados falando pela boca do pajé, como da assistência dirigindo-se ao encantado. Num dado momento, baixa um encantado especial, que chama o doente para ser tratado. O ritual atinge o seu clímax. Geralmente o doente é colocado sentado num pequeno banco do centro da sala e a ele o pajé, incorporado, aplica um passe. O doente é defumado com o cigarro tauari, que se fuma ao contrário dos cigarros comuns, colocando-se a brasa dentro da boca e soprando-se baforadas de fumo sobre as partes afetadas pela doença; geralmente isso é feito pelo próprio pajé e, às vezes, pelo servente, por ordem daquele. O servente também usa a fumaça do fogareiro para defumar o salão, o pajé, o doente e a própria assistência. Muitas orações católicas são ditas pelo curador durante o tratamento. O encantado, falando pela boca do pajé, conversa com o doente, perguntando-lhe coisas sobre a doença ou sobre assuntos triviais. Em certas ocasiões, são usadas técnicas especiais. O pajé pode usar cachaça para friccionar a parte afetada e, em seguida, chupar a doença. Pode também usar as cintas, as penas, os cânticos e o chá como elementos curativos. Em casos mais espetaculares, pode dançar com o doente nas costas. Depois de vários procedimentos rituais, o pajé prescreve a sua receita: banhos, chás, defumações, remédios da terra ou do mato (ervas, raízes, folhas etc., sob várias formas de preparo) ou "de farmácia" (a serem comprados no comércio). Depois da consulta deste primeiro doente, que geralmente é o dono do trabalho e foi quem o encomendou e custeou, outras pessoas se apresentam para consultas ou curativos, repetindo-se procedimentos semelhantes. Quanto a estes outros doentes, às vezes são aconselhados a encomendarem um trabalho especial. Mesmo que não se sintam doentes, algumas pessoas se apresentam para receber passes.

Nem sempre o tratamento é feito por um único encantado ou caruana. Às vezes, por outro lado, surgem situações inesperadas. Pessoas da assistência se incorporam, recebendo espíritos ou encantados. O pajé, incorporado por qualquer de seus guias, deve então intervir, para afastar aquele espírito ou caruana intruso, que não deveria se manifestar. Num trabalho, a rigor, só o pajé recebe incorporações e, mesmo assim, somente de encantados ou caruanas e não de espíritos. Mas, mesmo que esta situação inesperada não se configure, outros encantados, além do principal (o "mestre das correntes", como é chamado), podem intervir no tratamento dos doentes. Mesmo quando não há mais doentes para se consultar, o trabalho prossegue. O pajé recebe várias linhas e, entre elas, não deve faltar a das "princesas". Se se trata de um homem, ele passa a usar voz de falsete, imitando mulheres, na fala e no canto. Aliás, para cada encantado que recebe, o curador usa um tipo de voz, um estilo de falar, uma canção e, em certos casos, uma dança diferente. A sessão, começando por volta de 9 da noite, termina geralmente depois da meia-noite. Dura, assim, uma média de três horas. Ao final, quando se despede o último encantado, surge um novo momento crítico, em que o servente tem um papel fundamental, amparando o pajé no momento em que ele retorna a seu estado natural, evitando que ele caia e possa machucar-se, assim como rezando vários padres-nossos e ave-marias. O pajé como que desperta de um sono profundo, não sendo capaz, segundo diz, de lembrar de nada do que aconteceu enquanto estava incorporado pelos caruanas. As pessoas se despedem, cada uma voltando para suas casas e ainda comentando, pelas ruas e caminhos da povoação, os aspectos mais notáveis do trabalho, elogiando a performance do pajé, seus cânticos e danças, suas proezas espetaculares (quando existem), seus poderes, ou, em outros casos, censurando a fraqueza do trabalho e das correntes e, mesmo abertamente, chamando o pajé de "mentiroso" (fingido, charlatão, sem poderes).

O ritual xamanístico da pajelança possui elementos que podem ser classificados de humanos, místicos e materiais. Na primeira categoria se incluem o pajé (ou curador), o servente, o responsável (ou dono) do trabalho, o doente (que pode também ser o dono) e a assistência. Os elementos místicos incluem Deus, os santos, os encantados e os espíritos (estes, indesejáveis). Já os elementos materiais são em grande número, dos quais vale destacar o canto, a dança (elementos sobretudo estéticos), o chá, as penas, o maracá, a rede e/ou banco, os cigarros (especialmente o que é enrolado como líber da planta chamada tauari), a cachaça, o fogareiro, as velas, a mesa e as imagens de santos. Nem todos esses elementos são indispensáveis. Alguns, porém, não podem faltar e, entre eles, os mais essenciais, são o pajé e os encantados, já que, sem eles, o trabalho não pode ser realizado. Os encantados ou caruanas, na verdade constituem o elemento mais importante, pois são eles que, com sua presença, incorporando-se nos pajés, comandam todas as ações e o tratamento dos doentes. O ritual da pajelança — embora não exclusivamente — destina-se, sobretudo, à cura de doenças. Por isso, seus elementos materiais são utilizados como instrumentos de cura, além dos remédios que possam ser prescritos pelos pajés. Há várias técnicas através das quais esses elementos podem ser usados, o canto, a dança, a defumação, a cachaça, as orações, no decorrer de uma sessão. Mas nem todos os rituais podem ser vistos como sessões de cura. Alguns são simples benzeções ou passes, sem a realização de trabalhos. Outros são trabalhos privados, em que o pajé recebe seus encantados para cumprir uma obrigação, mesmo que não tenha doentes para tratar. Os encantados ou caruanas são a gente do pajé, seus guias ou cavalheiros. Constituem a sua corrente e se dividem em linhas. Para entender, no entanto, o que são os encantados e a pajelança cabocla, não basta participar de um único ritual. É preciso participar de vários, é necessário conviver com pajés e pacientes, é necessário observar o comportamento e ouvir os depoimentos e histórias de muitos informantes, os praticantes do catolicismo popular e da pajelança cabocla. Assim se entenderá que a pajelança não se limita a práticas curativas ou de outro tipo, que os encantados não se manifestam apenas nas sessões dos pajés, que existe uma relação entre santos católicos e encantados da pajelança cabocla, que as práticas rituais do catolicismo e da pajelança, assim como as crenças e representações subjacentes a elas constituem um universo com uma lógica muito própria e distinta, em vários aspectos, das concepções de um catolicismo oficial e erudito (embora sem estar desligada deste)[22]

Enquanto os santos são entidades conhecidas por suas representações materiais (imagens e estampas), as suas semelhanças deixadas na terra, os encantados não são representados de nenhuma forma. Mas, assim como os santos se manifestam às vezes diante das pessoas, em aparições a devotos privilegiados, o mesmo fazem os encantados, só que de forma bem mais freqüente e de modo bastante variado. Isso é responsável pela variedade de denominações que recebem: bichos do fundo, oiaras e caruanas. Além desses nomes, são também chamados de invisíveis, porque normalmente permanecem sem serem vistos pelas pessoas comuns, apesar de presentes.

A denominação "bicho do fundo" provém da crença de que os encantados podem se manifestar sob a forma de diferentes animais aquáticos, que vivem no fundo dos rios, como peixes, cobras, botos etc.

> "Os encantado aparece na figura de bicho (...). É gente, mas é do fundo, é uma pessoa imitando um bicho (...). Mora nos rios, nos igarapé." (Pescador de Itapuá).

> "Gente do encante se vira em tudo, se vira numa cobra, num boto, num peixe quarqué (...). Bicho é isso que se fala, mas o encantado se vira em tudo e o bicho muitas vez é uma gente do encante, às vez pode que queira fazê o mal, ou queira fazê o bem." (Pajé de Itapuá, pescador aposentado).

Se os encantados podem manifestar-se sob a forma de animais aquáticos, recebendo a denominação de bichos do fundo, eles também aparecem em forma humana. Neste caso, o encantado recebe a denominação de oiara:

> "O senhor já ouviu falar numa oiara? Uma oiara é uma pessoa que se transforma; de repente se vê no mangal. Tem muita gente que vê aparecê, por exemplo, uma moça de cabelos vermelho, por aqui e tal, moça bonita; de repente aparece, né? É um encantado, chama-se oiara. Quando não, o senhor está assim na beira do mangal e está ouvindo aquela conversa (...). Principalmente quando tem assim umas cabeça de pedra. Então você vê toda aquela conversa, mas não vê ninguém. Então se emprega logo a palavra: é oiara." (Agricultor do Anauerá).

> "Esse tipo de pessoa, assim invisíve, dizem que é oiara. É que a oiara transforma-se em pessoa natural, às vez até num parente. O papai disse que ele já viu um senhor no mangal, tava pegando caranguejo, ele viu um

senhor, de sapato e chapéu na cabeça, andando normalmente como se estivesse no firme, mas papai atolava na lama, né? Mas essa pessoa, não. Era conhecido dele. Ele chegô e contô em casa." (Marreteiro de peixe em Vigia).

Já os caruanas (também conhecidos como guias ou cavalheiros) são os encantados que se manifestam nos trabalhos dos pajés, incorporados neles:

"Tenho visto... Assisti uns quanto trabalho, né? Que eles chamo pela corrente do fundo e o qual aparece, chega esse negócio de caruana, né? Baixa esse negócio de princesa, príncipe, que tem pajé que diz, tem esse rei Sebastião. Então já são caruana, né? Enquanto que negócio de oiara pode que sejam outro tipo de pessoas encantado." (Agricultor de Caratateua).

"Caruana é uma parte que acompanha com o pajé; é o guia dele." (Pescador de Itapuá).

Assim, os encantados constituem uma categoria de entidades que, manifestando-se de maneiras e em lugares diferentes, recebem denominações de acordo com sua forma de manifestação, o que pode ser sintetizado, provisoriamente, no seguinte quadro:

QUADRO 2
AS MANIFESTAÇÕES DOS ENCANTADOS

DENOMINAÇÃO DO ENCANTADO	FORMA DE MANIFESTAÇÃO	LUGAR DE MANIFESTAÇÃO
Bicho do fundo	Diversas formas de animais aquáticos (cobras, peixes, botos, sapos, jacarés etc.)	Rios e igarapés
Oiara	Forma humana (de modo visível ou através de vozes)	Mangal
Caruana (guia ou cavalheiro)	Incorporando-se nos pajés	Lugar onde se realiza o trabalho do pajé

Ademais, os depoimentos dos informantes indicam uma outra faceta dos encantados: é a sua malineza[23]. Os encantados são seres perigosos e podem não só provocar doenças nas pessoas comuns, como também levá-las para suas moradas, no encante. Por isso, é necessário ter cautela com eles, não só pedindo a proteção divina contra os males que podem provocar, como adotando atitudes respeitosas no momento em que se passa pelos locais onde costumam manifestar-se (o mangal, os rios e os igarapés), assim como quando se está assistindo ao trabalho de um pajé (embora, neste último caso, eles sejam menos perigosos, pois vieram para curar). Os informantes admitem, porém, que os caruanas podem prejudicar as pessoas, se forem mandados pelos pajés:

"E um caruana, se o pajé quisé mandá, ele faz o mal. Ele faz em formas de atingi uma dor, uma dor de cabeça, uma febre, um reumatismo, uma quarqué coisa." (Pajé cego de Itapuá).

"O pajé pode fazer o mal sem fazer o feitiço. Os próprios guias dele fazem." (Agricultor de Anauerá).

Mas as doenças que mais comumente são provocadas pelos encantados são o mau-olhado e a flechada de bicho:

"A pessoa passa num rio e não pede licença pra mãe do rio (encantado que mora ali). Sente dor de cabeça, dá febre (...). A flechada é uma parte que é meia dura. Se uma oiara simpatizar (sic) da pessoa, ela flecha mesmo, carrega pro mato, fica doente, como se deu com dona Joana. Foi oiara que malinô com ela." (Pescador de Itapuá).

"O mau-olhado de bicho é uma das coisas que, por exemplo, num caso de uma pessoa fraco de corpo, fraco, vai passar um rio fora de hora, ou uma moça, estando em tempos (menstruada) que ela não possa atravessar o rio, ela recebe, toma um agrado (sic)." (Pajé de Itapuá, agricultor aposentado).

Outra doença que os encantados podem provocar é chamada de corrente do fundo:

"Ainda não estando tratada é uma doença (...). O que é o sofrer dele? É negócio de arte, é negócio de corrente. Dá febre, dor de dente, de cabeça, de ouvido, dores pelo corpo, raiva, paixão, chora, a pessoa fica séria, sem falar (...). A doença dele é corrente pelas ondinas, ou então, é caruana. O mais certo é dizê: é corrente do fundo que está maltratando ele ou ela. Às vez, depois de tratá, pode se torná um curador." (Pajé cego de Itapuá).

Outras vezes, ao se agradarem de uma pessoa, os encantados podem levá-la para o fundo, a fim de passarem a viver em suas moradas, no encante, tornando-se também encantados como eles:

"Porque os próprios encantando ele ilude, ilude (...). Ilude de a a pessoa ficá lôco ali, perdê o pensamento, esqueceu-se de pai, de mãe, esqueceu-se do lugar, da casa, a residência dele, e seguiu o rumo que eles querem (...). Não acontece então nada, num vai morrê, não, passe o tempo que passá, se estivé de vi pra depois visitá a família, ele ou ela vem, vem. Se não, fica lá mesmo." (Pescador de Itapuá).

Os encantados que vivem no fundo dos rios e igarapés (bichos do fundo, oiaras e caruanas) são os mais freqüentemente referidos pelas pessoas. Mas há uma outra categoria de encantados, que vive nas matas, a curupira e a anhanga:

"O senhor já ouviu falar na curupira? (...). Então o senhor vai num caminho bonito, acostumado a ir. Quando vê, chega naquele meio ali, a curupira aparece, você não vê. E ela começa a judiá de você; começa a judiá de você; você se perde. A curupira mundia e põe o mau-olhado." (Agricultor de Anauerá).

"A anhanga transforma-se em vários tipos de bicho, faz movimento pros caçador, mete medo pros caçador, e a curupira transforma-se num garoto, que chamam de pretinho". (Pescador de Itapuá).

Assim, os encantados, segundo suas formas e locais de manifestação, agrupam-se da seguinte forma:

QUADRO 3
DUAS CATEGORIAS DE ENCANTADOS

ENCANTADOS	
DO FUNDO	DA MATA
Bichos do fundo, oiaras e caruanas (guias ou cavalheiros)	Anhanga e curupira

Segundo os depoimentos das pessoas que entrevistei, os encantados do fundo podem provocar doenças como o mau-olhado, a flechada de bicho, a corrente do fundo e, ainda, manifestando-se na forma de um boto, são capazes de seduzir as mulheres. Além disso, são também perigosos por costumar atrair as pessoas para suas moradas do fundo. Os encantados da mata também provocam o mau-olhado e têm o poder de mundiar as pessoas, isto é, fazê-las perder-se na floresta. Distinguem-se entre si pelo modo como se manifestam, pois a anhanga aparece aos caçadores sob a forma de vários animais, pássaros, veados, pacas etc., enquanto a curupira, embora se manifestando também sob a forma de animais diversos, surge na figura de um pretinho que emite um assovio estridente (o que não acontece com a anhanga).

A ação maléfica dos encantados sobre as pessoas pode ser sintetizada no seguinte quadro:

QUADRO 4
AÇÃO MALÉFICA DOS ENCANTADOS

PROVOCAÇÃO DE DOENÇAS		OUTRAS AÇÕES	
DOENÇAS	SINTOMAS	AÇÃO	EFEITO
Mau-olhado de bicho	Fortes dores de cabeça (constantes), enjôos e vômitos		
Flechada de bicho	Dor localizada em alguma parte do corpo (exceto a cabeça e as cruzes)*	O encantado mundia	A pessoa se perde na mata
Corrente do fundo	Possessões descontroladas de caruanas (além de outros sintomas, físicos e emocionais)		
Ataque de boto[24]	A mulher fica amarela (anêmica) e não menstrua	O encantado leva a pessoa para o fundo	A pessoa se transforma em encantado do fundo
Outras doenças a mando do pajé	Sintomas variados		

* Parte do corpo humano entre as omoplatas

O mau-olhado de bicho provoca fortes dores de cabeça, constantes, além de outros sintomas e, para tratar-se, a vítima deve procurar um benzedor ou pajé que lhe aplique uma benzeção. Já a flechada é uma doença mais grave, podendo atingir qualquer parte do corpo, exceto a cabeça e as cruzes, provocando também fortes dores e, mesmo eventualmente, a morte. Enquanto, no caso do mau-olhado, considerado menos grave, qualquer benzedor pode aplicar o tratamento, no caso da flechada de bicho, só um pajé habilidoso é capaz de curá-la. A corrente do fundo é uma doença que se manifesta nas pessoas que têm dom para pajé e seus sintomas surgem através de possessões descontroladas por caruanas, além de sintomas físicos variados, como dores em diversas partes do corpo e outras manifestações, de ordem emocional. Esses sintomas são semelhantes aos de uma pessoa atacada por espírito e só o tratamento com um pajé competente é capaz de determinar qual a verdadeira origem do mal, mesmo porque, alguém que tenha dom para pajé pode também receber um espírito, surgindo seus caruanas, simultânea ou posteriormente, para defendê-la do ataque do mesmo. Quem sofre de corrente do fundo deve tratar-se com um curador, ou para afastar os caruanas, ficando livre dos sintomas incômodos que a provocam, ou para discipliná-los, até ser capaz de controlar as possessões, tornando-se também um pajé.

Os encantados são mais temidos, porém, quando, surgindo na forma de boto, procuram seduzir as mulheres, ou quando, agradando-se de alguém, desejam levar a pessoa para suas moradas. O boto encantado apresenta-se diante de suas vítimas sob forma humana, seduzindo-as e mantendo relações sexuais com elas. Em seguida, dirige-se ao rio, nele mergulhando e desaparecendo, já sob a forma de boto. Durante o ato sexual, age como uma espécie de vampiro, sugando o sangue da mulher:

> "Quando ele pega a mulher pra fazer o serviço é naquele grau que vai passando o sangue dela pra ele. Nela não fica nada dele, porque, se ficasse o sangue dele nela, ela não ia ficando amarela. De cada vez que ele se une com ela, ele vai tirando..." (Pajé cego de Itapuá).

Em conseqüência, a mulher fica cada vez mais anêmica e pode vir a morrer, caso seus parentes não tomem uma providência drástica, que é esperar o boto à noite, de tocaia, para matá-lo, no momento em que ele tentar fugir pelo rio; mesmo assim, a mulher deverá ser conduzida ao pajé que, através de várias sessões de cura, irá tratá-la para afastar o encantado e propiciar o restabelecimento de sua saúde[25].

Entretanto, se os encantados são temidos pelos males que podem provocar, ao se manifestarem como bichos, oiaras, anhangas e curupiras, de outro lado eles também são benéficos, quando surgem como caruanas nos trabalhos dos pajés, pelos poderes que possuem para curar os doentes. Por outro lado, mesmo as ações maléficas dos encantados podem ser vistas, em certos casos, como formas de defesa do meio ambiente e preservação da natureza, manifestando-se como uma forma de castigo contra possíveis abusos cometidos pelos seres humanos comuns.

Os encantados, portanto, são seres que normalmente permanecem invisíveis a nossos olhos, mas não se confundem com os espíritos, manifestando-se de modo visível sob forma humana ou de animais e fazendo sentir sua presença através de vozes e outros sinais (como o apito da curupira, por exemplo). Além disso, incorporam-se nos pajés e nas pessoas que têm o dom para a pajelança. Entre os encantados, os do fundo são muito mais significativos para os habitantes da região. Habitam nos rios e igarapés, nos lugares encantados onde existem pedras, águas profundas (fundões) e praias de areia, em cidades subterrâneas e subaquáticas, sendo chamado de encante o seu lugar de morada.

"Então aquilo é uma cidade encantada e aí tem diversas ilha que são cidade, que se tornaro (transformaram) em ilhas encantada. Onde tem um rochedo de pedra aquilo se tornô-se, tudo aquilo ali é uma cidade, antão encantô-se e aquilo, vamo dizer que vai seguindo o mundo inteiro, conforme Deus determinô, né? E que da parte do povo antigo, uns morrero e outros encantaro-se, e tornô-se uma cidade encantada." (Pajé de Itapuá, pescador aposentado).

Não sendo espíritos, são pensados como pessoas de carne e osso, compostas de espírito e matéria, que não desencarnaram (morreram) como o comum das pessoas, mas se encantaram, tendo sido levadas para o fundo por outros encantados. Há muitas histórias que se contam a esse respeito e, mesmo nos trabalhos dos pajés, certos guias que baixam contam suas próprias histórias, cantando:

"Eu sô o Menino Encantado,
Moro no fundo do mar.
Com três dias de nascido,
Mamãe me botô nas águas.
Moro no fundo do mar.
As mães d'água me criaram
Pra eu não sê descoberto,
Moro no fundo do mar."

(Cântico de um pajé de Santa Maria do Guarimã).

Casos de pessoas, especialmente crianças, que se perderam nos rios e cujos corpos nunca foram encontrados, são narrados como histórias de encantamentos. Uma das histórias mais conhecidas é a de um encantado conhecido como Norato Antônio, que ouvi em várias versões[26]. Trata-se de uma versão da história de Cobra-Norato, lenda tão conhecida na Amazônia que, às vezes, é ampliada por alguns informantes, com a narrativa da desavença entre Norato Antônio e o rei dom Sebastião. Este encantado, reinando sobre a cidade de Maiandeua, o mais importante de todos os encantes para os moradores da região, teria destruído Norato Antônio, mantendo com isso a sua primazia entre os encantados[27]. A idéia de que os encantados desejam desencantar-se está sempre presente entre os informantes. Existe a crença de que algumas pessoas que foram levadas pelos encantados conseguiram, mais tarde, retornar definitivamente para a superfície, voltando a conviver com seus parentes e amigos, tendo se tornado grandes curadores, pois aprenderam sua arte no fundo. Um pajé que narrou a história de Norato Antônio procura explicar por que os encantados tentam desencantar-se:

"É, eles querem, porque, o senhor sabe, sem dúvida já estão canso de estar naquilo, né?, e quere procurá otros que se alembre, que se alembre do tempo que ele num era encantado, que ero pessoalmente como nós, e quere voltá pra esses lugares, vê suas casas, conhecê sua família, se lembro de seus pais, eu acho que seja isso, né? Eles quere se desencantá (...). Maiandeua, o senhor sabe, né? O rei de lá é dom Sebastião. Um tempo a filha dele queria desencantá."

Essa história a que o informante alude, recolhida também em várias versões, fala a respeito de três pescadores que foram até a praia de Maiandeua, à procura de água potável. Enquanto dois deles se dirigiam à terra firme, em busca do líquido, o terceiro se deixou ficar junto à embarcação. De repente, surpreendeu-se com a aproximação de uma linda mulher loura, que começou a falar-lhe, dizendo ser uma princesa encantada, filha de dom Sebastião. A mulher perguntou ao pescador se tinha coragem de desencantá-la; caso o fizesse, ganharia como prêmio casar com ela e, além disso, todas as cidades conhecidas, Vigia, Belém, Castanhal etc., iriam para o fundo, enquanto as cidades dos encantados aflorariam à superfície, instaurando-se, a partir daí, o governo de dom Sebastião sobre o mundo. O pescador deveria voltar à mesma praia sozinho, em outra ocasião, sem dizer nada a ninguém, e esperar pela meia-noite. Veria nessa hora surgirem duas grandes ondas, mas não deveria fazer nada, esperando por uma terceira: esta seria a filha do rei, que lhe apareceria na forma de uma cobra-grande. Para desencantá-la, teria de cortar o couro da cobra com uma faca bem afiada, sem medo. O rapaz concordou e, dias depois, fez como tinha sido combinado. Esperou à meia-noite, sozinho, na praia, mas, quando chegou a terceira onda e viu em sua frente aquela enorme cobra, ficou apavorado e fugiu, ouvindo ainda uma voz que dizia: "Ah, ingrato, redobraste meus encantes!". Voltou para casa e já chegou com febre alta. Nenhum tratamento foi capaz de curá-lo: morreu dentro de poucos dias. Numa das versões da história, o narrador termina dizendo:

"Foram chamá o curador pra tratá dele: 'Não tem jeito. Pra ele nunca enganá; mas antes ele dissesse que num tinha corage. Foi a princesa que agradô-se dele, que queria sê desencantada, desencantá a cidade. Ele enganô; disse que tinha corage, quando acaba ele num tinha. Pronto, redobrô os encantes da princesa. Agora, minha gente, será pra nós ou não. Pra ele não, que ele é só Deus." (Pajé cego de Itapuá).

A idéia messiânica de uma possível inversão da ordem do mundo é claramente relacionada ao velho sebastianismo português, sendo às vezes mesclada, em certas versões, com lendas de origem local (amazônica), onde o rei dom Sebastião se confunde com Cobra-Norato[28].

Quanto aos encantados da mata, as informações são menos precisas, em razão mesmo da pouca importância com que são considerados. Para a maioria dos informantes, só os encantados do fundo, ao se manifestarem como caruanas, são capazes de baixar nas sessões dos pajés. Não obstante, durante um trabalho que assisti em Itapuá, para o qual tinha sido convidado um curador da localidade de Juçarateua do Pereira, presenciei a um fato inusitado. Juntamente com esse pajé viera um filho de santo de um terreiro daquela povoação que, no decorrer do trabalho, também recebeu vários guias, entre eles o rei dos curupiras. Perguntando, mais tarde, ao pajé cego de Itapuá, se a curupira podia baixar no trabalho de um pajé, ele respondeu, sem hesitação:

"Baixa. Aqui, aqui dentrão, tinha um pajé que, quando ele trabalhava, baixava; baixava a curupira".

Perguntando, em seguida, se a curupira é um encantado do fundo, respondeu-me:

"Não. Isso é em cima; é no mato. Ela só contém nas matas, nas grandes florestas. E em válgea (várzea), quando a válgea é grande ainda, que tem muitos paus grandes, que tem aquela samumeira grande, ela gosta de se agasalhá ali."

Desejei saber então se a curupira é um caruana:

"A curupira eu quero dizer que ela não é um caruana. E no mesmo ela pode até se transformá pra se encostá num pajé e sendo um caruana. Mas não tenho que seja caruana."

Raramente surgindo nos trabalhos dos pajés, a relevância dos encantados da mata é mesmo desprezível, no tocante ao tratamento dos doentes. Mesmo assim, são considerados também como seres humanos encantados, embora, ainda em relação à curupira, o único sobre o qual as informações são mais explícitas, sua humanidade seja precária:

"Agora ela (a curupira), o ritmo dela viver não sei, porque diz que ela não é preparada como a humanidade; que ela não tem a parte atrás; ela é... Como é que se diz? É maciça. Não tem o cu." (Pajé cego de Itapuá).

Se os encantados são seres perigosos, por sua humanidade imperfeita e pelas ações maléficas que podem exercer sobre as pessoas, especialmente nos encontros fortuitos junto a seus locais de moradia (e nos casos de abuso ou "falta de respeito"), vimos, no entanto, que sua ação também pode ser benéfica, num certo contexto, quando surgem como que domesticados, na condição de caruanas, guias ou cavalheiros do pajé. Com relação aos curadores, os encantados são considerados a sua gente e o conjunto daqueles que costumam baixar nas sessões de um dado pajé constitui a corrente do mesmo. A relação dos caruanas com o pajé é de um tipo todo especial, desde que eles o possuem, no sentido de que se apoderam de seu corpo, que funciona como "aparelho" para suas manifestações, mas são ao mesmo tempo possuídos pelo curador. Nesta relação visceral que se estabelece entre o médium e seu guia, o pajé é forçado a manter a relação, não podendo deixar de, periodicamente, chamar seus cavalheiros para que venham incorporar-se nele, servindo-se de seu corpo como instrumento privilegiado de comunicação com os seres humanos que habitam a superfície terrestre. Todavia, no processo de iniciação do novo pajé, desde quando sente as primeiras manifestações da doença que o leva a sofrer incorporações descontroladas (a corrente do fundo que dele se apodera), até ser encruzado, isto é, formado como curador por um outro pajé que preside seu tratamento, ele aprende a exercer domínio sobre os caruanas, controlando suas possessões, para que elas só aconteçam em locais e ocasiões apropriados. Destarte, os encantados são como que domados, como acontece com certos animais, estando aptos, a partir daí, ao convívio civilizado com as pessoas que habitam as cidades e povoações da superfície terrestre, que irão se beneficiar desse convívio, em razão do poder curativo dos caruanas.

No momento em que surgem nos trabalhos dos pajés, os encantados não são mais bichos, oiaras, nem mesmo simples caruanas, guias ou cavalheiros. Agora eles têm nomes próprios, declaram seus nomes de cristãos, embora muitos desses nomes ainda traduzam uma origem selvagem. Nos trabalhos de seis curadores de que participei, pude relacionar um total de 96 cavalheiros. Ao declararem seus nomes e títulos, era possível perceber que expressavam a ocorrência de categorias sociais, raciais e da natureza (animais).

A - CATEGORIAS SOCIAIS

a) **Reis:** Dom João, dom Sebastião, Salomão, Tauari, Tupinaré, Tentém, Tucuxi etc.;
b) **Príncipes:** Peixinho Puraquê;
c) **Princesas:** Dona Generosa, Dona Algiza, Floricena, Lúcia, Dalva etc.;
d) **Mestres:** Domingos Ramos de Azevedo, José Antônio de Andrade, Antônio Bentes de Oliveira, Rumerão, Cauauá etc.;
e) **Vaqueiros:** João da Luz, Vaqueiro do Cuiabá, Vaqueirinho do Cuiabá;

B - CATEGORIAS RACIAIS

a) **Brancos:** Dom João, dom Sebastião, Salomão, Dona Algiza, Floricena, Domingos Ramos de Azevedo etc.;
b) **Pretos:** Pretinho D'Angolinha, José Pretinho, Preto Bom, Preto Velho, Preta Velha;
c) **Mulatos:** Mulato Mulatinho;
d) **Índios (caboclos):** Caiaiá, Iracema, Tupinaré, Tupiaçu, Caboclo Flechador, Pena Verde etc.

C - CATEGORIAS DA NATUREZA

a) **Peixes:** Peixinho Puraquê, Tucunaré;
b) **Pássaros:** Tangurupará, Tentém, Maçarico, Arapapá, Pipirão-Açu etc.;
c) **Cetáceos:** Tucuxi (boto), Mamãe Baleia;
d) **Répteis:** Jacarezinho[29];
e) **Touros:** Touro Vermelho.

Algumas dessas categorias se interpenetram, pois há reis que são índios (Tupinaré), pássaros (Tentém) e cetáceos (Tucuxi); o único príncipe cujo nome registrei é um peixe (Tucunaré); alguns reis e mestres são brancos e todas as princesas também são brancas. Mas há casos de categorias discretas, não admitindo interpenetração, como as dos pretos, dos mulatos, dos répteis e dos touros. A distribuição dos caruanas dos pajés por categorias sociais, raciais e da natureza, se, de um lado, demonstra o grau de domesticação que atingiram, demonstra, por outro, a continuidade de sua estreita ligação com a natureza.

CAPÍTULO 5
A HOMOLOGIA ENTRE SANTOS E ENCANTADOS

A análise da relação entre os santos e encantados pode ser feita a partir da comparação entre os rituais que a eles são dirigidos. Os rituais dos santos são bem mais ricos e variados do que aqueles em que os encantados são invocados. No caso dos santos, fazem-se ladainhas, novenas, procissões, festas de arraial etc., enquanto no dos encantados o ritual se resume ao trabalho do pajé, em sessões xamanísticas que podem ser explicitamente destinadas ao tratamento de doentes (sessões de cura) ou simplesmente uma chamada dos guias ou cavalheiros para cumprir uma obrigação que tem de ser exercida periodicamente. Nos rituais de pajelança, Deus e os santos são constantemente invocados, mas nenhum santo se incorpora nos pajés; por outro lado, porém, os encantados estão inteiramente ausentes dos rituais dirigidos aos santos. Para efeito de comparação entre os rituais dirigidos aos santos e aos encantados, tomo quatro elementos, que estão sintetizados no quadro da página seguinte: natureza do ritual, lugar de realização, finalidade do ritual e atitudes dos participantes.

No que diz respeito à sua natureza, esses rituais se assemelham por serem invocativos, já que tanto os santos como os encantados são chamados pelos participantes do ritual a interferir nos assuntos terrenos, embora de maneira diversa, pois, se a invocação aos santos é no sentido de súplica, pedido de auxílio e proteção, aos encantados apenas se invoca para pedir auxílio (sobretudo na doença), mas não se suplica e nem se pede proteção. Assim, se o ritual dirigido aos santos é invocativo, ele é também propiciatório, pois tem como fim transformar a entidade num ente protetor, inclinado a favorecer os propósitos de quem o invoca, o que não acontece no

RITUAIS DIRIGIDOS AOS SANTOS E AOS ENCANTADOS

	SANTOS	ENCANTADOS
NATUREZA DO RITUAL	Invocativo, propiciatório, laudatório e de agradecimento	Invocativo e xamanístico
LUGAR DE REALIZAÇÃO	Casa, rua, praça e igreja	Casa
FINALIDADE DO RITUAL	Benefício individual e coletivo	Benefício individual
ATITUDES DOS PARTICIPANTES	Respeito, descontração, alegria, diversão, contrição e devoção. Desrespeito	Respeito, descontração, alegria e diversão. "Anarquia"

ritual da pajelança, já que o caruana, ao baixar no trabalho do pajé, vem com a missão de curar os doentes, o que fará sem necessidade de ser propiciado[30]. Ademais, outra diferença aparece quando se constata que o ritual dirigido aos santos é, muitas vezes, laudatório, destinado a enaltecê-los ou glorificá-los, visando também fazer com que se tornem predispostos a proporcionar suas graças. Tome-se como exemplo o levantamento do mastro de Santo Antônio, anteriormente descrito, em que os participantes declaravam esperar, com a festa, sustar a decadência de sua povoação. O louvor aos santos se faz, porém, tanto no sentido de propiciá-los, como no de agradecer as graças alcançadas; e, por outro lado, há rituais a eles dirigidos, como o pagamento de promessas, que se destinam, especificamente, a demonstrar gratidão. No caso dos encantados os rituais não têm esses propósitos (propiciatório, laudatório e de agradecimento)[31]. Todavia, os santos, ao serem invocados, não mantêm com o suplicante ou oficiante do ritual aquela relação de identificação mística que caracteriza o fenômeno da possessão, em que a entidade (no caso, o encantado) se apodera inteiramente do xamã (pajé), de forma que este passa a ser aquela, que fala, canta e age tendo o corpo do curador como instrumento. O ritual da pajelança é, assim, invocativo no sentido de que os encantados são chamados a participar dele como presença objetiva, através da possessão, sendo, pois, um ritual xamanístico e devendo o pajé ou curador ser encarado como um xamã[32].

Também se assemelham e diferem esses rituais quanto ao lugar em que são realizados. Os rituais mais simples, destinados aos santos, são realizados nas próprias casas dos participantes; trata-se, no caso, de orações, freqüentemente diante de seus santuários, durante as quais se pode fazer promessas, agradecer graças alcançadas, fazer-lhes louvores etc., como uma prática individual, ou, com a participação de um certo número de pessoas, de ladainhas a eles dirigidas, para as quais se convidam vizinhos e amigos. Num aspecto, o ritual não difere da sessão de pajelança, que também se realiza no ambiente doméstico, a casa do pajé. Mas os rituais mais importantes, dirigidos aos santos, têm lugar num ambiente público, com a participação de um número maior de pessoas: a procissão, na rua; o levantamento do mastro e o arraial, na praça; a ladainha e a novena, na igreja. Assim, as dimensões do público e do privado mostram-se relevantes na distinção entre eles. O ritual do santo abrange ambas as dimensões, não se restringindo, como na pajelança, ao recinto do lar. Isto está em relação com o terceiro elemento que tomo em consideração nesta análise, a finalidade do ritual.

Tanto os dirigidos aos santos como aos encantados têm como finalidade obter o favor ou benefício pessoal, seja a cura de doenças, como a resolução de dificuldades financeiras e amorosas, encontrar objetos perdidos ou roubados etc. Daí o seu caráter privado e o seu confinamento ao ambiente doméstico. Mas, no caso dos santos, a dimensão pública do ritual, que extravasa a casa e se dirige à rua, à praça e à igreja, embora não elimine os seus objetivos privados, individuais, acentua também o seu caráter coletivo, o benefício que se pretende obter para a comunidade inteira. Não obstante, como será visto a seguir, não se pode absolutizar esse caráter individual dos rituais de pajelança.

Quanto às atitudes dos participantes, as semelhanças se apresentam no respeito e na descontração. O respeito que se exige dos participantes não elimina uma informalidade descontraída, que se manifesta em brincadeiras, ditos chistosos, risos, que estão presentes tanto nos rituais dos santos como nos dos encantados, proporcionando alegria e diversão. Entretanto, o ritual dos santos apresenta dois elementos que estão ausentes no dos encantados: a contrição e a devoção. E, por outro lado, nas festas de santo, a alegria e a diversão inclui a ingestão de bebidas alcoólicas, que pode levar ao desrespeito, o que não acontece nas sessões de pajelança. Nestas, teme-se a "anarquia", uma forma de desrespeito que às vezes surge, especialmente quando o pajé não é bem conceituado: grupos de rapazes, que geralmente ficam do lado de fora da casa, fazendo barulho e perturbando a sessão, ou mesmo que se apresentam para assisti-la e, durante a mesma, fingem que estão recebendo espíritos ou caruanas, para testar o conhecimento e os poderes do pajé[33].

Assim como os rituais dos santos e dos encantados são distintos e separados, essas entidades também não se confundem. Não existe, como no candomblé ou na umbanda, uma identificação, nem mesmo uma justaposição, entre santos e encantados[34]. Trata-se de entidades perfeitamente distintas, mas, como procurarei mostrar depois, complementares entre si.

Tomo, a seguir, três dimensões que permitem a comparação entre essas entidades: hierarquia, origem e poder. Na realidade, todas elas podem ser reduzidas ao poder, pois, na concepção dos pajés e dos freqüentadores da pajelança, é do poder divino que emanam os poderes de santos e encantados. No tocante à hierarquia, as relações dessas entidades com Deus e os homens podem ser representadas, esquematicamente:

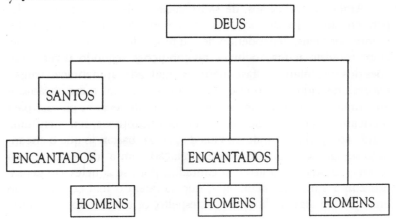

Deus ocupa a posição hierarquicamente superior, estando-lhe subordinados os santos, os encantados e os homens, assim como todos os outros seres do universo. Os poderes dos santos, pois, estão subordinados ao poder divino, assim como encantados e homens subordinam-se aos poderes dos santos e os homens aos dos encantados. Dessa forma, os milagres dos santos são feitos pelo poder que Deus lhes concede (e às suas imagens), ocorrendo o mesmo em relação às curas feitas pelos encantados. Quanto aos encantados, a subordinação aos santos não significa, porém, que seu poder de curar provenha dos santos, mas sim que também apelam a estes na prática de suas ações curativas.

Todavia, santos e encantados, na origem, foram seres humanos e, passando a um outro estado ou condição, de fato não deixaram de ser homens e mulheres.

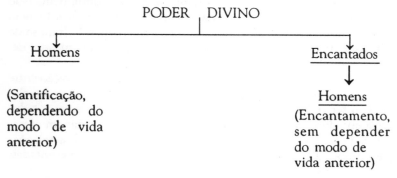

PODER DIVINO

Homens

(Santificação, dependendo do modo de vida anterior)

Encantados

Homens
(Encantamento, sem depender do modo de vida anterior)

Ambos os processos, de santificação e de encantamento, dependem do poder divino. Mas os homens são santificados diretamente por Deus, dependendo de seu modo de vida na terra, o que, como foi visto acima, inclui certas condições, segundo as verbalizações dos informantes: afastamento da maldade, alimentação frugal, reforma de vida[35]. Já o encantamento se dá com a mediação dos encantados, que recebem de Deus o poder de levar as pessoas para o encante, transformando-as em novos encantados, sem nenhuma condição ligada ao modo de vida da pessoa, bastando que o encantado se agrade dela. Isto está em relação com a idéia que se tem sobre o caráter de santos e encantados, pois, se aqueles são pensados como entidades benfazejas, que só fazem o mal como castigo em razão de algum abuso ou desrespeito, os encantados são ambíguos, ao mesmo tempo bons e maus, praticando ações benéficas e maléficas, muitas vezes sem nenhum propósito.

Posso, agora, passar à análise dos poderes de santos e encantados, considerando os seguintes aspectos: manifestação, comunicação, representação, milagre, cura, castigo, ação benéfica e ação maléfica (ver quadro da pág. 208).

No tocante à forma de manifestação, santos e encantados se assemelham, por poderem, ambos, manifestar-se em forma humana. Mas divergem pelo fato de que só os encantados se manifestam sob forma de animais, além de que os santos, quando se manifestam, é sempre de modo visível, enquanto os encantados podem manifestar-se através de vozes e outros sinais, ou incorporando-se nos pajés.

Disso decorre que sua forma de comunicação com os seres humanos apresenta semelhanças e diferenças de acordo com a forma de manifestação, pois, se santos e encantados podem comunicar-se diretamente com as pessoas, quando se manifestam, de modo visível, na forma humana, os santos, ao contrário dos encantados, não têm nenhuma forma de mediação nas suas relações com os seres humanos. Os santos se comunicam e recebem a comunicação dos homens sempre diretamente, sem intermediários. Já os encantados, se podem comunicar-se e receber a comunicação dos homens de modo direto, também podem fazê-lo de modo indireto, com a mediação do pajé.

Provavelmente, por esta mesma razão, os encantados não precisam ser representados através de imagens e estampas, como acontece com os santos[38]. Se alguém precisa comunicar-se com eles, recorre ao pajé em suas sessões xamanísticas. Já a comunicação com os santos, embora possa ser feita sem as imagens, necessita, porém, para ser mais eficaz, da presença de uma representação material. Esta representação, além de facilitar a comunicação das pessoas com os santos, não é uma simples lembrança física, mas partilha de seus poderes, o que torna a comunicação ainda mais efetiva[39].

Assim como apenas os santos possuem representação material, também só eles fazem milagres (além de Deus). Os encantados não são pensados como capazes de fazer milagre; suas ações são designadas como cura, castigo, malineza e outras expressões. Por outro lado, se os santos, atendendo às preces dos doentes, são capazes de proporcionar a cura, eles não agem como os encantados que, tendo o corpo do pajé como instrumento, vêm eles mesmos curar os doentes[40].

QUADRO 6
COMPARAÇÃO ENTRE SANTOS E ENCANTADOS

	SANTOS	ENCANTADOS
MANIFES-TAÇÃO	Manifestam-se de modo visível sob forma humana a devotos privilegiados	Manifestam-se de modo visível sob forma humana e animal; e de modo invisível, através de vozes e outros sinais, ou incorporando-se nos pajés
COMUNI-CAÇÃO	Comunicam-se diretamente com os homens quando se manifestam de modo visível. Recebem diretamente a comunicação dos homens que oram para eles	Comunicam-se diretamente com os homens quando se manifestam em forma humana, ou através de vozes e sinais; e, indiretamente, com a mediação do pajé, durante as sessões de pajelança. Recebem a comunicação dos homens, direta e indiretamente
REPRE-SENTA-ÇÃO	São representados na terra, por suas semelhanças (imagens e estampas), que também possuem poder dado por Deus	Não são representados[36]
MILAGRE	Suas ações são concebidas como milagres	Não fazem milagres[37]
CURA	Atendem aos pedidos dos homens (orações e promessas), proporcionando a cura	Tratam dos doentes, incorporados nos pajés, através de vários procedimentos rituais e da prescrição de remédios
CASTIGO	Castigam as ofensas pessoais dos homens e seus castigos se aplicam tanto ao indivíduo como à comunidade	Castigam as ofensas dos homens ao ambiente natural e aos animais da floresta e seus castigos se aplicam somente aos indivíduos
AÇÃO BE-NÉFICA	Exercida sobre o indivíduo e a comunidade	Exercida sobre o indivíduo
AÇÃO MALÉFICA	Não possuem ação maléfica	Malinam com as pessoas, sem motivo aparente

Com relação ao castigo tanto santos como encantados têm o poder de aplicá-lo às pessoas. Mas os relatos de castigos aplicados pelos santos incluem sempre uma ofensa pessoal que é praticada contra eles: a troca do padroeiro (como no caso da povoação da Barreta), a retirada de velas destinadas a São Benedito, a troca do mesmo por um saco de farinha, o abuso de querer examinar as partes íntimas de Nossa Senhora etc.

No caso dos castigos aplicados pelos encantados, os relatos se referem a ofensas aos ambientes naturais onde residem, ou a um abuso em relação aos animais da floresta: alguém que passa por um rio ou igarapé e não pede licença; que lava as mãos sujas de sangue, ou que urina no rio; um caçador que caça em demasia uma só espécie de animal etc. Outra diferença no tocante ao castigo é que o dos encantados dirige-se somente aos indivíduos, enquanto que os castigos dos santos também se aplicam às coletividades.

Da mesma forma como o castigo, as ações benéficas exercidas pelos santos se fazem sentir tanto sobre o indivíduo como sobre a comunidade, o que não acontece com os encantados, que agem sobre o indivíduo. Por outro lado, os santos não são concebidos como capazes de ação maléfica; o castigo que eventualmente aplicam, sendo pensado como algo que surgiu em decorrência de uma ofensa ou abuso, é, por isso, visto como merecido. Os encantados, ao contrário dos santos, além de aplicarem castigos (merecidos), também "malinam" com as pessoas, sem motivo aparente, sendo por isso pensados como possuidores de ação maléfica.

Em vários pontos desta análise foi acentuado o caráter coletivo de certos rituais dos santos e das ações que se atribui aos mesmos, o que não acontece com os encantados, cujos rituais e ações se dirigem, aparentemente, só ao indivíduo. Teríamos então aí uma diferença entre santos e encantados, se permanecêssemos apenas neste nível de análise:

209

QUADRO 7
RITUAIS E AÇÕES DE SANTOS E ENCANTADOS

	SANTOS	ENCANTADOS
RITUAIS	Dirigidos ao indivíduo e à coletividade	Somente dirigidos ao indivíduo
AÇÕES	Dirigidos ao indivíduo e à coletividade	Somente dirigidos ao indivíduo

Este caráter coletivo dos santos sugere a sua maior relevância, o que é também indicado pela área de abrangência de seu poder. No município de Vigia, por exemplo, a pesca é a atividade econômica mais importante e grande parte de sua população economicamente ativa é constituída por pescadores[41]. Para os pescadores, entre os quais se encontram muitos freqüentadores das sessões da pajelança, o espaço geográfico é concebido, numa primeira oposição, como terra e mar. A terra é tanto o lugar da moradia como o lugar de trabalho (na roça e em atividades ligadas à pesca, assim como outras de menor importância) e, sob certos aspectos, o lugar da segurança, em oposição aos perigos do mar, que, no entanto, é também o lugar do trabalho por excelência. Mas nem a terra, nem o mar, são indivisos.

A terra é pensada como terra firme, lugar da moradia, da criação de animais domésticos, da roça, do cultivo da laranja e outras frutas ou plantas úteis; é pensada também como várzea, zona intermediária e de pouca importância para a vida do pescador; é pensada como praia e mangal, áreas que ficam à margem dos rios e do mar, onde se pode obter alimento, pois ali existe o caranguejo e o turu (teredo), além de outros mariscos; e também como mata, onde se encontra a caça e certas plantas da natureza (que podem ser aproveitadas pelo homem, ao contrário do mato, sem serventia). O mar, por sua vez, num sentido amplo, compõe-se dos rios, da baía do Marajó (locais privilegiados para as pescarias) e do oceano Atlântico (onde poucos pescadores se aventuram).

Se a essas dimensões de moradia e trabalho se acrescentam os aspectos religiosos, veremos que a oposição entre perigo/segurança se mostra mais complexa. Agora, não se pode pensar no pescador desvinculado de seu contexto familiar, nèm desligado da oposição entre os sexos. Os membros do grupo doméstico, ou muito jovens, ou muito velhos, não participam das pescarias; por outro lado, elas estão vedadas às mulheres. Estas representam perigo para a atividade da pesca, pois, se menstruadas ou grávidas, podem transmitir panema ao pescador e a seus instrumentos de trabalho. Além disso, tanto o mangal como os rios são potencialmente perigosos para as mulheres, sobretudo se menstruadas, pela atração que podem exercer sobre os encantados, especialmente o boto. Mas a superfície terrestre é fonte de perigos tanto para o homem como para a mulher, em razão da presença de espíritos e encantados que, embora vivendo habitualmente no espaço e no fundo, podem manifestar-se quase em toda parte. Lugares especialmente perigosos, desse ponto de vista, são as proximidades de cemitérios, o mangal, os rios e a mata. Todavia, há um lugar em que os homens parecem isentos de perigos de ordem sobrenatural: é o seu lugar privilegiado de trabalho, vale dizer, os pontos do mar onde preferencialmente o pescador desenvolve a sua atividade de pesca, na baía do Marajó[42].

Enquanto está pescando, longe da terra e das praias, os únicos perigos que enfrenta são os próprios perigos do mar: as tempestades, os naufrágios, os peixes que podem atacar o homem. Diante desses perigos, é como se os encantados ou caruanas se mostrassem impotentes. Numa situação de dificuldade ou perigo no mar, o pescador se "esquece" dos encantados, mas não dos santos. Então, ele apela para os santos de sua devoção e surge a promessa que, mais tarde, irá se materializar na colocação de fitas e velas diante de suas imagens, na oferenda de alimentos e dinheiro, e na participação, sob as formas mais diversas, nas festas em honra dos santos. As promessas também surgem em outras situações (doenças, objetos perdidos, casos amorosos, crises financeiras etc.), mas, nesses casos, há sempre a possibilidade de recurso a especialistas da medicina e do xamanismo; há também o recurso a parentes, amigos, políticos influentes e autoridades. Mas, diante dos perigos do mar — que nada têm de sobrenaturais, na visão do pescador — ele conta não apenas com sua força física, habilidade técnica, ajuda de outros pescadores que possam socorrê-lo, como também com a ajuda dos santos, uma categoria de entidades do sagrado cuja área de abrangência de poder é superior à dos encantados:

(Poder dos santos)

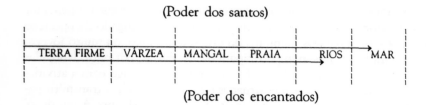

(Poder dos encantados)

Todavia, para tornar-se inteligível, a relação entre santos encantados dever ser pensada tendo sempre como ponto de referência os seres humanos. Nesta relação, pode-se conceber o universo como composto de três planos ou domínios diversos, entre os quais se distribuem santos, homens e encantados:

UNIVERSO

Plano divino:	Plano humano:	Plano do encante e da mata:
Deus, santos	Homens, santos, encantados	Encantados (do fundo e da mata)
(SOBRENATUREZA)	(CULTURA/NATUREZA)	(NATUREZA)

A conhecida oposição natureza *versus* cultura permite compreender melhor as relações mantidas entre seres humanos, santos e encantados e, em conseqüência, completar a análise a respeito deste par de entidades do sagrado popular. Não obstante, surge a necessidade da introdução de um terceiro elemento, que não se encontra presente nas análises estruturalistas mais comuns, capaz de dar conta de Deus e dos santos que, a rigor, não pertencem nem ao domínio da cultura, nem ao da natureza, situando-se num plano superior, a que chamo de sobrenatureza. Teríamos, pois, três pares de oposições:

    natureza x cultura
    natureza x sobrenatureza
    cultura x sobrenatureza

Homens e encantados são seres ambíguos, sempre em contato com a natureza e, mesmo, identificando-se quase inteiramente com ela, como acontece com os encantados de modo geral, ao se manifestarem na forma de animais, ou com a curupira em particular, cuja humanidade é precária. Os santos, pelo contrário, participando da morada divina, no plano da sobrenatureza, não apresentam ambigüidades, manifestando-se sempre sob forma humana e sendo seres benévolos que, como Deus, só castigam os homens em razão de uma falta, enquanto os encantados são, ao mesmo tempo, benévolos e malévolos, capazes de atingir caprichosamente as pessoas com doenças e outros males. O próprio processo de santificação, que exige como condição prévia uma vida reta, é a garantia, neste nível, da univocidade dos santos, enquanto, no que se refere aos encantados, seu encantamento não exige nenhuma condição anterior, o que se reflete também no seu modo de vida atual, pleno de ambigüidade.

Mas os santos não habitam somente a morada celeste, pois, como imagens ou semelhanças, encontram-se também presentes no plano humano. Participam, pois, da cultura e, em certo sentido, também são capazes de transitar entre a cultura e a natureza. Haveria aí uma forma de ambigüidade? Certamente que sim. A sua condição humana precedente, mantida na terra pelas suas representações materiais que — como foi visto antes — não são uma simples representação, mas uma parte do próprio santo, "deixada por Deus na terra", permite que eles convivam com homens e encantados no plano humano. Ora, se se pode distinguir entre os diferentes poderes e atributos dos santos, também se estabelece a diferenciação do seu caráter: santo de respeito e santo farrista. Nesse aspecto, o próprio culto que se lhes presta, com todas as ambigüidades a ele inerentes — devoção, respeito, diversão, bebedeira, desrespeito — surge como uma espécie de elemento contaminador que, embora não comprometa a pureza do santo do céu, certamente estabelece uma aproximação entre os santos e os devotos, conferindo àqueles certos atributos muito humanos, que não se encontram inteiramente de acordo com sua santidade. Por outro lado, se é assim, no momento em que ocorre, também, o processo de santificação da divindade, o próprio Deus, na condição de padroeiro ou santo de devoção de certas localidades — Menino Deus, Espírito Santo ou Santíssima Trindade — acaba por participar da ambigüidade que se coloca para os santos, no plano humano[43].

Todavia, se no plano humano cultura e natureza tendem a manter relações de contigüidade e justaposição, a cultura sempre se sobrepõe à natureza, sendo esta domada ou domesticada por aquela. Já no plano do encante, dá-se o contrário: é o domínio do fundo dos rios e da mata virgem, morada dos encantados, mas também dos bichos ou animais sob cuja forma estas entidades muitas vezes se apresentam aos seres humanos e, portanto, o domínio por excelência da natureza.

Por outro lado, como foi dito anteriormente, santos e encantados não se identificam, não se confundem, nem se justapõem. Habitam em locais distintos, no alto (céu) e no fundo (encante) ou na mata, embora também possam estar presentes na superfície terrestre, em contato com os homens. Suas áreas de abrangência de poder são em parte coincidentes, mas o poder dos santos vai além do dos encantados: no contexto do trabalho do mar não há lugar para estes.

Não obstante, essa coincidência de áreas de abrangência de poder leva a uma outra questão, que é a da complementariedade entre santos e encantados: nas ocasiões de doenças, dificuldades financeiras, questões amorosas, crises de vida etc., há sempre lugar para o apelo, tanto aos santos, através de preces e promessas, como aos encantados, com a ajuda do pajé. Se existe essa complementariedade, é porque essas entidades estabelecem a mediação entre os homens e os planos divino e do encante. Os santos, pelas suas ações benéficas, permitem a ligação dos seres humanos com o divino, proporcionando a cura e trazendo graças. Os encantados, por sua vez, na condição de caruanas (guias ou cavalheiros), já domesticados pelos pajés em que se incorporam, também curando e solucionando dificuldades, reforçam a ligação do humano com a natureza e, embora seu poder, no limite, provenha de Deus, trazem dela (da natureza) a força com que praticam suas ações benéficas e maléficas. Santos e encantados são, portanto, entidades homólogas, pois, embora diferentes, possuem a mesma origem (não deixando nunca de serem também humanos) e, além disso, cumprem funções semelhantes.

Para terminar este capítulo, vale relembrar o que já foi visto sobre o caráter individual dos rituais e das ações dos encantados. Embora este assunto deva ser retomado na conclusão do capítulo 7, onde se fará a análise da ambigüidade inerente à figura do pajé, deve ser acentuado, desde logo, que a pajelança está inserida num meio social onde o todo é mais valorizado do que as partes, onde o indivíduo faz parte integrante desse todo num sentido diferente daquele que se desenvolveu na sociedade ocidental moderna, na qual a extrema valorização do individualismo fez com que se invertessem as relações sociais tal como são pensadas nas sociedades holísticas de tipo não ocidental. Nesse sentido, embora os rituais e ações dos encantados se voltem para o indivíduo, a pajelança não pode ser pensada como algo que remete apenas ao benefício individual das pessoas que procuram seus serviços ou bens simbólicos, já que o indivíduo (como pessoa) faz parte indissociável da totalidade. Daí que os encantados (a despeito de sua ambigüidade) e a pajelança (assim como os pajés que a praticam, juntamente com os clientes que os procuram) têm uma dimensão social de caráter mais abrangente do que se poderia pensar, se nos limitássemos a um tipo de análise onde fossem projetados os conceitos (ou preconceitos) resultantes dessa tradição da cultura ocidental que, de fato, se fortaleceu somente a partir do século XIX, com o liberalismo. Isso, entretanto, como foi visto antes, não é capaz de anular a maior relevância social dos santos no catolicismo popular da área investigada.

CAPÍTULO 6

O CONCEITO DE MALINEZA: HOMENS, ESPÍRITOS E ENCANTADOS

Um dos conceitos centrais na visão de mundo dos praticantes do catolicismo popular e da pajelança, especialmente no interior de Vigia e de outros municípios da microrregião do Salgado, é o de malineza. Trata-se, pois, da noção oposta ao princípio cristão da caridade, associando-se, no discurso dos informantes, à idéia de inveja:

"A inveja que é o maior florido amassacradô. É sim senhor. Por meio da inveja é que acontece tantas coisa. Muitas vezes, a criatura olha pro otro, vê o passar dele como é, e vira e mexe e tar, pronto, provoca já uma inveja em cima dele. Aquele camarada: 'Vô fazê isso assim'. Começa com aquela inveja, e dôs por três, pronto: lá se vai; aquilo vai aumentando, tá. Então, quando o meu amigo persente isso, é que corre, corre com uma pessoa que conheça e venha ensiná o remédio, pra, por causa disso. Olhe, da inveja que provém o mau-olhado. Da inveja que provém a malineza sobre o pescador e qualqué uma criatura que está em bom estar, viu? Da inveja que provém o quebranto. É, sim, senhor." (Pajé João de Itapuá, pescador aposentado)[44].

Para o informante, o ato de fazer o mal ao próximo (malineza) deriva da inveja. Se nos colocarmos, inicialmente, apenas no plano humano — sem considerar a ação dos encantados, dos espíritos e outras entidades que pertencem ao plano extra-humano — veremos que a malineza está associada a outros conceitos como os de

216

mau-olhado, quebranto, panemeira e feitiçaria. Uma das dificuldades que se colocam ao investigador dessas noções surge pelo fato de que — como é óbvio — as acusações se aplicam sempre aos outros (nenhum informante assume pessoalmente a culpa da malineza) e, mesmo assim, geralmente com cautelas muito grandes na individualização das mesmas. Não obstante, algumas acusações são precisas, especialmente quando partem das pessoas atingidas e, sobretudo, em momentos de cólera. Dessa forma, os depoimentos a respeito desses temas freqüentemente assumem o tom do "eu não sei, eu não faço; eu ouço dizer que é assim".

"Malineza? Isso são coisas assim, como se diz? Assim... Eu não faço mar, que Deus me livre. Eu quero prestá minhas conta limpinha para com Deus. Já teve quem me pedisse (para fazer), que me pagava muito bem! Mas não, muito obrigado! Nem que me desse um milhão de milhões, não! Porque eu pra comê e bebê muito bem, se eu quisesse perdê a minha arma, quisesse carcá minha arma no inferno, me chegava com Satanás, abandonava minha ação verdadeira para com Deus e me chegava com Satanás. Aqui eu ia comê, eu ia bebê; dinheiro era os maço pelo bolso, tinha muito dinheiro... Mas, pra quê? Num quero que minha arma fique ardendo no inferno e me virando no espaço, não! Antão eu fico muito satisfeito; quero andá com um tostão, como se diz, com um vintém no bolso, mas limpo tão bom como meu crédito com meus patrões." (Pajé Mundico, de Itapuá, lavrador aposentado).

A transcrição de trechos dos depoimentos desses pajés sobre a inveja e a malineza permite colocar melhor a questão das concepções presentes na visão de mundo dos praticantes do catolicismo popular e da pajelança. Não só as entidades pertencentes ao plano extra-humano possuem poderes maléficos (e benéficos). Os seres humanos — mesmo não sendo encantados — também os possuem, por uma espécie de virtude própria (poder intrínseco), ou em associação com entidades de um outro plano (encantados, espíritos, Satanás etc). Tratarei, inicialmente, das forças maléficas que podem ser desencadeadas pelos seres humanos, por seu próprio poder intrínseco. Essas forças são concebidas como podendo ser acionadas de modo inconsciente (sem que dependam da vontade expressa do agente) ou conscientemente. No primeiro caso estão o mau-olhado, o quebranto e a panemeira, todos eles vistos como doenças que podem ser provocadas nos seres humanos[45].

O mau-olhado, pensado como uma doença menos grave, é, no entanto, classificado em quatro categorias distintas, segundo a sua etiologia: mau-olhado de bicho (provocado por encantados, do fundo e da mata), de sol (pelo sol), de lua (pela lua) e de gente (por seres humanos). Os sintomas de mau-olhado de bicho e de gente são os mesmos: dor de cabeça constante, enjôo e vômito. Quanto à causa instrumental (modo pelo qual ele é provocado) os informantes concordam que, em ambos os casos, trata-se de "fincamento de olho", isto é, o agente causal (encantado ou pessoa comum), fixa o olho sobre a cabeça da vítima. No que se refere ao mau-olhado de gente, para que possa ser provocado, é necessário que o agente causal tenha um atributo que os informantes chamam de "olho doído" ou "mau olho". Quem tem olho doído, basta fixar o olhar numa pessoa, e causará o mau-olhado, mesmo que não seja má, não tenha raiva ou inveja da vítima, nem deseje fazê-lo.

O quebranto, às vezes confundido com o mau-olhado, apresenta sintomas que são os mesmos do mau-olhado de lua. Como no caso deste último, é concebido como capaz de atingir somente as crianças pequenas; provoca vômitos, diarréia, choro freqüente, inapetência, febre e abatimento. Além dessa semelhança do quebranto com o mau-olhado, existe ainda uma outra: ambos podem atingir não somente as pessoas, mas também plantas e animais. Assim, quem tem olho doído é capaz de provocar a morte de plantações e doenças (eventualmente a morte) nos animais domésticos. Mas a causa instrumental do quebranto é a admiração, isto é, a manifestação de elogios à beleza da criança (ou das plantas e animais), a seu bom apetite, disposição ou saúde. Como no caso do mau-olhado, em que o poder intrínseco está associado ao olho doído, também no do quebranto se admite que algumas pessoas são "quebranteiras" e podem,

218

inintencionalmente, provocar o quebranto (mesmo no caso dos pais que elogiam exageradamente seus filhos). Há uma causa não intencional do quebranto: surge quando a criança é carregada por uma menina na menarca (primeira menstruação).

A panemeira não se restringe aos seres humanos: ela pode atingir os instrumentos de trabalho do pescador (embarcação, redes, anzóis etc.) e também os instrumentos (sobretudo a espingarda), assim como o cachorro do caçador. Embora os casos relatados se refiram mais freqüentemente a essas duas categorias, há referências a casos de panemeira atingindo comerciantes. Entre seus sintomas surgem o insucesso prolongado nas atividades produtivas, a indisposição para o trabalho e, em casos mais graves, a queda do cabelo da vítima. Inintencionalmente, a panemeira pode ser provocada pela mulher menstruada que entre em contato com os instrumentos de pesca ou de caça. Também a mulher grávida, que seja "panema", pode provocar a doença, se comer a embiara (produto da caça ou da pesca) da vítima. Em ambos os casos, há poderes presentes na mulher (o sangue menstrual e o feto) que provocam a malineza, independente de sua vontade. Mas, no caso de panemeira, nos aproximamos mais da situação em que a malineza surge por um ato intencional: é o caso em que ela é provocada, ou pela manifestação de inveja, ou pela "desconfiança".

A manifestação de inveja diante de um pescador afortunado pode ser suficiente para provocar uma panemeira, invertendo o êxito que o mesmo vem conseguindo em suas atividades. Aqui nos situamos na fronteira entre a culpa e a não-culpa, pois, se o ato pode ser praticado sem intenção de obter o efeito alcançado, não deixa de ser uma ação malévola. O mesmo acontece em relação à "desconfiança", que é a recusa do alimento oferecido. Uma importante regra de etiqueta é quebrada, por não se aceitar a dádiva, o que implica, também, na retribuição de natureza negativa. A desconfiança surge quando alguém, ao receber a oferta de um pedaço de peixe ou de caça, de um amigo ou vizinho, recusa comê-lo à mesa, por um acesso de raiva (mesmo que seja provocado por motivo sem nenhuma relação com o doador). Afasta o prato e diz: "Não quero isto!". O resultado é a panemeira, que acomete o ofertante (caçador ou pescador).

Mas a panemeira pode também ser provocada através de um ato intencional e malévolo: atirar as espinhas do peixe ou os ossos da carne na bacia sanitária, preparar um banho com substâncias queimosas (pimenta), prurientes (aninga) ou fétidas (excrementos e urina) que seja derramado sobre a canoa ou os instrumentos de pesca ou de caça. Neste caso, temos o feitiço.

Há, pois, uma gradação entre a prática da malineza por um ato que independe da vontade e por um ato intencional, indo desde aquela ação onde a culpa do agente não pode ser estabelecida, passando por aquela em que há um ato de vontade (sem manipulação de substâncias exteriores), até aquela em que o agente claramente manipula uma substância para provocar o mal. Neste caso, segundo os informantes, trata-se de feitiçaria, devendo, pois, o agente, ser classificado como feiticeiro.

Também nos casos do mau-olhado e do quebranto pode-se pensar em atos intencionais, quando os poderes intrínsecos do agente (olho doído e capacidade das pessoas quebranteiras), sendo conscientes, são usados, por maldade, para provocar essas doenças nos adultos e nas crianças.

Uma analogia pode ser feita aqui com as crenças Azande. Na concepção dos praticantes do catolicismo popular e da pajelança, a malineza pode ser feita tanto através da manipulação de substâncias externas a quem a pratica (e, desta forma, também agem pajés e benzedores, para curar os efeitos da malineza), como por uma força interna, emanada do próprio agente causal (seu olhar, suas palavras de inveja ou admiração). Isto poderia nos remeter à conhecida distinção feita por Evans Pritchard (1937, 21 e 387), em seu famoso estudo sobre os Azande, entre witchcraft (bruxaria) e sorcery (feitiçaria). Não obstante, essas noções, embora análogas às concepções que estou investigando, de fato não são as mesmas, como já procurei mostrar num estudo anterior (Maués, 1977, 93-94):

> "Lucy Mair, em um pequeno livro intitulado Witchcraft, aponta o erro de alguns antropólogos que tentaram aplicar todo o complexo de crenças Azande, para distinguir entre bruxaria e feitiçaria, como um modelo ao qual se deveriam conformar sociedades diversas, onde surgissem noções semelhantes. Essa autora propõe uma

distinção mais simples e que (segundo ela) pode ser aplicada transculturalmente: o feiticeiro (*sorcerer*) é aquele que se utiliza de objetos materiais para provocar o mal, o que não acontece com o bruxo (*witch*)." (Cf. Mair, 1970, 21-23).

Na região do Salgado, porém, na realidade não existe o conceito de magia, tal como foi elaborado na tradição do pensamento ocidental, e se encontra difundido entre antropólogos e sociólogos, que sobre ele discutem desde o século XIX. O que mais se aproxima é o conceito de malineza que, no entanto, possui outra conotação, não incluindo, ademais, a noção de magia benéfica. As palavras bruxaria e feitiçaria são usadas aproximadamente como sinônimas, embora o termo "bruxa" tenha a conotação que aponta para o lado mais "perverso" (ou perigoso) da noção, sendo utilizado em contextos onde se acha presente a matintapereira (a categoria de feiticeira concebida como mais temível). Feitiçaria (ou bruxaria) existe quando se manipula substâncias externas para praticar o mal. Outras formas de manipulação (voltadas para o bem, para a cura de doenças) não se confundem com a feitiçaria e, na ausência do conceito, não são também concebidas como magia. Por outro lado, a malineza provocada por manifestação de inveja, por "admiração", "desconfiança", "fincamento de olho", são pura e simplesmente panemeira, quebranto e mau-olhado: nunca se pensa neles como bruxaria. Além disso, quando uma mulher grávida ou menstruada provoca a panemeira, o fato não é pensado como bruxaria, nem mesmo como malineza, na maioria dos casos, por ser um ato involuntário[46].

Pode-se então dizer que, de algum modo, doenças provocadas pelo poder intrínseco de certos agentes humanos, desde que não sejam causadas intencionalmente, devem ser excluídas do conceito de malineza. Tudo depende, porém, do julgamento subjetivo das vítimas, de seus parentes e amigos ou — elemento importante — do pajé ou benzedor que é consultado para o tratamento.

Ainda no plano humano, a malineza só fica perfeitamente caracterizada no que diz respeito à feitiçaria (ou bruxaria). Neste ponto, torna-se necessário saber, de um lado, quem são os feiticeiros e, de outro, o que é o feitiço. Entramos num terreno onde as informações são as mais cautelosas e, além disso, onde a polissemia dos significados coloca uma complexidade muito grande, dificultando a compreensão e a análise.

Em primeiro lugar, vale chamar a atenção para o fato de que, embora se conceba a existência de feiticeiros do sexo masculino, as acusações recaem, sobretudo, nas mulheres. Por outro lado, concebe-se a existência de mais de um tipo ("qualidade", ou "marca", nas expressões locais) de feiticeiro. Todo feiticeiro ou feiticeira é visto como "gente entregue a Satanás", mas alguns — os mais temidos e perigosos — distinguem-se dos demais por terem o "fado". Os fadistas são a matintapereira e o "labisônio", que têm o destino (fado) de sair de casa todas as noites, transformados em animais. Não está claro, pelo que dizem os informantes, se todos os feiticeiros, sendo "entregues a Satanás, fazem um pacto com ele; com relação aos fadistas a informação é mais clara; tanto o "labisônio" quanto a matintapereira adquirem seus poderes através de um acordo com o diabo, do que lhes resulta o fado. O "labisônio" é descrito como um feiticeiro do sexo masculino que pode ser encontrado à noite, sob a forma de um porco, não sendo tão temido quanto a matintapereira. Esta, uma mulher, é também chamada de "bruxa", sendo considerada como o pior tipo de feiticeiro que existe. Além de ser considerada muito perigosa, tem o poder de voar, emitindo um "apito" (assovio) característico. Diz-se que ela pode transformar-se em várias espécies de animais (gato, cachorro, morcego) e, além disso, possui um "xerimbabo" (animal de estimação), que é uma ave cujo canto a bruxa imita com seu apito.

As acusações de feitiçaria recaem sobretudo em mulheres e pajés. O pajé (ou curador), por ser capaz de curar doenças, é também visto como alguém que tem poderes para provocá-las. Dessa ambigüidade fundamental deriva, certamente, a suspeita que freqüentemente recai sobre ele: todo pajé é, potencialmente, um feiticeiro. O próprio termo "pajé" tem essa conotação ambígua, pelo que os pajés preferem ser chamados de "curador" ou "surjão-da-terra" (termo mais raro), enfatizando os seus atributos benéficos, ligados à cura das doenças. Nos casos das mulheres-pajés, as acusações são numerosas.

Em Itapuá, as acusações mais freqüentes de feitiçaria recaíam sobre uma mulher — Maria da Glória — que trabalhava como pajé. Essa mulher veio morar em Itapuá com mais de 40 anos, casada e com filhos adultos. É originária de São Benedito da Barreta. Seu marido é um homem doente, incapacitado para o trabalho pelos padrões locais e, por isso, a mulher é quem, na prática, exerce a liderança do grupo doméstico. Na nova povoação encontrou parentes, os quais a acolheram quando chegou, mas entrou em atrito com os mesmos, por questões ligadas ao usofruto de um terreno, chegando a ser acusada de estar, como matintapereira, perseguindo sua prima, uma jovem chamada Nazaré, filha de um pajé local, além de praticar outras bruxarias.

Em Vigia as principais acusações recaem sobre uma outra mulher, "Francisca da Boca Torta", de quem se diz que a boca se entorta mais a cada vez que faz um novo feitiço. Francisca é originária de uma família de Belém, tendo fugido de casa para casar com um negro. Embora trabalhe com umbanda, tendo uma pequena seara, é vista por muitos, sobretudo no interior do município, como pajé.

Várias outras acusações recaem sobre mulheres. Assim, Josefa, uma mulher de cor escura, é apontada como matintapereira. Seu caráter extrovertido contrasta com o do marido, figura apagada e de pouco prestígio. Honorina, também morando em Itapuá, abandonou o marido para tornar-se amante de um comerciante em Vigia. Mais tarde, rejeitada pelo amante, voltou a viver com o marido, um homem doente, incapaz de prover o sustento da família. É Honorina quem, com seu trabalho, como no caso da pajé Maria da Glória, consegue obter os recursos para manter a família. Neste caso, as acusações são feitas até por parentes próximos, como um dos sobrinhos de Honorina, que afirma ter conseguido — junto com outros rapazes — pegar a bruxa. Em conseqüência, todo o grupo foi, no dia seguinte, acometido de uma febre alta, adoecendo gravemente e ficando em perigo de vida, segundo o relato do rapaz. Foi preciso que o pai deste, irmão de Honorina, interferisse junto a ela para obter o perdão e a cura dos enfeitiçados.

Esse episódio permite retornar à questão a respeito do que é o feitiço. Os relatos são muito mais numerosos do que as acusações explícitas a bruxas e feiticeiros. Um dos relatos mais interessantes, por ter ligação com a cura xamanística e o culto dos santos, foi feito, em diferentes versões, por Gaudêncio e sua mulher. Gaudêncio, um homem de recursos acima da média dos moradores de Itapuá, proprietário de um sítio com algumas cabeças de gado, ocupando, na época, uma importante função pública na cidade de Vigia, tem uma filha caçula, chamada Ana, hoje adulta, casada e com filhos. Quando Ana tinha 7 anos de idade, apareceu-lhe uma ferida no calcanhar direito.

"Os remédios caseiros não deram certo e o pai levou-a a um médico na cidade de Vigia. Como também o tratamento médico na Vigia não fosse capaz de curar a menina, seu pai resolveu levá-la a uma hospital de Belém. Na capital do Estado, segundo Gaudêncio (...), pretendiam amputar a perna de Ana, mas o pai não consentiu. A conselho de amigos, resolveu procurar um pajé famoso, que morava em Vigia, chamado Serafim. Ao ver a menina, antes de inteirar-se de mais pormenores sobre o caso, o pajé lembrou a Gaudêncio um fato passado já há vários meses. Por ser um homem de recursos, Gaudêncio costuma comer pão todas as manhãs (o que não ocorre com todos os moradores de Itapuá) e esse pão é levado à sua casa, bem cedo, por um empregado da mercearia que o fornece. Quando o entregador do pão bate à sua porta, Gaudêncio vai apanhá-lo e gratifica o empregado. Muitas vezes, porém, em seu lugar ia a filha que, sendo pequena, gostava de fazer esse serviço. Certa manhã, o batente da porta estava sujo de um líquido que, mais tarde, a mulher de Gaudêncio limpou, pensando tratar-se de urina de cachorro. Nessa mesma manhã, Ana foi receber o pão à porta de sua casa e, descuidadamente, pisou naquele líquido. Segundo o pajé Serafim, aquilo era uma 'coisa feita' deixada pelos inimigos de Gaudêncio, que invejavam sua boa situação social e financeira. Não se destinava à menina, mas ao próprio dono da casa; caso o atingido tivesse sido Gaudêncio, o feitiço poderia matá-lo. Dias depois, o pajé fez um trabalho na casa de Gaudêncio, em Itapuá, e tratou de sua filha Ana. Hoje ela está completamente curada." (Maués, 1977, 47-49)

Não cabe apresentar, aqui, os detalhes sobre o tratamento ministrado. Vale lembrar, porém, que, no relato feito em separado, pela mulher de Gaudêncio, o tratamento xamanístico não foi enfatizado e, sim, uma promessa que esta fez ao padroeiro local, o Menino Deus, de que teria resultado a cura da filha.

Como no caso do mau-olhado, também o feitiço é classificado em tipos diferentes: o feitiço (comum), o "aborrecimento" e o "parauá". Como sinônimos de feitiço surgem as expressões "coisa feita", e "malefício", que se aplicam, genericamente, à categoria mais inclusiva. Os sintomas do feitiço comum são ambíguos, podendo manifestar-se como os de variadas doenças, inclusive a panemeira (já descritos acima); neste caso, se diz que a panemeira é provocada pela feitiçaria (além de outras causas: inveja, desconfiança, mulher grávida ou menstruada etc.).

"Chamo de ambíguos os sintomas da doença feitiço, pois eles apresentam a característica de serem comuns a várias doenças (...), não sendo, porém, concomitantes em sua manifestação. Ao contrário disso, os sintomas são alternativos em cada manifestação concreta da doença. Assim como pode manifestar-se com os mesmos sintomas da panemeira, ele pode também surgir como uma dor, que se localiza em várias partes do corpo: braços, pernas, garganta, costas, peito, estômago etc. (exceto a cabeça e as cruzes). Manifesta-se também sob a forma de uma ferida, de vários tipos (pereba, ferida braba, ferida preta, bouba) ou de um tumor, também de vários tipos (nascida, abcesso, pustema, maldita), em ambos os casos ocupando localizações variadas (boca, calcanhar, pernas, braços, peito, costas etc.). (Maués, 1977, 111).

Esta ambiguidade e extrema variedade dos sintomas do feitiço comum contribui, certamente, para dificultar o diagnóstico da doença. Tendo em conta que o feitiço, ao contrário do mau-olhado, é considerado doença grave (como o quebranto e a panemeira), podendo levar à morte da vítima (o que também acontece no caso

225

do quebranto), torna-se importante diagnosticá-lo corretamente, para poder tratá-lo, segundo as concepções locais, desde que ele, diferentemente das demais doenças causadas pela malineza que até agora abordei, só pode ser curado pela intervenção de um pajé.

O feitiço comum se distingue do aborrecimento e do parauá pelo fato de que os sintomas destes dois últimos não apresentam a mesma ambigüidade, podendo, pois, ser facilmente detectados. Há um ponto comum entre os sintomas de aborrecimento e panemeira: em ambos os casos surge, nas vítimas, a indisposição para o trabalho.

"Não obstante, o sintoma mais característico de aborrecimento é uma coceira por todo o corpo, como se uma grande quantidade de piolhos invisíveis andasse por sobre a pele da vítima; além da indisposição, outro sintoma (...) é a irritabilidade do indivíduo, que facilmente se aborrece, isto é, perde a paciência, tornando-se grosseiro para com as pessoas que o cercam." (Maués, 1977, 112).

Quanto ao parauá, seu sintoma característico é a dor numa parte específica do corpo, as cruzes (ponto localizado nas costas, entre as omoplatas). Esse ponto da anatomia humana tem um simbolismo místico especial, pois é também por ali que penetram os espíritos ou caruanas, ao se incorporarem num indivíduo que tenha o dom da mediunidade. No caso do parauá não ocorre, propriamente, uma incorporação. Os informantes o descrevem como "um papagaio" que, penetrando nas cruzes de uma mulher, se não for extraído pelo tratamento xamanístico, cresce e cria asas, a partir do que a mulher se transforma numa bruxa (matintapereira) e passa a ter o poder de voar, além dos demais poderes característicos de uma bruxa. Neste ponto, penetramos de novo no campo das ambigüidades.

Ao tentarmos saber como são causadas essas doenças, as respostas dos informantes se tornam, com freqüência, cautelosas, acentuando sempre o fato de que afirmam coisas não sabidas por experiência pessoal, mas por ouvir dizer.

Tanto no caso do feitiço comum como no do aborrecimento, o agente causal é um feiticeiro (ou feiticeira), seja ele um fadista ou não, agindo por vontade própria, ou por encomenda de alguém que não tenha os conhecimentos e poderes específicos. Para provocar o aborrecimento, o feiticeiro usa, como causa instrumental, um punhado de cinzas, que é jogado, à passagem da vítima, em direção de suas costas. No caso do feitiço comum, embora os informantes prefiram não dar detalhes, foi possível anotar algumas de suas causas instrumentais.

> "Podem ser um objeto (espinho, bola de cabelo etc.) ou um bicho (besouro, lesma, caba etc.) introduzidos por um processo mágico no corpo da vítima. Podem ser também objetos (roupa pertencente à vítima, por exemplo) ou animais especialmente preparados (um sapo cheio de ingredientes mágicos) enterrados debaixo da casa da vítima, ou no cemitério. Podem também ser objetos pertencentes à vítima, ou que de alguma forma se originaram dela (como a espinha de um peixe que a vítima pescou, ou o osso de um animal que caçou) misturados a excrementos humanos; o feiticeiro pode urinar sobre esses objetos, ou jogá-los dentro do sanitário, para misturá-los com as fezes." (Maués, 1977, 96).

Quanto ao parauá, seu agente causal é sempre uma matintapereira, agindo por vontade própria: ela geralmente escolhe como vítima sua própria neta, uma adolescente que deseja ter como sucessora em suas artes malévolas. Os informantes descrevem a ação da bruxa nos seguintes termos. Aproximando-se da jovem, pergunta: "Você quer um presente, minha neta?". Caso a resposta seja afirmativa, ela bate levemente com a mão nas costas (cruzes) da moça, ali introduzindo o papagaio ou parauá que lhe conferirá os poderes de bruxa. Sendo a condição de matintapereira transmitida pela linha do parentesco, não fica claro, entretanto, como se processa o pacto com o diabo a que se referem, também, os informantes.

É evidente que nenhuma mulher admite ser uma bruxa, a não ser nos processos inquisitoriais dos séculos passados[47]. Quase todas as mulheres acusadas com quem conversei aparentemente desconheciam a acusação de que eram vítimas, ou não se importavam

227

com ela, com algumas exceções. Uma das mais notórias, Maria da Glória, a mulher-pajé de Itapuá, tinha, no entanto, perfeita ciência, chegando mesmo a haver um conflito mais sério em razão das acusações que lhe eram dirigidas pela filha do pajé Mundico, a quem ela estaria perseguindo, como bruxa. Essa jovem estava, na ocasião (fevereiro de 1976), sendo acometida de umas crises violentas, interpretadas, inicialmente, como ataques de espíritos, que indicavam sua mediunidade e também seus dons xamanísticos (pensava-se que ela poderia ainda tornar-se pajé, como o pai). Depois de uma sessão xamanística, em que Nazaré foi submetida a tratamento por um pajé da povoação de Curuçazinho, especialmente contratado pelo pai da moça, surgiu uma nova interpretação para seu sofrimento (ou doença). Não se pensava mais no espírito de um morto que a estivesse perseguindo, mas sim, no de uma matintapereira, que, segundo as concepções locais, entre seus poderes é capaz de mandar o próprio espírito a fim de perseguir suas vítimas.

Em breve esta nova interpretação ganhou força e, embora a princípio seus familiares não falassem no assunto com clareza, foi se materializando a acusação que apontava a pajé Maria da Glória como a feiticeira que perseguia Nazaré. Essa acusação se fazia possível e era facilitada, primeiro, em razão da rivalidade já instalada entre as famílias de Maria da Glória e Mundico; em segundo lugar, pelo fato de Maria da Glória ser pajé.

Criou-se então um verdadeiro conflito entre as duas famílias, tendo ocorrido episódios que vieram a agravá-lo ainda mais. Em dada ocasião, Nazaré, cujo tratamento ritual prosseguia, relatou, ao estar incorporada por um caruana, que Maria da Glória havia feito um feitiço contra o pai de seu cunhado (marido da irmã de Nazaré, um homem chamado Benedito, que se encontrava doente, na ocasião). Dias depois, o filho de Benedito, procurando Maria da Glória na roça, interpelou-a de modo áspero, acusando-a frontalmente de ser feiticeira[48].

Pouco depois deste incidente, um dos filhos de Maria da Glória encontrou-se na rua com o filho de Benedito e os dois rapazes entraram em luta corporal. O delegado de Polícia mandou prender os dois, por 24 horas, na cidade de Vigia, em cárceres separados, como castigo, e tentou obter, sem êxito, reconciliação entre as duas famílias. A situação conflitiva e a doença de Nazaré só se resolveram depois de muitos meses, após se encontrar uma solução para a posse do terreno que era objeto de questão entre Mundico e Maria da Glória. Depois de uma ausência prolongada do campo, tive notícia, no regresso (janeiro de 1979), que a situação estava, aparentemente, resolvida. Nazaré já era nesta altura uma mulher casada e suas crises haviam cessado: por outro lado, não só o espírito tinha se afastado dela, como os caruanas. Também não se tornou pajé.

O conceito de malineza não se restringe, porém, aos atos praticados pelos seres humanos. Também os espíritos os praticam, podendo assombrar os vivos ou incorporar-se neles. Verdade que não saímos inteiramente do plano humano, pois esses espíritos são geralmente concebidos como pertencentes a pessoas que já morreram, isto é, espíritos desencarnados. Tanto o mal-assombrado como o ataque de espírito são considerados como doenças, assim como o mau-olhado, o quebranto, a panemeira e o feitiço.

Para os praticantes do catolicismo popular e da pajelança o destino normal dos seres humanos é a morte, em que o espírito, separando-se da matéria, desencarna, passando a ter vida própria. Esses espíritos desencarnados terão destinos diferentes, segundo seu comportamento enquanto pessoas vivas, interferindo também outros fatores. A concepção cristã de salvação está presente, como foi visto, na idéia de que os praticantes do bem nesta vida, que não cometerem pecados graves, terão como recompensa a morada no céu. Encontra-se presente, também, a concepção kardecista de que serão "espíritos de luz", não estando ausente a idéia de um processo de santificação. Não fica clara, porém, uma identificação entre santos e espíritos de luz: as duas noções permanecem justapostas, não se confundem, sendo acionadas em momentos e contextos distintos. Por outro lado, mesmo quando prevalece a noção cristã de salvação, a idéia da morada celeste não se identifica, de modo completo, com o processo de santificação, que inclui características e elementos especiais.

Acopladas a essas noções cristãs e kardecistas surgem outras, de um substrato popular às vezes difícil de identificar, que interferem na concepção a respeito do destino dos espíritos desencarnados.

"Alguém que não tenha sido mau nesta vida, mas cometeu pecados graves, ou morreu de morte violenta, ou deixou tesouro enterrado (até mesmo um anel ou dente de ouro com que tenha sido sepultado), ou não pagou promessa feita a um santo, tornar-se-á, ao morrer, um espírito penitente, que ficará vagando no espaço, durante vários anos, até cumprir sua penitência, quando então poderá ir para o céu (...). O período de penitência de um espírito nessas condições pode ser abreviado pelos vivos, caso rezem por ele, mandem celebrar missas em sua intenção, acendam velas no cemitério, cumpram as promessas que deixou de pagar, ou desenterrem o tesouro que deixou escondido." (Maués, 1977, 78-79).

Aqui não surge, de modo claro, a noção católica do purgatório, embora certamente ela esteja presente. Mais clara é a idéia de inferno, como aparece no depoimento já transcrito de um informante. Mesmo nesse depoimento, porém, a noção que surge não está livre de ambigüidade: "Num quero que minha arma fique ardendo no inferno e me virando no espaço". Porque o lugar dos maus e, especialmente, dos feiticeiros ("entregues a Satanás" desde antes da morte), é também o espaço. Trata-se, no caso, de "espíritos maus", aparentemente sem possibilidades de salvação[49].

Portanto, ao contrário da noção medieval de inferno e purgatório situados abaixo da superfície terrestre, em oposição a um céu que fica no alto, esses lugares de castigo e sofrimento *post-mortem* ocupam uma posição intermediária, a meio caminho entre o céu e a terra. Isso permite uma interferência direta dos espíritos desencarnados na vida dos seres humanos.

Espíritos maus e penitentes podem assombrar ou incorporar-se nos viventes, os primeiros por maldade e, os segundos, por outros motivos. Um espírito penitente é concebido como, de algum modo, desorientado e, por outro lado, desejoso de salvação. Ao aproximar-se de um ser humano, em busca de auxílio, pode, inintencionalmente, provocar o mal, assombrando-o ou incorporando-se nele. Já os espíritos maus o fazem por malineza.

O mal-assombrado é uma doença cujo sintoma mais importante é o fato de a vítima se assustar com freqüência, sem motivo aparente. Entretanto, se inquirida, a pessoa dirá que vê uma "sombra" (espírito) que a acompanha e persegue. Em certos casos, pode manifestar-se uma febre alta, como sintoma secundário. O mal-assombrado costuma ter início nas proximidades dos cemitérios, sendo interpretado como uma "aproximação" do espírito em relação à vítima. Pode evoluir no sentido de uma incorporação. A doença chamada "espírito" (ataque de espírito) apresenta os mesmos sintomas de uma outra doença, provocada por encantados ou caruanas, que é a "corrente do fundo": a pessoa se "atua" de modo descontrolado, isto é, uma entidade estranha (caruana ou espírito) se incorpora na pessoa, apoderando-se de sua matéria. Trata-se do fenômeno da possessão.

O depoimento de Nazaré, filha do pajé Mundico, ilustra a experiência de alguém tomado por um espírito. Sua primeira incorporação se deu durante uma sessão xamanística dirigida por seu pai, mas antes ela já estava sentindo as "aproximações" do espírito:

> "Antes disso eu me deitava aqui na rede e a modo que vinha, a modo que eu via um negócio passando assim, uma sombra, sabe? Passando perto da minha rede, às vezes sacudia a rede. E diversas noite aquilo vinha, sacudia a rede (...). Quando foi nessa noite (a da sessão xamanística) eu tava sentada e aí eu vi passá; passô primeiro pelo menino que tava ali sentado no banco, aquele que mora aqui com nós; passô por ele, passô por trás daquele menino, do filho do seu Tomás também, e me apanhô. Eu senti que me deu só uma pancada assim na minha costa. Eu quis falá mas não pude, porque aquilo quando vinha se apoderá de mim prendia logo assim a minha garganta, sabe, aí eu num podia más falá."

Por duas vezes pude presenciar as incorporações sofridas por Nazaré. Transcrevo de meu diário de campo a descrição que fiz sobre seu comportamento numa das ocasiões:

"Nazaré se debatia muito, chorava, gritava, e várias pessoas a seguravam, deitada em um banco de madeira. Depois foram buscar uma rede de dormir e a colocaram nela, enquanto ainda era contida pelas pessoas. Eram normalmente quatro pessoas segurando a moça. Uma segurava a cabeça, outra as pernas e duas outras ficavam cada uma segurando um braço (...). Além de se debater, Nazaré rangia os dentes com força, urrava e procurava se morder." (Anotação de 8.2.1976).

Nem todas as incorporações apresentam a violência que se manifestou no caso de Nazaré, em que o espírito se mostrava rebelde, não cedendo às ordens do pajé (incorporado por seus caruanas) que tratava da moça. Essa uma das razões de ter surgido a interpretação, acima referida, de se tratar de espírito de uma matintapereira. No caso, admite-se a possibilidade de um espírito "encarnado" (de pessoa viva) perseguir alguém, provocando-lhe a doença que, normalmente, só é provocada por espíritos desencarnados. Trata-se, claramente, de uma forma de malineza, como também ocorre no caso dos "espíritos maus" (como as bruxas, "entregues a Satanás") quando assombram ou se incorporam em suas vítimas.

Pode ocorrer, como foi dito acima, que espíritos penitentes provoquem também essas doenças, não por maldade. Esses espíritos, porém, costumam se manifestar, com mais freqüência, em sonhos. Em todos os casos de suas manifestações o objetivo é obter, dos seres viventes, algo que abrevie a sua penitência e propicie sua salvação: orações, missas, cumprimento de promessas etc. Quando aparecem em sonhos não são mais referidos como espíritos e sim como "almas". As almas têm uma importância muito grande nas concepções dos praticantes do catolicismo popular (independentemente das crenças ligadas à pajelança). Não é sem razão que, no caso, o termo é outro, não se falando mais em espíritos.

No "dia da iluminação" (Finados), todos os cemitérios da região, nas cidades, povoações e vilas do interior, recebem muitas visitas, de parentes e amigos dos mortos. Raramente se usam flores para enfeitar os túmulos. As velas, porém, são acesas em profusão, sobretudo à noite, ficando os cemitérios inteiramente iluminados pelos círios. Mesmo quem não tem parentes ou amigos entre os mortos costuma comparecer para acender velas às almas anônimas, junto ao cruzeiro do cemitério. Esse culto dos mortos inclui muitas particularidades e se encontra difundido por todo o Brasil, ganhando contornos especiais naquelas cidades onde se cultuam entidades e santos populares, além de personagens cívicas.

Uma das crenças mais difundidas com relação às almas (ou espíritos) diz respeito à possibilidade de aparecerem, em sonhos, para revelar a existência de tesouros enterrados. Como se acredita que o espírito não pode alcançar a salvação enquanto o tesouro não for desenterrado, a explicação é que, para obtê-la, ele aparece em sonhos a determinadas pessoas capazes de ajudá-lo, recebendo, estas, como recompensa, a riqueza escondida, em vida, pelo morto. Essa crença, muito difundida na América Latina, ganha contornos especiais no município de Vigia, em razão da importância que a Cabanagem, revolta popular ocorrida no século passado (1835-1840), assumiu na área[50]. Diz-se que os cabanos tinham muitas riquezas que deixaram enterradas e não puderam recuperar quando foram expulsos da cidade; a isto se acrescenta a riqueza dos jesuítas, que também a teriam escondido, antes de sua expulsão em 1760. Corre a notícia de que os maiores comerciantes de Vigia tiveram, na origem de sua riqueza, a revelação de tesouros enterrados.

Não se concebe como fácil, porém, a obtenção desses tesouros. Em primeiro lugar, procurá-los com avidez e cobiça resulta, como conseqüência, que se transformam em pó ou ninhos de cabas (vespas). Além disso, devem ser desenterrados à noite, em segredo, exigindo muita coragem, pois Satanás, que deseja manter o domínio sobre a alma do morto, está sempre presente, procurando evitar que sejam descobertos.

Em resumo, vemos que a interferência dos espíritos dos mortos no plano humano se reduz, de um lado, à malineza — assombramento e incorporação provocados por maldade — e, de outro, às tentativas dos espíritos penitentes de conseguir, através de vários processos, que os viventes interfiram no sentido de obter sua salvação. Essas tentativas podem resultar em que, através da "aproximação", espíritos penitentes (não sendo intrinsecamente maus) provoquem o mal, assombrando e incorporando-se nos viventes, para obter orações, missas em sua intenção e cumprimento de promessas, que estão impedindo a sua entrada no céu. Acredita-se, porém, que esses espíritos, não sendo maus, apareçam sobretudo em sonhos, aos viventes, como almas, para fazer seus pedidos, especialmente no caso de tesouros enterrados, que também impedem a sua salvação. A malineza é própria, pois, dos espíritos maus, isto é, daqueles que, em vida, também foram maus e acostumados a praticar malineza contra seus semelhantes.

Outras formas de malineza resultam da ação dos encantados, capazes de provocar doenças como o mau-olhado, a flechada de bicho, a corrente do fundo, o ataque de boto e outras doenças, a mando do pajé, além de outras ações ("mundiar" e levar para o fundo). Estes temas já foram tratados anteriormente. Como os encantados, conforme foi visto, são também seres humanos, resulta que a malineza é algo próprio dos homens (sejam viventes, encantados ou não, ou espíritos desencarnados).

CAPÍTULO 7
AS DOENÇAS E O SEU TRATAMENTO:
A PAJELANÇA E A AMBIGÜIDADE DO PAJÉ

Há males, porém, que resultam de forças humanas. A maioria das doenças são concebidas como "mandadas por Deus" e não são vistas como malineza, mas como fatos "normais". Essas são as doenças que estão sujeitas a tratamento pela medicina ocidental, embora os pajés também sejam competentes para tratá-las. Não se incluem, entre elas, o mau olhado de sol e de lua.

O mau-olhado de sol só apresenta como sintoma uma dor de cabeça que se manifesta de dia, ao contrário de outras formas mais temidas de mau-olhado (de gente e de bicho), em que a dor é constante e que também apresentam outros sintomas secundários (enjôo e vômito). Quanto ao mau-olhado de lua, considerado mais perigoso do que o anterior, além de atingir somente crianças pequenas, apresenta, como foi visto acima, sintomas que se confundem com os do quebranto: vômito, diarréia, choro freqüente, inapetência, febre e abatimento. Essas doenças são causadas pela exposição prolongada da vítima aos raios do sol forte (no primeiro caso) e da criança "pagã" (antes de ser batizada) à luz da lua.

Trata-se, nos dois casos, de doenças provocadas diretamente por forças da natureza, embora não sendo, como também acontece com aquelas "mandadas por Deus", incluídas na categoria malineza. Ao contrário, porém, das doenças "normais" ou "mandadas por Deus", elas só podem ser tratadas por especialistas locais, isto é, pajés e benzedores.

A questão do tratamento das doenças é um elemento importante na sua classificação. Várias expressões são utilizadas para designar a maioria das doenças "mandadas por Deus" ou "normais" (gripe, febre, impaludismo, feridas, tuberculose, congestão, alergia, diarréia etc.): "sofrimento de médicos", "sofrimentos mais para a medicina", "sofrimentos que depende de médico" e outras. Essas expressões tornam claro o fato de que são doenças pensadas como suscetíveis de tratamento pela medicina ocidental (médicos formados em universidades). Também podem ser tratadas por especialistas locais como "experientes", benzedores e pajés. Há, no entanto, um grupo de doenças designadas por expressões como "sofrimentos de pajé", "não são normais", "coisas de pajé", "sofrimento que depende de pajé", "doenças por malineza", cujo tratamento, segundo as concepções locais, não pode ser feito pelos médicos. Nelas se incluem todas aquelas que analisei linhas acima (os vários tipos de mau-olhado e de feitiço, a panemeira, o quebranto, o mal-assombrado, o ataque de espírito, a corrente do fundo, a flechada de bicho e o ataque de boto), mesmo que não sejam vistas como malineza.

Não só o pajé pode tratá-las. Os remédios contra panemeira são bem conhecidos e só nos casos mais graves é que se recorre a um curador. O mau-olhado e o quebranto podem ser curados por benzedores que não sejam pajés. Contra os males provocados por espíritos recorre-se, com freqüência, aos centros espíritas de Vigia, Belém, e outras cidades. Não obstante, os casos de feitiço e de doenças provocadas por encantados, só o pajé pode curá-los[51]. Surge, pois, a figura do pajé, para os praticantes do catolicismo popular e da pajelança, como o médico mais completo, aquele que, além de capaz de tratar das doenças "mandadas por Deus", trata também daquelas provocadas pela malineza dos homens, dos encantados e dos espíritos.

Não se pode, porém, limitar a função do pajé apenas ao tratamento de doenças. A pajelança tem implicações de caráter religioso e, por isso, há uma longa história de conflito entre as atividades xamanísticas dos pajés e a posição da Igreja Católica oficial. Hoje, certamente, essa oposição se encontra atenuada. Todo pajé se considera um bom católico, participando do ritual e das crenças do catolicismo na mesma medida em que os outros homens e mulheres de sua comunidade. Não obstante, eles estão conscientes da oposição que os sacerdotes colocam (ou mais acentuadamente colocavam no passado) a suas atividades e lembram, com freqüência, as perseguições, até mesmo de caráter policial, de que foram vítimas em épocas anteriores. Até bem recentemente os pajés precisavam obter licença na Polícia para realizar seus "trabalhos". Durante a pesquisa, ao entrevistar os pajés, estes costumavam demonstrar grande reserva, no início, perguntando se meu trabalho não era "para acabar com os pajés". Um dos pajés entrevistados tentava demonstrar a oposição da Igreja às práticas dos curadores como resultado da incompreensão dos padres em relação à incorporação dos encantados nos pajés, dando entretanto um pouco de razão aos sacerdotes[52].

Prosseguindo em seu depoimento, ao mesmo tempo em que procurava justificar a oposição da Igreja e dar uma explicação mais racional para o fenômeno da incorporação, o pajé tentava legitimar a prática xamanística, dizendo que ela tem uma origem muito antiga e sagrada, ligando-se à *Bíblia* e às origens do cristianismo. Embora haja a oposição da Igreja Católica e essa oposição seja justificável até certo ponto, por razões de incompreensão da parte dos padres, motivada pela forma como o fenômeno se apresenta, na realidade essa oposição não tem razão de ser, já que, de fato, para o informante, não existe contradição entre as práticas dos pajés, deixadas no mundo pelo próprio Salvador Divino, e as práticas religiosas defendidas e aprovadas pelos padres:

"Professor! Um tempo, existia um certo esconderijo, tinha uma fé viva para Deus, e também tinha segredo. Um homem desses era, em épocas passada, que eu já num lembro, mas que papai contava, que os primeiro se chamava surjão da terra. De surjão da terra veio os curador; hoje em em dia, na juventude, é pajé. Então isso provém pelas história da *Bíblia Sagrada* dos padres, que tudo se chamava Nosso Salvador Divino. Foi Ele que deixô. Então eles chegava, trabalhava, começava o serviço deles, eles dizia: 'Chegô cobra tal'. Não senhô, um príncipe, uma princesa do encante, como se diz, eles vêm em cima da costa dum bicho desse, quando não, dentro da casca dum bicho desse, então, chega perto, incorporô. Mas naquela época eles não dizia assim, eles faziam

237

a doutrina deles e diziam: 'Chegô bicho tal, chegô a cobra-grande, ou o jacaré grande", conforme. Então é por isso que veio vindo e foi havendo a descrença, pela Igreja (...). Porque o professor conhece, poxa! Se um bicho desse incorporasse mesmo num humano, né? Que movimento fazia? Um bicho não fala mesmo, né? Vinha em cima da costa duma cobra, vinha em cima da costa dum jacaré, vinha em cima duma costa duma tartaruga, pronto. Bom, pro encante é coisa muito fácil." (Pajé João, de Itapuá, pescador aposentado).

Embora o informante procure argumentar que a atividade xamanística provenha desde os tempos da *Bíblia Sagrada* — e não seria difícil demonstrar, com base nesses mesmos textos sagrados, a prática xamanística de vários personagens consagrados pelas *Escrituras*, inclusive Jesus — poderíamos limitar nossa investigação ao território brasileiro, lembrando, porém, a oposição secular da Igreja oficial a essas práticas. Vimos, na primeira parte deste estudo, que desde o século XVII os jesuítas já procuravam reprimir os cultos xamanísticos entre os índios. Essa repressão prosseguiu no século XVIII, ficando muito clara durante a visitação do Santo Ofício ao Pará. Em anos mais recentes, o combate ao espiritismo em todas as suas formas incluía também a repressão à pajelança cabocla. Este trabalho demonstra, porém, que a oposição secular da Igreja oficial às atividades lúdicas e xamanísticas das populações indígenas e caboclas não foi capaz de aboli-las.

O mais famoso pajé do município de Vigia foi Procópio Souza, morador de Itapuá, já falecido, de quem se contam as proezas mais incríveis. Ele teria se "formado no fundo", isto é, aprendeu sua arte de xamã na própria morada dos encantados (o encante). Freqüentemente visitava o encante e chegava a convidar outras pessoas para ir com ele, dizendo que ia participar de "uma festa no fundo". Às vezes, viajando de canoa entre Itapuá e Vigia, jogava-se n'água e prosseguia "pelo fundo", chegando com muita antecedência em relação aos outros viajantes, completamente enxuto. Sabia das coisas antes que lhe contassem, era "adivinhão". Sua maior proeza, entretanto, foi a de "lutar" contra o próprio rei Sebastião, para desimpedir

238

um lago muito piscoso, que ficava no Norte (litoral do Amapá), que o rei mantinha fechado à penetração dos pescadores; obteve a vitória, usando como arma uma "bala de cera benta".

Eduardo Galvão (1976, 94-97) refere-se aos pajés "sacacacas", considerados os mais poderosos na área que estudou (Baixo Amazonas), de quem também se contavam histórias impressionantes. Quanto ao único pajé que conheceu — Sátiro — tratava-se de um homem que ainda estava procurando desenvolver seus dotes xamanísticos. Na região do Salgado nunca ouvi a expressão "sacaca", mas todas as referências a pajés do gênero de Procópio Souza dizem respeito a pessoas já falecidas.

Tendo morado em Itapuá durante quatro meses, ali conheci vários pajés, mas somente um deles merecia grande respeito da população local: João, um homem cego, cujos depoimentos já foram citados várias vezes neste estudo. Um dos menos considerados era o pajé Mundico, embora fosse tido como um bom benzedor. Não obstante, a fama de Mundico era grande na região da Barreta, sendo muito procurado por moradores desta área do município de Vigia. Para os moradores de Itapuá, os melhores pajés do município de Vigia eram Manezinho, de Itaporanga, Benzinho, de Santa Maria do Guarimã e Serafim, do km 40. Certamente a cotidianidade do convívio com os pajés de sua própria povoação devia contribuir para diminuir-lhes o prestígio entre os itapuaenses. Entretanto, a fama de um pajé depende de vários fatores e, entre eles, sua *performance* capaz de impressionar os assistentes durante as sessões, além dos resultados obtidos em seus trabalhos (sua "eficácia").

O pajé, como é óbvio, está sempre sujeito a mecanismos de controle, que podem contribuir para seu maior ou menor sucesso. Um dos mais evidentes é aquilo que se chama de "anarquia". Todo pajé novo desperta desconfiança e pode ser considerado como "mentiroso", isto é, alguém que finge possuir poderes xamanísticos para se aproveitar da crença popular. Enquanto sua fama não se estabelece, ele está sujeito a essas manifestações de anarquia. Os "anarquistas" são geralmente jovens que comparecem à sessão xamanística para tumultuá-la, ficando nas proximidades da casa ou, mesmo, penetrando nela. Do lado de fora, imitam o apito da matintapereira; no interior, fingem estar incorporados por algum espírito ou caruana.

Numa sessão que assisti, em Itapuá, os anarquistas chegaram a roubar alguns cigarros tauari da pajé Maria da Glória que, mais tarde, exibiam em triunfo no caminho de volta para casa, de madrugada. Por isso, muitos pajés, sobretudo os de menor prestígio, costumam manter em segredo a realização de suas sessões, convidando apenas pessoas selecionadas para participar delas, temerosos de serem vítimas da anarquia. Acredita-se, porém, que se o pajé for, de fato, poderoso, ele é capaz de mandar seus caruanas para castigar os anarquistas. Se o pajé conseguir "derrubar" um desses rapazes, isto é, fazer com que ele se "atue de verdade", sua fama fica estabelecida e ele passa a ser muito respeitado.

Outro fator que contribui para o respeito e a consideração é ser visto como um pajé "de nascença". Os melhores pajés são aqueles que já nascem com o dom. Diz-se, de alguns deles, que "choraram na barriga da mãe". Esse é um dos principais indicadores dos poderes xamanísticos. Existe a crença, porém, de que se isso acontecer e a mãe divulgar o fato antes que os poderes se manifestem, efetivamente, os mesmos serão perdidos. Aqueles cujo dom se manifesta tardiamente, sobretudo depois da idade adulta, como é o caso de Mundico, que só com mais de 60 anos se tornou pajé, são menos considerados. Diz-se deles que são pajés "de agrado", isto é, os caruanas os escolheram, tardiamente, por terem se "agradado" deles num certo momento de suas vidas: são sempre menos poderosos do que os de nascença. Por isso mesmo, nenhum pajé admite não ter trazido seu dom desde o berço, inclusive Mundico, embora essa alegação seja contestada pelos moradores de Itapuá.

Os melhores pajés são, entretanto, aqueles que se "formaram no fundo", como no caso de Procópio Souza. Outro pajé famoso, que teria se formado no fundo, foi Expedito, da vila de Santa Rosa, também já falecido. Conta-se que ele era pescador de "amuré" (moréia), peixe usado pelos pescadores como isca para peixes maiores. Para pescá-lo, é preciso mergulhar até as pedras, onde se enconde. De certa feita, ao mergulhar, Expedito permaneceu no fundo muito mais tempo do que os demais pescadores: voltou formado como pajé. A viagem xamanística pelo fundo é, no entanto, considerada como um fenômeno muito raro e, sintomaticamente, só acontecida com pajés famosos já falecidos.

O processo comum de formação dos pajés, quer sejam eles "de nascença" ou "de agrado", inclui um padrão bem estabelecido. O candidato ao xamanismo sofre de uma "doença" chamada "corrente do fundo", cujos sintomas já foram descritos no capítulo 4, ao se analisar a ação dos encantados sobre os seres humanos. Quem apresenta esses sintomas deve ser levado a um pajé para tratar-se. Acredita-se que uma pessoa, mesmo possuindo o dom para tornar-se um pajé, pode também ser perseguida por espíritos e que, entre os caruanas que a acompanham, nem todos são bons e, portanto, também devem ser afastados, assim como os espíritos. O pajé que preside o tratamento é chamado de "mestre", enquanto o doente é seu "discípulo". Este deve acompanhar o mestre em todas as sessões de cura ou trabalhos por ele presididos, em que outros doentes compareçam para tratar-se de outros males. Durante o tratamento, o discípulo recebe a prescrição de vários "remédios", entre eles, banhos, defumações e vomitórios[53].

Se for considerado que o discípulo possui, de fato, um dom autêntico, depois de afastados os espíritos e os maus caruanas, o tratamento será coroado com uma sessão especial, onde se fará o "encruzamento" do novo xamã. Trata-se de um ritual bastante elaborado, durante o qual, como acontece em outros ritos de passagem, o discípulo deve morrer simbolicamente, para renascer como pajé. A descrição que se segue é baseada, sobretudo, no ritual que assisti em Santa Maria do Guarimã, em fevereiro de 1976, presidida pelo pajé Benzinho, que encruzava um discípulo da cidade de Vigia:

"Durante o ritual, tanto o mestre como o discípulo recebem seus caruanas e cantam suas doutrinas (cânticos), dançando pelo salão, separadamente, sem que um prejudique o trabalho do outro, pois fazem isso cada qual por sua vez. Num dado momento, o mestre manda que o discípulo fique sentado em uma cadeira ou banco no meio da sala. Entrega-lhe o cigarro tauari aceso e diz-lhe que 'engula' a fumaça do mesmo. Chama, em seguida, dois homens e duas mulheres, cada um com uma vela acesa nas mãos. Estas pessoas se colocam de pé, formando um círculo em torno do discípulo. Então o mestre, que neste momento está incorporado pelo caruana chefe de suas correntes, defuma as 'cruzes' do discípulo com o cigarro tauari, reza uma longa oração e, em seguida, canta a sua doutrina, dançando pelo salão. Assim que ele começa a cantar, os dois homens e as duas mulheres, que estão em volta do discípulo, trocam as velas entre si, formando uma cruz sobre a sua cabeça, repetindo essa operação várias vezes, enquanto o mestre não pára de cantar e dançar. Esse é o momento em que o discípulo está sendo 'encruzado'. Todas as pessoas presentes, que conhecem a doutrina cantada pelo mestre, cantam em coro com ele. Quando o mestre pára de cantar, o discípulo é carregado para uma rede, pelas quatro pessoas que cruzaram as velas sobre sua cabeça. Ele está aparentemente desacordado. Depois de colocado na rede, é totalmente coberto com um lençol branco, inclusive o rosto, como se estivesse morto. O mestre volta a cantar, pedindo antes ao servente (ajudante do pajé) que marque no relógio quando se passarem 15 minutos. Isto é bastante enfatizado, explicando o mestre que, se deixarem passar mais tempo, o discípulo corre o risco de não mais acordar. Ao se passar o tempo indicado pelo mestre, o servente descobre o discípulo, retirando o lençol e, orientado pelo mestre, bate com a mão aberta em sua testa, chamando-o pelo nome. Ele então desperta, como se estivesse em um sono profundo. Senta-se na rede e, depois de algum tempo, o mestre o chama para prescrever-lhe a medicação e o resguardo que deverá seguir." (Maués, 1977, 207-208).

Imediatamente após o encruzamento, o novo pajé estará sujeito a uma reclusão rigorosa, durante sete dias, alimentando-se de comidas especiais, semelhantes às que são prescritas para as crianças entre 1 e 2 anos e as mulheres de parto[54]. Somente a partir daí estará preparado para trabalhar de modo independente, presidindo suas próprias sessões e tratando de seus próprios doentes.

O tratamento é prolongado e envolve despesas consideráveis,

para os padrões locais. Por outro lado, a maioria das pessoas que procuram os pajés acabam não se tornando xamãs, ou porque as entidades são afastadas em definitivo (embora sempre persista a suspeita de que possam voltar), ou porque podem ser mantidas sob controle, sem que se dê o encruzamento, com algumas precauções rituais (banhos, defumações, consultas eventuais a pajés etc.). Em todos os casos de que tive conhecimento, essas pessoas diziam que não desejavam ser pajés. No tocante àqueles que se iniciam como pajés, considera-se que eles, de fato, não foram curados da doença que tinham, já que ela consiste no próprio dom xamanístico: apenas aprenderam a controlar suas possessões e cessaram os males físicos e psíquicos. Mas não podem descurar dos deveres de seu novo *status* (as orações, os tabus alimentares e outros, que ainda subsistem) e, sobretudo, não podem deixar de trabalhar como pajés, realizando, periodicamente, sessões de cura e, mesmo que não tenham doentes para tratar, "puxando suas correntes" (isto é, invocando seus caruanas) em sessões que podem limitar-se à assistência de seus familiares, caso tenham passado muito tempo sem realizá-las. Se não fizerem isso, serão castigados pelos seus guias, como será visto a seguir.

No exercício da função xamanística existe, porém, uma permanente contradição. Se, de um lado, esse exercício é visto como penoso, de outro, ele confere poderes que são estimados pelos seus detentores. Em razão disso, não são raros os relatos de tentativas feitas por pajés no sentido de roubar ou tirar os poderes de outros[55]. Por outro lado, o abandono da função xamanística é algo que, segundo as concepções locais, não pode ficar impune. No tratamento a que é submetido o doente de corrente do fundo, é possível, como foi visto, afastar os caruanas, de tal forma que a cura se processe sem que a pessoa precise se tornar xamã. Em certos casos, porém, isso não é possível, especialmente se se trata de um dom de nascença e, nesse caso, a cura nunca é completa. Apenas cessam os sintomas físicos, as dores, os incômodos, as perturbações e as possessões descontroladas. Mas, segundo as representações locais, o pajé nunca está realmente curado da doença que o acometeu, pois a cura completa implicaria numa perda do dom xamanístico.

O caso do pajé João é o mais ilustrativo. Tendo completado seu tratamento com o mestre Clementino, este lhe perguntou se desejava ou não exercer as funções de pajé:

> "Então quando ele me perguntô assim se eu queria ficá trabalhando ou no discanso, eu respondi a ele: 'Mestre, se o senhor vê que dá resultado eu ficá no discanso, eu quero ficá no discanso, porque, pra trabalhá, muito novinho...' Ele disse: 'É, vai-se dá um jeito, vai-se suspendê (as correntes do fundo), porém no tempo que eles (os caruanas) baixá, num tem quem socorra, senão Deus. Então, tem que trabalhá, de qualquer maneira'".

Comenta-se em Itapuá que a cegueira do pajé João foi um castigo de seus guias, em virtude de ter se recusado, de início, a trabalhar como curador[56]. Mas a infelicidade de João não parou aí, porque, mais tarde, morreram todos os seus filhos e sua mulher ficou surda. Novamente se comenta que foi o complemento do castigo dos encantados. Atualmente o casal vive dos paneiros que ele tece e consegue vender, do trabalho da mulher como diarista nas roças dos moradores de maiores recursos e, também, dos presentes que recebe, especialmente dos pescadores (peixe e dinheiro), pelo fato de ser cego e muito respeitado. Mais recentemente sua situação melhorou, por ter conseguido uma aposentadoria, através do Funrural. Continua trabalhando como benzedor e pajé:

> "Agora ali nesta banca (...) vem umas pessoa. Eu dô um passe, uma coisa, desenvolvo certas coisa aí (...). Gente que tem uns florido, aí eu acomodo, tenho fé em Deus. Eles fico admirável, essa juventude aí, por exemplo, dum passe. Isso é verdade. 'É, seu João, o que é que há?' Eles fico me olhando. 'Agora, positivamente, se tivé letra errada no que estou praticando, vocês me digam. Senão...'"

As pessoas se admiram, sobretudo, quando João, durante os trabalhos, tratando de seus doentes, empunha a pena e o maracá numa das mãos, o cigarro tauari na outra, e sai dançando e cantando, pelo salão, sem tropeçar ou esbarrar nos outros.

Também os pajés Francisco e Olavo foram castigados pelos caruanas, por deixarem de trabalhar. No caso de Francisco, o castigo se abateu sobre sua filha mais nova, Clotilde, de quem se dizia que "tinha gente com ela" (caruanas, que lhe proporcionavam o dom xamanístico) e precisava tratar-se com um pajé. Clotilde tinha sido empregada doméstica em Belém e suas crises começaram em casa de seus patrões, que acabaram providenciando seu internamento no Hospital Juliano Moreira (hospício já extinto). Depois de ter tido alta, voltou para casa de seus pais, em Itapuá, mas as crises continuaram, e seu pai a levou para tratar-se com o seu antigo mestre, Manezinho. O tratamento, entretanto, foi infrutífero e, hoje, se admite que ela "não era certa da bola", isto é, seu caso é pensado como de loucura.

Quanto a Olavo, dois de seus filhos morreram em circunstâncias trágicas. Ainda hoje adoece freqüentemente e, quando tem febre, os caruanas se manifestam novamente. Ele, de fato, não faz nenhum esforço para voltar a assumir as funções de pajé. Tem procurado tratamento no Centro Espírita de Vigia, mas de forma inconstante. Mais recentemente, passou a freqüentar regularmente o culto dominical católico que se realiza em Itapuá, participando da eucaristia. Sua maior aproximação das práticas do catolicismo oficial reforça sua convicção de afastar-se das práticas ligadas à pajelança.

Um outro aspecto contraditório do exercício da função xamanística está ligado à ambigüidade inerente à figura do pajé que, como foi visto acima, freqüentemente é pensado também como feiticeiro, especialmente se for mulher. Alguns pajés, mesmo que sejam respeitados por seus poderes, são, no entanto, malvistos pela fama que possuem. É o caso, por exemplo, do famoso pajé Manezinho, de Itaporanga, que tem também a fama de "mexer" com as mulheres, sobretudo aquelas em tratamento com ele, e a respeito de quem surgem acusações de feitiçaria. Um dos poucos pajés sobre quem não pesam acusações, de quantos conheci, é o cego João, a despeito de ser considerado o mais poderoso curador de Itapuá. Mesmo em seu caso, porém, se coloca uma forma de ambigüidade, de um tipo diferente daquela que acentuei neste parágrafo.

Um possível caminho para entender essa ambigüidade inerente à figura do pajé radica numa reflexão a respeito da idéia de indivíduo em nossa sociedade. Pelo menos desde a publicação de um famoso trabalho de Mauss (1974a), não constitui nenhuma novidade afirmar que as noções de indivíduo e pessoa são construídas socialmente. Estudando a elaboração histórica da noção de pessoa como um eu individualizado, desde as concepções da sociedade tribal do ser humano como um personagem que ocupa seu lugar bem demarcado nas dramatizações do ritual, a partir de uma classificação social que implica em posicionamento hierárquico, esse autor abre caminho para uma série de formulações que vão se refletir na antropologia moderna. Nessa linha se encontra o posicionamento teórico de Dumont (1972), que analisa o sistema hindu de castas, mostrando o contraste entre os ideais de igualdade, liberdade e individualismo predominantes na sociedade euro-americana e os conceitos de hierarquia e casta, pertinentes ao sistema indiano. São essas, também, as questões retomadas por Roberto da Matta, na sua tentativa de interpretação da sociedade brasileira, para quem, historicamente, a noção de indivíduo natural ou empiricamente dado recebe dois tipos de elaboração. Num caso,

"(...) tomou-se a sua vertente mais individualizante, dando-se ênfase ao 'eu individual', repositório de sentimentos, emoções, liberdade, espaço interno, capaz, portanto, de pretender a liberdade e a igualdade, sendo a solidão e o amor dois de seus traços básicos (...), e o poder de optar e escolher um dos seus direitos fundamentais. Nessa construção — que corresponde à construção ocidental — a parte é, de fato, mais importante que o todo. E a noção geral, universalmente aceita, é a de que a sociedade deve estar a serviço do indivíduo, o contrário sendo uma injustiça que importa corrigir." (Da Matta, 1977, 172).

Noutro caso, dá-se justamente o oposto, pois nele a elaboração da idéia de indivíduo tende a enfatizar o seu lado social:

"Aqui, a vertente desenvolvida pela ideologia não é mais a da igualdade paralela de todos, mas a da complementariedade de cada um para formar uma totalidade que só pode ser constituída quando se tem tọdas as partes. Em vez de termos a sociedade contida no indivíduo, temos o oposto: o indivíduo contido e imerso na sociedade. É essa vertente que corresponde à noção de pessoa como a entidade capaz de remeter ao todo, e não mais à unidade, e ainda como o elemento básico através do qual se cristalizam relações essenciais e complementares do universo social." (Da Matta, 1979, 172-173).

Afirmando que essas duas noções básicas são amplamente usadas em todas as sociedades humanas, tendo sido a primeira — que põe ênfase no eu individualizado e autocontido — desenvolvida na tradição ocidental, enquanto a segunda — onde se coloca como dominante a noção de pessoa — cresceu naquelas sociedades de tipo holístico, hierarquizante e tradicional, Da Matta chama atenção para um ponto fundamental: em todas as sociedades, a despeito da ênfase que coloquem, no todo ou nas partes, ambas as noções estão sempre presentes, existindo, com efeito, entre elas, uma relação dialética.

Ora, o pajé ou curador característico do meio rural amazônico, em áreas tradicionais — tanto aquela estudada por Galvão, no Baixo Amazonas, como a que venho estudando, na microrregião do Salgado, especialmente no interior do município de Vigia — pode ser considerado como um personagem do mundo social brasileiro que combinaria em si as duas categorias distintas de indivíduo e pessoa. Daí a dificuldade para entender a categoria pajé e perceber como ela se encaixa num sistema classificatório. No processo de sua formação, desde o momento em que começa a sentir os primeiros sintomas da doença "corrente do fundo", até o momento de seu encruzamento, ele se prepara para colocar seus poderes à disposição da comunidade, construindo o seu caráter de pessoa como membro de um todo social a que deve servir, especialmente em lugares onde não existe ou se torna precária a existência de médicos formados em universidades e se fazem rarefeitos os serviços oferecidos pela medicina ocidental.

Não obstante, esse mesmo pajé também aciona o lado individualizante de seu *ethos* cultural, pois o processo de assunção ao xamanismo implica, certamente, numa forma de individualização, a partir das crises que o acometem e o fazem fugir do convívio social, buscando os lugares que o aproximam dos encantados e da natureza. Ademais, o pajé pode até individualizar-se como feiticeiro, praticando a magia maléfica (malineza): receberá sanções negativas, será malvisto, será temido, mas não conheço casos de violência física contra ele, em razão de acusações de feitiçaria. Mas o que ele não pode fazer é individualizar-se no sentido de dispor de seu dom apenas em benefício próprio, para curar-se dos males físicos e possessões incontroladas pelos caruanas, sem usar esse poder em benefício da coletividade. Mesmo que seja um feiticeiro, terá também de ser curador, e nos dois casos estará prestando serviços, para o bem e para o mal. Se, no entanto, tentar fazer como João — e outros que abandonaram ou tentam abandonar o exercício do xamanismo — os próprios caruanas se voltam contra ele, aplicando-lhe castigos, o que é uma forma, no contexto das representações locais, de induzi-lo a reassumir seu papel como partícipe do todo social.

Destarte, a ambigüidade da figura do pajé pode ser vista pela sua condição de personagem na qual estariam combinadas, como foi dito, duas categorias distintas e contraditórias. Num mundo social como o de Itapuá — e esta observação poderia ser estendida a muitas outras comunidades rurais da região do Salgado — quase não há espaço para o indivíduo, no sentido historicamente construído na tradição ocidental. Todos se comportam, ou devem comportar-se como pessoas, num universo hierarquizado que não se limita apenas a uma comunidade, mas se estende às comunidades vizinhas, às cidades interioranas de maior influência, atingindo mesmo a capital do Estado (Belém). A individualização está sujeita a sanções, tanto no plano das relações interpessoais, como no plano do sobrenatural. Um especialista do sagrado como o pajé, na verdade se individualiza, em certos momentos de sua prática social, o que ocorre, de fato, em algumas etapas do processo de assunção ao xamanismo, e, também, durante as sessões de cura, onde ele — ao contrário do que ocorre nos cultos afro-brasileiros — recebe sozinho as entidades de que é instrumento. Mas esta individualização é relativa e passageira, pois só acontece por ser condição necessária para que ele retorne ao mundo social como elo privilegiado da ligação/relação com uma parte do sobrenatural: o mundo de baixo, o mundo dos encantados do fundo.

248

CONCLUSÃO
UMA CONCEPÇÃO DO MUNDO FRUTO DE MÚLTIPLAS VISÕES

O universo das crenças do catolicismo popular e da pajelança, na região do Salgado, é povoado por um conjunto de personagens que, em suma, podem ser reduzidos a duas categorias mais inclusivas: homens e espíritos. Por sua vez, essas duas categorias se resumem numa só, designada pelo termo "vivente", de uma abrangência ainda maior, pois inclui espíritos, seres humanos, plantas e animais, em oposição àqueles seres que não têm vida, isto é, os astros, as nuvens, o mar, as pedras etc. Os espíritos distinguem-se dos demais viventes pelo fato de possuírem substância imaterial. O que fundamentalmente caracteriza os demais viventes é o fato de possuírem matéria, como ocorre no caso das plantas e dos bichos. Não obstante, os seres humanos, além de serem formados de matéria, também possuem um espírito (ou alma) que se separa daquela no momento da morte, prosseguindo sua existência de forma independente. Para alguns informantes, como o pajé João, de Itapuá, essa concepção é mais elaborada:

J — "(O anjo da guarda) quando a gente já nasce, traz. É tão bom como a sombra da gente. A sombra da gente provém do corpo humano, defendendo a humanidade, defendendo o espírito da gente."

P — "A sombra não é a mesma coisa que o espírito?"

J — "A sombra é uma mesma coisa que... Ela acompanha o espírito... O anjo da guarda da gente. Deus o livre uma pessoa não ter a sombra, não pode viver. Ou um encantado tirou a sombra daquela criatura, preciso muito cuidado! (...)"

P — "E me diga uma coisa, seu João: a alma da gente é a mesma coisa que o espírito? Não é a mesma coisa que a sombra?"

J — "Não. A alma já é só o espírito que vai. A sombra aqui fica, no corpo humano. Porque aquele espírito já vai livre de tudo, já vai livre; já desencarnou daquela criatura, pronto. Só o que acompanha é a fala e o juízo."

Entretanto, a categoria espírito inclui outros seres, além daqueles pertencentes aos humanos. Deus é o espírito supremo, sendo também referido como Senhor, Pai, Nosso Salvador Divino e outras expressões.

> "Deus é Espírito Santo, Nosso Salvador. Deus é nosso Pai Divino, Espírito Santo que é Pai, Filho e Espírito Santo. Três pessoas distinta da Santíssima Trindade; um Só Deus verdadeiro, poderoso, amado." (O mesmo informante).

Também os anjos são pensados como espíritos, distinguindo-se, entre eles, os anjos bons, em oposição a Satanás. Os anjos bons se dividem, por sua vez, em duas categorias: anjos de Deus ou anjos do Senhor, que vivem no céu, em companhia divina, e anjos da guarda, que vivem na terra, acompanhando e guardando cada ser humano. Satanás, concebido como uma espécie de anjo mau, é um espírito conhecido também por vários nomes: cruz-credo, diabo, rabudo, fardeta, inimigo.

Até esse ponto percebe-se que as concepções populares dos praticantes do catolicismo e da pajelança não se afastam muito dos ensinamentos do catecismo romano, difundido entre essas populações pelo ensinamento da Igreja oficial. As diferenças começam a aparecer quando se examina mais de perto as concepções a respeito dos espíritos ou almas dos seres humanos. Aqui, claramente, aparece a influência das idéias kardecistas, mescladas ao ensinamento católico. Distingue-se, como já foi visto no decorrer deste capítulo, entre espíritos encarnados e desencarnados. Estes, por sua vez, se dividem em espíritos de luz (que alcançaram a salvação, vivendo em companhia divina), anjinhos (espíritos de crianças, que também vivem no céu), espíritos maus e penitentes.

Toda a estrutura classificatória poderia ser resumida, de forma simplificada, no seguinte quadro:

QUADRO 8
A CLASSIFICAÇÃO DOS ESPÍRITOS

DEUS	ESPÍRITOS							
	ANJOS			ESPÍRITOS (DOS SERES HUMANOS)				
	ANJOS BONS		SATANÁS	ENCARNADOS	DESENCARNADOS			
	ANJOS DE DEUS	ANJOS DA DA GUARDA			ESPÍRITOS DE LUZ	ANJINHOS	ESPÍRITOS MAUS	ESPÍRITOS PENITENTES

Não obstante, essa estrutura apresenta algumas dificuldades, quando confrontada com o conjunto das concepções locais, como veremos melhor a seguir. A principal delas, que deve desde logo ser mencionada, é que a estrutura classificatória não dá lugar aos santos. Embora os santos não se confundam com os espíritos de luz, no discurso explícito dos informantes, eles são pensados como vivendo no céu, em companhia divina. Essa dificuldade será melhor abordada adiante.

Quanto aos seres humanos, compostos de espírito e matéria vale lembrar, como já foi visto, que na concepção dos praticantes do catolicismo popular e da pajelança, na área em estudo, eles se dividem em duas categorias: seres humanos comuns ou normais e encantados.

I — "O encantado é um cristão igualmente como nós, então invisível, porque trabalha já no encante dele. Trabalha no encante dele, então ele... Então ele já modificô deste mundo pro ôtro, mas ele é cristão, igualmente nós."

P — "Como é pra pessoa se tornar um encantado?"

I — "Porque os próprios encantado ele ilude, ilude. Eles levo pro encante. Ilude de a pessoa ficá lôco ali, perdê o pensamento; esqueceu-se de pai, de mãe; esqueceu-se do lugar, da casa, a residência dele, e seguiu o rumo que eles querem. Vai embora com eles. Não acontece antão nada; num vai mor-

rê, não. Passe o tempo que passá, se estivere de ví pra depois visitá a família, ele o ela, vem, vem. Se não, fica lá mesmo."
(Pescador de Itapuá)

Sendo os encantados seres humanos semelhantes a nós, eles não se confundem com os espíritos e, como vimos, dividem-se em encantados da mata (anhanga e curupira) e do fundo (bichos do fundo, oiaras e caruanas). Para alguns informantes, as oiaras também se dividem em brancas e pretas, sendo estas consideradas ainda mais "malinas".

Numa região litorânea, onde parte muito considerável da população se dedica à pesca, não é de se estranhar a preocupação presente com os astros, planetas e aparelhos (satélites) que surgem no céu. Por outro lado, como também foi visto acima, o Sol e a Lua têm uma importância especial, já que são capazes de provocar mau-olhado.

"Os astros digo eu que Deus Nosso Senhor, pela divindade Dele, vêm abaixo desse céu de palestrina e que ele domina. Então aqui embaixo Dele é que contém o Sol, a Lua, as estrelas, o vento, as nuvens e a chuva. Ainda acima tem a atemosfera. Que a atemosfera é um dos astros e que é muito difícil a criatura romper ela. Estes homens aviadores naturalmente eles alguma observação têm a isso (...). O astro está no astral, naturalmente, que é onde está o tempo. (Deus) fica acima dos astros. Deus Nosso Senhor está no céu." (Pajé João, de Itapuá).

"O céu... Dizem que não existe céu. O céu algumas pessoas dizem que não existe e algumas pessoas dizem que existe. Então passando a Lua, o Sol e as estrelas tem o céu. O céu formando uma bola, com tudo isso dentro." (Jovem pescador de Itapuá, 36 anos).

Embora se possa notar uma ponta de ceticismo dos mais jovens, além de um certo grau de discordância de opiniões, entre os praticantes do catolicismo popular e da pajelança, na área investigada, há uma concepção do universo que não aparece desligada de suas crenças de natureza religiosa.

Para o pajé Mundico também os astros existem no astral, uma parte do mundo que fica no céu, num lugar muito distante, acima de nossas cabeças. Os espíritos maus e penitentes vivem no "espaço", um lugar que fica entre o astral e a Terra.

"Espírito fica no espaço; vive voando como um pássaro."

Por outro lado, em seu depoimento, já transcrito acima, ele declarava, a propósito de se recusar a fazer o mal, usando seus poderes xamanísticos:

"Num quero que minha arma fique ardendo no inferno e me virando no espaço, não."

Quanto aos bons espíritos ou espíritos de luz:

"Deus coloca num bom lugar."

A morada dos bons espíritos é o "reino" (céu), lugar que fica mais acima do astral. Os seres humanos moram na Terra; sendo que "gente como nós" habita na superfície, enquanto os encantados moram "no fundo" (ele omite, no depoimento, os encantados da mata). Para provar que a morada dos encantados é no fundo, Mundico se refere à pesca de camarão feita por redes de arrastão das modernas empresas que, quando içadas, trazem do fundo do mar pedaços de plantas verdes, semelhantes às que existem na terra.

Nem todos os depoimentos são, porém, concordantes. Há discrepâncias que vale a pena assinalar, como no caso de um pescador de Itapuá, antigo agricultor em Santa Rosa:

"O espírito está encarnado na matéria. A matéria morre, mas o espírito fica, não morre. Eu acho que eles ficam no meio de nós. Uns dizem que sobe pro céu e otros dizem que fica aqui na Terra, se entrosando. Eu quero acreditá mais que eles ficam aqui mesmo. Porque, pra ficá no espaço, adonde que eles vão ficá? Vai pro céu? Eu acho que nem todos nós temo esse poder de morrer e ir pro céu".

Juntando os fragmentos dos depoimentos de diferentes informantes, pajés e não pajés, a despeito de algumas inconsistências, é possível montar, no entanto, uma espécie de mapa cognitivo, cuja coerência aparentemente se sustenta. Esse mapa constitui, de fato, uma construção analítica, incapaz de ser explicitamente verbalizada, em sua totalidade, por qualquer dos informantes. Embora ele seja desenhado a partir dos diversos depoimentos sobre as crenças, na realidade pretende ser uma espécie de montagem de várias concepções superpostas (sincréticas), como se diferentes mapas provenientes de sistemas distintos de crenças fossem representados em papel transparente e reunidos uns sobre os outros. Na conclusão deste trabalho, será retomada a discussão sobre o sincretismo, que se impõe a partir dos elementos colhidos na pesquisa de campo e sua análise.

Em primeiro lugar, deve ser dito que o universo surge como composto de cinco partes distintas: o céu, o astral, o espaço, a superfície e o fundo. Nessas cinco partes (com exceção do astral) se distribuem os seres humanos e espíritos, conforme o disposto no seguinte diagrama:

ALTO	REINO OU CÉU (Deus, anjos de Deus, anjinhos, santos, espíritos de luz)
ZONA	ASTRAL (Sol, Lua, estrelas, planetas, atmosfera, "aparelhos")
INTERMEDIÁRIA	ESPAÇO (Satanás, espíritos maus, espíritos penitentes)
SUPERFÍCIE	TERRA (Seres humanos, anjos da guarda, santos e encantados da mata)
BAIXO	FUNDO (Encantados do fundo)

Somente alguns desses seres têm um lugar fixo, além dos seres humanos normais: Deus, anjos, anjinhos e espíritos de luz. Essas são as entidades que, com exceção dos anjos da guada, apresentam-se numa posição mais distante em relação aos seres humanos. Os encantados, embora vivam no fundo e na mata (no mundo da natureza),

254

encontram-se permanentemente em contato com os seres humanos, ao se manifestarem sob forma humana no mangal ou nas praias (como oiaras), sob forma de animais (bichos do fundo, anhanga e curupira), ou na condição de caruanas, incorporando-se nos humanos, durante os trabalhos dos pajés ou em outras situações. Os espíritos maus e penitentes, como vimos, podem também assombrar ou incorporar-se nas pessoas e, ainda, na condição de almas, surgir em sonhos, revelando tesouros, pedindo orações, missas, cumprimento de promessas etc. Satanás, por outro lado, é temido pelas tentações que pode provocar:

> "O cruz-credo, o diabo, ele pediu licença a Deus Nosso Senhor pra tomá conta de uma parte do mundo e Deus, sendo bom Pai, amado e bondoso, disse que não. Deu uma terça (...). Ele faz encostar um florido num corpo humano, pra enganar uma menina, seduzir uma esposa." (Pajé João, de Itapuá).

Ao lado disso, pensa-se que Satanás se apodera das pessoas que não rezam, que são rebeldes e não obedecem aos pais e aos mais velhos. Não se admite que ele possa se incorporar diretamente numa pessoa. Isso só contece com os espíritos maus (desencarnados) que são os seus seqüazes, por maldade e, também, com os espíritos penitentes (por incompreensão). Por isso, admite-se que é muito mais fácil afastar um espírito do corpo de uma pessoa em que ele se incorpore, caso não se trate de um espírito mau. Como também foi visto acima, certos feiticeiros e feiticeiras fazem um pacto com Satanás, de onde lhes vem o fado ("labisônios" e matintapereiras). Também se admite que uma matintepereira possa mandar o seu próprio espírito (ainda encarnado) para perseguir e, mesmo incorporar-se numa vítima.

Considerando o diagrama acima, onde se procura resumir as concepções cosmológicas dos atores-participantes do sistema local da pajelança e do catolicismo popular, torna-se fácil perceber porque Satanás, espíritos desencarnados e encantados são as entidades que mantêm maiores relações com os seres humanos normais. As linhas demarcatórias são tênues; é fácil o trânsito entre o fundo e a superfície, entre o espaço e a superfície. Satanás, espíritos desencarnados e encantados, embora possuam seus próprios locais de morada, também transitam livremente na superfície, em permanente interrelação com os seres humanos.

Surge, porém, aí, uma dificuldade, para aqueles acostumados a pensar dentro das categorias moldadas pela tradição cristã que remonta ao fim da Antiguidade e à Idade Média européia[57]. Nessa tradição não há, evidentemente, lugar para os encantados. O lugar do fundo (onde habitam os encantados, na tradição da área investigada) é ocupado, naquela tradição — que, certamente, é uma incorporação de uma crença mais antiga, remontando pelo menos aos antigos gregos —, pelos espíritos das trevas ou pelo fogo de Satanás. Inferno (e purgatório) se localizam nas profundezas, ocupando um lugar simétrico e inverso em relação ao reino ou paraíso celeste. Ora, para os praticantes do catolicismo popular e da pajelança, as idéias de inferno e purgatório são incorporadas através de um processo seletivo de reinterpretação, mescladas a concepções de fundo indígena tupi e noções kardecistas. Desta forma, o inferno e o purgatório não podem situar-se, de fato, no fundo.

Diante da pergunta direta a um informante sobre o lugar onde fica o inferno, a resposta nunca é fácil. Alguns preferem dizer que não sabem. Outros respondem de maneira confusa:

"O inferno, os passado dizia que era nos astro. Hoje em dia muitos já dizem que é aqui mesmo... Otros dizem que é mesmo na atemosfera... Espírito mau ficam no espaço, vagando, cumprindo penitência." (Marreteiro de peixe, em Vigia).

Embora, para muitos informantes, só os espíritos penitentes tenham a possibilidade de alcançar a salvação, após cumprir sua penitência, alguns informantes, como o citado acima, parecem indicar uma possível evolução, em que os próprios espíritos maus seriam capazes de transitar para a condição de penitentes e, afinal, atingir a salvação, tornando-se, também, espíritos de luz.

E, aqui, surge o momento de enfrentar a dificuldade colocada pela situação ambígua em que se colocam os santos no mapa cognitivo esboçado linhas acima. Se eles não se confundem com os espíritos de luz, sendo referidos mesmo, como foi dito acima, em contextos e em situações diferentes, vale observar que, no diagrama da página 254, os santos aparecem em duas posições distintas. Eles estão tanto no céu, como na terra. Lembrando o que já foi visto anteriormente, devo mencionar que os praticantes do catolicismo popular fazem uma distinção entre o santo do céu e as suas semelhanças ou imagens. Ora, o santo do céu é, claramente, um espírito e, na lógica das concepções kardecistas, poderia perfeitamente ser pensado, também, como um espírito de luz. Não o é, porém, nas concepções populares da área investigada. O santo do céu é um espírito que passou por um processo especial de santificação, que o distingue dos espíritos de luz que, por outros caminhos, atingiram a morada divina, sem um destaque especial em suas trajetórias. Em seu processo de salvação não interveio nenhum acontecimento extraordinário. Ao contrário, como foi visto acima, os santos, na concepção popular, tiveram de passar por um processo de *sofrimento*, um processo *extraordinário*, responsável por sua *santificação*. Não são, pois, simples espíritos de luz.

Além disso, eles não estão presentes apenas no céu. Através de um simbolismo que envolve os processos metafórico e metonímico, eles, com suas imagens ou *semelhanças*, "deixadas por Deus na terra", estão também presentes na vida dos seres humanos comuns, participando e interferindo nessas vidas, como também o fazem os espíritos que vivem no espaço, ou os encantados que vivem no fundo e na mata. Ademais, como já foi notado, os santos possuem uma relevância maior do que os encantados, para os praticantes do catolicismo popular e da pajelança, não só pela área maior de abrangência de seu poder, mas também — embora sendo entidades homólogas —, por serem milagrosos e, conseqüentemente, mais poderosos do que os encantados, que apelam a eles para fazer suas curas no decorrer dos próprios trabalhos dos pajés.

Vimos acima que os seres humanos, vivendo na superfície terrestre, podem também tornar-se encantados, caso sejam levados para o encante, atraídos por algum dos moradores do fundo que deles se agrade. Isto, evidentemente, não é pensado como normal, pois o comum é que as pessoas cumpram seu destino na superfície, até a morte, quando seu espírito se desencarna, passando a viver no espaço, como espírito mau ou penitente, ou no céu, como espírito de luz ou mesmo como santo.

Vimos acima como, também, os processos de santificação e de encantamento são homólogos, como homólogas são essas entidades que ocupam posições simetricamente inversas no mapa cognitivo e no esquema cosmológico dos praticantes do catolicismo popular e da pajelança. Todavia, a maior relevância dos santos no esquema cosmológico das populações rurais e de origem rural do Salgado não é sem razão e não pode ser explicada somente pela consideração da hegemonia que o catolicismo exerce na região. É que o verdadeiro destino dos seres humanos é a ligação com o divino e, por isso, os encantados desejam desencantar-se, individual ou coletivamente, como foi visto nas páginas precedentes, para cumprir seu destino verdadeiramente humano, enquanto não se concebe que os santos desejem deixar de ser santos, voltando à sua antiga condição. O desencantamento coletivo dos encantados, condição escatológica que, nos mitos e lendas locais, é sempre afastada do tempo, importará numa subversão da ordem do mundo, com o afundamento das atuais cidades dos homens e o afloramento à superfície das cidades dos encantados. Desaparecerão as mediações e as ambigüidades, e a ligação dos homens com o divino (num plano superior ao da natureza e da cultura) se fará sem intermediários, sendo, por outro lado, inteiramente domada a natureza.

NOTAS

1 Os donos de santos são personagens comuns em Vigia. Como se verá a seguir, as casas costumam abrigar santuários, com uma ou várias imagens e estampas. Em algumas povoações, certos santos pertencentes a donos são cultuados pela comunidade, mas continuam pertencendo a seus donos. Sobre o assunto, consultar Galvão (1976, 30), que os descreve em Itá.

2 A Barreta é uma extensa área do município de Vigia, vizinha ao município de São Caetano de Odivelas, do qual se separa pelo rio da Barreta. Nela existem várias povoações, além de São Benedito, quase todas ostentando nomes de santos: Livramento, Santo Antônio, Santa Luzia, Santa Maria e Jardim da Barreta. São Benedito, como acontece com outras provoações do município, está dividida em três partes, que constituem pequenos núcleos de residências com seus moradores: Caratateua, Anauerá e São Benedito. De fato, a parte abandonada e decadente da povoação é seu núcleo principal, isto é, São Benedito, onde se localiza a capela de Santo Antônio e a sede, ampla construção de alvenaria, destinada às festas dançantes. Caratateua, vizinha da ilha e povoação de Itapuá, da qual se separa pelo rio Caratateua, dista cerca de três quilômetros de São Benedito, enquanto Anauerá, hoje o mais importante núcleo da povoação, dista somente um quilômetro.

3 P1 — "O que adianta o pescador acompanhá o Círio da Santa porre? Cumpri a promessa dele, que num tá nem com sentido no que aconteceu com ele, né? Pensando nada, agora se lembrando que lá na frente tem um boteco, ele vai entrá, vai tomá mais uma. Então, por isso, o padre vem debatendo isso; o padre está certo."

P2 — "Então, se ele faz uma promessa, ele vai até na igreja, termina a missa: 'Agora eu vô me divertí'. Mas não, se joga na água, se molha..."

P1 — "Tem um igarapé lá na frente; ele vai passando na água... Tchepèi!, no igarapé (referência ao costume dos pescadores de se molharem ao longo do trajeto da procissão). Aí, tá pronchado (embriagado), chega lá na frente, um boteco. Chegó lá, encostô, lá vai com a bóia, né? Encosta a bóia lá e vem... Olha, não sabe a hora que começó a missa, nem quando terminô. Adiantô?"

P2 — "Pois é, se ele vai fazê uma promessa, tinha de í do começo ao fim, né? Vai no Círio, vai na missa; termina a missa, agora vai se divertí."

P1 — "Eu também não sô contra, não sô contra que ele se molhe, mas que ele vá terminá a promessa dele primeiro."

4 "São Benedito é um bocadinho pretinho, mas ele também é perigoso." (Agricultor de Anauerá). "São Benedito é um santo de cabeça quente, que anda com uma caixa de fósforos no bolso." (Comerciante de Itapuá). "Meu avô dizia que o São Benedito é um santo que faz milagre sem rogar a Deus." (Mulher de pescador de Itapuá).

5 Depois de ouvir essas histórias, entrevistei a dona do santo, que as negou vee-mentemente, mostrando-me a imagem de São Benedito, que ainda hoje conserva em sua residência, em Vigia (entrevista realizada em 19.9.84).

6 Quando a mãe estava grávida há vários anos, sofreu muitas complicações e esteve em risco de vida. O pai fez então a promessa de oferecer ao santo uma caixa grande de velas, contendo vários pacotes, de uma libra cada. Sem saber dessa promessa, uma amiga fez outra a Nossa Senhora do Bom Parto. Decorrida a gravidez sem maiores problemas, depois que nasceu a filha, o pai comprou a caixa grande de velas e a colocou junto ao oratório de São Benedito. A amiga da mãe foi visitá-la e contou-lhe da promessa que fizera, tendo a parturiente aberto a caixa de velas do santo, entregando-lhe um pacote de libra, dizendo: "Pra quê São Benedito precisa de tanta cera? Toma esta caixinha e dá pra santa". Mais tarde, quando todos estavam num outro compartimento da casa, foram alertados para um princípio de incêndio no quarto do casal. Depois que o fogo foi dominado, perceberam que só as roupas da mãe haviam sido destruídas. A partir daí, a mulher castigada passou a ter o maior respeito pelo santo.

7 Um pescador de Itapuá contou o seguinte episódio, que ilustra o desprezo que pode às vezes ser manifestado para com São Pedro: "Eu tinha um tio, que ele era meio assim desastrado, mas tinha curral muito. E então nesse dia nós fumo despescá curral; nesse tempo dava muito peixe. E no meu deu nove pacote de tainha e no dele não deu nada. Aí ele agarrô, deu uma pacamom (peixe pouco valorizado), ele agarrô, cortô todinho o peixe: 'Taí, São Pedro, coloque na bunda'. Nós fiquemo com medo dele dizê aquela palavra, mas num aconteceu nada. Então, a gente tem mais fé, assim, nesses otros santos".

8 Na casa de um pajé, velho pescador aposentado, o oratório na sala ocupa posição de destaque, contendo várias imagens de santos: São Pedro, Nossa Senhora das Dores, São Raimundo, São Jorge e uma reprodução em gesso do Cristo Redentor do Rio de Janeiro. Há também várias estampas de santos, emolduradas, na parede ao lado do oratório: Nossa Senhora do Bom Remédio, Sagrado Coração de Jesus, Nossa Senhora de Nazaré e Cristo Crucificado. Além dessas, no quarto do casal, há duas estampas emolduradas de Nossa Senhora do Perpétuo Socorro e do Sagrado Coração de Jesus. Na casa do dono de uma das lanchas que transportam passageiros entre Vigia e Itapuá, o oratório está guardado no quarto do casal, contendo as imagens de São Sebastião, Nossa Senhora das Graças, Nossa Senhora de Nazaré, Nossa Senhora do Perpétuo Socorro e do Menino Deus; há também um quadro de Nossa Senhora do Bom Remédio pendurado na parede por sobre o oratório e, no interior deste, junto com as imagens, uma estampa de Jesus e um retrato do papa João Paulo II.

9 Zizi é um carpinteiro aposentado, viúvo, cujos filhos estão todos casados. Mora atualmente num quarto da casa de um de seus filhos, para onde foi transportado o santo, que continua sendo visitado pelos moradores da povoação. A ele, os pescadores levam grande quantidade de velas e fitas como pagamento de promessa.

10 Essas observações sobre São Pedro referem-se a Itapuá e Vigia. Não foi possível investigar as concepções dos moradores de algumas pequenas povoações onde esse santo é padroeiro, o que possivelmente mudaria o quadro acima apresentado.

11 Alguns depoimentos ilustram as concepções sobre esse santo: "Olhe, este São Benedito daqui, de pau, ele é de pau. Eu não sei se é um milagre, uma fé que a gente tem, mas o pessoal tem alcançado vários milagres, pelo menos eu já alcancei um deles. Uma vez eu fundiei minha canoa embaixo do Mosqueiro, tem um lugar que chamam Guariba (...). Então uma noite eu cheguei lá cansado e botei o ferro. Quando foi 6 horas da manhã eu me acordei, disse pro rapaz: 'Vamo puxá o ferro'. Vento bom, puxemo o ferro. Nada, nada; eu já tava cansado. P.a cortá, a amarra nova, o ferro novo... 'Ó São Benedito, eu lhe dô uma libra de cera se você fizé que saia esse ferro'. Aí, quando vimo, o pretinho, fio! pro fundo. Mergulhô. Aí, daqui a pôco, a canoa deu uma rodada assim, embambeceu a amarra, aí puxemo, lá veio o ferro. O pretinho foi mergulhá, foi buscá meu ferro, não foi? Aí eu cheguei, dei uma libra de cera pro santo. E assim ele tem feito milagre. Eu tenho uma fé nesse santo". (Dono de canoa grande, em Itapuá). "O dia que ele não tem cera pra acendê é muita coisa. Tem montes de cera. Só agora um camarada deu 10 dúzias. Porque perdeu uma rede, e achô a rede; se pegô com São Benedito, e achô a rede". (Pescador de Itapuá).

12 Ver nota 28 da parte II

13 Essa reivindicação está baseada na obra do jesuíta Serafim Leite (1945), mas, de fato, não se sustenta. Serafim Leite, seguindo Betendorf (1910), apenas demonstra que a devoção a Nossa Senhora de Nazaré é mais antiga em Vigia do que em Belém.

14 Também em Itapuá se conta a história do incêndio que ocorreu no oratório de São Benedito do seu Zizi, há vários anos, tendo sido destruída a imagem de Santo Antônio, que estava no mesmo oratório, mas o São Benedito escapou do incêndio "por milagre".

15 Na origem do culto dos santos, no Baixo Império Romano e na Alta Idade Média, os túmulos dos mártires, seus corpos mumificados e as relíquias, com partes de seus corpos ou objetos que os tinham tocado, possuíam uma importância especial para os cristãos (cf. Brown, 1984, 99, 105, 116 e passim). A noção popular de corpos santos, que escaparam à corrupção da morte, pode estar associada a essa antiga tradição, ainda viva na Europa e em algumas partes do Brasil (aqui, somente em relação a santos populares não reconhecidos pela Igreja oficial). Em relação ao final da Idade Média e a uma região diferente da estudada por Brown, cf., sobre o culto dos santos, Toussaert (1963, esp. 279-294).

16 Ver a parte III deste estudo, onde se trata do ciclo de festas de santos nas localidades mais importantes de Vigia e do Salgado.

17 As histórias populares a respeito de santos são muito comuns em toda a Amazônia. Alguns desses relatos recolhidos em Itá (Gurupá), no Baixo Amazonas, podem ser encontrados em Galvão (1976, 33-35). Essas histórias aparecem também com freqüência na literatura regional. Dalcídio Jurandir, por exemplo, refere a história da menina que morreu louca por espiar a mãe, roupeira da santa na igreja, mudando a roupa de Nossa Senhora da Conceição, na cidade de Cachoeira, na ilha do Marajó (Jurandir, 1967, 33-35); e Benedicto Monteiro narra a história de Santo Antônio, padroeiro de Alenquer, no Médio Amazonas, que, por seus poderes, fez mudar a primitiva localização da cidade (Monteiro, 1977, 59-69).

18 A concepção a respeito de santos vivos também existe no interior do Maranhão (cf. Mourão Sá, 1974, 18-19).

19 As histórias foram recolhidas no Dia de Finados de 1985, nos cemitérios, e nos jornais de Belém do dia seguinte, havendo versões discordantes em alguns detalhes. Uma parte destas histórias se encontra no trabalho de Monteiro (1985).

20 Vale lembrar que uma das mais famosas santas populares do Rio de Janeiro, Odetinha, passou a ser considerada santa só no momento em que, vários anos após sua morte, ao abrirem a sepultura para enterrar seu pai, o corpo da menina foi encontrado intacto (cf. Frade, 1984). Não obstante, entrevistando coveiros e outros funcionários do Cemitério São João Batista, em novembro de 1986, tive a informação unânime de que o túmulo de Odetinha nunca foi aberto, o que, porém, não invalida o argumento, pois a história continua sendo repetida pelos devotos.

21 Sobre o conceito de popularização, cf. Brandão (1980, 204): "A transformação de um sistema religioso erudito, doutrinário e sacramental, em outro, comunitário e devocional, é o resultado de um exercício coletivo da população, dentro de um setor de cultura e entre um domínio político e o outro. Não é o efeito de uma má aprendizagem, uma espécie de caipirização ingênua ou depravada. Por outro lado, o repertório de crenças e práticas populares não constitui um sistema tradicional e estático, 'coisa dos antigos', como alguns agentes dizem, eles próprios. Ao contrário, embora perca frações da ciência de trabalho religioso, trata-se de um sistema que se atualiza como um dos setores do saber popular que retraduz dialeticamente, para os seus sujeitos, o modo de vida de suas classes e as suas variações".

22 Descrições do ritual de pajelança se encontram, entre outros autores, em Figueiredo (1975), Gabriel (1980, 90-94), Galvão (1976) e Moraes Rego Jr. (1973). Uma descrição detalhada, bem como a análise dos elementos do ritual e dos processos e técnicas curativas, aparece no apêndice 6 da parte II deste trabalho.

23 O conceito de malineza será analisado no capítulo 6 deste trabalho.

24 Essa doença, embora assim considerada por todos os informantes, não possui um nome local, ao contrário das anteriores, que são rotuladas pelos nomes que estão no quadro.

25 São famosas as concepções sobre os poderes do boto na Amazônia. Sobre o assunto, consultar, entre outros, Galvão (1976, 67-71) e Rocque (1967, 307).

26 Transcrevo uma delas, narrada por um pajé em Itapuá: "Em Moju (...), um lugar acima de Belém, tinha lá uma família, antigamente. Os menino ficavo pela berada do rio brincando. Desaparecero, foro encantado, né? Levaro eles pro encante. Um se chamava Norato Antônio, otro Maria Caninana, ero dus irmão, tudo menino (...). Depois de tempo a irmã conseguiu a namorá, a gostá duma cobra braba, no fundo do mar, uma serpente. Antão o irmão Norato Antônio disse pra ela que não. Simpatizasse duma gente deste mundo, dum rapaz daqui do lugar donde eles vinho, mas não do encante, que era pra vê se eles podia se desencantare. Mas não, a irmã num ouviu o conselho do irmão, gostô mesmo da cobra braba (...). No final das contas que o irmão não quis, ficô muito brabo com isso, brigô com a cobra, uma serpente, e deu conta dela, o noivo que era da irmã, matô (...). Maria Caninana revortô-se com seu irmão, por tê matado o noivo que era dela, foi brigá com o irmão; o irmão deu conta dela também; matô ela (...). Dispôs dum tempo, ele veio na casa da mãe dele e disse pra ela de que tinha acontecido, que a irmã dele tinha morrido. É, que a mãe podia fazê? Nada. 'Tá bom, meu filho'. Ele disse pra ela: 'Eu também não demoro'. Conversô lá com a mãe dele (e) se despediu, (que) ele ia viajá, não podia estar nesse rio daqui porque a fundura era pôca, o sor martratava muito ele, o sor. Enorme bicho num era aquele! (...). Agora, dum certo tempo pra cá, eu acho, por meio da mágica de Deus, entrando as corrente, ele vive em Maiandeua". (Pescador aposentado).

27 Versões da lenda de Cobra-Norato podem ser consultadas em Rocque (1968, 517-518). A lenda da Cobra-Norato deu origem a um famoso poema do gaúcho Raul Bopp (1973), servindo de inspiração também para o poeta João de Jesus Paes Loureiro (1975).

28 Embora os habitantes de Maiandeua (ilha pertencente ao município de Maracanã) refiram-se também a essas mesmas histórias, há outras moradias do rei: São João de Pirabas (ilha de Fortaleza), no município de Primavera, onde existe uma famosa pedra "do rei Sabá"; fala-se também na morada do rei Sebastião na praia do Lençol (Estado do Maranhão). Vale lembrar que o rei Sebastião é uma entidade presente não só nos cultos de pajelança cabocla, mas também da umbanda do Pará e Maranhão. Há muitos estudos sobre o sebastianismo, tanto em Portugal como no Brasil. Para uma visão resumida cf. Câmara Cascudo (s.d. 810-812). Com relação ao culto à pedra do rei Sabá cf. Moraes Rego Jr. (1983, 102-117) e Maués (1987).

29 As categorias cetáceo e réptil não são nativas. Para as populações rurais ou de origem rural com que trabalhei, o boto e a baleia são peixes; o jacaré, ausente na região, entraria, provavelmente, na categoria inseto (como a cobra, o lagarto e outros animais sem serventia).

30 Não há, como na umbanda, caruanas que estejam ligados a determinados fiéis; os caruanas pertencem apenas ao pajé.

31 O agradecimento faz-se diretamente ao pajé, a quem pertencem os caruanas, sendo, pois, um agradecimento apenas indireto a estes últimos.

32 Cf. Lewis (1977, 76), cujo conceito de xamã é o que adoto: "Os que praticam a possessão controlada, 'dominando' os espíritos (ou, no caso, os caruanas, R.H.M.), são conhecidos no contexto ártico como xamãs. Retenho esse termo para homens e mulheres que exercem uma ampla gama de funções sociais nessa base".

33 O tema da anarquia será tratado mais amplamente no capítulo 7 deste trabalho.

34 A respeito da identificação/justaposição entre as entidades dos cultos africanos e os santos católicos, cf. Bastide (1971).

35 A isso se deve acrescentar a dimensão do sofrimento que, conforme foi visto anteriormente, desempenha um papel fundamental, nas representações, embora não seja verbalizado pelos informantes.

36 As únicas exceções encontram-se em São João de Pirabas (município de Primavera), na ilha de Fortaleza, onde existe a Pedra do Rei Sabá que, de longe, assemelha-se a um homem sentado (o rei Sebastião); e o coração da princesa, uma pedra com essa forma, que representa o coração da filha encantada desse rei. Trata-se, porém, de formações naturais. Não obstante, a Pedra do Rei Sabá é objeto de culto, tanto na umbanda como na pajelança cabocla. Neste caso, o rei Sebastião é tratado como se fosse um santo, pois até promessas são feitas a ele.

37 A única exceção é a do rei Sebastião, conforme foi dito na nota anterior.

38 No entanto, em outros cultos mediúnicos, como o batuque e a umbanda, as entidades recebem representações materiais. Mas é preciso notar que, nesses cultos, ocorre o fenômeno da identificação dessas entidades com os santos católicos, tradicionalmente representados por imagens e estampas. Já no espiritismo kardecista, onde não se faz a identificação entre espíritos e santos, os espíritos também não recebem representações materiais.

39 No caso, como foi visto acima, pode-se dizer que o simbolismo não fica somente no terreno da metáfora, mas penetra no campo da metonímia.

40 Vale lembrar, porém, que no cristianismo primitivo, os ritos de possessão eram comuns diante dos túmulos dos santos. A diferença estava no fato de que o poder dos santos se manifestava pela sujeição e expulsão do demônio que se apossava do corpo dos doentes, diante dos santuários. Dessa forma, os santos eram capazes de proporcionar a cura, diretamente, sem a mediação de um xamã, como no caso dos encantados da pajelança (cf. Brown, 1984, 137 e segs.).

41 Isso se aplica, aliás, à maioria dos municípios da região do Salgado.

42 Em termos mais amplos, a área abrangida pelos pescadores vigienses, que é comum a todos os pescadores do Salgado e da ilha do Marajó, corresponde à "zona estuarina (estuário do Amazonas) e oceânica, que têm como pontos extremos as áreas do município de Salinópolis (...) e a Ponta Grossa, próxima do Estado do Amapá, penetrando também na região das ilhas, às proximidades dos municípios de Afuá e Chaves". (Loureiro, 1985, 121).

43 Valeria a pena citar aqui as palavras de um filósofo muito antigo, que está na base de um grande número de aspectos do pensamento ocidental: "o homem fez os deuses à sua imagem e lhes outorga seus costumes" (Aristóteles, 1954, 5). Essa formulação antecipa, de alguma forma, um dos principais argumentos de Durkheim sobre o fenômeno religioso: a religião é uma representação coletiva, o conceito de divindade se confunde com o de sociedade.

44 Os nomes de pajés e algumas pessoas da área em estudo, neste capítulo e no seguinte, são fictícios. Eles são utilizados para facilitar a análise. O cuidado em omitir os nomes verdadeiros, que é parte da tradição antropológica, justifica-se para proteger as pessoas de possíveis constrangimentos, caso este trabalho venha a ter uma divulgação mais ampla.

45 Esses conceitos, sejam ou não encarados como doenças, têm sido estudados por vários autores, como Adams (1952), Da Matta (1973a), Galvão (1976), Reminick (1974), Rubel (1960), Spooner (1970), entre outros.

46 Sobre feitiçaria e bruxaria, a coletânea organizada por Mary Douglas (1970), incluindo trabalhos como os de Cohn (1970), Brown (1970), Pitt-Rivers (1970), Lewis (1970) e Ruel (1970), entre outros, oferece uma excelente visão do problema, tanto em termos históricos (desde a Idade Média), como em termos de sociedades contemporâneas de várias partes do mundo, assim como em termos teóricos.

47 Cf. Mott (1985) e Mello e Souza (1986), entre outros autores. No caso, esses autores apresentam relatos de bruxos e bruxas brasileiros, que admitiram ter feito pacto com o diabo. Mesmo no caso da visitação do Santo Ofício ao Grão-Pará, examinado na primeira parte deste trabalho, a única mulher acusada que compareceu à mesa inquisitorial, negou que tivesse familiaridade com o demônio (cf. Lapa, 1978, 182-183 e 184-185), o que não impediu que fosse levada para Portugal, onde prosseguiu seu processo (cf. Mello e Souza, 1986, 288).

48 Nas palavras da própria Maria da Glória, que relatou o fato com indignação: "Ele disse que um caruana dela atestô que o pai dele, o compadre Benedito, estava enfeitiçado, que eu tinha enfeitiçado, diz-que já prendido o rasto do compadre Benedito numa garrafa. Ah, mas ele foi me dizê foi coisa, lá na roça, e eu disse também pra ele umas coisa. Quando eu vim de lá, vim dá parte, disse pra dona Maria. Quando o seu Tomás (delegado de Polícia) chegô, fui lá, disse pra ele. O que o seu Tomás fez? Chamou ele e disse, diz o caso, passô conselho. Pois ele merecia é í preso, pra ele num me chamá feiticeira".

49 Isto não fica inteiramente claro, como será discutido mais tarde, em virtude da influência das concepções kardecistas.

50 Sobre a Cabanagem, cf., entre outros, Raiol (1970), Rocque (1984) e Di Paolo (1986).

51 Esta é, pelo menos, a concepção predominante ao interior, onde a umbanda tem menor penetração. Os terreiros de umbanda são também, eventualmente, procurados pelos adeptos da pajelança, mas, freqüentemente, seus dirigentes são pensados como pajés (pelas populações do interior).

52 "Agora aqui, os padres são contra isso, vamo dizê, a Igreja, porque... Vinha vindo o padre que trabalha na cidade de Curuçá (o informante não precisa a época do acontecimento), vinha vindo da cidade de Marapanim, então, passando-se num furo que se chama Pacamorena, tem uma povoação. Ali estava um pajé trabalhando. Iam devagá, por causa de esperá a maré. Quando ele confrontô a casa, ele disse assim: 'Calma aí, se agüenta um instante aí a canoa'. Quando ele viu, lá um disse assim esta palavra: 'Chegô o jacaré grande!'. Lá na linha dele, né? E aí o padre escutô e disse: 'Olhe, olhe, meus irmão, então isto é da parte de Deus? Então num humano batizado, vem encontrá um bruto desse? Não, não, não!' E aí os outros que iam disseram: 'É, reverendo, cada um como Deus Nosso Senhor determiná.' 'É, certo, é certo, é certo! Mas essa parte não é a parte de Deus. Porque agora, cê já pensô, um jacaré? E jacaré fala?' Os parcero dele disse: 'Num sei. Que conheça, não'. Disse: 'Pois é, e como ele tá falando lá?'. 'A vossa excelência sabe que é o home que tá trabalhando'. 'É, tá. Tá certo!'". (Pajé João, de Itapuá, pescador aposentado).

53 "Cada prescrição é feita em número ímpar (3, 5, 7, 9), sendo renovada de acordo com a necessidade. Anotei a prescrição feita por um pajé de Itapuá a uma mulher que se tratava com ele. Foram três banhos diferentes e uma defumação a ser feita em casa, nos dias em que tomasse os banhos: a) ingredientes do 1º banho: vindicá-pajé, manacá-de-arte, folha de cipó-titica, sumo de buiuçu-miri, folha de jiboinha-branca, paca-d'água, estrela-do-norte, folha ou batata-de-borboleta; b) ingredientes do 2º banho: barba-de-curupira, boca-de-leão, pau-para-tudo, mururezinho, cipó-oieira, boiúna-do-mato, puraquê-do-ar; c) ingredientes do 3º banho: vindicá-pajé, manacá-de-arte, folha de cipó-titica, folha de jiboinha-branca, folha ou batata-de-borboleta, casca

de tauari, folha-de-sapo, sangue-de-cristo, cipó-caatinga; d) ingredientes da defumação: breu-branco, caroço de tucumã, espinho muru-muru, raiz de camembeca, talo de mandioca, Vence Tudo e São Jorge." (Maués, 1977, 205-206). A maioria desses ingredientes é formada por plantas nativas da região que, infelizmente, não foi possível identificar. Vence Tudo e São Jorge são defumações industrializadas, vendidas em casas especializadas em produtos de umbanda.

54 Peixinho bom, isto é, de tamanho reduzido e não gordo (pescada branca, cangatá, bagre e piaba), galinha, ovo, arroz e farinha de mandioca (Cf. Motta Maués e Maués, 1980, 68).

55 Segundo o pajé João: "Entonce, professor, eu vô lhe dizê o seguinte, que foi o ano, foi 73, então viero me dizê: 'Seu João, o senhor sabe duma coisa?.' Eu disse: 'Não'. 'Pois olhe, eu vô lhe dizê que tem aí um camarada e que já prometeu que vai tirá pela metade de sua ciência'. E aí eu fiquei escutando, digo: 'Ele vem tirá? O motivo?'. 'Sim, que o senhô não enxerga, sê um cego e vai, lá, o senhô diz muita coisa, ensina alguns remédio, acertando, assim Deus consinta'. Eu digo: 'Olhe aqui, eu num resolvo nada, só o que eu resolvo é que a minha fé é para com Deus Nosso Senhô e a Nossa Virge-Mãe. Se Ele consenti, eu confio no meu Deus amado, se tivé um que tenha esta atitude de querê fazê, provocá este mal, pra cima de mim pode, pra Deus não". No caso de Olavo, que não mais exerce as funções xamanísticas, sua explicação para o fato é a seguinte: "Os meus irmão era desse que, quando tinha um pajé, queria que a gente fosse pra melhorá más, queria que... Tinha o Manezinho acolá. Manezinho apareceu que era um bom pajé, o pessoal correu pra lá. Eles quisero me levá, eu num quis í, digo: 'Não, num vô, eu num vô'. Quando apareceu esse pajé de Belém, Expedito. Apareceu na Vigia esse pajé de Belém, curando esse pessoal por aí. Ia fazê um trabalho na casa do Dedé (irmão de Olavo). Aí, acharo que o Anauerá (sítio de outro irmão de Olavo) acolá fosse melhó pra eles fazê o trabalho lá (...). Aí, um dia, ele (Expedito) me pediu o meu maracá. Eu dei. Nessa tacada, pronto, ele abriu, dizque ele tirô as conta melhó que tinha. O maracá tem umas conta, né? Tirô, aí pronto, eu caí, caí, que não prestei mais pra nada, fui me esquecendo de tudo, fui me esquecendo de tudo, aí, pronto, me esqueci". O pajé Francisco, em seu depoimento, depois de narrar o tratamento pelo mestre Manezinho, em cuja casa morou durante muitó tempo, explicou também a razão de ter abandonado o exercício do xamanismo: "E aí, dispois, a mulhé: 'É, velho, eu prá lá e tu pra cá, num tá dando muito certo, por causa desses pequeno (os filhos), e nossas plantazinha, e nossa casazinha que temos por aqui, esses filho reclamo muito' (....). E comecei já saí de lá (da casa do mestre), trabalhava já um dia, vinha me embora, passava dias e mês, mês e pôco para í. Antão de vez em quando ele (o mestre) mandava chamá pra trabalhá. Por ele não senhô, não era pra mim saí de lá (...). Tinha uns trabalho que nós ia fazê pro Marajó, aí pra Contra-Costa. Dispois nós já tratemo compadre, era padrinho duma menina que morreu. Já foi meu compadre ele. 'Compadre, o senhor não vai ainda pra otra parte, o senhor pode í, mas cê venha; o

seu trabalho já é aprovado; cê já cura gente; cê já trabalhô aqui; já curô. Os seus guias já curaro gente'. Aí eu disse pra mulhé: 'Não dá certo, tu pra lá, eu pra cá, tu te some'. Aí eu comecei a me botá de lá; saí mesmo, não quis mesmo trabalhá".

56 Ele próprio o admite: "Então eu fiquei parado, pronto. Oito anos num puxei na arte (não realizou sessões xamanísticas). Me casei, minha esposa num sabia. Dispois de oito anos, aí, pronto, eles (os caruanas) começaro me jogá, me aperriá, aí foi, veio os trabalho (as sessões), aí foi ajeitando e pronto (...). Mas depois paralizô minha vista. Agora, pra eu fazê um trabalho olhe! (...). Então, me pegando com Deus, Nosso Salvador Divino, uma noite, eu disse: 'Ó meu Deus, seja possíve, meu Pai, eu ficá penalizado de minha vista, não enxergá a luz do santo dia, de jeito nenhum, meu Jesus. Seja possíve, meu Pai, que a ciência das ondina (o poder dos encantados) é mais do que Vós, meu Criador? Meu Deus, seja possíve que esses homens (encantados) me judearam? Vós consentiu, meu Pai? Será que o meu pecado ou os meu pecado foi tanto pra qui eu atingisse isso? Tá bom, Jesus amado, conformo-me, meu Pai, conformo. E conforme, estou conformado, a minha mentalidade fina, meu coração são terno para Vós, meu Criador. Me dirija, meu Pai, pra eu só vê e agüentá a provação que Vós determinou para mim. Então vô me conformando, porque Vós ainda concede a licença de eu pisá em cima desta (terra)".

57 Como assinala Peter Brown, a religião mediterrânea, no fim da Antiguidade, acentuou sua participação em um mundo "do alto": "son point de départ était la croyance en une faille qui divisait la face de l'univers. Au-dessus de la Lune, on pouvait discerner la qualité divine de l'univers dans la stabilité inalteré des étoiles. La Terre s'etendait sous la Lune, in sentina mundi, la lie au fond d'un verre éclatant. Mourir pouvait signifier le franchissement de cette faille. À la mort, l'âme se séparerait d'un corps composé de lie terrestre, et pourrait gagner, ou regagner, un séjour conforme à sa véritable nature, dans la clarté lumineuse suspendue au-dessus de la Terre dans l'attirant proximité des grappes serrés de la Voie lactée." (Brown, 1984, 11-12).

APÊNDICE 6
UM RITUAL DE PAJELANÇA CABOCLA

A primeira sessão de cura que pude assistir ocorreu em Itapuá, povoação que fica a 15 minutos de lancha da cidade de Vigia, no final de janeiro de 1976. O pajé (ou curador) mais importante do lugar, um cego de 65 anos (que, acima, denominei João), havia sido contratado para fazer um trabalho para tratar de uma mulher que sentia dores nas pernas e nas costas, tendo sido diagnosticada sua doença como conseqüência de um feitiço. Um pequeno número de pessoas havia sido convidado para assistir à sessão, pelo próprio curador e pelo responsável (ou dono) do trabalho (o marido da mulher enfeitiçada). A casa do pajé era de taipa e chão batido, coberta de telhas, constando de apenas três compartimentos: sala, quarto e cozinha. A cama do casal havia sido retirada do quarto, pois nele é que transcorreria a sessão. Na sala havia um santuário com várias imagens e estampas e, no quarto, tinham sido colocados vários bancos para serem usados pela assistência.

Antes de começar o trabalho, quando todos os convidados já haviam chegado, o pajé trocou de roupa, vestindo uma calça cinza e uma camisa marrom e, em seguida, saiu de casa, sozinho, tendo nas mãos um cigarro tauari aceso. Ao voltar, fechou todas as janelas e portas, mandando então seu servente acender uma vela diante do santuário e depois ajudá-lo e colocar as cintas brancas sobre o corpo. Dirigiu-se, a seguir, ao santuário, diante do qual rezou cinco pais-nossos e cinco ave-marias, para depois pedir a proteção divina:

> "Meu Criador, entrego-me, Senhor, neste momento, agora e todo o tempo, entrego meu corpo a Vós, meu Deus de bondade. Tomai conta, Senhor, e tomai conta

269

deste trabalho (...). Os poderosos invisível (encantados), conforme Vós dá licença, meu Pai, que aqui venham representar e também fazer alguns curativo (...). Virgem Imaculada Conceição, poderosa Mãe Divina, imploro Senhora Mãe (...) tomai conta dos boqueirão, das encruzilhada de caminho, pra que não venha os maus pra vi mexê conosco em nossos trabalhos (...)."

Terminada a oração, o curador dirigiu-se ao quarto e, sentado no cavalo (banquinho coberto com uma toalha branca), de costas para a porta da rua e de frente para a assistência, empunhou na mão direita as penas e o maracá, enquanto com a esquerda segurava o cigarro tauari aceso. Em cada canto do quarto havia uma vela acesa. Depois de respirar fundo e agitar fortemente o maracá, o pajé começou a cantarolar baixinho, até que chegou o primeiro guia; já incorporado, cumprimentou os presentes, pediu licença para doutrinar, levantou-se e, agitando o maracá, começou a cantar e dançar pelo quarto:

"Já chegô o rei dom João,
Veio aqui passear.
Veio reuni meus cavalheiro,
Este trabalho freqüentá.
Venham, venham, meus cavalheiro,
Vamos todos trabalhá.
Vamos ver o que é,
Boa notícia quero levá."

Sentando-se de novo, o pajé disse: "adeus!", erguendo os braços e jogando-os para trás, enquanto as pernas também se elevavam um pouco; em seguida, rapidamente, os braços voltaram à posição normal, enquanto os pés batiam fortemente o chão. Ao todo, desde aproximadamente 22 horas até a meia-noite, foram 19 guias que baixaram na sessão: reis, príncipes, mestres, pretos e índios. Alguns desses guias somente cantavam e dançavam, como o primeiro, outros pediam ao servente para defumar o salão com o cigarro tauari ou com o fogareiro, ou pediam chá de erva-cidreira, ou conversavam com os assistentes; outros vinham tão rapidamente que não chegavam nem a declarar seus nomes. Apenas um pequeno número permanecia mais tempo, conversando ou tratando dos doentes. O clima da sessão era descontraído, com as pessoas brincando com o pajé incorporado, o pajé brincando com o servente, os guias freqüentemente fazendo gracejos, sem que no entanto deixasse de existir seriedade nas ações. Já era esperada, e causou muito boa impressão, a chegada de um guia que foi anunciado pelo anterior:

> "Entonce é o seguinte: vem aî aquele camarada, viu? Mas eu peço a Deus que ele não venha dá surra no menino (todos os encantados chamavam o pajé de 'menino'). Vocês já estão sabendo quem ele é."

O guia chegou falando tatibitate e cantando e dançando animadamente, ao som do maracá:

> "Eu sô Pretinho,
> Pretinho eu sô.
> Ai eu venho d'Angolinha,
> Pretinho eu só,
> Ai eu venho d'Angolinha,
> Pretinho eu só.
> A minha cabeça é seca,
> Mas não é de acupim.
> A minha perna é tuíra,
> Mas não é de arubu.
> Eu sô Pretinho,
> Pretinho eu sô (...).
> Ai eu venho d'Angolinha,
> Com fé em Deus Nosso Senhô (...)"

Pretinho D'Angolinha conversou bastante com a assistência. Deu conselho a um dos presentes:

> "Olha, rapaz, é preciso tu tere muito cuidado com tua esposa, porquere, do contrário, quando chegare aquele cavalheiro (guia) muito bonito e que incorpora nela, ela vai dare muito trabalho para ti, viu?"

Depois cantou de novo, a mesma doutrina, acrescentando porém:

"Eu vô-me embora pra num surrá o menino,
Porque todo trabalho
Não se pode surrá, coitadinho,
Porque ele é curpado,
Mas nós vamos descurpando".

Depois que Pretinho D'Angolinha se despediu, chegou o caruana mais importante da noite, rei Tauari. Apesar de que outros encantados também haviam adotado procedimentos visando a cura da mulher enfeitiçada, rei Tauari foi quem demorou mais, cuidando não só dela (para quem se fazia o trabalho), mas também de outros doentes.

"Tauari, tauariú,
Tauari, tauari-mestre,
Eu sô rei Tauari,
Moro nas grandes florestas.
Eu sô rei Tauari,
Moro nas grandes florestas.
Tauari, tauariú,
Tauari, tauari-mestre."

Depois de cantar e dançar, o curador ordenou ao servente que colocasse na sala o cavalo (banquinho onde estivera sentado), convidando as pessoas que quisessem receber passes e defumação a sentarem nele, a começar pela mulher do dono do trabalho. Enquanto se processava a defumação, agitava o maracá. Em seguida, começava a orar, dando início, propriamente, ao passe:

"Deus é um Pai, Deus é um Filho, Deus é um Espírito Santo. Em nome de Deus, Maria Santíssima, benzote corpo. Deus abençoe, e Maria Santíssima, pra que retire esse florido (feitiço) do teu corpo, conforme tu seres a merecedora de arrecebê (...). E Deus perdoe os erro, perdoe as culpa, perdoe a ignorância do corpo humano."

Prosseguindo então o passe, cantava e benzia a doente com as penas:

"Eu benzo-te corpo,
Eu benzo com a pena na mão,
Em louvor de Deus
E de São Salomão.
Eu benzo-te corpo bendito,
Eu benzo com a pena na mão,
Em louvor de Deus
E de São Salomão."

Depois de tratar de todos os doentes, rei Tauari se despediu, cantando de novo a sua doutrina, dando lugar agora à "linha das princesas". O pajé modificou a voz, imitando uma mulher:

"Tava na pedra sentada,
Vendo as onda passá.
Tava na pedra sentada
Vendo as ondas passá.
Eu sô uma princesa,
Venho na costa da cobrinha-corá.
Eu me chamo Floricena,
Meu castelo é no fundão de Itapuá."

Essa princesa falou sobre os mistérios que envolvem a ilha de Itapuá, que seus moradores dizem ser um lugar encantado. Outra princesa mandou que a mulher enfeitiçada apertasse sua mão, enquanto rezava pedindo a sua saúde a Deus e Maria Santíssima. Uma terceira deu notícias dos parentes distantes da mulher do curador e uma quarta disse que veio para lhe dar um aperto de mão. Outra, finalmente, dirigiu-se ao pesquisador e o advertiu para que tivesse cuidado com o seu gravador, porque "existe algumas meditação pra cima dele". Quando terminou a linha das princesas, surgiram mais dois guias do sexo masculino, sendo que o segundo anunciou a chegada, em seguida, do mestre das correntes, que viria encerrar a sessão; pediu ainda desculpas "pela pouca demora do trabalho". Surgiu então o último caruana:

"Mestre Domingos chegô,
Veio reuní meus cavalheiro,
Para o encante bonito regressá.
Eu sô mestre Domingos Ramos de Azevedo,
Meu castelo é bonito,
Na cidade de Maiandeua,
Aonde reside o rei,
O rei Sebastião,
Que desimpena tudo
Por todos os cristão.
Quem tivé dormindo, vá se acordando,
Quem tivé sentado, vá se alevantando,
Que mestre Domingos vai recorrê o salão
E vai também defumando.
Vamo, vamo, meus cavalheiro,
Até otra noite igual a esta,
Que ficará marcado
Otro trabalho na floresta."

Mestre Domingos perguntou aos presentes o que foi que os cavalheiros fizeram durante o trabalho e que remédio prescreveram
para os doentes. Uma mulher respondeu: "nenhum". Então o guia,
mostrando irritação, retrucou:

"Nenhum? Então não sabem da obrigação? Inda é
preciso que eu recorra à mente deles? Branca, não digo
nada, viu? Quando terminar a consulta, amanhã, se en-
tendam com o menino, deixarei aqui escrito com fé em
Deus pra ele descobrí ou resolvê o que seja preciso necessariamente. Então o que ele disser será feito, viu?"

Dizendo isto, pegou o cabo do maracá e fez como se estivesse
escrevendo na cinta que o pajé tinha no pescoço (pendurada como
uma estola); em seguida, encostou-a várias vezes na testa, como a
fazer com que as palavras penetrassem em sua mente, para que o
curador pudesse se lembrar dos remédios no dia seguinte. Depois,
o pajé começou a se desaparelhar, isto é, entregou as penas e o maracá ao servente, recomendando cuidado para não caírem, e foi ti-

rando uma por uma as cintas que estavam sobre seu corpo. Pediu então a um dos presentes, um outro curador do lugar que estava assistindo ao trabalho, para que "doutrinasse" (rezasse) após a partida do caruana. Teve um leve estremecimento e ficou retezado no banco, com as pernas esticadas, os braços estendidos ao longo do corpo e a cabeça encostada na parede que ficava por trás. O outro pajé ficou em pé junto a ele e rezou dois pais-nossos e duas avemarias, chamando-o em seguida pelo nome, para que despertasse. Ao despertar, recomendou que todos permanecessem no recinto e, saindo do quarto, foi orar novamente, agora em voz baixa, diante do santuário da sala; só então, voltando ao quarto, mandou que todas as velas fossem apagadas e permitiu que as pessoas se retirassem.

* * *

Como foi visto acima, o ritual de pajelança apresenta alguns elementos fundamentais que podemos chamar de humanos, místicos e materiais. Certos elementos são imprescindíveis, sem os quais o ritual não pode ser realizado, enquanto outros, especialmente os que se incluem na categoria dos elementos materiais, são alternativos ou mesmo dispensáveis. Todos esses elementos convergem para o objetivo mais importante do ritual, que é o tratamento e a cura dos doentes.

QUADRO 9
ELEMENTOS DO RITUAL DE PAJELANÇA

HUMANOS	MÍSTICOS	MATERIAIS
Pajé (ou curador), servente, responsável (ou dono) do trabalho, doente e assistência	Deus, santos, encantados e espíritos	Canto, dança, cintas, chá de cidreira, penas, maracá, rede e/ou banco, cigarro tauari, cachaça, fogareiro para defumação, velas, mesa, imagens de santos e outros

Os elementos humanos incluem o pajé ou curador (também chamado "surjão" ou "surgião-da-terra"), o servente, o responsável ou dono do trabalho, o doente (ou doentes) e a assistência. Desses, o único realmente indispensável é o pajé, desde que, nas entrevistas, os pajés declaram que podem trabalhar sozinhos, em ocasiões especiais, puxando suas correntes para cumprir uma obrigação ritual. Em sessões públicas de pajelança o servente é um personagem sempre encontrado; todo pajé tem um mesmo servente que trabalha com ele por muito tempo, mas, se esse servente habitual não pode comparecer a uma sessão por qualquer motivo, alguém é convidado previamente para exercer suas funções. Foi o que aconteceu numa sessão que presenciei em Itapuá, onde um dos filhos do pajé trabalhou como servente, o que contribuiu para aumentar a descontração do trabalho, devido à inexperiência do rapaz, motivando muitas brincadeiras da parte da assistência e dos próprios caruanas incorporados no pajé.

Em certas ocasiões o trabalho não tem dono ou responsável, sendo de iniciativa do próprio pajé, podendo ou não tratar-se de uma sessão de cura. O dono do trabalho pode ser o próprio doente, ou alguém que o encomende para uma outra pessoa, freqüentemente um pai para seu filho ou filha, ou um marido para sua esposa. A maioria das sessões de cura é encomendada para um doente específico, sendo que o dono do trabalho compra os materiais necessários para sua realização, ou dá uma contribuição em dinheiro ao pajé, para que este os compre. Em conseqüência, as ações do ritual são todas centradas naquele doente, embora outros possam comparecer, recebendo também as atenções do pajé que, às vezes, sugere a algum desses outros doentes a encomenda de um trabalho em outra ocasião. A assistência, como foi dito acima, é composta de pessoas convidadas tanto pelo pajé como pelo dono do trabalho e, também, por pessoas que sabem de sua realização e lá compareçem, mesmo sem convite especial. Há um certo cuidado em evitar que a notícia da realização de um trabalho se espalhe muito além de um pequeno círculo, por várias razões, entre elas o fato de que as casas são pequenas, não comportando um número grande de pessoas e, também, como já foi visto, pelo medo da anarquia.

Chamo de elementos místicos aqueles que incluem entidades religiosas, como Deus, os santos e os encantados: esses são elementos que não podem faltar no trabalho, especialmente os encantados, sem cuja presença, como é óbvio, o mesmo não se realizaria. Mas, em certos trabalhos, também estão presentes os espíritos que, no êmico local, não se confundem com os encantados. Deus e os santos são uma presença constante em todas as sessões de pajelança, nas orações e nas invocações feitas pelo pajé, quando está no seu senso natural, antes de receber seus guias, e também pelos caruanas que se incorporam nele. Os santos, por sua vez, são elementos do trabalho até como presença material, através de suas imagens, guardadas em oratórios, ou colocadas sobre uma mesa própria na sala onde o trabalho se realiza. Se Deus, santos e encantados são imprescindíveis, a presença dos espíritos, porém, é indesejada, embora em certos trabalhos a que assisti algumas pessoas da assistência recebessem espíritos que nelas se incorporavam: eram doentes que deveriam ser curados pelo pajé, afastando esses espíritos.

E, finalmente, os elementos materiais, que são o canto, a dança e os utensílios utilizados pelo pajé durante a sessão. Alguns deles são de uso exclusivo do pajé, como a dança, as cintas, o chá, as penas, o maracá e a rede, o que não significa que, eventualmente, alguns estejam ausentes em certos trabalhos. Dos seis curadores cujos trabalhos presenciei, três não usavam penas, dois usavam cintas e bebiam chá de cidreira. Os cantos constituem um elemento essencial, que não pode faltar, mas não são, como a dança, exclusivos do pajé, pois em muitos trabalhos o servente e vários assistentes acompanham o pajé em seus cânticos. O cigarro tauari, enrolado com o líber da planta do mesmo nome, contendo em seu interior tabaco misturado com pó para defumação, é utilizado alternativamente pelo pajé e pelo servente, assim como a cachaça, que nunca vi ser ingerida numa sessão, mas usada de várias formas na ocasião de um ritual; desses dois elementos, o cigarro tauari é julgado imprescindível[1]. Também não pode faltar, numa sessão de cura, o fogareiro de defumação, que é manipulado pelo servente, assim como as velas acesas durante o trabalho. Alguns curadores usam uma rede para sentar enquanto estão trabalhando, mas outros preferem um banquinho; nesse caso, o banco pode também ser usado pelos doentes, como aconteceu na sessão que descrevi acima. No caso de usarem rede, sempre há um banquinho onde os doentes sentam na ocasião em que estão sendo atendidos. Em duas sessões que presenciei, havia também uma mesa no recinto, coberta com uma toalha branca, sobre a qual tinham sido depositadas as cintas do pajé, num caso, e imagens de santos, no outro[2].

Esses elementos materiais são empregados, quase todos com funções curativas, nos processos utilizados pelos curadores para tratar de seus doentes:

QUADRO 10
PRINCIPAIS PROCESSOS CURATIVOS
NO RITUAL DA PAJELANÇA

TÉCNICA EMPREGADA	ELEMENTOS MATERIAIS USADOS	PROCEDIMENTOS
Dança com o doente nas costas	Dança e canto	Carregando o doente nas costas, com os braços passados sob suas axilas, o pajé volteia pelo salão
Pressão nas "cruzes" *	—	Com o doente de pé, o pajé une suas costas às dele, pressionando suas "cruzes" contra as do paciente
Sucção da doença	Cachaça, cuia (cabaça)	Depois de passar cachaça, o pajé suga com os lábios a parte afetada e cospe numa cuia contendo cachaça
Aplicação de cachaça	Cachaça	A cachaça é friccionada sobre a parte afetada
Defumação	Cigarro tauari	Com a brasa do cigarro dentro da boca, o pajé sopra um jato de fumaça sobre a parte afetada
Benzeção com penas	Penas	Movendo as penas sobre a cabeça ou a parte afetada, o pajé benze, rezando
Aplicação das cintas	Cintas	O pajé coloca as cintas sobre o corpo do doente, ou as utiliza de outras formas
Passe	Banco ("cavalo"), cigarro tauari, penas, maracá, canto e dança	Com o doente sentado no banco, o pajé o defuma com o cigarro tauari, reza, põe as mãos sobre a parte afetada, canta e dança em torno dele, benze-o com as penas e agita o maracá
Prescrição de remédios	—	O pajé receita banhos, defumações e outros remédios

* Parte do corpo que fica nas costas, entre as omoplatas

Assim os cantos, elemento essencial de todo trabalho, têm a função de identificar os guias que baixam, servindo de elemento curativo e estético. Algumas vezes o cântico é utilizado para dar instruções ao servente:

"Valei-me meu Bom Jesus
Com vosso divino madeiro.
Faça o favor meu servente
De defumar meu trazeiro.
Valei-me meu Bom Jesus,
Nossa Senhora da Penha.
Faça o favor meu servente
De defumar minha pena.
Valei-me meu Bom Jesus,
Nossa Senhora do Lar.
Faça o favor meu servente
De defumar meu maracá."

Nos passes que o pajé aplica, além das orações, surgem também os cânticos, reforçando o elemento curativo do ritual:

"Deus é um Pai Poderoso
E nos abençoe.
Olhai com Vossa providência, meu Pai,
Nesta doente que aqui está.
Com as bênção de Deus
E a fé no maracá,
Ela é fortificada
Com fé em Deus e o nosso maracá."

Muitos dos cânticos, porém, são canções populares bem conhecidas:

"Quem tivé sua filha moça
Não mande apanhá café,
Senão ela cai do galho
Na boca do jacaré.
Quem tivé sua filha moça
Prenda ela na corrente.
Eu também já tive a minha,
Jacaré levou no dente."

A dança, como elemento estético, é usada, às vezes, para impressionar a assistência, servindo também a propósitos curativos. Alguns pajés que usam rede costumam dar demonstrações de suas habilidades, dançando em pé sobre a rede atada. Outros dançam sobre brasas e outros, ainda, dançando, atiram-se ao chão sobre cacos de vidro e rolam sobre eles. Essas demonstrações não são comuns, sendo mesmo censuradas por vários curadores. Algumas vezes, também, os pajés dançam com o doente nas costas. Mandam que o mesmo fique de pé, unem suas costas às dele, passando os braços por baixo de suas axilas, curvam o corpo para a frente, levantando o doente e, nessa posição curvada, começam a dançar e a cantar, técnica que se acredita possuir alto poder curativo. Uma variante dessa técnica, usada quando o doente não pode ser submetido a grande esforço, consiste apenas em ficarem um de costas para o outro, de pé, e o curador, unindo suas costas às do paciente, pressiona suas cruzes (parte do corpo que fica entre as omoplatas) às dele, para fazer com que a virtude curativa do encantado seja transmitida à pessoa de quem está tratando.

As cintas usadas pelo pajé são cordas ou fitas de pano, brancas ou coloridas. Um curador da povoação de Santa Maria do Guarimã usa cordas como cintas, cruzadas no peito e nas costas e amarradas na cintura. Durante o passe que aplicou numa mulher que sofria de corrente do fundo, pois a mulher estava grávida e perto de dar à luz, colocou também uma cinta de corda sobre o corpo da doente. Depois de rezar durante cerca de 15 minutos, colocando as mãos, ora sobre a cabeça, ora sobre os olhos das paciente, retirou a corda que estava sobre o corpo dela, medindo a altura da mulher com a mesma, e depois enrolou-a em volta de seu busto, para medi-lo também. Um pajé de Itapuá usa cintas de pano, nas cores branca e azul, mas não costuma colocá-las sobre o corpo, deixando-as em cima de uma mesa, na sala onde se realiza o trabalho, para usá-las nas ocasiões apropriadas. Durante um dos trabalhos que presenciei, as cintas foram usadas por duas vezes: a primeira, quando, ao tratar de uma mulher, o pajé ordenou ao servente que desse um nó na cinta azul, a qual permaneceu assim sobre a mesa até o fim da sessão; a segunda vez foi quando, inesperadamente, uma moça recebeu um espírito, e o pajé, entre outras ações rituais pra expulsá-lo, pediu a cinta branca, colocando-a aos pés da moça, ordenando-a que a pisasse. O pajé mais considerado de Itapuá, um homem cego, usa cinco cintas de pano branco sobre o corpo: duas cruzadas no peito e nas costas, presas na cintura em uma outra, que é chamada de cinta-mestra; pendendo desta última, na frente, fica também uma cinta pequena, bordada em ponto de cruz; e a quinta é usada no pescoço, com as pontas caindo sobre o peito, como a estola de um sacerdote católico. Todos os outros pajés que conheci usam cintas sobre o corpo, mas só pude observar sua utilização, no tratamento de doentes, nos dois casos referidos acima[3].

Chá de cidreira e água são servidos freqüentemente ao pajé incorporado, a seu pedido ou por iniciativa do servente. Alguns pajés também bebem café, segundo os informantes, mas não pude observar nenhum caso; num dos trabalhos que presenciei, um caruana elogiava o chá que lhe era servido, mas dizia não querer café, ao qual chamava de água preta. Dizem também os freqüentadores da pajelança que certos pajés costumam beber cachaça, cerveja e refrigerantes em suas sessões, mas todos os curadores com quem conversei condenavam veementemente esses hábitos, especialmente a ingestão de cachaça. Embora o chá seja de uso exclusivo do pajé, o que significa que só os caruanas podem tomá-lo, em um caso observei que o pajé mandava servi-lo a uma doente; a explicação que me deram é que se tratava de uma mulher que sofria de corrente do fundo, estando na ocasião possuída por um encantado[4].

As penas usadas pelos pajés são três: uma vermelha e grande, de arara, ladeada por duas outras de cor branca. O maracá é feito de uma cabaça pequena, de cor preta, possuindo contas no seu interior, e um cabo, também pequeno, por onde o pajé o segura. Tanto as penas como o maracá são constantemente usados no decorrer do trabalho, na mão direita do pajé. O maracá é agitado em várias ocasiões, sobretudo no decorrer dos cantos e da dança e durante os passes e outras formas de tratamento a que são submetidos os doentes. As penas são utilizadas para benzer os doentes. Tanto o maracá como as penas têm funções curativas.

Outros elementos com funções curativas são a defumação e a cachaça. A defumação é feita tanto com o cigarro tauari como com o fogareiro. A defumação feita com o cigarro se dirige aos doentes, enquanto a do fogareiro se dirige ao salão. Em nenhum momento pode faltar a defumação no decorrer do trabalho do servente, que é o responsável por manter suas brasas acesas e por colocar, de tempos em tempos, mais pó de defumação sobre elas; quando o servente, por algum motivo, se descuida disso, é advertido pelo pajé, que também ordena, quando percebe que a quantidade de fumaça é pequena: "Mais defumação no salão, servente!". O cigarro tauari também não pode faltar. Quando o primeiro acaba, o servente logo acende outro, entregando-o ao curador, que o segura com a mão esquerda. Ele é fumado de maneira inversa à do cigarro comum, com a ponta acesa dentro da boca, soprando-se um jato de fumaça, ao invés de ingeri-la. O jato é dirigido às partes afetadas pela doença. A maioria dos pajés também fuma cigarro comum durante os trabalhos, mesmo que não sejam fumantes habituais, alguns deles o fazendo compulsivamente, um cigarro atrás do outro. Com tudo isso, o ambiente fica inteiramente impregnado de fumaça, inclusive porque todas as portas e janelas permanecem fechadas.

Dois exemplos de uso da cachaça durante as sessões foram presenciados em Itapuá e Caratateua. No primeiro, o pajé usou a cachaça para passá-la em seu próprio corpo, especialmente nos braços e nas cruzes, antes de começar a receber seus caruanas, jogando para trás, com força, o restante do líquido que ficara no vasilhame. Mais tarde, já incorporado, pediu de novo a cachaça ao servente, para passá-la nas pernas de uma mulher que sentia dores naquele local. No segundo caso, o pajé utilizou a cachaça como parte de uma técnica curativa bem conhecida nos rituais xamanísticos. Tratava-se de uma mulher que sentia fortes dores na garganta e o pajé pediu aguardente para passar no pescoço da paciente e lavar sua própria boca; em seguida, encostando os lábios no pescoço da mulher, chupou a doença várias vezes, cuspindo numa cuia (também contendo cachaça). Mais tarde, foi encontrado um pequeno besouro dentro dessa cuia, que o pajé mostrou à assistência, para comprovar que a doença já havia sido retirada da garganta da mulher.

As velas não parecem ter poder curativo, mas permanecem acesas no decorrer da sessão, sendo apagadas só no final: servem para dar força ao trabalho. Elas são acesas diante do santuário, sobre a mesa que fica no recinto, quando ela existe, e nos quatro cantos do salão. Se não forem apagadas após o término da sessão, as correntes não fecham direito, o que significa que os caruanas não se retiram totalmente. A mesa, chamada também de banca, faz as vezes de santuário, quando este não se encontra no salão; tem também as funções de uma espécie de altar, onde se colocam as imagens dos santos, diante dos quais o pajé faz suas orações, antes e depois de começar o ritual. Junto a ela pode ficar uma médium, "para dar força ao trabalho"[5].

No decorrer de uma sessão de cura, o pajé pode prescrever remédios a serem usados pelos doentes, ou aconselhar que o procurem depois para receber as receitas, como aconteceu no trabalho descrito acima. Os pajés também são procurados, fora das ocasiões de trabalhos, para benzer doentes, dar passes, ou diasgnosticar doenças e orientar seu tratamento.

NOTAS

1 Vicente Salles dá uma grande importância à cachaça como elemento ritual da pajelança, considerando-a como substituto das bebidas alcoólicas indígenas, com a função de induzir o pajé ao transe (cf. Salles, 1969 e s.d.). Todavia, assim como no caso de Vigia, onde não observei a ingestão de cachaça pelos pajés, o mesmo ocorreu com Chester E. Gabriel em Manaus (cf. Gabriel, 1980, 98, nota 1). Quanto ao cigarro tauari, também descrito por Salles e Gabriel, seu uso já havia sido notado na zona do Salgado (Colares), nos anos 30 de nosso século, por um prelado paraense, em suas visitas pastorais (cf. Lustosa, 1976, 66). Vimos, também, na primeira parte deste trabalho, que ele remonta, mesmo, no século XVIII, aparecendo em algumas denúncias diante da mesa inquisitorial instalada em Belém.

2 Chester E. Gabriel, estudando a pajelança, mostra a distinção entre sessões de mesinhas de cura e de pajé; as primeiras, presenciadas na cidade de Manaus e, as segundas, no interior do município. Observando as diferenças de grau de complexidade entre elas (com a maior simplicidade nas sessões do interior), dá razão a Salles (1969, 47) quando distingue entre pajelança rural e urbana (cf. Gabriel, 1980, 94). No caso de Vigia, a presença da mesa em certas sessões de pajelança rural, sendo sem dúvida uma influência dos costumes urbanos, expressa também o desejo de aproximar essas sessões do culto kardecista (mesmo que este seja visto como uma espécie de pajelança), onde a mesa é um importante elemento ritual.

3 Tanto Gabriel (1980, 90) como Salles (s.d. 5) referem-se ao uso de espadas pelos pajés, nome que se dá, na umbanda, a faixas cerimoniais; Salles se refere à pajelança urbana e menciona o uso, pelos pajés, de cinta de força (para defesa pessoal) e espadas (símbolo do poder transmitido pelos encantados). No interior do município de Vigia, não pude constatar essa designação de espadas.

4 A ingestão de café pelos pajés de Vigia é mencionada por Moraes Rego Jr. (1973, 24).

5 Na sessão de mesinha de cura observada por Gabriel (1980, 86) em Manaus, a mesa era chamada também de "altar".

APÊNDICE 7
A CARREIRA DO PAJÉ OU CURADOR

Em março de 1976 pude entrevistar detalhadamente pajés de Itapuá e um morador da cidade de Vigia, que foi chamado àquela povoação para dirigir o tratamento de uma mulher idosa. As entrevistas visavam explicitar os aspectos principais de suas carreiras como xamãs. A análise que se segue, baseada nesses depoimentos e em outras informações colhidas no decorrer da pesquisa, permitirá situar melhor as representações locais a respeito do fenômeno da assunção ao xamanismo e seu exercício. Alguns dados iniciais permitirão contextualizar a análise:

QUADRO 11

PAJÉS ENTREVISTADOS: IDADE, LOCAL DE NASCIMENTO E SITUAÇÃO QUANTO AO EXERCÍCIO DA FUNÇÃO DE XAMÃS

PAJÉS*	IDADE (na época da entrevista)	LOCAL DE NASCIMENTO	EXERCÍCIO DA FUNÇÃO XAMANÍSTICA
João	65	Rio Mojoim	Sim
Mundico	72	Itapuá	Sim
Francisco	63	Itapuá	Não
Olavo	62	Itapuá	Não
Mª da Glória	46	S. Benedito da Barreta	Sim
Ribamar	43	Maranhão	Sim

* Como já foi dito acima, todos os nomes são fictícios.

A escolha do nome de Ribamar para compor a análise servirá de contraponto em relação às carreiras dos demais, todos eles nascidos e formados como pajés na região do Salgado. Ribamar, tendo nascido no interior do Maranhão, estudou na cidade de São Luís e, já adulto, emigrou para o Pará, vivendo algum tempo em Belém, indo depois se estabelecer na cidade de Vigia, onde exercia, na época, a atividade de comissário de Polícia. O cego João, considerado o melhor pajé de Itapuá, também nasceu fora do município de Vigia; mais tarde sua família mudou-se para Maracajá e, em seguida, para a cidade de Vigia. Nova mudança ocorreu para a localidade de Açaí Grande, onde casou e, posteriormente, com a mulher e os filhos, transferiu-se para Itapuá, por volta de 1940. Maria da Glória nasceu e casou em São Benedito da Barreta, mudando-se para Itapuá mais recentemente (dois anos antes de ser entrevistada); deve-se considerar, porém, que sua localidade natal dista apenas seis quilômetros desta última povoação.

Os pajés Francisco e Olavo, antes de terem abandonado a função xamanística, gozavam de prestígio em Itapuá, segundo os depoimentos dos informantes locais, sendo considerados bons pajés. Quanto a Mundico e Maria da Glória, cuja atividade como pajés tinha se manifestado tardiamente, além de serem pouco considerados pela população, eram vistos como "pajés de agrado". Não obstante, em seus depoimentos, faziam questão de enfatizar que seu dom havia se manifestado desde a infância, afirmando, pois, que eram pajés de nascença.

A análise será feita a partir da transcrição de depoimentos gravados com esses pajés (com uma exceção, como se verá) e, também, de depoimentos de pessoas que, não sendo pajés, eram reconhecidas como possuindo o dom para a pajelança. As transcrições são seguidas do destaque de alguns termos-chave, que representam categorias relevantes no contexto da pajelança, agrupados segundo conjuntos que permitem a elaboração progressiva de um diagrama capaz de representar, a partir das verbalizações dos informantes, as concepções locais sobre o processo de assunção ao xamanismo, o poder dos encantados e a prática da pajelança. Trata-se de uma tentativa de análise de discurso que, aliada à observação direta dos rituais e práticas xamanísticas, seja capaz de dar conta das representações (inconscientes) dos informantes, como modelo construído pelo analista.

Eis um trecho do depoimento de Mundico, que começou a realizar sessões xamanísticas com mais de 60 anos de idade (hoje ele tem 83), o qual contraria a opinião de todas as pessoas que entrevistei em Itapuá:

> "De nascença. Então eu benzi a cabeça dela (sua própria mãe), ficô boa da cabeça. De otra vez que ela estava otra vez doente, eu disse pra ela: 'Eu vô cortá erzipla' (erisipela), e cortei (...). Ainda era molecote. Tava com a idade de uns dez anos mais ou menos. Aqui fui fazendo, diz o caso, fui fazendo curativo, ensinàndo remédio sempre. Eu, por vê fazê a caridade, dizia: 'Ôlhe, dá tar remédio'. Davam remédio, davam remédio, davam mesmo. Ensinava remédio e foi aprovando, até que começaram me percurá mesmo pra ensiná remédio e fui ensinando, isso tirando por nascência, porque eu num estudei medicina nenhuma (...). Fui esclarecido de minha mente mesmo (...). Num aprendi em livro nenhum. Quanto mais eu dô o passe, mais me vem na cabeça."

Em seu depoimento, Maria da Glória enfatiza sobretudo a atividad como benzedeira, mas também procura justificar o fato de que, embora se declare de nascença, só começou a dirigir sessões de cu a com idade relativamente avançada:

> "Desde menino a minha mãe dizia que eu era, eu tinha assim um dom, né? Então os curador disseram que num pudiam tirá, nem afastá, e nem prendê, porque o dom que eu tinha eu tinha que trabalhá, nem que fosse na minha velhice, então, é dom de natureza, né? (...). Agora, depois que eu peguei a idade assim de uns doze ano, por ali, quando eu estava mocinha, eu comecei a benzê. Eu benzo cobrelo, eu benzo erzipla, eu benzo madre (doença

287

relacionada ao útero), eu benzo espinhela caída, tudo isso eu benzo. E se o senhor chegá aqui na minha casa com uma dor de cabeça e dissê assim: 'Eu vim pra senhora rezá na minha cabeça', eu sei se é olhado de gente, se é olhado de bicho, se foi home que lhe olhô com mau olho, o se foi mulhé, eu sei."

Nos depoimentos surgem dois conjuntos de termos que permitem colocar, de início, aspectos fundamentais das representações locais sobre os pajés:

1.º conjunto (relacionado do dom xamanístico	2.º conjunto (relacionado ao exercício da função)
Dom	*Benzer* (a cabeça etc.)
De nascença	*Rezar* (na cabeça)
De natureza	*Cortar* "erzipla"
Tirar (o dom)	*Fazer curativo*
Afastar (idem)	*Ensinar remédio*
Prender (os caruanas)	*Trabalhar*
Medicina	*Passe*
	Caridade

Quanto ao primeiro conjunto, ele indica, no contexto dos depoimentos, a importância que as pessoas conferem ao fato de que o dom xamanístico se manifeste desde tenra idade, sendo, pois, considerado um dom "de nascença" ou "de natureza". Neste caso, não é possível tirá-lo, afastá-lo, nem "prender" os caruanas para que o predestinado deixe de exercer suas funções como pajé. Por outro lado, sendo um dom de nascença, não há necessidade de aprendizado de "medicina" em nenhum "livro", pois os conhecimentos vêm naturalmente à "mente" ou "cabeça", ditados certamente pelos caruanas que acompanham o pajé.

Quanto ao exercício da função xamanística, os depoimentos colocam seus aspectos fundamentais: "trabalhar" é o termo mais inclusivo, pois a categoria *trabalho* indica o próprio exercício da função, assim como a realização de funções xamanísticas. Mas o pajé também exerce as funções de "benzedor" ou "benzedeira": benzer contra mau-olhado e outros males, rezar na cabeça (o mesmo que benzer) e "cortar erzipla". Esta última expresão indica uma forma de benzeção, aplicada especialmente aos casos de erisipela, em que o pajé, com um pedaço de tala de guarimã (lâmina que se retira de uma palmeira, usada para fazer paneiros), reza sobre a parte afetada, fazendo gestos de que está "cortando" a doença, para eliminá-la. Os outros aspectos fundamentais do exercício da pajelança são: "fazer curativo" (tratar dos doentes), "ensinar remédio" e dar o "passe". O passe é algo mais elaborado do que a simples benzeção, pois exige que o pajé esteja incorporado pelos seus guias e surge no contexto do trabalho (sessão de cura), ao contrário da benzeção, que pode ser feita a qualquer momento. Se "trabalhar" é o termo mais inclusivo no contexto do exercício da função xamanística, a categoria "caridade", ainda mais inclusiva, surge no depoimento de Mundico para expressar que o trabalho do pajé é feito sem interesse pessoal, mas como um ato cristão, oposto certamente à "malineza" daqueles (homens, espíritos ou encantados) que provocaram a doença. Idealmente, teríamos, pois:

O dom xamanístico, que pode ser "de agrado" ou "de nascença" (sendo este último mais prestigiado) leva o pajé ao exercício de sua função ("trabalho"), encarada como um ato "de caridade".

* * *

Apenas os pajés Mundico e Maria da Glória fizeram questão, nos depoimentos, de enfatizar sua condição de pajés de nascença.

Os outros, ao contrário, chamavam atenção para um aspecto que foi descurado pelos dois, isto é, os sintomas da "doença" provocada pelos encantados ("corrente do fundo") que levaram à descoberta de seu dom xamanístico. O cego João, ainda solteiro, morando no Açaí Grande, começou a sentir as primeiras manifestações de sua doença:

> "Isso aí eu quero dizê que foi em 34, quando eu comecei a me senti mesmo, quando eles (os cáruanas) me atacaram mesmo, me jogavam e me maltratavam com muitas dor nos dentes (...). Então, afinal de conta que papai foi e foi um senhor que disse: 'Seu Lourenço' — era o nome do papai —, 'o senhor é só indo com um curador. Porque o seu filho tá desse jeito, capazmente não come, num bebe nada, a sofrer dor, não há remédio que dê resultado, então é só o senhor procurá otros meio'. Entonce foi o tempo que ele foi lá com um curador (...)."

O pajé Francisco fez um extenso relato a respeito de sua iniciação e dos sintomas que o acometeram:

> "O caso é que eu me tornei pajé porque eu sentia um remorso (tremor) pelo corpo, daquele remorso que eu sentia eu achei que aquele remorso estava me prejudicando (...), prejudicando até a vida própria, num? A minha família. Porque eu estava debaixo de minha casa brabo, aborrecido com mulhé, com filho, e tudo aquilo ia me perturbando por bá da minha casa com minha família. Depois eu andava perturbado sobre o dormir, sonhava tanta coisa na minha vida (...). Pra acabá de coroá a obra, comecei cantá pajé (atuava-se e cantava cantigas ou doutrinas de pajé). Sim senhor. Aí, desencarrilhei. Lá uma noite, caí num matão desse (...). E saiu uns camarada, meu cunhado, saiu à minha percura, saiu, me encontrô. Só vim quando eles (os caruanas) quiseram (...). Criei uma raiva, de dizê quando chegava gente de fora em casa eu caía pro mato parece um bicho quarqué, pra

num vê (...). E então meu cunhado conseguiu me levá pro pajé: Itaporanga, Manezinho o nome do pajé (...). E cheguei lá, ele até nem estava. Cum bocado ele chegô. A mulhé tinha ido na minha frente, falá com ele. Me apresentô: 'Tá aqui, este é o meu marido'. 'Seu Francisco, o que é que o senhor tem?'. 'Não é nada, acontece assim, não é nada'. 'Então ele não vai agora com a senhora'. 'Ele num vai? Sim senhor, seu Manezinho, eu quero é a saúde dele'. Aí fiquei. Ele, muito camarada, me deu lá a casa: 'Seu Francisco, a casa é nossa'. Me deu logo a conhecer a família dele e coisa e tal, aí fiquei lá. Quando foi a primeira noite, num dormi, a segunda num dormi, a terceira num dormi. Não podia está na rede. Levavo me empurrá (os caruanas), queriam me jogá na rede, eu fechava os olho, eles me mexia, me puxava pela perna. Aí eu disse pra ele: 'Seu Manoé, eu num dormi esta noite'. 'É, o senhor vai dormi. É assim mesmo, seu menino. O senhor já vai sossegá. Amanhã nós já vai trabalhá, o senhor vai trabalhá comigo'. Antão ele tinha uma discípula dele, mas aquela discípula era o mesmo que sê o mestre. Ela disse: 'O senhor vai ficá bom, seu Francisco, disso. Esse negócio é negócio de corrente do fundo, o senhor vai ficá bom."

Também o pajé Olavo que, como Francisco, não mais exerce suas funções, deu um depoimento onde aparece uma experiência traumática inicial:

"Apareceu um negócio, eu morria, diz o caso, passava o dia inteiro morto (desfalecido). Aí meu finado pai me levava pra Vigia, nesse tempo num tinha dotor, tinha enfermero. O enfermero me tratava, pronto, tornava (recobrava os sentidos), aí eu vinha embora, aqui tava, aí, de repente, me dava. Tava nesse tempo com 18 anos. Aí o papai começô chamá pajé. Pajé fazia trabalho por aí, na hora que eu ia andando, me dava. Eu pescava pro Marajó, mas minha pescaria era assim de 10 dias, com 10 num podia mais, eu vinha embora, que quando eu sentia tinha que vi embora. Teve um dia que eu caí na água, ali no porto, foro me buscá no fundo. E a minha vida foi um romance."

Prosseguindo a análise, pode-se destacar mais dois conjuntos de termos significativos que surgem nos depoimentos:

3º conjunto (relacionado à doença e seus sintomas)	4º conjunto (relacionado a familiares e amigos)
Corrente do fundo	*Papai*
Dor de dente	*Ela* (mãe de Mundico)
Remorso	*Minha mãe* (de Mª da Glória)
Não dormir	*Mulher*
Raiva	*Filhos*
Morto	*Um senhor* (amigo do pai de João)
Cair na água	*Cunhado*
Cair no mato	*Camarada* (amigo)
Cantar pajé	*Comadre* (de Francisco)

Quem possui o dom xamanístico é acometido de uma "doença" (ou "negócio") rotulada, pelos informantes, de "corrente do fundo". Essa doença aparece, quer se trata de um dom de nascença ou de agrado, em determinado momento da vida do indivíduo. Para os pajés de nascença, acredita-se que ela se manifesta desde cedo, especialmente na puberdade, ou pouco depois, ainda na adolescência. Sua manifestação mais tardia é indicativa de que se trata de um agrado dos caruanas. Nos três casos examinados acima, ela só se manifesta num adulto (casado e com filhos), que é o de Francisco. Para João e Olavo a doença surge quando ainda são jovens (17 e 18 anos, segundo seus depoimentos). Na mesma época das entrevistas havia, em Itapuá, 24 pessoas[1] que manifestavam os sintomas de corrente do fundo, das quais apenas o caso de uma era relatado como tendo surgido já com idade adulta: Joana, mulher madura, casada e com quatro filhos.

Antes de prosseguir a análise, devo lembrar aqui o caso de Ribamar, nascido e formado no Maranhão, embora em sua carreira não deixe de haver uma ligação com o Pará. Não foi possível gravar seu depoimento, pelo que transcrevo as anotaçãos que fiz em meu caderno de campo (25.3.76), logo após o haver entrevistado, em Itapuá:

> "Desde pequeno, quando estudava no colégio dos padres, no Maranhão (São José de Ribamar), um homem lhe aparecia no caminho, fazendo uma proposta; se quisesse, o homem lhe daria poder para matar os outros na hora e também para curar. Era o Inimigo. Ele sempre recusava a proposta e sofria muito por isso (febre, dores, insônia e inquietação constante). Queixava-se ao padre do colégio e este o aconselhou a rezar. Ele rezava muito, chegou a comprar um crucifixo para rezar melhor, mas de nada adiantava. Seu pai era 'esotérico', 'não acreditava em nada'. Mas acabou encarando o fato com seriedade. Ensinaram então um curador no pesqueiro de Soure (ilha do Marajó, no Pará)."

O relato de Ribamar inclui elementos que não se encontram nos depoimentos dos pajés de Itapuá: a aparição do diabo e a proposta explícita de um "pacto"; o estudo no "colégio dos padres", a figura do sacerdote como conselheiro; e também a figura do pai "esotérico". Não há menção à doença "corrente do fundo", mas os sintomas apresentam semelhança com os relatos dos pajés itapuaenses.

Com efeito, nos diversos relatos que colhi, a presença de dores (dor de dente e em outras partes do corpo), febre, insônia ("não dormir") e inquietação (traduzida, às vezes, por "remorso" ou tremor pelo corpo) é uma característica dos sintomas de corrente do fundo. Mesmo o pajé Mundico, que não chegou a fazer o relato de uma experiência traumática, diz em seu depoimento:

> "Eu sentia um remorso pelas 'cruzes', compreendeu? Aquilo aparecia de repente ali, aquele susto me tremia as cruzes, mas eu num sabia aqui o que era."

A ocorrência de visões também não está ausente dos sintomas apresentados pelos candidatos ao xamanismo, em Itapuá, como aparece, entre outros, no depoimento de Nazaré, jovem de 16 anos, na época, filha do pajé Mundico, transcrito acima, no capítulo 6 deste trabalho. A insônia, que muitas vezes surge associa à ocorrência de pesadelos (pajé Francisco: "sonhava tanta coisa na minha vida"), encontra-se em vários depoimentos, como no de Joana, a única mulher entrevistada em Itapuá que referiu a manifestação de seus sintomas já na idade adulta:

> "Pra mim sossegá o papai colocava assim as mão em cima do meu peito, pra vê se eu sossegava. Mas não, aparecia aquela mina de gente pro lado da minha rede, eu gritava, eu gritava, o papai botava a mão assim em cima de mim."

A raiva é também um sintoma importante, que surge no depoimento de Francisco (ficava "brabo", "aborrecido", criou uma "raiva") e em outros depoimentos, como no de Joana, levando os candidatos ao xamanismo a atos de violência; nesse dia o marido de Joana não estava em casa e o pai dela voltava da pesca:

> "Ele trouxe duas cambadas de bacu (...) e dois pão na mão. Quando ele chegô, que ele me deu o pão, eu passei a mão no pão e dei uma pedrada pra debaixo do fogão nos dois pão".

Pouco depois chegou o marido de Joana, perguntando o que havia com ela e o pai relatou o acontecido, tendo aquele retrucado que já percebera seu comportamento estranho: "Eu notei de manhã que parece que ela num está certa da bola". E o depoimento de Joana prossegue:

> "Aí, com aquela arrumação, ele (o marido) saiu pra conversá com papai. Eu saí por trás da casa, com terçado 128 (facão) e uma caixa de fósforo, meti assim no seio, e vim me embora (...). Eu fui roçando dentro da capoeira (com o facão), fui fazendo caminho no mato até que eu cheguei numa casa velha, que era do Andrônico (...). O papai deu lugar no terreno pra ele fazê essa casa, eles abandonaro, tava abandonada (...). Cheguei lá, risquei

o fósforo, taquei. O senhor havera de vê era a fumacêra! O estroro da fumaça subiu e a luzerna e aí o povo enganchô. Aí depois que eu taquei fogo na casa eu me desesperei, me joguei pela terra, puxava meu cabelo, pintei o sarará. Aí me trocero aqui pra casa, eu quebrei banco, escangalhei abano, esmurrei mesa, disgracei as coisas aí".

Somente no relato do pajé Olavo aparece o sintoma do desfalecimento ("eu morria..., passava o dia inteiro *morto*..."). Esse sintoma o levou, certa vez, a cair n'água, tendo sido salvo por pessoas que o foram buscar no fundo. Entretanto, se é raro ocorrer a perda dos sentidos, não o é o fato de, durante as crises, os candidatos ao xamanismo agirem de modo inconsciente, só sabendo relatar o que se passou com eles por ouvir dizer, como no depoimento de Francisco:

"A minha mulher conta tudo, porque dessa parte antiga num me alembro. Eu conto porque o pessoal conta."

Isto não impede, como se verá a seguir, que algumas pessoas saibam relatar, com detalhes, tudo o que ocorreu no momento em que assumiram comportamentos estranhos, como efeito da doença. Também não é raro ocorrer de as pessoas, durante as crises, caírem na água, se estiverem viajando em embarcações. A idéia presente é a de que os caruanas desejam levar a pessoa para o fundo. Isto faz ligação com um outro sintoma, também bastante comum, que é "cair no mato", como aparece nos depoimentos de Francisco e de Joana. No caso desta, não só surge no relato de fugas para o mato, como também para o "mangal" (manguezal).

A crise mais espetacular ocorrida com Joana foi quando fugiu, por volta do meio-dia, para a margem do rio Caratateua e ali permaneceu, no mangal, até a manhã do dia seguinte, enquanto grande parte da população de Itapuá se mobilazava para procurá-la. Isto ocorreu no mês de março, na época das águas vivas (marés de sizígia), havendo assim um grande perigo de que a mulher se afogasse. Segundo seu depoimento:

"Nesse dia eu vinha sentindo aquele negócio, parece que dizia assim pra mim: 'Olha, vai-te embora da tua casa, vai-te embora que teu marido num te qué mais,

295

teu pai num te qué, tua mãe num te qué, ninguém te gosta, que tu tá fedendo.'" O marido não estava em casa e a filha mais velha, que voltava da escola na ocasião, tentou impedi-la de sair: "A menina disse assim pra mim: 'Mamãe, pra onde a senhora vai?'. Eu disse asssim: 'Eu vô tirá turu' (teredo, um tipo de molusco usado como alimento). 'Mamãe, mas papai num deixô almoço pra nós, num está o feijão? Venha almoçá é que é'. 'Não, eu vô tirá turu'. E ela pega: 'Mamãe, num vá lá'. Quando ela disse eu sentei a bofetada nela, por cima da cara. Foi pá! Ela também dobrô-se assim, começô a chorá e voltô. Aí foi o tempo que eu peguei a beirada mesmo lá na varja (várzea) e me mandei. A maré tinha partes que dava por aqui em mim (pela cintura)." Depois de algum tempo, tentou voltar para casa, mas não acertou o caminho de volta. Nesta altura, já havia perdido o facão que levara para poder andar no mato: "De noite, tirei minha rôpa três vezes. Eu lavei a minha rôpa na maré, espremi e visti, aí eu passei aquele sacrifício. Agora me atracava assim no mangueiro e aquele mangueiro (uma árvore sólida) parece que ia pra frente e pra trás, como sendo estaca assim no meio do rio. Aí aquilo dizia assim pra mim: 'Reza, tu num eras boa pra rezá? Faz força, tu num tinhas força, tu num eras boa pra fazê força?'. E tudo que falavo comigo respondia. Aí dizia assim: 'Reza'. 'Eu rezo mesmo, porque eu sei' (...). E eu ouvia diz que a fala do papai, a fala da mamãe, assim umas fala da comadre Antônia, da comadre Maria, toda essa turma daqui parece que falava comigo. Mas não era nada de gente daqui, era todo gente invisível aquelas fala, negócio de oiara, gente invisível."

Cair na água, fugir para o mato e para o mangal, são fatos interpretados como atração provocada pelos encantados, que levam o candidato ao xamanismo a se aproximar dos locais de morada dessas entidades. A parte final do trecho do depoimento de Joana, acima transcrito, é muito explícita. "Gente invisível", "oiara", são termos aplicados aos encantados do fundo, que costumam manifestar-se, segundo as concepções locais, à margem dos rios e igarapés, no mangal, assumindo formas e vozes de parentes e amigos, procurando atrair as pessoas para o "encante" (o "fundo"). Essa aproximação dos locais de morada dos encantados faz o candidato ao xamanismo colocar-se em contato mais direto com a natureza, o que, no depoimento do pajé Francisco, é formulado nos seguintes termos: "Eu caía pro mato parece um bicho, uma cotia, um bicho quarqué". Finalmente, um sintoma inequívoco de corrente do fundo, que também surge no depoimento de Francisco, é "cantar pajé". Mesmo sem ter recebido o tratamento que pode levar o candidato ao xamanismo a controlar suas possessões e ao encruzamento, sob a direção de um mestre, ele pode, acometido pela doença, receber seus caruanas e cantar suas cantigas ou "doutrinas".

Em resumo, a doença "corrente do fundo" apresenta sintomas bem característicos, que se manifestam de maneira diversa de acordo com a pessoa atingida, mas que podem ser identificados como os seguintes: dores, febre, susto ("remorso", "tremor"), insônia, pesadelos, visões, inquietação, raiva, desfalecimento, além de crises em que a pessoa, mais ou menos tomada pelos encantados, cai na água, foge para o mato e para o mangal. Além desses, o candidato ao xamanismo está sujeito a entrar em transe (ser tomado ou incorporado pelos caruanas) de forma intempestiva e inusitada, o que explica, dentro das concepções locais, o comportamento estranho que passa a assumir.

Acredita-se que, em alguns casos, além dos caruanas, a pessoa é também perseguida por espíritos, que nela se incorporam, o que leva a serem muito semelhantes os sintomas de corrente do fundo com os da doença "espírito" (ataque de espírito). A manifestação dos sintomas de corrente do fundo mobiliza, por outro lado, parentes e amigos, que assumem um papel de grande relevância na vida dos candidatos ao xamanismo[2]. Como seria de esperar no caso da sociedade brasileira, é a família nuclear que se apresenta diretamente envolvida nas situações em que um de seus membros sofre o ataque dos caruanas. Para os jovens, solteiros, a figura do pai assume um papel mais relevante, embora a mãe também sejam mencionada nos depoimentos, quase sempre num papel passivo, aquela pessoa que primeiro recebe os benefícios da "arte" (capacidade de curar) dos candidatos ao xamanismo. Mesmo no caso de pessoas casadas, como Joana, o pai ainda surge no depoimento como personagem importante do relato. Os irmãos, figuras secundárias, só aparecem em um depoimento que colhi, o de Olavo:

"Os meus irmãos era desse que quando tinha um pajé queria que a gente fosse (assistir o trabalho) pra melhorar más."

No caso, os irmãos de Olavo surgem no depoimento em razão do prestígio de que desfrutam em Itapuá, por serem comerciantes e proprietários de sítios, onde plantam mandioca e criam algumas cabeças de gado bovino, participando, também, ativamente, da política partidária local. Um de seus irmãos foi delegado de polícia no município de Vigia durante muitos anos. Outro comercia com peixe, sendo dono de uma pequena lancha. Outro, além do sítio que possui na região do Açaí, na ilha de Itapuá, tem uma pequena loja na cidade de Vigia. Olavo detém um *status* mais modesto em sua povoação, pois é o único pescador entre seus irmãos, sendo "curralista" (proprietário de um "curral" de peixe nas proximidades de Itapuá). Seu antigo prestígio como curador foi obtido, em parte, pelo prestígio de seus irmãos.

Quanto aos candidatos ao xamanismo cujo dom se manifesta na idade adulta, já casados, o cônjuge geralmente assume o papel de maior relevo. Os filhos aparecem numa posição secundária, mas não deixam de ser mencionados nos depoimentos. No tocante ao tratamento, quase todos os depoimentos indicam alguém de fora da família nuclear — "um senhor", o "cunhado" etc. — que indica o mestre pajé a quem deverá ser levado o candidato ao xamanismo. Levar o "doente" para tratar-se com o mestre é algo que, em todos os casos, surge como responsabilidade do pai ou do cônjuge.

Temos, pois, na carreira do pajé, uma seqüência que vai desde a ação do agente causal (caruana) que provoca a doença corrente do fundo (através da qual se manifesta o dom xamanístico) e conduz ao tratamento do indivíduo atingido. Nessa seqüência, a manifestação dos sintomas (febre, dores, inquietação, insônia, possessões descontroladas etc.) leva a um diagnóstico (processo de identificação da doença) em que uma pessoa estranha à família geralmente desempenha papel relevante, sugerindo o encaminhamento do doente a um pajé que orientará sua iniciação no xamanismo. Em prosseguimento ao diagrama da página 289, temos:

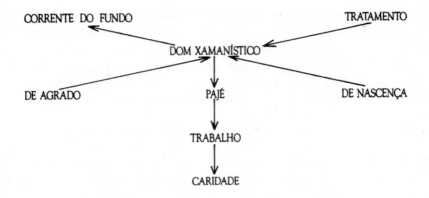

A manifestação do dom xamanístico, surgindo através dos sintomas da doença corrente do fundo, leva a uma situação em que o candidato ao xamanismo se vê conduzido, pelos encantados, a uma aproximação da natureza e, conseqüentemente, a um afastamento da casa e da família, tendendo a se apartar do convívio social. O tratamento a que será submetido, partir de uma sugestão de alguém que não pertence a sua família nuclear, permitirá não só a sua reintegração ao lar, mas o seu retorno à sociedade (cultura), o que, no caso dos pajés no exercício de suas funções, resultará em benefício dessa mesma sociedade (o trabalho na cura de doentes, a caridade).

* * *

O tratamento do pajé João exigiu a participação de vários mestres, de acordo com seu depoimento:

> "Entonce foi o tempo que ele (o pai de João) foi lá com um curador, o nome dele se chamava Manoel Quirino, aqui de trás das campinas (...). Entonce ele (o curador) disse: É, só dando mesmo trabalho pra ele'. Tá bom, quando foi à noite, papai ajeitô lá os movimento (colocou à disposição do pajé os materiais necessários à sessão de cura: velas, defumação, cigarros etc.). (O curador) trabalhô, trabalhô, só visto, não contado (...). Mas cê sabe, um mestre na presença do discípulo é mais, viu? (...). Tá

certo, entonce eles (os caruanas de João) chegaro e procuraro, assim, aí, e lá. Mestre tava trabalhando, disse: 'Mas isso aqui é preciso tê otro acordo, porque vocês (os caruanas de João) viero muito violento'. Aí foi aquela confusão, até que calmaro, tomaro entendimento, foi, foi, tá! Foro calmando, também eu vô tendo alívio, graças a Deus. Depois daquela noite eu já andava bem satisfeito, sem dor. Acontece que não foi conforme era na satisfação deles (dos caruanas). Com dez dias tornô me batê, e veio contraindo, que foi a origem que então fui novamente pra mão dele (do curador), que trabalhô, trabalhô... Não senhor, não deu resultado. Aí foi, me entregô pro papai. O papai foi, procurô otro (...). Esse era lá num local por nome Itapepoca, já pertencente Rio Mojoim (...), tornô dá resultado, graças a Deus, que foi, foi (...). Depois ele me entregô, disse que não dava conta, do que ele sabia não deu resultado, então ele me entregô. Veio otro por nome Manoel Maurício. Esse com certeza ele era daqui da Barreta, da Santa Maria da Barreta, um senhor corado, que puxava bem pela arte (trabalhava bem como pajé). Papai me levô a ele, ele foi em casa, trabalhô para mim, deu, me parece — que eu não tô certo —, mas parece que deu de três a cinco consultas, chamavo nesse tempo. Tá bom, aí, graças a Deus, depois ele disse: 'Olhe, seu Lourenço (pai de João), tá. Ele já colô grau, porém ainda tem aí um grauzinho, e que preciso, o senhor vai com mestre Clementino'. Clementino era um otro curador, não quero gabar, Deus sabe, viu? Ele já é falecido. Então este sim, de todo esses! (...). Então ele trabalhô, foi, foi, foi, que na primeira vez em que ele me mandô trabalhá, aquilo era uma luta (...). Eu me sentei pra trabalhá, aí ele foi, de mão nas cadeiras, olhá. Bom, aí, depois, pronto. O caso foi que ele tomô entendimento. Duma consulta que ele deu pra mim, graças ao Nosso Bom Salvador, desapareceu dor de dente, desapareceu tudo, eu fiquei conforme. E foi esse que me disse se eu queria ficá trabalhando ou se queria ficá no discanço."

Quanto ao pajé Francisco, segundo seu depoimento, ele só teve um mestre — Manezinho de Itaporanga —, em cuja casa morou durante alguns anos, enquanto se submetia ao tratamento. Depois de ser levado para a casa de Manezinho, tendo lá permanecido alguns dias, chegou finalmente a ocasião de iniciar o tratamento, durante uma sessão de cura:

"Quando foi à noite, começamo a trabalhá. Eu boti meu cruzeiro, ele (Manezinho) preparô o cruzeiro na casa dele, muito bem feito, deu sinal nas corrente: 'Seu Francisco, o senhô vai trabalhá comigo. Eu vô abri o trabalho e o senhô vai trabalhá'. Com mais um bocado, ele (o mestre) fecha as corrente dele (despede os caruanas e volta ao estado normal). Disse: 'Agora o senhô vai trabalhá. Já está tudo encaminhado, o que batê levá'. Trabalhei essa noite, a velha (Luzia, discípula de Manezinho) viu meu trabalho e disse: 'O senhô vai tomá um tauari, seu Francisco, eu vô falá pro Manoel pra ele lhe dá um tauari. O cigarro pro senhor fumá'. Quando chegô noutra noite ele disse: 'Seu Francisco, o senhô vai fumá um cigarro. Dona Luzia, a senhora vai dá um cigarro pro seu Francisco'. 'Sim senhô'. Aí a velha preparô o cigarro, três cigarro tauari. Disse pra ele (Manezinho) assim: 'Escute, seu Francisco num percisa sê encruzado?'. Ele disse: 'Não, por enquanto não. Seu Francisco já tá feito'. Quando chegô aquela noite, fomo trabalhá. Pra acabá, que eu trabalhei com este home três anos de pau a pau. Depois eu já vinha aqui pra casa e já ia, passava dias pra í. Tempos já pra fazê uma chamada (dos caruanas), que ele mandava chamá pra fazê os trabalho pra ele, de acordo com os doentes que chegavo na casa dele. Conforme os trabalho forte, trabalho que percisava maracá, trabalho forte. Macumba, trabalho forte. Antão, conforme os trabalho, ele mandava chamá. Os trabalho forte era maracá e macumba, conforme os que viesse doente, ia trabalhá."

Ao contrário dos depoimentos anteriores, o de Olavo é muito simples, não entrando em maiores detalhes sobre o seu tratamento. Depois de relatar, com detalhes, os sintomas de sua doença, como foi visto acima, conclui:

"E a minha vida foi um romance. Tê que o pajé faz trabalho pra li, pra colá, compra maracá, compra cinta, compra uma porção de coisa, aí eu fiquei curando, curava o pessoal por aí, fazia meus trabalho. Eu fui formado por um senhor por nome Satô. Era um bom pajé. Ele já morreu, morreu até no Marajó. Aí eu fiquei curando."

Os outros pajés entrevistados — Mundico, Maria da Glória e Ribamar — não se referiram a sua formação por intermédio de um mestre. Maria da Glória não chega mesmo a referir nenhum tipo de perturbação ou doença, formação ou encruzamento: nasceu com o dom e este foi se manifestando espontaneamente, não podendo ser afastado. Quanto a Ribamar, volto a transcrever as anotações de meu caderno de campo:

"Ele veio, em companhia do pai, de avião, de São Luís a Belém. Em Belém tomaram uma embarcação pra ir a Soure. Ao chegarem à casa do pajé (era uma barraquinha de palha) este disse que não era perciso contarem nada. Já sabia de tudo. Deu ao menino um pouco d'água para beber. Em seguida disse ao pai que podia levá-lo de volta, pois ele já estava bom. O pai aborreceu-se muito e insultou o pajé. Por isso tiveram de dormir numa outra casa. No dia seguinte, voltaram a Belém e, de catalina (avião anfíbio, da FAB), regressaram a São Luís. A partir daí, Ribamar ficou livre da visão que o perseguia e dos demais sintomas da doença. Então, seu pai, reconhecendo o serviço que o pajé lhe prestara, arrependido, resolveu mandar-lhe um presente. Mais tarde, Ribamar, já adulto, foi encruzado numa praia do Maranhão por sua própria gente (seus caruanas). Recebeu, em sonhos, o aviso de que devia comparecer a essa praia, à noite, em companhia de um tio e uma tia. Quando voltou de lá já estava 'pronto' para trabalhar como pajé."

O pajé Mundico, não relatando nenhuma forma de tratamento a que foi submetido, menciona porém o seu encruzamento que, como no caso de Ribamar, foi feito pelos próprios encantados:

"Eu sentia um remorso pelas cruzes, compreendeu? Aquilo aparecia de repente ali, aquele susto me tremia as cruzes, mas eu num sabia direito o que era. Bem, isso veio, veio, fui aparecê com 62 ano, tava com 62 ano, foi o meu encruzamento (...). Eu trôce de nascença, apareceu. Mas eu trôce de nascença, porque aprovô desde os começos. Então esse encruzamento, num fui encruzado por ninguém. Dizê assim que os outros viesse me encruzá, como os outros pajé encruzaram os otros, eu não. Eu, foi só uma fumaça por cima de meu ombro, direto, uma fumaça mesma grossa e de incenso, que aquela fumaça foi que me encruzô. Que aquilo me butô pra trabalhá (como pajé)."

Um novo conjunto de termos pode ser destacado para a análise:

5º conjunto
(relacionado ao tratamento)

Mestre
Discípulo
Trabalho
Consulta
Luta
Colar grau
Ficar conforme
Encruzamento

Os depoimentos colocam duas situações distintas. Na primeira, em que o candidato ao xamanismo é submetido a tratamento, o mesmo é dirigido por um "mestre", sendo o doente o seu "discípulo". O objetivo final é o encruzamento, ritual muito elaborado, que indica ter o discípulo "colado grau" ou se "formado" na arte xamanística (ver descrição acima, no capítulo 7). Para que o tratamento se efetive, é necessário o "trabalho". Este termo surge, no contexto dos depoimentos, em duas concepções distintas: o trabalho do mestre e o trabalho do discípulo. O do mestre, ou consulta, é a sessão de cura destinada a tratar a doença. Para isso, torna-se necessário que ela se manifeste na sua expressão mais característica, isto é, a incorporação do discípulo pelos seus guias. O discípulo precisa "trabalhar" na presença do mestre, "chamar" os seus cavalheiros. No depoimento do pajé João surge a forma pela qual os caruanas costumam manifestar-se durante essas sessões: com violência ("luta"), para serem aos poucos "acalmados", isto é, domesticados pelo mestre, que ensina o discípulo a controlar suas possessões. Tratado pelo mestre pajé, o discípulo "fica conforme", isto é, curado da doença que o acometia, tornando-se, ele também, um xamã.

Essa é a situação admitida como normal nas concepções locais. Entretanto, como foi visto acima, os pajés de maior prestígio são vistos como "formados no fundo", pelos próprios caruanas. Nos depoimentos colhidos, alguns pajés, querendo certamente se autovalorizar diante do pesquisador, enfatizam o fato de não terem tido mestre, sendo encruzados por seus próprios guias. Esta é uma situação ideal que — independentemente da veracidade do depoimento — coloca também um aspecto muito relevante das representações sobre a pajelança. Pois, segundo as concepções locais, quem de fato forma o discípulo não é o mestre pajé, mas os próprios caruanas, incorporados neste, que disciplinam o trabalho e os próprios caruanas do candidato ao xamanismo. Teríamos, pois:

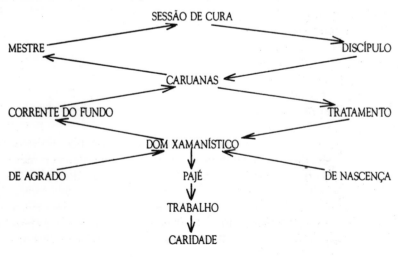

304

Assim, no processo de tratamento do candidato ao xamanismo, não só os caruanas surgem como agentes causais da doença corrente do fundo, mas também como os agentes de "cura". Esta "cura", sempre aspeada, por razões já explicitadas no capítulo 7, é algo que se processa freqüentemente por intermédio do mestre pajé que, embora um elemento importante no processo, pode, idealmente, ser dispensado, na medida em que os próprios caruanas — com seus poderes — exercerem essa ação "curativa" sem o concurso de sua mediação. Ora, são os caruanas, no final das contas, aqueles que utilizam o indivíduo para manifestar-se e exercer seus poderes curativos. Por outro lado, o exercício da função xamanística é algo que, se desejado pelos guias de um determinado xamã, implica numa obrigação que é sempre cobrada pelos encantados. Mas esse exercício é visto como penoso, um fardo que deve ser carregado, como disse o pajé Ribamar, depois de ter relatado seu encruzamento pelos encantados:

> "Gostaria que Deus, tendo lhe dado o dom xamanístico, o retirasse um dia, porque acha muito pesado o 'fardo' de ser pajé." (Notas do caderno de campo).

* * *

O pajé João, que também considera muito pesado o encargo de curador, coloca em seu depoimento outros aspectos negativos do exercício da função xamanística:

> "Este grau é um grau escondido, é um grau que a humanidade diz vergonhoso, devidamente de ter muitos que não pratica o trabalho conforme seja, viu? Tem muitos que querem enganá a humanidade, querem ganhá dinheiro e querem... Dizem que tem muitos que só trabalho por meio da água forte, que é a cachaça, e aquela confusão lôca, viu? Então é esses acanhamento que existe nesta linha, nesta medicina invisível, que por causa disso é que na medicina elevado com os médico eles num adoto isto. Em tempos passado eles num queriam nem vê falá em curadô, em pajé, não. Eles são contra isso (...). De sorte que prum pajé trabalhá assim, precisava sê muito ocurto,

precisava falá com a polícia. Se a polícia desse licença, trabalha, e se num dé, num trabalha. E se trabalhasse prum doente, se fosse uma linha de cura, ele fosse trabalhá pra corá aquele doente, era muito oculto, por causa de num caí no público, viu?"

Se, de um lado, os pajés consideram o exercício de sua função como um fardo, o trecho do depoimento acima transcrito, além de colocar as oposições que os curadores sofrem (ou mais acentuadamente sofriam no passado), estabelece também a distinção entre os bons e os maus pajés ("que querem enganar a humanidade"). Por outro lado, mesmo entre os bons pajés, no sentido daqueles que exercem seu ofício com sinceridade, procurando praticar uma ação caritativa, há diferenças no tocante ao exercício da função. Em primeiro lugar, conforme o depoimento de Francisco, quanto ao conceito que se pode fazer desses pajés:

> "O bom pajé a gente conhece só se ele abrir a seara dele, o trabalho dele. Aqui no Itapuá eu conheço dois. Aqui tem uns quanto médio (médiuns), médio e média, como se diz. Quer dizer, médios e médias são os incorporadores que recebem os espíritos, não é assim? É sim senhor. Aqui tem ih! Imensidade, aqui tem imensidade. Mas que eu enxergo aqui só dois: João, Mundico. É sim. É sim. E o más, se incorporo por aí, coisa e tal, pulo, salto, mas até a metade desses dois inda num vi, desses novos que estão acontecendo agora. Agora desses velhos, o seu Mundico e o seu João."[3]

Ele se exclui da relação dos bons pajés, como também exclui Olavo, porque ambos não mais trabalham como curadores. Não menciona a pajé Maria da Glória que, de todos, é a menos prestigiada em Itapuá. Exclui também um outro pajé de pouco prestígio, Jesus "Peixe Grande", cujo depoimento não pude colher. A "imensidade" a que se refere diz respeito, de fato, ao grande número de pessoas que, em Itapuá, manifestam o dom para pajé, embora não tenham ainda sido iniciadas. O depoimento prossegue, fazendo uma avaliação do desempenho dos dois pajés que distingue. E aqui surge o segundo ponto a ser destacado quanto às diferenças no exercício das funções xamanísticas:

"A desvantagem do seu Mundico é que ele... desvantagem eu digo, mas ele diz que num carece... Porque eu estou nesta idade, de sessenta e poucos anos, mas nunca vi um mestre pajé trabalhá desimparelhado. Quem fala a verdade num merece castigo. Porque um, vamo dizê, um sordado, né? Ele sem a farda num se sabe o que ele é completamente, o que respeita é a farda. É como um pajé, um pajé ele tem de está com os aparelho na mão. Usa maracá, é a pena, cinta, quer dizê, tudo isso dá impulso pra própria gente dele, pros cavalheiro, pros caruana se incorporarem nele. Tudo aquilo. Na defumação, muita força dentro duma sala, aquilo tudo dá força nas corrente, pra chegarem o pessoal (caruanas), incorporarem naquele mestre. Mas se nada daquilo tem, pode sê que venha, mas aquilo fraco. É, pra mim eu acho que seja fraco. E só que eu tenho visto trabalhá sem aparelho é o seu Mundico, mas assim memo o trabalho dele tá conforme, não digo que não."

Sobre isso, o próprio Mundico também se refere:

"Porque um curador me disse que era preciso maracá, pena, essas coisas. Não, quem sabe é quem define o segredo. Primeiramente é Deus e segundo eu, pelo que eu tenho. Então não posso esclarecer esse movimento. Eu num quero. Eu vô trabalhar com pena e maracá, essas coisa, me apresentá sacudindo maracá, com pena, e dançando aí? Eu num danço. Bom, eu trabalho numa cadera assim, sentado ali. Aqui está uma coisa mais do que esclarecida que eu num posso descobrí esse segredo, esse papel dessa arteza (dom para pajé) que eu trôce. É justo ou num é?"

Com relação ao pajé João, surgem também restrições, de outro tipo, no depoimento de Francisco:

"A desvantagem do seu João é porque todo pajé requer um guardas-costa, o servente dele ou guardas-costa.

Antão, o guardas-costa, o mesmo servente, não de dizê: 'Eu só vô serví a sala, o salão, donde o pajé vai trabalhá, defumação na sala, defumação no cavalhêro, que é no pajé'. Não, não é só isso não. Ele deve de orá atrás das costa do pajé, para dá impulso naquele cavalhêro que chegô, pois aquele cavalhêro percisa de graça divina, percisa duma prece, uma santa-maria, uma ave-maria, um pai-nosso, pra oferecê a Deus primeramente e segundamente o cavalhêro que incorporô naquela matéria. Tudo isto ãjuda. Mas se nada disso tê, vem o cavalhêro, vem, ele chega. É como a chega dele numa casa. Se for bem recebido você conheceu até o dono da casa, mas se for mar recebido, em conversa com o dono da casa você também num demora. Não é assim? É, cê já com pôca conversa já vai embora. 'Não, aqui, o homem não tá com muita coisa pra me recebê'. Antão isso que farta (...). Esse mestre (Menezinho) que trabalhei com ele tinha um guardas-costa que aquilo o homem tinha tantas oração pra rezá atrás das costas do pajé que você ficava besta de vê. Era um preto velho, mas um preto velho inteligente, que sabia o que ele ia fazê atrás das costas do mestre pajé. Tudo aquilo dá impulso."

Mais um conjunto de termos relevantes deve ser destacado nesses depoimentos:

6º conjunto
(ainda relacionado ao exercício da função xamanística)

Fardo
Grau escondido
Grau vergonhoso
Medicina invisível
Bom pajé
Oculto
Aparelhos
Servente
Defumação
Oração
Impulso
Deus

Se, de um lado, o exercício da função xamanística pode ser visto como um fardo, um encargo difícil do qual os pajés muitas vezes desejam libertar-se — como já foi explicitado acima —, de outro lado, esse fardo (com todas as obrigações a ele inerentes), ainda é mais pesado pelas oposições que enfrenta. Foi visto, no capítulo 7 (nota 52), acima, um trecho do depoimento de João tratando sobre a oposição da Igreja Católica às práticas da pajelança. Agora surgem dois outros elementos: os médicos e a polícia. Trata-se de um "grau escondido", "vergonhoso", necessitando que suas práticas sejam realizadas de modo "oculto". Deve-se levar em conta que essas oposições ocorriam mais intensamente no passado do que no presente. Mas até há poucos anos, assim como as casas de culto de umbanda deviam ter seu registro na polícia, os pajés, para poderem realizar suas sessões, também necessitavam obter permissão da autoridade policial local. O fato de o pajé Ribamar ser ao mesmo tempo xamã e comissário de polícia de Vigia, já no ano de 1976, demonstra uma considerável atenuação das restrições impostas que, no entanto, permaneciam ainda fortes no plano das representações.

No depoimento de João, as restrições são explicadas pela ação dos maus pajés, aqueles que querem "enganar a humanidade", que visam lucros materiais (o "dinheiro") ou que utilizam a ingestão de "água forte" (cachaça) em suas sessões. Com efeito, o "bom pajé", além de dedicar-se à prática da "caridade", deve ter um comportamento ético adequado e, em todos os depoimentos colhidos, sempre é condenada a ingestão de bebidas alcoólicas durante as sessões. As únicas bebidas consideradas próprias para o consumo do pajé, nas sessões, são a água e o chá de cidreira.

A "medicina invisível" (atividade xamanística) é, por outro lado, contrastada com a "medicina elevada" (dos médicos formados em universidades) e a razão de sua não aceitação por estes é colocada, no discurso, como fruto da ação dos maus pajés. Assim como o pajé João, no depoimento citado no capítulo 7 deste estudo, procura justificar a não aceitação da pajelança por uma incompreensão da parte da Igreja — não deixando de culpar os próprios praticantes do xamanismo pelo fato — também aqui existe, certamente, uma defesa implícita da pajelança, pois os médicos não compreendem a sua importância. Não fica de lado, porém, o fato de que a medicina invisí-

309

vel dos pajés — embora, como vimos, seja pensada como a única eficaz contra certos tipos de doença — assume uma posição hierárquica inferior diante da própria forma como é estabelecido o contraste com a medicina "elevada" dos médicos universitários. Ademais, se o comportamento ético dos pajés é importante, um outro aspecto salientado nos depoimentos diz respeito à forma como trabalham. Os "aparelhos" do pajé (pena, maracá e cintas) são muito valorizados, como enfatiza o depoimento de Francisco, embora não sejam essenciais, pois, mesmo sem eles, o trabalho de Mundico está "conforme". Essenciais são a defumação, o servente e as orações. Não obstante, todos esses elementos, em conjunto, têm uma grande importância para dar "força" ao trabalho, ou "impulso" nas correntes. O servente, ou ajudante do pajé, desempenha um papel de grande relevo, pois, não só no depoimento de Francisco, mas em ouros que recolhi, esse papel é sempre enfatizado. O servente, não sendo um xamã, é o responsável pela defumação, atende às ordens do pajé incorporado pelos caruanas, faz orações, entrega os cigarros acesos ao pajé e ajuda os doentes que estão sendo tratados nas sessões. Por isso se considera que grande parte do êxito do trabalho do pajé depende da existência de um bom servente.

Mas esta análise não estaria completa se não se considerasse um outro elemento, que surge em todos os depoimentos, e que diz respeito à fonte dos poderes dos encantados, agentes desencadeadores de todo o processo que leva as pessoas acometidas pela doença corrente do fundo ao exercício da função xamanística. Este elemento é Deus. É Ele quem dá poder aos encantados ou caruanas, capazes de produzir o dom xamanístico (de nascença ou de agrado) nos candidatos ao xamanismo. Com isto, podemos completar o diagrama que vem sendo esboçado desde a página 289:

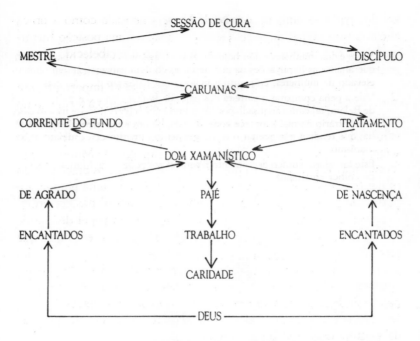

Deus é o ponto inicial da leitura completa do diagrama. Conferindo, na origem, os poderes aos encantados, Ele permite que, por "agrado" ou "nascença", eles confiram o dom ao candidato a xamã. Esse dom, que se manifesta através da corrente do fundo, precisa ser controlado, aperfeiçoado ou domesticado através de um tratamento que será feito, em última análise, pelos próprios caruanas, através de um mestre pajé que, durante as sessões de cura, age sobre o discípulo, *disciplinando* os seus caruanas. Nisto consiste o tratamento, permitindo que o dom xamanístico resulte no processo de formação de um novo pajé, o qual, já iniciado ou "encruzado", venha a realizar seus trabalhos de modo independente, na prática do bem, ou da "caridade", que é o fim último de todo o exercício da atividade da pajelança.

311

NOTAS

1   Vinte e duas mulheres e dois homens. Sobre o assunto, cf. Motta Maués (1980), que analisa as implicações da manifestação do dom xamanístico em número elevado de mulheres, enquanto a maioria dos pajés são do sexo masculino.

2   Vale a pena comparar a carreira dos pajés de Itapuá com a dos pais de santo de Belém, tal como analisado por Vergolino e Silva (1976). Neste último caso, ao contrário do que acontece com os pajés, há um rompimento com a família, que tende a não aceitar o comportamento estranho do candidato ao xamanismo.

3   Este foi, aliás, o único depoimento favorável aos poderes de Mundico que pude colher em Itapuá.

PARTE III

AS FESTAS DE SANTOS POPULARES E O CONTROLE ECLESIÁSTICO

CAPÍTULO 8
O CICLO ANUAL DE FESTAS DE SANTOS POPULARES

Para o observador, ressalta como elemento essencial do catolicismo popular o seu aspecto lúdico, como já foi enfatizado na segunda parte deste estudo. A festa religiosa é a expressão ritual onde esse aspecto se condensa e, em certos meses, o município de Vigia, como outros da região do Salgado, vive um estado quase permanente de festa e alegria. Numa primeira visão, de caráter impressionístico, junho é o mês em que se percebe melhor esse clima lúdico, mais ainda do que no mês de setembro, quando se festeja a santa padroeira do município, Nossa Senhora de Nazaré. É que, em junho, como parte das comemorações dos santos dessa quadra festiva — cada um deles padroeiro de diferentes povoações do interior — surgem também as expressões mais importantes do folclore local, entendido tanto no sentido de espetáculo turístico, como no de manifestação autenticamente expressiva de folguedos populares: os bois de enredo (da própria Vigia) e os bois de máscara (que vêm ocasionalmente de São Caetano de Odivelas, para se apresentar na Vigia), os pássaros, a apresentação de conjuntos de carimbó, as fogueiras, os fogos de artifício, os grupos de dançarinos das quadrilhas (além dos bailes ou festas dançantes em todos os clubes e sedes da cidade e do interior do município).

Esse aspecto lúdico não está ausente dos rituais de pajelança e de outras manifestações religiosas populares, como a umbanda. Na pajelança, o ritual xamanístico — seja ele uma sessão de cura ou apenas uma chamada dos caruanas para cumprir obrigação ritual — é também uma ocasião de regozijo e diversão, com os cantos e a dança do pajé, os ditos chistosos e a descontração, a despeito do clima geral de respeito. Rituais de pajelança, torneios de fute-

315

bol, festas de santos, levantamentos ou derrubadas de mastros de santos, tirações de reis, apelos ou esmolações para os santos, festas dançantes, carnavais, bois-bumbás, grupos de pássaros e de dançarinos de quadrilhas, folias, grupos de carimbó, comícios políticos, ladainhas (sobretudo as de estilo antigo, dirigidas por capelões e as cantadas em latim), festas cívicas (na ocasião da Semana da Pátria), tudo isso constitui motivo e faz parte da diversão popular, especialmente do povo do interior. Deve-se levar em conta, porém, que essas festas, como parte de um sistema de crenças e práticas mais amplo — a religião católica — não podem estar desligadas da Igreja oficial e do controle que esta exerce sobre elas. Por outro lado, estudando rituais, esta terceira parte aborda um dos temas privilegiados da tradição antropológica, não podendo deixar de estar ligada, intimamente, à parte anterior, que tratou das crenças e representações. Com efeito, esta completa a parte precedente, permitindo uma compreensão mais ampla das representações de caráter religioso dos atores do sistema social investigado.

Festas religiosas populares constituem, ademais, por sua própria natureza ritualística, momentos extraordinários na vida das populações ou comunidades que as realizam, possuindo aquele caráter de fato social total de que nos fala Marcel Mauss, onde se exprimem, "ao mesmo tempo e de uma só vez", uma grande quantidade de fenômenos, não só de natureza religiosa, mas também fenômenos jurídicos, morais, políticos, econômicos, estéticos etc. Na mesma linha de pensamento desse autor, essas festas constituem formas de prestações totais, uma espécie de *potlatch,* onde a obrigação de dar, receber e retribuir se estabelece não somente entre os indivíduos humanos, mas também na relação entre os homens e os santos, os homens e a divindade (cf. Mauss, 1974 b, 41, 43 e segs.)[1]. Como não poderia deixar de ser, o exame do ritual conduz, necessariamente, à questão do mito que, como lembra Lévi-Strauss, sempre diz respeito a acontecimentos passados, numa época nem sempre precisa, mas, de toda forma, num tempo bastante recuado. Não obstante, "o valor intrínseco atribuído ao mito provém de que estes acontecimentos, que decorrem supostamente em um momento do tempo, formam também uma estrutura permanente", a qual "se relaciona simultaneamente ao passado, ao presente e ao futuro" (Lévi-Strauss, 1970 b, 229). Ora, também o ritual possui a sua estrutura e veremos, no decorrer desta terceira parte, a relação que se estabelece entre o mito e o ritual. Não é este, porém, o ponto que desejo melhor enfatizar. Aproveitando a sugestão desse antropólogo, que afirma nada se assemelhar mais ao mito do que a ideologia política, pretendo, desde logo, lembrar a relação entre mito e história, pois a história será mais uma vez retomada nesta terceira parte, ao fazer a análise dos rituais do catolicismo popular de uma forma em que se torna difícil, em certas passagens, distinguir o que se poderia pensar como "verdade histórica" e "história mítica"[2].

Preocupações metereológicas estão sempre presentes na festa de santo, numa região onde as chuvas são abundantes em todas as épocas do ano, com exceção de pequenos intervalos (veranicos) e de um período de alguns meses — julho, agosto, setembro e outubro — em que é de se esperar intervalos maiores de estiagem. De qualquer forma, costuma-se dividir o ano em duas estações, o inverno, com maior incidência de chuvas (de dezembro a maio), e o verão, com menor incidência (de junho a novembro).

Relatos históricos sobre o Círio de Nossa Senhora de Nazaré, na capital do Estado, dão conta de que o mesmo era realizado no horário vespertino, ou mesmo noturno, sem ter uma data certa. O primeiro Círio (1793) foi feito em setembro, provavelmente respeitando-se a tradição portuguesa de comemorar a festa de Nossa Senhora de Nazaré nesse mês. Não obstante, nos anos subseqüentes, procurava-se marcar o início da festa na lua nova, esperando-se com isso conseguir uma quinzena de noites sem chuvas, de forma que o Círio se fazia em setembro ou outubro e, mesmo, em novembro. Em meados do século XIX, devido à freqüência das chuvas que costumavam cair no momento da procissão, a despeito dos cuidados que se tomava em variar a data e, especialmente, a uma chuva torrencial que se abateu sobre os romeiros e devotos na procissão de 1853, mudou-se o horário da romaria que, a partir do ano seguinte, passou a ser matinal. A data só foi fixada no final desse mesmo século, por um decreto do Vaticano, sendo que o primeiro Círio realizado no segundo domingo de outubro (como ocorre atualmente) foi feito em 1901 (cf. Rocque, 1981, 38-54).

Quanto ao município de Vigia, onde teve início a devoção a

317

Nossa Senhora de Nazaré, os relatos locais e os documentos consultados dão conta de que o Círio se fazia, de início, numa data fixa (5 de agosto, dia de Nossa Senhora das Neves, no calendário litúrgico oficial). Posteriormente, foi transferido para o segundo domingo de setembro (ninguém sabe precisar a data), por causa da grande incidência de chuvas em 5 de agosto. Pode-se duvidar dessa razão, apontada pelos informantes (não pude encontrar documentos que a comprovem), por dois motivos principais. Em primeiro lugar, até hoje, o dia 5 de agosto é marcado com uma festa importante em homenagem a Nossa Senhora das Neves, padroeira da cidade de Vigia, cujo ponto alto é uma procissão vespertina. Além disso, pode-se supor, também, que a fixação da data do Círio de Vigia, com antecedência de um mês em relação ao de Belém (a antecedência visa marcar a prioridade no tempo da devoção, de que são ciosos os vigienses), tenha decorrido da própria fixação da data da festa de Belém. Nesse caso teria ocorrido também nos primeiros anos deste século, havendo relatos (mais ou menos imprecisos), de velhos de mais de 80 anos, que afirmam ainda lembrar-se da realização do Círio em 5 de agosto[3]. De qualquer forma, porém, persiste o fato de que, na concepção dos informantes, as condições metereológicas são considerações de muita relevância quanto à realização de festas religiosas populares, as quais implicam em deslocamentos ao ar livre, podendo ser muito prejudicadas pelas chuvas[4].

O estudo do ciclo de festividades de santos, na cidade de Vigia e nas principais vilas e povoações do município, num total de 24 concentrações populacionais, veio demonstrar que esse ciclo tem início, efetivamente, em maio, prolongando-se até o mês de janeiro do ano seguinte, não ocorrendo festas de santos populares nos meses de fevereiro, março e abril (ver quadro na página seguinte). Ora, esses meses, juntamente com janeiro, são aqueles em que a incidência de chuvas é maior durante o ano. Percebe-se então, claramente, que o ciclo de festas religiosas do município se encontra em correspondência com as estações do ano, começando em maio (último mês do inverno amazônico) e terminando em dezembro e janeiro (os dois primeiros meses da mesma estação).

O ciclo de festas religiosas do município tem início, portanto, no momento em que a incidência de chuvas começa a se fazer me-

QUADRO 12
O CICLO DAS FESTAS RELIGIOSAS DO MUNICÍPIO DE VIGIA

ESTAÇÕES	MESES	FESTAS DE SANTOS PADROEIROS		OUTRAS FESTAS .		OUTROS EVENTOS
		FESTAS	LOCAIS	FESTAS	LOCAIS	
"Inverno" (mais chuvas)	Maio	Espírito Santo	Juçarateua do Pereira	Santa Maria	Macapá da Barreta	–
		Santíssima Trindade	Meraponga	N. S. do Bom Remédio	Itaporanga	
				Espírito Santo	Penha Longa	
		Santo Antônio	São Benedito da Barreta	Nossa Senhora do P. Socorro	Itapuá, Santa Maria do Guarimá	Festas Juninas
			Pereira			
	Junho	Nossa Senhora do P. Socorro	Iterêua		Vigia, Itapuá	
			Cumaru	São Pedro		
		São João Batista	Km 35			
			Baiacu	S. C. de Jesus	Macapá da Barreta	
		São Pedro	Santo Antônio da Barreta			
"Verão" (menos chuvas)	Julho	São Cristóvão	Km 55	S. C. de Jesus	Boa Vista da Barreta	Férias Escolares
				Nossa Senhora das Graças	Macapá da Barreta	
	Agosto	N. S. das Neves	Vigia	São Benedito	Itapuá, São Benedito da Barreta	–
		N. S. da Penha	Penha Longa			
		Santa Rosa de Lima	Santa Rosa			
	Setembro	N. S. de Nazaré	Município de Vigia	–	–	Semana da Pátria
	Outubro	S. Sebastião	Boa Vista da Barreta	S. Geraldo	Iterêua	–
		S. Pedro	Macapazinho da Barreta	S. C. de Jesus	Itapua	
	Novembro	N. S. das Graças	Itaporanga	N. S. das Graças	Penha Longa	Finados ("iluminação")
		N.S. do Livramento	Macapá da Barreta			
"Inverno" (mais chuvas)	Dezembro	N. S. da Luz	Porto Salvo	Menino Deus	Porto Salvo	Natal
		Santa Maria/ São José	Santa Maria do Guarimá			
		Menino Deus	Itapuá			
		Santa Luzia	Santa Luzia da Barreta			
		N. S. de Fátima	Bom Jardim da Barreta			
		N. S. da Conceição	Curuçazinho			
	Janeiro	São Sebastião	Arapiranga (Vigia)	Santos Reis	Porto Salvo	Santos Reis
			São Sebastião do Guarimá	São Sebastião		
	Fevereiro			–		Carnaval
	Março			–		
	Abril			–		Semana Santa

319

nor, com as comemorações (em data fixa: maio) de santos não padroeiros, nas povoações de Macapá da Barreta (Santa Maria) e Itaporanga (Nossa Senhora do Bom Remédio) e as celebrações (em data móvel, maio ou junho, de acordo com o calendário litúrgico), dos santos padroeiros das povoações de Juçarateua do Pereira (Divino Espírito Santo) e Meraponga (Santíssima Trindade). São quatro pequenas festas, das quais apenas uma, a do Espírito Santo, tem maiores repercussões no conjunto do município, atraindo visitantes a Juçarateua para assistir e participar dos dois eventos principais da festividade: o levantamento e a derrubada do mastro do santo. Mas é no mês de junho, como foi dito acima, que o clima de festa se instala, efetivamente, no município: são no total 12 festas de santos (com quatro padroeiros de sete diferentes povoações; dois não padroeiros, celebrados com festas menores, em outras três povoações; e o santo padroeiro dos pescadores — São Pedro — para quem se faz uma festa importante, em Vigia, e outra, menor, em Itapuá), além de todo o conjunto de celebrações associadas aos santos tradicionais das chamadas festas juninas (carimbó, danças, bois e pássaros, fogueiras, fogos de artifício etc.). Pode-se dizer que o ciclo culmina em setembro, onde encontramos uma única festa, isolada nesse mês por sua importância maior, a festa de Nossa Senhora de Nazaré, realizada na cidade de Vigia, mas que pertence, efetivamente, a todo o município, por ser a padroeira de todos os vigienses.

Só vamos encontrar uma outra grande concentração de festas de santos, no município, já quando o ciclo está para ser encerrado, em dezembro: um total de seis festas de santos padroeiros, em Porto Salvo (Nossa Senhora da Luz)[5], Santa Maria do Guarimã (Santa Maria e São José)[6], Itapuá (Menino Deus), Santa Luzia da Barreta (Santa Luzia), Bom Jardim da Barreta (Nossa Senhora de Fátima) e Curuçazinho (Nossa Senhora da Conceição). Além dessas festas, algumas delas atraindo devotos de vários pontos do município e mesmo de Belém, como as de Porto Salvo, Curuçazinho e Itapuá, temos ainda uma pequena festa em homenagem ao Menino Deus, em Porto Salvo. O ciclo se encerra efetivamente em janeiro, quando as chuvas já chegaram com mais intensidade, com uma grande festa, a de São Sebastião, padroeiro do segundo bairro mais importante da cidade de Vigia, o Arapiranga, no dia 20; concomitantemente se realiza uma festa menor para esse mesmo santo na povoação de São Sebastião do Guarimã, da qual é padroeiro. Antes do encerramento do ciclo ainda ocorre, em janeiro, uma modesta comemoração dos Santos Reis, em Porto Salvo.

Vale lembrar que, de dezembro a janeiro, justamente no encerramento do ciclo de festividades dos santos, ocorrem as celebrações natalinas, segundo o calendário litúrgico oficial, cujas repercussões sobre a religiosidade popular, especialmente no interior do município, são relativamente escassas. As comemorações do Menino Deus, como santo padroeiro de Itapuá, estão, para o povo, remotamente ligadas ao Natal, no sentido da liturgia oficial, ou no das comemorações natalinas populares que se fazem nas grandes cidades brasileiras, Belém inclusive; mesmo as tradições populares rurais ligadas ao Natal, como pastoris, bumba-meu-boi, cheganças, marujadas e congadas, tão comuns em outras regiões brasileiras, estão ausentes do município. Somente a modesta comemoração de Porto Salvo e as tirações de reis (grupos de músicos e cantores, que percorrem as casas colhendo donativos, na noite do dia 6 de janeiro, semelhantes às folias de santos) é que persistem como parte integrante das celebrações do Natal no interior de Vigia. Em outros municípios do Salgado, o Natal está associado à festa de São Benedito (o que não ocorre na Vigia), como nos casos de Curuçá, Marapanim, Maracanã, Primavera e Santarém Novo, sendo famosa a marujada que se apresenta em Quatipuru (vila pertencente ao município de Primavera), como parte da festividade desse santo[7].

Considerando-se, agora, o conjunto dos municípios da região do Salgado, a mesma correspondência pode ser encontrada entre o ciclo de festividades religiosas populares e os períodos de inverno e verão. O quadro da página seguinte se refere somente aos santos padroeiros dos municípios e às festas mais importantes de outros santos, padroeiros ou não, comemorados tanto nas sedes municipais como em vilas e povoações do interior (cf. Loureiro et al, 1979). Observa-se, também, para o conjunto da região, os mesmos fatos que ocorrem no caso do município de Vigia: início e término do ciclo nos meses de maio e janeiro, com as comemorações de Santa Maria (Santo Antônio do Tauá) e São Sebastião (Marapanim e Santarém Novo); e maior concentração de festividades em junho (oito festas) e dezembro (10 festas).

QUADRO 13
O CICLO DAS FESTAS RELIGIOSAS NA ZONA DO SALGADO

ESTAÇÕES	MESES	FESTAS DE SANTOS PADROEIROS		OUTRAS FESTAS	
		FESTAS	LOCAIS	FESTAS	LOCAIS
"Inverno" (mais chuvas)	Maio		—	Santa Maria	Santo António do Tauá
	Junho	Santo António	Santo António do Tauá	Santo António	Santarém Novo
				São João	Colares, Santarém Novo, S. C. de Odivelas
				São Pedro	Curuçá, Salinópolis, Santarém Novo
	Julho		—	São Sebastião	Colares, Magalhães Barata ''
"Verão" (menos chuvas)	Agosto	N. S. das Vitórias	Marapanim	N. S. de Nazaré	Magalhães Barata
		São Caetano	S. C. de Odivelas	Santa Maria	Santarém Novo
		N. S. do Rosário *	Curuçá	São Raimundo	Santo António do Tauá
	Setembro	S. Miguel Arcanjo	Maracanã	São Tomé	Colares
		N. S. do P. Socorro	Salinópolis		
	Outubro		—	N. S. de Nazaré	Primavera **
	Novembro	N. S. de Nazaré	Magalhães Barata, Primavera	N. S. de Nazaré	Maracanã
				São Benedito	Salinópolis
		N. S. da Conceição	Santarém Novo	Santa Luzia	Marapanim
"Inverno" (mais chuvas)	Dezembro	N. S. do Rosário	Colares	São Benedito	Curuçá, Marapanim***, Maracanã, Primavera, Santarém Novo
				N. S. da Conceição	Marapanim, Salinópolis
				Reis/E. Santo	Marapanim
	Janeiro		—	Espírito Santo	Santo António do Tauá
				São Sebastião	Marapanim, S. Novo

* No ano de 1984, a festa foi no 1° domingo de outubro (dia 7, dia de N. S. do Rosário no calendário litúrgico)
** Em Quatipuru, no interior do município
*** Prolonga-se de 26 de dezembro a 6 de janeiro

Outro fato a ser assinalado é o que está em correspondência com a não ocorrência de festas de santos, no município de Vigia, no mês de setembro, em que se comemora a santa padroeira dos vigienses, Nossa Senhora de Nazaré: em cada município do Salgado também não acontecem outras festas nos meses de seus respectivos padroeiros. E mais, no mês de outubro, quando se realiza a celebração religiosa maior dos paraenses, a festa de Nossa Senhora de Nazaré, padroeira do Estado, nenhuma outra festa de santo importante se realiza em Vigia e no Salgado, com exceção do Círio da mesma Nossa Senhora de Nazaré, em Quatipuru, vila pertencente ao município de Primavera, que antecede de uma semana o Círio de Belém[8]. Isto reflete, de um lado, a preocupação de não prejudicar a participação de romeiros e devotos nas festas maiores e, de outro, a constatação do fato de que outras festas, de prestígio mais reduzido, entrando em concorrência com as grandes festas de santos padroeiros, necessariamente serão prejudicadas na afluência de participantes[9].

Se se percebe essa ligação do ciclo de festas do município de Vigia (e do Salgado) com o Círio de Nossa Senhora de Nazaré, em Belém, é preciso notar, além disso, que há todo um ciclo de festas religiosas e de Círios no Estado que, da mesma forma como no caso de Vigia — cujo ciclo de festas de santos culmina no Círio e na festa da padroeira —, se organiza todo em função da festa maior da santa dos paraenses, em outubro. No que concerne aos municípios das regiões mais próximas e de mais fácil acesso em relação a Belém — zonas Bragantina, Guajarina, do Salgado e ilha do Marajó — este ciclo de Círios e de festas vai num crescendo de afluxo de romeiros, até alcançar uma participação muito intensa de pessoas, que se deslocam de vários pontos do Estado — e mesmo de outros Estados — mas sobretudo das regiões próximas, para participar dos Círios mais importantes. O Círio de Vigia, em setembro, é o que recebe maiores atenções, tanto dos romeiros de fora do município (inclusive de Belém), como da imprensa (nos anos de 1984 e 1985 chegou a ser notícia nacional, por ser divulgado no programa "Fantástico", da TV Globo).

Assim, o Círio de Vigia se constitui não somente na culminação do ciclo de festas religiosas no município, mas também na culminação de todo um ciclo de festas de santos do interior do Estado, precedendo e preparando a grande festa religiosa da padroeira dos paraenses. Este ciclo de Círios prossegue, ainda, pelos meses de novembro e dezembro, com festas que se realizam em outras vilas e cidades do interior, algumas delas alcançando grande repercussão estadual — como as de Soure, Bragança, Icoaraci, Santarém e Abaetetuba — mas nenhuma conseguindo obter a mesma carga valorativa, emocional e simbólica, que está presente no Círio de Vigia.

Por outro lado, o estudo do ciclo de festas de santos, em Vigia e no Salgado, não pode estar desligado de todo um ciclo mais geral de comemorações e de eventos de natureza coletiva, que compõem um conjunto mais vasto, onde se combinam tristeza e alegria, mais alegria do que tristeza. Ao longo de todo o período de um ano (já agora de janeiro a dezembro), a época do inverno é aquela que concentra mais tristeza: as festas de santos terminam em janeiro e só vão ser retomadas em maio e junho; chega o tempo da Quaresma e, nesse tempo, não só as festas de santos, mas as próprias correntes dos pajés são fechadas e não ocorrem mais as sessões xamanísticas; e a Semana Santa constitui um período de luto e de pesar, em que, na rememoração da Paixão de Cristo, os mortos familiares são também lembrados.

Mas a tristeza do inverno é quebrada, antes de chegar a Quaresma, com o Carnaval. Os bailes na cidade de Vigia, o único bloco carnavalesco, recentemente organizado, que sai todos os anos — o "Balão Mágico", do bairro do Arapiranga — e a única escola de samba da cidade — a "Pra-Samba" — assim como os blocos de sujo, não apresentam maior originalidade em relação a outros centros urbanos, seguindo o modelo da capital do Estado. Todavia, no interior, sobretudo nas povoações de pescadores, o Carnaval apresenta particularidades bem interessantes. Os pescadores, que passaram a semana no mar, ao retornarem nos fins de semana, organizam grupos de brincantes, com a participação dos músicos locais — os mesmos que acompanham as procissões de santos, os grupos de tiração de reis, os grupos de bois e pássaros na época junina — e saem pelas ruas das vilas e povoações, dançando e cantando, muitos deles satirizando personagens e acontecimentos locais[10].

Terminada a Quaresma e a Semana Santa, inicia-se logo o ciclo de festas de santos, que se prolonga por todo o verão e, como foi visto, se encerra nos primeiros meses do inverno, já no ano seguinte. Logo no início desse tempo de alegria temos as festas juninas, onde, como foi descrito acima, ao lado das celebrações dos santos, padroeiros ou não, há todo um outro conjunto de bailes e folguedos associados. Esses bailes e folguedos se prolongam pelo mês de julho, coincidindo com as férias escolares, que permitem chegar a Vigia um grande número de estudantes (a maioria vigienses, que estudam na capital do Estado), os quais desfrutarão da temporada no município[11].

O clima de festa e alegria, que surgira intenso no mês anterior, prolonga-se, com grande intensidade ainda, por conta dos estudantes em férias: são bailes por toda a cidade, durante a noite, e banhistas, durante o dia, que freqüentam os igarapés no interior do município (especialmente o balneário de Santa Rosa), a praia de areia de Itapuá de Fora, as praias mais distantes (e melhores) do município vizinho de Colares, ou mesmo simplesmente o Rabo da Osga (um trecho do cais de Vigia, em frente a um restaurante típico e de ambiente muito agradável, o Arapucão). Os folguedos juninos continuam, os bois, os pássaros, os conjuntos de carimbó, sendo que os resquícios desses folguedos irão se prolongar ainda por agosto e, ocasionalmente, setembro, quando ocorrem as fugas ou matanças dos bois e dos pássaros[12]. Mas em agosto já se vive o tempo da preparação da festa maior da padroeira do município, que a rigor começa com a festividade de Nossa Senhora das Neves, padroeira da matriz e da cidade, como uma espécie de prelúdio da grande comemoração a ser feita no mês seguinte.

A festa de Nazaré, por outro lado, é sempre precedida por uma festa de caráter cívico e nacional, a Semana da Pátria: como não há estabelecimentos militares no município, ela fica por conta de escoteiros, professores e estudantes de primeiro e segundo grau. Estes desfilam pelas ruas da cidade e das vilas e povoações do interior, com seus uniformes e fanfarras, atraindo sempre um público numeroso, principalmente de mães (e de pais). Terminada a Festa de Nazaré, em Vigia, as atenções se voltam para o Círio de Belém. Dificilmente se encontrará um vigiense adulto, da cidade ou do interior, que nunca tenha ido a Belém para passar o Círio (como, aliás, ocorre com outros paraenses de municípios próximos da capital). E, então, vem novembro. Assim como, no início do inverno (fevereiro/março), a tristeza predominante tinha sido quebrada pela alegria do Carnaval, agora a alegria é quebrada pela tristeza de Finados. Dois de novembro é sempre um dia muito especial. Algumas povoações do interior, como Itapuá, não têm cemitérios, e seus mortos devem ser sepultados no de Vigia. Por isso, desde as primeiras horas da manhã, é possível notar o movimento inusitado de pessoas na cidade, só comparável ao dia do Círio. Mas, ao contrário do que acontece no Círio, em que a grande movimentação de pessoas e veículos se encontra na área que vai da Igreja da Madre de Deus, passando pelo Mercado Municipal, até o Rabo da Osga e o Arapucão, nesse dia, o afluxo de pessoas que vieram de Belém e de outras cidades, assim como de vilas e povoados do interior, junta-se também aos moradores de Vigia, que vão todos "alumiar" seus mortos no cemitério. É o "dia da iluminação"[13].

Em novembro são poucas as festas de santos no município, apenas três. Em dezembro, como já foi notado, ocorre o maior número de festas de santos padroeiros, junto com o Natal, de pequena expressão. O ciclo de festas de santos está para se encerrar. O ano termina e o inverno está começando.

Pode-se observar que tanto o início do verão (junho) como o início do inverno (dezembro) são assinalados por uma grande concentração de festas religiosas e de santos. Isto provavelmente não é uma simples coincidência, e remete a práticas muito antigas, de velhas celebrações pagãs nas épocas dos solstícios de verão e de inverno, hoje transmutadas nas celebrações dos santos católicos. Mas, se insisto nas analogias climáticas e do tempo das estações, meu propósito não é nem o de enfatizar questões de ecologia social e, muito menos, de sobrevivências de cultos pagãos nas festas populares católicas. Trata-se, isto sim, de uma outra questão mais importante para meu objeto de pesquisa, que é o domínio do simbólico. Pois a analogia com as estações do ano tem sido feita por representantes da própria Igreja oficial, através do calendário litúrgico. E este calendário, como não poderia deixar de ser, relaciona-se, perfeitamente, com as festas religiosas populares, como procuro representar esquematicamente no quadro da página seguinte.

QUADRO 14
CALENDÁRIO LITÚRGICO OFICIAL E FESTAS POPULARES

ÉPOCAS DA HISTÓRIA DO MUNDO	MESES DO ANO	EVENTOS DO CALENDÁRIO LITÚRGICO	FESTAS POPULARES	
			RELIGIOSAS	OUTRAS
Tempo que precedeu a vinda de Cristo	Novembro	Advento	→ Festas de santos populares	
	Dezembro	Natal		
	Janeiro	Epifania		
Tempo de vida, paixão, morte e ressurreição de Cristo	Fevereiro	Setuagésima		Carnaval
	Março	Quaresma		
	Abril	Semana Santa	(Semana Santa)	
	Maio	Páscoa		
Tempo que sucedeu a vinda de Cristo, só terminando com o Juízo (sua segunda vinda à terra)	Junho	Pentecostes (tempo de)	Festas de santos populares	
	Julho			
	Agosto			
	Setembro			Semana da Pátria
	Outubro		("iluminação") →	
	Novembro	(Finados) →		

327

Deve ser lembrado que esta análise segue a liturgia tradicional da Igreja na fase da romanização, sem incorporar as mudanças ocorridas a partir do Concílio Vaticano II. Como foi visto anteriormente, essas mudanças pouco se refletiram na paróquia da Vigia ou na região do Salgado e, mesmo quando tiveram reflexos, os mesmos não alcançaram a profundidade necessária para alterar as concepções populares relativas ao culto dos santos.

Para um comentador do missal romano (D'Aguiar, 1938), os eventos do calendário litúrgico se relacionam não só com as "épocas da história do mundo" como com as estações do ano (no Hemisfério Norte)[14]. Assim, o Advento, festa móvel que pode começar em novembro ou dezembro, é correspondente aos "quatro mil anos que preparam a vinda do Salvador" e também ao inverno, "tempo do frio, das noites longas, dos sofrimentos e das privações", que corresponde, no plano místico, para as almas, ao "tempo do frio, dos suspiros, das sombras e das esperanças" e, para os homens, ao "tempo dos labores espirituais da oração, da penitência e da prova". Desde o Natal até a Páscoa, temos o período da encarnação e da redenção, que corresponde ao tempo de vida e presença de Cristo na terra; a esse período se relacionam, simbolicamente, a primavera e o verão. O Natal e a Epifania correspondem à primavera, em que "a natureza volta à vida após a morte aparente do inverno", prefigurando, no plano místico, "verdadeira primavera das almas, em que tudo parece renascer para a vida da graça". Entrando na setuagésima, até a Páscoa, encontramos a fase de vida pública e de pregação de Cristo, que é simbolizada pelo tempo do verão, "o tempo dos penosos trabalhos" em que, "sob a ação do sol ardente, os grandes calores ativam o amadurecer das colheitas que prometem abundância". E, finalmente, vem a terceira época, depois da Ascensão, o tempo de Pentecostes, que corresponde ao período da história que só terminará no Juízo Final, sendo simbolizado pelo outono: "É no outono que se fazem as colheitas (...). O que se semeou no Advento, germinou e floriu no Natal e na Epifania, o que amadureceu na Quaresma e na Páscoa, está agora pronto para se colher pelos cuidados do Espírito Santo e da Igreja. Conforme o indica o Salvador, é o tempo em que o pai de família manda operários a colher, no seu campo, a cizânia, para se lançar ao fogo, (e) o trigo dos eleitos, para se amontoar nos celeiros da eterna bem-aventurança" (cf. D'Aguiar, 1938, 141-142)[15].

Ora, é justamente a partir dessa terceira época, se continuarmos seguindo a interpretação de D'Aguiar, passados os ciclos natalino e pascal, no tempo de Pentecostes[16], ciclo santoral, que têm início as festas dos santos populares do município de Vigia e da região do Salgado. A correspondência do ciclo de festas, pois, não se faz simplesmente com as estações do ano, festas no "verão" (período de menos chuvas), que teria um mero sentido pragmático, mas sim, com o próprio calendário litúrgico oficial, suas épocas correspondentes e simbolismos, assumindo, pois, um significado todo especial: os santos são celebrados pelo povo na época própria, na época da Redenção, quando Cristo já veio ao mundo para redimir a humanidade e permitir o próprio processo de santificação de alguns homens e mulheres que são agora glorificados nas festas do catolicismo popular[17].

Devo lembrar, porém, que não se trata, no caso, de uma obediência mecânica ao estatuído no calendário litúrgico oficial: nem todos os santos são celebrados nas datas que a Igreja prescreve e, mesmo, há santos muito celebrados pelo povo — como São Benedito e Nossa Senhora de Nazaré — cujas festas não estão previstas no "próprio dos santos" do missal romano, embora, no caso desta última, como foi assinalado, exista um decreto do Vaticano fixando a data de sua festa para a cidade de Belém. Se observarmos de novo os quadros das páginas 319 e 322, constataremos que o mesmo santo pode ser celebrado em diferentes datas, segundo as localidades (casos de Santa Maria, São Sebastião, São Pedro, São Benedito, Nossa Senhora da Conceição, Espírito Santo, Nossa Senhora de Nazaré, Nossa Senhora do Rosário, Nossa Senhora do Perpétuo Socorro, Sagrado Coração de Jesus, Nossa Senhora das Graças). Ao procurarmos confrontar as datas das celebrações populares com aquelas estabelecidas pela liturgia oficial, veremos que há muitas discordâncias.

329

QUADRO 15

DISCORDÂNCIAS ENTRE O CALENDÁRIO LITÚRGICO E FESTAS DE SANTOS POPULARES

"SANTOS"	DATA DO CALENDÁRIO LITÚRGICO	DATAS DIVERGENTES NAS CELEBRAÇÕES POPULARES	
		MESES	LOCAIS
S. Benedito*	Abril	Agosto	Itapuá, S. Benedito da Barreta
		Novembro	Salinópolis
		Dezembro	Curuçá, Marapanim, Maracanã, Primavera, Santarém Novo
Espírito Santo	Maio/junho (festa móvel, Pentecostes)	Janeiro	Marapanim
S. C. de Jesus	Junho (festa móvel, sexta-feira depois da oitava do Corpo de Deus)	Julho	Boa Vista da Barreta
		Outubro	Itapuá
S. Pedro	Junho	Outubro	Macapazinho da Barreta
N. S. do Rosário	Outubro	Setembro	Curuçá
		Dezembro	Colares
S. Sebastião	Janeiro	Julho	Colares, Mag. Barata
		Outubro	Boa Vista da Barreta
S. José**	Março	Dezembro	St.ª Maria do Guarimã

* Embora sua festa não esteja prevista no próprio dos santos do missal romano, o "dia" desse santo, adotado pela Igreja, é 3 de abril

** Também comemorado na quarta-feira da terceira semana depois da Páscoa, sendo uma festa móvel que pode ocorrer nos meses de abril ou maio

Em alguns casos, a mudança de data é explicada pelos atores pela necessidade de não deixar coincidir a festa com outras, de maior importância: os casos das santas padroeiras de Curuçá e Colares, para que a festa não coincida com o Círio de Nazaré em Belém; de Macapazinho da Barreta, para que não coincida com a festa de São Pedro na Vigia; e de Boa Vista da Barreta, para que não coincida com a festa de São Sebastião no Arapiranga. Em outros casos, a explicação fica por conta das dificuldades da presença do vigário para celebrar a missa em certas localidades do interior do município, o que pode até fazer com que a festa não tenha uma data fixa, ocorrendo em meses diferentes em certos anos: são os casos das festas do Sagrado Coração de Jesus, em Boa Vista da Barreta e Itapuá. Em outros, trata-se de uma espécie de economia simbólica, pois a explicação se dá por se querer "juntar a festa com a de outro santo": os casos de Marapanim, onde se comemora o Espírito Santo em janeiro, junto com os Santos Reis, e de Santa Maria do Guarimã, onde São José é comemorado ao mesmo tempo que a padroeira. Há casos para os quais não surge uma explicação clara, como o de São Benedito, mas se pode pensar que o fato de não ter uma data certa esteja associado a não ser festejado oficialmente pela Igreja; de outro lado, a grande concentração de festas de São Benedito na época do Natal está claramente associada à sua ligação simbólica com o Menino Jesus, que sempre aparece em seus braços, na representação tradicional que se faz desse santo.

Mas o exemplo da festa de São José (esposo de Nossa Senhora), que pelo calendário litúrgico se deve comemorar em março, é pelo menos indicativo de uma hipótese: como o ciclo de festas de santos do município de Vigia não inclui os meses de fevereiro, março e abril, em que transcorrem o Carnaval e a Quaresma, e nos quais as chuvas são muito intensas, é possível supor que o verdadeiro motivo da mudança de data da festa de São José, de março para dezembro, seja uma forma de evitar que ocorra nessa época carregada de dificuldades rituais e climáticas. Acrescente-se o fato de que nenhum outro santo do calendário litúrgico cuja festa seja datada nesses meses é comemorado em Vigia, embora alguns santos muito populares, como São Brás e São Jorge, tenham suas festas previstas pela Igreja, respectivamente, para fevereiro e abril. Assim, é possível pensar que qualquer santo cuja festa oficial esteja fixada nesses meses impróprios tenha sua celebração popular transferida, caso seja adotado como padroeiro, para algum outro mês do ciclo de festas do município[18].

CAPÍTULO 9
A ORIGEM DO CULTO DOS SANTOS:
A PROMESSA E O MILAGRE

A investigação da origem do culto dos santos (e de suas festas) poderia capacitar-nos a entender melhor os fenômenos ligados ao catolicismo popular. Todo santo importante tem uma história, como é o caso de Nossa Senhora de Nazaré, em Portugal, em Vigia, em Belém. Trata-se, porém, de origens míticas do culto e da devoção, sendo difícil, nessas histórias, perceber onde começa a lenda e até onde se pode contar com a fidelidade do relato histórico. Recolher informações sobre santos mais modestos e de origem mais recente, com informantes que foram ou quase foram testemunhas da origem dessas devoções resolveria o problema? Não se pode estar seguro de que a memória do informante seja inteiramente fiel, especialmente numa matéria que envolve componentes emocionais tão profundos. Mesmo essas histórias recentes possuem o seu componente lendário ou mítico, de modo que não podem nunca ser encaradas como relatos autenticamente fidedignos, mesmo que sejam parcialmente confirmáveis por outros meios (recorrência a acontecimentos históricos relacionados, idade do informante, depoimentos coincidentes, relatos de viajantes, documentos da época etc.). Entretanto, de qualquer forma, também o mito nos pode ser esclarecedor e, por isso, não podemos desprezar esses relatos a respeito dos santos populares.

Em seis diferentes vilas e povoações do município de Vigia foi possível recolher histórias a respeito da devoção a santos populares. Algumas histórias foram relatadas por testemunhas dos acontecimentos (nos casos mais recentes); outras, por informantes ligados, pelo parentesco, às pessoas cujos santos se tornaram objeto de devoção popular, ou que lideraram o movimento dos devotos em torno do estabelecimento da devoção (santos mais antigos)[19]. Seguem-se 10 breves relatos a respeito da devoção a santos populares (padroeiros ou não) do interior do município de Vigia, após o que procurarei analisá-los, com o objetivo de desvendar as regras culturais que, segundo a lógica dos relatos e dos depoimentos dos informantes, são obedecidas na adoção de santos padroeiros de povoações nascentes.

O São Pedro do Finado Palheta

Em Itapuá, a imagem do santo que era tradicionalmente homenageada pelos pescadores, todos os anos, no Dia de São Pedro, e também conduzida na barca dessa classe, no cortejo que se faz durante a festa do Menino Deus (padroeiro da povoação), pertencia a um antigo pescador de grande prestígio no lugar, chamado Palheta. Enquanto viveu, esse homem conservou a posse da imagem cultuada pelos pescadores, mas costumava dizer que, quando morresse, o santo deveria ser doado por seus filhos àquela classe. Ainda em vida do dono do santo, um grupo de pessoas influentes (nem todos pescadores), entre eles o catequista local, achou que se deveria ter um São Pedro da comunidade e, por isso, compraram uma nova imagem, que foi colocada na "ermida" (uma capela secundária da povoação, dedicada a Nossa Senhora do Perpétuo Socorro). Desejavam que a festa de São Pedro, assim como o cortejo da barca, se fizessem, a partir daí, com essa nova imagem. Mas, segundo Bibi, um velho pescador, a festa anual do santo começou a declinar, porque os pescadores não consideravam como seu o novo São Pedro. Quando Palheta morreu, seus descendentes não quiseram entregar a imagem do santo, alegando que já existia uma outra na capela. No ano de 1983, Bibi sentiu que estava ficando surdo. Uma noite, amargurado, fez uma promessa a Deus, dizendo que, se ficasse bom, iria trocar (comprar) uma imagem de São Pedro para doar à classe dos pescadores de Itapuá. Ao dormir, apareceu-lhe uma mulher que, no sonho, indicou o remédio com que se curou (Tanderil). Então, para cumprir a promessa, foi procurar os parentes do finado Palheta, conseguindo trocar o santo por três mil cruzeiros, oferecendo-o à classe dos pescadores. No ano de 1984, a festa de São Pedro, em Itapuá, já se fez de novo com a antiga imagem e, na opinião geral dos moradores, foi das mais concorridas[20].

O São Benedito do seu Zizi

No início do século, época em que foi vigário de Vigia o cônego Raymundo Ulysses de Pennafort (1901-1909), morava na cidade um garoto muito doente, "parrudo" (pálido e de ventre inchado), que vivia pelos cantos da casa, isolado de todos. Era, no entanto, um menino muito curioso. Um dia resolveu ir à várzea, cortou um pedaço de taperebazeiro e nele esculpiu um São Benedito. Mais tarde, seus pais mandaram confeccionar um resplendor de prata para colocar no santo. Esse mesmo menino ainda fez uma Trindade, pouco antes de morrer, que foi colocada no caixão com que foi sepultado, por sugestão do vigário, de modo que o São Benedito é o único santo de sua autoria que restou. O santo ficou pertencendo ao pai do menino e, quando o velho morreu, ficou para uma das irmãs do escultor. Essa mulher casou, teve filhos e, ao enviuvar, foi residir em Itapuá com uma filha solteira, que, por sua vez, casou com um carpinteiro dessa povoação (Zizi, hoje um homem de mais de 65 anos). A sogra passou a morar com o genro e levou o santo que, com a morte de sua dona, passou a pertencer ao casal e, depois que Zizi enviuvou, somente a este: é conhecido, em Itapuá, como "o São Benedito do seu Zizi". Como se trata de um santo muito milagroso, quando Zizi passou a morar sozinho, os filhos todos já casados, resolveu colocá-lo num oratório, juntamente com dois outros santos, em exposição, na sala de sua residência, na rua principal da povoação, casa sempre aberta à visita dos devotos. Uma noite, quando Zizi estava na cidade de Vigia, soube da notícia de que o oratório tinha se incendiado, em conseqüência de uma vela acesa que tombou sobre as fitas de pano que enfeitavam o santo. Voltando rapidamente a Itapuá, constatou que o incêndio tinha sido dominado. Dos santos que estavam no oratório, o Santo Antônio ficou inteiramente queimado e inutilizado, a Santa Apolônia queimou somente um dos dedos da mão, enquanto o São Benedito, milagrosamente, ficou intacto, apenas chamuscado pelo fogo. Depois de reencarnado, voltou a ficar perfeito. Ainda hoje o santo continua, em seu novo oratório, em companhia de Santa Apolônia, sendo muito visitado pelos devotos, que lhe levam muitas fitas e velas, e lhe oferecem ladainhas, como pagamento de promessas[21].

O São Sebastião da bisavó de Zizi

Antes de existir a devoção do Menino Deus, em Itapuá, no início do século, Zizi era criança e morava com seus pais na área da povoação que é conhecida como Açaí, num lugar mais próximo da margem do rio Caratateua. Era uma casa grande, conhecida como "o Céu", por ser a casa festeira da povoação nascente. Ali também morava a bisavó de Zizi, dona de uma imagem de São Sebastião. Como vivia à custa dos parentes, sem ter despesas pessoais, tudo o que a velha ganhava, com seus pequenos trabalhos, era dedicado à festa do santo, que a mulher também realizava com ajuda das contribuições dos parentes e devotos. A cada ano, em janeiro, eram dois dias de grande festa, no levantamento e na derrubada do mastro de São Sebastião. Comida à vontade para quem chegasse para rezar ou para dançar. Matava-se um porco, várias galinhas e patos, às vezes um boi. A mesa era servida por quase toda a tarde, com as pessoas se revezando para comer. Se quisessem, os devotos que vinham de longe podiam até dormir na casa do santo. Depois que a velha morreu, seus parentes ainda tentaram continuar erguendo o mastro e fazendo a festa, mas começaram a surgir brigas e desentendimentos e a festa acabou. Nessa época já começara a devoção ao Menino Deus, que foi adotado como o santo padroeiro de Itapuá[22].

O Menino Deus de Itapuá

É provável que o santo tenha sido adotado como padroeiro da povoação no início da terceira década de nosso século. Nessa época, a parte mais povoada de Itapuá era a área próxima ao rio Açaí, tendo sido construída a capela do santo nessa área, que hoje dista cerca de 1 quilômetro do núcleo principal da povoação, o que motivou, há cerca de 15 anos, a construção de uma nova capela, nesse núcleo, dedicada a Nossa Senhora do Perpétuo Socorro, conhecida como "ermida". A adoção do santo padroeiro de Itapuá foi feita através de um movimento liderado por um abastado comerciante de Vigia chamado Teodoro Leal, também proprietário de barcos de pesca que trabalhavam na captura de gurijuba no Norte (litoral do Amapá). Esse homem, morando em Vigia, tinha também uma casa em Itapuá, na área do Açaí, onde mantinha uma amante, com a qual se casou, após a morte da esposa. Ele organizou a formação de uma irmandade do Menino Deus, angariando contribuições e empregando seus próprios recursos para "trocar" ô saǹtò, construir a capela e fazer as primeiras festas. Inicialmente foi construída uma pequena ermida, muito modesta, onde se celebrou a primeira missa em homenagem ao padroeiro; logo essa ermida foi substituída por uma construção mais permanente, de taipa. Do Norte, Teodoro Leal trouxe os sinos, que ainda hoje se encontram na capela, e também um santíssimo de ouro, que mais tarde desapareceu, tendo sido levado para Vigia por "um vigário" (os informantes não sabem o nome) que também levou duas imagens de santos (Menino Deus e Nossa Senhora da Conceição) oferecidas à capela como promessa por devotos. No início, a festividade se fazia em janeiro, coincidindo o dia da festa com o Dia de Reis. Depois, passou a não ter data certa, fazendo-se às vezes em dezembro às vezes em janeiro. Mais recentemente, para que "não ficasse ano em vão", resolveu-se fixar a data em dezembro, logo após o Natal. No início da década de 50, como foi visto na primeira parte deste estudo, a capela foi interditada por um ano, pelo arcebispo de Belém, por ter a diretoria da festa desobedecido à proibição de esmolar com a imagem do santo. Pouco depois, ainda na mesma década, quando o tesoureiro da festividade era um dos homens mais influentes no lugar, Alceu Souza, durante muitos anos comissário e delegado de Polícia em Vigia, foi iniciada a reconstrução e ampliação da capela, que passou a ser toda de alvenaria[23].

O São Benedito de dona Fuluca
Quando jovem, Manoel Joaquim de Vilhena era muito pobre e fez uma promessa a "São Benedito do céu": se conseguisse "tudo o que queria na vida" (enriquecer) haveria de trocar uma imagem de São Benedito e festejá-la, todos os anos, "enquanto vida tivesse". Tornando-se mais tarde um comerciante abastado na Barreta, numa pequena povoação nascente do início do século, e dono de gado no Norte, colocou em prática a promessa que fizera. Depois de

trocar a imagem de São Benedito, que era guardada em sua casa grande, todos os anos matava um boi e oferecia comida de graça para os que iam lá festejá-lo. De tão milagroso o santo acabou sendo adotado como padroeiro da povoação (que passou a chamar-se São Benedito da Barreta), mas não deixou de pertencer a seu dono. Quando morreu, sua filha, Maria Augusta, já era casada com o pai de Fuluca, viúvo que, depois de casar com a segunda mulher, também fez promessa de festejar o santo por toda a vida. Mas, com a morte do pai de Fuluca, a família conheceu a pobreza. O santo continuava pertencendo a Maria Augusta e o povo sempre ajudava na festa do padroeiro. Nessa época, porém, a povoação de São Benedito da Barreta já possuía um outro comerciante abastado, Luís Beckman, antigo roceiro e empregado de Manoel Joaquim. Na década de 50 (quando era vigário de Vigia o cônego Faustino de Brito), Luís Beckman liderou o movimento para a construção da capela da povoação. Como Maria Augusta se recusasse a entregar o São Benedito para ser guardado na capela, o líder do movimento, devoto de Santo Antônio, convenceu o povo a adotar novo padroeiro: trocaram uma imagem de Santo Antônio e começaram a festejá-lo, com o levantamento e a derrubada do mastro, todos os anos, em junho. A festa de São Benedito não foi, entretanto, esquecida, mas já se reduzia apenas a uma missa anual. Depois de alguns anos, a povoação começou a decair. Luíz Beckman, que morrera, fora substituído por seu filho, Abdias Beckman, como comerciante do lugar.

Com a decadência, muitos começaram a deixar a povoação e, entre eles, o próprio Abdias, que estabeleceu uma casa de comércio na cidade de Vigia, embora mantendo seu antigo comércio em São Benedito da Barreta. A dona do São Benedito, Maria Augusta, também já havia morrido, deixando o santo para sua enteada Fuluca que, mais pobre ainda do que ela, mulher de um pescador (parceiro não proprietário), não mais podia festejar o santo. Alegando motivos de doença, Fuluca convenceu o marido, e a família mudou-se para Vigia, levando consigo o antigo padroeiro da povoação. A partir daí, teria ocorrido uma debandada geral dos moradores, "acompanhando o santo"; verdade que muitos mudaram para povoações próximas, mas a maioria foi mesmo para Vigia. Propalou-se a notícia de que São Benedito, ofendido por ter sido trocado por Santo Antônio, como padroeiro, mandara um castigo contra a povoação. Muitos negam isso, inclusive a própria Fuluca, embora Abdias Beckman não duvide, afirmando que "coisas de santo nós não compreendemos"; mas não acredita que tenha sido castigo o incêndio que ocorreu há alguns anos em sua casa de comércio da povoação. Hoje São Benedito está inteiramente decadente, em vias de desaparecimento[24]. Dona Fuluca ainda guarda o São Benedito dentro de um armário de roupa (o santo não tem oratório) e se ofende por terem espalhado o boato de que o teria trocado por uma saca de farinha. Ele ainda é, ocasionalmente, procurado por algum devoto e, recentemente, fez "um grande milagre": uma mulher grávida, em perigo de morte e de abortar a criança, ficou curada e teve parto normal graças à promessa que fez o marido, tomando três chás de pedaços de uma fita que enfeitava o santo[25].

A Nossa Senhora do Livramento de Macapá da Barreta

Essa santa foi trocada por um lavrador que tinha uma plantação e uma casa nas proximidades do lugar onde se desenvolveu a povoação de Macapá da Barreta, na época em que o vigário de Vigia era o padre Gaspar Covelly (1889-1899), que foi quem celebrou a primeira missa em sua festa. O dono da santa, tio da informante, mulher de 79 anos, a mantinha guardada em sua casa, onde fazia sua celebração todos os anos. Enquanto isso, crescia a povoação vizinha e os moradores resolveram adotar como padroeira aquela santa, considerada muito milagrosa, chegando mesmo a trocar o nome do lugar para Livramento da Barreta (nome que ainda hoje é pouco usado). Com a morte de seu primeiro dono, ela passou a pertencer ao filho e, mais tarde, ao neto (a quem pertence atualmente). Na época do segundo dono, um genro da informante, chamado Fortunato, liderou o movimento para a construção da capela da povoação. Apesar de uma certa relutância por parte de seu dono, este acabou concordando em deixar a imagem guardada na capela, onde permanece até hoje, mas continua sendo considerada como pertencente ao neto do lavrador que começou a devoção[26].

A Nossa Senhora do Perpétuo Socorro de Cumaru

Cumaru é uma pequena povoação, a meio caminho da estrada que conduz até Penha Longa. Ainda não tinha capela em época relativamente recente (não foi possível precisar a data). Aproximavam-se as eleições e um candidato a vereador do município foi convidado a servir de padrinho de batismo de uma criança nascida ali. A mãe disse que precisavam levar a criança a Vigia para ser batizada, mas o candidato perguntou se ela tinha muita pressa, caso contrário, iria providenciar para que fosse construída uma capela no local. Ainda durante a campanha, antes de ser eleito vereador, liderou o movimento para a construção da capela, angariando donativos e, quando a mesma ficou pronta, depois de se ter comprado uma imagem de Nossa Senhora do Perpétuo Socorro, fez-se a festa da santa e a criança foi batizada, juntamente com várias outras[27].

Santa Rosa de Lima

Santa Rosa é a vila do município de Vigia sobre a qual se tem informações históricas mais fidedignas a respeito de sua origem. Ela foi fundada em 1898, em decorrência do processo dirigido de colonização da região Bragantina, logo em seguida à construção da estrada Santa Isabel-Vigia. Seu nome foi uma homenagem ao então diretor do Departamento de Colonização do Estado, Henrique Santa Rosa, sendo possível supor que, em conseqüência da denominação, tenha sido escolhida Santa Rosa de Lima como padroeira. No último ano do século XIX era bem populosa, contando com mais de mil habitantes, que constituíam 104 famílias de colonos espanhóis, 74 brasileiras, uma italiana e outra alemã. Pouco depois, houve uma redução acentuada do número de habitantes, mas a vila continuou sendo um dos mais importantes núcleos populacionais do interior do município. Os informantes locais dizem que, quando escolheram a padroeira, na época da fundação da colônia agrícola que lhe deu origem, o movimento foi liderado por um homem chamado Domingos Fernandes, primeiro tesoureiro da irmandade, e que a imagem de Santa Rosa de Lima foi encomendada na Itália. Chegou a Santa Rosa no dia 30 de agosto, que corresponde à data em que a santa é comemorada no calendário litúrgico oficial, passando a ser feita a sua festa, a partir daí, nessa mesma data[28].

O São Cristóvão do km 55

A pequena povoação do km 55 da rodovia Santa Isabel-Vigia (que alguns de seus moradores chamam de "bairro São Cristóvão", pretendendo que pertença à cidade de Vigia) escolheu seu santo padroeiro em data bem recente. Antes festejavam no lugar o Sagrado Coração de Jesus, mas o vigário, padre Francisco Nobre (1980-1981) sugeriu que mudassem de padroeiro, escolhendo São Cristóvão, o santo dos motoristas, já que podiam obter auxílio desses profissionais para construir a capela do santo, o que de fato aconteceu. O movimento pela adoção do novo padroeiro foi liderado pelo então tesoureiro da festividade do Sagrado Coração de Jesus, o comerciante mais próspero do lugar. Desde que adotaram São Cristóvão como padroeiro, fazem também, em julho, uma romaria motorizada em homenagem ao santo[29].

Dos santos de cujas histórias foi possível obter informações, oito são ou foram padroeiros e dois, não sendo padroeiros, tiveram ou têm importância muito considerável nas localidades onde se desenvolveram suas devoções. Entre os padroeiros, quase todos (sete) são ou foram patronos de vilas ou povoações e um (São Pedro) é apenas padroeiro de uma categoria profissional (pescadores). Também nesse total de 10 santos considerados, cinco pertencem ou pertenceram a donos de santos e os outros cinco foram adotados como padroeiros a partir de movimentos dirigidos por um líder, sendo que, no caso de Macapá da Barreta, embora a santa adotada pertencesse a um dono, o movimento pela construção da capela foi feito por um líder comunitário. Ressalta, pois, que no surgimento de uma devoção popular e na adoção de um santo padroeiro, torna-se importante a figura de um dono de santo ou de um líder comunitário[30].

Analisarei, primeiramente, o caso dos santos cuja devoção popular se iniciou a partir da existência de um dono de santo. Existem duas situações a considerar: a) aquela em que o santo acaba por tornar-se o padroeiro da coletividade ou classe onde surge a devoção; e b) aquela em que, mesmo sendo um santo a quem se tem grande respeito e devoção, não se torna padroeiro. No primeiro caso, pode-se considerar o São Benedito da dona Fuluca, a Nossa Se-

341

nhora do Livramento de Macapá da Barreta e o São Pedro do finado Palheta. Este é um caso especial, pois São Pedro já é, tradicionalmente, o santo dos pescadores, mas se trata aqui de uma imagem especial, a imagem pertencente a Palheta, e não qualquer outra imagem de São Pedro.

O que levou os pescadores de Itapuá a adotarem essa imagem de santo como aquela que devem homenagear todos os anos na festa do seu padroeiro? São Pedro (ou suas imagens particulares) não é um santo especialmente milagroso e são raras as pessoas que fazem promessas ou súplicas importantes a esse santo; no caso, a explicação possível, com os elementos de informação de que disponho, para a adoção da imagem — rejeitando-se a solução do santo comunitário adotada por um grupo de pessoas da povoação — está no fato de que Palheta era um homem de grande prestígio entre os membros da classe dos pescadores. A questão do prestígio surge bem claramente no caso de São Benedito da dona Fuluca, que foi comprado e festejado, no início, pela pessoa mais rica do lugar, o comerciante Manoel Joaquim de Vilhena. Acrescente-se a isso o fato de São Benedito ser um santo especialmente poderoso e temos logo dois elementos importantes para que se possa adotar um determinado santo como padroeiro.

Por que, entretanto, o São Benedito padroeiro, que chegou a dar nome à povoação, não foi mantido na condição de patrono, sendo substituído por Santo Antônio? A explicação parece clara: se o santo não perdeu seus poderes, continuando a ser milagroso mesmo hoje, quando está modestamente guardado dentro de um armário de roupas de uma residência muito pobre, seus donos é que perderam o prestígio, ao terem perdido a riqueza dos pais, tendo surgido na comunidade um novo líder, que conseguiu fazer adotar o santo de sua devoção como padroeiro. Mas, se essas explicações parecem bem razoáveis, há um outro elemento, não aflorado à consciência dos atores, que pode representar também uma explicação importante, e ao qual voltarei mais adiante: pode um "preto", ou um "santo de pretos", ser padroeiro de uma coletividade de "brancos"?

O caso de nossa Senhora do Livramento, em Macapá da Barreta, parece conter todos esses elementos que contribuem para explicitar a regra de adoção de um santo de dono como padroeiro de uma comunidade: santa pertencente a um homem de certo prestígio, que a festejava todos os anos, por sua própria conta; santa milagrosa, capaz de atrair um grande número de devotos; santa que, a despeito de continuar sendo propriedade reconhecida dos herdeiros de seu primitivo dono, é guardada na capela da povoação. No caso, houve uma certa renúncia da propriedade particular, em favor da propriedade comunitária da santa; é de supor que, em futuro próximo, essa propriedade particular desapareça. Embora o prestígio do lavrador que era o dono de Nossa Senhora do Livramento provavelmente não fosse tão grande quanto o do comerciante que era o dono do São Benedito, na Barreta, a questão do prestígio do dono do santo é menos importante quando se trata de santos de donos e deve ser relativizada.

Se tomarmos os exemplos dos mitos de origem da devoção de Nossa Senhora de Nazaré, em Portugal e no Brasil, veremos que se colocam duas situações. Quanto a Portugal, o mito nos fala de uma imagem que teria sido esculpida pelo próprio São José e encarnada por São Lucas; depois de muitas peripécias, nos primeiros anos do cristianismo, essa imagem chegou às mãos de São Jerônimo e de Santo Agostinho, tendo ido parar na Península Ibérica e depois nas mãos do monge Romano e do rei Rodrigo, dos visigodos, derrotado pelos mouros na batalha de Guadalete. Tendo sido abandonada numa gruta pelo rei fugitivo, a imagem ficou perdida durante séculos, até ser encontrada por uns pastores, reavivando-se o seu culto a partir do século XII, depois do famoso milagre de dom Fuas Roupinho, fidalgo português que conseguiu o patrocínio do próprio fundador da dinastia de Borgonha, em Portugal, para o desenvolvimento da devoção[31]. No caso do Brasil, as duas versões do mito, em Vigia e Belém, coincidem num ponto: quem achou a imagem (a de Belém, "cópia fiel" da imagem portuguesa) e se tornou seu primeiro dono foi um "caboclo humilde" de nome Plácido. Nos dois casos temos a intervenção de pessoas pobres e sem prestígio no achado da santa, embora, no caso de Portugal, a imagem tenha tido, anteriormente, donos muito ilustres.

Voltemos, porém, aos santos do interior do município de Vigia. Os casos de santos de donos que não se tornaram padroeiros são dois, ambos de Itapuá: o São Benedito do seu Zizi e o São Sebastião da bisavó de Zizi. Quanto ao primeiro, não é possível afirmar se já era milagroso (assim considerado) quando se adotou o Menino Deus como padroeiro da povoação, mas de fato ainda se encontrava na Vigia, nessa época, de modo que não podia ser cogitado como padroeiro de Itapuá. Quanto ao São Sebastião, seu prestígio na povoação era grande, justamente no momento em que foi adotado o Menino Deus. Entretanto, não chegou nem mesmo a ser cogitado. Examinarei, a seguir, a questão do prestígio do santo e de sua dona, para depois tratar por que não se pensou em São Sebastião como padroeiro.

O prestígio do São Sebastião — independentemente de seus poderes como santo do céu — devia-se também à festa anual que era oferecida por sua dona. No caso, dificilmente se pode pensar num prestígio pessoal da mulher na comunidade, que não estivesse conectado com o prestígio do santo e da festa. A mulher não era rica: trabalhava o ano inteiro para conseguir os recursos com que fazia a festa e ainda obtinha ajuda dos parentes para isso. E, além de ser mulher, era negra, numa comunidade onde a condição da mulher é de inferioridade e sujeição diante dos homens, e onde os negros são sutilmente discriminados[32]. Aqui devem ser acrescentados mais alguns elementos de informação, para poder prosseguir a análise. A área do Açaí, onde morava a família de Zizi, consiste de um grupo de casas, um pouco afastadas das demais, que é o lugar comumente referido em Itapuá como aquele onde moram os "pretinhos"; costuma-se dizer que eram escravos de uma antiga plantação existente nas proximidades, que escolheram aquele lugar para morar quando foi abolida a escravidão. Nenhum negro itapuaense mora em outro local, com exceção de uma mulher que se casou com um branco e foi morar com o marido, e de uma família que há uns dez anos se transferiu de Santa Rosa para Itapuá. Zizi, que mais tarde passou a morar na rua principal de Itapuá, sendo um dos homens mais influentes do lugar, não é considerado negro, apesar de suas origens: sua pele é clara, pois sua mãe era branca, casou-se também com mulher branca e nenhum de seus filhos é visto como preto.

Mas Zizi é o dono do "pretão" ou "pretinho" (conforme se queira conotar, carinhosamente, os poderes ou a estima que se tem por

São Benedito). É também um homem de muito prestígio pessoal, carpinteiro habilidoso, dono, juntamente com um dos filhos, de uma das casas de comércio mais importantes de Itapuá, e da única aparelhagem sonora do lugar, comprada recentemente, ex-comissário de Polícia e — apesar de já aposentado como carpinteiro — ainda hoje muito procurado para confeccionar os bois que saem na época junina e preparar ou reparar as barcas rituais dos pescadores, que também saem nas procissões de São Pedro e de santos padroeiros de Itapuá e localidades próximas. Assim, o prestígio pessoal de Zizi se alia aos poderes muito grandes de São Benedito para fazer deste o mais invocado pelos devotos entre todos os santos da povoação, mais ainda do que o próprio padroeiro. E os poderes daquela imagem particular — que já atrai promessas até de localidades vizinhas — ainda são mais enfatizados pelo seu mito de origem (ter sido o único santo fabricado por uma criança doente, que morreu cedo) e pela repetição da história de milagres que tem feito, atendendo a seus devotos, mas especialmente o milagre de se ter salvado do incêndio que ocorreu há alguns anos na casa de seu dono.

Posso agora tratar da adoção do santo padroeiro de Itapuá, com a escolha do Menino Deus, quando já existia um santo de dono muito prestigiado e milagroso na comunidade, o São Sebastião da bisavó de Zizi. É possível supor que o fato de sua dona não ser uma pessoa de prestígio pessoal tenha contribuído para a não adoção do santo como padroeiro. Mas mesmo que a situação fosse diferente, que se tratasse de um homem como Zizi e um santo como São Benedito, um novo impedimento certamente se colocaria: "santo de preto". São Sebastião não é, certamente, um santo de negros, mas, no caso, podia ser assim pensado, já que era cultuado numa casa do lugar dos "pretinhos". Pode-se objetar ao argumento com o exemplo de São Benedito da Barreta. Mas, neste caso, vimos como chegou a ocorrer a troca do santo padroeiro por um branco, Santo Antônio. Como a questão do prestígio do dono do santo deve ser relativizada, mesmo que os descendentes do primitivo dono tivessem continuado mantendo seu prestígio na comunidade, e mesmo que o São Benedito tivesse sido deixado na capela por Maria Augusta, teria o santo dos pretos sido mantido como padroeiro de uma povoação de brancos? Trata-se de uma conjectura cuja resposta, evidentemente, é impossível. Não obstante, deve ser lembrado que, em toda a região do Salgado, embora São Benedito seja objeto de muita devoção, realizando-se em sua honra festividades que atraem muitos devotos — como em Curuçá, Marapanim, Maracanã, Primavera, Salinópolis e Santarém Novo — ele não é padroeiro de nenhum desses municípios[33].

A adoção do santo padroeiro de Itapuá nos leva também a tratar dos casos de santos que se tornaram padroeiros a partir de movimentos dirigidos por um líder, que são a maioria. Em três deles, já havia santos preexistentes, dois, inclusive, considerados padroeiros: Itapuá, São Benedito da Barreta e km 55. Nos outros dois casos, os santos padroeiros foram escolhidos sem que ainda houvesse santos de prestígio na comunidade: Santa Rosa e Cumaru.

O santo é, certamente, emblemático da localidade que o adota como patrono, e sua festa um meio de, ritualmente, representar a comunidade e exibir o que ela tem de melhor, não só a seus próprios moradores, como aos visitantes: daí por que todos os moradores gostam de receber visitantes, especialmente os mais "ilustres" (políticos, padres, pessoas da capital do Estado, ou mesmo da sede do município), na ocasião de suas festas. Por isso, certamente, nenhuma comunidade pode existir sem seu santo padroeiro e sua festa anual. No período colonial, quando surgiram as povoações e vilas que deram origem aos mais antigos municípios do Salgado, a adoção de seus santos padroeiros ocorreu, quer no próprio ato de fundação da aldeia ou fazenda jesuíta que lhes deu origem — casos de Curuçá, Maracanã, Marapanim e São Caetano de Odivelas — quer no momento de criação da freguesia (paróquia) — caso de Salinópolis — ainda nos séculos XVII e XVIII. No caso de Vigia, o começo da povoação portuguesa que lhe deu origem data provavelmente de meados do século XVII e a devoção a Nossa Senhora de Nazaré já existia pelo menos desde o final desse século, pois, ao ser elevada a vila, em 1693, o foi sob o orago dessa santa. Não existem documentos que esclareçam a adoção da padroeira de Vigia, apenas se conhece a lenda de seu achado no local onde hoje se ergue a Igreja da Mãe de Deus, construída pelos jesuítas na primeira metade do século XVIII. É possível supor, entretanto, que a santa já fosse considerada como padroeira da povoação antes mesmo de 1693, quando foi elevada a vila e criada a freguesia[34]. Quando uma certa povoação começa a tornar-se importante, torna-se também necessário que tenha um santo padroeiro. Se já existe um santo de dono no lugar, e esse santo preenche as condições necessárias para ser adotado, ele é feito padroeiro.

A análise precedente me autoriza a considerar, entre essas condições necessárias (embora não suficientes por si só) o fato de ser o santo reconhecido como milagroso e o dono do santo (ou seus descendentes) se dispor a renunciar, pelo menos parcialmente, à propriedade do mesmo, em favor da comunidade. Condição adicional mais importante, entre outras, que certamente contribui para a adoção, é o fato do dono ser uma pessoa de prestígio na comunidade. Quando não existe um santo, ou o existente não preenche os requisitos para patrono, ou mesmo se o santo existente deixa de preencher as condições, um líder assume a organização da comunidade e, conseguindo contribuições de seus membros — e muitas vezes investindo seus próprios recursos — consegue trocar o santo e construir a capela, às vezes começando (como no caso de Itapuá) de uma pequena e modesta capela, que depois vai sendo ampliada, reformada, reconstruída, para que possa se manter sempre como moradia condigna para o padroeiro e objeto de admiração dos visitantes aos quais é mostrada.

Mas, nesses casos, como se dá a escolha do santo, já que ele — sua imagem — ainda não provou ser milagroso, pois a escolha precede a vinda da imagem? Os dados de que disponho indicam duas respostas: os casos de São Benedito da Barreta e do km 55. No primeiro, surge um líder comunitário que é devoto de Santo Antônio e consegue convencer o povo a adotá-lo no lugar de São Benedito, certamente por seu prestígio pessoal. No segundo, também envolvendo a mudança do padroeiro, ocorre uma sugestão do vigário, que se junta a um interesse de ordem pragmática: a possibilidade de ajuda de uma categoria profissional importante. Em nenhum dos dois casos podemos falar de santos do céu que, em termos locais, sejam considerados muito milagrosos. Santo Antônio é, manifestamente, um santo de poucos poderes, nas concepções locais, bem menores do que os de São Benedito, que foi substituído por ele.

347

São Cristovão é santo de introdução recente na região e sendo, como São Pedro, um santo de uma categoria profissional, não costuma ter um número muito grande de devotos fora dessa categoria, além de que veio para substituir um "santo" cuja devoção foi muito incentivada na área, desde pelo menos o início do século, pelo movimento (apoiado e patrocinado pela Igreja oficial) do Apostolado da Oração. Nos dois casos, o que mais conta é, sem dúvida, o prestígio do líder no primeiro; podendo-se considerar, também, um outro fator relevante, apontado por um dos informantes (Abdias Beckman) ao dizer que seu pai começou a festa, junto com os amigos, erguendo o mastro do santo "numa brincadeira": o aspecto lúdico proporcionado pela devoção a Santo Antônio. No segundo, temos uma conjunção de fatores: além do desejo de ajuda dos motoristas de Vigia para o estabelecimento da devoção e a construção da capela, o prestígio do líder local — tesoureiro da festividade — e, mais ainda, o prestígio do vigário de Vigia, enquanto vigário; também não pode ser desconsiderado o aspecto lúdico proporcionado pela romaria motorizada de São Cristovão, ocorrendo em pleno período das férias escolares, em julho.

Esses casos indicam que, na escolha de um padroeiro, quando não se tem santo preexistente, ou o mesmo não preencha as condições necessárias, embora os poderes do santo do céu também devam ser levados em conta, eles não precisam ser tão grandes, sendo agora o prestígio do líder comunitário — diferentemente do que acontece no caso do dono do santo — uma condição muito importante, e mesmo necessária. Nos três outros casos considerados, o de Santa Rosa — paradoxalmente, por ser, de todas, a vila sobre que se tem mais notícias históricas a respeito de sua fundação em vários aspectos — é aquele em que as informações sobre o líder são mais incompletas; mas a santa, cuja devoção não se encontra em nenhuma outra localidade importante do Salgado, provavelmente não devia ser popular na área[35]. No caso de Cumaru, temos um político como líder — cujo prestígio pode ser medido pelo fato de ter sido eleito vereador — e uma santa muito milagrosa e popular em todo o Estado, tendo sido muito difundida sua devoção, pelos padres redentoristas americanos, na segunda metade do século (Nossa Senhora do Perpétuo Socorro). E, no de Itapuá, embora o santo (Menino Deus) não seja capaz de despertar grandes devoções, o líder que conduziu o movimento pela sua adoção — Teodoro Leal — era um homem de muito prestígio, tanto em Itapuá, como na Vigia. Torna-se agora possível explicitar as regras culturais utilizadas pelos atores na escolha de santos padroeiros de comunidades, a partir do que pode ser inferido dos relatos e dos depoimentos dos informantes. Para facilitar a exposição, utilizo o fluxograma da página seguinte, que ilustra o processo de tomada de decisão, segundo essas regras, incluindo as diferentes possibilidades lógicas, mesmo que delas não se encontrem exemplos na realidade[36].

No diagrama, o nódulo 1 formula a pergunta inicial, que dá origem ao processo: trata-se de uma povoação considerada importante? Em caso positivo (nódulo 1+), surge de imediato a questão da existência ou não de um santo padroeiro (nódulo 2). Como nenhuma povoação importante pode existir sem seu santo padroeiro, como vimos, é muito provável que, caso não exista (2 —), logo surja um movimento, na comunidade, no sentido de encontrar um padroeiro (nódulo 3). Se não ocorrer esse movimento (3—) teremos como resultado uma situação anômala, de uma comunidade importante sem um santo padroeiro, da qual, na área estudada, não existe exemplo na realidade (retângulo E).

Surgindo porém esse movimento (3+), é preciso considerar se, no lugar existe um santo de dono (nódulo 4). Caso a resposta seja positiva (4+), é ainda preciso saber se satisfaz as condições para ser o santo padroeiro (nódulo 5) que, como foi visto, incluem duas condições necessárias — ser reconhecido como milagroso e o dono se dispor, ao menos parcialmente, a renunciar à propriedade do mesmo — e uma condição adicional importante, embora não imprescindível, que é o prestígio que o dono goza na localidade, além de outras, a seguir mencionadas. Satisfeitas as condições (5+), surge como resultado que o santo de dono é adotado como padroeiro (retângulo A).

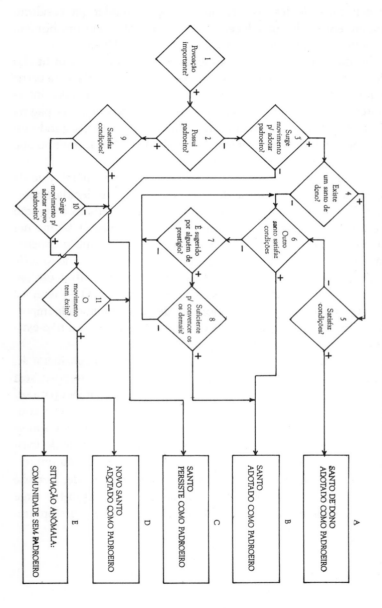

Mas, pode ocorrer, ou que não exista um santo de dono na localidade (nódulo 4—), ou que o santo existente não satisfaça as condições para ser adotado como padroeiro (5—). Nesse caso, surge a pergunta do nódulo 6: outro santo satisfaz as condições para ser padroeiro? Trata-se, agora, de um santo novo, cuja imagem deve ser adquirida pela comunidade. A escolha não pode ser baseada numa experiência prévia dos poderes da imagem que ainda não se conhece. Deve-se pensar em termos do santo do céu (basicamente, nos seus poderes). Ser milagroso é condição muito importante, embora não suficiente, e mesmo um santo de poucos poderes pode ser considerado, dependendo, como foi visto acima, de uma condição muito importante: a dimensão do prestígio do líder que propõe sua adoção. Outros fatores a considerar (também presentes na escolha de um santo de dono como padroeiro) são de ordem negativa: não ser santo de preto e não ser padroeiro de comunidades próximas (condições que, por si sós, não são capazes de impedir a escolha). Em caso de resposta afirmativa à pergunta do nódulo 6, surge como resultado a adoção do santo como padroeiro (retângulo B).

Todavia, se o santo não satisfaz as condições consideradas (6—), deve-se perguntar se sua adoção está sugerida por alguém de prestígio na comunidade (nódulo 7). Em caso positivo, é preciso saber também se essa pessoa tem suficiente prestígio na comunidade para convencer os demais a acatar sua sugestão (nódulo 8). Sendo este o caso (8+), o santo é adotado como padroeiro (retângulo B). Nos casos de respostas negativas às perguntas dos nódulos 7 e 8, volta-se à questão do nódulo 6, procurando um outro santo que satisfaça as condições para ser padroeiro, repetindo-se, novamente, todo o processo.

Deve-se agora retornar à pergunta do nódulo 2, considerando o caso de resposta positiva, isto é, o das comunidades que já possuem santos padroeiros, a fim de poder esgotar todas as possibilidades lógicas envolvidas no processo. Se a comunidade já tem padroeiro (2+), coloca-se a questão sobre se ele satisfaz as condições para sê-lo, já mencionadas acima, tanto para o caso de santos de dono como para o de outros santos (nódulo 9). Em caso de resposta positiva, o santo persiste como padroeiro (retângulo C), o que aliás acontece de fato com a grande maioria das comunidades. Mas se a resposta for negativa (9—), deve-se perguntar se surge um movimento para adotar um novo santo padroeiro (nódulo 10). Em caso negativo, a situação permanece inalterada, continuando a comunidade a manter o mesmo santo. Mas se o movimento tem lugar (10+), é preciso saber se tem êxito (nódulo 11). Não tendo êxito esse movimento, o mesmo santo persiste como padroeiro. Mas se o movimento prosseguir e alcançar seu objetivo, ele levará à adoção de um novo santo padroeiro (retângulo D), repetindo-se, para isso, as seqüências lógicas já descritas dos nódulos de 4 a 8.

O devoto de um santo nem sempre lhe faz promessas, mas isso não o exime de cumprir suas obrigações para com ele, que incluem, entre outras, orações freqüentes diante de sua imagem, oferecimento de velas e fitas, participação nas procissões e festas em sua honra. Espera, assim, sua proteção constante e sua intervenção em casos mais especiais. A promessa surge, em geral, diante de situações aflitivas, sendo acionada concomitantemente com outros recursos disponíveis (entre eles, também a consulta ao pajé, ou ao pai-de-santo), ou mesmo quando esses outros recursos demonstraram seu fracasso.

Num levantamento realizado no ano de 1984, sobretudo durante as festas de santos, no interior e na sede do município de Vigia, foi possível anotar um total de 102 promessas feitas por vários devotos, em épocas diversas, a diferentes santos e outras entidades. Esse levantamento permitiu detectar alguns aspectos relevantes no tocante à promessa, que serão, a seguir, examinados: entidades a que se dirige, motivo da promessa, quem promete, quem a cumpre e a forma pela qual é cumprida.

Embora a promessa normalmente se dirija aos santos, pode também dirigir-se a outras entidades: a Deus, aos anjinhos e às almas[37]. Neste caso, a uma alma específica, de um parente morto, por exemplo, ou a almas não específicas, a almas anônimas, ou às almas em geral (as almas do purgatório). Quanto aos anjinhos, trata-se de crianças mortas com pouca idade, a quem muitas vezes recorrem as mães ou parentes próximos. Essas promessas, a almas ou anjinhos, são geralmente pagas nos cemitérios, diante das sepulturas ou do cruzeiro, sobretudo no "dia da iluminação" (Finados).

Os motivos da promessa podem ser os mais variados. Há promessas que não se dirigem a uma finalidade específica, visando, na verdade, obter uma proteção muito ampla, de caráter geral. Mas a maioria delas, ao contrário, possui um motivo especificado: cura de doenças (de um ser humano ou de animais domésticos), obtenção de emprego, recuperação de objetos perdidos ou roubados (objeto de uso pessoal, utensílios de pesca, animais domésticos), afastamento de perigos (no mar, na ocasião do parto, em casos de queimaduras graves), afastamento de vícios, manutenção da saúde, obtenção da felicidade (no jogo, na pesca, no amor), além de outros motivos[38].

Nem sempre quem promete ao santo é o próprio beneficiário da graça. Mães prometem por seus filhos, filhos por suas mães, maridos por suas mulheres, avós por seus netos, mulheres por seus maridos etc. Da mesma forma, nem sempre quem cumpre a promessa, depois de obtida a graça, é aquele que prometeu. O cumprimento da promessa ao santo pode ser feito tanto pelo beneficiário da graça (tenha ou não feito a promessa) como por quem prometeu por outrem; algumas vezes, também, a promessa é feita por alguém, em benefício de outro, com a condição de que ambos irão cumpri-la[39]. Mas, às vezes, a promessa é cumprida por uma terceira pessoa (que não prometeu) ligada ao beneficiário da graça[40]. Há promessas que se cumpre apenas uma vez, outras duram um tempo fixo, de dois, três ou mais anos e outras, ainda, são feitas para toda a vida. Pescadores que se salvaram de naufrágios no mar, graças à intercessão de Nossa Senhora de Nazaré, costumam acompanhar o Círio, todos os anos, "enquanto vida tiverem"; outras pessoas, por diferentes motivos, prometem puxar a berlinda ou mesmo a corda do Círio também por toda a vida; crianças que são vestidas de anjos ou marujos, no entanto, só costumam sair assim até a idade de 10 anos.

São bem variadas as formas pelas quais se cumprem as promessas, formas essas já estabelecidas no momento de prometer, mas que podem sofrer alterações, segundo as circunstâncias. Essas alterações, no entanto, são feitas no sentido de acréscimos, que tornem mais difícil ou mais espetacular o seu cumprimento; nunca no sentido de supressão. Suprimir uma parte do prometido equivale, de fato, a um logro, significando o não cumprimento da promessa. A promessa é cumprida, obtido o milagre (ou a graça) através de variados tipos de oferendas que se faz ao santo ou à santa. Elas podem ser tanto oferendas materiais como não materiais. Os objetos materiais ofertados podem ser destinados ao uso do santo, como também representar metáforas da promessa.

Oferece-se ao santo objetos de uso pessoal, como mantos, resplendores, coroas e outros "trastes" (jóias); enfeites, como fitas e flores; objetos destinados ao culto, como velas e fogos de artifício; destinados ao uso na igreja ou capela do santo, como dinheiro e material de construção; e ainda outros que se destinam ao uso durante a festa, como dinheiro, fogos de artifício, alimentos (bolos, assados), bebidas e outros objetos para o leilão das noitadas. Às vezes a promessa inclui a oferenda da própria imagem do santo, para ficar na igreja ou na capela daquele a quem se promete. Outras vezes — quando se trata de uma grande graça a ser alcançada — pode-se mesmo prometer a reforma ou a própria construção da capela do santo. Entre as metáforas da promessa, as oferendas incluem pessoas que se vestem com mortalhas porque estiveram à morte, partes do corpo humano moldadas em cera, miniaturas de casas e embarcações. Quanto às oferendas não materiais com que se cumprem as promessas, podemos encontrar desde simples orações, passando por ladainhas e missas, até o oferecimento mais trabalhoso, e difícil, de patrocinar a própria festa do santo.

A oferenda pode ser entregue ao santo em várias ocasiões, conforme o que se prometeu, mas a forma mais própria e a ocasião mais propícia é, certamente, o momento da festa do santo. Por outro lado, a entrega da oferenda pode ser feita diretamente, pelo próprio pagador da promessa, ou pode ser feita de modo indireto, isto é, por alguém que não a está pagando e leva a oferenda ao santo. Na região do Salgado é muito comum que as ofertas a São Benedito Achado sejam colocadas em garrafas lacradas e jogadas no mar, que os pescadores recolhem e, se têm meios para isso, levam a Curuçá; caso não possam fazê-lo, lançam novamente a garrafa ao mar, numa situação propícia para que ela seja levada pela correnteza a seu destino. Muitos promesseiros, porém, não medem sacrifícios para entregar suas oferendas ao próprio santo, na ocasião de sua festa. E isso certamente contribui para que as festas dos santos mais milagrosos sejam tão concorridas, com a chegada de romeiros não só das proximidades do lugar onde se realizam, mas, às vezes, de lugares muito distantes, como acontece, em Vigia, com a festa da padroeira do município[41].

A promessa, que se dirige sobretudo aos santos, visa obter uma "graça". Ora, a graça, na concepção do devoto do catolicismo popular, corresponde a uma intervenção do santo (ou da entidade a quem se dirige a promessa) na ordem natural das coisas, que se traduz através do "milagre", embora este, de fato, possa surgir em outras situações, em que não está envolvida a promessa[42]. A análise de vários casos de milagres relatados, no decorrer da pesquisa, que também devem ser vistos como mitos, expressando a concepção nativa dos devotos, apresenta algumas situações recorrentes, que permitem perceber que o milagre surge, sempre, em duas situações: ou o santo interfere nos assuntos humanos a partir de uma motivação (ou provocação) da parte dos seres humanos, ou age por sua própria vontade, sem que tenha sido levado a isso por motivação direta de alguém. Em ambas as situações há, também, duas variantes. Quanto à primeira, o santo pode ser motivado com preces ou súplicas (quer exista ou não uma promessa) e, neste caso, interfere, fazendo um milagre (isto é, concedendo uma graça). Mas o santo pode ser também provocado a agir em virtude da ofensa de um ser humano e, neste caso, sendo um santo perigoso e, até certo ponto, vingativo (especialmente São Benedito), o milagre (castigo) torna-se inevitável. Na segunda situação, quando o santo age por conta própria, sem motivação específica dos seres humanos, ele também manifesta seus poderes de duas maneiras, quer concedendo proteção a seus devotos particulares, ou a toda uma comunidade, quer agindo no sentido de aparentemente proteger seus próprios interesses, quer transportando sua imagem por seus próprios meios, quer salvando-a da destruição pelo fogo ou por outros acidentes (São Benedito e Nossa Senhora de Nazaré).

Na verdade, porém, na concepção popular, os santos não agem, desta última forma, em seus interesses exclusivos, pois, assim agindo, eles estão proporcionando sua presença constante diante dos homens e mulheres que os cultuam, funcionando suas imagens como símbolos permanentes de sua proteção. Por outro lado, o fato de agirem por sua própria conta decorre, em última análise, de uma motivação humana, pois, se assim agem, o fazem, de fato, em benefício de seus devotos, daqueles que constantemente lhes dirigem preces e súplicas e que, anualmente, organizam suas festas ou algum tipo de homenagem em sua honra.

O milagre, na concepção popular, é uma ação extraordinária que decorre dos poderes do santo (e de sua imagem); claro está que as pessoas acreditam, em última análise, serem esses poderes concedidos por Deus, mas este é raramente invocado ou mencionado. Fala-se apenas no santo ou na santa e o próprio Deus (numa concepção erudita) é feito santo (na concepção popular): o Menino Deus, o Sagrado Coração de Jesus, o Espírito Santo, a Santíssima Trindade (que surgem como "santos" padroeiros de diferentes povoações).

Foi visto acima que, entre as condições necessárias para que um dado santo seja adotado como padroeiro de uma coletividade está o fato de ser considerado milagroso. É verdade que se pode ter situações, não somente no plano lógico, mas possíveis de exemplificar concretamente, em que santos menos poderosos e até mesmo não muito encarados a sério (Santo Antônio e São Pedro) sejam levados à condição de padroeiros, e até mesmo a substituir outros santos muito poderosos, como foi o caso de São Benedito da Barreta, substituído por Santo Antônio. Essa substituição, obtida graças ao prestígio do comerciante que a sugeriu, não deixou porém de provocar uma reação popular, simbolicamente expressa na sempre repetida versão do castigo de São Benedito. De qualquer sorte, mais ou menos milagroso, o milagre é sempre esperado da parte do santo, e o próprio exemplo de São Benedito da Barreta ilustra o fato: o levantamento do mastro de Santo Antônio, em junho de 1984, quando a povoação já estava decadente, foi feito na esperança de obter sua proteção e, mesmo, o "milagre" de que ela voltasse a ser próspera.

Num certo sentido, pode-se dizer que a festa do santo está na mesma ordem da oração, da promessa e do milagre. O santo e sua festa possuem, como já foi dito, um caráter emblemático para a comunidade que os mantêm e, se na escolha desse símbolo comunitário, podem intervir questões não diretamente ligadas ao poder do santo, como o prestígio de quem sugere a sua adoção, a verdadeira origem da devoção é o milagre, pois, de fato, todo santo é milagroso, por sua própria natureza de santo. Verdade que, na festa, para continuar com essa noção durkheimiana, o santo é o símbolo (emblema, quase um totem) da comunidade e, ao festejá-lo, as pessoas estão como que festejando a si mesmas, pois festejam a sua própria comunidade. Mas se, etnocentricamente, consideram a sua comunidade importante, também consideram seu santo como importante, poderoso e milagroso. Esse milagre, que sempre esperam de seu padroeiro, é que, no plano das representações, verdadeiramente está na origem da devoção, do culto e da festa do santo ou da santa.

CAPÍTULO 10
O CÍRIO DE NAZARÉ: A FESTA MAIOR DO MUNICÍPIO DE VIGIA E SEUS PROMOTORES

Nenhuma festa de santo, na região do Salgado, excede a importância do Círio e da festa de Nossa Senhora de Nazaré, em Vigia. Pela antiguidade da devoção, pelo imponente templo barroco que domina o arraial, pelo afluxo inusitado de romeiros (da capital do Estado e de vários pontos do interior), a festa de Nazaré, em Vigia, é motivo de atração que só fica a dever à festa da mesma santa em Belém. Acresce a reivindicação (de fato, não comprovada) da maior antiguidade do Círio de Vigia, que é constantemente apresentada pelos vigienses.

Como acontece com todos os Círios, no Pará e em outros lugares do Brasil para onde se propagou — mesmo que nem todos sejam feitos em homenagem a Nossa Senhora de Nazaré —, a festividade começa, na véspera, com uma procissão à luz de velas, chamada trasladação. Na noite do segundo sábado de setembro, desde a primeira metade do século (antes o Círio se dava numa data fixa, a 5 de agosto), a imagem da santa é conduzida da matriz, a Igreja da Mãe de Deus, para a capela de São Sebastião, no bairro do Arapiranga. No dia seguinte, pela manhã, num cortejo muito mais impressionante, realiza-se o Círio propriamente dito, em que Nossa Senhora de Nazaré é conduzida, em sua berlinda, de volta à sua igreja, onde permanecerá, durante os quinze dias do transcurso da festividade, em um nicho especial, ao alcance dos fiéis, ao lado do altar-mor.

Em relação ao Círio de Belém, mais conhecido, a festa de Vigia possui algumas particularidades, que devem ser ressaltadas. Tratando-se de um município e de uma região onde a pesca é a ati-

358

vidade econômica mais importante, torna-se conspícua a participação dos pescadores na romaria e na festa. Durante o Círio, destacam-se, sobretudo, os pescadores promesseiros, que desfilam, segundo dizem, com as roupas com que naufragaram e ostentando as bóias em que se seguraram até serem salvos por alguma embarcação, graças ao milagre da santa. Ao longo do trajeto, esses pescadores aproveitam para mergulhar no rio que separa o bairro de Arapiranga do restante da cidade, continuando o desfile com o corpo e as vestes molhados. Outro elemento que chama atenção é o Anjo do Brasil, uma adolescente (geralmente loura) vestida de verde e amarelo, montada a cavalo e portando uma bandeira brasileira; trata-se, provavelmente, da manutenção, modificada com o tempo, de uma alegoria introduzida no Círio de Belém, em 1855, a do Anjo Custódio, que hoje não mais existe na capital. Em alguns Círios do interior do Estado, aliás, como o de Colares — em homenagem a Nossa Senhora do Rosário — além do Anjo do Brasil, existe também o Anjo do Pará. Ao lado, pois, dos elementos carnavalizantes presentes nos Círios — não é à toa que o romancista Dalcídio Jurandir cunhou a expressão "carnaval devoto" — o Círio de Vigia, como outros do interior, dá uma ênfase especial aos aspectos cívicos[43].

Mas o que talvez melhor distinga o Círio de Vigia do de Belém é a presença das "classes". As classes podem também existir nas festas de santos do interior, mas somente na festa de Nazaré, em Vigia, elas se apresentam de forma completa. Quase toda festa de santo, na atualidade, é organizada por uma diretoria (ou "tesouro"). Além desta, porém, a população se organiza em grupos rituais (as classes) que são, de um lado, grupos profissionais — pescadores, comerciantes, operários, lavradores — e, de outro, grupos de idade e sexo — jovens, senhoras — além de associações ligadas à vida da paróquia. No caso da festa de Nazaré, em Vigia, o tesouro e as classes, não só participam da organização do evento inicial — o Círio — como também patrocinam as noitadas da festividade, nos quinze dias subseqüentes.

Antes, porém, de prosseguir na descrição da festa de Nazaré, em Vigia, torna-se necessário apresentar uma análise a respeito dos promotores da festividade. No caso das festas de santos do interior do município, esses promotores são, basicamente, a diretoria ou tesouro e as classes (quando existentes). Vale lembrar que, nessas diretorias, a norma é colocar o vigário como presidente, embora este não exerça, de fato, função de comando, sendo apenas convidado, pelo tesouro, para oficiar os atos de culto para os quais a presença do sacerdote é indispensável. Vale também lembrar que, em várias festas do interior, especialmente as mais importantes, o prefeito do município costuma se fazer presente. Considerando o caso da festa maior do município, torna-se mais claro que, entre seus promotores, devemos incluir, de um lado, as autoridades religiosas e laicas e, de outro, os leigos comuns (que fazem parte da diretoria e das classes). Trata-se de duas categorias distintas de promotores, pois as autoridades não se envolvem diretamente na organização dos festejos. As autoridades têm interesses diversificados com relação à festa do santo ou da santa, embora esses interesses se aproximem quanto à natureza.

Tratando-se de autoridades laicas, há, sobretudo, preocupações de natureza política e, também, de natureza econômica, embora não se possa dizer que a preocupação religiosa esteja ausente. Numa festa de santo do interior, esses interesses dizem respeito, mais de perto, ao prefeito municipal e aos políticos locais, mas podem, como no caso da festa de Nazaré de Vigia, transcender o âmbito local, chegando a interessar ao próprio governador do Estado, assim como a parlamentares, nos planos estadual e federal, que possuam redutos eleitorais na área. Os interesses econômicos das autoridades laicas — especialmente municipais, tratando-se de festividades que não possuem renome nacional, capaz de trazer volume considerável de romeiros de outros Estados — estão ligados basicamente ao turismo, com a possibilidade que a festa oferece de atrair recursos ao município. Mas o próprio interesse turístico possui desdobramentos: ele é, ao mesmo tempo, causa e conseqüência de outros fatores, de natureza mais claramente política, que se encontram envolvidos na festa de santo.

Um festa brilhante, com muitas atrações, capaz de despertar interesse da imprensa estadual — e mesmo nacional — é um fator de prestígio para o município, atrai maior número de romeiros/turistas e, ao mesmo tempo, traz como conseqüência o aumento do prestígio da autoridade municipal. Por isso, na ocasião das festas de santos, o prefeito e os políticos locais procuram dar seu apoio e contribuição aos promotores que mais diretamente estão à frente da organização dos festejos. Alguns políticos — vereadores, membros dos diretórios municipais dos partidos — chegam mesmo a fazer parte das diretorias da festividade e das classes.

Para melhor entender a questão colocada, seria proveitoso examinar, sucintamente, a participação das autoridades laicas, dos poderes Executivo e Legislativo, no Círio e na festa de Nazaré de Vigia, no ano de 1984, em que pude acompanhar a festa por inteiro. O prefeito municipal (do PDS), além de mandar imprimir alguns cartazes, deu contribuição em dinheiro, colocou veículos e outros bens da prefeitura à disposição, acompanhou o Círio no interior da corda, junto com o vice-prefeito e alguns assessores e, durante a festa, compareceu à barraca da santa na noite dos funcionários municipais e em algumas outras noites[44]. O governador do Estado (do PMDB), embora não tivesse participado do Círio e da festa, marcou uma série de inaugurações e cerimônias, na sexta-feira anterior ao começo das festividades, presidindo a solenidade de reinauguração da Igreja da Mãe de Deus (restaurada com recursos do IPHAN e da Secretaria de Obras do Estado), inaugurou a linha de transmissão de energia elétrica construída pela companhia de eletricidade estadual — permitindo a ligação direta com o sistema implantado em Tucuruí — reinaugurou um colégio restaurado com recursos do Estado e, numa cerimônia em praça pública, ao estilo de um comício político, entregou vários títulos definitivos de propriedade concedidos pelo Estado a lavradores do município. Além disso, a esposa do governador ofertou as flores naturais com que foi ornamentada a berlinda da santa no dia do Círio. Os programas e os cartazes encomendados pela diretoria da festa foram confeccionados na Imprensa Oficial do Estado e, naqueles, o nome do governador estava impresso no verso, com destaque. No dia das inaugurações presididas pelo governador, alguns deputados estaduais e federais (do PMDB) faziam parte da comitiva, em razão de seus interesses eleitorais no município. No dia do Círio, além do prefeito municipal e sua comitiva, também um deputado federal (do PMDB), nascido em Vigia, acompanhou o cortejo junto à berlinda.

Nesse ano, todavia, poucos políticos participavam da procissão. Não se tratava de um ano político, como 1982 e 1978, por exemplo, em que grande número de deputados (estaduais e federais), vereadores e outros políticos fizeram questão de acompanhar o Círio de Vigia, em razão da proximidade das eleições. Ausente durante o Círio de 1984, um deputado federal (do PDS) fez questão, no entanto, de oferecer as flores que ornamentaram o andor da santa na procissão do dia da festa (último dia de comemorações).

Esses promotores leigos — autoridades e políticos — pelas suas variadas contribuições, merecem ter seus nomes incluídos no programa impresso da festa, na qualidade de "juízes de honra da festividade", juntamente com os nomes de outros colaboradores importantes: comerciantes, funcionários estaduais e federais e outras "pessoas gradas".

Assim como, no caso das autoridades laicas, é o prefeito municipal o promotor mais importante da festividade, no das autoridades religiosas é, sem dúvida, o vigário. Trata-se de um promotor especial, pois, mesmo que não se envolva diretamente na organização — isso depende de diferenças de temperamento e estilos de atuação dos diversos vigários — sua autoridade é, certamente, a maior na promoção do evento, ocupando, por consenso incontestre, graças à sua condição de vigário, o lugar de presidente da diretoria ou das comissões em que ela se divide. No passado, há exemplos de vigários que intervieram energicamente no sentido de disciplinar as atividades das diretorias da festividade e das classes na festa de Nazaré, por diferentes motivos e, no ano de 1984, correu a notícia, pelo interior do município, que o vigário pretendia destituir todos os tesoureiros de festas de santos que não fossem considerados "bons católicos". Não obstante, os poderes do vigário possuem certos limites — sendo obrigado a tolerar atitudes dos leigos promotores que o desagradam — sobretudo porque os leigos são o sustentáculo e a garantia da própria realização da festa do santo.

Uma festa importante, como a de Nazaré, em Vigia, transcende, porém, os limites da paróquia, e chega a despertar o interesse do governo arquiepiscopal. Assim, no ano de 1984, o arcebispo de Belém — aproveitando o fato da reinauguração da matriz da cidade — participou de uma parte de cerimônias da trasladação e do Círio de Vigia. Esse foi, porém, um fato excepcional, sendo, na verdade, o vigário local que, em regra, preside todas as cerimônias religiosas importantes da festa. E daí também a sua importância e a razão de ser um promotor especial: não contribui com dinheiro, normalmente não trabalha na organização dos festejos, mas é figura (quase) indispensável na realização de certos atos litúrgicos que fazem parte da festividade.

Quanto aos interesses das autoridades religiosas na festa de santo, vale notar que, embora haja uma aproximação, quanto à natureza, em relação aos interesses das autoridades civis, essa aproximação é de forma, e não de conteúdo e, por outro lado, eles não podem, no caso, no plano da regra, ser meramente reduzidos a interesse de ordem material, econômicos e/ou políticos. Sobre eles paira o interesse precípuo que, como não poderia deixar de ser, é um interesse religioso, catequético, doutrinário e de ordem moral. O interesse econômico existe, pois a festa produz rendimentos financeiros que são revertidos em benefício da paróquia, mas está subordinado às motivações de caráter evangélico: a paróquia precisa de meios materiais para realizar as suas finalidades de natureza religiosa. Para a realização desses fins, é preciso, também, que certos interesses de natureza política sejam cumpridos. Uma festa de santo com muita piedade e devoção, com grande afluxo de romeiros, certamente aumenta o prestígio da Igreja frente aos poderes laicos e aos diferentes cultos com que se defronta o catolicismo dentro do campo religioso, somando forças para o trabalho de propagação da fé, da doutrina e das práticas católicas. A ocasião da festa, por outro lado, é aproveitada para uma tentativa de aprofundamento e purificação da religiosidade dos leigos (onde também se encontra uma motivação de caráter político), levando o povo a maior proximidade em relação aos ditames da Igreja oficial.

Posso agora tratar dos promotores leigos da festividade, que não se incluem na categoria das autoridades. A pergunta é inevitável: quais os interesses que os motivam? Antes de respondê-la, porém, torna-se necessário examinar, mais detalhadamente, sua composição, que é variada, e sua participação (diversificada) no ritual do Círio e da festa de Nazaré em Vigia. Pode-se notar que, ao tratarmos, antes, dos promotores que se incluem na categoria das autoridades religiosas, estivemos no âmbito mais estrito do catolicismo oficial; agora nos aproximamos mais do que se pode chamar de catolicismo popular, em oposição àquele. Por outro lado, seria possível dizer que, na festa religiosa, aos promotores religiosos cabem as funções "sagradas", enquanto aos leigos incumbe a parte "profana" da festividade. Essa afirmação, no entanto, é bastante discutível, como será detalhado a seguir.

Entre esses promotores leigos, que são os que mais efetivamente se encarregam do desempenho das tarefas de organização e funcionamento das romarias, das noitadas na barraca da santa e do arraial, estão as comissões da diretoria e as classes. Considerando a festa de 1984, os membros das comissões, sob a presidência geral do vigário, estavam assim distribuídos, segundo os grupos profissionais a que pertenciam:

QUADRO 16
COMISSÕES DA FESTA DE NAZARÉ SEGUNDO
AS PROFISSÕES DE SEUS INTEGRANTES

PROFISSÕES	COMISSÕES					TOTAL
	CÍRIO	ARRAIAL	LITURGIA	BARRACA	FINANÇAS	
Ambulantes[1]	—	—	—	—	1	1
Comerciantes	6	—	1	4	1	12
Funcionários públicos[2]	3	1	—	3	4	11
Lavradores	1	—	—	1	—	2
Motoristas	2	1	—	1	—	4
Operários[3]	1	—	—	2	—	3
Não identificadas[4]	1	1	—	4	—	6
TOTAL	14	3	1[5]	15	6	39

1 Os ambulantes são comerciantes que negociam com peixe, na área dos mercados municipais de Vigia a Arapiranga
2 Funcionários municipais e estaduais, incluindo pessoal administrativo (quatro), professores (seis) e policial militar (um)
3 Incluindo um ferreiro, um pedreiro e um pintor
4 Tratava-se de membros das comissões que, embora tendo seus nomes incluídos no programa da festa, não chegaram a participar das tarefas a eles incumbidas; por isso mesmo, não eram conhecidos pelos informantes que consultei
5 Essa comissão era formada pelo diácono local, auxiliado pelos jovens do movimento CTULA (em número muito variável):

Antes da analisar esse quadro, é conveniente tratar, primeiro, da composição das classes promotoras das noitadas. Já foi dito acima que as classes expressam a diferenciação social por sexo, grupos de idade e profissões. No caso da festa de Nazaré de Vigia, elas manifestam também a presença de um outro elemento, que não aparece explícito nas festas mais modestas do interior, isto é, os grupos e associações religiosas existentes na paróquia. Esse fato não é novo, pois, desde o princípio do século, os arquivos paroquiais atestam a presença de certas associações paroquiais como o Apostolado da Oração, a Pia União das Filhas de Maria, a Associação das Senhoras de Caridade, a Obra Pontifícia das Vocações Sacerdotais e a Ação Católica, ao lado de outras classes mais tradicionais, como promotoras de noitadas durante as festividades. Com o desaparecimento ou decadência dessas associações, surgiram novos movimentos ligados à paróquia, que se tornaram promotores de algumas noitadas.

Ao tentar entender os critérios que presidiram a composição das classes que promoveram as noitadas da festa de 1984, que tomo como exemplo, um primeiro critério levado em conta foi a idade: jovens e adultos se dividiam para patrocinar as noitadas. Ademais, tanto jovens como adultos se dividiam em grupos pertencentes ou não a movimentos de caráter religioso ligados à paróquia:

QUADRO 17

INTEGRANTES DAS CLASSES PROMOTORAS DAS NOITADAS DA FESTA DE NAZARÉ

JOVENS (Classe da juventude)		ADULTOS	
Pertencentes aos movimentos religiosos ligados à paróquia	Não pertencentes	Pertencentes aos movimentos religiosos ligados à paróquia (classe do Movimento dos Casais)	Não pertencentes (diversas outras classes)

365

A classe da juventude é constituída, de fato, por todos os jovens e crianças católicos do município. Não obstante, na organização da noitada a seu cargo, aparecem com destaque os integrantes dos movimentos jovens da paróquia, sob a orientação das irmãs preciosinas, entre os quais os mais importantes são o CTULA (Com Cristo Todos Unidos Levamos Amor), que congrega membros do bairro central da cidade, e o Movimento Jovem São Sebastião (do bairro do Arapiranga). Eventualmente, porém, outras organizações, de caráter não confessional, também colaboram na noitada, como o grupo dos escoteiros (recentemente fundado, por inspiração do vigário) e os membros do Interact (associação ligada ao Rotary Club).

Quanto aos adultos, entre aqueles pertencentes às associações diretamente ligadas à paróquia, só o Movimento de Casais constitui uma "classe" promotora de noitada na barraca da santa. Com efeito, a maioria das antigas associações paroquiais de adultos, que participavam da promoção da festa, hoje desapareceu, restando apenas o Apostolado da Oração — movimento pouco expressivo, que está reduzido a um número muito pequeno de membros — que atualmente só se faz representar, na festa, durante o cortejo do Círio e numa das romarias da quinzena (a romaria das associações paroquiais). Enquanto, no movimento de casais, encontramos os sexos conjugados numa só classe, no tocante aos outros adultos promotores da festividade, a diferenciação por sexo torna-se um critério relevante, embora encontremos, aqui, algumas ambiguidades na classificação:

QUADRO 18
ADULTOS PROMOTORES DA FESTIVIDADE

MULHERES		HOMENS				
Classe das senhoras	Funcionários (duas classes) Municipais / Estaduais	Classe dos comerciantes	Classe dos operários	Classe dos ambulantes	Classe dos pescadores	Classe dos lavradores

Só existe, de fato, uma categoria discreta de mulheres — a classe das senhoras — encarregadas, por si sós, do patrocínio de uma noitada. Por outro lado, os funcionários públicos, incluindo adultos de ambos os sexos, constituem realmente duas classes distintas, encarregadas do patrocínio de noitadas diferentes: as classes dos funcionários estaduais e dos municipais.

Com relação às demais classes, as mulheres são de fato excluídas, em Vigia, dos grupos profissionais dos operários, dos ambulantes e dos pescadores, mas podem ser encontradas mulheres que são socialmente reconhecidas como comerciantes ou lavradoras. Todavia, mesmo que entre estes dois últimos grupos profissionais se encontrem mulheres, as classes rituais em que se organizam, para a promoção de suas respectivas noitadas, são sempre concebidas como formadas por membros do sexo masculino, sendo as mulheres deles excluídas. Em conseqüência, a classe das senhoras é pensada não só como formada pelas esposas dos membros das classes masculinas, como também pelas mulheres que, eventualmente, exerçam sua profissão no comércio ou na lavoura.

Posso agora passar à análise do quadro da página 364, onde se encontram distribuídas as profissões dos membros das comissões promotoras da festividade no ano de 1984. Deve-se observar, de início, que quase todas as classes rituais em que se organiza a população católica durante a festa estão representadas por grupos profissionais, nas diversas comissões. Excetua-se apenas a classe dos pescadores. Como, porém, não foi possível identificar as profissões de todos os membros das comissões, é possível supor que, entre os não identificados, encontrem-se também pescadores.

Os grupos profissionais nos indicam a presença de ambulantes, comerciantes, funcionários, lavradores, operários e motoristas. Este último grupo, pela sua reduzida expressão númerica no município, não chega a constituir uma classe ritual, nem se enquadra em qualquer outra classe já existente[45]. Por outro lado, embora o quadro não deixe este fato explícito, as classes do movimento dos casais e da juventude também estão representadas, nas comissões da diretoria. A primeira, por vários homens pertencentes ao movimento; quanto à segunda, ela participa, através do CTULA, de modo ativo, na comissão de liturgia. E, outrossim, a classe das senhoras se faz representar (na comissão do Círio), pela presença de uma única mulher, que tem a profissão de comerciante. Pode-se observar, também, que, em termos numéricos, as classes mais representativas nas comissões são as dos comerciantes (30,8% do total), seguida de perto pelos funcionários (28,2%) que, na verdade, constituem duas classes distintas. Na festa de 1984, a expressividade dos comerciantes não se fez sentir somente em sua presença numérica nas comissões, mas também no brilho com que souberam patrocinar sua noitada (ao contrário de anos anteriores).

Todas as classes rituais da festividade possuem também uma comissão dirigente (diretoria ou tesouro), responsável pela arrecadação e administração do dinheiro necessário para a noitada respectiva e pela organização das promoções festivas no arraial e na barraca da santa.

Na ocasião do Círio de 1979, a comissão da classe dos comerciantes era liderada por um português chamado Virgílio Tavares, que vendia equipamentos de pesca e monopolizava, no município, o negócio do sal, sendo o proprietário de uma das lojas mais importantes da cidade, a Casa Tavares. Tendo sido armador de pesca (proprietário de embarcações) no passado, desistira dessa atividade para dedicar-se exclusivamente ao comércio. Por sua condição de comerciante, tornou-se, também, o maior "aviador" do município[46]

Na época em que Virgílio foi líder da classe, a noitada dos comerciantes era considerada uma das mais importantes da festa, só encontrando rival na noite dos pescadores. Depois que ele se afastou da comissão, seguiram-se alguns anos de noitadas muito fracas da classe dos comerciantes, até que, no ano de 1984, um grupo que participou da reorganização da associação comercial local assumiu a liderança da comissão, conseguindo reerguer o prestígio da classe no ritual.

A classe dos pescadores, que rivaliza com a dos comerciantes na promoção de suas noitadas, em 1979 era liderada por um jovem pescador, chamado Pedro, que trabalhava como parceiro-assalariado nas embarcações de um rico armador ou patrão da cidade. Pelo sistema de relações de trabalho vigentes na área, Pedro, como pescador não proprietário, recebia uma parcela do produto da pesca e, quando no mar, sua família era aviada pelo patrão, que lhe fornecia os gêneros de primeira necessidade. Ao voltar da pesca, deduzidas as despesas do aviamento, havendo saldo, este era pago em dinheiro[47]. Na classe dos pescadores não entram os patrões ou armadores, embora estes muitas vezes se definam como pescadores, por terem participado, eventualmente, das atividades de pesca. Esta situação envolve alguma ambiguidade, pois há certo número de pescadores que também são proprietários de redes e/ou embarcações, tanto na cidade de Vigia como em povoações do interior (especialmente nestas), apontando-se exemplos de armadores que começaram como pequenos proprietários de instrumentos de trabalho e se tornaram, mais tarde, armadores (como o presidente da colônia dos Pescadores, no ano de 1979), comerciantes ou ambulantes, continuando às vezes a contribuir com dinheiro para a classe dos pescadores, em suas noitadas, mas sem poder participar da comissão dirigente. Na festa de 1984, tendo morrido o antigo presidente da colônia há poucos anos, e assumindo sua presidência, por eleição, um pescador, proprietário de uma pequena embarcação de pesca, João Peralta, este ocupou também a condição de líder da classe na festividade, integrando a comissão patrocinadora da noitada dos pescadores.

Os casos das classes dos comerciantes e dos pescadores indicam como certas associações de classe, com finalidades laicas, podem eventualmente, no ritual, assumir atribuições que não lhes pertencem, por sua destinação específica. No tocante à classe dos lavradores, esse fato, porém, não ocorre, havendo uma nítida distinção entre a diretoria da classe ritual dos lavradores, destinada à organização dos festejos religiosos, e o sindicato rural, cujo presidente só participa dos festejos da santa como simples lavrador, sem participar da comissão dirigente. A classe dos lavradores é a única que possui sede própria, na cidade de Vigia, tendo uma organização formal superior à de qualquer outra classe. Em 1979 o líder da classe dos lavradores era um homem de cerca de 60 anos, Deoclécio, morador da povoação de Baiacu, no distrito de Porto Salvo, cuja população é constituída basicamente por camponeses, pequenos proprietários ou arrendatários, que cultivam a terra plantando lavouras de subsistência, especialmente a mandioca e, secundariamente, arroz, milho e feijão. Deoclécio trabalhava na roça, produzindo farinha de mandioca, sendo também carpinteiro bastante requisitado para a construção de casas de madeira. Membro de uma família de antigos moradores de Baiacu, controlava razoável extensão de terras herdadas dos pais que, pelo costume local, estavam em sua posse, por ser filho mais velho. Parte dessas terras estavam arrendadas a pequenos camponeses, através do sistema vigente de parceria na área. Tendo Deoclécio renunciado à condição de líder da classe, por já se achar "alcançado em idade", indicou como líder um outro lavrador da mesma povoação, Lóris Ferreira Pinto, pequeno proprietário, de 45 anos de idade, que, em sua gestão, planeja, com os rendimentos da festividade e as contribuições dos membros da classe, reconstruir a sede existente em Vigia.

A classe dos operários (ou artistas) é constituída por marceneiros, carpinteiros, pedreiros, ferreiros, músicos, fogueteiros, pintores e outros profissionais. Trata-se, na verdade, basicamente de artesãos, muitos deles trabalhando como autônomos. Curiosamente, não se incluem nessa classe os operários da única fábrica moderna existente na cidade, que produz palmito e abacaxi enlatados. Este fato certamente reflete a não assimilação, na ideologia local, do conceito de operário de fábrica, desde que ela data somente de alguns anos. Perguntando, em 1979, a um membro do conselho paroquial, professor de segundo grau e participante ativo da organização da festa de

Nazaré, durante vários anos, como poderiam ser classificados, no contexto ritual, esses operários de fábrica, obtive a seguinte resposta:

"Bom, eles... Engraçado, a gente é... A própria comunidade ainda não designou. Esses são os verdadeiros operários, mas que, na realidade, a comunidade não aceita como operário, dentro dessa categoria (...). A fábrica de palmito é questão de sete anos (...). Não existe uma designação para eles. Inclusive eles participam, por exemplo, os que são jovens, da classe da junventude; as mulheres que são casadas, da classe das senhoras; quer dizer, aí há uma partilha, uma divisão, tudo com a sua... O seu grau. Jovens pertencem à classe da juventude, e os adultos mais idosos que são casados — as mulheres — pertencem à classe das senhoras."

Atualmente, a designação de artistas, para os membros dessa classe, está em desuso, preferindo-se chamá-la de classe dos operários. Em 1979 o líder da comissão da classe era um marceneiro de nome Geraldino. Já na festa de 1984 a liderança havia mudado, passando a ser exercida pelo barbeiro Carlos Santos Almeida. Vale lembrar que, no caso dos operários, não existe, em Vigia, uma associação de classe que os congregue, de modo que sua organização se faz, somente, em termos do ritual da festa da padroeira.

Com efeito, somente três grupos profissionais, os comerciantes, pescadores e lavradores, possuem associações de caráter profissional que os representam, sendo, respectivamente, a associação comercial, a colônia dos pescadores e o sindicato rural. Todos os demais grupos profissionais possuem apenas a organização ritual com que se apresentam para participar da festa da padroeira. Por outro lado, somente os quatro grupos até agora mencionados possuem uma organização mais estruturada, com a presença de um líder formal nitidamente definido. Isso não acontece nos casos dos ambulantes e dos funcionários (municipais e estaduais).

A classe dos ambulantes é bastante heterogênea, sendo constituída, segundo o mesmo informante citado linhas acima, pelos

"(...) atravessadores, marreteiros, aquele pessoal que negocia com o peixe, aquele que compra o peixe pra negociar, o que marreta, e também o próprio armador. Porque o armador também é um ambulante, porque ele compra o peixe do seu pescador e ele negocia, revende o peixe. Então ele é um ambulante, considerado um ambulante. A maioria deles são comerciantes-ambulantes, quer dizer, então a canoa chega de fora, eles pagam a parte do pescador e ficam com toda a produção para revender".

Pode-se perceber, através de entrevistas e observação direta, que a distinção entre ambulantes e comerciantes se estabelece pelo critério de que os primeiros, sendo uma espécie de comerciantes, praticam um comércio de tipo especial, que é o do peixe. Nessa classe incluem-se os intermediários no processo de distribuição do produto da pesca, que vai desde aqueles que compram o produto no mar, utilizando para isso embarcações motorizadas (atravessadores), os que compram o produto em terra (marreteiros), de várias fontes (ou do pescador diretamente, no caso deste ser autônomo, ou do atravessador, ou do armador), os armadores, que compram o produto dos pescadores empregados em suas próprias embarcações, pelo sistema de parceria vigente no município, até os chamados talhistas, isto é, os pequenos comerciantes que vendem o peixe diretamente ao consumidor, nos mercados da cidade. Por causa disso, os ambulantes também são conhecidos localmente como "a turma do mercado".

Talvez por sua heterogeneidade, a classe dos ambulantes não possui um líder definido. Outro membro do conselho paroquial, em 1979, comerciante na cidade de Vigia, deu o seguinte depoimento:

"Bom, os ambulantes é um negócio diferente, né? Quase todos da comissão são líder. É quase obscura, nesse negócio, a figura de um comandante, porque a comissão tem mais ou menos uns dez, mas parece que num se observa assim entre os dez aquela voz de comando. A gente olha e está vendo que sempre é a comissão que tá junta, a comissão que tá reunida. Vamos dizê que não os dez, mas cinco têm aquela voz ativa. Entendeu? Parece que a gente num vê assim... Isso é um particular que a gente pode observar, né?"

Perguntando diretamente ao outro membro do conselho paroquial, na mesma data (o professor de segundo grau), qual o líder da classe dos ambulantes, obtive a seguinte resposta:

"Nós temos lá João Barbosa, Pedro Barbosa, Lúcio Bartolomeu, Zacarias Neves... Este não mora mais na Vigia há vários anos, mas como foi um homem que muito ajudou, homem que comandou o contrabando[48], talvez por uma questão de gratidão a um homem que muito ajudou, muito colaborou, então eles conservam na cabeça de chapa o nome de Zacarias Neves, que é o primeiro nome que vem na lista da comissão, mas que, na realidade, não mora aqui, nem lidera; talvez seja um contribuinte apenas, mas já foi um grande líder (...). Seu Antônio Nogueira é armador e a maioria são talhistas: João Barbosa, Miguel, Francisco Serrão. São locatários, arrendatários dos talhos; trabalham por conta própria, vendendo peixe no mercado".

Vale lembrar que, na comissão dos ambulantes da festa de 1984, só foram mantidos os nomes de Antônio Nogueira (encabeçando a lista), João Barbosa e Miguel Silva. Zacarias Neves, o contrabandista, e Lúcio Bartolomeu, tiveram seus nomes incluídos, no programa da festividade, na lista dos juízes, categoria inferior à dos juízes de honra, onde se incluía o nome do governador do Estado, e dos juízes honorários, onde constavam os nomes do papa João Paulo II, do arcebispo à época dom Alberto Ramos, dos bispos auxiliares da arquidiocese e dos antigos vigários vivos da paróquia (com exceção de um, que abandonou o ministério sacerdotal).

Tratando-se das classes que não representam categorias profissionais — e que de alguma forma se ligam à paróquia, embora, em dois casos, apenas parcialmente — a classe das senhoras, até 1978, tinha sua comissão constituída pela diretoria da antiga Associação das Senhoras da Caridade de São Vicente de Paulo, que existiu nas décadas de 50 a 70. Tendo se desfeito essa associação, o conselho paroquial decidiu formar uma nova comissão, partindo da existência de três clubes de mães que se tinham formado na cidade; a esses foi agregado o Clube de Mães de Itapuá, que até o ano de 1979 era o único existente fora da sede municipal. Na festa de 1979 foram as diretorias desses clubes que, associadas, promoveram a noitada das senhoras; essa situação se manteve até 1984, com a diferença de que, nos últimos anos, tem predominado a participação da diretoria do Clube de Mães Nossa Senhora de Nazaré, do bairro central da cidade, com omissão acentuada das diretorias dos outros clubes.

Como no caso da classe das senhoras, a dos jovens também passou por transformações. Anteriormente dela só participavam as moças, sendo sua comissão composta pela Pia União das Filhas de Maria, fundada pelo padre Alcides Paranhos, em 1911. Essa associação foi desfeita na época do vigário Alfredo de La Ó (1972-1975) e, em conseqüência, a classe sofreu uma transformação, aproveitando-se a existência de grupos de jovens existentes na cidade: o Interact (de caráter não confessional) e os movimentos jovens ligados à paróquia (CTULA e São Sebastião). Desde então, na época da festa, esses grupos se unem, contando mais recentemente com a colaboração dos escoteiros, para, sob a direção de uma freira do Educandário Nossa Senhora das Neves, orientadora dos movimentos jovens da paróquia, promover a organização da noitada da classe da juventude.

Quanto à classe do movimento de casais, embora não possua uma liderança formal, o nome que aparece nos programas dos últimos anos de festividade, encabeçando a lista dos membros da comissão promotora da noitada a seu cargo, é o do diácono da paróquia, o comerciante José Trindade de Vilhena.

Conhecida a organização das classes rituais que participam do Círio e da festa de Nazaré, em Vigia, bem como a composição de sua liderança, torna-se agora necessário examinar o modo pelo qual essas classes participam do ritual da trasladação, do Círio e da festa. Deve-se dizer que a trasladação e o Círio, em conjunto, completam um movimento aproximadamente circular com que a santa desfila triunfalmente pela cidade, com o acompanhamento do clero, das autoridades leigas, dos políticos e dos fiéis, estendendo sua proteção ao conjunto dos moradores de Vigia. Qual o papel, as homenagens e a participação das classes de leigos promotores da festividade no imponente cortejo e na festa do arraial?

Durante a trasladação e o Círio torna-se muito conspícuo o papel de certas classes: os ambulantes, os pescadores, os jovens e as senhoras. A trasladação, saindo da igreja matriz, segue pela rua de Nazaré, até a Capela do Senhor dos Passos, contorna a prefeitura municipal e toma o caminho do *boulevard* Melo Palheta, passando pelo Mercado Municipal de Vigia: nesse momento ocorre a grande homenagem dos ambulantes, que organizam um belo espetáculo noturno de fogos de artifício, muito admirado pela população local e, especialmente, pelos visitantes.

No dia seguinte, quando o Círio sai da Capela de São Sebastião do Arapiranga, destaca-se, desde logo, a participação dos pescadores, que conduzem, logo após o Carro dos Fogos, a tradicional barca "Juventude", assim como outras barcas com marujos, o Carro-Barca dos Milagres e, após a Banda União Vigiense, o Carro dos Anjos. Ao conduzir essas barcas e carros, os pescadores, além da homenagem que prestam à santa, estão ainda emprestando sua colaboração às classes das senhoras e dos jovens; esta colaboração faz parte das promessas que aqueles membros individuais da classe fizeram em troca de graças recebidas. Há, nesses gestos, uma relação significativa entre honra e dívida, pois, se o porte das barcas, especialmente o da barca "Juventude", constitui uma honra, disputada por mecanismos especiais, a honra é também mantida no pagamento da dívida que se contraiu com a santa, através da promessa. E o mesmo acontece na metáfora dos pescadores-náufragos que desfilam no espaço intermediário entre o Anjo do Brasil e a corda.

As classes dos jovens e das senhoras também colaboram entre si na organização do cortejo. Assim é que são meninos e meninas que desfilam vestidos de marujos e anjos nas barcas e nos carros dos milagres (recebendo ex-votos dos fiéis) e dos anjos, em cumpri-

375

mento das promessas dos parentes adultos, mas sobretudo, das mães.
Essas crianças se incluem na classe da juventude e a organização dos dois grupos jovens (anjos e marujos) se faz em estreita colaboração entre as comissões das classes das senhoras e dos jovens. Mais ainda: um grupo de senhoras conduz uma das barcas contendo meninos com vestes de marinheiro.

A colaboração entre as duas classes também ocorre no que diz respeito ao maior destaque do desfile, depois da berlinda da santa, o Anjo do Brasil, a adolescente vestida de verde e amarelo que, pagando uma promessa, geralmente da mãe, também representa, de modo notável, a classe dos jovens. E, entre o Carro dos Anjos e o Anjo do Brasil, surge também com destaque a representação feminina do Apostolado da Oração, parte da classe das senhoras, precedida por uma mulher portando o estandarte de Nossa Senhora, ladeada por duas meninas vestidas de anjo.

Se é notável a presença, no cortejo, das classes já mencionadas, não se pode dizer, porém, que as demais deixem de estar representadas na procissão do Círio. Os lavradores estão representados pelo boi que puxa o Carro dos Fogos e abre a procissão, cujo dono é um membro dessa classe, que o oferece para a função, como pagamento de sua promessa. Os artistas ou operários se deixam representar pelas bandas de músicas que animam o cortejo, dando-lhe um aspecto festivo especial, desde a trasladação, incentivando a devoção e o canto dos fiéis. Mas, os comerciantes, embora participando do cortejo, não formam um grupo conspícuo, nem prestam homenagem especial à santa, enquanto classe, embora alguns deles tenham o privilégio de participar no interior da corda, juntamente com as autoridades laicas e religiosas[49].

Se os operários ou artistas se destacam no cortejo através de uma parcela específica de sua classe — os músicos — outra parcela tem uma participação importante na organização do ritual: os carpinteiros e marceneiros. Estes não aparecem com destaque durante a procissão do Círio, mas seu trabalho é importante na preparação dos ornamentos do arraial, que se faz com o patrocínio da comissão da diretoria disso encarregada, e ajuda não remunerada desses profissionais. Outros operários, os fogueteiros, preparam uma profusão de fogos de artifício e, embora a maioria seja vendida (especialmente à classe dos ambulantes), alguns são ofertados gratuitamente para compor o estoque do Carros dos Fogos. Também as senhoras realizam um trabalho importante, que é o da preparação do manto com que a santa será vestida durante a procissão, que é ofertado sempre por uma delas, como promessa, além da ornamentação da berlinda com as flores naturais que todo ano são obtidas através de doação ou compra.

Mas todas as classes contribuem para a festa de várias maneiras e competem entre si na organização das romarias diárias e das noitadas de arraial que lhes são destinadas. As noites dos comerciantes e dos pescadores são feitas com especial brilhantismo, esmerando-se estas classes em contribuir para angariar fundos para o tesouro da classe e, com isso, obter maiores recursos. Ao final da festa, cada classe contabiliza o que arrecadou com bingos e sorteios, vendas de bebidas e, mesmo, ofertas em dinheiro, e o "lucro", depois de descontada uma percentagem para o próprio uso da classe, é transferido à comissão de finanças da diretoria da festividade, que o entrega à fábrica da paróquia.

Esse lucro, no entanto, é geralmente muito pequeno, tendo sido, não raras vezes, motivo de atrito entre os promotores leigos (a diretoria e as classes) e diferentes vigários. No ano de 1983, foi entregue à paróquia um lucro de apenas 1,5 milhão de cruzeiros. Com relação ao ano de 1984, eis o resumo geral do balancete apresentado ao vigário pela comissão de finanças:

Receita	14.398.900,00
Despesa	11.211.311,00
Saldo	3.187.589,00

Dias depois, durante a missa dominical, na matriz, prestando contas da aplicação do dinheiro, o sacerdote, querendo enfatizar o caráter ínfimo da contribuição financeira recebida, declarou que havia comprado, com o dinheiro da santa, "alguns paramentos para a igreja e uns rolos de papel higiênico". Estas declarações provocaram revolta em vários integrantes da diretoria da festividade, especialmente aos membros da comissão de finanças. Os dois últimos anos (1983 e 1984) foram, aliás, cheios de atritos entre os promotores leigos e o vigário da paróquia.

Esse incidente permite, porém, retomar a questão colocada linhas acima, sobre os interesses dos promotores leigos da festividade e relacioná-los com os interesses dos demais promotores. Diante das afirmações consideradas ofensivas e até desrespeitosas do vigário em relação ao destino do dinheiro arrecadado, vários membros das comissões ameaçavam não participar da organização da festa nos anos seguintes, sentindo-se desestimulados pela atitude do sacerdote. Outros lembravam, porém, que não estavam trabalhando "para o padre", mas, sim, "para a santa" e "para a comunidade". Com efeito, os interesses dos promotores leigos, quer sejam dirigentes das classes, ou membros da diretoria, envolvem um forte componente de natureza religiosa, se bem que diferenciado em relação àquele dos promotores clericais.

Enquanto, para os sacerdotes e a hierarquia eclesiástica, a ocasião da festa é um simples meio de evangelização e de promoção de práticas sacramentais, procurando trazer os leigos para mais perto das concepções e práticas de um catolicismo ortodoxo e oficial, da parte dos promotores leigos, que geralmente comungam com o povo comum das crenças e práticas de um catolicismo popular, a festa, sendo um fim em si mesma, é um momento de regozijo, de exaltação da padroeira, de agradecimento das graças recebidas, de súplica pela continuidade de proteção e de promoção, através da santa, da própria comunidade[50].

Isso envolve, evidentemente, uma questão política que se aproxima do interesse político das autoridades laicas, no efeito propagandístico que a festa da santa possui em relação ao prestígio da cidade ou do município. Por outro lado, é evidente que não se pode desprezar também a questão do prestígio pessoal angariado pelos promotores leigos, quer sejam eles membros das comissões da diretoria ou das comissões das classes. Também não está ausente, no caso das comissões das classes, o interesse econômico, já que uma parte do dinheiro obtido das noitadas reverte em benefício do tesouro da classe.

Posso agora resumir, num único quadro, a questão dos interesses motivadores dos diferentes promotores da festividade (ver quadro da pág. 380).

Esses interesses, sendo coincidentes quanto à natureza, em seus aspectos formais, diferem, porém, quanto ao conteúdo e, também, no que diz respeito aos interesses predominantes. Quanto aos promotores que pertencem à categoria das autoridades laicas, predominam os interesses de natureza política. No tocante às autoridades religiosas, o predomínio se coloca nos interesses de natureza religiosa. E, finalmente, quanto aos leigos comuns, não se pode destacar apenas um interesse que seja predominante: para esses leigos, tanto os de natureza política como os de natureza religiosa são importantes, já que a festa da padroeira é também a festa da comunidade, existindo a santa, ou o santo, como foi acima ressaltado — na análise da origem do culto dos santos — na condição de símbolo ou emblema do próprio município ou comunidade.

Vale lembrar também que, em todos os casos, os interesses de origem econômica são de caráter secundário para os promotores da festividade. No que diz respeito aos leigos comuns, esses interesses econômicos só se colocam para as classes, desde que elas possuem um tesouro próprio e, no caso dos lavradores, uma sede que precisa ser conservada; também as associações, que participam das classes ou funcionam como tais, necessitam de recursos para atender suas necessidades, sendo a festa da padroeira um meio, entre outros, de conseguir esses recursos. Quanto à diretoria (ou comissões), que coordena a festividade em geral, esta não possui nenhum interesse econômico específico, desde que todo o saldo apurado pela comissão de finanças (ou tesouro) é entregue à fábrica da paróquia[51].

QUADRO 19
OS INTERESSES DOS PROMOTORES DA FESTA
DE NAZARÉ EM VIGIA

NATUREZA DOS INTERESSES (FORMA)	CONTEÚDO DOS INTERESSES		
	AUTORIDADES LAICAS	AUTORIDADES RELIGIOSAS	LEIGOS COMUNS
ECONÔMICOS	Atração de turistas e recursos para o município.	Rendimento financeiro proporcionado pela festa em benefício da paróquia.	No çaso das comissões ou diretorias das classes: rendimento financeiro em benefício da classe.
POLÍTICOS	*Interesse predominante:* Prestígio para a cidade e o município, com o conseqüente aumento do prestígio das autoridades municipais e dos políticos (parlamentares e outros); possível atração de votos nas eleições.	Prestígio da Igreja frente aos poderes laicos e aos cultos concorrentes no campo religioso; possibilidade de inculcar nos leigos um *habitus* religioso mais de acordo com os ditames da Igreja oficial.	Prestígio para a cidade e o município (promoção da "comunidade"); prestígio pessoal para os promotores laicos.
RELIGIOSOS	Se católicas, os mesmos interesses dos leigos comuns.	*Interesse predominante:* Possibilidades de propagar a fé, difundir os ensinamentos doutrinários e as práticas sacramentais; influir positivamente no comportamento moral dos leigos (a devoção da santa como meio para atingir esses fins).	Momento de regozijo e confraternização, de exaltação da padroeira, de agradecimento pelas graças recebidas e de súplica pela continuidade da devoção (a festa e a devoção como fins em si mesmos).

CAPÍTULO 11
O ARRAIAL, OS SIMBOLISMOS E OS ELEMENTOS REGIONAIS DA FESTA DE NAZARÉ

O estudo da festa de Nazaré, em Vigia, não estaria completo sem que se tratasse do arraial da santa, o que permite também completar a análise, retomando a questão do simbolismo presente na festa maior do município. Desde logo, é preciso fazer uma distinção entre o arraial no sentido restrito — ao qual os atores locais se referem quando o mencionam, por não serem capazes de explicitar, conscientemente, sua extensão — e o arraial no sentido amplo. No primeiro sentido, o arraial se limita praticamente à praça (ou largo) em frente à igreja matriz, tendo dois de seus acessos assinalados por arcos de madeira, encimados pela figura da Virgem de Nazaré que, à noite, permanecem totalmente iluminados, nas esquinas da travessa Generalíssimo Deodoro com as ruas Visconde de Souza Franco e Nazaré.

Mas esses arcos, que dão acesso ao arraial, também delimitam o espaço sagrado e ritual da festa onde se localiza o arraial no sentido restrito, separando-o do restante da cidade. Sintomaticamente, na travessa do Solimão, que também dá acesso à praça da matriz, a partir da área do mercado e do cais, não existe nenhum arco: é que, por ali, faz-se a ligação do arraial em sentido restrito com a sua extensão que, passando pela área do mercado municipal, prolonga-se, na verdade, ao longo do cais da cidade, até o "rabo da osga", junto ao restaurante Arapucão e à praça do Pescador.

Considerado em seu sentido restrito, limitado à praça da matriz, o arraial apresenta algumas construções permanentes, que também o caracterizam, a começar pela imponente Igreja da Mãe de Deus, que domina o conjunto. Em frente a esta, fica um cruzeiro e, no centro da praça, um coreto. Outros edifícios permanentes, além das casas de moradia ali situadas, são: o Educandário Nossa Senhora das Neves, a sede da Sociedade Cinco de Agosto (que também funciona como sede dos escoteiros) e a barraca da santa (que, nos outros dias do ano, tem as funções de salão paroquial). Fora da praça, já na rua de Nazaré (mas ainda dentro do espaço delimitado pelos arcos) ergue-se a casa paroquial, moradia e escritório do vigário.

Na ocasião da festa, entretanto, o arraial se enche de bancas e barracas improvisadas, carrinhos de venda de guloseimas, além de um modesto parque de diversões. Há uma grande variedade de produtos à venda e de atrações: bancas de artesanato *hippie,* de vendas de bijuterias, biscoitos típicos (as tradicionais "figuras")[52], fatias de bolo de macaxeira, mingau de milho e de arroz, maçã do amor, tacacá, refrescos de frutas e sanduíches; barracas de jogos de argolinhas, tiro ao alvo, de vendas de bebidas e comidas (peixe frito, churrasco de carne bovina e de porco, entre outras), brinquedos industrializados, sorvetes etc; e vários carrinhos de pipocas, cachorroquente e raspa-raspa (refresco de frutas com gelo picado ou raspado).

Quanto ao parque de diversões, em 1984, excepcionalmente, não foi instalada a roda-gigante que, todos os anos, vai de Belém para Vigia, por ter apresentado defeito insanável de última hora; ele se limitava apenas às cadeirinhas giratórias e às barquinhas (que funcionam como uma espécie de cadeiras de balanço suspensas por cordas), muito apreciadas pelas crianças.

O arraial começa a se movimentar desde as últimas horas da tarde, mas a sua animação só atingia o clímax por volta de 21 horas, depois que terminava a missa na matriz. No dia da noitada dos operários, em 1984, o movimento começou bem cedo, por volta de 16 horas, com um grande número de crianças participando de brincadeiras promovidas pela classe: pata-cega e concurso de dança *break.* O grande barulho das vozes das crianças, da música em alto volume e dos foguetes estourados, exatamente no momento em que o vigário ouvia a confissão dos fiéis, fez com que ele, durante a missa, censurasse o procedimento dos promotores da noitada.

À noite, quando já era grande o movimento do arraial, logo após a missa, uma das bandas ocupava o coreto central da praça, enquanto um número regular de pessoas se reunia em volta, escutando em silêncio a apresentação; ninguém aplaudia, mas percebia-se facilmente o interesse dos ouvintes, que apreciavam bastante o desempenho dos músicos. Todavia, a maior parte dos freqüentadores do arraial podia ser observada passeando pelo mesmo, jovens casais namorando, rapazes tentando conquistar as moças que passavam, adultos, jovens e crianças freqüentando as bancas, barracas e carrinhos, comprando objetos variados, comendo e bebendo, tomando sorvete e, especialmente as crianças, mas também alguns jovens, divertindo-se no parque.

Quando terminavam as aulas das escolas noturnas, um grande número de jovens, de ambos os sexos, podia ser visto no arraial, ainda com os uniformes com que haviam saído. Por volta de meia-noite, quando estava se encerrando o movimento da barraca da santa, o arraial começava a se esvaziar, até que, de madrugada, a movimentação se concentrava, quase exclusivamente, diante das bancas de jogos de azar, junto à área do cais e do mercado. Nas barracas, seus proprietários armavam redes para dormir. E, na praça, poucas pessoas transitavam, com exceção dos vigias da igreja matriz, que deviam ficar acordados por toda a noite.

Considerado em seu sentido amplo, como foi dito, o arraial se estende muito além da praça da Matriz, por toda a orla do cais, até o "rabo da osga". A partir da rua do Solimão, em direção ao mercado, situam-se várias barracas de venda de comidas e bebidas e muitas bancas de jogos de azar (sobretudo dados e roletas com figuras de animais ou escudos de clubes de futebol, ao invés de números).

Na área lateral esquerda do mercado existem dois postos de gasolina que, durante a festa, aproveitam para colocar mesas e cadeiras na calçada em frente, para venda de cerveja e refrigerantes. Nessa mesma área também se situam várias barracas permanentes de venda de comidas, freqüentadas por pescadores, viajantes, marreteiros, estudantes de cursos noturnos, prostitutas e raros turistas (em épocas normais) que, na quinzena da festa, passam a ter um movimento inusitado. Também os prostíbulos, situados nas proximidades do mercado, passam a ter uma freqüência maior, especialmente na véspera do Círio, na noite dos lavradores e no dia da festa, incluídos que estão nessa extensão do arraial em sentido amplo, sobretudo devido à chegada de muitos romeiros do interior do município.

O mesmo acontece com os bares e restaurantes, especialmente o bar Lobão e o restaurante Arapucão, freqüentados pela elite local (que também vai à barraca da santa) e pelos visitantes mais exigentes, ocorrendo a maior movimentação na véspera e no dia do Círio; queixam-se, porém, seus proprietários que o arraial "rouba seus fregueses" nos dias comuns da festa. O proprietário de um quiosque situado na praça da Prefeitura chega a armar várias barracas de madeira, com mesas e cadeiras, para a venda de bebidas, aproveitando a afluência excepcional de pessoas. Em 1984, na véspera e no dia do Círio, em frente ao Arapucão, junto ao "rabo da osga", muitos jovens romeiros armaram barracas de acampamento na praça do Pescador, dando um colorido e uma movimentação especiais a esse limite extremo do arraial em sentido extenso.

Neste ponto, torna-se necessário examinar, com detalhes, o número, a composição e a procedência dos proprietários de bancas, barracas e carrinhos instalados no arraial em sentido amplo). O quadro da página seguinte apresenta uma síntese do levantamento procedido em 1984, durante as noitadas dos pescadores e dos lavradores, em que o movimento foi muito intenso.

QUADRO 20
BANCAS, BARRACAS E CARRINHOS NO ARRAIAL

	PROCEDÊNCIA DOS PROPRIETÁRIOS	BELÉM	BENE-VIDES	CAPA-NEMA	CASTA-NHAL	IÇOA-RACI	MACAPÁ	MINAS GERAIS	S. ANT. DO TAUÁ	VIGIA	TOTAIS
BANCAS	Artesanato hippie	1	-	-	-	-	-	-	1	-	2
	Bijuterias	2	-	-	-	-	-	-	-	-	2
	Biscoitos ("figuras")	-	-	-	-	-	-	-	-	5	5
	Fatias de bolo, mingau e "chope"	-	-	-	-	-	-	-	-	1	1
	Jogos de azar	7	-	-	-	1	1	-	-	8	17
	Maçã do amor	3	-	-	-	-	-	-	-	-	3
	Mingaus	-	-	-	-	-	-	-	-	6	6
	Refrescos e sanduíches	-	-	-	-	-	-	-	-	2	2
	Tacacá	-	-	-	-	-	-	-	-	5	5
BARRACAS	Argolinhas	1	-	-	-	-	-	1	-	-	2
	Bebidas	-	-	-	-	-	-	-	-	4	4
	Bebidas e comidas	1	1	-	-	-	-	-	-	1	3
	Brinquedos industrializados	3	-	-	-	-	-	-	-	-	3
	Comidas	-	-	-	-	-	-	-	-	2	2
	Jogos com bolas	2	-	-	-	-	-	-	-	1	3
	Sorvetes	-	-	1	1	-	1	-	-	2	5
	Tiro ao alvo	-	-	-	-	-	-	1	-	1	2
CARRI-NHOS	Cachorros-quentes	4	-	-	-	-	-	-	-	-	4
	Pipocas	2	-	-	-	-	-	-	-	-	2
	Raspa-raspa	-	-	-	-	-	-	-	-	2	2
	TOTAIS	26	1	1	1	1	2	2	1	40	75

Embora não possa afirmar ter sido um levantamento exaustivo, foi, no entanto, bastante minucioso para incluir a quase totalidade desses pontos de venda e diversão. Alguns aspectos merecem mais atenção. Em primeiro lugar, a variedade da procedência dos proprietários. A maior parte era constituída, como seria de esperar, por pessoas residentes em Vigia (40), seguindo-se pessoas que se deslocaram de Belém (26). Havia proprietários vindos de municípios vizinhos, como Castanhal (1) e Santo Antônio do Tauá (1), da região bragantina, como Benevides (1) e Capanema (1), e de uma vila pertencente ao município de Belém, Icoaraci (1). Mas também havia pessoas provenientes de outras unidades da Federação, como um dono de banca de jogo de Macapá (Estado do Amapá) e um barraqueiro catarinense, residente no Estado de Minas Gerais, que possuía duas barracas, de argolinhas e tiro ao alvo. Muitas dessas pessoas, inclusive alguns vigienses, declaravam que já vinham de outras festas de santos realizadas em meses anteriores, em outras cidades, e pretendiam ir, em outubro, participar da festa de Nazaré, em Belém.

Isso mostra uma espécie de "transumância religiosa"[53], que não ocorre somente no caso dos devotos e romeiros, mas também no dos vendedores e proprietários de atrações do arraial, muitos declarando (como o catarinense) que tiravam seu sustento exclusivamente dessa atividade; eram, pois, barraqueiros profissionais de festas de santos, deslocando-se, com suas famílias, ao sabor do ciclo de festas de santos, por uma ampla região.

Um segundo ponto que deve ser ressaltado é o predomínio das bancas de jogo de azar (17) entre todas as atrações da festividade, funcionando até altas horas da madrugada, quando todas as outras bancas e barracas já tinham encerrado suas atividades. Este ponto é importante, também, por ser constante motivo de atritos com as autoridades eclesiásticas, tanto em Belém como na Vigia, em anos anteriores. Não obstante, na festa de 1984, assim como as autoridades laicas não se importavam com o jogo (numa noite, o próprio delegado de Polícia local se divertia apreciando o jogo), também o vigário, tão zeloso em suas reprimendas aos "excessos" e "abusos", nas homilias das missas noturnas, não fez nenhum reparo ao jogo de azar (talvez pelo fato de estar situado numa área não pertencente ao arraial, em sentido restrito).

Jogo, prostituição, embriaguez, diversão inocente das crianças, barraqueiros eventuais ou "profissionais", devotos, promesseiros, procissões, romarias, música no coreto da praça; jogo, música e dança na barraca da santa; bailes nos clubes e sedes da cidade; celebrações eucarísticas; confraternização de amigos e parentes, flertes e namoros, competições esportivas, consumo de guloseimas; penitências de andar descalço, segurar a corda no Círio, puxar carros e barcas; tudo isso faz parte da festa da santa. No caso do arraial, em Vigia, vale lembrar que, no espaço, ele representa a mesma heterogeneidade que a festa como um todo apresenta, sendo concebido de formas diferentes pelo leigo comum e pela autoridade eclesiástica.

O arraial apresenta gradações, com suas áreas consideradas nobres, freqüentadas pela elite local, como a barraca da santa, outras menos nobres, como barracas de particulares que vendem bebidas em mesas e cadeiras e, finalmente, já na sua extensão, especialmente na área do mercado e nas proximidades dos prostíbulos, aquela área marginal que corresponde ao que no arraial da festa de Nazaré, em Belém, se chamava o "cu da festa"[54].

Mas essas áreas não possuem uma demarcação rígida, pois, se a barraca da santa é freqüentada pela elite, eventualmente a ela também comparecem prostitutas, bêbados e mendigos, além do que, nas noites das classes, ela é ocupada pelos mais diferentes segmentos sociais, desde comerciantes e ambulantes abastados, até pescadores e lavradores humildes. Por outro lado, naquilo que estou chamando de extensão do arraial não se situam somente áreas marginais, mas há uma curiosa interpretação entre áreas nobres, menos nobres e nitidamente marginais.

Assim, na área do mercado, onde se desenvolve o jogo de azar e a prostituição, também comparecem famílias das classes populares, sentando-se junto às mesas improvisadas pelos proprietários dos postos de gasolina, para tomar cerveja e refrigerantes. E, por outro lado, enquanto na esquina da av. General Gurjão com a rua Visconde de Sousa Franco funciona um prostíbulo, a poucos metros, nessa mesma rua, ergue-se a sede do mais elegante clube da cidade, o Uruitá Esporte Clube, que promove bailes durante a festividade nazarena e onde, no sábado seguinte ao seu encerramento na igreja e no arraial, ocorre a chamada "festa da saudade" (que constitui, de fato, o encerramento da festa da santa).

Para completar a análise da festa de Nazaré, em Vigia, cumpre considerar ainda outros simbolismos presentes no ritual. Retomando a análise da procissão do Círio, deve ser lembrado que o drama representado pelo ritual da véspera, a trasladação, procura desde logo reviver, simbolicamente, o mito de origem da própria festa, que em parte se confunde com o mito corrente na capital paraense, e apresentá-lo ao conjunto dos moradores da cidade de Vigia, recontando-o a cada ano que passa.

O mito nos fala de um caboclo humilde de nome Plácido, que teria sido quem encontrou a imagem, num marajazal (lugar alagadiço e cheio de espinhos), levando-a para uma capela. Mas, à noite, quando todos dormiam, a imagem voltou sozinha para o lugar do achado, e várias vezes a história se repete, a confirmar o desejo da santa de permanecer no lugar onde fora encontrada originalmente. Para os informantes de Vigia, Plácido não era um caboclo de Belém (como afirmam os belemenses), mas vigiense, e a opinião dos que reivindicam a primazia histórica do Círio de Vigia procura conciliar-se com a lógica de outras explicações que dizem ter sido depois a mesma imagem, levada para Belém, onde até hoje se encontra[55].

Não importa, no caso, entrar em considerações sobre a lógica das explicações dos mitos populares. O que importa é o sentido simbólico da trasladação, que revive o mito através do ritual, com uma inversão significativa. Enquanto, no mito, a imagem é levada, de dia, para a capela do Senhor dos Passos (a igreja de pedras), pelo caboclo sozinho, e retorna por sua própria vontade, à noite, para seu nicho de origem (no marajazal), na trasladação (à luz de círios), a santa é levada, de noite, por um cortejo de fiéis conduzido por um sacerdote católico, percorrendo grande parte da cidade, para a capela de São Sebastião, no Arapiranga (depois de ter havido, ao longo dos anos, toda uma ampliação do percurso, pois, inicialmente, se diz, a trasladação só ia até a igreja de pedras). E, no dia seguinte, retorna, à luz do sol, na procissão do Círio, à sua morada permanente (a Igreja da Mãe de Deus, construída, segundo o mito, no lugar do achado), conduzida por um outro cortejo, mas consideravelmente ampliado e significativamente festivo, para em seguida ser homenageada, todas as noites, durante 15 dias.

Ademais, esse mito de origem é atualizado, em diferentes momentos, durante a festa. Assim, nas romarias que se fazem diariamente, por volta de 17 horas, promovidas pelas classes, pelos bairros da cidade e associações ligadas à paróquia, o estandarte da santa (o mesmo que é conduzido por ocasião do Círio), é transportado, em procissão, desde a capela do Senhor dos Passos até a igreja matriz. Por outro lado, o mito de origem nos fala, também, dos passeios da santa pela cidade, na época em que sua igreja (a Madre de Deus) estava sendo construída, existindo mesmo, ainda hoje, a "marca dos seus pezinhos" no batente de mármore de uma das portas frontais[56]. Durante esses passeios, ela aparecia às pessoas, sob a forma de uma menina — como santa viva — conversando com elas, pedindo peixe aos pescadores e oferecendo, em algumas ocasiões, sua proteção contra o mal, como já foi visto acima, por ocasião das epidemias de varíola.

Ora, todos os anos, na preparação da festa de Nazaré, alguns dias antes do Círio, a imagem é conduzida pelos bairros da cidade, para visitar casas particulares e dois prédios públicos — o hospital e um colégio de segundo grau — passando as noites nesses locais, enquanto os fiéis permanecem, junto a ela, em vigília de oração. Na véspera da trasladação ela é levada, em procissão, à capela do Senhor dos Passos, de onde, no dia seguinte, retorna para ser preparada, no Educandário Nossa Senhora das Neves, pelas irmãs preciosinas, com o manto e as jóias com que sairá na procissão da noite. Na ocasião do Círio de 1984, ela passou primeiro pela residência da mulher que lhe ofereceu o manto como promessa, antes de ser reintroduzida na matriz, recém-restaurada. Essas peregrinações da imagem da santa pela cidade, antes de sua festa, claramente revivem a lenda de seus passeios, oferecendo proteção aos bairros, aos devotos particulares, aos doentes e aos estudantes[57]. E mais, no dia da festa, último domingo de comemorações, a santa renova seus passeios pelos bairros, na procissão vespertina que precede a missa noturna de encerramento oficial da festividade, despedindo-se de seus devotos, pois ficará, a partir de então, até a próxima festa, no altar da igreja matriz em que permanece durante o ano inteiro.

Considerando-se o conjunto da festa de Nazaré, em Vigia, o que aliás se aplica a outras festas de santos padroeiros, pode-se dizer

389

que a quinzena festiva representa uma espécie de ritual de encontro. Com efeito, nessa época do ano a santa desce de seu altar, desfila pela cidade, visita as casas particulares e os edifícios públicos, percorre as principais capelas e, quando permanece em sua igreja, na matriz, fica em um nicho onde se acha mais ao alcance dos fiéis, podendo ser vista bem de perto por todos. Enfim, a santa vai ao encontro do povo, de seus devotos, de seus protegidos. Indo ao encontro do povo, nas peregrinações que precedem a festa, na trasladação, no Círio, nas romarias (com o seu estandarte) e na procissão final do dia da festa, a santa é sempre acompanhada por um cortejo popular. Permanecendo na igreja matriz, durante a festa, em seu nicho especial (tendo descido do altar), a santa é visitada pelo povo, que a ela tem acesso de modo mais direto. Enfim, o povo vai ao encontro da santa.

Se, durante suas peregrinações ou passeios, ela percorre os bairros da cidade, também os bairros vão ao encontro da santa, em romarias organizadas durante a quinzena festiva. Por outro lado, duas das classes mais importantes do município — a dos pescadores e a dos lavradores — durante a festa, não se limitam a ir ao encontro da santa, mas 'fazem questão de, com gestos de grande beleza, oferecer seu trabalho a ela, simbolizados por representações de seus instrumentos e produtos que resultam de seu labor. No caso dos lavradores, as miniaturas de instrumentos usados na fabricação da farinha de mandioca, que conduzem em sua romaria, e mais tarde vão decorar a barraca da santa durante a sua noitada, além dos produtos agrícolas (que também conduzem na romaria) e oferecem à santa na missa dessa noite, durante o ofertório. No caso dos pescadores, a barca "Juventude", com miniatura de rede de pesca e carregada de grude de gurijuba, que é levada no cortejo do Círio e que, mais tarde, permanece na barraca da santa, desde a noitada patrocinada pela classe, até a segunda-feira após o dia festa, quando, depois da missa matutina mandada celebrar pela classe, é levada em cortejo triunfal pelas ruas da cidade à casa do pescador que a arrematou para ficar na sua posse até o ano seguinte.

Vale lembrar que esse cortejo da barca dos pescadores corresponde ao que, no Círio de Belém, recebe a denominação de "recírio". Como na capital do Estado a imagem da santa que sai no Círio não é a mesma que, segundo a lenda, foi encontrada por Plácido, já que esta permanece sempre na Basílica de Nazaré (reforçando com isto o mito do achado), mas sim, uma réplica, guardada no Colégio Gentil Bittencourt, das irmãs de Sant'Ana; na segunda-feira após o Círio organiza-se, pela manhã, nova procissão, que reconduz a imagem à capela do colégio, com o que, oficialmente, se encerra a festividade em Belém. No caso de Vigia, sendo a imagem "verdadeira" a que sai no Círio e, após a procissão do dia da festa, permanece na igreja matriz, o recírio simbólico (embora não receba este nome por parte dos atores) fica por conta dos pescadores, que transportam a barca — o dom de seu trabalho oferecido à santa e, por isso mesmo, um símbolo metonímico da mesma, pois de fato a ela pertence — para a casa de um deles que, assim, representando a classe, tem a honra de ficar, por um ano, em nome da mesma classe, na posse de um dos símbolos mais caros de sua "mãe velha" (nome com que, carinhosamente, os pescadores designam Nossa Senhora).

Deve ser dito, também, que esse ritual de encontro é, claramente, um rito de passagem, nos termos de Van Gennep (1960). Em relação ao Círio de Belém tem sido dito que ele representa, em termos locais, um ritual semelhante às celebrações do Natal ou, mesmo, às festas de fim de ano, chegando a superá-las em importância (cf. Mombelli, 1976, 133 e segs., e Rocque, 1981, 11). No tocante ao Círio de Vigia, como aliás em relação a outras festas de santos padroeiros, a passagem que representa implica, de fato, que nos 15 dias de festividade, a coletividade vigiense vive um período transicional ou de liminaridade, onde as atividades do mundo cotidiano sofrem uma ruptura, penetrando no domínio do extraordinário, para serem retomadas, num novo estado, após a festa.

É também a culminação de um ciclo — o ciclo das festas de santos do município — e o próprio fato da não ocorrência de outras festas de santos no mês de setembro faz com que todas as atenções se concentrem na festa maior da padroeira do município. Com efeito, para os vigienses, embora reconhecendo a importância da festa de Nazaré, em Belém, que se segue no mês de outubro, a reivindicação, sempre repetida, da prioridade temporal do Círio e da festa da Vigia, é uma forma de demonstrar o maior apreço local pelo ritual de sua própria cidade.

Por outro lado, as celebrações natalinas possuem uma escassa importância no município, especialmente no interior, mesmo em Itapuá, cujo padroeiro é o Menino Deus, e cuja festa é celebrada como a de qualquer outro "santo" padroeiro. O mesmo ocorre com a passagem do ano. Não poderia deixar de ser assim para o povo devoto, para o fiel que professa um catolicismo centrado na devoção do santo ou da santa — cujos aspectos lúdicos são essenciais — já que, nesse período liminar, a própria santa, descendo de seu altar, vem ao encontro do povo, para participar com ele da festa e das homenagens que lhe são prestadas, instaurando-se entre a padroeira e o devoto aquela identificação mística, aquele contato mais íntimo, que sacraliza o espaço físico da própria cidade (e, por extensão, do município). Destarte, quando a festa termina, voltando a santa para seu altar, na igreja matriz, é um novo estado que se apresenta para a coletividade dos vigienses, depois de ter comungado com o sagrado, para poder voltar, renovada, às suas atividades do cotidiano.

Outrossim, pode-se detectar, na estrutura organizacional do cortejo do Círio de Nazaré, uma relação com a estrutura social vigiense, o que também se pode observar no tocante ao Círio de Belém e de outras cidades, constituindo, mesmo, uma característica comum das procissões que adotam a forma estrutural dos círios. Essa estrutura organizacional, observada por Isidoro Alves, na análise do Círio de Nazaré, em Belém, onde se manifesta com todos os seus elementos, apresenta um "núcleo estruturado", isto é, o espaço delimitado pela corda, onde se encontram a berlinda ou o andor da santa ou do santo, as autoridades religiosas e laicas, os políticos e as pessoas "gradas"; o "segmento intermediário ou liminar", constituído pelos promesseiros que seguram a corda, de pés descalços; e a "massa aparentemente indiferenciada" dos que acompanham a procissão (cf. Alves, 1980, 43 e segs.). Trata-se, certamente, de uma forma não casual na organização do ritual, por repetir, a cada ano, de modo dramatizado, a representação (teatral) da diferenciação social que perpassa a sociedade brasileira como um todo e as sociedades belemense e vigiense em particular. No caso de Vigia, porém, essa relação entre as estruturas do ritual e da sociedade se torna ainda mais transparente, pela organização das classes rituais que, representando a diferenciação por sexos, categorias de idade e grupos profissionais, participam da organização e do cortejo do Círio, como também participam das romarias e do patrocínio das noitadas da festividade. Tudo isso se pode perfeitamente relacionar com a estrutura do arraial, considerado em seu sentido extenso, com suas áreas nobres, menos nobres e marginais. Essas áreas, na sua disposição hierárquica, estão relacionadas também com a própria estrutura de classes e sistema hierárquico de *status* no município, embora nelas se possa notar uma certa "contaminação de códigos", numa extensão do sentido conferido por Roberto da Matta[58]. Isto acontece por uma certa interpenetração das áreas, acima aludida, que se conjuga com uma determinada interpenetração correspondente de categorias sociais. Por outro lado, se observarmos essa mesma estrutura do arraial, nele incluída, como não poderia deixar de ser, a igreja matriz, onde se realizam os principais atos de culto — inclusive as celebrações eucarísticas —, a barraca da santa, freqüentada pela elite e pelas classes promotoras, as áreas menos nobres do arraial em sentido restrito e, finalmente, as áreas marginais da zona do mercado e dos prostíbulos, poderíamos pensar numa representação simbólica espacial da própria cosmologia católica, com suas gradações e sua lógica tripartite: céu, inferno e purgatório. Novamente é possível notar, nesses simbolismos de um rito de passagem, as características de um ritual de encontro: o encontro entre a estrutura social e a estrutura sobrenatural, entre a cidade terrestre e a cidade do além, que a festa de Nazaré, com a riqueza da polissemia de seus símbolos permite detectar.

Para concluir este capítulo, não seria possível deixar de tratar dos elementos regionais (amazônicos) que o Círio de Nazaré evoca, fortemente, tanto em Vigia, como em Belém. Esses elementos, presentes no plano das representações, se expressam, de modo especial, em alguns símbolos que, como significantes, estão nele contidos em grande abundância. Pode-se começar pelos que surgem na cerimônia do almoço com que o Círio se encerra, onde, à parte o aspecto extraordinário próprio do ritual, encontram-se presentes, ao

393

menos a nível ideal ou de regra cultural, os pratos típicos da cozinha regional paraense: maniçoba e pato no tucupi. Esses elementos, como vários outros, expressam, desde logo, uma identidade cultural que o paraense faz questão de exibir, especialmente ao visitante que vem de outros Estados, que é sempre convidado, por alguma família, para participar do almoço do Círio.

Um segundo elemento é a corda, que marca, com seu simbolismo, essa identidade regional. A corda é polissêmica, mas, neste ponto, devo enfatizar apenas um aspecto de seus vários sentidos: não seria a corda do Círio também um símbolo fálico (como os mastros de santos), mas num sentido diferente, a corda como serpente (a cobra, tão presente nos mitos amazônicos)? Embora isso não aconteça no Círio de Vigia, em Belém, no dia do Círio, são vendidos muitos objetos de artesanato popular, brinquedos infantis, feitos de miriti (a polpa do talo das folhas de uma palmeira), entre os quais se destacam cobras (que parecem vivas, com movimento especial) e barcos. Ora, as próprias procissões têm sido comparadas a serpentes (lembrar os versos de Gilberto Gil: "Olha, lá vai passando a procissão/ se arrastando como cobra pelo chão"). O Círio não seria então uma serpente, a serpente domada pela própria Virgem, que em algumas de suas representações aparece calcando com os pés sua cabeça, significante expressivo do catolicismo para indicar a vitória sobre o demônio, que a obra da redenção efetivou, por intermédio da Mãe de Deus? Mas não uma serpente qualquer, uma serpente amazônica, o Círio como cobra-grande. Este aspecto será retomado adiante.

O Círio, tanto em Vigia como em Belém, é também um imenso rio humano, quase tão grande quanto os rios amazônicos. E aqui surge um outro elemento para marcar essa identidade regional. Nossa Senhora de Nazaré, para os católicos populares, é uma santa das águas. Tendo sua devoção se originado em Portugal, numa pequena aldeia de pescadores, de lá foi transportada, através do oceano, para uma outra povoação de pescadores, no Pará. Como diz um historiador regional:

"O culto de Nazaré participa na sua origem de duas margens aquáticas. Desde o litoral português ao litoral vigiense estendia-se uma identidade geográfica no que concerne à condição do homem sujeito ao perigo — as águas! — ao mesmo conflito existencial, à mesma ameaça: o naufrágio! O naufrágio regional é a tragédia amazônica por excelência, assim como para o navegante lusitano do século XVII era o naufrágio marítimo, oceânico, o seu maior pavor. Tanto lá como cá, desenvolvia o homem a cultura material no sentido de adaptar-se ao desafio hídrico. No sentido tecnológico, o português mercantilista aprimorava o veleiro. Sua salvação estará confiada à tecnologia. Os colonos ou colonizados vigienses, seguindo a trilha do mesmo desafio (e numa mescla de tecnologia européia e nativa, entre o veleiro e a leve ubá do índio), engendraram a vigilenga. Mas quem pode afirmar que haveria de bastar a tecnologia para assegurar a tranqüilidade do milagre da salvação na iminência do naufrágio na costa paraense? (...). Acredito que não seja outro, legitimamente, o sentido do Círio amazônico ou simplesmente do Círio, senão esse: o da salvação; salvação do naufrágio hoje metafórico: todos os naufrágios da criatura humana." (Rosário, 1985, 5-6).

Mesmo sem poder concordar que o naufrágio seja a tragédia amazônica por excelência, tendo em vista as inúmeras tensões e conflitos sociais por que hoje passa a população regional, a noção de naufrágio metafórico, simbólico, tem certamente grande validade no plano da religiosidade popular. E o autor citado é bastante feliz quando lembra essa relação entre Nossa Senhora de Nazaré e as águas, embora desde o período colonial, para a igreja oficial, a padroeira do Brasil fosse Nossa Senhora da Conceição (por outro lado, o lado popular, Iemanjá, rainha das águas).

Não é sem razão que surgem também tantas barcas no Círio (os próprios carros — dos Anjos, dos Milagres etc. — são barcas). Não é também sem razão que os viajantes e os pescadores que se salvaram de naufrágios cumprem tantas promessas no Círio. E que a alegoria do primeiro milagre autêntico de Nossa Senhora de Nazaré, a de dom Fuas Roupinho, presente tanto no Círio de Belém, como no de Vigia, representa também um barco — uma caravela — prestes a se afundar, num mar revolto. Positivamente, na Amazônia, as representações populares conferem a Nossa Senhora de Nazaré não são só a condição de padroeira, mas, também, embora isso não seja explicitado, a não ser pelos observadores mais penetrantes, a condição de *rainha das águas*.

395

Há uma outra analogia, que foi feita pelo geógrafo Eidorfe Moreira em seu belo estudo intitulado *Visão Geosocial do Círio*: a relação entre o Círio de Belém e a Cabanagem (Moreira, 1971). Para esse autor, na ocasião do Círio, em Belém, ocorre, todos os anos, uma espécie de invasão cabana que, embora pacífica, relembra a tomada militar da capital da antiga província do Pará pelos revoltosos de 1835 (sobretudo, caboclos do interior). Essa analogia feliz de Moreira permite também relacionar, no plano do simbolismo, três expressões do maior relevo na cultura amazônica (e, mais especificamente paraense): o encantado do fundo, a devoção a Nossa Senhora de Nazaré (e aos santos populares em geral) e a Cabanagem. Se o Círio de Nazaré pode ser relacionado à cobra-grande, símbolo dos encantados em geral — e, mais especificamente, à forma pela qual se apresenta a filha do rei dom Sebastião, quando deseja desencantar-se, subvertendo a ordem geral do mundo, como foi visto na segunda parte deste estudo — há também, no plano metafórico, um sentido mais profundo, de cunho político (ou pré-político) que pode estabelecer a ligação entre o Círio e a Cabanagem[59].

Há porém um outro sentido pelo qual se pode fazer esta relação entre Círio e Cabanagem: é que, nos dias de hoje, não se deve pensar apenas na invasão do caboclo do interior em Belém, durante o Círio, mas também numa espécie de invasão do belemense no interior, na ocasião da realização dos inúmeros Círios que se multiplicaram pelo Estado, a partir dos modelos de Belém e de Vigia[60]. Aqui surge uma espécie de reciprocidade, como muitas outras que estão presentes nas festas dos santos populares: se o homem do interior vem a Belém, em outubro, o belemense vai ao interior em outros meses do ano, para participar de todo um ciclo de Círios que se espalhou pelo Estado. Essa multiplicação de círios chega porém a transcender o âmbito do Pará, estendendo-se por outras capitais brasileiras. Só no Rio de Janeiro, acontecem dois Círios, concorrentes entre si: o da Tijuca e o de Copacabana. Há também o Círio de Nazaré na nova capital federal. O paraense difunde o Círio por onde vai, marcando com isso não só o culto à Virgem de Nazaré, sua padroeira, mas, também, a sua própria identidade de paraense e amazônida.

CONCLUSÃO
AS FESTAS DE SANTOS E O CONTROLE ECLESIÁSTICO

O estudo das festas de santos no município de Vigia não estaria também completo sem que se tratasse do controle, ainda hoje exercido sobre elas, pela autoridade eclesiástica. Ao longo de toda esta terceira parte essa questão aflora em algumas passagens. Por outro lado, o assunto já foi examinado nas partes anteriores deste trabalho. Torna-se importante agora retomá-lo, especialmente a partir do que foi examinado nos capítulos anteriores.

A análise das festas religiosas populares, enquanto rituais, em sua relação com os mitos ou lendas que lhe estão associados, na parte III deste trabalho, permitiu completar o estudo das representações religiosas dos praticantes do catolicismo popular (e da pajelança) na área investigada. No exame que agora se fará do controle eclesiástico sobre essas festas, não deve ser esquecido o fato, já apontado na conclusão da primeira parte deste estudo, de que, especialmente na paróquia da Vigia, pouco se fizeram sentir os efeitos das mudanças introduzidas na Igreja pelo Concílio Vaticano II, persistindo, de fato, uma proposta soteriológica de salvação individual, nos moldes da política eclesiástica pré-conciliar do período da romanização do catolicismo brasileiro. Dois pontos basilares dessa política consistem no pressuposto da ignorância religiosa do povo e na conseqüente tentativa de anulação das iniciativas leigas em matéria religiosa. Como, na realidade, o leigo é ignorante — na maioria dos casos — dos princípios teológicos, doutrinários e morais inculcados aos sacerdotes em sua formação no seminário; enquanto o sacerdote é também ignorante — com exceções — das crenças e representações que informam o catolicismo popular; cria-se um impasse difícil de solucionar, desde que os interesses convergentes entre as duas categorias — leigos e sacerdotes — são freqüentemente menores do que as divergências. Isso, porém, como veremos, ocorre muito mais quanto a questões de detalhes, pois há um interesse maior que permite a ligação intrínseca entre leigos e sacerdotes: a mesma identidade católica (embora ela possa ser pensada, de maneira diferente, por cada categoria).

Antes de tratar, propriamente, das estratégias implementadas na paróquia de Vigia no tocante ao controle das festas populares, vale examinar alguns aspectos de uma festividade que tem uma importância especial nesse município: a festa do patrono dos pescadores. Embora, como foi visto acima, São Pedro seja o padroeiro de três pequenas povoações do município de Vigia, a festa mais importante em homenagem a esse santo é realizada na sede do município, onde também existe a maior concentração de pescadores e para onde convergem, especialmente na manhã do dia 29 de junho, a maioria dos pescadores das redondezas. Sua programação é bastante simples, constando, principalmente, de uma romaria luminosa, na véspera (espécie de trasladação), em que a imagem do santo é conduzida, na sua barca, desde a sede da colônia dos Pescadores até a Capela de São Sebastião, no Arapiranga; de uma procissão fluvial, muito concorrida, na manhã do dia 29, desde aquele bairro, até o trapiche municipal, de onde a imagem é conduzida, por terra, até a igreja matriz, onde se celebra a missa; e de uma série de promoções, inclusive esportivas, no decorrer do dia, culminando, à noite, com uma festa dançante.

Nos últimos anos, vários vigários tentaram colocar sob seu controle mais estrito esta festa. Hoje ela é promovida pela colônia dos Pescadores, que costuma contratar um sacerdote (geralmente o pároco) para a missa de ação de graças ao término da procissão fluvial. Pode-se considerar que a festa de São Pedro, na cidade de Vigia, situa-se numa posição intermediária entre as festas de santos comuns do município (como a festa de Nazaré, a de São Sebastião do Arapiranga e as demais festas de santos de comunidade do interior) e a festa do levantamento do mastro de Nossa Senhora da Conceição, no bairro do Amparo. Esta última não é pensada, pelos seus promotores, nem pelo vigário da cidade, nem mesmo pela população, como festa de igreja. Por isso, nem os promotores convidam o vigário para dela participar, nem este toma conhecimento da festa (que coincide, aliás, com o Círio e a festa da mesma santa, em Curuçazinho, contando com todo o apoio da paróquia).

Todavia, a festa de São Pedro, tanto na cidade de Vigia, quanto em Itapuá, onde se realiza na mesma data (no horário vespertino), não é também pensada como festa de igreja pelos seus promotores. Entretanto, não é rejeitada pela Igreja local, como acontece com o mastro do Amparo. Seus promotores se aproximam da paróquia, desejam o concurso do padre e de seus auxiliares mais diretos, desejam que parte da cerimônia se realize nas capelas e na igreja matriz, mas são ciosos da independência da festa dos "pescadores", que nenhum vigário conseguiu ainda controlar (nem mesmo no período mais intenso da romanização, quando se tentou transformá-la em "festa do papa").

O acontecido em Itapuá, no ano de 1984, ilustra essa independência. Nessa povoação, a festa é promovida pelo tesouro da classe dos pescadores. Nos últimos anos a festa havia decaído, em razão de os pescadores não considerarem como sua a imagem de São Pedro colocada na ermida da povoação por um grupo de pessoas influentes, entre os quais o catequista local. Tendo essa classe recebido como doação a imagem de São Pedro do finado Palheta, em consequência da promessa feita pelo pescador Bibi, nesse ano houve um novo empenho em realizar a festa, com a procissão da barca de São Pedro e a ladainha em homenagem ao santo, realizada à tarde, para não coincidir com a grande procissão fluvial do município, pela manhã. Surgiu, porém, um problema, desde que o catequista de Itapuá, diante da decisão dos pescadores de homenagear a imagem do finado Palheta, não permitiu que a ladainha se realizasse em nenhuma das duas capelas da povoação. Ele só concordaria em abrir a ermida caso fosse usada a imagem de São Pedro que se encontra nessa capela, que considerava como comunitária. Sendo, porém, a festa dos pescadores, estes não abriram mão de seus direitos e realizaram a mesma a seu modo, à revelia dos desejos de interferência e controle do catequista. A ladainha foi realizada, após a procissão da barca de São Pedro, na casa da principal comerciante do lugar.

Não tenho notícia de conflitos dos pescadores com os vigários de Vigia a propósito da festa de São Pedro, em anos mais recentes.

No passado, alguns párocos tentaram, em diversas oportunidades, exercer seu controle sobre essa devoção, sem no entanto obter muito êxito. Não obstante, no ano de 1983, tinha ocorrido um atrito sério a propósito da festa de Nazaré, envolvendo o vigário, padre Eugênio Casimiro, que se recusou a celebrar a missa dos pescadores, na segunda-feira após o dia da festa. Nessa noite, um grupo de pescadores se reuniu em frente à casa paroquial, bombardeando-a com fogos de artifício, que resultaram em várias telhas e janelas quebradas, além de um enorme susto.

Mas se os pescadores são ciosos de sua independência diante da paróquia, sua festa, no dia de São Pedro, não pode deixar de contar com certos patrocínios estranhos à classe, na cidade de Vigia. Até há alguns anos atrás, a colônia dos Pescadores era ajudada a patrocinar a festa por duas organizações: o Rotary Club de Vigia e o Centro Rural de Treinamento e Ação Comunitária (CRUTAC), órgão de extensão da Universidade Federal do Pará. Em 1981, o CRUTAC, desativado pela UFPa no município, retirou-se de Vigia. Depois das eleições de 1982, muita coisa mudou, tanto na colônia como na cidade. Até essa época, a prefeitura da cidade era ocupada por um político do PMDB. Com as eleições, porém, embora o PMDB tivesse obtido a vitória para o governo estadual, em Vigia foi eleito um prefeito do PDS, ligado ao senador Passarinho e funcionário da SUDEPE. Isso fez com que o Rotary Club, embora sendo uma organização que se declara apartidária, também se afastasse da Colônia dos Pescadores, depois que foi eleita a nova diretoria, presidida por João Peralta, com apoio da SUDEPE e da Prefeitura Municipal, já sob a direção do novo prefeito. É que os dirigentes do Rotary vigiense estavam ligados ao PMDB.

A partir daí a colônia passou a receber ajuda da Prefeitura e da SUDEPE na promoção anual da festa de São Pedro. Um funcionário deste órgão federal, o dr. Wagner, embora não seja pescador, fora também eleito como secretário da diretoria da Colônia e, segundo os políticos do PMDB, esta organização tem se tornado um instrumento da política do PDS na cidade, sendo de fato dirigida por seu secretário, o qual teria passado a orientar as ações de seu presidente, o pescador João Peralta[61]. Também a Capitania dos Portos, que fiscaliza as embarcações de pesca e transporte de passageiros, assim como controla o registro dos pescadores e expede suas carteiras, em ligação com a SUDEPE e a Colônia, participa dos acontecimentos da festa de São Pedro, embora não se inclua entre os promotores da festa. Sua participação, aliás, é vista com desconfiança pelos proprietários de embarcações, em razão das funções fiscalizadoras que exerce, e das multas que eventualmente impõe, aproveitando exatamente o maior afluxo de embarcações ao porto da cidade.

Quanto à Igreja local, através do vigário e seus auxiliares mais diretos, sua visão a respeito da festa de São Pedro é a de um evento que, não podendo ser integralmente assimilado pela paróquia, tendo em vista as atitudes de independência dos pescadores, não pode também ser desprezado, como acontece no caso do mastro do Amparo, por se tratar de uma oportunidade de aproximar da Igreja essa categoria profissional cuja importância é das maiores no município. Percebe-se, pois, facilmente, que a independência com que procuram manter-se os pescadores, na sua festa, de fato não é possível, pelo jogo de interesses de várias ordens que a envolvem.

Destarte, as festas dos santos do município de Vigia podem ser pensadas em três categorias distintas. Em primeiro lugar, aquelas que, sobretudo as de santos padroeiros de comunidades — vilas, povoações, cidade e seus bairros — assim como a de Nossa Senhora de Nazaré, padroeira do município, se integram nas celebrações sob controle mais direto da Igreja, contando com a participação do vigário e de seus auxiliares diretos. Em segundo lugar, as festas como as de São Pedro — patrocinadas por uma categoria profissional, a classe dos pescadores — em Vigia e Itapuá, que, embora não escapando ao controle eclesiástico, representam porém uma forma de manifestação de autonomia (limitada) do catolicismo popular. E, finalmente, as festas nas quais o controle eclesiástico só se manifesta pela ausência de participação — forma de não-legitimação — como a festa do mastro de Nossa Senhora da Conceição do bairro do Amparo. Embora sejam raras, há outras festas que se incluem nestas duas últimas categorias: a de São José Operário, que a classe dos operários tenta promover, esporadicamente, em Vigia (sem muito êxito) e contando com um controle mais estrito da paróquia; uma ladainha cantada em latim, seguida de festa dançante, que uma família oriunda do Marajó promove todos os anos, no bairro do Arapiranga, em homenagem a Santa Maria e São Benedito; e o levantamento do mastro do Espírito Santo, em Penha Longa, também promovido por uma família do lugar. Quanto à festa de São Cristovão, já mencionada acima, embora esse santo pertença a uma categoria profissional específica, inclui-se, de fato, na primeira categoria, já que se tornou padroeiro de uma pequena povoação, o mesmo ocorrendo com as demais festas de São Pedro naquelas povoações onde esse santo é considerado como padroeiro.

Quais os propósitos a que serve o controle eclesiástico? Essa pergunta vem sendo de fato colocada desde a primeira parte deste estudo, tendo sido buscada uma resposta, especialmente quando se tratou do processo de romanização. Agora ela é retomada numa nova conjuntura, correspondente à fase pós-Concílio Vaticano II, embora, como já foi enfatizado acima, os efeitos desse Concílio pouco tenham se feito sentir na paróquia de Vigia. Foi visto acima, quando se tratou dos promotores da festividade da padroeira do município, Nossa Senhora de Nazaré, como aqueles incluídos na categoria das autoridades eclesiásticas possuem interesses diferenciados dos leigos em relação às festas de santos. Enquanto, para os promotores leigos, a festa é um fim em si mesmo, para os vigários ela surge como um meio de promover a evangelização, a regulação do comportamento moral, o ensinamento da doutrina e das práticas litúrgicas consideradas adequadas.

Para atingir esses fins, são adotadas determinadas estratégias, que incluem, de um lado, pregações com conteúdo moral e doutrinário, feitas pelo vigário e seus auxiliares (diácono, ministros da eucaristia e mesmo catequistas) e, de outro, atitudes e medidas de alcance efetivo, que vão desde a indiferença em relação a aspectos considerados relevantes pelos leigos comuns, até ao emprego de medidas de caráter coercitivo.

Durante a festa de Nazaré de 1984, pude gravar e analisar mais detidamente as homilias pronunciadas pelo vigário da época; essas homilias, se bem que restritas a um único sacerdote e a uma festa específica, permitem indicar uma forma possível de implementar esse primeiro tipo de estratégia de controle. Nessas pregações, o vigário falava contra o vício da embriaguez, o roubo das classes (que não prestavam conta do dinheiro apurado nas noitadas), a promiscuidade entre homens e mulheres, as despesas excessivas com fogos e outras "exterioridades", o barulho do arraial prejudicando os atos de culto na igreja, as "tradições sem conteúdo" e não condizentes com o "culto devoto". De outro lado, ao mesmo tempo em que procurava oferecer aos fiéis os ensinamentos do Evangelho, orientava as mães a bem educarem seus filhos, conclamava as pessoas à participação mais efetiva nos atos litúrgicos e se preocupava, reiteradamente, em incentivar a fé do povo de Vigia. Como só foi possível gravar as homilias desse último vigário, são os únicos exemplos que posso apresentar. Não obstante, em documentos que pude consultar nos arquivos paroquiais (anotações feitas nos livros de tombo, assim como livros de atas de associações pias), surge claramente a indicação de uma continuidade na implementação desse tipo de estratégia, especialmente a partir do processo de romanização, embora muitas vezes as queixas não sejam colocadas com palavras tão duras, nem se possa saber de que modo elas eram transmitidas aos paroquianos. Ademais, essa continuidade também pode ser rastreada, historicamente, no tocante à implementação das demais estratégias.

Quanto ao segundo tipo de estratégia, três aspectos merecem destaque no tocante à atitude de indiferença do vigário. Em primeiro lugar, o fato já mencionado do desconhecimento, pela paróquia, da festa do levantamento do mastro de Nossa Senhora da Conceição no bairro do Amparo. Essa festa tem uma certa tradição na cidade de Vigia, embora seja promovida por uma família do lugar (a família Santos) há relativamente poucos anos. Essa tradição deriva do fato de que, desde a abolição do mastro do Divino Espírito Santo, na década de 50 de nosso século, pelo cônego Faustino de Brito, passou-se a levantar um novo mastro, numa área ainda rural, à margem da rodovia Santa Isabel-Vigia, sob a liderança de uma cantora e dançarina de carimbó, Francisca Lima do Espírito Santo, a popular Tia Pê[62]. Com o crescimento de Vigia, durante esses anos, a área onde morava Tia Pê acabou se transformando no bairro periférico do Amparo. Depois da morte dessa mulher, a família Santos, para manter a tradição do bairro do Amparo, passou a levantar o mastro de Nossa Senhora da Conceição, com festas que se prolongam por uma semana. Por outro lado, a não realização da tradicional missa dos pescadores, no ano de 1983, já referida, é mais um aspecto que ilustra essa indiferença. Vale lembrar, como foi visto na primeira parte deste estudo, as atividades do vigário Mâncio Caetano, um dos primeiros agentes romanizadores na paróquia de Vigia, que também desprestigiava certas festas tradicionais e populares, como no caso da de Santa Luzia, promovida, em Vigia pela Sociedade Treze de Dezembro. Essa atitude de indiferença também pode ser ilustrada, no presente, pelo descaso com que foram guardados, nos últimos anos, pela paróquia, os carros usados no cortejo do Círio de Nazaré, o que motivou terem se estragado, demandando despesas maiores da parte da diretoria da festa para sua recuperação, no ano de 1984, não tendo sido possível, porém, recompor a alegoria do milagre de dom Fuas Roupinho.

A essa estratégia passiva da indiferença, junta-se a coerção. As medidas coercitivas, que podem ser rastreadas no tempo, desde o final do século passado, dentro do processo de romanização, incluem a abolição das antigas irmandades de santos e sua substituição pelas atuais diretorias ou tesouros, o controle mais ou menos rígido sobre essas diretorias, sua eventual destituição ou substituição de seus membros, a proibição das antigas esmolações com as imagens de santos, a abolição de mastros votivos, a proibição de bailes na ocasião das festas de santos e várias outras. Todas elas são justificadas por motivos de ordem moral e/ou religiosa.

As esmolações, folias e mastros de santo, além de serem vistos como ocasiões de embriaguez e de brigas entre os devotos, não raro são apontadas como exemplos de profanação da imagem e dos lugares sagrados. As antigas irmandades, além de acumularem um poder que escapava ao controle da instituição eclesiástica, abrigavam, entre seus membros e, mesmo, dirigentes, pessoas consideradas como não religiosas ou de comportamento reprovável. Transformá-las em diretorias, sob a presidência dos vigários, não só servia para limitar seu poder, mas também para permitir as interferências, quando julgadas necessárias. Muito freqüentemente os atritos entre as diretorias e os vigários de Vigia foram originados no passado, como ocorreu também em 1984, por causa de disputas a respeito dos rendimentos financeiros das festividades. Também neste último ano, sob a alegação de não ser "bom católico", foi destituído o tesoureiro da diretoria de São Sebastião, no bairro do Arapiranga, justamente nas vésperas da festa de 1985, em que se comemorava o centenário da reconstrução da capela daquele santo. A oposição aos bailes é justificada pelo fato de que, ocorrendo na véspera de celebrações de caráter religioso, como missas e procissões, acabam por prejudicar o comparecimento a essas cerimônias, além de restrições de caráter moral da parte de alguns vigários.

Episódio ocorrido na cidade de Curuçá, em data recente, ilustra um outro aspecto dessa última questão. Tempos atrás, quando a paróquia dessa cidade era dirigida pelo então padre Edmundo Igreja (hoje monsenhor), a data do Círio de Nossa Senhora do Rosário, padroeira do local, foi mudada, do primeiro domingo de outubro, para o último domingo de setembro. Essa antecipação foi justificada pelo fato de que a realização do Círio em outubro, embora coincidisse aproximadamente com a data da padroeira no calendário litúrgico oficial, fazia também com que a festa coincidisse com o Círio de Belém, no domingo seguinte.

Em 1984, um novo vigário, padre Manoel Antão, restabeleceu a data antiga, o que provocou muitos descontentamentos, surgindo acusações contra o padre, de que "não respeitava as tradições" da cidade e que "queria acabar com o Círio", além de outras, de natureza política e ideológica. A razão dèstas últimas acusações estava no fato de que, nas eleições de 1982, o vigário de Curuçá deu apoio ostensivo ao PMDB, mas seu candidato a prefeito foi derrotado, tendo sido eleito o candidato do PDS. Elas se referiam às atitudes políticas do vigário e, também, à sua vinculação aos princípios da teologia da libertação. Era acusado de ser "progressista" e também se insinuava sua vinculação ao regime socialista de Cuba, motivo pelo qual estava tentando "conquistar" o Sindicato Rural. Um grupo de pessoas influentes na cidade, incentivadas pelo prefeito, chegou mesmo a organizar uma concentração popular na praça da Matriz, com muitos oradores discursando, que recebeu o nome de "manifestação pró-Círio". Entre os manifestantes mais ativos estava o proprietário de uma aparelhagem sonora, que foi cedida gratuitamente para o comício contra o vigário.

Ora, além dos motivos políticos que levaram à manifestação, havia um, não declarado pelos opositores do vigário, que dizia respeito à realização de festas dançantes programadas para a véspera e o dia do Círio, aproveitando o grande afluxo de romeiros, festas promovidas pelo mesmo dono da aparelhagem que se mostrava muito ativo nos protestos contra o padre. Torna-se necessário dizer que Curuçá é uma cidade bem menor do que Vigia, de modo que os bailes, que já vinham se realizando em anos anteriores, retiravam grande parte da renda da barraca da santa. Essa também uma das razões da mudança da data do Círio, além do fato de que, nesse ano, o primeiro domingo de outubro coincidia com o dia 7 (data oficial de Nossa Senhora do Rosário, no calendário litúrgico oficial). O episódio teve muitos desdobramentos, pois o vigário, contando com o apoio do delegado de Polícia local (do PMDB), conseguiu proibir a realização dos bailes, que também foram transferidos de data, para acompanhar a mudança do Círio. Um mandado de segurança, impetrado pelos promotores dos bailes, obteve uma liminar favorável da juíza local, mas o vigário, contando com apoio político na capital do Estado, conseguiu que o Tribunal de Justiça cassasse a liminar e, afinal, os bailes não foram realizados. Percebe-se, pois, como, no caso, a oposição aos bailes não tinha apenas uma motivação de caráter litúrgico, doutrinário ou moral, mas também um interesse financeiro, ligado à fábrica da paróquia.

Todavia, entre as medidas de alcance mais efetivo, não devem ser consideradas somente aquelas de caráter negativo. O controle sobre a festa de santo se exerce, também, através de medidas que visam assumir a liderança na promoção de práticas litúrgicas consideradas mais adequadas. A promoção dos aspectos da festividade vistos como "profanos" (pelos vigários e seus auxiliares mais diretos) é geralmente deixada a cargo dos leigos comuns, menos ligados à paróquia e mais interessados no "brilhantismo" da festa como forma de prestígio da comunidade. Mas as celebrações consideradas "sagradas" são organizadas, sempre que possível, por catequistas, ministros de eucaristia, e, às vezes, pelo diácono ou, em casos mais especiais, pelo próprio sacerdote. Assim, na festa de Nazaré de 1984, em Vigia, a comissão de liturgia ficou a cargo do diácono José Trindade de Vilhena; no mesmo ano, na festa do Menino Deus, em Itapuá, as celebrações litúrgicas foram organizadas pelo catequista local; e, em janeiro de 1985, na festa de São Sebastião, no bairro do Arapiranga, por um dos ministros da eucaristia.

Outras medidas de caráter positivo consistem em procurar substituir ou mudar costumes tradicionais por práticas que, às vezes até semelhantes, na forma, àquelas de caráter popular, adquirem, porém, um outro sentido, mais condizente com as preocupações litúrgicas e doutrinárias da Igreja oficial. Esse é o caso das visitas que a imagem de Nossa Senhora de Nazaré faz aos bairros e às casas particulares, nos dias que antecedem o Círio da Vigia. Além do sentido simbólico dessas peregrinações da santa pela cidade, já analisado acima, o costume se assemelha às antigas esmolações com as imagens de santos, proibidas pela hierarquia eclesiástica. O mesmo costume é seguido em várias cidades do interior e na capital do Estado. No caso de Curuçá, antes do Círio de Nossa Senhora do Rosário, a imagem da santa é levada, em peregrinação, a várias vilas e povoações do município; nesse município, como foi visto acima, onde houve uma forte ação repressora contra os "abusos" da devoção a São Benedito Achado, essas peregrinações surgem muito claramente como uma forma domesticada das esmolações que se conseguiu abolir.

Também no caso de Curuçá, como foi visto, a intervenção do padre Edmundo Igreja conseguiu obter a transferência da data da festa de São Benedito que, realizando-se em 26 de dezembro, ofuscava as celebrações natalinas. Como também foi referido acima, especialmente no interior do município de Vigia, as celebrações natalinas costumam ter uma importância muito reduzida. Isto se aplica mesmo à povoação de Itapuá, cujo padroeiro é o Menino Deus, sendo sua festa realizada em dezembro. Trata-se, porém, de uma festa em que o padroeiro é pensado, pela população, como qualquer outro santo. Ora, de alguns anos para cá, os vigários têm tentando incentivar as celebrações natalinas no interior, por meio da ação dos catequistas.

No caso de Itapuá, além de vigílias promovidas na ermida de Nossa Senhora do Perpétuo Socorro e na Capela do Menino Deus, são feitas representações de um auto de Natal na escola local, promovido e ensaiado pela esposa do catequista, que até há poucos anos ocupava a função de diretora dessa mesma escola. Embora o nome tradicional do padroeiro seja Menino Deus, nos apelos impressos das festividades dos últimos anos esse nome aparece como Menino Jesus, por sugestão do catequista. Tem havido, pois, muito claramente, uma tentativa de mudar o caráter da festividade, aproximando-a gradativamente do modelo de uma celebração natalina. Não obstante, o êxito dessas tentativas ainda é bem limitado, o que pude comprovar pela participação na festa de 1984, em que a população comum continuava a chamar seu patrono pelo nome antigo e a se referir a ele como um santo qualquer de sua devoção, muito festejado como padroeiro, mas menos invocado e menos milagroso do que o São Benedito do seu Zizi[63].

Não deve ser desprezada, entretanto, como já foi assinalado, a reação popular sempre presente contra essas tentativas de controle, como o próprio exemplo de Itapuá já ilustra. Outro exemplo se encontra nas anotações dos párocos vigienses nos diversos livros de tombo. Há um padrão que se repete, a cada novo vigário que assume a paróquia. Nas apreciações a respeito do estado em que se encontra a paróquia, de um modo geral surgem queixas contra "abusos" da devoção popular que precisam ser eliminados, contra diretorias de festividades e classes rituais que agem com grande independência, sem prestar contas ao vigário de suas ações, contra maus costumes que precisam ser combatidos etc. Nos anos seguintes, a ação dos vigários é desenvolvida no sentido de eliminar esses "erros", chegando-se a um momento em que os mesmos, satisfeitos, anotam no livro de tombo os "progressos" obtidos. No ano seguinte, entretanto, renovam-se as queixas contra os mesmos ou outros "abusos" que surgem E quando, afinal, o vigário é substituído, o novo pároco repete, grosso modo, o mesmo tipo de anotações. Isso não significa, entretanto, como vimos, que as estratégias de controle sejam ineficazes, mas sim que, diante da reação popular sempre presente contra elas, o controle só pode ser feito dentro de certos limites.

NOTAS

1 A festa como elemento lúdico, no qual estão contidos a transgressão, o sonho e a utopia, bem como seu aspecto de troca e prestação total, são enfatizados no trabalho de Pierre Sanchis sobre as romarias portuguesas, onde ele identifica, também, uma espécie de *potlatch* (cf. Sanchis, 1983, 30-37, 148, 328 e *passim*)

2 Haveria, porém, na realidade, uma verdade histórica? Para o antropólogo, como para o historiador moderno, as palavras de Lévi-Strauss na introdução da *Antropologia Estrutural*, embora escritas há algumas décadas, certamente não perderam ainda sua validade: "Quando nos limitamos ao instante presente da vida de uma sociedade, somos, antes de tudo, vítimas de uma ilusão: pois tudo é história; o que foi dito ontem é história, o que foi dito há um minuto é história. Mas, sobretudo, condenamo-nos a não conhecer esse presente, pois somente o desenvolvimento histórico permite sopesar, e avaliar em suas relações respectivas, os elementos do presente". (Lévi-Strauss, 1970, 28). Palavras surpreendentes para um autor que tem sido acusado de construir uma antropologia aistórica (o que não deixa de ser verdade, pela perspectiva essencialmente sincrônica do conjunto de sua obra). Mas, se insisto em fragmentos pouco lembrados do pensamento desse autor, é porque desejo chamar a atenção para a história, como de resto para todas as ciências sociais — inclusive a antropologia — como uma construção analítica. Não é sem razão que, em *O Pensamento Selvagem*, Lévi-Strauss aponta o uso que Sartre, entre outros filósofos contemporâneos, faz da noção da história, ao valorizá-la "em detrimento das outras ciências humanas" e ao transformá-la numa "concepção quase mítica" (1970 c, 291). Com efeito, como se sabe, a história teve suas origens no mito e continua sendo, como aliás toda ciência que busca a formulação de modelos, uma construção do historiador quando encarada em seu sentido subjetivo (isto é, o estudo e análise do que consideramos como fatos históricos). E, pelo motivo de ser uma construção, como a ideologia política, também se situa muito próxima do mito.

3 Os documentos que trazem informações sobre a data do Círio de Vigia são livros de atas da Pia União das Filhas de Maria (de 16.2.1912 a 8.12.1915 e de 21.1.1916 a 6.5.1928) e do Apostolado da Oração (de 5.5.1916 a 5.7.1935) encontrados nos arquivos paroquiais; e um conjunto de vários livros de atas da Sociedade Beneficente 5 de Agosto, que cobrem um período de 32 anos (1908 a 1940), os únicos encontrados nos arquivos dessa sociedade. Apesar de que esses documentos foram produzidos no período em que se deu a mudança de data, como não se destinavam a tratar especificamente da festa, as referências a ela são sempre ocasionais e só permitem saber, com certeza, o seguinte: a mudança de data se deu entre 1915 e 1934, pois nas atas da Pia União o ano de 1914 é a última data com uma indicação mais clara a respeito da realização do Círio em agosto; e a primeira referência sobre o Círio realizado em setembro só aparece numa ata do

Apostolado da Oração de 7.9.1934. Um de meus informantes locais, Vidêncio Leal, homem de 82 anos, mas que ainda se mostra perfeitamente lúcido e que dirige, pessoalmente, uma das mais tradicionais casas de comércio da cidade, relatou-me que, tendo se casado em 1924, nesse ano participou do Círio, no mês de setembro, tendo o cortejo saído da ermida que se localizava na atual av. Barão do Rio Branco (antiga rua da Ermida). Sendo verdadeira essa informação, posso reduzir o período em que se deu a mudança. Por outro lado, há muitas indicações, nos documentos e nos relatos dos informantes, que fazem crer que a mudança teria ocorrido entre a segunda e a terceira década do século.

4   Durante a festa do Menino Deus de Itapuá, em dezembro de 1975, a primeira festa de santo que assisti, no município, a noitada dos pescadores foi inteiramente prejudicada pela chuva. Também na última festa de santo que assisti em Vigia, a de São Sebastião do bairro do Arapiranga, em janeiro de 1985, as chuvas, que nesse ano foram excepcionalmente intensas, prejudicaram a realização de várias cerimônias religiosas e noitadas.

5   Cuja data tradicional é 8 de setembro, dia da Natividade de Maria, mas que foi transferida para dezembro a fim de não coincidir com a festa maior do município.

6   Sendo os dois santos celebrados em conjunto, embora a padroeira seja apenas Santa Maria.

7   Aliás, não é só na região do Salgado que a festa de São Benedito se encontra associada ao Natal. Em Itá (Gurupá), no Baixo Amazonas, Galvão descreve a festa desse santo, cujo dia é celebrado a 26 de dezembro (1976, 50-53). E a mais famosa marujada na festa da São Benedito, em dezembro, que se dança no Estado do Pará, é a da cidade de Bragança, de que trata Bordalo da Silva (1959).

8   É verdade que, no município de Vigia, ocorre, em outubro, a realização de duas festas de santos padroeiros das povoações de Boa Vista da Barreta (São Sebastião) e Macapazinho da Barreta (São Pedro), além de duas outras festas de santos não padroeiros em Iteréua (São Geraldo) e Itapuá (Sagrado Coração de Jesus). Trata-se, porém, no caso dos santos padroeiros, de povoações de reduzida importância no município (Boa Vista é considerada decadente, em vias de desaparecimento; Macapazinho é um povoado muito pequeno e recente, na verdade mais um apêndice da povoação mais importante que lhe fica próxima e lhe deu o nome, Macapá da Barreta). No caso dos não padroeiros, as festas na verdade se reduzem a uma missa anual, ou, quando não é possível trazer o padre, a um simples culto ou ladainha em homenagem a esse santo promovida por seus devotos. Festas como estas, de pequena expressão, que às vezes nem mesmo se realizam todos os anos, ou mudam de data com facilidade, segundo as circunstâncias, também ocorrem em outubro em outros municípios do Salgado.

9   Um fato ocorrido em 1984, na cidade de Curuçá, serve para ilustrar a importância de não fazer coincidir as festas de santos padroeiros com festas maiores. Embora o espisódio possua outras causas e implicações, a mudança da data do Círio de Nossa Senhora do Rosário, de setembro para outubro, patrocinada pelo vigário da cidade (ouvido o conselho paroquial) provocou sérios protestos e conflitos, apesar de que a data oficial do calendário litúrgico na qual se comemora a padroeira de Curuçá seja 7 de outubro (data em que, no passado, esta santa era tradicionalmente comemorada, na mesma cidade).

10 No Carnaval de 1976, em Itapuá, o grupo que se formou trazia como atração principal uma matintapereira, isto é, um pescador assim fantasiado. O recado era claro e se dirigia a uma mulher da localidade (por sinal, tia do mesmo pescador) que, certamente por seus hábitos divergentes dos padrões comuns das mulheres locais — inclusive por seu comportamento em matéria sexual — era acusada de se transformar nessa visagem (sobre a figura da matintapereira nas crenças populares amazônicas além do que foi visto na segunda parte deste estudo, cf., entre outros, Galvão 1976, 78-79; e Figueiredo e Vergolino e Silva, 1972, 23-24).

11 Por razões climáticas, a temporada de férias, no Pará, é mais importante no mês de julho do que no início do ano, porque em julho faz mais calor e chove menos do que em janeiro e fevereiro. Há, portanto, uma diferença em relação ao centro-sul do país, onde julho é um mês de frio, pouco propício às diversões e ao ar livre, freqüência a praias etc., embora os folguedos juninos sejam comuns a todo o país, independentemente das estações.

12 Em outros municípios da região do Salgado, onde há praias melhores — Salinópolis, Marapanim e Maracanã — a freqüência de veranistas é ainda mais intensa. Curiosamente, algumas dessas praias são encantadas: Atalaia (em Salinópolis) e Maiandeua (em Maracanã). Para os veranistas, no entanto, esse fato não tem nenhuma significação.

13 Nenhum morto pode ficar sem velas acesas em suas sepulturas, mesmo as almas anônimas, pois a estas se oferecem velas junto ao cruzeiro do cemitério. Mesmo que a movimentação comece desde as primeiras horas da manhã, é sobretudo à noite que se faz a iluminação. Famílias inteiras comparecem diante dos túmulos de irmãos, pais, mães, filhos, primos, tios, netos e sobrinhos. E até quem não tem mortos enterrados lá, ali comparece para acender velas às almas anônimas. O cemitério fica todo iluminado pela luz das velas, tendo-se o cuidado de apagar as lâmpadas elétricas. Raras as flores. Mais raras ainda as coroas. No início da noite, o pároco reza a missa dos defuntos. E, depois da missa, as pessoas ainda ali permanecem até a meianoite. Nas vilas e povoações do interior que possuem cemitérios, cerimônias semelhantes acontecem. Se, na cidade, o cemitério é todo pintado e limpo previamente por conta da prefeitura, com exceção das sepulturas, que devem ser preparadas pelos donos dos mortos, no interior são os moradores que se cotizam e, eles mesmos, compram a cal e pintam as sepulturas, pois nem sempre os cemitérios têm muros.

14 Escolho, propositadamente, um missal e um autor de uma época anterior ao Concílio Vaticano II, pelas razões expostas no parágrafo anterior. As concepções mais modernas sobre a liturgia católica serão objeto de comentários nas notas seguintes. Esse missal tem um outro aspecto particular, que lhe confere importância: era adotado, até a época das reformas do Vaticano II, na paróquia de Nazaré, em Belém, tendo pertencido ao antigo vigário dessa paróquia, padre Afonso di Giorgio, barnabita que teve grande destaque em Belém (lembre-se que os barnabitas tinham a missão de exercer o controle sobre a mais importante devoção popular do Estado do Pará e, no início do século, dirigiram a formação dos sacerdotes paraenses no seminário de Belém).

15 A propósito dessa relação entre os episódios da vida de Cristo e as diversas épocas do calendário litúrgico, um autor moderno (Adam, 1983) comenta que a colocação, no início dos livros litúrgicos, do primeiro domingo do Advento, desde os séculos X-XI, "favoreceu a idéia de que o ciclo das festas cristãs pretende expor aos olhos dos fiéis todas as etapas da vida de Jesus, desde o seu nascimento até sua segunda vinda ao mundo (...)". E depois de argumentar com a citação das opiniões de dois outros autores (R. Berger e A. Hausling), concluiu: "Não há a menor dúvida de que o ano festivo da Igreja não foi concebido nesse sentido, conforme nos mostra a sua evolução histórica. Ele surgiu da semente do mistério pascal e se tornou uma grande e frondosa árvore, com muitos galhos, ramos e flores". (Adam, 1983, 34). Com efeito, também o documento oficial do Concílio Vaticano II sobre a "sagrada liturgia", no seu capítulo V, sobre o ano litúrgico, enfatiza a centralização da celebração da Páscoa para a cristandade: "Holy Mother Church is conscious that she must celebrate the saving work of her divine Spouse by devoutly recalling it on certain days throughout the course of the year. Every week, on the day which she has called the Lord's day, she keeps the memory of His resurrection. In the supreme solemnity of Easter she also makes an annual commemoration of the resurrection, along with the Lord's blessed passion". Não obstante, o documento prossegue, referindo-se à encarnação e enfatizando, no mesmo parágrafo, suas referências à história centrada no mistério da Redenção, até o fim dos tempos: "Within the cycle of a year, moreover, she unfolds the whole mystery of Christ, not only from His incarnation and birth until His ascension, but also as reflected in the day of Pentecost, and the expectation of a blessed, hope-for return of the Lord". E, depois de enfatizar a importância do culto a Maria, o documento prossegue, tratando a respeito dos santos: "The Church has also included in the annual cycle days devoted to the memory of the martyrs and the other saints (...). By celebrating the passage of these saints from earth to heaven the Church proclaims the paschal mystery as achieved in the saints who have suffered and been glorified with Christ; she proposes them to the faithful as examples who draw all to the Father through Christ, and through theis merits she pleads for God's favors". (Cf. Abbot, 1966, 167-168).

16 Adam também comenta a questão do "tempo de Pentecostes", procurando revê-la à luz dos modernos estudos de liturgia: "Em muitos países, o Pentencostes recebeu um segundo, e às vezes mesmo um terceiro dia de guarda (como o Natal e a Páscoa), e se falava em um ciclo próprio de Pentecostes. Um dos frutos, e não menor, dos estudos da história da liturgia (...), graças aos quais 'se sente claramente hoje a ligação entre o dom do Espírito Santo e a ressurreição e ascenção do Senhor,' é o fato de a Congregação dos Ritos se preocupar em vincular de novo o dia de Pentecostes mais estreitamente à Páscoa. Por isso, futuramente não haverá mais oitava de Pentecostes" (Adam, 1983, 90-91).

17 Com relação ao culto dos santos, o mesmo professor de liturgia que tenho citado nestas notas, procura fazer comentários atualizados em relação às reformas preconizadas pelo Concílio Vaticano II (cf. Adam, 1983, 195 e segs.). Prefiro porém citar apenas um trecho do principal documento conciliar, "Lumen Gentium": "Christ, having been lifted up from the earth, is drawing all men to Himself. He sent His life-giving Spirit upon His disciples and through this Spirit has established His body, the Church, as the universal sacrament of salvation. Sitting at the right hand of the Father, He is continually active in the world, leading men to the Church, and through her joining them more closely to Himself and making them partakers of His glorious life by nourishing them with His own body and blood. Therefore, the promised restoration which we are awaiting has already begun in Christ, is carried foward in the mission of the Holy Spirit, and through Him continues in the Church. There we learn through faith the meaning, too, of our temporal life, as we perform, with hope of good things to come, the task committed to us in this world by the Father, and work out our salvation. The final age of the world has already come upon us. The renovation of the world has been irrevocably decreed and in this age is already antecipated in some real way. For even now on this earth the Church is marked with a genuine though imperfect holiness. However, until there is a new heaven and a new earth where justice dwells, the pilgrim Church in her sacraments and institutions, which pertain to this present time, takes on the appearance of this passing world. She herself dwells among creatures who groan and travail in pain now and await the revelation of the sons of God". (Cf. Abbot, 1966, 79). Ora, ao celebrar os santos do catolicismo popular, mesmo o mais humilde pescador de Vigia está, certamente, reafirmando o seu pertencimento a essa "Igreja peregrina". Sobre o ano litúrgico cf. também Merton (1977, esp. 45-60), que chama atenção, entre outros, para dois pontos: todos os eventos do calendário oficial têm um sentido de atualidade da presença de Cristo na vida dos cristãos; o fato de relacionar as estações do ano não significa uma retomada de um tempo cíclico representado pelo "mito do eterno retorno", nem uma redução da liturgia a um culto da fecundidade e renascimento da natureza. A despeito da posição de Merton, como teólogo, vale refletir sobre a maneira pela qual o ensinamento erudito da Igreja oficial é transmitido, recebido e interiorizado pelas populações pertencentes às camadas populares.

18   A festa de São Brás, no calendário oficial, está marcada para o dia 3 de fevereiro, coincidindo, pois, com o Carnaval e, em alguns anos, com o sábado que antecede a Terça-Feira Gorda; quanto à de São Jorge, a 23 de abril, geralmente ocorre depois da Páscoa, mas pode, eventualmente, coincidir com a própria Sexta-Feira Santa. Com relação à festa de São José, vale notar que, em Vigia, esse santo não possui um número grande de devotos, sendo, como São Pedro, considerado padroeiro de uma categoria profissional, os operários. Em 1977, na época em que o vigário de Vigia era o padre Manfredo Knossala (1975-1979), foi feita uma comemoração de certo vulto em honra a São José Operário, no dia 19 de março, organizada pela classe dos operários e incentivada por esse pároco; no ano seguinte, porém, só se registrou, nessa data, uma pequena romaria e uma missa de ação de graças mandada celebrar por um devoto. Nesse mesmo ano também se fez uma pequena festa em honra de São José, na povoação de Santa Maria do Guarimã, mas no dia 1º de maio. Em 1979, a missa dos operários e a romaria, na cidade de Vigia, foram transferidas também para o 1º de maio (Dia do Trabalho e de São João Operário). A partir dessa data não há mais nenhum registro nos arquivos paroquiais, nem se fez celebração de vulto para esse santo.

19   Todas elas foram colhidas em setembro de 1984, quando se realizava, em Vigia, a festa da padroeira do município. Para tornar os relatos mais confiáveis, foram ouvidas outras pessoas, quando isto se tornou possível, assim como procurei, também, completá-los ou confirmá-los com o recurso a fontes históricas impressas ou fontes primárias dos arquivos de Vigia.

20   Assisti a essa festa, em junho, e também ao cortejo da barca dos pescadores, em dezembro, durante a festa do Menino Deus, em que, novamente, o São Pedro do finado Palheta foi conduzido pelos pescadores em procissão. Embora o principal informante tenha sido Bibi, pude confirmar vários pontos de sua história com pescadores e outros moradores de Itapuá, inclusive o tesoureiro da classe, de nome Gerson.

21   O principal informante foi Zizi. Escutei também, de outros informantes, basicamente a mesma história, mas é possível que eles a tenham ouvido relatar pelo próprio Zizi, sobretudo no que se refere à confecção da imagem do santo. Os aspectos mais recentes, inclusive o incêndio do oratório, são de conhecimento geral em Itapuá, o que reforça ainda mais a fama de milagroso do São Benedito do seu Zizi.

22   Essa história, relatada por Zizi, foi parcialmente confirmada por alguns antigos moradores de Itapuá.

23   Os depoimentos foram colhidos com Zizi, Alceu Souza, Vidêncio Leal (filho de Teodoro Leal) e vários moradores de Itapuá. Sobre a interdição da capela, o assunto está relatado num dos livros de tombo da paróquia (período de 1928 a 1951), mas não foi confirmado por nenhum informante de Itapuá.

24 Não é, aliás, a única povoação decadente no interior do município. Comparando-se os dados dos censos de 1970 e 1980 pode-se observar um acentuado crescimento da população urbana e um crescimento bem menor da rural: no primeiro desse anos, a população urbana era de 11.582 habitantes, enquanto a rural era de 7.679; dez anos depois, a urbana tinha passado para 16.709, enquanto a rural crescera bem menos, somando apenas 8.139. Esse processo é acompanhado de um crescimento desproporcional da população urbana do distrito da sede do município, que se concentra sobretudo na cidade de Vigia. Analisando a assunto, diz Loureiro, em seu livro já citado: "As condições adversas de desenvolvimento da pequena agricultura no município vêm sendo responsáveis pela persistente migração da população rural. Quando se compara os dados populacionais no intervalo censitário de 1970/80 do município, segundo distritos (...), observa-se que o crescimento médio geométrico anual do período foi de 1,026%, o que é muito inferior àquele apresentado pelo Estado para o mesmo período — 4,96% ao ano. Além disso, cabe destacar que as populações rurais do município cresceram a uma taxa de 1,006% ao ano, menos, portanto, que as urbanas (1,037%), sobressaindo-se no contexto o distrito de Santa Rosa da Vigia que em 1970 apresentava um contingente populacional de 1.683 pessoas no campo, o qual estava reduzido a 1.449 dez anos depois, diminuindo até mesmo em termos absolutos, tendo apresentado uma taxa de crescimento negativa no decênio (-0,098%), o que permite ressaltar a intensidade da mobilidade espacial da população, a nível dos distritos e mesmo da migração para fora da Vigia". Por outro lado, enquanto em 1970 a população rural constituía 39,86% da população total do município, estava restringida a apenas 32,75% no ano de 1980. E conclui a autora: "Assim sendo, um município onde inexiste praticamente um setor secundário e o terciário acomoda um contingente de força de trabalho incrivelmente reduzido, abrigava mais de 2/3 de sua população nas zonas urbanas, provocando fortes pressões no que concerne ao emprego e à renda". Embora a análise não se detenha no caso específico de São Benedito da Barreta, posso afirmar, porém, que esse afluxo migratório para as áreas urbanas (especialmente para a cidade de Vigia) tem contribuído para a decadência de muitas povoações do interior, cuja população se dedica à agricultura (e às vezes combina essa atividade com a pesca). Segundo a mesma autora, o processo de "expulsão de agricultores do interior do município" se explica, basicamente, pela "minifundização crescente dos estabelecimentos" e pela "baixa aplicação de capital nas culturas alimentares a que eles se dedicam". (Cf. Loureiro, 1985, 45-48).

25 Depoimentos colhidos com Abdias Beckman, Fuluca (Eufrosina Souza) e moradores de Vigia, Itapuá e São Benedito da Barreta (especialmente em Anauerá, onde se concentra um núcleo mais expressivo de moradores).

26 Essa história foi obtida numa única entrevista, com a tesoureira da festividade de Nossa Senhora do Livramento, Maria de Fátima Brabo de Souza. Dela participou a mãe de Maria de Fátima, que deu as principais informações sobre a origem da devoção. Não foi possível obter confirmação dessa história com outros informantes.

27 Depoimento de uma mulher nascida em Porto Salvo, mas moradora de Cumaru, Lolita Sarmento. Não foi possível obter confirmação dessa história.

28 Os dados históricos se encontram em Cruz (1955, 33 e 53), que não faz referência à escolha da padroeira. Os depoimentos foram colhidos com um comerciante local, Cesarino Ferreira, e com a esposa do tesoureiro atual da santa, Irene Rebelo. Não foi possível consultar outros informantes.

29 Informação obtida junto ao tesoureiro da festividade, Manoel Casimiro Leal.

30 Isto é mais ou menos óbvio, porque dificilmente poderia haver uma devoção popular a uma imagem de santo sem que alguém tornasse possível a presença da imagem na comunidade, quer através do achado ou da compra particular, por iniciativa própria, quer através da herança, ou através da compra como parte de um movimento mais geral que alguém tomasse a iniciativa de liderar.

31 Sobre o mito de origem da devoção portuguesa consultar, entre outros, Boga (1948, 13-28), Rocque (1981, 21-22) e Vianna (1904, 226-229).

32 Sobre a condição da mulher em Itapuá cf. Motta Maués (1977).

33 Em entrevistas com sacerdotes católicos que possuem grande conhecimento do interior paraense — entre eles, monsenhor Edmundo Igreja que, na arquidiocese de Belém, supervisiona e auxilia as paróquias do interior, e pessoalmente se declara devoto de São Benedito — não foi possível saber de nenhuma outra localidade paraense — além de São Benedito da Barreta — onde esse santo tenha sido adotado como padroeiro.

34 Como foi visto na primeira parte deste estudo, as informações históricas sobre a origem dos principais municípios do Salgado se encontram em Baena (1839, 1969), Braga (1915) Hurley (1938), Leite (1943), Palma Muniz (1916), Raiol (1970), assim como nos anais da Biblioteca e Arquivo Público do Pará.

35 Como Santa Rosa foi criada artificialmente, dentro do contexto de um amplo programa de colonização, e a escolha da padroeira provavelmente se vincula ao nome da colônia agrícola (que, como foi visto, era uma homenagem a um funcionário graduado do governo), seu caso constitui, de fato, uma exceção.

36 A técnica de fluxogramas para ilustrar processos de tomada de decisão foi desenvolvida inicialmente por Geoghegan (1970) e utilizada posteriormente por outros antropólogos, entre os quais Keesing (1970), num interessante artigo sobre adoção de crianças entre os Kwaio. Ela se inspira no processo usado na programação dos computadores, adotando muitas das suas convenções diagramáticas, sendo que a principal diferença consiste em que os fluxos utilizados pelos antropólogos implicam em seqüências lógicas, mas não

necessariamente seqüências temporais. O diagrama deve ser lido da esquerda para a direita, sendo numerados os rótulos (em forma de losangos) para facilitar a leitura. Cada nódulo, com exceção do primeiro, apresenta pelo menos uma entrada e duas saídas, sendo que são: uma positiva (+) e outra negativa (—), representando as respostas à pergunta neles inserida (sim ou não). O resultado final de cada seqüência corresponde a um retângulo, cada um assinalado por uma letra.

37 A contrapartida da promessa é o pacto com o diabo, em que se promete a alma em troca dos favores recebidos. Só tive conhecimento de um desses pactos, durante a pesquisa, de uma moça que o fez por causa do namorado. Mais tarde, arrependida, confessou-se com o vigário, que a repreendeu seriamente; diz agora que não suporta o rapaz.

38 Alguns exemplos servem para ilustrar diferentes motivos de promessas: em Vigia, um pescador do Norte acompanhava o Círio de Nossa Senhora de Nazaré, em 1984, com uma cera de sua altura, por ter escapado da morte diante da ameaça do encarregado de sua embarcação que, quando bebia, ameaçava matá-lo (e a toda a tripulação) com um revólver; em Santa Luzia da Barreta, há alguns anos, uma mulher fez promessa à padroeira local para curar a doença dos olhos do neto, que estava ficando cego; em 1982, um comerciante prometeu doar 10 mil cruzeiros à festa de Nossa Senhora da Penha Longa, caso conseguisse receber uma dívida; no mesmo ano, um homem, nascido em Porto Salvo, mas morando em Belém, fez promessa a Nossa Senhora de Nazaré de passar seu Círio em Vigia, caso conseguisse ganhar na loteria; há vários anos atrás, a mulher de um político influente no Estado fez promessa a Nossa Senhora da Luz de oferecer um pequeno gerador de energia elétrica à capela de Porto Salvo, caso seu marido conseguisse eleger-se.

39 Em Itapuá, em 1975, uma mulher fez promessa ao Menino Deus, pela filha doente; tendo se curado a menina, no dia da festa do santo, a mãe foi assistir à missa descalça, com a vela acesa na mão, enquanto sua filha ia do lado, também segurando uma vela acesa.

40 Em Vigia, uma mulher fez promessa a Nossa Senhora de Nazaré para afastar o vício de embriaguez do marido; obtida a graça, passou a levar a filha, até completar 10 anos, no carro dos anjos que sai durante o Círio da santa. Entrevistei-a em 1984: já era o terceiro ano que a menina cumpria a promessa da mãe.

41 Na região do Salgado não foi possível constatar a ocorrência de promessas dramáticas, envolvendo um sacrifício além das forças do promesseiro, nem com a efusão de sangue, como em outras partes do Brasil ou em Portugal. Podem ocorrer acidentes, nas procissões fluviais (que envolvem perigos de naufrágio), ou quando vão segurando a corda (durante os Círios). Não obstante, a observação de Pierre Sanchis sobre a promessa, nas romarias portu-

417

guesas, permanece válida, para o culto dos santos, no Salgado paraense. "O fenômeno da promessa constitui assim o motor permanente de criação, perpetuação, vitalidade das romarias e ele próprio alimentado no constante desafio da natureza — ao mesmo tempo fonte de vida, de bens e permanente frustração, mãe fecunda e implacável agressor — só toma forma no interior de uma economia de troca, da qual constitui o alargamento ultra-social e a projeção no plano de uma comunidade virtualmente cósmica". (Sanchis, 1983, 83-84).

42 Como ilustração, apresento alguns exemplos de "milagres" relatados por diversos imformantes no decorrer da pesquisa. Esses exemplos constituem apenas uma parte dos relatos recolhidos durante o levantamento de promessas, acima referido, em entrevistas obtidas em várias situações: nas casas dos informantes, durante as procissões e as festas dos santos, ou mesmo em conversas ocasionais. A maioria dos relatos de milagres dos santos considerados mais poderosos — Nossa Senhora de Nazaré e São Benedito — são extremamente recorrentes, sendo narrados por várias pessoas, com pequenas variações. Alguns "milagres" já foram relatados mais detalhadamente em outras partes deste estudo e mesmo neste capítulo, sendo, por isso, excluídos desta nota. Com relação a Nossa Senhora de Nazaré, dois outros milagres a ela atribuídos, são os seguintes: quando ocorreu, em Vigia, uma epidemia de varíola, a santa, aparecendo sob a forma de uma menina, evitou que pescadores sãos desembarcassem na cidade, livrando-os da doença; quando ocorreu, há muitos anos, o naufrágio da lancha "Arara", quase todos os passageiros morreram, salvando-se apenas uma mulher com sua criança, que se lembrou de invocar a proteção de Nossa Senhora de Nazaré. Quanto a São Benedito, os seguintes exemplos são também ilustrativos dos poderes do santo: quando um antigo vigário de Curuçá sofreu um acidente, ficando com os pés muito inchados, tendo prometido a São Benedito Achado acompanhar sua procissão descalço, logo ficou curado; quando uma tripulação de São Benedito, partindo de Curuçá, encontrava-se esmolando e cantando suas folias na ilha do Marajó, uns homens que estavam fazendo farinha recusaram-se a receber os foliões: já iam a uma certa distância, prosseguindo a jornada, quando viram a fumaça que subia e, logo depois, souberam, por um dos homens que foi correndo até eles, que a casa de forno incendiara-se, ficando totalmente queimada. Outros santos também devem ser considerados: na vila de Porto Salvo, um pintor descrente foi contratado para pintar a casa do dono de uma imagem de São Paulo e, sem consideração para com o santo, lambusou-o de tinta, dando a entender que o mesmo não valia nada: no dia seguinte, sua mão ficou inflamada, cheia de pus, sendo obrigado, mais tarde, a procurar hospital em Belém, para "rasgá-la" (fazer uma cirurgia); em Macapá da Barreta, um pescador saiu para o mar no dia da festa de Nossa Senhora do Livramento, não dando importância à santa e à festividade: ao sair do rio da Barreta, penetrando na baía, enfrentou um grande temporal, que obrigou a canoa a regressar à povoação. Na povoação de Itaporanga, uma mulher tinha um vício (que não quis revelar) — já tentara de tudo para deixá-lo, inutilmente: no dia da festa da padroeira, Nossa Senhora das Graças, "pegou-se" com a santa (sem fazer promessa) e, desde esse dia, nunca mais foi dominada pelo vício.

43 Sobre os aspectos canavalizantes da festa religiosa e sua ligação com o civismo, cf. Da Matta (1973b, 1979); quanto ao Círio de Nazaré, cf. Alves (1980). Com relação ao Anjo Custódio no Círio de Belém, cf. Rocque (1981, 43).

44 A barraca da santa, ou do santo, é uma espécie de bar que não pode faltar em nenhum arraial de festa religiosa popular. Ali se vendem comidas e, especialmente, bebidas, cuja renda contribui para o "lucro" da festa e deve ser empregada, sobretudo, na manutenção do culto do santo.

45 Provavelmente pelo caráter "moderno" dessa profissão; veremos adiante que também os operários de fábrica não são incluídos na classe ritual dos operários. Há um certo arcaísmo nessa classificação.

46 Numa cidade onde não existiam agências bancárias até recentemente, o sistema de "aviamento" funciona como uma espécie de crédito informal, onde um comerciante empresta dinheiro e mercadorias a outras pessoas (comerciantes ou não). Virgílio é aviador no ramo da pesca, fazendo, até há poucos anos, o aviamento de quase todos os armadores do município; não se limita a aviar armadores, mas também pescadores autônomos e outros produtores. Isso não impede, evidentemente, que outros comerciantes, armadores ou pequenos produtores (pescadores e camponeses) se utilizem de outros sistemas de crédito (recorrendo, sobretudo, a instituições como Sudepe, Banco do Brasil e BCN, cujas agências se instalaram recentemente na cidade).

47 Sobre as relações de trabalho na pesca de Vigia cf. Loureiro (1985) e Fiuza de Mello (1985).

48 Vigia foi um dos mais importantes portos paraenses por onde entrava, no passado, o contrabando feito com as Guianas, especialmente Suriname. Hoje o contrabando ainda existe, mas diminuiu muito de intensidade, no município.

49 Vale notar que dois comerciantes individualmente prestam homenagem de fogos de artifício quando a santa passa por seus estabelecimentos: o proprietário do restaurante Arapução e o da Casa Passarinho.

50 Em outros municípios, mesmo na região do Salgado, onde a orientação dos vigários é mais aberta para a promoção da justiça social, a festa é também encarada como um meio para a consecução desse fim. Em 1984, durante o Círio de Nossa Senhora do Rosário, em Curuçá, alguns acompanhantes portavam faixas, com apoio e incentivo do vigário, com os dizeres: "Pela nossa fé em Jesus, acreditamos numa nova sociedade, justa e fraterna" e "Maria, dai-nos a força e a coragem para lutarmos pela justiça", entre outras. Essa atitude progressista do vigário era mais um motivo de atrito com seus opositores leigos, que se declaravam publicamente como conservadores.

419

51 Claro está que, para os leigos, enquanto indivíduos, a festa de santo pode ter uma motivação de ordem econômica, na medida em que se pode aproveitar dela para o comércio, em barracas, bancas ou outras formas de rendimento.

52 Esses biscoitos, de fabricação caseira, representam formas humanas e de animais (mulheres, muito semelhantes às bonecas Karajá, assim como bois, jacarés, pássaros etc).

53 A expressão é tomada de empréstimo do excelente trabalho de Eidorfe Moreira sobre o Círio de Nazaré, em Belém (cf. Moreira, 1971, 5)

54 Cf. Alves (1980, 77). Devo lembrar que, em anos recentes, o "cu da festa" em Belém praticamente desapareceu, devido o controle exercido pela diretoria da festividade, trabalhando de comum acordo com a paróquia, e exercendo uma eficiente ação disciplinadora no arraial, que também o descaracterizou de seus aspectos mais tradicionais.

55 No ano de 1984 um dos jornais de Belém publicou um artigo assinado pelo arcebispo dom Alberto Ramos sobre as imagens de Nossa Senhora de Nazaré de Belém e de Vigia, o qual foi escrito a partir da leitura de um artigo publicado por José Ildone, ex-prefeito de Vigia, no jornal "Vigiense"; houve resposta posterior do ex-prefeito (cf. Ramos, 1984 e Ildone, 1984 a, b). A controvérsia dizia respeito a essa primazia, não só do Círio, como da imagem e a algumas particularidades das duas imagens (de Belém e Vigia).

56 Há alguns anos, segundo o sineiro Liberato, da matriz, um vigário mandou preencher as pequenas falhas existentes no mármore, com cimento comum, para "combater a superstição do povo". O resultado, porém, é que as marcas ficaram mais acentuadas, pelo contraste formado pela cor cinza do cimento sobre o mármore branco.

57 Não é só na Vigia que isso acontece, mas também na capital do Estado (onde porém o mito de origem não fala de passeios da santa pela cidade). Também em Curuçá, dias antes do Círio de Nossa Senhora do Rosário, a imagem da santa é levada para várias vilas e povoações do interior, até retornar, à cidade, com grande acompanhamento de fiéis. Aqui fica bem nítido o sentido de fazer a padroeira estender sua proteção a todo município. Mas o caso de Curuçá, em que ocorreu, no passado, uma forte repressão eclesiástica contra as esmolações com as imagens de santos, sugere um outro significado para o costume: seria uma forma domesticada das antigas esmolações.

58 Trata-se, na verdade, de uma "contaminação de áreas", mas, como a cada uma delas se pode atribuir um código (em razão de seus freqüentadores habituais e o que significam), creio poder invocar as idéias de Da Matta (1979, 58-59).

59 Em trabalho anterior, levanto a hipótese de que, por trás do grande movimento da Cabanagem, durante o qual os revoltosos conseguiram obter o controle quase total da província do Pará (inclusive Belém), por alguns meses, estivesse algum tipo de motivação de fundo messiânico, provavelmente ligado às crenças tão difundidas no interior sobre um possível desencantamento coletivo dos encantados (cf. Maués, 1985, 60).

60 Esta idéia foi sugerida pelo professor Ubiratan da Silva Rosário, cujo trabalho foi citado acima, num ciclo de debates sobre o Círio de Nazaré, ocorrido em Belém, de 13-18.10.86, promovido pela Fundação Cultural Tancredo Neves do governo do Estado do Pará.

61 Esta era a situação que se mantinha até o ano de 1985, quando a fase mais intensiva do trabalho de campo se encerrou, quanto ao município de Vigia. Na época das eleições de 1986, a situação política do município já mudara, pois o prefeito (do PDS) tinha ingressado no PMDB: foi eleito deputado estadual e conseguiu eleger seu candidato como prefeito (agora do PMDB). Não foi possível saber que efeitos isso produziu no tocante à Colônia de Pescadores.

62 Sobre o carimbó na Vigia e no Salgado e também sobre a liderança exercida por Tia Pé, cf. Salles e Salles (1969).

63 Aparentemente, esse processo de transformar a festividade do Menino Deus numa celebração natalina já se completou, ou está próximo de se completar, numa vila próxima a Belém, Marituba, pertencente ao município de Ananindeua, na região bragantina. O programa da festividade é impresso com mensagens assinadas pelo arcebispo de Belém e pelo vigário da paróquia, ambos enfatizando o caráter natalino da festividade; toda a programação é, também, organizada em função das celebrações litúrgicas dos festejos de Natal. Como não foi possível participar, pessoalmente, dessa festividade, não posso afirmar até que ponto os objetivos expressos no programa têm sido efetivamente alcançados.

APÊNDICE 8
A FESTA DO MENINO DEUS DE ITAPUÁ
E O PADRÃO DAS FESTAS DE SANTOS DO
INTERIOR EM VIGIA

Foi a primeira festa de santo do interior do município de Vigia de que participei, em dezembro de 1975. Alguns meses antes, a diretoria ou tesouro tinha tratado de preparar os apelos ou cartas do Menino Deus que foram distribuídos a várias pessoas para conseguir donativos. Além dos apelos do tesouro, cada classe patrocinadora das noitadas também fez seus apelos, visando angariar dinheiro para as despesas da festa, objetos variados e alimentos para serem leiloados no arraial. Nessa época, residindo em Itapuá, foi possível constatar que, alguns dias antes da festa, foram feitos reparos na ponte que permite transpor o rio Caratateua, dando acesso à ilha, assim como a estrada de terra, que com dificuldade permite a passagem de automóveis, estava sendo consertada com aterro e roçada (limpa do capim e do mato), com ajuda da Prefeitura de Vigia e colaboração espontânea de alguns moradores da povoação.

A festa começou na noite do dia 24 de dezembro, véspera, portanto, do Natal do "santo". Essa noite era patrocinada pela diretoria da festividade. Tinha sido contratada uma aparelhagem sonora, em Vigia, dispondo de um pequeno gerador, já que não existia energia elétrica em Itapuá, a qual foi instalada na "barraca do santo", uma construção de madeira, no arraial em frente da capela, toda pintada de branco, construída com tijolos e coberta com telhas de barro. O arraial estava previamente enfeitado com bandeirolas de várias cores, que tinham também a função de delimitar o espaço ritual da festa. As pessoas haviam comprado ou estavam tratando de comprar roupas novas, que seriam usadas desde o primeiro dia, ou no dia da festa (o último dia de comemorações). A festa se prolongou por 5 noites, sendo as noitadas intermediárias patrocinadas pelas "classes": no dia 25, a classe das senhoras; no dia 26, a da juventude (crianças e jovens); e, no dia 27, a dos pescadores. O dia da festa foi todo patrocinado pelo "tesouro".

As noitadas, quer as patrocinadas pelo tesouro, quer pelas classes, obedeciam todas ao mesmo padrão. Desde o início da noite o arraial já se encontrava todo iluminado com lâmpadas elétricas, a aparelhagem tocava os discos de sucesso no momento e, vez por outra, o seu proprietário falava pelo microfone, anunciando seu próprio serviço sonoro, dando algum aviso de interesse, ou dizendo alguma coisa capaz de divertir ou provocar o riso de seus ouvintes. As pessoas começavam a chegar aos poucos e, por volta de 19:30 horas, começava a novena do santo na capela, sob a direção do catequista do lugar. Enquanto isso, a barraca do santo, que funcionava como bar, já começava a receber os primeiros freqüentadores, que sentavam junto às mesas para beber cerveja e refrigerantes. Depois que terminava a novena, o movimento do arraial aumentava, com a chegada dos que estavam rezando, e de outras pessoas que só vinham mais tarde. As pessoas se "abancavam" (sentavam) no interior da barraca, ou ficavam passeando pelo arraial e consumindo mingaus, pedaços de bolo, biscoitos caseiros ou tacacá que eram vendidos por algumas mulheres da povoação, ou simplesmente conversando com amigos.

Em seguida, começava o leilão dos objetos doados ao santo ou à classe, por ocasião dos apelos: sobretudo bolos, garrafas de vinho ou "champanhe" (cidra) e galinhas assadas. Esses objetos eram colocados sobre uma mesa, bem à vista de todos, de onde o leiloeiro (um membro da diretoria da festa ou da classe patrocinadora) os retirava um a um para mostrá-los às pessoas presentes, andando por todo o arraial. Os lances começavam com uma quantia previamente fixada, o preço da banca (na época, 10 cruzeiros, equivalentes a um dia de trabalho alugado de um homem na roça) e, à medida que aumentavam, eram anunciados pelo alto-falante, pois os arrematantes diziam seus lances, em voz baixa, ao leiloeiro que os procurava e este também não gritava o pregão. Enquanto prosseguia o leilão, as pessoas continuavam bebendo na barraca do santo e se divertindo no arraial, muitos agora já dividindo com os amigos os assados, bolos e bebidas que haviam arrematado. Por volta da meia-noite, quando todos os objetos já haviam sido vendidos nesse leilão *sui generis,* as pessoas voltavam para suas casas e a noitada acabava. De alguns anos para cá os leilões, que tradicionalmente existiam em todas as festas de santos do município, inclusive na festa de Nazaré, em Vigia, e que funcionavam segundo o mesmo modelo, começaram a ser substituídos pelo jogo do bingo. Essa substituição, porém, só ocorreu de modo completo na cidade de Vigia, continuando a festa do Menino Deus, assim como outras do interior, a manter o leilão tradicional (até pelo menos 1985), embora ocasionalmente também se faça o bingo. A razão alegada para a substituição do leilão pelo bingo é que, com este novo processo, consegue-se obter mais "lucro" para o santo ou a santa.

As noitadas só diferiam na "animação", isto é, na maior ou menor freqüência de participantes (com exceção da noite dos pescadores, justamente a que se prenunciava mais animada que, por um imprevisto, quase não chegou a ocorrer). As duas primeiras noites (do tesouro e das senhoras) foram consideradas fracas, o que já era esperado. Esperava-se que a animação começasse a partir da noite da juventude, atingindo o auge no dia seguinte, na dos pescadores, para declinar um pouco na noite do dia da festa. Mas, como na noite do dia 27 desabou uma chuva torrencial e imprevista, não chegou nem mesmo a haver leilão, tendo sido distribuídos os objetos ofertados à classe entre vários pescadores, que se comprometeram a oferecer uma importância em dinheiro suficiente para evitar prejuízo total. A noite da juventude acabou sendo, assim, a mais animada e a que deu mais lucro para o tesouro do "santo". Nessa noite, como também no dia da festa, Itapuá recebeu a visita de moradores da Barreta e de Vigia, que vieram participar sobretudo dos festejos do arraial.

Mas a festa não se limitava às solenidades noturnas, novenas na capela e leilão no arraial. Os três primeiros dias, por serem úteis, eram vazios de solenidades ou festejos. A festa é sempre planejada para que os últimos dias caiam num fim de semana. Assim, na tarde do dia 27, sábado, os pescadores já haviam iniciado as solenidades de sua festa, que culminariam, pouco depois, na grande noitada que imaginavam patrocinar. Como acontece todos os anos, desde 1938, organizaram a procissão da barca dos pescadores, uma miniatura de canoa grande de pesca, minuciosamente construída, com todos os apetrechos de uma canoa de verdade: velas, cordas, rede de pesca, ferro de âncora, anzóis. Essa barca, conduzindo no seu interior uma pequena imagem de São Pedro, foi levada, com acompanhamento de músicos contratados na cidade de Vigia, e grande número de pescadores, mulheres e crianças, desde a casa do pescador que a arrematou no ano anterior, até a capela do Menino Deus, onde foi depositada ao lado direito do altar do santo. Ela ficaria na capela durante a novena noturna, para ser em seguida retirada e levada para o arraial, onde seria de novo leiloada. O pescador que tivesse a honra de arrematá-la, deveria guardar a barca, como um troféu, em sua própria residência, sendo responsável por sua conservação e pintura, para que pudesse estar pronta para participar de mais uma festa, no outro ano. Infelizmente, devido à chuva da noite, parte dessa cerimônia não foi realizada.

No dia seguinte, pela manhã, o vigário e o prefeito de Vigia vieram a Itapuá a fim de participar da festa. Inicialmente, na capela, o padre ouviu confissões e, antes de começar a missa, celebrou o casamento de dois casais do lugar, que já viviam juntos há alguns anos, com filhos pequenos. Depois da missa, em que foi feita uma pequena homilia, o padre reuniu pais e padrinhos em frente à capela, à sombra de um bacurizeiro, para celebrar o batismo de um grupo de crianças. Em seguida, quase todos se dirigiram ao campo de futebol, onde já estava começando um torneio envolvendo equipes de Itapuá, Vigia e Boa Vista da Barreta, que se prolongou até depois do meio-dia, sob um sol escaldante, completamente dissipado o mau tempo da noite anterior, tendo terminado com a vitória do time local.

Nesse dia, as donas-de-casa haviam preparado almoço de festa, com feijão, carne bovina, maniçoba, galinha e pato assados sendo consumidos na maioria das residências. O padre e o prefeito foram convidados de honra da casa do tesoureiro da festividade, o ex-pajé Olavo que, conforme foi visto na segunda parte deste trabalho, havia perdido seu poderes por ter tido as contas do maracá roubadas por um pajé mais poderoso. No fim da tarde foi a procissão, acom-

425

panhada pelo vigário: o "santo", retirado de sua capela, todo enfeitado de flores, percorreu, no seu andor, as principais ruas da povoação, estendendo suas bênçãos e proteção a todos os moradores. A festa se encerrou formalmente à noite, com a noitada do tesouro. Mas, na noite seguinte, aproveitando a presença da aparelhagem sonora, e evitando-se estrategicamente a presença do padre, que não voltaria tão cedo a Itapuá, foi promovida uma festa dançante, na casa de um dos moradores da rua principal da povoação. Esse baile é que, de fato, encerrou a festa do Menino Deus de Itapuá em 1975.

Toda festa de santo padroeiro do interior é organizada por uma diretoria, que hoje substitui as tradicionais irmandades de santos, já desaparecidas na maioria dos municípios do Salgado, em conseqüência do processo de romanização. A diretoria se compõe do presidente, secretário, tesoureiro, procurador, zelador e um certo número de auxiliares. Como quase sempre o cargo de presidente é honorífico, oferecido ao vigário, quem de fato dirige as atividades ligadas à organização da festa do santo é o tesoureiro e, por isso, a diretoria é comumente chamada de tesouro[1]. A duração das festividades do interior é variável, indo de um único dia (povoações pequenas ou decadentes e/ou festas de menor expressão) a 15 dias (caso excepcional de Juçarateua do Pereira, em que o mastro do Espírito Santo permanece levantado por todo esse tempo). Fora esse caso excepcional, as festas mais longas duram uma semana (Curuçazinho, Porto Salvo e Penha Longa), outras 5 dias (Itapuá e Santa Rosa), outras 3 dias (Boa Vista e Santa Luzia da Barreta) e outras 2 dias (km 55, Macapá da Barreta e Santa Maria do Guarimã). A maioria das festas de santos padroeiros se limita a um só dia, assim como também acontece com as festas de santos não padroeiros (que geralmente se reduzem a uma missa, culto ou ladainha, sem festa de arraial).

Como já foi visto, as classes, nas festas religiosas do município de Vigia, são grupos que expressam, no ritual, a diferenciação social por sexo, idade e profissão. Na festa maior dos vigienses (Nossa Senhora de Nazaré) elas procuram abranger todo o amplo leque dessa diferenciação. Mas, nas vilas e povoações do interior, os grupos profissionais só se manifestam, na festividade religiosa, em certas localidades onde, por alguma razão, são mais expressivos: pescadores (em Itapuá, Boa Vista da Barreta e Curuçazinho), operários e pescadores (em Porto Salvo). A maioria das festas não possui classes patrocinadoras, mas a maioria das que as possuem expressa a diferenciação por sexo (classe das senhoras, dos senhores) e por grupos de idade (crianças e jovens, ou juventude, em oposição aos adultos, que formam as outras classes). As categorias sexuais podem ser expressas através de Clubes de Mães e/ou de Pais que, funcionando permanentemente, assumem o patrocínio de uma das noitadas durante a festa do santo ou da santa. Mas as classes se organizam também com suas diretorias ou tesouros, onde a figura principal continua sendo o tesoureiro, como no caso da diretoria da festividade. O lucro apurado na noitada patrocinada pela classe, depois de pagas as despesas (aparelhagem sonora, bebidas, enfeites do arraial e da barraca do santo etc.) e de guardada uma parte para ajudar na festa do ano seguinte, será entregue ao tesouro da festividade, que o empregará em despesas de conserto, pintura e manutenção da capela. Nas festas menores, em que não há classes patrocinadoras, é somente o tesouro da festividade que assume o seu patrocínio. Nas festas maiores, o tesouro fica com a responsabilidade da primeira e da última noitada, ficando as classes com as noites intermediárias.

Existe um só padrão de festividades de santos padroeiros (e nesse padrão se inclui a própria Festa de Nazaré, na Vigia), de modo que a descrição da festa do Menino Deus, em Itapuá, é representativa do conjunto. Elas podem variar na duração, no maior ou menor número de classes (e mesmo na sua presença ou ausência), mas alguns elementos essenciais estão sempre presentes: a diretoria ou tesouro, os apelos, cartas ou esmolações (sem as antigas folias, que não mais existem), o dia da festa (único dia nas festas menores, último nas maiores), algum ato de culto na capela (de preferência a missa), a procissão em que o santo percorre as ruas principais, o futebol e a festa dançante. O futebol é realizado com um torneio entre times de diferentes localidades próximas (se possível, também algum de Vigia) que são convidados a disputá-lo com a equipe local, ocorrendo geralmente na tarde do dia da festa (o caso de Itapuá, descrito acima, foi excepcional); também pode ocorrer na tarde do primeiro dia da festividade, quando há Círio. A festa dançante, que também não deve faltar, encontra sempre alguma restrição da parte do vigário (e, às vezes por isso, excepcionalmente não se realiza)[2]. O ideal é fazê-la no sábado, véspera do dia da festa, por causa dos homens que trabalham durante a semana; mas mesmo os vigários que declaram nada ter contra os bailes em si, colocam restrições, alegando que ela prejudica o comparecimento à missa do dia seguinte. Por isso procuram-se outras soluções (como no caso de Itapuá, em 1975, em que a festa dançante ficou mesmo na noite de segunda-feira, e muitos pescadores adiaram sua partida para o mar nessa semana).

Há porém algumas particularidades de festas de santos no município que devem ser notadas: a ocorrência de mastros, a ocorrência de Círios e a romaria motorizada do km 55, em homenagem a São Cristovão. Essa romaria, de origem recente, é realizada no mês de julho, no dia de São Cristóvão no calendário litúrgico oficial (dia 25), contando com a participação de todos os motoristas profissionais da cidade de Vigia, além de proprietários de automóveis particulares, motos, e até mesmo bicicletas, em grande número. O santo é previamente transportado para a cidade de Vigia, de onde retorna para sua capela no km 55 da estrada Santa Isabel-Vigia (uma pequena povoação), conduzido triunfalmente pelos motoristas.

Os mastros, nas festas de santos, costume tradicional, como foi dito acima, já quase não mais existem no município de Vigia e hoje se limitam apenas a três. Segundo os informantes, no passado eram muito freqüentes, mas foram quase totalmente abolidos por influência de alguns vigários, que se opunham aos excessos cometidos por ocasião do levantamento e da "derruba" do mastro[3]. Até há poucos anos atrás, em 1982, ainda se levantava o mastro de Nossa Senhora da Conceição, na povoação de Curuçazinho. Esse mastro ficava de pé por um tempo excepcionalmente longo, procedendo-se o seu levantamento no início de dezembro, na época da festa da santa, só sendo derrubado no ano seguinte[4]. Em Juçarateua, como foi visto acima, o mastro do Espírito Santo permanece levantado durante 15 dias, ocorrendo sua "levantação" em maio e sua "derrubação" em junho. As datas do início e do término da festa são variáveis, não só em função da festa móvel de Pentecostes, mas também para fazê-las coincidir num fim de semana, quando será possível contar com um número maior de participantes. Durante os dias intermediários, não ocorre festa no arraial, como em outras festividades, pois as comemorações se restringem ao primeiro e último dias, com futebol, arraial, festa dançante, procissão do mastro e orações (missa, inclusive) na capela do santo.

O mastro do bairro do Amparo, na cidade de Vigia, é erguido todos os anos em novembro, em homenagem a Nossa Senhora da Conceição, sob a responsabilidade da família Santos. No ano de 1984 sua levantação se deu no dia 2 (um domingo), coincidindo com o dia do Círio da mesma santa na povoação de Curuçazinho; nessa noite, depois de erguido o mastro, ocorreu um animado baile, com entrada paga (só para os cavalheiros, pois as damas entravam gratuitamente). Nos dias subseqüentes, nada aconteceu de especial, até a sexta-feira (dia 7, véspera do dia de Nossa Senhora da Conceição), em que começou um novo baile, que se repetiu no sábado e no domingo (quando o mastro foi derrubado, com grande animação). Esta festa foi feita, como já foi notado acima, sem a presença do vigário, ou de seus auxiliares, sendo oficialmente desconhecida pela paróquia.

Em algumas vilas e povoações do interior, de uns anos para cá, tem sido introduzido o costume do Círio, à semelhança do que ocorre na Vigia, em Belém e outras cidades. Trata-se das vilas mais antigas e tradicionais de Vigia, que datam do período colonial, Penha Longa e Porto Salvo, e de uma importante povoação de pescadores, Curuçazinho. Quando, na festa de santo, se faz o Círio, seu modelo se aproxima mais ainda do da Festa de Nazaré: a festa começa com a trasladação da imagem, na véspera e, no dia seguinte, faz-se uma grande procissão matinal (o Círio), desenrolando-se, a partir daí, as outras comemorações, seguindo o padrão comum das festas de santos. Normalmente os Círios são feitos para as santas (sobretudo Nossa Senhora), enquanto os mastros são levantados para os santos (Espírito Santo, Santo Antônio, São Benedito). Mas há exceções, como vimos, no caso do mastro de Nossa Senhora da Conceição, que ainda hoje se levanta no bairro do Amparo e que, até 1982, se erguia também em Curuçazinho. Quanto a esta povoação, em 1983 o mastro foi abolido, alegando os diretores da festividade que resultava em muita "confusão e bebedeira" — provocando a oposição dos vigários — tendo sido substituído pela procissão do Círio. Outra exceção, na zona do Salgado, é o Círio de São Caetano, que se faz em agosto, em São Caetano de Odivelas, cujo território, até 1872, pertencia a Vigia, tendo sido desmembrado, nessa data, para formar um município independente. Também se levantam mastros, no Pará, em honra de Santa Rosa e, como veremos adiante, na região do Baixo Amazonas se faz um importante Círio de São Francisco, padroeiro da cidade de Monte Alegre.

NOTAS

1 Nas 24 vilas e povoações onde pesquisei as festas de santos padroeiros do município de Vigia, pude constatar que, de um total de 31 tesoureiros e extesoureiros, eles estavam distribuídos pelas seguintes profissões: 10 pequenos lavradores, nove pequenos comerciantes, cinco pescadores (dos quais, dois proprietários de pequenas embarcações de pesca e três parceiros não proprietários), dois carpinteiros, dois braçais, um embarcadiço, uma funcionária municipal (a única mulher entre os tesoureiros, servente da escola municipal) e um militar aposentado (sargento da Marinha). O número reduzido de pescadores, entre os tesoureiros, num município que se destaca por sua produção pesqueira, pode ser explicado pelo fato de que, hoje, a maioria dos pescadores se concentra na cidade de Vigia. Só encontrei pescadores, entre os tesoureiros, em Itapuá e Bom Jardim da Barreta, povoações que, juntamente com Boa Vista da Barreta e Curuçazinho, ainda abrigam um número considerável de pescadores. Esse levantamento foi feito em setembro de 1984. Sobre a pesca no município de Vigia e o processo de expulsão dos pescadores, do interior para a cidade, cf. Loureiro (1985).

2 Foi visto, na conclusão desta terceira parte, que uma das razões da mudança da data do Círio de Curuçá, em 1984, estava ligada à realização de bailes na época da festa de Nossa Senhora do Rosário.

3 Até a década de 50, como foi visto na primeira parte deste estudo, o mais tradicional e concorrido mastro do município era patrocinado pelos Barbosa, uma influente família da cidade de Vigia, que o erguia, todos os anos, em homenagem ao Divino Espírito Santo. Na época do vicariato do Cônego Faustino de Brito, ele foi abolido, sob a alegação de que provocava muitas brigas e bebedeiras.

4 Em janeiro de 1979 assisti à derrubada do mastro de Nossa Senhora da Conceição, em Curuçazinho. Fez-se uma nova festa, de um dia, para essa solenidade. À tarde houve um torneio de futebol e, quando terminou, todos se dirigiram ao arraial em frente à capela da santa, todo enfeitado de bandeirolas coloridas. Algumas mulheres vendiam "figuras", biscoitos típicos de fabricação caseira a que já me referi antes. A cerimônia da derrubada do mastro seguiu, com pequenas variações, o que já foi descrito na segunda parte deste estudo, quanto ao mastro de Santo Antônio, em São Benedito da Barreta; a diferença é que a festa fora melhor programada, com música e muita afluência de povo. Enquanto se procedia à derrubada do mastro, muitos homens jovens bebiam alegremente, num comércio das proximidades, preparando-se para a festa dançante que começaria em seguida. O vigário da época, Manfredo Knosala, nem sequer tinha sido convidado. O baile durou até a manhã seguinte, tendo ocorrido uma grande briga no seu decorrer, como já era esperado.

APÊNDICE 9
O CÍRIO E A FESTA DE NAZARÉ EM VIGIA

O visitante que chegasse à cidade de Vigia, no dia 8 de setembro de 1979, véspera da realização do Círio da padroeira, encontraria um movimento inusitado. Apesar de já conhecer Vigia há alguns anos, era a primeira vez que eu podia observar esse acontecimento. Numa pequena e calma cidade do interior, de cerca de 18 mil habitantes, onde as pessoas andam a pé ou de bicicleta, onde não há serviço regular de transporte urbano, e onde apenas se vê normalmente alguns automóveis de pessoas de maiores recursos, poucos táxis, ônibus que fazem a ligação entre Vigia e a capital do Estado, e caminhões que transportam peixe e o palmito (mais recentemente, o abacaxi) enlatado da única fábrica existente, surgiu de repente um burburinho de automóveis particulares, ônibus fazendo viagens extras, que chegavam de 15 em 15 minutos, além de ônibus fretados especialmente pelos romeiros, motos, variadas formas de transporte, e muita gente nas ruas, nas casas, nos mercados, no comércio, no porto, no "rabo da osga", no Arapucão e nos prostíbulos. Os romeiros vinham de vários pontos do Estado (especialmente dos municípios vizinhos e da capital), e mesmo de outros Estados. Os devotos das vilas e povoados do interior chegavam de ônibus, de bicicleta e, sobretudo, através do porto, em embarcações motorizadas, canoas a vela, cascos e montarias.

Ao longo dos anos, o Círio de Vigia sofreu transformações, as mais importantes das quais, segundo informam os moradores e atestam alguns poucos documentos, foram as mudanças de data e de itinerário. No início o trajeto do Círio era bem menor, saindo da Capela do Senhor dos Passos (a "igreja de pedras"), a menos de um quilômetro da matriz, para onde sempre se dirigiu. À medida que a cidade crescia, o trajeto foi sendo ampliado. Mais tarde passou a sair da Capela da Soledade, no cemitério do mesmo nome, que hoje não mais existe. Posteriormente construíram uma ermida um pouco mais adiante, especialmente para dali ter início o préstito. Foi provavelmente só na década de 30 deste século, quando foi construída a ponte ligando os bairros de Vigia e Arapiranga, que o mesmo passou a ter seu trajeto atual. No tocante à data, antes era realizado a 5 de agosto, dia de Nossa Senhora das Neves (padroeira da matriz e da cidade), mas, na primeira metade do nosso século (ninguém sabe precisar o ano), passou a ser realizado no segundo domingo de setembro[1].

Como já foi visto acima, o Círio e a festa de Nazaré, em Vigia, possuem aproximadamente as mesmas características do que ocorre a partir do segundo domingo de outubro, na capital paraense, onde também se realiza uma grande festa (a mais importante de todas) em homenagem à mesma santa. Mas há diferenças importantes. Além da diferença de data (em Vigia, o Círio precede o de Belém pelo espaço de um mês), existe a reivindicação dos vigienses a respeito da maior antiguidade do Círio de sua cidade em relação ao da capital do Estado. Intelectuais do lugar referem-se a estudos históricos consagrados para confirmar essa tese, citando autores como Antônio Baena, Domingos Raiol e Serafim Leite. Já vimos como essa tese efetivamente não se sustenta nas obras desses autores. Na véspera do Círio ocorre a trasladação da imagem de Nossa Senhora de Nazaré (na verdade, o início de todo o ritual), que durante o ano inteiro fica guardada na imponente Igreja da Mãe de Deus, para a capela de São Sebastião do Arapiranga. Este é o segundo bairro que surgiu na cidade, em sucessão cronológica, e também o segundo em importância valorativa para seus moradores. Mas, como já foi dito acima, o trajeto da trasladação, que acompanha, em sentido inverso, o percurso do Círio, com uma variação importante que parece visar uma espécie de circularidade, que só se completa no dia seguinte, com a procissão principal, acaba permitindo que a imagem da padroeira passe pela periferia de outros bairros mais novos, de tal modo a abranger, de alguma forma, o conjunto da cidade.

Na manhã do dia 9 de setembro de 1979, domingo, a cidade foi acordada bem cedo pelo som festivo dos dobrados das duas ban-

433

das de música, a 31 de Agosto e a União Vigiense. A procissão saiu da capela de São Sebastião, por volta de 8h30, precedida pelo carro dos fogos de artifício, puxado por um boi, cujo dono havia feito promessa de oferecer seu animal para essa função. Em seguida vinha a Banda 31 de Agosto, tocando dobrados e hinos religiosos, nos intervalos da outra banda mais atrás e dos cânticos e orações entoados pelos devotos. Alguns carros de som, com alto-falantes, espalhados ao longo do cortejo, comandavam essas preces. Barcas de vários tamanhos compunham boa parte do préstito, colocadas entre as duas bandas de música. Numa das barcas, montada sobre um carro com rodas de ferro (empurrada por alguns homens), vários meninos, vestidos de marujos, e os dizeres: "Homenagem dos pescadores". Em seguida, a miniatura de uma vigilenga (embarcação característica da Vigia, destinada à pesca), carregada nos ombros de pescadores, toda enfeitada com bandeirolas azuis, amarelas, cor-de-rosa, e cheia de grude de gurijuba (produto extraído do peixe do mesmo nome, exportado para fabricação de cola); tratava-se da tradicional barca "Juventude", que todos os anos sai no Círio, desde 1938. Um dos pescadores que a carregava, explicou:

> "Essa barca é uma oferta dos pescadores. Os pescadores que oferta pra santa. Na sexta-feira, véspera da festa, vai sê leiloada na barraca da santa. Quem arrematô ano passado foi o 'Prego', um pescador do Arapiranga. Ele guardô o ano passado lá. Pintô, ajeitô, botô no Círio. Este ano ela vai ficá prum pescador daqui da Vigia. Um ano fica pra Vigia, otro pro Arapiranga. É assim."

Logo depois, outra barca sobre rodas, conduzida só por mulheres, tendo em seu interior, também, vários meninos vestidos de marujos. Seguindo-se a ela, o Carro dos Milagres, uma barca maior, também montada sobre rodas (de pneumático), ocupada, ainda, por outros meninos com roupas de marinheiros, que recebiam os ex-votos oferecidos pelos promesseiros: miniaturas de embarcações e de casas, círios do tamanho de seus ofertantes, partes do corpo humano moldadas em cera e muitas outras oferendas. A Banda União Vigiense encerrava o préstito das barcas.

Logo em seguida, o Carro dos Anjos, também montado sobre rodas de pneumático, conduzindo meninas e meninos (estes em menor número) vestidos como tais, com roupas e asas brancas, azuis e cor-de-rosa. Homens e mulheres vestidos com mortalhas se misturavam pela multidão ao longo de todo o cortejo. Outros devotos, vestidos simplesmente, acompanhavam o Círio descalços. Indagando a respeito, as pessoas respondiam que estavam pagando promessas, tanto os meninos e meninas vestidos de marujos e de anjos, quanto os descalços e amortalhados, como também os que conduziam ou empurravam barcas. As mais variadas promessas. Mas um pescador, descalço, não pagava promessa: "É porque eu disse: esse ano agora eu num vô calçado, é descalço mesmo!".

Após o Carros dos Anjos, uma mulher toda vestida de branco, com a fita do Apostolado da Oração, conduzia o estandarte de Nossa Senhora, com a figura da santa pintada na bandeira; era também promessa. Essa mulher estava ladeada por duas meninas com roupas de anjo e era seguida por outras mulheres da mesma associação. E, logo depois, vinha a alegoria do Anjo do Brasil, uma menina loura, montada a cavalo, vestida de verde e amarelo, conduzindo a bandeira brasileira e destacando-se no conjunto do cortejo. Mas esse era um destaque intermediário, matizado, no intervalo, pela presença dos pescadores que se salvaram de naufrágios, pela intercessão da Virgem, usando, como diziam, "as mesmas roupas" com que naufragaram e portando, também, "as mesmas bóias" em que conseguiram segurar-se para sobreviver. Tinham o cuidado de desfilar molhados, mergulhando em um igarapé por onde passa a procissão, o mesmo que separa o bairro do Arapiranga do restante da cidade. Um dos pescadores narrou sua aventura:

> "Eu me alaguei aí fora, meia hora da madrugada, e já vinha correndo umas onze do dia e nada de alcançá uma embarcação que acudisse a gente no perigo. Aí eu me peguei, eu e meus companheiro (...). Me peguei com Deus e com ela, que caso alcançasse essa graça dela, eu havia de acompanhá o Círio molhado, trazendo uma bóia, como eu tinha ela na mão. Na hora que eu me alaguei, nós pegamos uma bóia cada um. Então, até o

tempo que eu fosse vivo e pudesse, eu cumpria o Círio molhado e trazendo a bóia na mão, pra cumpri durante a minha vida".

O destaque principal do cortejo era a própria santa na sua berlinda, enfeitada com uma profusão de flores. Ela vinha protegida pela corda, que a circundava, segura nas mãos de promesseiros descalços, homens e mulheres, separando o espaço ritual que constituía o núcleo da procissão. No interior da corda, em frente à berlinda, desfilava o padre de Castanhal (o pároco de Vigia, Manfredo Knosala, estava ausente) que dirigia o préstito, precedido pelos acólitos e acompanhado pelo diácono (um comerciante local) e algumas freiras. Seguiam-se os políticos e as autoridades laicas (o prefeito da cidade, dois deputados estaduais e um federal, este representando o governador do Estado) e outras pessoas gradas, que tiveram o privilégio de ali estar, por razões de prestígio. A berlinda vinha no centro desse conjunto de pessoas de maior destaque. Entrevistado na ocasião, um deputado estadual declarou:

> "O Círio de Nossa Senhora de Nazaré da Vigia é um Círio que realmente atrai os romeiros de todas as partes do Estado, é um dos Círios mais antigos do Estado, muito mais antigo do que o Círio de Nossa Senhora de Nazaré em Belém. Então eu acho que, daí, a razão do afluxo de romeiros a Vigia. Ele representa para a população vigiense uma grande festa e um misto de religião e, ao mesmo tempo, lazer; um lazer sadio, e um ato religioso de extrema espiritualidade. Tenho 37 anos de idade, nasci na Vigia, me criei na Vigia e cultivo esta tradição conscientemente há 25 anos. Sempre foi assim. É realmente uma demonstração de fé, no meu entendimento."

Fechando o cortejo, uma multidão heterogênea, que acompanhava o Círio, numa posição mais modesta, contrita ou descontraída, alguns rezando ou cantando, outros conversando, animadamente, fumando, namorando, ou se divertindo de outras maneiras. Além desses, aqueles que se colocavam no caminho, para ver o Círio passar. E muitas pessoas nos bares, nas baiúcas, nas mercearias, bebendo entre amigos, enquanto também uma multidão se deixava ficar no largo da matriz (o arraial), esperando a santa chegar. Quando o cortejo chegou em frente à Igreja da Mãe de Deus, o sacerdote retirou a santa da berlinda e, com ela nas mãos, deu a bênção ao povo. A imagem foi conduzida para o interior da igreja, onde o padre celebrou a missa diante de uma grande multidão. Alguns participavam da celebração, mas outros estavam mais interessados em chegar perto da imagem, colocada num nicho, do lado esquerdo do altar, enquanto a berlinda, ainda enfeitada com as flores, ficava à direita; os devotos que, contritos, chegavam junto à santa, ajoelhados, rezavam visivelmente emocionados. Ao terminar a missa, muitos ainda ficaram no interior da igreja, com a finalidade de trocar (comprar) algumas flores que enfeitavam a berlinda. Uma mulher do interior explicava suas razões:

> "Pra mim relembrá que huje estive aqui, com a Mamãe Velha (Nossa Senhora de Nazaré). Pra recordá. Então eu num cheguei a acompanhá Ela desde que Ela saiu dacolá, mas eu cheguei até aqui perto do andor, vendo se eu alcançava alguma coisa. Justo eu alcancei este ramo de flor; vou levá de lembrança".

Outra, também do interior, dizia:

> "Pra mim guardá na minha casa, quando eu estivé doente, colocá na água, tomá essa água, com fé em Deus, Nossa Senhora".

E mais uma mulher, moradora de Belém:

> "Vou levá pra casa, pra imagem de Nossa Senhora que eu tenho lá. Presente da Nossa Senhora pra imagem dela. Presente da Nossa Senhora da Vigia pra Nossa Senhora de lá da minha casa".

Terminada a missa, por volta do meio-dia, as pessoas voltaram para suas casas a fim de participar do almoço do Círio. Nas mais abastadas, tratava-se de um lauto almoço, com maniçoba, pato no tucupi, doces, pudins e bebidas variadas; nas mais humildes, pelo menos o peixe do cotidiano era abolido, procurando-se matar uma galinha, se possível, para comê-la assada. Depois do descanso da tarde, no início da noite o arraial começou a se encher de devotos e romeiros, sobretudo os que vinham de longe, e do interior do município. Era o início das noitadas que deveriam se prolongar pelas duas semanas subseqüentes.

Para compreender o Círio de Nossa Senhora de Nazaré, em Vigia, torna-se necessário buscar alguns elementos de informação histórica sobre a origem dessa procissão. O Círio é uma procissão especial, como foi visto acima, que não aparece em todas as festas de santos. Sua origem se liga aos círios que se faziam em Portugal, já no século XVIII, que no entanto apresentam mais um caráter de espetáculo, organizado por corporações religiosas que, em setembro, durante a festa anual da santa, acorrem à vila de Nazaré. Na ocasião do desfile dos círios, o povo se ajunta para apreciar sua passagem, os sinos repicam e estouram foguetes (cf. Boga, 1948, 51-52). Embora a devoção a Nossa Senhora de Nazaré tenha começado no século XVII, na antiga povoação de Vigia, como já foi visto na primeira parte deste estudo, não há elementos de informação histórica para se afirmar que o primeiro Círio de Nazaré tenha sido feito ali. O primeiro Círio de que se tem notícia, no Brasil, foi realizado em Belém, em setembro de 1793, tendo sido organizado pelo então governador do Estado do Grão-Pará e Maranhão, Francisco de Sousa Coutinho[2]. Antes dessa data, de fato, a imagem da santa já era festejada em Belém, sem ter, porém, caráter oficial, pois sua devoção se formara desde o início do século XVIII, em torno da ermida construída por um dono de santo chamado Plácido, que vivia na estrada do Utinga, próximo ao igarapé Murutucu, que distava poucos quilômetros da cidade.

Tendo sido solicitada, por dois bispos sucessivos, permissão à rainha de Portugal e ao papa, para a realização de uma festa pública em homenagem à santa, a mesma só foi concedida em 1790, quando Plácido não mais existia, mas a devoção havia se ampliado ainda mais, com apoio da Igreja e do Estado, estando a Irmandade de Nossa Senhora de Nazaré, que já se constituíra, sob a direção de um devoto chamado Antônio Agostinho. Só três anos depois de concedida a permissão é que o governador do Estado, seguindo a data tradicional das festividades em Portugal, determinou que, em setembro, se organizasse uma feira de produtos regionais para funcionar no arraial que se formara em frente à ermida de Nossa Senhora de Nazaré. Na noite do dia 7, o governador foi, pessoalmente, buscar a imagem para ser trasladada até a capela do Palácio do Governo, de onde, no dia seguinte, saiu a procissão de volta para sua ermida, seguindo-se a festa nos dias seguintes.

O primeiro Círio, realizado em Belém, já revivia a lenda que se formara em torno do "achado" da santa. Tal como na lenda a respeito da imagem de Nossa Senhora de Nazaré, em Portugal, que durante muito tempo teria ficado perdida numa gruta, tendo sido achada, no século XII, por uns pastores, também a imagem cultuada em Belém, "cópia fiel" da que se encontra na aldeia portuguesa de Nazaré (segundo a tradição paraense), foi encontrada por um pobre caboclo, depois de estar perdida na mata. Esse caboclo (Plácido) levou-a para sua casa, mas, no dia seguinte, a santa havia voltado, por seus próprios meios, a seu lugar primitivo. Isso se repetiu várias vezes, até que o governador da época (a lenda não esclarece o seu nome) mandou que a imagem fosse levada para o Palácio do Governo, sendo guardada pelos soldados, que passaram a noite em vigília, para impedir que alguém ali penetrasse ou de lá saísse. Mas, no dia seguinte, a santa foi de novo encontrada no lugar onde tinha sido achada por Plácido, com gotas de orvalho e carrapichos presos a seu manto, numa "prova" da longa caminhada através da estrada: a santa "viva" novamente se locomovera por seus próprios meios. Por isso, ali foi erguida sua ermida. Por isso, também, no primeiro Círio, a imagem foi levada para a capela do palácio, na trasladação da véspera, refazendo seu caminho lendário no dia seguinte, até o local do primitivo achado.

O Círio de 1793 foi acompanhado, além da população civil, de Belém e do interior do Estado, por quase 2 mil soldados. Participavam, ainda, do cortejo, os vereadores da Câmara, o governador Francisco de Sousa Coutinho e o vigário-geral, arcipreste José Monteiro de Noronha, no governo interino da diocese, em virtude do recente afastamento do bispo, que viajara para Portugal. À frente desfilava um esquadrão de cavalaria, com seus clarins, anunciando ao povo a aproximação do cortejo. Ao centro, fidalgos a cavalo formavam alas, entre as quais desfilavam as grandes damas locais, sentadas nas almofadas de seus palanquins. A imagem da santa era transportada no colo do arcipreste Noronha, em um carro puxado por juntas de bois, como se fazia em Portugal. Quando o cortejo chegou à ermida da santa, o arcipreste rezou missa, após o que o governador do Estado inaugurou a feira que mandara montar no arraial. Foi também lançada, solenemente, a pedra fundamental da igreja de pedra e cal que deveria ser erguida no lugar da ermida, sob a responsabilidade da Irmandade de Nossa Senhora de Nazaré[3].

Como aconteceu com o Círio de Vigia, o de Belém, ao longo dos anos, sofreu também diversas modificações, quanto à data e ao horário de realização, embora seu itinerário tenha se mantido mais ou menos sem alterações; outras modificações ocorreram também quanto à organização do cortejo e muitos acréscimos surgiram, ao longo do tempo, a ele se acrescentando diversos elementos novos e alegorias. É bastante provável, embora não se disponha de informações de caráter histórico, que as modificações e acréscimos introduzidos no Círio da capital do Estado tenham exercido influência na estrutura e organização do Círio de Vigia e, mesmo, que este tenha surgido a partir de uma influência cultural do Círio de Belém, como mais tarde passaram a proliferar os Círios por várias cidades, vilas e povoações do interior do Estado.

A procissão que recebe o nome de Círio, no Brasil (pois hoje já transcende os limites do Estado do Pará), apresenta duas características fundamentais, que a distinguem das demais procissões em honra dos santos. Em primeiro lugar, mesmo que ela não se faça para santos "achados", trata-se de uma procissão que se divide em duas, na verdade: a trasladação da imagem, da capela ou da igreja onde permanece usualmente, à luz de velas (círios); e a procissão principal, o Círio propriamente dito, no dia seguinte, geralmente pela manhã, à luz do dia (sem que os círios sejam acesos, embora algumas pessoas os levem, como promessa). Em segundo, trata-se de uma procissão que, ao contrário das demais, inaugura, ao invés de encerrar, a festa do santo. Além disso, o Círio possui uma estrutura e alguns elementos (essenciais ou não) que também o caracterizam. Mesmo Círios de pequena expressão, como o da povoação de Curuçazinho, no interior do município de Vigia, não deixam de ter as duas características acima apontadas e a sua estrutura de Círio, embora possam faltar muitos elementos que, no entanto, seus organizadores têm sempre em mente, e procuram introduzi-los, com o passar do tempo, na medida das possibilidades.

Já foi examinada, acima, a estrutura organizacional dos Círios, detectada por Alves (1980) no Círio de Belém, onde ela se manifesta com todos os seus elementos. Círios de menor expressão, como o de Curuçazinho, embora possuam basicamente a mesma estrutura, ela no entanto se manifesta de forma empobrecida, com a ausência de certos elementos importantes, como a corda. O núcleo estruturado não apresenta, assim, uma delimitação rígida, concentrando-se, porém, em torno da berlinda, por não existir o segmento intermediário ou liminar dos que seguram a corda. Um fato, porém, ocorrido no Círio de Nossa Senhora da Conceição, nessa mesma povoação, em dezembro de 1984, serve para demonstrar como o espaço ritual em torno da berlinda da santa não é totalmente livre, sem fronteiras. Nele desfilavam, nesse ano, um ministro da eucaristia vindo de Vigia, com sua esposa, o prefeito e o vice-prefeito do município, os catequistas da povoação, os membros da diretoria da festividade, além de outras pessoas de menor destaque; vários pescadores se revezavam carregando, nos ombros, a berlinda. Num dado momento, quando um bêbado muito conhecido no lugar tentou se aproximar da santa, foi ostensiva e violentamente contido por um membro da diretoria. Mais tarde se comentava que, se a diretoria já tivesse providenciado uma corda para o préstito, tal incidente teria sido evitado.

Quanto aos Círios fluviais, que se realizam também em vários municípios do Estado, tomo como exemplo a descrição feita pelo escritor paraense Sílvio Meira, do Círio de São Francisco, em Monte

Alegre (região do Baixo Amazonas). Embora se trate de uma obra de ficção, ela retrata, com fidelidade, a estrutura desse tipo de Círio:

"Domingo à tarde. Durante todo o dia surgem pessoas de todos os lados. Caboclos que viajam de canoas, vieram de longe. Outros a pé ou a cavalo, pelo campo, alguns vêm das colônias. Muitos não participam da trasladação, mas ali se fazem presentes, prontos para levar a imagem de volta a Monte Alegre, por água. Por toda a manhã a igreja de N. S. do Livramento, sempre aberta, recebe os fiéis. No cair da tarde começa o verdadeiro Círio. Centenas de embarcações no rio Gurupatuba, atracadas no trapiche ou acostadas no barranco, aguardam a imagem, conduzida em andor, no ombro dos caboclos. Na frente, a diretoria dos festejos, as autoridades, o padre. A trasladação se fizera por terra, a volta será pelo rio, aproveitando a correnteza das águas em direção a Monte Alegre (...). Seis horas da tarde. O crepúsculo faz descer as primeiras sombras da noite. A embarcação principal, em que irá a imagem do santo, já se acha a postos. Nela têm ingresso o padre Klauss e as autoridades (...). Centenas de embarcações de todos os portes, surgem, todos querendo ficar mais perto da imagem, numa competição em que saem vitoriosos os mais expeditos. Em todos os barcos, alguns a motor, outros a remo, fiéis colocam sobre as águas barquinhas de boieiras, com velas acesas. As velas correspondem a promessas feitas durante o ano. Logo mais centenas de velas acesas deslizam sobre as águas (...). Logo depois da embarcação principal, outra conduz religiosas e convidados. Uma canoa vai repleta de foguetes e fogueteiros, outra conduz os ex-votos, braços, pernas, cabeças de cera; corpos de crianças moldados em massa. Alguns carregam miniaturas de casas, de barcos, de animais, ou ferramentas, de acordo com o tipo de promessa feita. Os que se salvaram de naufrágio em geral trazem barcos ou navios de madeira, de cortiça ou miriti; um outro leva caminhão pequeno, sinal de que se salvou de desastre rodoviário (...)" (Meira, 1984, 311-313).

Percebe-se facilmente que, mesmo no Círio fluvial, o núcleo estruturado está presente, o que aliás é comum a todas as procissões de santos. A corda não é, pois, um elemento essencial na estrutura organizacional do Círio, mesmo porque seria impossível mantê-la, no caso dos Círios fluviais, sendo, ademais, inteiramente desnecessária, já que a própria embarcação principal, onde vai o santo, não pode ser facilmente transposta por elementos indesejáveis. Por outro lado, no Círio de São Francisco, em Monte Alegre, esse núcleo se apresenta como que bipartido, pois, no barco em que vai o santo, só têm ingresso o sacerdote e as autoridades (além de uma família local de muito prestígio, que se integra ao corpo das autoridades), desfilando, logo depois, uma outra embarcação com religiosas e convidados (Meira, 1984, 313). A mesma transformação na estrutura do ritual já pode ser observada, no Círio de Belém, desde há alguns anos, com a criação de mais uma corda: na primeira, onde vai a berlinda, seguem as autoridades eclesiásticas e o clero em geral; na segunda, as autoridades laicas e os convidados. Mas o Círio fluvial ainda apresenta elementos que — embora não essenciais no cortejo, pois estão ausentes em outros Círios — também servem para caracterizar essa procisão e distingui-la de outras, comuns: uma canoa com foguetes e fogueteiros (o Carros dos Fogos, nos Círios terrestres) e outra com ex-votos (o Carro dos Milagres).

Posso agora voltar à análise dos Círios terrestres em geral e, mais particularmente, do Círio de Vigia, tomando o de Belém como uma espécie de contraponto deste, examinando os elementos que os caracterizam como Círios. Nesta análise se deve destacar a presença de vários elementos que combinam, numa mesma festa, a carnavalização, o civismo e a devoção, pois se trata de aspectos essenciais de uma representação simbólica do conjunto da sociedade brasileira, pensada através da ótica do ritual, na concepção feliz de Da Matta (1979, 35 e segs.). Com efeito, muitos dos elementos que compõem os Círios se apresentam, na verdade, como autênticos carros alegóricos, semelhantes aos que desfilam no Carnaval, embora a denominação não seja usada pelos atores, que às vezes falam, simplesmente, em "alegorias"[4].

O Carro dos Fogos. Quanto a Belém, o primeiro Círio, como vimos, era precedido pelos clarins da cavalaria, que anunciavam o préstito. Não há referências históricas sobre a origem dos fogos no cortejo, mas muito provavelmente eles são mais antigos do que a alegoria do castelo medieval, que passou mais tarde a ser o Carro dos Fogos, em substituição ao clarins da cavalaria. Tanto os clarins, como os fogos, têm a finalidade explícita de anunciar ao povo, que a aguarda, a aproximação da romaria e, ao mesmo tempo, servir de guia aos que conduzem a berlinda, quanto ao adiantamento da vanguarda da procissão. É também uma espécie de abre-alas ou comissão de frente (se fizermos analogia com os préstitos carnavalescos, o que não aflora, porém, à consciência dos atores).

O Carro dos Fogos foi introduzido, em Belém, no ano de 1826, pelo presidente da província do Pará, Félix Pereira Burgos (cf. Rocque, 1981, 42). Recentemente, sob a alegação de que os fogos de artifício causavam muitos acidentes, a diretoria da festividade resolver suprimir o Carro dos Fogos, em Belém, voltando-se ao costume introduzido pelo primeiro Círio, passando-se a anunciar o cortejo com toques de clarins, só que agora não mais por militares e, sim, por integrantes de uma fanfarra pertencente a uma escola de segundo grau da cidade. Quanto a Vigia, o Carro dos Fogos, puxado por um boi, continua sendo mantido, apesar de uma certa oposição da parte dos vigários. Não há referências históricas sobre sua introdução, como também não existem sobre o primeiro Círio da cidade. Outros Círios menores, como o de Curuçazinho, e mesmo de maior porte, como o de Nossa Senhora do Rosário, em Colares, não apresentam o Carro dos Fogos, mas os foguetes estão presentes. Pode-se perceber que, embora o Carro dos Fogos seja um elemento característico dos Círios — ele não existe em outras procissões — não se trata de elemento essencial, podendo ser abolido ou estar ausente; para cumprir as funções de anúncio ou orientação, os próprios fogos não são essenciais, podendo ser substituídos por clarins, como no caso de Belém. Mas a presença dos fogos de artifício, durante os Círios — mesmo o de Belém, onde o carro foi abolido — é algo essencial, faz parte da festa do santo ou da santa e, mesmo que os sacerdotes se oponham a eles, certamente não estarão ausentes.

As barcas, a marujada e os pescadores promesseiros. A origem das numerosas barcas e das crianças vestidas de marinheiros, que acompanham o Círio de Belém, está ligada, de um lado, ao fato de que Nossa Senhora de Nazaré, desde Portugal, é uma espécie de santa protetora dos homens do mar, tendo sua devoção se desenvolvido numa aldeia de pescadores; de outro lado, no caso mais específico, ao milagre de 1846, quando 12 náufragos do brigue português "São João Batista", que se dirigia de Belém a Lisboa, conseguiram salvar-se graças à intervenção da Virgem. Esses náufragos usaram o mesmo escaler onde, alguns anos antes, a imagem da santa tinha sido transportada, quando foi enviada a Portugal para ser, novamente, encarnada.

Consta que os náufragos, no perigo, lembraram-se dos poderes de Nossa Senhora e prometeram que, se conseguissem voltar a Belém, transportariam o escaler durante a procissão do Círio. Tendo obtido a salvação, não puderam cumprir a promessa por inteiro, pois encontraram restrições da parte do governador da província e do bispo do Pará, que os desaconselhavam a levar o escaler no Círio. A embarcação foi levada para a ermida de Nazaré, onde ficou em exposição. Pouco depois, uma epidemia de cólera se alastrou na cidade e muitos atribuíram o fato a um castigo da santa. Por isso, em 1855, o escaler passou a ser conduzido, todos os anos, no Círio, com 12 meninos vestidos de marinheiros, simbolizando os náufragos do brigue "São João Batista". Essa foi a origem da marujada no Círio de Belém. Mais tarde, o escaler foi substituído pela miniatura do brigue "São João Batista" e, com o passar do tempo, outras barcas foram sendo introduzidas[5]. No caso de Vigia, existe a tradição do naufrágio da lancha "Arara", que há muitos anos se dirigia a essa cidade, transportando romeiros. Um de meus informantes, o sineiro Liberato, da matriz de Vigia, assim contou essa história:

"A lancha 'Arara', que alagou-se ali, na foz do Bituba. Chamava-se o Carderão, alagô-se lá. Aonde veio o frei, que morreu. Quem contava isso era os antigo (...). Vieram passá o Círio aqui, quando chegaram lá, naufragaram. Tinha a fotografia, tinha gente que tinha a fotografia; só se salvô uma criança com uma senhora, em cima duma mesa que tinha, na lancha. Ela dobrô de perna pra cima e lá salvaram. E os otros, alguns morreram."[6]

Em 1938, segundo depoimento de vários informantes, foi construída a barca "Juventude", a miniatura da vigilenga que ainda hoje é conduzida pelos pescadores, no Círio de Vigia. Essa barca tem um sentido simbólico muito importante, na festa, para a classe dos pescadores, como já foi examinado acima. Há uma controvérsia sobre se a "Juventude" que hoje desfila no Círio é a mesma que foi construída em 1938, pois conta-se que ela teria sido vendida a uns americanos que estiveram na cidade há alguns anos. Segundo, porém, o presidente da colônia dos pescadores, os americanos levaram, de fato, uma réplica da barca original. De qualquer forma, a classe dos pescadores é muito ciosa de sua participação no préstito, manifestando-se essa participação não só pela barca "Juventude", mas também pelas demais barcas que os pescadores ofertam ou ajudam a transportar durante o Círio. Outra forma de participação é a presença conspícua de pescadores promesseiros, à frente da corda da berlinda, molhados e transportando as bóias (mesmo que não tenham se salvado com elas), simbolizando os naufrágios que sofreram e o milagre de sua salvação pela Virgem de Nazaré. Quanto a esses pescadores promesseiros, elemento original que não se encontra no Círio de Belém, ainda que as roupas e bóias que usam no cortejo não sejam autênticas, o fato de enfatizar que se trata das "mesmas" com que escaparam do naufrágio, constitui uma forma de acentuar ainda mais o simbolismo de seu gesto[7]. É possível, assim, que a presença das numerosas barcas — cujo número, forma e disposição varia um pouco, de ano para ano — e dos meninos vestidos de marujos, no Círio de Vigia, esteja ligado tanto ao simbolismo do Círio de Belém (as barcas e a marujada), quanto ao nau-

446

frágio da lancha "Arara", quanto ao desejo dos pescadores de, como classe importante do município, homenagear a sua "mãe velha" (Nossa Senhora de Nazaré), a santa a que estão especialmente ligados por laços míticos e afetivos[8].

O *Carro dos Milagres*. Trata-se, provavelmente, da alegoria mais antiga do Círio de Belém, tendo sido introduzido no préstito de 1805, por recomendação da rainha de Portugal, dona Maria I, para lembrar o "primeiro milagre autêntico" da Virgem, envolvendo o fidalgo dom Fuas Roupinho (cf. Rocque, 1981, 42). Esse carro inspirou conhecido conto da literatura paraense, em que o autor, Benedicto Monteiro, assim o descreve, nas palavras de seu personagem, um promesseiro do interior, que se salvou de um naufrágio:

> "O Carro, a modo, representava um barco. O Tinhoso, o Demo, estava figurado em forma de veado. Um cavaleiro correndo atrás do cujo, freava o animal no espaço, cai-não-cai no precipício. A Santa aparecia meia pregada no céu, entre raios de ouro luzindo no estandarte. E queria porque queria salvar o cavaleiro de cair no abismo. Abismo que também figurava como água, água que era mar, que era rio, que era igarapé, tendo uma canoa em terrível perigo de se afundar." (Monteiro, 1975, 20).

Essa descrição consegue captar, de maneira admirável, aquilo que a alegoria busca transmitir aos devotos em geral, mas especialmente aos homens do povo mais simples: a proteção da Virgem contra o mal (simbolizado pelo demônio, na figura de um veado), que se estende tanto àqueles que estão em terra, como aos que estão no mar, mas especialmente aos que estão em risco de se afundar nas profundezas das águas. Não é por acaso que o Carro dos Milagres, mesmo nos Círios terrestres, sendo um carro sobre rodas, tem a forma de uma embarcação[9].

Também em Vigia o Carros dos Milagres é uma barca, com meninos vestidos de marinheiro, que recebem os ex-votos dos fiéis, como vimos acima. Até há alguns anos atrás ele também trazia, como o de Belém, a alegoria do milagre de dom Fuas Roupinho; tendo a mesma se estragado, já em 1979, quando assisti pela primeira vez o Círio dessa cidade, não mais saía a alegoria. Ultimamente, os membros da diretoria da festa e a população em geral lamentam a sua inexistência, dizendo que, urgentemente, deve ser providenciada a confecção de uma nova alegoria para substituir a que se estragou. Esta lamentação retrata uma atitude comum presente nos Círios, de modo geral: seus elementos característicos, embora não essenciais, são necessários para que aquele Círio seja completo e, por isso mesmo, em Círios menores, como o já citado de Curuçazinho, onde, em 1984, só saiu um menino e uma menina, vestidos, respectivamente, de marinheiro e de anjo, a população e os responsáveis pela festa prometem que, no ano seguinte, serão providenciadas mais alegorias e os carros que estão faltando.

Sendo o Carro dos Milagres uma barca que recolhe os ex-votos, tanto no Círio de Belém, como no de Vigia, não obstante, as numerosas outras barcas que compõem o préstito também recolhem promessas. Muitos devotos, porém, fazem questão de levar pessoalmente suas promessas à igreja, como que a entregá-las diretamente na "casa" da santa, à própria santa.

O Carro dos Anjos e o Anjo do Brasil. Em Belém, antes da realização do primeiro Círio, com patrocínio oficial, as grandes procissões da cidade eram as de Corpus Christi, Santa Isabel e do Anjo Custódio, custeadas pela Câmara e possuindo um caráter de "festas reais" (cf. Barata, 1973, 173; e Moreira, 1971, 14). Tendo sido mais tarde abolidas as duas últimas procissões, em 1855 foi introduzida, no Círio, uma alegoria que hoje não mais existe — a do Anjo Custódio, ou Anjo da Guarda — representado por uma menina montada num cavalo branco, ladeada por dois outros cavalos guiados por pajens vestidos à romana, provavelmente uma reminiscência da antiga procissão já extinta (cf. Rocque, 1981, 43). É possível supor que, no Círio de Vigia, a figura do Anjo Custódio tenha sofrido uma transformação que, hoje, no ritual, se manifesta como a alegoria do Anjo do Brasil.

Vários autores têm chamado atenção para elementos carnavalizantes que estão presentes no Círio de Belém, a começar por Dalcídio Jurandir, que cunhou a expressão "carnaval devoto", repetida depois por Eidorfe Moreira e Isidoro Alves. Esses elementos não estão ausentes do Círio de Vigia, mas este — como outros do interior do Estado — coloca também em evidência o civismo, de uma forma diferente do que ocorre em outros rituais religiosos e procissões comuns (não Círios), ao simbolizá-lo na figura do anjo que não se apresenta vestido de anjo, mas com roupas verde-amarelas, na figura de uma menina montada a cavalo, numa área da Amazônia onde o uso do cavalo é extraordinário. Durante o Círio de 1984 foi possível entrevistar alguns romeiros sobre o significado dessa alegoria:

"Quero dizê que o Anjo do Brasil significa como um anjo, um anjo de Deus que acompanha o Círio (...). Quer dizê que se pode compará com um anjo de Deus, mas vestido como, representando o Brasil, né? Quer dizer que representa o anjo, mas é o Brasil, porque é verde e amarelo." (Jovem pescador do bairro do Arapiranga).

"Eu, desde que me entendi, já tô com 65 anos, já conheci nesta procissão do Círio o Anjo do Brasil, né? Agora quero crer eu, pelo pavilhão que ele empunha, que representa a presença de todos os brasileiros no momento, né?" (Funcionário público estadual, morador de Vigia).

Esse segundo informante, respondendo à pergunta sobre o que representa o Círio de Vigia, diz:

"O Círio é uma união, né? Tenho eu esse entendimento. É uma sociedade, é uma união de todos os vigienses, de todos os paraenses, e de outros Estados também, né? Aliás, de todos nós, brasileiros. Porque aqueles que não estão aqui, mas, pelo ronome que já tem, de longe, também, pela festa, fazem parte, né?"[10]

Por outro lado, a metáfora da "virgem" no cavalo, com as cores da bandeira brasileira, e com o destaque que possui no cortejo, poderia até ser vista como uma representação simbólica da própria santa, que não é somente a dos vigienses e paraenses, mas a de toda a nação brasileira. A santa estaria ali não só recebendo a homenagem de todo o nosso povo, mas também estendendo sua proteção a todos os brasileiros. Trata-se, pois, de um símbolo polissêmico, com múltiplos significados.

No Círio de Belém, como no de Vigia, encontra-se uma profusão de crianças vestidas de anjos, espalhadas ao longo do cortejo e, também, concentradas numa alegoria especial, o Carro dos Anjos. São crianças, geralmente pagando promessas feitas pelos pais, caracterizadas por um detalhe importante, isto é, só podem se vestir de anjos as consideradas ainda como "anjos", categoria na qual se incluem aquelas que "ainda não perderam a inocência" (aproximadamente até os 10 anos de idade), pois, se morrerem, irão compor a "corte celeste", na condição de "anjinhos". O simbolismo é evidente: essas crianças, com a pureza dos serafins, representariam a própria corte celeste, descendo à terra, para acompanhar a padroeira que, também descendo para o meio do povo, veio se misturar a ele, na grande homenagem que lhe é prestada.

A corda e a berlinda. Nos primeiros Círios realizados em Belém a imagem da santa era conduzida ao colo dos bispos, sendo mais tarde introduzida a berlinda (um andor envidraçado, semelhante a uma liteira dos tempos coloniais), que era transportada num carro puxado por junta de bois (cf. Vianna, 1904, 237). Quando o Círio percorria a área do Ver-o-Peso, havia dificuldade para esse carro passar, em certos anos, por causa da água que transbordava da baía, inundando e enlameado o percurso (nessa época, ainda não se fizera a construção do cais da cidade). Por isso surgiu a idéia, em 1855, de passar uma grande corda em volta dela, para que o povo pudesse ajudar a puxá-la, a fim de que transpusesse mais facilmente o atoleiro; só 13 anos depois é que a corda foi oficializada pela diretoria da Irmandade de Nazaré, adotando-se também outras medidas que restringiam o uso de carros, cavalos e foguetes no cortejo.

Essas medidas, tendo agradado à maioria do povo, provocaram, porém, certo descontentamento entre pessoas abastadas, pois significavam uma simplificação e "empobrecimento" do cortejo. Mais tarde iriam surgir muitas polêmicas por causa da corda, que um bispo da primeira metade deste século — dom Irineu Joffily — tentou suprimir, provocando uma grande reação popular, como já foi visto na primeira parte deste estudo.

Hoje a corda, nos Círios, não tem mais a finalidade de puxar a berlinda que, ou é carregada nos ombros dos fiéis, naqueles de menor expressão, ou é puxada pelos próprios devotos — como acontece em Belém e Vigia — sendo montada sobre carros modernos e de fácil manejo. A corda é utilizada somente para separar o núcleo estruturado onde vão a berlinda, as autoridades e os convidados, da massa indiferenciada que acompanha o Círio. Como acontece com outros elementos, não há informações históricas sobre sua adoção no Círio de Vigia, mas é provável que tenha sido adotada depois do de Belém, à imitação deste.

O simbolismo da corda é múltiplo. Significa o lugar da promessa e do sacrifício, do despojamento do homem e da mulher que a seguram, descalços, demarcando o espaço ritual onde desfila a berlinda da santa. Significa também o lugar do perigo, não apenas simbólico, ritual, mas o perigo real, iminente (pessoas fracas ou doentes sentem-se mal segurando a corda e, às vezes, são atropeladas pela multidão de devotos). Significa a própria separação, num certo nível, entre o sagrado e o profano, entre o formal e o informal, entre o poder e não poder, e com isso reflete a própria estrutura de poder e de classes da sociedade brasileira (belemense e vigiense, nos casos mais específicos)[11].

O trajeto do Círio. Foi visto acima que, enquanto o itinerário do Círio de Belém permaneceu quase inalterado, ao longo dos anos, o de Vigia sofreu várias alterações e ampliações, acompanhando o próprio crescimento da cidade. Há motivos para isso. Vimos também que, em ambos os casos, os trajetos da trasladação e do Círio procuram recontar, pelo ritual, o mito ou lenda de origem da devoção que, em vários aspectos, se confundem.

No caso de Belém, Plácido teria achado a imagem da santa no local onde se ergue a imponente basílica de Nazaré, no que é hoje o bairro do mesmo nome, um dos mais valorizados da cidade. No século XVIII, porém, a cidade ainda não crescera até formar esse bairro e o local constituía, na verdade, uma área do interior do município de Belém. Os primeiros Círios se faziam, então, da cidade para o interior, até chegar à ermida da santa. Trajeto longo, que nunca precisou ser substancialmente alterado, não só pela sua extensão, como pelo fato de que correspondia, com precisão, à lenda do achado[12]. No caso de Vigia, porém, as coisas se passaram de outra maneira. A despeito das semelhanças entre os mitos de origem, há detalhes e acréscimos significativos, que devem ser levados em conta. A lenda fala no achado da santa por Plácido, num marajazal, tendo o devoto levado a imagem para uma igreja que estava sendo construída "pelos jesuítas" (a atual "igreja de pedras" ou Capela do Senhor dos Passos). Como a santa insistisse em voltar ao lugar do achado, foi abandonada a construção dessa "igreja" (que, de fato, se encontra inacabada), tendo os jesuítas construído uma nova igreja, no marajazal, que é hoje a bela Matriz da Mãe de Deus. Com efeito, a lenda mistura e confunde fatos históricos, tecendo uma construção original, que pode ser facilmente desvendada pelas informações disponíveis[13].

Mas essa construção mítica é importante porque, iniciando-se o percurso dos primeiros Círios (segundo o relato dos informantes) da Capela do Senhor dos Passos, com isso se estava, como no caso de Belém, revivendo o mito, de maneira inteiramente literal. Embora o relato dos informantes possa ser falso, é, no entanto, bastante verossímil. Por outro lado, não se pode, hoje, afirmar se, no começo, o Círio saía dessa capela para recontar um mito já existente, ou se o próprio fato de dela sair serviu de motivo para que o mito se formasse, ao longo do tempo. Todavia (aceitando-se como verossímil a tradição vigiense), o trajeto dos primeiros Círios, desde a Capela do Senhor dos Passos, até a Igreja da Mãe de Deus, era bastante curto, embora estivesse em correspondência com o tamanho da cidade. À medida que esta crescia, sentiu-se a necessidade de ampliá-lo, mesmo para que a proteção dispensada pela padroeira pudesse abranger outros bairros. Não obstante, nem o Círio, nem a trasladação, nunca deixaram de incluir, no seu itinerário, a passagem pela capela de onde primitivamente saía: o mito, como em Belém, é recontado, todos os anos, pelo ritual. Além disso, como já vimos, o itinerário aproximadamente circular que a santa percorre, na trasladação e no Círio, permite que ela estenda, simbolicamente, ainda hoje, apesar do crescimento da cidade, seu manto protetor a todos os habitantes, pois passa pelos bairros mais importantes (Vigia e Arapiranga) e pela periferia de quase todos os outros.

Deslocamento de populações. Em seu belo estudo sobre o Círio de Belém, o geógrafo Eidorfe Moreira nos fala em deslocamento de populações, do interior para a capital do Estado, para participar da grande romaria religiosa, em termos de "culminação de uma transumância", isto é, "o clímax de uma migração periódica de fundo religioso, envolvendo uma fase de peregrinação, com romeiros interioranos a caminho da cidade, e outra fase litúrgica ou processional, já no âmbito urbano" (Moreira, 1971, 5). Mas essa idéia poderia ser ainda mais expandida, pois, ao longo do ano, há todo um ciclo de Círios pelo interior do Estado — de que também fala Moreira — que envolve deslocamentos de romeiros de cidades do interior para outras, de vilas e povoações para cidades, de cidades para vilas e povoações e, mesmo, da capital do Estado para cidades, vilas e povoações do interior.

Só no município de Vigia se realizam, durante o ano, quatro Círios distintos, em diferentes épocas: na vila de Penha Longa — Nossa Senhora da Penha, em agosto — na cidade de Vigia — Nossa Senhora de Nazaré, em setembro — na povoação de Curuçazinho — Nossa Senhora da Conceição, em dezembro — e na vila de Porto Salvo — Nossa Senhora da Luz, também em dezembro — sem contar as numerosas outras festas de santos que também se realizam no município, em municípios vizinhos, e os Círios mais próximos, em termos espaciais, das cidades de São Caetano de Odivelas e Colares (em agosto e setembro). Há, pois, durante o ano, um deslocamento constante de populações, uma espécie de "transumância religiosa", para usar a expressão de Moreira, pois existem romeiros que, além de participar dos Círios de Belém e Vigia, ainda fazem questão de acompanhar outros, no interior do município ou em municípios vizinhos, participando também, ocasionalmente, de outras festas de santos.

O *almoço do Círio*. O Círio propriamente dito se encerra com um almoço, tanto em Belém como em Vigia, como ainda em Curuçazinho. Em dezembro de 1984 participei do almoço do Círio, nesta povoação, na casa de um dos homens mais influentes do lugar, pescador-proprietário de embarcação motorizada e membro da diretoria da festividade. Esse homem, conhecido por "Zico" (chama-se, na verdade, Benedito), estava momentaneamente em dificuldades financeiras, pois havia gasto muito dinheiro nas últimas semanas, tentando concluir a construção de sua nova casa, de alvenaria, que foi toda pintada de branco, para esperar o Círio; como não conseguira bom preço pelo peixe que pescara nos dias anteriores, estava quase sem dinheiro. Mesmo assim, recebeu vários convidados em sua casa, desde a véspera, vindos da cidade de Vigia, incluindo o pesquisador, e fez questão de oferecer-lhes o almoço. Este constava de frango assado, arroz e feijão, quando no jantar da véspera se havia comido mero ensopado e arraia moqueada (com farinha de mandioca); a dona da casa, Vilma, se desculpava de não poder oferecer aos convidados ao menos "uma maniçoba", como seria mais apropriado. De qualquer forma, o almoço de todo o dia tinha sido mudado. Assados, arroz e feijão, no interior do município de Vigia, mesmo nas casas dos pescadores mais abastados (como é o caso de "Zico"), não são alimentos do cotidiano.

Em 1979, terminada a cerimônia religiosa do Círio de Nazaré, em Vigia, também participei de um almoço, na casa do então diretor do serviço de águas da cidade. Meu anfitrião, Francisco Meireles, havia também convidado outras pessoas de Belém — ligadas à Universidade Federal do Pará — para participarem do almoço do Círio. Sua esposa, Maria Lúcia, havia supervisionado pessoalmente o trabalho da empregada, Maria, que preparou o banquete. Este constou de maniçoba, pato no tucupi, porco e frango assado , sala-

454

da, vinho, cerveja e refrigerantes. Nenhuma diferença importante em relação aos melhores almoços do Círio em Belém[14].

No tocante à festa de Nazaré, em Vigia, sua descrição será apresentada a partir do que foi observado no ano de 1984, quando foi possível participar dela por inteiro. A festa começa a ser preparada com bastante antecedência, pelo menos a partir do mês de junho. Até o início da primeira metade deste século, como foi visto acima, havia uma irmandade que se encarregava de sua preparação[15]. Mais tade, os documentos do arquivo paroquial já se referem à existência não mais de uma irmandade, mas de uma diretoria, em consonância com as diretrizes, que já examinamos na primeira parte deste trabalho, do processo de romanização. Durante o vicariato do padre Manfredo Knosala (1975-1979), foi reorganizado o conselho paroquial, formado por leigos e sob a presidência do vigário, que, em 1978, em razão de conflitos de atribuição com a diretoria da festividade, resolveu destituí-la, assumindo sozinho a organização da festa. Mais tarde, na época do vigário Francisco Nobre (1980-1981), o conselho se desfez, por atritos com o pároco e, nos últimos anos, a festividade tem sido organizada por comissões, formadas especialmente para essa finalidade. Não obstante, o conjunto dessas comissões continua a receber, informalmente, a denominação antiga de diretoria. No ano de 1984 formaram-se, no mês de junho, cinco comissões, sob a presidência geral do vigário, padre Eugênio Casimiro.

Constituídas as comissões, o trabalho foi iniciado com uma coleta por toda a cidade para angariar dinheiro (o correspondente aos apelos das festas do interior) com que se pudesse iniciar as primeiras despesas: compra de material, impressão de programas etc. Nesse ano se pretendia fazer uma festividade toda especial, pois havia um motivo a mais de incentivo: os trabalhos de restauração da Igreja da Mãe de Deus estavam sendo concluídos pelo Patrimônio Histórico, com a colaboração do governo do Estado, estando marcada a reinauguração do templo para a sexta-feira que antecedia a trasladação. Havia, porém, da parte de alguns membros mais ativos das comissões, um certo descontentamento, motivado por atritos anteriores com o vigário, entre eles o desgosto causado por declarações públicas feitas por ele na missa dominical, com uma certa franqueza rude que o caracterizava, de que "as classes roubassem menos" durante a festa. As declarações do vigário refletiam em parte seu descontentamento pelo magro resultado da festa do ano anterior, que só rendera 1,5 milhão de cruzeiros, sobretudo em conseqüência do pequeno "lucro" apresentado pelas noitadas patrocinadas por algumas classes (com as quais o vigário já entrara em atrito, anteriormente). Lembre-se, como foi visto na primeira parte deste trabalho, que esse tipo de queixa — embora talvez sem as palavras duras com que foi apresentada nesse ano — · é bastante antigo, da parte de vigários anteriores.

Alguns dias antes da trasladação, a imagem da santa, que se encontrava guardada, excepcionalmente, nesse ano, no salão paroquial — funcionando como igreja, enquanto se restaurava a matriz — depois de ter cumprido, no decorrer da semana, visitas aos bairros, como já foi mencionado acima, foi levada, da Capela do Senhor dos Passos, à casa de uma senhora residente na praça do arraial, que havia prometido oferecer-lhe o manto com que desfilaria na trasladação e no Círio. Nessa ocasião, a imagem ainda se encontrava vestida com um manto já usado, com que permanece normalmente na igreja, tendo à cabeça — como também o Menino Jesus em seu colo — uma coroa de prata. Poucas horas antes da trasladação, enquanto a berlinda estava sendo enfeitada, na igreja já restaurada, com flores ofertadas pela esposa do governador do Estado, a imagem foi levada para o Educandário Nossa Senhora das Neves, mantido pelas irmãs do Preciosíssimo Sangue, para ser vestida com o novo manto, preparando-se condignamente para sair na procissão. Ao voltar à casa da família que estava visitando, a imagem ostentava suas jóias mais ricas: tanto ela como o Menino usavam coroas de ouro; além disso, de seu pescoço pendia grosso cordão de ouro, com medalha do mesmo metal; preso ao manto, todo branco, com enfeites dourados e azuis, na altura do peito, um rico broche de ouro, na forma de uma palma, cravejado de brilhantes e esmeraldas.

Na igreja, já agora cheia de fiéis, o arcebispo de Belém reabria oficialmente o templo, aspergindo água benta e procedendo à cerimônia litúrgica complementar da reinauguração civil da véspera (a que comparecera o governador do Estado, com grande comitiva). Após a celebração da missa, presidida pelo arcebispo, o vigário, padre Eugênio Casimiro, foi pessoalmente buscar a imagem da santa para reitroduzi-la na igreja, colocando-a na berlinda. Muitos aplausos. Tudo estava pronto para mais uma trasladação e mais um Círio que, nesse ano, atraiu um número de pessoas bem maior do que o de 1979, acima descrito.

Afora o Círio e algumas outras solenidades que transcorreram no encerramento, toda a festividade, nas duas semanas que se seguiram ao segundo domingo de setembro, realizaram-se basicamente no horário noturno. As noitadas foram patrocinadas, como no caso das festas do interior, pela "diretoria" e pelas "classes"[16]. Elas obedeciam, todas, aproximadamente, o mesmo padrão, pelo que começarei fazendo uma descrição geral e, em seguida, destacando alguns aspectos, completarei a descrição com fragmentos de noitadas distintas. Às 19 horas de cada noite saía uma romaria, partindo da Capela do Senhor dos Passos, em direção à matriz[17]. Como essas romarias terminavam por volta de 19h30, na igreja, onde já se encontrava um considerável número de pessoas, seguia-se a missa celebrada pelo vigário. Deve ser notado que, embora algumas classes patrocinadoras de noitadas tivessem feito romarias, nem todas o fizeram e, na maioria dos casos, a romaria correspondente à classe não correspondia à noitada por ela patrocinada. Por isso, na homilia da missa, o vigário costumava dirigir-se tanto aos patrocinadores da romaria como aos da noitada, quando estas não coincidiam (de fato, a coincidência só se deu no caso da classe dos lavradores).

Terminada a missa, o arraial, que nesse momento já se encontrava cheio e funcionando desde cedo, recebia ainda a presença de algumas das pessoas que estavam na igreja, que se deixavam ficar para divertir-se. Novas pessoas chegavam ao arraial. Algumas (poucas) entravam na igreja para rezar diante da imagem da santa, exposta em um nicho, do lado esquerdo do altar-mor. A maioria, porém, dirigia-se logo para as barracas de venda de comidas e bebidas, para a barraca da santa, para as bancas de jogos, para as barquinhas e cadeirinhas giratórias do pequeno parque de diversões ali instalado, ou simplesmente ficavam andando pelo arraial, ocasionalmente tomando sorvetes ou tacacá, comendo outras guloseimas vendidas em pequenas bancas (como os biscoitos típicos chamados "figuras", já mencionados), ou apenas apreciando a exibição de uma das bandas de música da cidade que se apresentava no coreto do centro da praça.

A banda escolhida, contratada pela classe, patrocinadora da noitada, começava efetivamente seu trabalho bem cedo, às 6 horas da manhã (na única solenidade diurna dos dias comuns da festividade), tocando uma alvorada pelas principais ruas do bairro central da cidade. À noite, por volta de 19 horas, ela se instalava no coreto, começando sua exibição noturna, que se prolongava até por volta das 21,30 horas. Enquanto isso, a aparelhagem sonora instalada na barraca da santa não era ainda posta em funcionamento. A partir daí, quando se encerrava a exibição da banda, até o fim da noitada, os discos com os sucessos do momento e a voz do locutor-proprietário do equipamento, em altíssimo volume, enchiam os ouvidos de quem estivesse dentro e nas cercanias do arraial. Acrescente-se a isso que algumas barracas de particulares, vendendo comida e bebida, também possuíam seus equipamentos sonoros, competindo em volume com o da barraca da santa. Barulho (quase) insuportável, mas muito apreciado pelos freqüentadores.

Por volta das 22 horas, começava o sorteio do bingo na barraca da santa, que se prolongava, de acordo com a quantidade de objetos ofertados pela classe patrocinadora, às vezes até a madrugada do dia seguinte. Encerrado o bingo (o leilão tradicional já foi abolido da festa de Nazaré, em Vigia) rapidamente a barraca da santa se esvaziava, voltando as pessoas para suas casas. Não obstante, o movimento do arraial se prolongava às vezes além de 3 horas da madrugada, com os últimos retardatários se demorando junto às bancas de jogos de azar, instaladas mais próximas da área do Mercado Municipal.

O dia da festa (quarto domingo de setembro), além das missas na matriz e na capela de São Sebastião, contou também com uma importante cerimônia vespertina: a procissão em que a santa, não

458

mais na sua berlinda, mas num andor todo enfeitado com flores vermelhas, percorreu algumas ruas da cidade, num trajeto circular diferente do da traladação e do Círio (embora com algumas coincidências), chegando, desta vez, a penetrar nos bairros de Vila Nova (ou São João) e Escorrega (ou Catuaba). Terminada a procissão, já à noite, ocorreu a chamada missa de encerramento da festividade. A essa missa seguiu-se o arraial, com a noitada sob o patrocínio da diretoria (ou comissões). Mas o encerramento da festa se daria depois. No dia seguinte, pela manhã, foi realizada a tradicional missa dos pescadores, na igreja matriz, após o que, em cortejo acompanhado pela Banda 31 de Agosto, os pescadores retiraram sua barca "Juventude", que desde a sexta-feira da semana anterior se encontrava na barraca da santa, para levá-la, triunfalmente, à sede da colônia.

Como no caso das festas de santos do interior do município, todos os anos a barca é leiloada durante a noite dos pescadores e aquele que a arremata (só podem fazê-lo os membros da classe) encarrega-se de guardá-la até o ano seguinte, responsabilizando-se pelos reparos que se fizerem necessários e pela pintura da mesma, para que possa desfilar no Círio do ano seguinte e participar da nova festa. Em 1984, entretanto, sob a alegação de que a barca precisava de consertos mais dispendiosos, que um pescador isolado não poderia realizar, a Colônia dos Pescadores reivindicou a posse temporária da mesma. A cerimônia se encerrou, já na sede da Colônia, com música, dança e muita bebida. No sábado seguinte, na sede do clube mais importante da cidade foi realizado um baile, a "Festa da Saudade", com o que, efetivamente, encerrou-se a festa de Nazaré do ano de 1984 em Vigia.

Para completar a descrição das noitadas da festa de Nazaré de 1984, torna-se necessário destacar alguns aspectos especiais, selecionados entre aqueles que tiveram mais repercussão local: a romaria da classe dos lavradores, trechos de homilias pronunciadas pelo vigário em diversas noites e a noitada, na barraca da santa, patrocinada pela classe dos comerciantes.

Uma romaria especial. Sábado, dia 22 de setembro de 1984, véspera do dia da festa. Desde cedo, muitos lavradores começaram a chegar na cidade. Alguns aproveitavam para tratar de seus interesses na sede do sindicato rural, cujo presidente, atarefado, procurava atender a todos, na medida do possível. Outros ficavam simplesmente andando pela cidade, esperando a noitada que seria patrocinada pela sua classe. Num prédio velho e espaçoso, bastante deteriorado, nas proximidades da igreja matriz, um grupo de lavradores ultimava os preparativos para a festa noturna. O prédio é a sede da classe (a única que possui prédio próprio) e os membros da diretoria ali estavam reunidos.

Às 19 horas, depois de terem visitado o interior da Capela do Senhor dos Passos, excepcionalmente aberta nessa noite e toda iluminada, tendo à frente o estandarte de Nossa Senhora de Nazaré, formaram-se as duas alas de lavradores, mulheres e crianças (estas precedendo os demais), com velas acesas, protegidas contra o vento dentro de armações coloridas de papel celofane: azuis, verdes, vermelhas e amarelas. A banda de música 31 de Agosto encerrava o cortejo. Muitos foguetes nos intervalos da banda e dos hinos e preces entoados pelos participantes. Além disso, nas mãos dos lavradores — homens e mulheres — como também nas de seus filhos, miniaturas de instrumentos usados na fabricação de farinha de mandioca — rodos, tipitis, peneiras — além de muitos produtos agrícolas: mamões, acabates, melões, pequenos sacos de farinha de mandioca, tomates, raízes de macaxeira, pequenos sacos de arroz, laranjas e vários outros. Ao penetrarem na igreja matriz já encontraram uma mesa, especialmente colocada, nessa noite, ao lado do nicho onde estava a imagem da padroeira.

Na ocasião da missa, durante o ofertório, o vigário desceu do altar, vindo receber as ofertas dos produtos agrícolas que eram depositados sobre a toalha branca que cobria a mesa. Após a missa, as miniaturas de rodos, peneiras e tipitis foram levadas para a barraca da santa, onde já se encontrava, desde a noite anterior, a barca dos pescadores, e ali colocadas em vários pontos, como decoração do ambiente. Da renda da noite, uma parte seria entregue à comissão de finanças da diretoria da festividade e, o restante, seria guardado para contribuir nos serviços de reconstrução da sede da classe dos lavradores. Esta não foi a romaria que apresentou maior número de participantes, nem a noitada foi a mais "lucrativa" da festa. Dentre

460

as romarias, a dos alunos do Educandário Nossa Senhora das Neves foi a que teve maior quantidade de participantes, pois as irmãs preciosinas fizeram questão da presença de todos os alunos, uniformizados. As demais romarias, no entanto, foram todas bem menos concorridas do que a dos lavradores e, também, apresentaram menos beleza nos gestos dos participantes.

Homilias instrutivas e de reprimendas. No decorrer das duas semanas da festa, como foi dito, todas as noites o vigário celebrava missa, após a romaria, dirigindo-se, durante a prédica, aos participantes desta e à classe promotora da noitada. Alguns trechos, que serão transcritos a seguir — excluídas as explicações doutrinárias fundamentadas no Evangelho do dia — são bastante ilustrativos do tom das homilias e avisos pronunciados, especialmente da preocupação disciplinadora e controladora do pároco.

No dia da noitada patrocinada pela classe das senhoras, que coincidiu com a romaria do Movimento Jovem CTULA, o vigário dirigiu-se especialmente às promotoras da noitada, já que tinha sido ínfima a participação de jovens na romaria e na missa. Logo no início da cerimônia religiosa, dirigindo-se às mães de família, disse o padre (depois de um grande ruído de foguetes que abafou suas primeiras palavras):

"Talvez vocês enfrentem a má vontade de vossos filhos, que nem querem saber da igreja, *preferem a fé da cachaça.* Quem sabe algumas de vocês já chorou não poucas vezes, pois faltou a ação da mãe na hora certa, para despertar no coração do filhinho ainda pequeno, da filha nova, aquela verdadeira fé, que transforma o ser humano num ser divino. Vamos examinar-nos em silêncio e, em seguida, pedir perdão pelos nossos pecados." (Começa a missa).

Durante a homilia, depois das primeiras palavras referentes ao Evangelho:

461

"Prezadas senhoras, mães de famílias, lamento muito que tão poucas estão aqui presentes nesta noite. Parece que muitas famílias da cidade não precisam de Deus e da graça e ajuda de Nossa Senhora. Que preferem viver do jeito delas. Mesmo assim eu gostaria de pensar um pouquinho nas palavras do Evangelho".

E, depois de uma longa prática, falando sobre a ressurreição do filho de uma viúva:

"Agora, prezadas mães, eu estou pensando na fé da Vigia. Se o Cristo vier, como Ele disse, julgar, será que ele encontra aqui a fé? Aí (no arraial), quem sabe, andam vossos filhos e brincam vossos netos, tão perto da igreja e a igreja está quase vazia de jovens. *Lá no arraial, com certeza, eles têm fé, na brincadeira, nos barquinhos, balançando e, eventualmente, naquela coisa que ainda se pode roubar daqueles que vendem.* Essa é a fé que está lá fora da porta da igreja. Para onde sumiu a fé daqueles que, no Círio, fazem uma passeata descontraída, puxando conversa, rindo?... Eu não entendo. Que me digam, que me provem que este povo tem fé! Será que esta viúva do Evangelho de hoje andava descontraída? 'Ah, que Jesus passa, nada me importa, eu estou pensando agora o que tenho de fazer mais tarde'. Ou, quando viu a Jesus parando, com toda a fé, ficou esperando que só Ele podia ajudar?"

E, no final da homilia, como advertência para que as mães eduquem seus filhos na fé:

"Quantas vezes eu fico profundamente comovido quando alguma pessoa idosa chora no confessionário: 'Padre, meu filho é um beberrom, com ele nenhuma mulher consegue viver. Briga, deixa, bebe e, ainda quando nenhuma quer saber dele, ele volta a minha casa e me bate, quando eu reclamo. Bate em mim, a mãe dele!'. E chora tal mulher. Agora ela se lembrou que é a mãe dele. E quem é que devia ensinar este filho a respeitar a lei de Deus, honrar o pai e esta mãe? *Então que agora apanhe, talvez não vai apanhar no inferno,* pois Deus vai tomar em conta isso que sofreu aqui na terra pelo pecado de descuido da educação cristã".

Na noite patrocinada pelos operários, depois de uma pouco concorrida romaria dos estudantes de 1º e 2º graus, falou mais longamente sobre o arraial e as "origens" da festa, construindo um mito com propósitos morais que vale a pena transcrever:

"O arraial, o que é isso? Qual a história do arraial, para quê arraial na festa? Lembrem, por favor, que a devoção mariana, conforme os historiadores do Pará, apareceu na Vigia mais antiga do que em Belém. Assim, aqui é que se reuniam os romeiros vindos de longe e aqui é que passavam as noites na oração, implorando as graças necessárias, os romeiros e os noitários. (Estes) dirigiam as orações e a vigília noturna e assim precisavam de alimento, de cafezinho, de alguma água, por isso surgiu a barraca do santo ou da santa, fornecendo comida gratuita, arrumada pela comunidade, a favor dos romeiros e dos noitários. Quando o número de romeiros crescia, era impossível fornecer gratuitamente, formou-se o arraial. Outras pessoas que, vendendo um pouquinho daquilo que têm, procuravam ajudar os demais pra quem já não deu a comida na barraca da santa. Esse é o sentido do arraial. Agora, o que acontece, que nós invertemos o sentido? O arraial se tornou o centro da festa, enquanto a igreja e a Nossa Senhora tornou-se uma coisa tradicional (muitos foguetes interrompem suas palavras). Mudou o jeito de pensar, mudaram as convicções. Nesta hora da missa, nesta hora santa, durante a festa, não havia bagunça por aí, não havia foguetes desnecessários, todo mundo concentrado no acontecimento principal (...). No domingo que vem eu já preparei uma pregação e vocês vão perceber a cultura, a alta cultura do povo vigiense, antigamente alta — desculpa, por ser assim, meio brusco, mas, desculpa, eu tenho que ser justo — antigamente alta cultura da Vigia, que era talvez — não talvez, certamente — a primeira cidade após Belém, a cidade que atraiu até, além dos jesuítas, se não me engano, dominicanos[18], com vontade de construir aí uma outra igreja, a cidade que estava se tornando centro cultural e religioso deste rincom do Pará, começou a decair. Hoje a Vigia, quem sabe? Poderia ser um avant-porto (sic) de Belém, uma grande cidade, quem sabe, até, universitária, se o progresso, o desenvolvimento se mantivesse com aquela dinâmica que tinha no passado. Mas aconteceu uma queda, uma quebra. O que foi a causa disto? Eu respondo e vou provar: a falta de fé, falta de fé lá dentro do coração".

Na noite dos ambulantes, classe que, como a dos pescadores, tinha entrado em forte atrito com o vigário no ano anterior, e se mostrava muito ofendida com suas palavras recentes sobre o "roubo" das classes na festividade, a missa começou com palavras duras e irônicas:

"Ambulare, em latim, significa passear. Não fiquem então admirados que a maioria dos ambulantes não está aqui presente na noitada deles, porque estão passeando, enquanto ainda sabem agüentar os pés, desde horas matutinas, até o pôr-do-sol, cheios da Nossa Senhora Engarrafada! Estão festejando lá na beira e hoje, nesta hora, como alguém me contou, nem dá pra perceber a perna do homem e a perna da mulher, tá tudo misturado assim".

Com efeito, os ambulantes, ofendidos com o sacerdote, haviam decidido fazer sua festa no Mercado Municipal, junto ao cais (na beira do rio), recusando-se a comparecer à barraca da santa e à igreja. Só depois de muitas gestões da diretoria da festa é que foi possível convencer alguns membros mais cordatos da classe a colaborarem na noitada desse dia. Ao término da missa, novamente o vigário se dirigiu aos ambulantes, depois de muitos foguetes que acabavam de estourar:

"Não pensem que o meu pronunciamento *era só para mostrar uma inimizade*, não sei o que, contra a classe (dos ambulantes). Mas vejam o que acontece, foguetes durante a missa, atrapalhando até num momento importante".

Como os fogos de artifício constituem uma das mais prezadas tradições da cidade, ali existindo uma fábrica e um velho fogueteiro, muito conceituado, que é chamado até para trabalhar em Belém, durante a festa de Nazaré, tradição que é também da própria classe dos ambulantes, como já foi visto acima, acrescentou:

"Quando dizem que a nossa cidade é uma cidade histórica e conservamos com respeito a tradição, que seja esta conservada de verdade, que seja uma tradição pura, assim como era no passado, todo mundo, devotamente, participando do culto e, depois, a alegria da festa que começa. Depois, o prazer de se sentir irmãos, profissionais da mesma classe, vivendo o assunto, sei lá o que, finalmente, da classe. Mas se nós imitamos apenas, artificialmente, sem conteúdo, as coisas do passado, elas não têm valor. E, se não têm valor, desculpe a comparação que eu farei. *Então, quando gostamos de imitar sem conteúdo o passado, por que então ninguém anda pelado aqui pela Vigia, bancando o índio de Uruitá?*"[19].

A noitada dos pescadores coincidiu com a romaria dos alunos do Educandário Nossa Senhora das Neves, de 1º grau. Muitas crianças na igreja, na hora da missa. O vigário assumiu um outro tom, de caráter paternal e afetuoso, para falar a elas. Mas não deixou de lado a ironia para com a classe que, no ano anterior, tinha tido o atrito mais violento com ele. Depois de perguntar às crianças quais delas eram filhos de pescadores — e constatando a existência de um grande número — renovou a pergunta, desta vez aos adultos:

465

"Por favor, levantem agora a mão os pais e as mães pescadores! (E, depois de contar). Estou de parabéns para com os pescadores. Oito pessoas em dois mil pescadores é demais nesta noite na igreja; eu acho que a igreja não cabe tantos. Ainda, quem sabe (disse sorrindo), é preciso sair... Oi gente, oi gente, pelo menos os filhos vão rezar pelos pais."

Esses exemplos são apenas alguns que servem para ilustrar a maneira como o vigário se dirigia aos fiéis no decorrer das missas durante a festa. Se bem que seu propósito fosse educar o povo, sua franqueza rude, suas tiradas irônicas — e, mesmo, um certo destempero de linguagem, num meio excessivamente provinciano — causavam, não poucas vezes, novos atritos. Embora as reprimendas se dirigissem a pessoas que, normalmente, não se encontravam presentes, estas logo eram informadas a respeito do que tinha sido dito e — superestimando o que consideravam como ofensas — aumentavam suas diferenças e afastamento em relação ao vigário.

Um fato que provocou muito comentário foi a referência feita por ele, na noite dos funcionários públicos estaduais, a um dos membros da diretoria da festa, participante de mais de uma comisão, homem de prestígio na cidade, por ser professor, diretor do colégio estadual de 2.º grau e conhecido por manter uma militância político-partidária (PMDB). Não estive presente a essa missa, mas o comentário que ouvi dava conta de terem sido palavras ofensivas pronunciadas pelo vigário. Havia uma divergência entre os dois a propósito da destinação do dinheiro que ficasse como saldo da festividade, pois o professor desejava que uma parte fosse guardada em caderneta de poupança, para que pudesse ser usada, no ano seguinte, na preparação da nova festa, enquanto o padre, alegando a inflação, considerava isso um erro, e desejava que todo o dinheiro fosse entregue à paróquia. Como conseqüência do que disse o sacerdote na missa, ou da interpretação que se deu a suas palavras, durante a noitada, na barraca da santa, os funcionários públicos estaduais decidiram que não deveriam apresentar nenhum saldo de sua noite ao tesouro, para que o dinheiro não fosse mais tarde entregue ao vigário. Por isso, depois que o rendimento da noite já era suficiente para pagar as despesas, foram distribuídos muitos brindes gratuitos às pessoas presentes, assim como cerveja e refrigerantes foram ofertados às mesas, sem que ninguém precisasse pagar por eles.

Uma noitada animada e lucrativa. O patrocínio de uma noitada, pela diretoria ou por qualquer das classes, envolve uma série de providências. Em primeiro lugar, contratar uma das bandas da cidade para fazer a alvorada, bem cedo, pela manhã e, para tocar, nas primeiras horas da noite, no coreto situado no centro do arraial, em frente à matriz. Em segundo lugar, providenciar a compra das bebidas (cerveja e refrigerantes) que serão consumidas na barraca da santa. Ao contrário do que ocorre em Belém, durante a festa de Nazaré, a barraca de Vigia não serve jantar aos freqüentadores, pois, nesta cidade, raramente as pessoas de classe média saem para jantar fora de casa, em restaurantes ou similares, a não ser os viajantes, que estão de passagem. As comidas vendidas no arraial e nas proximidades, ou são guloseimas, ou são pratos populares, vendidos a preços mais baixos, e consumidos por pescadores, embarcadiços, estudantes de cursos noturnos etc.

É preciso também contratar os garçons, ornamentar a barraca, providenciar toalhas para as mesas, contratar a aparelhagem sonora e, mais importante ainda, angariar os objetos que serão sorteados, tanto nos brindes-surpresa, quanto no bingo. Se as mesas forem vendidas com antecedência, como às vezes acontece, os brindes serão sorteados, gratuitamente, entre os compradores. Quanto ao bingo, seus cartões devem ser vendidos alguns dias antes, o que não impede que, mesmo minutos antes, eles ainda estejam disponíveis, em algumas ocasiões.

Na festa de 1984, a noite dos comerciantes foi considerada a mais "animada", melhor organizada e mais "lucrativa" de todas as noitadas. As mesas foram vendidas com muita antecedência, os cartões dos bingos esgotados, muitas cervejas e refrigerantes consumidos. Havia também duas grandes atrações: o sorteio de um carneiro vivo e a presença de "um dos melhores conjuntos de Belém" (como diziam), contratado para tocar nas "festas mais elegantes", "Os Amazônidas". A presença desse conjunto fez com que as pessoas que não

467

tinham podido comprar mesas, especialmente os jovens, se aglomerassem em volta da barraca da santa, cujas amplas janelas laterais têm pouco mais de um metro de altura, permitindo uma boa visão de seu interior para quem está na praça. Por volta das 22 horas começaram a ser sorteados os primeiros objetos, através do jogo do bingo. A barraca estava quase totalmente lotada, com muitas famílias sentadas em volta das mesas e, mesmo as mesas vazias, tinham de fato sido compradas por pessoas que não puderam comparecer. Enquanto as pedras do bingo iam sendo sorteadas, o locutor-proprietário da aparelhagem sonora dizia os números, contava piadas e, para quase todo número, tinha uma observação a fazer, desde as mais ingênuas, até as mais picantes, além de relacioná-los com os animais correspondentes do jogo do bicho. Eram galinhas assadas, bolos, garrafas de bebidas diversas, garrafas térmicas, objetos de decoração e muitos outros. Teve-se o cuidado de, nesse primeiro momento, não sortear o carneiro, que seria guardado para o final, a fim de prender por mais tempo as pessoas na barraca, para que consumissem a maior quantidade possível de bebidas. Em seguida, foi feito o sorteio de vários brindes-surpresa. Todos comentavam a animação e o sucesso da noite, elogiando o presidente da Associação Comercial da cidade, que liderou a classe na organização da noitada.

Chegou então o momento mais esperado. O conjunto "Os Amazônidas" começou a tocar, num estrado improvisado, servindo de palco. Canções de Michael Jackson, Djavan, Elvis Presley e muitos outros compositores de sucesso, cantadas alternadamente por três diferentes cantores. O último deles, um negro, cantou um samba "de sua autoria", cuja letra é uma espécie de exaltação a Belém e fala no Círio de Nazaré. Muitos aplausos ao fim de cada número, tanto da assistência interna como daqueles que, de fora da barraca, assistiam a apresentação. Só depois da meia-noite é que foi realizado o sorteio do carneiro vivo, que tinha sido ofertado pelo comerciante proprietário da "Casa do Pescador". Depois desse intervalo, o conjunto voltou a tocar, mas muitas pessoas já estavam saindo da barraca. Eram agora canções de Milton Nascimento, Gilberto Gil e Caetano Veloso.

Um homem maltrapilho e "doente mental" (segundo me diziam) recolhia os copos de cerveja e as garrafas das mesas desocupadas, bebendo os restos deixados pelos freqüentadores. Um alcoólatra aleijado e muito conhecido na cidade entrou na barraca da santa, sentou-se junto a uma mesa ocupada por alguns rapazes e pediu-lhes que lhe pagassem uma cerveja. Quatro prostitutas jovens e bem conhecidas sentaram-se numa mesa desocupada e pediram ao garçom algumas bebidas. O conjunto começou a tocar sambas-enredo de escolas do Rio e de Belém. Um grupo de rapazes e moças passou a dançar por entre as mesas. Observei que também dançava um membro da diretoria da festividade. Duas e meia da madrugada. A maioria das mesas já estava sem ninguém. Os garçons retiravam as toalhas e empilhavam as cadeiras. O conjunto parou de tocar. Quase todos se retiraram, permanecendo apenas os garçons, para prestar contas, e os tesoureiros da festividade e da classe dos comerciantes, a fim de fazerem o balanço dos lucros da noitada. Fora da barraca, entretanto, o movimento do arraial ainda continuava, embora com pouca intensidade.

NOTAS

1 Com relação à data em que o Círio passou a ter o trajeto atual, da Capela de São Sebastião do Arapiranga para a Igreja Madre de Deus, há uma notícia publicada pelo jornal "O Vigiense" (agosto de 1985) segundo a qual teria ocorrido na gestão da única mulher que foi prefeito da cidade, Rose de Freitas Correa, no ano de 1926. Não obstante, o documento transcrito no Apêndice 3 deste trabalho, datado de 1936, ao arrolar os bens pertencentes à antiga Irmandade de Nossa Senhora de Nazaré, refere-se, ainda, à existência, "na rua da Ermida", de "uma casinha de madeira em forma de capela — de onde sai o Círio". Sobre a mudança da data do Círio, de agosto para setembro, ver a nota 3, da parte III.

2 Na época, o Brasil estava dividido em dois Estados, o do Grão-Pará, com sede em Belém, e o do Brasil, com sede no Rio de Janeiro.

3 As informações sobre a origem do culto e da devoção a Nossa Senhora de Nazaré, em Belém, se encontram, entre outros, em Almeida Pinto (1906, 39-40 e 89-90), Vianna (1904, 230-237) e Rocque (1981, 29-35).

4 E no Carnaval de Belém de 1985 um carro alegórico de um bloco bem conhecido, procurando representar uma chatinha (embarcação de passageiros característica dos rios amazônicos) continha em seu interior um grupo de meninos e meninas fantasiados que vazia lembrar os anjos e marujos da procissão do Círio de Nazaré (tratava-se, coincidentemente, da "Mocidade Unida de Nazaré").

5 Não se trata, evidentemente, da dança conhecida com esse nome. A expressão é usada por Vianna (1904, 238) que trata da introdução desse costume no Círio de Belém. Ver também Rocque (1981, 42-43).

6 O naufrágio da lancha e sua ligação com o Círio de Belém é referido por Moreira (1971, 9).

7 Em algumas entrevistas, fora do contexto do ritual, pescadores chegaram a declarar que a bóia apenas representa o meio pelo qual se salvaram, pois seria "feio" (anti-estético) ou "difícil" levar outras coisas (pedaços de pau e outros objetos flutuantes, ou a própria canoa, virada por força do vento, em que se seguram na ocasião do perigo).

8 Esta ligação especial dos pescadores vigienses com Nossa Senhora de Nazaré se manifesta por várias histórias de milagres da santa, já relatados acima.

9 O milagre de dom Fuas Roupinho, sempre relembrado na ocasião do Círio de Nazaré, em Belém e Vigia, é narrado por vários autores. Tendo sido nomeado pelo rei dom Afonso Henriques como alcaide de Porto de Mós, dom

470

Fuas Roupinho, nos intervalos das atividades militares e administrativas, costumava dedicar-se ao esporte predileto dos nobres da Idade Média: a caça. De certa feita, perseguindo a cavalo um veado, encontrou-se diante de um abismo que se elevava a mais de 100 metros por sobre o mar. No momento do perigo, quando somente as patas trazeiras do animal ainda repousavam sobre a rocha, lembrou-se de recorrer à Virgem de Nazaré, cuja imagem tinha sido recentemente achada pelos pastores, naquelas paragens. E, por um milagre da Virgem, conseguiu salvar-se. (Cf. Boga, 1948, 13-28; e Rocque, 1981, 21-22).

10 Já foi mencionado acima que o Círio de Vigia é amplamente noticiado pela imprensa de Belém e que, em 1984 e 1985, chegou a ser notícia nacional, por ser divulgado pela TV Globo, no programa "Fantástico".

11 Sobre o significado da corda no Círio de Belém, cf. Alves (1980, 46 e segs.).

12 Sobre o trajeto do Círio em Belém, cf. Barbosa (1974).

13 Os aspectos históricos relativos aos jesuítas já foram examinados na primeira parte deste trabalho. Tratando sobre a permanência dos mesmos em Vigia, que ali ficaram por cerca de 30 anos, até a expulsão (1760), Serafim Leite diz que antes de se estabelecerem naquela antiga vila os jesuítas iam lá "muitas vezes", vindos de seus aldeamentos e fazendas próximos para ajudar os moradores "sobretudo para as obras da igreja de N. S. de Nazaré, quando se pensou em erguer-lhe um grande templo". Ao se estabelecerem em Vigia, os jesuítas trataram também de construir sua própria igreja, a atual Madre de Deus, que ainda era uma "igreja nova" em 1760. Tendo sido expulsos esses missionários, sua igreja "foi no ano seguinte aplicada a matriz da Vigia e nela se celebra a festa de Nossa Senhora de Nazaré, cuja igreja, em construção, foi logo abandonada, e não passa hoje de imponentes ruínas" (Leite, 1945, 280 e 283). A atual Capela do Senhor dos Passos é o que resta da Igreja de Nossa Senhora de Nazaré, que os moradores da vila estavam construindo no século XVIII, deixando-a inacabada. Em nosso século, as paredes foram demolidas, sendo suas pedras usadas para as obras do trapiche da cidade.

14 A respeito do almoço do Círio, Isidoro Alves chama a atenção para certas oposições que nele se acham presentes: formalidade x informalidade, sagrado x profano, público x privado, entre outras. O código culinário que está em jogo, com a presença de pratos típicos da cozinha paraense, conjuga-se com o código social que também está presente na procissão. Com efeito, o ritual do Círio — como festa de santo — como já mostraram Alves e Da Matta, pode ser aproximado, simbolicamente, de outros rituais da maior importância na sociedade brasileira — o Carnaval e a Semana da Pátria — e caracterizado como um ritual de "neutralização", enquanto os dois outros são rituais de "inversão" e "reforço" (cf. Alves, 1980, 27; Da Matta, 1979, 50-55; e também Turner, 1974, 119, que em parte inspira esses dois autores). Durante o almoço do Círio, a "neutralização" que se exerceu no decorrer do cortejo

público — onde estiveram presentes a carnavalização e o civismo, o formal e o informal, o sagrado e o profano, confundidos num só evento — penetra também no recinto "sagrado" do lar, onde parentes, amigos e convidados se confraternizam, numa festa íntima, antes de se dispersarem e voltarem à rua, às atividades públicas e rotineiras do cotidiano, do não extraordinário ou não ritualizado. E essa neutralização é expressa mesmo na escolha dos pratos "obrigatórios" — a maniçoba e o pato no tucupi — cujas formas de transformação, do cru ao cozido, combinam elementos de uma "endo" e de uma "exo-cozinha", nos termos de Lévi-Strauss, em seu conhecido ensaio sobre o "triângulo culinário" (Lévi-Strauss, 1965). Ora, combinar esses elementos de uma cozinha do cotidiano e de uma cozinha ritual, num mesmo almoço — mesmo quando os pratos típicos estão efetivamente ausentes e apenas lembrados num plano ideal, como em Curuçazinho, mas substituídos pela fervura do arroz e do feijão e pelo assado da galinha — equivale a operar, no plano culinário, uma neutralização correspondente àquela que teve lugar na festa de rua, quando o ritual do Círio, para ser encerrado, deixa de ser público, para penetrar no recinto privado do lar. Todavia, mesmo esta "privacidade" do ritual de encerramento nunca pode ser completa, pois, além da presença das pessoas da família, é sempre bom ter algum convidado (especialmente se de fora do lugar), a quem se demonstre a prodigalidade e a fartura do almoço, correspondente também à prodigalidade das bênçãos e das graças proporcionadas pela santa (ou santo) que se homenageia.

15 Um documento da antiga Agência Municipal de Estatística, que funcionava na Prefeitura de Vigia e hoje se encontra arquivado na Agência Municipal da Fundação IBGE, contém o seguinte texto, que também é repetido, com variantes, em alguns programas da festa: "A festividade de N. S. de Nazaré, padroeira da cidade de Vigia, data de 1750, conforme se verifica do compromisso da antiga irmandade, aprovada na parte religiosa pelo Exm? Snr. prelado diocesano dom Frei Miguel de Bulhões, em 25 de outubro de 1751 e confirmado na parte civil, em virtude da lei provincial n? 104, de 4 de junho de 1842, por dom Sebastião do Rego Barros, do Conselho de Sua Majestade, o imperador, bacharel em Matemática, comendador da Ordem de São Bento de Avis, tenente coronel reformado, deputado da Assembléia Geral Legislativa pela província de Pernambuco e presidente do Grão-Pará". O documento fala, na verdade, na oficialização da festa, em 1750, pelo bispo paraense. Como a devoção é bem mais antiga, pode-se supor que a festa já se realizava desde antes de ser oficializada.

16 A primeira semana foi considerada fraca: de segunda a quarta-feira o patrocínio pertenceu à diretoria; nas outras noites, ao Movimento dos Casais da paróquia, aos funcionários públicos municipais e à juventude. Esta, como já se esperava, foi a noitada mais animada da primeira semana. A segunda semana, tradicionalmente a mais importante, começou, no entanto, com uma surpresa, pois, no domingo, a noitada da classe dos comerciantes (ultimamente sem muito brilho) foi considerada a mais animada de toda a festa, superando em renda para o tesouro todas as demais. As noites subseqüentes

tiveram o patrocínio dos funcionários públicos estaduais, das senhoras, dos operários, dos ambulantes, dos pescadores e dos lavradores. O dia da festa (quarto domingo de setembro), como em outras festas de santos, contou com o patrocínio da diretoria.

17 As romarias tiveram início na terça-feira da primeira semana de festividades, a cargo dos fiéis do bairro do Amparo e Santa Rita, seguindo-se, nos outros dias, as romarias dos fiéis do bairro do Arapiranga e, no sábado, encerrando a semana, a romaria das Associações Paroquiais. Na segunda semana, tendo as romarias sido interrompidas no domingo, recomeçaram na segunda-feira, com a romaria dos estudantes de 1º e 2º graus, prosseguindo, nos dias seguintes, até o sábado, com as de um movimento de jovens da paróquia (conhecido pela sigla CTULA), dos Clubes de Mães e Pais da cidade, de um outro movimento de jovens (São Luís de Gonzaga), dos alunos do Educandário Nossa Senhora das Neves (das irmãs preciosinas) e, finalmente, dos fiéis do interior do município (lavradores).

18 De fato, não foram os dominicanos que estiveram em Vigia, além dos jesuítas, e sim, os carmelitas e mercedários, ambos chegando pouco depois daqueles, nos primeiros anos da quarta década do século XVIII, como já vimos na primeira parte deste estudo.

19 Segundo uma tradição local, como foi visto na primeira parte deste trabalho, Vigia teve origem numa antiga aldeia indígena chamada Uruitá.

CONCLUSÃO
A TENSÃO CONSTITUTIVA DO CATOLICISMO

Ao longo deste trabalho examinamos alguns aspectos históricos da constituição do catolicismo no município de Vigia e na região do Salgado, enfocando três diferentes conjunturas da história da Igreja: o padroado, a romanização e o período pós-Concílio Vaticano II. Ao lado de um estudo da implantação da hegemonia católica na região (durante a vigência do padroado), onde se deu a constituição do catolicismo popular, com suas características próprias (um catolicismo de origens medievais, filtrado pelas fontes populares ibéricas, voltado para a devoção e as festas, com acentuados aspectos sociais), foi também examinado o esforço romanizador da Igreja oficial no sentido de reformar-se a si própria e de controlar esse catolicismo tradicional. Nas duas outras partes do trabalho é que se fez o estudo, pormenorizado, do catolicismo popular, sobretudo na paróquia de Vigia, a mais antiga e importante da região do Salgado, assim como o da continuação do controle eclesiástico, dentro da nova conjuntura da história da Igreja.

Foram levadas em conta as formulações de Braudel (1961, 1969 e 1972) a respeito dos diversos patamares em que se situa a história (acontecimento, conjuntura e estrutura), assim como também a relação dialética que se estabelece entre passado e presente, graças à qual, através do estudo do passado se consegue melhor entender o presente, da mesma forma como o conhecimento do presente é capaz de nos permitir uma melhor compreensão do passado. Não é sem razão que Schaff (1961), ao procurar responder à pergunta sobre por que se reescreve a história sem cessar, rejeitando as formas extremadas de subjetivismo com que a mesma é concebida por certos historiadores e sociólogos, entende-a como processo, que só po-

475

de ser compreendido na plenitude à medida em que se desenvolve. Os trabalhos históricos se tornam obsoletos e a história tem de ser constantemente reescrita, em primeiro lugar, por causa da descoberta de novas fontes e de fatos desconhecidos; em segundo, e, sobretudo, porque o desenvolvimento da própria história "nos revela aspectos e traços novos de fatos já conhecidos, mostrando os processos históricos sob cores novas e esclarecendo-os a uma luz mais penetrante" (Schaff, 1961, 134 e *passim*).

É conhecido o longo divórcio entre história e antropologia, que ocorreu sobretudo a partir da postura da antropologia social inglesa, com suas críticas ao evolucionismo e à chamada "história conjectural". Todavia, um dos mais importantes antropólogos britânicos, Evans-Pritchard, há algumas décadas, tratando das relações entre a história e a antropologia, criticava a atitude dos funcionalistas para com a história, afirmando que, ao desprezarem a história conjectural, juntamente com ela deixaram de lado toda a historia[1]. Em seguida, aponta o que, para ele, devem constituir as tarefas do antropólogo: a construção de etnografias, a explicitação da estrutura de sociedades particulares, assim como, também, os estudos comparativos. O bom historiador faz tudo isso com relação às sociedades passadas:

> "Embora existam, certamente, muitas diferenças entre antropologia social e historiografia, elas são diferenças de técnica, de ênfase e de perspectiva, mas não diferenças de método e objetivo." (Evans-Pritchard, 1964, 151)[2].

Este trabalho, que procurou combinar história e antropologia, consistiu, em parte, numa tentativa de abordagem dos fatos históricos a partir do viés antropológico. E, como tal, embora concordando, basicamente, com as formulações desse autor, creio ser necessário acrescentar, como já foi dito acima, que, ao desenvolver seu trabalho, antropólogos, historiadores e cientistas sociais estão, de fato, "construindo modelos" (cf. Lévi-Strauss, 1970 d, 301-302). Por outro lado, como é bem conhecido, os modelos não se confundem com a realidade, mas procuram dar conta de "todos os fatos observados". Essa constatação, embora não formulada explicitamente, já havia sido feita pelos historiadores, ao distinguirem entre história no sentido objetivo (referente aos fatos, acontecimentos, ações humanas, relações sociais etc.) e história no sentido subjetivo (isto é, a reconstituição desses fatos, a tentativa de compreendê-los, a construção de uma obra histórica)[3]. Destarte, não pode haver conhecimento histórico objetivo, em sentido absoluto (nem sociológico, como queria Durkheim, ao postular que os fatos sociais devem ser encarados como "coisas")[4]. O conhecimento objetivo da realidade surge apenas como uma meta, que se pretende alcançar através da utilização de métodos científicos rigorosos e de teorias adequadas ao objeto, que permitam uma análise dos fatos a partir dos quais se construam os modelos e, eventualmente, se possa avançar na teoria. A objetividade do conhecimento, a "verdade" histórica ou sociológica (e antropológica) pode ser concebida, até certo ponto, nos termos em que a coloca o filósofo acima citado, considerando-a:

"Como não estática, mas como o processo ininterrupto de um progresso em direção à verdade total, porquanto absoluta, semelhante a uma série matemática que tende ao seu limite. Este processo não termina nunca. Cada fase concluída do conhecimento é limitada; não sendo completa, é portanto variável. Ela contém, entretanto, conhecimentos objetivos dos quais nos enriquecemos, acarretando-nos um conhecimento cada vez maior do progresso da História. Colecionamos *verdades relativas* e dirigimo-nos para as fronteiras da verdade absoluta, *sem entretanto atingi-la nunca*" (Schaff, 1961, 130; os grifos são meus, R.H.M.).

Cumpre esclarecer, portanto, que, na conclusão deste trabalho, encontro-me consciente de que os seus resultados, se podem ter representado algum avanço no conhecimento do objeto de pesquisa a que me propus, trata-se sempre de um conhecimento parcial e provisório, destinado, certamente, a ser superado por outros estudos que se proponham o mesmo problema. Além disso, devo lembrar, como já foi dito na introdução deste trabalho, que utilizo o termo "estrutura" em dois sentidos diferentes: de um lado, a estrutura como parte do processo histórico objetivo (a realidade, que tento captar) e, de outro, a estrutura no sentido de modelo analítico, construído pelo pesquisador, que procura dar conta dessa realidade. Três outros pontos também merecem atenção. Em primeiro lugar, o caráter repetitivo (recorrente) de várias questões que se apresentaram no decorrer dos relatos, das descrições e da análise, ao longo de um período que comporta alguns séculos, conjunturas diversas e momentos históricos distintos. Embora este ponto deva ser retomado adiante, desde logo devo sugerir que ele parece indicar uma estrutura permanente (no sentido objetivo) que perpassa todos esses períodos. Ligado a isto está o caráter amazônico, já ressaltado acima, que assumem as manifestações do catolicismo popular, o que confere uma especificidade à temática abordada. E, finalmente, para evitar mal-entendidos, embora esteja claro que me propus, desde o início, a desenvolver um estudo antropológico, devo lembrar que este trabalho vem procurando ser uma leitura, ou melhor, uma tradução do material empírico coletado, não se propondo, pois, a ser uma *explicação*, no sentido do ideal positivista (encampado pelo funcionalismo) dos fenômenos sociais, o que se liga com o que foi dito no parágrafo anterior. Sendo uma leitura e uma tradução (*traduttore, traditori*), a partir de uma postura antropológica voltada para o estudo das representações e do simbolismo, este trabalho se preocupou em grande parte com aspectos ligados ao ritual e ao mito. Ora, se nosso conhecimento objetivo dos fatos históricos (e antropológicos) é parcial e provisório, num certo sentido a própria história pode ser lida como uma espécie de mito, devendo-se, tambem, encarar com reservas as afirmações acima citadas de Adam Schaff, embora não se possa aceitar o subjetivismo extremado de um autor como Benedetto Croce, um dos historiadores contra quem mais se dirige a crítica de Schaff[5]. A postura que adoto pode ser melhor expressa pela citação das palavras de Claude Lévi-Strauss:

> "Uma história verdadeiramente total se neutralizaria a si mesma: seu produto seria igual a zero. O que torna a história possível, é que cabe a um subconjunto de fatos ter, num dado período, aproximadamente a mesma significação para um contingente de indivíduos, que não

viveram, obrigatoriamente, estes fatos, e que podem, mesmo, considerá-los a vários séculos de distância. *A história não é, pois, nunca a história, mas a história-para* (...). Parcial mesmo quando se proíbe de o ser, ela continua a fazer parte de um todo, o que é ainda uma forma de parcialidade. Desde que alguém se proponha a escrever a história da Revolução Francesa, sabe (ou deveria saber) que esta não poderá ser, simultaneamente e ao mesmo título, a do jacobino e a do aristocrata. Por hipótese, suas respectivas totalizações (cada uma das quais é anti-simétrica com a outra) são igualmente verdadeiras. É preciso, pois, escolher entre dois partidos: seja reter principalmente uma delas e renunciar a procurar na história uma totalização de conjunto de totalizações parciais; seja reconhecer a todas uma realidade igual: *mas, apenas, para descobrir que a Revolução Francesa, tal como falam dela, não existiu.*" (Lévi-Strauss, 1970 c, 293-294; os grifos são meus, R.H.M.).

Ademais, sendo este trabalho uma leitura, voltada, fundamentalmente, para as crenças, os mitos, os rituais, as representações enfim, de uma parcela da população amazônica, ele também permite uma outra leitura: a da própria sociedade regional. As peculiaridades que assume o catolicismo popular, sua ligação com a pajelança, o ciclo de festas de santos populares, o Círio e a festa de Nazaré — com sua multiplicidade de símbolos e significados — tudo isso permite entender melhor a sociedade amazônica, sobretudo aqueles aspectos mais tradicionais e que configuram uma estrutura mais profunda, moldada há séculos, pelas peculiaridades do processo histórico de formação dessa mesma sociedade.

Cumpre agora enfrentar uma questão que esteve presente ao longo de todo o trabalho: a do sincretismo religioso. A análise que foi apresentada acima das crenças e representações dos praticantes do catolicismo popular e da pajelança, na região do Salgado, coloca como impositiva a discussão a respeito desse fenômeno. Essa é uma discussão antiga na literatura antropológica (e sociológica) brasileira, que não é possível retomar, em detalhes, na conclusão deste trabalho[6]. Vale lembrar, todavia, que, após uma fase onde os estudos se voltavam para uma perspectiva fortemente aculturativa e preocupada com as raízes e a pureza ou impureza das crenças e práticas religiosas, sobretudo dos cultos de origem africana, o fenômeno foi quase inteiramente deixado de lado pelos estudiosos das religiões populares que, a partir daí, passaram a se preocupar, em grande parte, com uma perspectiva marcada pela questão das classes sociais, do que resultaram trabalhos valiosos, alguns deles citados acima neste estudo. Não obstante, alguns desses trabalhos, onde há exemplos de vinculações bem estreitas com certos núcleos de produção intelectual e de ação pastoral no interior da instituição eclesiástica, não deixam de retomar o tema da "pureza" em novos termos, já que é no povo que se encontra a religião mais autêntica; essa forma de *populismo* tende a estabelecer uma vinculação, quando menos duvidosa, entre classes sociais e formas de religiosidade (cf., entre outros, Betto, 1981; Boff, 1977, 1982; e Brandão, 1980, 1981). Todavia, pode-se afirmar que, embora tenha sido relegado a um segundo plano, ou, mesmo, abandonado de todo — especialmente pelos cientistas sociais —, o problema do sincretismo não ficou resolvido, permanecendo, até hoje, vivo e presente como problema prático e teórico, à espera de novas análises e reflexões.

Na conclusão deste trabalho, não tenho a pretensão de resolvê-lo do ponto de vista teórico das ciências sociais, mas apenas levantar algumas questões que surgiram a partir do que foi tratado acima, especialmente na segunda parte do estudo. Essa discussão permitirá, por outro lado, retomar a questão da distinção entre o catolicismo popular e oficial em novas bases, na proposta que faço, a seguir, do modelo analítico de catolicismo que tento construir. Em primeiro lugar deve ser dito que o sincretismo importa, sobretudo, em duas dimensões fundamentais, ou, se quisermos, dois níveis de reflexão distintos: de um lado, a dimensão que se coloca no nível dos sistemas religiosos, vistos como conjuntos mais ou menos integrados; e, de outro, a que se põe no nível dos agentes da crença e da prática religiosa[7]. Uma terceira dimensão, que também não pode ser esquecida, diz respeito à dominação. Numa situação histórica concreta e numa área localizada, um sistema pode apresentar-se como hegemônico e, portanto, dominante em relação aos demais. É o que acontece na região do Salgado, onde, como vimos, por razões históricas, o catolicismo cumpre essa função de hegemonia e dominação. Começando pela análise no nível de sistema, pode-se conceber que, na área em estudo, coexistem quatro sistemas religiosos distintos: catolicismo (C), pajelança (P), umbanda (U) e espiritismo kardecista (E). O protestantismo, também presente no campo religioso da região do Salgado, especialmente sob a forma pentecostal, é excluído de consideração, por não participar, pelo menos de forma conspícua, do sincretismo religioso. Na situação da área em estudo, pode-se provisoriamente pensar na ocorrência de cada um desses sistemas como conjuntos discretos, mas que também se intersecionam, o que, para fins analíticos, é representado a seguir com a ajuda de diagrama de Venn-Euler[8].

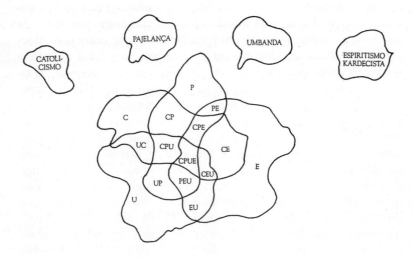

Temos, no caso, idealmente, quatro conjuntos (integrados e com um mínimo de coerência interna) que se superpõem, formando vários tipos de interseção. Em primeiro lugar, um núcleo forte de sincretismo, onde se combinam as crenças e práticas de todos os sistemas (CPUE). Em segundo lugar, áreas mais ou menos fortes ou mais ou menos fracas de sincretismo, onde as combinações se fazem de diferentes maneiras (PEU, CPU, CPE e CEU; ou UP, UC, CP, PE, CE e EU). E, finalmente, áreas de pureza doutrinal, ou de ortopráxis, onde as crenças e práticas do catolicismo, da pajelança, da umbanda e do espiritismo kardercista permanecem fora da interseção com outros sistemas. Essas são todas as possibilidades lógicas de interseção, tomadas, como foi dito acima, idealmente e, além disso, num dado momento do tempo, isto é, numa perspectiva sincrônica. Poderia ser dito, por outro lado, que, embora este trabalho, especialmente na sua segunda parte, tenha explicitamente privilegiado a análise das crenças e representações do catolicismo popular e da pajelança — máxime por se ter voltado sobretudo para o estudo das populações rurais ou de origem rural da área investigada — o mapa cognitivo ali desenhado (e construído analiticamente) põe em evidência, basicamente, um tipo de interseção em que se combinam as crenças do catolicismo, da pajelança, e do espiritismo kardecista (ver página 254).

Não obstante, a análise não estaria completa se não levasse em conta o nível dos agentes (praticantes do catolicismo popular e da pajelança). Nesse nível, há um trânsito constante entre essas diferentes instâncias de sincretismo (as interseções) e áreas de pureza doutrinal ou ortopráxis. No nível de sistema permanecemos, de fato, no ideal, na abstração. Só podemos atingir o nível do concreto na medida em que observamos o comportamento dos indivíduos (suas práticas religiosas, a participação em rituais etc.) e a verbalização de suas crenças. Destarte, de acordo com os diferentes contextos e situações, crenças e práticas se atualizam, de forma combinada ou isolada, em diferentes momentos. Vimos, ao longo de todo este trabalho, vários exemplos de como isso acontece, desde o período colonial (lembrar as diversas confissões e denúncias junto à mesa inquisitorial, no século XVIII), até os dias de hoje, no período pós-Vaticano II. Não cumpre aqui repeti-los. Lembraria, porém, que, no caso da pajelança, por exemplo, mesmo o pajé ou curador, ao participar de missas, procissões, ladainhas e outras práticas do catolicismo, momentaneamente "esquece" os encantados e se mostra católico, para atualizar o culto dos santos. Todavia, o mesmo não se dá quando ocorre uma sessão de cuja da pajelança, pois os santos católicos estão sempre presentes, como imagens, ou como invocação (inclusive dos próprios encantados). Isto acontece certamente pela posição hegemônica e dominante do catolicismo na área em estudo — há longo tempo implantada e pouco ameaçada pelos cultos concorrentes — assim como pelo modelo romanizante (e europeizante) ainda vigente — pouco afetado pelas aberturas do Concílio Vaticano II e seus desdobramentos — que não admite, por exemplo, experiências do tipo da missa dos quilombos (tentativa de setores da Igreja progressista de integrar no ritual católico elementos periféricos da umbanda e do candomblé).

Mas não se pode esquecer uma quarta dimensão: a da identidade religiosa. Ao privilegiar o estudo de uma categoria de agentes religiosos (os praticantes do catolicismo popular e da pajelança), que constituem a maioria da população rural (ou urbana de origem rural) da área do Salgado, ficou evidente, no decorrer da pesquisa, que esses agentes se identificam (e são identificados) como católicos. Todavia, esse catolicismo inclui as crenças e práticas da pajelança cabocla (com fortes influências da umbanda e do espiritismo kardecista). Mesmo ao participarem de rituais espíritas ou umbandistas, esses agentes permanecem se identificando como católicos. E, por outro lado, tendem a identificar os líderes desses cultos como pajés ou curadores. Embora a umbanda e o espiritismo kardecista possuam, na área, adeptos que assumem uma identidade umbandista ou espírita (mesmo que em outros contextos também se apresentem como católicos), a pajelança, ao contrário, não possui adeptos que assumam, em momento algum, uma identidade "pajeística", ou qualquer outro nome que se lhe dê, procurando mostrar-se, sempre, como bons católicos. Com efeito, a pajelança não existe, para seus praticantes, como uma categoria totalmente explícita, no sentido de que, na região estudada, não existe nem mesmo um rótulo para ela. Os atores falam em "pajés", "curadores", "trabalhos" (sessões xamanísticas), "medicina invisível" (em oposição à medicina ocidental) — embora, como vimos, a pajelança não se limite às práticas curati-

483

vas — mas nunca usam o termo "pajelança". Esse termo é uma "invenção" dos antropólogos e folcloristas e, de certo modo, pode dizer-se que a pajelança é, de fato, uma construção analítica dos pesquisadores[9].

Isto me leva, pois, a uma outra questão. A análise acima esboçada, que partia do pressuposto, no nível de sistema, da existência de conjuntos discretos que se intersecionam, deve também ser confrontada com a realidade empírica, no nível da prática dos agentes, numa outra perspectiva, que demonstra, como vimos ao longo deste estudo, não existirem, de fato, sistemas "puros". A pureza só existe como uma abstração, na mente dos analistas que se distanciam da realidade ou dos militantes que, por razões políticas, desejam sustentá-la como princípio. Todas as religiões são sincréticas, inclusive o catolicismo. A partir da tradição dos estudos de sincretismo, no Brasil, acostumamo-nos a pensá-lo somente no tocante às crenças e práticas exóticas, especialmente àquelas que, de alguma forma, encontram suas raízes na África (os chamados cultos afro-brasileiros). Não obstante, tomando o conteúdo explícito das crenças verbalizadas pelos informantes, assim como a observação e análise de suas práticas e rituais, este trabalho se volta, de fato, para o estudo do *catolicismo* (num sentido mais global), na medida em que se puder pensá-lo como uma religião sincrética que, ao contrário do protestantismo — tendente ao sacerdócio universal e à fragmentação em numerosas igrejas e seitas —, sabe conviver com as diferenças e assimilá-las, até certo ponto, numa *totalidade* (católica, universal). Preservando um "núcleo essencial de fé cristã" ou uma "identidade católica", que inclui, também, uma aceitação — embora nem sempre passiva — dos ditames da hierarquia eclesiástica, o sincretismo católico é capaz de se manifestar nas mais diversas culturas e etnias, nas mais diversas classes e camadas sociais, incorporando elementos os mais variados, mas sempre permanecendo *católico*[10]. No caso da área em estudo, ele é capaz de incorporar as crenças e práticas xamanísticas da pajelança cabocla, embora no nível de seus praticantes populares, se bem que o fato não deixe de, eventualmente, gerar tensões e conflitos.

Destarte, devo enfatizar, mais uma vez, que este trabalho visou, sobretudo, a *construção analítica* de um *modelo do catolicismo*. Não estou falando a partir do lugar institucional católico ou de qualquer outra confissão religiosa (não seria provavelmente necessário declarar que não as desprezo, pois, se fosse assim, este trabalho não teria sido escrito). Estou falando a partir do *lugar do antropólogo*, isto é, do analista que procura fazer um duplo esforço dialético — de aproximação e distanciamento de seu objeto de pesquisa, na tentativa de, na expressão feliz de Roberto da Matta, "transformar o exótico em familiar e o familiar em exótico". (Da Matta, 1978, 28).

A terceira parte deste trabalho tratou, mais especificamente, dos rituais das festas de santos populares, na tentativa não só de analisá-los como atos expressivos dos próprios grupos sociais que os mantêm, de seus simbolismos, dos diferentes interesses envolvidos, como também do controle exercido sobre eles pela autoridade eclesiástica. Pois não é tanto sobre as crenças e representações que se pode agir de modo mais eficaz, como sobre as práticas de culto, considerando-se, também, como foi visto, que essas práticas, segundo a maneira como são concebidas e levadas a efeito, não simplesmente expressam representações de natureza religiosa, mas também são capazes de inculcar novos valores, visões do mundo, ideologias, crenças e representações. E aqui, a propósito, é necessário lembrar o que diz Isidoro Alves, em seu estudo sobre o Círio de Nazaré, em Belém, quando, parcialmente inspirando-se em Turner (1974), opõe aquilo que chama de "ideologia do controle" a uma "ideologia da *communitas*", identificando a primeira com a diretoria da festividade (em sintonia com os ditames da paróquia e da hierarquia), "a quem cabe tomar as medidas que compatibilizem os objetivos da empresa dos bens de salvação, a Igreja Católica, com as aspirações que emergem no contexto ritual". Já a "ideologia da *communitas*" é definida, nos seguintes termos, por esse autor:

> "Correspondente às disposições coletivas no sentido de mobilização de um conjunto de símbolos que permitam, momentaneamente, aos diferentes grupos, ideais comunitários, concepções, atos e gestos informais, e atitudes que não aspiram à sacralização. Ela emerge então como disposição coletiva em resposta a uma demanda estrutural representada pela ordem e controle da festa." (Alves, 1980, 102-103).

485

Há uma primeira ressalva a fazer: os leigos comuns (o povo), que não se encontram mais intimamente ligados à hierarquia eclesiástica, e aos quais corresponde essa "ideologia da *communitas*" de que fala o autor citado, efetivamente aspiram à sacralização, mas, como vimos no decorrer deste trabalho, possuem uma concepção do sagrado que não corresponde inteiramente àquela dos sacerdotes. Por outro lado, essa análise, limitada a um ritual específico, que deixa de considerar as questões mais gerais que procurei abordar no presente trabalho, embora aponte para aspectos fundamentais do controle eclesiástico, não chega propriamente a atingir o cerne da questão, num aspecto específico da tensão permanente que configura o campo católico. Não obstante, indica pistas muito importante para a compreensão do problema mais vasto, sugerindo o que de fato ocorre, isto é, a resistência sempre presente da parte do povo (o conjunto dos leigos) ao controle eclesiástico, que se faz por fluxos e refluxos, com momentos de maior ou menor intensidade, de avanços e recuos, de ocasiões em que o controle avança até quase atingir o limite da anulação das iniciativas populares, seguidas de momentos em que o povo avança até quase retomar o domínio completo da devoção.

Uma observação feita por Pierre Bourdieu permite o prosseguimento da análise:

"As diferentes formações sociais podem ser distribuídas em função do grau de desenvolvimento e de diferenciação de seu aparelho religioso (...) segundo sua distância em relação a dois pólos extremos, o *autoconsumo religioso*, de um lado, e a *monopolização completa* da produção religiosa por especialistas, de outro lado." (Bourdieu, 1974, 40; grifos no original).

Para esse autor, a constituição de um campo religioso autônomo é acompanhada por um processo de "sistematização e de moralização das práticas religiosas", que implica também num processo de *desapropriação* ou *destituição* por parte dos especialistas deste campo, daqueles que são privados de seu "capital religioso" e, por essa razão, se tornam leigos (ou profanos), enquanto os especialistas ou sacerdotes, tendem a monopolizar os "bens simbólicos" que, acumulados, constituem esse capital (cf. Bourdieu, 1974, 36-40). Não é possível concordar, sem ressalvas, com o que diz Bourdieu. Em primeiro lugar, os dois pólos extremos, de que fala, constituem apenas abstrações (uma espécie de "tipos ideais"), pois não podem ser localizados em nenhuma sociedade humana conhecida, do presente ou do passado. Em segundo lugar, a metáfora econômica com que o sociológo francês procura caracterizar alguns dos aspectos mais importantes do fenômeno religioso implica, como acontece com as diversas metáforas que são tão caras aos cientistas sociais (inclusive a biológica, a partir de Durkheim), que devemos estar bem precavidos contra ela. Religião não se confunde com economia (nem com política) e não pode ser reduzida, nem mesmo ao social: há outros fatores implicados e, entre eles, o mais evidente — a fé dos sujeitos que a praticam — que certos preconceitos de origem iluminista e positivista nos fazem freqüentemente esquecer.

Com essas ressalvas, porém, pode-se considerar que o sacerdote, no limite — mesmo que pessoalmente não esteja consciente disso — tende a uma "monopolização completa da produção religiosa", embora — como foi ressaltado — isso de fato não chegue a se concretizar em nenhuma sociedade humana, o que significa, por exemplo, que, no plano de análise que foi colocado, o do catolicismo popular e, mais especificamente, na terceira parte deste estudo, o da festa de santo, o chamado "profano" deve ser "de todo" abolido, assim como são excluídos e anulados os esforços dos leigos ou profanos, que só são admitidos como auxiliares subalternos da realização do empreendimento especificamente religioso, isto é, do litúrgico, doutrinário ou sagrado. Por outro lado, do ponto de vista do leigo (o praticante do catolicismo popular), aparece a tendência oposta, ao autoconsumo religioso, surgindo o sacerdote como um elemento auxiliar de suas práticas, importante, não há dúvida, e sempre solicitado, mas não de todo indispensável, já que a festa do santo pode ser feita sem ele. O que não pode deixar de existir é, obviamente, o santo. Por outro lado, nessa festa, assim como o leigo não se deixa excluir de pelo menos uma parcela de domínio do capital religioso, não podendo, pois, ser relegado à condição de "profano", também ele não vê, com a mesma nitidez do sacerdote, a distinção entre o sagrado e o profano, pois todos os elementos da festividade, mesmo a música e a dança, os foguetes, o jogo de futebol, a comida e a bebida, são como que "sacralizados", por pertencerem também à festa do santo.

Num plano mais geral, a oposição entre sacerdote e leigo católico não pode estar desligada de uma análise institucional e, também, da consideração, de caráter mais estrutural, das classes sociais que compõem nossa sociedade. Isso significa, como vimos acima, que a Igreja Católica tem de se defrontar, de um lado, com o Estado e, de outro, com classes dominantes e subalternas, com que este mesmo Estado também se defronta. A rigidez de uma análise que não considerasse, porém, a autonomia relativa do campo religioso e da Igreja e, também, a autonomia relativa do Estado, quer consideremos uma instituição frente à outra, quer cada uma delas de *per si*, diante das classes sociais, estaria fadada ao insucesso.

Vimos acima como, em certas ocasiões, a Igreja se alia ao Estado para controlar o catolicismo popular. Isso se deu, por exemplo, na época do padroado, em ocasiões como a da visitação do Santo Ofício, ou no início do processo da romanização, a partir dos anos 1850 — quando ainda havia uma convergência de interesses entre as autoridades do Império e as eclesiásticas — e ocorreu, também, mais tarde, sob a liderança do cardeal Leme — na época da implantação do que Bruneau chamou de "modelo de neo-cristandade" — embora tudo isso tenha sido feito de forma um tanto contraditória. Em outras situações, como também foi examinado acima, a Igreja se contrapõe ao Estado, para fazer valer os seus ditames junto à população, enfrentando, mesmo, a oposição das classes dominantes, como fica bem claro nos episódios da chamada Questão Religiosa. Certas situações de aliança precária entre a Igreja e o Estado também podem ser constatadas, como no episódio da transição entre o Império e a República, como foi examinado na primeira parte deste estudo. Surgem, ademais, em outros contextos, situações diversas, que não foram tratadas ao longo deste estudo, por não estarem mais diretamente ligadas à região onde se desenvolveu a pesquisa. Trata-se, em primeiro lugar, de casos em que a Igreja, em situações históricas específicas, se alia, ao mesmo tempo, ao Estado e às classes dominantes, para reprimir manifestações da religiosidade popular que são encaradas como ameaças mais sérias: os episódios messiânicos de Canudos, do Contestado, e o caso, mais ou menos ambíguo, da liderança popular exercida pelo padre Cícero em Juazeiro, pois envolvia um representante da própria hierarquia mais identificado com as aspirações populares (cf. Ribeiro de Oliveira, 1985, 241 e segs.). Faltaria considerar, ainda, as situações em que a mesma Igreja — ou parcelas expressivas de seus membros ligados ao clero e à hierarquia — se une ao conjunto da população para se contrapor ao Estado e, mesmo, às classes dominantes. Essas situações encontram seus exemplos em episódios recentes da Igreja brasileira; no caso paraense, o fato da prisão e condenação dos padres franceses Aristides Camio e Francisco Gouriou, juntamente com os posseiros do Araguaia, ocorrido em 1981-1982, que teve repercussões sobre o Círio de Nazaré em Belém, e imensas repercussões na política paraense — e mesmo nacional — em vista das eleições de 1982, em que diversas vozes (de variadas tendências), dentro da hierarquia, ergueram-se em sua defesa, é um bom exemplo, entre outros (cf. Maués, 1982 a, 1982 b).

Não estou tratando, porém, de uma simples questão de poder. A questão diz respeito a relações de poder *dentro do campo religioso*. É preciso insistir, mais uma vez, que a Igreja Católica não pode ser encarada como uma instituição entre as outras. Há uma atitude soteriológica fundamental que informa a ação de seus membros, sobretudo daqueles que ocupam posições na estrutura hierárquica da instituição, a qual não pode ser facilmente assimilada pelos leigos comuns, sobretudo pelos católicos populares, que não passaram pela inculcação de uma formação ideológica específica no seminário, e, muito menos, pelos não católicos. Mas a Igreja e seus membros (clérigos e leigos) participa de formações sociais concretas e, no caso brasileiro, como em outros, de uma sociedade de classes com características próprias. Tomando apenas dois exemplos, na área investigada — as paróquias de Vigia e de Curuçá —, poder-se-ia dizer que o pároco, enquanto sacerdote, pelo prestígio de que desfruta, pelas ligações que possui (transcendentes ao meio local) representa sempre uma espécie de ameaça aos poderes locais, tradicionais. Uma boa parte dos conflitos em que se envolvem os sacerdotes com as populações resulta dessa tensão, que vai além das questões religio-

489

sas, na medida em que o poder do sacerdote — seja ele "conservador" ou "progressista" — constitui também uma ameaça para os grupos ou classes dominantes locais. No caso de Vigia, onde encontramos, durante a pesquisa de campo (1984-1985), um vigário de tendência conservadora, os grupos dominantes locais, todos se declarando católicos, mas competindo entre si pela hegemonia política, muito freqüentemente se uniam contra o vigário, na medida em que este, muito embora não divergindo da postura conservadora dos políticos vigienses, ao implementar os objetivos ou ditames que acreditava serem os mais corretos no interesse da instituição eclesiástica, se insurgia contra as chamadas "tradições" do lugar. O caso de Curuçá apresenta maior complexidade, desde que se tratava de um vigário que, fugindo à regra da maioria dos párocos da região, colocava-se numa postura "progressista", tendo apoiado, em 1982, um candidato a prefeito mais identificado com as lutas e aspirações populares (do PMDB). Aqui o choque com os grupos dominantes da política local se deu em forma de confronto, ainda mais que a luta prosseguiu, na tentativa de reverter a situação existente no sindicato rural, em favor dos interesses dos pequenos camponeses. Não obstante, na questão da mudança da data do Círio de Nossa Senhora do Rosário (que de fato implicava na volta à data tradicional) a acusação dos opositores do vigário, de que estava tentando "acabar com as tradições" da cidade, encontrava ressonâncias junto aos próprios pequenos camponeses.

A questão, sendo política, é também de uma política institucional, e de uma instituição que possui suas especificidades, que não se pode deixar de levar em conta. Embora este trabalho tenha enfatizado a questão do controle eclesiástico sobre o catolicismo popular, nele estiveram presentes, porém, duas questões que, em princípio, se deve distinguir: o controle interno da instituição eclesiástica (pensada, a princípio, como o conjunto dos sacerdotes, com suas diferenças hierárquicas) e o controle dos leigos. Na primeira parte deste trabalho vimos como se deu, especialmente na fase da romanização, o esforço controlador da hierarquia no tocante ao clero. Esse controle persiste e não poderia deixar de existir, dadas as especificidades da instituição. Um dos exemplos mais recentes se encontra no debate sobre a teologia da libertação, que a hierarquia acatou, conferindo porém um sentido tradicional ao termo ("libertação do pecado"), que remete mais a um projeto de salvação individual, numa linha que retoma a postura conservadora dominante anterior ao Concílio Vaticano II[11]. Todavia, creio ser possível afirmar que não há nenhuma diferença de natureza no esforço de controle eclesiástico entre a atitude do catequista do interior do município de Vigia que insiste na presença do leigo comum ao culto dominical, sob pena de não poder partilhar do sacramento da eucaristia no domingo seguinte, sem confissão, e a pena do silêncio imposta ao frei Leonardo Boff, pela Sagrada Congregação da Doutrina da Fé (antigo Santo Ofício), pelas suas posições de vanguarda dentro da Igreja brasileira, na linha da teologia da libertação. A diferença, que realmente existe é, no entanto, apenas de grau. Trata-se, pois, não propriamente de duas questões, mas de uma só, com um caráter dúplice, que, por importante, não pode ser omitido, pois envolve a oposição entre sacerdotes e sacerdotes (ou "profetas"?) e também a oposição a que mais me atenho neste trabalho, entre sacerdotes e leigos.

Até este momento, tenho quase sempre falado numa oposição entre catolicismo "oficial" e "popular". Não há dúvida que essa oposição existe, mas é preciso relativizá-la. Todo este trabalho mostrou, ao longo de séculos, a tensão permanente entre essas duas instâncias. Não estaria aqui a dimensão mais ampla da *catolicidade*? É o momento de repensar a própria identidade do catolicismo. Dois aspectos precisam, então, ser considerados. Em primeiro lugar, a transformação do esquema lógico do pensamento católico, de que nos fala Le Goff (1981), a partir do século XII, de dois (ou quatro) a três, em *La Naissance du Purgatoire*: a concepção de um lugar intermediário, de penitência e provação, entre o inferno e o paraíso, lugar dos que não são nem muitos maus, nem muito bons, mas que se reduzem, através de uma operação lógica realizada pelos teólogos medievais, tendo como modelo a própria estrutura da sociedade de seu tempo, a uma única categoria. Essa lógica do terceiro lugar, do ponto intermediário, vai ter implicações muito profundas nas estruturas mentais das sociedades que, como o Brasil, se constituem sob a égide do catolicismo. Mas esse não é o ponto mais importante que gostaria de enfatizar, como será visto a seguir. O segundo aspecto a ser considerado, no tocante ao catolicismo, diz respeito à distinção rígida entre duas categorias, que se estabelece através de símbolo ou sinal (poder-se-ia falar também de *estigma*), que é o *sacramento* da ordem: ele separa, de uma maneira radical, leigos de sacerdotes. Estaria este aspecto desligado do primeiro? Aparentemente sim. Seguindo, entretanto, a inspiração do texto de Le Goff, acima citado, diria que a separação se dá, efetivamente, entre *dois* e *um*. Isto porque a categoria daqueles que se distinguem pelo sacramento da ordem é bipartida, pela própria estrutura hierárquica da instituição: os *bispos* (príncipes da Igreja), os que comandam; e os *simples sacerdotes*, instrumentos dessa hierarquia junto à massa dos "fiéis" (os leigos, não marcados por aquele sacramento).

Cardoso de Oliveira (1976) chama atenção para as duas dimensões contidas na noção de identidade: a pessoal, ou individual; e a coletiva, ou social. Elas se mostram interconectadas, de modo que se pode "tomá-las como dimensões de um mesmo e inclusivo fenômeno, situado em níveis diferente de realização". Por outro lado, tomando a contribuição da psicologia, esse autor considera importante a distinção entre identidade e identificação, desde que os mecanismos de identificação são fundamentais para refletir a identidade *em processo*, isto é, a maneira "como é assumida por indivíduos e grupos em diferentes situações concretas". Nesse processo, "surgem diferentes formas de identificação, empiricamente dadas", de tal sorte que a identidade aparece "como a atualização do processo de identificação e envolve a noção de *grupo*, particularmente a de grupo social". Como, porém, não se pode descartar a identidade social da pessoal, sendo esta, de algum modo, o reflexo daquela, os dois conceitos possuem "um conteúdo marcadamente reflexivo ou comunicativo", desde que supõem não apenas o estabelecimento de relações sociais, como um *código de categorias*, que permite "orientar o desenvolvimento dessas relações". Surge, pois, a noção de "identidade contrastiva", que parece constituir-se na própria essência de identidade, implicando a afirmação do *nós* diante do outro: "quando uma pessoa ou um grupo se afirmam como tais, o fazem como meio de diferenciação em relação a alguma pessoa ou grupo com que se defrontam". (Cardoso de Oliveira, 1976, 4-5).

O que diz esse antropólogo, tratando da identidade étnica, pode aplicar-se ao caso da identidade do catolicismo, com referência à região do Salgado. Como vimos acima, nessa região, a maioria da população rural ou de origem rural identifica-se como católica. A identidade católica dessa população é o resultado de um processo de hegemonia secular do catolicismo, que se implantou na área desde o século XVII, com a chegada dos primeiros colonizadores, impondo sua dominação às populações nativas, os índios tupinambás. Não obstante, como vimos, essa hegemonia não pôde fazer-se sem a incorporação de certos aspectos das crenças e práticas das populações dominadas, resultando na presença, até os dias de hoje, de rituais e concepções de caráter mediúnico, daquilo que chamamos de pajelança. O advento dos cultos umbandistas e espírita (kardecista) não representou mudança profunda para essas mesmas populações rurais, já que se tratava também de concepções e práticas mediúnicas, facilmente assimiláveis por essas populações, dentro dos quadros mentais acostumados a lidar com as sessões xamanísticas dos pajés. Não obstante, o protestantismo, que se implantou em Vigia a partir de 1937, representava, de fato, uma profunda ruptura (embora que, sob a forma pentecostal, não deixe de possuir também seus aspectos mediúnicos). A identidade católica podia agora melhor se afirmar de forma *contrastiva*.

Como vimos, acima, na segunda parte deste estudo, o católico popular da região do Salgado (tomando especialmente como referência o interior do município de Vigia) afirma sua identidade de católico em oposição ao crente, caracterizando a sua religião como "liberta" (sem peias, restrições), enquanto a do crente é uma religião "privada" (cheia de restrições: não fumar, não beber, não participar de bailes etc.). No fundo, isso expressa também uma percepção, no plano da observação das práticas dos atores sociais, de uma distinção mais profunda, a que me referi acima, ao tratar da lógica do "terceiro lugar" de que fala Le Goff. O catolicismo está fundamentado na lógica do três, enquanto o protestantismo tem a tendência maniqueísta de operar com a oposição binária. Pois, para o protestante, não existe o "lugar intermediário" da penitência, o purgatório. Ou céu, ou inferno. Ou somos "salvos", se pertencermos ao grupo dos eleitos, na congregação, ou estamos condenados à danação eterna.

Essa lógica do três é bem percebida por Roberto da Matta, numa de suas análises que visa interpretar a lógica operante na sociedade brasileira (de formação "tradicionalmente" católica), em contraste com outras sociedades (sobretudo o mundo euro-americano, capitalista e "protestantizado"):

> "Sustento (...) que, embora existam muitos brasileiros que falem uma mesma coisa em todos os espaços sociais, o normal — o esperado e o legitimado — é que *casa, rua* e *outro mundo* demarquem fortemente mudanças de atitudes, gestos, roupas, assuntos, papéis sociais e quadro de avaliação da existência em todos os membros de nossa sociedade. O comportamento esperado não é uma conduta única nos três espaços, mas um comportamento diferenciado de acordo com o ponto de vista de cada uma dessas esferas de significação. Nessa perspectiva, as diferenciações que se podem encontrar são *complementares, jamais exclusivas ou paralelas* (meu grifo, R.H.M.). Em vez de serem alternativas, com um código dominando e excluindo o outro como uma ética absoluta e hegemônica, estamos diante de codificações complementares, o que faz com que a realidade seja vista como parcial e incompleta." (Da Matta, 1985, 41).

Aliás, essa sociedade brasileira "relacional", de que fala Da Matta, também pode ser lida na região do Salgado, entre suas populações rurais ou de origem rural, que manipulam diferentes instâncias do sagrado — umbanda, espiritismo, catolicismo —, relacionam-se com políticos de diferentes filiações partidárias, recorrem, em casos de doenças, tanto à medicina "ocidental", quanto aos santos e pajés. E, por outro lado, como também foi visto acima, os próprios especialistas do sagrado — o pajé e o sacerdote católico — se encontram freqüentemente "divididos" em suas lealdades: o pajé, sendo um "bom católico", não renuncia à pajelança, ao mesmo tempo em que assume, na sua condição de curador, uma postura de indivíduo (que o isola do todo social) somente para poder reintegrar-se a esse todo (como pessoa), ao colocar sua "medicina invisível" a serviço da coletividade; o sacerdote, em alguns casos, especialmente se de origem rural, ao mesmo tempo em que procura impor os ditames da hierarquia eclesiástica, também tolera e, às vezes, incentiva, as manifestações do catolicismo tradicional. Essa lógica do três, moldada na sociedade feudal, constitui provavelmente uma daquelas estruturas mais profundas que perpassam os séculos e que, na formulação do catolicismo tradicional brasileiro, consegue sempre se manter, sendo mesmo fortalecida, na afirmação da identidade católica dos atores sociais da região do Salgado, diante da presença protestante, que a ameaça.

Já foi acima referida uma característica fundamental da identidade do catolicismo, em contraste com o protestantismo: o catolicismo, como um grande sincretismo religioso, é capaz de encompassar ou englobar, em seu seio, uma quantidade enorme de posturas, práticas sociais, rituais, ideologias etc, mas sempre permanecendo católico. Ao contrário, o protestantismo, tendendo ao sacerdócio universal — cada crente é, potencialmente, um pregador da palavra divina e, portanto, um "pastor" — permite que os protestantes, sobretudo de algumas denominações, especialmente os pentecostais (que marcam maior presença na região do Salgado) acabem por se tornar segmentados como os Nuer, de que nos fala Evans-Pritchard (1978). Este ponto, que foi colocado sem maior fundamentação, precisa ser agora melhor explorado, em sua ligação com o segundo aspecto que acima mencionei, o da sacramentalidade do catolicismo. Não foi sem razão que me referi ao sacramento da ordem como um estigma, pois, de fato, ele deixa uma marca indelével naquele que o recebe. Mesmo que abandone as funções do ministério, no catolicismo, o sacerdote não deixa de ser padre, com todos os poderes inerentes à sua função sacerdotal, inclusive aquele que, certamente, é o maior, entre todos os mistérios do catolicismo: o de realizar o ato da transubstanciação. Este aspecto, que já de si marca uma diferença muito grande entre o sacerdote católico e o ministro protestante, conduz-me a um aprofundamento do contraste entre as duas religiões, na medida em que o sacramento, para o sacerdote católico, não é somente um sinal, ou marca, no sentido simbólico, mas contém um elemento de realidade. Assim, a presença de Cristo no sacramento da eucaristia não é apenas uma presença simbólica, mas real (ao contrário da concepção protestante)[12].

495

Por outro lado, essa sacramentalidade estabelece o fundamento da *hierarquia*, outra marca distintiva do catolicismo, em oposição ao protestantismo, permitindo, ademais, a distinção mais nítida entre sacerdotes e leigos (ou "profanos", na expressão de Bourdieu) que, como vimos, não opera porém através de uma lógica binária, pois há sacerdotes e sacerdotes (e mesmo gradações: "irmãos leigos", "agentes de pastoral", "diáconos", "ministros da eucaristia" etc.), enquanto alguns sacerdotes, no topo dessa hierarquia (os bispos, inclusive o papa, "bispo de Roma") são sacerdotes colocados num grau hierárquico superior. Essa estrutura hierárquica, por sua vez, se articula com a lógica do três por um outro aspecto sacramental, também referido por Le Goff, o sacramento da penitência, do perdão, que habilita à renovação da graça, mesmo para o pecador mais empedernido, o que não o livra, porém, das penas do purgatório — o fogo purificador — nem do pecado venial, a despeito das diferentes instâncias que o catolicismo ainda promove, como as indulgências, as orações e penitências pelas almas do purgatório etc. Enfim, uma longa cadeia de *mediações* entre o céu ou paraíso e a danação eterna do inferno (que, em última análise, se coloca muito mais distante para o católico do que para o protestante). Catolicismo, religião "liberta"; protestantismo, religião "privada": as duas categorias do catolicismo popular da região do Salgado não estão efetivamente tão distantes, como poderia parecer, de uma formulação erudita da identidade católica.

E aqui chegamos ao término destas reflexões, propondo um modelo de catolicismo que, dentro da tradição antropológica, busca *relativizar* a distinção usualmente aceita entre catolicismo oficial (hierárquico) e popular (tradicional). Lembre-se, mais uma vez, a questão acima colocada a respeito de estruturas profundas que persistem no tempo, naquilo que Fernand Braudel chamou de "história de longa duração". Ao longo de todo este trabalho foi examinada a tensão permanente entre essas duas instâncias do catolicismo, por um período de mais de três séculos. Esse fato me permite afirmar que essa tensão é *constitutiva* do catolicismo, pelo menos na situação concreta da região onde se processou a pesquisa. O catolicismo vive, efetivamente, dessa tensão. Não poderia existir sem ela. Deixaria de existir se não existisse a oposição tripartite entre sacerdotes e sacerdotes e entre sacerdotes e leigos. Só que a lógica do sacerdote não é, certamente, a despeito de algumas inconsistências, a mesma do leigo. A lógica do sacerdote é a lógica do sacramento, enquanto a lógica do leigo (no catolicismo popular) é a lógica do santo. Mas o santo é, também, o "sacramento" do leigo. Poder-se-ia pensar, não obstante, que essa tensão, para permanecer católica, encontraria seus limites na *obediência*. Para colocar um exemplo que vai além da região do Salgado, vale lembrar o que diz Pedro A. Ribeiro de Oliveira, na sua análise dos movimentos religiosos de protesto social no Brasil camponês, ao fazer um paralelo entre a atitude do "monge" João Maria, no Contestado, e o grupo de beatos que cercava o padre Cícero, em Juazeiro: a "heresia" do leigo pode ser tolerada e, mesmo, absorvida pela instituição eclesiástica, na medida em que não se torne "cismática", isto é, na medida em que possa permanecer "inserida no aparelho religioso e assim contida pela autoridade eclesiástica". (Ribeiro de Oliveira, 1985, 261-263). O mesmo poderia ser dito no tocante aos sacerdotes. A tensão resultante na desobediência ostensiva, na ruptura e no cisma, romperia também com o modelo e perderia sua dimensão de catolicidade.

Todavia, no catolicismo brasileiro, os cismas são raros. Se, nesse modelo, a tensão é constitutiva, também os seus limites devem ser pensados como tensos. Pensar esses limites a partir da noção de "obediência" implica, portanto, em ter de introduzir, também, a idéia da *ambigüidade*: de um lado se pode pensar na questão da disciplina, no sentido formal ou institucional; e, de outro, na devoção popular, como lealdade mística ao santo ou à santa. A obediência pode gerar impasses entre acatar as ordens do padre (ou da hierarquia), de forma disciplinada, e manter a lealdade devocional ao santo. Sendo o sacerdote pensado como o guardião legítimo da devoção aos santos, nesta condição é capaz de impor uma certa disciplina. Não obstante, para o devoto do catolicismo popular, a devoção apresenta uma abrangência maior do que os domínios do padre, desde que se legitima, num nível mais profundo, no culto individual e coletivo que encontra seu fundamento último, como foi visto acima, no *milagre*. Pode-se admitir que os leigos, em sã consciência, sintam-se constrangidos em sua devoção pela disciplina exigida pelo sacerdote, desde que, sem padres, não há devoção plena; mas, como é óbvio, ela também não existe sem os leigos. Neste sentido, a obediência exigida pelo padre *pressupõe* uma devoção autônoma dos leigos, enquanto a devoção popular *também* pressupõe uma certa obediência aos sacerdotes. Não propriamente a um sacerdote particular. A devoção, implicando numa atitude de respeito, que é vizinha da obediência, pode permitir até mesmo o enfrentamento com este ou aquele padre, este ou aquele bispo. Mas nessa relação tensa entre leigos e sacerdotes, a própria devoção dos leigos exige, além do milagre do santo, que é o seu fundamento, a legitimação da autoridade "terrena" (não só terrena, por todo o simbolismo que comporta) do padre. E é por isso que raramente se chega ao cisma, ao rompimento definitivo. Para finalizar: a tensão é mesmo constitutiva/constituinte. Ou, dizendo de outra forma: no catolicismo brasileiro se pode detectar uma abordagem *sui generis* da antinomia "liberdade/dependência", que busca reconciliar (ou integrar) os seus pólos opostos, sem, no entanto, aboli-los.

NOTAS

1   Na conhecida expressão inglesa: "With the bath water of presumptive his-
    tory the functionalists have also thrown out the baby of valid history." (Evans-
    Pritchard, 1964, 147).

2   "While there are, of course, many differences between social anthropology
    and historiography they are differences of technique, of emphasis and of pers-
    pective, and not differences of method and aim."

3   Sobre uma discussão a respeito do sentido da palavra "história", cf. Shotwell,
    (1967, 31 e segs.).

4   É claro que, para esse autor, ao fundar o estatuto científico da sociologia (to-
    mando como modelo as ciências já estabelecidas, especialmente as da natu-
    reza, mas procurando distingui-la delas, constituindo o seu objeto próprio),
    era importante afirmar o caráter objetivo do conhecimento sociológico. Uma
    análise mais detida de sua obra, permite, no entanto, relativizar e matizar
    as suas afirmações mais explícitas (cf. Durkheim, 1972).

5   Vale citar uma passagem ilustrativa da obra de Croce: "A necessidade práti-
    ca, que está no fundo de todo juízo histórico, dá a toda história o caráter
    de 'história contemporânea', porquanto, por muito e muito distantes que pa-
    reçam cronologicamente os fatos por ela referidos, a história se relaciona sem-
    pre com a necessidade e a situação presentes, nos quais aqueles fatos prolongam
    suas vibrações. Assim, se eu, decidindo-me ou recusando-me a um ato de
    expiação, me recolho mentalmente para compreender o que seja — isto é,
    como tenha sido formado e transformado — este instituto ou sentimento,
    até assumir um puro significado moral, também o bode expiatório dos he-
    breus e os múltiplos ritos mágicos dos povos primitivos são parte do drama
    presente de minha alma neste momento e, fazendo expressa ou subentendi-
    damente a sua história, faço a da situação em que me encontro." (cf. Croce,
    1962, 14-15).

6   A respeito do assunto, consultar, entre outros, o capítulo "Os problemas do
    sincretismo religioso", da obra clássica de Bastide (1971) e o n.º 7 (especial)
    da "Revista de Cultura Vozes" (1977), com artigos de Juana Elbein dos San-
    tos, Raimundo Cintra, Leonardo Boff, Eduardo Hoornaert e Pedro A. Ribei-
    ro de Oliveira.

7   Pedro A. Ribeiro de Oliveira distingue entre "sincretismo" e "mistura reli-
    giosa", definindo o primeiro como fenômeno que ocorre "quando dois ou mais
    sistemas religiosos se combinam, de modo que ambos deixam de existir co-
    mo tais e produzem um sistema religioso original". Já a mistura religiosa se
    refere à "prática de atos ou adesão a crenças de diferentes sistemas religiosos,

que está ao nível do indivíduo, e não afeta diretamente nenhum dos sistemas religiosos". (Ribeiro de Oliveira, 1977, 556). Sem concordar com a distinção de termos proposta pelo autor, inspiro-me porém nessa distinção para iniciar esta reflexão sobre o sincretismo na conclusão deste trabalho.

8   A utilização desse diagrama, num trabalho de cunho antropológico, foi sugerida pela análise de Peirano (1979) sobre a "reima do peixe" em Icaraí (CE).

9   Nas cidades maiores, como Belém, o termo é usado por não praticantes, mas com uma conotação pejorativa, como acontece também com a palavra "macumba", aplicada à umbanda.

10 Essas idéias são inspiradas sobretudo nos trabalhos de Boff (1977, 1982), Cintra (1977) e Fernandes (1982, 108-115).

11 Sobre o neo-conservadorismo na Igreja Católica no período pós-Vaticano II, cf. Della Cava (1985 a, 1985 b).

12 Parte dessas reflexões são inspiradas pelas discussões que venho mantendo no Grupo de Catolicismo do Instituto de Estudos da Religião (ISER), especialmente as exposições feitas por Pierre Sanchis. Cf. também, a respeito do assunto, Sanchis (1986).

REFERÊNCIAS BIBLIOGRÁFICAS

ABBOT, Walter M. (General editor). *The Documents of Vatican II, with Notes and Comments by Catholic, Protestant, and Orthodox Authorities,* New York: The America Press, 1966

ADAM, Adolf. *O Ano Litúrgico,* São Paulo: Edições Paulinas, 1983

ADAMS, Richard N. Un análisis de las creencias y praticas médicas en un pueblo indígena de Guatemala. *Publicaciones Especiales del Instituto Indigenista Nacional,* n.º 17. Guatemala, 1952

ALMEIDA PINTO, Antonio Rodrigues de. O Bispado do Pará. *Annaes da Bibliotheca e Archivo Publico do Pará.* Tomo V. Belém: Typ. e Encadernação do Instituto Lauro Sodré, p. 11-191, 1906

ALVES, Isidoro. *O Carnaval Devoto: Um estudo sobre a festa de Nazaré, em Belém.* Petropólis: Ed. Vozes, 1980

ALVES, Márcio Moreira. *O Cristo do Povo.* Rio de Janeiro: Ed. Sabiá, 1968

————.*A Igreja e a Política no Brasil.* São Paulo: Ed. Brasiliense, 1979

ALVES, Rubem A. A Volta do Sagrado: Os caminhos da sociologia da religião no Brasil. *Religião e Sociedade* 1 (3): 109-141, 1978

AMOROSO LIMA, Alceu. *Indicações Políticas: da Revolução à Constituição.* Rio de Janeiro: Ed. Civilização Brasileira, 1936

ARAÚJO, Alceu Maynard. *Medicina Rústica.* São Paulo: Ed. Nacional, 1961

ARAÚJO, Roberto. Etude Socio-Anthropologique des Communautes de Base dans la Region d'Altamira (Amazonie). Memoire de Maitrise. Université de Paris, Departement Ethnologie, 1986

ARISTÓTELES. La Política. Barcelona: Editorial Iberia, 1954

ARNAUD, Expedito. Aspectos da Legislação sobre os Índios do Brasil. Belém: Museu Paraense Emílio Goeldi, Publicações Avulsas, 1973

_____.Os Índios da Amazônia e a Legislação Pombalina. Boletim de Pesquisa da CEDEAM, v.3, n.º 4. Manaus: Universidade do Amazonas, p. 75-84, 1984

_____.A Legislação sobre os Índios do Grão-Pará e Maranhão nos Séculos XVII e XVIII. Boletim de Pesquisa da CEDEAM, v.4, n.º 6. Manaus: Universidade do Amazonas, p. 34-72, 1985

AUBERT, Roger. A Igreja na Sociedade Liberal e no Mundo Moderno. In: L.-J. ROGIER et al. Nova História da Igreja, v. 5, tomo I. Petrópolis: Ed. Vozes, 1975

_____.Vaticano II. In: R. AUBERT e J. HAJJAR: Nova História da Igreja, A Igreja na Sociedade Liberal e no Mundo Moderno, v. 5, tomo III. Petrópolis: Ed. Vozes, 1976

AZEVEDO, João Lúcio de. Os Jesuítas no Grão-Pará: Suas missões e a colonização. Lisboa: Livraria e Editora Tavares Cardoso & Irmão, 1901

AZZI, Riolando. O episcopado na história da Igreja no Brasil. Rio de Janeiro: CERIS/CNBB (datil.), 1969

_____.O movimento de reforma católica durante o século XIX. Revista Eclesiástica Brasileira 34: 656-662, 1974

_____.Catolicismo popular e autoridade eclesiástica na evolução histórica do Brasil. Religião e Sociedade 1 (1): 125-149, 1977

_____.A instituição eclesiástica durante a primeira época colonial. In: História Geral da Igreja na América Latina, História da Igreja no Brasil, tomo 2. Petrópolis: Ed. Vozes, p. 155-242, 1979

_____.A reforma católica na Amazônia, 1850/1870. Religião e Sociedade 10: 21-30, 1983

BAENA, Antônio L. M. Ensaio Corographico sobre a Província do Pará. Belém: Typ. de Santos e Santos Menor, 1839

_____.Compêndio das Eras da Província do Pará. Belém: Universidade Federal do Pará, 1969 (1838)

BAETA NEVES, Luis Felipe. *O Combate dos Soldados de Cristo na Terra dos Papagaios: Colonialismo e repressão cultural*. Rio de Janeiro: Forense Universitária, 1978

BAJTIN, Mijail. *La Cultura Popular en la Edad Media y Renascimiento*. Barcelona: Barral Editores, 1971

BARATA, Manoel. Apontamentos para as efemérides paraenses. In: *Formação Histórica do Pará*. Belém: Universidade Federal do Pará, 1973

BARBOSA, José Maria. Os caminhos do Círio. *Revista do Tribunal de Contas do Estado do Pará*, n.º 4, junho, Belém, 1974

BASTIDE, Roger. *As Religiões Africanas no Brasil*. São Paulo: Livraria Pioneira Editora, 1971

BELMONT, Nicole. Las creencias populares como relato mitológico. In: E. VERÓN (org.): *El Proceso Ideológico*. Buenos Aires: Editorial Tiempo Contemporaneo, 1971

BETENDORF, João Felipe. Chronica da Missão dos Padres da Companhia de Jesus no Estado do Maranhão. *Revista do IHGB*, tomo LXXII, parte I (1909). Rio de Janeiro: Imprensa Oficial, 1910

BETTO, Frei. *O Fermento na Massa*. Petrópolis: Ed. Vozes, 1981

BOFF, Leonardo. A Igreja e a paixão do povo. *Religião e Sociedade* 2: 115-118, 1977

_____.*Igreja, Carisma e Poder*. Petrópolis: Ed. Vozes, 1982

BOGA, Mendes. *Dom Fuas Roupinho e o Santuário de Nazaré*. Lisboa: Sociedade Industrial de Tipografia, Ltda, 1948

BOPP, Raul. *Cobra Norato e Outros Poemas*. Rio de Janeiro: Ed. Civilização Brasileira, 1973

BORDALO DA SILVA, Armando. Contribuição ao estudo do folclore amazônico na Zona Bragantina. *Boletim do Museu Paraense Emílio Goeldi*, NS, Antopologia, n.º 5, Belém, 1959

BOURDIEU, Pierre. *A Economia das Trocas Simbólicas*. São Paulo: Ed. Perspectiva, 1974

BIBLIOTECA PÚBLICA DO PARÁ. Jornais Paraoaras: Catálogo. Belém: SECDET, 1985

BRAGA, Teodoro. *Apostillas de História do Pará*. Belém: Imprensa Oficial, 1915

BRANDÃO, Carlos R. O número dos eleitos: religião e ideologia religiosa em uma sociedade de economia agrária do Estado de São Paulo. *Religião e Sociedade* 3: 53-92, 1978

_____. *Os Deuses do Povo: Um estudo sobre religião popular.* São Paulo: Ed. Brasiliense, 1980

_____. *Sacerdotes de Viola: Rituais religiosos do catolicismo popular em São Paulo e Minas Gerais.* Petrópolis: Ed. Vozes, 1981

_____. *Memória do Sagrado: Estudos de religião e ritual.* São Paulo: Edições Paulinas, 1985

BRAUDEL, Fernand. História e Sociologia. *Boletim de História do Centro de Estudos de História da Faculdade Nacional de Filosofia da Universidade do Brasil* 3 (6): 61-78, 1961

_____. *Écrits sur L'Histoire.* Paris. Flamarion, 1969

_____. *História e Sociologia.* Lisboa: Editorial Presença, 1972

BROWN, Peter. Sorcery, Demons and the Rise of Christianity from Late Antiquity into the Middle Ages. *In:* M. DOUGLAS (ed.): *Witchcraft: Confessions and Accusations.* ASA Monographs n.º 9. London: Tavistock Publications, p. 17-45, 1970

_____. *Le Culte des Saints: Son Essor et sa Fonction dans la Chrétienté Latine.* Paris: Les Éditions du Cerf, 1984

BRUNEAU, Thomas. *Catolicismo Brasileiro em Época de Transição.* São Paulo: Edições Loyola, 1974

BURCKHARDT, Jacob. *O Renascimento Italiano.* Lisboa: Editorial Presença, 1973

CÂMARA CASCUDO, Luís da. *Dicionário do Folclore Brasileiro.* Rio de Janeiro: Edições de Ouro, s.d.

CARDOSO DE OLIVEIRA. Roberto. *Identidade, Etnia e Estrutura Social.* São Paulo: Livraria Pioneira Editora, 1976

CINTRA, Raimundo. Encontros e desencontros de Religiões. *Revista de Cultura Vozes* 71 (7): 525-588, 1977

CINTRA, Raimundo e J. A. RUIZ. Bibliografia sobre religiosidade popular (datil.), 1980

CNBB — Conferência Nacional dos Bispos do Brasil. *Bibliografia sobre Religiosidade Popular. Estudos n.º 27.* São Paulo: Edições Paulinas, 1981

COHN, Norman. The Myth of Satan and his Human Servants. *In:* M. DOUGLAS (ed.): *Witchcraft: Confessions and Accusations.* ASA Monographs n.º 9. London: Tavistock Publications, p. 3-16, 1970

COSTA, Francisco de Assis. Capital Estrangeiro e Agricultura na Amazônia: A experiência da Ford Motor Company (1922-1945). Dissertação de mestrado. Centro de Pós-Graduação em Desenvolvimento Agrícola — FGV, 1981

CROCE, Benedetto. *A História: Pensamento e Ação.* Rio de Janeiro: Zahar Editores, 1962

CRUZ, Ernesto. *A Estrada de Ferro de Bragança: Visão social, econômica e política.* Belém: SPVEA, 1965

_____.*História do Pará.* Belém: Governo do Estado do Pará, 1973

D'AGUIAR, D. Crisóstomo. *Versão Portuguesa e Anotações ao Missal Romano.* Petrópolis: Ed. Vozes, 1938

DA MATTA, Roberto. Panema: uma tentativa de análise estrutural. *In: Ensaios de Antropologia Estrutural.* Petrópolis: Ed. Vozes, p. 63-92, 1973 a

_____.O Carnaval como um Rito de Passagem. *In: Ensaios de Antropologia Estrutural.* Petrópolis: Ed. Vozes, p. 121-168, 1973 b

_____.O ofício de etnólogo ou como ter "anthropological blues". *In:* E. NUNES (org.): *A Aventura Sociológica.* Rio de Janeiro: Zahar Editores, 1978

_____.*Carnavais, Malandros e Heróis: Para uma sociologia do dilema brasileiro.* Rio de Janeiro: Zahar Editores, 1979

_____.*A Casa e a Rua: Espaço, Cidadania, Mulher e Morte no Brasil.* São Paulo: Ed. Brasiliense, 1985

DANIEL, P. João. Tesouro Descoberto do Máximo Rio Amazonas (1757-1776). Rio de Janeiro: Anais da Biblioteca Nacional, 1976

DE KADT, Emanuel. *Catholic Radicals in Brazil.* London: Oxford University Press, 1970

DELLA CAVA, Ralph. Igreja e Estado no Brasil do século XX: sete monografias recentes sobre o catolicismo brasileiro. *Estudos CEBRAP* n.º 12, 1975

_____.Política a curto prazo e religião a longo prazo. *Encontros com a Civilização Brasileira* 1: 242-258, 1978

_____.A Teologia da Libertação em julgamento. *Comunicações do ISER* 4 (14): 62-66, 1985 a

_____.A Ofensiva Vaticana. *Religião e Sociedade* 12 (3): 34-53, 1985 b

DELUMEAU, Jean. *Naissance et Affirmation de la Réforme*. Paris: PUF, 1973 a

_____.*La Civilization de la Renaissance*. Paris: Arthaud, 1973 b

_____.*Le Christianisme va-t-il mourir?* Paris: Hachette, 1977

_____.*La Peur en Occident* (XIVe-XVIIe siècles). Paris: Fayard, 1978

DIAS, Manoel Nunes. *Fomento e Mercantilismo: A Companhia Geral do Grão-Pará e Maranhão (1755-1778)*. Belém: Universidade Federal do Pará, 1970

DI PAOLO, Pasquale. *Cabanagem, a Revolução Popular na Amazônia*. Belém: Edições CEJUP, 1986

DORNAS FILHO, João. *O Padroado e a Igreja Brasileira*. São Paulo: Ed. Nacional, 1938

DOUGLAS, Mary (ed.). *Witchcraft: Confessions and Accusations*. ASA Monographs n.º 9. London: Tavistock Publications, 1972

DUMONT, Louis. *Homo Hierarchicus: The Caste System and its Implications*. London: Paladin, 1972

DURKHEIM, Émile. *As Regras do Método Sociológico*. São Paulo: Ed. Nacional, 1972

_____.*Les Formes Élémentaires de la Vie Religieuse*. Paris: PUF, 1979

DUSSEL, Enrique. As reduções: um modelo de evangelização e controle hegemônico. *In*: H. HOORNAERT (org.): *Das Reduções Latino-Americanas às Lutas Indígenas Atuais*. São Paulo: Edições Paulinas, p.10-21, 1982

EVANS — PRITCHARD, E.E. *Witchcraft, Oracles and Magic among the Azande*. Oxford: Clarendon Press, 1937

———. *Social Anthropology and Other Essays*. New York: The Free Press, 1964

———. *Os Nuer*. São Paulo: Ed. Perspectiva, 1978

FERNANDES, P. Geraldo. A religião nas Constituições republicanas no Brasil. *Revista Eclesiástica Brasileira* 8: 830-858, 1948

FERNANDES, Florestan. Os Tupi e a reação tribal à conquista. In: *Investigação Etnológica no Brasil e Outros Ensaios*. Petrópolis: Ed. Vozes, p. 11-32, 1957

FERNANDES, Rubem César. *Os Cavaleiros do Bom Jesus: Uma introdução às religiões populares*. São Paulo: Ed. Brasiliense, 1982

———. "Religiões populares": Uma visão parcial da literatura recente. *Boletim Informativo e Bibliográfico de Ciências Sociais / BIB* 18: 3-26, 1984

FIGUEIREDO, Napoleão. Pajelança e Catimbó na Região Bragantina. *Revista do Instituto Histórico e Geográfico de Alagoas* 32: 41-52, 1976

FIGUEIREDO, Napoleão & A. VERGOLINO E SILVA. *Festas de Santos e Encantados*. Belém: Academia Paraense de Letras, 1972

FIUZA DE MELO, Alex. *A Pesca sob o Capital: A tecnologia a serviço da dominação*. Belém: Gráfica e Editora Universitária/UFPª, 1985

FRADE, Maria de Cascia. "Santo de casa faz milagre". *Comunicações do ISER* 3 (9):29-42, 1985

FRAGOSO, Hugo. A Igreja-Instituição. In: J. F. HAUCK et al.: *História Geral da Igreja na América Latina, História da Igreja no Brasil*, tomo II/2. Petrópolis: Ed. Vozes, 1980

———. Os aldeamentos franciscanos no Grão-Pará. In: E. HOORNAERT (org.): *Das Reduções Latino-Americanas às Lutas Indígenas Atuais*. São Paulo: Edições Paulinas, p. 119-160, 1982

FRY, Peter. Manchester e São Paulo: Industrialização e religiosidade popular. *Religião e Sociedade* 1 (3): 25-52, 1978

FRY, Peter & G. HOWE. Duas respostas à aflição: umbanda e pentecostalismo. *Debate e Crítica* 6: 75-93, 1975

FURTADO, Lourdes G. Curralistas e Redeiros de Marudá: pescadores do litoral do Pará. Dissertação de mestrado. Universidade de São Paulo, 1980

GABRIEL, Chester E. Communications of the Spirits: Umbanda, regional cults in Manaus and the dynamics of mediumistic trance. Dissertação de doutorado. McGill University, 1980

GALVÃO, Eduardo. *Santos e Visagens: Um estudo da vida religiosa de Itá, Baixo Amazonas.* São Paulo: Ed. Nacional, 1976 (1955)

GEOGHEGAN, William. Information processing systems in culture. In: P. KAY (ed.): *Explorations in Mathematical Anthropology.* Cambridge: MIT Press, 1970

GEERTZ, Clifford. *A Interpretação das Culturas.* Rio de Janeiro: Zahar Editores, 1978

GODELIER, Maurice. *Racionalidade e Irracionalidade na Economia.* Rio de Janeiro: Tempo Brasileiro, s.d

GÓMEZ DE SOUZA, Luiz A. Igreja e sociedade: elementos para um marco teórico. *Síntese* 13 (5): 15-29, 1978

_____.*Classes Populares e Igreja nos Caminhos da História.* Petrópolis: Ed. Vozes, 1982

HAUCK, João Fagundes. A Igreja-Instituição. In: J.F. HAUCK et al.: *História Geral da Igreja na América Latina, História da Igreja no Brasil,* tomo II/2. Petrópolis: Ed. Vozes, 1980

HERIARTE, Maurício. Descrição do Estado do Maranhão, Pará, Corupá e Rio das Amazonas. In: F. A. VARNHAGEN: *História Geral do Brasil,* tomo III. São Paulo: Edições Melhoramentos, p. 170-190, 1962

HOORNAERT, Eduardo. A evangelização do Brasil durante a primeira época colonial. In: *História Geral da Igreja na América Latina, História da Igreja no Brasil,* tomo 2. Petrópolis: Ed. Vozes, 1979

_____.As missões carmelitanas na Amazônia (1663-1755). In: E. HOORNAERT (org.): *Das Reduções Latino-Americanas às Lutas Indígenas Atuais.* São Paulo: Edições Paulinas, p. 161-174, 1982

HUGHES, Philip. *A Popular History of the Catholic Church.* New York: Image Books, 1959

HURLEY, Jorge. Noções de História do Brasil e do Pará. *Revista do Instituto Histórico e Geographico do Pará,* v. 11. Belém: Officinas Graphicas do Instituto Lauro Sodré, 1938

ILDONE, José. Círio, eterno tema. Jornal *O Vigiense* 1 (8):6-7. Vigia, 1984 a

_____.Festa de Nazaré: luz e penumbra. Jornal *O Liberal* de 18.11.84. Belém, 1984 b

JURANDIR, Dalcídio. *Primeira Manhã.* São Paulo: Livraria Martins Editora, 1967

KAPLAN, David & R. A. MANNERS. *Teoria da Cultura.* Rio de Janeiro: Zahar Editores, 1975

KEESING, Roger. Kwaio fosterage. *American Anthropologist* 72: 991-1019, 1970

LACOMBE, Américo J. A Igreja no Brasil Colonial. *In:* S. BUARQUE DE HOLANDA (org.): *História Geral da Civilização Brasileira,* tomo I, A Época Colonial, 2.º v. São Paulo: Difusão Européia do Livro, 1960

LAPA, J. R. Amaral. *Livro da Visitação do Santo Ofício da Inquisição ao Estado do Grão-Pará (1763-1769).* Texto inédito e apresentação de J. R. Amaral Lapa. Petrópolis: Ed. Vozes, 1978

LE GOFF, Jacques. *Pour un Autre Moyen Age.* Paris: Gallimard, 1977

_____.*La Naissance du Purgatoire.* Paris: Gallimard, 1981

_____.*L'Imaginaire Médiéval.* Paris: Gallimard, 1985

LEITE, Serafim. *História da Companhia de Jesus no Brasil,* tomos 3.º e 4.º Rio de Janeiro e Lisboa: Instituto Nacional do Livro e Livraria Portugália, 1943

_____.*Suma Histórica da Companhia de Jesus no Brasil.* Lisboa: Junta de Investigações do Ultramar, 1965

LÉVI-STRAUSS, Claude. Le triangle culinaire. *L'Arc* 26: 19-29, 1965

———. *Antropologia Estrutural*. Rio de Janeiro: Tempo Brasileiro, 1970

———. O feiticeiro e sua magia. In: *Antropologia Estrutural*. Rio de Janeiro: Tempo Brasileiro, 1970 a

———. A estrutura dos mitos. In: *Antropologia Estrutural*. Rio de Janeiro: Tempo Brasileiro, 1970 b

———. *O Pensamento Selvagem*. São Paulo: Ed. Nacional, 1970 c

———. A noção de estrutura em etnologia. In: *Antropologia Estrutural*. Rio de Janeiro: Tempo Brasileiro 1970 d

LEWIS, Ioan M. A structural approach to witchcraft and spirit-possession. In: M. DOUGLAS (ed.): *Witchcraft: Confessions and Accusations*. ASA Monographs n.º 9. London: Tavistock Publications, p. 293-309

———. *Êxtase Religioso: Um estudo antropológico da possessão por espírito e do xamanismo*. São Paulo: Ed. Perspectiva, 1977

LISBOA, João Francisco. *Crônica do Brasil (Apontamentos para a História do Maranhão)*. Petrópolis: Ed. Vozes, 1976 (1865)

LOUREIRO, Violeta R. Os Parceiros do Mar: natureza e conflito social na pesca da Amazônia. Belém: Museu Paraense Emílio Goeldi, 1985

LOUREIRO, Violeta R., J. J. PAES LOUREIRO e C. M. VIANNA. Inventário Cultural e Turístico da Microrregião do Salgado. Belém: SECDET, 1979

LUSTOSA, D. Antônio de Almeida. *Dom Macedo Costa (Bispo do Pará)*. Rio de Janeiro: Cruzada da Boa Imprensa, 1939

———. *No Estuário Amazônico* ("À Margem da Vida Pastoral"). Belém: Conselho Estadual de Cultura, 1976 (1932-1938)

MACEDO, Carmem Cinira. *Tempo de Gênesis: O povo das Comunidades Eclesiais de Base*. São Paulo: Ed. Brasiliense, 1986

MAIR, Lucy. *Witchcraft*. New York: Mcgraw Hill Book Company, 1970

MALINOWSKI, Bronislaw. *Argonautas do Pacífico Ocidental*. Coleção "Os Pensadores". São Paulo: Abril Cultural, 1978

MARIA, P. Júlio. *O Catolicismo no Brasil (Memória Histórica)*. Rio de Janeiro: Livraria Agir Editora, 1950 (1900)

MAUÉS, R. Heraldo. Origens históricas da cidade de Bragança. *Revista de História* n.º 72. São Paulo, p. 377-392, 1967 a

_____.O ciclo das drogas do sertão na Amazônia. Jornal *A Província do Pará* de 20.8.67. Belém, 1967 b

_____.Congregações Religiosas na Amazônia. *In*: R. H. MAUÉS et al.: *Ação das Ordens e Congregações Religiosas na Amazônia*. Belém: Imprensa Universitária do Pará, p. 11-82, 1968

_____.A Ilha Encantada: Medicina e xamanismo numa comunidade de pescadores. Dissertação de mestrado. Universidade de Brasília (*Pesquisa Antropológica* n.º 22, Brasília, 1983), 1977

_____.Um julgamento político: Notas sobre o caso dos padres e posseiros do Araguaia. *Comunicações do ISER* 1 (2): 31-38, 1982 a

_____.O Círio de Nossa Senhora de Nazaré: Manipulação e protesto político. *Comunicações do ISER* 1 (3): 29-34, 1982 b

_____.Catolicismo e pajelança entre pescadores da Zona do Salgado. *Comunicações do ISER* 4 (14): 54-61, 1985

_____.Encantados e pajelança na crença cabocla. *Enfoque Amazônico* n.º 5. Belém, p. 44-45, 1987

MAUÉS, R. Heraldo & M. A. MOTTA MAUÉS. O modelo da "reima": Representações alimentares numa comunidade amazônica. *Anuário Antropológico 77*. Rio de Janeiro: Tempo Brasileiro, 1978

MAUSS, Marcel. Sociologia e Antropologia. São Paulo EPU/EDUSP, 2 v., 1974

_____.Uma categoria do espírito humano: a noção de pessoa; a noção do "eu". *In: Sociologia e Antropologia*. São Paulo: EPU/EDUSP, v. I., 1974 a

_____.*Ensaio sobre a dádiva: forma e razão da troca nas sociedades arcaicas*. In: Sociologia e Antropologia. São Paulo: EPU/EDUSP, V. II, 1974 b

_____.*Ensaios de Sociologia*. São Paulo: Ed. Perspectiva, 1981

MEIRA, Sílvio. *Os Balateiros do Maicuru*. Rio de Janeiro: Francisco Alves, 1984

MELLO E SOUZA, Laura de. *O Diabo e a Terra de Santa Cruz: Feitiçaria e religiosidade popular no Brasil colonial*. São Paulo: Companhia das Letras, 1986

MENDONÇA, M. Carneiro de. *A Amazônia na Era Pombalina*. Rio de Janeiro: IHGB., 1963

MERTON, Thomas. *Seasons of Celebration*. New York: The Noonday Press, 1977

MÉTRAUX, Alfred. *A Religião dos Tupinambás e suas Relações com as Demais Tribos Tupi-Guaranis*. São Paulo: Ed. Nacional, 1979

MOMBELLI, Savino. *Valores Religiosos do Círio de Nazaré*. Belém: Universidade Federal do Pará, 1976

MONTEIRO, Benedicto. *O Carro dos Milagres*. Belém: Ed. Boitempo, 1975

_____. *Verde Vagomundo*. Rio de Janeiro: Edições Gernasam, 1977

MONTEIRO, Walcyr. *Visagens e Assombrações de Belém*. Belém: SECDET, 1985

MORAES, P. José de. *História da Companhia de Jesus na Extinta Província do Maranhão*. Rio de Janeiro: Typ. do Commercio, de Brito & Braga, 1860

MORAES REGO Jr., José P. *Pajelança da Vigia*. Belém: Imprensa Oficial, 1973

_____. *Litolatria: Culto das pedras no Estado do Pará*. Belém, 1983

MOREIRA, Eidorfe. *Visão Geo-Social do Círio*. Belém: Universidade Federal do Pará, 1971

MOTT, Luís. Etnodemonologia: Aspectos da vida sexual do diabo no mundo ibero-americano (séculos XVI ao XVIII). *Religião e Sociedade* 12 (2): 64-90, 1985

MOTTA MAUÉS, M. Angélica. "Trabalhadeiras" e "Camarados": Um estudo sobre o *status* das mulheres numa comunidade de pescadores. Dissertação de mestrado. Universidade de Brasília. 1977

_____. O dom xamanístico e a sujeição feminina numa comunidade amazônica. *Cadernos do Centro de Filosofia e Ciências Humanas*, I — Antropologia. Belém: UFPa., 1980

MOTTA MAUÉS, M. Angélica & R. H. MAUÉS. Hábitos e ideologias alimentares numa comunidade de pescadores. Brasília: Departamento de Ciências Sociais da UnB (mimeografado), 1976

———. O Folclore da Alimentação: Tabus alimentares na Amazônia. Belém: Falangola Editora, 1980

MOURÃO SÁ, Laís. Sobre a classificação de entidades sobrenaturais. Pesquisa Polidisciplinar "Prelazia de Pinheiro", v.3, Aspectos Antropológicos. São Luís: IPEI, 1974

NOBRE, P. Francisco C. S. Lembrança da trasladação dos restos mortais do Revm.º Padre Alcides Batalha da Silva Paranhos (opúsculo, sem editor), 1980

———. A Vigia e a História de seus Vigários (opúsculo, sem editor), 1981

NOVAES, Regina. Os Escolhidos de Deus: Pentecostais, trabalhadores & cidadania. Cadernos do ISER, n.º 19. Rio de Janeiro: Ed. Marco Zero, 1985

OLIVEIRA, Adélia E. Ocupação Humana. In: E. SALATI et al.: Amazônia: Desenvolvimento, Integração e Ecologia. São Paulo: Ed. Brasiliense/CNPq., p. 144-327, 1983

OUTLER, Albert C. A Response. In: W. M. ABBOT (ed.): The Documents of Vatican II, with Notes and Comments by Catholic, Protestant, and Ortodox Authorities. New York: The America Press, p. 102-106, 1966

PALHETA, Iraci G. V. O Uso da Terra em Tauá-Vigia, Estado do Pará. Tese de doutoramento. Departamento de Geografia. Universidade de São Paulo, 1978

PAES LOUREIRO, João de Jesus. O Remo Mágico, ou relação de viagem que fez o poeta João de Jesus Paes Loureiro pelas lendas de Cobranorato e das Icamiabas. Belém: Gráfica Sagrada Família, 1975

PALMA MUNIZ, João de. Limites Municipaes do Estado do Pará. Annaes da Bibliotheca e Archivo Publico do Pará, tomo IX. Belém, 1916

PEIRANO, Mariza G. S. A Reima do Peixe: Proibições alimentares numa comunidade de pescadores (Icaraí, Ceará). Pesquisa Antropológica n.º 21, Brasília, 1979

PENNER, M. Eunice S. A Dialética da Atividade Pesqueira no Nordeste Amazônico. Dissertação de mestrado. Universidade Federal de Pernambuco, 1980

PETRINI, João Carlos. CEBs: Um novo sujeito popular. Rio de Janeiro: Ed. Paz e Terra, 1984

PITT-RIVERS, Julian. Spiritual Power in Central America: the Naguals of Chiapas. In: M. DOUGLAS (ed.): Witchcraft: Confessions and Accusations. ASA Monographs n.º 9. London: Tavistock Monographs, p. 183-206, 1970

POULANTZAS, Nicos. Poder Político e Classes Sociais do Estado Capitalista. Porto: Portucalense Editora, 1971

PRADO JÚNIOR, Caio. História Econômica do Brasil. São Paulo: Ed. Brasiliense, 1959

PRADO, Regina. Todo ano tem: as festas na estrutura social camponesa. Dissertação de mestrado. PPGAS do Museu Nacional. Rio de Janeiro, 1977

QUEIROZ, D. Frei João de São José e. Visitas Pastorais (Memoriais 1761, 1762 e 1763). Rio de Janeiro: Melso, 1961

RAIOL, Domingos Antônio (Barão de Guajará). Catechese de Indios no Pará. Annaes da Bibliotheca e Archivo Publico do Pará, tomo II. Belém: Imprensa Oficial, 1902

_____.Motins Políticos; ou, História dos principais acontecimentos políticos da Província do Pará desde o ano de 1821 até 1835. Belém: Universidade Federal do Pará, 3 v., 1970 (1865/1890)

RAMOS, D. Alberto Gaudêncio. Cronologia Eclesiástica da Amazônia. Manaus: Tipografia Fenix, 1952

_____.Donde veio a imagem de Nazaré? Jornal O Liberal de 30.9.84. Belém, 1984

REIS, Arthur Cézar Ferreira. A Conquista Espiritual da Amazônia. São Paulo: Escolas Profissionais Salesianas, 1942

_____.A ocupação portuguesa do vale amazônico. In: S. BUARQUE DE HOLANDA (org.): História Geral da Civilização Brasileira, v. I. São Paulo: Difusão Européia do Livro, p. 257-272, 1963

REMINICK, R. A.. The evil eye belief among the Amhara of Ethiopia. Ethnology 13 (3): 279-291, 1974

514

RIBEIRO DE OLIVEIRA, Pedro A. Coexistência das religiões no Brasil. *Revista de Cultura Vozes* 71 (7): 555-562, 1977

_____. *Religião e Dominação de Classes: Gênese, estrutura e função do catolicismo romanizado no Brasil*. Petrópolis: Ed. Vozes, 1985

ROCQUE, Carlos. *Grande Enciclopédia da Amazônia*, v. I e II. Belém: Amazônia Editora Ltda., 1967/68

_____. *História do Círio e da Festa de Nazaré*. Belém: Mitograph Editora Ltda., 1981

_____. *Cabanagem, Epopéia de um Povo*. Belém: Imprensa Oficial, 2 v., 1984

ROGIER, L. J. Religião e Iluminismo. In: L. J. ROGIER *et al.: Nova História da Igreja*, v. 4º, Século das Luzes, Revoluções, Restaurações. Petrópolis: Ed. Vozes, 1971

ROLIM, Francisco C. *Religião e Classes Sociais*. Petrópolis: Ed. Vozes, 1980

ROMANO, Roberto. *Brasil: Igreja contra Estado (Crítica ao populismo católico)*. São Paulo: Kairós Livraria e Editora, 1979

ROSÁRIO, José Ubiratan. O Salvacionismo Brasileiro. Capítulo do livro *Cultura Brasileira*. Prêmio Samuel Mac Dowell da Academia Paraense de Letras (mimeografado), 1985

RUBEL, A. J. Concepts of disease in Mexican-American culture. *American Anthropologist* 62: 795-814, 1960

RUEL, Malcolm. Were-animals and the introverted witch. In: M. DOUGLAS (ed.): *Witchcraft: Confessions and Accusations*. ASA Monographs nº 9. London: Tavistock Publications, 1970

SALLES, Vicente. Ritos populares: pajelança e catimbó (mimeografado), s.d

_____. Cachaça, pena e maracá. *Brasil Açucareiro* 27 (74): 46-55, Rio de Janeiro, 1967

SALLES, Vicente & M. I. SALLES. Carimbó: Trabalho e lazer do caboclo. *Revista Brasileira de Folclore* 9 (25): 257-282, 1969

SAMAIN, Etienne. Religiosidade popular: Ensaio bibliográfico. *Religião e Sociedade* 1 (1): 181-194, 1977

SANCHIS, Pierre. *Arraial: Festa de um Povo (As romarias portugue-sas)*. Lisboa: Publicações Dom Quixote, 1983

_____.Uma "identidade católica"? *Comunicações do ISER* 5 (22): 5-16, 1986

SANTOS, Roberto. *História Econômica da Amazônia (1800-1920)*. São Paulo: T. A. Queiroz Editor, 1980

SCHAFF, Adam. Por que se reescreve a História sem cessar? *Boletim de História do Centro de Estudos de História da Faculdade Nacional de Filosofia da Universidade do Brasil* 3 (6): 123-135, 1961

SHOTWELL, James T. *A Interpretação da História e Outros Ensaios*. Rio de Janeiro: Zahar Editores, 1976

SILVEIRA, Isolda. Quatipuru: Agricultores, pescadores e coletores em uma vila amazônica. Belém: Museu Paraense Emílio Goeldi. Publicações Avulsas n.º 34, 1979

SODRÉ, Nelson Werneck. *História da Burguesia Brasileira*. Rio de Janeiro: Ed. Civilização Brasileira, 1964

SOUZA LIMA, L. Gonzaga de. *Evolução Política dos Católicos e da Igreja no Brasil: Hipóteses para uma interpretação*. Petrópolis: Ed. Vozes, 1979

SPENCE, Jonathan. *O Palácio da Memória de Matteo Ricci. A história de uma viagem da Europa da Contra-Reforma à China da dinastia Ming*. São Paulo: Companhia das Letras, 1986

SPOONER, Brian. The evil eye belief in the Middle East. In: M. DOUGLAS (ed.): *Witchcraft: Confessions and Accusations*. ASA Monographs n.º 9. London: Tavistock Publications, p. 311-319, 1970

TORRES, D. José Afonso de Morais. Itinerário das visitas do Exm.º Sr. D. José Afonso de Morais Torres, bispo da diocese do Grão-Pará. Pará, 1852

TOUSSAERT, Jacques. *Le Sentiment Religieux en Flandre a la Fin du Moyen-Age*. Paris: Plon, 1963

TÜCHLE, Germano. Germes de Secularização. Realismo Absoluto e Nova Filosofia. In: G. TÜCHLE & C. A. BOUMAN: *Nova História da Igreja*, v. III, Reforma e Contra-Reforma. Petrópolis: Ed. Vozes, 1971

TURNER, Victor. *O Processo Ritual: Estrutura e anti-estrutura*. Petrópolis: Ed. Vozes, 1974

VAN GENNEP, Arnold. *The Rites of Passage*. Chicago: The University of Chicaco Press, 1960

VERGOLINO E SILVA, Anaíza. A missa católica: Análise antropológica do ritual em uma igreja de Belém. Separata de "O Museu Goeldi no Ano do Sesquicentenário". Belém: Museu Paraense Emílio Goeldi, Publicações Avulsas n.º 20, 1973

_____.O Tambor das Flores: Uma análise da Federação Espírita Umbandista e dos Cultos Afro-Brasileiros do Pará (1965-1975). Dissertação de mestrado. UNICAMP, 1976

VIANNA, Arthur. *A Santa Casa de Misericórdia Paraense: Notícia histórica (1650-1902)*. Pará: Typ. de Alfredo Augusto Silva, 1902

_____.Festas Populares do Pará: I — A Festa de Nazareth. *Annaes da Bibliotheca e Archivo Publico do Pará*, tomo III. Belém: Typ. e encadernação do Instituto Lauro Sodré, 1904

_____.As Fortificações da Amazônia: I — As fortificações do Pará. *Annaes da Bibliotheca e Archivo Publico do Pará*, tomo IV. Belém: Typ. e encadernação do Instituto Lauro Sodré, 1905

VIEIRA, P. Antônio. *Cartas do Padre Antônio Vieira*. São Paulo e Rio de Janeiro: Ed. Livraria Magalhães, 1912

WAGLEY, Charles. *Uma Comunidade Amazônica*. São Paulo: Ed. Nacional, 1957

WEBER, Max. *A Ética Protestante e o Espírito do Capitalismo*. São Paulo: Livraria Pioneira Editora, 1967

_____.*Sobre a Teoria das Ciências Sociais*. Lisboa: Editorial Presença, 1974

_____.*Economia y Sociedade: esbozo de sociologia compreensiva*. México: Fondo de Cultura Econômica, 1979

WEINSTEIN, Barbara S. Prosperity without Development: the paraense elite and the Amazon rubber boom, 1850-1920. Tese de doutoramento. Faculty of the Graduate School of Yale University, 1980

ZALUAR, Alba. *Os Homens de Deus: Um estudo dos santos e das festas do catolicismo popular.* Rio de Janeiro: Zahar Editores, 1983

517

Outras publicações Cejup

QUMRÂN

Sa piété, sa théologie et son milieu

BIBLIOTHECA EPHEMERIDUM THEOLOGICARUM
LOVANIENSIUM

XLVI

Qumrân

Sa piété, sa théologie et son milieu

PAR

M. DELCOR

M. Baillet – P. M. Bogaert – H. W. Brownlee
A. Caquot – J. Carmignac – J. Coppens
H. T. Fabry – M. Hengel – N. Ilg – A. Jaubert
B. Jongeling – E. M. Laperrousaz – H. Lichtenberger – J. T. Milik
H. Pabst – S. Sabugal – J. Schmitt – P. W. Skehan – J. Starcky
S. H. Talmon – J. van der Ploeg – J. van der Woude – Y. Yadin

PARIS - GEMBLOUX
Éditions DUCULOT

LEUVEN
UNIVERSITY PRESS

1978

© Editions Duculot, Paris-Gembloux et Leuven University Press,
B-3000 Leuven /Louvain (1978).
(Imprimé en Belgique sur les presses Duculot) D. 1978, 0035.18

ISBN 2-8011-0154-0

Avant-Propos

En 1957, les journées bibliques de Louvain présidées par le professeur J. van der Ploeg mirent au programme de leur neuvième session le sujet suivant: La secte de Qumrân et les origines du Christianisme. Depuis cette date, des textes nouveaux ont été publiés et des études souvent pénétrantes ont été consacrées aux textes de Qumrân. Aussi était-il nécessaire, dix-neuf ans après, de revenir aux problèmes qumrâniens, dans une nouvelle session, la vingt-septième, du Colloquium Biblicum Lovaniense.

Une fois choisi le thème des journées bibliques de Louvain en 1976: Qumrân et son milieu, j'acceptai d'organiser et de présider ce congrès. Deux préoccupations essentielles furent les miennes. D'abord obtenir une communication de chacun des savants auxquels avaient été confiée la tâche de publier les textes. Or tous ou presque tous ont répondu à notre appel. Je regrette pourtant que le Professeur John Strugnell de l'Université de Harvard qui avait accepté mon invitation n'ait pu, au dernier moment, s'associer à ses collègues américains ou français chargés d'éditer les manuscrits.

Mon second soin a été de faire traiter quelques grands sujets relatifs soit au milieu soit à la théologie de Qumrân. Sans doute, certains thèmes n'avaient pas manqué de retenir l'attention des spécialistes mais il importait là où les discussions avaient été les plus soutenues et quelquefois même les plus vives de faire à nouveau le point de la recherche.

Il suffira de jeter un coup d'œil sur la table des matières des Actes de cette XXVIIe semaine biblique de Louvain pour se rendre compte de l'ampleur et de l'importance des sujets traités. Faisant suite à notre présentation des travaux des qumrânologues pays par pays durant ces deux dernières décades, on lira les communications de nos collègues aussi riches que variées. Nous les avons classées sous diverses rubriques: méthodes d'approche des textes qumrâniens, — textes nouveaux publiés ou découverts depuis 1957, — études relatives aux institutions ou à la théologie qumrâniennes, — problèmes des rapports de Qumrân avec les milieux juif, hellénistique ou chrétien. Aux sujets ayant fait l'objet d'une communication, le Professeur J. Coppens a ajouté une étude sur un thème qui a été fort débattu: le célibat à Qumrân et un article sur le problème des analogies qumrâniennes avec le Nouveau Testament.

À peine trois semaines après la fin de notre congrès, les études qumrâniennes étaient endeuillées par la disparition d'un des maîtres les plus éminents de notre discipline. Nous apprenions la mort du Professeur Karl Georg Kuhn de l'Université de Heidelberg survenue le 20 septembre 1976, à la suite d'une longue maladie. Je sais personnellement tout ce que m'a apporté ce savant rigoureux et pénétrant lors de mon séjour à Heidelberg, il y a plus de vingt ans, pour réaliser que ce deuil ne laissera pas insensible nos collègues. J'ai dit à sa veuve combien le souvenir de ce maître avait été vivant aux Journées bibliques de Louvain à la fois par l'évocation de ses travaux et par la présence d'un de ses disciples, le Professeur Stegemann. Je suis sûr que notre ancien condisciple, le Professeur Gert Jeremias, qui a prononcé l'allocution d'usage lors de ses obsèques a dignement représenté tous ceux qui avaient travaillé sous sa direction dans ce que nous nous plaisions à appeler la Qumran Höhle, à l'Akademie der Wissenschaften.

Nous voudrions encore remercier tous ceux qui ont contribué au succès des XXVIIes journées bibliques et particulièrement le professeur J. Coppens qui a bien voulu ajouter deux communications à celles présentées au Colloque et qui nous a aidé à préparer l'édition de ces Mélanges Qumrâniens qui, nous n'en doutons pas, contribueront grandement au progrès de nos études.

M. DELCOR

Table des matières

Où en sont les études qumrâniennes ?

Il y a plus de vingt-cinq ans, je visitai à la tombée de la nuit, à la lumière de torches improvisées faites de vieux journaux, la première grotte à manuscrits située sur la falaise qui domine le site de Khirbet Qumrân, en compagnie du Père Pierre Benoit, professeur à l'École biblique et archéologique française de Jérusalem, du professeur Henri Grégoire, de l'Université libre de Bruxelles, de sa secrétaire Mademoiselle Lippens et du chanoine Jules Creten, chargé alors par le Vatican de distribuer des subsides aux réfugiés palestiniens. La secrétaire du professeur Grégoire n'était autre que la cousine du lieutenant Lippens dont le rôle fut, on s'en souvient, décisif comme officier de l'ONU dans le repérage de la première grotte à manuscrits trouvée par les bédouins. Le souvenir de cette visite qui ne fut pas des plus aisées est resté vivant dans ma mémoire, tant elle fut fertile en péripéties. Parvenus à Jéricho dans une voiture mise gracieusement à notre disposition par le consulat de Belgique, nous n'arrivions pas à mettre la main sur l'officier de l'armée jordanienne qui devait nous permettre de visiter cette zone des bords de la mer Morte plus ou moins interdite. Une fois trouvée l'autorité jordanienne compétente, il ne fut pas facile de lui arracher l'autorisation tant désirée. J'entends encore les protestations quelque peu véhémentes du savant belge : « Je suis membre de l'Académie Royale de Belgique. Je dîne ce soir avec le gouverneur de Jérusalem et je protesterai auprès de lui ». J'entends aussi Mademoiselle Lippens essayant de calmer les impatiences du professeur Grégoire : « Regardez, Maître, ce magnifique coucher de soleil sur les monts de Moab ; il est plus beau que celui que nous avons contemplé sur le mont Hymette ». Certes, Henri Grégoire était surtout un byzantinologue, mais ses connaissances étaient très vastes et l'annonce de la découverte de manuscrits hébreux réalisée trois ans auparavant par des bédouins allant à la recherche d'un bouc égaré (et non d'une brebis comme on dit habituellement [1]) n'avait pas laissé insensible cet esprit curieux qui avait fait jadis un peu d'hébreu à Paris. Nous étions en effet au printemps de 1950 et la grotte contenant les manuscrits, la première de ce genre, avait été découverte en 1947. Je venais

---

[1] A. Y. SAMUEL, *Treasure of Qumran : My story of the Dead Sea Scrolls*, Philadelphia, 1966.

moi-même d'arriver à l'École biblique et archéologique française de Jérusalem comme pensionnaire de l'Institut de France et, pour justifier ma
bourse, je m'étais attelé non sans quelque témérité à rédiger un mémoire
consacré à l'un des documents trouvés dans la première grotte : le *Pesher
d'Habacuc* ou, comme on disait alors assez inexactement, le *Midrash
d'Habacuc*, celui qui contenait précisément le plus d'allusions historiques
qu'il fallait essayer d'élucider : ce commentaire assez particulier du vieux
prophète avait déjà suscité une retentissante communication [2] du savant
français André Dupont-Sommer, suivie, il est vrai, d'une non moins
retentissante polémique.

De l'entrée de la grotte, nous pouvions contempler à nos pieds les
ruines énigmatiques de Khirbet Qumrân et des rangées de tombes recou-
vertes de cailloux et orientées Nord-Sud qui jouxtaient ce site. Nous
nous interrogions sur la nature de ces vestiges. À cette époque-là je me
posais déjà la question de savoir, — et sans doute n'étais-je pas le seul,
— si les anciens habitants de Khirbet n'étaient pas précisément ceux qui
avaient caché les manuscrits. Je m'en étais ouvert, il m'en souvient, au
Père de Vaux, le savant directeur de l'École de Jérusalem. Mais ce dernier était demeuré longtemps sceptique sur la nécessité d'une fouille du
site comme sur l'exploration systématique des grottes dont la falaise voi-
sine est truffée. Jusqu'à preuve du contraire, il s'en tenait, je crois, à
l'opinion de Ch. Clermont-Ganneau, corroborée par un récent sondage de
Mr Harding, qui faisait de Khirbet Qumrân un fortin romain [3]. On sait
que le Père de Vaux avait d'abord daté les jarres contenant les rouleaux
de cuir du IIᵉ siècle de notre ère « à la rigueur du début du Iᵉʳ siècle,
certainement antérieurement à l'époque romaine », ce qui l'empêchait
évidemment d'établir un lien quelconque avec les ruines de Qumrân.
Mais il devait par la suite reconnaître son erreur avec une probité scientifique que certains savants pourraient lui envier. Pendant cinq ans, de
1951 à 1956, des campagnes de fouilles conduites avec beaucoup de
méthode et de soin lui permirent, d'une part, d'établir les diverses phases
d'occupation du site, et d'autre part, d'identifier à partir du IIᵉ siècle av.
J.-C. la nature des ruines qui avaient été le centre d'une communauté
religieuse, celle à laquelle appartenaient précisément les manuscrits.
L'archéologie permettait dorénavant de jeter une certaine lumière sur les
manuscrits comme le contenu de certains manuscrits permettait d'éclairer l'archéologie. Le Père de Vaux s'est expliqué longuement et avec
cette clarté lumineuse qui lui était coutumière sur les liens existant entre

---

2. A. DUPONT-SOMMER, *Observations sur le commentaire d'Habacuc découvert près
de la mer Morte*, Paris, 1950 ; du même auteur, *Le « commentaire d'Habacuc » découvert près de la mer Morte. Traduction et Notes*, RHR, avril-juin 1950.

3. Cf. M. DELCOR, *Essai sur le Midrash d'Habacuc*, Paris, 1951, p. 17.

l'archéologie du site de Qumrân et les manuscrits de la mer Morte, d'abord dans les rapports préliminaires publiés dans la *Revue Biblique*, puis dans les deux éditions successives de son livre : *L'archéologie et les manuscrits de la mer Morte*, paru à Londres en 1961 et en 1973, ouvrage essentiel auquel il faudra toujours se référer. Depuis les faits et les souvenirs un peu trop personnels que je viens d'évoquer, voilà bientôt trente années écoulées, trente années de découvertes et de travaux. Je ne prétends pas tracer ici l'histoire de cette recherche, même dans ses grandes lignes. Elle serait pourtant passionnante, et j'espère bien que quelqu'un l'écrira un jour en toute sérénité en s'inspirant non seulement des articles plus ou moins polémiques des divers chercheurs, mais aussi, je l'espère, des correspondances inédites échangées entre les protagonistes de la recherche qumrânienne. Cette enquête n'aurait pas un intérêt purement anecdotique : certes elle montrerait les hésitations légitimes des premiers savants qui se sont penchés sur les manuscrits, surtout en ce qui concerne la nature de la secte à laquelle ils appartenaient. Mais elle dégagerait aussi les apports souvent mineurs, plus rarement décisifs, de chaque scholar à la recherche qumrânienne. Elle constituerait enfin pour les jeunes générations un singulier avertissement chaque fois que surviendrait une découverte moderne susceptible d'ébranler les positions reçues. Je pense en particulier aux thèses aberrantes et finalement isolées soutenues dès le début de la recherche qumrânienne par Paul Kahle, Godfrey Rolles Driver, Cecil Roth, Solomon Zeitlin, pour ne citer que les plus célèbres. Les uns et les autres étaient pourtant des savants considérables, chacun en leur domaine, mais qui, en raison soit de leur âge, soit de positions scientifiques prises antérieurement, n'ont pas su se libérer de certains préjugés. Je songe aussi aux vues plus justes de E. L. Sukenik et de A. Dupont-Sommer qui, dès le début, ont soutenu l'origine essénienne de la secte et auxquels il convient de rendre un hommage mérité. Pour mener à bien l'histoire de cette recherche, il ne manque pas d'ailleurs de répertoires bibliographiques qui fournissent une documentation de base à une telle enquête. Qu'il suffise de citer les deux compilations bibliographiques de Chr. Burchard, parues en 1957 et en 1965 [4], celle de W. S. La Sor [5], celle toute récente de B. Jongeling [6], sans oublier les bibliographies que W. S. La Sor et J. Carmignac font paraître périodiquement dans la *Revue de Qumrân* depuis 1958.

---

4. Chr. BURCHARD, *Bibliographie zu den Handschriften vom Toten Meer*, t. I, Berlin, 1957 ; t. II, 1965.

5. W. S. LA SOR, *Bibliography of the Dead Sea Scrolls 1948-1957*, Pasadena, 1958.

6. B. JONGELING, *A Classified Bibliography of the Finds in the Desert of Judah (1958-1969)*, dans *Studies on the Texts of the Desert of Judah* VIII, Leyde, 1971.

En attendant que soit écrite l'histoire de cette recherche, nous possédons déjà le récit pittoresque, écrit par Mar Athanasios Samuel, le métropolite syrien de Jérusalem, de ses tractations aux lenteurs tout orientales avec les bédouins Taamiré détenteurs des rouleaux manuscrits de la grotte découverte en 1947. Cette histoire est précédée d'une préface de William Brownlee qui fut, on s'en souvient, un des principaux et heureux protagonistes avec Millar Burrows et J. C. Trever de l'American School of Oriental Research pour authentifier l'antiquité des manuscrits [7]. Je suis heureux de le saluer ici, avec nous. De J. C. Trever nous possédons aussi sur l'histoire des découvertes le point de vue d'un scientifique. On le trouvera dans un article de la *Revue de Qumrân* publié en 1961-1962 [8] et surtout dans son ouvrage *The Untold Story of Qumrân*, Westwood, N.J., 1965 traduit en allemand deux ans plus tard avec le titre: *Das Abenteuer von Qumrân*, Kassel, 1967. On peut aussi entendre le point de vue du bédouin Muhammad ed-Deeb à travers trois articles de W. Brownlee [9].

Certes, on n'a pas attendu l'année 1976 pour convier les spécialistes à faire le point sur leurs découvertes. Ici même, il y a une vingtaine d'années les IXes Journées Bibliques qui se sont tenues du 5 au 7 septembre 1957 avaient choisi comme thème de recherches: *La Secte de Qumrân et les origines du Christianisme*, et elles avaient été présidées par le Père J. van der Ploeg dont les travaux sur Qumrân sont bien connus. En réalité, sur les onze conférences prononcées à Louvain, quatre seulement se référaient aux relations entre les écrits de Qumrân et le Nouveau Testament. Elles avaient été prononcées par D. Barthélemy, L. Cerfaux, O. Betz et J. Schmitt. Ce dernier, dont je suis tout spécialement heureux de saluer à nouveau la présence parmi nous, avait traité de l'organisation de l'Église primitive et Qumrân [10]. Deux ans auparavant, un colloque s'était tenu à Strasbourg du 25 au 27 mai 1955, sous les auspices du Centre d'Études Supérieures spécialisées d'Histoire des Religions de cette ville: A. Dupont-Sommer, J. van der Ploeg, B. Reicke, A. Neher, O. Cull-

---

7. Millar Burrows (with the assistance of John C. Trever and William H. Brownlee), *The Dead Sea Scrolls of St Mark's Monastery*, vol. I : *The Isaiah Manuscripts and the Habakkuk Commentary*, New Haven, 1950 ; vol. II, fasc. 2 : *Plates and Transcription of the Manual of Discipline*, New Haven, 1951.

8. J. C. Trever, *When was Qumran Cave I discovered ?*, dans *Revue de Qumrân*, III, 1961-1962, pp. 135-141.

9. W. H. Brownlee, *Muhammad ed-Deeb's Own Story of his Scroll Discovery*, dans *JNES*, 16, 1957, pp. 236-239 ; du même auteur, *Edh-Dheeb's Story of his Scroll Discovery*, dans *Revue de Qumrân*, III, 1961-1962, pp. 483-494 ; du même auteur, *Some New Facts concerning the Discovery of the Scrolls of IQ*, dans *Revue de Qumrân*, IV, 1963-1964, pp. 417-420.

10. J. van der Ploeg et alii, *La secte de Qumrân et les origines du Christianisme*, dans *Recherches Bibliques*, IV, Bruges-Paris, 1959.

mann, K. G. Kuhn, J. Schmitt, J. Daniélou y avaient pris la parole et de grandes questions y avaient été abordées. En 1961, se tenait à Leipzig un Symposium international sur les problèmes qumrâniens, réuni à l'instigation du regretté Hans Bardtke récemment disparu. Certes, en raison du lieu où il s'était tenu, en Allemagne orientale, peu de spécialistes du monde libre avaient pu y prendre part, ce qui fut fort regrettable en raison non seulement de la présence de savants venus d'Europe orientale et de l'attachante personnalité du professeur Bardtke, son organisateur, mais aussi de la chaleur de l'accueil. Messieurs Carmignac et van der Ploeg qui avaient avec votre serviteur répondu à l'appel de Bardtke, ne me contrediront point, et, en ce qui me concerne, j'ai gardé de cette rencontre un souvenir inoubliable. Les actes de ce congrès furent publiés deux ans plus tard à Berlin en 1963 sous le titre : *Vorträge des Leipziger Symposions über Qumran-Probleme*, et ils constituent désormais, par la qualité, par la variété des questions traitées, un précieux ouvrage de référence pour les qumrânologues. Quelques années plus tard, en 1966, un important volume de mélanges était offert au professeur de Leipzig sur le thème *Bible et Qumrân* par vingt et un spécialistes dont plusieurs avaient participé au Symposium [11]. Il faut mentionner aussi les grands congrès organisés par *Vetus Testamentum* et par la *Studiorum Novi Testamenti Societas* dans lesquels ont été traitées incidemment des questions qumrâniennes. Je songe en particulier au congrès tenu à Strasbourg en 1956 et à Oxford en 1959 par *Vetus Testamentum*. Le premier avait été présidé par le Père de Vaux dont nous savons tous la place éminente qu'il a occupée dans la recherche qumrânienne, notamment dans le domaine archéologique. Celui d'Oxford avait été organisé par G. R. Driver, un autre protagoniste des études qumrâniennes. Il fut notamment, ces dernières années, on s'en souvient, avec C. Roth [12] un des défenseurs de la thèse zélote, en ce qui concerne l'identité de la secte de Qumrân [13], ce qui lui valut une réplique courtoise, mais ferme et motivée du Père de Vaux dans un article de la *Revue Biblique*. Dans son gros livre intitulé *The Judaean Scrolls. The Problem and a Solution*, Oxford, 1965, le savant hébraïsant d'Oxford, plus philologue, il est vrai, qu'archéologue, n'a pas su tirer tout le parti désirable des fouilles archéologiques du site de Qumrân en les mettant en connexion avec les textes. Comme C. Roth, G. R. Driver estime que l'arrière-plan historique des manuscrits est la guerre menée contre Rome (66-73 ap. J.-C.). Les hommes de l'Alliance de Qumrân, — ceux qu'il appelle les *Convenanters*, — sont à identifier au parti des Zélotes et des sicaires qui descendaient du schisme

---

11. *Bibel und Qumrân. Beiträge zur Erforschung der Beziehungen zwischen Bibel- und Qumranwissenschaft (Hans Bardkte zum 22.9.1966)*, Berlin, 1968.
12. G. R. DRIVER, *The Judaean Scrolls. The Problem and a Solution*, Oxford, 1965.
13. C. ROTH, *The Dead Sea Scrolls. A New Historical Approach*, New York, 1965.

sadoqite qui suivit la déposition ou la mort d'Onias III (170 av. J.-C.). Tandis que certains acceptèrent la nouvelle situation et devinrent les Sadducéens du Nouveau Testament, d'autres s'enfuirent en Égypte avec Onias IV (170 av. J.-C.). Après l'intervention de Pompée, le groupe égyptien retourna à Jérusalem avec le prêtre Boethus qui forma le parti des Boethusiens. Plus tard Boethus fut rejeté par les siens qui se mirent sous l'autorité de Judas le Galiléen lequel avec Saddok fonda le parti zélote. Après l'exécution de Judas par les Romains l'année 6 ap. J.-C., les Zélotes s'installèrent à Qumrân (Période II) et devinrent les Membres de l'Alliance. Pour l'identification du Maître ou Docteur de Justice et du prêtre impie, les positions de G. R. Driver sont semblables à celles de C. Roth. Selon cet auteur, le Docteur de Justice serait Menaḥem ben Judah, l'un des chefs des Zélotes au début de la Guerre Juive. Ce dernier, d'après Josèphe, prit la tête de l'insurrection contre les Romains et eut même l'audace de se présenter au Temple en costume royal et escorté par ses partisans en armes. Mais Éléazar, le capitaine des gardiens du Temple, — dans cette thèse le prêtre impie de Qumrân, — les dispersa, et Menaḥem lui-même, poursuivi sur la colline de l'Ophel, fut sommairement exécuté à l'automne de l'année 66 de notre ère. Comme je l'ai déjà dit, la thèse de G. R. Driver a été vivement critiquée notamment par R. de Vaux qui lui reproche de n'avoir pas tenu assez compte des données archéologiques les plus solidement établies permettant de faire une histoire de la communauté qui occupa le site de Qumrân jusqu'à sa destruction, en juin 66 de notre ère. Aussi les conclusions de G. R. Driver sont-elles incompatibles avec les faits archéologiques (cf. R. DE VAUX, *Esséniens ou Zélotes? À propos d'un livre récent*, dans *R.B.*, t. 73, 1966, pp. 212-235). Driver a répondu aux critiques de R. de Vaux mais sans avoir convaincu personne de sa thèse zélote (cf. G. R. DRIVER, *Myths of Qumran*, dans *The Annual of Leeds University. Oriental Society*, I-6, 1966-1968, pp. 23-48 et spécialement 23-40; du même auteur, *Mythology of Qumran*, dans *JQRNS*, t. 71 (1970-71), pp. 241-281 et spécialement 241-250).

Outre les Congrès consacrés à Qumrân, il existe aussi des recueils d'études. Deux d'entre eux parus ces dernières années traitent des relations entre Qumrân et le Nouveau Testament. Le premier, intitulé *Paul and Qumran*, a été édité en 1968 par J. Murphy-O'Connor. Il regroupe dans un volume les articles déjà publiés de Pierre Benoit, Joseph A. Fitzmyer, Joachim Gnilka, Mathias Delcor, Walter Grundmann, K. G. Kuhn, Joseph Coppens, Franz Mussner, Jérôme Murphy-O'Connor [14]. Voici dans quel esprit son éditeur a voulu réunir dans ce volume les travaux

---

14. J. MURPHY-O'CONNOR et alii, *Paul and Qumran. Studies in New Testament Exegesis*, Londres, 1968.

des divers spécialistes. Écoutons-le parler : « La contribution que les manuscrits de la mer Morte peuvent apporter à une compréhension profonde et correcte du Nouveau Testament et du milieu dans lequel il a pris forme est devenue de plus en plus évidente ces dernières années, au moins pour ceux qui sont en mesure de garder l'œil ouvert sur l'extraordinaire production savante consacrée à ce domaine. Malheureusement ceux qui sont intéressés au progrès de cette recherche n'ont pas tous accès aux revues dans lesquelles paraissent les travaux les plus originaux et les plus constructifs des savants et, dans certains milieux, on a même accusé les savants chrétiens de conspiration du silence. On dit qu'ils ont peur de publier les résultats de leurs recherches parce qu'ils menacent le caractère unique de la foi chrétienne. Cela n'est pas du tout vrai, mais il est indéniable que le manque de communication est dû à la difficulté de lire les langues étrangères et d'accéder aux bibliothèques spécialisées ». E. J. Murphy-O'Connor de conclure : « Mon seul objet en composant ce livre est de combler un vide en rendant plus accessibles quelques-uns des articles les plus significatifs consacrés à l'étude des contacts entre les récits pauliniens et les documents esséniens ». Dans un autre recueil de même nature, J. H. Charlesworth regroupe des travaux déjà parus autour du thème *John and Qumran* (Londres, 1972). Ces deux recueils font d'ailleurs pendant au précieux volume que Krister Stendhal publiait en 1957 à New York sous le titre *The Scrolls and the New Testament*.

Ces quelques indications bibliographiques préliminaires montrent que l'intérêt pour les études qumrâniennes ne semble pas avoir faibli, car si les publications sont moins nombreuses que lors des premières quinze années, elles ont gagné en qualité ce qu'elles ont perdu en quantité. Mais des publications ne se conçoivent pas sans des centres de recherches et finalement sans des maîtres qui les suscitent et les stimulent. Quel est le bibliste qui n'a pas consacré un cours aux manuscrits de la mer Morte dans les diverses facultés de théologie ou écoles de sciences religieuses ? Mais il y a plus : certaines universités ont même créé des instituts de recherches qumrâniennes. Je songe en particulier au centre dirigé jusqu'à ces derniers temps par Karl Georg Kuhn à l'Université de Heidelberg. La *Qumran-Abteilung* était installée en ses débuts au pied du romantique château à demi-ruiné, dans les locaux de la vieille *Akademie der Wissenschaften*. Nous avions à notre disposition une toute petite salle que nous aimions à appeler la *Qumran Höhle*, la grotte de Qumrân. De combien de veilles laborieuses, prolongées parfois par certains jusqu'au petit matin, ces vieux bâtiments n'ont-ils pas été les témoins ? Il y avait là une équipe enthousiaste que je n'ai jamais retrouvée ailleurs de jeunes chercheurs allemands : Werner Eiss, Reinhard Deichgräber, Gert Jeremias, Heinz Wolfgang Kuhn — le petit Kuhn, comme nous aimions l'appeler pour le distinguer du grand, le professeur, — Hartmut Stegemann, pour ne citer que ceux que j'ai connus plus personnellement. Sous la direction

de Karl Georg Kuhn, deux publications faites en collaboration ont été
réalisées par cette équipe de Heidelberg : le *Rückläufiges Hebraïsches
Wörterbuch* paru à Goettingue en 1958 et la *Konkordanz zu den Qumrantexten* publiée deux années plus tard. Le premier ouvrage avait été mis
en chantier en priorité afin d'aider les déchiffreurs des textes de Qumrân
souvent lacunaires. Les racines hébraïques sont classées à rebours de telle
sorte que l'on a facilement sous les yeux les diverses possibilités de
restitution pour un verbe dont il manque une des consonnes. Mais la
Konkordanz zu den Qumrantexten est un des instruments de travail les
plus précieux qui soient sortis de ce laboratoire si l'on y ajoute les
compléments publiés par la suite dans la *Revue de Qumrân* en 1963-1964,
Nachträge zur « Konkordanz zu den Qumrantexten », pp. 163-234. Je pus
utiliser moi-même à Heidelberg cette concordance qui n'était encore que
sur fiches, lorsque je rédigeais mon commentaire des *Hymnes de
Qumrân* [15], et je sais les services précieux qu'elle m'a rendus.

Du séminaire consacré à l'explication des textes de Qumrân que Karl
Georg Kuhn dirigeait avec méthode et beaucoup de rigueur scientifique
sont sorties quelques trop rares études du maître allemand et on doit le
regretter. En effet le professeur Kuhn appartient encore à cette vieille
école pour qui dix pages d'explication rigoureuse de texte sont préféra-
bles à cent pages de théories. Je le lui ai entendu moi-même prôner à
diverses reprises comme un axiome au cours de son séminaire, et nous
regrettons qu'aujourd'hui un état de santé déficient ne lui permette pas
de nous faire bénéficier de ses vastes connaissances. Ce sont surtout ses
élèves qui ont profité de ses travaux. Plusieurs thèses de valeur ont été
dirigées par Kuhn à la fois spécialiste du rabbinisme et du Nouveau
Testament et au demeurant un excellent philologue, et c'est pour cela
qu'elles tournent à peu près toutes autour du thème *Qumrân et le Nouveau Testament*. Elles ont été publiées à Goettingue dans une collection
fondée par le professeur de Heidelberg sous le titre *Studien zur Umwelt
des N.T.* Signalons plus spécialement : *Der Lehrer der Gerechtigkeit*, œuvre
de Gert Jeremias publiée en 1963. Ce beau livre contient la somme des
problèmes que pose le personnage central de la secte de Qumrân dont il
essaie d'esquisser le portrait le plus exact possible en le situant à sa place
dans l'histoire. R. Deichgräber a consacré une importante thèse aux
hymnes adressés à Dieu et aux hymnes adressés au Christ dans le christianisme primitif : *Gotteshymnus und Christushymnus in der frühen Christ-
enheit. Untersuchungen zu Form, Sprache und Stil der frühchristlichen
Hymnen*, Goettingue, 1967. C'est encore aux hymnes que s'est intéressé
H. W. Kuhn dans sa thèse intitulée : *Enderwartung und gegenwärtiges
Heil. Untersuchungen zu den Gemeindeliedern von Qumran*, Goettingue,

---

15. M. DELCOR, *Les Hymnes de Qumrân (Hodayot). Texte hébreu, Introduction,
Traduction, Commentaire*, Paris, 1962.

1966. Cet auteur distingue les hymnes du Maître de ceux de la communauté. Ce livre constitue un progrès par rapport à celui de G. MORA-WE, *Aufbau und Abgrenzung der Loblieder von Qumran*, Berlin, 1961. Ce dernier avait reconnu en gros dans les *Hodayot* des *Danklieder* et des *hymnischen Bekenntnisliedern*. Mais ce qu'il manquait à la recherche de Morawe, c'était une étude du *Sitz im Leben* des hymnes, c'est-à-dire de l'occasion qui les vit naître. Or ce travail a été effectué en partie par H. W. Kuhn. Ce dernier se demande si certains hymnes ne trouvent pas leur origine lors de l'entrée dans la communauté et plus précisément lors de la fête de l'Alliance telle qu'elle est décrite en 1 *QS*, I,II-III,2. Mais j'avais déjà moi-même attiré l'attention sur ces problèmes dans mon commentaire des Hymnes et dans une étude consacrée à la fête de l'Alliance à Qumrân, parue en allemand dont une partie est intitulée: *Das Ritual des Bundesfestes in Qumran und der Sitz im Leben von einigen Hymnen* (dans *Bibel und Leben*, 1963, pp. 195-200). Cette étude est reprise dans M. DELCOR, *Religion d'Israël et Proche-Orient ancien. Des Phéniciens aux Esséniens*, Leyde, 1976, pp. 280-287. Signalons aussi dans la collection *Studien zur Umwelt des N.T.*, l'ouvrage de Peter VON DER OSTEN-SACKEN, *Gott und Belial. Traditionsgeschichtliche Untersuchungen zum Dualismus in den Texten aus Qumran*, Goettingue, 1969. Cet auteur a montré le manque d'unité littéraire du *Traité des Deux Esprits*, section capitale insérée dans le *Serek* pour une des doctrines fondamentales de la secte: le dualisme. Il s'oppose en cela à la thèse de J. Licht qui semble admettre une unité littéraire monolithique pour le *Traité des Deux Esprits*, qui, de fait, dans la forme où il nous est parvenu paraît très structuré [16]. Mais, ainsi que l'a montré P. von der Osten-Sacken, une analyse minutieuse de cette section prouve que le texte actuel est l'aboutissement d'un développement littéraire. En effet, le problème de l'unité du texte se pose à propos des relations littéraires entre 1 *QS*, III, 13-IV, 14 et IV, 15-26, à la fois au niveau du vocabulaire et de la stylistique. Par ailleurs, le même auteur a montré de façon convaincante que les traditions du *Rouleau de la Guerre* ou *Milḥamah* se trouvent à l'arrière-plan des conceptions dualistes de *Serek*, III, 13-IV, 14 et plus spécialement de III, 20-25. On utilise de fait dans le *Milḥamah* et la section du *Serek* en question un vocabulaire théologique ou technique significatif que l'on ne trouve pas ailleurs à Qumrân. Tout semble indiquer que le dualisme qumrânien s'enracine dans l'eschatologie. C'est en effet à la tradition eschatologique du *Milḥamah* que puise la liste de malédictions (*Unheilskatalog*) de 1 *QS*, IV, 12-14 (cf. pour le détail P. von Osten-Sacken, *op. cit.*, p. 122). Signalons en passant que J. Murphy-O'Connor a accepté la thèse relative au manque d'unité du *Traité des Deux Esprits*

---

16. J. LICHT, *An Analysis of the Treatise of the Two Spirits in DSD (= Manual of Discipline)*, dans *Scripta Hierosolymitana*, 4, Jérusalem, 1958, pp. 88-100.

(cf. J. Murphy-O'Connor, *La Genèse littéraire de la Règle de la Communauté*, dans *Revue Biblique*, 76, 1969, pp. 514-543). Hartmut Stegemann, outre des études particulières consacrées au *Pesher du Ps. 37*, aux *Bénédictions patriarcales de la grotte IV* de Qumrân publiées dans la *Revue de Qumrân* [17], a choisi comme sujet de thèse de doctorat en philosophie les origines de la communauté de Qumrân. Celle-ci soutenue devant l'Université de Bonn en 1965 porte comme titre : *Die Entstehung der Qumrangemeinde*, mais elle est demeurée malheureusement inédite. Signalons enfin toujours dans la collection fondée par K. G. Kuhn les ouvrages de Jürgen BECKER, *Das Heil Gottes. Heils-und Sündenbegriffe in den Qumrantexten und im Neuen Testament*, Goettingue, 1964; Georg KLINZING, *Die Umdeutung des Kultus in der Qumrangemeinde und im NT*, Goettingue, 1971: Johannes THEISOHN, *Der auserwählte Richter. Untersuchungen zum traditionsgeschichtlichen Ort der Menschensohngestalt der Bilderreden des Äthiopischen Henoch*, Goettingue, 1974. Le Centre d'Études qumrâniennes de Heidelberg a donc particulièrement droit à notre reconnaissance, mais il a disparu de cette université lors de la mise à la retraite de son fondateur, le professeur Karl Georg Kuhn. Nous savons pourtant que les études qumrâniennes sont toujours en honneur en Allemagne, puisque le centre de Heidelberg est passé à l'Université de Marbourg, où, sous la direction du professeur Hartmut Stegemann, un des disciples de K. G. Kuhn, il est en d'excellentes mains. Un groupe de jeunes chercheurs que j'ai eu le plaisir de connaître au mois de mai 1975, travaille sous la direction de celui-ci et a conçu de grands projets, en particulier un dictionnaire de l'hébreu de Qumrân. Nous sommes heureux de les avoir à Louvain parmi nous. De ce nouvel atelier de Marbourg, la *Qumranforschungsstelle*, est sortie déjà la belle thèse de Hermann Lichtenberger sur *L'image de l'homme dans les textes de Qumrân*, soutenue en 1975 et jusqu'ici inédite [18]. On annonce trois autres thèses : celle de H. Pabst : *Contribution aux traditions littéraires de l'Apocalypse de Baruch*, celle de N. Ilg consacrée à *L'analyse littéraire de la Règle de la Communauté (1 QS)*, celle de Klaus Dieter Stephan sur *L'utilisation de la tradition de l'A.T. dans les manuscrits de Qumrân* [19]. Le professeur H. Stegemann lui-

---

17. H. STEGEMANN, *Der pešer Psalm 37*, dans *Revue de Qumrân*, IV, 1963-1964, pp. 235-270 ; H. STEGEMANN, *Weitere Stücke von 4Q Psalm 37, von 4Q Patriarchal Blessings und Hinweis auf eine unedierte Handschrift aus Höhle 4Q mit Exzerpten aus dem Deuteronomium*, dans *Revue de Qumrân*, VI, 1967-1979, pp. 193-227.

18. H. LICHTENBERGER, *Studien zum Menschenbild in den Texten der Qumrangemeinde*, Diss. Theol., Marbourg, 1975.

19. H. PABST, *Beiträge zur Traditions-und Literarkritik in der syrischen Baruchapokalypse.* — N. ILG, *Literarkritische Analyse der Gemeinderegel (IQS).* — Klaus Dieter STEPHAN, *Die Rezeption der alttestamentlichen Überlieferung in den Qumranschriften.*

même se chargera de vous faire part de ses réalisations et projets dans la *Qumranforschungsstelle* de Marbourg. Puisque nous passons en revue les travaux allemands signalons la thèse de H. J. Fabry de la Faculté de théologie catholique de l'Université de Bonn : *Die Wurzel šûb in der Qumran-Literatur*, publiée en 1975 dans les *Bonner biblische Beiträge*, et nous nous plaisons à constater que se poursuit à Bonn une tradition brillamment inaugurée par un des illustres maîtres de cette université, Friedrich Nötscher. Le Dr. Fabry vous donnera ici un écho de ses travaux. On m'annonce aussi deux autres thèses déjà terminées, l'une de Gerhard Wilhelm Nebe sur *La grammaire de l'hébreu de Qumrân*, dirigée par le professeur Klaus Beyer, de Heidelberg, l'autre de Matthias Küsters : *Aufbau und Struktur der Hodajot* (I QH), dirigée par le professeur G. J. Botterweck de l'Université de Bonn.

La Hollande occupe aussi une place de choix dans la recherche qumrânienne. Il y a quelques années, le professeur A. S. van der Woude fondait à l'Université de Groningue un *Qumran Institute* auquel le Dr. B. Jongeling prêtait son concours. On doit au professeur de Groningue une importante initiative : la publication du *Journal for the Study of Judaism*. Cette revue bisannuelle est spécialisée dans le judaïsme d'époque perse, grecque et romaine et occasionnellement elle publie aussi des articles consacrés à Qumrân. Mais il faut saluer surtout une œuvre scientifique de grande qualité qui a vu le jour dans les Pays-Bas : il s'agit de l'édition du *Targum de Job*, œuvre de J. van der Ploeg, de A. S. van der Woude et de B. Jongeling, publiée sous les auspices de l'Académie Royale Néerlandaise des Sciences [20]. Les critiques ont su apprécier à sa juste valeur ce travail d'édition exemplaire [21]. Ce *Targum de Job* a été à l'origine d'une intéressante thèse de doctorat par E. W. Tuinstra [22] à laquelle A. Caquot a prêté attention en montrant que ce texte provenant de la grotte XI de Qumrân portait aussi la marque essénienne [23]. Je ne saurais quitter la Hollande sans signaler la collection des *Studies on the Texts of the Desert of Judah* dont J. van der Ploeg est l'éditeur à Leyde. Depuis la publication du premier volume : *The Manual of Discipline*, par P. Wernberg-Møller paru en 1957, cette collection s'est enrichie de monographies de valeur ; les deux derniers volumes parus sont dus à E. Y. Kutscher et à E. H. Merrill. *The Language and Linguistic of the Complete Isaiah Scroll*, qui avait déjà paru en hébreu, est l'œuvre de Kutscher. Ce dernier

---

20. J. VAN DER PLOEG, A. S. VAN DER WOUDE, avec la collaboration de B. JONGELING, *Le Targum de Job de la grotte XI de Qumrân*, Leyde, 1971.

21. Cf. par exemple P. GRELOT, dans *Revue de Qumrân*, t. 8, 1972, pp. 105-114.

22. E. W. TUINSTRA, *Hermeneutische Aspecten van de Targum van Job uit Grot XI van Qumran*, Groningue, 1970.

23. A. CAQUOT, *Un écrit sectaire de Qoumrân « le Targoum de Job »*, dans *RHR*, t. 185, 1974, pp. 10-27.

avait déjà publié des études du même genre consacrées soit à la langue de
l'*Apocryphe de la Genèse*, dans le tome IV des *Scripta Hierosolymitana*
paru en première édition en 1958, et en seconde édition en 1965, volume
tout entier consacré à l'étude de certains aspects des *Dead Sea Scrolls* [24],
soit à la langue des lettres en hébreu et en araméen de Bar Kochba et de
ses contemporains [25]. Le gros volume de E. V. Kutscher sur la langue et
les problèmes linguistiques du grand rouleau d'Isaïe fera date, car nous
avons là une véritable somme de recherches fort poussées. Le dernier
ouvrage paru de la collection, le huitième, n'est pas de la même importance, car il ne compte que 71 pages : *Qumran and Predestination. A
Theological Study of the Thanksgiving Hymns*, Leyde, 1975. L'opuscule de
E. H. Merrill s'attaque à un problème important de la théologie qumrânienne : la prédestination. Sans doute y a-t-il eu quelques essais sur le
même sujet, comme celui de A. Marx : *Y a-t-il une prédestination à Qumrân*, dans *Revue de Qumrân*, 6 (1967), pp. 163-181. Mais Merrill a estimé
qu'en raison de la place centrale de cette doctrine dans la secte de Qumrân il fallait à nouveau traiter le sujet. Il a limité son enquête aux seuls
Hymnes, sans que l'on discerne bien quels ont été les motifs de l'auteur
pour une telle limitation imposée à son sujet. Sans doute est-il vrai de
dire que la prédestination est une des doctrines principales et même pré-
éminentes contenues dans les Hymnes. Mais pourquoi ne pas traiter aussi
par exemple de l'utilisation des horoscopes à Qumrân et même des croyances rapportées par Josèphe sur le fatalisme, puisque Merrill identifie
les membres de la secte aux Esséniens ? Il y a toujours avantage à étudier une question comme celle-là dans toute son ampleur. Quoi qu'il en
soit, E. H. Merrill note avec soin la distinction qu'il y a lieu de faire
entre déterminisme ou prédéterminisme, prédestination ou préconnaissance. Le premier terme, dit-il, se réfère à des concepts non juifs ou non
chrétiens comme le fatalisme ou les conceptions sur les deux esprits de la
religion iranienne : ces doctrines excluent absolument la responsabilité
humaine. Le second terme implique l'arrangement providentiel de l'univers en y incluant l'homme et sa destinée, ce qui est, estime E. H. Merrill, la doctrine même des manuscrits de Qumrân. Le troisième terme, la
préconnaissance, est seulement en rapport avec l'aspect connaissance de
la prédestination. Dieu connaît de toute éternité ce qu'il veut et comment les événements historiques évolueront. Comme on le voit, Merrill
aime à parler de déterminisme perse et hellénistique et par contre de
prédestination qumrânienne. Cette distinction est peut-être vraie dans

---

24. E. Y. KUTSCHER, *The Language of the Genesis Apocryphon : a Preliminary
Study*, dans *Scripta Hierosolymitana*, 4, pp. 1-35.

25. E. Y. KUTSCHER, *The Language of the Hebrew and Aramaic Letters of Bar
Cochba and his Contemporaries*, dans *Lešonenu*, 25, 1961, pp. 117-133 (en hébreu
moderne).

certains documents de la secte, mais non de toute la doctrine qumrânienne. En effet la présence d'horoscopes trouvés à Qumrân montre bien
la croyance à un certain déterminisme, car le fait de naître sous tel ou tel
signe zodiacal comportait nécessairement pour chaque individu telle qualité ou tel défaut corporels ou moraux. Je ne suis pas sûr d'ailleurs qu'on
puisse affirmer en toute certitude que ces croyances étaient uniquement
propres à certaines couches populaires de la secte, car la facture cryptique de tel ou tel horoscope est fort savante.

La Grande-Bretagne, elle aussi, a tenu et tient encore sa place dans la
recherche qumrânienne. Pour un passé récent, qu'il me suffise d'évoquer
le nom du regretté professeur H. H. Rowley, qui dès le début a pris
position dans plusieurs publications sur les documents de Qumrân. Les
problèmes d'histoire de la secte, des relations entre les manuscrits de la
mer Morte et le Document de Damas, — les *Zadokite Documents*, comme
on les appelle outre-Manche —, de l'apocalyptique et des textes de Qumrân ont spécialement retenu l'attention du professeur de Manchester [26].
Nous avons déjà parlé plus haut de la thèse zélote de C. Roth et de G. R.
Driver. J. M. Allegro, un des disciples de H. H. Rowley, a pris une
grande part à l'édition des textes de Qumrân, en particulier dans la
publication d'Oxford University Press pour les textes provenant de la
grotte 4 [27] et pour les rouleaux de cuivre de la grotte 3 [28]. Le volume de
textes de la grotte 4 contient, on le sait, des documents importants: tels
les *Testimonia*, c'est-à-dire une chaîne de textes bibliques — de *Dt.*,
5, 28-29; 18, 18-19; *Nb.*, 24, 15-17; *Dt.*, 33, 8-11. Ces citations bibliques
illustrent le triple aspect des croyances messianiques qumrâniennes:
attente du Prophète, attente du Messie laïque et attente du Messie sacerdotal. Dès le début J. M. A. Allegro a attiré l'attention sur l'importance
de notre document qui jette une lumière nouvelle sur une question très
discutée: l'existence de collections de passages de l'Ancien Testament
groupés autour d'un thème qui auraient été utilisés dans l'ancienne
Église. Cette thèse avait été proposée jadis, on le sait, par F. C. Burkitt,
J. Rendel Harris, H. Vollmer et, plus récemment, avec des nuances par
C. H. Dodd (cf. *Conformément aux Écritures*, Paris, 1968, pp. 28 et sv.).
Le même volume contient aussi ce que J. M. A. Allegro a désigné de
façon peu heureuse comme étant un *Florilège* de divers passages bibliques: *2 Sam.*, 7, 10-14; *Ex.*, 15, 17-18; *Am.*, 9, 11; *Ps.* 1, 1; *Is.*, 8, 11;

26. H. H. ROWLEY, *The Zadokite Documents and the Dead Sea Scrolls*, Oxford,
1952 ; du même auteur, *The History of the Qumran Sect*, dans *BJRL*, 49, 1966-1967,
pp. 203-232 ; du même auteur, *Qumran. The Essenes and the Zealots*, dans *Von
Ugarit nach Qumran* (Festschrift O. Eissfeldt), Berlin, 1958, pp. 184-192 ; du même
auteur, *Jewish Apocalyptic and the Dead Sea Scrolls*, Londres, 1957.

27. John M. ALLEGRO (with the collaboration of Arnold A. ANDERSON), *Qumran
Cave 4*, vol. I, *4Q 158-4Q 186*, dans *DJDV*, Oxford, 1968.

28. Du même auteur, *The Treasure of the Copper Scroll*, New York-Londres, 1960.

Ez., 37, 23 (?) ; *Ps.* 2, 1-2. Mais un florilège est avant tout un choix de beaux textes et sans doute serait-il préférable de désigner ce document sous le nom de *catena*. Mais, de fait, comme l'a justement remarqué J. Carmignac, il appartient à la fois à plusieurs genres littéraires : celui de *témoignage*, car il présente une liste de passages bibliques groupés autour d'un thème, celui des *pesharim* ou interprétations car il fait suivre chaque texte biblique d'un *pesher* à portée allégorique, celui du *midrash* puisque ce document emploie précisément ce terme. Ces textes, et d'autres de ce volume, avaient été publiés préalablement par J. M. A. Allegro dans des articles de revues. Cette manière de faire très louable permet habituellement aux auteurs de susciter des réactions de la part des autres spécialistes et de tenir compte par la suite de leurs suggestions lors de l'édition définitive. Telle n'a pas été malheureusement la méthode suivie par J. M. Allegro qui a pratiquement reproduit sans changement ses études préliminaires en ignorant totalement les remarques des autres scholars. De ce fait, le volume V des *Discoveries in the Judaean Desert* de J. M. Allegro a entraîné une longue mise au point de J. Strugnell parue dans la *Revue de Qumrân*, t. VII, 1970, pp. 163-276 et une étude de J. A. Fitzmyer sur la bibliographie du sujet : *A Bibliographical Aid to the Study of the Qumran Cave IV. Texts 158-186*, dans *CBQ*, 31 1969, pp. 59-71.

G. Vermes, outre une version anglaise des textes de Qumrân : *The Dead Sea Scrolls in English* (Pelikan Books, 1962) qui a eu plusieurs éditions, a publié plusieurs études dont les plus originales sont celles consacrées au thème *Scripture and Tradition* [29] et à l'interprétation qumrânienne de l'Écriture [30]. De son côté, A. R. Leaney, de l'Université de Nottingham, s'est intéressé plus spécialement à la *Règle de la Communauté* de Qumrân dont il nous a donné une traduction anglaise suivie d'un important commentaire et précédée d'une introduction : *The Rule of Qumran and its meaning*, Londres, 1966.

Un thème de recherche capital a retenu depuis de longues années l'attention de Matthew Black : les relations entre les manuscrits et les débuts du christianisme. Dès 1961 il publiait un important ouvrage : *The Scrolls and Christian Origins*, auquel il donnait comme sous-titre : *Studies in the Jewish Background of the New Testament*. En 1969, il est l'éditeur d'un volume consacré au même thème : *The Scrolls and Christianity*, dans *Theological Collections*, II, paru à Londres. Mais l'apport le plus original de M. Black, spécialiste des études araméennes, concerne la langue

---

29. G. VERMES, *Scripture and Tradition in Judaism*, dans *Studia Post-Biblica*, 4, Leyde, 1964.

30. G. VERMES, *The Qumran Interpretation of Scripture in its Historical Setting*, dans *The Annual of Leeds University Oriental Society*, 6, 1966-1968, pp. 85-97.

employée du temps de Jésus [31]. Il faut aussi mentionner les travaux de F. F. Bruce, en particulier sur l'exégèse biblique dans les textes de Qumrân [32].

Aux États-Unis d'Amérique, les études qumrâniennes ont eu et ont encore de beaux développements. À ces recherches sont associés les noms de Millar Burrows, J. Trever, W. Brownlee, F. M. Cross, J. A. Fitzmyer, P. Skehan, J. A. Sanders, J. Strugnell, A. Di Lella et d'autres encore. On sait le rôle décisif joué dès le début par Millar Burrows, J. Trever, W. Brownlee, sans oublier bien entendu le regretté orientaliste et archéologue W. F. Albright lors de l'identification de certains rouleaux qumrâniens à l'American School of Oriental Research de Jérusalem.

W. Brownlee a publié il y a une dizaine d'années un ouvrage sur le thème Bible et Qumrân : *The Meaning of the Qumran Scrolls for the Bible. With Special Attention to the Book of Isaiah*, New York, 1964, et ces dernières années il a donné quelques études, notamment sur les manuscrits de la grotte XI de Qumrân : le rouleau d'Ezéchiel [33], le Psaume 151 [34], les « compositions davidiques » [35]. Mais nous savons qu'il prépare depuis longtemps un travail important sur les *Pesharim*. Il y a quelques années, il nous avait fait l'honneur de nous convier à Claremont Graduate School à l'Institute for Antiquity and Christianity, pour confronter nos points de vue sur les commentaires qumrâniens. Aux dernières nouvelles venues de Jérusalem, il m'annonce qu'il a envoyé à l'impression le tome I des *Biblical Commentaries from Qumran*, à paraître dans la collection des monographies du *Journal of Biblical Literature*. Au professeur F. M. Cross Jr, de Harvard, nous devons, outre un ouvrage de grande valeur sur l'ancienne bibliothèque de Qumrân et les études bibliques modernes, paru en anglais à Londres en 1958 et révisé et augmenté dans l'édition allemande publiée à Neukirchen en 1967 [36], une précieuse étude sur la paléographie des textes de Qumrân [37]. Avec les contributions de N. Avi-

---

31. M. BLACK, *Aramaic Studies and the Language of Jesus*, dans *In Memoriam Paul Kahle*, Berlin 1968, pp. 17-28.

32. F. F. BRUCE, *Biblical Exegesis in the Qumran Texts*, dans *Exegetica*, III, I, La Haye, 1959 ; édition anglaise, Londres, 1960.

33. W. BROWNLEE, *The Scroll of Ezekiel from the eleventh Qumran Cave*, dans *Revue de Qumrân*, IV, 1963-1964, pp. 11-28.

34. W. BROWNLEE, *The 11Q Counterpart to Psalm 151,1-5*, dans *Revue de Qumrân*, IV, 1963-1964, pp. 379-389.

35. W. BROWNLEE, *The Significance of David's Compositions*, dans *Revue de Qumrân*, V, 1964-1966, pp. 569-574.

36. F. M. CROSS Jr., *The Ancient Library of Qumran and Modern Biblical Studies*, Londres, 1958 ; du même auteur, *Die antike Bibliothek von Qumran und die moderne biblische Wissenschaft*, Neukirchen, 1967.

37. F. M. CROSS Jr., *The Development of the Jewish Scripts*, dans *The Bible and the Ancient Near East. Essays in Honor of W. F. Albright*, New York, Londres, 1961, pp. 133-202.

gad et de P. Birnbaum sur le même sujet [38], ces recherches sur le développement des divers types de l'écriture qumrânienne à l'époque asmonéenne et à l'époque hérodienne, constituent un point de repère solide
pour la datation des œuvres contenues dans les manuscrits. Quelquefois
même, lorsque nous ne possédons qu'un manuscrit unique d'une même
œuvre, on peut légitimement se demander si nous sommes en présence de
l'original et non d'une copie. Si l'on en croit R. de Vaux, ce pourrait être
le cas pour l'*Apocryphe de la Genèse* daté paléographiquement de l'époque hérodienne entre 50 av. J.-C. et 70 ap. J.-C.

La contribution de J. A. Fitzmyer à la recherche qumrânienne fait
beaucoup d'honneur au jésuite américain. Ce dernier, spécialiste che-
vronné des études araméennes et du Nouveau Testament, a écrit une
foule d'études souvent remarquables. Je songe en particulier au texte
concernant Melchisédech de la grotte XI de Qumran [39], ou à cet autre
texte mystérieux [40] dans lequel J. Starcky [41] a vu, avec A. Dupont-Sommer [42], un horoscope concernant le Messie, « l'Élu de Dieu ». Or on sait
que le titre de Messie ne figure nulle part dans le texte en question et que
celui d'« Élu de Dieu » a un emploi beaucoup plus large. Au terme d'une
analyse très poussée, jointe à une révision des lectures et des restitutions
proposées, il a formulé une exégèse tout à fait différente où l'interprétation messianique du texte est complètement abandonnée. Le héros de
ce texte ne serait pas, selon lui, le Messie, mais Noé, dont l'*Apocryphe de
la Genèse* raconte la naissance merveilleuse. De son côté P. Grelot vient
de proposer tout récemment une interprétation très proche de celle de
J. A. Fitzmyer [43]. Mais on doit surtout au savant américain un remarquable commentaire de l'*Apocryphe de la Genèse* où il fait montre à la fois
de son érudition de sémitisant et de pondération dans ses jugements.
Outre une abondante bibliographie, on trouvera aussi dans ce volume
une esquisse de l'araméen de Qumrân brossée de main de maître [44].
J. A. Fitzmyer vient de publier récemment une introduction aux *Dead*

---

38. N. Avigad, *The Palaeography of the Dead Sea Scrolls and Related Documents*,
dans *Scripta Hierosolymitana* ,IV, pp. 56-87.

39. J. A. Fitzmyer, *Further Light on Melchizedek from Qumran Cave 11*, dans
JBL, 16, 1966, pp. 25-41.

40. J. A. Fitzmyer, *The Aramaic " Elect of God "*. *Text from Qumran Cave IV*,
dans *CBQ*, 27, 1965, pp. 348-372.

41. J. Starcky, *Un texte messianique araméen de la grotte IV de Qumrân*, dans
*Mémorial du Cinquantenaire de l'École des langues orientales anciennes (Travaux de
l'Institut Catholique*, 10), Paris, 1964, pp. 51-66.

42. A. Dupont-Sommer, *Deux documents horoscopiques esséniens découverts à
Qumrân, près de la mer Morte*, dans *CRAIBL*, 1965, pp. 239-254.

43. Cf. *R.B.*, 82, 1975, pp. 488-498.

44. J. A. Fitzmyer, *The Genesis Apocryphon of Qumran Cave I. A Commentary*,
Rome, 1966.

Sea Scrolls, destinée aux étudiants. L'auteur inclut dans ce volume non seulement la liste des sites où les textes ont été trouvés et les titres des grandes publications de ces textes, mais aussi une foule d'indications bibliographiques, en particulier la liste exhaustive des textes publiés [45]. Cet ouvrage peut d'ailleurs même rendre service aux spécialistes qui trouveront là les revues où les textes ont été publiés et l'index des passages bibliques cités dans les manuscrits. Nous regrettons qu'il n'ait pu nous apporter ici la contribution de son expérience, retenu qu'il est en Amérique par un autre congrès.

M. P. W. Skehan, professeur à l'Université Catholique d'Amérique de Washington, est, on le sait, un des membres de l'équipe internationale chargée de l'édition des textes de Qumrân. Il s'est principalement attaché à l'étude de l'histoire du texte hébreu de l'Ancien Testament, en situant à leur place dans cette histoire les textes bibliques de Qumrân [46]. Je le remercie d'avoir accepté de venir nous parler durant ces journées d'un sujet qu'il connaît particulièrement bien. A. A. Di Lella, un de ses disciples à Washington, a préparé sous sa direction une thèse de doctorat consacrée à l'étude du texte hébreu du Siracide conservé dans les manuscrits de la Genizah du Caire [47]. L'auteur expose dans une introduction les diverses opinions sur l'authenticité du texte de la Genizah. Puis il aborde de front le problème de l'authenticité du texte du point de vue de la critique textuelle et du point de vue de l'histoire. Voici les conclusions auxquelles il est arrivé. À propos de l'authenticité, les manuscrits hébreux de la Genizah contiennent selon lui le texte original ou du moins un texte très proche de l'original de Ben Sirach. Même lorsque certains passages sont de toute évidence une rétroversion du syriaque, le texte hébreu qui les précède ou qui les suit est authentique. Voici de quelle manière Di Lella envisage les étapes successives de l'histoire du texte de ce livre : 1º durant le premier quart du second siècle avant J.-C., Ben Sirach écrit son livre en Palestine ; — 2º beaucoup de copies de cet ouvrage en hébreu sont mises en circulation et, vers 132 av. J.-C., le petit-fils de l'auteur en fait à Alexandrie une traduction grecque. D'autres copies restent en Palestine où le livre est particulièrement apprécié des membres de la secte de Qumrân, les Esséniens, probablement en raison de la mention des prêtres sadoqites ; — 3º au synode de

45. J. A. FITZMYER, *The Dead Sea Scrolls. Major Publications and Tools for Study*, dans *Sources for Biblical Study*, 8, Montana, Missoula, 1975.

46. P. W. SKEHAN, *Qumran and the Present State of Old Testament Text Studies : The Massoretic Text*, dans *JBL*, 78, 1959, pp. 21-25 ; du même auteur, *The Scrolls and the Old Testament Text*, dans *McCormick Quarterly*, 21, 1967-1968, pp. 273-283 ; du même auteur, *The Biblical Scrolls from Qumran and the Text of the Old Testament*, dans *The Biblical Archaeologist*, 28, 1965, pp. 87-100.

47. Alexander DI LELLA, *The Hebrew Text of Sirach. A Text-Critical and Historical Study*, Londres, 1966.

Jamnia, à la fin du Ier siècle, les rabbins suppriment le livre et seul un petit nombre d'exemplaires reste en circulation ; — 4º c'est sur une copie du texte hébreu qu'est faite par un chrétien la traduction syriaque au IIe siècle de notre ère ; — 5º le texte hébreu survit jusqu'au temps de S. Jérôme mort en 420, qui dit l'avoir connu ; — 6º au milieu du Ve siècle le livre est à peu près oublié. Seules ont survécu des collections populaires de proverbes cités par des auteurs rabbiniques et souvent mal conservés ; — 7º à la fin du VIIIe siècle, le texte hébreu du Siracide est découvert dans une grotte près de Jéricho, qui doit être une de celles où l'on a découvert à partir de 1947 des manuscrits au voisinage de Khirbet Qumrân ; — 8º les Karaïtes qui ont récupéré le manuscrit hébreu du Siracide en font plusieurs copies. Peut-être en raison de son mauvais état de conservation ou de la difficulté à le lire, ont-ils retraduit du syriaque les passages manquants dans le texte hébreu.

Nous avons nous-même pris comme hypothèse de travail cette cohérente histoire du texte du Siracide pour l'étude du texte hébreu du cantique final de ce livre provenant de la grotte XI de Qumrân que A. Di Lella n'avait pu utiliser. Nous sommes parvenus à des conclusions assez proches de celles de Di Lella. L'impression que laisse le texte qumrânien est qu'il est très proche de l'original tandis que le texte hébreu supposé par la version syriaque diffère sensiblement du texte représenté par la Septante et par le texte de Qumrân [48].

J. A. Sanders a publié à Oxford, en 1965 dans la grande édition des *Discoveries of the Judaean Desert*, le *Rouleau des Psaumes* de la grotte XI de Qumrân [49]. Dans ce rouleau, des psaumes non canoniques sont mêlés, comme on sait, à des psaumes qui se suivent eux-mêmes dans un ordre qui n'est pas celui de la Bible massorétique. Ce simple fait appellerait en lui-même plusieurs observations à la fois sur le canon de Qumrân et sur la date de composition des psaumes attribués à David. Mais nous ne dirons rien ici de ces problèmes. Le grand intérêt de ce rouleau nous paraît plutôt résider dans les psaumes non canoniques. Il contient en effet trois des cinq psaumes apocryphes de la petite collection syriaque connue depuis longtemps : le psaume 151 et les psaumes II et III [50]. Mais il y a aussi outre l'hymne au Créateur une pièce intitulée par J. A. Sanders *Plea for Deliverance* et l'Hymne à Sion. Nous avons décelé dans ce dernier une citation très significative du chapitre 9 de Daniel, mais,

---

48. Cf. M. DELCOR, *Le texte hébreu du Cantique de Siracide LI, 13 et sq. et les anciennes versions*, dans *Textus*, VI, 1968, pp. 27-47.

49. J. A. SANDERS, *The Psalm Scroll of Qumran Cave 11 (11 QPsa)*, dans *DJD*, IV, Oxford, 1965 ; du même auteur, *The Dead Sea Psalms Scroll*, New York, 1967.

50. Cf. M. DELCOR, *L'Hymne à Sion du Rouleau des Psaumes de la grotte 11 de Qumrân (11Q Psa)*, dans *Revue de Qumrân*, 6, 1967, pp. 71-88. Cette étude est reprise dans notre *Religion d'Israël et Proche-Orient Ancien*.

comme il ne contient pas encore les theologoumena esséniens, cet hymne où il est question des Ḥasidîm nous paraît être préessénien [51].

J. Starcky, de son côté, dans un article sur les psaumes apocryphes de la grotte IV de Qumrân (4 Q f. VII-X) paru dans la *Revue Biblique*, 1966, pp. 354-371, a repéré la fin de notre Hymne à Sion sous une forme légèrement différente de celui de la grotte XI. Il estime aussi que cet hymne n'a proprement rien d'essénien. Nous avons indiqué plus haut la présence parmi les psaumes de la grote XI du psaume 151 et des psaumes II et III de la petite collection syriaque. Dès 1958, avant même la découverte de ces psaumes en hébreu, nous avons montré à travers le texte syriaque de ces mêmes psaumes qu'ils étaient apparentés à la littérature qumrânienne. M. Philonenko, peu après, parvenait à des conclusions proches des nôtres [52]. En réalité, le texte hébreu de ces psaumes montre qu'il s'agit plutôt d'une littérature préessénienne car les doctrines esséniennes n'y sont pas encore nettement formulées. Ces psaumes apocryphes ont suscité de nombreuses études, en particulier le psaume 151, où A. Dupont-Sommer a cru déceler des traces d'orphisme [53]. J. Strugnell, professeur à Harvard, dont nous regrettons l'absence à Louvain, s'est aussi intéressé à cette collection de psaumes apocryphes (*Harvard Theological Review*, 59, 1966, pp. 257-281), mais aussi à divers écrits de Qumrân ou même de Masada. Qu'il suffise de citer: *The Angelic Liturgy at Qumran, 4 Q Serek Širôt 'Olat Haššabat*, dans *Congress volume Oxford, 1959 (Supplements to V.T., 7)*, Leyde, 1960, pp. 318-345; *Notes and Queries on "The Ben Sira Scroll from Masada"* dans *Eretz-Israel*, 9 (*W. F. Albright Volume*), Jerusalem, 1969, pp. 109-119; *Flavius Josephus and the Essenes: Antiquities XVIII, 18-22*, dans *JBL*, 77, 1958, pp. 106-115.

Lawrence H. Schiffmann, professeur à l'Université de New York, a consacré l'an dernier à l'étude de la *Halakah* qumrânienne, sujet jusqu'ici peu étudié, tout un ouvrage. Il s'est appliqué notamment à étudier

---

51. Cf. M. DELCOR, *Cinq nouveaux psaumes esséniens ?*, dans *Revue de Qumrân*, 1958, pp. 85-102. Cette étude améliorée a été reprise dans mes *Hymnes de Qumrân*, Paris, 1962, pp. 298-319.

52. Cf. M. PHILONENKO, *Origine essénienne des cinq psaumes syriaques de David*, dans *Semitica*, IX, 1959, pp. 222-333.

53. Cf. A. DUPONT-SOMMER, *Le Psaume CLI dans 11Q Psa et le problème de son origine essénienne*, dans *Semitica*, 14, 1964, pp. 25-62; du même auteur, *David et Orphée*, dans *Institut de France, séance publique annuelle des cinq Académies*, lundi 26 octobre 1964, Paris, 1964; P. W. SKEHAN, *The Apocryphal Psalm 151*, dans *CBQ*, 25, 1963, pp. 407-409; I. RABINOWITZ, *The Alleged Orphism of 11Q Psa XXXVIII, 3-12*, dans *ZAW*, 76, 1964, pp. 193-200; M. DELCOR, *Zum Psalter von Qumran*, dans *BZ*, 10, 1966, pp. 15-29; J. CARMIGNAC, *La forme poétique du Psaume 151 de la grotte 11*, dans *Rev. de Qumrân*, IV, 1963-1964, pp. 371-378; A. HURWITZ, *Observations on the Language of the third Apocryphal Psalm of Qumrân*, dans *R. Qum.*, V, 1964-1966, pp. 225-232; les articles de J. MAGNE, dans *R. Qum.*, VIII, 1975, pp. 503-591.

le code du sabbat dans le *Document de Damas* dans le but de déterminer le milieu religieux où ce code a vu le jour. L. H. Schiffmann a établi des comparaisons avec les *halakoth* sur le sabbat dans le monde pharisien, karaïte et essénien. Il conclut son enquête en se demandant si la secte de Qumrân ne serait pas un groupe proto-pharisien. Mais le problème de l'observation du sabbat à Qumrân ne me paraît pas constituer une base suffisante pour pouvoir parvenir à une conclusion ferme sur le milieu d'origine (cf. L. H. SCHIFFMANN, *The Halakoth at Qumran*, dans *Studies in Judaism in Late Antiquity*, vol. 16, Leyde 1975).

En Israël, plusieurs institutions occupent une place de choix dans les études qumrâniennes, que ce soit à l'École Biblique et Archéologique française, que ce soit à l'Université Hébraïque ou dans les autres Universités juives du territoire israélien, que ce soit enfin à l'École américaine de recherches orientales. Nous avons déjà dit plus haut le rôle éminent joué par R. de Vaux, alors directeur de l'École française, surtout comme archéologue, en tant que fouilleur du site de Khirbet Qumrân et des grottes environnantes. Outre la direction de la publication des textes dans la collection *The Discoveries of the Judaean Desert* qui incombe à l'École française en collaboration avec d'autres institutions palestiniennes, plusieurs professeurs de l'École Biblique ont apporté leur contribution personnelle à l'étude des manuscrits. Qu'il suffise de citer les noms de D. Barthélemy, P. Benoit, R. Tournay, J. Murphy-O'Connor. D. Barthélemy collabora dès le début au tome I traitant de la première grotte de Qumrân et s'acquitta de son travail d'éditeur avec beaucoup de perspicacité. Quelques années plus tard, les professeurs de l'École eurent à publier les trouvailles du Wadi Murabba'at provenant des quatre grottes explorées en janvier 1952 par Harding et par de Vaux. Situées à dix-huit kilomètres au sud de Qumrân, elles n'ont rien à voir avec les sectaires de Qumrân, mais elles contenaient notamment un lot de papyri datant de la seconde révolte juive et dont certains concernent Bar Kochba, le chef de l'insurrection dont le vrai nom nous est livré sous la forme de Siméon ben Kosebah. Au volume intitulé : *Les grottes de Murabba'at*, paru en 1961, ont collaboré P. Benoit, R. de Vaux, auxquels a été associé J. T. Milik. On doit aussi au P. Benoit deux études, l'une concernant Qumrân et le Nouveau Testament (*New Testament Studies*, 7, 1960-1961, pp. 276-296), et l'autre, Paul et Qumrân, reprise en anglais dans le recueil *Paul and Qumran* dont nous avons déjà parlé plus haut. J. Murphy-O'Connor, professeur à l'École Biblique depuis quelques années, a édité le recueil *Paul and Qumran* dont nous avons indiqué précédemment l'esprit et il s'est intéressé à des problèmes de genèse et de critique littéraire, il faut bien le dire un peu négligés, pour des textes majeurs de Qumrân comme la *Règle de la Communauté* et le *Document de Damas*. La genèse littéraire de la *Règle de la Communauté* a particulièrement retenu son attention (*R.B.*, 76, 1969, pp. 528-549). On se souvient que P. Guilbert s'était inscrit en faux contre ceux qui avaient vu dans la *Règle de la Communauté* un recueil composite, une compilation de fragments d'origines diverses, auxquels on s'est efforcé d'appliquer les canons de la *Formgeschichte*. C'est seulement, dit-il, si tous les efforts d'analyse restent vains et impuissants à l'étreindre qu'on peut à bon droit recourir à l'hypothèse d'une composition. Pour P. Guilbert, la *Règle* se présente comme un écrit d'une logique rigoureuse, avec un plan parfaitement équilibré et une unité de style qui répugne à tout découpage plus ou moins arbitraire (cf. P. GUILBERT, *Le plan de la « Règle de la Communauté »*, dans *Revue de Qumrân*, I, 1959, pp. 323-344). La majorité des spécialistes ne souscrit pas à ces conclusions pas plus qu'elle n'a accepté les jugements de H. E. del Medico : « un amalgame de fragments des plus disparates que les copistes ne se sont pas donné la peine de grouper de façon logique » [54]. J. Becker [55] et A. R. C. Leaney [56] se sont résolument prononcés pour le caractère composite de cet écrit, tout en restant dans le vague quant aux détails. Pour J. Murphy-O'Connor, le *Serek* n'est pas une compilation, c'est-à-dire une œuvre faite d'emprunts à des sources diverses par un auteur unique à un moment donné. Il s'agit pour lui d'un écrit qui s'est développé par additions successives à un noyau primitif. Il croit déceler quatre stades dans ce développement qui peuvent être mis en relation avec les périodes d'occupation du site de Qumrân. Jean Pouilly, un de ses étudiants, vient de reprendre l'étude de l'évolution littéraire de la *Règle de la Communauté* dans un important cahier de la *Revue Biblique* [57]. J. Pouilly, tout en partant de l'hypothèse de J. Murphy-O'Connor qu'il accepte comme base de travail, y apporte des corrections. Deux analyses complémentaires lui ont paru nécessaires : d'abord étudier la cohérence de la structure littéraire établie par J. Murphy-O'Connor, ensuite entreprendre l'examen du vocabulaire et des idées maîtresses de chaque section, afin d'en montrer l'unité interne et le développement progressif d'un stade à l'autre. Nous ne pouvons nous étendre sur l'examen de ce travail. Il nous suffit de souligner que l'étude de J. Pouilly confirme dans l'essentiel la thèse de J. Murphy-O'Connor à laquelle il apporte cependant des corrections finalement acceptées par son maître. Il faut signaler aussi l'article que J. Pouilly vient d'écrire dans la dernière livraison de la *Revue Biblique* sur l'évolution de la législation pénale dans la communauté de Qumrân (t. 82, 1975, pp. 522-551). L'unité littéraire du *Document de Damas* est aussi discutée que celle de la

---

54. H. E. DEL MEDICO, *L'énigme des Manuscrits de la mer Morte*, Paris, 1957, p. 160.

55. Cf. J. BECKER, *Das Heil Gottes*, Goettingue, 1964, pp. 39-42.

56. A. R. C. LEANEY, *The Rule of Qumran and its Meaning*, Londres, 1966, pp. 113 et sq.

57. J. POUILLY, *La Règle de la Communauté de Qumrân. Son évolution littéraire*, dans *Cahiers de la Revue Biblique*, n° 22, Paris, 1976.

Règle de la Communauté. Si on y distingue habituellement une partie
parénétique (l'Exhortation) et une partie juridique (les lois), les auteurs
se posent des questions sur l'unité de la première partie. A. M. Denis, par
exemple, y a distingué deux documents homogènes : le plus ancien (I, I-
IV, 6a), dont le vocabulaire est très semblable à celui de Daniel, doit être
daté de la même période. Ce document suppose, dit-il, un mouvement
plutôt qu'un groupe déterminé. Au moment où le deuxième document,
plus jeune, a été rédigé (IV, 6b-VI, 11), ce mouvement s'est transformé
en communauté organisée [58]. J. Murphy-O'Connor de son côté, a essayé
de faire avancer le problème. Il a pris comme point de départ un article
de S. Iwry paru dans le *Festschrift Albright* [59]. Cet auteur y a fait une
intéressante suggestion sur le *Sitz im Leben* du *Document de Damas* : c'est
dit-il, avant tout, une œuvre missionnaire d'exhortation dans laquelle
l'auteur parlant à la première personne cherche à introduire son groupe
et ses idées dans un environnement nouveau et complètement différent.
J. Murphy-O'Connor estime que cette explication s'applique à l'une des
sources de la compilation constituée par le *Document de Damas*. Il s'agit
de la section (II, 14-VI, 1) qui était originellement conçue comme un
instrument de conversion, et qui, par la suite, a été adaptée à d'autres
fins par l'addition d'introductions historiques (I, 1-II, 1) et théologiques
(II, 2-13) [60].

La liste des savants israéliens qui se sont intéressés de près ou de loin
aux manuscrits de la mer Morte est impressionnante. Les noms de
E. Sukenik, C. Rabin, I. Rabinowitz, J. Licht, N. Avigad, H. Yalon,
H. H. Segal, M. H. Goshen-Gottstein, A. Hurwitz, D. Flusser, E. Y.
Kutscher, Sh. Talmon, Y. Yadin, sont à eux seuls évocateurs et j'en
oublie certainement. J'ai déjà dit plus haut l'heureux flair de Sukenik
qui reconnut le premier les Esséniens comme étant les possesseurs des
manuscrits de Qumrân. On lui doit l'édition princeps du lot de manuscrits de la première grotte qu'un heureux hasard avait fait tomber entre
ses mains. Le *'Oṣar hammegilloth haggenouzoth* avec la reproduction
photographique des manuscrits originaux et la transcription en
caractères hébreux modernes paru à Jérusalem en 1954 est un ouvrage
fondamental [61]. Il a été longtemps sur ma table de travail et lorsque

58. Cf. A. M. DENIS, *Les Thèmes de connaissance dans le Document de Damas*, dans
Studia hellenistica, 15, Louvain, 1967.

59. S. IWRY, *Was there a Migration to Damascus ? The problem of sby yśr'l*,
dans *Eretz-Israel, Archaeological, Historical and Geographical Studies* (W. F. Albright
Volume), Jerusalem, 1969, pp. 80-88.

60. Cf. J. MURPHY-O'CONNOR, *An Essene Missionary Document?*, *CD II, 14-VI, 1*,
dans *Rev. Bibl.*, 77, 1970, p. 202.

61. Une édition anglaise de l'ouvrage de E. Sukenik a paru sous le titre : *The Dead
Sea Scrolls of the Hebrew University*, Jérusalem, 1955.

j'eus à éditer et à commenter les *Hodayot* [62], j'ai pu personnellement apprécier la probité scientifique de son travail d'éditeur. Lors de mon séjour d'étude à Jérusalem j'eus la possibilité de passer de Jordanie en Israël et de lui rendre visite. Je le vois encore assis à sa table de travail, le rouleau du *Milḥamah* déployé devant ses yeux, et protégé sous verre, et je n'ai pas oublié l'amabilité de son accueil. Mais ce fut son fils, le professeur Y. Yadin qui nous donna par la suite un remarquable commentaire paru d'abord en hébreu moderne en 1955, puis en anglais en 1962 [63] de l'écrit édité par son père. Le professeur Y. Yadin a étudié de main de maître deux points principaux et complémentaires qui sont essentiels pour l'établissement de la date du *Milḥamah* : l'identité des ennemis, c'est-à-dire les Kittim, et la description des structures militaires, de l'armement et de la tactique. Un tableau récapitulatif très éclairant permet de se faire rapidement une idée des résultats auxquels il est parvenu dans son savant commentaire. Il met d'une part sur une colonne les divers éléments de comparaison : usage des étendards dans les combats, usage des trompettes de signalisation, le bouclier rectangulaire de l'infanterie et ses mesures, le bouclier rond de la cavalerie, la forme et les mesures du glaive, etc., et, d'autre part, sur deux autres colonnes, réservées l'une à l'époque préromaine hellénistique et l'autre à l'époque romaine un plus (+) ou un moins (—) marquant la présence ou l'absence de ces divers éléments de comparaison. Le tableau montre que les types d'armement ou les modes tactiques sont positifs ou partiellement positifs pour la période romaine et négatifs, au moins dans douze cas, pour la période préromaine. Plus précisément, les informations recueillies amènent Y. Yadin à situer le *Milḥamah* dans la deuxième moitié du Ier siècle av. J.-C., après la conquête des Romains, les Kittim de l'écrit, mais avant la fin du règne d'Hérode le Grand. À Y. Yadin et à N. Avigad on doit aussi l'édition de ce qui reste lisible de l'*Apocryphe de la Genèse* [64]. En 1965, Y. Yadin publie *The Ben Sira Scroll of Masada*, qu'il a découvert lui-même lors des fouilles spectaculaires accomplies dans cette extraordinaire place-forte zélote. On a aussi trouvé à Masada un texte qumranien intitulé : *Chant pour le sacrifice du sixième sabbat, le neuvième jour du second mois*, de nature semblable à celui étudié par J. Strugnell [65]. Pour Y. Yadin, l'écrit de Masada est sans aucun doute

---

62. M. DELCOR, *Les Hymnes de Qumrân (Hodayot). Texte hébreu. Introduction. Traduction. Commentaire*, Paris, 1962.

63. Y. YADIN, *The Scroll of the War of the Sons of Light against the Sons of Darkness edited with Commentary and Introduction*, Oxford, 1962.

64. N. AVIGAD and Y. YADIN, *A Genesis Apocryphon. A Scroll from the Wilderness of Judaea*, Jérusalem, 1956.

65. Cf. J. STRUGNELL, *The Angelic Liturgy at Qumran 4Q Serek Šîrôt 'Olat Haššabât*, dans *Congress Volume Oxford 1959* (Supplements to V.T., 7), Leyde, 1960, pp. 318-345.

possible un ouvrage de la secte essénienne. C'est, dit-il, la première fois
que nous trouvons un manuscrit de la mer Morte (*a Dead Sea Scroll*), en
dehors d'une grotte et loin du site de Qumrân. Le contexte historique et
archéologique, ajoute-t-il, ne laisse aucun doute sur sa datation la plus
tardive possible, c'est-à-dire l'année 73 de notre ère. Yadin se demande
ce que vient faire ce manuscrit à Masada, et l'archéologue de remarquer
que cette découverte nous permet de conclure que la grande révolte
juive n'était pas limitée aux seuls Zélotes mais que d'autres sectes du
judaïsme y prirent part, y compris celle des Esséniens, partiellement ou
totalement, comme Josèphe lui-même en témoigne. L'historien juif cite
en effet nommément Jean l'Essénien comme gouverneur de la toparchie
de Thamna au moment de la Guerre Juive (cf. *B.J.*, II, 20, 4; cf. III,
2, 1) [66]. En 1969, le même auteur publie les *tefillim* provenant de
Qumrân [67]. On se souvient que déjà en 1957 K. G. Kuhn avait édité les
phylactères de la grotte IV [68]. Outre de nombreuses études de détail sur
lesquelles je ne puis insister ici, Y. Yadin a annoncé la parution prochaine d'abord en hébreu, puis en anglais du *Rouleau du Temple*. Je le
remercie très spécialement d'avoir accepté de venir nous entretenir à
Louvain de ce sujet malgré ses occupations nombreuses et variées.
Chaïm Rabin est, on le sait un des spécialistes du Document de Damas,
dont il a donné à Oxford une édition critique accompagnée d'une traduction anglaise et de notes [69]. Outre un ouvrage d'études qumrâniennes
paru à Oxford en 1959 [70], où il soutient que la secte de Qumrân
n'appartenait pas au mouvement essénien mais à un mouvement pharisien rigoriste, thèse qui n'est guère acceptable, il est l'éditeur avec
Y. Yadin d'un ouvrage intitulé : *Aspects of the Dead Sea Scrolls*, paru à
Jérusalem en 1958 en première édition, et, en deuxième édition, en 1965,
et d'un volume d'essais sur les manuscrits de la mer Morte, publié en
hébreu en souvenir de E. L. Sukenik en 1961 à Jérusalem. D. Flusser
nous a donné un certain nombre de courtes études souvent originales et
en tout cas suggestives sur le thème Qumrân et le Nouveau Testament.
Voici quelques titres : *Le Dualisme chair et esprit à Qumrân et dans le
Nouveau Testament* [71] ; *Matthieu 17, 24-27 et les manuscrits de la mer*

66. Cf. Y. YADIN, *Masada. First Season of Excavations, 1963-1964. Preliminary Report*, Jérusalem, 1965, pp. 105-108.
67. Cf. Y. YADIN, *Tefillin from Qumran (XQ Phyl. 1-4)*, Jérusalem, 1969.
68. K. G. KUHN, *Phylakterien aus Höhle 4 von Qumran*, Heidelberg, 1957.
69. C. RABIN, *The Zadokite Fragments*, Oxford, 1954 ; 2e édit., 1957.
70. C. RABIN, *Qumran Studies*, Oxford, 1959.
71. D. FLUSSER, *The Dualism of " Flesh and Spirit " in the Dead Sea Scrolls and the New Testament*, dans *Tarbiz*, 27, 1957-1958, pp. 158-165 (en hébreu moderne).

Morte [72]; *Les manuscrits et le Christianisme* [73]; *La secte de la mer Morte et le christianisme prépaulinien* [74]; *Le baptême de Jean et la secte de la mer Morte* [75]. J. Licht s'est fait l'exégète des *Hymnes d'actions de grâce* et du *Serek* dans deux ouvrages en hébreu moderne parus respectivement en 1957 et en 1965 [76]. M. Goshen-Gottstein a comme tâche principale de préparer une édition critique de la Bible hébraïque. Les deux premières parties du livre d'Isaïe, c'est-à-dire 22 chapitres, ont vu le jour en 1975. Son éditeur nous avertit que : « The Qumran Isaiah scroll has been collated in full excluding notations of orthography. Our readings are based on new photographs and autopsy » [77]. Pour préparer cette grande entreprise d'édition de la Bible hébraïque, on publie annuellement un volume consacré à la critique textuelle intitulé *Textus. Annual of the Hebrew University Bible Project*, dont l'éditeur est présentement le professeur Shemaryahu Talmon, doyen de la Faculté des Lettres à Jérusalem, qui a accepté de prendre part à notre congrès. *Textus* publie aussi incidemment des études de critique textuelle à partir de manuscrits bibliques trouvés à Qumrân.

L'American School de Jérusalem a rendu récemment un signalé service à la science en donnant une nouvelle édition photographique des manuscrits de la première grotte [78], car depuis que les clichés ont été pris, les manuscrits originaux se sont considérablement ternis.

En France, la recherche qumrânienne a été intense. Elle s'est faite surtout autour de certains centres d'enseignement supérieur comme le Collège de France, l'École pratique des Hautes Études, le Centre National de la Recherche Scientifique, les Facultés de Théologie. A. Dupont-Sommer a joué par ses divers travaux [79] un rôle important et je regrette qu'un état de santé déficient l'empêche d'être parmi nous. Mais il a

---

72. D. FLUSSER, *Matthew 17, 24-27 and the Dead Sea Sect*, dans *Tarbiz*, 31, 1961-1962, pp. 150-156 (en hébreu moderne).

73. D. FLUSSER, *The Dead Sea Scrolls and Christianity*, dans *Studies in the Dead Sea Scrolls*, Jérusalem, 1957, pp. 85-103 (en hébreu moderne).

74. D. FLUSSER, *The Dead Sea Sect and Pre-Pauline Christianity*, dans *Scripta Hierosolymitana* 4, pp. 215-266.

75. D. FLUSSER, *The Baptism of John and Dead Sea Sect*, dans *Essays*, pp. 209-238 (en hébreu moderne).

76. J. LICHT, *The Thanksgiving Scroll. A Scroll from the Wilderness of Judaea. Text. Introduction, Commentary and Glossary*, Jérusalem, 1957 ; J. LICHT, *The Rule Scroll. A Scroll from the Wilderness of Judaea (IQS-IQSa-IQSb). Text, Introduction and Commentary*, Jérusalem, 1965.

77. M. H. GOSHEN-GOTTSTEIN, *The Book of Isaiah, Part one-Part two*, Jérusalem, 1975.

78. J. C. TREVER, F. M. CROSS, D. FREEDMAN, J. SANDERS, *Scrolls from Qumran Cave I*. Black and white photographs.

79. Cf. A. DUPONT-SOMMER, *Les Écrits esséniens découverts près de la mer Morte*, Paris, 1959.

trouvé dans le professeur André Caquot, son successeur au Collège de France à la chaire d'hébreu et d'araméen, un savant sémitisant, à la fois exégète de l'Ancien Testament et historien des religions sémitiques. Je remercie cet ami de longue date de nous avoir fait l'honneur de faire entendre ici un écho de son enseignement donné à l'École des Hautes Études ces dernières années sur l'histoire du messianisme à Qumrân. Pour publier rapidement les études consacrées aux manuscrits de la mer Morte, J. Carmignac a fondé dès 1958 la *Revue de Qumrân* ouverte largement à toutes les opinions et aux grandes langues scientifiques, le français, l'anglais et l'allemand. Certes la parution des livraisons de cette revue est plus irrégulière et moins fréquente que dans le passé mais elle continue vaillamment son chemin. J. Carmignac ne s'est pas contenté d'en être l'éditeur; il a comme auteur largement payé de sa personne. Faire un relevé bibliographique des études qu'il a publiées, principalement dans sa revue, m'entraînerait trop loin et il est facile d'en trouver le détail, par exemple dans la bibliographie classée publiée par B. Jongeling. J. Carmignac est aussi à l'origine du recueil de textes de Qumrân traduits en français et annotés. Pour réaliser les deux volumes importants et utiles aux lecteurs de langue française publiés respectivement en 1961 et en 1963, il s'est acquis la collaboration de E. Cothenet, P. Guilbert et H. Lignée [80]. Mais J. Carmignac s'est plus spécialement intéressé à la *Règle de la Guerre* dont il nous a donné un commentaire en 1958 [81]. Bien d'autres noms pourraient être évoqués quand il s'agit de la recherche qumrânienne en France: M. Baillet, H. Cazelles, M. Delcor, P. Grelot, P. Geoltrain, A. Jaubert, A. M. Laperrousaz, J. Magne, J. T. Milik, A. Paul, M. Philonenko, S. Szyszman, J. Schmitt, J. Starcky et d'autres sans doute. Le professeur E. M. Laperrousaz, outre un petit ouvrage de vulgarisation sur les manuscrits dans la collection *Que sais-je?* paru en 1961 et un important commentaire sur le *Testament de Moïse* plus communément connu sous l'appellation peu exacte d'*Assomption de Moïse* (*Semitica*, 19, 1970), s'est intéressé principalement aux problèmes archéologiques posés par les fouilles de Khirbet Qumrân [82]. On trouvera le résumé de ses conceptions dans le gros article collectif sur Qumrân à paraître dans le *Supplément au Dictionnaire de la Bible*. Ce même article

---

80. J. CARMIGNAC et P. GUILBERT, *Les Textes de Qumrân traduits et annotés*. I. *La Règle de la Communauté. La Règle de la Guerre, Les Hymnes*, Paris, 1961 ; J. CARMIGNAC, E. COTHENET et H. LIGNÉE, *Les textes de Qumrân traduits et annotés*. II. *Règle de la Congrégation, Recueil de Bénédictions. Interprétations de prophètes et de psaumes. Document de Damas. Apocryphe de la Genèse. Fragments des grottes 1 et 4*, Paris, 1963.

81. J. CARMIGNAC, *La Règle de la Guerre des Fils de Lumière contre les Fils de Ténèbres. Texte restauré, traduit et commenté*, Paris, 1958.

82. Cf. aussi E.-M. LAPERROUSAZ, *Qumrân. L'établissement essénien des bords de la mer Morte. Histoire et archéologie du site*, Paris, 1976.

contient des contributions de P. Grelot, P. Skehan, J. Starcky et M. Delcor. J'ai été chargé de la littérature proprement essénienne et des doctrines de la secte. À l'examen de ces questions j'ai consacré personnellement beaucoup de temps et j'ai traité dans la mesure du possible avec toute l'ampleur souhaitable les problèmes que posent chacun des écrits esséniens ainsi que les différents points de doctrine de la communauté essénienne. Au préalable, j'ai essayé de définir ce qu'il faut entendre par littérature essénienne, une fois établie l'origine essénienne de la communauté de Qumrân. Faut-il admettre que tous les manuscrits trouvés à Qumrân, exceptés ceux de la Bible hébraïque, sont nécessairement d'origine essénienne ? La réponse est évidemment négative, car parmi les manuscrits conservés à Qumrân sous forme d'original ou de copie, il peut y avoir des œuvres qui n'ont pas été composées par les sectaires eux-mêmes. Quels seront les critères permettant d'établir qu'un écrit est essénien ? 1º En premier lieu, il doit présenter des caractéristiques doctrinales, institutionnelles, législatives ou autres qui correspondent à ce que nous savons par ailleurs des Esséniens à travers les sources anciennes ; — 2º Cet écrit devra être comparé aux autres écrits non bibliques de Qumrân et, si on lui trouve des affinités de vocabulaire, de style et de contenu, il y aura lieu de croire qu'il appartient au même milieu ; — 3º Enfin, si ces écrits sont inconnus de nous, parce que la Synagogue ou l'Église ne nous les ont pas transmis, il y aura lieu de croire qu'ils sont le produit de la communauté essénienne de Qumrân. C'est le cas par exemple des cinq rouleaux ou livres trouvés dans la première grotte qui émanent manifestement d'une secte antique : il s'agit de la *Règle de la Communauté* ou *Serek* (*1* QS), du *Commentaire du livre biblique d'Habacuc* (*1 Qp Hab*), du *Livre de la Guerre* (*1 QM*), du *Recueil des Hymnes* (*1 QH*), le livre de prières propre à la secte et du *Livre apocryphe de la Genèse* qui se présente comme une suite de paraphrases du livre biblique. À ces cinq livres il faut ajouter le *Document de Damas* provenant de la Genizah du Caire, dont on a trouvé plusieurs manuscrits fragmentaires dans les grottes de Qumrân et qui présente avec les autres écrits cités plus haut d'incontestables affinités. À coté de ces grands textes littéraires assez bien conservés, il y a bien d'autres fragments qui sont proprement qumrâniens et donc esséniens, en particulier la *Prière de Nabonide*, un certain nombre de commentaires bibliques assez particuliers et d'autres écrits encore sur lesquels je ne puis m'étendre ici. À propos des rouleaux de cuivre de la grotte 3 d'un caractère si particulier, le problème de leur milieu d'origine se pose avec acuité ; — 4º Outre des écrits que ni la Synagogue, ni l'Église ne nous ont transmis, les grottes de Qumrân nous ont livré des écrits appartenant à la littérature pseudépigraphe de l'Ancien Testament : le *Livre d'Hénoch*, le *Livre des Jubilés*, le *Testament de Lévi* et les *Testaments de Nephtali*, qui sont apparentés aux *Testaments des Douze Patriarches* en grec. Or le milieu d'origine de ces écrits connus depuis longtemps parce que transmis par des églises situées à la périphérie du monde antique, comme l'Église éthiopienne, a été souvent discuté. La présence à Qumrân de ces livres composés en hébreu ou en araméen pose à nouveau le problème de l'identité de la secte qui les a produits. Seule une comparaison minutieuse avec les autres écrits qumrâniens démontrera s'ils sont d'origine essénienne ou si tout au moins ils ont subi l'influence d'écrits esséniens.

On a établi, on le sait, des liens entre le Qaraïsme et l'Essénisme. En Angleterre, il existe sur le sujet le livre important de N. Wieder paru à Londres en 1962 [83]. En France, S. Szyszman a consacré plusieurs études à ce thème de recherches [84] et A. Paul a porté son attention sur les origines du Qaraïsme dans un ouvrage publié en 1969 [85]. La notion d'Alliance, l'entrée dans l'Alliance, le renouvellement de l'Alliance, tiennent une grande place dans la communauté de Qumrân. A. Jaubert a étudié ces questions dans son beau livre consacré à *La notion d'Alliance dans le Judaïsme aux abords de l'ère chrétienne*, Paris, 1963. Elle a débrouillé également les problèmes complexes de calendrier à Qumrân. Elle a notamment établi que le calendrier utilisé à Qumrân est le calendrier solaire du *Livre des Jubilés* (cf. *V.T.*, III, 1953, pp. 250-263). Cette hypothèse a été transformée en certitude à la suite de la découverte d'un groupe de manuscrits de 4 Q auxquels a été donné le nom de *Miśmarot*. Dans ce calendrier, l'année compte 364 jours et comprend 12 mois de 30 jours avec 4 jours intercalaires par an, un par trimestre. Dans ce calendrier, le Nouvel An commence toujours un mercredi et les dates des fêtes sont rigoureusement fixes, chaque quantième du mois tombant toujours le même jour de la semaine. Le calendrier des *Jubilés* est d'origine sacerdotale. C'est le comput d'Ézéchiel, des rédacteurs du Pentateuque et du Chroniste. Sur ces questions, je signale notamment, outre les études d'A. Jaubert, un article de H. Cazelles, *Sur les origines du calendrier des Jubilés* (*Biblica*, 43, 1962, pp. 202-212). P. Grelot s'est intéressé notamment au *Livre d'Hénoch*; il a étudié la géographie mythique de cet ouvrage ainsi que la légende du personnage principal et l'eschatologie du *Livre d'Hénoch* comparée à celle des Esséniens [86]. De son côté, P. Geol-

---

83. N. WIEDER, *The Judean Scrolls and Karaism*, Londres, 1962.

84. Cf. en dernier lieu S. SZYSZMAN, *Das Karäertum in seinen Beziehungen zum Essäertum in der Sicht einiger Autoren des 17. und 18. Jahrhunderts*, dans *Bibel und Qumran* (Festschrift H. Bardtke), pp. 226-231.

85. A. PAUL, *Écrits de Qumrân et sectes juives aux premiers siècles de l'Islam. Recherches sur l'origine du Qaraïsme*, Paris, 1969.

86. P. GRELOT, *La géographie mythique d'Hénoch et ses sources orientales*, dans *R.B.*, 65, 1958, pp. 33-69 ; du même auteur, *La légende d'Hénoch dans les Apocryphes et dans la Bible. Origine et signification*, dans *Rech. Sc. Religieuses*, 46, 1958, pp. 5-16 ; 181-210 ; *L'eschatologie des Esséniens et le livre d'Hénoch*, dans *Revue de Qumran*, I, 1958-1959, pp. 113-171. Il est revenu au livre d'Hénoch dans *Hénoch et ses écritures*,

train nous a donné une traduction commentée du *De Vita Contemplativa* de Philon le Juif, publiée dans un fascicule de *Semitica* (X, 1960), et il a évalué les apports des études qumrâniennes pour l'étude du Nouveau Testament [87]. Parmi les qumrânologues du *CNRS*, J. Starcky est, si je ne m'abuse, notre doyen. Certes ses articles sont peu nombreux mais ils sont toujours riches en observations philologiques précieuses, et souvent suggestifs: *non numerantur sed ponderantur*. J'ai déjà signalé plus haut ses études sur un texte messianique araméen de la grotte 4 de Qumrân, sur les psaumes apocryphes de la grotte 4, auxquelles il convient d'ajouter son important article sur les *Quatre étapes du messianisme à Qumrân* (*RB*, 70, 1963, pp. 481-505). Dans l'article collectif sur Qumrân à paraître dans le *DBS*, il est chargé du chapitre concernant les relations entre Qumrân et le Nouveau Testament. M. Baillet, qui appartient aussi au *CNRS*, fait partie avec J. T. Milik de l'équipe internationale chargée de l'édition des manuscrits. Il a participé à la grande édition d'Oxford pour les petites grottes de Qumrân (*2 Q, 3 Q, 5 Q, 6 Q, 7 Q à 10 Q*) en collaboration avec J. T. Milik et R. de Vaux [88]. Bien qu'il ait été chargé principalement de textes bibliques souvent très fragmentaires et peu excitants il s'est acquitté avec soin de sa tâche d'éditeur. Il a eu cependant dans son lot des textes non bibliques dont certains étaient inconnus: la *Description de la Jérusalem Nouvelle* [89], des fragments du *Document de Damas* [90], un recueil liturgique de la grotte 4 de Qumrân qu'il a intitulé: les *Paroles des Luminaires* [91]. Il a eu à s'occuper aussi de fragments grecs [92] dans lesquels J. O'Callaghan a cru détecter par la suite des textes des Évangiles [93]. Parmi les chercheurs du *CNRS*, J. T. Milik a fourni un travail considérable qui a toujours suscité l'admiration, à la fois en rai-

---

dans *RB*, 1975, pp. 481-500. — Voir désormais sur Qumrân et les Livres d'Hénoch J. COPPENS, *Le Fils d'homme dans le Judaïsme de l'époque néotestamentaire*, dans *Orient. Lov. Periodica* (Miscell. in honor. J. Vergote), 6-7, 1975, pp. 59-73.

87. P. GEOLTRAIN, *Les études qumraniennes et le Nouveau Testament*, dans *Église et Théologie. Bulletin trimestriel de la Faculté de Théologie Protestante de Paris*, 23, 1960, pp. 38-44.

88. M. BAILLET, J. T. MILIK et R. DE VAUX (avec la contribution de H. W. BAKER), *Les « Petites grottes » de Qumrân : Les grottes 2Q, 3Q, 5Q, 6Q, 7Q à 10Q, le rouleau de cuivre*. Vol. I, *Textes*. Vol. II, *Planches*, dans *DJD*, III, Oxford, 1962.

89. M. BAILLET, *Fragments araméens de Qumrân 2. Description de la Jérusalem Nouvelle*, dans *RB*, 62, 1955, pp. 222-245.

90. M. BAILLET, *Fragments du Doc. de Damas, Qumràn, grotte 6*, dans *RB*, 63, 1956, pp. 513-523.

91. M. BAILLET, *Un recueil liturgique de Qumran, grotte 4 :* « *Les Paroles des Luminaires* », dans *RB*, 68, 1961, pp. 195-250 et planches XXIV-XXVIII.

92. M. BAILLET, J. T. MILIK et R. DE VAUX, *Les « Petites grottes » de Qumrân*, dans *DJD*, III, Oxford, 1962.

93. J. O'CALLAGHAN, *Papiros neotestamentarios en cueva 7 de Qumrân ?*, dans *Biblica*, 53, 1972, pp. 91-100.

son de son extraordinaire flair de déchiffreur et de décrypteur mais aussi
en raison des textes difficiles dont certains étaient jusqu'ici inconnus et
pour l'intelligence desquels il a eu à faire œuvre de pionnier. Je ne prétends pas établir ici une énumération complète de ses travaux mais insister sur ceux qui m'ont paru le plus dignes d'attention. Je songe tout
particulièrement au savant commentaire qu'il a donné pour les *Rouleaux
de Cuivre* de la grotte 3. L'auteur de cet étrange document dresse la liste
des trésors cachés dans le sous-sol de la Palestine. Il décrit dans un catalogue contenant soixante-quatre notices les endroits où sont enfouis les
trésors. Il le fait de façon stéréotypée en indiquant l'endroit de la
cachette et ce qui y est caché, par exemple : « Au mont Garizim, sous les
marches de la fosse supérieure : un coffre avec son contenu ainsi que
60 talents d'argent » (col. XII, 61). Dans certains cas, il précise même la
profondeur qu'il faut atteindre pour trouver le trésor. Pour J. T. Milik,
les descriptions des localisations ne sont pas désordonnées mais suivent
un certain plan géographique. Malgré ses précisions topographiques, le
document lui paraît être fictif. Son savant éditeur a apporté beaucoup de
soin à l'étude des toponymes nombreux qui y sont mentionnés, bien que
le caractère hypothétique de presque toutes les identifications ne lui ait
pas échappé [94]. On pourra d'ailleurs se rendre compte de la difficulté de
la tâche en comparant le travail de J. T. Milik avec celui de J. M. Allegro
dont les lectures et interprétations sont souvent divergentes [95]. J. T.
Milik s'est également intéressé à la littérature pseudépigraphique de
l'Ancien Testament et très spécialement aux *Livres d'Hénoch*. Je viens
tout juste de recevoir l'imposante édition qu'il vient de donner des fragments qumrâniens en araméen de ces livres trouvés dans la grotte 4, à la
Clarendon Press à Oxford. Cette édition est précédée d'une importante
introduction traitant 1º des livres araméens d'Hénoch aux époques perse
et hellénistique : il s'agit du *Livre astronomique* (72-82), du *Livre des Veilleurs* (1-36), du *Livre des Songes* (83-90), de l'*Épître d'Hénoch* (91-108) et
du *Livre des Géants* ; — 2º des anciennes versions des livres d'Hénoch
(grecque, latine, copte, syriaque, éthiopienne) ; — 3º des livres attribués
à Hénoch à la période romano-byzantine et au Moyen Age [96]. On sait
que l'heureux flair de Milik lui a permis notamment de retrouver le *Livre
des Géants*, un écrit hénochien que l'on connaissait par une adaptation

---

94. Cf. J. T. MILIK, *Le Rouleau de cuivre de Qumrân (3Q 15). Traduction et
Commentaire topographique*, dans *RB*, 66, 1959, pp. 328-357 repris dans *The Discoveries in the Judaean Desert*, t. III, Oxford, 1960, pp. 137-155.

95. J. M. ALLEGRO, *The Treasure of the Copper Scroll*, New York-Londres,
1960.

96. J. T. MILIK, with the collaboration of Matthew BLACK, *The Books of Enoch.
Aramaic Fragments of Qumran Cave 4*, Oxford, 1976.

manichéenne [97]. J'en ai assez dit et je laisse à J. T. Milik lui-même le soin de vous parler de ses découvertes. C'est peut-être une des caractéristiques de la recherche française de s'être attachée très particulièrement à l'étude des Pseudépigraphes de l'Ancien Testament à la lumière des textes de Qumrân. M. Philonenko et moi-même nous nous sommes engagés dans cette voie. Du professeur de Strasbourg il faut mentionner plus spécialement : le *Testament de Job* dont il a donné une traduction annotée [98] et surtout son livre sur *Joseph et Aseneth* [99], qui, il est vrai, n'a rien à voir selon lui ni avec les Esséniens ni avec les Thérapeutes égyptiens qui leur sont apparentés. J'ai moi-même publié un commentaire du *Testament d'Abraham* [100] et diverses études sur le *Testament de Job* [101], les *Antiquités bibliques du Pseudo-Philon* [102], les *Psaumes de Salomon* [103]. Il faut signaler aussi la thèse inédite de Francis Schmidt soutenue à l'Université de Strasbourg en 1971 sur la recension courte du *Testament d'Abraham* dont il a donné une édition suivie d'une traduction et de notes.

La production qumrânienne en Autriche, en Espagne et en Italie, n'est pas à ma connaissance très abondante pendant ces dernières années. En Autriche, l'ouvrage de G. Molin sur les *Hymnes de Qumrân* a déjà paru il y a une vingtaine d'années [104]. La thèse d'Élisabeth Koffmahn, soutenue à Vienne en 1959, porte sur les appellations utilisées par la communauté pour se désigner elle-même [105].

En Espagne, il faut signaler la deuxième édition de l'ouvrage d'intérêt général de A. G. Lamadrid [106], l'étude de J. Cantera Ortiz de Urbina sur le *Commentaire d'Habacuc* [107], les articles déjà anciens de Pérez Castro

---

97. J. T. MILIK, *Problèmes de la littérature hénochique à la lumière des fragments araméens de Qumrân*, dans *Harvard Theological Review*, 64, 1971, pp. 333-378.

ς8. M. PHILONENKO, *Le Testament de Job. Introduction, traduction et notes*, dans *Semitica*, 18, 1968, pp. 1-79.

99. M. PHILONENKO, *Joseph et Aseneth. Introduction, texte critique, traduction et notes*, dans *Studia postbiblica*, 13, Leyde, 1968.

100. M. DELCOR, *Le Testament d'Abraham. Introduction, traduction du texte grec et commentaire de la recension grecque longue, suivi de la traduction des Testaments d'Abraham, d'Isaac et de Jacob d'après les versions orientales*, Leyde, 1973.

101. M. DELCOR, *Le Testament de Job, la prière de Nabonide et les traditions targoumiques*, dans *Bibel und Qumran* (Festschrift Bardtke), pp. 57-74.

102. M. DELCOR, *Pseudo-Philon (Antiquités Bibliques)*, dans *Supplément au Dict. de la Bible*, s.v. *Qumran*.

103. M. DELCOR, *Psaumes de Salomon*, dans *Supplément au Dict. de la Bible*, ibid.

104. G. MOLIN, *Lob Gottes aus der Wüste. Lieder und Gebete aus den Handschriften vom Toten Meer*, Fribourg-en-Brisgau-Munich, 1957.

105. E. KOFFMAHN, *Die Selbstbezeichnungen der Gemeinde von Qumran auf dem Hintergrunde des Alten Testaments*, Vienne, 1959.

106. A. E. LAMADRID, *Los descubrimentos del mar Muerto*, Madrid, 1973.

107. J. Cantera Ortiz DE URBINA, *El Commentario de Habacuc de Qumran*, dans *Textos y Estudios del Seminario filologico Cardenal Cisneros*, Madrid-Barcelona, 1960.

parus dans *Sefarad* [108] et de L. Arnaldich [109] et, en dernier lieu, l'ouvrage
de José O'Callaghan sur les fragments grecs de Qumrân où il a cru
trouver des textes évangéliques [110], ainsi que le livre de S. Sabugal sur la
conversion de S. Paul à Damas, qui, dans l'hypothèse de son auteur, ne
serait autre qu'une désignation symbolique pour la région de Qumrân [111]. Le professeur A. Diez Macho nous a signalé un important travail
dactylographié d'un de ses élèves Florentino Garcia Martinez, *Corpus
qumranico. Textos arameos de Qumran*, Madrid, 1976.

En Italie, un certain nombre d'études ont vu le jour à l'Institut Biblique à Rome avec les éditions scolaires de P. Boccaccio sur les grands
textes qumrâniens qu'il a transcrits et traduits en latin [112] et une thèse
récente soutenue dans cet Institut sur l'image de fondation appliquée à
la communauté qumrânienne [113]. On sait que le Père G. Bernini avait
déjà consacré, lors du Congrès catholique biblique international, une
étude sur un thème annexe: le jardinier de la plantation éternelle dans
un des Hymnes de Qumrân [114]. En Angleterre, un ouvrage de B. Gärtner: *The Temple and the Community in Qumran and in the New Testament. A Comparative Study in the Temple Symbolism of the Qumran Texts
and in the New Testament*, traitant un sujet analogue avait paru à Cambridge en 1965. Ces dernières années deux recueils de traductions de
textes qumrâniens ont vu le jour en Italie. Celui de F. Michelini Tocci [115]
et celui de L. Moraldi [116] qui nous a paru très remarquable et contient en
outre des introductions abondantes ainsi que de nombreuses notes.

En Belgique, le *Congressus Catholicus internationalis de Re Biblica*,
organisé il y a une vingtaine d'années par l'infatigable professeur J. Cop-

---

108. *Sefarad*, II, 1951, pp. 115-153 ; 12, 1952, pp. 167-197.

109. L. ARNADICH, *Los sectarios del Mar Muerto y su doctrina sobre la Alianza*,
dans *Estudios Biblicos*, II, 1952, pp. 359-398.

110. J. O'CALLAGHAN, *Los papiros griegos de la cueva 7 de Qumran*, Madrid, 1974.

111. S. SABUGAL, *Analisis exegético sobre la conversión de San Pablo. El problema
teologico e historico*, Barcelone, 1976.

112. P. BOCCACCIO et G. BERARDI, *Regula Unionis seu Manuale Disciplinae* (1QS).
Transcriptio et versio latina, tertia editio, Rome, 1958 ; — *Interpretatio Habacuc
(1Qp Hab). Transcriptio et versio latina. Appendices : Interpretatio Nahum 2, 12b-14
(4 Qp Nah). Interpretatio Ps 37, 8-11; 19b-26 (4 Qp Ps 37)*, tertia editio, Rome,
1958 ; — *Regula Congregationis 1QSa. Transcriptio et versio latina*, secunda editio,
Fani, 1959 ; — *Regula Belli seu Bellum Filiorum lucis contra Filios obscuritatis
(1 QM + 4 Q Ma). Transcriptio et versio latina*, tertia editio, Rome, 1961.

113. H. MUSZYŃSKI, *Fundament, Bild und Metapher in den Handschriften von
Qumran*, Rome, 1975.

114. G. BERNINI, *Il Giardienere della piantasgione eterna (1Q VIII)*, dans *Sacra
Pagina. Miscellanea biblica Congressus Internationalis Catholici de re biblica 1958*,
t. II, Paris-Gembloux 1959, pp. 47-59.

115. F. Michelini TOCCI, *I Manoscritti del Mar Morto*, Bari, 1967.

116. L. MORALDI, *I Manoscritti di Qumran*, Turin, 1971.

pens, avait suscité un certain nombre d'études consacrées aux manuscrits de Qumrân [117]. Mais la curiosité personnelle de notre collègue n'est
pas restée étrangère au domaine qumrânien. Un certain nombre de ses
travaux portent sur le don de l'Esprit d'après les textes de Qumrân et le
4ᵉ Évangile [118], sur le « Mystère » dans la théologie paulinienne et ses
parallèles qumrâniens [119], sur les affinités qumrâniennes de l'Épître aux
Hébreux et le temple spirituel dans les épîtres pauliniennes [120]. A. M.
Denis, professeur à l'Université de Louvain, outre quelques articles a
consacré tout un ouvrage à la première partie du Document de Damas
que j'ai déjà signalé plus haut [121]. Il a collaboré, on s'en souvient, à la
concordance publiée par K. G. Kuhn et il a situé à leur place les fragments qumrâniens des pseudépigraphes de l'Ancien Testament dans sa
précieuse *Introduction aux Pseudépigraphes grecs d'Ancien Testament*
parue à Leyde en 1970.

L'importance des découvertes du désert de Juda ne pouvait échapper
aux maîtres de Louvain. Aussi bien la Faculté de théologie que les professeurs du Scolastiscat des Pères jésuites d'Egenhoven-Louvain et le
Colloquium Biblicum Lovaniense prêtèrent à ces trouvailles la plus vive
attention. À la Faculté de Théologie, plusieurs étudiants consacrèrent
leur mémoire de doctorat aux nouveaux documents. Sous la direction du
regretté professeur Robert de Langhe a été préparée à Louvain la thèse
de M. Martin sur la graphie qumrânienne [122]. Signalons en outre les travaux de Cyrille DETAYE : *Le cadre historique du Midrash d'Habacuc* [123] ; de
Jean DE CAEVEL : *La connaissance religieuse dans les Hymnes d'actions de
grâces de Qumrân* [124] ; de Raymond F. COLLINS : *The Berith-notion of the
Cairo-Damascus Covenant and its Comparison with the New Testament* [125] ;
de Sylvester LAMBERIGTS : *Le sens de Qdwšym dans les textes de Qum-*

117. J. COPPENS et alii, *Sacra Pagina. Miscellanea Biblica Congressus Internationalis catholici de re biblica 1958*, t. II, Paris-Gembloux, 1959.

118. J. COPPENS, *Le Don de l'Esprit d'après les textes de Qumrân et le 4ᵉ Évangile*,
dans *L'Évangile de Jean. Études et Problèmes (Rech. Bib., 3)*, Bruges, 1958, pp. 209-
223.

119. J. COPPENS, *Le « Mystère » dans la théologie paulinienne et ses parallèles
qumrâniens*, dans *Littérature et Théologie pauliniennes (Rech. Bib., 5)*, Bruges, 1960,
pp. 148-165 et (en anglais), dans *Paul and Qumran*, Londres, 1968, pp. 132-158.

120. J. COPPENS, *Les affinités qumrâniennes de l'Épître aux Hébreux*, dans *NRTh*,
84, 1962, pp. 128-141 ; 257-282. — *The Spiritual Temple in the Pauline Letters*, dans
Studia Evangelica VI, éd. E. A. LIVINGSTONE, dans *TU*, 112, Berlin, 1973, pp. 53-66.

121. A. M. DENIS, *Les thèmes de connaissance dans le Document de Damas*, Louvain,
1967.

122. M. MARTIN, *The Scribal of the Dead Sea Scrolls, I-II*, Louvain, 1958.

123. *Eph. Theol. Lov.*, 30 (1954), pp. 323-343.

124. *Ibid.*, 38 (1962), pp. 435-460.

125. *Ibid.*, 39 (1963), pp. 555-594.

rân [126]. Tous furent aidés et stimulés dans leurs recherches par le professeur J. Coppens qui tint les lecteurs au courant des trouvailles et des recherches dans les *Chronica* des *Ephemerides Theologicae Lovanienses* et s'intéressa lui-même plus spécialement à la doctrine des sectaires [127]. Au collège des Pères Jésuites de Louvain, ce fut le Père P. Gustave Lambert qui anima les recherches sur les textes nouvellement trouvés. Lui-même publia dans la *Nouvelle Revue Théologique* douze articles dont l'un en collaboration avec G. Vermès, un de ses étudiants qu'il engagea à se livrer à l'exploration des documents [128]. Puis il fit appel à quelques collaborateurs étrangers pour informer au mieux les lecteurs de la revue, tels A. Bouchou [129], M. Delcor [130], J. Carmignac [131] et J. M. P. Bauchet [132]. Si après le décès de G. Lambert, Qumrân attira moins l'attention de la *Nouvelle Revue Théologique*, elle se garda toutefois de perdre de vue les problèmes que la secte essénienne du Désert de Juda ne cesse de poser aux historiens du christianisme naissant [133]. À la Belgique encore on doit un court article que J. Schreiden a consacré aux caractéristiques linguistiques de l'hébreu qumrânien [134]. Le même auteur a publié en 1961 à Wetteren un ouvrage d'intérêt général intitulé : *Les énigmes des manu-*

---

126. *Ibid.* 46 (1970), pp. 24-39.

127. Cf. l'énumération dans *De Mari à Qumrân. L'Ancien Testament. Son milieu. Ses écrits. Ses relectures juives*, dans *BETL*, t. 24, Gembloux, 1969, p. 107.

128. I. *Les manuscrits découverts dans le Désert de Juda*. II. *Note complémentaire*. III. *Découverte et exploration de la grotte*. IV. *Tient-on un nouveau chapitre de l'histoire de la grotte ?* V. *Identification du dernier des rouleaux*. VI. *L'âge des manuscrits de Qumrân*, dans *Nouv. Rev. Théol.*, 71 (1949), 286-304, 414-416 ; 72 (1950), 53-65, 72, 199-202, 493-498, 498-515. — *Un psaume découvert dans le Désert de Juda*, ibid., 71 (1949), 621-637. — *Le Manuel de Discipline de la grotte de Qumrân*, ibid., 73 (1951), 938-956. — *Traduction intégrale du « Manuel de Discipline »*, ibid., 73 (1951), 957-975. — *Le Maître de Justice et la communauté de l'Alliance*, ibid., 74 (1952), 254-283. — *Traduction de quelques « psaumes » de Qumrân et du « pêscher » d'Habacuc*, ibid., 74 (1952), 284-297. — G. LAMBERT-G. VERMÈS, *Les manuscrits du Désert de Juda. Les « aperçus » de M. Dupont-Sommer*, ibid., 73 (1951), 385-398.

129. *Radioactivité et âge des manuscrits du Désert de Juda*, ibid., 73 (1951), pp. 524-526. — *Techniques de la physique moderne et âge des documents de Qumrân*, ibid., 73 (1951), pp. 524-526.

130. *La guerre des Fils de Lumière contre les Fils de Ténèbres ou « le Manuel du Parfait Combattant »*, ibid., 77 (1955), pp. 372-399. — *L'immortalité de l'âme dans le Livre de la Sagesse et les documents de Qumrân*, ibid., 77 (1955), pp. 614-630.

131. *Les Kittim dans la « Guerre des fils de lumière contre les fils des ténèbres »*, ibid., 77 (1955), pp. 737-748.

132. *Note sur les variantes de sens d'Isaïe 42 et 43 dans les manuscrits du Désert de Juda*, 71 (1959), pp. 305-306.

133. J. COPPENS, *Les affinités qumrâniennes de l'épître aux Hébreux*, ibid., 84 (1962), déjà cité dans la note 118 ; pp. 128-141, 257-282. — J. JEREMIAS, *Qumrân et la théologie*, 85 (1963), 674-690.

134. J. SCHREIDEN, *Les caractères linguistiques de l'hébreu qumrânien et leur inférence sur le problème historique*, dans *Le Muséon* 72, 1959, pp. 153-157.

scrits de la mer Morte. Un ouvrage plus technique de Ottilie J. R. Schwarz traite de la première partie du Document de Damas et de l'Ancien Testament [135].

Au *Colloquium Biblicum Lovaniense* revient le mérite d'avoir invité le professeur E. Sukenik à venir exposer en Belgique ses travaux et surtout d'avoir organisé, sous la direction de J. van der Ploeg, professeur à l'Université de Nimègue, un des premiers colloques internationaux sur la secte qumrânienne, que nous avons mentionné plus haut.

Nous avons souligné d'entrée le rôle joué par un Belge, le lieutenant Ph. Lippens, officier de l'ONU, au début du repérage de la première grotte de Qumrân découverte par les Bédouins. Plus tard, en 1953, une expédition dite R. de Langhe-Ph. Lippens espéra pouvoir contribuer à éclairer certains aspects du problème qumrânien, bien que sa tâche principale fût l'exploration du site de Khirbet Mird, mais elle ne semble pas avoir obtenu de résultats en ce qui concerne Qumrân [136]. Plus tard encore, en 1961-1962, le regretté Robert de Langhe accepta de faire partie d'une expédition en Palestine organisée par J. M. Allegro, mais une nouvelle fois les résultats escomptés ne se réalisèrent pas [137]. Notre collègue forma dès lors le projet d'une nouvelle campagne de fouilles et il introduisit en 1963, auprès du Fonds National de la Recherche Scientifique, la demande d'un subside. Au lendemain de sa mort inopinée et prématurée, survenue, hélas!, le 30 octobre 1963, l'idée ne fut pas reprise [138]. Et voici que pour prouver qu'aujourd'hui encore les exégètes et orientalistes de la vieille cité universitaire suivent sans relâche l'apport de Qumrân à une meilleure intelligence du judaïsme à l'époque du Christ, le *Colloquium Biblicum Lovaniense* m'a prié d'organiser le présent congrès que j'ai l'honneur de présider [139].

*　*　*

Mesdames, Mesdemoiselles, Messieurs, j'ai terminé ce survol à la fois trop rapide et trop long de la recherche qumrânienne récente. Je viens du pays du Gai Savoir : *Lo Gay Saber*, la terre des troubadours pour qui savoir était poésie, mais hélas!, ce n'est que de vulgaire prose que j'ai su vous abreuver, faisant défiler devant vous la sèche énumération de

---

135. Ottilie J. R. Schwarz, *Der Erste Teil der Damaskusschrift und das Alte Testament*, Diest, 1966.

136. Cf. *Eph. Théol. Lov.*, 40 (1964), pp. 111-116.

137. Voir J. M. Allegro, *Search in the Desert*, New York, 1964 et *Eph. Theol. Lov.*, *loc. cit.*, p. 115.

138. Voir la notice sur le regretté R. de Langhe, dans *Eph. Theol. Lov.*, 40 (1964), pp. 103-125.

139. Je tiens à remercier ici le professeur J. Coppens, mon collègue de Louvain, d'avoir complété mon information sur l'œuvre des louvanistes.

savants eux-mêmes généralement plus enclins à la rigueur scientifique qu'à la poésie. Comme Érasme qui hanta ces murs il y a près de cinq siècles, je pourrais, en guise d'excuse dire de mes propos : « Ma Muse, contre son gré et à demi-sommeillante, a chanté je ne sais quelle chanson à faire dormir. »

Soyez les bienvenus à Louvain dans cette vieille et savante Université. Vous y écrirez, mes chers collègues, je n'en doute pas, une grande et belle page qui fera date dans l'histoire de la recherche qumrânienne, alors même que de nouveaux horizons pourront tenter certains d'entre vous : je songe notamment aux extraordinaires découvertes des savants de l'Université de Rome qui ont naguère remis à jour au sud d'Alep, l'antique Ebla-Tell Mardikh, dont les archives royales écrites en proto-cananéen ouvrent des perspectives étonnantes aux biblistes et orientalistes de demain [140].

31068-Toulouse, 31 Rue de la Fonderie   M. DELCOR

---

140. Cf. G. PETTINATO, *Testi cuneiformi del 3 millenio in paleo-cananeo rinvenuti nella campagna 1974 a Tell Mardikh-Ebla*, dans *Orientalia*, 44, 1975, pp. 361-374.

Die Qumranforschungsstelle Marburg und ihre Aufgabenstellung. Ein Bericht

Im Anschluß an mein Referat werden drei Mitarbeiter der Qumranforschungsstelle Marburg Beiträge liefern, die aus ihrer Mitarbeit in diesem Institut entstanden sind, zwei Textrekonstruktionen und ein lexikalisches Spezialproblem. Dazu einleitend will ich versuchen, in Kürze die Aufgabenstellung unserer Qumranforschungsstelle zu charakterisieren und ihre Arbeitsweise zu schildern.

Arbeitsschwerpunkt der Qumranforschungsstelle Marburg ist das Projekt eines *Wörterbuches zu den Qumrantexten*. Berücksichtigt wird der gesamte Wortschatz aller nicht-biblischen Handschriften aus den Qumranfunden. [1] Dieser Sachlage entsprechend wird es nicht nur einen *hebräischen Teil*, sondern auch einen eigenen *aramäischen Teil* haben. Vorbilder für die Darstellungsweise in unserem Wörterbuch sind in erster Linie die gängigen Wörterbücher zum „Alten Testament" von W. GESENIUS [2], bzw. F. BROWN - S. R. DRIVER - C. A. BRIGGS [3], und von L. KOEHLER - W. BAUMGARTNER [4]. Entsprechend den dortigen Gegebenheiten werden die einzelnen *Stichwörter* nicht nach Sachkomplexen geordnet oder in einer von irgendwelchen Kriterien her suggerierten Auswahl geboten, sondern *vollständig* und *in alphabetischer Reihenfolge* dargestellt. Auch die vollständige Auflistung aller tatsächlich in den Qumrantexten belegten Wortformen sowie die Angabe grammatikalischer Befunde und sprachvergleichender Sachverhalte orientiert sich am Muster dieser Wör-

---

1. Dies gilt für die *positive* Angabe von Textbefunden im Wörterbuch. Indirekt werden selbstverständlich auch die Handschriften biblischer Bücher aus den Qumranfunden voll mitberücksichtigt, z.B. hinsichtlich der Schreibweise einzelner Wörter oder im Falle von Traditionsbezügen hinsichtlich der Textgestalt, die bei divergierender Textüberlieferung tatsächlich vorauszusetzen ist.

2. *Hebräisches und aramäisches Handwörterbuch über das Alte Testament*, bearbeitet von Frants BUHL, 17. Auflage 1915 (unveränderte Neudrucke : Berlin, Heidelberg-New York, Springer-Verlag, zuletzt 1962).

3. *A Hebrew and English Lexicon of the Old Testament, with an Appendix containing the Biblical Aramaic, based on the Lexicon of William Gesenius*, Oxford, Clarendon Press, 1907. Repr. with corrections 1974.

4. *Lexicon in Veteris Testamenti libros*, Leiden, Brill, 1953, mit Supplement-Band 1958 ; 3. Auflage neu bearbeitet von W. BAUMGARTNER u.a., 1967ff.

terbücher zum „Alten Testament". Hinsichtlich der Ausführlichkeit der
Darstellung, der möglichst vollständigen Darbietung aller Belege und der
Berücksichtigung von Sekundärliteratur folgen wir allerdings einem
anderen Vorbild, nämlich dem „Griechisch-deutschen Wörterbuch zu den
Schriften des Neuen Testaments und der übrigen urchristlichen Literatur" von W. BAUER. [5] Ebenso wie dort werden auch bei uns oftmals
verschiedene Möglichkeiten der Textinterpretation neutral nebeneinander aufgeführt, wenn wir uns auch sehr darum bemühen, in
möglichst vielen Fällen dieser Art zu eindeutigen Problemlösungen zu
gelangen.

Im übrigen entsteht bei der Arbeit am Wörterbuch eine ganze Reihe
von Nebenprodukten, die durchaus auch eigenständige Bedeutung
haben. In erster Linie handelt es sich dabei um kritische *Neubearbeitun-
gen aller edierten Qumrantexte.* Denn es gehört zur altbewährten Tradition dieser Forschungsstelle, daß sie der Befunddarbietung in Konkordanz und Wörterbuch nicht einfach Textbestand und -interpretation der
editio princeps zugrundelegt und allenfalls noch Folgeeditionen und
Sekundärliteratur ergänzend berücksichtigt. Sondern in jedem Fall werden die Textbefunde eigenständig anhand der Photodrucke in den Editionen kontrolliert und ggf. von dort her korrigiert. [6] Nach Möglichkeit
sollen auch in Zweifelsfällen stets Überprüfungen des tatsächlichen Text-
bestandes anhand der Originalhandschriften in Jerusalem stattfinden,
soweit dies von unseren Reisemöglichkeiten her realisierbar ist.

Tatsächlich hat sich die Qumranforschungsstelle bislang damit
begnügt, die Photodrucke der Editionen zu benutzen. Erst in den beiden
letzten Jahren haben wir uns darum bemüht, für die Bearbeitung
schwierig lesbarer Textpartien bessere Photographien unmittelbar aus
Jerusalem zu erhalten, und sie wurden uns auf Anfrage hin auch immer
ohne irgendwelche Probleme postwendend zugesandt. Besonderer Dank
gebührt in diesem Zusammenhang unter den hier Anwesenden Herrn
Kollegen Yigael YADIN. Er hat uns stets nach besten Kräften und ganz
vorbehaltslos unterstützt. Die uns zugesandten Photographien lösen
zahlreiche Probleme der Photodrucke in den Editionen, und oftmals
ergibt sich klar lesbarer Text, wo man bislang auf reines Rätselraten
angewiesen war. So können wir die noch verbleibende Arbeit an den Originalhandschriften selbst auf ein Minimum reduzieren und uns in Marburg ganz auf die Wörterbucharbeit konzentrieren. Herzlichen Dank also
für diese großzügig gewährte Hilfe!

Partienweise erbringen unsere neuen kritischen Textbearbeitungen
starke Veränderungen gegenüber den vorliegenden Editionen. Das gilt

---

5. 5. Auflage, Berlin, A. Töpelmann, 1958 (seitdem revidierte Nachdrucke).

6. Siehe dazu *Konkordanz zu den Qumrantexten*, herausgegeben von K. G. KUHN,
Göttingen, Vandenhoeck & Ruprecht, 1960, S. VIIIf.

insbesondere auch für die beiden Beispiele, die anschließend von Mitarbeitern der Qumranforschungsstelle vorgelegt werden. Sie stammen aus Band V der Reihe *Discoveries in the Judaean Desert of Jordan*, den J. M. ALLEGRO zu verantworten hatte; und niemand wird sich darüber wundern, daß man gerade an diesen Texten auch über das hinaus, was bereits J. STRUGNELL [7] geleistet hat, noch sehr viel erarbeiten muß. In solchen Fällen, wo unsere kritische Textbearbeitung besonders ertragreich ist, publizieren wir sie gesondert; im übrigen wird sie der weiteren Arbeit in unserer Forschungsstelle zugrundegelegt.

Nach der kritischen Bearbeitung wird jeder Text anschließend konkordanzmäßig ausgewertet. Es erfolgt somit eine ständige Revision und Fortschreibung der *Konkordanz zu den Qumrantexten* von Karl Georg KUHN aus dem Jahre 1960 [8] und der *Nachträge* dazu aus dem Jahre 1963. [9] Auch diese hatten ja bereits nicht einfach die vorliegenden Editionstexte übernommen, sondern sich eigenständig an den Photodrucken der Qumranhandschriften orientiert. Doch erbringen Neueditionen weiterer Texte und der Fortgang der Arbeit an den „alten" Qumrantexten, nicht zuletzt auch unsere eigene Wörterbucharbeit, laufend neue Erkenntnisse, die sich auch auf die Befunddarbietung in der Konkordanz auswirken und im Laufe der Jahre bereits mehr als 2000 Änderungen allein solcher Befunde bewirkt haben, die bereits in der Konkordanz des Jahres 1960 verzeichnet waren.

Ein weiteres Nebenprodukt unserer Wörterbucharbeit ist das Entstehen einer vollständigen *Bibliographie zu den Qumrantexten*, die wir bei unserer Arbeit ständig benötigen. Wir bemühen uns zugleich darum, alle darin verzeichneten Titel als Originalpublikation, Sonderdruck oder Photokopie in unserer Forschungsstelle zu besitzen, was bekanntlich sehr schwierig ist, da einschlägige Beiträge bislang in mehr als 400 verschiedenen Publikationsorganen erschienen sind, von den eigentlichen Editionen und Monographien ganz abgesehen. Deshalb sind wir sehr dankbar für jeden Sonderdruck, der uns seitens der Autoren zugesandt wird.

Unsere *Zielvorstellung* ist es, das Wörterbuch zu den Qumrantexten *etwa im Jahre 1985 zum Abschluß* zu bringen. Von 1979 an sollen etwa im Jahresabstand *Einzellieferungen* erscheinen. Dieses Verfahren ist von der Sache her nicht optimal, weil bis zum Jahre 1979 wohl kaum alle nichtbiblischen Texte aus den Qumranfunden publiziert sein werden, hingegen neben dem Erscheinen von Wörterbuch-Lieferungen ständig neue

---

7. *Notes en marge du volume V des Discoveries in the Judaean Desert of Jordan*, in *Revue de Qumrân*, num. 26, t. VII, 2, Paris, 1970, S. 163-276.

8. Siehe oben Anmerkung 6.

9. Nachträge zur Konkordanz zu den Qumrantexten, unter Mitarbeit von U. MÜLLER, W. SCHMÜCKER und H. STEGEMANN herausgegeben von K. G. KUHN, in *Revue de Qumrân*, num. 14, t. IV, 2, Paris, 1963, S. 163-234.

Texteditionen erfolgen werden, die man dann nur noch in einem Supplement zum Wörterbuch berücksichtigen kann. Aber die Deutsche Forschungsgemeinschaft als alleiniger Förderer des Wörterbuchprojektes verlangt dessen Erscheinen in Lieferungen aus einem verständlichen Grund. Nur auf diese Weise wird es möglich, bald auch der interessierten Öffentlichkeit zu dokumentieren, daß die Finanzierung des Wörterbuchprojektes kein Faß ohne Boden ist.

Ungefähr gleichzeitig mit dem Abschluß des Wörterbuches wird die Qumranforschungsstelle Marburg eine Neuausgabe der *Konkordanz zu den Qumrantexten* vorlegen können, die alles Textmaterial enthalten wird, das bis dahin publiziert ist. Falls dann aber absehbar sein sollte, daß der langwierige Editionsprozeß seinem Ende zugeht, werden wir noch entsprechend warten, damit dann wirklich eine vollständige Konkordanz erscheinen kann und nicht wieder eine „vorläufige".

Anschließend ist geplant, kritische Neueditionen wichtiger Qumrantexte zu erarbeiten, Kommentare zu einzelnen Schriften, zu allen Exemplaren einer bestimmten Gattung wie zum Beispiel zu den „pescharim" oder zu den „Gemeindeordnungen", und Monographien zu einzelnen Sachaspekten. Doch das ist ein Programm für das letzte Jahrzehnt unseres Jahrhunderts oder für das nächste Jahrtausend, und wohl eher für meinen späteren Nachfolger in der Leitung der Qumranforschungsstelle als noch für mich selbst. Doch entstehen bereits jetzt im Zusammenhang mit der Wörterbucharbeit entscheidende institutionelle und vorzügliche materielle Voraussetzungen für solche weitergehenden Vorhaben, und es ist gut, sie rechtzeitig in den Blick zu fassen, um die laufende Arbeit jetzt schon darauf ausrichten zu können.

Gefördert, tatsächlich gegenwärtig allein unterhalten wird die Qumranforschungsstelle Marburg beziehungsweise ihr Wörterbuchprojekt von der *Deutschen Forschungsgemeinschaft*, der auch an dieser Stelle der ihr dafür gebührende Dank gesagt sein soll. Sie finanziert zur Zeit 4 Stellen für wissenschaftliche Mitarbeiter, die einen ähnlichen Status haben wie Universitätsassistenten, aber ihre gesamte Arbeitzeit dem Wörterbuch widmen, außerdem 2 Stellen für wissenschaftliche Hilfskräfte, die schwerpunktmäßig für die Auswertung der Sekundärliteratur für das Wörterbuch eingesetzt sind. Das ist ein Personalbestand, der allerdings erst im Jahre 1975 erreicht worden ist, dessen Beibehaltung aber notwendige Voraussetzung für die Fertigstellung des Wörterbuches im Jahre 1985 ist.

Die *Qumranforschungsstelle Marburg* setzt institutionell, personell und in ihrer Aufgabenstellung die Arbeit jener *Qumranforschungsstelle Heidelberg* fort, die Karl Georg KUHN dort im Jahre 1957 gegründet hatte. Das gesamte Personal bestand in dieser Anfangszeit aus 3 studentischen Hilfskräften, die mitten in ihrem Studium standen. Auf dieser Basis sind damals das *Rückläufige hebräische Wörterbuch* [10] und die *Konkordanz zu den Qumrantexten* entstanden sowie seit 1960 die Arbeiten am *Wörterbuch zu den Qumrantexten* aufgenommen worden. Nach und nach kamen im Laufe der Jahre 2 weitere Personalstellen hinzu. Zugleich ließ sich deren Dotierung ein wenig verbessern. Ein verstärkter Ausbau wurde aber erst im Jahre 1973 erreichbar, und auch damit hängt es zusammen, daß die Arbeit am Wörterbuch noch nicht so weit hat gedeihen können, wie es allgemein gewünscht und ersehnt wird.

Karl Georg KUHN hat die von ihm ins Leben gerufene Qumranforschungsstelle bis zum Herbst 1973 geleitet und deren Arbeit betreut. Dann sah er sich zu deren Fortführung nicht mehr in der Lage. Er hatte sich im Jahre 1971 emeritieren lassen, um mehr Zeit auf die Forschungsarbeit verwenden zu können, mußte aber bald feststellen, daß seine Kräfte dies nicht mehr hinreichend zuließen. [11] Deshalb hat er die Forschungsstelle und ihre laufende Arbeit auf mich übertragen, und ich habe das gesamte Unternehmen an die Universität Marburg transferiert, wo ich seit 1971 eine Professur für das Fach Neues Testament innehabe. Mit der Forschungsstelle sind auch deren damalige Mitarbeiter nach Marburg übergesiedelt, die zum Teil schon lange zum Heidelberger Team gehören: Herr Hartmut PABST seit 1963, die Herren Norbert ILG und Hermann LICHTENBERGER seit 1968. Als vierter Mitarbeiter wird jetzt noch Herr Johannes WACHTEN zu uns kommen, sobald er in den nächsten Monaten seine Dissertation bei Herrn Kollegen Johann MAIER in Köln zum Abschluß gebracht haben wird.

In den Heidelberger Jahren wurden unter Leitung von Karl Georg KUHN für etwa 40 Prozent aller künftigen Wörterbuchartikel teils Rohentwürfe, teils so gut wie fertige Textfassungen erarbeitet. Die dabei gewonnenen Erfahrungen wurden beim Übergang der Forschungsstelle nach Marburg den Erwägungen für ein endgültiges Arbeits- und Darstellungskonzept des Wörterbuches zugrundegelegt, das ich nun im folgenden knapp charakterisieren möchte.

Ich erwähnte bereits, daß wir das *Wörterbuch zu den Qumrantexten* als *Ergänzungs-Wörterbuch zu den gängigen Sprachlexika zum „Alten Testament"* auffassen. Was dort bereits philologisch wie lexikalisch solide und unumstritten verzeichnet ist, wollen wir nicht rekapitulieren, sondern als gesicherten Befund voraussetzen. Als unsere eigentliche Aufgabe

---

10. Unter Mitarbeit von H. STEGEMANN und G. KLINZING herausgegeben von K. G. KUHN, Göttingen, Vandenhoeck & Ruprecht, 1958.

11. Inzwischen ist Professor D. Dr. Karl Georg KUHN am 15. September 1976 nach langer schwerer Krankheit in Heidelberg verstorben. Eine ausführliche Darstellung über *Die Qumranforschungsstelle Heidelberg, 1957-1963*, von H. STEGEMANN und G. JEREMIAS, findet sich in *Heidelberger Jahrbücher* (Berlin-Heidelberg-New York, Springer-Verlag), Band XIX, 1975, S. 83-99.

betrachten wir es vielmehr, den Sprachgebrauch der Qumrantexte im Verhältnis zu den zeitlich meist älteren biblischen Quellen zu untersuchen, vorhandene Traditionsbezüge herauszustellen und zugleich die Besonderheiten des Qumran-Sprachgebrauchs gegenüber den biblischen Befunden zu profilieren. Wesentlich ist dabei die Frage danach, ob im Einzelfall einfach Traditionsstoff repristiniert wird oder mit seiner Rezeption zugleich eine Neuprägung, ein neues Verständnis der Tradition deutlich wird. Vom Lexikalischen her betrachtet ist dies ein sehr mühseliges Unterfangen, weil zeitgenössische Verständnisweisen des biblischen Überlieferungsstoffes oft nur auf dem Wege über Septuaginta-Befunde, andere griechisch-sprachige Quellen, das zeitgenössische Aramäisch oder mitunter gar auf dem Umwege über akkadische, arabische, syrische oder sonstige einschlägige Sprachbereiche eruiert werden können.

Gerade dann, wenn eindeutige Traditionsbezüge vorliegen, ist meist nur wenig damit erreicht, den biblischen Bezug nachzuweisen. In der Wortbedeutung wie auch im Verwendungsbereich der einzelnen Wörter zeigen sich oftmals recht erstaunliche Unterschiede gegenüber dem, was biblisch geläufig war. Mitunter deutet sich in relativ späten Schichten der biblischen Literatur bereits die Richtung an, in die sich der weitergehende Sprachgebrauch entwickelt hat, wie er in den Qumrantexten dann breiter greifbar wird. In vielerlei Hinsicht sind die Qumrantexte aber auch ganz eigenständig gegenüber dem biblischen Sprachgebrauch. Diesen spezifischen Qumran-Sprachgebrauch „synchronisch" zu profilieren, ihn zugleich aber auch in seinen „diachronischen" Bezügen zu charakterisieren, ist die zentrale Doppelaufgabe unseres Wörterbuches.

Nach der anderen Seite hin wird selbstverständlich auch die rabbinische Überlieferung und die frühchristliche Literatur, besonders auch das neutestamentliche Schrifttum daraufhin überprüft, ob sich Spuren des spezifischen Sprachgebrauchs der Qumrantexte finden lassen oder Weiterentwicklungen zu konstatieren sind, von denen sich in den Qumrantexten noch nichts findet. Diese Seite unserer Untersuchungen ist nicht nur von grundsätzlicher Bedeutung für die sprachgeschichtliche Einordnung der Qumrantexte, sondern erbringt darüberhinaus eine Fülle von wichtigen Einzelbeobachtungen bei den Fragen nach der präzisen Wortbedeutung, dem Aussagegehalt bestimmter Constructus-Verbindungen, für Wortfeld-Analysen und „technischen" Sprachgebrauch. Ebenso wichtig wie der positive Nachweis bestehender Zusammenhänge sind dabei Negativ-Befunde, weil sie die relative Eigenständigkeit des Qumran-Sprachgebrauchs im Einzelfall verdeutlichen können.

Wachsende Bedeutung hat bei unserer Arbeit am Qumran-Wörterbuch in diesem Zusammenhang die Frage nach Einflüssen des zeitgenössischen Aramäisch auf das Hebräische dieser Texte gewonnen. Die Erarbeitung eines eigenen aramäischen Wörterbuchteils wird es wesentlich erleichtern, nicht einseitig „hebraistisch" vorzugehen. Daß die *Konkordanz zu den Qumrantexten* des Jahres 1960 noch keinen aramäischen Teil enthielt, lag einfach daran, daß dies damals nicht erforderlich war. Es gab zwar die Teilpublikation einiger Kolumnen des Genesis-Apokryphons; aber zunächst wartete man auf die vollständige Edition des Textes, und dann hat J. A. FITZMYER eine Textausgabe mit Kommentar und einem so schönen Wortregister publiziert, [12] daß eine gesonderte Konkordanz überflüssiger Aufwand gewesen wäre. Durch das Register erschlossen waren auch die übrigen aramäischen Fragmente aus Höhle 1Q in dem Band *Discoveries in the Judaean Desert* I, [13] und die wenigen darüberhinaus textlich bekanntgewordenen Fragmente anderer aramäischer Handschriften aus den Qumranfunden waren umfangmäßig zu gering. Inzwischen aber hat sich in diesem Bereich das Bild wesentlich verändert, so daß ein eigenständiger aramäischer Konkordanz- und Wörterbuchteil als wünschenswert und notwendig erscheint.

Wir hoffen, den Zeitplan für die Fertigstellung des Wörterbuches bis zum Jahre 1985 im wesentlichen einhalten zu können. Wenn allerdings durch die fortschreitende Veröffentlichung weiterer Qumrantexte bis dahin nicht nur quantitative, sondern zugleich wesentliche qualitative Probleme entstehen, beispielsweise durch das Hinzukommen zahlreicher neuer Wörter, ganzer Textgattungen oder neuer „technischer" Wortbedeutungen in größerem Umfang, dann kann sich der Abschluß unserer Arbeiten durchaus noch verzögern. So sehr wir uns danach sehnen, endlich den vollständigen Text der „Tempelrolle" zu besitzen, von der Herr Kollege Yigael YADIN vorhin ausführlich berichtet hat, so groß ist doch zugleich unsere Sorge angesichts der vielen neuen Probleme, die sie uns voraussichtlich für unsere Wörterbucharbeit bescheren wird.

Im übrigen hoffen wir darauf, vor Fertigstellung der ersten Lieferung unseres Wörterbuches die in Jerusalem befindliche Zettelkonkordanz der noch unveröffentlichten Texte vor allem aus Höhle 4Q wenigstens in der Weise mitbenutzen zu können, daß wir die Darstellung im Wörterbuch darauf abstimmen können. Wir wollen dann keine Befunde aus unedierten Texten positiv darbieten, aber unsere Darstellung nach Möglichkeit so einrichten, daß sie durch weitere Textpublikationen im wesentlichen nur noch quantitativ ergänzt werden kann, qualitativ sich hingegen nichts Wesentliches mehr ändert. Solch eine Abstimmung mit noch unedierten Befunden kann besonders auch dann hilfreich sein, wenn ein einzelnes Wort in den bereits edierten Texten Probleme bietet, auf die wir durch eine Fülle theoretisch möglicher Problemlösungen in der Wörterbuchdarstellung zu reagieren hätten, während die noch unedierten

---

12. J. A. FITZMYER, *The Genesis Apocryphon of Qumran Cave I. A Commentary*, Rom, Biblical Institute Press, 1966 ; Second, Revised Edition, 1971.

13. Oxford, Clarendon Press, 1955.

Texte weitere Belege bieten, die diese Probleme erheblich reduzieren oder gar eindeutig klären können. In solchen Fällen wäre es ein erheblicher Gewinn für die Arbeit am Wörterbuch und eine wesentliche Erleichterung für dessen spätere Benutzer, rechtzeitig die Erkenntnismöglichkeiten berücksichtigen zu können, die in den noch unedierten Texten vorliegen.

Bei realistischer Betrachtung der Sachlage wird man nichtsdestoweniger davon auszugehen haben, daß zum Zeitpunkt der Fertigstellung unseres Wörterbuches noch immer nicht alle Texte ediert sein werden, die darin berücksichtigt werden sollten. Andererseits ist der Bedarf für ein solches Wörterbuch so groß, daß man seinen Abschluß nicht aufschieben sollte, bis tatsächlich alles einschlägige Material eines fernen Tages publiziert worden sein wird. So wird notwendigerweise ein *Supplementband zum Wörterbuch* gleich einzuplanen sein. Er empfiehlt sich auch von daher, daß eine Zweitauflage eines solchen Wörterbuches finanziell kaum realisierbar sein wird, aber trotz aller Bemühungen der Mitarbeiter unserer Qumranforschungsstelle und trotz aller philologischen Gewissenhaftigkeit manches von dem verbesserungsbedürftig und verbesserbar bleiben wird, was wir in der Erstauflage bieten werden. Wir freuen uns auf die einschlägige Kritik und wollen sie dann in dem Supplementband voll aufnehmen.

Ich danke den Anwesenden für ihr Interesse und schließe mit dem Wunsch, daß die Qumranforschungsstelle Marburg und ihr Wörterbuchprojekt auch künftig jenes kritische Interesse und diejenige breite Unterstützung der Fachleute finden mögen, die zuvor der Qumranforschungsstelle Heidelberg unter der Leitung von Karl Georg KUHN zugutegekommen sind. Sein Vermächtnis ist ein Auftrag, der noch sehr viel Arbeit erfordert. Jede wohlwollende Unterstützung aber wird denen wieder zugutekommen, die sie uns gewähren. Ich danke Ihnen.

D-3550 Marburg an der Lahn, Lahntor 3.

Hartmut STEGEMANN

La datation
d'objets provenant de Qumrân,
en particulier par la méthode
utilisant les propriétés du Carbone 14

**Divers objets, recueillis tant dans les grottes
que dans les ruines et le cimetière de Qumrân,
ont été soumis à des examens variés.**

I. — *Objets recueillis dans les grottes.*

Provenant des grottes, il s'agit, d'une part, des linges trouvés dans la première grotte — où, selon toute vraisemblance, ils avaient le plus souvent servi à envelopper certains manuscrits [1] —, et, d'autre part, des manuscrits eux-mêmes.

Des morceaux de ces linges ont subi différents examens physico-chimiques. C'est ainsi que l'étude de leurs fibres, effectuée à l'aide du microscope par le major G.-O. Searle, de l'H. M. Norfolk Flax Establishment, permit d'établir avec certitude que le tissu était du lin [2] ; celle du tissage et du dessin de ces linges, faite, également en Angleterre et au moyen du microscope, par Mrs. G.-M. Crowfoot, conduisit celle-ci à estimer raisonnable de conclure que le lin était de production et le tissu de fabri-

---

1. Cf., notamment : G. Lankester HARDING, *The Archaeological Finds. I. Introductory*, dans *Discoveries in the Judaean Desert.* I : *Qumran Cave I*, Oxford, 1955, p. 7 ; R. DE VAUX, *The Archaeological Finds.* II. *La poterie, ibid.*, p. 12 ; G.-M. CROWFOOT, *The Archaeological Finds.* III. *The Linen Textiles, ibid.*, pp. 18-19 ; Millar BURROWS, *Les Manuscrits de la mer Morte* (traduit de l'américain par M. GLOTZ et M.-T. FRANCK), Paris, 1957, p. 102 ; et, encore, R. DE VAUX (faisant référence à la page, citée ci-dessus, de l'*Introductory* de Harding), *Les manuscrits de Qumrân et l'archéologie*, dans la *Revue biblique*, t. LXVI, n° 1, janvier 1959, p. 91, et *L'archéologie et les manuscrits de la mer Morte* (The Schweich Lectures of the British Academy, 1959), Londres, 1961, p. 78.

2. Cf., notamment : G.-M. CROWFOOT, *The Archaeological Finds.* III. *The Linen Textiles, ibid.*, p. 18 ; Millar BURROWS, *ibid.*, p. 102.

cation palestinienne [3], et probable que ces linges avaient été spécialement confectionnés soit, dans le plus grand nombre des cas, pour envelopper les rouleaux manuscrits, soit pour couvrir les jarres [4] ; celle, réalisée aux États-Unis par Miss Louisa Bellinger, de Dumbarton Oaks et du
Textile Museum à Washington, indiqua pareillement que le lin de ces
linges était d'origine locale [5]. Si ces spécialistes n'avaient pu fournir
aucune précision quant à l'âge de ces linges, ils admettaient qu'ils puissent être anciens : par exemple, Mrs. Crowfoot relate que, lorsque le
3 juillet 1949 fut ouverte la boîte, contenant des fragments de ces linges,
apportée en Angleterre par G. Lankester Harding — le directeur du
Service des Antiquités de Jordanie —, il en sortit une odeur comparable
à « celle d'une tombe égyptienne ancienne » [6] ; puis, évoquant le « Carbon
14 test », dont il sera question dans les prochaines lignes, auquel
W.-F. Libby avait soumis d'autres fragments de ces linges, et la datation
plus précise donnée par les monnaies découvertes au cours de la fouille
des ruines de Qumrân proches de cette grotte — datation d'après
laquelle « il semble probable que les rouleaux ont été déposés dans la
grotte vers la fin du premier siècle après J.-C. » —, elle ajoute que cette
date est « pleinement compatible avec toutes les observations faites sur le
lin » [7]. En 1950, G. Lankester Harding fit remettre des fragments des
linges de la grotte 1 à W.-F. Libby, de l'Institut d'Études nucléaires de
l'Université de Chicago, le pionnier des recherches concernant la
« méthode de datation qui s'appuie sur la radioactivité résiduelle de l'*isotope Carbone 14* » [8]. Le 9 janvier 1951, W.-F. Libby fit connaître le résultat de ses mesures et calculs, que publia peu après O.-R. Sellers [9] : ces
fragments de linge, examinés à la fin de l'année 1950, auraient eu, alors,
1.917 ans d'âge plus ou moins 200 ans ; la date obtenue est donc l'an 33

3. Cf., notamment : G.-M. CROWFOOT, *ibid.*, pp. 18-38, en particulier p. 22 (où il
est fait référence à Miss Louisa BELLINGER, *Bulletin of the American Schools of
Oriental Research*, avril 1950) ; Millar BURROWS, *ibid.*, p. 102.

4. Cf., notamment : G.-M. CROWFOOT, *ibid.*, p. 24 ; Millar BURROWS, *ibid.*, p. 102.

5. Cf. la note 3 ci-dessus ; plus exactement : ANONYME, *Report upon a Fragment
of Cloth from the Dead Sea Scroll Cave*, dans *Bulletin of the American Schools of
Oriental Research*, nº 118, avril 1950, pp. 9-11.

6. Cf., notamment : G.-M. CROWFOOT, *ibid.*, p. 18 ; Millar BURROWS, *ibid.*, p. 102.

7. « From the closer dating given by coins found in recent excavation of the ruined
settlement of Khirbet Qumrân near the cave... it seems probable that the scrolls
were deposited in the cave towards the end of the first century A.D., a date fully
compatible with all the observations made on the linen » (G.-M. CROWFOOT, *ibid.*,
p. 27).

8. A. PARROT, *Archéologie mésopotamienne*. II : *Technique et problème*, Paris, 1953,
p. 84.

9. Cf. O.-R. SELLERS, *Radiocarbon Dating of Cloth from the 'Ain Feshkha Cave*,
dans *Bulletin of the American Schools of Oriental Research*, nº 123, octobre 1951,
pp. 24-26.

après J.-C. ± 200 ans ; ainsi, le lin avec lequel ces linges furent tissés aurait été coupé entre les années 168 avant J.-C. et 233 après J.-C. [10]. Comme le souligne Millar Burrows : « Tout en n'apportant pas une date très précise, ces calculs corroboraient les autres témoignages en établissant la période générale pendant laquelle les enveloppes de lin avaient été fabriquées » [11].

Miss — maintenant Dame — Kathleen M. Kenyon ayant récemment présenté le phénomène, sur lequel est basée cette méthode du Carbone 14, en des termes qui ne sont pas rigoureusement exacts [12], qu'il nous soit permis, en suivant la ligne directrice de ses propos, d'apporter à ceux-ci les rectifications indispensables : d'une part, dans tous les organismes vivants — êtres humains et autres animaux, végétaux — le pourcentage de l'isotope Carbone 14 est constant, et, d'autre part, après la mort de ces organismes ce pourcentage décroît progressivement, dans des proportions connues ; ce qui reste de cet isotope radioactif peut être mesuré dans les matières organiques récupérées sur les sites archéologiques ; pour diverses raisons techniques, le charbon de bois et, à un moindre degré, les coquilles, sont les matières qui se prêtent le mieux à cet examen ; en comparant ce qui reste de cet isotope dans 1 gramme de la matière à analyser avec la teneur en Carbone 14 de 1 gramme de n'importe quel organisme vivant, on peut calculer — avec une approximation qui, pour des organismes morts aux alentours du début de l'ère chrétienne, était, avec les techniques utilisées peu après la fin de la Seconde Guerre mondiale, de l'ordre de plus ou moins 200 ans, et est, grâce aux techniques mises au point en 1953, de l'ordre de plus ou moins

---

10. Cf. également, en particulier : A. PARROT, *ibid.*, p. 85 ; G.-M. CROWFOOT, *ibid.*, p. 27 (où il faut corriger « 237 » en « 233 » après J.-C.) ; Millar BURROWS, *ibid.*, pp. 70 et 103 ; R. DE VAUX, article cité de la *Revue biblique*, t. LXVI, n° 1, janvier 1959, p. 91 ; ID., *ouvrage cité* (« Schweich Lectures »), pp. 40-41 et 78.

11. Millar BURROWS, *ibid.*, p. 103.

12. « Depuis 1944, cependant, une nouvelle méthode, exposée pour la première fois par le Dr. Libby à Chicago, a été adoptée. Celle-ci est habituellement connue sous le nom de méthode du Carbone 14 ou du carbone radioactif. Elle est basée sur le fait que tous les organismes vivants, êtres humains et autres animaux, arbres et plantes, absorbent de la radioactivité durant leur vie, et, après leur mort, perdent celle-ci selon une proportion qui peut être déterminée. La quantité subsistante peut être mesurée dans les matières organiques récupérées sur les sites archéologiques. Pour diverses raisons techniques, le charbon de bois et, à un moindre degré, les coquilles, sont les matières les plus satisfaisantes. En comparant la quantité subsistante de radioactivité et la proportion annuelle déterminée de perte, on peut déterminer la date à laquelle l'organisme est mort, par exemple la date à laquelle l'arbre fut abattu... Il y a, cependant, toujours une marge standard d'écart, ordinairement d'environ cent cinquante à deux cents ans de chaque côté d'une date centrale... » (Kathleen M. KENYON, *Archaeology in the Holy Land*, Londres, 3e édition 1970 et 1971, p. 35).

80 ans — la date à laquelle l'organisme est mort, par exemple la date à laquelle une plante a été coupée, un arbre abattu [13].

Non seulement des fragments des linges ayant le plus souvent, selon toute vraisemblance, servi à envelopper des rouleaux manuscrits, mais aussi, nous l'avons rappelé ci-dessus, des morceaux de manuscrits ont été l'objet d'examens : des fragments, eux-mêmes bien sûr non écrits, de manuscrits de Qumrân et de Murabba'ât ont été envoyés au Department of Leather Industries de l'Université de Leeds, en Angleterre, pour que leur soit appliquée la méthode de datation qui repose sur la rétraction plus ou moins rapide des fibres de parchemin soumises à un chauffage progressif — la température à laquelle ces fibres commencent à se rétracter étant d'autant plus basse que le parchemin est plus ancien — ; la température de rétraction de ces fragments fut ainsi déterminée et comparée à celle d'autres fragments de parchemin ou de peau également non tannée dont l'âge était connu ; or, on constate que sur la courbe des températures, où tous les échantillons ainsi traités se trouvent situés selon leur âge, « les fragments de Qumrân viennent nettement après les documents du Ve siècle avant J.-C., juste avant les fragments de Murabba'ât... » [14]. De plus, l'écriture des manuscrits provenant des grottes de Qumrân a été et continue à être l'objet d'études de la part de paléographes ; c'est ainsi que N. Avigad, professeur à l'Université hébraïque de Jérusalem, comparant, dans un article important où sont évoquées les principales de ces études antérieurement faites, l'écriture de plusieurs des principaux manuscrits de Qumrân avec celle de textes dont l'âge est connu, estime que, pour la plupart, ces « manuscrits de la mer Morte » datent des époques asmonéenne et hérodienne — celle-ci, entendue au sens large, se terminant en 70 de notre ère [15]. Enfin, il n'y a pas jusqu'au caractère du texte biblique, figurant dans les manuscrits bibliques ainsi

---

13. Le Dr. Guy Odent, de l'Université de Paris-VI, dans une note écrite qu'il nous a remise à notre demande, a bien voulu préciser les rectifications qui précèdent, concernant le phénomène sur lequel est basée cette méthode du Carbone 14.

14. R. DE VAUX, *ouvrage cité*, p. 77, où, en note, il est fait référence à : « D. BURTON, J. B. POOLE and R. REED, *A New Approach to the Dating of the Dead Sea Scrolls, Nature*, 184 (15 Aug. 1959), pp. 533-534 ».

15. Cf. N. AVIGAD, *The Palaeography of the Dead Sea Scrolls and Related Documents*, dans *Aspects of the Dead Sea Scrolls* (Scripta Hierosolymitana, volume IV), Jérusalem, 1957, pp. 56-87. Cf. également, surtout : J.-T. MILIK, *Dix ans de découvertes dans le Désert de Juda*, Paris, 1957, pp. 91-93 (dans l'édition anglaise de 1959 et 1963, passage complété, pp. 133-136) ; R. DE VAUX, *ouvrage cité*, pp. 75-76 (dans l'édition anglaise de 1973, passage mis à jour, pp. 97-98 ; à la page 98 on lit, notamment, l'adjonction suivante : « La date attribuée aux manuscrits de Qumrân a été confirmée par les découvertes faites à Massada. Les ostraca et les écrits, bibliques et non bibliques, découverts dans les fouilles y sont de la même écriture que ceux de Qumrân, et aucun d'eux ne peut être postérieur à 73 après J.-C., date à laquelle la forteresse tomba aux mains des Romains »).

que dans les citations bibliques de nombreux autres manuscrits, qui ne puisse fournir une indication sur l'âge de ces manuscrits extraits des grottes de Qumrân ; en effet, comme le signale R. de Vaux : « À côté de textes proto-massorétiques, les séries de Qumrân ont des témoins de la recension samaritaine et de l'original hébreu de la traduction des Septante. C'est un état où le texte de l'Ancien Testament était encore fluide et où coexistaient plusieurs traditions textuelles, un état antérieur à la fixation du texte massorétique, lequel est, en revanche, celui des manuscrits déposés dans les grottes de Murabba'ât pendant la Seconde Révolte » [16].

II. *Objets recueillis dans les ruines et le cimetière.*

Provenant des ruines des bâtiments de Qumrân, plus précisément du locus 86, il s'agit de fragments carbonisés de poutres de palmier. Selon la méthode de datation reposant sur les propriétés du Carbone 14, ces poutres « ont été brûlées aux environs de 66 après J.-C. », rapporte R. de Vaux s'appuyant sur une note écrite du professeur F.-E. Zeuner, de l'Institute of Archaeology de Londres [17]. Celui-ci, en effet, rappelant que les analyses de ces fragments ont été effectuées au cours de l'année 1956, estime que les résultats de celles-ci permettent d'obtenir « 66 après J.-C. ou à peu près comme date de l'incendie », et donc, en tenant compte de la marge d'approximation, presque certainement une date située « à l'intérieur du premier siècle après J.-C. », ce qui lui paraît être « une approximation remarquable pour l'année de la conquête romaine, 68 après J.-C. » [18]. Mais, nous nous trouvons dans l'obligation de relever que cette conclusion de F.-E. Zeuner repose, notamment, sur deux erreurs. La première est une erreur d'interprétation scientifique : à la

---

16. R. DE VAUX, *ouvrage cité*, p. 76 (cf. dans l'édition anglaise, p. 98, note 3, la référence aux principales études portant sur ces témoins qumrâniens du texte biblique).

17. Cf. R. DE VAUX, *ouvrage cité*, p. 29, note 1, où il est fait référence à F.-E. ZEUNER, *Notes on Qumrân*, dans *Palestine Exploration Quarterly*, 92e année, janvier-juin 1960, pp. 27-28. Dans cet article, Zeuner indique que ces fragments ont été préparés au Geochronological Laboratory, et la datation réalisée par le Dr. D.-E. Vaughan utilisant l'acétylène dans l'appareil construit, au Davy-Faraday Laboratory of the Royal Institution, par le Dr. Crathorn et lui-même ; deux méthodes de traitement des échantillons ont été employées : l'une (GL 25) par lavage avec HCl, l'autre (GL 47) par lavage avec HCl et NaOH ; elles ont donné le même résultat : 1940 ans ± 80 ans (cf. F.-E. ZEUNER, *ibid.*, p. 27).

18. « The analyses having been done in 1956, we obtain A.D. 66 or thereabouts for the date of the burning. Taking the standard deviation into account, a value within the first century A.D. is almost certain to be correct, and there is a remarkable approximation to the year of the Roman conquest, A.D. 68 » (F.-E. ZEUNER, *ibid.*, pp. 27-28).

date fournie par les analyses — soit : 1956 – 1940 (± 80) = *16 (± 80 ans) après J.-C.* —, Zeuner ajoute l'âge moyen, c'est-à-dire 50 ans, qu'il pense pouvoir attribuer au palmier dont proviennent ces fragments carbonisés [19] ; or, les résultats obtenus par la méthode de datation reposant sur les propriétés du Carbone 14 concernent le moment où l'organisme est mort, où le palmier a été abattu [20] ; pour connaître la « date de l'incendie » en question, on n'a donc pas à ajouter à ces résultats l'âge de ce palmier. La seconde est une simple erreur de raisonnement, sans doute due à une distraction : en effet, F.-E. Zeuner semble considérer comme allant de soi que l'incendie a eu lieu l'année même où ce palmier a été coupé et transformé en chevrons [21]. Ainsi, la date obtenue au moyen de ces analyses concerne un fait — l'abattage du palmier — qui se rapporte non pas à une destruction de l'établissement de Qumrân, mais à une réfection ou reconstruction de celui-ci ; plutôt qu'une indication sur la fin de la Période II*b*, cette date en donnerait donc une sur le début de cette même Période II*b* [22] ; ceci dit, n'oublions pas qu'il ne s'agit là, en réalité, que d'une date fournie avec une approximation qui est de l'ordre de plus ou moins 80 ans !

Enfin, provenant du cimetière de Qumrân, il s'agit d'ossements extraits de l'une des tombes qui ont été ouvertes à la veille de la « Guerre des Six Jours » [23] ; ces ossements auraient appartenu à un individu — un homme âgé de plus de 70 ans — mort au cours du premier siècle de notre ère selon le Dr. K. Kigoshi, de l'Université de Tokyo, qui utilisa également, pour effectuer cette datation, la méthode du Carbone 14 [24].

92140 Clamart, 20 rue de Vanves   E.-M. LAPERROUSAZ

---

19. Zeuner estime que le tronc de ce palmier devait avoir été assez long pour servir de chevrons, et que, pour cela, il fallait que l'âge de ce palmier soit d'environ 50 (± 35) ans (cf. F.-E. ZEUNER, *ibid.*, p. 27).

20. Cf., ci-dessus, pp. 57-58.

21. Précisons que la coupe du palmier et la transformation de son tronc en chevrons ont pu être séparées, elles-mêmes, par un temps plus ou moins long.

22. Cf. E.-M. LAPERROUSAZ, *Qoumrân. L'établissement essénien des bords de la mer Morte. Histoire et archéologie du site.* Paris, Picard, 1976.

23. Cf. S.-H. STECKOLL, *Preliminary Excavation Report in the Qumran Cemetery*, dans la *Revue de Qumrân*, t. 6, fascicule 3 (n⁰ 23), février 1968, pp. 323-336.

24. Cf. ANONYME, *Nouvelles données sur la secte de Qumrân*, dans *Nouvelles chrétiennes d'Israël*, nouvelle série, XXIII, n⁰ 1 (9), 1972, p. 32, colonnes 1 et 2. — Notre communication constitue la première partie d'un article qui paraîtra dans *Semitica*, cahier XXVII, Paris, 1977.

Une source auxiliaire importante pour les études qumrâniennes: les collections Firkowicz

Le premier document qumrânien avant la lettre, l'*Écrit de Damas* [1], a été découvert dans la Geniza du Caire près de textes du plus ancien auteur karaïte connu [2]. Déjà K. Kohler a remarqué que ce voisinage ne pouvait pas être l'effet du hasard [3]. Depuis, une très proche parenté entre les idées et les institutions des deux groupes d'où émanent ces ouvrages est devenue de plus en plus évidente. En dépit de malentendus (tantôt involontaires, tantôt intentionnels), l'origine karaïte de cette *geniza* ne fait plus de doute actuellement [4]. Il serait donc naturel d'espérer que d'autres *genizot* de même origine puissent également livrer des documents semblables qui contribueraient à la solution des problèmes posés par les découvertes de Qumrân.

Les collections Firkowicz [5] proviennent, en grande partie, de *genizot* karaïtes. Rien d'étonnant donc à ce qu'on trouve déjà, dans les quelques

---

1. S. SCHECHTER (éd.), *Documents of Jewish Sectaries*, vol. I: *Fragments of a Zadokite Work*, Cambridge, 1910.

2. IBID., vol. II; *Fragments of the Book of the Commandments by Anan*, Cambridge, 1910.

3. *The American Journal of Theology*, XV, 1911, pp. 405 sq.

4. S. SZYSZMAN, *La Geniza du Caire était-elle juive ou karaïte?* Communication présentée le 27 août 1965 au Ve Congrès international pour l'étude de l'Ancien Testament (Genève).

5. Rappelons ici brièvement l'histoire de ces collections. Né en 1787, en Volhynie, mort en 1874, en Crimée, Abraham Firkowicz fut, tour à tour, agriculteur, meunier et maître d'école dans des paroisses karaïtes. À la suite d'une lettre adressée, en 1839, par la Société d'histoire et des antiquités d'Odessa aux autorités religieuses karaïtes en Crimée, Firkowicz entreprit, pendant plus de trente ans, plusieurs voyages en Europe et dans le Proche-Orient, afin de rechercher des documents relatifs aux karaïtes. Ces collections ont été ensuite déposées à la Bibliothèque Publique Impériale de Saint-Pétersbourg (actuellement Bibliothèque Publique d'État M. E. Saltykov-Chtchedrin de Leningrad). Jamais catalogués ni même inventoriés dans leur ensemble, ces recueils comptent environ vingt mille manuscrits (entiers ou

textes publiés tirés des fonds Firkowicz, une importante documentation utile à la qumrânologie.

Les premiers recueils de textes provenant des collections Firkowicz furent publiés par S. Pinsker [6] et A. Neubauer [7], peu après que celles-ci eurent commencé à entrer à la Bibliothèque. Une contribution considérable à la connaissance des idées et des institutions anciennes a été apportée par la découverte, dans ces mêmes collections, du *Kitab al-Anwar* de Jacob Kirkisani [8]. Quelques fragments d'ouvrages des plus anciens auteurs karaïtes connus ont été publiés par A. Harkavy [9] ; celui-ci a édité ensuite, à différentes occasions, plusieurs autres fragments tirés de ces collections [10]. J. Markon en a extrait un recueil de textes de plusieurs auteurs karaïtes relatifs à la législation matrimoniale [11]. D'autres fragments qui peuvent intéresser la qumrânologie ont paru ensuite soit séparément, soit dans des recueils [12], soit insérés dans diverses études.

Au début de notre siècle, le problème de l'essénisme était encore négligé par la science, et même un esprit aussi pénétrant que le fut M.-J. Lagrange, rejetait avec irritation la possibilité d'attribuer l'Écrit de Damas à ces « inévitables Esséniens », comme il le disait ironique-

fragmentaires). Pour les différents aspects des problèmes posés par les découvertes de Firkowicz, voir : *Supplements to Vetus Testamentum*, vol. 28, 1975, pp. 196-216 ; *Journal asiatique*, t. 263, 1975, pp. 231-244 ; *Archéologia*, n° 78, janvier 1975, pp. 61-69.

6. *Lickute kadmoniot. Zur Geschichte des Karaismus und der karäischen Literatur. Nach handschriftlichen Quellen bearbeitet von* S. PINSKER, Wien, 1860.

7. Adolf NEUBAUER, *Aus der Petersburger Bibliothek. Beiträge und Documente zur Geschichte des Karäerthums und der karäischen Literatur*, Leipzig, 1866.

8. A. HARKAVY, *Izvestija karaima Abu-Jusufa Jakuba al'-Kirkisani ob evrejskikh sektakh*, dans *Zapiski vostočnago otdelenija imperatorskago russkago arkheologičeskago obščestva*, t. 8, 1894, pp. 247-321 ; L. NEMOY, *Al-Qirqisānī's Account of the Jewish Sects and Christianity*, dans *Hebrew Union College Annual*, vol. 7, Cincinnati, 1930, pp. 317-397 ; IDEM (éd.), *Abū Yūsuf Ja'qūb al-Qirqisānī, Kitāb al-anwār wa l-marāqīb, Code of Karaïte law*, 5 volumes, New York, 1939-1943.

9. A. HARKAVY, *Studien und Mittheilungen aus der Kaiserlichen Oeffentlichen Bibliothek zu St. Petersburg*, Achter Theil: *Zur Geschichte des Karaismus und der karäischen Literatur. Erstes Heft: Aus den ältesten karäischen Gesetzbüchern (von Anan, Beniamin Nehawendi und Daniel Kummissi)*, St.-Petersburg, 1903.

10. Cf. *Bibliographie der Schriften und Aufsätze A. Harkavy's, von* D. MAGGID, *ergänzt und berichtigt von* S. POZNAŃSKI, St-Petersburg, 1909.

11. J. MARKON, *Texte und Untersuchungen aus dem Gebiete des karäischen Ehegesätzes. Nach handschriftlichen Quellen der Kaiserlichen Oeffentlichen Bibliothek zu St. Petersburg. Erster Band. Erstes Heft*, St-Petersburg, 1908.

12. Voir, par exemple, J. MANN, *Texts and Studies*, vol. 1, Cincinnati, 1931 ; vol. 2, Philadelphia, 1935. Cf. aussi *Journal for the Study of Judaism in the Persian, Hellenistic and Roman period*, vol. 5, 1974, pp. 216-220.

ment [13]. Cependant, avant même que ce texte fût connu, Kaufmann Kohler, avec une perspicacité extraordinaire, avait décelé l'esprit essénien dans des textes législatifs karaïtes tirés des collections Firkowicz [14]. K. Kohler s'est, en effet, rallié à la théorie formulée autrefois par Abraham Geiger [15] et développée ensuite par d'autres, notamment par Daniel Chwolson [16]. Selon cette théorie, deux législations religieuses ont été élaborées à partir de la Bible. La première, qui remonte à l'époque de la prédominance du clergé lié au Temple de Jérusalem (c'est-à-dire des descendants du premier grand prêtre, Sadok), aurait été caractérisée par le souci de préserver, d'une part, la pureté rituelle et, d'autre part, la pureté et la dignité de la famille. Progressivement, avec l'affaiblissement de la position de l'ancien clergé et l'accroissement de l'influence pharisienne, une nouvelle législation, beaucoup plus libérale, aurait remplacé l'ancienne. Le sadducéisme, dit Geiger, « s'est maintenu misérablement... dans le samaritanisme et s'est rajeuni plus tard... dans le karaïsme; ce fait permet même d'approfondir la nature de ces deux doctrines » [17].

En examinant les textes des collections Firkowicz publiés par A. Harkavy, K. Kohler écrivait en 1904: « ... le karaïsme puisait son support dans les survivances, littéraires ou autres, des doctrines sadducéenne et essénienne, apparemment éteintes depuis longtemps ». Il décelait, dans le karaïsme, « l'attachement sadducéen à la lettre de la Loi ». Dans la législation religieuse karaïte, K. Kohler reconnaissait les règles esséniennes rigoureuses en ce qui concerne: la vie conjugale; le traitement du sang et des impuretés de différents genres, qu'on devait immédiatement recouvrir de terre; l'ablution des mains et des pieds après l'accomplissement de chaque besoin naturel de même qu'avant la prière et la lecture de la Bible; la défense d'entrer au temple ou de lire les rouleaux de la Loi sans être déchaussé ou après avoir bu du vin; la stricte réglementation des

---

13. M.-J. LAGRANGE, *La secte juive de la Nouvelle Alliance au Pays de Damas*, dans *Revue biblique*, nouvelle série, t. IX, 1912, p. 344.

14. K. KOHLER, *Karaism*, dans *The Jewish Encyclopedia*, vol. VII, London, 1904, pp. 446-447. Dans ses autres études également, K. Kohler portait une grande attention au rôle des esséniens et à leur influence sur les doctrines postérieures.

15. La présentation la plus complète de cette théorie est faite par A. GEIGER lui-même, dans son ouvrage fondamental : *Urschrift und Uebersetzungen der Bibel in ihrer Abhängigkeit von der innern Entwickelung des Judenthums*, Breslau, 1857. Cf. également : L. GEIGER et autres, *Abraham Geiger, Leben und Lebenswerk*, Berlin, 1910, pp. 352-387.

16. Voir surtout l'ouvrage extrêmement riche en idées : D. CHWOLSON, *Das letzte Passamahl Christi und der Tag seines Todes*, 2e éd., Leipzig, 1908.

17. A. GEIGER, *Sadducäer und Pharisäer*, dans *Jüdische Zeitschrift für Wissenschaft und Leben*, t. II, Breslau, 1863, p. 12. La même idée est exprimée par S. POZNAŃSKI, *Anan et ses écrits*, dans *Revue des études juives*, t. 44, 1902, pp. 173-174.

conditions de la circoncision des prosélytes, etc. La manière de célébrer le sabbat est celle prescrite par le *Livre des Jubilés*, observée également par les samaritains et par les falashas : la lumière et le feu ne sont pas admis ; les relations conjugales sont défendues ; est également défendu le travail des serviteurs, même appartenant à d'autres religions ; même le sacrifice de l'agneau pascal ne peut pas être effectué le jour de sabbat. La Pentecôte tombe toujours un dimanche. Le rite d'abattage des animaux de consommation a la même sainteté que l'immolation des sacrifices au Temple [18]. Répétons que c'est dès 1904 que K. Kohler a pu déceler toutes ces analogies et cela grâce à la lumière apportée par les manuscrits Firkowicz.

Si, à cette époque, le témoignage de ces documents ne pouvait pas encore être pleinement apprécié par tous, leur importance a augmenté après la publication, en 1910, de l'*Écrit de Damas*. Déjà le vocable par lequel les membres de la Communauté de la Nouvelle Alliance dans le Pays de Damas se désignaient eux-mêmes, à savoir *les gens qui gémissent et qui soupirent (Ez., 9, 4)*, s'est révélé être celui que les karaïtes s'appliquaient à eux-mêmes. Dans l'*editio princeps*, S. Schechter a attiré l'attention sur ce point [19].

Dans les textes tirés par S. Pinsker des collections Firkowicz, on trouve des récits d'anciens auteurs karaïtes, par exemple, celui de Sahl ben Masliah (milieu du Xe siècle), relatifs à leurs ancêtres qui étaient persécutés à Jérusalem, à l'époque du Deuxième Temple, et qui se cachaient pour échapper à leurs ennemis [20]. Plusieurs autres auteurs karaïtes parlent également de leurs ancêtres persécutés et vivant dans la clandestinité à Jérusalem ; ils leur appliquent ce vocable typiquement qumrânien : « Les gens qui gémissent et qui soupirent ». Ainsi, Ali ibn Soleiman (XIe siècle ou début du XIIe siècle), dans son commentaire de la Genèse (18, 24), en interprétant les paroles d'Abraham « Peut-être, y a-t-il cinquante justes dans la ville », écrit : « Il est possible qu'à Jérusalem il y ait eu également un tel nombre de *gens qui gémissent et qui soupirent*, mais étant donné qu'ils se cachaient, alors Jérusalem et ses habitants ont péri » [21]. L'auteur karaïte anonyme (début du XIIIe siècle) de l'ouvrage *hlwq hqr'im whrbnim* (*Séparation entre les karaïtes et les rabbanites*), dans sa polémique contre les juifs dit, entre autres choses : « Lors de la déportation des Israélites par les rois d'Édom (Rome), il y avait, parmi ceux-ci, des *gens qui gémissent et qui soupirent* et ils se cachaient clandestinement des malfaiteurs qui les entouraient en suivant

---

18. K. KOHLER, *Karaism*, cf. ci-dessus note 14.
19. *Fragments of a Zadokite Work*, p. LX.
20. S. PINSKER, *Lickute kadmoniot*, vol. II, p. 35.
21. Manuscrit de la collection Firkowicz, cité par A. HARKAVY, *Istoričeskie očerki karaimstva*, fasc. I, St-Petersburg, 1897, p. 6.

l'exemple de leurs ancêtres, des *gens qui gémissent et qui soupirent* » [22]. Ce même auteur relate la fondation à Jérusalem, au VIIIe siècle, d'une communauté karaïte de *gens qui gémissent et qui soupirent* [23].

Même A. Harkavy, qui ne perdait aucune occasion de mettre en doute les témoignages sur l'ancienneté de la doctrine karaïte et ses liaisons avec les grands courants spirituels, ne rejette pas les textes en question et voit, dans ces ancêtres des karaïtes, les Fils de Sadok qui étaient vigoureusement combattus autrefois à Jérusalem, et qui finalement ont été complètement anéantis [24].

Ce sont également les manuscrits Firkowicz, en particulier le *Kitab al-Anwar* de Kirkisani, qui ont grandement contribué à décrire et à identifier les Fils de Sadok. S. Schechter n'a trouvé, dans l'histoire, aucune secte dont les croyances et les règles s'accorderaient avec celles de la Communauté que l'*Écrit de Damas* venait de révéler. Il a trouvé cependant assez d'indices relatifs aux anciennes sectes, et en particulier aux sadocites, dans les écrits karaïtes. Schechter a relevé, dans le texte de Kirkisani, les points suivants : Sadok est le premier qui se soit opposé ouvertement aux rabbanites ; il a révélé une partie de la vérité et a rédigé les livres dans lesquels il dénonçait fréquemment les rabbanites et les critiquait ; il a défendu le mariage avec la nièce, qu'elle soit fille de la sœur ou fille du frère [25]. Les sadocites prêchaient la défense absolue du divorce. Dans le calendrier des sadocites, tous les mois comptaient 30 jours. Comme argument, ils citaient l'histoire de Noé, d'après laquelle le déluge a duré 5 mois, soit 150 jours ; c'est le même argument qui est donné par le *Livre des Jubilés* [26].

---

22. S. Pinsker, *Lickute kadmoniot*, II, p. 101.

23. S. Pinsker, *op. cit.*, II, p. 104.

24. A. Harkavy, *Istoričeskie očerki*, pp. 5-6.

25. Il s'est appuyé, pour cela, sur l'analogie avec l'interdiction d'épouser la tante, aussi bien paternelle que maternelle. Cette règle d'analogie est précisément identique à celle qui est observée par la Communauté de la Nouvelle Alliance au Pays de Damas. Cf. S. Schechter, *Fragments of a Zadokite Work*, pp. XVIII-XIX ; M.-J. Lagrange, *La secte*, p. 333.

26. S. Schechter, *Fragments*, p. XIX ; M.-J. Lagrange, *La secte*, p. 333 ; A. Harkavy, *Istoričeskie očerki*, p. 13 ; S. Poznański, *Anan et ses écrits*, pp. 177-178. Le même argument est exposé dans un commentaire d'un auteur karaïte : Yephet ben 'Ali (S. Poznański, *loc. cit.*). — On peut espérer que les collections Firkowicz qui contiennent plusieurs manuscrits concernant les mathématiques et l'astronomie pourraient contribuer également à la solution des problèmes posés par le calendrier des Fils de Sadok ; cette partie des collections Firkowicz est cependant la moins connue. Cf. J. Gurland, *Kurze Beschreibung der mathematischen, astronomischen und astrologischen hebräischen Handschriften der Firkowitsch'schen Sammlung in der Kaiserlichen Offentlichen Bibliothek zu St. Petersburg*, S-Petersburg, 1866 ; Idem, *Kratkoe opisanie matematičeskikh, astronomičeskikh i astrologičeskikh evrejskikh rukopisej iz kollekcii Firkovičej, khranjaščejsja v Imperatorskoj Publičnoj*

Les manuscrits Firkowicz ont également livré des renseignements relatifs à d'autres croyances des Fils de Sadok, notamment à leur dualisme. Bien que découvert dès 1912, un texte a complètement échappé à l'attention de ceux qui participent aux discussions relatives à Qumrân. Nous reproduisons ici, telle quelle, la brève notice qui dressait l'état des travaux d'inventaire des collections Firkowicz [27].

« Nos 562-567. Fragments d'un commentaire du Pentateuque par un exégète karaïte bien connu Yefet ben 'Ali (qui florissait dans la deuxième moitié du Xe siècle)... Entre autres, est remarquable sa référence (dans le no 562) à une croyance des sadducéens, selon laquelle Dieu aurait créé un ange Sar-Mastema auquel il a confié le gouvernement du monde entier. Jusqu'à présent, on considérait Philon comme l'auteur de la théorie du Logos, en tant que premier ange; on pensait que Nahawendi, parmi les karaïtes, Haï Gaon et Salomon Ibn Gabirol (Avicebron), parmi les rabbins, qui avançaient les mêmes doctrines, avaient suivi Philon; personne cependant n'attribuait une telle doctrine aux sadducéens. On rencontre le nom de Mastema dans certains livres apocryphes, en tant que nom d'un des démons, ce qui est entièrement d'accord avec sa signification en hébreu: animosité ou hostilité (Os., 9, 7-8), car l'esprit malin est hostile au genre humain. Dans un autre passage (no 569), cependant, Yefet modifie son renseignement en disant que le prophète Isaïe réfute l'opinion de ceux qui, parmi ses compatriotes, affirment que Sar-Mastema et Metathrone gouvernent le monde, privent de vie et ressuscitent, enrichissent et précipitent dans la pauvreté. Aussi peut-on supposer que, selon la doctrine des sadducéens, le gouvernement du monde est confié à deux anges, l'un bon et l'autre mauvais, et ce dernier s'appelle Sar-Mastema (chef d'hostilité). En tout cas, cela confirme l'opinion d'A. Harkavy, exprimée il y a 19 ans (Zapiski, t. VIII, p. 254) qu'au Xe siècle il existait encore des ouvrages rédigés par les sadducéens ou, du moins, qu'on leur attribuait. »

L'étude d'un autre domaine, celui de la législation matrimoniale des Fils de Sadok, peut également profiter des documents Firkowicz. Ainsi savait-on, grâce à Kirkisani, que les sadocites condamnaient le divorce et

---

Biblioteke, v S. Petersburge, dans Trudy vostočnago otdelenija Imperatorskago Russkago arkheologičeskago obščestva, t. 14, St-Petersburg, 1869, pp. 163-221. Il est intéressant de noter qu'en Lithuanie, un auteur karaïte, de la fin du XVIIIe et du début du XIXe siècle, recommandait de suivre le calendrier solaire avec des mois de 30 jours chacun. Cf. J. MANN, Texts and Studies, vol. 2, p. 589.

27. Dans les Rapports annuels de l'activité de la Bibliothèque Publique, on rendait brièvement compte, à partir de 1863, des résultats de la mise en ordre des collections Firkowicz. Le passage que nous citons, probablement rédigé par A. Harkavy, est extrait du rapport pour l'année 1912. Cf. Otčet Imperatorskoj Publičnoj Biblioteki za 1912 god, Petrograd, 1917, pp. 125-126.

que cette interdiction leur fut empruntée par Abu-Isa [28] (fin du VIIe et début du VIIIe siècle), précurseur d'Anan. D'autre part, l'étude des manuscrits Firkowicz a amené D. Chwolson aux conclusions suivantes : « Plus je m'occupe de la littérature religieuse karaïte, plus il me paraît évident à quel point l'ancienne législation sadducéenne, en vigueur à l'époque du Christ, s'est conservée chez eux, le plus souvent jusqu'à notre époque. Je veux mettre en relief ici un exemple parmi bien d'autres. On sait que les lois matrimoniales de l'Église, en ce qui concerne l'interdiction de certains degrés de parenté, sont beaucoup plus rigoureuses que les lois rabbiniques. On se demande alors, d'où viennent ces interdictions rigoureuses ?... Chez les anciens karaïtes, on trouve, au sujet de ces interdictions, exactement les mêmes ordonnances qu'à l'époque ancienne de l'Église. Bien plus, chez les anciens pères de l'Église, les argumentations justifiant ces interdictions sont presque identiques à celles des anciens karaïtes. D'où cela vient-il ? La chose s'explique simplement de la manière suivante. Les nouvelles dispositions rabbiniques libérales, relatives aux interdictions matrimoniales, ne sont apparues timidement qu'à la fin du Ier ou même au début du IIe siècle... Dans l'ancienne littérature rabbinique, ne se trouvent que de rares indications relatives à la législation matrimoniale sadducéenne, mais celles-ci sont conformes à celles des karaïtes. Ainsi, comme dans plusieurs autres cas, c'est chez les karaïtes que les anciennes lois religieuses sadducéennes se sont maintenues. Les premiers chrétiens n'ont donc été influencés que par les rigoureuses ordonnances sadducéennes relatives au mariage, car, à cette époque, c'étaient les seules connues et généralement acceptées. La parenté ou même la quasi identité des lois matrimoniales chrétiennes avec celles des anciens karaïtes m'était connue depuis longtemps, de même que la raison de cette parenté était claire [29]. »

En 1898, D. Chwolson a proposé, pour un prix, à la Faculté des langues orientales de Saint-Pétersbourg, le sujet suivant : *Prouver, à*

---

28. A. HARKAVY, *op. cit.*, pp. 9-10 ; il ajoute : « Ni dans les sources talmudiques ni dans d'autres sources connues, on ne trouve quoi que ce soit au sujet de cette interdiction sadducéenne. Il est donc évident que Kirkisani ou, plutôt, David al-Mukamis qui lui a servi de source, possédait un livre sadducéen inconnu où il était question de la condamnation du divorce ». David al-Mukamis, arabe d'origine mésopotamienne, prosélyte et chef religieux karaïte au IXe siècle, fut le rénovateur de la philosophie au Proche-Orient, à son époque. Il fut tiré de l'oubli grâce à la découverte (également dans les collections Firkowicz) de son ouvrage fondamental intitulé : « Vingt chapitres ». Cf. A. HARKAVY, *Ob arabskom originale drevnejšago srednevekovago evrejskago sočinenija po religioznoj filosofii, najdennom v Imperatorskoj publičnoj biblioteke*, dans *Voskhod*, septembre 1898, pp. 32-45.

29. *Das letzte Passamahl*, p. 176 et note 3.

l'aide de documents, la parenté des lois matrimoniales chrétiennes avec celles des karaïtes et expliquer les causes de cette parenté. Un élève de D. Chwolson, J. Markon, a remporté ce prix. La thèse est restée inédite; cependant, une partie de la documentation que J. Markon a extraite des collections Firkowicz a été publiée [30]. Néanmoins, elle n'a pas attiré beaucoup l'attention des chercheurs ultérieurs [31].

Les collections Firkowicz contiennent aussi de nombreux commentaires bibliques karaïtes dont plusieurs sont rédigés à la manière des *pesharîm* qumrâniens. Jusqu'à ces derniers temps, on ne comprenait pas bien ce genre littéraire, on le traitait avec mépris, comme une « grauenhafte Exegese », selon la formule ironique de D. Chwolson. Les découvertes de Qumrân ont rendu leur place à ces ouvrages négligés auparavant. Les études de N. Wieder [32] ont montré que les karaïtes ont hérité cette méthode des gens de Qumrân. Quelques *pesharîm* des collections Firkowicz, déjà publiés, ont fourni des renseignements intéressants sur les pays du Proche-Orient et de l'Europe de l'Est au Moyen Âge [33]. Une étude plus poussée de ces textes permettrait, sans doute, de mieux comprendre la technique des *pesharîm* qumrâniens.

La sémantique pourrait également profiter des collections Firkowicz. C'est le cas, par exemple, du terme *mamzer*. Dans la Bible (*Deut.*, 23, 3; *Zach*,. 9, 6), ce mot désigne un peuple non identifié. Le Talmud lui a donné la signification la plus odieuse, celle d'un être conçu, né et vivant dans les conditions les plus impures qui soient. Une autre sémantique s'est développée dans la communauté essénienne: dans les textes de Qumrân, le terme *mamzer* n'a aucune nuance péjorative et comporte seulement l'idée de métis [34]. La même signification est donnée, dans les *pesharîm* karaïtes, à ce terme, et les groupes qu'il désigne sont traités avec bienveillance et leur valeur est exaltée [35].

Ayant passé brièvement en revue les points communs entre les textes qumrâniens, d'une part, et les textes karaïtes, d'autre part, on peut poser la question suivante: où les auteurs karaïtes, Jacob Kirkisani et

30. Voir ci-dessus, p. 62, note 11.

31. Pour la législation matrimoniale karaïte, voir également S. HOLDHEIM, *m'mr h'iswt 'l tkwnt hrbnim whqr'im*, Berlin, 1860/61.

32. N. WIEDER, *The Dead Sea Scrolls Type of Biblical Exegesis among the Karaites*, dans *Between East and West*, 1958, pp. 75-106; IDEM, *The Karaite Pesher*, dans *The Judean Scrolls and Karaism*, London, 1962, pp. 199-213.

33. *Une documentation méconnue des byzantinologues: les collections Firkowicz.* Communication présentée le 8 septembre 1976, au XVe Congrès international d'études byzantines (Athènes), texte à paraître dans les *Actes*.

34. A. DUPONT-SOMMER, *Les écrits esséniens découverts près de la mer Morte*, Paris, 1960, p. 325.

35. Cf. *Une documentation méconnue des byzantinologues.*

d'autres, puisaient-ils leurs renseignements sur les Fils de Sadok? Pour A. Harkavy [36] et S. Poznański [37], il n'y a pas de doute qu'ils avaient devant leurs yeux des écrits émanant de Sadok et de ses partisans ou bien des écrits où leurs idées avaient été exposées, et qu'ils y puisaient largement. En particulier, il est évident pour eux que Jacob Kirkisani [38] (ou plutôt David al-Mukamis, sa source) possédait un livre inconnu sur les lois de Sadok. A. Harkavy et S. Poznański citent un manuscrit de la collection Firkowicz, dont l'auteur (probablement Sahl ben Masliah ou un autre karaïte du Xe siècle), dans un passage dirigé contre le Gaon Saadia, s'exprime ainsi: « Mais les ouvrages sadducéens sont connus de tous et ne contiennent rien de ce que cet homme [Saadia] avance ». Comme A. Harkavy le remarque, Sahl ben Masliah ne pouvait pas inventer cela, car Saadia aurait pu le réduire au silence par une simple remarque: « Montre ce livre ». Saadia lui-même semble n'avoir élevé aucune objection contre l'authenticité de ces écrits [39].

La connaissance, par les karaïtes, d'ouvrages des Fils de Sadok est devenue indiscutable après la découverte de l'*Écrit de Damas*, et M.-J. Lagrange se sentait en droit d'affirmer: « Il n'est donc pas douteux que Qirqisâni ait connu notre document qu'il qualifiait d'œuvre sadducéenne, entendant par là la tradition des anciens Sadducéens... Il faut même conclure des témoignages cités — et on pourrait en alléguer d'autres — que la secte de la nouvelle alliance existait encore lorsque Anan fonda le Caraïsme » [40].

La persistance de la Communauté de la Nouvelle Alliance ou des Fils de Sadok jusqu'à une époque beaucoup plus tardive que celle généralement admise et la possibilité de contacts vivants entre eux et les karaï-

---

36. *Istoričeskie očerki*, pp. 11-14.

37. S. POZNAŃSKI, *op. cit.*, pp. 176-178. S. Poznański écrit: « Je ne peux que répéter ici ce que j'ai déjà dit ailleurs, que chaque fois que l'on trouve une loi contraire au Talmud, chez *n'importe quelle secte*, on peut admettre *a priori* qu'elle est très ancienne et qu'elle remonte aux Sadducéens » (*op. cit.*, pp. 173-174).

38. Pour caractériser Jacob Kirkisani, citons les paroles de A. Harkavy (*op. cit.*, pp. 10-11): « Dans la polémique de Kirkisani contre les rabbanites et contre les représentants des différentes sectes juives, on peut trouver beaucoup de jugements partiaux; également dans ses citations d'ouvrages rabbiniques, nous trouvons beaucoup de malentendus provoqués par une mauvaise compréhension ou par une lecture déformée; cependant, jusqu'à présent, on n'a pas trouvé, chez lui, de citations complètement inventées, tirées de livres qui n'ont pas existé. Si l'on en juge d'après l'activité littéraire de cet auteur, on peut à peine l'accuser d'un tel délit. C'est pour cela que son témoignage relatif à l'existence d'un livre attribué à Sadok, où étaient exposés, dans un ton polémique, tous les points de désaccord entre les sadducéens et le judaïsme traditionnel, est très important pour nous. »

39. A. HARKAVY, *op. cit.*, p. 12; S. POZNAŃSKI, *op. cit.*, pp. 177-178.

40. M.-J. LAGRANGE, *La secte*, p. 334.

tes et, par conséquent, la possibilité d'une influence directe fut déjà
reconnue, bien avant la découverte de S. Schechter, entre autres, par
A. Harkavy [41], par S. Poznański [42] et, bien avant ceux-ci, par A. Geiger [43]
et par D. Chwolson [44]. Les découvertes de Qumrân ont autorisé N. Wieder à rejeter catégoriquement l'éventualité d'une transmission des idées
purement littéraire entre les Fils de Sadok et les karaïtes et à postuler
l'existence de contacts personnels entre les deux groupes [45].

A. Harkavy cite les passages de plusieurs auteurs, tirés principalement
des collections Firkowicz, et qui traitent de la filiation entre les karaïtes
et les Fils de Sadok. Parmi les auteurs karaïtes, à part Jacob Kirkisani,
ce sont : Abu Jakub Yousouf al-Basir (Joseph Haroe) qui florissait au
début du XIᵉ siècle [46], l'auteur anonyme de *Hiluk* [47] (début du XIIᵉ siècle), Yehuda Hadassi [48] (milieu du XIIᵉ siècle). Le dépouillement
d'autres textes fournirait, sans doute, davantage de renseignements sur
cette question. Parmi les Juifs, c'est tout d'abord le Gaon Saadia, auteur
de ce passage célèbre : « À cette époque, Anan et, avec lui, tous les scélé-
rats qui formaient le reste de la bande de Sadok et de Boëthos... réso-
lurent clandestinement de susciter une division » [49]. D'autres auteurs
juifs soutiennent également la même opinion, tels, par exemple, au
XIIᵉ siècle, Yehuda Halevi, Abraham ibn Ezra, Abraham ibn Daud,
Samuel ibn Djami et Moïse Maïmonide [50].

---

41. A. HARKAVY, *op. cit.*, pp. 8-9.

42. S. POZNAŃSKI, *op. cit.*, pp. 168-169. S. Holdheim s'est également rallié, en
partie, à cette thèse. Cf. S. POZNAŃSKI, *loc. cit.*

43. *Urschrift und Übersetzungen der Bibel* ; IDEM, *Sadducäer und Pharisäer.*

44. *Das letzte Passamahl*, p. 177 et note 2 : « ... on a des preuves que les règle-
ments sadducéens se sont maintenus, parmi le peuple, au long des siècles, et que le
karaïsme n'est essentiellement rien d'autre qu'une continuation de cette direction
conservatrice qui n'a pas accepté les innovations rabbiniques et qui s'est développée
ultérieurement, au cours des siècles. L'opinion assez généralement répandue et selon
laquelle Anan fut, vers 760, le fondateur de la secte karaïte est, depuis longtemps,
abandonnée par les connaisseurs de la littérature karaïte. »

45. N. WIEDER, *The Judean Scrolls and Karaism*, p. 257. Cf. également : *Revue de
l'histoire des religions*, t. 168, 1965, pp. 62-74.

46. A. HARKAVY, *op. cit.*, p. 5.

47. A. HARKAVY, *op. cit.*, p. 6.

48. *Ibid.*.

49. S. PINSKER, *Lickute Kadmoniot*, II, 103.

50. A. HARKAVY, *op. cit.*, pp. 2-3. Cf. S. POZNAŃSKI, *op. cit.*, pp. 169-170. Moïse
Nahmanide exalte Maïmonide dans les termes suivants : « Qui a repoussé les sad-
ducéens qui nous ont tellement opprimés ? Qui nous a procuré la victoire sur les
boéthosiens ? C'est le rabbin (Maïmonide) qui a fait cela en chassant, avec l'aide de
Dieu, les chevaliers (de nos ennemis) et qui a écarté leurs dignitaires de la Cour du
Sultan d'Égypte. »

A. Harkavy continue : « Une critique raisonnable ne peut aucunement admettre que tous ces anciens témoignages soient basés sur des malentendus et sur une faible connaissance de l'origine et du développement du karaïsme. Il est également impossible que les écrivains rabbiniques aient rattaché, contre la vérité et intentionnellement, les karaïtes aux sadducéens dans une intention polémique et pour humilier les karaïtes. En effet, les témoignages cités par nous ne se trouvent pas dans des ouvrages polémiques dirigés contre les karaïtes, mais dans des ouvrages littéraires destinés exclusivement aux rabbanites. De plus, il ne serait pas avantageux, pour les rabbanites, de donner aux membres de cette secte le prestige d'une antiquité tellement respectable, car, à l'époque du Temple de Jérusalem, les sadducéens ont joui pendant longtemps de droits égaux à ceux des pharisiens et, pendant un certain temps, les ont même dominés. En plus, il serait étrange que les deux partis opposés, les rabbanites et les karaïtes, se soient mis d'accord pour admettre la même invention »[51].

Il est vrai que les auteurs karaïtes postérieurs s'opposent à une filiation avec Sadok. A. Harkavy explique cela, d'une part, par l'ignorance de la période ancienne de leur propre histoire et de leur propre littérature et, d'autre part, par la confusion en ce qui concerne les dogmes, surtout celui de l'immortalité de l'âme, de la résurrection et de l'attente du Messie[52].

La parenté entre les Fils de Sadok et les karaïtes explique l'abondance, dans les écrits de ces derniers, de la documentation intéressant les études vétéro-testamentaires et, en particulier, les études qumrâniennes. Aussi, les collections Firkowicz pourraient être une source importante pour le

---

51. A. HARKAVY, *Istoričeskie očerki*, p. 7.

52. *Op. cit.*, p. 4. Cf. aussi S. POZNAŃSKI, *op. cit.*, pp. 171-172. En effet, on ne distinguait pas, autrefois, les différentes catégories des Fils de Sadok et on les confondait tous sous le nom de Sadducéens qui constituaient plutôt un parti politique qu'une école religieuse. M.-J. Lagrange écrivait : « Les critiques sont aujourd'hui d'accord... pour faire du mot Sadducéens un équivalent de *Benê-Sadoq*. Les Benê-Sadoq, depuis Ézéchiel (XL, 46 etc.) représentaient le sacerdoce légitime ; c'est ce que constate avec éclat le texte hébreu du Siracide nouvellement découvert » (*op. cit.*, p. 347). « Ni Pharisiens ni Sadducéens, nos sectaires sont animés du plus pur esprit réactionnaire, entretenu par les apocalypses. Ils se croyaient plus fidèles à l'esprit de la loi que les Pharisiens, et à celui du sacerdoce que les Sadducéens. De leurs origines ils ont gardé ce dernier titre, que les Caraïtes ont reconnu, et qu'ils ont assez naturellement confondu avec celui des Sadducéens de l'histoire. » (*op. cit.*, p. 360). Il serait peut-être utile de citer ici une observation de S. Poznański (*op. cit.*, p. 169, note 6) : « Il est remarquable seulement qu'Abraham ibn Daud, qui était bien informé et dont le sens historique était solide, confond les Sadducéens et les Samaritains. » Cette confusion s'expliquerait à la lumière de récentes découvertes qui ont révélé, chez les Samaritains, des traditions parallèles à celles de la Communauté de Qumrân.

développement de ces études. Une infime partie de cette masse de documents a été exploitée jusqu'à présent. Mais le peu qui a été fait, en particulier dans le domaine qui nous intéresse ici, donne déjà une idée quant aux perspectives qu'ouvrent ces manuscrits. Malheureusement, cette exploitation a été limitée, dès le début, par une campagne inspirée par des raisons qui n'ont absolument rien à faire avec la science.

En effet, pendant des siècles, comme l'a dit A. Geiger, « ... on avançait sur les karaïtes les choses les plus extravagantes, sans en reconnaître le véritable point de départ... » [53]. La seule conception qu'on admettait pour présenter le karaïsme était de le définir comme une œuvre personnelle, privée de toute base idéologique, créée par un individu doué des instincts les plus bas et inspiré par la jalousie, l'ambition démesurée du pouvoir, etc. [54]. Les découvertes de Firkowicz ont fourni cependant une abondante documentation qui permettait une étude objective du karaïsme, mais qui ne s'inscrivait pas dans le schéma reçu. On a donc décidé de discréditer le collectionneur et de déconsidérer ses trouvailles pour que les racines profondes du karaïsme et ses liens avec d'anciennes doctrines prestigieuses ne ressortent pas d'une manière encore plus nette [55].

Les découvertes de Qumrân ont provoqué une prise de position semblable. On ne pouvait pas nier le rapport trop évident entre ces écrits et la littérature karaïte. On s'est donc mis à nier l'ancienneté des premiers en les attribuant aux auteurs karaïtes médiévaux, semi-lettrés ou même fous [56]. Tous ces efforts ont cependant donné un résultat contraire aux intentions de leurs auteurs.

Les liens entre la littérature karaïte et les écrits qumrâniens se confirment et se complètent donc de plusieurs côtés. C'est pourquoi il serait

---

53. A. GEIGER, *Sadducäer und Pharisäer*, p. 14.

54. Comme exemple typique, on peut citer le récit relatif à l'origine du karaïsme, fait par A. HARKAVY, *Anan, der Stifter der karäischen Secte (767-770 n. Chr.)*, dans *Jahrbuch für jüdische Geschichte und Literatur*, t. II, Berlin, 1899, pp. 107-122. Voir aussi IDEM, *Istoriěčskie očerki*, pp. 31-33 et S. POZNAŃSKI, *op. cit.*, pp. 166-167. Les deux auteurs s'inspirent de la relation faite par le Gaon Saadia. L'attitude de celui-ci envers le karaïsme est bien caractérisée par le passage cité ci-dessus, p. 70, note 49.

55. Nous ne répéterons pas ici ce que nous avons déjà dit, dans nos études précédentes, sur les méthodes que l'on a utilisées dans la campagne calomnieuse organisée *après la mort de Firkowicz*. Nous renvoyons, pour cela, à nos articles énumérés dans la note 5.

56. Nous n'entrons pas dans le détail de ces attaques bien connues, menées par des auteurs par ailleurs sérieux, mais qui, poussés par la passion, se sont engagés dans ce sens, sans craindre de se ridiculiser. Cela est arrivé, par exemple, au principal adversaire de l'ancienneté des manuscrits de Qumrân, lors de sa communication faite à la séance du 30 août 1957 de la IIIᵉ Section du 24ᵉ Congrès international des Orientalistes (Munich).

utile que les qumrânologues se tournent, eux aussi, vers l'étude des textes karaïtes encore inédits, qui ont échappé aux morsures du temps et qui sont conservés soit dans les collections Firkowicz soit ailleurs [57].

Boîte postale 171   Simon Szyszman
75160 Paris Cedex 04

---

57. Malheureusement, actuellement, l'accès de la Bibliothèque Publique de Leningrad est pratiquement interdit aux occidentaux. Les chercheurs soviétiques eux-mêmes ne manifestent qu'un intérêt minime pour ces manuscrits. À Leningrad, en dehors de cette bibliothèque, c'est l'Institut d'Orientalisme de l'Académie des Sciences de l'URSS qui est riche en manuscrits karaïtes. Ceux-ci proviennent des restes de la Bibliothèque karaïte d'Eupatoria qui ont échappé à la destruction systématique, à la fin des années vingt et au début des années trente, accomplie par un administrateur nommé après la nationalisation. Ces restes ont été sauvés par I. Ju. Kračkovskij de l'Académie. C'est à Eupatoria que M. N. Sokolov a découvert le manuscrit du « Livre des préceptes » d'Anan qui recoupe, en les complétant les fragments publiés autrefois par A. Harkavy (cf. ci-dessus, note 9) et S. Schechter (cf. ci-dessus, note 2): *Fragment « Knigi zakonov » Anana ha-Nasi*, dans *Izvestija Akademii nauk SSSR* (Bulletin de l'Académie des Sciences de l'URSS), VIIe série, Classe des Sciences historico-philologiques, 1928, pp. 243-253.

Les anciens manuscrits karaïtes inédits, conservés dans les bibliothèques d'Occident, peuvent être également précieux pour les études qumrâniennes, comme il résulte, en particulier, des travaux de N. Wieder (cf. notes 32 et 45).

Le volume VII de
" Discoveries in the Judaean Desert "
Présentation

Comme il y a « Les tribulations d'un Chinois en Chine », ainsi y eut-il autrefois les tribulations des Esséniens dans l'essénisme. Mais dans un passé plus récent il y eut encore les tribulations d'un qumrânisant autour des manuscrits de Qumrân et les tribulations d'une collection scientifique.

Comme bien d'autres, celle qui porte en anglais le titre correspondant en français à « Découvertes dans le désert de Juda » en a connu pas mal. Lancée « sur les chapeaux de roues », elle voyait sortir dès 1955 son premier volume, consacré à l'archéologie et aux fragments de la première grotte de Qumrân [1]. Ce n'est que cinq ans après que paraissait le tome sur Murabba'ât [2]. Mais deux ans plus tard — record de rapidité — sortaient les « Petites grottes » de Qumrân [3]. Enfin, à intervalles réguliers de trois ans, venaient le premier rouleau des Psaumes de la grotte 11 [4] et le premier tome consacré à la grotte 4 [5]. On était en 1968. Mais depuis cette date, rien.

Outre la lenteur proverbiale de certains éditeurs, il faut dire que les difficultés n'ont pas manqué. Les attributions mouvantes des lots de manuscrits, les événements politiques, la disparition du Père de Vaux suivie d'une véritable crise de succession, des problèmes d'ordre juridi-

---

1. D. BARTHÉLEMY and J. T. MILIK with contributions by R. DE VAUX, G. M. CROWFOOT, H. J. PLENDERLEITH, G. L. HARDING, *Qumran Cave I* (Discoveries in the Judaean Desert. I), Oxford, at the Clarendon Press, 1955.

2. P. BENOIT, J. T. MILIK et R. DE VAUX avec des contributions de Mrs. G. M. CROWFOOT et Miss E. CROWFOOT, A. GROHMANN, *Les grottes de Murabba'ât*. I. Texte. II. Planches (DJD II), 1960.

3. M. BAILLET, J. T. MILIK et R. DE VAUX avec une contribution de H. W. BAKER, *Les ' Petites grottes ' de Qumrân*. I. Textes. II. Planches (Discoveries in the Judaean Desert of Jordan. III), 1962.

4. J. A. SANDERS, *The Psalms Scroll of Qumrân Cave 11 (11QPsᵃ)* (DJDJ IV), 1965.

5. John M. ALLEGRO with the collaboration of Arnold A. ANDERSON, *Qumrân Cave 4. I (4Q158-4Q186)* (DJDJ V), 1968.

que et pratique, tout s'en est mêlé. Aujourd'hui cependant, en dépit des obstacles, la collection renaît. Tandis que le sixième volume est imprimé et va paraître [6], le septième est rédigé et sera bientôt donné à l'impression [7].

* * *

En 1953-1954 fut constituée une équipe internationale pour l'édition des fragments de la grotte 4 de Qumrân déposés au Musée Archéologique de Palestine. Sept chercheurs y entrèrent d'emblée, pendant que je m'occupais des « petites grottes » [8]. En 1958, ce travail étant en bonne voie, J. Starcky me proposa cinq des manuscrits de son lot. Je ne lui en montrerai jamais assez de reconnaissance [9]. Il s'y ajouta deux documents qu'il avait reçus de J. T. Milik et de J. Strugnell et un que ce dernier me transmit directement [10]. Je me mis au travail. L'année suivante, j'héritais des « papyri non identifiés » et d'un groupe de fragments abandonné par C. H. Hunzinger. Cette fois, ils ne m'étaient pas proposés, mais imposés [11]. Il n'empêche que, dès 1960, cette attribution était remise en question pour certains manuscrits, qui alors ont bien failli m'échapper. En 1969 j'avais fini une première rédaction. Le Père de Vaux me proposa donc les exemplaires de la Règle de la Guerre confiés d'abord à C. H. Hunzinger. En 1970 je terminais pour la deuxième fois, mais l'éditeur en chef me retirait le dernier lot. Ce n'est qu'en 1971 que tous les manuscrits de C. H. Hunzinger me revenaient [12] et que je pouvais envisager une rédaction définitive. Elle dura jusqu'en 1976. Pour la troisième fois, le travail était terminé.

Ce travail avait donné lieu à plusieurs missions à Jérusalem. Les trois premières m'emmenèrent en Jordanie, au Musée Archéologique de Pales-

---

6. R. DE VAUX et J. T. MILIK, *Qumrân Grotte 4. II (Archéologie. 4Q128-4Q157)* (Discoveries in the Judaean Desert. VI), 1977. Les mots « of Jordan » disparaissent du nom de la collection.

7. M. BAILLET, *La grotte 4 de Qumrân. III (4Q482-520)* (DJD VII), à paraître.

8. Cf. *Le travail d'édition des fragments manuscrits de Qumrân*, dans *Revue Biblique*, lxiii, 1956, pp. 49-67.

9. Cf. M. BAILLET, *Un recueil liturgique de Qumrân, grotte 4 : « Les Paroles des Luminaires »*, dans *Revue Biblique*, lxiii, 1961, pp. 195-250, aux pp. 195-196. Il s'agit des cinq premiers manuscrits mentionnés à la p. 195.

10. M. BAILLET, *Psaumes, hymnes, cantiques et prières dans les manuscrits de Qumrân*, dans *Le Psautier. Ses origines. Ses problèmes littéraires. Son influence. Études présentées aux XIIᵉ Journées Bibliques (29-31 août 1960)* (Orientalia et Biblica Lovaniensia, IV), Louvain, 1962, pp. 389-405, aux pp. 393-395.

11. *Ibid.*, pp. 395-397 ; M. BAILLET, *Débris de textes sur papyrus de la grotte 4 de Qumrân*, dans *Revue Biblique*, lxxi, 1964, pp. 353-371, aux pp. 353-359.

12. M. BAILLET, *Les manuscrits de la Règle de la Guerre de la grotte 4 de Qumrân*, dans *Revue Biblique*, lxxix, 1972, pp. 217-226.

tine, de 1958 à 1962. On travaillait dans la « scrollery », au milieu des collègues. La collaboration était facile et l'on obtenait rapidement du service photographique les reproductions nécessaires. Une quatrième mission me conduisit en Israël, au Musée Archéologique Rockefeller. Étant donné les circonstances, elle fut scindée en deux, de 1970 à 1972. Cette fois, c'était moins simple. Il fallut travailler seul, dans les soubassements de l'édifice, et les difficultés ne manquèrent pas.

Il est banal de dire les étapes de l'entreprise. J'ai dû procéder à un triage et à un classement fastidieux de 3.000 morceaux environ, copier, assembler, traduire, identifier, chercher des parallèles, scruter les concordances, et enfin rédiger. L'une des étapes les plus dures à franchir fut d'obtenir les photographies pour les planches. Qu'il suffise de dire que, faites en mars 1972, elles ne m'ont été livrées que d'octobre 1972 à février 1973.

Mais le moindre des problèmes qu'il avait fallu résoudre entre temps n'était pas celui de la forme de l'édition. Depuis 1952 il était acquis que les fragments conservés dans l'actuel Musée Rockefeller devaient paraître dans une collection instituée à cet effet. Bien des fois on fit des programmes. Ils ont toujours été bouleversés. Mais dans le cas de mes divers lots, il fallait savoir dans quel volume on les mettrait. En 1958 j'avais seulement quelques manuscrits, venus surtout de J. Starcky. Il convenait donc de faire un volume Starcky-Baillet. En 1969, les papyri non identifiés et les manuscrits de la Guerre ayant grossi mon bagage, il fut question que je publie seul. Mais la même année, comme C. H. Hunzinger reprenait sa part, il devait l'insérer dans un appendice à mon ouvrage. Enfin en 1971, lorsque me revint tout le lot de mon collègue allemand, on décida de nouveau que le volume serait tout entier sous mon nom.

Hélas, depuis 1967, d'autres obstacles s'étaient dressés. Vu la situation politique, le Père de Vaux considérait comme impossible de poursuivre en Israël une collection commencée en Jordanie, et il suggérait que chaque éditeur publiât des parties de son lot, au besoin dans des revues, à mesure qu'elles seraient prêtes. Un grand espoir naquit en 1972, lorsque le Père Benoit, nouvel éditeur en chef, eut conclu des accords satisfaisant en principe tout le monde. « Discoveries » pouvait reprendre. Mais en 1974 de nouvelles difficultés, venues cette fois de l'autre côté du Jourdain, obligeaient à suspendre l'entreprise. Et c'est seulement en mai 1975 — je souligne cette date — qu'à la suite de nouvelles négociations, il fut enfin possible de repartir de pied ferme. La rédaction de DJD VII, après bien des interruptions, prenait un tour définitif. En mai 1976 le manuscrit était achevé.

Qu'on me pardonne cet exposé un peu long. Il fallait cependant le faire, ne fût-ce que pour souligner que les plaintes réitérées de certains sur la lenteur de l'édition sont en partie injustifiées, et qu'il faudrait au moins y apporter toutes les nuances nécessaires [13].

* * *

Passons maintenant au contenu de l'ouvrage. Les documents qu'on y trouvera sont ceux de la grotte 4 de Qumrân qui portent les numéros 482 à 520, en d'autres termes la fin logique de la série [14]. L'édition sera divisée en cinq parties.

Première partie

Apocryphes et divers (482-490)

Sous ce titre on a rassemblé par groupes toute une masse de fragments tirés des « papyri non identifiés ».

Dans deux manuscrits (482-483) on a réuni des morceaux pouvant venir soit de la *Genèse*, soit du *Livre des Jubilés*.

Dans un autre (484), deux fragments ont fait penser au *Testament de Juda*, dont j'ai cru naguère pouvoir discerner des traces en 3Q7 [15].

Trois groupes qui suivent sont de caractère *sapientiel* ou *parénétique*.

Le premier (485) est de style « deutéronomique », comme semblent l'indiquer quelques séquences reconnaissables.

Le deuxième (486) n'est en réalité qu'un fragment avec quelques mots.

Le troisième (487) est plus long, puisqu'on en garde 53 morceaux. J'ai obstinément cherché à l'identifier avec un texte connu, mais n'ai rien pu trouver.

Les trois derniers numéros (488-490) désignent de minuscules bribes de *textes araméens*, dont certains peuvent être apocalyptiques.

En somme, dans cette première partie il n'y a rien de décisif et peu de choses y ont de l'importance.

---

13. Je ne donnerai pas de références, pour ne pas avoir l'air d'en vouloir à qui que ce soit.

14. Le plan primitif prévoyait évidemment que les volumes paraîtraient en suivant l'ordre des numéros. Mais certains éditeurs étant prêts avant d'autres, il a mieux valu se plier aux circonstances.

15. Édition : M. BAILLET dans *DJDJ III*, p. 99 et pl. XVIII.

Deuxième partie

La guerre des Fils de lumière contre les Fils de ténèbres (491-497)

Cette section contiendra d'abord 6 manuscrits de la Règle de la Guerre, dont 5 sur peaux. Quatre d'entre eux viennent du lot de C. H. Hunzinger. Le plus ancien est le troisième (4QMᶜ, entre 100 et 50 avant J.-C.), le plus récent est le quatrième (4QMᵈ, début du Iᵉʳ siècle après). Puisque la liste provisoire des recoupements de ces textes avec celui de 1QM a déjà été publiée [16], il conviendra seulement de la corriger d'après l'édition définitive.

4QMᵃ (491) est un petit rouleau de poche destiné à un usage personnel. On dirait un livre de méditation. Mais c'est l'exemplaire le plus abondant. Ici il a fallu reprendre le travail de mon prédécesseur. Le manuscrit est maintenant organisé en 37 morceaux. La recension est certes différente de celle de 1QM, mais il est plus que douteux que ce soit une recension plus ancienne [17]. Si en effet on suit parfois le texte de la grotte 1 avec des variantes de détail (ainsi dans le passage partiellement donné par C. H. Hunzinger [18], qui recoupe 1QM xiv 4-19), dans d'autres cas on recouvre à la fois plusieurs textes de 1QM, tandis qu'on se trouve ailleurs en face d'extraits, de résumés et d'additions. Un grand ensemble placé en tête de l'édition comprend un discours (peut-être du prêtre en chef) et un condensé de la Règle. Un autre ensemble important contient deux cantiques, dont le premier peut être mis dans la bouche de l'archange Michel [19]. Ailleurs on semble avoir le bas (perdu) de 1QM xvii et d'autres morceaux qui manquent dans la copie de la grotte 1.

L'essentiel de *4QMᵇ* (492) se retrouve en 1QM xix 1-14 (fin du « poème anthologique » et annonce du « discours au lendemain de la victoire »). Le texte fournit des variantes et permet de corriger les éditions déjà faites.

De *4QMᶜ* (493) on ne conserve qu'un fragment. C'est une scène de bataille, qui ne correspond pas à 1QM. Il s'agit sans doute d'une recension différente, et ce pourrait être la même que dans 4QMᵃ.

---

16. M. BAILLET, *Débris de textes...*, dans *Revue Biblique*, lxxi, 1964, pp. 357-359 ; ID., *Les manuscrits...*, dans *Revue Biblique*, lxxix, 1972, pp. 225-226.

17. Remarque déjà faite par J. CARMIGNAC, *La Règle de la Guerre*, Paris, 1958, pp. 270-272.

18. C. H. HUNZINGER, *Fragmente einer älteren Fassung des Buches Milḥamā aus Höhle 4 von Qumrân*, dans *ZAW*, lxix (N.F., xxviii), 1957, pp. 131-151, avec 1 planche.

19. Il y a des éléments du même cantique dans un autre manuscrit de la grotte 4 (sigle provisoire : 4QSl 86).

4QM^d (494) consiste de même en un seul fragment. Il permet de compléter quelque peu 1QM i (fin) et rejoint ii 1-3.

4QM^e (495) comprend 2 fragments. Ils suivent 1QM avec des variantes.

C'est *4QM^f* (496) qui m'a donné le plus de mal. Provenant des « papyri non identifiés », c'est-à-dire des débris de papyrus, non seulement il est dans un état pitoyable, mais encore il se trouve avec 506 au verso d'un document complexe, qui porte au recto 505 et 509. Or on a inscrit le verso après avoir mis le papyrus la tête en bas, et, qui plus est, le changement de texte au verso ne se trouve pas au même endroit qu'au recto. Cet état de choses a posé des problèmes difficiles de classement, si bien que les morceaux ont parfois dû être présentés suivant une numérotation rétrograde. J'ai cependant réussi à classer des groupes de fragments comme étant les restes de 5 colonnes, qui vont de 1QM i 4 à iv 2, et à reconnaître un certain nombre d'autres passages.

Tous ces exemplaires de la Guerre donneront des lumières sur l'histoire du texte et permettront d'améliorer sur bien des points la lecture de 1QM.

Il faut ajouter en appendice un « *texte ayant quelque rapport avec la Règle de la Guerre* » (497). Il est inscrit sur papyrus, au dos de 499. Cette fois, le haut du recto correspond bien au haut du verso, mais il s'ensuit que le début du premier texte correspond à la fin du second. Puisque dans ce dernier on trouve d'une part quelques recoupements avec 1QM, de l'autre des passages hymniques, on a songé aux textes mixtes connus par ailleurs dans la grotte 4 de Qumrân et qui ont été catalogués « Berakot-Milḥama » [20].

Troisième partie

Textes liturgiques (498-512)

C'est la partie la plus considérable de l'ouvrage. On y a réuni tout ce qui a un caractère liturgique. On commence cependant par trois documents qui, bien qu'ils aient pu être utilisés dans le culte, n'appartiennent pas forcément à des manuscrits destinés à cet usage.

D'abord des *fragments hymniques et divers* (498). Sous ce numéro sont groupés 15 morceaux de papyrus, sur lesquels le texte est parfois de caractère hymnique, parfois de style deutéronomique.

---

20. Le manuscrit mentionné dans la note précédente appartient à ce groupe. Ce sont des documents qui contiennent à la fois des « bénédictions » et des passages de la Règle de la Guerre. Sigles provisoires : 4Qm 48, 4QSl 86, 4QSl 89 et 4QSl 10^b. En 4SQl 86 les recoupements sont particulièrement nombreux avec 1QM et 4Q491.

Puis des *hymnes ou prières* (499, au recto de 497). Il s'agit de plus de 50 fragments plus ou moins insignifiants.

Enfin une *lamentation* (501). D'un petit rouleau de peau on garde une colonne presque entière. Datée de 50 à 25 avant J.-C., ce doit être une complainte essénienne sur l'exclusion dont le mouvement est victime.

Après cela viennent les textes liturgiques proprement dits. On les présentera dans l'ordre logique, qui n'est pas entièrement celui de leur publication.

A. LES OFFICES. On entendra par là les prières à réciter dans les occasions qui reviennent régulièrement au cours de l'année liturgique.

I. Les *Prères quotidiennes* (503) sont données dans un manuscrit sur papyrus, qui provient du lot de C. H. Hunzinger et date du début du Ier siècle avant notre ère. Sur plus de 200 fragments on lit des restes des prières en forme de bénédictions qu'on récitait à Qumrân le soir et le matin [21], tout au long d'un mois. Comme on suit les phases de la lune et qu'une grande fête tombe au milieu du mois, au moment où elle est pleine, il s'agit sans doute du premier mois de l'année, celui de la Pâque et des Azymes [22]. Or, dans une année qumrânienne de 364 jours, les mêmes phases lunaires retombent aux mêmes dates tous les trois ans. Il y a donc un cycle triennal composé d'années א, ב et ג ou A, B et C, et celle où l'on se trouve ici est l'année A [23].

À la suite d'autres chercheurs qui ont étudié le manuscrit, j'ai distingué 13 colonnes. Le soleil sort chaque matin par une porte de lumière numérotée [24]. La lune a dans ses phases des parts de lumière et de ténèbres dont le nombre varie chaque jour [25]. On a donc pu reconnaître un certain nombre de jours et de nuits, mais il reste bien des morceaux non replacés.

---

21. JOSÈPHE, *BJ*, II, viii, 5, § 128 ne mentionne que la prière du matin et semble dire qu'elle est adressée au soleil. En réalité, il affirme qu'on devait la dire tourné vers le soleil levant (εἰς αὐτόν et non αὐτῷ ou πρὸς αὐτόν) et elle s'adressait évidemment au Dieu d'Israël. Cf. J. STRUGNELL, *Flavius Josephus and the Essenes: Antiquities xviii. 18-22*, dans *JBL*, lxxvii, 1958, pp. 106-115, aux pp. 111-113.

22. Le 25 au soir (dans notre système, le 24 au soir) on est un sabbat; le 23 on semble annoncer le vendredi du 24.

23. 3 années de 364 jours font 1.092 jours; 3 années de 354 jours en font 1.062. Le second cycle rattrape le premier moyennant l'addition d'un mois de 30 jours tous les 3 ans. Mais comment les Esséniens s'accommodaient-ils d'un système dans lequel la Pâque n'était célébrée pour la pleine lune qu'une année sur trois?

24. Les portes du soleil indiquent ici le quantième du mois et n'ont rien à voir avec les 6 portes orientales et les 6 portes occidentales dont parle *1 Hen*, 72.

25. D'après *1 Hen*, 73 et 78, la lune est divisée en deux surfaces comprenant chacune 7 parties. En tout, il y a donc 14 parts.

Quant au schéma, il est à peu près fixe. Le soir on donne la date et une prière de bénédiction ; le matin, une prière du même genre, au cours de laquelle on mentionne la porte par laquelle le soleil se lève.

II. *Les Paroles des Luminaires* (504-506) portent un titre qu'il faut bien se garder de rendre par « Paroles lumineuses »[26]. En effet, il n'indique pas le caractère qu'ont les paroles en question, mais les êtres dans la bouche desquels elles sont placées. Comme il s'agit d'un office réparti selon les jours de la semaine, on pourrait évidemment penser que chacun de ces jours est mis sous le patronage d'un astre (lundi = jour de la lune etc.) ; mais il est plus vraisemblable que les luminaires sont les prêtres[27], et qu'il s'agit donc de l'office sacerdotal assidéen pour les jours de la semaine ou tout au moins pour certains d'entre eux[28].

De cet ouvrage nous avons 3 manuscrits. Le plus ancien est le premier (DibHam[a], 150 avant J.-C. ou peu après) et le plus récent est le troisième (DibHam[c], vers 50 après J.-C.).

DibHam[a] (504) consiste en 49 fragments. Les ff. 1-2 forment un grand ensemble, dont le recto a été publié[29]. Il contient des pièces destinées au vendredi et au sabbat. On atteint presque la fin du rouleau. Au verso on peut lire une addition, dont il n'est pas sûr qu'elle soit de la même main que le reste. La lecture n'est pas claire, mais il y est question des נדיבים, les « volontaires » par lesquels les prières doivent être récitées. Par ailleurs, le titre se trouve au dos d'un fragment situé sans doute au début du texte. On y parle de la création de l'homme et du paradis terrestre[30]. Un autre morceau donne le début des prières du mercredi et, dans ce qui précède, probablement la fin du mardi.

DibHam[b] (505) fait partie du recto de 496 et 506. On a isolé quelques fragments qui donnent des recoupements avec 504.

---

26. Titre adopté par J. Carmignac dans ses diverses publications. Ainsi J. CARMIGNAC, É. COTHENET et H. LIGNÉE, *Les Textes de Qumrân traduits et annotés*, II, Paris, 1963.

27. Pour la relation entre les prêtres et la lumière, cf. *Sir*, 45[17], *Test. Lévi*, 4[3] 18[3-4], 1QS ii 3. Ils sont formellement appelés « luminaires » en *Test. Lévi*, 14[3], 1QSb iv 27. Rapprocher *Mat.*, 5[14-16]. Je remercie A. Caquot d'avoir bien voulu, à la suite de mon exposé, me faire connaître son accord sur cette interprétation.

28. La question reste en effet posée, puisqu'on n'a pas la preuve que tous les jours de la semaine étaient représentés. Et l'on peut souligner, comme l'a fait A. Jaubert dans son intervention orale, que pour les Esséniens comme pour certaines traditions rabbiniques, il y avait des jours plus importants que d'autres.

29. M. BAILLET, *Un recueil liturgique...*, dans *Revue Biblique*, lxviii, 1961, pp. 195-250 et pl. XXIV-XXVIII.

30. Peut-être y a-t-il une allusion à la chute. D'après *Jub*, 3[17] elle a lieu le 17 du 2e mois, donc un dimanche, et le passage pourrait être destiné à ce jour-là.

DibHam^c (506) est donc au verso de 505 et 509. Il y a une cinquan-taine de morceaux et 6 recoupements avec 504, dont certains sont éten-dus. On peut ainsi compléter le texte et connaître quelques variantes.

III. Les *Prières pour les fêtes* (507-509). Il s'agit du recueil dont une partie est déjà connue par 1Q34-34bis [31]. On en conserve 3 manuscrits : un sur papyrus (509), à dater de 70-60 avant J.-C., et deux sur peaux (507-508) du début du Ier siècle de notre ère.

Les fêtes reconnaissables sont les suivantes : la Fête des Prémices de l'Orge ou Balancement de la Gerbe (dimanche 26/I), la Seconde Pâque (jeudi 14/II), le Jour des Prémices ou Fête des Semaines ou Pentecôte (dimanche 15/III), le Jour de la Commémoration ou Fête des Semailles ou Nouvel An (mercredi 1er/VII) [32], le Jour des Expiations (vendredi 10/VII) et la Fête des Tabernacles (mercredi 15/VII). Quant aux formu-les initiales des prières, elles sont « Souviens-Toi, Seigneur, que... » ou « Béni soit le Seigneur qui... ».

Fêtes^a (507) est peu étendu : il n'a que 3 fragments.

Fêtes^b (508), par contre, en comprend 43. Je souligne que le f. 1 recoupe 1Q34^bis 3 i 5-7. Il permet d'en corriger l'édition et infirme les conclusions de J. Carmignac [33] : les ff. 2 + 1 et 3 i ne viennent pas de la même colonne. Celle de 3 i est étroite et il ne manque que peu de chose au début des lignes. Quant à notre f. 2, il recoupe 1Q34^bis 2 + 1 6. On y trouve le titre de la liturgie des Expiations et le début de la prière.

Fêtes^c (509) est au recto de 496 et 506 et se compose de plusieurs cen-taines de fragments. On a pu classer des groupes en 4 colonnes. Ici encore, le f. 3 recoupe 1Q34^bis 2 + 1 1-4, permet d'en corriger l'édition et confirme la conclusion précédente : 2 + 1 appartient à une colonne large (à peu près comme 3 ii). Il faut bien le placer avant 3 i, et même sans doute plusieurs colonnes avant lui. Enfin les ff. 97-98 recoupent 1Q34^bis 3 ii 3-7 avec des variantes. Ils permettent de corriger et de compléter l'édition.

31. Édition : J. T. MILIK dans *DJD I*, pp. 136-138, 152-155 et pl. XXXI ; J. TREVER, *Completion of the Publication of Some Fragments from Qumran Cave I*, dans *Revue de Qumrân*, V, fasc. 3, n° 19, novembre 1965, pp. 323-336 et pl. I-VII, à la pl. III. Pas plus dans la grotte 4 que dans la grotte 1 on ne conserve le début du recueil.

32. D'après *Jub*, 6^23-28 ce sont les quatre jours initiaux des trimestres qui sont des jours de commémoration. Je ne mentionne le nom de « Nouvel An » qu'à la suite de J. T. MILIK, *Dix ans de découvertes dans le désert de Juda*, Paris, 1957, p. 72. Et je ne sais pas si on a la preuve qu'à Qumrân l'année commençait par le 7e mois, et non par le 1er, en principe au lendemain de l'équinoxe de printemps.

33. J. CARMIGNAC, *Le recueil de Prières liturgiques de la Grotte 1*, dans *Revue de Qumrân*, iv, fasc. 2, n° 14, mai 1963, pp. 271-276. Sa reconstruction est approuvée par J. C. TREVER, *op. cit.*, p. 329.

B. Le rituel. On entend par là les prières à réciter en diverses occasions.

I. Les *Cantiques du Sage* (510-511). J'ai donné ce nom, quel que soit le sens qu'on veuille donner au mot, à un recueil de cantiques composé par un *maśkîl* pour louer Dieu et chasser les mauvais esprits [34]. D'après le style, ce *maśkîl* doit être « le » Maître de Justice, auteur d'au moins une partie de 1QH [35]. L'angélologie et la démonologie prennent, on le conçoit, une place importante dans ce genre de texte. On en trouve 2 manuscrits sur peaux.

Cantiques[a] (510) date de la fin du Ier siècle avant J.-C. Il comprend 12 morceaux, dont un très important, qui donne le début du recueil. On y lit le titre (dont au moins le premier mot manque) suivi d'une louange de Dieu, puis une longue introduction exposant le but de l'ouvrage, et enfin le début du premier cantique.

Cantiques[b] (511) remonte aux environs du tournant de l'ère. On en garde 224 fragments. L'un d'eux se place vers le début du rouleau et donne un recoupement avec 510. Un autre contient le début du deuxième cantique, et deux fragments donnent par ailleurs la fin du texte. Signalons que dans certains passages le *maśkîl* parle de lui-même et des dons qu'il a reçus. D'autres exaltent la transcendance de l'Esprit de Dieu, tandis qu'ailleurs on annonce un nouveau sacerdoce.

II. *Rituel de purification* (512). Le texte se trouve au verso de 503, et la copie est du début du Ier siècle avant J.-C. On a distingué 13 colonnes, auxquelles il faut ajouter des fragments non classés. Voici les sujets reconnus : les impuretés sexuelles (*Lev.*, 15) ; la pureté requise des ministres du culte (*Lev.*, 23 et ailleurs) ; la lèpre, tant celle des maisons que celle des hommes (*Lev.*, 13-14) ; enfin la purification par l'eau lustrale après le contact d'un mort (*Num.*, 19). Des rubriques indiquent les rites à accomplir. Après les purifications on prononce des prières d'action de

---

34. S. Talmon a eu l'amabilité de me suggérer oralement l'idée que ce recueil pourrait bien être celui de 4 cantiques destinés aux possédés que 11QPs[a] xxvii 9-10 attribue à David. Édition : J. A. Sanders, *DJDJ IV*, pp. 48, 92-93 et pl. XVI. De fait, il y est bien question des פגועים, comme d'ailleurs des פוגעים. Mais, vu les caractères littéraires, qui sont exactement les mêmes que ceux de 1QH, est-il vraisemblable qu'on y ait jamais vu une composition davidique ?

35. Je ne prétends pas contredire ici J. Starcky. Il a certainement raison de voir en « Maître de Justice » un nom de fonction s'appliquant à divers personnages au cours de l'histoire. Cf. sa communication sur « Les maîtres de Justice » à ces XXVIIes Journées Bibliques de Louvain. Je désigne simplement l'un d'entre eux, probablement le plus grand, celui qui a le plus marqué la pensée essénienne de son empreinte personnelle.

grâces. Signalons aussi que, à propos des ministres du culte, on donne une liste de fêtes [36].

III. *Rituel de mariage* (502). Ce document sur papyrus, qui date de la même époque, a fait d'abord partie du lot de C. H. Hunzinger, qui l'a abandonné. Brisé en plus de 300 fragments, il ne comporte qu'assez peu de morceaux donnant un texte consistant. Aussi l'identification a-t-elle été laborieuse et n'est-elle venue qu'en dernière heure [37].

On reconnaît toutefois des louanges à Dieu et des bénédictions formulées au cours d'une cérémonie joyeuse. D'après des bribes de textes et de rubriques, il s'agit du mariage. On trouve des leçons morales, des allusions aux enfants et l'invitation à toutes les créatures à louer Dieu dans la joie. Surtout il y a trois ensembles remarquables : l'un d'eux rappelle le but de l'institution (essentiellement la progéniture) ; dans un autre on devine les vœux mutuels des époux (longue vie, etc.) ; un troisième est l'action de grâces d'un membre de l'assemblée, dans laquelle sont réunis garçons et filles, hommes mûrs, vieux et vieilles.

D'un côté, on saisit des rapprochements certains avec le livre de Tobie, dont les parties liturgiques pourraient bien être tirées d'un rituel de l'époque ; de l'autre, le caractère essénien du texte ne fait aucun doute. Ainsi les ff. 16-17 donnent (ou alors c'est un hasard extraordinaire) un extrait de l'instruction sur les deux esprits (1QS iv 4-6), peut-être à comprendre comme témoin d'une lecture faite au cours de la cérémonie [38].

Une *bénédiction* (500), attestée par 7 fragments de papyrus, a pu faire partie du même document, et je me demande si ce ne serait pas la bénédiction du marié. Mais, d'après des indices matériels, j'ai préféré laisser ce groupe à part.

Quatrième partie

Texte halachique : ordonnances (513-514)

Il s'agit du texte dont une partie est déjà connue par 4Q159 [39]. Quel que soit le bien fondé du titre, on a estimé plus simple de le garder.

---

36. Par contre, dans les 3 exemplaires de la liturgie des fêtes, aucune liste de ce genre n'est conservée. Celle qui se trouve ici est en rapport avec 1QS x 5-8. Outre les sabbats, on y mentionne les quatre fêtes initiales des trimestres, dont le début du 1er mois.

37. Cela explique que le manuscrit ne soit pas à sa place logique dans l'édition.

38. Sur le mariage des Esséniens (il ne s'agit évidemment pas des moines de Qumrân), cf. JOSÈPHE, BJ, II, viii, 13, § 160.

39. Édition : J. M. ALLEGRO, *DJDJ V*, pp. 6-9 et pl. II.

L'ouvrage est représenté ici par 2 manuscrits sur peaux des environs de 50 avant J.-C.

4QOrd^b (513) a d'abord été appelé « texte halachique ». Les sujets reconnus sont : les dîmes, les mets sacrés, la souillure par l'huile, la date du balancement de la gerbe, l'année de rémission. Ils sont abordés sur un ton polémique et l'on précise les conditions à remplir pour garder la pureté légale. Le texte rencontre deux fois 4Q159 [40].

4QOrd^c (514) n'a été identifié qu'à titre d'hypothèse. Consistant en 3 fragments, dont un seul est d'importance, il ne recoupe ni 4Q159 ni 4Q513. Le sujet essentiel (f. 1) est celui des règles de pureté en rapport avec les repas. L'interprétation est délicate, mais on a cru discerner ceci : on ne peut être pur qu'au bout de sept jours, mais en attendant il faut manger. C'est possible, mais à une condition : on doit avoir commencé sa purification, autrement dit avoir mis fin à l'impureté première ou primaire [41]. Dans cette perspective on envisage les cas : 1º de celui qui est cause de l'impureté ; 2º de son commensal ; 3º de celui qui dresse la table.

Cinquième partie

Fragments de papyrus (515-520)

Dans cette section finale sont regroupés tous les morceaux restants. Seul le premier numéro mérite ici une mention spéciale.

Groupe en petite écriture (515). Datés du début du Ier siècle avant J.-C., ce sont des débris de 4Q163 (pIs^c) [42] qui ont été négligés par l'éditeur. Il est possible d'y reconnaître quelques bribes du texte d'Isaïe.

Les autres groupes sont sans grand intérêt. Certains fragments sont inscrits seulement au *recto*, c'est-à-dire en longeant les fibres (517), d'autres le sont *au recto et au verso* (518-519), d'autres enfin sont des débris de *versos*, puisque le texte croise les fibres (520). Il est d'ailleurs hors de doute que ces déchets contiennent des morceaux qui devraient être inclus dans les documents précédents [43].

* * *

---

40. Dans un cas c'est certain : les ff. 1 et 2 recoupent 4Q159 1 ii 12-14, mais il apparaît que 4Q513 est une recension plus longue. Dans l'autre cas il y a un doute.

41. Soit l'impureté dans sa première période (avant toute purification) soit celle qui est à l'origine de toutes les autres, selon la terminologie rabbinique. Cf. par exemple *Toh*, i 5-7, ii 2-5, x 1 ; *Kelim*, i 1-4.

42. Édition : J. M. ALLEGRO, *DJDJ V*, pp. 17-27 et pl. VII-VIII.

43. D'aucuns pourront trouver scandaleux que tous les fragments n'aient pas été rigoureusement classés. Mais, d'une part, je ne suis pas responsable du fait que mon

En tout, 2.226 fragments classés en 39 manuscrits ou groupes ; 80 planches, environ 300 pages de texte et un index de quelque 8.000 mots, tel sera donc ce volume. Sa préparation aura demandé, l'un dans l'autre, dix années pleines d'un travail de forçat. Il ne m'appartient pas de lui souhaiter une longue et heureuse vie. Elle dépendra de ses usagers, qui la lui assureront peut-être en l'appréciant, peut-être en y trouvant beaucoup à redire. Je me contente donc de lui souhaiter, pour bientôt, une heureuse naissance.

Appendice

Quelques termes difficiles

Au cours de l'étude de ces textes, j'ai relevé un certain nombre de mots dont le sens me paraît difficile à préciser. J'en soumets quelques-uns à l'appréciation des spécialistes. L'un ou l'autre d'entre eux aura certainement des lumières décisives sur la signification de ces termes [44].

1. אשיש

Le mot se trouve 10 fois, toujours au pluriel, en 4Q502. Dans un rapport préliminaire [45] j'ai opté pour le sens de « gâteau » (cf. *2 Sam.*, 6[19], *Os.*, 3[1], *1 Chr.*, 16[3] et אשישות en *Cant.*, 2[5]). C'est une erreur grossière. Il ne s'agit pas de gâteaux, mais d'hommes. Il suffisait de lire 1QpHab vi 11 : נערים אשישים זקנים נשים וטף. Selon la progression des termes, אשישים, situé entre נערים « jeunes gens » et זקנים « veillards », désigne apparemment des hommes mûrs, des adultes [46]. Mais quelle est la nuance exacte indiquée par le mot ?

---

lot consiste en une majorité de petits morceaux, et d'autre part, il n'était pas raisonnable, alors que tout était rédigé, les planches faites et les index dressés, de modifier toute la numérotation. Le volume ne serait jamais sorti.

44. Au cours de mon exposé à Louvain, j'ai signalé que ces suggestions pourraient encore être insérées, avec tous les honneurs, dans le manuscrit de *DJD VII*. C'est chose faite. Mais il sera évidemment trop tard pour les propositions qui seraient émises à la suite de cet article.

45. M. BAILLET, *Débris de textes...*, dans *Revue Biblique*, lxxi, 1964, pp. 354-355.

46. Le mot a déjà été interprété dans ce sens. Ainsi A. DUPONT-SOMMER, *Aperçus préliminaires sur les manuscrits de la mer Morte* (L'Orient ancien illustré, 4), Paris, 1950, p. 42. Cf. J. VAN DER PLOEG, *Le Rouleau d'Habacuc de la grotte de 'Ain Fešḥa*, dans *Bibliotheca Orientalis*, viii, 1951, pp. 2-11, aux pp. 4 et 7. Par ailleurs, on trouve la transcription אשושים et la traduction « wehrlose » dans E. LOHSE, *Die Texte aus Qumran, Hebräisch und Deutsch, mit masoretischer Punktation, Übersetzung Einführung und Anmerkungen*, München, 1964.

En tout cas, on peut avoir des אשישים. On lit ainsi, dans une bénédiction où toutes les créatures louent Dieu : אשישיהם ונערים (4Q502 9 4) et אחים לי אשישים (4Q502 9 11) ; et ils peuvent être très saints : אשישי קודש קודשים (4Q502 9 13).

La tradition juive a compris אשישים comme un pluriel de איש. Pour *Is.*, 16⁷ לאשישי, le parallèle de *Jer.*, 48³¹ dit אל אנשי et le Targum des deux על אנש. Quant aux versions d'Isaïe, elles hésitent : LXX a τοῖς κατοικοῦσιν, Θ τοῖς αὐχμώδεσιν, Pesh *'l 'šyt'*. Mais d'une part Σ comprend τοῖς εὐφραινομένοις et Vulg *his qui laetantur* ; d'autre part Aq a τοῖς πολυχρονίοις. À cause de ce dernier, on pense à un autre mot connu de la Bible : ישיש ou ישש, qui signifie certainement « âgé, vieux, vénérable ». Cf. *Job*, 12¹² 15¹⁰ 29⁸ 32⁶, *2 Chr.*, 36¹⁷, *Sir. heb.*, 8⁶ 42⁸. Il y a probablement un rapport entre les deux.

2. מירא

Le mot se retrouve 7 fois en 4Q511. Dans la Bible il est sans doute déjà connu par *Neh.*, 6⁹ ¹⁴, où il est participe *piel* de ירא ; et il doit falloir le garder, malgré l'édition princeps, en 4Q186 1 iii 3, où מיראות signifie « effrayantes » [47]. Ce sens va bien en 4Q511 8 4 : למשכיל ש[י]ר שני מיראיו לפחד. Ceux qui effraient le « sage » sont d'ailleurs des esprits malins, comme l'atteste le parallèle de 4Q510 1 4-5 : כול...לפחד. רוחי מלאכי חבל Mais c'est moins clair dans une expression comme ואני מירא אל, où l'auteur parle et ne prétend sans doute pas effrayer Dieu. Cf. les termes analogues de 8Q5 1 1 : בשמכה]ג[בור אני מירא [48]. Alors, מירא est-il substantif, avec un sens du genre de « terroriste » [49] ?

3. מאבן חרף et

En 4Q493 1 5 on est au milieu d'une scène de combat sans parallèle précis en 1QM. Placés devant les rangs de l'armée, les prêtres sonnent de la trompette. Mais, lorsque le combat s'engage, ils sortent du milieu des blessés pour ne pas se souiller de sang. Et le texte dit : ועמ[דו מזה

---

47. J. M. ALLEGRO, *DJDJ V*, p. 90, suppose que c'est une erreur pour מילאות.

48. Édition : M. BAILLET dans *DJDJ III*, p. 161 et pl. XXXV.

49. D'après les interventions orales de J. T. Milik et A. S. van der Woude, il faudrait lire le participe *pual* מִירָא, qui serait synonyme de יְרֵא. Ce mot serait parfaitement connu par les textes. Est-il permis de demander par lesquels ? Pour ma part, je crois que l'interprétation démonologique de certains emplois du terme pourrait trouver une confirmation dans un mystérieux document de Ouâdi en-Nâr. Cf. M. BAILLET, *Un livret magique en christo-palestinien à l'Université de Louvain*, dans *Le Muséon*, lxxvi, 1963, pp. 375-401 et pl. III-V. En iv 1 on lit *my'r' 'tqr'by* à côté d'une représentation du mauvais œil.

ו[מזה למלת ליד החרף והמאבן. Ils se mettent donc à côté de deux objets situés sans doute sur le champ de bataille, mais de part et d'autre et à l'arrière des lignes. De quoi s'agit-il ?

Pour חרף il y a bien le rabbinique חֶרֶף, qui peut remplacer חֵרֶם [50]. Alors, un emplacement réservé aux prêtres ? Quant à אבן, on connaît bien le punique אבן « ensevelir » [51]. Alors, un cimetière ? Mais cela ne va pas pour des prêtres qui veulent éviter les morts.

J'ai donc pensé aux machines de guerre. La racine חרף indiquant l'idée d'« être pointu » et אבן celle de « pierre », le premier mot pourrait représenter le grec ὀξυβελής « catapulte » (machine à lancer des traits), et le second λιθοβόλος ou πετροβόλος « baliste » (machine à lancer des pierres). Les deux se trouvent ensemble dans des tableaux de batailles : ainsi Josèphe en *BJ*, V, vi, 3 ; comparer πετροβόλα et δορυβόλα en AJ IX x 3, etc. [52]

J'ai voulu donner un échantillon des problèmes. Il y en a d'autres, et ils ne sont pas plus faciles. Mais, comme disent les Arabes, Dieu est plus savant !

8, rue de la Rousselle.   Maurice BAILLET
33000 Bordeaux

---

50. M. JASTROW, *A Dictionary of the Targunim, the Talmud Babli and Yeru-shalmi, and the Midrashic Literature*, New York, 1950, p. 505.

51. C. F. JEAN-J. HOFTIJZER, *Dictionnaire des inscriptions sémitiques de l'ouest*, Leiden, 1960, p. 3.

52. À la suite de mon exposé, Y. Yadin s'est montré favorable à cette hypothèse. Il a suggéré en outre que למלאת, si on pouvait le lire avant les mots en question, indiquerait la fonction des prêtres auprès des machines. Ils seraient là « pour remplir », c'est-à-dire pour les charger.

Écrits préesséniens de Qumrân:
d'Hénoch à Amram

L'un des mythes primordiaux du genre humain est celui de la provenance extraterrestre — céleste, océanique ou chtonienne — des techniques. Émerveillé par la culture créée par lui-même, surtout lorsqu'il l'a contrastée avec la nature qui l'entoure, l'homme ne croyait et ne croit toujours pas en son origine humaine. Il imagine par conséquent des êtres ouraniens débarquant sur le continent, des monstres mi-poissons mi-hommes émergeant de l'Océan qui encercle la terre, des vivants sortant de dessous la croûte terrestre, lesquels, pour une raison ou une autre, s'associent et s'unissent aux humains, puis enseignent les arts et métiers qui seront transmis par les générations des artisans.

Le début de la Bible hébraïque, tout en racontant en détail la cosmogonie, mentionne à peine le mythe des civilisateurs, et cela en double version. Adam n'est après tout qu'un civilisateur chtonien qui apprendra à ses enfants les arts de l'agriculture et de l'élevage. Un peu plus loin on lit un bref passage, assez obscur, sur l'union des fils de Dieu et des filles de l'Homme.

À mon avis le passage en question, *Gen*, 6, 1-4, ne sert, dans l'intention des rédacteurs du Pentateuque mosaïque, que de renvoi, d'une sorte de réclame paléographique, à l'ouvrage qui développait avec un luxe de détails le récit mythique sur les débuts de la civilisation humaine. Je ne pense pas m'être trompé en identifiant cet écrit avec les chapitres 6-19 de l'Hénoch éthiopien, qui s'intitulait selon toute vraisemblance les *Visions d'Hénoch*[1].

Ce petit chef-d'œuvre de la littérature juive ancienne se compose de deux parties à peu près égales. Le commencement du livre relate la descente sur le mont Hermon, et l'union consécutive avec les femmes, de la première vague des civilisateurs célestes, qui se nommaient *'îrîn*, veilleurs, ceux qui ne dorment pas (*akoimêtoi*), donc en principe immortels. Il y en avait deux décanies, l'une présidée par Šemîḥazah et la seconde par 'Aśa'el, ce dernier organisant tout de suite une équipe de dix instruc-

---

[1]. Sur la littérature hénochique voir mon livre *The Books of Enoch, Aramaic Fragments of Qumrân Cave 4*, Oxford 1976.

teurs qui enseigneront, aux femmes de préférence, toutes les sciences, tous les métiers, arts et techniques restés jusqu'alors mystères des cieux. Malheureusement la mauvaise utilisation morale de ces moyens de la culture oblige le Dieu Très-Haut à intervenir dans les affaires des terrestres. Il assigne aux quatre archanges les missions qui résulteront en la punition des anges civilisateurs et en la destruction de leur progéniture, de même que du genre humain tout entier. Mais avant que ne se déclenche la catastrophe cosmique, Dieu mande un nouvel agent de culture; mi-extraterrestre, mi-homme, habitant du Paradis de justice, il est essentiellement anonyme, car son nom, *Hénoch*, n'est qu'une appellation de métier 'expert, sage' (cf. *abgal/apkallu, adapu, atra-ḫasîs*). L'activité de ce scribe de vérité est fort habilement décrite sous la forme de quatre missions, où l'exécution des charges judiciaires qui incombent à un haut fonctionnaire de l'administration céleste comme l'était Hénoch est entremêlée d'expéditions d'ordre scientifique. Hénoch rend d'abord visite à 'Aśa'el, le chef des veilleurs civilisateurs, lesquels sont déjà au courant de la peine capitale qui les menace, et rédige une pétition pour solliciter de Dieu la grâce ultime des condamnés. Cependant une vision onirique fait douter le scribe de l'efficacité d'une telle demande.

La seconde partie des Visions d'Hénoch depeint l'ascension verticale du patriarche vers l'astre polaire jusqu'au palais glacial de Dieu: celui-ci rejette la requête des anges déchus. Deux voyages strictement exploitoires, horizontaux tous les deux, font connaître à cet éminent civilisateur les extrémités ouest et nord de l'univers jusqu'à la Montagne de Dieu et la prison des mauvais esprits; ceci grâce à un déplacement linéaire. Enfin, par un mouvement circulaire Hénoch apprend tout ce qu'il faut de la cosmographie, astronomie, météorologie. La suite des événements de l'histoire cosmique est à peine esquissée. Le Très-Haut ne sauvera du déluge qu'une seule famille, celle de Bar-Lamek. Hénoch lui enseignera toute la sagesse dont la future humanité aura besoin, tandis que l'archange Śarî'el lui apprendra les moyens de la survie. Les veilleurs seront cantonnés pour toujours dans le feu souterrain.

Le petit ouvrage des Visions d'Hénoch ne nous est aujourd'hui connu que par un résumé prosaïque très concis. Néanmoins, les traces multiples de style poétique qu'on y décèle facilement me font croire à l'existence, déjà tout au début de la conscience ethnique du peuple israélite, d'un poème mythologique fort développé, dans le genre des récits épiques d'Ugarit, qui se transmettait à la fois oralement et par écrit pour aboutir à une recension de prose scolaire, destinée aux enfants et aux étrangers.

Le niveau de l'enseignement scientifique dans l'ancien Israël devait être assez haut, car il favorisa l'éclosion d'un scribe remarquablement doué qui inventa le premier calendrier idéal où les quantièmes des mois tombent toujours les mêmes jours de la semaine. Ce fut le même mathématicien sans aucun doute qui imagina en outre plusieurs cycles multiannuels: le cycle triennal (synchronisme de l'année lunisolaire de 364 jours et de l'année lunaire); le cycle sexennal (rôle hebdomadaire de 24 familles sacerdotales); le cycle des sept jubilés (compté en cycles triennaux des ' signes ' de deux familles sacerdotales).

Une partie essentielle de cette doctrine calendérico-astronomique fut insérée dans un ouvrage araméen dont la Grotte 4 de Qumrân nous a livré de nombreux morceaux. La majeure section de cet écrit contient la description, inutilement très détaillée, des évolutions de la lune et du soleil à travers les 'portes' du ciel. La finale offre quelques renseignements astronomiques, cosmographiques et météorologiques pour se clore sur la description des déplacements mensuels des étoiles sur la voûte céleste de 360°.

Le traducteur grec de ce *Livre astronomique d'Hénoch* avait résumé le calendrier synchronique par un simple tableau drastiquement réduit, et il avait remanié le reste de son archétype. Les Éthiopiens ont adapté le remaniement qui se trouve dans les chapitres 72 à 82 du Pentateuque hénochique, mais pour une raison inexplicable ils en ont éliminé le tableau, qui pourtant fut traduit lui aussi en ge'ez.

Le *Calendrier* proprement *sacerdotal* n'exigeait qu'un tout petit rouleau pour le rendre accessible aux élèves. L'état très fragmentaire des calendriers de 4Q ne permet guère de fixer son étendue et de cerner d'éventuelles ' recensions '. Décrivons rapidement le manuscrit calendérique le mieux conservé. Le rouleau 4Q**260** livre d'abord la Règle de la Communauté, la partie conservée fragmentairement, S VII 10-X 4, s'étalant sur 4 colonnes disposées sur une ou deux feuilles de peau. Après une lacune, le texte du manuscrit reprend en plein milieu de la description du 1er jubilé du cycle des 7 jubilés; elle va jusqu'à la col. VII 19[2]. La section VIII 1-7 donne les ' signes ' sacerdotaux des 4 saisons, autrement dit des 4 jours intercalaires de l'année lunisolaire, le long d'un cycle sexennal. Suivent les ' signes ' mensuels du même cycle, VIII 7-18. Vient ensuite l'important calendrier festival étalé sur six ans, VIII 18-IX 19[3]. L'opuscule se termine par l'énumération des ' signes ' des sabbats initiaux des mois, X 2ss, et par l'explicit qui est en bonne partie conservé, XI 4-8:

.[   ]*m* [*wl*] *šbtwt*
5 [*ymyh*]*m* [*wl*]ḥg[*y*]
[*ymy*]h*m* [*wl*]ḥʷ*dš*[*y šnyhm w*]*l'wtwt*
[*š*]*mṭ*[*yh*]m *wlywblyhm bšbt*
[*bn*]y [*gmw*]*l by*[*w*]*m hrby*['*y*]

2. Le passage 1 VI 6-13 est publié *l.c.*, p. 62.
3. Voir un échantillon dans le *Volume du Congrès Strasbourg 1956*, Leyde, 1957, p. 25.

Aucun parmi la vingtaine de manuscrits calendériques de 4Q n'a gardé son incipit. Par conséquent nous ne savons guère si le ou les livrets calendériques étaient anonymes ou pseudépigraphes. Heureusement l'auteur érudit du livre des Jubilés, qui avait tout lu concernant la période d'Adam à Moïse, attribue à Hénoch deux ouvrages 'astronomiques'. D'abord « (Hénoch) décrivit dans un livre les signes du ciel selon la séquence de leurs mois, afin que les hommes apprennent les saisons des années selon la séquence des mois successifs », *Jub*, 4, 17. Puis, « Et il fut le premier à écrire le témoignage et il avait témoigné aux fils des hommes entre les générations de la terre et il détailla la semaine des jubilés et leur fit connaître les jours des ans, et mit en ordre les mois et détailla les sabbats des ans, (tout) comme nous [*sc.* les anges de la Face] le lui avions fait connaître », *Jub*, 4, 18.

Il n'y a point de doute, à mon avis, que le premier verset cité ne se réfère à l'Hénoch astronomique (cf. *Hén éth*, 72-82), tandis que le second fait une allusion fort transparente à l'Hénoch calendérique à peu près tel que nous pouvons le lire dans 4Q**260**.

La trilogie hénochique que nous venons d'esquisser est expressément citée dans le *Livre de Noé*. Dans le seul fragment original de cet ouvrage actuellement publié se lit la phrase suivante à propos du jeune Noé arrivé à l'âge scolaire : [*y*]*nd' tltt spry'*, « il apprendra (par cœur ?) les trois livres » [4]. La connaissance livresque deviendra pour Noé une initiation mystique où il répétera à son compte et au compte des futurs humains les expériences oniriques d'Hénoch : […]*šn ḥzwn lm'th lh 'l 'rkwbt* [5], « […].. des visions où il s'en ira jusqu'au-dessus de la supérieure, (troisième, sphère céleste) ». Il est extrêmement remarquable et significatif que la tradition samaritaine médiévale parle elle aussi de la même trilogie hénochique : « À l'âge des 7 ans (Noé) apprit les trois livres de la création : le livre des Signes, le livre des Étoiles et le livre des Guerres, c'est-à-dire le livre de la Génération d'Adam » [6].

La production littéraire noachique ne nous est pas aussi bien connue que les Pseudépigraphes d'Hénoch. La reconstruction future du principal livre de Noé, celui qui raconte en détail la vie du héros du déluge, doit d'abord exploiter à fond les fragments des trois manuscrits de 4Q (non publiés, sauf le morceau mentionné juste avant) : ils appartiennent, me semble-t-il, à la partie initiale de l'ouvrage. Puis il faudra déterminer le rapport entre la description de la physionomie de Noé, le futur nouveau-

4. Voir P. GRELOT, dans *RB*, LXXXII, 1975, pp. 481-500, en particulier p. 492. La planche dans l'article de J. STARCKY, *Mémorial du cinquantenaire de l'École des langues orientales anciennes de l'Institut Catholique de Paris*, 1964, fr. 1 I 5.

5. Planche, *l.c.*, ligne 6. Le dernier mot araméen se retrouve, écrit défectivement, en 1QGenAp II 23 ; voir *The Books of Enoch*, p. 41, note 1.

6. *The Books of Enoch*, p. 66.

né, et l'écrit physionomiste de 4Q186. Enfin on pourra sans doute reconstituer la séquence des événements de la vie de Noé en se servant des écrits qui exploitèrent le Livre de Noé, notamment 1QGenAp et le Livre des Jubilés. Une sorte de réclame paléographique de l'apocryphe noachique se lit en *Hén*, 106-107, et un résumé hébreu peut-être en 1Q19.

Le polyhistor diligent qu'était l'auteur du Livre des Jubilés nous dit qu'un ange de la Face (Raphaël) avait enseigné à Noé, qui les consigna aussitôt par écrit, les recettes, surtout tirées des herbes, contre les maladies et les mauvais esprits, *Jub*, 10, 10.12-13. Il se peut que le seul fragment magique araméen de 4Q que je connaisse, appartienne à cette collection médico-magique. Mais il ne faut pourtant pas oublier le recueil magique rédigé en hébreu qu'est 11QPsAp[a] : il se termine par les incantations poétiques attribuées à David et à Salomon. Il n'est pas du tout exclu que ce recueil ne commence par les textes magiques composés par Noé ; comme pour d'autres ouvrages, on en aurait, circulant en même temps, une version (originale) araméenne et une version (secondaire) hébraïque. Quoi qu'il en soit, l'herbaire était le deuxième et dernier écrit noachique, car aussitôt, après le passage qu'on vient de citer, les Jubilés relatent : « Et il donna tout ce qu'il avait écrit à Sem son aîné, car il l'aimait beaucoup, plus que d'autres fils », 10, 14. La bibliothèque de l'ancêtre des Sémites ne se composait donc que de cinq rouleaux, embrassant cependant toute la sagesse antédiluvienne et postdiluvienne.

Nous avons ainsi une très précieuse chronologie relative : trois écrits d'Hénoch antérieurs à un ouvrage noachique, cet ensemble se poursuivant et s'achevant par le *Testament de Lévi*, qui à la fois se réfère à des accusations formulées par Hénoch [7] et, pour l'interdit du sang, au 'Livre de Noé' [8]. Le texte original araméen du Testament (ou des Visions) de Lévi est en majeure partie récupérable [9]. Il y a en premier lieu deux beaux morceaux d'un codex provenant de la Guénizah du Caire et en deuxième lieu d'assez nombreux fragments de cinq rouleaux provenant du scriptorium qumranien, dont deux, chacun représenté par un fragment isolé, d'identification récente. Ensuite on connaît deux extraits de la version grecque insérés dans un manuscrit médiéval des Testaments des Douze Patriarches, Athos Koutloumous 39. Une importante citation explicite hébraïque en CD 4, 15-19 (ce passage du Testament sera remanié dans un sens chrétien par un auteur chrétien), un petit extrait syriaque et quelques citations grecques et arabes ferment le dossier moderne du pseudépigraphe lévitique ; sans oublier bien sûr de larges péricopes empruntées et résumées par l'auteur des Jubilés.

---

7. *Ib.*, p. 23.

8. *Ib.*, p. 56.

9. Je suis en train d'achever le premier volume des *Livres des Patriarches*, qui sera consacré exclusivement au *Testament de Lévi*.

Plusieurs indices, en particulier la toponymie réduite à l'horizon de l'ancien royaume d'Israël, prouve incontestablement, à mon jugement, l'origine samaritaine du *Testament de Lévi*. L'étude de l'*Apocalypse des jubilés* qui fait partie intégrante de l'ouvrage sacerdotal, et qui trace l'histoire sacrée du monde en cycles de 350 ans (détectables aussi dans la chronologie des Jubilés), nous donne l'espoir de pouvoir dater cet écrit avec une très grande précision en termes de chronologie absolue.

Pour la topographie citons ici deux exemples dont l'un est devenu assez cryptique dans la version grecque de laquelle dépend l'adaptation chrétienne du IIe siècle. D'après *TL*, 2, 5 le jeune Lévi, plongé dans le sommeil, se voit au sommet d'une haute montagne : τοῦτο ὄρος 'Ασπίδος ἐν 'Αβελμαούλ. En revenant à la maison paternelle εὗρον ἀσπίδα χαλκῆν, διὸ καὶ τὸ ὄνομα τοῦ ὄρους "Ασπις, ὅτι ἐγγὺς Γεβάλ, ἐκ δεξιῶν 'Αβιλᾶ, *TL*, 6, 1.

Le texte araméen du Testament de Lévi assignait, je pense, un pâturage particulier de la région samaritaine à chacun des douze fils de Jacob (sauf à Joseph et à Benjamin ?). Les pièces conservées nomment les pâturages de Ruben, de Juda, de Lévi et d'un frère non déterminable. Un pâturage exceptionnel, tant par ses avantages matériels que par sa signification symbolique, et situé tout près de Sichem, le plus près selon toute vraisemblance, échoit à Lévi : *'Abel Mayîn* de 4QA(raméen)L(évi)[a] 1 II 15 [10]. Ce n'est donc pas *'Abel Mayîn* aux pieds du Liban et de l'Hermon, comme je l'ai proposé en *RB*, *l.c.*, ni non plus *Abelmea villula* (*Onom*, 34, 20-22) qui se situe au Wâdi Mâliḥ, au nord-est de Naplouse.

Rappelons tout d'abord une loi de la toponymie sémitique, à savoir le fait qu'un nom de lieu composé de deux vocables mis à l'état absolu, tel que notre *'Abel Mayîn*, s'abrège couramment par l'addition de l'article qu'on ajoute soit au premier élément, soit au second, d'où dans notre cas *'Abilâ* de *TL*, 6, 1 ou bien **Mayâ*. Or, à 1 km à l'ouest de Naplouse, dans la passe entre les monts Garizin et Ebal, jaillit une source puissante appelée aujourd'hui 'Ein Beit el-Mâ. Au début du IIIe siècle, on y avait construit une synagogue d'où provient un linteau inscrit du Décalogue (mezouzah) avec la mention du mont Garizin de *Deut*, 3, 18 Sam (cf. *Deut*, 11, 29 TM). Ben-Zvi a retrouvé la forme araméenne de ce toponyme dans le colophon cryptographique d'un manuscrit du Mêmar Marqâ, où l'on parle de « la synagogue de Mayah à Sichem ». Je ne pense pas de me tromper en identifiant ce lieu-dit avec 'Abel Mayîn et 'Abilâ du Testament de Lévi. Le nom désignait d'abord aussi bien la source de 'Ein Beit el-Mâ que le ruisseau pérenne, *'abel* en cananéo-araméen, qui en découlait, le Wâdi Tuffâḥ de nos jours. Plus tard la source fut aménagée par une construction et l'eau captée et dirigée par un aqueduc vers la

---

10. Dans le fragment publié dans la *RB*, LXII, 1955, pp. 398-406.

capitale, Samarie. La création de Néapolis en 70 contribua à la disparition progressive du ruisseau. Les ruines tout autour de la synagogue et
de la source témoignent d'une installation samaritaine dans cette localité. Le déterminatif 'Abel n'ayant plus de sens a été remplacé par Bêt :
cf. *Bethmaula* égal à *Abelmaula* vicus d'*Onom.*, 34, 20-23. Les attaches
lévitiques que l'auteur de AL accrocha à 'Abel Mayîn se perpétuent à
coup sûr jusqu'aujourd'hui par quelques noms de lieu des parages immé-
diats du site, ainsi Tell Kumrî, « Colline Sacerdotale », et Râs el-Sifâr,
« Promontoire des Scribes ».

La grande montagne d'*Aspis*, théâtre de la vision des sept cieux, se
place au voisinage du mont Ebal et au sud, « à droite », de 'Abel Mayîn.
Ce qui nous mène tout droit au mont Garizin. Il reste pourtant à expliquer le jeu de mots qu'utilisa l'auteur du Testament de Lévi ; cf. *TL*,
6, 1. Dans l'AL il était certainement question d'une arme, car Lévi
investi par l'ange de la mission de guerrier, vengeur de sa sœur (*TL*,
5, 4), exécute tout de suite cet ordre céleste (6, 4). Ne serait-ce pas une
« hache (de guerre) », *garzen*, un quasi-homonyme de *garizîn* ? Le traducteur grec d'AL essaya vaillamment de rendre cette homonymie en jouant
sur les termes homonymes grecs ; il arma par conséquent le prêtre-
guerrier d'un « petit bouclier rond », *aspis* (6, 1), bien que Lévi fût déjà
pourvu « d'un grand bouclier oval et d'un glaive », 5, 3. Alternativement,
et peut-être mieux, l'interprète grec aurait compris le *garzen* comme le
synonyme du (judéo-)araméen *gᵉrâz*, « une espèce d'amphibie », ou, d'une
façon plus appropriée, de *gâres*, « serpent, aspic » (attesté en syriaque),
d'où son *aspis*.

Le matériel littéraire paléojuif attribuable à des frères de Lévi est de
beaucoup plus réduit que l'apocryphe lévitique. J'ai déjà signalé ailleurs
une belle pièce de 4Q comportant deux colonnes incomplètes qui recoupent le *Testament de Nephtali* dans les TP. Elle est rédigée en hébreu,
mais une mélecture onomastique permet de conclure à un original araméen pour cet écrit. Le rapport de 4QH(ébreu) N(ephtali), de même que
de TN, avec le Testament de Nephtali mishnique, connu en double version, me reste énigmatique.

Encore plus réduit est le dossier sémitique du *Testament de Juda*. Avec
un certain degré de vraisemblance, j'identifie avec cet pseudépigraphe
deux fragments araméens de 4Q, que je raccorde à distance ; ils proviennent d'un rouleau qui date de l'époque hasmonéenne récente. Voici leur
transcription (Pl. I) :

4QAJu 1 *a-b*

a
]*dyn ḥšl* '[l 'ḥwhy   *b*
]*lw w'n 'yty bl*[b]*bhwn 'lw*[hy   ]*š*[   ]*n*[   ].[ ]
'*qr*]*bw kh*[d]' *lw* [lbwš]*yhwn b*[zy'yn w'pr   ]vac. *kdy* '*w*[b]*lt w''lt*
     ]*sgdw 'dyn yd' dy l' 'yt*[y   'l] *r*'[šy]*hwn wqdm ywsp*
                                         ]*ḥ b'yšh wl' ykl 'wd*

5   pq]w[m]n tnh wl' 'wd ykl l'[   ] . r . . ' . [ ] . [ ]l 'hwhy
       n]p[l ']l ṣwry w'pqny bk[h   ]dḥl
              ']wd ywsp wkwl[   ]wl'
                          ]t'm[   ]

Cette section d'un récit araméen correspond à *Gen*, 44, 1-45, 10 et à
Jub, 42, 25-43, 18: deuxième voyage des fils de Jacob en Égypte et
reconnaissance de Joseph. Notez que le verbe ḥšl, « concevoir un plan »
(ligne 1), a été repris en *Jub*, 42, 25.

En soi n'importe quel frère de Joseph pourrait raconter à la 1re personne la phase égyptienne de sa vie ; mais il faut songer en premier lieu
au porte-parole de la caravane arrivée de Canaan (*Gen*, 44, 18-34). Les
lignes 3-4 de notre fragment laissent bien entrevoir que le protagoniste
de la narration ne participait point aux manifestations extérieures de
deuil effectuées par ses frères, ni à leurs gestes de soumission à Joseph,
car Juda sauva naguère la vie à Joseph (*Gen*, 37, 26-27) et il était alors
le chef de son clan, rôle qu'il partage avec Lévi déjà dans le AL. 4QAJu 1
n'a pas de corrélation directe avec le TJu dans les TP. Il se place toutefois d'une façon satisfaisante dans le contexte de *T Ju*, 12, 11-12 : καὶ
μετὰ ταῦτα ἤλθομεν εἰς Αἴγυπτον πρὸς Ἰωσὴφ διὰ τὸν λιμόν. Τεσσαράκοντα ἐξ
ἐτῶν ἤμην καὶ ἑβδομήκοντα τρία ἔτη ἔζησα ἐκεῖ. Apparemment l'auteur des
Testaments des Patriarches, un abréviateur forcené à en juger par la
comparaison de TL et de AL, n'a résumé ici que l'incipit (v. 11, début du
premier voyage en Égypte) et l'explicit (v. 12, chronologie) d'une section
importante du AJu, qui était parallèle à *Gen*, 42-47 et à *Jub*, 42-45. Le
détail chronologique de *T Ju*, 12, 12 recoupe la chronologie de AL, car
Lévi avait 48 ans à la descente en Égypte (fr. Guénizah, v. 80), et Juda
était né deux ans après Lévi (*Jub*, 28, 14-15).

C'est dans le contexte de *T Ju*, 25, 1-2 que se placent certainement
quelques bribes minuscules de 3Q7 [11] qui appartiennent à la version
hébraïque de AJu. Ce passage de *T Ju* est capital du point de vue de la
pensée, puisqu'il met les douze fils de Jacob en relation avec diverses
entités de l'univers, spirituel et matériel.

3Q7 (3QHJu) 6
                    nmšw]l wlwy [yhyh hr'šwn
   Cf. Ἔξαρχοι ... ἐσόμεθα, Λευὶ πρῶτος, *T Ju*, 25, 1.
3QHJu 5 + 3
          ] š[
šm'wn hḥm]yšy yš[škr hššy r'wbn hšby'y zbwlwn hšmyny ...] hšbṭ[ym
'wty]ml'k hpnym [šm'wn gbwrwt hkbwd r'wbn hšmym yšškr t]bl
                                                    zbwl[wn hym
          ] . [ ]m . . [   ]m ' . [

_____

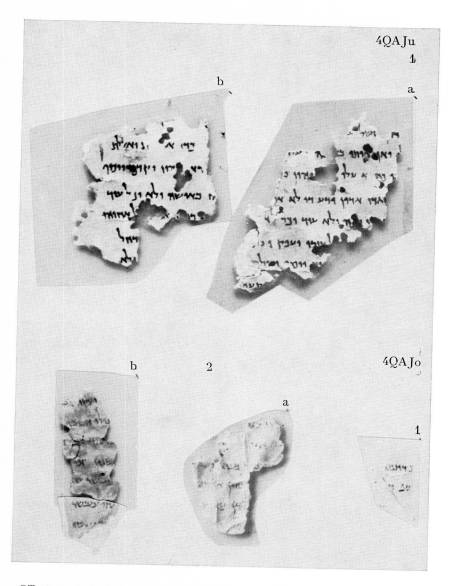

4QTestament de Juda en araméen (Palestine Archaeological Museum 41.890 et 41.945) et 4QTestament de Joseph en araméen (PAM. 42.443 et ?.286).

Égal à ... πέμπτος Συμεών, ἕκτος Ἰσάχαρ, ⟨...⟩ καὶ οὕτως καθεξῆς πάντες. 2 Καὶ Κύριος εὐλόγησε τὸν Λευΐ· ὁ ἄγγελος τοῦ προσώπου ἐμέ· αἱ δυνάμεις τῆς δόξης τὸν Συμεών· ὁ οὐρανὸς τὸν Ῥουβήμ· τὸν Ἰσάχαρ ἡ γῆ· ἡ θάλασσα τὸν Ζαβουλών..., TJu, 25, 1-2.

Je suppose qu'à la ligne 2 de notre fragment la lacune médiane comportait, au-delà du texte de *TJu*, la mention de Ruben et de Zabulon, ce qui remettait dans l'ordre de la naissance l'énumération des six éponymes restants. Pour la mention, précoce, des tribus d'Israël cf., aussitôt avant dans le *TJu*, ἔξαρχοι σκήπτρων ...

Nous verrons tout à l'heure que le Testament de Juda fut composé en Samarie. Mais l'auteur des Testaments des Douze Patriarches en utilisait la version judéenne, car le futur sanctuaire est attribué au cadet de Jacob : ἡ σκηνὴ τὸν Βενιαμίν. Je présume que l'adaptateur judéen se contenta ici d'une légère retouche, ne permutant que les attributs de Joseph et de Benjamin ; à restituer l'ordre primitif : ἡ σκηνὴ τὸν Ἰωσήφ· τὰ ὄρη (cf. Oreiné = Judée) τὸν Βενιαμίν.

La part du lion du Testament de Juda fut octroyée au récit passionnant des guerres des patriarches. Cette description, relatant une guerre amorite et une guerre iduméenne, n'est conservée (pour la première guerre qui nous intéresse ici) que dans un résumé très concis de *Jub*, 34, 1-9 (textes latin et éthiopien) ; dans un remaniement grec, raccourci et fort chaotique, de *TJu*, 3, 1-7, 11 ; dans la paraphrase mishnique, faite au Moyen Age, du « Livre des guerres des fils de Jacob » (midrash wayyissâ'û) [12].

Voici quelques échantillons du riche matériel toponymique que contient le récit des guerres, notre comparaison de ces trois sources secondaires aboutissant parfois à des identifications divergentes de celles de F.-M. Abel, S. Klein, M. Avi-Yonah, I. Ben-Zvi.

D'après le midrash, le premier roi amorite s'appelle *yšwb mlk tpwḥ* ; les *my yšwb* se situent au nord de Tappûaḥ. Je n'hésite guère à amender (βασιλέα) Ἀσούρ de *TJu*, 3, 1 en Ἰασούβ ; aussitôt après, au v. 2, vient βασιλέα Ταφονέ. *Jub*, 34, 4 cite implicitement le premier roi en parlant au pluriel des *reges Saffo*, tandis que dans la suite il n'est question que d'un roi par ville : *rex Arco, rex Saragan*, etc. Le premier toponyme mentionné correspond au moderne Yâsûf, le village aux sources abondantes, sis à 12 km au sud de Naplouse. *Saffo* (lat.) et *Tâfu* (éth.) de *Jub*, 34, 4, Ταφονέ de *TJu*, 3, 2, *tpwḥ* du midrash et de la Bible fut identifié par

---

12. Cf. l'édition critique de J. B. LAUTERBACH, *Abhandlungen zur Erinnerung an H.P. Chajes* (*Veröffentlichungen des A. Kohut Memorial Foundation* VII), Vienne, 1933 (1970), I (partie hébraïque), pp. *rh-rkb*.

F.-M. Abel avec le Tell Šeiḫ Abû Zarad [13], un énorme tell qui se trouve à un demi-km au sud-ouest de Yâsûf.

Le troisième nom de lieu de la guerre amorite n'a gardé une forme reconnaissable qu'en éthiopien : 'Aresa de Jub, 34, 4 et 7; déformé en latin Arco (de Arson, gén. pl. grec de Arsa), et en grec Αχωρ (de Αρσων) de TJu, 3, 3-4. Cette localité s'identifie avec le 2ᵉ des deux villages, Ḥâris et Kifl Ḥârit̠, se situant à 8-9 km à l'ouest de Yâsûf. La tradition samaritaine (qui n'est attestée, et encore d'une manière confuse, qu'à partir du XIVᵉ siècle), continuée par les Musulmans, y localise le tombeau de Josué, auquel on associe Nun et Caleb. Je pense que le texte de AJu faisait allusion à ce souvenir sacré, puisqu'il accordait au roi d'Aresa la suite des « huit hommes, ses compagnons », TJu, 3, 5. Le numéral tmn(y)t [14] renvoie indubitablement au premier composant du binôme toponymique, le nom original et complet de ce site historique, à savoir tmnt ḥrs dont l'étymologie populaire fit « les huit (compagnons du roi) de Ḥâris ».

D'après TJu, 4, 1 la deuxième bataille se déroula κατὰ νότον. Cet appellatif apparent est tout proche du nom de lieu latin Boton de Jub, 34, 4 (éth. Betoron). C'est sans conteste le Buṭn, le Térébinthe de Jacob près de Sichem (Gen, 35, 4), vénéré entre autres par les chrétiens de l'époque byzantine. Pour la forme du toponyme, en particulier le -n, comparez le talmudique Bûṭnâ, le Térébinthe de Mamré. L'abréviateur judéo-chrétien écrit que cette bataille « était plus grande que celle de Sikima », ce qui semble contredire notre identification. En réalité la première rencontre guerrière eut lieu dans le Campus Sycimae/Ṣi'ota Saqimon de Jub, 34, 1 et 7, dans la bqʿt škm du Wayyissâ'û. C'est la plaine fertile qui s'étend à l'est de Naplouse, large d'environ 10 km, nommée Sahl ʿAskar, qui se prolonge vers le sud par l'étroite plaine de Sahl Maḫna, talmudique Biqʿat ʿEn Sôker, ʿEn Sôker étant égal aux Mê Yâsûb cité plus haut.

La bataille du Térébinthe s'achève par la prise et la destruction de Χεσρων, TJu, 4, 3 (mss. Χεβρών), donc Χεσρα (vocaliser plutôt Χασιρα?), ḥsr ou ḥṣr dans le midrash médiéval, moderne ʿAsîra eš-Šamâlîya 4,5 km au nord de Balâṭa.

Le jour suivant la guerre se déplace εἰς 'Αρετάν, TJu, 5, 1 : lire Σαρεταν ce qui avait été transcrit srṭn par le midrashiste. Une confusion facile des majuscules grecques Γ et T explique cette forme par rapport au nom original Saragan, etc., qui se conserve en Jub, 34, 4 et 7. J'y vois un dérivé morphologique du terme araméen (et arabe) šᵉrâgâ, « la lampe ». Si

---

13. Ce nom signifie « colline du chef portant (litt. père de) la cotte de mailles »; il y a sans doute le souvenir samaritain d'un héros guerrier du passé.

14. Le même numéral apparaît dans un nom près de Beisan, ʿEn Temanê (RB, LXVI, 1959, p. 562); allusion obvie au cortège des huit nymphes présidées par Nysa, nourrice de Dionysos.

cela est vrai, et tenant compte de la pluralisation fréquente des toponymes anciens passant à l'arabe, on pourra identifier notre site avec le Tell es-Suruğ: feuille IV.169 210 de la carte de Palestine au 1:100.000. La *Gazette Extraordinary...* y signale « ruined walls, foundations, rock-cut tombs and cisterns, quarries » (p. 1321); je ne connais pas d'exploration archéologique plus systématique et plus récente de cet endroit.

Et ainsi de suite: presque tous les toponymes du *Testament de Juda*, tout comme ceux du *Testament de Lévi*, se placent dans l'ancien royaume israélite du Nord. Il ne subsiste donc aucun doute que ces deux pseudépigraphes soient d'origine samaritaine. Au surplus il me paraît évident que le choix de tous ces noms de lieu n'est pas dû uniquement à l'imagination capricieuse d'un fabuliste, mais il comporte une signification socio-religieuse très profonde. Autrement dit les auteurs des deux ouvrages ne font que reprendre les anciennes traditions qui rattachaient à ces diverses localités les souvenirs des fils de Jacob, lesquels individuellement ou unis, accomplissaient de grands exploits en ces lieux saints. J'y imagine facilement des édicules, ou des constructions plus importantes, de caractère sacré, vers lesquels affluaient continuellement, mais surtout pendant la panégyrie annuelle, la foule des pèlerins.

Notons en passant que le Livre de Judith n'est qu'un pendant féminin du Testament de Juda; il est aussi de provenance, littéraire et hagiotopographique, samaritaine.

Le *Testament de Joseph* n'est représenté à Qumrân que par quelques bribes d'un manuscrit hasmonéen récent. Ce rouleau était beaucoup lu, les doigts des lecteurs ayant fortement frotté la surface de la peau, d'où l'encre évanescente et la lecture difficile (Pl. I).

4QAJo 1: cf. *TJo*, 14, 4-5(?)

]t rḥm'[
]mp w.[
].[

L. 1. Peut-être « (poussée) par le désir d'amour »; l'auteur des *TP* aurait remplacé ἀγάπης par « péché »: ἐν πόθῳ ἁμαρτίας.

L. 2. *Mp*, « Memphis », est le nom propre de l'épouse de Petephrès; donc pas « the Memphian woman » de Charles. Les noms de villes (et de pays) reviennent souvent dans l'onomastique des hommes, et encore bien davantage dans l'anthroponymie des femmes. Je me demande s'il n'y a pas un lien entre le nom de cette amoureuse de Joseph et la tradition sur la fondation de la ville de Memphis à l'époque de Joseph dont parlent les chroniqueurs chrétiens.

4QAJo 2 *a-b* (deux fragments raccordés à distance) : cf. *T Jo*, 15, 1-17, 2

```
                                                         b
[                                          ]. y'qwb b[
[wk'n š]ᵃṁ'w bny[                           w'ṣ]tw ly ḥbyby [
[        b]ny ddy [yš]m'['l                 yw]my spd 'by y['qwb
[            m]nyn mnw' w'bd['              ]tmnyn mzny [
5 [            ] lḥwn 'n tš['l              ]h mbšr šly[ḥ'
[            ]' dn m' yḥ[lt                 ]'ḥy lmbšr[
[            r]ḥmyn wh[ww                   ']nwš'[
```

L. 1. Fin d'une section omise (ou déplacée) par l'écrivain des *TP*. En m'inspirant de la séquence : deuil de Jacob — vente de Joseph en *Gen*, 37, 34-36, je lirais volontiers *w'b*]*y y'qwb b*[*kh* ; cf. *Gen*, 37, 35 et surtout *Jub*, 34, 17 : « Et il pleura sur Joseph une année sans se laisser consoler ».

L. 2. Une adresse directe, initiale d'une nouvelle section ; trait stylistique fréquent en *T Jo* : 1, 2 ; 8, 1 ; 10, 1 ; 11, 1 ; 17, 1 (notre ligne 6) ; 18, 1 ; 19, 1 et 11. Ici omise par *TP*.

L. 3. « Les fils de mon grand-oncle Ismaël », excellent dans la bouche d'un fils de Jacob ; Ἰσμαηλῖται *T Jo*, 15, 1a. Pour la suite, cf. ὅτι Ἰακὼβ ὁ πατήρ μου πενθεῖ (*spd*, plus fort que '*bl*, signifie « deuil organisé en fête ») περὶ ἐμοῦ, 15, 1b.

L. 4. Je comprends cette phrase comme un ordre donné par Memphis à ses domestiques : « Payez [de l'or jusqu'à deux m]ines [et amenez-moi cet] esclave [...] quatre-vingts [sicles] au poids [royal/sacré ...] ». Cf. ... λέγουσα· Ἐὰν καὶ δύο μνᾶς χρυσίου ζητοῦσι, πρόσεχε ... τὸν παῖδα ἀγάγετε. 5 Καὶ δίδει αὐτοῖς ὀγδοήκοντα χρυσίνους..., 16, 4-5a.

L. 5. Le *TP* remanie fortement ce passage : ἑκατὸν εἰπὼν τῇ Αἰγυπτίᾳ δεδῶσθαι ἀντ' ἐμοῦ, 16, 5b. L'original comportait quelque chose comme « [... en me demandant de dire qu'il] leur (*sc.* aux marchands ismaélites) [donnait cent sicles], au cas où [l'Égyptienne] poserait des que[stions...] ». À la seconde partie de cette ligne correspond καὶ ἰδὼν ἐγὼ ἐσιώπησα, ἵνα μὴ (κατ)αισχυνθῇ ὁ εὐνοῦχος, 16, 6. Il me semble très surprenant que la leçon originale « qu'il ne soit exposé à la honte » ne se retrouve que dans des manuscrits secondaires de *TP*, *cg*, tandis que le meilleur témoin, *b*, lit ἐτασθῇ et d'autres copies αἰκισθῇ.

Ll. 6-7. Restituer au début de la ligne 6 plus ou moins [*hzw bny 'wbd*]' *dn*, « Voyez mes enfants cette affaire/histoire » ; cf. Ὁρᾶτε τέκνα πόσα ὑπέμεινα ⟨...⟩, ἵνα μὴ καταισχύνω τοὺς ἀδελφούς μου ; 2 καὶ ὑμεῖς οὖν ἀγαπᾶτε..., 17, 1-2.

Nous venons de voir que la littérature juive ancienne possédait, tout au moins, quatre compositions attribuées aux fils de Jacob. Pourtant l'un d'eux, à savoir Lévi, n'était pas seulement l'éponyme d'une tribu israélite, mais en même temps l'ancêtre de la classe sacerdotale. À ce titre son ouvrage, déjà essentiellement un manuel de prêtre, inspira la naissance de deux autres écrits, l'un mis sous le calame de son fils Qahat [15], et un deuxième mis dans la bouche de son petit-fils Amram [16]. Dans l'article cité je discute entre autres l'utilisation chrétienne des *Visions d'Amram*, ainsi par Origène et par les *Constitutions Apostoliques*. Je me demande maintenant si le pseudépigraphe d'Amram, ce nom propre pouvant être prononcé et orthographié Abraham (*l. c.*), n'est pas aussi mentionné par le catalogue pseudo-athanasien où la place (du livre) d'Abraham à côté (de ceux) de Moïse, et non pas après (les livres d')Hénoch, me paraît significative, la liste étant en principe chronologique. Il était encore connu au début du IXᵉ siècle, car Nicéphore lui accorde 300 stiques (un écrit peu volumineux). Sous un titre particulier le *Testament d'Amram* semble apparaître plus tôt dans les Balkans où Nicétas de Rémésiana, évêque des Daces (IVᵉ-Vᵉ s.), cite le *volumen... cuius inscriptio est inquisitio Abrahae* [17]. La version grecque ou latine du livre des *Visions d'Amram* aurait donc été renommée selon le contenu de la partie la plus frappante de l'ouvrage, « enquête judiciaire, poursuite », c'est-à-dire le jugement d'Amram devant Dieu, Melchisédec étant le défenseur et Melchiresha' le procureur.

C'est à un ouvrage similaire aux précédents, apocalyptiques et testamentaires à la fois, qu'appartient le joli petit fragment de l'angle supérieur droit d'une feuille de peau publié par M. Testuz [18]. À Jérusalem J. Starcky y joignit une bribe qui contient *wkl* du début de la ligne 4. J'y ajoute, plus ou moins directement, un fragment qui se place aux lignes 5-6 de l'ensemble, de même qu'un fragment à situer à la hauteur des lignes 4-6. Voici la transcription de ces fragments qu'on cotera 4QAJa 1 *a-d*:

$$\overset{a}{z}r'k\ wy\check{s}t'rwn\ kl\ \d{s}dyqy'\ wy\check{s}yr[y'$$
$$'wl\ wkl\ \check{s}qr\ l'\ 'wd\ y\check{s}tk\d{h}[$$
$$wk'n\ sb\ lw\d{h}y'\ wqry'\ kwl'[$$
$$\overset{b}{w}kl\ 'qty\ wkl\ dy\ yt'\ 'l[y\ w'lykwn\ bny\ w'l\ bnykwn$$

$$t\check{s}'yn\ w\check{s}b]\overset{d}{'}\ \check{s}ny\ \d{h}yy[$$
5 [wk']$\overset{c}{n}$ *sb dn lw$\d{h}$' mn yd*[y]*w$\d{h}$zyt ktyb b$\d{h}$ dy*[
 [ ]*tpqwn mn$\d{h}$ wbywm* [*l' tpqw*]*n ryqyn mn qwdm*[
 [   ].[

---

15. Qahat ne pouvait point parler directement à son héritier comme le faisaient d'autres patriarches, car au moment de sa mort Amram était loin, occupé qu'il était en Canaan de la sépulture de ses ancêtres.

16. Voir *RB*, LXXIX, 1972, pp. 69-97.

17. Cf. A.-M. DENIS *Introduction aux pseudépigraphes grecs de l'Ancien Testament*, Leyde, 1970, p. 38.

18. *Semitica* 5, 1955, p. 38 et pl. I à droite.

Ce texte recoupe, sans le moindre doute à mon avis, *Jub*, 32, 21-22 : *et vidit in visione noctis et ecce angelus dei descendebat de caelo et septem tabulae buxeae in manu eius et dedit illas Iacob et legit et cognovit quae scripta sunt in eis et quae erunt super ipsum et filios eius in omnia saecula 22 et monstravit illi quecumque erant scripta in tabulis buxeis* [19] ... La chronologie concorde également. D'après les Jubilés, Jacob naquit en 2046 A.M. (19, 13) et eut cette vision à Béthel en 2143 (30, 1 et 32, 33), donc à l'âge de 97 ans ; cf. l. 4b.

Le même passage, emprunté au même ouvrage original, se retrouve dans une citation d'Origène qui la puisa dans la *Prière de Joseph* : Ἀνέγνων (sc. moi, Jacob) γὰρ ἐν ταῖς πλαξὶ τοῦ οὐρανοῦ ὅσα συμβήσεται ὑμῖν καὶ τοῖς υἱοῖς ὑμῶν [20] ; cf. l. 3 a et 4a.

Je suis persuadé personnellement qu'il faut conclure de ces données convergentes à l'existence d'un écrit araméen qu'on pourrait étiqueter *Visions de Jacob*. L'auteur des Jubilés les aurait largement utilisées, tandis que à l'époque paléo-chrétienne on les aurait fortement remaniées, pareillement à la manière qu'employa l'auteur de *TP*. Le titre assez déroutant, puisque c'est Jacob qui surtout y parle, proviendrait, me semble-t-il, de la partie finale de l'ouvrage qui aurait contenu une prière de Joseph dite sur son père mourant ou mort. L'original des *Visions de Jacob* aurait décrit des songes et des rêves du patriarche, ceux auxquels la Genèse fait allusion et l'un au moins « extrabiblique ». Le manuscrit de 4Q qu'on vient de citer, le seul exemplaire de AJa à Qumrân à ma connaissance, n'est représenté que par une douzaine de bribes. On y lit quelques détails sur la future histoire sainte, à la manière de ce qu'on a au bas du fragment 1 sur la sortie de l'Égypte, et « pas les mains vides », l. 6. Deux fragments racontent d'une façon fort schématique (genre de phrases : « [je lisais, ou : l'ange me disait] comment..., quel... ») sur le sacerdoce et le temple futur, tandis qu'une autre bribe appartient, semble-t-il, à la description des frontières du futur royame de Juda. Cela veut dire que les *Visions de Jacob* traitaient tout spécialement de ces deux tribus. Le passage *Jub*, 31, 4-22, les bénédictions de Lévi et de

---

19. La mention de « tablettes de buis » est extrêmement intéressante. L'usage pour l'écriture du support ligneux (souvent en bois considéré comme impérissable) remonte à une très haute antiquité ; voir p. ex. D. J. WISEMAN, *Assyrian Writing-Boards*, dans *Iraq*, 17, 1955, pp. 3-13, qui rappelle que Nabu traçait sur une tablette de cire, nommée « tablette de la vie », la comptabilité des noms et des actions du roi et de ses enfants : *ûmu VII^{kam} epêš nikkasi Nabû ina lî'i-šu ša balâṭi nikkasu ša šarri bêli-ia u ša mârê bêli-ia [a]na ûmê šâti [lîpuš]* ; E. BEHRENS, *Assyrisch-babylonische Briefe kultischen Inhalts* (*Leipziger semitische Studien*, II 1), Leipzig, 1906, p. 43, VI 545 obv. 7-12. — Le texte latin cité d'après A. M. CERIANI, *Monumenta sacra et profana...*, t. I 1, Milan 1861, p. 40.

20. E. JUNOD, *Origène, Philocalie 21-27*, dans *Sources chrétiennes*, 226, Paris 1976, pp. 180-182.

Juda, puisqu'elles étaient enregistrées sur les tablettes célestes (v. 32), pourraient provenir de cet apocryphe.

Pour revenir aux écrits relatifs au Sage civilisateur antédiluvien mentionnons d'abord le *Livre des Géants*, *gigantum fabulas* comme l'appelle S. Augustin. C'était un ouvrage très intéressant étant donné qu'il traitait à la manière hébraïque le mythe de la gigantomachie, lequel chevauche sur le mythe de la création de la nature et de la naissance de la culture. Une idée approximative, et lacuneuse, du contenu de cette composition nous est donnée par les fragments araméens de Qumrân, un extrait de la version grecque, les fragments manichéens en plusieurs langues, le résumé d'une partie substantielle du récit dans un midrash mishnique dont la rédaction remonte au IVe siècle, quelques citations et reminiscences... Le *Livre des Géants* fut exploité par les auteurs du *Livre des Songes d'Hénoch* et du *Livre des Jubilés*. Ce dernier ne l'inclut point dans son catalogue des écrits hénochiques, ce qui s'explique par le fait que le *Livre des Géants* devait être composé à la 3e pers.; bien évidemment, Hénoch y intervenait et y parlait à plusieurs reprises.

À l'époque hellénistique, probablement vers le milieu du IIIe siècle, se situe la parution du *Livre des Veilleurs*. Son auteur, certainement un Judéen, peut-être un hiérosolymitain, n'a eu comme ambition littéraire que de mettre à jour les vues religieuses et scientifiques qu'il avait apprises des *Visions d'Hénoch*. Il a fait précéder cet écrit vénérable d'une nouvelle introduction et s'est permis des développements plus longs après avoir copié, éventuellement avec quelques retouches, son archétype; il n'oublie pas non plus de résumer, fort brièvement, le *Livre astronomique d'Hénoch*. C'est actuellement *Hén eth*, 1-36.

Le *Livre des Songes d'Hénoch* fut à peu près certainement rédigé en 164 av. J.-C. Il retrace succinctement un premier songe du jeune patriarche, concernant le déluge, et très en détail un second rêve, qui déroule l'histoire sainte et l'eschatologie; les hommes et les nations y apparaissent sous les formes animales, tandis que les anges, ou bien les personnages angélisés, sous la forme des hommes vêtus de blanc; *Hén*, 83-90.

Une autre mise à jour de la théologie hénochique, très drastique cette fois, se lit dans l'*Épître d'Hénoch*, laquelle fut écrite après le *Livre des Jubilés*, probablement dans une ville maritime de Palestine; *Hén*, 91-105.

Nous ne sommes plus sûrs, pour ce dernier ouvrage, s'il est vraiment préessénien, ou même s'il est d'inspiration essénienne. La même remarque vaut pour l'*Apocryphe d'Abraham* qu'on trouve dans la deuxième partie de 1QGenAp. En tout cas, celui-ci appartient à un genre littéraire tout à fait différent [21] de ceux des ouvrages discutés dans cet article, où prévaut le genre testamentaire.

---

21. Son plus proche cousin est le livre des *Antiquités Bibliques* de PSEUDO-PHILON, lequel pourtant fut composé après l'an 70 de notre ère.

Les pseudépigraphes passés en revue ont tous été, à mon avis, composés en langue araméenne; on ne manqua pas cependant de les traduire en hébreu. Une bonne partie d'entre eux est d'origine samaritaine; on ne négligea point d'en faire une version judéenne. Par conséquent, à l'époque perse, et probablement bien avant, existait déjà une riche littérature juive, véhiculée par la *lingua franca* des empires successifs: assyrien, chaldéen, perse, grec. Les deux recensions des écrits patriarchaux, samaritaine et judéenne, circulaient librement à l'époque romaine. L'Église chrétienne qui venait de naître se servait de l'une ou l'autre version. Ainsi saint Étienne suit la tradition samaritaine sur la sépulture des patriarches (*Act*, 7, 15-16), qu'il a lue dans les *Visions d'Amram*.

En réalité la lecture de cette sorte d'ouvrages continua chez les chrétiens jusqu'à la deuxième moitié du IVe siècle. On peut le prouver aisément pour le Pentateuque hénochique, aussi bien que pour les Testaments de Jacob, Lévi, Juda, Joseph, Amram. Dans la recherche future, il faudra examiner de plus près l'influence profonde qu'exercèrent les « apocryphes » sur la doctrine et sur la pratique chrétiennes, voire sur la mystique monastique.

Le coup mortel à la majeure partie de l'abondante littérature juive, reprise, en version grecque, par le christianisme, fut porté au début du carême de 367 par Athanase, archevêque d'Alexandrie, par l'arme redoutable des lettres festales qu'il adressait aux églises d'Égypte. Pour se rendre compte de l'enthousiasme et de l'obéissance que suscita cette épître qui établissait un canon des Écritures saintes (en fait le canon juif pharisien, à quelques exceptions près), qu'on lise les *Vies coptes de saint Pachôme et de ses premiers successeurs* [22]. Bientôt toutes les Églises orthodoxes d'Orient et d'Occident retentiront des avertissements pareils à celui de Théodore: « Veillons et soyons sur nos gardes, afin de ne pas lire les livres fabriqués par ces hérétiques impurs, athées et vraiment impies, et afin de ne pas devenir, nous aussi, désobéissants à l'égard de Dieu... » (*l.c.*, p. 206).

F-75014-Paris, 43 avenue du Maine   J. T. MILIK

---

22. Traduction française par L. Th. LEFORT, dans *Bibliothèque du Muséon*, 16, 1943 (1966), pp. 205-207 et 334.

Une *halakha* inédite de Qumrân

Parmi les fragments de la grotte XI de Qumrân, dont la publication a été confiée à l'Académie royale des Pays-Bas, il y a des fragments d'un document curieux qui contient des *halakhôt*. Je lui avais donné d'abord le nom de « Lévitique Apocryphe », mais plus tard il a semblé mieux de parler simplement d'une *halakha*, au sens large du mot, c'est-à-dire d'un document qui contient des *halakhôt*, étroitement apparentées à celles du Pentateuque. À ma grande surprise il est pratiquement indéniable que le copiste est aussi celui du *midraš pešer* d'Habacuc de la grotte 1. L'écriture des documents est identique et dans la marge se trouvent les mêmes croix curieuses et inexpliquées qui ont fait penser jadis à M. Teicher que 1QpHab est d'origine judéo-chrétienne. Or, notre *halakha* n'a rien de chrétien, elle est très juive.

Les restes, très lisibles, se trouvent dans un état lamentable. On dirait que le manuscrit a été détruit à coups de couteau ou d'épée, il en reste fort peu et d'aucune ligne plus de la moitié n'a été conservée. Impossible de reconstituer même des parties du texte ou d'en donner une traduction suivie. Un seul fragment, mesurant à peu près 8 × 5 cm et contenant le reste de 7 lignes de texte (j'y ai compté une vingtaine de mots ou leurs restes), présente une citation de *Deut.*, 13, 7-11 (d'une loi contre l'idolâtrie), qui permet d'évaluer la largeur de la colonne où elle s'est trouvée. D'après mon élève, M. Leo van den Bogaard, qui a fait une étude fort minutieuse du document, cette largeur serait de 18-20 cm. Il est théoriquement possible que ce fragment a appartenu à un autre rouleau, car le même scribe qui a copié 1QpHab et notre *halakha* a pu copier également le livre du Deutéronome. Mais étant donné que le fragment présente absolument les mêmes caractéristiques que notre document *halakhique*, il semble fort probable qu'il provient du même rouleau.

Le plus grand morceau conservé mesure ± 19,5 × 9,5 cm. Si la colonne a eu la même largeur que celle de la citation du Deutéronome, il ne reste d'aucune ligne plus que le tiers ; pour les autres fragments il en va de même. Un deuxième fragment mesure ± 23 × 8 cm, un troisième ± 20 × 7 cm ; tous les autres sont plus petits, la plupart même beaucoup plus petits. Lorsque j'en ai montré les photos à M. J. T. Milik dans l'institut archéologique français de Beyrouth, il y a déjà un certain nombre d'années (en 1966 ?), il m'a tout de suite affirmé qu'il se trouve des fragments du même genre parmi les inédits de 4Q. Je n'en ai eu aucune confirmation depuis ce moment.

Heureusement, les restes du document contiennent un nombre d'attaches bibliques qui permettent de juger provisoirement de son contenu. On est frappé par le grand nombre de citations, ou plutôt d'attaches, qui nous ramènent aux sources sacerdotales du Pentateuque, mais aussi à d'autres livres bibliques. Il est évident qu'on a affaire à une loi lévitique ou pseudo-lévitique, plus ou moins du genre littéraire des parties législatives sacerdotales du Pentateuque. Qu'il me soit permis de vous fournir quelques renseignements sur les fragments principaux. J'ai donné à ces fragments une nomenclature très provisoire, d'après les photographies qui en ont été faites dans le Musée Palestinien — appelé, après la conquête israélienne, Musée Rockefeller — de Jérusalem : chiffres romains, correspondant aux photos dans ma possession, suivis d'un chiffre arabe.

Commençons par I 1. La ligne 1 mentionne « la cuisse de prélèvement et la poitrine », mentionnées dans *Lév.*, 10, 15 comme part des prêtres sur les offrandes (*Ex.*, 29, 27 les nomme, dans l'ordre inverse, pour l'investiture des prêtres). La ligne 2 mentionne les *leḥāyaim*, mentionnés en *Deut.*, 18, 3 : les mâchoires, avec les *qbʼwt*, appelées (au singulier) *ha-qēbāh* dans *Dt.*, 18, 3 (l'estomac), parties de l'animal sacrifié qui reviennent aux prêtres. La ligne 3 parle du *škem* « épaule », jamais mentionné dans la législation sacerdotale, et de *ezrōaʻ*, « bras », mot retrouvé seulement *Is.*, 32, 21 ; *Job*, 31, 22. Ligne 4 : *ḥwq ʻwlm lhmh wlzrʻm*, « une loi éternelle pour eux et pour leur postérité ». On ne sait de quelle « loi éternelle » il s'agit, mais on est amené à comparer *Lév.*, 10, 15 : « La cuisse de prélèvement et la poitrine de présentation qui accompagnent les graisses consumées te reviennent, à toi et à tes fils avec toi... ceci en vertu d'une loi éternelle, comme Yahwé l'a commandé ». Pour *ḥôq ʻôlām* on peut voir également *Ex.*, 29, 28 ; 30, 21 ; *Lév.*, 6, 11.15 ; 24, 9 ; *Nombr.*, 18, 8.11.19 ; *Jér.*, 5, 22. À cause de la grande ressemblance avec le texte cité de *Lév.*, 10, 15, on peut se demander si le fragment ne parle pas de la part des prêtres à prélever sur les offrandes, mais alors d'une façon beaucoup plus élaborée que celle que nous trouvons dans le Lévitique.

Dans la ligne 5, il est question de bœufs et de béliers ; ligne 6 d'un « autre agneau » suivi par « et pour toute la tribu ». Dans la ligne 7, il est question (probablement) des « dou]ze tribus d'Israël », suivi par *wʼklym* « et ils mangeront » (ou : « ils mangent »), tandis que la ligne 8 contient l'expression *wštw šmh* « et là ils boiront ». Dans la ligne 9, on lit « et les *degālîm* (sections) d'abord », ligne marquée par une croix par le copiste pour une raison inconnue. Dans la ligne 10, il est question « du petit et du malade », suivi probablement par « pour boire du vin nouveau ». Le mot *lištôt* « pour boire » est incomplet, on pourrait lire également *lešērît*, « pour le reste », comme je l'avais fait d'abord, mais mon élève van den

Boogaard a probablement restitué la bonne lecture. L'expression est étrangère à la bible hébraïque; *Sir.*, 9, 15 parle de « vin nouveau » et on peut aussi penser à certains passages du Nouveau Testament, surtout à *Mt.*, 26, 29 = *Mc.*, 14, 25 : Jésus ne boira plus du produit de la vigne jusqu'à ce qu'il le boira « nouveau » dans le royaume de Dieu. Après le vin, le *tirôš* (moût) est mentionné dans la ligne suivante, et le paragraphe se termine : « Dans toutes leurs habitations, et ils se réjouiront... chaque année » (*šānāh bešānāh*).

Dans le paragraphe suivant il doit être question de la Pentecôte, à cause des mots employés *šb'h šbw't šb'*. L'expression *šib'āh šebū'ôt* se retrouve dans *Dt.*, 16, 9 (2 fois) et non ailleurs, c'est le temps qui passe entre la Pâque et la Pentecôte (la « fête des Semaines »). On n'a pas affaire à une citation biblique. Du fait que la ligne 13 est « ouverte », il s'ensuit que la suivante est le commencement d'un nouveau paragraphe ; l'on dirait qu'il contient certaines règles relatives à la fête des Semaines : la Pentecôte. Dans la ligne 15 il est question du « septième sabbat », tout comme dans *Lév.*, 23, 16 : « Vous compterez cinquante jours jusqu'au lendemain du septième sabbat et vous offrirez alors à Yahvé une nouvelle oblation ». Dans la ligne suivante, la dernière qui est encore lisible, il est question du *mḥṣyt hhyn* = la moitié d'un *hîn* (« setier » dans la Bible de Jérusalem), mesure d'un liquide, comme le vin, l'huile. Dans les textes bibliques, il est question du sixième, du quart, du tiers d'un *hîn* (*Ex.*, 29, 40 ; *Nombr.*, 15, 7, etc.), mais de la moitié seulement dans *Nombr.*, 15, 9-10, respectivement pour l'oblation conjointe aux sacrifices et pour le sacrifice de la Néoménie. Il est clair que dans les lignes 14-16 (tout ce qui reste du deuxième paragraphe de la colonne), il s'agit d'une loi rituelle que nous ne trouvons pas dans le Pentateuque ; elle semble se rapporter à la Pentecôte.

Passons maintenant au fragment I 2. Il appartient à une autre colonne du texte que le fragment précédent. On y compte trois péricopes, qui se terminent chacune par une ligne ouverte, et un mot d'une quatrième. Dans le premier, il est question des rites de la Pentecôte. La première ligne, en même temps la première, semble-t-il, de la colonne primitive, mentionne le *l]ḥm hbkwrym* : le pain des prémices, cf. *Lév.*, 23, 20, suivi d'une « attache » à *Lév.*, 23, 16 dans la deuxième ligne : « semaines vous compterez (*taspîrû* au lieu de *tesapperû*) cinq... », cf. *Lév.*, 23, 16 : « Vous compterez cinquante jours jusqu'au lendemain du septième sabbat ». Par cette attache, on rejoint le dernier paragraphe du fragment I 1. Dans *Lév.*, 23, 13, il est question d'une libation de vin d'un quart de setier et ligne 3 de notre fragment parle d'un « tiers de hîn ». Tout cela ne peut être expliqué par le hasard et on a l'impression que le « quart » du texte biblique est devenu un « tiers » dans notre texte apocryphe. Le premier mot de la ligne se lit « Israël », mot qu'on retrouve souvent dans la législation sacerdotale.

Dans la ligne 4, il est question de douze béliers; ils appartiennent à l'holocauste offert lors de la Dédicace de l'autel du désert, *Nombr.*, 7, 87. Mais le texte apocryphe se rattache plutôt à *Lév.*, 23, 18, où deux béliers sont mentionnés pour les sacrifices de la fête des Semaines; le texte semble dire qu'ils sont offerts « à Yahvé » (premier mot conservé de la ligne). Les trois derniers mots de la ligne 5 (le premier est illisible) se traduisent: « Et leur oblation (*minḥāh*) selon l'habitude deux... », ce qui se rattache peut-être à *Lév.*, 23, 13: « L'oblation en sera ce jour-là de deux-dixièmes de fleur de farine pétrie à l'huile », supposition qui est renforcée par le fait que la ligne 6 parle d'« huile » et de « libation » (pour ce dernier mot [*nesek*], cf. *Lév.*, 23, 18). La ligne 7 contient également des éléments du rituel de la fête des Semaines: « Des ... kbś]ym (agneaux) d'un an et un bouc », cf. *Lév.*, 23, 19. On a nettement l'impression que notre texte traite du rituel de la Pentecôte, mais il est différent de celui de la législation sacerdotale biblique. Certains détails permettent de supposer que le texte apocryphe renchérit sur le texte biblique.

Dans le 2ᵉ paragraphe de la colonne (maigres restes de 7 lignes, même pas vingt mots), on retrouve des termes qui semblent rattacher ce paragraphe aux lois de la fête des Tabernacles (*Sukkôt*), *Nombr.*, 29. Les quatre mots de la 1ʳᵉ ligne de ce paragraphe se retrouvent toutes dans *Nombr.*, 29, 18. La 2ᵉ ligne se lit: *brwbʿ hywm yqrybw*, la troisième: *w't hnsk wyqrybw*, la 4ᵉ *śnh 'rbʿh*, la 5ᵉ *hʿwlh wʿśym*, les deux seuls mots lisibles de la 6ᵉ: *'l hmzbḥ*. Bᵉroba' ha-yôm signifierait normalement « au quart du jour », expression inconnue de la Bible. Dans la législation de la fête des tentes, on compte les jours, chaque jour ayant son rituel et la fête dure huit jours. On ne sait que faire de *šānāh 'arbāʿāh* (« la 4ᵉ année » ?); dans les autres lignes il est question de l'holocauste à offrir sur l'autel. Cela peut se rapporter, évidemment, à une autre fête que celle des Tentes, si bien que notre argumentation qu'il s'agit de cette fête n'est pas tout à fait solide, et donc provisoire.

Du 4ᵉ paragraphe il ne reste que le mot *lᵉminḥāh*, tout à fait à la fin de la 1ʳᵉ ligne, partiellement dans la marge. Il y a, sur ce fragment, une petite croix à côté de la ligne 9; cette ligne est la première d'un nouveau paragraphe et on ignore la raison d'être de la petite croix.

Le troisième grand fragment contient les restes de 16 lignes, la dernière ligne étant aussi la dernière de la colonne. De la plupart des lignes il ne reste que 6 à 7 cm tout au plus, soit une moyenne de 5 à 6 mots. Le premier mot se lit *šibʿāh*. On a l'impression que le texte suivant traite de l'investiture des prêtres, à l'exemple d'*Ex.*, 29, ou des sacrifices à offrir à cette occasion-là. La deuxième ligne se lit: *ulmillûʼîm 'êl 'êl*. Le premier substantif signifie « investiture » (cf. *Ex.*, 29, 26.27.31.34) et *Ex.*, 29, 1 nous dit expressément que pour l'investiture d'Aaron et de ses fils, Moïse dut prendre un jeune taureau et deux béliers sans défaut; il est question de ces deux derniers dans notre ligne. Dans la ligne 3, il est question de béliers et de corbeilles, mentionnés aussi dans *Ex.*, 29, 3, mais le mot *wᵉha-sallîm* « et les corbeilles » est suivi dans notre texte par *lšbʿ*[; on ne voit pas au juste à quoi cela doit se rapporter, sinon — peut-être — aux sept jours de l'investiture, mentionnés *Ex.*, 29, 35 (à la fin de la description de la cérémonie de l'investiture) ; toutefois il semble également possible que le nombre sept se rapporte d'une façon ou autre aux sacrifices à offrir. En tout cas, nous sommes de nouveau certain que le texte traite d'une matière biblique d'une façon non biblique.

La ligne 4 parle de l'holocauste (*ʿôlāh*) ou des holocaustes qu'on offrira (*maqrîbîm*) à Yahvé ; dans les lignes suivantes nous trouvons des détails qui s'accordent bien avec la cérémonie d'investiture. Il y est question de graisse (*heleb*), de rognons, mais aussi d'autres parties de victimes qui ne sont pas mentionnées dans *Ex.*, 29. Cela donne a penser que le texte de la *halakha* apocryphe renchérit sur celui du Lévitique. La ligne 7 présente cinq mots d'*Ex.*, 29, 23, exactement dans le même ordre, mais précédés d'un mot que le texte de l'Exode n'a pas.

La ligne 12 est la première d'un autre paragraphe de la même colonne ; on y lit « pour revêtir les vêtements », cf. *Lév.*, 21, 10 (textuellement). Le fragment ne présente que les restes de 5 lignes ; dans la quatrième, il est question des « anciens des prêtres », dont il n'est pas fait mention dans la législation sacerdotale, mais que nous connaissons par *Is.*, 37, 2 ; *Jér.*, 19, 1 ; *2 Rois*, 19, 2. Ils ont leur rôle à jouer dans les rites du temple de l'avenir. Dans la ligne suivante (la dernière) on lit *yišpôkú sābîb* (ils répandront tout autour), ce qui se rapporte sans doute à l'effusion du sang des victimes autour de l'autel, cf. *Ex.*, 29, 16.

Le fragment II 3 contient les restes d'une loi de pureté, relative aux relations sexuelles. On peut le conclure du petit nombre de mots conservés sur la partie droite du fragment : les maigres restes de 8 lignes de texte, une quinzaine de mots en tout. On y lit *kî yiškāb* « lorsqu'il (on) couche » (ligne 1), « le septième jour » (sans doute de l'impureté), le verbe *ṭāhar* « se purifier », ligne 7 : « ils n'entreront pas dans le sanctuaire ». Les restes de la partie gauche (autre colonne) du même fragment sont trop maigres pour permettre, pour le moment, des conclusions ou des hypothèses.

Le fragment II 8 (*Dt.*, 13, 7-11) traite des Israélites infidèles qui servaient d'autres dieux et qui pour cette raison devront être lapidés.

Le fragment II 1 contient 24 mots complets ou presque complets, distribués sur sept lignes (le fragment présente les restes d'une 8ᵉ ligne). Il y est question de sacrifices, dont au moins certains sont offerts « pour toute la *ʿēdāh* » ; il y est question de l'holocauste, *ʿôlāh*, de « cette huile » des *śārê ha'ᵃlāfîm* (commandants de mille hommes), plus bas de « leur oblation et leur libation », ensuite des prêtres (mot écrit par une autre main entre les lignes 7 et 8), et enfin (probablement) des « fils d'Aaron ». On ne peut dire de quoi il s'agit dans le contexte du fragment. Le fragment III

5 mentionne la *tᵉnûfāh* (cérémonie sacrificielle), Israël, les prêtres, « un bélier », le fragment III 6 du bois, sans doute pour le sacrifice. Le fragment IV 1 mentionne une *tᵉ‘ālāh*, ce qui fait penser au même mot dans *1 Rois*, 19, 32, où il semble désigner le canal qu'Élie creusa autour de l'autel sur le Carmel, et puis on trouve des expressions qu'on découvre en *Lév.*, 23, 3 : *šabbātôn... miqrā' qôdeš* (le mot entre le 2ᵉ et le 3ᵉ est *zikkārôn*), où est formulée une loi du sabbat. Puis il est encore question « d'un bélier ».

Le fragment IV 7 mentionne les dîmes, les sacrifices pacifiques des fils d'Israël, et les *kiryáim*, espèce de fourneau double, mentionné seulement *Lév.*, 11, 35. La dernière ligne contient le mot *mizrāḥî*, précédé de l'article, qui ne se trouve pas dans l'Ancien Testament, mais qu'on retrouve *Tamîd*, VI, 1 pour désigner la lumière orientale du candélabre. Il semble bien s'agir du candélabre du sanctuaire, car le mot est précédé d'un *'ayin*, dont on dirait qu'il est la dernière lettre du mot *gᵉbî'ᵃ‘*, mot désignant les calices du candélabre dans *Ex.*, 25, 31. Dans IV 9, il est question des juges et des *šôṭᵉrîm*, comme dans *Deut.*, 16, 18 ; il leur est dit qu'ils ne peuvent accepter des cadeaux. Dans une phrase, dont il reste très peu, se retrouve l'expression « sur cette montagne ». Dans le fragment IV 13, on lit les mots curieux : *lô' ta]šbît bᵉrît melaḥ lᵉ‘ôlām*, cf. *Lév.*, 2, 13 ; *Nombr.*, 18, 19 ; l'expression est composée d'éléments de ces deux versets (« tu ne mettras pas fin à une alliance de sel éternelle »). Pour terminer les citations, remarquons encore que le fragment III 6 mentionne les noms de Juda (suivi par *wb*[= « et Benjamin », d'Issachar et de Neftali, le « bois », l'holocauste.

En résumé, on constate que notre document législatif traite d'un grand nombre de sujets. Il est clairement une loi, ou une collection de lois, étroitement apparentées à celles du Pentateuque, là où elles ne sont pas identiques. L'arrangement est un autre que dans le Pentateuque, dont l'auteur connaît bien le texte. Le fait que le copiste du midraš d'Habacuc, sans doute un membre du groupe de Qumrân, l'a copiée, rend presque certain qu'il s'agit d'une loi de la secte. Puisqu'elle n'offrait pas des sacrifices dans le temple, il semble probable que cette loi vise l'avenir, le temps bienheureux où le groupe de Qumrân, le vrai Israël, sera de nouveau installé sur la montagne sainte de Sion et y célébrera sa propre liturgie.

P.S. — Ayant lu cette conférence à Louvain, le professeur Yadin, présent, a pris la parole pour nous dire, à notre grande surprise, qu'il connaît bien les fragments que nous avons analysés ci-dessus et qu'ils appartiennent à une copie du rouleau qu'il avait saisi, lors de la guerre de 1967, chez M. Kando, à Bethléhem, en des circonstances regrettées par tous les spécialistes de Qumrân non-Israéliens. Il a même ajouté qu'il va publier les fragments dans sa grande publication du « Temple Scroll » ; ce que nous regrettons vivement, étant donné que l'Académie Royale des Pays-Bas avait acquis le droit de publication d'un certain nombre de documents de la grotte XI (dont le Targum de Job et nos fragments, ainsi que d'autres) pour une très grande somme. Nous sommes heureux, cependant, que nos conclusions sont confirmés par le contenu du « Temple Scroll », du moins de façon générale.

43, Sterreschansweg,
Nijmegen, Pays-Bas J. van der Ploeg, O.P.

Le Rouleau du Temple

De tous les grands rouleaux découverts à Qumrân le dernier à remonter à la surface fut celui que l'on a nommé Le Rouleau du Temple. Échoué entre les mains d'un antiquaire qui l'avait caché au grand risque de l'abîmer, il lui fut finalement enlevé et mis à la disposition des recherches qumrâniennes [1].

I. Présentation du Rouleau.

Le Rouleau comprend une soixantaine de colonnes et mesure quelque vingt-huit pieds. Son écriture est qualifiée d'hérodienne, voire d'hérodienne tardive. L'orthographe relève de l'écriture pleine et le Tetragrammaton est toujours rendu en caractères dits carrés. La langue est l'hébreu tel qu'on le retrouve dans les autres textes qumrâniens, en particulier dans le *Rouleau de la guerre* et le *Document de Damas*. Nombreuses sont les traces de l'usage rabbinique et on y rencontre pas mal de termes techniques seulement attestés dans l'hébreu rabbinique.

En règle générale, Dieu s'y adresse à Moïse à la première personne du singulier. Les lois qu'Il promulgue se répartissent en deux grandes catégories. Nous pouvons appeler *la première celle de relectures* de lois connues par ailleurs et y distinguer quatre tendances : a) *celle d'unir* les préceptes relatifs au même sujet de façon à aboutir à un seul texte limpide et clair ; b) *celle d'unifier* les préceptes-doublets par voie d'amalgame, de réduction ou suppression. Les thèmes de justice, jugement, subornation, ont été par exemple réunis en un seul passage basé à la fois sur *Ex.*, XXIII, 6 ; *Deut.*, I, 16-17 ; XVI, 18-19 ; c) *celle d'harmoniser* : *Deut.*, XII, 23-24 et *Lev.*, XVII, 13 aboutissent à un seul précepte : « Mais son sang tu ne le mangeras pas ; tu le verseras *sur la terre comme de l'eau et tu le couvriras de poussière* » ; d) celle d'y apporter des changements et additions afin de clarifier la portée halachique. De ces modifications les exemples abondent

---

1. Nous remercions notre collègue J. Coppens qui a bien voulu traduire en français le résumé de notre communication aux Journées bibliques de Louvain. Pour un exposé plus complet, nous renvoyons à l'édition du Rouleau du Temple, qui paraîtra en hébreu et en anglais.

par centaines. Les directives halachiques ainsi introduites sont *toujours* plus sévères que les règles rabbiniques et, en de nombreux cas, les contredisent. *La deuxième catégorie de lois* sont des *tôrahs nouvelles*. Ce sont des sections absolument neuves ; elles occupent la plus large part du Rouleau et n'ont pas de parallèles dans d'autres traditions connues. Les plus importantes concernent 1) les fêtes et leurs sacrifices ; 2) les lois du temple ; 3. les statuts de la monarchie. Partout nous observons le même style et Dieu y parle à Moïse également à la première personne.

II. Les Fêtes et leurs sacrifices.

Cette première *tôrah* est un règlement détaillé de toutes les fêtes prescrites par le Pentateuque. On prescrit l'ordre diurne à observer et on décrit tous les sacrifices ainsi que la manière précise de les offrir. D'une importance particulière est l'attribution de la poitrine : *škm* aux lévites pour tous les sacrifices pacifiques ou d'action de grâces.

La liste des fêtes comprend quelques festivités par ailleurs inconnues ainsi que la règle selon laquelle certaines festivités, d'abord célébrées une fois pour toutes, doivent se répéter à jamais. On prévoit en particulier :

1. que les journées d'ordination doivent être célébrées annuellement ;

2. que l'on observera quatre solennités des prémices :

a. Offrande des prémices de l'orge et balancement de la gerbe, le dimanche 26/I ;

b. Offrande des prémices du froment le dimanche 15/III ;

c. Offrande des prémices du vin le dimanche 3/V ;

d. Offrande des prémices de l'huile le dimanche 22/VI.

Les fêtes et leur dates sont basées sur le calendrier bien connu en usage à Qumrân. Dans le calcul des cinquante jours, le cinquantième clôt la série précédente et à la fois ouvre la suivante.

Une solennité spéciale et très importante consiste dans l'Offrande du bois. Elle comporte six jours et chaque jour deux « tribus » viennent offrir le sacrifice.

III. Le Temple, la Cité du Temple et les Lois de pureté.

À peu près la moitié du Rouleau est consacrée au Temple, à la Cité du Temple et aux Règles de pureté qu'il importe d'y observer.

1. *La Cité du Temple et sa pureté.*

a) La Cité du Temple doit être pure comme fut le « camp » dans le désert ; toutes les règles prévues pour le « camp » seront rigoureusement appliquées à la cité ; *b*) En outre, rien ne sera apporté à la cité en peau d'animaux à moins que ceux-ci n'aient été rituellement immolés dans le Temple (cf. *Antiquités*, XII, 146) ; *c*) une section très détaillée concerne l'impureté des trépassés et la manière de s'en purifier. Ces prescriptions sont excessivement sévères et s'opposent directement aux règles rabbiniques.

2. *Le Temple.*

a) *Le plan* comprend trois cours carrées concentriques. La cour intérieure possède quatre portes orientées vers les quatre coins cardinaux ; les deux autres en possèdent douze nommées d'après les douze fils de Jacob, comprenant par conséquent Joseph à la place d'Éphraïm ou Manassé ; la cour extérieure comprend de nombreuses chambres attribuées aux tribus et aux *quatre* familles lévitiques : fils d'Aaron, de Guerson, de Kéhath et de Mérari. Le rouleau ne manque pas de descendre jusque dans les détails. D'un intérêt particulier est la description précise des « maisons » établies dans la cour intérieure, à savoir « la maison de l'escalier », « la maison du laveur », « la maison des ustensiles d'autel », « la maison de l'abattage », etc. Le rouleau nous informe également sur les limites externes des cours du Temple.

b. *La nature du Temple.*

Le Rouleau prévoit-il que le Temple sera construit par les fils d'Israël (c'est-à-dire pareil à celui de Salomon) ou s'agit-il du Temple eschatologique (pareil à celui d'Ézéchiel ?) La réponse paraît claire. Dieu promulgue une loi pour un temple qui sera construit par les enfants d'Israël exactement dans le même style que celui des instructions de l'Exode pour la construction du Tabernacle. De nombreuses fois Dieu déclare : « Vous le ferez dans la maison que vous construirez ». De fait, le Rouleau établit clairement la distinction entre les deux temples, celui à construire par les enfants d'Israël et celui des temps eschatologiques : « Et je consacrerai mon Temple par ma Gloire, le Temple sur lequel je ferai demeurer ma Gloire, jusqu'au *Jour de la Bénédiction*, quand je créerai Mon Temple et l'établirai pour Moi-même à tout jamais. »

c. *La relation du plan du Temple avec ceux attestés en d'autres sources.*

Le sanctuaire proprement dit est conçu de façon à ce qu'il s'accorde avec ce que l'auteur a pu déduire des traditions touchant le temple de Salomon harmonisées avec les dimensions du sanctuaire postexilique d'Esdras. En revanche, il y a peu de contacts avec le temple d'Ézéchiel bien que de temps à autre son vocabulaire soit usité. Il y a une différence fondamentale avec le plan des cours et de leurs installations du temple hérodien telles que Josèphe et la Mishnah les décrivent. Par contre, une similitude générale se constate avec le temple salomonien décrit par Josèphe au point que Josèphe pourrait s'être servi du Rouleau pour sa description.

d. *Les motifs qui ont amené la rédaction de la Loi sur le Temple.*

J'estime que notre auteur fut poussé à composer cette loi en constatant que nulle part la Bible ne nous livre une telle tôrah. Cependant *I Chron.*, XXVIII, 11-19 rapporte que David reçut le plan du Temple et que « tout cela fut consigné par écrit de la main du Seigneur » (*ibid.*, v. 19). Cette tôrah qui fait défaut dans les Écritures, l'auteur du rouleau, s'inspirant de ses croyances et de ses traditions, se serait préoccupé de la composer.

La ressemblance est frappante entre le Temple situé au milieu des trois cours concentriques et les dessins tissés sur les enveloppes des rouleaux qumrâniens.

IV. Les Statuts de la Monarchie.

Tout comme pour le Temple, le Pentateuque ne contient pas de *Statuts pour le Roi* bien que le Livre de Samuel: *I Sam.*, X, 25 y fasse allusion : « Samuel exposa ensuite au peuple le droit de la royauté. Il le consigna dans un livre qu'il déposa devant le Seigneur. » En outre, notre auteur apprit également de *Deut.*, XVII, 14-20 l'existence d'une telle loi. Le rouleau présente une leçon divergente du texte massorétique introduisant la loi nouvelle et elle lui attribue trois colonnes. Relevons parmi les prescriptions principales : 1. L'obligation pour le roi d'organiser une armée et de préparer les guerres tant offensives que défensives ; 2. Celle d'établir une cour de justice comprenant 36 personnes dont 12 laïques, douze prêtres et douze lévites ; 3. La défense d'épouser plus d'une femme et d'en divorcer ; à nous tenir à la formulation elle-même du Rouleau, le roi n'est pas autorisé à prendre une autre femme aussi longtemps que son épouse vit.

Beaucoup d'espace est réservé aux règles concernant la division du butin dans un effort d'harmoniser *Num.*, XXI et *I Sam.*, XXX, 24-25.

V. Halakôth variées.

Beaucoup d'espace est consacré aux lois de pureté et, en particulier, à l'impureté résultant du contact avec un mort. Des chapitres entiers concernent les cimetières, les mortuaires et la femme dont le fruit est mort dans son sein. Toutes les prescriptions s'y rapportant sont des plus sévères.

Parmi les autres sujets traités, mentionnons les règles touchant une femme séduite (*Exod.*, XXII, 10) ou violée (*Deut.*, XXII, 28-29), règles que par souci d'harmonisation l'auteur réduit à un seul et même cas, — puis celles touchant « une belle captive » (*Deut.*, XXI, 10-14). Finalement il y a un ensemble de prescriptions touchant la peine capitale et l'obligation de pendre vivants les coupables : cf. Y. YADIN, dans *IEJ*, 1971, t. XXI, pp. 1 ss.

d. *Les motifs de la composition de la Tôrah*

Nous estimons que l'auteur fut amené à composer la loi sur le Temple du fait que nulle part dans la Bible, même pas dans le Pentateuque, ne figure une telle loi. Pourtant nous lisons en *I Chron.*, XXVIII, 11-19, que le plan du Temple fut donné à David « dans un écrit de la main de Yahvé » (v. 19). Cette loi, absente des Écritures, le Rouleau a voulu nous la donner conformément à la croyance et à la tradition de son auteur.

La ressemblance est frappante entre le Temple avec ses trois cours carrées concentriques et les dessins tissés sur les enveloppes des rouleaux qumrâniens.

VI. La Date de la Composition.

On est en droit de se demander si le Rouleau a été connu par la Tôrah envoyée par le Maître de justice (*Pésher sur les Psaumes*) ou par la « Tôrah cachée » du *Document de Damas* (IV-VI), voire si le passage énigmatique de *Mc.*, VIII, 14-21 ne possède pas quelque accointance avec la « Solennité de l'ordination ».

Au total, dans sa rédaction présente, le Rouleau est susceptible de remonter au deuxième siècle d'avant Jésus-Christ, au début et au milieu de la période hasmonéenne. Et la question est posée de savoir si le Maître de Justice n'en est pas l'auteur [2].

Université hébraïque, Jérusalem   Y. YADIN [3]
Israël.

---

2. Au cours des discussions qui suivirent la communication du professeur J. van der Ploeg il apparut que les fragments d'Amsterdam appartiennent à un texte du Rouleau du Temple. Cela ne peut étonner étant donné que le Musée Rockfeller contient d'autres fragments du même rouleau, entre autres un fragment en écriture hasmonéenne d'environ 125-100 av. J.-C.

3. Au moment de donner le bon à tirer, nous apprenons que Monsieur Yadin vient de publier le texte du Rouleau du Temple en y ajoutant en hébreu un commentaire : *The Temple Scroll edited by* YIGAEL YADIN. I. *Introduction*, 20 + 308 p. — II. *Text and Interpretation*, 10 + 323 p. — III. *Plates and Text* 8 + 82 + VII p. *Supplementary Plates*, 40 pl. Jerusalem, The Israel Exploration Society ; The Institute of Archaeology of the Hebreu University of Jerusalem ; The Shrine of the Book, 1977.

Bemerkungen zum Gebet des Nabonid

Von dem im Jahre 1955 in der Höhle 4 von Qumran entdeckten und wegen seines Inhalts „ Gebet des Nabonid " genannten Textes sind uns leider nur vier bis fünf Bruchstücke [1] erhalten geblieben. Die Fragmente des in aramäischer Sprache abgefassten Manuskriptes wurden zuerst von J. T. Milik in *Revue Biblique* 73 (1956), S. 407ff. veröffentlicht und sind nachher von manchen Forschern kommentiert worden [2]. Ihre Untersuchungen haben jedoch nicht zu einheitlichen Ergebnissen geführt. Sowohl die Ergänzung des fragmentarischen Textes wie seine form- und überlieferungsgeschichtliche Bewertung sind bislang in mancher Hinsicht ungesichert. Diese Tatsache berechtigt uns den Text einer erneuten Prüfung zu unterziehen. Dazu soll in der gebotenen Kürze zunächst versucht werden den Text festzustellen und wo möglich zu ergänzen. Danach werden wir uns den von ihm aufgegebenen form- und überlieferungsgeschichtlichen Problemen zuwenden.

---

1. Bei Fragment 5 handelt es sich um ein kleines zu Fr. 2 gehörendes, erst nachträglich bekannt gewordenes und anhangsweise von J. T. Milik erwähntes Bruchstück, das nur das Wort *btymn* (Z. 6) und einen Teil des Lameds von '*lhy* (Z. 7) enthält.

2. J. T. MILIK, ' *Prière de Nabonide* ' *et autres écrits d'un cycle de Daniel. Fragments araméens de Qumrân 4*, in *Revue Biblique*, 63 (1956), S. 407-415. Weitere Literatur: J. D. AMUSIN, *The Qumran Fragment of the " Prayer " of King Nabonidus of Babylon*, in *Vestnik Drevney Istorii*, 66 (1958), S. 104-117 (Russisch); D. S. ATTEMA, *Het gebed van Nabonidus*, in *Schrift en Uitleg. Studies... aangeboden aan Prof. Dr. W. H. Gispen*, Kampen, 1970, S. 7-20; J. CARMIGNAC-E. COTHENET-H. LIGNÉE, *Les textes de Qumrân traduits et annotés*, II, Paris, 1963, S. 289-294 (von Carmignac); W. DOMMERSHAUSEN, *Nabonid im Buche Daniel*, Mainz, 1964; A. DUPONT-SOMMER, *Les écrits esséniens découverts près de la mer Morte*, Paris, 1959, S. 291-306; D. N. FREEDMAN, *The Prayer of Nabonidus*, in *Bulletin of the American Schools of Oriental Research*, 145 (1957), S. 31-32; C. M. I. GEVARYAHU, *The Qumran Fragments of the Prayer of Nabonidus*, in J. LIVER (ed.), *Iyyunim limgillot midbar yᵉhuda. Lectures delivered at the 3rd Annual Conference (1957) in Memory of E. L. Sukenik*, Jerusalem, 1957, S. 12-13 (Neuhebr.); M. McNAMARA, *Nabonidus and the Book of Daniel*, in *Irish Theological Quarterly*, 37 (1970), S. 131-149; A. MERTENS, *Das Buch Daniel im Lichte der Texte vom Toten Meer*, in *Stuttgarter Biblische Monographien*, 12, Würzburg/Stuttgart 1971, S. 34-42; R. MEYER, *Das Gebet des Nabonid*, in *Sitzungsberichte der sächsischen Akademie der Wissenschaften zu Leipzig, Phil.-hist. Kl.* 107/3, Berlin, 1962; E. VOGT, *Precatio regis Nabonid in pia narratione judaica* (4 Q), in *Biblica*, 37 (1956), S. 532-534.

Der Text.

Wir bieten zunächst den aramäischen Text und dessen Übersetzung. Die unterstrichenen Teile der einzelnen Zeilen zeigen die Textlücken, bzw. ihre von uns vorgeschlagene Ergänzung an.

Fragment 1-3, 5

מלי צלתא די צלי נבני מלך ארעא די בבל מלכא רבא כדי 1
הוא כתיש

בשחנא באישא בפתגם אלהא עליא בתימן מדינתא בשחנא באישא 2

כתיש הוית שנין שבע ומן _____ שוי אנה וצלית קדם אלהא 3
עליא

וחטאי שבק לה גזר והוא גבר יהודי מן בני גלותא והוא אמר לי 4

החוי וכתב למעבד יקר ורבו והדר לשם אלהא עליא וכן כתבת כדי 5

כתיש הוית בשחנא באישא _____ בתימן בפתגם אלהא עליא 6

שנין שבע מצלא הוית ושבחת לאלהי כספא ודהבא נחשא פרזלא 7

אעא אבנא חספא מן די _____ ר די אלהין המון 8

Fragment 4

בר המון אחלמת 1

נה אחלף שלם שלותי 2

רחמי לא יכלת 3

כמה דמא אנתה ל 4

Fragment 1-3, 5 :

1. Worte des Gebetes, das Nabonid, der König des Landes Babel, der Grosskönig, betete, als er geplagt wurde

2. durch böses Geschwür auf Befehl des allerhöchsten Gottes in der Stadt Tema. Durch böses Geschwür

3. wurde ich geplagt sieben Jahre und .... war ich ähnlich. Ich aber betete zum allerhöchsten Gott

4. und Er verzieh meine Sünden. Er hatte einen Weissager, einen jüdischen Mann von den Verbannten, und er sprach zu mir :

5. Schreibe einen Befehlsbrief, dass man erweisen soll Ehre und Herrlichkeit und Ruhm dem Namen des allerhöchsten Gottes. Und also schrieb ich : Als

6. ich geplagt wurde durch böses Geschwür .... in Tema auf Befehl des allerhöchsten Gottes

7. sieben Jahre, da anbetete und verherrlichte ich Götter aus Silber und Gold, Erz, Eisen,

8. Holz, Stein, Ton, weil ich glaubte, dass sie Götter waren ....

Fragment 4 :

1. ......?? ich träumte....
2. .... das Wohlbefinden meiner Ruhe verschwand ...
3. .... mein Inneres (seufzte), ich konnte nicht....
4. .... wie gleichst du ......

Zeile 1-2. Aufgrund der ziemlich gesicherten Ausfüllung der Lücke am Ende von Z. 7 lässt sich die durchschnittliche Zahl der Buchstaben der einzelnen Zeilen der ersten Spalte des Manuskriptes auf 44-48 bestimmen. Dadurch erhalten wir eine erste Handhabe für die Ergänzung des Textes, insbesondere was die Länge des verlorengegangenen linken Teiles der beschriebenen Spalte betrifft. Die Anfangsworte bezeichnen den Inhalt des Manuskripts als *millē ṣᵉlōtāʾ*. Damit könnte allenfalls gemeint sein, dass die Schrift nicht nur die *Worte* des Gebetes enthält, sondern dass sie die Erzählung betreffs jenes Gebetes bietet. Die Vokabel *millīn* bedeutet ja auch, ähnlich wie hebr. *dᵉbārīm* und griech. λόγοι, „ Erzählung ", „ Geschichte ", „ Bericht ". Doch hat *millīn* in Verbindung mit „ Gebet " eher die Bedeutung „ Worte des Gebetes " als „ Geschichte des Gebetes ". Dass als Hauptinhalt unserer Schrift der Wortlaut des Gebetes vorausgesetzt werden darf, wird auch durch die syrische Fassung der *oratio Esdrae* in IV Esra 8:20 bestätigt, wo ebenfalls von *millē ṣᵉlōtā* die Rede ist.

Das betreffende Gebet wurde von dem babylonischen König Nabonid gebetet, der wohl nicht, wie Milik und andere Autoren vorgeschlagen haben, als " König von Assyrien und Babel " (*mlk ʾtwr wbbl*), sondern als " König des Landes Babel " (*mlk ʾrʿʾ dy bbl*) bezeichnet wurde, weil die Verbindung „ König von Assyrien und Babel " weder im Alten Testament noch in der mit ihm verwandten Literatur belegt ist. Dagegen ist die von Milik und von den ihm folgenden Forschern vorgeschlagene Ergänzung der ersten Zeile mit *mlkʾ rbʾ kdy hwʾ ktyš*, „ der Grosskönig, als er geplagt wurde ", nicht zu beanstanden, ebensowenig wie die schon von Milik vorgeschlagene Wiederherstellung von Z. 2.

Zeile 3. Schwierig ist die Ergänzung von Z. 3. Dass Nabonid hier von sich selber in der ersten Person redet, ist deutlich. Den Worten „ durch böses Geschwür war ich geplagt sieben Jahre " folgt eine weitere Aussage über seinen damaligen Zustand, aber es ist kaum mehr möglich, den Wortlaut des ursprünglichen Textes zu ermitteln. Die von Milik vorgeschlagene Ergänzung der Lücke mittels *mn ʾnšyʾ* könnte allenfalls richtig sein, aber die Übersetzung von *mn ʾnšyʾ šwy ʾnh* mit „ fern von den Menschen wurde ich verwiesen " ist abzulehnen, weil *šwy* schwerlich „ verweisen ", „ verbannen " bedeutet und der in Tema verweilende König kaum fern von den Menschen lebte. Meyer ergänzt *mn krsyy*, „ fern von meinem Thron ", und vermutet eine ursprüngliche intransitive Bedeu-

tung des Grundstammes *šwy* im Sinne von „ liegen ", „ sein ". Er deutet
šwy dementsprechend als *qātil*-Form („ liegend ", „ seiend ") und nicht
als *pᵉʿīl*, so dass er übersetzt: „ Und fern von meinem Throne war ich ".
Diese Ergänzung kann aber schon aus inhaltlichen Gründen kaum die
richtige sein. Die Aussage, dass Nabonid fern von seinem Throne
wohnte, befremdet im Zusammenhang mit der Beschreibung seiner
Krankheit und der Anfang Z. 4 erwähnten Sündenvergebung. Wenn
tatsächlich gesagt wäre, dass der König fern von seinem Throne
irgendwo verweilte, müsste das schon eher, etwa im Zusammenhang mit
der Aussage, dass er König des Landes Babel war, erwähnt worden sein.
Hinzu kommt, dass die von Meyer angenommene Grundbedeutung von
šwy alles andere als gesichert ist. Dupont-Sommer liest *šwy 'npy* (wenn
auch mit Fragezeichen): „ Und mein Gesicht war nicht mehr dem der
Menschenkinder ähnlich ". Der Vorschlag Gevaryahus, der *wbqr' hwyt
šwy 'nh* („ und dem Vieh war ich gleich ") ergänzen möchte, ist aus palä-
ographischen Gründen nicht aufrechtzuerhalten. Zu überlegen wäre, ob
statt *min* nicht *man* zu lesen und *wmn ḥd ḥwyn šwy 'nh*, „ und irgend-
einem Tier glich ich ", zu deuten wäre, aber auch dies ist unsicher. Die
These Meyers, dass in unserem Text vom Tierwahnsinn des Königs, so
wie dieser in Daniel 4 beschrieben wird, noch nicht die Rede ist, lässt
sich also vom Text her weder leugnen noch begründen, ist aber nach der
Erwähnung vom bösen Geschwür wahrscheinlich. Die Ergänzung der
Lücke ist aber so ungesichert, dass sich auf sie besser keine These gründen sollte.

Zeile 4. Bevor wir den Versuch machen, die restlichen Wörter von
Z. 3 zu ergänzen, wenden wir uns zunächst Z. 4 zu. Die ersten Worte der
Zeile bedeuten zweifelsohne: „ Und Er verzieh meine Sünden ". Weil das
Subjekt der Sündenvergebung immer Gott ist, ist zu schliessen, dass der
Allerhöchste in der vorigen Zeile erwähnt worden sein muss, weil sonst
šbq ein deutliches Subjekt vermissen lässt. Weil der Sündenvergebung,
ähnlich wie in Daniel 4, eine Handlung der Selbstdemütigung des Königs
vorangegangen sein wird, schlagen wir in Anbetracht der vorhandenen
Lücke in Z. 3 Ende vor: *wṣlyt qdm 'lh' ᶜly'*, „ und ich betete zum allerhöchsten Gott ". Daran schliesst sich „ und er vergab meine Sünden "
mühelos an.

Das folgende *lh* gehört u.E. nicht zu *wḥṭ'y šbq*, weder so, dass *lh* als
dativus ethicus zu deuten wäre[3], noch so, dass ein Fehler für *ly* vorläge[4].
Vielmehr bildet *lh gzr* einen Nominalsatz im Sinne von „ Er hatte einen

---

3. So Dupont-Sommer; Attema schlägt vor „ meine Sünde " (Sing.) zu lesen, dies
mit dem vorigen Satz zu verbinden und *lh* als Objekt von „ vergeben " zu betrachten („ nachdem ich meine Sünde bekannt hatte, verzieh Er sie ").

4. So Milik.

Weissager ", womit *gzr* gleich als Diener des allerhöchsten Gottes bezeichnet worden ist. Weil ein Exorzist aramäisch *'ašāph* heisst, *gzr* aber „ teilen ", „ zerlegen " und assyr. *parisu* „ Traumdeuter ", „ Weissager " bedeutet, haben wir keinen objektiven Grund, der von Furlani [5] und Dupont-Sommer vorgeschlagenen Erklärung von *gzr* als „ Exorzist " zu folgen. Vollends ist die Auffassung, dass dieser es gewesen sei, der dem König die Sünden vergab, abzulehnen.

Der Weissager wird als den Exulanten aus Juda zugehörig beschrieben. Die Ergänzung der Textlücke ist durch Daniel 2: 25 und 5: 13 gesichert. Zu beachten ist, dass der Eigenname des Weissagers fehlt. Daraus darf wohl geschlossen werden, dass dieser in der ganzen Schrift nicht erwähnt wurde. Der Weissager ist anonym!

Zeile 5. Die letzten Wörter von Z. 4 lassen sich nur ergänzen, nachdem wir den Anfang von Z. 5 gedeutet haben. Die dort begegnenden Verbalformen können entweder als Perfekta oder als Imperativi erklärt werden. Die Mehrzahl der Autoren entscheidet sich für die erste Alternative. In dem Falle kann nur gemeint sein, dass der Weissager dem Nabonid einen Brief gesandt hat und dass er folglich nicht in der Nähe des Königs verweilte. Dies wäre nun aber nicht im Einklang mit den Überlieferungen im Buche Daniel. Hinzu kommt, dass gerade in Daniel 3: 31-4: 34 von einem vom König proklamierten Erlass die Rede ist, der die Vokabel *hhwy* in der Bedeutung „ proklamieren " (3: 32) enthält, und dass auch in den restlichen Danielerzählungen niemals ein anderer als der König ein Sendschreiben schickt. Dann aber ist es sehr unwahrscheinlich, dass der Weissager in Z. 5 unserer Schrift das Subjekt der als Perfekta gedeuteten Verbalformen ist. Aber auch Nabonid scheidet aus, weil er in der ersten Person redend geschildert wird. Es bleibt daher nichts anderes übrig als die Verbalformen für Imperativi zu halten, so dass der Weissager dem König befiehlt ein Sendschreiben zu senden, in dem die ganze Welt zur Ehrung des allerhöchsten Gottes aufgefordert wird. In dem Falle muss Z. 4 Ende etwa gelautet haben: „ Und er (der Weissager) sagte mir " (*whw' 'mr ly*).

Zeile 6-8. In diesen Zeilen muss gesagt sein, dass Nabonid dem Ersuchen des Weissagers Folge leistete. Z. 5 Ende ist dementsprechend zu ergänzen: „ Und also schrieb *ich* ". Z. 6ff. enthält den Inhalt des *königlichen* Sendschreibens. Die in diesen Zeilen begegnenden Verbalformen sind deswegen als Perfekta der ersten Person (nicht der zweiten!) zu deuten.

Fragment 4. Das wegen der verschiedenen Qualität des verwendeten Leders nicht zu den ersten Spalten des Manuskriptes zählende Fragment

---

5. *Atti della Accademia Nazionale dei Lincei*, 1948, S. 177ff.

4 gibt manche Probleme auf. Den wenigen auf dem Bruchstück erhalten
gebliebenen Wörtern oder Teilen von Buchstaben lässt sich nur im be-
schränktem Masse ein Sinn abgewinnen. Dennoch hat die von Milik vorgeschlagene Ergänzung von Z. 2 '*ḥlp šlm šlwty*, „ das Wohlbefinden
meiner Ruhe verschwand ", vieles für sich, weil sie paläographisch einwandfrei ist und gut zu den Worten in Z. 3 *rḥmy l' yklt*, „ mein Inneres
(seufzte), ich konnte nicht... ", passt. Aufgrund von Daniel 4: 1, wo von
der Beunruhigung des Königs durch einen Traum die Rede ist, nachdem
erwähnt wurde, dass er zufrieden und wohlbehalten in seinem Palast
wohnte, werden wir wohl nicht fehlgehen, wenn wir auch in unserem
Fragment die Ursache der Angst und Sorge mit einem vom König ge-
schauten Traum in Verbindung bringen. Dann wird auch das sonderbare
haph'el '*ḥlmt* in Z. 1 doch wohl „ träumen " bedeuten und nicht „ geheilt
werden ", wie Dupont-Sommer meint. Aus Z. 4, wo wir lesen: „ Wie
gleichst du ... ", lässt sich nicht mit Meyer ableiten, dass der Weissager
dem König im Traum erschienen ist. Es könnte beispielsweise auch von
der erschreckten Reaktion einiger in der Nähe des Königs verweilenden
Diener die Rede sein, die voller Bestürzung beim Sehen des verwirrten
Monarchen fragen: „ Wie sehen Sie aus wie ein... ".

Form- und überlieferungsgeschichtliche Überlegungen.

In Anbetracht des fragmentarischen Erhaltungszustandes der Erzählung kann eine Rekonstruktion ihres Inhaltes nur zögernd unternommen
werden. Freilich sind die Übereinstimmungen zwischen den alttestamentlichen Danielerzählungen und unserem Text nicht nur im Wortschatz,
sondern auch was die verwendeten Motive betrifft, in mancher Hinsicht
eindrucksvoll [6], so dass mit einer wie auch immer gearteten Abhängigkeit zu rechnen ist. Andererseits soll betont werden, dass die Entspre-
chungen im Wortschatz sich eher auf Daniel 5 als auf Daniel 3: 31-4: 34
beziehen, und dass die inhaltlichen Unterschiede zwischen dem letzt-
genannten Text und unserer Schrift erheblich sind: Die Art der Krankheit ist in beiden Texten verschieden; in Daniel ereignet sich die
Geschichte in Babel, nicht in Tema; der Königsname ist dort Nebukadnezar, nicht Nabonid, usw.

Meyer hat in einer ausführlichen Studie [7] versucht den ursprünglichen
Gesamtzusammenhang vom Gebet des Nabonid zu rekonstruieren und
folgende Hauptelemente der Erzählung angenommen: Sendschreiben des
jüdischen Sehers; der Seher erscheint dem König im Traum in der
Gestalt eines Engels; Beschreibung des Traumes und seiner Deutung;
königliche Botschaft an den Seher, der ihm im Traum erschienen war;

---

6. Vgl. W. DOMMERSHAUSEN, *a.a.O.*, S. 81-82.
7. S. Anm. 2 (S. 34ff.).

Sündenbekenntnis und Absage Nabonids an die bisher verehrten Götter; Heilung des Königs; Belohnung des Sehers; Schlussdoxologie. Der Traum sei, ähnlich wie in Daniel 4, ein Traum vom Weltenbaum gewesen, der aber noch nicht das Motiv von der Verwandlung in ein Tier enthalten habe.

Diese Rekonstruktion scheint uns von zu vielen unsicheren Elementen belastet zu sein. Dass der Weissager dem König einen Brief geschickt habe und dass jener Nabonid im Traum erschienen sei, lässt sich dem Wortlaut des Textes nicht entnehmen. Nicht einmal ist gewiss, ob die Handschrift eine (wie auch immer geartete) Fassung vom Traum des Weltenbaumes enthalten hat. Mit ausdrücklichen Worten ist davon in Spalte I nicht die Rede. Nur aufgrund von Fragment 4 kann man mit Recht vermuten, dass von einem Traum des Königs gesprochen wurde. Zu fragen ist jedoch, ob dieses Fragment wirklich zum „ Gebet des Nabonid " gehört. Zu verneinen ist zwar nicht, dass es von der Hand beschrieben wurde, die auch Spalte I schrieb. Damit ist aber noch nicht bewiesen, dass Fragment 4 zur gleichen Handschrift gehörte, vor allen Dingen deswegen nicht, weil das Leder nach Aussage von Milik von dem der ersten Spalte verschieden ist. Aber auch wenn man voraussetzen würde, dass Fragment 4 zur gleichen Rolle gehört, ist noch nicht gesichert, dass das Manuskript nur *eine* Erzählung enthielt. Dann aber ist zu schliessen, dass die Identifizierung des im Fragment 4 vorausgesetzten Traumes mit dem Traum vom Weltenbaum ungesichert ist und sich nur auf die Annahme einer fortlaufenden Erzählung gründet. Weil die Über-schrift unseres Manuskriptes in Spalte I den Inhalt des Folgenden als „ Worte des Gebetes " bezeichnet, also den Wortlaut des Gebetes als Hauptbestandteil der Schrift andeutet, ist umsomehr zu bezweifeln, ob der Traum vom Weltenbaum in ihr gefunden wurde.

Folglich steht nicht nur die Rekonstruktion von Meyer auf schwachen Füssen, sondern ist auch die Beziehung unseres Textes zu Daniel 3: 31-4: 34 viel lockerer als vielfach angenommen wird. Formkritisch ist der Text weder eine Weisheitserzählung [8] noch ein biographischer Bericht, sondern ein in eine Proklamation eingebettetes Gebet.

In Daniel 4: 34 wird erzählt, wie der König nach den sieben über ihm bestimmten Zeiten seine Augen zum Himmel aufhob und den Allerhöch-sten pries. Der Inhalt seines Gebetes wird aber nicht wortgetreu berich-tet. Nun wurde aber schon in alttestamentlicher Zeit offenbar vielfach das Bedürfnis empfunden, den genauen Wortlaut solcher für wichtig gehaltenen Gebete mitzuteilen. Beispiele dafür sind das Gebet der Hanna [9] und das des Jona [10], aus späterer Zeit das Gebet des

---

8. So R. MEYER, *a.a.O.*, S. 101 ff.
9. *I Sam.*, 2, 1-10.
10. *Jona*, 2, 3-10

Manasse [11] und des Azaria [12]. Gebete finden sich auch in den Zusätzen zu Esther [13], im syrischen Baruch [14] und an mancher anderen Stelle der nachalttestamentlichen Literatur. Somit ist die Möglichkeit nicht auszuschliessen, dass das Gebet des Nabonid anlässlich einer schon bestehenden Geschichte entstanden ist, die in gewissem Masse dem Bericht in Daniel 3: 31-4: 34 ähnlich war.

Doch kann unser Text durch die biblische Geschichte, so wie diese jetzt vorliegt, nicht hervorgerufen sein. Es ist überlieferungsgeschichtlich ja nicht anzunehmen, dass bei einer Abhängigkeit unseres Textes von der Danielerzählung der Name Nebukadnezar durch den des weniger bekannten Nabonid ersetzt [15] und dass die Krankheit des Königs als böses Geschwür statt als Tierwahnsinn bezeichnet wurde. Daher muss unser Dokument überlieferungsgeschichtlich älter als die danielische Erzählung sein. Wenn aber die Vermutung zutrifft, dass das Gebet durch eine Daniel 3: 31-4: 34 in mancher Hinsicht ähnlich konstruierte Geschichte hervorgerufen worden ist, können wir nur folgern, dass *die Verfassung des Gebets des Nabonid durch eine Vorlage der biblischen Geschichte veranlasst worden ist.* Somit wäre unser Text ein *Seitentrieb* jener Vorlage der danielischen Erzählung, in der Nabonid noch nicht durch Nebukadnezar ersetzt worden war, der Weissager noch anonym war und die Art der Krankheit anders als in Daniel 3: 31-4: 34 beschrieben wurde. Offenbar hat der Verfasser der biblischen Erzählung die Geschichte Nabonids mit anderen Traditionen, die möglicherweise schon ursprünglich von Nebukadnezar sprachen, verquickt. Dies ist umsomehr wahrscheinlich, weil die von Euseb tradierte Megasthenes-Notiz aus 300 v.Chr. davon zu berichten weiss, dass Nebukadnezar stärker wurde als Herakles und einmal auf seinen Königspalast gestiegen war um das künftige Unglück Babels vorauszusagen [16].

Formal lassen sich die Grundzüge der vom Gebet des Nabonid vorausgesetzten Geschichte, die eine der Vorlagen der danielischen Erzählung

---

11. Vgl. jetzt E. Osswald, *Das Gebet Manasses*, in *Jüdische Schriften aus hellenistisch-jüdischer Zeit*, Band IV S. 15-27, Gütersloh, 1974.

12. *Daniel*, 3, 26-45 (LXX).

13. LXX C 1-11 (Gebet des Mordechai); C 12-30 (Gebet der Esther).

14. *Syr. Baruch-Apokalypse*, 21: 4-25; 48: 2-49: 3; 54: 1-22.

15. W. Dommershausen (*a.a.O.*, S. 85) möchte wie andere Autoren die Priorität der Danielerzählung nicht ausschliessen, denn „der jüdische Autor von 4Q OrNab konnte ... sehr wohl versuchen, aufgrund neu eingezogener Erkundigungen die im Buche Daniel geschilderten Ereignisse historisch genauer darzustellen". Diese These scheint mir ein zu modernes Verfahren beim Verfasser von 4Q OrNab vorauszusetzen und hätte ihn im Widerspruch zu der hochgeschätzten Danielerzählung gebracht.

16. Zur Megasthenes-Notiz, vgl. W. Dommershausen, *a.a.O.*, S. 64-66. Der Bericht findet sich bei Euseb, *Praeparatio evangelica* IX, 41, 6 (= Migne, *PG* 21, Sp. 761).

bildete, im biblischen Bericht noch nachweisen. Anders als in den anderen Danielerzählungen spricht der König in Daniel 3: 31-4: 34 in der *ersten* Person Singular, wenn auch im weiteren Verlauf der Erzählung zur dritten Person hinübergewechselt wird, um schliesslich den König wieder in der ersten Person reden zu lassen. Dass der Verfasser der biblischen Geschichte versehentlich von der Ich-Form zur dritten Person überging, darf man schon deswegen nicht annehmen, weil am Ende von Kapitel 4 die erste Person wiederkehrt. Abgesehen vom eigentümlichen Übergang der ersten zur dritten Person fällt in der Erzählung im Gegensatz zu den anderen biblischen Danielgeschichten auf, dass mit einer Proklamation des Königs *angefangen* wird, ja dass der Bericht vom Traum und seiner Deutung in den Rahmen eines Sendschreibens eingefangen worden ist. Aus dieser Tatsache lässt sich mit ziemlicher Sicherheit schliessen, dass der Verfasser von Daniel 3: 31-4: 34 deswegen nicht wie üblich in der dritten Person von Nebukadnezar redete und die Geschichte in eine Proklamation einbettete, weil ihn seine Vorlage daran hinderte, die Erzählung ähnlich wie in den anderen Kapiteln zu gestalten. Weil nun aber auch im Gebet des Nabonid der König seine Widerwärtigkeiten in der Form eines Sendschreibens veröffentlicht, liegt es auf der Hand zu schliessen, dass die Vorlage der biblischen Erzählung die Form einer königlichen Proklamation hatte und dass es ebenfalls diese Schrift war, die zur Komposition des Gebets des Nabonid führte. Nur bei dieser Darstellung des überlieferungsgeschichtlichen Vorgangs lassen sich die Übereinstimmungen *und* die Unterschiede zwischen der biblischen Geschichte und dem Gebet des Nabonid befriedigend erklären.

57, Domela Nieuwenhuislaan,   A. S. van der Woude
Groningen

Détermination et indétermination dans 11QtgJob

Dans sa communication préliminaire sur le targum de Job, trouvé dans la grotte 11 de Qumrân, A. S. van der Woude a estimé que dans ce targum l'état absolu et l'état emphatique sont employés *promiscue* [1]; ce qui est répété dans l'Introduction de l'édition officielle [2]. Depuis la parution de celle-ci, plusieurs auteurs ont déjà prêté leur attention à cette question [3], et il vaut la peine de l'examiner de manière plus détaillée.

Dans le Targum, j'ai compté 548 substantifs dont on peut discerner nettement la désinence, y compris les adjectifs, infinitifs et participes substantivés; 95 d'entre eux se trouvent à l'état emphatique, 211 à l'état absolu, 96 à l'état construit, tandis que 146 ont un suffixe possessif. On ne peut pas toujours dire avec certitude si tel ou tel mot a le suffixe possessif de la 3e personne masculin singulier ou plutôt la désinence emphatique, par exemple *ḥylh* (XV, 3), *tqph* (XXXVI, 7). Muraoka mentionne 10 cas de l'état emphatique en *h* [4], mais on pourrait y ajouter

---

1. A. S. VAN DER WOUDE, *Das Hiobtargum aus Qumran Höhle XI*, dans *Congress Volume Bonn 1962* (Suppl. to Vetus Testamentum, 9), Leyde, 1963, pp. 322-331 (voir p. 327).

2. *Le Targum de Job de la grotte XI de Qumrân, édité et traduit par* J. P. M. VAN DER PLOEG, O. P. et A. S. VAN DER WOUDE, *avec la collaboration de* B. JONGELING, Leyde, 1971, p. 4.

3. S. A. KAUFMAN, *The Job Targum from Qumran*, dans *JAOS*, 93, 1973, pp. 317-327. — P. GRELOT, Recension de l'*editio princeps*, dans *RQum*, 8, 1972-1975, pp. 105-114 (voir p. 114). — A. DÍEZ MACHO, *Le targum palestinien*, dans *Exégèse biblique et Judaïsme* (éd. J. E. Ménard), Strasbourg, 1973, pp. 78-107 (voir p. 99). — T. MURAOKA, *The Aramaic of the Old Targum of Job from Qumran Cave XI*, dans *JJS*, 25, 1974, pp. 425-443 (voir p. 432). — M. SOKOLOFF, *The Targum to Job from Qumran Cave XI*, Bar-Ilan University, Ramat-Gan 1974, pp. 23 s. — Voir aussi K. R. VEENHOF, *De Job-targum uit Qumrân gepubliceerd*, dans *Phoenix*, 18, 1972, pp. 179-184, qui mentionne l'opinion de J. R. T. M. Peters, contraire à celle des éditeurs (p. 182).

4. I, 1 *twlᵉ]th* ou *rm]th* (*Job*, 17: 14); XI, 8 *qšyth* (17: 17); XXII, 10 *mškbh* (33: 15); XXIX, 4 *ḥsrnh* (37: 13); XXXI, 5 *dtᵈh* (38: 27); XXXII, 4 *prᵈh* (39: 5); XXXII, 9 *twryh* (39: 10); XXXIII, 6 *qrbh* (39: 25); XXXIV, 4 *dynh* (40: 8); XXXVIII, 6 *bᵈyšth* (42: 11).

quelques-uns [5]. Ces cas ne sont d'ailleurs pas nombreux. 18 fois le targum a un suffixe possessif où le TM a l'état indéterminé [6], 6 fois le targum n'a pas de suffixe contrairement au TM [7]. Parfois les deux constructions sont différentes, par exemple V, 2 (*Job,* 21 : 21) où le TM porte *ḥèpṣô*, « son plaisir », et le targum *ṣbw l'lh'*, « intérêt à Dieu ». Les suffixes ajoutés par le targumiste peuvent être compris comme des éclaircissements, par exemple XIII, 7 (*Job,* 28 : 25) : *bm'bdh lrwḥ'* « quand il fit pour le vent », où le TM a *la'ᵃśôt lārûᵃḥ* « en faisant pour le vent ». Par contre, II, 6 (*Job,* 19 : 17) soulève une difficulté. Le TM porte *rûḥî zārāh lᵉ'ištî*, « mon souffle est devenu dégoûtant pour ma femme », mais le targum lit *rwḥ ḥmkt l'ntty*, « j'ai humilié (l')esprit vis-à-vis de ma femme ». Que *rwḥ* se trouve à l'état absolu reste étrange, mais il n'est pas impossible que le traducteur ait encore voulu affaiblir la force de l'expression.

La ligne 1 de la colonne IV est énigmatique. Selon le TM Job dit (21 : 2) : « Écoutez bien ma parole, et que ce soit votre consolation » (TM pluriel : « vos consolations »). Jusqu'ici les paroles des amis n'ont pas donné beaucoup de consolation à Job ; maintenant il veut se contenter de ce qu'ils veulent bien écouter ce qu'il a sur la conscience. Dans le targum, le texte est très défectueux. Il ne nous reste que deux mots : *ly* et *lḥwt*, et avant *ly* encore un ', dernière lettre d'un mot. *ly* ne se trouve pas dans le TM, mais la Septante a μοι, précédé de ἵνα μὴ, ce qui donne lieu à la supposition que le targum a porté *dy lm'*. À propos de l'autre mot, les éditeurs disent : « Le sens de *lḥwt* n'est pas clair ». À mon avis on peut penser à la racine *lhh*, respectivement *l'h*, figurant dans l'hébreu, l'araméen, le syriaque, au sens de « être fatigué », et offrant un substantif *l'wt'*, « fatigue ». À ma grande satisfaction, S. A. Kaufman a envisagé la même solution [8]. Mais on ne saurait dire comment le traducteur a conti-

---

5. XI, 8 *m]m[wn]h* (17 : 17) ; XV, 3 *ḥylh* (29 : 25) ; XXII, 10 *nyw]mh* (33 : 15) ; XXIX, 7 *ᶜnnh* (37 : 16) ; XXXVI, 7 *tqph* (41 : 14), et peut-être encore quelques autres, si les *-h* ne doivent pas être compris comme des suffixes possessifs (cf. la note suivante). *nyw]mh* pourrait aussi être l'état absolu féminin.

6. IV, 4 *ydykwn/yd* (21 : 5) ; VI, 8 *'pwhy/pnym* (22 : 8) ; VIII, 1 *qr'hwn/ᶜyr* (24 : 12) ; XI, 8 *m]m[wn]h/ksp* (27 : 17) ; XIII, 6 *mᶜbdh/ᶜśwt* (28 : 25) ; XV, 3 *ḥylh/gdwd* (29 : 25) ; XIX, 4 *b'yšth/rᶜ* (31 : 29) ; XXII, 10 *mškbh/mškb* (33 : 15) ; XXV, 5 *'npwhy/pnym* (34 : 29) ; XXVI, 5 *nṣbtn'/zmrwt* (35 : 10) ; XXVII, 4 *b'yšthwn/l'wn* (36 : 10) ; XXVII, 7 *lbbhwn/lb* (36 : 13) ; XXVIII, 5 *ᶜnnwhy/šḥqym* (36 : 28) ; XXVIII, 7 *'trgw]šth/tš'wt* (36 : 29) ; XXVIII, 9 *m'mrh/kpym* (36 : 32) ; XXIX, 7 *ᶜnnh/ᶜb* (37 : 16) ; XXXI, 2 *qdmwhy/qdym* (38 : 24) ; XXXII, 1 *yrḥyhyn/yrḥym* (39 : 1) ; XXXV, 3 *'ph/'p* (40 : 24) ; XXXVI, 7 *tqph/ᶜz* (41 : 14). On peut cependant se demander si la désinence *-h* de tel ou tel mot indique le suffixe possessif ou l'état emphatique.

7. II, 6 *rwḥ/rwḥy* (19 : 17) ; V, 2 *ṣbw/ḥpṣw* (21 : 21) ; voir cependant le texte ci-dessus ; XIV, 4 *ḥnk/ḥkm* (29 : 10) ; XXIX, 4 *'rᶜ'/'rṣw* (37 : 13) ; XXX, 7 *šwyt/śwmy* (38 : 9) ; XXX, 8 *tḥwmyn/ḥqy* (38 : 10). Peut-être encore XXXVIII, 7 *ṭll/sktw* (36 : 29), si *ṭll* n'est pas une forme verbale.

8. *Art. cit.* (voir la note 3).

nué la phrase. La suite peut avoir contenu un suffixe personnel. Sokoloff écrit : « This (*lhwt*) is most likely the beginning of a haf.inf., but of what root ? » [9]. Évidemment il n'a pas entrevu notre hypothèse. XXII, 10 (*Job*, 33 : 15) demande quelque discussion. Le TM porte : « Dans un songe, une vision de nuit, lorsqu'un profond sommeil tombe sur les hommes, en sommeil, au lit » (« lit » sans article). Le targum n'en a que le commencement et la fin, comme suit : « Dans des songes (pluriel !), pendant la nuit (lacune) en sommeil, au lit », et du mot « sommeil » il ne subsiste que les deux dernières lettres *-mh*. Les éditeurs ont proposé de lire *bnywmh* et traduisent « dans le sommeil ». L'autre targum de Job lit ici *bnywmt'*. Sokoloff préfère lire *bimᵉnāmēh*, forme *maqtal* ou inf. peal de *nwm*, suivi du suffixe, parce que le nom suivant *mškbh*, à son avis, a le suffixe possessif de la 3ᵉ personne masc. sing. [10]. Mais pour *nywmh* on peut aussi penser au nom masculin *nîyûm*, suivi soit du suffixe possessif, soit de la désinence emphatique. Le *-h* final de *mškbh* peut aussi bien être compris comme suffixe possessif que comme désinence emphatique. Je préfère la première possibilité : « à son lit » (éclaircissement du targumiste). Mais même si cela est exact, il n'est pas nécessaire de prendre le *-h* final du mot précédent comme suffixe. On peut très bien comprendre *nywmh* comme un état absolu féminin : « en sommeil », suivi de : « à son lit ». Dans les deux cas, il faut supposer que le pluriel *ᵃnāšim* du TM a été rendu par un nom singulier, par exemple *'nš*, ce qui ne serait pas du tout étrange. Mais aussi quand on prend les deux *-h* comme désinences déterminatives, à la différence du TM, on ne peut pas encore conclure que le targumiste emploie les deux états *promiscue*. Le TM exprime l'idée envisagée de façon très générale : « en sommeil, à lit » tandis que le targumiste la précise quelque peu, en disant : « dans le sommeil (ou : en sommeil), au lit » [11].

Le terme *'lh'* figure 25 fois dans le targum, bien entendu, le terme à désinence lisible ; 9 fois il rend *'l*, 5 fois *'lwh*, 6 fois *yhvh* [12], 2 fois *'lhym* et 1 fois *šdy*, tandis qu'il y a 2 cas où le targumiste rend un suffixe par *'lh'* : V, 2 *ṣbw l'lh'*, « intérêt à Dieu » où le TM a *ḥèpṣô*, « son plaisir » (21 : 21), et IX, 4 *ᶜm 'lh'*, « avec Dieu » où le TM porte *ᶜimmô*, « avec lui » (25 : 2). Vu l'emploi du nom déterminé pour le vrai Dieu dans Daniel et Esdras, il

---

9. *Op. cit.* (voir la note 3), p. 111.

10. *Op. cit.*, p. 132.

11. Il faut également tenir compte de la variété de tournures propres à chaque langue. En néerlandais on dit : « Ik ga naar bed », sans article, littéralement : « Je vais à lit », c'est-à-dire : « Je vais me coucher ». En allemand, langue cependant étroitement apparentée au néerlandais, on dira : « Ich gehe ins Bett », avec l'article, littéralement : « Je vais dans le lit ».

12. A. DÍEZ MACHO, *Le targum palestinien* (comparer la note 3) observe à la note 127 que 11QtgJob rend *Yahweh* 1 fois par *'Elaha* (p. 72) ; peut-être s'agit-il d'une faute d'impression.

n'y a rien d'étrange à ce que notre targum emploie toujours le mot à l'état emphatique. Mais peut-être y a-t-il une exception. *Job*, 40 : 9 dit : « Ou as-tu un bras comme Dieu (*kā'ēl*) ou peux-tu tonner d'une voix comme la sienne ? » Le targum porte (XXXIV, 5) : « En est-il ainsi que tu as un bras comme *'lh*... » Les éditeurs écrivent : « Le ' final manque, soit par haplographie (le mot suivant est *'yty*), soit intentionnellement (*'lh* se retrouve dans les parties araméennes de Daniel et d'Esdras), ce qui semble plus probable ». Van der Woude propose de traduire *'lh* par « être céleste », ce qui est très recevable, puisque Dieu est toujours indiqué par *'lh'*. Dans cet ordre d'idées, on peut penser à *Daniel*, 3 : 25, où *bar 'ᵉlāhîn* désigne un ange, un spécimen d'êtres célestes.

De l'emploi de *br 'nš*, *bny 'nš'*, *kl 'nš*, *kl 'nš'*, on ne peut pas déduire grand-chose. Le singulier est *br 'nš*, le pluriel *bny 'nš'*, tandis que *kl* est suivi soit de l'état absolu, soit de l'état emphatique. En XXVIII, 2 (*Job*, 36 : 25), *kol 'ādām* est rendu par *kl 'nš'* « tous les hommes », en II, 8 (19 : 19) *kol mᵉtēy sôdî* par *kl 'nš dy*, où le texte fait défaut. Les autres targums expriment l'idée de « homme, chaque homme, les hommes » de diverses manières. Le singulier est souvent *br nš* ou *br nš'*, le pluriel *bny nš'* ou *bny 'nš'*, et on trouve *kl 'nš*, *kl '(y)nš'*, *kl br nš*, *kl br nš'*, *kl bny nš'*.

XI, 3 (27 : 13) et XXV, 6 (34 : 30) comportent une difficulté. Le premier endroit a *'nš ršyᶜyn*, le deuxième *'nš ršyᶜy'*, à ce qu'il paraît sans différence de signification. Mais le premier texte parle des méchants (TM *'ādām rāšāᶜ*) de façon très générale : « Voici la part des méchants avec Dieu », c'est-à-dire « la part que Dieu réserve aux méchants », dont le targum n'a retenu que *'nš ršyᶜyn*, « les méchants » sans exception. Le deuxième texte dit : « Afin que ne gouverne pas un homme impie » (TM *'ādām ḥānēp*) d'entre ceux qui sont des pièges pour le peuple ». Le targum possède une partie de « afin que ne gouverne pas », suivie de *'nš ršyᶜy'*, et ensuite *htqlw*, compris comme une forme hitpaal par les éditeurs : « ils ont été attrapés ». Quoi qu'il en soit de cette dernière forme, qu'on pourrait d'ailleurs aussi comprendre comme hafel : « ils ont fait (respectivement : ils font) trébucher », *'nš ršyᶜy'* est une personne déterminée, puisqu'il n'est pas possible que tous les méchants gouvernent, ou plutôt un groupe déterminé de méchants, puisque le verbe suivant se trouve au pluriel. Dans le premier cas (XI, 3) on dirait en français : « les méchants », dans le deuxième : « des méchants ».

Maintenant quelques autres différences encore. En *Job*, 37 : 18 (XXIX, 8), le mot indéterminé *šᵉḥāqîm* est rendu par *ᶜrpl'* (déterminé), mais en traduisant le TM en français il faut également dire « les nuages » et non pas « des nuages ». Pour le traducteur *šᵉḥāqîm* était quelque chose de déterminé. De la même façon on peut expliquer que *Job*, 38 : 4 a *'āreṣ* dans le TM et *'rᶜ'* dans le targum (XXX, 2) ; 38 : 8 *yām* et *ym'* (XXX, 6) ; 38 : 24 *'āreṣ* et *'rᶜ'* (XXXI, 2) ; 38 : 27 *dèšè'* et *dt'h* (XXXI, 5) ; 38 : 28 *ṭāl* et *ṭl'* (XXXI, 6); 39: 1 *sèla*ᶜ et *kp'* (XXXII, 1), et d'autres différences encore [13].

Muraoka dit que son enquête n'a découvert que cinq cas susceptibles d'être considérés comme des déviations de l'usage classique : III, 8 *l*ᶜ*nny'* (20 : 6); XXXIV, 2 *w*ᶜ*nn'* (40 : 6); XXV, 6 *'nš ršy*ᶜ*y'* (34 : 30) à côté de *'nš ršy*ᶜ*yn* (XI, 3 = 27 : 13); XXIX, 4 *hn lmktš hn l'r*ᶜ*' hn lkpn wḥsrnh* (37 : 13), à savoir *ḥsrnh* à côté de *kpn*; XXXI, 3 *mn šwy' lmṭr' zmn w'rh l*ᶜ*nnyn qlylyn* (38 : 25), à savoir *mṭr'* à côté de ᶜ*nnyn*. Nous avons déjà mentionné *'nš ršy*ᶜ*y'* et *'nš ršy*ᶜ*yn*. Quant à III, 8 ᶜ*nny'*, la détermination n'est pas étrange. Le texte dit : « Même si... sa face touche les nuages », où le TM a *lāᶜāb*. XXXIV, 2 dit : « Dieu répondit à Job depuis *rwh'* et ᶜ*nn'* », où le TM porte *min s*ᵉᶜ*ārāh* « depuis une tempête ». Mais que l'araméen offre l'état emphatique est tout à fait correct : c'est un nuage déterminé du milieu duquel Dieu répond. En XXXI, 3 (*mṭr'* à côté de ᶜ*nnyn*), le targumiste a suivi le TM. XXIX, 4 est difficile tant dans le TM que dans le targum. Le TM dit que Dieu envoie les forces de la nature pour qu'elles accomplissent tout ce qu'il leur ordonne *'im l*ᵉ*šēbèt* (« soit pour être une verge ») *'im l*ᵉ*'arṣô* (je ne sais pas ce que cela veut dire dans le contexte) *'im l*ᵉ*ḥèsèd* (« soit pour être une marque de faveur »). Le targum lit *hn lmktš hn l'r*ᶜ*' hn lkpn wḥsrnh whn ptgm ṭb lhw' ᶜlyh*. Les éditeurs ont compris *lmktš* comme un infinitif : « pour frapper » et pareillement *l'r*ᶜ*'* : « pour briser » (inf. afel de *r*ᶜᶜ. Je préfère lire *l*ᵉ*maktaš* (substantif), en accord avec le TM, et j'ai fait la suggestion de voir dans le terme suivant le substantif *'r*ᶜ « rencontre, accident », écrit avec ᶜ dans le targum Onkelos mais souvent avec ' dans les targums palestiniens [14]. Dans *Neofiti 1*, on trouve plusieurs fois l'orthographe ᶜ dans le texte et ' dans une note marginale ou interlinéaire, ou inversement [15]. Quoi qu'il en soit de cette difficulté la suite offre *kpn* à l'état absolu et *ḥsrnh* à l'état emphatique : « soit pour une famine et la pauvreté ». On peut expliquer cette variation par le fait que le targumiste a rendu un seul terme du TM par deux mots araméens formant une seule notion.

Je mentionne encore quelques différences : *Job*, 20 : 4 dit : « Est-ce que tu sais cela *minnî* ᶜ*ad*, « de temps immémorial »; le targum (III, 5) offre *mn* ᶜ*lm'*. Mais la forme déterminée est l'expression araméenne usitée pour le passé lointain, comparer BAUER-LEANDER, *Grammatik des Biblisch-Aramäischen*, Hildesheim/New York, 1969, par. 88f. — *Job*, 27 : 17 porte : « C'est lui qui entasse, mais c'est un juste qui s'en revêt, et c'est un innocent qui partage l'argent » (*kèsèp*); le targum n'en a que la deu-

---

13. XI, 8 *ksp/m]m[wn]h* (27 : 17); ibidem *nqy/qšyth*; XI, 9 *skh/qtwt'* (27 : 18); XII, 3 *ntyb/šbyl]'* (28 : 7); XIII, 1 *bynh/*ᶜ*rymwt'* (28 : 20) entre autres.

14. B. JONGELING, *Een Aramees boek Job uit de bibliotheek van Qumrân*, Amsterdam, 1974, pp. 114 s. (note 4).

15. Voir *Ex.* 4 : 27; 5 : 3.

xième moitié (XI, 8): *mmwnh* (défectueux) *qšyth yplg*, c'est-à-dire :
« l'intègre partage(ra) la (ou : sa) richesse ». Le mot « richesse » est déterminé, soit par la désinence emphatique soit par le suffixe possessif ; ce qui
se comprend très bien vu que la richesse est mentionnée au verset précédent. Et « intègre » est déterminé parce que c'est une personne déterminée (ou, collectivement, un groupe de personnes) qui profite de la
richesse ; — *Job*, 27 : 18 : « Il bâtit sa maison comme la teigne, ou comme
une cabane que fait un gardien » ; le targum (XI, 9) détermine le mot
« cabane » ; ce qui est tout à fait compréhensible vu que c'est une cabane
déterminée, faite par un gardien.

Bien qu'il reste sans doute quelques difficultés à résoudre, j'estime
qu'on peut formuler dès à présent quelques conclusions :

1. Dans la plupart des cas (abstraction faite de ceux où le targumiste a
ajouté un suffixe, des états construits et de l'emploi de *'lh'*, 80 à 85 %), le
traducteur a suivi le TM fidèlement. Aussi le problème de la détermination et de l'indétermination concerne-t-il moins le targum que le texte
hébreu. Qu'on se rappelle les remarques de Joüon : « D'une façon générale on peut dire que l'emploi de l'article en hébreu est assez flottant »,
avec la note : « En poésie l'emploi de l'article est très libre. Il y a tendance
générale à le supprimer dans les cas où il allongerait le mot d'une syllabe.
Ce phénomène peut être dû à des raisons métriques, à une certaine
recherche, à une tendance à la brièveté » [16] ;

2. Dans les cas où le targum diffère du TM, on peut souvent expliquer
la divergence en observant que le targumiste a voulu clarifier le texte ;

3. Le problème est dès lors plutôt un problème de traduction que
de structure grammaticale interne ;

4. Enfin : la tendance à déterminer les substantifs est beaucoup plus
marquée dans le deuxième targum de Job, mais ce dernier se situe dans
une période plus tardive.

Groningen, Schaepmanslaan, 44.   B. Joᴎɢᴇʟɪɴɢ
                                              Maître-assistant à l'université
                                                        de Groningue.

---

16. *Grammaire de l'hébreu biblique*[2], Rome, 1947, par. 137*j*.

Eine Sammlung von Klagen
in den Qumranfunden (4Q *179*)

Unter der Bezeichnung 4Q *179* Lamentations hat J. M. Allegro in dem von ihm besorgten Editionsband [1] einen Text publiziert, dem die häufige Verwendung von Stoffen und Motiven aus der alttestamentlichen Klage-literatur einen besonderen Charakter verleiht. J. Strugnell hat im Rahmen seiner Rezension [2] einige neue Lesungen und Ergänzungen beige-steuert, ohne indessen Vollständigkeit und eine eingehende Behandlung und Erklärung der reichhaltigen philologischen Probleme zu beab-sichtigen. Insbesonders hat er darauf verzichtet, durch Auffüllung der zahlreichen Lücken des stark beschädigten Textes geschlossene Zusam-menhänge zu rekonstruieren. Die bisher einzige Spezialuntersuchung zu unserem Text ist der Beitrag von M. P. Horgan [3]. Er hat vorwiegend zu dem Text von Fragment 1, Kolumne I einige gute neue Lesungen und Ergänzungen [4] vorgeschlagen und die zahlreichen biblischen Parallelen sorgfältig zusammengestellt. Zu den weiteren Teilen des Textes bleibt er allerdings stark von der Edition abhängig. Man vermißt den Versuch, selbständige Klagen voneinander abzugrenzen. Bemerkungen zur Gattung und zur historischen Einordnung des Textes ergänzen den philologischen Teil. Eine im wesentlichen von der Edition abhängige italienische Über-setzung des Textes hat L. Moraldi [5] vorgenommen und dazu einige Bemerkungen zur Verwendung alttestamentlicher Zitate gemacht.

Dieser Vortrag ist ein Ausschnitt aus einem Aufsatz [6], in dessen Mit-telpunkt eine neuerliche gründliche, philologisch möglichst exakte Behandlung der erhaltenenen Textstücke und der Versuch stehen soll,

---

1. J. M. ALLEGRO, *Qumrân Cave 4*, I (4Q158-4Q186), *Discoveries in the Judaean Desert of Jordan V*, Oxford 1968.

2. J. STRUGNELL, *Notes en marge du volume V des 'Discoveries in the Judaean Desert of Jordan '*, RdQ 7 (1970), S. 173-276, insbesondere S. 250-252.

3. M. P. HORGAN, *A Lament over Jerusalem (' 4Q179 ')*, JSS 17 (1972), S. 222-234.

4. Der Großteil seiner Ergänzungen krankt jedoch daran, daß sie die jeweiligen Lücken überfüllen.

5. L. MORALDI, *I Manoscritti di Qumrân*, 2. Auflage, Turin 1974, S. 693-694.

6. Das Manuskript dieses Aufsatzes ist fast fertiggestellt, und er wird in Kürze erscheinen.

passende Ergänzungen für die zahlreichen Lücken zu finden. Im übrigen beschränkt er sich darauf, Aufbau und Gestaltungsweise der Klagen genauer zu erfassen.

Der Text liegt in 2 großen und 3 sehr kleinen Fragmenten vor, wobei auf den letzteren kein einziges vollständiges Wort erhalten ist. Das als Nr. 1 gezählte größte Fragment enthält 15 bzw. 13 Schriftzeilen von 2 Kolumnen, von denen der rechte Rand bzw. die linke Hälfte weggebrochen ist. Fragment 2 bietet den unteren Teil einer weiteren Kolumne mit Schriftresten auf 10 Zeilen. Auch auf ihm ist keine Zeile vollständig erhalten. Die Gesamtzahl der Kolumnen läßt sich aller Wahrscheinlichkeit nach mit mindestens 6 angeben [7]. Was die Paläographie angeht, so datiert Strugnell unsere Handschrift kurz vor die herodianische Periode (d.h. wohl in die Zeit um 50 vor Christus) und erkennt in ihr halbformale (d.h. zur Kursive tendierende) Züge [8].

Der vorliegende Textbestand bietet eine nahezu vollständige Klage (1 I, 4-II, 1*) [9] und 4 weitere fragmentarisch erhaltene Klagen (1 II, 1-13; 2, 4-10; 1 I, 1-4; 2, 1-3) [10]. Von 3 Klagen sind die Anfänge erhalten

---

7. Rechts von Fragment 1 Kolumne I muß eine weitere Kolumne angenommen werden, auf der der Anfang der in 1 I, 3 endenden Klage stand. Links von Fragment 1 Kolumne II muß gleichfalls eine weitere Kolumne mit dem Schluß der auf Kolumne II stehenden Klage gefolgt sein. Unwahrscheinlich ist die Möglichkeit, daß am Anfang von Fragment 2 das Ende der Klage von Fragment 1 Kolumne II gestanden hat, somit Fragment 1 Kolumne II dem Fragment 2 unmittelbar vorausgegangen wäre, da dann die von Zion in 2. Person redende Klage auf Fragment 2 außergewöhnlich kurz wäre (höchstens 5 Zeilen). Rechts von Fragment 2 ist deshalb nochmals eine Kolumne anzusetzen, die den Anfang der mit 2,4 endenden Klage

bot. Diese redet nämlich von Zion in der 2. Person (vgl. אָהֳלֵ֣ךְ 2, 3) und kann deshalb nicht die unmittelbare Fortsetzung von Fragment 1 Kolumne II, wo Zion immer in der 3. Person vorkommt, gewesen sein. Schließlich muß Fragment 2 auch auf seiner linken Seite eine Fortsetzung mit dem Ende der mit Zeile 4 beginnenden Klage gehabt haben.

8. Vgl. die Hinweise von STRUGNELL, a.a.O., S. 250.

9. Das Ende der Klage muß auf der nicht erhaltenen ersten Schriftzeile der folgenden Kolumne gestanden haben. Wahrscheinlich ist nur noch eine einzige gänzlich verloren gegangene Schriftzeile oberhalb der Zeile 1 von Kolumne II anzunehmen. Der große Zeilenabstand (0,5 cm) kommt auch sonst noch vor (zwischen Kolumne I, Zeile 6 und 7 und zwischen Zeile 14 und 15 am Ende der ersten Kolumne). Der Text dürfte nicht die gesamte Zeile ausgefüllt haben, sodaß vor dem Anfang der neuen Klage ein kleiner Freiraum entstand (vgl. 1 I, 4; vielleicht auch 2, 3 Ende). Weniger wahrscheinlich scheint uns die andere Möglichkeit, daß vor der jetzigen Zeile 1 von Kolumne 2 noch 2 Schriftzeilen standen, deren zweite eine Leerzeile gewesen wäre. Die sich aus diesem Vorschlag ergebende von der Edition abweichende Zählung von Fragment 1 Kolumne II ist in den Zitaten nicht berücksichtigt.

10. Die beiden zuletzt genannten Abschnitte stellen jeweils das Ende einer Klage dar, die auf der jeweils vorangehenden gänzlich verlorengegangenen Kolumne begonnen haben muß. Vgl. Anmerkung 7.

(1 I, 4 [11]; 1 II, 1; 2, 4). Die beiden erstgenannten setzen mit der Formel אוֹי לנוּ כי ein. Wahrscheinlich ist die gesamte Klage als von כי abhängig zu denken. Dies ist eine neue Verwendung gegenüber dem alttestamentlichen Sprachgebrauch, in dem die Formel noch den Charakter eines kurzen Weherufes hat (vgl. *1 Sam* 4, 7f; *Jer* 4, 13; 6, 4 und vor allem *Thr* 5, 16). Die Klage 2, 4ff beginnt mit dem איכה-Satz aus *Thr* 1, 1a. Auch in der vom Verfasser an Zion gerichteten Klage, von der ein Rest in 2, 1-3 erhalten ist, ist unseres Erachtens im Vergleich zu dem alttestamentlichen Befund ein Novum zu sehen, da dort *Gott* Zion anredet (vgl. z.B. *Jes* 49, 15-23; 54, 1-14). Allenfalls kann man aus *Threni* die Imperativreihe 2, 18f. heranziehen. Zu dieser Gattung ist formal 11Q Ps^a 22, 1-15: *Apostrophe to Zion* zu vergleichen.

Die einzelnen Klagen unterscheiden sich inhaltlich, formal und in der Aufnahme alttestamentlichen Stoffes erheblich voneinander. Gehen wir sie zunächst auf ihren Inhalt und ihre formalen Merkmale durch, um danach als Beispiel Text und Übersetzung von 2, 4-10 vorzuführen und mit einem Überblick über die Verfahrensweise bei der Verwendung alttestamentlicher Stellen zu enden.

1 I, 4-II, 1* behandelt die Zerstörung des Heiligtums (Zeile 4-8), geht anschließend auf die Verwüstung der Stadt ein (Zeile 8-12) und weitet dann das Blickfeld auf das ganze Land aus, dessen Verlassenheit mit einer Wüste verglichen wird (Zeile 12 Ende-13). Am Ende wird, in einer Reihung von wahrscheinlich 7 Sündenbegriffen gipfelnd, der Gedanke der Unmöglichkeit der Rettung aus der Katastrophe betont. Die biblischen Parallelen sind vorwiegend aus *Jeremia*, auch aus *Jesaja* und *Zephanja* entlehnt [12]. Formal scheint diese Klage, soweit aus den von ihr noch erhaltenen Teilen erkennbar ist, in weitem Umfang von dem Bauprinzip der Reihung [13] von gleich oder ähnlich strukturierten Sätzen Gebrauch gemacht zu haben [14]. Im auffälligen Unterschied zu der eben behandelten Klage ist 1 II, 1ff von einer einzigen größeren alttestamentlichen Texteinheit abhängig, die von einem besonderen Thema handelt, nämlich dem Hungertod der vormals in fürstlichen Verhältnissen lebenden Einwohner Jerusalems (*Thr* 4, 1-10). Ihr wichtigstes formales

---

11. M. P. HORGAN scheint nur den Beginn von 1 II als Anfang einer Klage anzusehen (*a.a.O.*, S. 228). Für 1 I, 4 macht schon das vorangehende Spatium den Beginn einer neuen Klage wahrscheinlich.

12. Aus *Threni* scheint nur das Ausbleiben der Festbesucher (Zeile 11 = *Thr* 1, 4) zu stammen.

13. Ähnliche Reihungen werden in Klagen öfters verwendet (vgl. die lange Reihe *4 Esr* 10, 21f.). In *Threni* scheinen sie noch nicht so weit entwickelt zu sein (vgl. 1, 4; 2, 9; 5, 11-13).

14. Eine der Anordnung im Original folgende Wiedergabe des hebräischen Textes (einschließlich der ergänzten Lücken) der beiden Kolumnen von Fragment 1 wird in meinem oben erwähnten Beitrag zu finden sein.

Merkmal ist die Erweiterung durch selbstgeprägte Parallelbildungen zu im Bibeltext vorgegebenen Ausdrücken oder Sätzen. Wiederum anders liegen die Dinge bei der Klage auf Fragment 2, 4ff. Der von ihr erhaltene Text [15] nimmt nur auf die beiden ersten *Threni*verse Bezug (*Thr* 1, 1-2). Ähnlich wie 1 II, 1ff ein aus *Threni* entnommenes *Thema* (die Hungersnot der Einwohner Jerusalems) aufgreift, hält sich die Klage 2, 4ff noch konsequenter an ein *Einzelmotiv* aus *Threni*: die Verlassenheit und Trauer der als Frau vorgestellten Stadt Jerusalem. Ihr Aufbau sieht folgendermaßen aus: auf das erweiterte Zitat von *Thr* 1, 1a [איכה ישבה]

לים[ירוש]ה [הג]דול[ה] העיר בדד und ein zu ihm unter Verwendung veränderter Begrifflichkeit aus *Thr* 1, 1b und c neugebildetes Parallelglied [16] folgt eine Reihe von 8 gleichgebauten Sätzen, die nach dem Vorbild היתה כאלמנה aus *Thr* 1, 1b gestaltet sind. Das Subjekt Zion (aus *Thr* 1, 1) wird in acht Begriffe aufgefächert, die die jetzt verlassenen Aufenthaltsorte von Menschen innerhalb der Stadt und in ihrer Umgebung bezeichnen und jeweils mit einer durch verschiedene teils biblische, teils nichtbiblische Ausdrücke charakterisierten verlassenen Frau verglichen werden. Die Kopula (in *Thr* 1, 1b היתה) ist immer weggelassen. Die auf diese Weise entstandene Reihe läßt sich in 3 Teile untergliedern. Die Glieder 1-3 vergleichen Gebäude in der Stadt (Häuser, Burgen, Paläste) mit einer von ihrem Mann verlassenen Frau. In der folgenden Zweiergruppe (Glied 4-5) werden Plätze und Wege Jerusalems mit einer Frau verglichen, die keine Kinder hat. Schließlich gehen die 3 letzten Glieder (6-8) zu den bewohnten Orten der Umgebung Jerusalems über (Landgüter, Kleinstädte, Dörfer), die mit einer kinderlosen Frau bzw. bei Wechsel der Vergleichsgröße in den Plural mit Frauen, denen ihre Männer und ihre einzigen Kinder weggenommen sind, verglichen werden. Somit zerfällt die Reihe in 2 Dreiergruppen, die eine Zweiergruppe umrahmen [17]. Danach fährt die Klage mit dem erweiterten Zitat von *Thr* 1, 2a fort. Nach einer Lücke, in der vielleicht *Thr* 1, 2b und c aufgenommen war, folgt mit והגתה „ und sie seufzt “ als letztes Wort der Kolumne ein Parallelbegriff zu בכה „ weinen “ aus *Thr* 1, 2a, zu dem

---

15. Die Klage muß auf der folgenden Kolumne, von der nichts erhalten ist, noch weitergegangen sein.

16. רבתי בגוים ist aus רבתי עם und רבתי בגוים kontaminiert. Statt ר]בתי בע[מ]ים steht כאלמנה „ wie eine Witwe “ steht כערבה „ wie eine Wüste “. שוממה „ (sie) ist allein gelassen “ ist im Parallelismus zu [ישבה] בדד „ (sie) sitzt allein da “ neu formuliert Als Parallelbegriff zu [ע]מ[י]ם wurde nach biblischem Vorbild לאומים gewählt. (vgl. *Jer* 51, 58 = *Hab* 2, 13; *Ps* 47, 4; 57, 10 u.ö.).

17. Falls man in 2, 7 einen Parallelbegriff zu „ Wege “ ergänzen kann, wäre jedoch auch folgender Aufbau möglich: 3 + 3 + 2, wobei die beiden Glieder mit dem im Plural stehenden Vergleich eine Untergruppe bilden würden.

am Anfang der folgenden Kolumne ein Objekt angenommen werden muß
und der vielleicht mit weiteren Synonyma eine Reihe bildete, die die
Klage beschloß. Auf jeden Fall legt das Fehlen weiterer Klagebegriffe in
Thr 1, 3ff nahe, daß sich unsere Klage auch in ihrem nicht erhaltenen
Schlußteil nur auf die beiden Verse *Thr* 1, 1-2 bezogen hat.

Bleibt schließlich noch zu der Klage, die mit 2, 1-3 endet, zu erwäh-
nen, daß sie als einzige der erhaltenen Klagen Zion in zweiter Person
anredet (vgl. Anmerkung) [7].

Gehen wir nun zur Textwiedergabe und Übersetzung von 2, 4-10 über,
die beide durch Anmerkungen komplettiert werden.

(4) [²¹ר[בתי ²⁰ ירוש[לים ה]הג[דול העיר[בדד ¹⁹ [איכה ישבה ¹⁸

(5) [²⁵בע[ז]מ ²² שרתי כל לאומ[ים ²³ [שוממה כערבה ²⁴ וכל בתיה
²⁶ [כ]נות[רת

---

18. Folgende Abkürzungen werden verwendet: Ed = Edition, *a.a.O.*; Sl = Strugnell, *a.a.O.*; Ho = Horgan, *a.a.O.*; Mo = Moraldi, *a.a.O.*; BE = Buchstabenein-
heit(en). Ein Strich hinter Ed bedeutet, daß die Edition keinen Buchstaben gelesen
oder ergänzt hat. Die Punkte über unvollständig erhaltenen Buchstaben sind nach
den Richtlinien der DJDJ-Bände gesetzt. Horgan setzt keine Punkte. Die Lesungen
von Moraldi sind, soweit es möglich war, aus seiner Übersetzung erschlossen. Die
Buchstabeneinheit wurde aus dem Durchschnitt von 5 auf den Photographien in
DJDJ V, Tafel XXVI auf einer Länge von 3 cm durchgeführten Auszählungen der
Buchstaben ermittelt.

19. Ergänzt mit Ed; Ho und Mo nach *Thr* 1, 1.

20. Ed [לים   ]־ר־[   ]; Sl [רוש]; Ho [רבתי עם י]רוש]לים
ירוש]לים ist viel zu lang. Zwischen העיר und dem ו können nach dem Wortabstand nur noch 3-4 Buchstaben gestanden haben (0,7 cm = 4 BE). Der Schriftrest
nach dem ו paßt nicht zum rechten Balken eines ש, sondern zu dem Unterteil
eines ל. העיר הגדולה wird von Jerusalem (*Jer* 22, 8) und Ninive (*Jon* 1, 2;
3,2; 4, 11) ausgesagt. In der zweiten Lücke haben höchstens 6 Buchstaben Platz
(1 cm = 5-6 BE). Das doppelte ירושלים ist kaum möglich.

21. Ergänzt mit Ho und Mo nach *Thr* 1, 1. Ed - . Möglich ist auch ר[בתי כ(ו)ל
הע[מ]ים ; doch spricht der im Parallelausdruck כל לאומ[ים fehlende Artikel
dagegen. Zum ḥireq compaginis vgl. W. GESENIUS-E. KAUTZSCH, *Hebräische
Grammatik*, 28. Auflage, Leipzig 1909, § 90 k-l.

22. Ed [ים]; Ho בג[וים. Das linke Ende vom Grundstrich des מ ist noch
sichtbar.

23. Ergänzt mit Ed; Ho [לאומ[ות geht nicht, da von לאום kein femininer
Plural gebildet wird.

24. Ed; Mo; Ho כעזוזבה. Dieser Lesung stehen paläographische und inhalt-
liche Beobachtungen entgegen. Gegen ein ז spricht, daß es an den beiden Stellen,
an denen es in unserem Text sicher vorkommt, mit vorangehendem ו (in
וכעזוזבת 2, 6) und מ (in [במז[בח 1, 6) *nicht* (wie an unserer Stelle) durch eine
Ligatur verbunden ist und daß es dort die Form eines senkrechten Strichs hat,

(6) ‏[מ]א[י]שה ‏²⁷‏ עריה ‏²⁸‏ כעצובה וכ[ע]זובת[רוח] ‏²⁹‏[כ]ל ארמונתיה ‏³⁰‏
‏³¹‏[ורחו[בותיה]

---

während es hier leicht nach links geneigt wäre. Der schwarze Punkt im oberen Tei[
des Risses, der zwischen dem fraglichen ‏ז‏ und dem ‏ב‏ nach unten geht, ist schwerlich als Schriftrest anzusehen, da dann das ‏ו‏, dessen unteres Ende er wäre, weiter
nach unten reichen würde als der Grundstrich des ‏כ‏ und erheblich weiter als das
vorangehende ‏ז‏; in ‏וכ[ע]זובת‏ 2, 6 ist das ‏ז‏ dagegen etwas länger als das ‏ו‏. Die
inhaltlichen Bedenken beruhen vor allem auf der Wiederholung ([‏וכ[ע]זובת‏]).
Außerdem ergibt unsere Ergänzung einen geschlosseneren Aufbau, indem ‏שוממה‏
parallel zu ‏כערבה‏ ‏[ישבה]‏ ‏בדד‏, also ‏כערבה‏ parallel zu ‏בדד‏ steht und die
Vergleiche mit der verlassenen Frau auf die 8-gliedrige Nominalsatzreihe, die mit
dem folgenden Satz beginnt, beschränkt bleiben. Zu ‏כערבה‏ vgl. *Jes* 33, 9; *Sach*
14, 10.

25. Ed; Ho ‏בנ[ותיה]‏]; Mo hält diese Ergänzung für unsicher. Nach Korrektur
der Lederkontraktion in der Handschrift reicht die Lücke nur noch für einen
Buchstaben. Das linke Ende des Oberstrichs des ‏ב‏, vielleicht auch die untere Verbindung mit dem ‏ת‏, ist auf der Photographie PAM 41 320 erkennbar. Im Parallelismus zu den folgenden Begriffen „ Burgen “ und „ Paläste “ sind hier die
Töchter im eigentlichen Sinne unpassend. Auch die übertragene Bedeutung ist hier
nicht zu erwarten, da sie sonst in der Reihe zweimal vorkommen würde (vgl.
‏בנותיה‏ Zeile 8).

26. Ed; Mo; Ho ‏עזוב[ות]‏. Durch die erforderliche Korrektur der Lederkontraktion (siehe die vorangehende Anmerkung) gewinnt man Raum für einen weiteren Buchstaben, für den sich unter Berücksichtigung des Aufbaus des Textes ein ‏כ‏
anbietet. Die Lesung der Edition empfiehlt sich nicht, da die anderen Glieder
ausnahmslos Nominalsätze mit der Vergleichspartikel ‏כ‏ und einem davon abhän-
gigen Begriff sind, der eine verlassene Frau bezeichnet.

27. Ed; Sl; Ho; Mo ‏כ[א]שה‏]. Zwischen ‏א‏ und ‏ש‏ muß ein weiterer Buchstabe
angenommen werden.

28. Ed ‏עזו[ב]בה‏; Sl; Mo ‏ער[י]ריה‏ „ unfruchtbare “; Ho ‏ער[מ]ה‏ „ nack-
te “, d.h. „ bestrafte “. Zwischen ‏ע‏ und ‏ה‏ sind nur Schriftreste von 2 Buchstaben
vorhanden. Die Lesung eines ‏מ‏ als dritter Buchstabe wird durch die Schriftreste
ausgeschlossen. Der zweite Buchstabe ist am wahrscheinlichsten ein ‏ר‏, dessen
Krönchen auf der anderen Seite des Lederrisses auf der Photographie PAM 41 320
noch zu sehen ist. Das folgende ‏י‏ ähnelt dem in ‏בע[מ]ים‏ Zeile 5. Gegen die bisher
vorgeschlagenen Lesungen spricht auch ein formales Argument. Das Nebeneinander
mehrerer Vergleiche in ein und demselben Satz würde den Aufbau komplizieren.

Nach Ed und Mo sind es 3 Vergleiche: ‏כ[א]שה עזו[ב]בה כעצובה וכעזובת‏
‏בע[לל]ה]‏, die zum vorangehenden Subjekt ‏בנ[ותיה]‏ gehören, nach Ho zwei:
‏כעצובה וכעזובת [רוח]‏, die zum folgenden Subjekt ‏ארמונתיה‏ gehören. Dieselbe Struktur nimmt Mo auch für die Zeilen 7-8 Anfang und 8-9 Anfang an: „ e tutti
i suoi sentieri sono come un' esclusa..., come una donna amareggiata “. Andererseits
ordnen Ed und Mo zwei Begriffe e i n e m Vergleich zu: „ all her palaces and her walls
are like a barren woman “. Der klarste Aufbau ergibt sich jedoch, wenn jeder Satz
nur aus e i n e m Subjekt und e i n e m Vergleich besteht. Legt man diesen zugrunde,

(7) כְּעֹקְרָה וכמסככה כול אורחו[ת]י[ה] נותי[ה] ³² כאשת מרורים

(8) וכל ‏ בנותיה כאבלות ³³ על {על} ³⁴ בע[ל]יהן ³⁵ וכפ[ה]ריה ³⁶
כמשכלות ³⁸ ³⁷

---

muß in dem fraglichen Wort das Subjekt eines neuen asyndetischen Nominalsatzes gesucht werden. Schließlich sind die oben angeführten Lesungen auch aus inhaltlichen Gründen ausgeschlossen. עֹז[וּ]בה wäre im Vergleich mit dem folgenden

כָּעֹזוּבֻת und erst recht mit כְּעֹזוּבָה und עֹזוּב[ות] der vorangehenden Zeile eine störende Wiederholung. עֲרִירִי wird im Alten Testament (vgl. *Gen* 15, 2; *Lev* 20, 20; *Jer* 22, 30), in *Sirach* (16, 3f) und im rabbinischen Schrifttum (*jSanh* 7, 24ᶜ) immer nur von Männern gebraucht, die mit ihren Frauen zusammen keine Nachkommen haben. Völlig fehl am Platze ist der in Horgans Lesung vorausgesetzte Vergleich mit einer nackten Frau. Man kann auch nicht mit Horgan „ nackt " im Sinne von „ bestraft " verstehen (auch nicht in *Hos* 2, 5), was überdies keinen besseren Sinn ergeben würde, da es immer um eine allein gelassene Frau (ohne Ehemann oder Kinder) geht.

29. Ergänzt mit Ho nach *Jes* 54, 6: עֲזוּבָה כאשה עזובה ועצובת רוח ·עזובה und עֲצוּבָה, die ja ähnlich klingen, wären vertauscht. Ed [בע]ל[ה] geht nicht, da das Oberteil des ל in Wirklichkeit ein Lederriß ist (siehe dazu Sl, *a.a.O.*, S. 252). Sl; Mo [אישה] ist für die Lücke (0,7 cm = 4 BE einschließlich zweier Wortabstände) zu lang.

30. אַרְמְנֹ[ו]ת (mit Beibehaltung des langen Vokals der 2. Silbe) ist die ursprünglichere Form des status constructus Plural von אַרְמוֹן gegenüber MT. אַרְמְנוֹת (vgl. H. BAUER-P. LEANDER, *Historische Grammatik der Hebräischen*

Sprache des Alten Testamentes, Halle 1922, Nachdruck Hildesheim 1965, S. 533, § 67f.) Siehe auch die Schreibung אַרְמוֹנוּתיה in 1 I, 10 und 1QJesᵃ 28, 13 (mit über der Zeile nachgetragenem ו in der 2. Silbe) = *Jes* 34, 13 (vgl. E. Y. KUTSCHER, *The Language and Linguistic Background of the Isaiah Scroll*, Leiden 1974, S. 367).

31. Ergänzt mit Sl und Mo. Ed [וח]מותיה (von Ho für möglich gehalten) und Ho [וח]צותיה [   ] passen nicht zu den Schriftresten. Vor dem ה sind z w e i Buchstaben, von denen der zweite ein sicheres ו ist. Gegen Ho ist festzustellen, daß von dem folgenden ו ein charakteristischer Schriftrest erhalten ist und zwischen אַרמונתיה und der Konjunktion ו kein Buchstabe oder gar Wort mehr gestanden haben kann. Die von Sl zu Recht erwähnte Schwierigkeit, daß die Ergänzung zu lang ist und über den Nahtrand hinausgeht, läßt sich vielleicht dadurch ausräumen, daß man die sich vor dem Wortanfang befindliche Lederkontraktion durch eine Verschiebung nach links unten korrigiert (vgl. Anmerkung 25), wodurch sich bei Annahme eines nur kleinen Wortabstandes zum vorangehenden Wort das Überschreiten des Nahtrandes auf 0,1 cm vermindert.

32. Ed ה[. Ho וכל דרכי[ה], nach der Anmerkung S. 234 וכ[ול], überfüllt die Lücke (1,3 cm = 7 BE einschließlich ה[ת] des vorangehenden Wortes und des Wortabstandes). Auch ohne כ[ו]ל ist die Ergänzung Horgans noch zu lang. Die vorgeschlagene Ergänzung ist als Parallelbegriff zu dem folgenden בנותיה „ ihre Kleinstädte " oder „ Dörfer " gewählt. Zur Pluralform נות (< nᵉ'ōt < nᵉwōt) vgl. *Zeph.* 2, 6; auch שדי[ה] „ ihre [Felder] " wäre möglich.

33. ל und ו sind wie in כמשכלות in derselben Zeile durch Ligatur verbunden.

(9) ליחידיהֹן בכו תבכהּ ירוֹ[שלים בלילה בלילה[[39] וע[ל[40 לחיה על בניה

(10) [דמעוֹ[ת[יה 41 ומנח[ם 42 [מכול אוהביה אין[לֹהֹ 43 והגתה

(4) [Ach, wie sitzt] (so) einsam da [die g]roß[e] [44] Stadt [Jerusa]lem ! [45]
Die Mä[chtigste unter den (5) Völk]ern,
die Fürstin aller Nation[en] [46]

---

34. Das zweite עֹל ist als Dittographie zu streichen, die vielleicht durch dieselbe

Buchstabenfolge im folgenden Wort בעֹ[ליהן hervorgerufen ist.

35. Ergänzt mit Ho. Ed בעֹ[ל]ן. Unsere Ergänzung ist aufgrund des Parallelismus zu יחידיהֹן vorzuziehen. Sie entspricht der Übersetzung der Ed und von Mo.

36. Ed הֹ[ריה[. Ho וכל שֹעֹ[ריה ist für die Lücke (1,4 cm = 8 BE einschließlich ליהֹן] des vorangehenden Wortes nebst Wortabstand) zu lang. שֹע[ריהֹ ,, ihre [To]re " paßt nicht als Parallelbegriff zu בנותיה „ ihre Kleinstädte " oder „ ihre Dörfer ". Unsere Ergänzung ist sehr wahrscheinlich.

37. Das מֹ sieht wie ein Schluß- מ aus.

38. Ho transliteriert falsch kmsklwt (statt kmšklwt).

39. Ergänzt nach Thr 1, 2 (vgl. auch 2, 19). Ho דמעות ירֹ[ן überfüllt die Lücke (2,3 cm = 12 BE einschließlich שֹלים] des vorangehenden Wortes nebst Wortabstand). Zu ירֹ[ן siehe die folgende Anmerkung. Statt [בלילה] wäre auch ein Begriff parallel zu בניה möglich, etwa [לבעלה] „ [über ihren Gatten] ".

40. Ed; Mo; Ho עֹל[ן. Doch hat die Handschrift kein Spatium zwischen ן und עֹל. Damit entfällt die Ergänzung von Ho ירֹ[ן (es wäre zudem ein Imperfekt zu erwarten: תרֹדֹנה) und kann על לחיה nicht mit Ho und Mo zum vorangehenden Glied gezogen werden.

41. Ergänzt nach Thr 1, 2aß. Dort steht der Singular דמעתה. Ed-; Ho [תבכה] ist als Wiederholung wenig wahrscheinlich.

42. Die Lesung des םֹ ist unsicher. Ho ואין לה מנחֹם ist für die Lücke (2,5 cm = 14 BE einschließlich [תבכה] nebst Wortabstand) etwas zu lang. Unsere Ergänzung ist wahrscheinlich zu kurz. Am besten in diese Lücke zu passen scheint

מנחֹם אין (וֹ)). Der Rückgriff auf Thr 1,2b ist sehr wahrscheinlich (vgl. ferner Thr 1, 9.16.17.21).

43. Ed ל-. Ho übergeht den Schriftrest hinter dem ל. Unser Ergänzungsvorschlag ist sehr unsicher. Die Deutung des הֹ als auf Zion zu beziehendes Suffix wird jedoch durch den Zusammenhang nahegelegt. Möglich wäre die Ergänzung

לֹהֹ [ורעיה לאויבים היוֹ], die Thr 1, 2c aufnehmen würde. Zur Änderung der Wortstellung wäre das Zitat von Thr 1, 2aß zu vergleichen.

44. „ Die große Stadt " hat hier parallel zu "Mächtigste unter den Völkern" den Sinn von „ die mächtige Stadt ".

45. „ Jerusalem " kann auch an den Anfang des nächsten Glieds gestellt werden. Dieser Möglichkeit könnte die Beobachtung entgegen kommen, daß העיר

הֹגֹ[דול]ה] als Apposition besser hinter ירושלים stünde.

46. Parallel zu רֹ[בתי בעֹ[מֹים ist der Genitiv partitiv zu fassen: die Herrscherin, die Mächtigste unter allen Nationen.

ist verlassen [47] wie eine Wüste.

Und alle [48] ihre Häuser sind (verlassen) [49] [wie] eine (Frau), die allein
zurückgeblie[ben] ist (6) [ohne] ihren M[a]nn,
ihre Burgen [50] wie eine (in ihrer Verlassenheit) Betrübte.

Und wie eine (Frau), welche [die gute Laune] verlassen hat [51], sind alle
ihre Paläste [52].

Und [ihre] Plät[ze] sind (7) wie eine Unfruchtbare [53].

Und wie eine, (deren Mutterleib) verschlossen ist, [54] sind alle [ihre]
Weg[e].

---

47. שׁוֹמֵמָה ist als Partizip Qal (vgl. *Thr* 1, 13; 3, 11; *Jes* 54, 1) und nicht als
Perfekt Pōʻel aufzufassen. Mo hat es nicht übersetzt.

48. Mo übersetzt das ו von וְכָל nicht.

49. Das tertium comparationis ist in allen Gliedern die Verlassenheit.

50. Parallel zu אַרְמוֹן „ befestigter Palast " hat עִיר hier die Bedeutung
„ Burg " (vgl. *2 Sam* 5, 7.9; *2 Kön* 10, 25) oder „ Turm " (vgl. *Jes* 1, 8; auch
2 Kön 17, 9, wo מִגְדָּל „ Turm " zu dem Oberbegriff עִיר gerechnet wird). Den
besten Sinn ergäbe die davon nicht weit entfernte Bedeutung „ Schloß ". Die Bur-
gen und Paläste sind hier als Wohnstätten der Oberschicht Jerusalems gemeint.
Wenig wahrscheinlich sind die Übersetzungen ''Stadtteil'' (vgl. *2 Sam* 12, 27) und
''Schwesterstadt, Ortschaft, Dorf'' (vgl. *Jos* 13, 17; *Jer* 19, 15). Erst die drei letzten
Glieder handeln von den Dörfern in der Umgebung Jerusalems.

51. Gemeint ist synonym zu עֲצוּבָה „ Betrübte " eine wegen ihres Alleinseins
mißmutige Frau. Zu der hier angenommenen Bedeutung von רוּחַ vgl. *1 Kön*
21, 5. Zum status constructus mit einem Partizip Passiv als nomen regens vgl.
GESENIUS-KAUTZSCH, *.a.a.O*, § 116 k. Horgan übersetzt „ forsaken in spirit ". Die
Verlassenheit ist gemäß *Jes* 54, 6 (vgl. ferner *Jes* 49, 14; 62, 4) als Alleinsein ohne
den Ehemann zu verstehen. Die chiastische Stellung erklärt sich wohl aus *Jes*
54, 6, wo כְּאִשָּׁה עֲזוּבָה וַעֲצוּבַת רוּחַ in *einem* aus zwei Begriffen bestehenden
Vergleich nebeneinander stehen. Moraldi übersetzt das ו vor כַּעֲזוּבַת nicht.

52. Horgan berücksichtigt in der Übersetzung nicht die von ihm vor [וְח]וּצוֹתֶיהָ
fälschlich angenommene Lücke.

53. Vgl. *Jes* 54, 1; auch *syr Bar* 10, 13.

54. Da im Falle eines Pōʻals Pleneschreibung zu erwarten wäre, dürfte die Form
eher nach Analogie des starken Verbs als Partizip Puʻʻal gebildet sein: mᵉsukkᵉkā.
Würde man sie als defektiv geschriebenes Pōʻal auffassen, wäre natürlich auch eine
Ableitung von סוּך möglich. Die Wurzel hängt mit dem arabischen sakka yasukku
„ verschließen " sowie mit sakka yasakku und istakka „ taub sein " samt dem Kör-
perfehleradjektiv asakku „ taub " zusammen (vgl. H. WEHR, *Arabisches Wörterbuch
für die Schriftsprache der Gegenwart*, Leipzig 1956, S. 379b). Im Biblisch-Hebräischen kommt sie in *Hi* 3, 23 und 38, 8 vor. Die dort gebrauchte Form וַיָּסֶךְ kann als

Hifʻīl von סוּך verstanden werden (so W. GESENIUS-F. BUHL, *Hebräisches und
aramäisches Handwörterbuch über das Alte Testament*, Neudruck der 17. Auflage,
Berlin/Göttingen/Heidelberg 1954, S. 538a, die jedoch die Zuordnung zu סָכַךְ
offenlassen). Brown-Driver-Briggs fassen sie wohl fälschlich als Qal von סָכַךְ auf
(siehe F. BROWN, S. R. DRIVER, Ch. A. BRIGGS, *A Hebrew and English Lexicon of the
Old Testament*, Oxford 1907, Nachdruck 1972, S. 692a). Es wäre dann bei u als
Imperfektvokal וַיָּסֹךְ zu erwarten. Köhler stellt sie zu סָכַךְ Hifʻīl (siehe L. KÖH-
LER, *Lexicon in veteris testamenti libros*, Leiden 1958, S. 657b). Wahrscheinlich ist

Ihre [Landgüter] [55] sind (verlassen) wie eine schmerzverbitterte [56] Frau,
(8) und alle ihre Töchter [57] wie (Frauen), die um [ihre] Män[ner] trauern,
und ihre [Dör]fer [58] wie (Mütter), denen (9) ihre einzigen (Kinder)
weggenommen worden sind [59].

---

das syrische sākā „ Grenze " (mit dem davon denominierten sayyek̲), zu dem Brockelmann (siehe C. BROCKELMANN, *Lexicon Syriacum*, Halle 1928, S. 464a) das
Wort sāg̲a „ umzäunen " (siehe BROCKELMANN, *a.a.O.*, S. 462b) und das arabische
siyāg̲ „ Hecke " (siehe WEHR, *a.a.O.*, S. 406b) stellt, mit unserem Wort verwandt. Im
Biblisch-Hebräischen entspricht ihm סוּג (Ct 7, 3). Das biblische שׂוּךְ „ umzäunen " (*Hos* 2, 8; *Hi* 1, 10) mit dem Nomen מְשׂוּכָה (von einer Nebenform

שׂכֶךְ gebildet ?) „ Umfriedung, Umzäunung " (*Jes* 5, 5) ist wohl gegen GESENIUS-
BUHL, die es mit dem arabischen šauk „ Dorn " zusammenstellen (*a.a.O.*, S. 780b),
als Nebenform (sekundärer Übergang von ס zu שׂ, vgl. KUTSCHER, *a.a.O.*, S. 185;
vgl. ferner z.B שׂפִיחַ „ im zweiten Jahr aus den ausgefallenen Körnern hervorkom-
mender Nachwuchs " 4Q177 [*Catena* A] 5-6, 2, was im Biblisch-Hebräischen viermal
סֹפִיחַ geschrieben wird, und מִשׁפַּחַת ,, Grind " 4Q266[*D*ª] 1 XVII. 3 [J. T. MILIK,
RB 73, (1966), S. 105] für מִסְפַּחַת *Lev* 13, 7.8 [vgl. auch סַפַּחַת *Lev* 13, 2; 14, 56,
dagegen auch Biblisch-Hebräisch שׂפַּח „ grindig machen " *Jes* 3, 17]) zu unserem
Wort zu erklären.-Parallel zu עֲקָרָה „ Unfruchtbare " ist die Übersetzung der Ed
„ shut away " (so auch MORALDI und HORGAN) unpassend. Eine weggeschlossene
Frau ist hier fehl am Platze.

55. Zu unserer Übersetzung von נוה vgl. BROWN-DRIVER-BRIGGS, *a.a.O.*,
S. 627b sub voce נָוֶה II.

56. Das Leid besteht in der Kinderlosigkeit (vgl. *1 Sam* 1, 10). In den drei
letzten Gliedern bezieht sich der Vergleich auf eine Frau, die keine Kinder
bekommt, und auf Frauen, denen ihre Männer bzw. ihre einzigen Kinder gewaltsam
weggenommen oder getötet worden sind.- מְרוּרִים ist ein im Biblisch-Hebräischen
nicht belegter Abstraktplural: „ Bitterkeit " (zur Nominalform vgl. C. BROCKEL-
MANN, *Grundriß der vergleichenden Grammatik der semitischen Sprachen*, Berlin
1908, Nachdruck Hildesheim 1966, I, S. 358, § 141b). In den Qumrantexten
kommt er dagegen neunmal vor, davon dreimal wie an unserer Stelle als nomen
rectum einer Constructusverbindung in der Funktion eines genitivus qualitatis (1QS
4, 13; 1QH 11, 19.22). Das Wort ist nicht von מָרוֹר „ Bitterkraut " in übertra-
gener Bedeutung abzuleiten (so wohl K. G. KUHN, *Konkordanz zu den Qumrantexten*, Göttingen 1960, S. 133b).

57. Es sind die Kleinstädte oder Dörfer, die zu Jerusalem gehören, gemeint. Zu
dieser Bedeutung von בַת vgl. *Num* 21, 25.32; 32, 42; *Jos* 15, 45.47; 17, 16; *Ri*
11, 26; *Jer* 49, 2 u.ö. Auch HORGAN versteht es in diesem Sinne (*a.a.O.*, S. 229).
MORALDI scheint indessen, wie die falsche Wiedergabe von בעל durch Bräutigam
zeigt, an junge Frauen zu denken.

58. Man kann entweder כְּפָר (*Ct* 7, 12; *1Chr* 27, 25) oder כֹּפֶר (*1 Sam* 6, 18)
lesen. Beides sind aramäische Lehnwörter (siehe M. WAGNER, *Die lexikalischen und
grammatikalischen Aramaismen im alttestamentlichen Hebräisch*, Berlin 1966, S. 66,
Nr. 134 und 135). Da bei כֹּפֶר eher Pleneschreibung zu erwarten wäre (doch siehe

אהלך ,, dein Zelt " 2, 3), die die Lücke wohl überfüllen würde, verdient כְּפָר den
Vorzug. Zudem ist es das gängigere wort.

59. Wörtlich: Frauen, die kinderlos geworden sind hinsichtlich (לְ) ihrer einzi
gen Kinder. MORALDI berücksichtigt nicht, daß es sich um die *einzigen* Kinder

Es weint, ja weint [60] Jeru[salem des Nachts],
und auf ihrer Wange stehen (10) [ihr die Tränen] um ihre Kinder, [61]
[ohne daß sie unter allen ihren (früheren) Liebhabern einen Tröster]
                                                            hätte,
und sie seufzt [62] (Ende der Kolumne)...

Kommen wir nun zum Schlußteil, in dem die wesentlichen Merkmale
des Umgangs des Verfassers der Klagen mit aus dem Alten Testament
entnommenen Material herausgearbeitet und durch Beispiele veran-
schaulicht werden sollen.
Diese Merkmale sind:

1. Die Ersetzung von an den alttestamentlichen Bezugsstellen vorkommenden Begriffen. Sie will hauptsächlich ungebräuchliche Wörter
vermeiden, steht aber vielleicht auch im Dienst einer übersichtlicheren
Gestaltung des Aufbaus. Als Beispiel bietet sich 1 II, 13 an. An Stelle des
ungewöhnlichen רחמני „ zärtlich, liebevoll " aus *Thr* 4, 10 verwendet
unser Text das gebräuchlichere Wort רך und an Stelle von נשים „ Frau-
en " בנות ציון „ die Töchter Zions ", das wohl zur Angleichung an das
wahrscheinlich zu ergänzende [בני צ[יון „ die Söhne Z[ions] " 1 II, 5
dienen soll, die beide jeweils einen neuen Abschnitt beginnen würden. [63]

---

handelt. Im Biblisch-Hebräischen ist das Puʻal nicht belegt (vgl. aber שָׁכוּל. *Jes*
49,21).

60. Der Infinitiv absolutus wird hier zum Ausdruck der längeren Fortdauer der
Handlung dienen (vgl. GESENIUS-KAUTZSCH, *a.a.O.*, § 113r): „ weint unaufhörlich,
immerfort ".

61. Die Wortstellung des Satzes ist auffällig. Soll vielleicht durch das ungewöhn-
liche doppelte על am Anfang, das durch Voranstellung des Prädikats על לחיה
und der zu [דמעו[תָ]יה] gehörigen Umstandsbestimmung zustandekommt, die
klangliche Ähnlichkeit des parallel stehenden Infinitivus absolutus und der ihm
folgenden finiten Verbform nachgeahmt werden?

62. Vgl. *Jes* 16, 7; *Jer* 48, 31; ferner הָגָה und הָגִיג „ Seufzen " (*Ez* 2, 10 bzw.

Ps 5, 2; 39, 4). Auch Horgan nimmt an, daß die Klage noch weiter ging: „ and she
moans... ".

63. Weitere Beispiele sind: גוריהן „ ihre Jungtiere " aus *Thr* 4, 3 ist durch
עוליהן ersetzt (1 II, 4). Der Grund dafür liegt vielleicht darin, daß גור nur von
jungen Löwen gebraucht wird (vgl. *Jer* 51, 38; *Nah* 2, 13 u.ö.). Andererseits
kommt עול in der Bedeutung „ Jungtier " im Alten Testament nicht vor; doch
wird im Syrischen ʻīlā (siehe BROCKELMANN, *Lexicon Syriacum*, 2. Auflage, Halle
1928, S. 516a) und im Äthiopischen ʻəwāl (siehe A. DILLMANN, *Lexicon Linguae
Aethiopicae*, Nachdruck der Ausgabe 1865, Osnabrück 1970, S. 994b) für das
Jungtier von Pferd, Esel und Kamel gebraucht. — An Stelle der ungebräuchlichen
nach Art des arabischen Elativs ʼaqtal gebildeten, nach Genus und Numerus unveränderlichen Form (vgl. J. BARTH, *Die Nominalbildung in den semitischen Sprachen*,
Nachdruck der 2. Auflage Leipzig 1894, Hildesheim 1967, S. 224) אכזר mit der
ebenfalls aus dem Arabischen stammenden korroborativen Partikel ל la aus *Thr*

2. Die Erweiterung

a. durch Hinzufügung erläuternder Zusätze. So ist in 2, 4 הָעִיר „ die
Stadt " aus *Thr* 1, 1a durch das sicher zu ergänzende Attribut [הַגְּ]דוֹלָֽ[ה]
יְרוּשׁ[לִַם] zu „ [die g]roß[e] Stadt [Jerusa]lem " erweitert worden. Ein
ähnlicher Fall liegt in 2, 9-10 Anfang vor. Zu dem Zitat von *Thr* 1, 2a ist
das Subjekt [יְרוּ]שׁלִַם] hinzugefügt: בָּכוֹ תִבְכֶּה יְרוּשָׁלַֽיִם בַּלַּיְלָה
„ es weint, ja weint *Jeru[salem des Nachts]* ". Im anschließenden Zitat von
Thr 1, 2aß ist die Wortstellung verändert und ein Objekt hinzugetreten:
[דִּמְעו]תָ[יה] וְעַל לֶחְיָה עַל בָּנֶיה „ und auf ihrer Wange stehen [ihr die
Tränen] *um ihre Kinder* ". Zu dem verkürzten Zitat von *Jes* 64, 10
[בֵּית קֻדְשֵׁנוּ] הָיָה לִשְׂרֵפַת אֵשׁ „ [unser heiliges Haus] ist der Feuers-
brunst anheimgefallen " tritt וְהַפֵּכָה „ und der Zerstörung " hinzu
(1 I, 5). Der Zusatz kann auf andere assoziierte Bibelstellen Bezug
nehmen: וְחֵפֶץ אֵין בּוֹ „ und das keinen Nutzen hat " (1 II, 10) geht
als Relativsatz zu [כְּלִי חֶרֶשׂ] „ [Tongefäß] ", das wohl für נִבְלֵי חֶרֶשׂ
aus *Thr* 4, 2 steht, auf *Jer* 22, 28; 48, 38; *Hos* 8, 8 zurück.

b. durch Hinzufügung einzelner Ausdrücke oder Sätze, die der Struktur nach alttestamentlichen Stellen entsprechen. Diese finden sich besonders in der Klage 1 II, 1ff. [שִׂים הַזֹּכִים מִשָּׁלֶג]נֹשְׂאֵי הַלְּבוּ „ die, die
Gewän[der] trugen, [die glänzender als Schnee waren] ", (1 II, 11) und
wohl auch [65] מִלִּפְנֵי חוֹרֶף בְּדַל יְדֵיהֶן [64] „ die, die das Äußerste gewöhnt

---

4, 3 steht אַכְזָרִיה (1 II, 4). In 1 II, 9 ist wahrscheinlich נִבְלֵי חֶרֶשׂ „ Tongefäße "
aus *Thr* 4, 2 durch das gängigere [כְּלִי חֶרֶשׂ] ersetzt (vgl. *Lev* 6, 21; 11, 33;
15, 12), da der Rückverweis im folgenden Relativsatz im Singular Steht (בּוֹ).

64. Die Lesung מִלְּפָנַי חֹורֶף „ weg von dem Winter " (so Ed; Mo; Ho) gibt
schwerlich einen Sinn. Der schwierige Ausdruck erklärt sich wahrscheinlich aus dem
Aramäischen. Statt מִלְּפָנַי ist מַלְּפָנֵי mall^efānē zu vokalisieren. Es handelt sich
um das im Syro-Aramäischen geläufige nomen agentis zum Passiv Pa''el, von der
Wurzel אלף mit Übergehung des festen Absatzes, der dann auch nicht mehr
geschrieben wurde: me'all^efānē 〉 mall^efānē (vgl. dazu im Hebräischen besonders *Hi*
35, 11 und allgemein GESENIUS-KAUTZSCH, *a.a.O.,* § 68k; zum Aramäischen
C. BROCKELMANN, *Syrische Grammatik,* 9. Auflage, Leipzig 1962, § 180E). Die
Bedeutung „ geübt, gewöhnt " des Partizips Passiv Pa''el, von dem das nomen
agentis ja abgeleitet ist, findet sich in dem Beleg mall^efai qrābā „ trained to war "
bei J. PAYNE SMITH, *A Compendious Syriac Dictionary,* Nachdruck der 1. Auflage
1903, Oxford 1957, S. 193a. — Auch für die Erklärung von חוֹרֶף bietet sich das
Syro-Aramäische an. Man findet dort das Wort ḥurpā „ scharfe Ecke, Spitze ",
übertragen „ der höchste Punkt, das Äußerste, das Beste " (siehe PAYNE SMITH,
a.a.O., S. 135a).

65. Zu דָּל ist das syro-aramäische Wort dayyel „ servivit, ministravit " mit den
davon abgeleiteten Nomina m^edayy^elānā „ minister " und duyyālā „ servitium "
heranzuziehen (siehe BROCKELMANN, *Lexicon Syriacum,* S. 145a). Wahrscheinlich
hängt auch das arabische Wort dallala „ verwöhnen, hätscheln " nebst dalāl „ Ver-

waren an ihrer (d.h. der wohl vorher in der Lücke genannten Mägde) Dienstbereitschaft " (1 II, 6) sind analoge Partizipialbildungen zu הַמְסֻלָּאִים [ב]‏[פָּז ‏„ die, die (an Wert) Feingold [gleich] waren " (1 II, 9) aus *Thr* 4, 2. שָׁאֲלוּ מַיִם וְאֵין מַגִּיל [לָהֶם] ‏„ sie haben um Wasser gebeten, doch keiner streckt (es) [ihnen] hin " (1 II, 8) ist gleichgebaut wie *Thr* 4, 4b. Wahrscheinlich stand in der vorangehenden Lücke ein Satz von ähnlicher Struktur.

c. durch Hinzufügung von Satzreihen, deren Glieder sämtlich *einem* bestimmten im Zitat vorgegebenen Satz nachgebildet sind. Das Musterbeispiel dafür ist die oben besprochene Reihe 2, 5 Ende-9 Anfang.

D-3550 Marburg, Qumran-Forschungsstelle   Hartmut PABST
Lahntor 3

---

wöhnung " (siehe WEHR, *a.a.O.*, S. 260) damit zusammen. דַּל יָדַיִם ist als e i n Begriff zu verstehen : Dienstfertigkeit (der Hände). Ähnliche unter Verwendung von Körperteilen als nomen rectum gebildete Eigenschaftsbegriffe sind z.B. רְפוּת יָדַיִם „ Lässigkeit der Hände, Trägheit " und קְשִׁי עֹ(ו)רֶף „ Hartnäckigkeit ". Die ausführliche Diskussion der weiteren Belegstelle 1Q *Genesis Apocryphon* 20, 7 und der dazu gemachten Übersetzungsvorschläge. ist für den geplanten Aufsatz vorgesehen.

Eine weisheitliche Mahnrede
in den Qumranfunden (4Q185) *

In *DJD*, V hat J. M. Allegro [1] als *4Q185* einen bisher unbekannten hebräischen Text veröffentlicht, von dem er ohne nähere Inhalts-und Gattungsbestimmung die Photographien, eine Transkription des hebräischen Textes, die Übersetzung und einige wenige Anmerkungen gegeben hat [2].

J. Strugnell [3] hat sich in seiner umfangreichen Rezension [4] nicht damit begnügt, in die üblichen Klagen über die unzureichende Qualität des Editionsbandes einzustimmen, sondern er hat Lesungen und das Verständnis auch dieses Textes entscheidend verbessert. Strugnell [5] hat auch erste Hinweise zum Charakter des Textes und zur Gattungsfrage gegeben: Sprache und Thematik sind weisheitlich, der Text ist der Gattung der „ Unterweisung " („ instruction ") zuzurechnen; Strugnells Vermutung, ihn als „ Testament " eines Weisen oder gar einer historischen Person aufzufassen, geht wohl über das dem freilich sehr stark zerstörten Text sicher Entnehmbare hinaus. Daß die Mahnrede nicht allein an „ meine Söhne " [6], sondern an „ mein Volk " [7] gerichtet ist, läßt

---

* Für zahlreiche Hinweise danke ich Herrn N. Ilg, insbesondere jedoch Herrn H. Pabst und dem Leiter der Qumran-Forschungsstelle Marburg, Herrn Prof. Dr. Dr. H. Stegemann herzlich. Herr Prof. Stegemann hatte im Sommer 1977 die Gelegenheit, am Original in Jerusalem die Lesungen zu überprüfen. Da bei den Korrekturen keine größeren Änderungen möglich waren, wird jeweils lediglich angegeben, wo die Handschrift den hier vorgeschlagenen Text fraglich erscheinen läßt. Diese Nachträge werden mit „ St " (egemann) bezeichnet. Auch dafür möchte ich Herrn Prof. Stegemann von Herzen danken.

1. J. M. ALLEGRO, *Qumrân Cave 4 I (4Q158-4Q186), with the collaboration of A. A. Anderson*, in *Discoveries in the Judaean Desert of Jordan*, V, Oxford 1968, S. 85-87, Plates XXIX-XXX.

2. Neben der Edition standen bei der vorliegenden Bearbeitung die Photographien PAM 41307; 41585; 43439; 43514 zur Verfügung.

3. J. STRUGNELL, *Notes en marge du volume V des 'Discoveries in the Judaean Desert of Jordan'*, in *RQum*, 7 (1970), 161-276; zu *4Q185* S. 269-273.

4. Im folgenden in den Abkürzungen als „ Sl " mit Seitenangabe; die Zitierung der Edition erfolgt als „ Ed " mit Seite.

5. Sl 269.

6. 1-2, I, 9; 1-2, II, 3.

7. 1-2, I, 13.

Strugnell an weisheitliche Meditationen nach Art von Ps 78 denken. Die Gattungsfrage sei am Ende unserer Ausführungen nochmals aufgegriffen.

Der Text ist leider nicht nur in seinen erhaltenen Partien sehr stark zerstört, auch das Vorliegende ist nur das Bruchstück eines größeren Textes. Beide Gesichtspunkte mahnen bei der Lesung und Interpretation zur Vorsicht und bleiben auch bei den folgenden Darlegungen gegenwärtig.

Der Text ist fragmentarisch auf 3 Kolumnen sowie einer Anzahl von Fragmenten erhalten, hat aber aufgrund der äußeren Gegebenheiten gewiß aus mehr Kolumnen als den vorliegenden bestanden [8].

Im Rahmen dieses Vortrage kann nicht eine vollständige Wiedergabe, Übersetzung und Kommentierung des ganzen Textes gegeben werden; das ist einem größeren Beitrag vorbehalten. Hier ist schwerpunktmäßig beabsichtigt, durch Herausarbeiten der Grundgedanken und Zitat verschiedener Abschnitte, das Aussageinteresse, wie es sich nach der Erarbeitung des Textes darstellt, aufzuzeigen.

Es seien noch einige Worte zu den Schwierigkeiten der Lesung gestattet: in dem ganzen erhaltenen Text — 3 Kolumnen mit jeweils ursprünglich 15 Zeilen — ist nur eine einzige Zeile ohne Lücke [9]. Darum finden sich auch in den Abschnitten, die hier zitiert und interpretiert werden, immer wieder Ergänzungen, in denen versucht werden soll, den wahrscheinlichen Gedankengang wiederzugeben und in denen es vielleicht z.T. gelungen ist, der ursprünglichen Textgestalt nahezukommen.

Die Mahnrede ruft dazu auf, sich dem göttlichen Willen nicht zu verschließen, sondern aus seiner Befolgung Heil und Leben zu empfangen. Doch in welcher Weise tritt der Gotteswille in Erscheinung? Diese Fragestellung führt mitten in das Problem des Textes: J. Strugnell hat bereits darauf hingewiesen, daß sich die Suffixe der 3. Person fem. Sing. auf die *Weisheit* oder das *Gesetz* beziehen können. Diese Auffassung erscheint uns sachgemäß und man sollte zwischen den beiden Größen keine Alternative aufstellen: die sich an *Dtn*, 4, 6 anlehnende Identifikation von Weisheit und Gesetz [10] ist auch hier vollzogen, und die Gaben, die für das Tun des von Gott gebotenen Weges gegeben werden, sind eben die, die in weisheitlichen Texten die Gaben der Weisheit sind [11].

---

8. Die Naht rechts von Kolumne I läßt möglicherweise auf vorhergehende Kolumnen schließen. Jedenfalls ist in Betracht zu ziehen, daß von Ed nicht eingeordnete Fragmente (außer 3 und 6) von weiteren, sonst verlorenen Kolumnen stammen können.

9. 1-2, I, 12.

10. Zur Identifikation von Gesetz und Weisheit siehe *Sir*, 24, 1-22 im Verhältnis zu Vers 23; *Bar*, 4, 1; zur Sache vgl. O. KAISER, *Die Begründung der Sittlichkeit im Buche Jesus Sirach*, in ZThK, 55 (1958), 51-63, bes. S. 56; M. HENGEL, *Judentum und Hellenismus*, WUNT, 10, 2. Aufl., Tübingen, 1973, S. 307ff.

11. Siehe S. 162 und Anmerkungen 67-70.

Das besondere Spezifikum dieses Textes beruht aber darauf, daß hier nicht allein Israel angeredet wird, sondern sich deutliche Hinweise finden (leider hindert der beklagenswerte Erhaltungszustand an ganz sicheren Aussagen), daß auch die Völker in bezug auf die Weisheit/das Gesetz angesprochen sind. Vielleicht hat gerade das sich in *Dtn*, 4, 6 genannte Staunen der Völker dazu geführt, nun auch diesen Israels Weisheit anzubieten.

Mit wechselnden Motiven, Gattungselementen und Redeformen wird die Mahnrede entfaltet:

in der Sprache und Topik der Ankündigung vom Kommen Jahwes (vgl. *Nah* 1) [12] bzw. von Jahwes Boten (vgl. *Mal* 3) [13] wird die Unmöglichkeit betont, vor Gottes Engeln und seinem Richten zu bestehen (1-2, I, 7-9); siehe auch *Jes*, 66, 14-16. Die Unfähigkeit, Bestand zu haben, ist begründet in der Nichtigkeit und Vergänglichkeit des Menschen. Nach einer Lehr-Eröffnungsformel [14] ואתם בני „ aber ihr, meine Söhne " (1-2, I, 9)

---

12. Aufnahme theophaner Züge aus *Nah*, 1, 6:

ואין כח לעמוד לפניה

ואי[ן] מקוה לזעמ[ו] אף אלהינו]

ואין כח לעמוד wörtlich *Dan*, 11, 15; *Esr*, 10, 13. — Das Suffix der 3. Person fem. Sing. in לפניה könnte sich auf וכחמתו (Z. 5) beziehen. Ob ein Zusammenhang mit den entsprechenden Suffixen von Kol. II (dort wohl das Gesetz bzw. die mit ihm identifizierte Weisheit, vgl. *Dtn*, 4, 6, siehe Sl 269) anzunehmen ist, kann von dieser einzelnen Stelle her nicht sicher entschieden werden. Jedoch gibt es auch in Kol. II den wiederholten Wechsel von Suffixen der 3. Pers. fem. Sing. mit denen der 3. Pers. masc. Sing. (von Gott). — Sl 269 versteht מקוה verbal und übersetzt (272): „ and none to support " (ואין מקוה), doch legen die Wendungen יש מקוה (*Esr*, 10, 2; 1QH 3, 20; 6, 6; 9, 14; f 1, 7) und אין מקוה (*1Chr*, 29, 15) ein substantivisches Verständnis nahe. — Die Lesung Sl 269 לזעמ[ו] erscheint am besten, vgl. *Nah*, 1, 6; als Ergänzung könnte לזעמ[ו] אף אלהינו] sachgemäß sein, vgl. *Thr*, 2, 6. Sl 272 „ the indignation of her wrath "; neben לזעם[ו wäre wohl auch לזע[פ] אף אלהינו], vgl. *Jes*, 30, 30 möglich.

13.

ומי יכלכל לעמוד לפני מלאכיו

כי באש להבה ישפט[ו] עמ[ו] רוחתיו

Mit Sl 269 gegen Ed 85 ist באש zu lesen. — Ed 85 ישפט[ו]י; Sl 272 „ will *they* judge the ... of His spirits "; beide nehmen also als Subjekt die מלאכיו von Zeile 8 an; trifft das zu, würde zu dem Schriftrest nach der Lücke die Ergänzung ישפט[וה]ו passen. Bei Gott als Subjekt kann man lesen: ישפט[ו]עמ[ו weniger wahrscheinlich רוחתיו לפנ]י ישפט[oder][ביד]י oder [בתו]ך.

14. Wegen der anderen Anreden mit dem Suffix der 1. Pers. Sing. עמי (1-2, I, 13) und בני (I-2, II, 3; dort mit Sl 270 שמעוני בני; vgl. *TRub* 2, 1, gegen Ed 85 שמעתי, die den Lehreröffnungsanruf nicht erkannt hat) ist wohl auch hier eine entsprechende Form zu erwarten; vgl. *TSim* 4, 7. בני ist also nicht wie Ed 86 und Skehan (nach Sl 269.272) nomen regens zu אדם. Daher ist es auch weniger wahrscheinlich, daß ein Weheruf fortsetzte (Skehan nach Sl 269.272 [א]וי לכם), sondern

wird in einer Vergänglichkeitsklage das Geschick des Menschen darge-
legt, unter deutlicher Verwendung von *Jes*, 40, 6-8; *Ps*, 90, 5-6;
103, 15-16; *Hiob* 14,1 :

1-2, I, 9-13

כי הֹנֵּה כחֹצֵיר יצמח

¹⁵ וּפֹאֹרֹתֹו ¹⁶ יפרֹח כציץ

¹⁷ חסדו ¹⁸ נשב]ה בו[רוחו

ויבש ¹⁹ עֹגזו

²⁰ וציצו תשא רֹוֹח

עד ²¹ אֹיֹ קֹוֹם לעֹמֹ]דו מל[בֹד

---

eine Aussage über die Nichtigkeit des Menschen, die Thema der folgenden Zeilen
ist, ist zu erwarten; so könnte z.B. ergänzt werden: [אדם אי]ן הוא oder
[אדם א]פס הוא.

15. Ed 85; Sl 272 מֵאֹרֹצֹן ist paläographisch nicht sicher und vom Sinn (es wird
noch vom Menschen gesprochen) her nicht passend. Besser wäre evtl. באמצן, doch
sprechen auch dagegen paläographische Gründe: vor dem von Ed und Sl gelesenen
ı. Buchstaben (מ) gibt es einen Schriftrest, der nur zu י, ן, ז, passen kann; der
vermeintliche ı. Buchstabe ist weiter weder מ noch ב, sondern wahrscheinlich פ.
Das folgende א ist sicher. Der Buchstabe danach ist wahrscheinlich ר. Was Ed und
Sl als צ gelesen haben, ist besser der linke Teil eines ת dessen rechter Abstrich
verloren ist; letzter Buchstabe sicheres ו. Daher ist mit großer Sicherheit zu lesen:
וּפֹאֹרֹתֹו. פארה ist biblisch-hebräisch nicht im Sinne von „ Schmuck, Zierde "
belegt; es handelt sich um eine fem. Nominalbildung von פאר II. Da פארה
fem. ist, wird es am besten als dominierende Vorstellung vorausgestellt, wobei das
Suffix auf den Menschen bezogen ist. St bestätigt dagegen מארצן.

16. Gegen Ed 85; Sl 272 ופרֹח ist יפרֹח zu lesen.

17. Zur Konstruktion siehe W. GESENIUS-E. KAUTZSCH, *Hebräische Grammatik*,
Nachdruck der 28. Auflage, Hildesheim, 1962, § 143a.

18. Mit der Übersetzung von Sl 272 ist in Ergänzung von Ed 85 und Sl 269
נשב]ה בו[רוחו zu lesen; vgl. *Jes*, 40, 7. St : vielleicht כבודו sek. korrigiert
zu רוחו.

19. Wie Sl 269 erkennt, sind die Schriftspuren eindeutig עֹגזו; auf den Photographien ist freilich nicht erkennbar, daß ע getilgt worden sein soll, so daß גזו zu
lesen wäre. Da eine sinnvolle Lösung von עגן möglich erscheint, sollte man auch
auf die von Skehan (nach Sl 270) vorgeschlagene Metathese zu גזען verzichten.
Das Arabische bietet für עגן eine mögliche Ableitung: a'ǧāz „ Hinterteil, Hin-
terer " (siehe auch die kuriose von Sl 270 mitgeteilte Bedeutung von 'i'aǧazat^un); a.
an-naḫl sind jedoch die Stümpfe der Palmbäume (H. WEHR, *Arabisches Wörterbuch
für die Schriftsprache der Gegenwart*, 1956, S. 533b). Es ist sehr wohl möglich, daß
mit עגן der untere Teil der Pflanze gemeint ist. Das Nebeneinander von Vertrock-
nen des Stumpfes und Hinweggenommenwerden der Blüte durch den Wind betont
die Totalität des Vergehens.

20. Zu Kontext und Terminologie siehe *Jes*, 40, 24.

21. Die Bedeutung von אֹיֹ קֹוֹם (Negation אי verbunden mit Nomen יקום wird
von Ed (87 ﻙﻮﻘﻣ אֹי „ non-existence "; 86 „ oblivion ") richtig erfaßt, ist gram-

ולא ימצא ²² כֹּי רוח[vacat]

יבקשוהו ²³

ולא ימצאהו

ואֹין מקוה

²⁴ [והוא כצל ימֹיֹו עֹל הארֹ[ץ

matikalisch möglich (siehe die Komposita von אִי mit einem Nomen in dem Eigennamen אִיכבוד *Sam*, 4, 21 und einem Adjektiv אִי־נקִי *Hi*, 22, 30, vgl. GESE-
NIUS-KAUTZSCH, *a.a.O.*, § 152q; häufiger sind analoge Bildungen mit לֹא, siehe
GESENIUS-KAUTZSCH, *a.a.O.*, § 152a, Anmerkung 2) und gibt guten Sinn (siehe
auch Sl 270), so daß die Emendation Skehans אֵין ⟨מ⟩קֹום nicht erforderlich ist.

אִי קֹום ist paläographisch dem Vorschlag אֵנֹ קֹום Sl 270 vorzuziehen. Fraglich
bleibt freilich die Lesung des folgenden. Sicher sind ל und wohl auch עֹ, danach
sind grundsätzlich בֹ, ל, vielleicht auch, כֹ, נֹ, מֹ, צֹ möglich, so daß alle Ergänzungen hypothetisch bleiben. Die Vorschläge von Sl 272 „ *so that it passes away like a
name that perishes* ", was hebr. לֹעבֹֹ[ר כשם או[בד entsprechen würde (270 nur

לעבֹֹ[ר בzw. anstelle לֹעֹמֹֹ[ר כ ·· או[בד steht (לֹעֹמֹֹ[ד) und Skehan (nach
Sl) וציצו תשא רוח עד אין ⟨מ⟩קֹום לעמוד כי יאבד „ *and the wind
carries off its blossom leaving him no place to stand; for he perishes* ", treffen
etwa den Sinn, sind aber nicht sicher. Ein ähnlicher Gedanke könnte auch ausge-
drückt werden durch die Ergänzung לֹעבֹֹ[ר הוא ולֹא[בד „ er muß verschwinden
und vergehn ". Es wäre aber auch möglich, daß noch eine Aussage über die
Schönheit der Blume gemacht worden war; mit den Schriftspuren würde dann
diese Ergänzung übereinstimmen: לֹעבֹֹ[ודת חֹ[מֹד „ das anmutige Geschöpf ".
Vielleicht darf auch wegen des folgenden Satzes diese Ergänzung vorgeschlagen
werden: עד אֹי קֹום לֹעֹמֹֹ[דו מֹל[בד, wörtlich: „ bis Nichtsein an [seiner
Stä]tte n[ur noch] ist ".

22. Die Lesung Ed 85 מֹרוח „ *from the wind* " (86) und Skehan (nach Sl 270)
מרוח („ *and finds no place of rest/none to give him rest* ", Sl 272 Anm. 21) sind
paläographisch nicht möglich wegen eines Wortzwischenraumes vor רוח. Die
Schriftspuren legen nahe, mit Sl 270 כֹי רוח zu lesen, doch ist es fraglich, ob seine
Übersetzung Sl 272 („ *for it is but breath* ") sachgemäß ist, zumal wenige Worte
vorher רוח der göttliche Feuerhauch ist, dagegen רוח hier als vergänglicher
Hauch zu verstehen wäre. Eine sachgemäße Lösung erhält man, wenn man כֹי
im Sinne von כֹי אם versteht (כֹי anstelle כֹי אם siehe GESENIUS-KAUTZSCH,
a.a.O., § 163a; A. KROPAT, *Die Syntax des Autors der Chronik*, Gießen, 1909, S. 31)
und daher übersetzt: „ und es wird nichts mehr gefunden außer dem Wind ".

23. Zum Suchen-Nichtfinden, vgl. *Ez*, 26, 21; *Ps*, 37, 36.

24. Mit Sl 270.272 erscheint (gegen Ed 85 האֹו[ר על ־ ־ ־ כצל והוא)
[והוא כצל ימֹיֹו עֹל הארֹ[ץ als sachlich zutreffend (zur Wendung vgl.
1Chr 29, 15; *Hi* 8, 9). Paläographisch bestehen freilich Bedenken: in ימֹיֹו ist sicher
lediglich ימֹ; danach Schriftreste von mindestens 2 Buchstaben. Liest man ימֹיֹו ist
der Wortabstand zum nächsten Wort sehr groß, jedoch möglich. Das Wort danach
ist den Schriftspuren nach eher כֹול. In Hinblick auf die gute Belegbarkeit der
ganzen Vorstellung bleiben wir jedoch beim Vorschlag Sls; vgl. weiter *Qoh*, 6,
12; 8, 13; auch *Ps* 102, 12; 109, 23. St hält עֹל für unmöglich, כֹול (oder כֹל?)
für vertretbar.

„ Denn siehe, wie Gras sproßt er,
und (was) seine Schönheit (betrifft), (so) blüht er wie eine Blume ;
(doch) seine Anmut- weh[t] sein (scil. Gottes) Wind [darüber],
dann vertrocknet sein Wurzelstock
und seine Blüte nimmt der Wind weg,
so daß [an seiner Ste]lle [gar]nichts mehr ist,
und es ist nichts mehr da außer (dem) Wind.
Man sucht ihn,
aber man findet ihn nicht,
und er hat keine Hoffnung,
und seine Tage sind wie ein Schatten auf der Er[de] “.

Angesichts der Nichtigkeit des Menschen ermahnt ein erneuter Aufruf,
„ mein Volk “ [25] (1-2, I, 13-14) ועתה שמעו נא עמי והשכילו לי zur Einsicht : בורת אלהינו[ג] פתאים יתומו מן „ Toren kommen um vor der
Macht unseres Gottes “ (1-2, I, 14).

Die Taten Gottes an Ägypten [29] sollen zur Warnung dienen : „ so daß
euer Herz aus Furcht vor ihm erschrecke “ (1-2, I, 15) [30].

Konsequenz daraus kann nur der Wandel entsprechend der göttlichen Weisung sein [31] (1-2, II, 1-4). Wer danach wandelt, erfährt

---

25. Zur Eingangsformel vgl. *Ps* 78, 1 ; 81, 9.14.

26. Wie Sl 270 richtig bemerkt, sind פתאום und פתאים gleichfalls möglich ;
der große Kopf des י spricht eher für פתאים. Allerdings bleibt das Problem der
Abgrenzung, das sich mit dem der Lesung des folgenden Wortes berührt : תמו־
(86 „ be *destroyed* “) ; Sl 270 möchte das in Rede stehende Wort zu der Reihe von
Imperativen rechnen (זכרו, השכילו, שמעו) und entsprechend den Schriftresten
והלכמו lesen ; dies müßte aber nach וחכמו korrigiert werden („ and draw Wisdom “
273) ; zu lesen ist dagegen offensichtlich יתומו. St am besten ותומו.

27. Gegen Ed בורת[ח] ist mit Sl 270 בורת[ג] zu lesen.

28. Gegen Ed 85 ; Sl 270.273 אלהים ist אלהינו zu lesen.

29. חם[בארץ נפלאים עשה במצרים ומופתיו]. Mit Ed 85 ist
gegen Sl 270 nicht נפלאות, sondern נפלאים zu lesen. Auffällig ist der Wechsel
von נפלאים und der suffigierten Form ומופתיו. Siehe aber einen ähnlichen
Wechsel in *Ps*, 105, 27 אתותיו ומפתים. Die Ergänzung Sl 270 חם[בארץ
ist sowohl vom vorhandenen Raum als auch sachlich zutreffend (*Ps* 105, 27 ;
106, 22) ; möglich wäre natürlich auch צען[בשדה vgl. *Ps*, 78, 43. Immerhin
erwägenswert erscheint eine Ergänzung nach *Ps* 105, 5 ; *1Chr*, 16, 12 ומופתיו
פיו[ומשפטי ; zum ganzen Topos siehe weiter *Ex*, 3, 20 ; *Ri*, 6, 13 ; *Mi*, 7, 15 ;
Neh, 9, 17 u.ö.

30. ויערץ לבבכם מפני פחדו. Die Taten Jahwes in Ägypten als Warnung, siehe bes. *SapSal*, 16, 6.

31. Siehe z.B. 1-2, II, 3-4 :

שמעוני בני ואל תמרו דברי יהוה
ו[אל תצעדו]דרך אשר צוה לי[ ]עקב
ונתיבה חקק לישחק

„ Hört auf mich, meine Söhne und seid nicht widerspenstig gegen die Worte Jahwes

täglich [32] ihre reichen Güter und kommt durch Gefährdungen nicht mehr vom rechten Weg ab [33], ja — wenn hier ein Lese- und Interpretations-versuch gemacht werden darf, denn der Text ist stark zerstört — er ist sicher vor dem Richten der Engel [34] (1-2, II, 7; in bezug auf 1-2, I, 8f).

(vgl. *Ps*, 107, 11; 105, 28) [und] übertretet nicht [den Weg, den er Jak]ob [gebot] und den Pfad, den er Isaak wies ".

Mit Sl 270 ist sicher וְאֵל gegen יַצֵּל „ *let him deliver* " (Ed 85f) zu lesen. — Ergänze z.B. [וּ]אֵל תִּצְעֲדוּ [דרך אשר צוה לי]עֲקֹב Sl 273 „ [n]or walk in [... but in the way, He laid down for Ja]cob ". Ed 87 (Anmerkung) erwägt, ob auch תצערו „ do not treat as insignificant " zu lesen ist, doch handelt es sich um ein sicheres ד, nicht ר. — Gegen Ed 85 חתימה „ formula " lies mit Sl 271 נתיבה. Zum freien Gebrauch des Gottesnamens siehe unten S. 162; zur Form יִשְׂחָק statt יִצְחָק siehe *Jer*, 33, 26; *Am*, 9, 16; *Ps*, 105, 9; *4Q180*, 1, 5; *4Q181*, 2, 1.

32. Unter dem offensichtlichen Einfluß von *Ps*, 84, 11 lesen Ed 85 הֲלוֹא טַב מעשר[ה] [ ] יוֹם אֶחָד „ is not one day [..] better than ten [... und Sl 273 „ Is not one day in His *house* better ... [.........] " 1-2, II, 3-4, dem die Ergänzung בבי[תּוֹ nach אֶחָד zugrundeliegen würde. Mit Recht verweist Sl 272 darauf, daß מעשר[ה] nicht möglich ist, da der 1. Buchstabe ein offensichtliches ב ist. Darum erwägt er, בעשׂ[ות zu lesen. Doch auch diese Lösung kann nicht voll befriedigen. Löst man sich von der genannten Psalmstelle, so erscheint eine andere Interpretation als vertretbar: die Konsonanten עשׁר müssen nicht Zahlwort עֶשֶׂר sein, sondern können als Nomen „ Reichtum " aufgefaßt werden, das ja im Wortfeld weisheitlicher Texte häufig ist. Die Schriftspuren vor [בעשׁר ermöglichen die Ergänzung תער[וֹ]ף. Man erhält die Lesung: הֲלוֹא טַב יוֹם אֶחָד] תער[וֹ]ף בעשׁר] וכבוד [Rei]cht sie nicht täglich (יוֹם אֶחָד = jeder Tag, GESENIUS-BUHL, *s.v.* אֶחָד S. 23, 4.) Gutes dar an Reichtum [und Ehre... "; zu עשׁר speziell von der Weisheit siehe 1-2, II, 12(?); *Prov*, 3, 16; 8, 18; siehe weiter zur Wendung *Prov*, 22, 4; *1Chr*, 29, 28; *2Chr*, 17, 5; 18, 1; 32, 27.

33. 1-2, II, 5 ולא לעתת מפחד ומפח יקוש „ und nicht (vom Wege) abgedrängt zu werden durch Schrecken und die Falle des Vogelstellers ". לעתת ist trotz der Schwierigkeit des Verständnisses paläographisch völlig sicher; es müßte als nicht gerechtfertigter Ausweg erscheinen, wollte man לעונת lesen (ו und נ oben verbunden ähnlich wie in שמעוני Zeile 3). Ed faßt (86) לעתת als Plural von עת plus ל (vgl. *Ps*, 9, 10; 10, 1 לעתות), „ for periods ". Sl 271 vermutet ein unbekanntes Verbum im Infinitiv und fragt nach einem Zusammen-hang mit arab. ᶜatta „ affliger ". Am nächstliegenden ist jedoch die Annahme einer Polelform von עות II („ beugen, krümmen ") im Passiv (vgl. von רום die Form רוֹמַם, GESENIUS-KAUTZSCH, *a.a.O.*, § 72m). Zur Defektivschreibung in diesem Text: 1-2, I, 9; 1-2, II, 14; 1-2, III, 12. Wahrscheinlich liegt die Vorstel-lung von der Gefährdung des Weges dahinter (vgl. *Ps*, 146, 9, עות im Piᶜel!). Zur Gefahr auf dem Weg durch פַּח, פַּחַד und יקוש siehe *Prov*, 3, 23-26; *Hi*, 22, 10; *Jes*, 24, 18; *Jer*, 48, 44; *Hos*, 9, 8; *Am*, 3, 5; *Ps*, 91, 3; 119, 110; 140, 6; 142, 4; 141, 9f; *Jer*, 18, 22; *Prov*, 22, 5.

34. Ed 85 ו ל ה[; Sl 271 להבדיל oder להשמר. Jedoch scheint der Buchstabe nach ה ein א zu sein, so daß sich die Lesung anbietet [ולהא[מן מן מלאכיו „ und sic[her] zu sein vor seinen Engeln (?) " (siehe *Ex*, 12, 23; *Ps*, 78,

Leider sind weiterhin an der entscheidenden Stelle viele Lesungen problematisch: so kann man in 1-2, II, 8 lesen: „ vor ihm her kommt Erkenntnis דעה zu allen Völkern " [35], aber auch: „ vor ihm her kommt Böses
רעה zu allen Völkern ". Darum müssen wir den weiteren Gedankengang
unabhängig von dieser Stelle verfolgen.

Nach einem Makarismus [36]: [37] ... אשרי אדם נתנה לו בֹן אד]ם
" Glückselig der Mann, dem sie gegeben ist, der Mensch [...] " folgt der

Einwand eines „ Frevlers " [39] (ואמֹר לאמֹר) [38] ר]שעים לאמֹר] [וֹאל יתהלל[ו:

1-2, II, 9-11:

לֹא נֹתנה לי
ולֹא] אדרשנה
אלהים נתנה [לישראל
וכֹזבד] ט]וב זבדה [40]
וֹכל עמו גֹאל
והרג ש‾ ‾ ‾ ...]

49-53). *Hi*, 4, 18 könnte andererseits nahelegen zu übersetzen: „ und zuverlässiger
zu sein als seine Engel ", doch erscheint dies noch weniger wahrscheinlich.

35. Ed 85 רעה („ „ evil " 87), so auch Sl 273; die von Sl 271 erwogene Lesung
דעה erfordert nicht unbedingt eine Textkorrektur; vgl. das ד in ודשן (Zeile 12).
Ein Frommer könnte sagen: „ Von ihm her ergeht Erkenntnis (דעה) auf jedes
Volk ", womit die Allgemeinheit der Weisheit für alle Völker zum Ausdruck
gebracht würde, der sich auch die Völker öffnen sollen; zur Universalität der
Weisheit vgl. *Prov*, 8, 1ff; *Sir*, 24, 6.

36. Zu Makarismenreihungen siehe K. Koch, *Was ist Formgeschichte*. 3. Auflage,
1974, S. 8; M. Saebø, *THAT*, I 257-260; H. Cazelles, *ThWAT*, I, 481-485 (Literatur!).

37. Lies sicher בֹן אד]ם gegen Ed 86] מֹן א und Sl 271 כן; ergänze z.B.
בֹן אד]ם חזקה לו. St וֹבֹן אד]ם.

38. Entweder als Hithpaᶜel von הלל II „ sich rühmen " (vgl. im Piᶜel *Ps*, 10, 3)
oder als Hithpolel von הלל III „ verrückt sein, sich verrückt stellen ".

39. Den Grundgedanken der Rede des Frevlers hat Sl 273 erkannt: „ She hath
not been given to me, nor [hath She been measured out to me ". For God gives Her]
to Israel, and with *the measure of goodness* He measures Her out... ", doch
sind einzelne Änderungen an den Lesungen und Ergänzungen erforderlich: die
ablehnende Haltung des Frevlers könnte sich fortsetzen in der Aussage ולא
אדרשנה] (vgl. im Weisheitsfragment aus 4Q/Strugnell Aarhus 1960 den dort
freilich anders begründeten Einwand: אביון אתה אל תאמר רש אני ולֹא
אדרוש דעת, Fragment 2, Zeile 9f). Dann ist fortzufahren entsprechend Sl:
„ Gott hat sie (allein) Israel gegeben " (אלהים נתנה [לישראל), doch sollte
dies noch-gegen Sl- zum Widerspruch des Frevlers gehören.

40. Die Lesung von Ed וֹמֹמֹד]ת ט]ב ימדֹה der sich Sl 273 in seiner Übersetzung weitgehend anschließt, ist fraglich im Hinblick auf das vermeintliche
zweite מ in וֹמֹמֹד]ת מ, bei dem es sich vielmehr um ein sicheres בֹ handelt. Das
gleiche gilt für das angebliche ימדֹה, in dem ebenfalls das מ durch בֹ zu ersetzen
ist. Die übrigen Buchstaben sind weiter in der von uns angegebenen Weise zu

„ Mir wurde sie nicht gegeben
und nicht will [ich nach ihr fragen.
Gott hat sie] Israel [gegeben]
und als ein [gu]tes Geschenk hat er sie geschenkt ;
und sein ganzes Volk hat er erlöst,
aber er hat getötet [. . . .] "

Leider ist eine sichere Lesung der Fortsetzung nicht möglich, aber im
Blick auf den wiederholten Rekurs auf Gottes Tun an Ägypten [41] ist
vielleicht hier der Hinweis zu vermuten, daß die Völker getötet wurden,
als sie sich nicht haben warnen lassen durch die Plagen. Auf den Einwand des Frevlers antwortet einer, der sich der Weisheit rühmen kann
(יאמר המתכבֿבֿ בֿה)

1-2, II, 11-12:

ישאֿנה יֿ[רוֿ]שה
ומצאה ⁴³ לוֿ
[.]־בֿהֿ יבֿוֿלה

„ Er soll sie als Be[sit]z nehmen
und sie reicht für ihn aus,
[…] ihr Ertrag ",

woran sich eine überschwängliche Aufzählung ihrer Gaben anschließt (1-
2, II, 12-13, siehe unten S. 162).

Entscheidend scheint mir die folgende Aussage: Gottes Gnadengaben
sind für " ihre Völker " (1-2, II, 13 וחסדיו לעֿמיה וישֿועֿׂתֿ[יו] לֿ[כ]לֿ
[בניה]. Damit werden auch die der Weisheit zugehörig gerechnet, die
sich ihr zuvor mit dem Argument entziehen wollten : „ Gott hat sie Israel
gegeben " (1-2, II, 10).

---

lesen: In dem von uns gebotenen וכֿזֿבֿד ist neben dem בֿ der Rest eines ז
erhalten. Der Grundstrich gehört zu dem כ: zu זבד זבד טוב siehe *Gen*, 30, 20.

41. Vielleicht schon in 1-2, I, 6 die zehn Plagen ; 1-2, I, 14-15.

42. Die Lesung nach יאמר ist in der Tat „ désespérée " (Sl 271). Besser als die
paläographisch und morphologische schwierige Form המתשבח von Sl 271 und
das keinen Sinn ergebende ־ ־ ־המתמֿ der Ed 86 paßt am besten zu den Schriftspuren המתככֿבֿ. Das folgende ist wohl zu lesen בֿה ישאֿנה יֿ[רֿ]וֿשֿה entsprechend Ed 86 [שֿה . . .] בה ישאֿנה gegen Sl 271 ככה מצאֿנה.

43. Ed 86 ומצאה וֿ [ ] ־בֿה יכֿילה; Sl 271 ומצאה וחזק בה ונחלה
(273 „ and hold fast to Her and get Her as an inheritance ") ist paläographisch
nicht zweifelsfrei: בֿה ist nicht sicher zu lesen, freilich könnte es auch Teil eines Wortes
sein; nach מצאה steht sehr wahrscheinlich לו. Das letzte Wort ist nicht sicher
נחלה, eher מצא ל(וֹ) יבֿולה = ausreichen, siehe *Num*, 11, 22 ; *Ri*, 21, 14) ; möglich
wäre auch die Übersetzung „ und er soll sie finden ", vgl. *Prov*, 3, 13. Lesung
und Übersetzung von Ed 86f בה יכֿילה „ *By her he will sustain her* " ergeben
wenig Sinn. St wahrscheinlich יבֿולה.

Nachdem zuvor der glückselig gepriesen wurde (אדם נתנה לו), dem
sie gegeben ist (1-2, II, 8), wird in einem weiteren Makarismus der אשרי
genannt, der sie erwirbt [45] (1-2, II, 13 אדם יעשנה) und sie, wie sie seinen
Vätern gegeben wurde, in Besitz nimmt und an seine Nachkommen
weitergibt (1-2, II, 13-15).

Der in Kolumne III erhaltene Abschnitt gehört zweifelsohne noch in
den Gesamtrahmen dieser Mahnrede, doch finden sich nicht die für Kol.
I und II typischen Anreden. Die Argumentation mit dem Schöpfungs-
handeln Gottes erhält hier gegenüber *Ps* 94, 9 einen besonderen Akzent:
wird dort gesagt, daß Gott, der Auge und Ohr geschaffen hat, selbst hört,
so ist hier das Ziel der Aussage die Kenntnis des Schöpfers für das Tun
des Menschen:

1-2, III, 11-13:

[47] הלֹא [46] אֱ[להי]ם עשה לבות
[48] ויד[ע מזמתיהם
[50] אלהים יביט[[49] אֶל כֹל חדרי בטן
[51] ויחפש כליתו
[52] [אל]הֹ[י]ם עשה[לשון
וידע דברה
אלהים עשה ידים
[53] [וידע פעלתיהן

---

44. Ed 86 עֹלמיה " her youth ", so auch Sl 273, ist paläographisch nicht aus-
zuschließen (St.).

45. עשה hier möglicherweise im Sinn von „ erwerben ", vgl. GESENIUS-BUHL,
S. 622b.

46. Lies mit Sl 273 הלֹא אֱ[להי]ם ; Ed 86 [   ]־ ־הל־

47. Lies gegen Ed 86 ; Sl 273 לביתוֹ ein sicheres לבות.

48. Entsprechend Zeile 13 וידע legt sich die Ergänzung ויד[ע nahe, ergänze
vielleicht weiter מזמותיהם.

49. Der Beginn von Zeile 12 אֶל כֹל חדרי בטן erfordert am Ende von Zeile
11 die Ergänzung אלהים יביט ; da in Zeile 13 die Frageform aufgegeben ist,
ist es nicht sicher, ob vor אלהים יביט ein הלא zu stehen hat.

50. Vgl. *Prov*, 18, 8 ; 20, 30 ; 26, 22 ; 20, 27.

51. Ed 86 כלותוֹ] ; Sl כליתי, lies כליתו (Defektivschreibung für כליותיו ?) ;
vgl. *Jer*, 11, 20 ; 17, 10 ; Ps 7, 10.

52. Der Beginn Zeile 13 erfordert wieder die Ergänzung am Ende von Zeile 12
אלהים עשה. Es scheint, als würde das Schaffen Gottes in diesem Abschnitt
immer mit עשה bezeichnet, so daß es bei den Ergänzungen nicht angezeigt ist, ein
anderes Verbum zu wählen. Ähnliches gilt für den jeweils folgenden Satz, insofern
er in Zeile 11 und 13 mit וידע fortgeführt wird.

53. Sind die Erwägungen der vorhergehenden Anmerkung richtig, ist zu vermuten, daß nach אלהים עשה ידים mit וידע פעלתיהן fortzufahren ist ; sollte
man durch ein anderes Verbum ersetzen, würde sich והכין nahelegen.

„ Hat G[ot]t nicht die Herzen gemacht
und er wei[ß ihre Gedanken] ?
[Gott sieht] in alle Kammern des Innersten
und er prüft seine Nieren.
[G]o[tt] [hat] die Zunge [gemacht]
und er kennt ihr Wort ;
Gott hat die Hände gemacht,
[und er kennt ihre Taten] ".

Diese Aussagen können als Vorstufen gelten für die weitergehenden deterministischen von z.B. 1QH 1 oder 1QS 3, 15-17, haben aber zum Teil eine enge Parallele zu 1QH 1, 27ff [54].

Gattungsmäßig läßt sich der Text im weiteren Sinne zur Gruppe weisheitlicher Mahnreden stellen. Wir finden aber innerhalb dieser Rahmengattung verschiedene Gattungselemente, die dem Text in ihrer Folge eine starke Bewegtheit geben, z.B. Belehrung mit Lehr-Eröffnungsanruf [55] Elemente der Vergänglichkeitsklage [56]; Erinnerung an Geschichte [57]; Imperativreihen [58]; Einrede von Frevlern [59]; Makarismen [60].

Der Text kann trotz seines Fundes in Qumran und trotz einer Reihe von Parallelen nicht als ein typisches Beispiel für die Qumranschriften gelten. Der Text reicht seiner Entstehung nach wahrscheinlich in vorqumranische Zeit. Folgende Gründe sind dafür namhaft zu machen :

1. Es findet sich ein auffälliger Gebrauch der Defektivschreibung [61].

2. Der Text bietet eine Anzahl von Wörtern, die zum erstenmal in dem durch die Qumranfunde verfügbaren Schrifttum auftauchen [62], was aber hauptsächlich durch den besonderen Gegenstand bedingt sein wird.

3. Sprachlich auffällig ist die große Nähe zu späten Schriften des Alten Testaments [63] und besonders zur Weisheitsliteratur [64].

---

54. Siehe dazu R. BERGMEIER-H. PABST, *Ein Lied von der Erschaffung der Sprache: Sinn und Aufbau von 1Q Hodayot I, 27-31*, in *RQum*, 5 (1965), 435-439.
55. 1-2, I, 7-9.
56. 1-2, I, 9-13.
57. 1-2, I, 14-15.
58. 1-2, I, 13-II, 2 ; 1-2, II, 3-4.
59. 1-2, II, 9-11.
60. 1-2, II, 8-9 ; 1-2, II, 13-15.
61. Z.B. 1-2, I, 9 רוחתיו siehe auch 1-2, II, 14 אבתיו ; dazu auch Sl 269.
62. 1-2, I, 10 חציר, Verbum חקר in 1-2, II, 1 ; Substantiv דשן in 1-2, II, 12 ; dazu das problematische עגן in 1-2, I, 11.
63. Siehe oben Anmerkung 22.
64. Siehe die zahlreichen in den Anmerkungen genannten Parallelen aus der Weisheitsliteratur.

4. Ein besonders wichtiges Argument für die frühe Entstehung des Textes liegt in der freien, d.h. außerhalb eines Bibelzitates vorkommenden Verwendung von יהוה (1-2, II, 3) und אלהים (1-2, I, 14; häufig auf Kolumne III belegt oder zu ergänzen). H. Stegemann [65] hat nachgewiesen, daß ein derartiger Gebrauch ins dritte bzw. gegebenenfalls in den Anfang des zweiten vorchristlichen Jahrhunderts verweist, sich jedenfalls für die mit Sicherheit in der Qumrangemeinde entstandenen Texte nicht nachweisen läßt.

Die genannten Argumente können dafür sprechen, daß der Text vorqumranisch ist. Der Fund innerhalb des Komplexes der Qumrantexte belegt, daß er aber in Qumran in Gebrauch war; die späthasmonäische Handschrift [66] bezeugt möglicherweise, daß er in der Qumrangemeinde kopiert wurde.

Zum Abschluß sei ein Beispiel herausgegriffen, das den Abstand zu Qumran vielleicht am besten erkennen läßt: im Vergleich der Vergänglichkeitsklage dieses Textes mit den Elendsbetrachtungen bzw. Niedrigkeitsdoxologien in 1QH: ist im letzteren Fall die kreatürliche Nichtigkeit des Menschen mit Zügen einer totalen Sündhaftigkeit verbunden, so fehlen diese Elemente in unserem Text ganz. Wenn in 1QH Rettung durch Gottes Barmherzigkeit und durch Reinigung und Sühne ermöglicht ist, so in unserem Text durch Annahme der Erkenntnis, der die reichen Gaben der Weisheit folgen:

1-2, II, 12:

וְעמה

[ארך י]מִֿים 67

ודשן עֹֿצֶֿם 68

ושמחת לבב 69

עש[ר וכבו]דֿ

„ Und bei ihr sind
[langes Le]ben
und Üppigkeit der Kraft
und Freude des Herzens
Reich[tum und Eh]re ".

Hirschauer Straße 34
D-7400 Tübingen   Hermann LICHTENBERGER

---

65. H. STEGEMANN, *KYPIOC O ΘEOC* und *KYPIOC IHCOYC. Aufkommen und Ausbreitung des religiösen Gebrauchs von KYPIOC und seine Verwendung im Neuen Testament* (Habil. Masch.), Bonn, 1969, S. 256f; 178f.

66. Sl 269.

67. Mit Sl 271 [ארך י]מִֿים vgl. *Prov*, 3, 16).

68. Mit Sl 271 ודשן עֹֿצֶֿם (gegen Ed 86 רֶֿשֶֿף עֵֿיֿנַֿיִֿם), vgl. *Prov*, 15, 30.

69. Vgl. *Jer*, 15, 16; *Ct*, 3, 11; *Qoh*, 5, 19; *Jes*, 30, 29; *Sir*, 30, 22; 34, 28; *Ez*, 36, 5; *Ps*, 4, 8.

70. Ergänze (?) עש[ר וכבו]דֿ, von der Weisheit *Prov*, 3, 16; 8, 18.

Qumran and Old Testament Criticism

This presentation will be somewhat of a mixture — corresponding, I might plead, to the Qumran texts themselves. First of all, I am as aware as anyone of the long interval during which the Biblical texts entrusted to me have remained unpublished. To alleviate that situation, I make the following brief report. For Isaiah, there has been available since 1974 a complete collation of all the 4Q fragments against BH³ in the doctoral dissertation of my student, F. J. Morrow, Jr., *The Text of Isaiah at Qumran* [1]. Dr. Morrow had full access to my photographs and transcriptions, and I for my part do guarantee the completeness and accuracy of his work. The texts themselves will appear in the *DJD* series in due course. For the Psalms, I have brought with me a limited number of copies of a complete transcription of the 4Q materials; it is my hope that by placing these in the appropriate academic hands, at least the suspense in scholary circles will be relieved until these texts too can appear in *DJD*. A full collation of these Psalm texts will be submitted for publication with the present paper; only the established peculiarities of Qumran orthography will not be included, unless in a given case they coincide with real variants. The 2 4Q MSS of Proverbs contain limited material and are textually uninteresting; because of the United Bible Societies' O.T. project, Prof. J. A. Sanders has had a complete transcription from me for some time: mainly to assure him of what I have just said. Of other scattered materials assigned to me, I mention in particular 4Q LXXNumb. This has proved to be a recensional text, with lexical substitutions like those characteristic of proto-Theodotion in Samuel and Kings, but by a different reviser. A full study of it was submitted for publication in *HTR* a year ago, and in view of the Göttingen LXX project, Prof. J. W. Wevers has a copy. The paleohebrew fragments of the Torah, and the bits of *Job* in that script, I expect to publish in *DJD* in the same volume with the Torah texts of Prof. Cross.

Rather than attempt here, for the Psalms, a detailed discussion of the 4Q texts which you will be seeing now for the first time, I shall fall back

---

1. Francis J. MORROW, Jr., *The Text of Isaiah at Qumran* (obtainable in microfilm or xerographic copy of the typescript, pp. 238, from University Microfilms, Ann Arbor, Michigan: no. 74-5079).

on the title given me, " Qumran and O.T. Criticism ", to voice one conclusion which, I regret to say, is basically negative: We can learn no
more from the Qumran texts (and I mean to include 11QPs^{a,b}) about the
formative period of the building up of the standard collection of 150
Psalms, than we can learn about the literary history of the Book of
Isaiah, in its formative stage, from 1QIsa^a. This conviction has been
borne in upon me while working with the 4Q Psalms, despite their limitations — for example the fact that though *Ps* 147 is contained in
4QPs^b, our last evidence for Psalms in the order to which we have
become habituated from the Biblical book, is with *Ps* 130, in 4QPs^e.

One approach to this question, offered in 1964 in full knowledge of the
contents of 11QPs^a, I quote from Prof. Cross. He said, " If the so-called
11QPs^a is indeed a Psalter, despite its bizarre order and noncanonical
compositions, mostly of the Hellenistic era, then we must argue that one
Psalms collection closed at the end of the Persian period (the canonical
collection) and that another remained open well into the Greek period
(11Q) but was rejected by the Rabbis " [2]. Prof. Sanders has repeatedly
stated a contrasting position; most recently in a *Festschrift* of 1974, from
which I quote the following: " I think that the field is moving toward
affirming that the Qumran Psalter, represented by 11QPs^a but also by
other more fragmentary Psalter manuscripts from cave 4 and 11, was
revered at Qumran as authoritative as any other Psalter present there:
it was 'canonical' at Qumran though by no means closed; on the contrary, it was, while authoritative, still open-ended " [3].

It appears to the present writer that to equate " canonical " and
" authoritative " in this way is to confuse issues greatly. A canon is a
closed list of books. There is no reason to suppose the people of Qumran
had any such thing. As for what they considered authoritative, if we
have to look on while they unlearn the use of the Henoch literature [4] in
favor of *Jubilees*, and while the *Serek* or community rule, the *Hodayot*
and the *War* scroll are vouched for more frequently than half the books
of the Hebrew canon, it must remain highly doubtful what meaning we
are to find for Biblical studies in the " authoritative " status of a compilation like 11QPs^a at Qumran.

---

2. F. M. Cross, *The History of the Biblical Text in the Light of Discoveries in the
Judaean Desert*, in *HTR*, 57, 1964, 281-299: see p. 286. Reprinted in F. M. Cross
and S. Talmon *Qumran and the History of the Biblical Text*, Cambridge (Mass.) and
London, 1975, pp. 177-195, see p. 182.

3. J. A. Sanders, *The Qumran Psalms Scroll (11QPs*^a*) Reviewed*, in *On Language, Culture and Religion: in Honor of Eugene A. Nida* ed. M. Black, W. A.
Smalley, The Hague, 1974, pp. 79-99; see p. 98.

4. See J. T. Milik, *Problèmes de la littérature hénochique*, in *HTR*, 64, 1971,
pp. 333-378, specifically pp. 335, 338.

Sanders does not mean by calling 11QPs^a " open-ended ", merely that the elements of which it is composed could admit of other ingredients, other arrangements, in another scroll. He means to suggest by this that our assurance, as of the date of 11QPs^a in the early 1st cent. A.D., with regard to the integrity of the collection later accepted as canonical extends only to the earlier part of the 150 Psalms. This has been a shifting position, accepting as established with regard to the received Psalter only what seemed undeniable at the moment. Thus in his Cornell republication of 11QPs^a, subsequent to its first appearance in *DJD* IV, he says near the beginning of the volume, " Certainly Books I and II, Psalms 1-72, may have been fixed (except for Psalm 32's wandering about a bit perhaps) at a quite early date, but it is now clear that Books III to V were quite fluid in some textual traditions " [5]. In a *Postscriptum* toward the end of the book [6] a somewhat different viewpoint is taken: " The last third of the Qumran Psalter indicates a still open-ended Psalter in the first century ". Here, it would seem, what is " quite fluid " begins with *Ps* 101, where indeed Prof. Sanders' evidence may perhaps begin.

What Sanders calls *the* Qumran Psalter is the scroll 11QPs^a. This is truly *a* Qumran Psalter, something circulating in more than one copy, as the evidence in J. van der Ploeg's 11QPs^b [7] proves in three separate respects: the presence in the latter of the apocryphal " Plea for Deliverance " known from 11QPs^a col. xix; the sequence of *Pss* 141, 133, 144 in that order with specific variants as found also in col. xxiii of Sanders' scroll; and part of the transitional material from *Ps* 118 employed in 11QPs^a col. xvi between *Pss* 136 and 145 [8]. However, Sanders goes beyond this. He sees *the* Qumran Psalter indicated also in 4QPs^d, 4QPs^f, and 11QPsAp^a [9]. To stretch these variant materials to include all the extant evidence, let me add 4QPs^k and 4QPsⁿ, which also exhibit unusual features in conjunction with Psalms toward the end of the now canonical collection. No one of these five witnesses can be said to reflect *the* Qumran Psalter which 11QPs^{a,b} are supposed to be. 1) All we have of 4QPs^d is the pair of *Psalms* 147, 104 in that order; plus one final letter

---

5. J. A. SANDERS, *The Dead Sea Psalms Scroll*, Ithaca, New York, Cornell, 1967, p. 13. This was written in reaction to an earlier statement by F. M. CROSS, Jr., in *The Ancient Library of Qumran*, Garden City, New York, 1961, p. 165.

6. *The Dead Sea Psalms Scroll*, p. 158.

7. J. VAN DER PLOEG, O.P., *Fragments d'un manuscrit de Psaumes de Qumran (11QPs^b)*, in *RB*, 74, 1967, pp. 408-412; pl. xviii.

8. For an attempt at discerning the liturgical function of this borrowing from *Ps* 118, see P. W. SKEHAN, *A Liturgical Complex in 11QPs^a*, in *CBQ*, 35, 1973, pp. 195-205 (on p. 197).

9. *The Qumran Psalms Scroll (11QPs^a) Reviewed*, p. 95.

and a *Hall^elûyāh* at the beginning [10]. 11QPs^a also juxtaposes these two Psalms, in what the present writer takes for a liturgical grouping for a service of praise [11] comprising *Psalms* 104, 147, 105, 146, 148; but *Pss* 104, 147 in that scroll are in the reverse order from the sequence in 4QPs^d. 2) As for 4QPs^f, it provides us evidence for a normal sequence of *Pss* 107-109 (where 11QPs^a is fragmentary), and then groups with the *Apostrophe to Zion* known from 11QPs^a col. xxii two other apocryphal compositions that have no extant parallel anywhere [12]. In publishing these, J. Starcky made the point that the apocryphal texts were grouped together and the Psalms from the received Psalter also together [13]; suggesting a difference in where the two groups came from. Again, 11QPs^a differs: in it, the " Apostrophe to Zion " occurs between the acrostic poem from *Sirach* 51 and *Ps* 93, and these three compositions occur in the broader context of *Pss* 139, 137, 138 before them and *Pss* 141, 133, 144 after. 3) 11QPsAp^a contains *Ps* 91 plus other fragmentary noncanonical texts; the only relationship to Sanders' scroll is the possibility pointed out by J. van der Ploeg [14] that we have here to do with the 4 " songs for string music to be sung over the stricken " which are attributed to David in the prose text of 11QPs^a col. xxvii. There is no evidence these texts themselves ever occupied a place in that scroll. Of the two texts I have added, 4) 4QPs^k contains at the bottom of adjoining columns, first, *Psalm* 135, and to the left of it something which I can only surmise to be text of *Ps* 99: 1-5. In 11QPs^a we know that *Ps* 135 (cols. xiv-xv) is followed by *Ps* 136, borrowings from *Ps* 118, *Ps* 145, the apocryphal *Ps* 154, and so on, with no room for the text in 4QPs^k col. ii. 5) Finally, 4QPsⁿ runs through *Ps* 135 as far as vs. 12 before switching to the corresponding sequence *Ps* 136: 22-23 with its intervening refrains. The *Ps* 135 text of 4QPs^k, just mentioned, is normal at this point, and does not have the unexpected shift found in 4QPsⁿ. In 11QPs^a, *Pss* 135, 136 are not merged, but occur in their expected sequence.

10. The best explanation the writer can offer for this beginning is that it contains the final *nun* from " *Amen* ", followed by " *Hall^elûyāh*, " from *Ps*, 106:48. This would be unrelated to 11QPs^a, in which *Ps* 106 is not extant, and *Ps* 104 precedes *Ps* 147.

11. *A Liturgical Complex*, pp. 201-202.

12. J. STARCKY, *Psaumes apocryphes de la grotte 4 de Qumrân (4QPs^f VII-X)*, in *RB*, 73, 1966, 353-371, see pp. 370-371.

13. There is also a bit of *Ps* 22 extant in this hand. *Ps* 22 is a long Psalm, and the way in which it was divided between columns in this copy leaves no way in which it can be related to the sequence, cols. i-x, of *Pss* 107-109 plus the apocryphal texts.

14. J. P. M. VAN DER PLOEG, O.P., *Un petit rouleau de psaumes apocryphes*, in *Tradition und Glaube... Festgabe für Karl Georg Kuhn* hrsg. G. JEREMIAS, *et al.*, Göttingen, 1971, pp. 128-139; pl. I-VIII.

There are thus, by my count at least, 7 off-beat Psalm MSS from Qumran, 4 of which include noncanonical texts. Only two of these represent what Sanders calls the Qumran Psalter; of the other 5, 3 contain so far as they are extant only texts that are in the canonical grouping. Freedom to rearrange that grouping is what Chronicles, to which I shall return, and all later practice would lead us to expect. On the other hand, there are by my count 17 MSS from caves 1, 2, 4, 8, 11 which 1) show only canonical materials extant; and 2) give evidence of the expected sequence of Psalms as in the standard collection. To these may be added the Psalm MSS from Wadi Khabra and Engeddi, and the stray *Ps* 150 from Masada. There are besides, as I count them, 7 other MSS which contain single canonical Psalms, with no other extant text to which they can be related (3 are copies of Ps 119). This is not an inconspicuous body of evidence. It is not ineluctable, however; and that leads me back to more general considerations.

Sanders would have it [15] that the echoes of liturgical Psalm usage to be found in the Chronicler's work may be suggestive of a fuller and more variable collection, out of which the existing Biblical Psalter was ultimately selected on some principle of parsimony. This I find strange, since it has always appeared to me that the compiler of the Biblical book of Psalms includes enough duplicate and near-duplicate material, even toward the end of his work, to suggest he was somewhat pressed to round out his collection according to the five-book format which he clearly intended. And the case for more ample materials which Sanders makes from Chronicles is of the slimmest. Be that as it may, I now quote Prof. Sanders from the same context: " It seems to me that one must not assume that such floating bits and portions of liturgical literature are FROM the MT Psalter psalms. The most one should say is that they are also found there, but in different arrangements and combinations " [16]. I am willing not to assume anything: but when I go to Chronicles to find some clue as to the possible state of a Psalm collection at, let us say, 400 B.C., I find primarily a datum which does not seem to have impressed Sanders. In *1 Chr* 16, the Chronicler has indeed offered us selections from what are now *Pss* 105, 95, and 106. But in doing so, he concludes by quoting both vss. 47 and 48 of *Ps* 106, and he adapts the latter to his narrative context:

ברוך יהוה אלהי ישראל מן העולם ועד העלם ויאמרו כל העם
אמן והלל ליהוה

(*1 Chr* 16: 36). Now everyone is aware that the verse just quoted is not properly a verse from *Ps* 106 at all; but is a compiler's addition to

---

15. *The Qumran Psalms Scroll (11QPs^a) Reviewed*, p. 98.
16. *Ibid.*

the end of the 4th book of the canonical Psalter, comparable to what occurs at the ends of *Pss* 41, 72, and 89. In other words, by about 400 B.C. the Chronicler was borrowing from a fixed place not merely the first and last verses of *Ps* 106, as he did, but also, in the added vs. 48, a bench mark in the structuring of the Psalter as we know it. I would not go so far as to claim that the 5th book of the Psalms necessarily followed, precisely as we have it, in 400 B.C., though I tend to agree with Cross that nothing in the canonical Psalter calls for a date later than the Persian period. But I do think that this datum from the Chronicler gives me the right, in examining the relative priority in time of the received Psalter and of the compilation in 11QPs[a,b], to concentrate my attention on the Psalms of the fifth book, from 107 to 150.

In doing so, I am not likely to underestimate the antiquity of the materials present in 11QPs[a]. Cross' affirmation before the scroll was published, that the noncanonical texts are " mostly of the Hellenistic era " has stood the test of time, and has been reinforced by the lexical studies of A. Hurvitz, C. L'Heureux, R. Polzin, and others. [17] A date in the 2d century B.C. seems appropriate for most of them: and in particular, by pointing to a use made by the author of *Jubilees* of a line and a half from the *Hymn to the Creator* (11QPs[a] col. xxvi) the writer thinks he has lately shown for certain [18] that the liturgical use of some of these materials was current practice well before the end of that century.

The question to be posed would then appear to me to be: what internal evidences are there in 11QPs[a] itself that between the 2d century B.C. and the production of this particular scroll there was already a familiarity with the standard collection of 150 Psalms, and that the Qumran compiler actually depends upon it? I have offered partial indications of such evidences in the past. Sanders correctly quotes me as saying, " what we have basically in 11QPs[a] is a collection of *Pss* 101-150 with liturgical regroupings and 'library edition' expansions ". He also comments, " Skehan's thesis is that this scroll presupposes the order and content of the MT — 150 collection... I sincerely wish that this were as clear to me as it is to him " [19].

The compiler in question had his own view of the work of David, which is partly reflected in the prose catalogue in col. xxvii. It is the presence of this prose catalogue, plus the unsuitability of the *Last words of David*, of the acrostic poem from *Sirach*, and of *Ps* 151 for liturgical

---

17. A. HURVITZ, *Observations on the Language of the third apocryphal Psalm from Qumran*, in *Revue de Qumran*, 5, 1965, pp. 225-232; C. E. L'HEUREUX, *The Biblical Sources of the 'Apostrophe to Zion'*, in *CBQ*, 29 (1967), pp. 60-74; R. POLZIN, *Notes on the Dating of the Non-Massoretic Psalms of 11QPs[a]*, in *HTR*, 60, 1967, pp. 468-476.

18. *Jubilees and the Qumran Psalter*, in *CBQ*, 37, 1975, pp. 343-347.

19. *The Qumran Psalms Scroll (11QPs[a]) Reviewed*, p. 96.

purposes, that persuades me the scroll is not simply a liturgical compilation, but what I have called a library edition of the putative works of David, whether liturgical or not. In any case, everything referred to in the catalogue itself is liturgical, except perhaps for the *4 songs for string music, to be sung over the stricken.* Those 4 are included to produce a round number of songs, over and above one song for each day, to be sung before the altar over the *tamîd* offering, and an additional one for the *qorbān* for each Sabbath, each feast day, and for *Yôm Kippūr*, all according to the *Jubilees'* 364-days year and its inflexible calendar. The round number is 450 " songs "; there are besides 3,600 " psalms ", so that the total of David's compositions is given as 4,050. Is it for nothing that all three numbers are divisible by 150? My explanation for the 3,600 psalms is, that the cataloguer, too, has read Chronicles; he has given each of the 24 courses of Levitical singers from the days of David in *1 Chr* 25 a collection of 150 Psalms to sing. Incidentally, there is nothing in the catalogue that can be construed as a reference to any of the noncanonical pieces in the scroll.

In the 28 numbered columns, and in the 6 other extant columns represented by the preliminary fragments A to E, we wait until the bottom of the column numbered 17, which is actually the 23d identifiable column, before we encounter a composition extraneous to the canonical collection; it is interesting that this, *Ps* 154, is a reflex of the Essene religious assemblies and communal meals. From this point on, 8 noncanonical pieces are intermingled in 12 columns with 11 of the last 14 *Psalms* in the canonical Psalter, plus the short *Psalms* 93, 133, 134. The 3 Psalms from near the end of the standard collection not found here are *Psalms* 146, 147, 148; all of them are employed early in the scroll in a cluster of psalms of praise for which I have elsewhere proposed a conscious reordering for a deliberate liturgical purpose. They were presumably attracted to their present position by their association in such liturgical use with *Pss* 104, 105. The language and style of the noncanonical pieces is in all cases later than that of the Psalms among which they are interspersed. How is it possible for Sanders to persuade himself that the compiler of this mixture was not faced with the collection of 150 Psalms when he began his work?

Our first extant column, witnessed by fragments A, B, C, shows *Ps* 101 not only beginning on the top line (with the upper margin preserved), but clearly having begun on the right margin. No other composition throughout the 34 known columns begins in the equivalent position. The closest is *Ps* 121, which is at the top of the numbered col. iii, but indented; *Ps* 120, now missing, almost certainly filled more than half of the last line in the preceding col. ii. In the top lines of cols. xxi and xxii,

20. See note 10 above.

one composition ends and, after an interval, another begins. Otherwise no top line has the beginning of a composition. *Ps* 101 is the first Psalm in book 4 of the standard Psalter that begins with *leDāwîd*. Its choice as the starting point for an expanded Davidic collection carries that overtone; and that it begins the last 50 of the 150 Psalms is of a piece with the kind of mathematics in the catalogue of col. xxvii. The presumption is thus quite strong that this really is the original beginning of the scroll.

At the other end, in cols. xxvi to xxviii, I shall reserve *Pss* 149, 150 and the *Hymn to the Creator* for later discussion. Following them we have the *Last words of David* from *2 Sam* 23: 1-7; they occur here because the compiler accepted them as, indeed, the last words of David. There follows the prose catalogue with its variations on the number 150. Then come *Pss* 140, 134: a pairing like that of *Pss* 141, 133 which occurs earlier and is vouched for by 11QPs^b. Quite simply, *Pss* 140, 134 occur where they do either because our worthy scribe had earlier skipped them in copying, or because the basic compilation being copied was already flawed in this way. And *Pss* 151A and B occur at the very end as they do because they were known to be outside the numbers with which the catalogue was concerned.

Before I return to *Pss* 149, 150, let us include here a few straws in the wind, already mentioned in print, which serve to indicate the kind of source with which the compiler was working.

1) Allowing for the missing *Ps* 120 at the bottom of col. ii, where the space available will have been exactly suitable for it, the *šîrê ha-ma'ălôt* are all present in 11QPs^a, and *Pss* 121-132 followed in order on *Ps* 120. (Actually, so little is left of *Ps* 131 that it cannot be directly identified; but the requirements of space at this point in the scroll are such, that no one will question Sanders' placement of this Psalm.) *Pss* 133 and 134 are detached from the collection and appended, *Ps* 133 to *Ps* 141 and *Ps* 134 to *Ps* 140, near the end of the scroll. We do not have the beginning of *Ps* 134. *Ps* 133, however, separated from *Ps* 132 by 17 columns, is still captioned *šîr ma'ălôt leDāwîd*. Is this state of affairs dealt with seriously, when Sanders says, in the *Nida Festschrift*, " certain small groupings of psalms, such as the Songs of Ascents... were possibly in some collections viewed as units, but in others, such as the Qumran Psalter, clearly had not yet attained the status of fixed groupings " [21]? I think it my turn to say, " I sincerely wish that this were as clear to me as it is to him ". How many collections are we talking about? Which one does not have all the *šîrê ha-ma'ălôt*? The compiler of the collection in 11QPs^a found 13 of them together, in a sequence he did not himself

---

21. *The Qumran Psalms Scroll (11QPs^a) Reviewed*, pp. 98-99.

create. Is there no presumption that the other two came from the same source?

2) *Pss* 145, 146 in 11QPs[a] have, if I mistake not, been attracted into two separate liturgical patterns [22], in cols. i-ii and xvi-xvii. Yet part of the expansion of *Ps* 146: 9 in col. ii is based on *Ps* 145: 9 and 12. Their collocation as in the standard Psalter would help to explain the borrowing.

3) The same *Ps* 145 is an alphabet acrostic. In 11QPs[a] col. xvii line 3 this acrostic contains a line beginning with *ne'ĕmān*. The corresponding line with *nun* is missing altogether from the received Hebrew Psalm. The line with *ne'ĕmān* is really a doublet of the *ṣade* line in the same acrostic, substituting *ne'ĕmān* for *ṣaddîq*; so also in the LXX. The Psalm has lines that begin *gādôl Yhwh, sōmēk Yhwh, ṣaddîq Yhwh, qārôb Yhwh, šōmēr Yhwh, tᵉhillat Yhwh*; in each of these 11QPs[a] uses paleohebrew script for the tetragrammaton. Yet its *ne'ĕmān* line begins *ne'ĕmān 'ĕlōhîm*, the latter in the usual Herodian script. From what collection did the compiler get the Psalm, that it was in need of this clumsy repair?

Finally, I wish to return to the combination of *Pss* 149, 150 with the *Hymn to the Creator* in cols. [xxv]-xxvi of 11QPs[a] which I have had occasion twice lately to discuss in print [23]. At first, I did not see the *Hymn* as directly liturgical; the discovery that the more original part of it is quoted in the *Book of Jubilees* brought me to a better understanding, and enabled me to date this combination for liturgical purposes in the 2d century B.C. Since I have already suggested that all the items which follow the *Hymn to the Creator* stand where they do in the scroll for reasons that have nothing to do with liturgy — the *Last words of David*, the prose catalogue, the misplaced *Pss* 140 and 134, and the " outside the number " *Psalm* 151 — it would follow that as a liturgical collection, 11QPs[a] effectively terminates with *Pss* 149, 150 and the *Hymn to the Creator*. These stand opposed, as an ending, to *Ps* 101 as the beginning. The composing of a pendant to the two Psalms, which is what the *Hymn to the Creator* was designed to be, is unique in this collection; and it is most easily understood if even in the 2d century B.C. the ending of *Ps* 150, " Let everything that breathes praise the Lord, " was already the conclusion to an established Psalm collection which was even then not " open-ended. "

Just lately I have had the courtesy of an offprint from Moshe Weinfeld, of an article from this year's Tarbiz [24]. The title is given in English

22. *A Liturgical Complex*, pp. 197-198; 201-202.
23. *Ibid.*, p. 205.
24. *Tarbiz*, 45, 1975-1976, pp. 15-26.

as " Traces of *Kedushat Yozer* and *Pesukey de-Zimra* in the Qumran Literature and in Ben-Sira ". I quote extracts from the English summary.
" The opening sentence of the so-called *Hymn to the Creator*, גדול וקדוש
ה' קדוש קדושים לדור ודור, contains the basic elements of the Benediction of *Kedushat ha-Shem* to which the *Kedushah* is attached... Fur-
thermore, like in the conventional Jewish morning prayer, the *Kedushah*
in the Qumran Hymn is appended to a passage in which the angels
praise the Creator of the lights. The main motifs in this hymn are identical with the motifs of the alphabetic-acrostic hymns incorporated in the
Yozer Benediction... The common idea in these formulae is that the
creation of the lights which involves changing of seasons is due to the
great knowledge of the Lord which has been exposed to the heavenly
host. Following this exposition the angels burst in song and praise... Not
less significant is the fact that the Hymn in the Psalm scroll of Qumran
comes right after the last Psalm of the Psalter (*Ps* cl) which accords
with the Jewish Prayer. "

To this summary which is supported by a wealth of material from
Qumran, from Ben Sira and its appended litany of praise following *Sir*
51 : 12 in Cairo MS B (a 2d century B.C. composition), from the genizah,
from the early liturgical poetry, and from the standard rabbinic sources,
I will add three comments. One is, that the group of Psalms which in the
morning prayer precedes the *birkat yōṣēr 'ôr* includes *Pss* 146 to 150 *en
bloc*. For another, *Job* 38 : 7 has the morning stars and all the *bnê 'elōhîm*
cry out with joy when the Lord by his knowledge lays the cornerstone of
the earth. In the LXX this becomes, " When the stars came to be, all
my angels praised me with a loud voice "; thus the line is assimilated
more closely to the motifs described by Weinfeld. Thirdly, the line from the
Hymn to the Creator around which much of the relationship to the patterns
of the later Jewish Morning Prayer revolves, מבדיל אור מאפלה
שחר הכין בדעת לבו, is precisely the portion of that hymn which
the *Book of Jubilees* borrowed and enlarged upon before the end of the
2d century B.C.

I do not relish differing with Prof. Sanders; my esteem for him I think
he knows. We all, and I in particular, owe him a debt of gratitude for his
prompt and exemplary publication of the Psalms scroll from cave 11.
But in conclusion, I would restate it as my judgment, that from the way
it begins, from the way it ends, and from a number of indications in
between, 11QPsᵃ shows its dependence on the standard collection of 150
Psalms, and that nothing in the Psalm materials from Qumran lends any
real plausibility to a contrary view.

Curley Hall, 111, The Catholic University of America
Washington D.C. 20064, U.S.A.   Patrick W. SKEHAN

Appendix

I. Collation of 4Q Psalm MSS against BHS *

Psalm verse

5	10	כי	om. A.
		אין	אֵ[ן]°° A.
	10-11		A had room for at least 10 extra letters; interval in lacuna?
	11	האשימם	האשימו A.
	12	חוסי	חסי A, S.
	13	כצנה	בצנה A.
18	12	סכתו	C's caesura = MT 'athnaḥ; BHS puts interval before סכתו
	36b-38		C would allow 3 lines with ± 96 letters; וי[מינך] extant, *versus* 2 Sam 22:36; vs. 36 + לנצח with LXX possible; also vs. 38, + ואכלם possible, cf. 2 Sam, 22:39.
22	15	עצמותי	עצמתי F.
		נמס	[נמ]ש *sic!* F.
	16	מדבק	מדבש *sic!* F.
		ולעפר	עפר F (ואל on preceding line, not extant?)
		תשפתני	שופט] *sic!* F.
	17	הקיפוני	הקיפני *ut vid.* F.
	26:12-27:1		R no interval within line between these Pss. Cf. *Pss* 114, 115.
30	9	אדני	יהוה (2°) R, MSS, Coptic. LXX = אלהי.
	10	אל שחת	לשחת R.
	11	וחנני	ויחנני R, LXX (*versus* BHS notes)
	32: 1-11		A, Q omit this Ps.
33	1	—	לדויד שיר מזמור Q; LXX = לדוד
	7	כנס	כונס Q.
	7-8		A, Q interval between vss.?
	8	ייראו	יראו Q.
	9	ויהי	יהוה Q.
	10	הפיר	הפר Q.
		מחשבות	מחשבת Q.
	11	מחשבות	מחשבת Q.
	12	הגוי	הגי Q.
		יהוה אלהיו	והיה אלוהו
			Q has פ -type interval after vs. 12.
	16	ברב-	ברוב Q.
35	8	תלכדו	תלכדה Q.
	35: 14-15		Q had space for c. 15 extra letters?

*) *Biblia hebraica stuttgartensia*, edd. K. ELLIGER et W. RUDOLPH, fasc. 11, *Liber Psalmorum*, praeparavit H. Bardtke (Stuttgart: Württ. Bibelanstalt, 1969). Expanded Qumran orthography, v.g. כה-, כול לוא, תה- not necessarily recorded unless a real variant is or may be involved.

Psalm	verse			
35	15	ונאספו נאספו] נאספו	נאספו	A (om. **ונאספו** *ut vid.*)
		נאספו	נספו	Q.
		נכים	תכים	Q. (< **ונכים** ?)
	16	חרק	חרקו	A.
		שנימו	שנים	A.
	17	אדני	אד*ני	A (*waw* erased ?)
	20	יחשבון	יחשובו]	Q.
	27	החפץ	חפצי	(2°) A.
36	1	לדוד	לדויד	A.
	3	למצא	למצוא	A.
	5	יתיצב	יתיעץ	A.
		על	כול	A.

A interval of a half line after 36: 5.

Psalm	verse			
	6	בהשמים	מהשמים	A.
	7	ובהמה	[ו בהמה] בה	A.
38	10	נסתרה	נסתר	A.
	12	מנגד רעי ומיודעי]	[מנגד נגעי יעמדו	A.
	16-17	אלהי כי	כי אלהי	A.
	17	הגדילו	יגדילו	A.
	18	ומכאובי	ומכאבי	A.
	19	כי עוני	כה עונתי	A.
		מחטאתי	מן חטאותי	A.
	20	חיים	חנם	A. cf. 35: 19, 69: 5.
	21	ומשלמי	משלימי	A.
		רעה		erased in A *ut vid.*
		ישטנוני	ישסני	A.
		רדופי [Qere	רדפי Ketib]	**דבר** A.
	22	תעזבני	תעזובני	A.
	23	חושה	חישה	A cf. 71: 12 Ketib.
		לעזרתי	לי לעזרתי	A.

A follows 38: 23 with *Ps* 71; no interval even within line.

Psalm	verse			
44	8	ומשנאינו	משנאינו?	C.
48	5	המלכים	מלכים	J (**הנה** precedes).
49	9	וחדל	וחלי]	J.
	11	יאבדו	יון]	J (= **יובדו/יואבדו**)
	12	בתימו		*waw* erased in C.
		משכנותם	משכנותם	C, J.
	13	ילין	יבין	C; cf. LXX, Syr., and vs. 21.
	15	וצירם	Ketib: so C.	
50	21	היות	איות	*sic*! C.
		ואערכם	ואערך	C.
51	4	הרבה	Ketib: so C, J.	
52	7	חיים	החיים	C.
	8	ועליו	עליו	C.
	11	אודך	ואודך	C.
		חסידיך	חסידך	C.
53	4	כלו	[ה]כול	A, cf. *Ps* 14: 3.
	5	קראו	קרא	A.

Psalm	verse			
	7	מציון	ביום ציון	A.
56	4	יום	וֹיום	A (doubtful letter is not ב/ה/מ).
66	16	שמעו	ושמעו	A.
	20	מאתי	מאותי	A.
67	6	יודוך (1°)	וידוכה	A.
	8	יברכנו	יברכוכה	A.
69	1	לדוד	לדויד	A.
	3	ביון	בין	A.
		ואין	אין	A.
		ושבלת	שבולת	A.
	4	כלו	כליו	A.
		עיני	שני	A.
		מיחל	ביחל	A.
		לאלהי	לאלהי יש]	A (= לאלהי ישראל vs. 7 or לאלהי ישעי cf. vs. 14 and *Mich.* 7:7)
	5	רבו	רב	A.
		משערות	ומשערי	A.
	6	לאולתי	לוא ליתי	*sic!* A.
		ואשמותי	ואשמותי *A ואשל'	A corr.
	7	(יבשו) בי	בי	om. (בי) A.
		בי מבקשיך	מבקשידה	A. (om. בי)
	9	מוזר	מי זר	A.
		ונכרי	נכרי	A.
	11	ואבכה	ואך	A.
	12	ואהי	ותהי	A. cf. vs. 11.
	13	בי		A., no room for this in lacuna; cf. vs. 7.
		ונגינות	בנגינות	A.
	14	לך	למה	A.
		עת	עתה	A.
	15	אטבעה	ויקחני גזלי אטבע[ה] A גזלי (hard to read)
		אנצלה	[הצ]ילני	A.
		וממעמקי	מעמקי	A.
	16	שבלת	שבולת	A.
		תבלעני	תטבעני	A. cf. vs. 15.
		פיה	פי	A.
	17	יהוה		om. A.
		כי טוב	כטוב	A. cf. כרב in vs.
	18	ואל	אל	A.
		מהר	[מה]רֹה	A.
	19	קרבה על	קרב על	A.
71	2	תצילנו	הצילני	A. cf. *Ps* 31:3.
		ותפלטני	תפלטני	A.
		והושיעני	הצילני	(2°) A. cf. *Ps* 31:3.
	3	מעון	מעוז	A. cf. *Ps* 31:3.
		לבוא תמיד צוית	לבי עדמ]° A. (= עד מתי ?); *Ps* 31:3 לבית מצודות cf. LXX.
	4	וחומץ	וחמוץ	A.

Psalm	verse			
71	6	גוזי	עוזי	A.
	7	עז	עוז	A.
	11	ותפשוהו	תפשוהו	A.
	12		חישה	Ketib, so A.; cf. 38 : 23.
	13	יבשו ויכלו	יבושו יכלו	A.
76	11	חמת	חימות	E.
	12	יובילו	יבילו	E.
	12-13	יובילו ... ארץ		E had shorter text;? יבילו שי לנורא למלכי ארץ (homoioteleuton).
78	31	במשמניהם	משמניהם	E.
81	3	תף	תוף	E.
89	20	לחסידיך	לבחיריך	(sic!) 4QPs89; cf. LXX vs. 4 = לבחירי
		ותאמר	תאמר	4QPs89
		שויתי	שת	(sic!) 4QPs89
		בחור	בחר	4QPs89
		מעם	מן עם	4QPs89
	21	מצאתי	מצתי	4QPs89
		בשמן	מן שמן	4QPs89
	22	אשר	שמן	(expunged) 4QPs89
		ידי תכון עמו	ידו תכנכם	4QPs89 (parallel colon not extant)
	26		follows vs. 22 in 4QPs 89.	
		ידו ובנהרות	יד בנהרת	4QPs89
	23	אויב בו	אואב	4QPs89 (om. בו)
		עולה	על	4QPs89
	23	לא יעננו	לענותו	4QPs89, cf. LXX and 2 Sam 7 : 10.
	24-25		vss. lacking in 4QPs89.	
	27	אתה	את	4QPs89.
	27b		אלי וצור ישועתי	lacking in 4QPs89.
	28		אף	lacking in 4QPs89.
		אתנהו	אתננו	4QPs89.
	29-30		vss. lacking in 4QPs89.	
	44	במלחמה	למלחמה	E.
	50, 51	אדני (bis)	אדוני (bis)	E.
92	5	במעשי	במעשה	B.
		ארנן	ירנן	B.
	7	לא	ולא	B. cf. Ps 73 : 22.
	14	יפריחו	יפרחו	B.
	15	ינובון	ינבון	B.
		בשיבה	בשיבה טובה	B. cf. Gen. 15 : 15, etc.
		והיו	והיו	B.
93	5	עדתיך	עדותיך	M.
		נאוה	נוה	B.
95	5	ויבשת	ויבשה	M.
99	1	———	לדו[ד מזמור]	?K.; cf. LXX = מזמור לדוד
102	5	[מאכ]ל		transposed to end of colon? B.
	16	וייראו	ייראו	B.

Psalm verse			
	הארץ	ה*ארץ,	ה suprascript B.
	כבודך	כבודו	B. cf. *Isa* 59: 19.
17	בכבודו	בכבוד	B.
20	ממרום	ממעון	B. cf. *Deut* 26: 15.
	אל ארץ	לארץ	B.
24-25	קצר ימי אמר אלי		combined as one colon, B.; cf. LXX.
25	דורים שנותיך	דרים שנתיך	B.
26	ומעשה	ומעשי	B; so LXX, Targ.
103 3	עונכי	עונך	B.
	תחלאיכי	*תחלויך	corr. B (א suprascript)
4	חייכי	חייך	B.
	המעטרכי	המעטרך	B.
5	נעוריכי	נעוריך	B. (B reads בתוככי *Ps* 116: 19)
20	גברי כח	גבוריכה	B.
	דברו (*bis*)	דבריו (*bis*)	B.

104-111 B omits these Pss.

104 E has הודו ליהוה כי טוב כי לעולם חסדו before *Ps* 104; cf. 11QPs^a where this line preceding *Ps* 104 (frgt. E, col. i, line 5) = *Ps* 118: 29. לדויד as in 11QPs^a not verifiable for 4QPs^e.

Psalm verse			
104 1	אלהי	[אלהי]ם	D.
	לבשת	תלבש	D.
2	עטה	עטי	D.
	נוטה	נוטי	D.
3	המקרה	מקרה	D.
	עליותיו	עליותו	D.
	רכובו	רכבו	D.
4	עשה	עשי	D, L.
	מלאכיו	מלאכו	L.
	משרתיו	משירתו	L.
	להט		D, L = BHS *versus* 11QPs^a, לוהטת,
5	יסד (= G^B)	יוסד	D (= G^AL); ישד *sic*! L.
	עולם	לעלם	L.
8	זה		traces of other letters (erased?) at this point in D.
10	המשלח	משלח	D.
	הרים	ההרים	D.
	יהלכון	יהלכו	D.
11	כל חיתו שדי	חיות ו את ה·א]	D (om. כל; paleohebrew *waw*; read (את) האדמה cf. *Gen.* 2: 7 or? הארץ cf. *Gen.* 6: 13) [1]
	ישברו (= 2Q14)	ישכירון	D.
14	להוציא	להציא	D.
20	תרמש	תרמוש	E.
22	יאספון	ויאספו	D.

---

1. Between *he* and *aleph* is a blot, not a letter; the *aleph*, though broken, cannot be *shin*.

Psalm verse

104   22   ירבצון   ירבצו   D.
      24   עשית   נעשו   D; cf. *Ps* 33 : 6.
      25   (רמש) הרבה (רמש)   11QPsᵃ; note D has no room for
                                              הרבה (in lacuna).
104 : 26-32   D col. v, lines 1-14 lacked 1 colon; הסתיר פניך יבהלון is
                                              lacking from 11QPsᵃ, vs. 29.
      33   בעדי   בעדי   D.
      34   אנכי אשמח ביהוה   om. D.
      35   יתמו   כי יתמו   D.; cf. 11QPsᵃ כאשר יתמו.
105   In the format of E 1) *Ps* 105 could not have followed *Ps* 104 immedia-
      tely. 2) *Ps* 147 (cf. 11QPsᵃ) is too long a Psalm to have (alone) occupied a
      space between *Pss* 104, 105.
105   37   ויציאם   ויוצא עמו   E, cf. vs. 43; [ויוצא א[ת עמו
                                              11QPsᵃ.
      38   שמח   שמחו   E.
105 · 42-43   irregular spacing in E; interval between vss. in lacuna ?
107   9   נפש רעבה ונפש שקקה   נפש שקקה ונפש רעבה   F.
      11   כי   [ה[ם   *ut vid.*, F; cf. also המרו follow-
                                              ing, and vs. 24.
      13   ממצקותיהם ממצקותיהם   F; cf., again, vs. 28.
                יושיעם   וישיעם   F.
      14   יוציאם   ויוציאם   F.
      15   יודו   ה[ודו]   F.
                חסדו   חסידו   F.
      16   נחשת   נחשה   F.
107 : 20-21   F in lacuna lacks space for 2 cola; *frt.* om. vs. 21 ?
      23   באניות   באוניות   F.
      24   יודו נפלאותו ונפלאותיו   F (cf. יהוה preceding; vss. 8, 15,
                                              21, 31)
      25   גליו   גלים   F cf. vs. 29.
      26   נפשם   ונפשם   F.
                ברעה   בה[ם]   F *ut vid.*, cf. vs. 5.
      27   יחוגו   *ויחגו   ויחוגו corr. F.
      28   ממצקותיהם וממצקותיהם   F cf. vs. 13.
                יוציאם   וישיעם   F cf. vs. 13.
      29   יקם   ויהפך   F.
                סערה   שערה   F.
                גליהם   גלי ים   F.; cf. Syr and vs. 25.
      30a וישמחו כי ישתקו   om. F.
107 : 31-35a   F in this lacuna had room for 4 extra cola? *Vacat, ut vid.*, above
                                              vs. 35b.
      35b   וארץ   ארץ   F.
                למצאי   למבועי   F cf. vs. 33; *Isa*, 35 : 7, 41 : 18.
      36   ויושב   וישב   F.
                רעבים   עם רב   F.
                עיר   ערי   F.
      39   וימעטז   ימ[עטו]   F.
      41   מעוני   בעני   F.
                וישם   וישם עלו   F.

Psalm verse

Psalm	verse			Notes
	42	קפצה	קפץ	F.
109	4	יסטמוני ואני תפלה וישימו	ישנאה **וישנאה**; note יסטמוני ; F ; note in next line in F. (F. omits ואני תפלה).
	6	ושטן	ושטן	F.
	25	ראשם	רושם	F.
	26	עוזרני	עוזרני	F.
		הושיעני כחסדך		om. F.
	27	אתה יהוה עשיתה	עשיתה F. only, or עשתה (cj.) in lacuna; cf. *Isa*, 41: 20; *Job*, 12: 9.
114, 115		O has no interval even within line between these *Pss*; cf. *Pss* 26, 27.		
115	1	לא	ולוא	O.
	2	איה נא	איה	B. (om. נא)
	17	לא המתים	לוא מתים	E.
116	7	כי	כיא	O; this use of א unique in 4QPss.
		גמל	גמל	O. *sic*!
	8	מן דמעה	מדמעה	O.
		את רגלי מדחי		om. O.
118	7	ואני	אני	B.
	8	לחסות	לבטח	B.
	11	lacking in B.		
	12	כדבורים	כדברים	B.
		קוצים	קצים	B.
	16	ימין יהוה עשה חיל		lacking (in lacuna) in B ?
	18	יסר	יסור	B.
	19	אבוא בם	אבואם	B *ut vid*.
	26	ברכנוכם	ברכנו אתכם	B.
119	13	ספרתי	שפרתי	*sic*! H. cf. בשפתי preceding.
	14	עדותיך	עדואתיך	H.
	15	אשיחה	אשיח	H.
	17	גמל	גמור	H cf. *Ps* 57: 3; 138: 8.
		אחיה	ואחיה	H.
	18	ואביטה	אביט	H.
	21	זדים	זידים	H.
	37	העבר	העביר	G (but in vs. 39, G העבר)
	41	ויבאני	ויביאני	G.
	42	חרפי	חורפי	G.
		נצרתי כי בטחתי בדברך	כי פקודיך	G = vss. 56, 100; cf. vs. 45.
	43	אמת	אמתך	G.
	44	תורתך	תורתיך	G (MT nowhere pl. with ך suffix in Ps 119)
	46	בעדתיך	בעדותיך	G cf. vs. 31.
	83	כנאד	כנאוד	G (*waw* suprascript)
120	6	לה לנפשי	לנפשי	E. (om. לה)
125	2	סביב לעמו	לעמו סביב	E.
	3	גורל	*גולל גורל	corr. E.
		ידיהם	*ידם ידים	corr. E.
	4	בלבותם	בלב	E.

Psalm verse

125	5	וְהַמְטִים	om. *; suprascript corr. = BHS, E.

עֲקַלְקַלּוֹתָם עקלקולים *עקלקולתים   corr. E.; suprascript ‎ת; to be read *-ōtêm*, cf. ‏יָדַיִם vs. 3?

126	1	שיר המעלות	interlinear suprascript E.

שיבת   שבות   E.

2	בגוים בגויים E.

יהוה   om. *; corr. suprascript E.

4	שובה שבה E.

130   1   עולת] עולן interlinear suprascript E ‏(עולת
     (?השבת)

6	שמרים כשמרים E.

135   6   חפץ יהוה עשה[חפץ לעשות יעשה   N. cf. 11QPsᵃ col. xiv, lines 12-13.

7   עשה למטר ברקים   no room in lacuna for this, N; colon present in 11QPsᵃ in Ps and in *Hymn to Creator*, cf. *Jer*, 10: 13, 51: 16.

מאוצרותיו   מאצרתיו   K.

10	והרג om. K.
11	לציחון את ציחון K.
15	מעשה מעשי K.
136:	21	(12 :135 =) נחלה/לנחלה no evidence N.
136	21	לנחלה [ל לנחלה(ל) N; cj. + לנו cf. vs. 23. required to fill lacuna, in format of N.

22   עבדו לישראל לעמו לישראל   N, cf. 135: 12 (+ dittography of ל)

147   הללויה [אמן] above this Ps in D = Ps 106: 48?

147   1   נעים כי אלהינו זמרה[נאוה אלהינו זמרה   *bis*, D; dittog., *ut vid.*

תהלה נאוה תהלה נעים   D.

3   לעצבותם לעצבתם   D.

8   in format of D, no room for a fourth colon, cf. LXX and *Ps* 104: 14.

12   in format of D, no room for הללויה and start of new *Ps* here, cf. LXX.

13   חלב   וחלב   D.

II. *Psalm Texts represented (some verses minimally) in Cave 4*

Psalm, vss.	MS.	Psalm, vss.	MS.
5: 8-13; 6: 1	S	27: 12-14	C
5: 9-13; 6: 1-4	A	28: 1-4	C
16: 7-9	C	30: 9-13	R
17: 1?	C	31: 25 + 33: 1-18	Q
18: 3-14; 16-17; 33-41	C	31: 23-25 + 33: 1-12	A
22: 15-17	F	34: 22 + 35: 2	A
25: 15	A	35: 4-20	Q
26: 7-12; 27: 1	R	35: 13-20, 26-29; 36: 1-9	A

Psalm, vss.	MS.	Psalm, vss.	MS.
35 : 27-28	C	98 : 4-8	M
37 : 18-19	C	99 : 1 ?	frgt. 2
38 : 2-12, 16-23 (+ 71 : 1-14 !)	A	?99 : 1-5 ?	K
42 : 5	C	99 : 5-6 ; 100 : 1-2	B
42 : 5	frgt. 1	102 : 10-29 ; 103 : 1-6,	
45 : 8-11	C	9-14 ; 20-21	B
		104 : 1-5, 8-11,	
47 : 2	A	14-15, 22-25, 33-35	D
48 : 1-7 ; 49 : 6 ?, 9-12,		104 : 0 (refrain), 1-3, 20-22	E
15 ?, 17 ?	J	104 : 3-5, 11-12	L
49 : 1-17 ; 50 : 14-23 ;		105 : 1-3, 23-25, 33-35	E
51 : 1-5 ; 52 : 6-11 ; 53 : 1	C	?106 : 48 (before 147)	D
51 : 3-5	J	107 : 2-5, 8-11, 13-16,	
53 : 4-7 ; 54 : 1-6	A	18-19, 22-30, 35-42	F
56 : 4	A	109 : 1 ?, 8 ?, 13	E
62 : 13 ? + 63 : 2-4	A	109 : 4-6, 24-28	F
66 : 16-20 ; 67 : 1-8	A	112 : 4-5 ; 113 : 1	B
69 : 1-19	A	114 : 7-8 ; 115 : 1-4 ;	
71 : 1-14 (after 38 !)	A	116 : 5-10	O
76 : 10-12 ; 77 : 1	E	115 : 2-3	B
78 : 6-7, 31-33	E	115 : 15-18 ; 116 : 1-3	E
81 : 2-3	E	116 : 17-19	B
86 : 10-11	E	118 : 1-3, 6-11, 18-20,	
88 : 1-5	E	23-26, 29	B
88 : 15-17	S	119 : 10-21	H
89 : 20-22, 26, 23, 27-28, 31	" 4QPs89 "	119 : 37-43, 44-46, 49-50,	
89 : 44-47 ; 50-53	E	73-74, 81-83, 90-92	G
91 : 5-8, 12-15 ;		120 : 6	E
92 : 4-8, 13-15	B	125 : 2-5 ; 126 : 1-5	E
93 : 3-5	M	129 : 8 + 130 : 1-6	E
93 : 5 ; 94 : 1-4, 8-14,		135 : 7-16 (?with 99 : 1-5)	K
17-18, 21-22	B	135 : 6-8, 11-12	
95 : 3-7	M	+ 136 : 22-23	N
96 : 2	B	143 : 3-4, 6-8	P
97 : 6-9	M	147 : 1-4, 13-17, 20	
98 : 4	B	(preceded by 106 : 48 ?)	D

III. *Brief description of the 4Q manuscripts*

4QPs[a] Early semiformal hand (Cross) ; mid-2d cent. B.C. Prose format ; expanded Qumran orthography (*waw* as vowel letter not fully consistent ; *-kh* suffix consistent).

4QPs[b] Herodian. Stichometric, single colon to line except for Pss 117, 118 : 1-24, stichometric by the full line ; orthography close to MT.

4QPs[c] Late hand, c. 50-68 A.D. Orthography very close to MT ; 2 cola to the line, no provision for juxtaposing parallel cola ; Pss 45 ?, 49, 52 in prose format.

4QPs[d] mid-1st cent. B.C. Orthography near normal (MT), *-th* once ; *lamed-he* sing. construct participles spelled with *yod*. Prose format becomes 1 colon to the line by Ps 104 : 14.

4QPs^e First half 1st cent. A.D. Prose format; expanded orthography.

4QPs^f Late Hasmonean (Starcky: c. 50 B.C.). Narrow columns, but no regard for stichometry. Expanded Qumran orthography, not consistent with regard to *waw*.

4QPs^g c. 50 A.D.; 4QPs^h Herodian. Alphabet acrostics, full line stichometry. Generous use of *waw*; *-kh* not used.

4QPs^j c. 50 A.D. Prose format; generous use of *waw*; *-kh* in unplaced bit?

4QP^k First half 1st cent. B.C.; prose format; sparing orthography.

4QPs^l 2d half 1st cent. B.C; single colon to line; *shin* for *samekh*; sparing orthography.

4QPs^m,o,p,r Herodian; insufficient extant samplings.

4QPs^n Late 1st cent. B.C.; only Pss MS from 4Q to use *ky'* for *ky*.

4QPs^q Mid 1st cent. A.D. Prose format; full orthography for use of *waw*.

4QPs^s c. 50 A.D. Expanded Qumran orthography.

frgt. 1, c. 50 A.D.   frgt. 2, late 1st cent. B.C.

The Background
of Biblical Interpretation at Qumran

The interpretation of the Scriptures at Qumran is both explicit and implicit in all their writing. That which distinguished the Covenanters of Qumran from other Jewish parties were their interpretations. These embraced all aspects of faith and practice, affecting such items as cult, theology, and world view, halakhah, calendar, prophetic fulfilment, and eschatology. There were traditional elements in their faith and life which they shared with other Jewish groups, and at the same time there was much which was distinctive — as the inherited elements were modified and deflected in new directions.

One needs to go back at least as far as the Babylonian Exile and to pick out various strands of Jewish thought, in order to appreciate the fact that Essenism (despite its unique elements) is no chimera, but it is a legitimate child of post-exilic Judaism. It is the culmination of special strains of Jewish thinking which have come together and have developed in special ways. All the genes which combined in the conception and gestation of this peculiar child pre-existed in parental Judaism. In large measure, it is the richness of this genetic background which accounts for the manifold expressions of Biblical interpretation at Qumran.

I. Apocalyptic Thought.

It may be that the contemporaries of Amos looked forward to a day of light in which Israel would triumph over all her foes, and that this idea was associated with the celebration of New Year's Day. In any case, Amos (5: 18) and other pre-Exilic prophets debunked this notion and proclaimed a day of darkness and of judgment upon Israel herself. After the fall of the Judean Kingdom, the older notion of the salvific intervention of God in order to bring a day of light for Israel re-emerged as an important theme in the mouth of the post-Exilic prophets [1]. The twin

---

1. This theme did not disappear altogether, not just because of the false prophets, but also because of some hopeful predictions of the canonical prophets of pre-Exilic times.

aspects of judgment and deliverance were historical in the Second Isaiah, for God was working through the historical process. When the new age failed to arrive in all its splendor, the disciples and heirs of the message of Second Isaiah looked increasingly for direct intervention by God, whereby He would trample all Israel's enemies (epitomised by Edom) and would bring a fiery judgment upon the faithless of Israel herself, in order to inaugurate the new era of glory [2]. Thus the writing of Second Isaiah (basically Chaps. 35, 40-55, with a few subtractions) became framed by other materials giving it this apocalyptic orientation (Chaps. 34, 56-66). Even the historical Chapters (36-39), with their stress upon the miraculous defeat of Sennacherib provided a typological event for God's final intervention. This is how Volume II of the Book of Isaiah is organized. It is a corpus whose separation from Volume I is attested by the Great Isaiah Scroll [3].

Similar editorial activity has eschatologized the message of certain others prophets, including Habakkuk [4]. New compositions were often implicit reinterpretations of older prophecies, even when not a part of that book. Thus the prophecy of Gog in Chapters 38-39 of Ezekiel are saturated with language borrowed from earlier prophets [5]. The Lord addresses this eschatological foe, saying: " Are you he of whom I spoke in former days by My servants the prophets of Israel, who in those days prophesied for years that I would bring you against them? " (38: 17; cf. 39: 8). The literary borrowings of these chapters show that earlier predictions concerning Assyria and Babylonia are reapplied to the new foe on the horizon. Mathias Delcor has shown the great extent of the reinterpretation of earlier prophecies in Deutero-Zechariah [6]. The reinter-

---

2. I have argued this already in *The Meaning of the Qumran Scrolls for the Bible*, New York, 1964, pp. 254f. (to be cited as *Meaning*). Paul D. HANSON, *The Dawn of Apocalyptic*, Philadelphia, 1975, has developed this aspect of Isaianic criticism in a brilliant and incisive way. For precision one needs to distinguish the apocalyptic stance of this early literature from the fully developed apocalyptic of later times.

3. *Meaning*, Chap. 13, pp. 247-59; Kent H. RICHARDS, *A Note on the Bisection of Isaiah*, in *RQ*, no. 18 (April, 1965), pp. 257f. The custom of spacing between books is illustrated by the Minor Prophets Scroll published in *DJD*, II, where three lines are left between each prophet, as appears in Plates 61, 66, 69, 71, 72. In view of the fragmentary character of the texts, see the transcriptions.

4. *Meaning*, pp. 67ff.; *The Composition of Habakkuk*, in *Hommages a Dupont-Sommer*, Paris, 1971, pp. 225-75, esp., pp. 270f., 275.

5. See G. HÖLSCHER, *Hesekiel — der Dichter und das Buch*, in *Beihefte zur ZAW*, XXXIX, 1925, pp. 177-89.

6. *Les sources du Deutero-Zacherie et ses procedes d'emprunt*, in *RB*, LIX, 1952, pp. 385-411. The important new approach of Paul D. HANSON, *op. cit.*, does not concern itself with this aspect of Deutero-Zechariah. His discovery of the importance of the motif of the divine warrior-king and of the pattern of mythical combat in no way disproves the literary dependencies of Deutero-Zechariah. It seems probable that the divine Warrior on the march has His human agent in *Zech.*, 9: 1-8

pretation of the Hebrew prophets in the Book of Daniel involves very much more than Jeremiah's seventy years [7]. When then the people of Qumran reapply the prophecies of the Old Testament to their own day and to the imminent future, they are standing precisely in this prophetic-apocalyptic tradition of post-Exilic Judaism.

It is the Aramaic section of Daniel which bequeathed to the Covenanters of Qumran their favorite interpretative term, *pēšer* — which, despite Isaac Rabinowitz, does not usually mean " presage " at Qumran [8]. In the *pəšārîm* [9] " prophetic meaning " is an apt translation; but this becomes " meaning " alone in 4Q Ordinances [10]; and in 4Q Ages of Creation it is used in headings which may be interpreted as: " A *discourse* concerning the ages, " " a *discourse* concerning Azazel and the angels " [11].

II. Typological rewriting of biblical narratives.

The Chronicler's parallel to Samuel and Kings involves a theological reinterpretation of Israel's pre-Exilic history [12]. Some of his information

---

(namely, Alexander the Great), just as Yahweh is on the march in *Isa.*, 41: 2f., but God " has called him to His feet " (i.e., He as the supreme General leads the way and Cyrus follows). Cf. *Meaning*, pp. 180-82. Likewise, just as there is a sharp contrast between the fierce Cyrus and the gentle Servant of the Lord (41: 2 and 42: 2f.), so also an implicit contrast exists between the humble king of *Zech.* 9: 9 and the well known, though undescribed human agent in the preceding verses.

7. *Studies in Daniel*, New York, 1948, the references in his notes being especially revealing; *The Oldest Interpretation of the Suffering Servant*, in *VT*, III, 1953, pp. 400-04, with which compare *Meaning*, pp. 211f. and *BASOR*, no. 132, (Dec., 1953), pp. 12-15

8. *Pesher/Pittaron. Its Biblical Meaning and Its Significance in the Qumran Literature*, in *RQ*, no. 30 (March, 1973), pp. 219-32. For the Biblical meaning, Rabinowitz' article is an important " breakthrough ", but I do not believe that this meaning was carried over unmodified at Qumran. This will be discussed at great length in *The Midrash Pesher of Habakkuk*, in *JBL Monograph*, 1977.

9. For this pronunciation cf. *sēfer/səfārîm*. In *Eccles.*, 8: 1 we have the pointing *pēšer* for Hebrew. In Aramaic both *PŠR* and *SPR* are vocalized the same in the singular: *pəšar* and *səfar*. Unfortunately the plural does not occur, but analogy supports identical plural pronunciations.

10. John M. ALLEGRO, *Qumran Cave 4, I (4Q158-4Q186)*, in *DJD*, V, Oxford, 1968, Ms. 4Q159, Frg. 5, lis. 1 + 5. Although the context is halakhic, it does concern the nature of observance in the last days.

11. J. M. ALLEGRO, *ibid.*, Ms. 4Q180, Frg. 1, lis. 1, 7.

12. Recent investigation gives impressive support for the view that Chronicles was first written in the time of Zerubbabel. See D. N. FREEDMAN, *The Chronicler's Purpose*, in *CBQ*, XXIII, 1961, pp. 436-41; James D. NEWSOME, *Toward a New Understanding of the Chronicler and His Purposes*, in *JBL*, XCIV, 1975, pp. 201-17; F. M. CROSS, *A Reconstruction of the Judean Restoration*, in *JBL*, XCIV, 1975, pp. 4-18, esp., pp. 12-14.

came from sources which were neglected by the authors of Samuel and Kings; but some of the stories may be freely composed haggadah [13]. However, these stories may be legendary, rather than composed out of whole cloth. In any case, they were utilized in an interpretative rewriting of Israel's history. The role of David is built up in such a way as to suggest that he has become a type of the messiah; for already (as in Ezekiel) " David " had become not only the progenitor of the future ideal king, but even his designation [14]. Some of the exaggerated statistics in the accounts of battle have their rationale in the great deliverance to be wrought by God in the Messianic Age [15].

Whether Jubilees was composed at Qumran or was inherited by them from their predecessors is a mute point; but this rewriting of Genesis became a fundamental work for establishing the calendar of the Essenes.

The so-called Genesis Apocryphon of Qumran is at once a targum (some parts being primarily translation) and a haggadic rewriting. Its exaggeration of the extent of the promised land included all, or most of the Fertile Crescent. The exaggeration is all the more patent when it is stated that Abraham supposedly could see all of this from a hill north-east of Bethel! This makes the promise of land as extensive as in some descriptions of the messianic kingdom. *Gen.*, 13 is thereby reinterpreted in the light of *Ps.*, 72: 8; *Zech.*, 9: 10; and *Sirach*, 44: 21 [16]. The Military Manual (*1Q M*) cites the story of David and Goliath as illustrative of the great achievements of the Children of Light in the Messianic wars (xi, 1-7).

The Wisdom of Solomon, composed a bit earlier perhaps than the Military Manual, has a fantastic rewriting of the Hebrew exodus from Egypt. The plagues and the crossing of the Red Sea are given an apocalyptic coloration in order to illustrate God's power to bring about the New Creation. This is strongly implied by 19: 6-21. Even though this is

---

13. Cf. Samuel SANDMEL, *The Haggada within Scripture*, in *JBL*, LXXX, 1961, pp. 105-22, who deals with the Pentateuch. See also C. C. TORREY, *The Chronicler as Editor and as Independent Narrator*, in *American Journal of Semitic Languages and Literature*, XXV, 1908-1909, pp. 157-73, 188-217.

14. See W. F. STINESPRING, *Eschatology in Chronicles*, in *JBL*, LXXX, 1961, pp. 209-19; J. D. NEWSOME, *ibid.*, esp. pp. 207-10.

15. The oustanding example of this is the invasion of Judah during the reign of Asa king of Judah by Zerah the Ethiopian who came with a million men, but was defeated by 580,000 men from Judah and Benjamin — both sets of figures being exaggerations (*II Chron.*, 14: 7-12).

16. This is discussed in *Meaning*, pp. 52-56. In its farflung application of the promise to Abraham, the Genesis Apocryphon is giving graphic presentation of the universalizing statement of *Sirach*, 44: 21. The logical outcome of this is to include the whole earth within the promised land, so that the meek inherit the earth. In *Rom.*, 4: 13, Paul interprets the Abrahamic promise as meaning that his seed ' should inhert the world (*kosmos*). "

the literary product of Alexandria and was written in Greek, one can see that Qumran's typological interpretation of the Scriptures has affinities not only with Judaism in its historical depth, but also with Judaism in its breadth of contemporaneity, reaching out even into the Diaspora. Thus one explains some of the Iranian and Hellenistic aspects of Qumran interpretation as having been mediated through Jews who had Iranian and Hellenistic backgrounds [17].

III. Interrelated aspects of Targum and Midrash.

There was probably a considerable influence of targums and targuming upon the literature of Qumran. They produced targums of their own, such as the *11Q Targum of Job*. Many of the interpretations of the Targum of Jonathan relating to the text of Habakkuk seem to have been appropriated and modified in *1Q p Hab* [18]. Such targuming of the Scriptures involved in varying degrees the techniques of midrash, and this shows that at least oral midrash was present in the environs in which targum developed. An outstanding example of extensive midrashic interpretation in targum is to be found in the Targum of Jonathan's expansive treatment of the Song of Hannah (*I Sam.*, 2 : 1-10), which makes her predict the whole scope of Israel's history from Saul until the coming of the messiah. Many of the interpretative techniques and interests of the targum to the Song of Hanna may be paralleled with those of the Qumran *pəšārîm*. [19]

The targums as presented in the synagogues may have provided the model for the organization of the *pəšārîm*. In the practice of targuming, short selections of the Hebrew Scriptures were read one by one, and each was followed by its Aramaic interpretation. So also in the Biblical commentaries from Qumran, quotation and interpretation are interlarded. However, since the interpretations are given in Hebrew, it was important to separate each quotation from the following *pēšer* by regular exe-

---

17. W. F. ALBRIGHT, *From the Stone Age to Christianity*, Baltimore, 1st ed., 1940 (2nd printing, 1941), p. 289, suggested that the Essene movement sprang from a migration of Jews from Babylonia after the establishment of the Maccabean state. For pagan influences in general upon apocalyptic, see p. 287. See also his article, *New Light on Early Recensions of the Hebrew Bible*, in *BASOR*, no. 140 (Dec., 1955), pp. 27-33 and also F. M. CROSS, *The Ancient Library of Qumran and Modern Biblical Studies*, Garden City, N.Y., rev. ed., 1961, p. 192.

18. *The Habakkuk Midrash and the Targum of Jonathan*, in *JJS*, VII, 1955, pp. 169-86.

19. An analysis will appear in the introduction to *The Midrash Pesher of Habakkuk*. See also my preliminary study of the hermeneutic principles in the *BA*, Sept., 1951 ; Daniel PATTE, *Early Jewish Hermeneutic in Palestine*, *SBL Dissertation Series*, 22, Missoula, Mont., 1975.

getical formulae. Now the Midrash Pesher of Habakkuk assigns the charismatic gift of Biblical interpretation preeminently to the Righteous Teacher. [20] By implication many of the interpretations are presumed to go back to this teacher. Yet they surely underwent reinterpretation within the study groups of Qumran, especially after the Teacher's death. With the stylistic model of targum in mind, I suggest that the Teacher's common method of teaching was that of the *pēšer*. He quoted short selections of various length, and then introduced each respective inter- pretation with some such expression as *pēšer had-dāvār 'ašer*, or *pišrô 'al*. These oral interpretations were received and molded by the Essene Com- munity, which strove to put into practice the Biblical injunction of stu- dying the Torah day and night. The Community Rule prescribes that each cell group of ten men is to keep awake a third of every night in order to carry on such study. [21] If they did this in shifts, the whole of every night as well as every day would be filled with interpretation. Variations in style, interpretation, and interest in the *pəšārîm* may reflect not only different generations of interpreters, but also different Essene communities; for we are not to suppose that all resided at or near Qumran.

IV. The scribal and interpretative traditions of the Sopherim.

One of the surprises of the Qumran Biblical manuscripts is that so many of the paragraph divisions are in agreement with the Massoretic Text. Qumrân did not originate these, but it received them from a long tradition. The scribes of Qumrân were aware of their significance and sometimes modified these divisions in order to emphasize a particular point. It is evident that the divisions marking the Massoretic open and closed sections go back to the final editors of the Hebrew Scriptures, or to the earliest sopherim of the completed works. This means that these divisions are not arbitrary arrangements of the second century A.D., as one might have thought; but they tell us indirectly how the earliest interpreters of the finished literature saw the inter-relationships of various blocks of material.

The Rabbinic tradition is that these early sopherim even introduced corrections in the readings of the Scriptures on their own authority. These are called the *tiqqûnê has-sōpherîm*. As both Karl Elliger and I have argued, the text of Habakkuk in *1Q p Hab* is ecclectic, drawing upon readings of variant textual traditions; but more than this, there are subtle changes in reading in order to make possible a certain midra-

---

20. 1Qp *Hab*, ii, 7-10; vii, 1-5.
21. 1QS, vi, 6f.

shic interpretation [22]. Such changes may be compared with the '*al tiqrê* technique: " Do not read such and such (found in the manuscripts), but read so and so (for a certain midrashic result) " [23]. Although in the Great Isaiah Scroll (*1Q Isaᵃ*) we have no commentary, we do have many interpretative features. [24] These include not only popularizing features such as the fulsome use of vowel letters and the frequent substitution of easier readings, but there are changes of exegetical intention. Since we are here concerned with the Biblical text in manuscript, apart from any expressed *pēšer*, the closer analogy is not the '*al tiqrê* of midrash, but the *tiqqûnê has-sōphərîm*.

One example of this aspect of Qumran interpretative technique is *Isa.*, 51: 17-52: 6 in *1Q Isaᵃ*. This is presented in the scroll as one large paragraph with smaller subdivisions. That is, to employ Rabbinic language, the overall passage is delimited on each side by an open section, but it is subdivided by closed sections. There are also special sigla in the present case which mark the limits of the passage. The first is a straight line in the right hand margin which separates 51: 17 from what precedes, and the second is a strange hat-shaped symbol in the right hand margin which separates 52: 6 from what follows. It is important from these indications to notice that the scribal tradition of the scroll conceives of this overarching passage as a unity, so that any variants must be studied not simply as they affect the meaning of a given verse, but also as they affect the meaning of the entire pericope.

The climax to the whole passage is 52: 1-2, for here we have the glorious antithesis to Zion's previous humiliation and suffering (51: 17-23). So then we take up 52: 2, where the scroll gives the traditional reading [25]:

> Shake yourself from the dust, arise;
>> sit, O Jerusalem.
> The yoke straps of your neck are loosened,
>> O captive girl Zion.

---

22. Karl ELLIGER, *Studien zum Habakkuk-Kommentar vom Toten Meer*, in *Beiträge zur historischen Theologie*, 15, Tübingen, 1953, pp. 48-58; W. H. BROWNLEE, *The Text of Habakkuk in the Ancient Commentary from Qumran*, in *JBL Monograph Series*, XI, pp. 113-18.

23. It is also possible that in some cases it was a matter of preferring another known reading. Qumran was able to employ more than one reading in interpretation of a passage.

24. See Patrick W. SHEHAN, *The Qumran Manuscripts and Textual Criticism*, in *Supplements to VT*, IV, 1956, pp. 148-60, esp. pp. 151f. W. H. BROWNLEE, *Meaning*, Chaps. 8-10, pp. 165ff. On the *tiqqûnê has-sōphərîm*, see Jacob LAUTERBACH, *Rabbinic Essays*, Cincinnati, 1951, pp. 191ff.

25. The following citation follows the *kətîv* reading: *HTPTḤW*. The LXX reads with the *qerê* of the MT, using the imperative for each of the verbs.

The parallelism between the two halves of the verse has suggested to
most critics that the original text read:

> Shake yourself from the dust, arise,
> > O captive Jerusalem.
> Loosen the yoke straps of your neck,
> > O captive girl Zion.

This, I believe, was the original text; but it is not the text of the
Massoretic Bible, nor of the Septuagint, nor of the Targum, nor the
Scroll. The emendations are two: *ŠBYH* for *ŠBY* in the first half of the
verse and *HTPTḤY* for *HTPTḤW* in the second half. However, in
the latter case we do have a *qərê* which corresponds with the preferred
reading. Recently, after puzzling over the expected parallelism versus
the manuscript evidence, I recalled *I Sam.*, 2: 8 which may have
helped shape the text of this verse. Turning to the Targum of Jonathan,
I noted that the targum used the same vocabulary in its interpretation of
Isa. 52: 2 as in its interpretation of the Song of Hannah; for *šəvî* was
interpreted to mean: " Sit on a throne of glory " [26].

Then, for the first time I understood also the strange variant seven
verses earlier, at 51: 18, where the Massoretic Text says of widowed
Jerusalem:

> She has no one to guide her
> > of all the sons she has borne,
> and no one to hold her hand
> > of all the sons she reared.

But instead of reading *mənahēl* (" one to guide her "), the scroll reads
mənaḥēl (" one to share an inheritance with her "). In the immediate
context this reading does not commend itself; and surely everyone has
dismissed it as an example of careless copying. But examine again *I
Sam.*, 2: 8:

> He raises up the poor from the dust;
> > He lifts up the needy from the ash heap,

---

26. In the original text and context, *Isa.*, 52: 1f. probably called upon Jerusalem
to don festal garments to welcome the pilgrims who were soon to come home as
liberated exiles and as worshippers that they might join in the observance of a holy
festival (probably *sukkot*). Cf. 52: 7-12. However, the editorial insertion of vss. 3-6
and the removal of Vss. 11f. from their original position before Vs. 1 have altered
the context. This together with the alteration of *šivyāh* to *šəvî* makes it now a
matter of investiture in preparation for enthronement.

to make them sit with princes,
   and *to inherit* (*YNḤLM*) a throne of glory [27].

It now appears that this verse has affected not only the text of *Isa.*,
52: 2 in the tradition, but it has also inspired the Qumran variant reading at 51: 18. One sees, therefore, an antithetical relationship between
these two verses. The inheritance of a glorious throne of which Hannah
sang cannot be given to widowed Zion by any of her sons, but God
Himself will give this through His saving command: " Shake yourself
from the dust. Arise, sit (on your glorious throne), O Jerusalem. "
   Even this interpretation of *1Q Isa*ᵃ did not remain unmodified. At
least another interpretation came to coexist with it [28]. In *4Q 176*, which
John Allegro has entitled *Tanḥûmîm* (fragments 8-11, lines 3f.), one
reads:

[*qûm*]*î šûvî yərûšalēm*   *hitpattəḥî* [*môsərê ṣawwā'rēkh*
                              š]*əvîyyāh bat ṣiyyôn.*
Arise, *return* to Jerusalem.
Loosen the yoke straps of your neck,
   O captive girl Zion.

In this new text, the people of Qumran are to be thought of as living
in self-exile from Jerusalem. They are the " captive girl Zion " who is
bidden to " Arise, *return* to Jerusalem. " [29] Indeed their Military Manual
in its first two columns indicates such a return to Jerusalem, where the
children of light will purify the cult and whence they will launch their
holy war. There is in this reading also an antithesis to the preceding
verse, which declares: " Never again shall enter you the uncircumcised
and unclean. " The people of Qumran who often charged their religious
opponents with being uncircumcised of heart [30] would interpret the verse

---

27. In view of the defective spelling, one should read the *pi'ēl* in *Isa.*, 51: 18;
and for the same reason one might also read the *pi'ēl* in *I Sam.*, 2: 8, although the
MT vocalizes this as a *hif'îl*; but the interpretative correlation does not necessitate
consistency.

28. On the use of more than one reading, see *The Text* of Habakkuk, pp. 118-23.

29. The use of the verb *qûm* as initiating action, esp. that of movement, is too
common to call for documentation. The combination " Arise, sit " occurs in *Gen.*,
27: 19. Cf. *I Sam.*, 28: 23. In *Isa.*, 51: 2, the traditional text cannot be made to
command: " Sit up (on the ground), " for this would demean Jerusalem to the
status of Babylon (*Isa.*, 47: 1), with whom she is implicitly contrasted.

30. For uncircumcision of heart, see *1Qp Hab*, xi, 13; *1QH*, ii, 7, 18; vi, 20;
4Q184, frg. 2, li. 5. The purpose of the Community was to achieve such circum-
cision: *1QS*, v, 5; 40 177 as reconstructed by John STRUGNELL, *Notes en marge du
Volume V des 'Discoveries in the Judaean Desert of Jordan*, in *RQ*, no. 26, 1970, pp.
163-276, with attention here to li. 16 on p. 243. For spiritual uncleanness, see *1QS*,
iii, 5; v, 14, 20; *CDC*, vi, 15; x, 13; xi, 22; *1QpHab*, viii, 13, etc.

to refer to the future exclusion of such as these from the holy city, whereas they themselves are to arise and to return there. In contrast with some of the readings of *1Q Isa^a*, this new understanding of the text of Isaiah does not serve to reinforce a traditional element of exegesis. Rather it shows innovation.

Yet also in some verses of *1Q Isa^a*, special sectarian understandings do appear. Thus, 51 : 14 is set off from what precedes and from what follows by a non-traditional paragraphing. This is for special emphasis in relation to a peculiar reading and understanding of that verse. Verse 13 concludes with a question, which is probably a gloss: " Where is the wrath of the oppressor ? " In context, the question is rhetorical, and its implied answer is : " Nowhere, for it is destined to failure. " However, *1Q Isa^a* provides another answer :

> From the mountain affliction is to be unleashed ;
>> but one will not go in death to the Pit,
>> nor will he lack food.

With this, one may contrast the probable original sense :

> Quickly will he who is weighed down be set free ;
>> he will not die in the dungeon,
>> nor will he lack food.

The scroll reads *ṣārāh* (" affliction ") instead of *ṣō'eh* (" he who is stooped "). The new reading correlates with *1Q S*, x, 17, which may reflect it :

> When affliction is unleashed, I will praise Him ;
>> and for His salvation I will sing praise as well.

The key phrase, *bə-hippātēaḥ ṣārāh*, is to be compared with the Isaiah variant, which reads : *ṣārāh lə-hippātēaḥ*. The word *mihar* (" quickly ") may have been pronounced *mē-har* (" from the mountain "); but the latter sense may have been derived from the former pronunciation, through the understanding of an implicit *dagesh*. In either case, verbal play is involved, and midrashically 51 : 14 answers very explicitly the preceding question of " where. " It declares that persecution will be unleashed (or set in motion) from Mount Zion, from Jerusalem, but that the people of Qumran will not thereby be sent to the pit (to Hell) ! Or, possibly, it means that the persecution will not be successful in bringing about the death of the Righteous Teacher. [31] In either case, we have entered the realm of allusion to sectarian history in fulfilment of Biblical prophecy. Since the manuscript of Isaiah may date as much as half a century earlier than the earliest pesher, it is important for attesting a

---

31. *4QpPss A*, iv, 7-9; *1QH*, ii, 31-36.

concern for prophetic fulfilment in sectarian history at this earlier period.

Still other expressions of Biblical interpretation at Qumran may be found, as for example in hymnic allusions to the Scriptures. Yet much of this interpretation is rooted in the same kind of exegetical traditions and processes which have been outlined above: I, apocalyptic thought; II, typological rewriting; III, the interrelated aspects of Targum and Midrash; and IV, the scribal and interpretative traditions of the sopherim. Qumran's folk did some surprising things with these hermeneutic elements in their background, but their originality is simply one expression among many of the dynamics of Judaism.

Claremont Graduate School
Claremont, California 91711 U.S.A.   William H. Brownlee

Religionsgeschichtliche Erwägungen zu den Gottesbezeichnungen in den Qumrantexten *

In der Literatur zu den Qumrantexten spielt die Frage nach den dort verwendeten Gottesbezeichnungen eine erstaunlich geringe Rolle. Dabei stehen Gott und sein Handeln immer wieder im Mittelpunkt der Aussagen dieser Texte, und die Art der Gottesbezeichnung könnte ein wichtiger Schlüssel sein für das Gottesverständnis in diesen Texten überhaupt. Dies gilt umso mehr, weil sich schon auf den ersten Blick und ohne jede mühsame, von theoretischen Vorerwägungen belastete Analyse der Qumrantexte feststellen läßt, daß hier hinsichtlich der Gottesbezeichnungen ein völlig anderer Sprachgebrauch vorliegt als einerseits im Alten Testament, andererseits im rabbinischen Schrifttum.

Die Befunde.

Dem Leser der Qumrantexte bzw. dem Benutzer der Konkordanz zu den nichtbiblischen Handschriften aus diesem Fundkomplex fällt sofort auf, daß die statistisch dominierende Gottesbezeichnung hier אל ist [1]. Vergleichsweise oft wird außerdem אדוני verwendet [2]. Relativ selten hingegen begegnet außerhalb der biblischen Handschriften und der Schriftzitate das Tetragramm [3], ebenso selten die Gottesbezeichnung

---

* Redigierte Tonbandabschrift eines weitgehend frei gehaltenen Vortrages, dessen Aufbau und Stil in der Druckwiedergabe beibehalten worden sind.

1. 304 Belege gemäß Konkordanz zu den Qumrantexten, hrsg. von K. G. KUHN, Göttingen 1960, einschließlich der *Nachträge zur Konkordanz* in RdQ, 4, 1963, S. 163-234. Die seitdem neu edierten Qumrantexte vermehren diese Belege freilich noch erheblich; doch kann hier darauf verzichtet werden, eine vollständige Belegübersicht zu geben.

2. AaO: 28 Belege.

3. In sämtlichen bislang edierten Qumrantexten gibt es dafür nur insgesamt 13 Belege, und zwar in „ Paraphrasen " biblischer Stoffe (2Q *21* 1, 4; 2Q *22* I, 1; 4Q *158* 1-2, 7.16.18; 4, 8), in apokryphen Psalmensammlungen (4QPs^b IX, 14; X,

אלוהים [4]. Auffällig oft, und zwar sowohl in hebräischen wie auch in aramäischen Qumrantexten, erscheint hingegen die Gottesbezeichnung עליון [5] oder אל עליון [6].

Der Befund im Alten Testament ist bekanntlich ein ganz anderer. Die dort meistgebrauchte Gottesbezeichnung ist sein Eigenname bzw. das Tetragramm mit 6828 Belegen im MT [7]. Daneben wird recht häufig אלהים verwendet (2600 Belege) [8], während sich für אל als Gottesbezeichnung nur 238 Belege, für אדני nur 439 Belege beibringen lassen [9]. עליון (אל) ist zwar von den ältesten Quellenstoffen an bis in das späte nachexilische Schrifttum hinein fast durchgängig nachweisbar, erscheint aber aufs Ganze gesehen mit nur 31 Belegen sehr sporadisch [10]. Man hat also zu konstatieren: Der im Alten Testament in puncto Gottesbezeichnungen belegte Sprachgebrauch kann nicht das Muster geliefert haben für jenen Sprachgebrauch, der uns in den Qumrantexten begegnet. Dieser ist nicht einfach Fortsetzung des traditionellen Sprachgebrauches, sondern jenem gegenüber eigenständig und besonderer Erklärung bedürftig.

Auf der anderen Seite steht der Sprachgebrauch im rabbinischen Schrifttum. Eine der häufigsten Gottesbezeichnungen ist dort אדני, vor allem dann, wenn man auf die Schrift rekurriert, aber auch im freien Sprachgebrauch. Daneben fallen insbesondere die bekannten „ technischen " Ersetzungen des Gebrauchs des Gottesnamens ins Gewicht, also המקום, השם etc. Außerdem werden viele " Eigenschaften Gottes " dort als Bezeichnung für Gott verwendet, die ihrerseits in den Qumrantexten so nie verwendet worden sind. Das gilt auch für השם und המקום. Der Befund im rabbinischen Schrifttum ist also — ganz pauschal betrachtet — auch wiederum von den Qumrantexten her nicht erklärbar. Diese haben vielmehr einen auffälligen Sonderstatus.

13; 11QPs^b Frgm. b, 2), in sonstigen nichtbiblischen Hymnen (8Q *5* 2, 3), in Weisheitsliteratur (4Q *185* 1-2, II, 3) und in einer halachischen Abhandlung (1Q *29* 1, 7; 3, 2).

4. Ebenfalls 13 Belege, nämlich 1Q *29* 1, 7; 3, 2; 2Q *22* 1, I, 1; 4Q *158* 1-2, 18; 4, 7; 11QPs^a XXVIII, 10.13; 4Q *185* 1-2, I, 14; III, 13; 3, 2(?), 4Q *160* 1, 5; 4Q Sl *39* 1, I, 26; 4Q Sl *40* 24, 6.

5. 10 Belege, nämlich 1QS 4, 22; 10, 12; 11, 15; CD 20, 8; 11QPs^a XVIII, 1.6.7.12; XXII, 15; XXVII, 11.

6. 2 Belege in hebräischen Texten (1Q Hodajot 4, 31; 6, 33), dazu 9 Belege in aramäischen Texten (1Q Genesis-Apokryphon 12, 17; 20, 12.16; 21, 2.20; 22, 15. 16(bis).21).

7. Beleg-Zahlen gemäß *Theologisches Handwörterbuch zum Alten Testament*, hrsg. von E. JENNI unter Mitarbeit von C. WESTERMANN, München und Zürich, 1971 (Bd. I) und 1976 (Bd. II); hier Bd. I, Sp. 703f.

8. *Ebenda*, Sp. 154.

9. *Ebenda*, Sp. 142 und Sp. 32.

10. *Ebenda*, Bd. II, Sp. 285.

Allgemeine Erwägungen.

Wie kommt dieser abweichende Befund in den Qumrantexten zustande? Man kann da leicht grundsätzliche Theorien aufstellen und auch unschwer einige Argumente finden für die eine oder andere Theorie, so daß der Eindruck entsteht, sie könne den Befund abdecken. Bemüht man sich aber wirklich um eine den Gesamtbefund in den Qumrantexten deckende Theorie, dann kommt man mit solch pauschalen Theorien nicht durch.

Man könnte ja zunächst vermuten, in Qumran sei eben die *Kultsprache des Tempels* in ganz spezifischer Weise zum Tragen gekommen, stärker als in den oft auch an profanem Sprachgebrauch orientierten Schriften des Alten Testamentes. Aber dagegen spricht der Befund in den biblischen Schriften selbst, wo z.B. die Verwendung des Tetragrammes oder von אלהים überhaupt nicht auf kultische Bereiche beschränkt, sondern ganz durchgängig festzustellen ist. Und auch in Qumran treten die dort den Ton angebenden Bezeichnungen, also vor allen Dingen אל, durchaus in völlig profanen Zusammenhängen auf, sind also nicht irgendwie charakteristisch für spezifisch kultischen Sprachgebrauch. Die Kultsprache des Jerusalemer Tempels kann also nicht die entscheidende Wurzel des Sonderbefundes in den Qumrantexten sein.

Dann könnte man annehmen, nachdem nun das Alte Testament einmal „ Kanon " geworden war, habe sich in dem weitergehenden Schrifttum, wie wir es in den Qumrantexten finden, die *Volkssprache* stärker durchgesetzt, und dort habe man eben in dieser Weise אדוני, אל usw. verwendet. Aber dagegen spricht nun wieder der Befund, daß die Qumrangemeinde ein stark priesterlich bestimmtes Selbstbewußtsein hatte und gerade hinsichtlich der Gottesbezeichnungen nun nicht irgendwelchen Gegebenheiten einer auch nur schwer greifbaren Volksreligion gerade in diesem Punkt Raum gegeben haben dürfte.

Soll man dann sagen, hier ist *außerjüdischer Einfluß* entscheidend gewesen? Das sollte man auch wieder gerade nicht veranschlagen für die Gottesbezeichnungen. Denn der Gott Israels ist ein Gott, der sich gegen alles Fremde stark abgrenzt. Da wird man nicht ausgerechnet in den Gottesbezeichnungen schwerpunktmäßig solche Fremdeinflüsse vermuten dürfen, gerade dann auch noch, wenn man es mit Texten einer so frommen jüdischen Gemeinde zu tun hat, wie die Qumrantexte dies ja darstellen.

Trotz dieser Schwierigkeiten, mit Pauschalableitungen durchzukommen, muß nun aber eine Erklärung für den gekennzeichneten Befund versucht werden. Und ich meine, daß ein Schlüssel für den Zugang zu dem Phänomen " Gottesbezeichnungen in den Qumrantexten " durchaus zur Hand ist und daß ihn ein Sachverhalt zu bieten vermag, der in der

Forschung noch zu wenig beachtet worden ist, nämlich die *Schriftlesung*, möglicherweise speziell auch die Schriftlesung im synagogalen Bereich [11].

Im Judentum, auf jeden Fall im damaligen Judentum — aber diese Sitte muß man sehr viel breiter für das Judentum voraussetzen, als das im Bewußtsein vieler geschieht — war es selbstverständlich, daß die Schrift im Gottesdienst in hebräischer Sprache gelesen wurde. Nur das hebräische Gotteswort ist das echte, wahre Gotteswort. Und selbst dann, wenn die Schriftlesung in einer Gemeinde geschah, wo die Leute des Hebräischen nicht mehr mächtig waren, mußte der Text dennoch auf Hebräisch gelesen werden. In diesem Falle mußte es jemanden geben, der den Text für diejenigen, die das Hebräische nicht verstanden, in die Landessprache übersetzte. Dies ist bekanntlich die geschichtliche Wurzel des sogenannten Targum — und auch der Septuaginta, die ihrer Entstehung nach ja nichts anderes ist als ein schriftliches Targum.

Ein meines Erachtens sehr eindrückliches Zeugnis für diese Gegebenheiten ist die zweite Kolumne der Hexapla des Origenes, die phonetische Transkription des hebräischen Textes mit griechischer Schrift. Ihre Benutzung ermöglichte es, daß auch jemand, der nicht dazu in der Lage war, die hebräischen Schriftzeichen zu lesen, als Kenner der griechischen Schrift trotzdem wortlautgetreu das hebräische Original im Gottesdienst zu reproduzieren vermochte, was immer er dabei auch inhaltlich gedacht haben mag [12]. Den Inhalt des verlesenen Textes erschloß dann für die hellenistische Synagoge die Septuaginta.

Solche Targume sollten eigentlich immer nur mündlich angefertigt, ad hoc produziert werden, damit nicht eine eigene Targumtradition entstand und die fixierte Übersetzung dann eine solche Rolle gewinnen konnte wie etwa in der mittelalterlichen Kirche der Vulgata-Text oder in manchen protestantischen Kirchen bis heute der Luther-Text, so daß schließlich die Übersetzung die „ Heilige Schrift " ist und nicht mehr das

---

11. Die übliche Ansicht, die „ Synagoge " und damit das Institut synagogaler Schriftlesung sei für das Judentum bereits im 5./3.Jh.v.Chr. voraussetzbar, wurde in der Diskussion meines Beitrages in Frage gestellt von Herrn Kollegen Shemaryahu TALMON (vgl. auch seinen eigenen Beitrag in diesem Band). Erst in der Qumran-Gemeinde und allenfalls noch neben ihr im zeitgenössischen Judentum lasse sich das Vorhandensein von „ Synagoge " nachweisen. Ich lege deshalb Wert auf die Feststellung, daß meine Ausführungen nicht das Vorhandensein der „ Synagoge " im vor-qumranischen Judentum voraussetzen — obwohl ich dies nach wie vor für wahrscheinlich halte —, sondern lediglich solche Arten von Schriftlesung, wie sie beim „ Studium der Thora " etc. selbstverständlich auch für die Zeit des 5./3.Jh.v.Chr. anzunehmen sind.

12. Religionsphänomenologisch partiell vergleichbar ist die im Islam verbreitete Sitte, möglichst umfangreiche Teile des Qur'an auswendigzulernen und rezitieren zu können, was als „ frommes Werk " gilt, und zwar durchaus auch dann, wenn der Gläubige das Memorierte überhaupt nicht versteht.

Original. Das Targum mußte gemäß rabbinischer Forderung mündlich sein.

Nun hat man sich an solche Wünsche der Rabbinen nicht immer gehalten. Und daß die Rabbinen überhaupt derartige Wünsche hatten, geht sicher zurück auf allerhand „ Mißbrauch ", den es tatsächlich gab. Und einem solchen „ Mißbrauch " nach späterem rabbinischem Verständnis verdanken wir auch das Vorhandensein eines Textes, der uns in unserer Problematik entscheidend weiterhelfen kann, nämlich *11Q Targum Hiob*. Ehe aber der dortige Befund zur Sprache gebracht werden soll, zuvor noch eine weitere Ausgangsüberlegung.

Ein besonderes Problem, mit dem man es speziell dann zu tun hat, wenn man den Bibeltext in originaler hebräischer Sprache vorträgt, wird in der nachexilischen Zeit die Aussprache des Gottesnamens. Denn es setzt nunmehr die Tendenz ein, die Tetragramme nicht mehr originalgetreu auszusprechen, sondern stattdessen Ersatzbezeichnungen zu verwenden. Aus der rabbinischen Überlieferung stammt die Nachricht, daß zur Zeit Simons des Gerechten — und das ist aller Wahrscheinlichkeit nach jener Simon, der zu Beginn des 2. Jahrhunderts v.Chr. Hoherpriester am Jerusalemer Tempel gewesen ist, — die Priester aufhörten, beim Segen den Gottesnamen, das Tetragramm, noch wortlautgetreu auszusprechen [13]. Meiner Einschätzung nach spricht nichts dagegen, diese Nachricht als historisch zutreffend zu werten. Aber wenn damals sogar die Priester am Tempel aufhörten, den Gottesnamen auszusprechen, wieviel eher wird man entsprechende Bräuche dann anzusetzen haben in einem gewöhnlichen Synagogen-Gottesdienst oder bei privater Schriftlesung, wo das Milieu viel weniger heilig war.

Andererseits: Was für Jerusalem gilt und dort für den Tempel bezeugt ist, das muß noch lange nicht gelten in der Diaspora, im zeitgenössischen babylonischen Judentum oder im hellenistischen Judentum Ägyptens. Dort könnten gleichzeitig ganz andere Bräuche bestanden haben. Man muß aber irgendwo an einem festen Punkt ansetzen; und diesen liefert uns die genannte Tradition. Dieser feste Punkt gilt freilich zunächst nur für Palästina und nur für den Segen der Priester im Tempel. Aber ist er damit nicht zugleich notwendigerweise der „ terminus ante quem " für die dortige Vermeidung der Aussprache des Gottesnamens in den Synagogen oder erst recht bei der privaten Schriftlesung?

---

13. Diese Tradition ist dreifach überliefert, nämlich *Tosephtha Sota* 13, 8 (ed. M. S. ZUCKERMANDEL, S. 319, 20-24), *bJoma* 39b (*Der babylonische Talmud*, ed. L. GOLDSCHMIDT, ed. maior, Bd. II, S. 865, 1-7) und *bMenachot* 109b (*ebd.*, Bd. VIII, 796, 16-23). Von dem angegebenen Datum an blieb die Aussprache des Gottesnamens im Tempelkult dem Hohenpriester vorbehalten, der ihn am jährlich wiederkehrenden Versöhnungstag zehn Mal wiederzugeben hatte (siehe *bJoma* 39b, *aO.*, S. 865f).

Vermeidung des Gottesnamens in den Qumrantexten.

Einwandfreie Befunde für die Vermeidung der Wiedergabe des Eigennamens Gottes liefern die Qumrantexte mit der Schreibung von 4
Punkten anstelle des Gottesnamens. Dieser Brauch findet sich vor allem
in Schriftzitaten und Schriftexzerpten, z.B. in dem berühmten Jesaia-
Zitat *1QS* VIII, 14 oder mehrfach in *4Q Testimonia* [14]. Wo der Gottesname in dieser Weise wiedergegeben wurde, wurde sicher etwas anderes
an dieser Stelle gesprochen als der Jahwe-Name. Paläographisch wird
man beide genannten Handschriften um 100 v.Chr. zu datieren haben.
Dieser Befund widerspricht also nicht dem vorgenannten Datum; er
bestätigt es vielmehr in eindrücklicher Weise.

Aber sogleich entsteht die Frage: Was sprach man dort in Palästina
statt des Tetragramms oder gar anstelle seiner graphischen Ersetzung
durch 4 Punkte? Und da hilft, wie gesagt, *11Q Targum Hiob* weiter
dadurch, daß sich dort eindeutig an vielen Stellen, und zwar regelmäßig
anstelle des biblischen Tetragramms, im aramäischen Text die Gottesbezeichnung אלהא findet [15].

Nun ist es notwendig, daß bei einem ordentlichen Targum der aramäische Text möglichst genau dem hebräischen entspricht. Natürlich
hat derjenige, der Targum vorträgt, immer mehr oder weniger die Tendenz, auch einmal auszuschmücken, etwas zu verdeutlichen, somit also
vom Bibeltext abzuweichen. Aber das muß nicht gerade gelten für den
Gottesnamen, so daß man zunächst durchaus davon ausgehen kann, daß
der im Targumtext erwähnte Gottesname und der bei der vorgängigen
hebräischen Schriftlesung verwendete Gottesname einander möglichst
genau korrespondierten. Und fragt man dann, was auf der hebräischen
Seite als Pendant zu אלהא anstelle der Tetragramme gelesen worden
sein könnte, so kann es eigentlich nur אלוהים oder אל gewesen sein.

An diesem Punkt ist es schwer, weiterzukommen und eine Entscheidung zu treffen. Meines Erachtens sind aber die *Zitate aus biblischen
Schriften* in den Qumrantexten hier ein eindeutiger Befund.

In den Bibel-Zitaten der Qumrantexte wird es nämlich in der Regel
vermieden, den Gottesnamen zu gebrauchen, es sei denn, er wird formal
mit 4 Punkten wiedergegeben. Niemals wird er — außer in den pescharim — durch das Tetragramm repräsentiert [16].

---

14. 4Q Testimonia Zeilen 7 und 15. Außerdem vor allem in 4Q Tanḥumim (= 4Q
176) 1-2, I, 6.7.9; II, 3; 8-11, 6.8(bis). 10 sowie in 2 Korrektur-Nachträgen von
1QJesᵃ (XXXIII, 7 = *Jes*, 40, 7 und XXXV, 15 = *Jes*, 42, 6).

15. 11Q Targum Hiob XXXIV, 2 (*Hi*, 40, 6); XXXVII, 3 (*Hi*, 42, 1); XXXVIII,
2(bis) (*Hi*, 42, 9).3 (*Hi*, 42, 10).7 (*Hi*, 42, 11).

16. Einzige Ausnahme ist bislang 4Q Florilegium (= 4Q *174*). Belege: 1-2, I,
3.10.18. Für diesen Befund dürfte die den Pescharim verwandte *Gattung* dieses

In denjenigen hebräischen Qumrantexten, die bis jetzt publiziert sind, gibt es in dieser Beziehung gleichmäßig einen dreifachen Gebrauch.

Einmal wird in den Bibelzitaten der Gottesname einfach ausgelassen, z.B. in solchen Fällen, wo er unmittelbar auf eine finite Verbalform folgt. Dann reichte es offenbar aus, das finite Verb dort stehen zu haben und sich dessen Subjekt „ Gott " zu denken: Nicht „ Jahwe sprach ", sondern „ ER sprach "; das reichte aus für das Verständnis. Tatsächlich hat ein Drittel der Zitate diesen Befund [17].

Ein weiteres Drittel hat den Befund, daß man statt des Tetragramms ein Suffix wählte, also z.B. statt ויחר אף יהוה „ Jahwes Zorn entbrannte " nur ויחר אפו " SEIN Zorn entbrannte ". In dem Suffix ist dann die Gottheit enthalten; das Tetragramm tritt nicht mehr in Erscheinung [18].

In dem restlichen Drittel haben wir Ersatzbezeichnungen anstelle der biblischen Tetragramme, aber als einzige Ersatzbezeichnung in allen diesen Fällen einheitlich אל. Belege dafür gibt es in *11Q Melchisedeq* und in der *Damaskusschrift*, von der ich annehme (wiewohl wir den entscheidenden Befund nur in einer mittelalterlichen Kopie haben), daß sie in diesem Punkt den ursprünglichen Befund originalgetreu wiedergibt [19].

Die Befunde in den Bibel-Zitaten sprechen dann dafür, daß hier diejenige Bezeichnung beim Zitieren wiedergegeben wird, die auch bei der Schriftlesung in Palästina damals die übliche gewesen ist, also אל.

Setzt man diese Art der Ersatzlesung voraus, dann erklärt sich zweierlei.

Erstens die Breite der Verwendung von אל in den Qumrantexten. Die ständige Lektüre der Bibeltexte bei der Vorlesung in der Synagoge wie beim privaten Schriftstudium, wobei an Stelle der 6828 Tetragramme dann אל gesprochen wurde, hat für das allgemeine Sprachbewußtsein אל in soviele Redeweisen und Begriffsverbindungen hineingebracht, wo in der biblischen Vorlage oder traditionsgeschichtlich zuvor der Jahwe-Name beheimatet war, daß von der Schriftlesung her die Breite der religiösen Sprache durchaus beeinflußt worden sein kann.

Daneben gibt es einen zweiten Befund, der sich ebenfalls am einfachsten erklärt, wenn אל in dieser Weise als Ersatzlesung anstelle des Gottesnamens verwendet worden ist, nämlich die relativ häufige Schreibung allein und gerade von אל in althebräischer Schrift in den Qumrantexten.

Textes verantwortlich sein („ thematischer Midrasch "), so daß man diese Handschrift nicht als Gegeninstanz zum sonstigen Allgemeinbefund werten sollte.

17. Belege: 1QM 10, 3-5 (= *Dtn*, 20, 3-5).6-8 (= *Num*, 10, 9); CD 7, 11 (= *Jes*, 7, 17).

18. Belege: CD 8, 15/19, 28 (= *Dtn*, 7, 8); 9, 18 (= *Lev*, 23, 38); 11, 20 (= *Prov*, 15, 8).

19. Belege: CD 19, 7-9 (= *Sach*, 13, 7); 11Q Melchisedeq Zeilen 4 (aus Raumgründen *sicher* so zu ergänzen; Zitat von *Dtn*, 15, 2) und 11 (= *Ps*, 7, 9).

Bekannt ist ja in diesen Texten das Phänomen der häufigen Tetra-
gramm-Wiedergabe mit althebräischen Buchstaben [20]. Abgesehen von
einer einzigen Handschrift, nämlich *4Q Jesajaᶜ*, wo alle Gottesbezeichnungen althebräisch wiedergegeben werden [21], hat neben dem Tetragramm nur אל die Sonderrolle, gelegentlich in althebräischer Schrift zu
erscheinen, und zwar in vielen verschiedenen Handschriften. Beispiele
finden sich etwa in den *Hodajot*, wo in drei Hymnen nur je einmal אל
vorkommt [22]; und dort ist es dann mit althebräischer Schrift geschrieben. Hier wie in den entsprechenden Fällen [23] scheint אל an einer besonderen Würde zu partizipieren, die ansonsten spezifisch ist für den Jahwe-
Namen bzw. für das Tetragramm. Auch dieser Sachverhalt spricht dafür,
daß אל tatsächlich zumindest von der Qumrangemeinde technisch
anstelle des Tetragramms bei der Schriftlesung verwendet worden ist.

Die Tetragrammlesung « Adonai ».

Diese Sicht der Dinge konkurriert nun allerdings fundamental der vom
MT her selbstverständlich gewordenen Auffassung, bei Vermeidung der
Aussprache des Gottesnamens anläßlich der Schriftlesung sei von Anfang
an keine andere Ersatzbezeichnung dafür eingetreten als die von den
Masoreten fixierte und zuvor schon im rabbinischen Judentum bezeugte
Tetragrammlesung אדני (*Adonai*). Allenfalls darüber könne man strei-
ten, *wann* es zu diesem usus gekommen sei. Aber auch im Falle der
Spätdatierung zweifelt man in der Regel nicht daran, daß er in vorchrist-
licher Zeit aufgekommen und auf das palästinische Judentum zurückzu-
führen sei. Wie läßt sich diese Problematik lösen?

Zunächst ist dazu mit Sicherheit festzustellen, daß אדוני in allen bislang veröffentlichten Qumrantexten *nie* technische Ersetzung des Tetragramms ist. Ich betone die *technische* Ersetzung. Denn der Gebrauch von
אדוני ist in den Qumrantexten durchaus sehr breit bezeugt, vor allen
Dingen in der Kultsprache, also in hymnischen Stoffen, in liturgischen
Stoffen, in Gebeten und in Segensformularen. In allen diesen Gattungen
gebrauchte man sehr gerne als „ Standard "-Gottesbezeichnung אדוני.

---

20. Belege dafür in kommentarlosen Bibelexzerpten (2QExᵇ = 2Q *3*; 3QThreni
= 3Q *3*), Pescharim (4QpJesᵃ = 4Q *161*; 1QpMicha = 1Q *14*; 1QpHab; 1Qp
Zephanja = 1Q *15*; 4QpPsᵃ = 4Q *171*) und apokryphen Psalmensammlungen
(1QPsᵇ = 1Q *11*; 11QPsᵃ).
21. So nach Mitteilung von P. W. SKEHAN, in *CBQ*, 17, 1955, S. 158-163, bes.
S. 162b; DERS., *Supplement to VT*, vol. IV, 1957, S. 148-160, bes. S. 151.
22. 1Q Hodajot 1, 26; 2, 34; 15, 25.
23. Weitere Belege: 1QpMicha (= 1Q *14*) 12, 3; 1QMyst (= 1Q *27*) 1, II, 11;
4Q *173* Frgm. 5, 4; 4Q *180* Frgm. 1, 1; 4Q *183* Frgm. 1, II, 3; 6QDam (= 6Q *15*)
Frgm. 3, 5.5 (= CD 6, 2.2); 1QHᵇ (= 1Q *35*) Frgm. 1, I, 5 (= 1QHᵃ 7, 31);
pap6QHymnen (= 6Q *18*) Frgm. 6, 5; 8, 1; 10, 3; 3Q *14* Frgm. 18, 2.

Und dort ist diese Gottesbezeichnung dann traditionsgeschichtlich sekundär oft auch anstelle des Gottesnamens eingetreten. Daran läßt sich gar nicht zweifeln.

Wenn man also einen neuen Hymnus machte oder ein neues Gebet, in dem man früher das Tetragramm verwendet hätte, verwendet man jetzt stattdessen in solchen Neuformulierungen gerne אדוני. Dies geschah gerade auch in solchen Wortverbindungen, in denen traditionellerweise das Tetragramm gestanden hätte. Doch handelte es sich dabei nicht um eine *technische* Übertragung solcher Art, daß man ein älteres liturgisches Formular reproduziert und dabei technisch die alten Tetragramme ausgetauscht hätte gegen אדוני, sondern um eine traditionsgeschichtlich zu verfolgende Entwicklung des kultischen Sprachgebrauchs.

Beispiel dafür, daß man *technisch* durchaus nicht so verfahren haben muß, ist etwa die erweiterte Fassung des aharonitischen Segens in *1QS* II, wo im biblischen Formular von *Num*, 6, 24-26 dreimal das Tetragramm erscheint. In der Fassung, wie sie in *1QS* begegnet, sind diese Tetragramme ausgelassen, keineswegs durch אדוני (oder אל) ersetzt [24]. Wenn hingegen im Falle eines Ausbaus des aharonitischen Segens, wie er sich in *1QSb* in mannigfacher Form findet, anstelle der Tetragramme des aharonitischen Segens אדוני eintritt, dann geschieht dies eben nicht technisch; sondern in der allgemein recht freien Ausarbeitung dieses Segensformulars wird ebenso frei אדוני verwendet [25].

Diejenigen, die meinen, es gebe doch Belege für die technische Ersetzung des Tetragramms durch אדוני in den Qumrantexten, berufen sich besonders gerne auf die große Jesaja-Handschrift aus *1Q* (*1Q Jes*ᵃ), wo mehrfach anstelle des Tetragramms ein אדוני steht [26], mitunter auch das Tetragramm zugunsten eines אדוני getilgt ist [27]. Aber in dieser Jesaja-Handschrift findet sich das Umgekehrte genauso: Man hat ein אדוני getilgt und durch ein Tetragramm ersetzt [28]. Ja bei einigen der Befunde, die man gern heranzieht, steht in Wirklichkeit אדוני einfach oberhalb des Tetragramms: Der Schreiber bzw. Korrektor meinte, man solle lesen אדוני יהוה, und nicht etwa das eine durch das andere ersetzen [29].

---

24. Erst in dem korrespondierenden Fluch-Formular, das sich unmittelbar anschließt (1QS 2, 5-9), erscheint zwei Mal am „ traditionellen Ort " des Gottesnamens die Gottesbezeichnung אל.

25. Belege: 1QSb 1, 3; 2, 22; 3, 1.25; 5, 23.

26. Gemeint sind in solchen Fällen diejenigen Stellen, die unten Anm. 29 aufgeführt werden. In Wirklichkeit findet sich nur das Umgekehrte, daß nämlich der MT אדני hat und 1QJesᵃ stattdessen יהוה bietet, und zwar in *Jes*, 6, 11; (7, 14); 9, 7; 21, 16.(28, 2). Die Tendenz zur „ Ersetzung " des Gottesnamens durch אדני ist tatsächlich also gerade charakteristisch für den MT im Gegensatz zu 1QJesᵃ!

27. So in *Jes*, 3, 18; vielleicht auch 8, 7 (vgl. Anm. 29).

28. So in *Jes*, 3, 17a.

29. So in *Jes*, 3, 15; 8, 7 (?); 28, 16; 30, 15; 65, 13.

Es gibt ferner an zwei Stellen Korrekturen der Jesaja-Handschrift, in denen die bekannten 4 Punkte anstelle des Tetragramms erscheinen [30]. Ich vermute in diesem Fall: Man hat den Text der Handschrift verbessert nach solchen Vorlagen, wie sie etwa 4Q Testimonia darstellen, wo der Gottesname durch 4 Punkte wiedergegeben war; und diese Vorlagen-Befunde hat man originalgetreu übertragen.

Der Kopist der Jesaja-Handschrift hatte ebenso wie die verschiedenen Korrektoren nicht das geringste Interesse daran, die Tetragramme graphisch durch etwas anderes zu ersetzen. Er hat sich vielmehr genau an seine Vorlagen gehalten, und die Korrekturen stammen aus anderweitigen Vorlagen, die man für würdig hielt, diesen Text noch zu verbessern.

Am allerwichtigsten aber ist meines Erachtens der Befund in den Bibel-Zitaten. Es gibt in allen Qumrantexten kein einziges Schriftzitat, das im biblischen Text das Tetragramm hat und in dem jetzt im Zitattext stattdessen אֲדוֹנָי stünde.

Zu der Frage, wie es zu der Tetragramm-Lesung אֲדוֹנָי gekommen ist, will ich hier kurz und nur thesenartig meine Meinung vorführen, weil sie zwar in diesen Zusammenhang gehört, aber hier nicht in extenso erörtert werden kann. Ich meine, אֲדוֹנָי stammt aus der Schriftlesung nicht der palästinischen Synagoge, sondern der hellenistischen Synagoge zunächst Ägyptens, dann natürlich auch Palästinas, des Zweistromlandes, Kleinasiens, wo immer die Juden damals Griechisch sprachen, und zwar von vornherein als Äquivalent für (ὁ) κύριος.

Ältester Zeuge aus diesem Bereich für die Lesung einer anderen Gottesbezeichnung anstelle des Eigennamens Gottes dürfte der *Papyrus Fouad 266* sein [31]. Er zeigt im griechischen Text kleine Quadratschrift-Tetragramme, deren genaue paläographische Datierung allerdings schwierig ist. Sie stammen frühestens aus der Mitte des 2.Jh.v.Chr., spätestens aus dem 1.Jh.v.Chr [32]. Das Vorhandensein dieser fremdarti-

---

30. So in *Jes*, 40, 7 und 42, 6.

31. Siehe F. DUNAND, *Papyrus grecs bibliques (Papyrus F. inv. 266)*, Cairo, 1966; DIESELBE, *Études de Papyrologie*, vol. IX, Cairo, 1966, S. 81-150. Teilabbildung: W. G. WADDELL, *The Tetragrammaton in the LXX*, in *JThSt*, 45, 1944, S. 158-161.

32. Wie auf den Editionsphotos deutlich zu erkennen ist, hatte der Schreiber dieser griechischen Handschrift an allen Stellen, wo ein hebräisches Tetragramm erscheinen mußte, einen Freiraum offengelassen und diesen — zur besseren Unterscheidung von Freiräumen, die er aus anderen Gründen offenließ — jeweils mit 4 Punkten vormarkiert. Die Größe der Freiräume war so bemessen, daß die Tetragramme in althebräischer Schrift eingefügt werden konnten, wobei sie mehr Raum beanspruchen als in der Quadratschrift. Weil der „ Gottesnamenschreiber " dann ganz unprogrammgemäß nur Quadratschrift-Tetragramme einsetzte, diese zudem in fast winziger Schrift, sind die Spuren der Vormarkierung in dieser Handschrift besonders deutlich erkennbar geblieben. Entsprechende Vormarkierungsspuren fin-

gen Schriftzeichen mitten im griechischen Bibeltext fordert aber jedenfalls notwendigerweise die Annahme, daß hier eine andere Gottesbezeichnung gelesen werden sollte als sein Eigenname. Denn sonst hätte diese
befremdliche Schreibweise gar keinen Sinn.

Das war nicht immer so. Es gibt jetzt aus Höhle 4Q eine Septuaginta-
Handschrift des Buches *Leviticus* (*4Q Lev^b* LXX), die den Gottesnamen
noch in phonetischer Wiedergabe aufweist [33], und zwar so geschrieben,
wie wir es auch vielfältig von Zauberpapyri, Amuletten etc. her kennen:
ΙΑω (vermutlich wird man *yahó* zu sprechen haben). Das dürfte die
Aussprache des Tetragramms in ägyptischen Judentum gewesen sein,
solange man dort auch bei offizieller Schriftlesung noch den Gottesnamen
aussprach. Und dieser Brauch der unveränderten Gottesnamen-Wieder-
gabe dürfte auch — anders ist der Befund in *4Q Lev^b* gar nicht zu
erklären — anfangs in der Übersetzung zumindestens des Pentateuch,
vielleicht sogar noch der Prophetenbücher, so gewählt worden sein [34].

Ein Wechsel in der Namens-Wiedergabe ist dann anzunehmen etwa
für die 1. Hälfte des 2. Jahrhunderts v.Chr., wo die Technik eintrat,
anstelle dieser phonetischen Wiedergabe des Gottesnamens mit hebräischen Buchstaben geschriebene Tetragramme in den griechischen Text
hineinzusetzen, und das ist — ich glaube, da hatte P. Kahle in seinem
Buch *The Cairo Geniza* recht, — die übliche Sitte bei den griechisch spre-
chenden Juden geblieben, solange man dort Septuaginta-Handschriften
angefertigt hat [35]. Auch Origenes in seiner *Hexapla* hat keine anderen
Befunde geboten als eben diese, und selbst die *Syro-Hexapla* enthält

---

den sich auch in hebräischen Quadratschrift-Texten, die den Gottesnamen althebräisch bieten, z.B. in 1QpHabakuk. Vermutlich ist dieser zunächst in Septuaginta-Handschriften aufgekommene Kopistenbrauch der Vormarkierung von
„ Tetragramm-Freiräumen '' zugleich der Ursprungsort für die definitive Setzung
lediglich von 4 Punkten anstelle des Gottesnamens in einigen hebräischen Qumrantexten (Belege oben Anm. 14).

33. Nach Mitteilung von P. W. SKEHAN, *Qumran Manuscripts*, in *Supplement to
VT*, vol. IV, Leiden 1957, S. 157.

34. Diese Angaben hängen davon ab, welche Teile des hebräischen Kanons
bereits ins Griechische übersetzt worden waren, bevor man — meines Erachtens
während der 1. Hälfte des 2.Jh.v.Chr. — dazu überging, den Gottesnamen mit
hebräischen Tetragrammen im griechischen Kontext wiederzugeben. Ich halte dies
im Falle des Pentateuch für gesichert, im Falle wenigstens der wichtigsten Prophetenbücher für sehr wahrscheinlich.

35. P. E. KAHLE, *Die Kairoer Genisa*, Berlin, 1962, S. 232ff. Nicht zu folgen vermag ich ihm allerdings in seiner Wertung des Aristeas-Briefes (aaO., S. 222ff), der in
§ 155 im Zitat von *Dtn*, 7, 18f den zweitältesten Beleg für die Lesung der LXX-
Tetragramme als (ό) κύριος enthält. Der älteste Beleg dieser Art liegt bei Aristobul
(Mitte 2.Jh.v.Chr.) vor in einem Zitat von *Ex*, 9, 3 (bei EUSEB, *Praep. evang.*, VIII,
10, 8; ed. K. MRAS, *GCS*, 43, 1, Berlin, 1954, S. 452).

noch sehr viele, zum Teil sekundäre und auch tertiäre Zeugnisse dieses Brauchs [36].

Man darf sich im Urteil über diese Sachverhalte nicht beirren lassen durch Schriftzitate, wie wir sie vor allem bei Philo Alexandrinus finden, der an den entsprechenden Stellen Formen von (ὁ) κύριος hat. In den Schriftzitaten schreibt man selbstverständlich so, wie der Bibeltext ausgesprochen wird. In den Bibelhandschriften selbst aber ist der Befund anders. Da behält man den Gottesnamen selbst bei, weil er so wichtig ist, daß er im schriftlichen Text nicht durch irgend etwas anderes ersetzt werden kann. Seine Ersetzbarkeit gilt nur für den mündlichen Vortrag.

Besonders aufgrund paläographischer Datierungen, die ich hier nicht in aller Breite vortragen und begründen kann, meine ich, das Zustandekommen dieses Brauches im griechisch-sprachigen Judentum in die erste Hälfte des 2. Jahrhunderts v.Chr. datieren zu sollen. Was an Vergleichbarem in den Qumrantexten auftritt, scheint mir von mancherlei Erwägungen her abhängig zu sein von solchen vorgängigen Befunden im hellenistischen Judentum. So finden wir zwar sehr oft in den Qumrantexten das Tetragramm in gleicher Weise althebräisch geschrieben wie in manchen griechischen Bibeltexten [37]. Aber in allen Textgattungen, wo dies vorkommt, in pescharim, in Florilegien, etc. ist es statistisch etwa in der Hälfte aller Exemplare dieser Gattung so, daß man den Gottesnamen durch althebräische Schreibung heraushebt, während in der anderen Hälfte aller Exemplare der gleichen Gattung normale Quadratschrift-Tetragramme verwendet worden sind. Das geht auch durch die Zeiten hindurch. Dieser doppelte Usus läßt sich von den Handschriften her schon für den Ausgang des 2.Jh.v.Chr. belegen, genauso aber auch noch für das 1.Jh.n.Chr. Und die ganze Zeit hindurch gibt es in allen diesen Gattungen beides nebeneinander [38].

---

36. Siehe für Origenes selbst insbesondere auch seine Ausführungen zu *Ps* 2, 2 (ed. C. H. LOMMATZSCH, t. XI, Berlin, 1841, S. 396f; ed. J.-P. MIGNE, PG, 12, Sp. 1104). Vgl. die „ Mailänder Hexapla ", ed. G. CASTELLINO, Rom, 1958.

37. Belege: perg8HevXIIProph (ed. B. LIFSHITZ, in *IEJ*, 12, 1962, S. 203 mit Abb.Pl.32B; die weiteren Teile der Handschrift bei D. BARTHÉLEMY, *Les devanciers d'Aquila, Suppl. to VT*, t. X, Leiden, 1963); pergSymPs Frgm. 1, I, 3 und 1, II, 2.4 (ed. Ch. WESSELY, *Studien zur Palaeographie und Papyruskunde*, Bd. IX, Leipzig, 1911, Nr. 114 auf S. 171); CAquila 3/4 Reg (ed. F. C. BURKITT, *Fragments of the Books of Kings according to the Translation of Aquila*, Cambridge, 1897); CAquila Ps (ed. Ch. TAYLOR, *Hebrew-Greek Cairo Genizah Palimpsests*, Cambridge, 1900, Part II).

38. Althebräische Tetragramme bieten z.B. kommentarlose Bibelexzerpte (2QExᵇ = 2Q *3*; 3QThreni = 3Q *3*), Pescharim (4QpJesᵃ = 4Q *161*; 1QpMicha = 1Q *14*; 1QpHabakuk; 1QpZephanja = 1Q *15*; 4QpPsᵃ = 4Q *171*) und apokryphe Psalmensammlungen (1QPsᵇ = 1Q *11*; 11QPsᵃ), normale Quadratschrift-Tetragramme hingegen ebenfalls kommentarlose Bibelexzerpte (4QDtnᵠ, ed. P. W.

Dieser Befund zeigt, daß die Sitte althebräischer Tetragramm-Wie-
dergabe in einem nicht althebräisch geschriebenen Kontext gar nicht auf
palästinischem Boden erwachsen ist. Dort lag gar kein zwingender
Bedarf dafür vor. Wenn ein zwingender Bedarf vorgelegen hätte, hätte
man diesen usus sehr viel gründlicher und einheitlicher durchgeführt.
Hier hat vielmehr das hellenistische Judentum mit seiner besonderen
Art, den Gottesnamen in den Bibelhandschriften beizubehalten, Pate
gestanden. Man hat gerne hier und da von ihm gelernt, in diesem Fall die
Technik für eine Reverential-Schreibung des Tetragramms.

Wenn man die von mir vorgetragene These für richtig hält, dann muß
man daraus die Konsequenz ziehen zu sagen, daß auch der Gebrauch von
אדוני als *Qere* für das Tetragramm im rabbinischen Judentum aufgekommen sein muß durch den Einfluß des hellenistichen Judentums. Ja
überhaupt alle Befunde, die eine absolute Herrenbezeichnung anstelle
des Gottesnamens haben oder die „ der Herr “ wie einen Gottesnamen
verwenden bis hin zum syrischen *marya* sind dann aus dieser und keiner
anderen Wurzel abzuleiten. Hier zeigen sich m.E. Einflüsse des hellenistischen Judentums, die in ihrer Stärke lange Zeit hindurch verkannt
worden sind und in neuerer Zeit erst durch die Untersuchungen von
Martin Hengel wieder in breiteres Bewußtsein gerückt sind [39]. Ich bin gespannt auf die weiteren Beiträge, die wir im Rahmen unseres Symposions noch von Herrn Kollegen Hengel vorgetragen bekommen werden.

Die Tetragrammlesung « Elohim ».

Im rabbinischen Judentum ist es, wie bereits festgestellt, bei der
Schriftlesung üblich, anstelle der Tetragramme אדני zu sprechen. Dies
gilt durchweg bis auf eine berühmte Ausnahme:In der Verbindung אדני
יהוה liest man das Tetragramm als אלהים („ Elohim “), insgesamt also
אדני אלהים. Wo kommt diese Sonderentwicklung her? Können hier
die Qumrantexte Pate gestanden haben?

Auch dieser Befund ist aus den Qumrantexten überhaupt nicht erklärbar. Dort ist אלוהים als Gottesbezeichnung ganz selten. Und zwar
erscheint es so gut wie ausschließlich — mit 4-5 Ausnahmen in allen
diesen Texten — in Zitaten und bei Paraphrasen alttestamentlicher
Texte, d.h. also in solchen Fällen, wo man z.B. Genesis oder Deuterono-

---

SKEHAN, in *BASOR*, 136, 1954, S. 12-15; 4QDtnⁿ, ed. F. M. CROSS, in *SWDS*, 20, S.
31f), Pescharim (4QpJesᵇ = 4Q *162*; 4QpJesᶜ = 4Q *163*; 4QpNahum = 4Q *169*;
4QpZeph = 4Q *170*; 4QpPsᵇ = 4Q *173*) und apokryphe Psalmensammlungen
(4QPsᶠ; 11QPsᵇ; 11QPsApᵃ).

39. M. HENGEL, *Judentum und Hellenismus*, in *WUNT*, 10, Tübingen, ¹1969,
²1973.

mium in erweiterter oder modifizierter Fassung wiedergibt [40]. In derarti-
gen Fällen, wo man Bibeltext reproduziert, taucht auch אלוהים in den
Qumranhandschriften auf, sonst aber so gut wie nie [41]. Und das heißt:
Im Sprachgebrauch der Qumrangemeinde war אלוהים sicher nicht
beheimatet.

Vielleicht liefert den Schlüssel für den Zugang zu dem genannten
Befund eine seltsame Gottesbezeichnung in 1Q 22. Dort steht nämlich —
wenn auch nur fragmentarisch erhalten; aber die Belege sind hinreichend deutlich — אלוהי אלוהי [42]. Eine solche Gottesbezeichnung ist
eigentlich ganz absurd. Man kann diesen seltsamen Sprachgebrauch nur
erklären, wenn man ihn als Fortentwicklung der Gottesbezeichnung
יהוה אלהיך betrachtet, die vor allem im Deuteronomium beliebt war,
aber auch darüber hinaus belegt ist. Dann muß man allerdings weiterhin
voraussetzen, daß in dieser Gottesbezeichnung das Tetragramm sekundär
durch אלוהים ersetzt worden ist, zunächst also אלוהים אלוהיך gelesen wurde, und daraus sich dann wiederum — aus welchen Gründen
auch immer — sozusagen „ tertiär " diese seltsame Form entwickelt hat.

Belege für אלהים אלהיך gibt es bislang nicht, abgesehen allerdings
von der אלהים-Verwendung im zweiten und dritten Teil des biblischen
Psalmenbuches, dem sogenannten „ elohistischen Psalter ". Dort aber
handelt es sich um schriftliche Redaktion, ein Befund also, der für den
freien Sprachgebrauch nicht auswertbar ist. Weitere Belege für אלהים
אלהיך finden sich darüberhinaus bislang einzig und allein in einer seltsamen Handschrift, der sogenannten Schapira-Handschrift, die Ende
vorigen Jahrhunderts aufgetaucht und bald wieder verschwunden ist.
Dort findet sich als Gottesname häufig die völlig defektive Schreibung אלהם אלהך [43]. Wie immer dieser Befund in dieser Handschrift
zustandegekommen sein mag: Es muß noch sehr viel nachgeforscht
werden, ehe man diese Handschrift wirklich in die allgemeine Diskussion
miteinführen kann. Ich wollte nur nicht versäumt haben, hier darauf
hinzuweisen: denn im Falle der Echtheit der Schapira-Handschrift
böte sie das „ missing link " zwischen dem, was 1Q 22 tatsächlich bietet,
und der biblischen Gottesbezeichnung יהוה אלהיך.

---

40. So z.B. 1Q 29; 2Q 22; 4Q 158; 4Q 160.

41. Belege für „ freien " Gebrauch von „ Elohim " als Gottesbezeichnung gibt es
bislang nur in 11QPsᵃ (Ps 151), 4Q 185 und in der „ Engelliturgie " (4Q Sl 39 1, I,
26; 4Q Sl 40 24, 6). Die beiden erstgenannten Texte können durchaus „ vorqumranisch " sein.

42. Belege: 1Q 22 II, 1.6; III, 6 (?).

43. Eine Quadratschrift-Transkription des Textes der Schapira-Handschrift
bietet Ch. GINSBURG, The Athenaeum, 1883, S. 178f. Im übrigen siehe dazu Helen
G. JEFFERSON, The Shapira Manuscript and the Qumran Scrolls, in RdQ, 6, 1966/68,
S. 391-399.

Meine These zu diesem Befund: אלהים wurde als Ersatz für das Tetragramm technisch verwendet bei der Schriftlesung im Zweistromland-
Judentum, und zwar vielleicht schon in relativ früher Zeit, also bereits
im 6.Jh., spätestens aber im 4. Jahrhundert v. Chr. Es wird aus der
biblischen Überlieferung hinreichend deutlich, daß gerade in Texten, die
man in der kritischen Bibelwissenschaft heutzutage als im „ babylonischen " Exil entstanden oder im Exil in ihre endgültige Fassung
gebracht betrachtet, wie z.B. die Priesterschrift, aber auch das Ezechiel-
buch, die Gottesbezeichnung אלהים eine ganz besondere Rolle spielt.
Und die Exilssituation kann dort, wie viel später auch für das griechisch-
sprachige Judentum in Ägypten, mit ein Anlaß dafür gewesen sein, nicht
mehr den Gottesnamen selbst öffentlich zu verwenden, sondern insbesondere auch für die Schriftlesung nach einer Ersatzbezeichnung für das
Tetragramm zu suchen.

Damals im babylonischen Judentum hätte man dafür nicht, wie das
nachweislich in der Qumrangemeinde und wahrscheinlich überhaupt im
palästinischen Judentum geschehen ist, אל nehmen können. Denn diese
Bezeichnung ist allzu nahe verwandt mit dem akkadischen ilu(m). Das
aber ist eine derart allgemeine Gottesbezeichnung im „ babylonischen "
Bereich, daß man ihr hebräisches Äquivalent dort nicht verwenden
konnte anstelle ausgerechnet des Eigennamens des jüdischen Gottes.
Dann wäre er ein „ Allerweltsgott " gewesen oder bestenfalls ein
„ Hauptgott "; und das wäre völlig unzureichend gewesen für die Inter-
essen des Judentums. Deswegen verwendete man dort meiner Vermutung nach anstelle des Gottesnamens bei der Schriftlesung אלהים. Diese
Bezeichnung unterschied ihn hinreichend vom Umweltsprachgebrauch
und war auch von der biblischen Tradition her massiv genug vorgegeben,
um legitim sein zu können.

Zwischenbilanz.

Meine Vorstellung ist also die, daß man in der Zeit vor der sogenannten jüdischen Orthodoxie, also etwa bis zum Ausgang des 1. Jahrhunderts n.Chr., im Judentum einen dreifachen Gebrauch der Gottesnamen-
Wiedergabe bzw. der Tetragramm-Aussprache (Qere) bei der Schriftlesung hatte:

1. Im „ babylonischen " Judentum las man (ab 6./4.Jh.v.Chr.) im hebräischen Text die Tetragramme als אלהים. Wenn man diesen ins
   Aramäische übertrug, sprach man wahrscheinlich an diesen Stellen
   אלהא.

2. Im palästinischen Judentum hingegen, dokumentiert durch die Qumrantexte, — die zwar einer Sondergruppe entstammen, die aber hin-

sichtlich der Gottesnamenwiedergabe wahrscheinlich repräsentativ
sind für das damalige lokale Judentum, — las man (etwa vom 3. Jh.v.
Chr. an) anstelle der Tetragramme אל, im Targum entsprechend
אלהא.

3. Im *griechisch-sprachigen Judentum* schließlich las man (ab 1. Hälfte
des 2.Jh.v.Chr.) bei der Schriftlesung im hebräischen Text אדוני, im
Targum — faktisch also bei Verlesung der Septuaginta — Formen
von (ὁ) κύριος, denen im Text der griechischen Bibelhandschriften
selbst hebräische Tetragramme (teils althebräisch, teils in Quadratschrift) zugrundelagen.

Das schriftliche (ὁ) κύριος in Bibelhandschriften haben offenbar erst die
Christen aufgebracht. In keiner einzigen Handschrift jedenfalls, die
nachweislich jüdisch ist, findet sich regelmäßig griechisch geschriebenes
κύριος an solchen Stellen, wie umgekehrt außer so gelehrten Christen wie
Origenes kaum ein Christ diese Tetragramme beibehalten hat. Sondern
die Christen haben sehr rasch, im allgemeinen spätestens im 2. Jahrhundert n.Chr., die Tetragramme ihrer Bibelhandschriften durch die bis
dahin nur gesprochenen Formen von (ὁ) κύριος schriftlich ersetzt.

Gegenargumente.

Gegen diese Darstellung kann man nun eine Reihe von Gegenbefunden
anführen, die aber meines Erachtens nicht hinreichend beweiskräftig
sind.

Man kann etwa darauf verweisen, daß gerade das *Chronistische Geschichtswerk*, das sicher in Palästina entstanden ist, sehr häufig אלהים
verwendet hat. Ich meine aber, daß hier L. Delekat in seiner Untersuchung
Asylie und Schutzorakel, wo er — im Anschluß an M. Noth und andere —
eine sehr breite Quellenanalyse des Chronistischen Geschichtswerkes vorgelegt hat, im Recht ist, wenn er diejenigen Passagen, wo massiv אלהים
auftritt, nicht aus diesem Grunde, sondern aus ganz anderen Gründen als
Quellenstoffe babylonischer Provenienz ausweist, während die Endredaktion als Gottesbezeichnung vor allem das Tetragramm verwendet
hat [44]. Das kann man für das Palästina des 4. Jahrhunderts v.Chr., oder
wann immer man die Endredaktion des Chronistischen Geschichtswerkes
ansetzt, durchaus gelten lassen. Wenn aber diese zahlreichen אלהים —
Belege des Chronistischen Geschichtswerkes im wesentlichen aus den
Quellenstoffen übernommen sind, können sie nicht mehr als repräsentativ gewertet werden für den damaligen palästinischen Sprachgebrauch.

---

44. L. DELEKAT, *Asylie und Schutzorakel am Zionheiligtum*, Leiden, 1967, S. 347ff.

Gravierender scheint der Befund bei *Jesus Sirach* zu sein. Aber gerade hier ist der Befund im Falle der Gottesbezeichnungen sehr viel komplizierter, als das allgemein bewußt ist. Es ist sehr eindrücklich, daß in dem großen Sirach-Fragment von Masada an keiner einzigen Stelle das Tetragramm erscheint, hingegen durchaus Formen von אדני [45]. In den mittelalterlichen Handschriften treten sehr oft die üblichen Tetragramm-Abkürzungen bei Sirach auf, also z.B. ייי oder יי [46].

Jeder, der mittelalterliche Handschriften benutzt, kennt diese Tetragramm-Abkürzungen. Sie stehen in den nicht-kanonischen Schriften — und im Mittelalter ist Jesus Sirach nicht-kanonisch (!) — nicht für den Gottesnamen Jahwe, sondern für die Gottesbezeichnung אדני. Es ist eine ganz verbreitete Sitte im mittelalterlichen Judentum — man findet sie bis hin in die Kolophone von Bibelhandschriften und sonstigen Handschriften —, daß man die graphischen Elemente des alten Gottesnamens schreibt. Aber der Sache nach stehen sie für das Wort אדני. [47] Das ist ein Usus, der sich von der Schriftlesung her eingebürgert hat, nachweisbar zuerst in Targum-Handschriften. Man darf also diese Tetragramm-Abkürzungen, die zahlreich in den mittelalterlichen Sirach-Handschriften vorhanden sind, auf gar keinen Fall verwenden für die Annahme ursprünglicher Tetragramme im hebräischen Urtext des Sirach, sondern allenfalls als Belege für ursprüngliches אדני.

Es gibt m.E. keinen einzigen Tetragramm-Beleg im hebräischen Sirach, so daß dieses Werk als Beleg für Tetragramm-Schreibung bzw. freie Verwendung des Gottesnamens יהוה im palästinischen Judentum noch des 2.Jh.v.Chr. völlig ausfällt.

Problematisch ist die Frage, ob im ursprünglichen Sirach-Text gelegentlich אלהים stand. Die Diskrepanz zwischen dem Sirach-Text aus Masada und dem Septuaginta-Text ist gerade in puncto Gottesbezeichnungen relativ sehr groß, und wer da im Einzelfall im Recht ist, möchte ich gerne für mich noch in der Schwebe lassen. Jedenfalls findet sich im Masada-Sirach kein Mal אלהים, vielmehr an allen Stellen, wo der mittelalterliche Paralleltext dieses bietet, אדני (LXX: ὁ κύριος!) [48]

Man kann sogar damit rechnen, daß auch die häufige Verwendung von אל im Text des Masada-Sirach Sekundäreinfluß palästinischen Sprachgebrauches ist und dort ursprünglich andere Gottesbezeichnungen standen, so wie sie vom Septuaginta-Text an solchen Stellen inauguriert werden. Aber ich will mich jetzt auf diese Probleme nicht weiter einlassen.

---

45. Belege: *Sirach*, 42, 15c.16b.17c; 43, 5a.10a.
46. In Ms. A: 19 Belege, in Ms. B: 36 Belege, in Ms. C: 1 Beleg; insgesamt Belege für 55 Textstellen.
47. Textbeispiele: P. KAHLE, *The Cairo Geniza*, Oxford, ²1959, S. 83-85 (ders., *Die Kairoer Genisa*, Berlin, 1962, S. 91-93); weiterhin S. 92f (bzw. S. 100f).
48. Siehe *Sirach*, 42, 15c.17c.

Wichtig ist hier vor allen Dingen, daß Sirach schon kein Zeuge mehr ist
für die Schreibung des Tetragramms in einem doch recht populären
Weisheitstext, populärer, als das Chronistische Geschichtswerk es je
gewesen ist. Dafür taucht eine andere Gottesbezeichnung sehr massiv bei
Sirach auf, und das ist ein Novum: עליון oder auch אל עליון [49]. Auf
dieses Problem will ich später zurückkommen.

Weiterhin könnte man einwenden, daß es im *Daniel*-Buch häufig
Tetragramme gibt [50] und recht oft auch Verwendung von אלהים [51].
Aber Daniel ist hier trotz seiner wohl palästinischen Entstehung und
auch, wenn man ihn in die Zeit um 165 v.Chr. datiert, kein brauchbarer
Zeuge für entsprechenden damaligen Sprachgebrauch.

Denn der Autor des Daniel-Buches verfolgt eine ganz bestimmte Fiktion. Er schildert nämlich hier, ist überhaupt dem ganzen Milieu nach
orientiert an Daniel im babylonischen Exil mehrere Jahrhunderte zuvor.
Dabei ist der Autor des Daniel-Buches immerhin ein so guter Schriftsteller gewesen, daß er sich durchaus bemühte, das fingierte Milieu auch
einigermaßen zu treffen. So versuchte er, sein Aramäisch so zu schreiben,
wie er das für die Sprache jenes Daniel im Exil voraussetzte. Selbstverständlich wählte er auch die Gottesbezeichnungen entsprechend, vor
allen Dingen natürlich in einem so wichtigen Gebet wie Daniel 9. Das
muß nicht heißen, daß er genau die Sprache und die Wahl der Gottesbezeichnungen getroffen hat, die im babylonischen Exil ein paar Jahrhunderte zuvor das Übliche waren. Aber so hat der Autor sich das vorgestellt, und das ist ein Kunstmittel antiker Autoren wie auch heutiger, was
wir für die damalige Zeit sehr oft nachweisen können.

Ich meine, daß der gesamte Sprachgebrauch, soweit es Tetragramm-
Wiedergabe und die Verwendung von אלהים im Daniel-Buch anbetrifft,
so erklärt werden kann, auch für alle Einzelbefunde, so daß man hier das
Daniel-Buch nicht als repräsentativ für den zeitgenössischen palästinischen Sprachgebrauch ansehen darf.

Eine letzte Gegeninstanz könnte dann schließlich noch entstehen aus
den gerade jetzt neu von Herrn Kollegen J. T. Milik veröffentlichten aramäischen *Henoch*-Fragmenten [52], wo oft als Gottesbezeichnung im aramäischen Text מריא steht, und zwar als Pendant zu ὁ κύριος in der griechischen Henoch-Überlieferung. Aber die allermeisten dieser Befunde in
J. T. Milik's Edition sind Rückübersetzungen aus dem Griechischen an

---

49. Insgesamt 23 Belege. Im einzelnen siehe die Konkordanz (*Historical Dictionary of the Hebrew Language: The Book of Ben Sira*, Jerusalem, 1973, S. 242).

50. Genaue Belegangaben sind wegen stark divergierender Textüberlieferung
schwierig. Vgl. jedenfalls *Dan*, 1, 2 und 9, 4.7.8.9. etc.

51. Insgesamt 18 Belege, nämlich *Dan*, 1, 2.9.11; 9, 3.4.9.10.11.13.14.15.17.18.19.
20(bis); 10, 12; 11, 32.

52. *The Books of Enoch. Aramaic Fragments of Qumrân Cave 4*, ed. by J. T.
MILIK, Oxford 1976.

Stellen, wo der nur fragmentarisch erhaltene Text Lücken hat [53]. Die wenigen Stellen, wo der *erhaltene* aramäische Text tatsächlich Formen von מרא bietet, zeigen bis auf eine einzige Ausnahme das übliche Bild, also suffigierte Formen [54] oder Wortkombinationen, wo dann מרא als nomen rectum einer Constructus-Verbindung auftritt, also z.B. מרא עלמא erscheint [55]. Das gilt durchweg bis auf eine einzige Stelle, wo auf einem winzigen und ganz isolierten Fragment tatsächlich מ[רי]א lesbar sein könnte [56]. Aber die Schriftspuren sind mehrdeutig, und angesichts des sonstigen Fehlens einer Gottesbezeichnung מריא in den *4Q Henoch-Fragmenten* sollte man die Schriftspuren besser anders zu deuten versuchen.

Wiewohl also auf den ersten Blick der Editionsbefund sehr eindrücklich ist und man meint, nunmehr in reichem Maße Belege in palästinischem Schrifttum des 2., vielleicht gar des 3.Jh.v.Chr. für den absoluten Gebrauch der Gottesbezeichnung „ der Herr “ (מריא) zu haben: Tatsächlich gibt es auch hier wieder keinen einzigen gesicherten Befund dieser Art [57].

Damit sind die wichtigsten „ Gegeninstanzen “, palästinische Texte nämlich, deren Gottesbezeichnungen ein wesentlich anderes Bild zu bieten scheinen als die Qumrantexte, behandelt und als meiner Darstellung nicht widersprechend erwiesen. Freilich gibt es noch eine ganze Reihe weiterer Schriften, deren Sprachgebrauch man ebenso analysieren müßte. Ich habe dies getan und nichts entdecken können, was meiner Darstellung des Sachverhaltes zuwiderliefe. Ich halte meine Darstellung deshalb für hinreichend gesichert, um sie als gegenwärtig bestmögliche,

---

53. Beispiele: *Henoch*, 22, 14 (*aaO*, S. 218) ; 106, 13 (bis) (*aaO*, S. 209).

54. Beispiel: *Henoch*, 9, 4 (*aaO*, S. 171).

55. Beispiel: Ebenfalls *Henoch*, 9, 4 (*aaO*, S. 171).

56. Fragment y, das *Henoch*, 10, 9 zugewiesen worden ist; siehe *aaO*, S. 175 und vgl. die Abbildung Pl. VIII. Meine Untersuchung des Originals dieses Handschriftenfragments in Jerusalem am 11. August 1977 erbrachte *keine* zusätzlichen Anhaltspunkte zugunsten der Textergänzung von J. T. MILIK.

57. Tatsächlich gibt es Belege dieser Art erst im syrischen Bibeltext, dessen Grundlagen man vielleicht bis in das 1.Jh.n.Chr. zurückführen kann, sowie im sogenannten „ Jüdisch-Aramäischen “. Für vorchristliche Zeit ist dieser Sprachgebrauch im Aramäischen jedenfalls meines Wissens nicht eindeutig belegbar. Das gilt auch für den Befund in 4QTestLeviᵃ (ed. J. T. MILIK, in *RB*, 62, 1955, S. 398-406), wo ebenfalls nur suffigierte Formen belegt sind (מרי I, 10.18 ; II, 6), wenn auch die Übersetzung MILIK's mit bloßem „ Seigneur “ dort absoluten Gebrauch der Herrenbezeichnung suggeriert. Ebenso zweifelhaft ist vom Erhaltungszustand der Handschrift her der Befund in 11Q Targum Hiob XXIV, 7 (= *Hiob*, 34, 12). Siehe dazu J. A. FITZMYER, *Der semitische Hintergrund des neutestamentlichen Kyriostitels*, in *Jesus Christus in Historie und Theologie. Festschrift für H. Conzelmann*, Tübingen, 1975, S. 267-298, besonders S. 291f, der im Sinne MILIK's meint, hier eine absolute Herrenbezeichnung annehmen zu dürfen.

da alle mir bekannten Befunde deckende Arbeitshypothese gelten zu
lassen und damit weiterarbeiten zu können [58].

'El 'älyon.

Verwendung und Verbreitung der wichtigsten Gottesbezeichnungen in
den Qumrantexten lassen sich also meines Erachtens im wesentlichen
aus der Vermeidung der Aussprache des Gottesnamens bei der Schriftlesung (אל) und vom kultischen Sprachgebrauch her (אדוני) erklären.
Nur eine Gottesbezeichnung bleibt dann noch übrig, deren relative Häufigkeit in den Qumrantexten anderweitiger Erklärung bedarf, nämlich
עליון bzw. אל עליון.

Schon Jesus Sirach hat eine besondere Vorliebe gerade für diese
Gottesbezeichnungen gehabt [59], ein Indiz dafür, daß sie schon zu Beginn
des 2. Jh.v.Chr. im palästinischen Judentum beliebt und verbreitet gewesen sein dürften. Diesen Befund spiegeln auch die Qumrantexte, berei-
chern aber das Gesamtbild noch um eine wesentliche Nuance. Selbst im
aramäischen Text von *1Q Genesis-Apokryphon* wird durchweg — und
zwar sehr häufig — die hebräische Namensform verwendet. Dieser
Befund zeigt, daß der Autor von *1Q Genesis-Apokryphon* darin nicht ein
bloßes Gottesprädikat gesehen hat, das etwa dessen besondere Erhaben-
heit kennzeichnete, sondern eine Art „ Eigennamen " seines Gottes.
Denn sonst hätte er auch diese Gottesbezeichnung auf Aramäisch wiedergegeben, wie er das mit bloßem אלהא [60] oder עליא [61] durchaus zu
tun pflegte.

Wahrscheinlich ist es kein Zufall, daß die Gottesbezeichnung אל
עליון außer in einem so „ populären " Text wie *1Q Genesis-Apokryphon*
schwerpunktmäßig in weisheitlichen Stoffen belegbar ist, nämlich außer
im Weisheitsbuch des Jesus Sirach gerade in solchen Passagen von *1Q*

---

58. In meinen obigen Ausführungen habe ich in der Regel nur einige zentrale
Aspekte herausgestellt und eine Auswahl von Belegen geboten. Für breitere
Begründungen, die die Gesamtheit des erreichbaren Materials berücksichtigen, muß
ich an dieser Stelle verweisen auf meine Untersuchung „ KYPIOC O ΘEOC und
KYPIOC IHCOYC. Aufkommen und Ausbreitung des religiösen Gebrauchs von
KYPIOC und seine Verwendung im Neuen Testament ", Habil. Masch. Bonn 1969,
etwa 700 Seiten. Ich hoffe, das Druckmanuskript dieser Untersuchung im Laufe des
Jahres 1978 fertigstellen zu können. Sie wird dann im Verlag Vandenhoeck &
Ruprecht, Göttingen, erscheinen. Über einige weitere Daten aus dieser Untersu-
chung hat freundlicherweise Herr Kollege W. ZIMMERLI berichtet in seinem *Kom-
mentar zum Buche Ezechiel*, Bd. 2 (*BKAT*, XIII, 2), Neukirchen 1969, Exkurs 1 :
Der Gottesname im Buche Ezechiel, S. 1250-1258, darin S. 1256f.

59. Siehe oben Anm. 49.

60. 1Q Genesis-Apokryphon 19, 7 ; 21, 2.3(bis).8 ; 22, 27.32.

61. 1Q Genesis-Apokryphon 2, 4.

Hodajot, die weisheitlich geprägt sind [62]. Vielleicht sind hier zwei Argumente religionsgeschichtlicher Art relevant, die zwar beide noch nicht hinreichend gesichert sind, aber als durchaus diskutabel erscheinen:

Erstens könnte man unterstellen, daß in der jüdischen Weisheitsliteratur partiell die „ Volksreligion " zum Ausdruck kommt, auf diesem Niveau „ salonfähig " geworden ist im Unterschied zu jenem „ primitiveren " Niveau, auf dem wir sie in der Polemik der biblischen Propheten oder in den Elephantine-Papyri antreffen. Dann könnte es sich bei אל עליון um solch eine Gottesbezeichnung handeln, die in Volk längst ganz geläufig war, in der „ theologischen Fachliteratur " hingegen zunächst nicht sonderlich beliebt, wie bei uns z.B. die Gottesbezeichnung „ der Herrgott ". In „ populären " und weisheitlichen Stoffen wäre sie dann endlich auch zum literarischen Durchbruch gekommen.

Zweitens könnte hier ein religionsgeschichtlicher Zusammenhang bestehen mit der ugaritisch-kanaanäischen Götterverehrung. Die alte Hypothese, die Gottesbezeichnung אל עליון sei nichts anderes als eine volksetymologische Adaption des Alijan Baal, gewinnt meines Erachtens neue Überzeugungskraft angesichts des eigennamenartigen Gebrauchs dieser Gottesbezeichnung in *1Q Genesis-Apokryphon*, die dort ja durchaus nicht auf den Bereich der literarischen Rezeption von *Genesis 14* beschränkt ist.

Schon *Genesis 14* selbst kann freilich so interpretiert werden; ist doch der dort geschilderte Melchisedeq nichts anderes als ein „ kanaanäischer " Oberpriester am Heiligtum zu Salem. Und schließlich ließe sich die Reserve der biblischen Literatur gegenüber einer breiteren positiven Verwendung dieser schönen Gottesbezeichnung am leichtesten damit erklären, daß sie einen guten Grund hatte, nämlich die Befehdung des konkurrierenden, im Volke so beliebten Baal-Kultes. Dessen Niedergang und faktisches Erlöschen hätte dann die alte „ heidnische " Gottesbezeichnung אל עליון von ihren Fesseln theologischer Vorbehalte befreit und es damit ermöglicht, daß diese im Volke beliebte Gottesbezeichnung auch literarisch vorbehaltlos verwendbar wurde.

Jedenfalls sollte man auch dann, wenn man solchen spekulativen Erwägungen nicht folgen mag, bereit sein zuzugeben, daß sich der Gebrauch der Gottesbezeichnung אל עליון in den Qumrantexten weder quantitativ noch qualitativ einfach aus dem traditionell-biblischen Befund ableiten läßt, sondern anderweitiger Erklärung bedarf. [63] Für mich ist dies jedenfalls die einzige aller Gottesbezeichnungen in den Qumrantexten, für deren Verwendungsweise man ernsthaft damit rech-

---

62. 1Q Hodajot 4, 31 ; 6, 33.

63. Der Hinweis auf den „ Himmelsgott " als vorstellungmäßig „ identische " Gestalt verfängt hier nicht, da seine andersartige Bezeichnung als מרא שמיא (u.ä.) durchaus geläufig ist und neben אל עליון ganz eigenständig verwendet wird.

nen kann, daß außerjüdischer Einfluß dabei gestaltend mitgewirkt haben mag.

Fazit.

Als Ergebnis meiner „ religionsgeschichtlichen Erwägungen zu den Gottesbezeichnungen in den Qumrantexten " möchte ich festhalten, daß lediglich im Falle von אל עליון mit der Möglichkeit zu rechnen ist, daß hier auch außerjüdische Einflüsse zum Tragen gekommen sind, deren Einwirken auf das Judentum allerdings lange Zeit vor der Entstehung der Qumrangemeinde erfolgt sein muß.

Ansonsten kann man außerjüdischen Einfluß allenfalls indirekt unterstellen als mitwirkendes Element beim Zustandekommen der Tendenz zur Vermeidung des Gebrauchs des Gottesnamens יהוה. Aber allzu hoch darf man auch diese Möglichkeit nicht veranschlagen. Denn wahrscheinlich ist die Vermeidung der Aussprache des Gottesnamens, zunächst im babylonischen, dann auch im palästinischen und schließlich im gesamten griechischsprachigen Judentum, weniger aus Scheu vor den Fremden geschehen, also ein „ Arkanum " gewesen, sondern — als genuin innerjüdische Entwicklung — Verzicht auf die Aussprache dieses Namens wegen seiner besonderen Kraft und Heiligkeit, also ein „ Sanktum ". Damit läßt sich auch am besten erklären, warum dann gerade in den palästinischen Qumrantexten für das Tetragramm Reverential-Schreibung, also seine gelegentliche Wiedergabe mit althebräischen Buchstaben im Quadratschriftkontext eintreten konnte, an der sekundär dann auch אל partizipiert hat.

Die breite Verwendung von אל in den Qumrantexten ließ sich als Folgeerscheinung entsprechender Ersatzlesung für die Tetragramme bei der Schriftlesung erklären, der relative häufige Gebrauch von אדוני aus der Sprache des Kultes.

Der freie Gebrauch des Tetragramms ist in der palästina-jüdischen Literatur meines Erachtens im 3.Jh.v.Chr. erloschen; allenfalls Relikte dieses älteren Brauches lassen sich auch danach noch feststellen, bei der Neuformulierung von Texten aber nicht mehr nach der Mitte des 2.Jh. v.Chr. Ich bin deshalb besonders gespannt auf den Befund in der *Tempelrolle*, von der Herr Kollege Yigael Yadin vorhin berichtet hat, sie verwende als Gottesbezeichnung in der Regel das Tetragramm. Nach meinen heutigen Erwägungen gibt es dafür nur zwei Erklärungsmöglichkeiten: Entweder stammt der Text der *Tempelrolle* tatsächlich bereits aus dem 4. oder spätestens aus dem 3.Jh.v.Chr., oder der Autor dieses Textes hat den Sprachstil des Pentateuch darin zu imitieren versucht, daß er den dortigen Befunden entsprechend den Gottesnamen schrieb. Das wäre dann letztlich eines der Stilmittel, mit denen man ein hohes Alter dieses Textes meinte suggerieren zu können, ein Stilmittel freilich, das man vielleicht auch schon bei einem Autor des 4. oder 3. Jh. v. Chr. voraussetzen darf.

Eine Neubelebung der Tetragramm-Schreibung in nicht-kanonischen Texten läßt sich ansonsten erst wieder im Mittelalter feststellen; aber da handelt es sich nicht mehr um Verwendung des Gottesnamens „ Jahwe ", sondern um eine aus dem schriftlichen Targum erwachsene besondere Art der Wiedergabe von „ Adonai ".

D-3550 Marburg an der Lahn
Lahntor 3   Hartmut STEGEMANN

La future intervention de Dieu
selon la pensée de Qumrân

En rédigeant mon commentaire sur la *Règle de la Guerre* [1], j'envisageais un second volume, consacré à la théologie de cet ouvrage, si important dans la pensée de Qumrân. Hélas, de multiples occupations m'ont empêché de réaliser ce projet. Pour combler partiellement cette lacune, je vais essayer d'examiner un des éléments principaux de cette théologie de la *Règle de la Guerre*, mais en tenant compte des autres textes de Qumrân actuellement publiés.

Cette Guerre de Libération constituera une intervention décisive de Dieu dans l'histoire de l'humanité. Mais quand et comment Dieu interviendra-t-il ?

Commençons par éliminer toutes les autres interventions de Dieu, qui pourraient risquer de troubler notre vision de cette intervention décisive.

Bien sûr, Dieu est intervenu comme créateur de l'univers. Bien sûr, il est intervenu sans cesse dans l'histoire de son peuple, « le Peuple des Saints de l'Alliance », comme dit la *Règle de la Guerre*, X, 10 [2]. Bien sûr, il intervient en permanence dans la vie de la Communauté des « Hommes de Parfaite Sainteté » (*Règle de la Communauté*, VIII, 20 et *Document de Damas*, XX, 2.5.7). Bien sûr, il intervient dans les tribulations du juste, pour l'en délivrer, et dans sa vie spirituelle, pour l'éclairer et le fortifier. Mais ces interventions, qu'on pourrait appeler courantes ou ordinaires, sont bien différentes de la grande « Intervention » extraordinaire que les gens de Qumrân prévoient, préparent, attendent et espèrent.

Donc, nous devrons toujours bien distinguer entre les interventions de Dieu dans le passé, même si elles se continuent dans le présent et dans l'avenir, et cette intervention particulière, spécifique, qui va transformer la suite de l'histoire humaine. Pour nous guider dans cette distinction, nous devrons toujours examiner le contexte et noter soigneusement le temps des verbes. Car le Docteur de Justice, quand il a prédit « tous les

---

1. *La Règle de la Guerre des Fils de Lumière contre les Fils de Ténèbres*. I : *Texte restauré, traduit et commenté par* Jean Carmignac, Paris, 1958.

2. Sauf avis contraire, les citations qumrâniennes sont empruntées, parfois avec de légères retouches, aux *Textes de Qumrân traduits et annotés*, par J. Carmignac, E. Cothenet, P. Guilbert, H. Lignée, 2 volumes, Paris, 1961 et 1963.

(événements) à ve[nir [3] sur] la génération future » [4] (*Péshèr d'Habacuc*, II, 7), n'a pas imaginé qu'au vingtième siècle des théologiens se pencheraient sur lui et sur sa Communauté. Et il ne leur a pas facilité la tâche! Les formules qui étaient claires et limpides pour lui et ses disciples ne le sont plus toujours pour nous.

C'est ainsi que j'ai commis jadis une erreur, que je voudrais dénoncer et, si possible, réparer [5]. Au début de mes travaux sur Qumrân, quand je rencontrais des textes parlant du Jugement de Dieu, des punitions infligées aux pervers et des récompenses attribuées aux justes, je pensais spontanément au Jugement Dernier, tel qu'il est décrit par *Matthieu*, 25, 31-46 : « Quand le Fils de l'Homme viendra dans sa gloire, accompagné de tous les anges, alors il siègera sur son trône de gloire. Devant lui seront rassemblées toutes les nations et il séparera les hommes les uns des autres, comme le berger sépare les brebis des béliers. Il placera les brebis à sa droite et les béliers à sa gauche. Alors le roi dira à ceux qui seront à sa droite : Venez, les bénis de mon Père, recevez en partage le Royaume qui a été préparé pour vous depuis la fondation du monde... (Puis) il dira à ceux qui seront à sa gauche : Allez-vous en loin de moi, maudits, au feu éternel, qui a été préparé pour le diable et pour ses anges... Et ils s'en iront, ceux-ci au châtiment éternel, et les justes à la vie éternelle » [6]. Reconnaissons-le sans hésiter : cette présentation n'est pas très éloignée de certaines images et de certaines formules qumrâniennes. Toutefois, au fur et à mesure que je progressais dans l'étude des textes, des différences fondamentales me sont apparues de mieux en mieux. Peu à peu j'ai dû reviser mes impressions et mes théories, pour parvenir à une vue que j'espère plus conforme à la réalité.

En fait, les gens de Qumrân distinguaient trois phases ou trois aspects dans cette grande intervention extraordinaire de Dieu : 1) Une invasion punitive des Kittim ; — 2) La destruction de ces Kittim et de tous les « transgresseurs de l'Alliance » (*Règle de la Guerre*, I, 2, citant *Daniel*, 11, 32) ; — 3) La paix paradisiaque qui en résultera. Et comme le mot « intervention » n'a pas de correspondant exact en hébreu ancien, les gens de Qumrân, à la suite des Prophètes, employaient à sa place le terme biblique de *mishpâṭ*, si riche et si évocateur, que nous traduisons platement par « jugement ».

---

3. Peut-être influence d'*Isaïe*, 41, 22 ; à comparer avec *Marc*, 10, 32.

4. Allusion aux *Psaumes* 48, 14 ; 78, 4 ; 102, 19 et surtout au *Deutéronome*, 29, 21.

5. Par exemple dans un article de la *Revue de Qumrân* (n° 2, octobre 1958), pp. 235-248, intitulé : *Le retour du Docteur de Justice à la fin des jours?*. J'y réfute les théories sur le retour du Docteur de Justice, mais je ne conteste pas, comme j'aurais dû le faire, que les textes allégués se rapportent à « la fin des jours ». Ma réfutation aurait dû être plus complète et plus radicale.

6. *Traduction Œcuménique de la Bible*, avec quelques retouches.

Ce sont ces trois phases, ces trois actes du Jugement de Dieu, que je voudrais essayer de décrire.

I. Premier acte: Invasion préalable des Kittim.

Trop souvent l'on néglige ce premier acte de la tragédie. Et pourtant divers textes envisagent clairement une invasion des Kittim, qui sera une intervention, « un jugement », de Dieu contre les adversaires de la Communauté.

« Ceci s'interprète au sujet des impies d'Éphraïm et de Manassé, qui chercheront à mettre la main sur le prêtre et sur les hommes de son association [7], au temps de la fournaise [8] qui viendra sur eux. Mais Dieu libérera (les justes) de leurs mains, aprè[s] quoi (les impies) seront livrés aux mains des brutes des nations [9] pour le jugement » (4Q 171 = *Péshèr du Psaume 37*, fragments 1-2, II, 17-19).

« Ceci s'interprète au sujet [du Prê]tre Impie... [Dieu] lu[i] rend[ra] sa [ré]tribution [10] en le livrant aux mains d[es] brute[s] des nations » (4Q 171 = *Péshèr du Psaume 37*, fragments 3-10, IV, 8-10). »

« [Ceci s'interprète au sujet des K]ittim, q[ui] frapper[ont] la maison d'Israël » (4Q161 = *Péshèr d'Isaïe A*, fragments 8-10, ligne 3).

« La parole s'interprète pour la suite des jours [11] pour la punition(?) de la terre devant l'épée et la famine [12]. Ce sera au temps de la visite [13] de la terre » (4Q 162 = *Péshèr d'Isaïe B*, II, 1-2).

« Ceci s'interprète au sujet de la domination des Chercheurs de Fourberies, (du fait) que l'épée des nations ne manquera pas à l'intérieur de [14] leur congrégation, (ni) la captivité, la déprédation et l'incendie au milieu d'eux, (ni) l'exil par peur de l'ennemi; des cadavres coupables tomberont en abondance [15] pendant leurs jours; sans fin (sera) la somme de leurs

---

7. Formule d'*Isaïe*, 40, 13 et du *Psaume*, 119, 24.

8. La « fournaise » est une métaphore usuelle à Qumrân pour désigner les épreuves « cuisantes » subies par les Fils de Lumière, spécialement lors de la Guerre de Libération.

9. Formule d'*Ézéchiel* (28, 7; 30, 11; 31, 12; 32, 12), qui sera reprise dans la citation suivante.

10. Formule biblique, qu'emploie aussi le *Péshèr d'Habacuc*, XII, 2-3, à propos du même Prêtre impie.

11. Expression qui sera discutée plus loin, pp. 228-229.

12. Formule de *Jérémie*, 32, 24.

13. Formule de *Jérémie*, 8, 12; 10, 15; 51, 18. Cette « visite » est l'intervention par laquelle Dieu rétablira la justice, en récompensant les Fils de Lumière et en punissant les Fils de Ténèbres.

14. Formule des *Nombres*, 14, 44.

15. Allusion à *Amos*, 8, 3.

tués ; même sur leur corps de chair [16] on trébuchera dans leur association coupable » (4Q 169 = *Péshèr de Nahum*, fragments 3-4, II, 4-6).

« [Ceci] s'interprète [au su]jet des égareurs d'Éphraïm, qui par leur enseignement trompeur, leur langue menteuse et (leurs) lèvre(s) perfide(s) [17] égareront beaucoup (de gens) : rois [et] chefs, prêtres et peuple, ainsi qu'associés étrangers [18] ; villes et clans périront à cause de leur influence ; n[ob]les et diri[geants] tomberont [à] cause de leur langue » (4Q 169 = *Péshèr de Nahum*, fragments 3-4, II, 8-10).

« Ceci s'interprète au sujet de Manassé, pour la période suivante, (du fait) que sa royauté sera abaissée... ses femmes, ses nourrissons et sa famille iront en captivité [19], ses guerriers et ses nobles [tomberont] par l'épée [20] » (4Q 169 = *Péshèr de Nahum*, fragments 3-4, IV, 3-4).

« Ceci s'interprète au sujet des impies d'É[phraïm]... qui partageront le sort de Manassé » (*idem*, IV, 5-6).

« Ceci s'interprète au sujet des prêtres futurs de Jérusalem, qui amasseront richesse et rapine par le pillage des peuples ; mais pour la suite des jours leur richesse ainsi que leur pillage seront livrés aux mains de l'armée des Kittim » (*Péshèr d'Habacuc*, IX, 4-7).

Certes, la formule explicite « Jugement de Dieu » ne se trouve encore dans aucun de ces textes [21]. Est-ce la faute des nombreuses lacunes qui affectent les *peshârîm* ? Est-ce qu'à Qumrân on hésitait à considérer les ennemis de Dieu comme les instruments de son « Jugement », alors que les prophètes bibliques n'avaient pas un tel scrupule ? Mais, quoi qu'il en soit des formules, on prévoit bel et bien une invasion des Kittim, on y reconnaît un châtiment mérité et l'on attribue à Dieu la décision de ce châtiment.

Dans la mesure où cette invasion des Kittim ou des « brutes des nations » doit punir le Prêtre Impie, elle est donc prévue pour un avenir très proche, ne pouvant guère dépasser une vingtaine ou une trentaine d'années. Sans doute même est-elle espérée dans un délai encore plus court.

Faut-il voir en ce châtiment un phénomène indépendant ou bien la première phase de la Guerre de Libération ? On hésite à répondre de

---

16. Même formule dans l'*Ecclésiastique*, 23, 16 (selon le grec, l'hébreu étant perdu) et dans *Hénoch*, 102, 5 (selon le grec, les fragments araméens de Qumrân ne contenant pas ce passage).

17. Formule du *Psaume*, 17, 1.

18. Formule d'*Isaïe*, 14, 1.

19. Formule biblique.

20. Formule biblique.

21. Le *Document de Damas*, VIII, 11-12 = XIX, 23-24 mentionne aussi « le chef des rois de Yâwân (= l'Asie Mineure et la Syrie hellénisées) venant pour accomplir la vengeance (formule du *Psaume*, 149, 7) contre (ceux qui ont pactisé avec les traîtres) », mais le verbe au participe ne permet pas de savoir s'il s'agit d'un événement passé ou futur.

façon péremptoire, car les gens de Qumrân nous prouvent en bien des cas qu'ils n'ont pas fait vœu de cohérence et que leur logique est nettement pré-cartésienne. Certains textes semblent plutôt indiquer que cette Guerre de Libération ne sera pas déclenchée par l'ennemi, mais bien par les Fils de Lumière, au temps fixé par Dieu, en sorte qu'elle est présentée comme une guerre offensive plutôt que comme une guerre défensive. Mais il ne serait pas impossible non plus que l'invasion des Kittim, puis la réaction victorieuse des Fils de Lumière soient envisagées dans un même rêve, plus ou moins nébuleux. En ce cas la Guerre de Libération serait, elle aussi, envisagée avant la mort du Prêtre Impie.

II. Deuxième acte: la Guerre de Libération proprement dite.

Évidemment, c'est la *Règle de la Guerre* qui constitue notre documentation essentielle. Mais de nombreux autres textes qumrâniens, spécialement dans les *peshârîm*, se rapportent à cet événement décisif, à ce tournant de l'histoire humaine [22]. Voici l'image que nous pouvons reconstituer à partir des textes suffisamment bien conservés pour ne pas donner prise à trop de restitutions arbitraires.

Les gens de Qumrân vivent actuellement dans la « période de l'impiété » (*Document de Damas*, VI, 10.14; XII, 23; XV, 7; *Péshèr d'Habacuc*, V, 7-8), sous « la domination de Bélial » (*Règle de la Communauté*, I, 18.23; II, 19; *Règle de la Guerre*, XIV, 9; *4Q 177*, fragments 1-4, ligne 8), la « Congrégation des Pauvres » est humiliée et exposée à « tous les pièges de Bélial » (4Q 171 = *Péshèr du Psaume 37*, fragments 1-2, II, 9-10). Au jour fixé par Dieu (*Règle de la Guerre*, I, 10 et XIII, 14) commence une guerre de quarante ans, c'est-à-dire six ans de préparation, neuf ans de

---

22. Voici une liste, qui voudrait être provisoirement complète, des textes de Qumrân qui paraissent se rapporter assez clairement à la Guerre de Libération (en plus, bien entendu, de toute la Règle de la Guerre):
Règle de la Communauté (= 1QS): IV, 18-23; IX, 23; X, 19;
Règle de la Congrégation (= 1QSa): I, 21;
Recueil des Bénédictions (= 1QSb): III, 7 et V, 20-29;
Hymnes: III, 32-36; IV, 18-22; VI, 7-8; VI, 29-35; XIV, 15-16; XV, 17-20;
Livre des Mystères (= 1Q 27): I, 5-7;
Péshèr d'Isaïe A (= 4Q 161): fragments 8-10, lignes 4-8 et 17-21.
Péshèr de Nahum (= 4Q 169): fragments 1-2, lignes 3-5a;
Péshèr d'Habacuc: V, 3-7; VII, 1-2 + 7-8 + 10-14 + 15-16; VIII, 1-3; XII, 14; XIII, 1-4;
Péshèr du Psaume 37 (= 4Q 171): fragments 1-2, col. II, lignes 1 + 6-8 + 8-11;
Florilège (= 4Q 174): fragments 1-2, col. I, lignes 7-9; I, 19-II, 1; fragment 4, lignes 3-5;
11Q Melkisèdèq: lignes 12-14;
Document de Damas: VII, 9-12 = XIX, 5-9; VII, 20-21; XIX, 10-11; VIII, 1-3 = XIX, 13-15; XX, 15-17 + 25-26.

combats contre les fils de Sem, dix contre ceux de Ḥam, dix contre ceux de Japhet (*Règle de la Guerre*, II, 9-14) et cinq années sabbatiques. Les précisions techniques sur l'armement, la tactique et la stratégie ne nous concernent pas ici. Mais nous savons que les combats seront acharnés, qu'il n'y aura jamais eu d'épreuve comparable à celle-là (*Règle de la Guerre*, I, 12). Les êtres célestes prendront part à la lutte, soit du côté des Fils de Lumière, soit du côté des Fils de Ténèbres. Finalement c'est la « grande main de Dieu » qui interviendra et qui terrassera tous les partisans de Bélial (*Règle de la Guerre*, I, 14-15 ; 4Q 177, fragments 12-13, ligne 9). « La terre hurlera… Dieu tonnera… les soubassements éternels seront ébranlés » (*Hymnes*, III, 32-36). En définitive, toutes les nations païennes et tous les juifs pécheurs seront massacrés et retranchés de la surface de la terre (*Péshèr d'Habacuc*, XIII, 2-4). « Car (les idoles des païens) ne les délivreront pas au jour du jugement » (*Péshèr d'Habacuc*, XII, 14). « Les progénitures de la perversion seront séquestrées, l'impiété s'évanouira devant la justice comme s'évanouissent les ténèbres devant la lumière ; comme la fumée disparaît et n'existe plus, ainsi l'impiété disparaîtra pour toujours (1Q 27 = *Livre des Mystères*, I, 5-6).

Qui sera le général en chef de ces campagnes victorieuses ? À notre grand étonnement, la *Règle de la Guerre* semble attacher peu d'importance à ce détail : une fois, elle parle du sceptre du Prince de toute la Congrégation (V, 1) ; cinq ou six fois, elle fait intervenir le grand prêtre (ou le prêtre en chef) ; continuellement, sept prêtres dirigent, de loin, toutes les manœuvres. Mais l'auteur de la *Règle de la Guerre* semble supposer qu'il n'y aura pas besoin d'un état major très spécialisé, puisque lui-même dans son ouvrage il croit avoir tout prévu et avoir tout réglé pour le mieux. D'autres textes font intervenir le même Prince de (toute) la Congrégation, qui est chargé de saper tous les fils de Seth (*Document de Damas*, VII, 20-21) et d'établir la royauté de son peuple à jamais (1Q Sb = *Recueil des Bénédictions*, V, 21), qui dévastera la terre par son sceptre et qui fera mourir l'impie par le souffle de ses lèvres (*idem*, V, 24-25). Ailleurs, les infidèles « seront livrés au glaive lors de l'avénement du Consacré d'Aaron et d'Israël (ou bien : du Consacré d'Aaron et (de celui) d'Israël) (*Document de Damas*, XIX, 10-11). Ailleurs encore, c'est le Rejeton de David qui se tiendra dans la suite des jours, qui dominera sur toutes les nations et dont l'épée jugera les peuples (4Q 161 = *Péshèr d'Isaïe A*, fragments 8-10, lignes 17-21). C'est lui qui se lèvera avec le Chercheur de la Loi dans Sion, dans la suite des jours, et qui relèvera la hutte croûlante de David, pour sauver Israël (4Q 174 = *Florilège*, fragments 1-2, I, 11-13). Enfin un texte encore plus mystérieux nous dit : « Dieu ne détruira pas son peuple par la main des nations, mais Dieu fera le jugement de toutes les nations par la main de son Élu et tous les impies de son peuple seront punis par le châtiment (infligé par) ceux qui auront observé ses préceptes pendant leur tribulation » (*Péshèr d'Haba-*

cuc, V, 3-6). Cet Élu de Dieu est-il le Rejeton de David? Celui-ci est-il le Consacré d'Israël? Et celui-ci est-il le Prince de la Congrégation? On peut légitimement le supposer, mais, jusqu'à présent, aucun texte ne l'établit de façon indiscutable.

Autre question très importante: quand cette Guerre de Libération aura-t-elle lieu? Les Qumrâniens se posaient cette question encore plus intensément que nous. Un *péshèr*, après avoir cité le *Psaume, 37*, 10: « encore un peu de temps et il n'y aura plus d'impie », nous précise: « Ceci s'interprète au sujet de toute l'impiété, au terme des quarante années (de la Guerre de Libération), (du fait) que (les impies) disparaîtront et (que l'on) ne trouvera plus (trace) sur la terre d'aucun homme d'impiété » (4Q 171 = *Péshèr du Psaume 37*, fragments 1-2, II, 5-8). Et le *Péshèr d'Habacuc* prend soin de calmer les impatients: d'abord il constate: « Dieu dit à Habacuc d'écrire (les événements) à venir sur la génération future, mais l'époque de l'accomplissement il ne la lui fit pas connaître » (VII, 1-2); puis il encourage « les hommes de fidélité (ou: de vérité), qui pratiquent la Loi, dont les mains ne se lasseront pas du [23] service de la fidélité (ou: de la vérité), quand se prolongera sur eux la période suivante, car toutes les périodes de Dieu viendront à point nommé, selon ce qu'il a décrété pour elles dans les secrets de sa prudence » (VII, 10-14). Si l'on admettait un lien entre cette Guerre de Libération et le châtiment du Prêtre Impie, il faudrait l'envisager, comme nous l'avons vu, tout au plus dans quelques décennies après les conflits entre le Docteur de Justice et ce Prêtre Impie. Mais cette connexion n'est pas prouvée et donc l'on peut supposer que les esprits les plus lucides ne se faisaient peut-être pas trop d'illusion; mais il y avait sans doute à Qumrân des cervelles plus échauffées, qui imaginaient la réalisation de leurs rêves dans un avenir immédiat.

Grâce au *Document sur Melkisédèq* édité par le professeur A. S. van der Woude et commenté par J. T. Milik [24], nous découvrons une autre des spéculations qui germaient à Qumrân. Un personnage nommé Melkisédèq doit « exécuter la ven[ge]ance des jugements de Di[eu] » et arracher les hommes « [à la main de] Bélial » (ligne 13), autrement dit, il doit jouer un rôle important dans la Guerre de Libération. Or, il est situé dans le courant du dixième jubilé. J. T. Milik nous apprend qu'un ouvrage inédit, un *Pseudo-Ezéchiel*, développe très en détail un système de dix jubi-

---

23. Formule de *Néhémie*, 6, 9.

24. A. S. VAN DER WOUDE, *Melchisedek als himmlische Erlösergestalt in den neugefundenen eschatologischen Midraschim aus Qumrân Höhle XI*, dans *Oudtestamentische Studiën*, t. XIV, Leyde, 1965, pp. 354-373. — J. T. MILIK, *Milkî-ṣedeq et Milkî-reša' dans les anciens écrits juifs et chrétiens*, dans le *Journal of Jewish Studies*, 1972, t. XXIII, pp. 95-144. — J'ai moi aussi, bien que travaillant sur une mauvaise reproduction, étudié ce texte dans la *Revue de Qumrân*, 1970, t. VII, n° 27, pp. 343-378: *Le document de Qumrân sur Melkisèdèq*.

lés [25]. Quand ce texte nous sera accessible, nous verrons dans quelle mesure il pourra préciser les rêves de certains qumrâniens.

Grâce à l'excellente édition que J. T. Milik vient de réaliser, nous avons maintenant le texte araméen d'Hénoch XCI, 12-17 [26], où nous voyons que, dans un déroulement de dix semaines, la septième, qui commence à la captivité de Babylone, est suivie immédiatement par la huitième semaine, « that of righteousness, in which [a sword] shall be given to all the righteous, to exact a righteous judgement from all the wicked, and they shall be delivered (en français : « livrés » et non pas « délivrés » !) into their hands » (traduction de J. T. Milik, pp. 266-267). Manifestement, c'est alors que se situera la Guerre de Libération.

Comment harmoniser ces diverses perspectives ? N'oublions pas qu'elles constituent de simples rêves. Les gens de Qumrân croient lire dans l'Ancien Testament la promesse de cet anéantissement des impies et ils l'imaginent pour le plus tôt possible, chacun y mêlant une plus ou moins grande part de réalisme ou d'utopie. Peut-être pourrions-nous, sur ce point, les comparer à nos modernes Témoins de Jéhovah, qui reportent sans cesse à demain le cataclysme vengeur qu'ils avaient prédit pour hier.

III. Troisième acte : les conséquences de cette Guerre de Libération.

La *Règle de la Guerre*, toute centrée sur les combats, se préoccupe peu de nous en décrire les conséquences. D'ailleurs elles sont très simples : tous les impies, païens ou traîtres à l'Alliance, seront exterminés et débarrasseront la terre de leur infecte présence ; et les justes, de leur côté, serviront Dieu dans la paix et la joie : « La hauteur de la grandeur (de Dieu) brillera pour toutes les durées de [l'éternité] en paix et bénédiction, gloire, joie et longueur de jours pour tous les Fils de Lumière » (*Règle de la Guerre*, I, 8-9). « [Ce sera pour Dieu la royau]té et Israël aura un règne éternel » (*idem*, XII, 16 et XIX, 8). Les justes deviendront « un peuple éternel » (*idem*, XIII, 9). « Tous les véritables fils (de la justice) exulteront dans la connaissance éternelle » (*idem*, XVII, 8).

Bien entendu, le mot 'ôlâm, « éternité », n'a pas le sens philosophique défini par Boèce au début du 6e siècle après Jésus-Christ : « Interminabilis vitae tota simul et perfecta possessio ». Il indique simplement une durée illimitée, dont on n'envisage pas l'interruption. Du moins il nous indique

---

25. Article cité à la note précédente, p. 110. L'éditeur de ce Pseudo-Ézéchiel sera John STRUGNELL et le sigle des divers manuscrits sera 4Q 384-390.

26. *The Books of Enoch, Aramaic Fragments of Qumrân Cave 4*, Edited by J. T. MILIK, Oxford, 1976.

que pour l'auteur de la *Règle de la Guerre* ses rêves ne s'étendaient pas au-delà de cette guerre et qu'il n'avait rien prévu d'autre.

Telle est aussi la position, semble-t-il, du *Document de Damas* : « Tous ceux qui suivent ces règles avec une parfaite sainteté... sont assurés de vivre mille générations » (VII, 4-6), ou même « pour des milliers de générations » (XIX, 1). « Dieu fera miséricorde à ceux qui lui restent fidèles jusqu'à mille générations » (XX, 21-22). Et nous retrouvons la même formule, inspirée du *Deutéronome*, 7, 9, dans le *Péshèr du Psaume 37* : « Les gens revenus du désert vivront pendant mille générations dans le sa[l]ut [27] ; ils participeront à tout l'héritage d'Adam, eux et leur descendance jusqu'à perpétuité » (4Q 171, fragments 1 + 3-4, III, 1-2).

Cette sorte de restauration définitive du Paradis terrestre est envisagée également dans la *Règle de la Communauté*, IV, 23 : « Ce sont les parfaits de conduite que Dieu a choisis pour l'Alliance éternelle et toute la gloire d'Adam leur (est destinée) » ; — dans les *Hymnes*, XVII, 14-15 : « Pour ceux qui (le) servent dans la sincérité, (Dieu) a réalisé un nom [éternel]... en leur léguant toute la gloire d'Adam et (sa) longévité » ; — et encore dans le *Document de Damas*, III, 20 : « Ceux qui se tiendront fermes (auront) la vie à perpétuité et toute la gloire promise à Adam leur appartiendra » [28].

C'est d'ailleurs à ce moment-là, semble-t-il, que sera bâtie la Jérusalem nouvelle, dont parlent plusieurs documents partiellement édités. Peut-être aussi le *Rouleau du Temple* nous fournira-t-il d'autres précieux renseignements sur cette période d'après la Libération.

Comme ce sera une ère de paix inaltérable, aucun problème ne se posera plus et donc on n'a rien à prévoir de particulier. On se contente de jubiler sur la disparition des impies : « Les Pauvres... seront délivrés de tous les pièges de Bélial et ensuite tous ceux qui auront hé[ri]té de la terre se délecteront et s'engraisseront de toute(s) l(es) viande(s) délicieuse(s) (4Q 171 = *Péshèr du Psaume 37*, fragments 1-2, II, 9-12)... « Les Pauvres (auront) l'héritage de toute la terre (et) posséderont la haute montagne d'Isra[ël ; le peuple [29] de] la sainteté (de Dieu) se délectera » (*idem*, fragments 1 + 3-4, III, 10-11)... « La période suivante se prolongera et dépassera tout ce qu'ont dit les prophètes, car les secrets de Dieu (sont) merveilleux » (*Péshèr d'Habacuc*, VII, 7-8)... « Le Prince de la Congrégation... établir(a) la royauté de son peuple à jam[ais] » (1Q SB = *Recueil des Bénédictions*, V, 20-21)... L'auteur des *Hymnes* remercie

---

27. Pour ce mot, John STRUGNELL suggère de corriger en BYŠW['] H la lecture BYŠRH (avec resh très douteux), qui figure dans l'édition de J. M. Allegro. Voir John STRUGNELL, *Notes en marge du volume V des « Discoveries in the Judaean Desert of Jordan »*, dans la *Revue de Qumrân*, 1970, t. VII, n° 26, (pp. 163-276), p. 214.

28. Cette conception est bien mise en relief par Benedikt OTZEN dans *Some Text-problems in 1QS*, dans *Studia Theologica*, t. XI, fasc. 1, pp. 96-98.

29. Restitution proposée par John Strugnell (article cité à la note 27) p. 214.

Dieu d'avoir affermi son cœur « pour marcher devant lui dans la région de [la vi]e, aux sentes de la gloire et de la paix sans l[imite, (qui) n'(auront) pas] à cesser à perpétuité » (VII, 13-15). Ailleurs il présente ainsi l'avenir de son œuvre : « La source de lumière deviend[ra] une fontaine éternelle sans intermittence ; dans les flambées de son illumination brûleront tous les Fi[ls de Ténèbres] » (VI, 17-18). « Ceux qui (sont) selon l'âme de (Dieu) se tiendront devant (lui) pour toujours et ceux qui marchent dans la voie de (s)on cœur seront affermis à perpétuité » (IV, 21-22).

C'est la méditation de ces textes qui m'a révélé une différence fondamentale entre le Jugement Dernier des Évangiles et l'Intervention victorieuse de Dieu à Qumrân. C'est la méditation de ces textes qui m'a obligé à reviser mes premières impressions.

Car, dans la pensée chrétienne, le Jugement Dernier clôture l'histoire de l'humanité et après lui les élus et les damnés vivent une vie extra-terrestre. À Qumrân au contraire, l'intervention de Dieu supprime les impies et établit à perpétuité les justes dans la même vie terrestre, heureuse et même paradisiaque, certes, mais qui n'est pas du tout une vie céleste, en Dieu.

À Qumrân, l'Intervention vengeresse de Dieu termine l'ère de l'impiété et inaugure l'ère de la sainteté et du vrai bonheur, qui se prolongera de façon illimitée. Dans la pensée chrétienne, au contraire, Dieu, en jugeant le monde, termine l'histoire de ce monde et il introduit les élus dans une nouvelle modalité d'existence, celle des corps glorieux. Le Jugement chrétien se place à la fin du monde, l'Intervention de Dieu à Qumrân se place au contraire au début d'une ère de prospérité toute humaine.

Avant que ces conclusions s'imposent à mon esprit, j'ai, bien sûr, essayé de réagir et de les critiquer. J'ai donc envisagé deux objections possibles.

Première objection : N'y a-t-il à Qumrân aucun texte qui soit vraiment parallèle au Jugement Dernier des chrétiens et qui envisage l'entrée immédiate des hommes, dès la fin de la Guerre de Libération, dans une vie extra-terrestre, donc céleste ? Peut-être trouverons-nous un jour dans les documents en cours de publication quelque texte qui apporte du nouveau. Pour le moment, après avoir relu tous les documents publiés, je dois avouer que je n'en ai trouvé aucun. Car, pour être probant, ce texte doit satisfaire à trois conditions : 1) ce ne peut être un texte restitué dans une lacune, mais ce doit être un texte lisible et vérifiable ; 2) il doit concerner l'avenir et porter sur la période qui suivra immédiatement la Guerre de Libération ; 3) il doit envisager, d'une façon ou d'une autre, une participation à une vie extra-terrestre, donc céleste.

Seconde objection : Les auteurs de Qumrân, à la suite de l'Ancien Testament, emploient souvent la formule *be'aḥarît hayyâmîm*, « à la fin des

jours », qui semble nous rapporter à la fin de l'ère paradisiaque. Mais
c'est une erreur de traduire cette formule par « à la fin des jours ». Elle
signifie simplement « dans la suite des jours », c'est-à-dire « dans l'avenir ». Évidemment, cette « suite des jours », cet « avenir », pourrait être la
fin du monde, si le contexte l'indiquait. Mais en fait, ni dans l'Ancien
Testament ni à Qumrân, le contexte n'invite jamais à voir dans *be'aḥarît
hayyâmîm* une expression qui désigne la fin du monde, comme l'ont
démontré en 1891 W. Staerk [30], en 1949 [31] R. Pautel et en 1963 [32] H.
Kosmala. Quand on veut exprimer l'idée de « fin du monde », on dit en
hébreu biblique *qéṣ*, « fin », (*Daniel*, 8, 19 ; 11, 27) ou *'ét qéṣ*, « temps de la
fin » (*Daniel*, 8, 17 ; 11, 35.40 ; 12, 4.9), ou *qéṣ hayyâmîn* (sic), « fin des jours »
(*Daniel*, 12, 13). Mais, à Qumrân, le mot *qéṣ* signifie souvent « période »,
la formule *QṢ HYMYM* ne se trouve jamais et *B'ḤRYT HYMYM* se
rapporte toujours à la période de la domination de Bélial ou de la Guerre
de Libération. De même pour *B'ḤRYT HQṢ*, qui ne se trouve que dans
le *Péshèr de Nahum* (4Q 169, fragment 3-4, III, 3) et qui concerne les
Chercheurs de Fourberies, donc une situation antérieure à la destruction
des impies [33].

Conclusion

À moins d'arguments nouveaux et de textes inédits, je suis persuadé
qu'on fausserait la pensée de Qumrân, si l'on faisait de la Guerre de
Libération, et du Jugement de Dieu qu'elle réalise, l'équivalent du Jugement Dernier de la théologie chrétienne. Cette Guerre de Libération sera
une Intervention spectaculaire de Dieu, un Jugement de Dieu au sens
d'Ézéchiel, mais elle ne sera que le début d'une ère de prospérité
humaine et de fidélité terrestre. Elle ne sera nullement la fin du monde ni
le passage à une vie supra- ou extra-terrestre.

17, rue Ampère
75017-Paris

Jean CARMIGNAC

30. W. STAERK, *Der Gebrauch der Wendung B'ḤRYT HYMYM im at. Kanon*,
dans *Zeitschrift für die alttestamentliche Wissenschaft*, 1891, t. XI, pp. 247-253.

31. R. PAUTEL, *Jugement*, dans *Supplément au Dictionnaire de la Bible*, t. IV,
fasc. 23, col. 1324-1325.

32. Hans KOSMALA, *At the End of the Days*, dans l'*Annual of the Swedish Theological Institute*, 1963, t. II, pp. 27-37.

33. Sur tout ceci, voir Jean CARMIGNAC, *La notion d'eschatologie dans la Bible et à
Qumrân*, dans la *Revue de Qumrân*, 1969, t. VII, n° 25, pp. 17-31.

Le messianisme qumrânien

La prolifération contemporaine des utopies politiques a mis à la mode, non sans le discréditer, le concept de messianisme. Chez les historiens des religions, il doit sa vogue actuelle aux sociologues et anthropologues observateurs des mouvements de contre-acculturation surgis chez les peuples colonisés [1]. Le terme est si employé qu'on a perdu de vue son sens propre. Par un véritable détournement sémantique, on parle couramment de « messianisme collectif » ou de « messianisme sans messie ». La bibliographie de langue française donne avec complaisance dans cette erreur ; c'est ainsi qu'un livre de Wilhelm E. Mühlmann paru en 1961 sous le titre *Chiliasmus und Nativismus* a été rebaptisé en 1968 *Messianismes révolutionnaires du Tiers-monde*. L'un des meilleurs connaisseurs des mouvements en question, V. Lanternari se croit autorisé par la Bible elle-même à appeler messie tout être singulier ou collectif tenu par une société pour un sauveur dont elle espère la venue [2]. Il est vrai que la théologie chrétienne, habituée à rattacher à la personne du Christ tout ce que l'Écriture pouvait enseigner sur des échéances temporelles ou supratemporelles, objet d'espoir de crainte, a prêté à cet abus de langage. L'habitude s'est prise de la contradictio in terminis qui faisait écrire à A. Lods en 1930 qu'« il y avait chez les Juifs des formes de l'espérance messianique où l'on ne faisait pas place à un messie » [3]. L'un des plus récents commentateurs des textes de Qumrân, L. Moraldi, envisage de même des cas de « messianismo senza messia » [4].

Si l'on juge préférable de renoncer à ces confusions, on refusera le nom de messianisme à une croyance eschatologique, sotériologique, millénariste ou apocalyptique ne comportant pas la foi en l'avènement d'un messie. Et un messie n'est pas un sauveur quelconque. Le messie est bien le signe visible d'un salut collectif accordé par Dieu dans un avenir dont l'homme ne peut prévoir ni préparer seul le moment, mais le messie est

---

1. Sur le concept de messianisme et ses extensions en histoire des religions, voir G. GUARIGLIA, *Prophetismus und Heilandserwartungs Bewegungen als völkerkundliches und religionsgeschichtliches Problem*, Vienne, 1959, pp. 10-21.

2. V. LANTERNARI, *Messianism. Its Origin and Morphology, History of Religion*, 2, 1962, pp. 52-72.

3. A. LODS, *R.H.Ph.R.*, 10, 1930, p. 220.

4. L. MORALDI, *I manoscritti di Qumrân*, Turin, 1971, p. 341.

en même temps le restaurateur ou continuateur d'une institution historique, le détenteur d'un office qui avait pour marque l'onction d'huile,
l'office du roi ou celui du prêtre. Les documents de Qumrân fournissent
dans l'histoire du messianisme ainsi défini un jalon capital. L'Ancien
Testament présente bien la foi en un messie, mais jamais il n'est appelé
mâšîăḥ ; le mot hébreu n'y est jamais employé comme terme eschatologique [5]. Les attestations qumrâniennes du mot *mâšîăḥ* nous invitent à
nous demander pourquoi « messie » a pris l'acception eschatologique qui
nous est devenue si familière.

Si familière qu'il est impossible d'oublier la composante eschatologique
entrée dans la définition du messianisme. Elle exclut qu'on identifie messianisme et idéologie royale ou qu'on le réduise à un légitimisme purement politique. Tant qu'a régné la maison de David, il y a eu messianisme dans la mesure où l'on a espéré d'une intervention divine le rem-
placement du davidide régnant par un autre plus digne. Plus tard, c'est
la restauration de la lignée royale qui a été l'objet d'une espérance religieuse, irréalisable à vues humaines. La seconde raison de distinguer
messianisme et idéologie royale est que le roi n'est pas seul à recevoir
l'onction. Il y a aussi le prêtre. Depuis la captivité, la communauté juive
est dirigée et représentée par le grand prêtre. Il est impossible que des
siècles de hiérocratie n'aient pas laissé de traces dans l'idéologie. Le pré-
supposé le plus grave qui ait grevé l'étude du messianisme dans notre
domaine est la croyance en la perpétuité et l'exclusivité du messianisme
davidique en Israël. Or ce ne fut pas une constante, même chez Isaïe,
même chez Jérémie. Les oracles messianiques attribuables à ces prophètes ont été des réactions passagères à des défis passagers qu'apportaient
les événements, et il en a été de même après eux. Les observateurs des
mouvements « messianiques » contemporains nous ont rendus attentifs
aux déterminations historiques des mouvements et de leurs mythes. Ils
décèlent dans la réponse religieuse qu'est le messianisme une infinité de
variantes qui sont des échos du défi auquel il répond. Ils nous invitent à
chercher dans nos écritures les variations de la foi messianique et à les
rapprocher des circonstances de leur formulation. Il ne suffit pas de dire
qu'Israël a toujours attendu le Messie en vertu d'une sorte d'aptitude
congénitale à voir en avant. Même si certaines expériences du passé sont
déjà bien fixées par la tradition et font office de références qu'on peut
déjà appeler scripturaires, les générations sur lesquelles les documents de
Qumrân nous apportent un témoignage direct ont conçu des idées messianiques originales, différentes de celles des auteurs bibliques, parce
qu'elles correspondent à d'autres moments historiques que les péricopes
messianiques de l'Ancien Testament.

---

5. Ce qu'O. CULLMANN (*Christologie du Nouveau Testament*, Neuchâtel, Paris,
1958, p. 99) relève comme une « chose singulière ».

Nous entrevoyons plus ou moins bien la raison d'être d'une prophétie messianique. Prenons un cas assez clair, celui du proto-Zacharie. Après les troubles qui ont marqué les débuts du règne de Darius II, en 520, alors que le grand roi a battu ses rivaux et que « toute la terre est tranquille » (*Zacharie*, 1, 11), Juda connaît l'agitation dont témoignent *Aggée* et *Zacharie*. On voit approcher le terme des soixante-dix ans fixés par Jérémie (25, 11-12) à la déréliction d'Israël et, de surcroît, le davidide Zorobabel a été installé à Jérusalem en qualité de gouverneur nommé par les Perses. Aux yeux de Zacharie, Zorobabel est un messie en puissance. Bien qu'il fût vivant et présent, Zorobabel était plus qu'un prétendant davidique [6], il était l'objet d'une espérance messianique, parce que pour transformer le lieutenant des Perses en un roi de Juda, il eût fallu quelque chose d'extraordinaire : la fin de la domination achéménide. Le souci de Zacharie de voir réédifier le temple n'est pas étranger à son messianisme : Zorobabel doit apparaître comme un nouveau Salomon. En même temps, Zacharie veut voir accompli le vœu que les exilés ont légué aux rapatriés : la reprise du culte. L'attachement que Zacharie manifeste envers le culte et le clergé qui continue à représenter face aux Perses la communauté judéenne explique la place qui est accordée au grand prêtre Josué. Le changement d'habits de Josué en *Zacharie* 3 signifie que Dieu a pardonné à tout le peuple. On a parlé à ce propos de messianisme bicéphale, et *Zacharie* 4 a été souvent invoqué comme le modèle scripturaire de la messianologie qumrânienne. Il faut nuancer, et distinguer dans *Zacharie* le cas du prêtre et celui du davidide. Il n'y a pas à attendre de miracle en faveur de Josué, du moment que les Perses ont reconnu sa position et son office. Il en va tout autrement de Zorobabel. On pourrait dire que dans la célèbre vision des deux oliviers, l'huile est pour Josué *in re*, pour Zorobabel *in spe*, et seul Zorobabel aurait été un messie.

Voici un autre prophète, mis souvent à contribution par les qumrânologues. Nous ne comprenons plus très bien ses oracles, parce qu'ils remontent au moment d'une crise sur laquelle l'histoire est restée muette. Malachie annonce un bouleversement marqué par la venue de trois personnages (*Malachie* 3, 1) : un envoyé de Dieu, — celui qui fut identifié plus tard à Élie (3, 23) —, le « Seigneur que vous cherchez » (c'est-à-dire Dieu lui-même) et l'« ange de l'alliance à laquelle vous êtes attachés ». Étant donné que Malachie appelle le prêtre un « ange du Seigneur » (2, 7), que le nom *bərît* se rapporte toujours chez Malachie à l'« alliance de sacerdoce éternelle » donnée à Pinḥas (*Nombres* 25, 13), on admettra que le prophète exprime l'espoir en la venue d'un grand prêtre digne de ce nom, que Dieu lui-même installera dans son Temple. On

---

6. S. Mowinckel (*He That Cometh*, Oxford, 1956, p. 121) refuse à Zorobabel la qualification messianique.

parlera donc à propos de Malachie d'un messianisme sacerdotal, ce qui
paraît bien exclure le messianisme royal. Quel accident de l'histoire fut à
l'origine de la prophétie de Malachie ? Pour essayer de relier des différents oracles de ce livre, si disparate en apparence, j'ai présumé que le
prophète dénonçait une crise du clergé dont le symptôme le plus éclatant
avait été le mariage d'un grand prêtre privé de descendance avec une
Édomite, de sorte que la sainte lignée remontant à Aaron s'était trouvée
rompue [7], mais cette hypothèse est invérifiable.

La stabilité des institutions judéennes sous les Achéménides et les
Lagides n'a pas été propice à de pareils soubresauts de messianisme.
Tout au début du IIe siècle, le Siracide témoigne de la solidité de la foi
en l'élection d'Israël ; il croit que la domination païenne va s'effacer un
jour et s'exprime là-dessus avec quelque acrimonie. Mais il n'attend rien
de la dynastie davidique. Elle ne sera ni l'agent ni l'effet du salut divin.
Quant à l'alliance sacerdotale, mise par Ben Sira au-dessus de l'alliance
royale, elle lui paraît accomplie pleinement par la lignée des Simon et des
Onias. Tout se passe comme si l'antique religion faisant reposer l'équi-
libre du monde sur le culte expiatoire pratiqué au Temple se contentait
de la liberté accordée à son exercice [8]. Tout allait être remis en question
par les crises du sacerdoce à partir de 174 et par l'abolition du culte de-
Jérusalem sous Antiochus IV.

* * *

Il y a une vingtaine d'années, la question du messianisme qumrânien
était à l'ordre du jour. Dès que J. Allegro eut publié les documents messianiques de la grotte 4 [9], la recherche put dépasser le débat antérieur
qui s'était concentré sur la messianité du Maître de justice. En 1957,
A. S. van der Woude fait paraître *Die messianischen Vorstellungen der
Gemeinde von Qumran*, livre qu'il faut saluer comme une application
exemplaire de la méthode historique. Aux Journées bibliques de Louvain, la même année, le savant néerlandais, résumant sa thèse, détache
nettement le problème du messianisme de celui du Maître de justice [10].
Depuis, et en l'attente de documents nouveaux, une étape de la recherche a été marquée par un article dense et précis de M. J. Starcky paru en

---

7. J'ai soutenu ces hypothèses dans une *Brève explication du livre de Malachie*
(*Positions luthériennes*, 17, 1969, pp. 187-201 et 18, 1970, pp. 4-16).

8. Voir A. Caquot, *Ben Sira et le messianisme*, Semitica, 16, 1968, pp. 44-68.

9. J. Allegro, *Further Messianic References in Qumran Literature*, J.B.L., 75,
1956, pp. 174-187.

10. A. S. van der Woude, *Le Maître de justice et les deux Messies de la Communauté de Qumrân*, La secte de Qumrân et les origines du christianisme, Louvain,
1959, pp. 121-134.

1963 [11]. Prenant pour base ce qu'il y a de plus objectif, la paléographie, il met en lumière une évolution des idées messianiques s'étendant sur un siècle et demi. Je ne puis que garder le schéma tracé par J. Starcky, en suivant les repères qu'il a tracés et qui ne peuvent être que des repères. Les idées messianiques ont sans doute été plus mobiles, plus chatoyantes. Dans le milieu et le temps qui nous occupent, ce qui est normatif et ce qui devient le shibbolet d'une école ou d'une secte, ce sont les affaires juridiques et rituelles, le *halakah*. En matière aggadique, la spéculation est libre, donc moins définissable. Il n'y a aucune raison pour que les Esséniens aient été plus cohérents sur ce point que les Tannaïtes qui ont eu des opinions bien diverses sur les « jours du Messie » [12]. Le messianisme biblique est moins monolithique qu'on ne le dit. Il n'y a pas eu non plus uniformité dans le milieu essénien. Dans ce domaine laissé libre, l'imagination est touchée au moins autant par l'actualité que par la tradition religieuse. Mon but est de suggérer quelques incidences de l'actualité historique sur les formulations messianiques esséniennes.

* * *

Malgré sa violence, la crise qu'inaugure en 174 l'accession frauduleuse de Jason au pontificat et qui culmine en 167 avec la profanation de l'autel n'a pas suffi à réveiller l'attente messianique. L'auteur de l'apocalypse daniélique qui a vu la désécration du Temple, mais qui n'a pas assisté à la *ḥanukkâh* de 164 n'attend le salut que de Dieu et des anges, et son espérance se situe très vite sur le plan transcendant. Quel que soit l'âge des manuscrits araméens, on mettra au nombre des plus vieux documents sectaires les deux apocalypses du livre éthiopien d'*Hénoch* dont l'original a laissé des vestiges à Qumrân [13]. Ce genre d'écrits offre un critère interne de datation : on voit à quel moment l'auteur cesse de transposer ce qu'il a vécu et commence à raconter ce qu'il rêve. D'après ce critère, l'« apocalypse des semaines » (*Hénoch* 93, 2-10 + 91, 12-17) semble avoir été conçue au même moment que *Daniel*. Les deux visionnaires sont sous le coup de l'événement de 167 et espèrent la reprise du culte, mais ni l'un ni l'autre ne paraissent se préoccuper du clergé ou de la royauté. La rigueur de la persécution les fait d'emblée regarder au-delà des institutions terrestres. L'apocalypse du « Livre des songes » (*Hénoch* 85-90), sans doute un peu plus tardive et contemporaine de l'insurrection

---

11. J. STARCKY, *Les quatre étapes du messianisme à Qumrân*, R.B., 70, 1963, pp. 481-505.

12. Voir J. KLAUSNER, *The Messianic Idea in Israel*, New York, 1955, pp. 408-419.

13. Voir provisoirement J. T. MILIK, *Problèmes de la littérature hénochique à la lumière des fragments araméens de Qumrân*, H.Th.R., 64, 1971, pp. 333-378 (336-337).

maccabéenne, parle d'une victoire d'Israël puis, immédiatement après, d'un jugement du monde par Dieu, de la construction d'un temple éternel, de la conversion de l'univers et du retour des martyrs à la vie. Rien n'est dit sur le Messie. La péricope du taureau blanc, qui à ma connaissance manque à Qumrân, est suspecte. Après avoir montré les moutons se pressant dans la Demeure divine à la fin des temps le visionnaire déclare (*Hénoch* 90, 37-38) : « J'ai vu naître un taureau blanc aux grandes cornes. Toutes les bêtes de la terre et tous les oiseaux du ciel le craignaient et l'invoquaient en tous temps. Premier parmi eux était le Verbe et ce Verbe était devenu la bête magnifique portant de grandes cornes noires ». Mieux vaut renoncer aux reconstitutions aléatoires d'un substrat, reconnaître que *nagar* traduit λόγος (comme en *I Jean* 1, 1) et percevoir [14] une réminiscence johannique. Le taureau blanc est le Christ nouvel Adam représenté selon les conventions de ce qu'on peut appeler « l'apocalypse au bestiaire ».

Le livre des Songes contient un verset qui mérite d'attirer l'attention. Il livre le jugement que l'auteur porte sur le second Temple, représenté par une haute tour : « Ils recommencèrent à placer une table devant la tour, mais tout le pain qu'ils y posaient était souillé et impur. En tout cela les moutons étaient aveugles... » (*Hénoch* 89, 73-74). Le passage, manifestement inspiré de *Malachie* (1, 7.12) jette le discrédit sur tout le culte de la Restauration. La condamnation rétroactive est-elle suffisamment justifiée par le conflit qui a opposé les sectaires aux Hasmonéens ? J'en doute et je croirais plus volontiers que la rupture des sectaires avec le clergé en place est antérieure à la crise des années 174 et suivantes. Je doute que l'auteur de notre apocalypse ait eu pour Simon fils d'Onias la vénération qui inspirait le Siracide (50, 1-21). Autrement dit, le messianisme sacerdotal des Esséniens pourrait être issu d'un légitimisme sadocide, mais d'un légitimisme sans emploi précis, distinct en tout cas d'un légitimisme oniade [15]. Onias IV a sans doute eu des partisans en Judée mais ce n'était pas chez les Esséniens, pas plus que chez les Assidéens qui en 161 acceptèrent l'accession d'Alkime, un *kohèn hèdyôṭ*, au pontificat (*1 Maccabées* 7, 14 ; Josèphe, *A.J.* XX, 235).

---

14. À la suite d'une suggestion d'A. Dillmann, on a supposé que l'éthiopien *nagar*, « parole », traduisait ῥῆμα et que ce grec transcrivait l'hébreu *rə'ém*, « aurochs », telle est l'opinion de G. Beer, F. Martin et R. H. Charles en 1906. Une autre correction a été proposée par L. Goldschmidt : le nom *talèh*, « agneau » aurait été lu *millâh*, « parole » ; l'hypothèse a été reprise par R. H. Charles en 1912. Ch. C. Torrey (*J.A.O.S.*, 62, 1942, p. 57) pense à une confusion entre *mémrâ* « parole » et *ré'mâ* « aurochs » lors de la transmission du texte araméen ; l'« aurochs » serait le messie éphraïmite, distinct du taureau figurant le messie davidique.

15. Le légitimisme oniade de la secte est affirmé entre autres par H. J. Schoeps (*Th.L.Z.*, 81, 1956, col. 666) et A. S. van der Woude (*Die messianischen Vorstellungen*, p. 223).

L'étude du messianisme laisse donc de côté les fragments d'*Hénoch*. Il en va de même pour l'une des plus anciennes productions littéraires de Qumrân, les « paroles des luminaires » [16] (l'hébreu *mə'orot* désigne les prêtres comme φωστῆρες en *Testament de Levi* 14, 3). Ce que la colonne 4 de cet écrit dit de David, « il a siégé sur le trône d'Israël tous les jours (de sa vie) », est purement rétrospectif et n'est pas plus messianique que le psaume 78. À l'époque même de Jean Hyrcan, si l'on se fie à la datation maintenant proposée pour le plus ancien rouleau de la *Règle* (4Q Se), le messianisme essénien est encore dans les limbes puisque la phrase du rouleau de la grotte 1 (1QS 9, 11) « ... jusqu'à la venue du prophète et des messies d'Aaron et d'Israël » n'y figure pas [17].

* * *

L'indifférence à l'extraction du grand prêtre qui fit accueillir sans protestation la dynastie sacerdotale des Hasmonéens a pu laisser place à une opposition déclarée lorsque les descendants de Mattathias outrepassèrent certaines bornes. Le décret honorifique de 140 rappelle que l'introduction de l'hérédité du pontificat par Simon fut assortie d'une clause qui révèle des résistances dans l'opinion : « ... jusqu'à ce que paraisse un prophète digne de foi » (*1 Maccabées* 14, 41) [18]. Pourtant, certains héritiers des Assidéens restèrent loyaux : les Pharisiens ne semblent pas avoir gardé un mauvais souvenir des premiers Hasmonéens jusques et y compris Jean Hyrcan : une barayta (*Megillah* 11*b*) déclare que Dieu n'a pas abandonné son peuple au temps des Grecs, puisqu'il a suscité le *béyt ḥasmonây*. Le mécontentement a gagné, peut-être à cause de la politique aggressive de Hyrcan, qui ne pouvait qu'engendrer une fiscalité oppressive, et les Pharisiens rompent avec le pouvoir, sous Jannée comme le dit le Talmud (*Qiddušîn* 66*a*) plutôt que sous Hyrcan, comme le veut Flavius Josèphe (*A.J.* XIII, 288-296) [19]. L'énoncé des griefs portés alors, contre l'Hasmonéen, selon les deux sources, est très instructif. On lui dit en substance « contente toi de gouverner et renonce au sacerdoce », et il est fait état de rumeurs sur une ascendance maternelle qui aurait invalidé le pontife. Il se peut que les Esséniens aient inspiré cet argument, eux qui avaient dû contester avant les Pharisiens la prétention de la

---

16. M. Baillet, *Un recueil liturgique de Qumrân Grotte 4 : Les paroles des luminaires*, R.B., 68, 1961, pp. 195-250 (204-207).

17. Le fait a été signalé très incidemment par J. T. Milik (R.B., 67, 1960, p. 413) : le manuscrit 4QSe passe directement de 8, 15 à 9, 12.

18. Selon W. Wirgin (*Simon Maccabeus and the Prophetes pistos*, P.E.Q., 130, 1971, pp. 35-41) le prophète aurait été un nouveau Samuel venant apporter une sanction divine à la royauté de Simon.

19. Les raisons de préférer le règne de Jannée à celui de Hyrcan sont exposées par J. Lemoine (*Les Sadducéens*, Paris, 1972, pp. 51-59)

maison hasmonéenne à se prévaloir de l'« alliance de Pinḥas » (*1 Macca-bées* 2, 54). La première formulation du messianisme qumrânien, celle qu'on lit en 1QS 9, 11, rédigé pense-t-on au temps de Jannée, coïncide en tout cas parfaitement avec ce que les Pharisiens revendiquaient alors, la séparation des pouvoirs.

M. A. S. van der Woude l'a parfaitement démontré en étudiant le messianisme bicéphale impliqué par la mention dans la *Règle* des *məšîḥéy 'ăhăron wəyiśrå'él*. La locution n'est pas plus déconcertante que *rûḥôt 'ôr wəḥošek* en 1QS 3, 25. De même qu'il y a « esprit de lumière » et « esprit de ténèbres », il y a « messie d'Aaron » et « messie d'Israël » [20]. L'événe-ment qui mettra fin au régime provisoire dans lequel la communauté a conscience de vivre sera la solution miraculeuse du conflit créé par le cumul de fonctions usurpées. Le scandale cessera avec l'arrivée d'un prêtre légitime et l'avènement d'une royauté séparée de l'autel. Il suffirait sans doute d'une révolution pour substituer à l'Hasmonéen un sadocide d'extraction plus pure. Il en allait autrement pour le roi. Le regretté Jacob Liver a montré que la lignée davidique se perdait après Zorobabel et que les revendications d'ascendance davidique formulées pour les *nəśî'îm* palestiniens et les exilarques babyloniens étaient de tendancieuses fictions [21]. Peut-être est-ce en raison de cette discontinuité que nos textes sont alors discrets sur l'appartenance du messie roi à la maison de David et à la tribu de Juda. Le « testimonium » invoqué pour le roi (4Q 175, 9-12), l'oracle de Balaam de *Nombres* 24, 15-17, n'est pas celui qui conviendrait le mieux pour un fils de David. Il est difficile de croire que le modèle du premier roi de Jérusalem ne s'est pas imposé aux croyants, mais comme aucun davidide ne venait présenter de titres indiscutables, on a dû attendre d'un miracle non seulement l'avènement du roi désiré, mais sa naissance même. Je ne sous-estimerais point l'information

---

20. Cet exemple réfute l'argument de W. La Sor (*The Messiahs of Aaron and Israel*, *V.T.*, 6, 1956, pp. 425-429) qui soutient que « Aaron et Israël » ne peuvent être qu'un mérisme désignant la communauté, formée de prêtres et de laïcs. On prétend souvent que seul le Davidide aurait droit au titre de « messie », tandis que le prêtre eschatologique ne serait qu'un personnage « consacré », de sorte qu'il faudrait déga-ger deux acceptions de *māšîăḥ* dans un unique syntagme. C'est ce qu'ont soutenu ou envisagé W. La Sor (*The Messianic Idea in Qumran. Studies and Essays in Honor of Abraham Neuman*, Leyde. Philadelphie, 1962, pp. 343-364), B. Vawter (*Levitical Messianism in the New Testament, The Bible in Current Catholic Thought*, New York, 1962, pp. 83-99), Ch. T. Fritsch (*The so-Called ' Priestly Messiah ' of the Essenes*, *J.E.O.L.*, 17, 1963, pp. 242-248), R. B. Laurin (*The Problem of Two Mes-siahs in the Qumran Scrolls*, *R.Q.*, IV (13), janvier 1963, pp. 39-52), E. Wcela (*The Messiah(s) of Qumran*, *C.B.Q.*, 26, 1964, pp. 340-349), A. J. B. Higgins (*The Priestly Messiah*, *N.T.St.*, 13, 1966-67, pp. 211-239), S. Sabugal (*1Q Regla de la comunidad IX, 11: dos ungidas, un mesias*, *R.Q.*, VIII (31), mars 1974, pp. 417-423).

21. J. Liver, « libə'åyat ha-yaḥăsîn šel béyt dåwid 'aḥăréy təqufat ha-miqrå' », *Tarbiz* 26, 1956, pp. 229-254.

qu'apporte le règlement de préséance contenu dans la *Règle annexe* (1QS a 2, 11), édicté pour le temps où « Dieu fera naître le messie » [22] ; la réminiscence du psaume 2, 7 nous assure qu'on pense ici au messie roi.

Le roi mystérieusement suscité inaugurera les temps messianiques. On devine qu'il est chargé d'établir un ordre politique nouveau dans lequel les véritables sadocides de la secte obtiendront le pouvoir religieux qui leur est dû. La préséance que la *Règle annexe* accorde au prêtre n'exclut pas que le roi doive venir le premier dans le temps. La succession des événements espérés pourrait inspirer l'énumération des « Testimonia » : d'abord le prophète puis le roi, enfin le prêtre. Je trouve un autre indice de cette séquence en *Testament de Lévi* 8, 14 où on dit qu'« un roi se lèvera de Juda et fera un nouveau clergé » [23].

Le terme même de « messie » qui prend ici son acception eschatologique doit souligner ce qu'a de merveilleux l'établissement de l'ordre nouveau. Dans le songe prophétique prêté à Lévi par le chapitre 8 de son *Testament* l'ancêtre du clergé voit dans son avenir triomphal deux moments distincts. D'abord les anges lui ordonnent de se lever et de prendre sept vêtements ou parures qui sont les insignes du pontife énumérés en *Exode* 28, 4. Puis les anges s'approcheront de « Lévi » et procèderont eux-mêmes à une nouvelle vêture dont le premier acte est l'onction d'huile sainte. La première investiture fait du lévite ce que la Mishna appelle un prêtre aux multiples vêtements, tandis que la seconde, qui se situe sur un plan supérieur de merveilleux, le transforme en *kohèn mâšîăḥ*, comme l'avaient été Aaron et ses successeurs authentiques. Mais les Hasmonéens et ceux qui les avaient précédés avaient-ils reçu l'onction d'huile ? Et s'ils l'avaient reçue, était-elle faite avec une huile valable ? Les Esséniens, ayant rompu avec le clergé de Jérusalem ont dû chercher à discréditer les ordinations de leurs rivaux et prétendre que la consécration de leurs propres prêtres serait incontestable grâce à un signe divin. Je présume, avec J. Liver, qu'un des premiers moments de la res-

---

22. En lisant *'im yôlîd* [*'él 'è*]*t ha-mašîăḥ* comme l'admettent les traducteurs les plus récents : J. CARMIGNAC (*Les textes de Qumrân*, II, Paris, 1963, p. 24), E. LOHSE (*Die Texte aus Qumran*, Münich, 1964, p. 50), L. MORALDI (*I manoscritti di Qumrān*, Turin, 1971, p. 188). F. MICHELINI-TOCCI (*I manoscritti del Mar Morto*, Bari, 1967, p. 102) est le seul à garder la correction *yôlîk* proposée par l'éditeur et inadmissible si l'on veut comprendre « fera venir ». Comme il y a une réminiscence incontestable du Psaume 2, W. GRUNDMANN (*Die Frage nach der Gottessohnschaft des Messias im Lichte von Qumran, Bibel und Qumran*, Berlin, 1966, pp. 86-111) pense à une formule d'adoption analogue à celle du psaume. Il n'est pas sûr que « faire naître », qui n'est en tout cas pas un équivalent de « susciter », soit ici une formule de lyrique royale qualifiant le monarque de « fils de Dieu ». Le verbe marque une intervention divine dans la naissance du messie, destinée à compenser la discontinuité de la lignée davidique.

23. Voir A. CAQUOT, *La double investiture de Lévi, Ex orbe religionum (Studia Geo Widengren)*, Leyde, 1972, pp. 156-171.

tauration attendue à Qumrân devait être marqué par la découverte
d'une huile d'onction d'une irréprochable sainteté [24]. Les Tannaïtes ont
recueilli une intéressante aggadah sur le chrème mosaïque. On dit qu'il
était inépuisable, qu'il servait à l'onction régulière des prêtres et à l'onction occasionnelle des rois (pour ceux dont l'avènement avait été con-
testé) et qu'il disparut en même temps que l'arche d'alliance, au temps
de Josias [25]. Selon une autre barayta (*Mekhilta* 51b), la fiole d'huile
d'onction est l'une des reliques cachées que le prophète Élie doit restituer
à la fin des temps, ce qui rejoint une déclaration de Tryphon dans le
Dialogue de Justin (8, 4; 49, 1) : Élie viendra pour oindre le messie.
L'hypothèse d'une spéculation essénienne parallèle à celle-là et faisant
état d'une huile d'onction merveilleuse consacrant le vrai roi et le vrai
prêtre est la plus apte à expliquer l'entrée du mot « messie » dans le vocabulaire de l'eschatologie à l'époque hasmonéenne.

* * *

A. S. van der Woude a étudié les pages des *Testaments des douze patriarches* où se reflète le messianisme bicéphale. On y joindra la bénédiction
d'Isaac sur Lévi et Juda dans les *Jubilés* (31, 12-20). Ces deux fils de
Jacob sont les porteurs d'une « espérance éternelle », et leurs rôles sont
bien définis : le prêtre a charge de diffuser la connaissance et cela lui vaut
la primauté; il revient au laïc de sauver Israël et de dominer l'univers. Il
y a bien d'autres attestations de l'attente conjointe d'un messie-roi et
d'un prêtre eschatologique, en dehors de Qumrân même [26]. C'est donc
un apparent paradoxe de retrouver un unique messie dans le *Document
de Damas*, témoin d'une pensée essénienne postérieure à Jannée. Les
deux recensions de la Geniza mentionnent quatre fois un « messie

---

24. J. LIVER, *The Doctrine of the Two Messiahs in Sectarian Literature in the Time
of the Second Commonwealth*, H.ThR., 52, 1959, pp. 149-185 (152-153).

25. Les fables sur l'huile d'onction se trouvent rassemblées principalement dans
les textes parallèles de *Keritot* 5b et *Horayot* 11b-12a.

26. L. GINZBERG (*Eine unbekannte jüdische Sekte*, New York, 1922, p. 350) a
estimé que l'attente conjointe d'un messie davidique et d'un prêtre légitime était à
l'origine de la multiplication des figures messianiques dans le judaïsme. Depuis les
découvertes de Qumrân, le double messianisme a été étudié de plus près chez les
Qaraïtes par N. WIEDER (*The Doctrine of the Two Messiahs among the Karaites*,
J.J.S., 6, 1955, pp. 14-23). Selon G. BLIDSTEIN (*A Rabbinic Reaction to the Messianic Doctrine of the Scrolls*, J.B.L., 90, 1971, pp. 330-332), la priorité qu'il faudrait
reconnaître au roi sur le prêtre d'après les *Abot de R. Natan* 34A (éd. SCHECHTER,
p. 100) serait une réflexion polémique contre des sectaires qui s'appuyaient sur le
psaume 110 pour soutenir le contraire. On peut retenir d'une suggestion de J. T.
MILIK (*R.B.*, 60, 1953, p. 290) que l'association des noms de Bar-Kokheba et du
prêtre Eleazar sur les monnaies de la Révolte implique un souvenir du messianisme
bicéphale.

d'Aaron et d'Israël » (A, 12, 23; 14, 19; B, 1, 10; 2, 1). Le singulier *məšîăḥ* n'est pas attribuable à un copiste médiéval [27], et c'est forcer le sens que de vouloir traduire ce singulier par un duel [28]. La formulation du *Document*, qui a tant troublé ses premiers exégètes a reçu son explication de la *Règle* de Qumrân. On a modifié la formule de celle-ci, en substituant le singulier au pluriel, parce que l'on n'attend plus deux messies, mais un seul. Le « messie » de Damas est bien un solitaire. Le fait est prouvé par une phrase qui en fait le sujet d'un verbe au singulier *yəkappér*, « il fera l'expiation » (14, 19). La phrase prouve en même temps que le messie est un prêtre.

La fonction sacerdotale du messie est confirmée par un titre qui lui est donnée par le *Document* (6, 11) : il est « celui qui enseigne la justice », *yôréh ha-ṣèdèq*. Cette variante de l'expression hébraïque plus courante *môréh ha-ṣèdèq* a probablement été choisie pour la connotation eschatologique qu'elle doit à un verset d'*Osée* (10, 12) *'ad yabo' wəyôrèh ṣèdèq* « jusqu'à ce qu'il vienne répandre la justice », et cela au prix d'un léger calembour, puisque dans le verset d'Osée, *yôrèh* est un verbe et non un substantif. Il est plus troublant, et sans doute significatif, que des personnages du passé aient reçu le même titre de *yôréh*, comme synonyme de *môréh* (comparer A, 3, 8; B, 1, 35; 2, 14 et A, 1, 11; B, 2, 1.28.32). C'est probablement qu'un maître de la secte a été salué, de son vivant ou plutôt après sa mort, comme s'il détenait par anticipation une fonction messianique.

Ceux qui veulent aligner le messianisme du *Document de Damas* sur celui de la *Règle* disposent d'un argument assez fort [29]. Une paraphrase de l'oracle de Balaam (*Nombres* 24, 17) fait de l'« étoile » la préfiguration d'un personnage appelé *dôréš ha-tôrâh*, l'« Investigateur de la Loi », tandis que le « Sceptre » est identifié au *nəsî' kol hă'édâh*, au « prince de toute l'assemblée » (*Document de Damas* A, 7, 18-19). On veut y voir deux figures distinctes, le messie prêtre et le messie roi. On objectera que la phrase ne doit pas être trop sollicitée, car elle risque d'appartenir à une recension

---

27. La découverte d'un texte du Document dans la Grotte 4 (voir J. T. MILIK, *Ten Years of Discoveries in the Wilderness of Judaea*, Londres, 1959, p. 125) réfute la correction de *məšîăḥ* en *məšîḥéy* envisagée par plusieurs exégètes, dont K. G. KUHN (voir *The Two Messiahs of Aaron and Israel* dans K. STENDAHL, *The Scrolls and the New Testament*, Oxford, 1958, p. 59) A. S. VAN DER WOUDE (*Die messianischen Vorstellungen* p. 74), M. BLACK (*Messianic Doctrines in the Qumran Scrolls*, *Studia patristica* I, Berlin, 1957, pp. 441-459), J. GNILKA (*Die Erwartung des messianischen Hohenpriesters in den Schriften von Qumran und im Neuen Testamente*, R.Q., II (7), juin 1960, pp. 395-426 [397]), R. E. BROWN (*J. Starcky's Theory of Qumran Messianic Development*, C.B.Q., 28, 1966, pp. 51-57).

28. Comme le fait par exemple R. DEICHGRÄBER (*Zur Messiaslehre der Damaskusschrift*, Z.A.W., 78, 1966, pp. 333-343).

29. Ce que souligne H. W. HUPPENBAUER (*Zur Eschatologie der Damaskusschrift*, R.Q., IV (16), avril 1963, pp. 567-573).

secondaire, le manuscrit B donnant de la même annonce eschatologique
une version plus sobre d'où la paraphrase de *Nombres* 24, 17 est absente.
C'est ce que tend à établir la critique à laquelle J. Murphy O'Connor a
soumis ce passage du *Document* [30]. Mais s'il était un jour prouvé par des
manuscrits datables que le manuscrit A de la Genizah reflète directement
l'original, cela n'imposerait pas qu'il faille ici reconnaître deux messies,
en contradiction avec les références au « messie (unique) d'Aaron et
d'Israël ». L'« étoile » s'applique bien à un prêtre appelé « investigateur de
la Loi », mais le prêtre n'a pas ici de rôle futur, il est déjà « venu à
Damas », car le texte biblique venant à l'appui est au parfait (*dårak*, « il a
fait route »). Le « prince » en revanche doit arriver plus tard ; le verbe qui
le concerne dans le verset biblique *wǝqarqar* a été lu au parfait converti,
« il exterminera (tous les fils de Seth) ». L'allusion belliqueuse paraît convenir, comme le titre de *nåśî'*, à un chef laïque. Est-elle incompatible
avec le messianisme sacerdotal que manifeste ailleurs le *Document* ?
Même si le *Rouleau de la guerre* (1QM 9, 8) interdit aux *kohǎnîm* de profaner l'huile de leur consécration par le sang des païens, le prêtre eschatologique n'a rien d'un pacifiste : le *Document de Damas* (B, 1, 10) prévoit
qu'à l'arrivée du messie les impies seront livrés au glaive ; l'un des « testimonia » invoqués en faveur de « Lévi » (4Q 175, 19-20) est *Deutéronome*
33, 11 qui est bien proche par le ton de *Nombres* 24, 17 ; le fragment de la
grotte 11 charge Melkişedeq d'une mission de vengeance (ligne 13) ; une
ligne d'un commentaire d'*Osée* (4Q 167, 2, 3) dit du « dernier prêtre »
qu'« il étendra la main pour frapper Ephraïm ». Quant au titre de *nåśî'*, il
pourrait n'être pas plus significatif ici que celui de *ro'š*, désignant dans la
Règle annexe le prêtre, « chef de toute l'assemblée » (1QSa 2, 12). S'il n'y a
plus qu'un seul messie, le prêtre, il est voué par sa monarchie même à
exercer les devoirs de contrainte exigibles du roi.

L'abandon du messie roi s'explique par les conditions de l'époque à
laquelle remonte ce *Document* [31] dont la plus ancienne copie daterait des
règnes d'Alexandra ou d'Aristobule II. Au moment de mourir, en 76,
Jannée a légué le trône à sa veuve et l'autel à son fils. La séparation des
pouvoirs s'est trouvée accomplie. La revendication conçue à l'époque de
Jannée n'a plus de raison d'être et disparaît de l'eschatologie dans
laquelle elle avait été transposée. Il ne reste plus que l'attente du messie

---

30. J. Murphy O'CONNOR, *The Original Text of CD7 :9-8 : 12 = 19 : 5-14*,
H.ThR., 64, 1971, pp. 379-386.

31. J. F. PRIEST (*Mebaqqer, Paqid and the Messiah*, *J.B.L.*, 81, 1962, pp. 55-61)
voit dans la réduction du nombre des messies l'effet d'une concentration du pouvoir
dans la secte au profit du *mǝbaqqér*. L'explication est insuffisante, car les sectaires
ont en vue le destin du peuple entier, et d'autant moins vraisemblable que le
mǝbaqqer était à l'époque de la *Règle* un chef laïque, et le *pǎqîd* un prêtre.

prêtre, idéal de la secte qui aspire à diriger le Temple et l'État hiérocratique.

* * *

Le cléricalisme que révèlent d'abord la précellence du messie prêtre puis l'attente exclusive du messie sacerdotal a-t-il fait place à un esprit plus national et plus laïque lorsque les Esséniens revinrent à Qumrân un certain laps de temps après le séisme de −31 ? La netteté des formulations messianiques des documents d'âge hérodien le laisserait croire. Le misérable fragment qui nous est parvenu d'un commentaire de la bénédiction de Jacob sur Juda en Genèse 49, 10 (4Q Patr) manifeste la foi en une permanence de la lignée de David. Celle-ci ne doit pas s'éteindre sans que vienne le « messie légitime » appelé aussi par réminiscence de Jérémie 23, 5 le « rejeton de David ». L'avènement du messie est espéré en vertu d'une bᵊrît malkût qui est la promesse d'éternité accordée par Dieu à la dynastie davidique selon 2 Samuel 23, 5 et Psaumes 89, 34-35. L'espérance messianique prend aussi appui sur un autre texte de la vieille idéologie royale, la prophétie de Natan (2 Samuel 7) que paraphrase le Florilège (4Q 174). L'Oracle de Dieu à David : « Je fixerai un lieu à Israël mon peuple » (2 Samuel 7, 10) est étayé par la prophétie de Moïse sur le Temple en Exode 15, 17, de sorte que le lieu fixé à Israël est le nouveau sanctuaire qui s'élèvera à Jérusalem « dans la suite des temps ». Ce sanctuaire n'est pas une métaphore pour la « communauté de l'alliance » [32], la preuve en est que le gér en sera exclu, alors que le Document de Damas permet au métèque d'entrer dans le camp (14, 4.6). C'est le même sanctuaire qui est appelé plus loin dans le Florilège un miqdaš 'ādām, « ... fait de mains d'hommes » ou « pour des hommes ». L'auteur a peut-être choisi cette expression parce qu'il pensait à un temple céleste dont le sanctuaire terrestre serait une réplique, mais ce qu'il désigne ainsi est bien un édifice de pierres et de bois. Les méditations du Florilège sur la prophétie de Natan révèlent l'espoir de l'auteur en un nouveau David qui entreprendra la construction du Temple et dont la maison régnera pour toujours à Jérusalem.

D'autres péricopes bibliques recueillies dans le Florilège, l'annonce d'Amos (9, 11) sur la hutte de David et le début du psaume 2, servent à illustrer la certitude d'une restauration de la royauté dont on attend des succès militaires. Mais le compilateur n'a pas perdu de vue la question du sacerdoce. On le voit à l'intérêt qu'il porte au Temple et à la polémique contre les mauvais prêtres qui inspire sa paraphrase de Psaumes 1, 1. Le

---

32. Comme le disent entre autres D. FLUSSER (Notes on the Midrash on 2 Samuel 7, I.E.J., 9, 1959, pp. 99-109), H. KOSMALA (Hebräer-Essenen-Christen, Leyde, 1959, p. 377), B. GÄRTNER (The Temple and the Community in Qumran and in the New Testament, Cambridge, 1965, pp. 30-42).

davidide espéré ne viendra pas seul. Selon le *Florilège* il se lèvera avec l'« investigateur de la Loi ». Le titre de *dôréš ha-tôrâh* que le *Document de Damas* (6, 7 ; 7, 18) donnait à un maître de la secte est maintenant conféré au prêtre des derniers jours. Ainsi est suggérée la résurgence du messianisme bicéphale. Cela tient à ce que pour les Esséniens, le roi ne doit jamais être un autocrate. Dans les temps futurs, le clergé demeurera auprès du roi le truchement de la volonté divine. Un commentaire d'*Isaïe* (4Q 161) applique au « rejeton de David » le début du chapitre 11. Il indique la portée universelle des victoires attendues de lui en faisant allusion à son triomphe futur sur Magog. Mais quand vient le moment d'interpréter *Isaïe* 11, 3, « il ne jugera pas d'après ce que voient ses yeux », l'auteur essénien précise « il jugera comme ils le lui enseigneront », le sujet du verbe *yôrû* ne peut être que « les prêtres ».

Dans son article de 1963, M. Starcky situait à l'époque la plus ancienne la composition du rouleau des *Hymnes* de la grotte 1. Mais il est attribué au manuscrit de la grotte 1 une datation hérodienne. Il serait important pour notre sujet de trancher la question si l'on pouvait faire état de la colonne III des *Hodayot* dans une histoire du messianisme, et identifier à coup sûr le *pèlè' yo'éṣ* repris d'*Isaïe* 9, 5. La succession d'images baroques agrémentée de doubles ententes, les réminiscences bibliques divergentes, la syntaxe trop complexe pour ne pas révéler la confusion de la pensée, tout cela nous interdit de définir ce que recouvrent les images de la femme en couches, de son rejeton et de son antagoniste. Le *pèlè' yoé'ṣ* n'est certainement pas Dieu, quoiqu'en aient dit certains interprètes influencés par l'exégèse du verset dans la version d'Aquila et dans le targoum [33]. La citation presque littérale de l'oracle isaïen fait d'abord penser à l'annonce du messie davidique, et l'hymne rejoindrait alors les autres textes messianiques de l'époque hérodienne. Mais comme la référence scripturaire qui sous-tend l'hymne est le texte d'*Isaïe* 66, 7-9 qui prédit la naissance d'un peuple nouveau, on peut continuer à penser que l'hymne nous présente une personnalité collective : le « conseiller merveilleux avec sa puissance » désignerait une génération future, issue de celle qui souffre présentement, et on pense qu'elle sera douée des vertus de sagesse et de force, vertus qui ne sont pas réservées à un roi. Le texte des *Hodayot* est donc trop équivoque pour que nous l'invoquions.

Il reste que le messianisme davidique est mis en lumière à l'époque hérodienne comme il ne l'a jamais été avant à Qumrân. On ne peut pas s'empêcher de songer à un autre monument du même courant de pensée, le 17e Psaume de Salomon. Je vois quelques raisons de dater ce poème au

---

33. Ainsi J. V. CHAMBERLAIN (*J.N.E.S.*, 14, 1955, p. 36), L. H. SILBERMAN (*J.B.L.*, 75, 1956, p. 105), A. S. VAN DER WOUDE (*Die messianischen Vorstellungen*, p. 154).

temps d'Hérode [34]. Il s'en prend à des pécheurs qui ont usurpé la royauté de David et ce sont certainement les Hasmonéens, mais quand il déclare que ces pécheurs ont vu leur postérité détruite par « un étranger à notre race » (v. 9), l'individu ainsi désigné n'est pas Pompée qui en 63 a restitué le pontificat à Hyrcan II, c'est Hérode, l'exterminateur de la maison hasmonéenne. C'est à Hérode, l'admirateur et l'émule d'Auguste, qu'on a pu reprocher d'avoir fait à Jérusalem ce que font les païens dans leurs villes (vv. 16-17). La sécheresse à laquelle font allusion les versets 20-21 pourrait bien être celle qui marqua les treizième et quatorzième années du règne d'Hérode (Josèphe, *A.J.*, XV, 299-304). Le grief d'avoir fait de la ville sainte un « ramassis de nations » (v. 17) pourrait rappeler l'afflux de visiteurs attirés par les jeux quinquennaux qu'Hérode organisa, au grand scandale des Juifs (*A.J.* XV., 267-276). La xénophobie est l'une des caractéristiques du 17e psaume de Salomon. Ne faut-il pas en rapprocher ce que le *Florilège* qumrânien dit du *gér* ?

Le davidisme des documents de Qumrân de la seconde période a été expliqué par un changement dans la composition de la secte qui aurait accueilli un nombre plus grand de laïcs et fait plus de place dans son eschatologie à ce que l'on pense être la croyance populaire. De fait, avant les Évangiles et les traditions tannaïtes, le 17e psaume de Salomon, trop peu clérical pour être essénien, montre que l'attente du fils de David n'est pas l'apanage des gens de Qumrân. Faut-il admettre la constance du messianisme davidique dans les couches profondes de la population ? Je crains que ce ne soit là une illusion romantique, et je chercherais dans des contingences plus immédiates la naissance ou la renaissance de cette forme de messianisme. L'humiliation que Pompée inflige à la Judée en 63 n'a pas été trop violemment ressentie par les Pharisiens auxquels le Romain rendait Hyrcan II ; elle a pu réveiller chez les Esséniens le sentiment national, mais cela n'a sans doute pas suffi. Il a fallu qu'Hérode le Grand, cet étranger heureux, redonne du lustre à la fonction royale qu'il avait usurpée, tandis qu'il abaissait le clergé. Quelques indices laissent croire qu'Hérode aurait bien voulu détourner à son profit la foi nationaliste de ses sujets. Les bienfaits et les succès d'Hérode n'ont pas pu ne pas susciter l'apparition d'un mouvement « hérodien » [35]. Contre les prétentions de l'Iduméen, et pour fortifier la résistance à ses innovations

---

34. On paraît s'accorder aujourd'hui à dater les *Psaumes de Salomon* de l'époque pompéienne (voir en dernier lieu M. DELCOR, *Supplément au Dictionnaire de la Bible*, IX [48], col. 232-236). Toutefois, pour le psaume 17, la datation hérodienne est maintenue par O. EISSFELDT (*Einleitung im Alten Testament*[3], Tubingen, 1964, p. 829).

35. Voir A. SCHALIT, *König Herodes. Der Mann und sein Werk*, Berlin, 1969, p. 459 ; E. HAMMERSCHMIDT, *Königsideologie im spätantiken Judentum*, Z.D.M.G., 113, 1964, pp. 493-511.

contestées, on a fait appel à l'antique idéologie royale de Jérusalem et
aux formulations prophétiques du messianisme, et ainsi le nom de David
a été remis en honneur. Dans cette perspective anti-hérodienne, la question du culte prend une nouvelle importance. Si le *Florilège* a soin de
rappeler le projet davidique de bâtir le Temple, ne serait-ce point pour
répondre à la grande initiative d'Hérode ?

* * *

Les sectaires ont attendu le messie ou les deux messies comme un signe
du salut divin mais aussi comme des hommes de chair et de sang qui
occuperont une place à laquelle ils ont droit en vertu de leur appartenance à une lignée ou bien en vertu d'une légitimation miraculeuse sup-
pléant à l'ascendance ou la confirmant. Un des miracles inaugurant les
temps messianiques aura pour objet l'huile d'onction qui vaudra au prêtre et au roi à venir le titre de messie. Dans l'ère qui s'ouvrira ainsi, le
messie sadocide enseignera et fera l'expiation, le messie davidique exer-
cera la justice et mènera les guerres. La société sera établie sur des bases
solides et définitives, mais elle restera une société humaine. Pour reprendre la terminologie des Tannaïtes, ce seront « les jours du messie », ce ne
sera pas « le monde à venir ».

Le messianisme qumrânien, à travers ses variations, demeure un messianisme de restauration dans lequel seul ressortit à l'utopie le mode
d'installation des autorités messianiques. Les Esséniens n'ont-ils pas
entretenu d'autres espérances ? Il semble que des milieux marginaux
aient conçu une sotériologie plus ambitieuse, dominée par une figure
humaine mise sur un plan plus haut que le roi davidique ou le prêtre
sadocide. Nous entrevoyons l'un de ces courants à Qoumrân même, grâce
au texte de la grotte 11 qui appelle Melkisedeq le rassembleur des justes,
le maître de l'an de grâce, le vainqueur ultime de Bélial et qui lui donne
le rang d'un dieu. J. Amusin [36] a rattaché à cette légende essénienne de
Melkisedeq les deux derniers chapitres de l'*Hénoch* slave qui selon
A. Vaillant appartiennent bien à la plus ancienne recension du pseudépigraphe [37] et dont N. A. Meščerskiï n'a pas eu entièrement tort de contester l'origine chrétienne [38]. Melkisedeq y est donné comme l'héritier
d'un frère de Noé appelé Nir. Son nom, qui est l'hébreu *nér*, qualifie Nir

---

36. Voir la nouvelle édition du texte donnée par J. T. MILIK (*Milki-ṣedeq et
Milki-reša' dans les anciens documents juifs et chrétiens, J.J.S.*, 23, 1972, pp. 97-
144).

37. I. D. AMUSIN, *Novyĭ ésxatologičeskiĭ tekst iz Kumrana, Vestnik drevneĭ istorii*,
101, 1967 (3), pp. 45-62.

38. N. A. MEŠČERSKIĬ, *K istorii teksta slavianskoĭ knigi Enoxa, Vizantiiskii
vremennik*, 24, 1964, pp. 91-108.

comme un « luminaire », un prêtre. Mais Melkisedeq sublime l'office sacerdotal de Nir, car il est engendré par Dieu et naît de Sophonim, épouse de
Nîr, qui était vieille et stérile. Puis Melkisedeq, pour échapper au Déluge,
est enlevé au ciel par les anges, en attendant sans doute le retour eschatologique dont parle le texte qumrânien.

Les « Paraboles » de l'*Hénoch* éthiopien ont eu un destin comparable à
l'Hénoch slave. Comme lui elles ne sont plus connues que par une traduction de traduction retrouvée aux marges du monde chrétien. L'aventure qu'elles prêtent à Hénoch n'est pas moins merveilleuse que celle de
Melkisedeq puisqu'elles identifient le patriarche au Fils d'homme céleste
emprunté à la vision de Daniel et qui est appelé « messie », bien qu'il ne
soit ni davidique ni sadocide. Hénoch devient ainsi le grand juge du
jugement dernier et le protecteur du lot des justes pour l'éternité. De
même que Melkisedeq représentait pour certains croyants l'idéal d'un
sacerdoce éternel, Hénoch a incarné pour d'autres la sagesse et la science
auxquelles les sectaires attachaient tant de prix. La légende d'Hénoch et
celle de Melkisedeq ont en commun de porter aux nues deux personnages
sur lesquels la Bible laissait planer le mystère, mais dont on ne pouvait
douter qu'ils eussent vécu en ce bas monde. Ces amplifications de la sotériologie n'auraient-elles pas été conçues parce que les Esséniens avaient
donné à leur messie prêtre et docteur les traits d'un homme qui avait
vécu parmi eux et avait été leur guide ? Nous retrouvons ici le problème
du Maître de justice.

75014 Paris, Rue Monticelle 1   A. Caquot

Les Maîtres de Justice
et la chronologie de Qumrân

À quel moment de l'histoire juive faut-il situer l'activité du Maître de Justice, mwrh hṣdq, des commentaires (pesharîm) bibliques de Qumrân ? Parmi les réponses, il n'y a lieu de retenir que celles qui tiennent compte des fouilles de Qumrân, de la paléographie des manuscrits, de leurs allusions historiques les plus transparentes et des données de l'historien Josèphe. La fourchette chronologique se resserre alors entre l'avènement d'Antiochus Épiphane (175 av. J.-C.) et la mise à mort de l'Hasmonéen Hyrcan II par Hérode le Grand (30 av. J.-C.). Naturellement je suppose acquise l'identité de la secte de Qumrân avec les Esséniens de Josèphe.

En 1950 M. Burrows publiait avec J. C. Trever et W. H. Brownlee le *pesher* d'Habacuc (pHab) et la même année A. Dupont-Sommer en situait l'arrière-plan historique au temps d'Aristobule II et d'Hyrcan II, qui successivement seraient le prêtre impie, hkwhn hrš', des *pesharîm*, le persécuteur du Maître de Justice [1]. Même si certains rapprochements historiques sont discutables, il en reste un nombre suffisants qui conviennent beaucoup mieux à cette époque qu'à toute autre. Elle est marquée par l'arrivée de Pompée, qui en 63 met fin au règne d'Aristobule II, Pompée qui seul peut prétendre au titre de « chef des rois grecs », r'š mlky ywn, que le *Document de Damas* (CD) nous présente comme l'instrument de la colère divine contre ces rois et contre celui « qui suinte le mensonge », mṭyp kzb, c'est-à-dire Hyrcan II, comme l'a montré A. Dupont-Sommer [2].

Mais ce même *Document de Damas* met un Maître de Justice, mwrh ṣdq, en rapport avec les débuts de la secte (I, 5-13), et comme Josèphe mentionne l'existence des Esséniens déjà sous le pontificat de Jonathan (152-143), nous voilà reportés un siècle en arrière (*Ant. Juives*, XIII,

---

1. M. BURROWS, *The Dead Sea scrolls of St. Mark's Monastery*, I, New Haven, 1950 ; A. DUPONT-SOMMER, *Observations sur le Commentaire d'Habacuc découvert près de la Mer Morte*, Paris, 1950 (= communication à l'Académie des Inscriptions et Belles-Lettres du 26 mai 1950).

2. Voir surtout sa conférence sur *Pompée le Grand et les Romains dans les manuscrits de la Mer Morte*, dans *Mélanges de l'École Française de Rome, Antiquité*, 84 (1972), pp. 879-901 (renvoi aux autres études de l'auteur sur le sujet, p. 901, note).

171). Par ailleurs, on considère à bon droit que le fondateur de la secte est l'auteur de la *Règle de la Communauté*, srk hyḥd, bien connue par le rouleau de la grotte 1 (1QS), datable du règne d'Alexandre-Jannée (103-76). Mais elle est également attestée par une copie plus ancienne de la grotte 4 (4QSᵉ), identifiée par J. T. Milik, ce qui remonte l'original au milieu du second siècle [3]. Quant aux fouilles, si elles ne permettent pas de dater avec précision la modeste installation primitive de la secte, elles ont révélé une occupation importante au temps d'Alexandre Jannée, sinon de son père Hyrcan Iᵉʳ (niveau Ib) [4].

Il n'est donc pas étonnant que dès les débuts des recherches, des savants comme G. Vermès et J. T. Milik aient proposé Jonathan comme « prêtre impie », tandis que F. M. Cross optait pour son frère Simon [5]. Personnellement, je m'étais raillé à leur théorie, lorsqu'en 1961, je proposais de rattacher l'exil à Qumrân du Maître de Justice et de ses disciples, à la nomination par Alexandre Balas de Jonathan au souverain pontificat (152 ap. J.-C.) [6]. Mais en 1963 J. Allegro publiait les colonnes II à IV du *pesher* de Nahum (pNah) [7] et A. Dupont-Sommer y releva de nouveaux arguments en faveur de sa thèse : ainsi, ce que le Commentateur dit de « Manassé » et d'« Éphraïm » s'applique de façon étonnante aux partis d'Aristobule II et d'Hyrcan II, et vient éclairer, dans le *pesher* du Ps. 37, la mention jusqu'à-là obscure « des méchants d'Éphraïm et Manassé qui chercheront à mettre la main sur le Prêtre et les gens de son

---

3. Cf. F. M. Cross, dans *The Bible and the Ancient Near East : Essays in honor of W. F. Albright*, New York, 1961, p. 198, n. 116 pour 1QS (ca 100-75) ; pour 4QSᵉ, *The Ancient Library of Qumran*, New York, 1958, p. 89.

4. R. de Vaux, *Archaeology and the Dead Sea Scrolls*, Londres, 1973, p. 19.

5. G. Vermès, *Les manuscrits du Désert de Juda*, Paris, 1953, pp. 92-100 (certains textes viseraient Simon, pp. 97-100) ; J. T. Milik, *Ten Years of Discovery in the Wilderness of Juda*, Londres, 1959, pp. 56-73 ; F. M. Cross, *The Ancient Library...*, pp. 95-119 ; c'est Jonathan qui a ensuite rallié le plus de suffrages : signalons la thèse G. Jeremias, *Der Lehrer der Gerechtigkeit*, Göttingen, 1963, pp. 36-78 (mais l'homme de mensonge, 'yš hkzb, de pHab et CD, serait un maître dissident de la secte, donc différent de Jonathan, pp. 79-126) ; celle de H. Stegemann, *Die Entstehung der Qumrangemeinde*, Bonn, 1971, cf. J. Carmignac, *Rev. de Qumrân*, nº 30, mai 1973, pp. 277-281, recension par laquelle j'ai pris connaissance des positions de H. Stegemann. Pour lui, l'Homme de Mensonge est un Assidéen qui s'opposa au Maître de Justice, le grand prêtre légitime durant la vacance officielle mentionnée par Josèphe, *Ant. Juive*, XX, 237 (159-152) ; J. Murphy-O'Connor, *The Essenes and their History*, RB, 81 (1974), pp. 215-244, s'inspire de H. Stegemann, mais situe les origines de l'essénisme en Babylonie, avant la révolte maccabéenne, avec des arguments plus subtils que convaincants. — Voir aussi H. Burgmann, *Gerichtsherr und Generalankläger*, Rev. de Qumrân, nº 33, t. IX, pp. 3-72, qui identifie le prêtre impie avec Jonathan et l'homme de mensonge avec Simon, son frère.

6. Dans F. M. Abel et J. Starcky, *Les livres des Maccabées*, 3ᵉ éd. (*Bible de Jérusalem* en fascicules), p. 58.

7. *Journ. of Sem. St.*, VII (1962), pp. 304-308 ; *Disc. in the Jud. Desert*, V, Oxford, 1968, pp. 37-42.

conseil au temps de l'épreuve qui viendra sur eux » (II, 16 sq.). Comme le note A. Dupont-Sommer, le « Prêtre » ici n'est autre que le « Prêtre, Maître de [Justice] » de la col. III, 15, cf. pHab II, 8, et dès lors il est difficile d'éluder sa conclusion : « Le Maître de Justice fut donc le contemporain, au moins à la fin de sa vie, d'Hyrcan II et d'Aristobule II » [8]. Aussi fus-je amené à ajouter aux dernières épreuves d'un article sur *Les quatre étapes du messianisme à Qumrân* un post-scriptum qui reflétait mon embarras devant ces thèses contradictoires, mais j'estimais qu'« avant d'abandonner la chronologie longue (Jonathan le prêtre impie), un examen approfondi des arguments qui la fondent sera nécessaire » (*RB*, 70 [1963], p. 505).

En fait ces arguments sont solides, tout comme le sont ceux de A. Dupont-Sommer pour la chronologie courte. C'est le hasard d'une lecture qui me fit voir que ce dilemme n'était qu'un problème mal posé. Dans un article de la *Rev. de Qumrân*, G. W. Buchanan essayait de définir la signification de mwrh hṣdq (*The Priestly Teacher of Righteousness*, n° 24, mars 1969, pp. 553-558). Il cite un passage rabbinique mentionnant une interprétation de Rabbi Isaac sur Ps. 102, 17 sq : les exilés « n'avaient ni prophète, ni prêtre maître de justice (*khn mwrh ṣdq*), ni temple pour leurs expiations » (*Midrash sur les Psaumes*, 216a). G. W. Buchanan y reconnaît une allusion à *II Chron.* 15, 3 : « Durant de nombreux jours pour Israël, il n'y aura pas de vrai Dieu, pas de prêtre enseignant (*khn mwrh*), pas de Loi ». Il en rapproche l'expression hkwhn mwrh h[ṣdq] du commentaire qumranien de Ps 37 (col. III, 15) et suggère que « prêtre maître de justice » est un titre qui peut s'appliquer à tout prêtre « que sa communauté estime qualifié pour exercer la fonction de grand prêtre légitime ». Partant, le Maître de justice des *commentaires* n'est pas forcément le même que celui du *Document de Damas* (p. 558). Cette possibilité levait la contradiction apparente des données évoquées plus haut, mais non perçue par G. W. Buchanan, ce qui rend sa solution d'autant plus plausible, n'étant pas inventée pour la circonstance. Depuis, j'ai pris connaissance d'autres études sur le sujet. Ainsi I. Rabinowitz, constatant l'absence de l'article défini devant ṣdq du mwrh ṣdq de CD I, 11, estime que ce « guide de justice » que Dieu a suscité après le retour de l'Exil est différent du mwrh hṣdq des commentaires bibliques [9], et que ce titre où le mot ṣdq aurait un sens collectif (les justes), est sacerdotal (mais pas restreint au grand prêtre, comme le pensent Buchanan et d'autres) [9].

---

8. *Journ. des Savants*, 1963, pp. 201-226.

9. *The Guides of Righteousness*, dans *Vet. Test.*, VIII (1958), pp. 391-404 (il écarte avec raison l'identification du mwrh hṣdq avec Onias III, mais propose Mattathias et Judas Maccabée, et pour mwrh ṣdq de CD I, 11, Néhémie, personnages qui me semblent exclus par l'ensemble des données. Un usage tardif du titre est signalé par

Voici coment je situerais les maîtres de justice esséniens :

1° Le Maître de Justice dont CD I, 1-11 date l'avènement 390 +
20 ans après la prise de Jérusalem par Nabuchodonosor (en 586). Quoique
symboliques, ces chiffres empruntés à Ézéchiel (4, 4-6) ont été choisis par
l'auteur pour leur convenance chronologique, ce qui nous amène vers
l'époque où Jonathan fut nommé grand prêtre (152) [10]. On sait que le
souci chronologique était loin d'être absent chez les auteurs de l'époque [11]. Faut-il attribuer à ce premier Maître de Justice, outre le premier
état de la *Règle de la Communauté*, une partie au moins des *Hymnes* ?
L'écriture de 1QH est hérodienne, comme celle des *pesharîm* d'Habacuc
et du Ps. 37, mais si l'on a estimé avec raison que nos exemplaires des
commentaires qumraniens pouvaient être les originaux, vu leur caractère
d'écrits de circonstance [12], on conçoit facilement que les *Hymnes*, qui se
prêtaient à l'usage répété, aient été composées, au moins en partie, à une
date bien antérieure à celle de 1QH [13]. Le rôle unique que revendique
l'auteur des *Hymnes* dans l'édification de la communauté, qu'il compare
à une plantation (1QH, VIII), répond bien à l'action décisive en faveur
de la « racine de plantation », c.-à-d. des Assidéens, que l'auteur de CD
attribue au « Maître de Justice que Dieu leur suscita » (I, 7 et 11). Le
Document ne fait pas allusion à un grand-prêtre persécuteur dans ce
développement [14], mais il est évident que Jonathan, qui n'était pas un
Oniade, n'a pu voir d'un bon œil un réformateur aussi intransigeant,
surtout si ce dernier était, comme on l'a pensé, un prêtre de la lignée des
Oniades. Dans les *Hymnes*, les adversaires sont déjà les « laxistes »,
dwršy ḥlqwt, que nous retrouverons dans le *pesher* de Nahum, mais ils ne sem-

---

P. GEOLTRAIN, dans *Semitica*, 16 (1966), pp. 69-72. Son emploi chez les Qaraïtes
semble bien n'être qu'un emprunt au *Document de Damas* (cf. A. PAUL, *Écrits de
Qumrân et sectes juives aux premiers siècles de l'Islam*, p. 137). Pour une allusion
éventuelle à ce titre essénien par Jésus (*Matth.*, 22, 10 : kathêgêtês), cf. C. SPICQ,
dans *RB*, 66 (1959), pp. 387-396. — Les vues exprimées dans ma communication
avaient fait l'objet d'une première présentation lors de la réunion du 15 février 1975
de l'Association des Anciens et Amis de l'École Biblique de Jérusalem.

10. Pour les vingt ans de tâtonnement de CD I, 9-10, cf. F. M. ABEL et J. STAR-
CKY, *Les livres des Maccabées*, Paris, 1961, pp. 56-59.

11. Ainsi Josèphe compte six cent trente-neuf ans entre la reconstruction du
Temple (Esd. 3, 8) et sa destruction par les Romains, *Guerre Juive*, VI, 270 (en fait
656 ans).

12. J. T. MILIK, *Ten Years of Discovery...*, p. 41 : on n'a retrouvé qu'un exemplaire de chaque *pesher*, représentant la mise par écrit de commentaires bibliques
faits dans les réunions liturgiques.

13. J. STRUGNELL publiera les restes de cinq autres manuscrits des *Hymnes*
(4QH), mais ne dit rien sur la date de ces copies (*RB*, 63, 1956, p. 64) ; certaines
pourtant seraient hasmonéennes.

14. Il s'agit d'une brève introduction historique aux événements contemporains
(I, 12 ssq.), marqués par la fin de la royauté en 63 av. J.-C. (cf. CD XX, 16).

blent pas guidés par un chef précis, et de toute façon, l'épithète de rš',
« mauvais », conviendrait mal à Jonathan. Mais ne serait-ce pas lui et son
frère Simon qui sont visés par l'expression « instruments de violence »
(kly ḥmṣ) de 4Q *Testimonia*? [15] Personnellement je les identifierais à
Antigone et à son frère Aristobule Ier, que leur père Hyrcan Ier (le 'yš
blyᶜl de la l. 23) a associés à ses entreprises [16]. Le contenu de ce florilège,
qui pourrait être l'original, s'accorde bien avec celui de 1QS, qui est de la
même main (cf. *RB* 70 [1963] pp. 487-489).

2° dans le *Document de Damas*, un « Maître unique », mwrh hyḥyd,
aussi appelé « Enseignant unique », ywrh hyḥyd, disparaît « environ
quarante ans » avant que la colère divine se manifeste par l'absence « de
roi, de prince, de juge, de quelqu'un qui réprimande avec justice »,
mwkyḥ bṣdq (XX, 1 et 13-17). Ces quarante ans, inspirés de Nombres,
14, 26-38, se retrouvent dans le *pesher* du Ps 37 (II, 7), et la fin du règne
d'Aristobule II est clairement énoncée par le *pesher* de Nahum, un peu
antérieur, au témoignage de son écriture [17] : « Son explication concerne
Manassé... son règne sur Israël s'écroulera... ses femmes, ses nouveau-
nés, ses enfants iront en captivité, ses guerriers et ses nobles [périront]
par l'épée » (3-4, IV, 3-4), cf. *Ant. juives*, XIV, 79. Les « quarante ans »
nous font remonter au règne de Jannée, le « Lion de colère » du même
pesher, qui pendit vivants ses adversaires, qualifiés de dwršy hḥlqwt, les
mêmes sûrement que les dwršy hḥlqwt qui engagèrent « Démétrius (III),
roi des Grecs » à venir les débarrasser de Jannée (3-4, I, 1-8). Ces faits,
longuement racontés par Josèphe, *Ant. juives*, XIII, 376-383, se situent
vers 88 av. J.-C. et il précise que « la masse des rebelles, au nombre
d'environ huit mille, s'enfuirent dans la nuit (de l'exécution) et restèrent
en exil tant que vécut Alexandre », qui meurt en 76.

Parmi les exilés, outre les Pharisiens, il dut y avoir des Esséniens, et il
est bien tentant d'y voir « les convertis d'Israël qui sont sortis du pays de
Juda et ont séjourné au pays de Damas » (CD, VI, 5) avec le Chercheur
de la Loi, dwrš htwrh (VII, 18-19, cf. VI, 7). Ce dernier est sûrement
identique au « Maître unique » qui mourut quarante ans avant la victoire
de Pompée et « la fin des hommes de guerre qui ont passé au parti de
l'Homme de mensonge » (XX, 13-17), les mêmes que « les hommes qui
étaient entrés dans la Nouvelle Alliance au pays de Damas », puis
avaient trahi, d'où leur exclusion « depuis le jour du décès du Maître uni-

---

15. J. T. MILIK, *op. cit.*, p. 86 ; pour le texte, J. ALLEGRO, *Discoveries...*, V,
pp. 57-60 et J. STRUGNELL, dans *Rev. de Qumrân*, n° 26, avril 1970, p. 228.

16. Cf. *Ant. Juives*, XIII, 236-248 ; 275-319. Pour la reconstruction par Hyrcan
Ier des murailles détruites vers 135 par Antiochus Sidétès, cf. *1 Macc.*, 16, 24.

17. Elle est de type calligraphique, « de la fin de l'époque hasmonéenne, ou du
commencement de l'hérodienne », J. STRUGNELL, dans *Rev. de Qumrân*, n° 26, avril
1970, p. 205. Le contenu suggère une date de peu postérieure à 63.

que jusqu'à l'avènement du Messie issu d'Aharon et d'Israël » (XIX, 33-
XX, 1, cf. 10-13). Ce décès aura eu lieu autour de 76, peut-être encore en
Damascène. Le mouvement de défection se sera accéléré, lorsqu'en 63 le
souverain pontificat retourna à Hyrcan II, plus conciliant que l'altier
Alexandre II, mais aux yeux des Esséniens non ralliés, Hyrcan n'était
que « l'Homme de mensonge », le même que « celui qui suinte le mensonge » (CD I, 15; VIII, 13, après la mention du « chef des rois grecs »
= XIX, 26) [18]. Ce Maître de Justice qui s'exila au pays de Damas est-il à
identifier avec le premier ? Cela n'est pas tout à fait exclu (s'il a 25 ans
en 152, il en a un peu plus de 90 vers 80...), et expliquerait l'épithète
d'« unique » que lui donne le *Document de Damas* : le Maître incompa-
rable [19],

3° On aura noté que le *pesher* de Nahum, s'il connaît les partis d'Aristobule II et d'Hyrcan II (Manassé et Éphraïm), ne nomme pas de Maître de Justice. C'est la situation visée par le *Document de Damas* qui
attend encore la venue « d'un Enseignant de Justice », ywrh hsdq, « à la
fin des jours » (ou « dans la suite des jours », b'hryt hymym), CD VI, 11,
les jours présents étant marqués par l'absence du roi, mais aussi, nous
l'avons vu, de quelqu'un qui puisse « redresser en (toute) justice »,
mwkyh bsdq, XX, 17, c.-à-d. d'un Maître de Justice [20]. Si Aristobule II
et ses enfants sont déjà partis en captivité, « les méchants d'Éphraïm »
n'ont pas encore bu « leur coupe » (pNah IV). Le commentateur ne semble donc pas connaître le traitement infamant infligé par Antigone fils
d'Aristobule II à Hyrcan II, lors de l'invasion parthe en 40 av. J.-C.
(*Ant. Juives*, XIV, 336 ; *Guerre des Juifs*, I, 270). Au contraire, c'est bien

---

18. Dans ma présentation antérieure de l'exil « au pays de Damas » (à entendre
au sens littéral), j'avais identifié l'« Homme de mensonge » à Jannée, auquel pouvait
être attribué « le déplacement des limites que les Anciens ont posées à leur héritage », CD, I, 16, au sens de conquêtes intempestives : *RB*, 70 (1963), p. 495. Mais ici
comme en CD V, 20, XIX, 16 et XX, 25, la frontière transgressée est en fait celle de
la Loi, très probablement par Hyrcan II et ses partisans.

19. La forme YHYD n'est pas attestée par les fragments qumrâniens de CD, et
Sh. TALMON m'a fait observer qu'à l'époque du scribe médiéval de CD XX le mot
yhd, *communauté*, n'étant pas en usage, on lui aura substitué yhyd. En XX, 32,
l'expression 'nšy hyhyd (texte) est insolite, alors que celle de 'nšy hyhd est
employée une dizaine de fois dans la *Règle de la Communauté*. Une lecture mwrh
hyhd est un bon équivalent de mwrh hsdq. Ce titre plus neutre peut alors s'appliquer au successeur du fondateur.

20. Le plus ancien manuscrit de CD est daté par J. T. MILIK, qui le publiera avec
les autres textes sectaires de la grotte 4, entre 75 et 50 av. J.-C. (*Ten years of
Discovery...*, p. 58). L'original peut donc ne pas remonter plus haut que 63.
D'autres écrits de la grotte 4, comme le *Florilège*, d'écriture hérodienne ancienne,
semblent bien viser un Maître de justice à venir : « C'est le rejeton de David qui se
lèvera (h'wmd) avec le Chercheur de la Loi (dwrš htwrh), qui [...] dans Sion à la fin
des jours » (11-12), cf. J. ALLEGRO, *Discoveries...*, V, pp. 53 sqq. et J. STRUGNELL,
dans *Rev. de Qumrân*, n° 26, avril 1970, p. 221.

à cette mutilation que semble faire allusion l'auteur du *pesher* d'Habacuc lorsqu'il mentionne « le prêtre qui s'est rebellé contre les commandements [de Dieu] » et à qui « ils ont fait subir d'abominables tourments, en se vengeant sur son corps de chair », VIII, 16-IX, 2, cf. 9-12. Le *pesher* du Ps. 37, dont l'écriture est d'un type antérieur [21], doit pourtant viser le même événement lorsqu'il annonce que Dieu va punir le Prêtre impie qui a attenté à la vie du Maître de Justice « en le livrant aux mains violentes des Gentils qui exécuteront contre lui leur jugement », IV, 8 sqq, cf. II, 19.

On conclura de ces différences dans l'arrière-plan historique que le Maître de Justice attendu par le *Document de Damas* et le *pesher* de Nahum s'est manifesté quelques années après le désarroi occasionné par la catastrophe de 63, qu'il a repris en main la communauté [22], mais s'est heurté au Prêtre impie, qui le « poursuivit... jusqu'au lieu de son exil (sûrement Qumrân)... le jour des Expiations pour les prendre en défaut... » pHab XI, 4-8 [23]. Les dwršy ḥḥlqwt du *pesher* de Nahum, qui les montre encore très entreprenants au temps de Jannée et d'Aristobule II, n'apparaissent plus dans les *pesharim* du Ps. 37 et d'Habacuc. C'est que les Pharisiens, principalement visés par cette dénomination, ont vu leur puissance brisée (pNah III, 6-8) par la victoire des Romains, que le *pesher* d'Habacuc décrit de façon si circonstanciée et transparante [24]. Leur joug se prolonge « au-delà de tout ce qu'ont dit les Prophètes » (pHab VII, 7-14), mais l'horizon du commentateur ne semble pas inclure la prise de Jérusalem en 37 av. J.-C. par Sossius et Hérode.

Cette réévaluation des données concernant un Maître de justice devrait inclure les autres fragments de *pesharîm* publiés par J. Allegro

---

21. Cf. F. M. Cross, dans *The Bible and the Ancient Near East*..., pp. 173 sqq. et n. 134, cf. p. 138, ligne 5 (— 30 à + 20) pour pPs 37 ; pour pHab, p. 198, n. 119, cf. p. 174 (early Herodian formal script, mais le modèle, à savoir 1QM [p. 138, ligne 4, entre 30 et 1 av. J.-C.] n'est pas tout à fait du même module que pHab).

22. En pPs 37 III, 15-17, on lit : « L'explication concerne le prêtre Maître de [justice] que Dieu a *choisi* pour se tenir [devant lui car] il l'a établi pour lui construire une assemblée de [   ] et a rendue droite sa voie pour la vérité », *Discoveries*..., V, pp. 44 sqq. et *Rev. de Qumrân, loc. cit.*, pp. 214 sq. Mademoiselle A. Jaubert m'a fait remarquer que ce passage s'applique mieux au Maître de Justice qui a fondé la communauté. Mais le verbe *banah*, édifier, n'exclut pas un sens plus large, et s'entendra ici d'un regroupement après la dispersion de 63.

23. Sur le sens de cette intervention, liée à la divergence des calendriers officiel et essénien, voir déjà S. Talmon, dans *Biblica*, 32 (1951), pp. 549-563.

24. Aussi même F. M. Cross, qui situe pourtant le Maître de pHab à l'époque de Simon, estime que les kty'ym des *pesharîm* ne peuvent être que les Romains. Mais leur mention et celle du Maître de Justice et du Prêtre impie dans des sections différentes autoriserait cet écart dans le temps (*The Ancient Library*..., p. 92, n. 28). En fait, le commentateur passe de ces deux personnages aux Romains pour revenir aux premiers, et ainsi de suite, et cet enchevêtrement est beaucoup plus naturel si l'arrière-plan historique est restreint à quelques décennies.

dans *Discoveries*..., V, en particulier ceux d'Isaïe, et serrer de plus près l'étude de toutes les allusions historiques aux événements de l'histoire juive depuis Jonathan jusqu'à Hérode et même au-delà. Mais cet exposé aura montré, je l'espère, que l'hypothèse d'au moins deux maîtres de justice rend beaucoup plus aisé l'accord des textes qumrâniens avec les données archéologiques, paléographiques et historiques.

2, place du Louvre   Jean STARCKY
75001 Paris

Überlegungen zum Verständnis von ברית in den Qumrântexten

Es ist in den Übersetzungen der Texte aus Qumran zum ‚common sense' geworden, das hebräische Wort ברית mit deutsch „ Bund ", englisch „ covenant ", französisch „ alliance " wiederzugeben. Dahinter steht, — zumeist nicht besonders reflektiert —, die Vorstellung eines „ Bundesschlusses ", durch den eine „ Bundesgemeinde " konstituiert wird, sodaß ברית zum Aquivalent für „ Gemeinde " wird und schließlich für die Gruppe selbst steht. Dies kommt besonders zum Ausdruck in dem Aufsatz von Kapelrud : *Der Bund in den Qumranschriften.* [1]

Diese Tendenz ist in der alttestamentlichen Exegese bereits angelegt. So beklagt z.B. Elias Bickermann in seinem Aufsatz *Couper une alliance* : „ Il est regrettable que les théologiens trouvent l'alliance (Bund, covenant) un peu partout dans la Bible, sans tenir compte du vocabulaire biblique " [2]. Im besonderern hat sich Ernst Kutsch in verschiedenen Aufsätzen seit 1967 um ein neues Verständnis von ברית bemüht. Seine Arbeiten liegen zusammengefaßt und überarbeitet vor in dem Sammelband : *Verheißung und Gesetz. Untersuchungen zum sogenannten „ Bund " im Alten Testament* [3]. Seine Überlegungen haben jetzt Eingang gefunden in das von Jenni und Westermann herausgegebene *Theologische Handwörterbuch zum Alten Testament.*

Auch ein Blick in die anderen Sprachlexika zum Alten Testament macht deutlich, daß ברית ein vielschichtiger Begriff ist, obwohl auch dort die Tendenz zu einer vereinheitlichenden und die Bedeutungsbreite nivellierenden Übersetzung sichtbar ist. Dies kommt besonders stark zum Ausdruck in dem entsprechenden Abschnitt im von Botterweck und Ringgren herausgegebenen *Theologischen Wörterbuch zum Alten Testament*, in dem der Bearbeiter Weinfeld die ברית כהנת עולם, die wir im Folgenden zur Klärung einer problematischen Wendung in den Qumrantexten heranziehen, mit keinem einzigen Wort erwähnt.

---

1. Arvid S. KAPELRUD, *Der Bund in den Qumran-Schriften*, in *Bibel und Qumran*, Berlin, 1966, S. 137-149.

2. Elias BICKERMANN, *Couper une alliance*, in *Studies in Jewish and Christian History*, Part One, S. 29f.

3. *BZAW*, 131.

Die folgenden Ausführungen sollen keine generelle Auseinandersetzung mit den verschiedenen Übersetzungsvorschlägen und den dahinterstehenden Theorien sein. Es wird auch nicht versucht, den Begriff בְּרִית für die gesamte Qumranliteratur aufzuarbeiten. Dies soll dem noch erscheinenden Wörterbuch vorbehalten bleiben. Zielsetzung dieses Vortrages ist, exemplarisch an einer in der gesamten hebräischen Überlieferung singulären Formulierung — die aber in unseren Texten mindestens dreimal belegt ist — ansatzweise Überlegungen zum Verständnis von בְּרִית in den Qumrantexten aufzuzeigen. Es geht dabei um folgende Stellen:

1Q S 5, 9   ...לבני צדוק הכוהנים שומרי הברית ודורשי רצונו
ולרוב אנשי בריתם המתנדבים יחד לאמתו...

1Q S 6, 19   ...על פי הכוהנים ורוב אנשי בריתם

1Q Sa 1, 2   ...על פי משפט בני צדוק הכוהנים ואנושי בריתם

Diese Formula lautet, auf ihre wesentlichen Bestandteile reduziert: (בני צדוק) הכוהנים (ורוב) אנשי בריתם. Da für diesen Teil unserer Überlegungen nur die suffigierte Form von בְּרִית entscheidend ist, wird von einer eingehenden Betrachtung des weiteren Kontextes und einer literarischen Analyse der betreffenden Überlieferungsstücke abgesehen.

Was ist das singuläre an der Form בריתם? Suffigierte Formen von בְּרִית finden sich schon im Alten Testament und sogar recht häufig. 194 nicht suffigierte Formen stehen 83 suffigierte gegenüber. Im Alten Testament aber bezieht sich das Suffix zumeist auf Gott. An einigen wenigen Stellen sind zwar auch Menschen Bezugsperson, dabei bezeichnet בְּרִית aber immer politisch-militärische Abmachungen, so z.B. in *2 Sam*, 3, 12; *1 Kön*, 15, 19 u.ö.; in *Ob*, 7 sogar in den Form אנשי בריתך.

An unseren drei Stellen aus den Qumrantexten geht das Suffix nun aber eindeutig auf die Priester. Die Priester und die Männer ihrer בְּרִית werden, obwohl sie je eine gesonderte Gruppe sind, durch das Suffix zur Einheit der Gemeinde zusammengeschlossen. Dies hat als erster J. van der Ploeg richtig herausgestellt. Er geht aber bei der Interpretation der Stelle von der Vorstellung eines „ Bundesschlusses " aus, — der hier mit Sicherheit nicht angesprochen ist —, und erklärt von daher das Suffix so: „ Die, in deren Namen die Priester die Riten, (sc. des Bundesschlusses) vollziehen, werden deshalb Leute „ ihres " Bundes genannt (= des Bundes der Priester) " [4].

Ob diese Erklärung stichhaltig ist, sei dahingestellt. Klar ist zumindest, daß sich hinter dieser singulären Formulierung eine wie auch immer geartete בְּרִית der Priester verbirgt. Ähnlich sieht es auch P. Wernberg-

---

4. J. van der Ploeg, Le ' *Manuel de Discipline* ' *des rouleaux de la mer Morte*, in *BiOr*, 8 (1951), S. 119, Anm. 96.

Møller [5]. Die ganze übrige Forschung hat diese Suffixe entweder gar nicht übersetzt, so z.B. W. H. Brownlee [6] und G. Lambert [7], oder aber zwar übersetzt, aber keiner weiteren Überlegung für würdig befunden, oder aber wie J. T. Milik unter der Hand in בריתו mit Bezug auf Gott konjiziert, wie aus seiner Übersetzung „ congregationi virorum foederis Eius " hervorgeht [8].

Es wird von niemand bestritten, daß die Qumrangemeinde sehr stark von priesterlichen Überlieferungen und Traditionen beeinflußt und geformt ist. Vergleiche dazu die Ausführungen von Georg Klinzing, der in seiner Arbeit: *Die Umdeutung des Kultus in der Qumrangemeinde und im NT* [9], herausarbeitet, wie stark Tempel- und Opferbegriffe, die ursprünglich am Jerusalemer Kult verhaftet waren, von der Gemeinde übernommen und als Folge der bewußten Trennung vom Tempel spiritualisiert und auf sich selbst übertragen wurden. Der wahre Tempel ist jetzt die Gemeinde selbst, Lobopfer und rechter Wandel treten als gleichwertige Ersetzung für das Opfer auf dem Altar ein. Besonders im 5. Kapitel: *Priesterliches Leben und priesterliches Selbstbewußtsein in der Gemeinde* wird an Hand vieler einzelner Termini dieser priesterliche Einfluß nachgewiesen [10]. Neben dieser, in der historischen Situation begründeten spirituellen Tempelvorstellung, gibt es aber noch, von *Ez*, 40-48 ausgehend die Erwartung eines realen zukünftigen Tempels, an dem alles wieder in Ordnung ist.

Wir stoßen jetzt in unseren Texten auf ein weiteres, die Gemeinde bestimmendes Element priesterlicher Überlieferung, nämlich die ברית der Priester. Woher ist sie abzuleiten und wie muß sie verstanden werden?

Wenden wir uns nun zunächst den Textstücken aus der alttestamentlichen Überlieferung zu, in denen von einer ברית im Zusammenhang mit Priestern die Rede ist.

In *Dtn*, 33, 8-11, dem Levi-Spruch des Mosesegens wird als Begründung für die Berufung des Levi zum Priester (und damit auch aller Leviten nach ihm) besonders erwähnt das Halten der Worte Gottes שמרו אמרתך und das Bewahren der ברית: ינצרו ובריתך. Daneben wird ihre Aufgabe als Gesetzeslehrer angesprochen und ihre Verantwortlichkeit für den Opferdienst.

---

5. P. WERNBERG-MØLLER, *The Manual of Discipline*, Leiden, 1957, S. 95, Anm. 39.

6. W. H. BROWNLEE, *The Dead Sea Manual of Discipline*, in *BASOR Supp*, 10-12. [Bei S5, 9 nicht übersetzt, aber bei S. 6, 19.]

7. G. LAMBERT, *Le Manuel de discipline du Désert de Juda*, in *Analecta Lovaniensia biblica et orientalia*, Ser. II, Bruges-Louvain, 1952.

8. J. T. MILIK, *Manuale disciplinae*, in *Verbum Domini*, 29-30 (1951/1952), S. 143 und 146.

9. StUNT, 7, Göttingen, 1971.

10. *A.a.O.*, S. 116ff.

In *Jer*, 33, 20-22 wird in einem Gottesspruch das unbedingte Gültig-
sein und Bestandhaben der ברית את לוי zum Ausdruck gebracht.

In *Mal*, 2, 4ff wird in einem Drohwort über die unwürdigen, frev-
lerischen Priester kontrastierend das besondere Verhältnis Levis zu Gott
und Levis vorbildliches Verhalten aufgezeigt. Hier wird nun auch der
Inhalt der ברית näher beschrieben: Gott gibt Levi Leben und Heil
החיים והשלום und Levi richtet seinerseits sein ganzes Leben nach
Gottes Willen aus. Weil Levi von Gott her Erkenntnis und Weisung
דעת ותורה besitzt, kann er als Bote Gottes die Menschen belehren und
dadurch von schuldhaftem Verhalten abbringen רבים השיב מעון. Hier
wird uns also Levi vorgeführt als Rechtswahrer, als Rechtslehrer, und
dadurch, daß er durch richtige Unterweisung andere vor Schuld bewahrt,
auch als Heilsmittler.

Die bisher untersuchten Stellen sind als Gottesreden ausgeformt bzw.
als programmatischer Segensspruch und unterliegen damit bereits stark
der theologischen Reflexion. Aber diese von Gott einem Menschen
gewährte ברית des Priestertums ist auch in einem erzählenden Textstück
verankert, in *Num.*, 25, 6-13, und hier haben wir, wie sich im Folgenden
erweisen wird, alle die Züge vereinigt, die für das Verständnis unserer
Qumranstellen wichtig sind. Was aber wird uns in *Num.*, 25 berichtet?

Das Volk Israel hat sich von Gott weggewendet, sich mit Fremdvöl-
kern vermischt und sogar an deren Kult teilgenommen. Darüber
ergrimmt Gott und verhängt eine Plage über sein Volk. In dieser ange-
spannten Situation geschieht ein weiterer Frevel. Ein Israelit nimmt sich
eine Midianiterin zur Frau und vergnügt sich mit ihr in seinem Zelt,
während das übrige Volk am Eingang des heiligen Zeltes steht und seine
üble Lage beklagt. Und jetzt geschieht das Entscheidende, das die ganze
Angelegenheit zum Guten wendet: Pinḥas, ein Enkel Aarons, des Prie-
sters, erhebt sich spontan, als er dieses schändliche Vergehen bemerkt,
nimmt einen Spieß zu Hand, und tötet die Frevler in flagranti, wie die
Überlieferung drastisch berichtet „ und durchstach sie beide, den Israeliten und das Weib, durch den Bauch ". Und damit hört auch die Plage
auf, mit der Gott das Volk bestraft hat.

Aber damit noch nicht genug. Pinḥas selbst wird für sein Verhalten
von Gott belohnt. Er und seine Nachkommen erhalten für immer das
Recht des Priestertums ברית כהנת עולם. Und warum dies? Weil Pinḥas spontan und aus freiem Antrieb stellvertretend für seinen Gott geei-
fert קנא לאלהיו und somit Gottes Recht zur Geltung verholfen hat und
damit für die Israeliten Sühne erwirkt. Dies alles bewirkt für ihn einen
ברית שלום.

Eine Weiterwirkung dieser Überlieferung finden wir in *Ps.* 106, 29-31.
Das Volk erzürnt Gott durch sein Verhalten. Dieser bestraft es mit einer
Plage. Dann tritt Pinḥas auf und hält Gericht. Dies wird ihm zur

Gerechtigkeit angerechnet ותחשב לו לצדקה von Geschlecht zu Geschlecht auf ewige Zeiten.

Die Überlieferung von Pinhas kulminiert schließlich in *Sir.*, 45, 23-24, dem Lobpreis der Väter: Im Eifer für Gott tritt Pinhas 'in den Riß', d.h. er besänftigt Gottes Zorn (vgl. dazu *Ps.*, 106, 23), indem er freiwillig, aus eigenem Antrieb אשר נדבו לבו Sühne leistet für die Israeliten. Und dafür erhält er eine ברית שלום eine Heilszusage, die darin besteht, daß ihm und seinen Nachkommen die Hohepriesterwürde für immer zusteht. Schließlich ist noch auf *Sir.*, 50, 24 hinzuweisen, wo von Simeon ausgesagt wird, daß ihm Gott aufrichtet die ברית פינחס.

Als weitere Belege ließen sich anführen *1 Makk.*, 2, 23-24.54, wo von Mattathias ein dem Verhalten des Pinhas entsprechendes Tun berichtet wird. Und vollends schließt sich der Kreis, wenn die Erwählung der Leviten zum Priestertum damit begründet wird, daß sie eifern und Gerechtigkeit, Gericht und Rache an allen üben, die sich gegen Israel erheben, und ihnen dies zum Segen und zur Gerechtigkeit wird (*Jub.*, 30, 18ff). Und als die Söhne Jakobs spontan (*Jub.*, 30, 4) wegen der Schändung der Dina Rache an den Sichemiten üben, wird ihnen dies zum Segen aufgeschrieben (*Jub.*, 30, 23f).

Fassen wir zusammen: Die levitischen Priester und Pinhas werden in den behandelten Texten als Rechtswahrer dargestellt. Sie führen stellvertretend für Gott das Gericht an den Frevlern durch und erwirken damit Sühne. Dabei liegt immer wieder ein besonderes Gewicht auf dem spontanen, freiwilligen Handeln, das keiner langen Überlegung und keiner besonderen Aufforderung bedarf, sondern sich aus einem unmittelbaren Wissen um Gottes Recht ergibt. So richten sie ihr ganzes Leben nach Gottes Willen aus. Deshalb können sie als Rechtslehrer auftreten und durch Unterweisung andere vom Frevel abhalten. Auf Grund dieses Verhaltens erhalten sie von Gott die Zusage und Verheißung immerwährenden Priestertums. Verbunden damit ist die Zusage von Heil und Leben, und ihr wohlgefälliges Tun, nämlich Gottes Rechtsstreit zu führen, wird ihnen zur Gerechtigkeit angerechnet und wird ihnen zum Segen. Damit haben wir die wesentlichen Elemente zusammengetragen, die der Inhalt der ברית כהנת עולם sind und sie begründen.

Wenn wir jetzt fragen, was dies für ein Priestertum ist, das uns aus diesen Texten entgegentritt, so fällt auf, daß die Bezüge zum Kultus fast völlig fehlen. Pinhas wird nicht auf Grund seiner Zugehörigkeit zu einem bestimmten Kult oder Tempel, noch gar wegen seiner Abstammung — er ist ein Enkel Aarons — zum Priestertum bestellt, sondern allein weil er für Gott eifert und sich für sein Recht einsetzt, wird er von diesem auf ewig mit dem Recht auf das Priestertum, der ברית כהנת עולם versehen. Die Berufung zum Priestertum ist allein an ein bestimmtes Verhalten gebunden.

Wenden wir uns nun wieder unseren Qumrantexten zu. Wir können die einzelnen Elemente, die wie oben aufgezeigt, die ברית כהנת עולם ausmachen, quer durch das ganze qumranische Schrifttum verfolgen. Dabei bezieht sich ein Großteil der Aussagen nicht speziell auf Priester von Geburt, בני אהרון oder בני צדוק, sondern auf die Gesamtgemeinde, z.B.

1) das spontane, freiwillige Tun, Stichwort מתנדבים/נדבים : 1Q S 1, 7. 11; 5, 1.6.8.10.21.22; 6, 13; 1Q 14, 10, 5; 31, 1, 1;
2) das Wissen um Gottes Recht; 1Q S 5, 3; 6, 7.23; 8, 20; CD 8, 1.16 u.ö.;
3) Lebensführung nach Gottes Willen: 1Q S 1, 2-15; 5, 1ff; CD 1, 10 u.ö.;
4) Rechtslehrer: Hier sind anzuführen die in Qumran institutionalisierten Ämter des משכיל oder des מבקר;
5) Rechtswahrer: 1Q S 1, 5-6; 5, 3 u.ö.;
6) das Gericht an den Frevlern durchführen: 1Q S 5, 7; 8, 10;
7) Sühne wirken: 1Q S 5, 6; 8, 6.10;
8) Zusage von Heil und Leben: 1Q S 2, 4 (und die übrigen Erweiterungen des aaronitischen Segens) 4, 7; CD 3, 20.

Es ist wichtig, noch einmal festzustellen, daß alle diese Elemente nicht ursprünglich im Kult verankert sind, selbst wenn sie dann später in der Kultpraxis eine wesentliche Rolle spielen.

Ist die Anwendung solcher Terminologie auf die Gesamtgemeinde und damit auch auf Laien nur begründet im Zurücktreten spezifischer Priesterfunktionen auf Grund der Trennung vom jerusalemer Tempelkult, so G. Klinzing [11], oder muß man nicht angesichts der Fülle nicht ursprünglich kultisch beeinflußter Traditionen über das Priestertum eine andere Erklärungsmöglichkeit in Betracht ziehen.

Im Alten Testament findet sich keine explizite Übertragung der ברית כהנת עולם auf das Kultpriestertum, wenngleich viele der nichtkultischen Überlieferungselemente im Nachhinein vom Kultpriestertum mit Beschlag belegt werden. So ist z.B. die Sühnefunktion im AT fast ausschließlich dem Kultpriestertum vorbehalten. כפר hat fast immer die (Kult) Priester als handelndes Subjekt bei sich. Vergleiche aber *Num.*, 25, 13 [12]. In 1Q Sb schließlich findet die die Übertragung der ברית כהנת עולם auf die Kultpriester auch verbal ihren Niederschlag. In der Benediktion über die בני צדוק wird unter anderem auch ausgesagt ברית כהונת] עולם יח[דש לכה das Recht auf ewiges Priestertum erneuere er dir (Sb 3, 26). Hier und in den folgenden Zeilen wird programmatisch die Vorrangstellung der abstammungsmäßigen Priester sichergestellt.

---

11. *A.a.O.*, S. 142ff.
12. Weitere Ausnahmen verzeichnet G. Klinzing, *a.a.O.*, S. 116, Anm. 15.

Daß aber trotzdem ursprünglich nicht kultische Terminologie, ja sogar Begriffe aus dem Kult auf Laien und Priester ohne spezifische Unterscheidung angewendet wird, weist darauf hin, daß es Kreise gegeben haben muß, die, ohne priesterlicher Abstammung zu sein, unter Berufung auf Traditionen, wie wir sie in *Num.*, 25 und *Mal.*, 2 und in der nachalttestamentlichen Überlieferung finden, ein allgemeines Priestertum aller Rechtschaffenen für sich in Anspruch nahmen.

Als eine Gruppe jerusalemer Priester, vielleicht unter der Führung des Lehrers der Gerechtigkeit, vom Tempel vertrieben wurde, fand sie Schutz in einer seit längerer Zeit bestehenden Gemeinschaft, die sich die Wahrung der Vätertradition zur Aufgabe gemacht hatte. So H. Stegemann [13].

Daneben hat diese vorqumranische Gruppe aber wahrscheinlich ein auch priesterliches Selbstverständnis im oben aufgezeigten Sinne gehabt. Denn nur so findet die breite Übertragung priesterlicher Attribute gerade auf Laien trotz der an vielen Stellen beanspruchten Vorrangstellung der Priester von Geburt eine befriedigende Erklärung. Und daß es den Priestern, die sich vom jerusalemer Kult gelöst hatten, nicht möglich war, das in der Laiengemeinde vorhandene priesterliche Selbstverständnis zu übergehen, kommt zum Ausdruck eben in der Formula בני צדוק) הכוהנים (ורוב) אנשי בריתם) „ die Zaddoqiten, die Priester, und die Männer, die dasselbe Recht haben wie sie, " die nämlich auf Grund ihrer persönlichen Lebensführung in den ברית כהנת עולם mit hineingehören. Daß aber die abstammungsmäßigen Priester dennoch ein leichtes Übergewicht erhielten, läßt sich daraus entnehmen, daß sie als שומרי הברית bezeichnet werden, während den אנשי בריתם nur das Prädikat המחזקים בברית zugestanden wird (S 5, 2f).

Man muß also in der Geschichte der Qumrangemeinde mit einer Vorstufe rechnen, in der ein breites allgemeines priesterliches Bewußtsein herrschte, mit dem sich die jerusalemer Priestergruppe arrangieren mußte und, wie unsere Texte zeigen, auch arrangiert hat.

D-Marburg, Qumran-Forschungsstelle Norbert ILG
Lahntor 3.

---

13. H. STEGEMANN, *Die Entstehung der Qumrangemeinde*, Bonn, 1971, S. 225.

The Emergence of institutionalized Prayer in Israel in the Light of the Qumrân Literature

The scholarly investigation of Jewish prayer, its origins and development, has tended to concentrate on the clarification of historical and philological issues, *i.e.* on the textual criticism of individual prayers and the reconstruction of their original forms. Only recently, under the impact of new discoveries, especially from the Cairo Genizah and the liturgical material from Qumran, and due to the influence of techniques and methods developed in the field of comparative liturgy, has the scope of inquiry widened. Special reference should be made to the work of my colleague Prof. Joseph Heinemann, who added a new dimension to this field of investigation by applying the tools which had been forged in Biblical research by the " Gattungsforschung " school. [1] This approach has opened up new possibilities for our understanding of the development and employment of diverse liturgical forms and patterns in the actual setting of the Synagogue.

It appears, however, that the use of the term " Sitz im Leben " in almost exclusive application to the immediate sphere of cultic practice — a severe handicap to the classical " Gattungsforschung " — does not satisfactorily illuminate the sociological dimension of prayer as an institution. Warned of both the possibilities and dangers, we shall present some new lines of thought concerning the genesis and history of Jewish prayer which are to be perceived through an analysis of pertinent Qumran literature, as well as some wider methodological ramifications.

1

In its most basic aspect " prayer ", in Israel as elsewhere, may be described as a spontaneous act of the individual which gives expression to his awe of and thankfulness towards a super-human being, to whose superior power he submits of choice or by necessity, and by whose will

---

1. J. HEINEMANN, *Prayer in the Talmud-Forms and Patterns*, tr. R. S. SARASON, *Studia Judaica* IX (Berlin 1977).

he abides. Initially prayer is offered not in the normal course of events, but rather erupts at prominent occasions of joy or sorrow in the life of the individual. This type of prayer must be as old as thinking man. Its emergence may be considered to be bound up with his initial experience of the supernatural and with the very beginning of his contemplation of man's place in the universe. Spontaneous prayer has no fixed forms, nor can it be offered at pre-ordained times. It is determined exclusively by the individual's needs or by the stirring of his soul. It is an expression of a preexisting personal emotion formulated *ad hoc*, not a means for the creation of an emotion. It is intimately bound up and correlated with the situation out of which it arises. The worshipper expects, or at least hopes for an immediate response from the deity to whom the prayer is offered, whatever form this response may take.

In contrast, " institutionalized prayer " is a prayer in which the spontaneous, the individual and the sporadic are replaced by the conventional, the universal and the periodic. Institutionalized prayer does not arise directly out of a specific human situation in which man yearns for a perforce intermittent high-tension communion with God. It rather is a means toward the achievement of a stabilized, unbroken bond with God. Institutionalized prayer does not aim at bringing about an immediate response from the deity with regard to a specific situation, but rather at safeguarding the continuous, slow-flowing relationship between the worshipper and his God. This basic, even relationship, though, also entails a promise for the communicant of achieving at given times the desired intense spiritual tension which is inherently potential in the belief in God.

By its standardization, its fixity, and its recurrence, institutionalized prayer serves as an expression of what is common to a congregation (or to mankind), not of what determines the individuality of man. Thus the very institutionalization of prayer reveals a communal spirit and at the same time strengthens this spirit. In the words of F. Heiler, " prayer is a social phenomenon... it is, as a whole, the reflex of human relations ". [2] We may go further and conclude that it is a prime socializing factor of a given group. As such it can easily replace sacrificial forms of worship, since it retains, under a different form of devotional practice, the communal, standardized, non-individualistic aspects of sacrifice.

We may summarize the salient points of difference between individual-voluntary and communal-institutional prayer as follows:

---

2. Cf. F. HEILER, *Prayer*. Trans. McCOMB, New York, 1958, p. 58. Our discussion is heavily indebted to Heiler's pioneering work.

	Individual-voluntary	*Communal-institutionalized*
Time:	Occasional, unpredictable	Recurring at fixed interludes
Wording:	Situation-conditioned, sponta- neous	Stereotyped formulations
Place:	Undefined	Specifically appointed locales

The precise beginning of institutionalized prayer in Judaism, *i.e.* the establishment of a definite order of prescribed prayers in fixed formulations which are to be uttered according to a detailed time-schedule, yet escapes the knowledge of scholars.

In the worship of the people, prayer indeed was present already in the First Temple period. It was predominantly offered, however, in conjunction with sacrifice. This sacrifice *cum* prayer situation is reflected in Isaiah's castigation of his fellow Jerusalemites who profusely offer animal-sacrifices together with lip-service-prayer, while their actions prove that these do not arise out of sincere, personal belief and do not express a commitment to God's laws (*Isa.*, 1: 10-17). The reference to prayers there (v. 15) refers specifically to prayers offered in conjunction with sacrifices on holidays: Sabbaths, New Moons, Assemblies and Festivals (vv. 13-14) with no mention of daily prayers. It may have been the custom to spend such festive days in the paternal house, to participate in the sacrifice with one's family, as *e.g.* David was wont to do (*1 Sam.*, 20: 29), in a setting similar to that prescribed for the offering of the Passover lamb (cp. *Ex.*, 12: 1ff.). Otherwise one would go to see a prophet on such a day (*2 Ki.*, 4: 23), a rule which may have applied only to people residing too far from Jerusalem to allow for participation in the Temple service. Solomon's prayer at the dedication of the Temple, offered in combination with appropriate sacrificial acts (*1 Ki.* ch. 8), may be taken as representative of the same attitude and concepts, with special emphasis on their communal-national setting.

In Hannah's supplication (*1 Sam.*, 1: 11) and in the thanksgiving psalm attributed to her (2: 1-10), we can perceive prayers of the individual that were not intimately connected with sacrifice, but seemingly were self-contained forms of devotion. This type of non-sacrificial invocation becomes prominent in the prophetic writings and especially in the book of Jeremiah (see, *e.g. Jer.*, 14: 11; 29: 12ff.). It is to be found in the psalmodic literature (*Ps.* 55: 17; 69: 14) as well as in the post-exilic historiographies, such as the books of Ezra and Nehemiah. Situations are presented there in which prayer without sacrifice is offered by an individual on behalf of the community (*Ezra*, 9: 5-15; *Neh.*, 9: 5-37).

In all of these instances, however, we deal with extraordinary circumstances, not with prayer that constitutes an integral part of the established worship pattern. For this reason these prayers exhibit individual forms and wordings which are unique and never reiterated, although they obviously contain stock phrases which were forged by a cultic-literary tradition. [3]

One can think of only one prayer which appears to have been couched in a fixed phraseology already in early biblical times. It is the text often referred to in scholarly lingo as the "little credo" (*Deut.*, 26: 5-10), which accompanied the offering up of first fruits to the priest. By its wording it can be characterized as a short recital of the main events in Israel's history from the patriarchs to the conquest to Canaan, rather than as a prayer or invocation.

It is commonly agreed that in Biblical times, as long as the Jerusalem Temple functioned and probably for some time after its destruction, communion between the individual and his Creator, as between the nation and its God, was based primarily on sacrificial worship presided over by the priests. "The distinctive characteristic of the Israelite priestly sanctuary is the holy silence which reigned within it. The priestly sanctuary of Israel may be described as the realm of stillness." Thus Kaufmann, who goes on to explain that in contrast with other peoples of the Ancient Near East, for whom incantation and recitation constituted the very core of ritual life, "in the cultic ceremony of the priestly code, all functions of the priest are carried out in silence without the accompaniment of any utterance, song, or recitation... there also is no room for prayer. The priestly sanctuary is not a place of prayer. Not only does the priest not offer supplication but neither does he offer a prayer of thanksgiving during the holy service... Words spoken by the priest never are part of the cultic act and always are uttered outside the sanctuary " [4].

If we follow the sequence of cosmic creation, human evolution and the national development of Israel, as depicted in the Bible, we may well assume that the biblical writers gave sacrifice precedence in time over prayer. Cain and Abel offer first-fruits of fields and flocks (*Gen.*, 4: 3-4); Noah sacrifices beasts and birds (*ib.*, 8: 20); and Abraham erects altars to God (*ib.*, 12: 7, 8), before the first mention of his 'pronouncing the name of God' (*ib.*, 13: 4) is made. The technical term for prayer — *htpll* — is found in the Bible for the first time in *Gen.*, 20: 7, 17, where Abraham intercedes for Abimelech before God. (Also *brkh*, which sometimes describes devotional glorification of God, is not used in this sense earlier.)

---

3. See now M. GREENBERG's study: "On the Refinement of the Conception of Prayer in Hebrew Scriptures ", *A*(ssociation for) *J*(ewish) *S*(tudies) *Review*, vol. 1 Cambridge, Mass. 1976, pp. 57-92; especially p. 87ff. on the development of fixed liturgical formulae, and Kaufmann's observation quoted there.

4. Y. KAUFMANN, *Toldot HaEmunah HaYisraelit*, Tel Aviv, Dvir, 1927, vol. II, bk. 2, pp. 476-477.

The community-directed nature of sacrifice, as against the predominantly individualistic character of prayer in the Bible, is also brought into relief by the contrasting definition of the appropriate places at which these two forms of devotional intent should be offered. Kaufmann correctly emphasizes that the proper place for sacrifices is always 'a', or 'the', sanctuary of Yahweh. In contrast to this, prayer has no distinctive or restricted locus. [5] It may be offered anywhere in the land of Israel or outside of it (*Lev.*, 26: 40; *1 Ki.*, 8: 46ff.; *Dan.*, 2: 17ff.); from the belly of a fish, as did Jonah (2: 2ff.); or from the top of a mountain, as did Elijah (*1 Ki.*, 18: 37). This does not exclude the Temple from becoming a place of prayer. A post-exilic prophet, taking his cue from Solomon's prayer (*1 Ki.*, 8: 41-43), if an early date can be assumed for that composition, actually portrays the future temple as " a house of prayer for all peoples " (*Is.*, 56: 7).

The cessation of sacrifice which resulted from the destruction of the First Temple gave rise to the need for a new concept of worship. As long as the hope for a restitution of the Temple in the immediate future was still alive, however, sacrifice was thought of as only temporarily being suspended, not abolished. The story of the pilgrims from Shechem, Shiloh and Samaria who go up to the house of God with frankincense and offerings in the days of Gedaliah, when the Temple lies in ruins, implies that a skeleton sacrificial cult was maintained by the Israelites even after the capture of Jerusalem (*Jer.*, 41: 4-5; cf. *Ezra*, 4: 2). Moreover, the destruction of the Jerusalem Temple did not affect at all the continuation of sacrifice at those centres of worship whose mere existence is evidence that their adherents had not subscribed to the exclusiveness of the Temple in Jerusalem — the prevailing idea since Josiah's reform — and which may have been built in express opposition to that sanctuary. Animal sacrifice continued in Egypt at the temple of Elephantine, and later at Leontopolis, as well as at the Samaritan sanctuary on Mt. Gerizim. These splinter-groups, the earliest Jewish sectarians, demonstrated their deviation from the main community not by introducing new forms of devotion, but rather by transferring to independent sanctuaries the sacrificial service as it had been developed in Jerusalem.

Scholars have often assumed that new forms of worship sprang up among the Judean exiles in Babylonia. Their steadfast insistence on the exclusive legitimacy of the Jerusalem Temple made it impossible for them even to consider the erection of a substitute sanctuary and the introduction of a makeshift sacrificial cult. [6] When the hope for an

---

5. F. PERLES, *Prayer*, in *Encyclopedia of Religions and Ethics*. Ed. J. HASTINGS, Edinburgh, 1918, p. 192.

6. The refusal of the Judean captives to normalize their lives in exile, on the personal as well as on the communal level, is reflected in the letter of guidance

immediate return to Israel and for the restoration of the Temple in the appreciably near future reached a low ebb, it became imperative for them to find adequate compensasition for the apparently indefinite loss of the sacrificial institutions. Then and there, liturgical worship consolidated to fill the existing void. Thus the synagogue and communal prayer came to replace the Temple and animal sacrifice. [7]

The factual evidence adduced in support of this theory is pitifully slim; one might say that it is non-existent. Its proponents seem to have taken refuge in this line of reasoning because they could not visualize a community, and a Jewish community at that, which existed for an appreciable length of time, at least several generations, without any tangible form of institutionalized worship. Indeed, the theory appears to have arisen from the modern amazement over a seemingly unprecedented historical phenomenon: a pious community lacking any system of religious paraphernalia. This deficiency, says Kaufmann, already made the ancients wonder: " The diaspora which lived without a cult was an altogether new phenomenon in that period. Never had there been a group of people that remained faithful to a god and did not 'worship' him; a group of people that remained faithful to the god who had deprived them of his cult; a group of religious men who actually did not worship any god. There can be no doubt that all this perplexed and amazed the pagan world. The vast cleavage between this people and the heathen nations was exemplified most distinctly by this wondrous fact " [8].

Even if we were to subscribe to the above-mentioned theory, there is no indication that the transfer from sacrifice to prayer in post-exilic. Judaism resulted from a conscious and determined substitution of the one for the other. If it occurred at all at such an early stage, it must have been a spontaneous and uncontrolled process, for there is not even a hint in our exceedingly meagre pre-rabbinic sources to show that this transition ever was codified or attained legal force. The fact is that the law codices of the Bible — embedded in the Pentateuch and the books of Ezekiel, Ezra and Nehemiah — contain not a single precept referring to

---

which Jeremiah dispatched to the deportees of 597 B.C.E. persuading them to adjust to a situation in which they were destined to live for seventy years, i.e. two or three generations (Jer., 29; 1-10, 24-32).

7. K. KOHLER, The Origins of the Synagogue and the Church, New York, MacMillan, 1929, pp. 3ff. — L. FINKELSTEIN, The Origin of the Synagogue, in PAAJR (1928-30), pp. 49-59. This outlook achieved its reductio ad absurdum with S. BLANK, Some Observations Concerning Biblical Prayer, in HUCA, 32 (1961), pp. 75-90.

8. Y. KAUFMANN, op. cit., p. 34. However, Kaufmann himself then proceeds to make a case for the assumed replacement of sacrifice by prayer in the Babylonian Exile.

" praying " or to the manner in which " prayer " should be offered. This conspicuous absence of non-sacrificial cultic legislation in all strata of Biblical literature stands in glaring contrast to the plethora of statutes and instructions pertaining to sacrificial worship. Sacrificial cult laws pervade virtually all Biblical legal writings, including those prophetic and historiographic books of post-exilic composition, and most notably the Priestly Codex, which the majority of scholars consider to have achieved its final form only after the return from the Exile. One is forced to conclude that " the theory that the synagogue — as a house of prayer, not of assembly or sacrifice — originated in Babylonia during the Exile is quite without foundation; all the pertinent biblical, intertestamental and early rabbinic literature, together with the results of archaeology, rule this out " [9]. In short, until the end of the Persian, and probably the Hellenistic period, prayer had not yet become a cultic institution whose place and function in communal life could be compared with that of sacrifice in the time of the First and Second Temples. [10]

The absence of codification, definition and binding formulation may account for the fact that the text of not even one Jewish public prayer from before the destruction of the Second Temple, or for that matter from before the middle of the first millenium C.E., has been preserved. [11] It must be admitted that this lack of information certainly may derive from incidental circumstances. Our written sources for the time period in question, especially for the period from 300 B.C.E. to 150 C.E., are extremely limited. These were turbulent times for the Jewish people, during which manuscripts were often accidentally destroyed or fell prey to persecutors who submitted them to fire. The complete absence of documented knowledge, however, of the exact wording of early Jewish prayers, even as quotations in rabbinic literature, cannot be explained solely as the result of historical vicissitudes. There are indications which suggest that at least partially this state of affairs was brought about by intent, for in some striking pronouncements of the early Rabbis one

---

9. H. ORLINSKY, *Nationalism-Universalism and Internationalism in Ancient Israel*, in: *Translating and Understanding the Old Testament* (H. G. May Festschrift), New York, Abingdon, 1970, p. 255, n. 15 and literature cited there. Cf. R. DE VAUX, *Ancient Israel: Its Life and Institutions*, Trns. McHUGH, London, McGraw Hill, 1961, p. 343.

10. Cf. I. L. SEELIGMANN, *Cultic Tradition and Historiography in the O.T.*, in: *Religion and Society*, Jerusalem, 1955, pp. 141-161 (Hebrew). Indeed, against all expectations, one may observe that in times of national duress — *e.g.* the enslavement in Egypt or the persecutions described in the Book of Esther — no reference is made to individual or communal prayers. Cf. S. TALMON, '*Wisdom' in the Book of Esther*, in *VT*, 13 (1963), pp. 429f.

11. I. ELBOGEN, *Studien zur Geschichte des jüdischen Gottesdienstes*, Berlin, 1907, p. 1.

senses an opposition to the commitment of prayers to writing. It is taught (Tos. *Shabbat* 13 : 4) that in distinction to Biblical manuscripts, it is not permissible on the Sabbath to rescue prayer books from a fire (since this involves transgressing the Sabbath laws), although they contain the Divine Name and Biblical verses. Due to the possibility of desecration which would result from such books being left to be consumed by fire, it follows that " those who commit blessings to writing are like those who burn the Torah " [12]. We are further told (*ibid.*) that when it was reported to R. Ishmael (second half of the first century C.E.) that someone had written a tome of prayers, he went to check on the report, obviously intending to censure the man. Aware of R. Ishmael's approach, the owner of the volume threw it into a pail of water so as not to be caught *in flagrante*.

The Rabbis' apparent objection to prayer books may disclose their intention to maintain a distinctive difference between the canonical Holy Writ [13] and other literature to be transmitted orally, which was considered less sacred and accordingly less binding. They strove, therefore, to keep prayers from attaining the fixity of wording which would result from committing them to writing. The above dicta reveal the Rabbis' endeavour to maintain the occasional-private character of prayer and to ensure that it not become a full-fledged substitute for sacrificial worship ; the opposition to such replacement no doubt existed as long as the Temple functioned and may have endured for some time after the Destruction, so long as the hope for an immediate return was nourished. Whereas repetitiveness and exact similarity are imperative for the proper execution of the ritual act, stereotyped behaviour in prayer was rejected : " Whoever makes his prayer fixed (or prays at preordained times) — his prayer is not (any more in the nature of) supplication " (Mishnah *Ber.* 4 : 4). [14]

---

12. Ed. ZUCKERMANDEL, pp. 128, 129 ; ed. S. LIEBERMAN, p. 58. A variant reading הלכות for ברכות is extant; cf. Bab. Tal. *Temurah* 14b. For a complete discussion cf. S. LIEBERMANN, *Tosefta Kifshutah* (Part III, *Shabbat-Eruvin*), New York, JTS, 1962, pp. 205-206 ; I. ELBOGEN, *Geschichte des jüdischen Gottesdienstes*, Frankfurt a/M, 1924, p. 7 ; D. GOLDSCHMIDT, *The Pesach Haggadah*, Jerusalem, Bialik 1948, p. 8, n. 1.

13. *I.e.* written in Hebrew. Translations of the Bible into Aramaic should not be written down, cf. R. GAMLIEL's doing away with the Targum of Job (Tos. *Shabbat* 13 : 2-3) in light of the actions of R. Ishmael referred to above.

14. העושה תפילתו קבע אין תפילתו תחנונים. Cf. Mishnah *Aboth* 2 : 13 : אל תעש תפילתך קבע אלא רחמים ותחנונים " Do not make your prayer fixed, but beseeching and supplication. " This stands in glaring contrast to the injuction of Shammai (*Aboth* 1 : 15) : עשה תורתך קבע " Make your (study of) Torah (a) fixed (duty). " The variant " does not fulfill his obligations " (לא יצא ידי חובתו) which occurs in Bab. Tal. *Berakhot* 40b reveals a later development. It should be noted that the opposite trend also can be found in

We are thus led to believe that the lack of information on the early history of Jewish prayer results to some degree from the intentional suppression of evidence, triggered by Jewish opposition to the institutionalization of prayer. If this be the case, then it follows that the chances are very slim indeed of any future uncovering of early prayers from the mainstream of Jewry in the period of the Second Temple whose spokesmen were the Rabbis, the authors and compilers of normative Jewish literature. The situation is altogether different, however, with regard to dissident groups who defied the authority of the Rabbis and did not consider their pronouncements and rulings as binding upon them. The discovery of the writings of such a group in the Judean Desert, which informs us directly of its ideas and practices, provides some information on suppressed trends in Judaism and also offers new insights into the beginnings of institutionalized Jewish prayer. The importance of these writings for the clarification of the issue at hand lies in the following facts:

1) they are witnesses from the 'dark ages' of documentation of Jewish history and literature;
2) they derive from a secessionist group that did not necessarily heed rabbinic injunctions;
3) they reflect historical, sociological and religious circumstances which promoted an early development of institutionalized prayer.

2

The life of the Covenanters of the Judean Desert was regulated by a calendar-reckoning which differed from that to which normative Judaism adhered. [15] Due to the concomitant divergencies in the timing of the festivals, the Covenanters were cut off from the communal institutions of contemporary Jewry, foremost from participation in the Temple service where sacrifices were offered on the altar in accord with the normative Jewish calendar, *i.e.* at times not appointed in their solar calendar (*CD*, 6: 11-14). The resulting voluntary abstention from Temple

---

Rabbinic literature, *e.g.* Tosefta *Berakhot* 4: 5: כל המשנה מטבע שטבעו חכמים בברכות לא יצא ed. ZUCKERMANDEL, p. 9; ed. LIEBERMAN, p. 19, cf. S. LIEBERMAN, *Toseftah Kifshutah* (Part I, *Berakhot- Terumoth*), 1955, p. 61. This attitude may be reflected as well in Ben Sira's dictum (7: 14): " Do not enter into the meeting (or: conversation) of princes (Gr: elders), and do not repeat (Syr: change) a word of (your) prayer ".

15. S. TALMON, *The Calendar Reckoning of the Sect from the Judean Desert*, in *Scripta Hierosolymitana*, 4 (1958), pp. 162-199. Subsequent literature may be found in B. JONGELING, *A Classified Bibliography of the Finds in the Desert of Judah, 1958-1962*, Leiden, Brill, 1971, pp. 105-110.

ritual created a situation within this group which was similar to circumstances that were to determine the socio-religious development of normative Judaism after the destruction of the Temple. In both instances,
the lack of the medium of sacrifice promoted the emergence of institutionalized prayer. As in rabbinic Judaism, so apparently in the community from the Judean Desert, " prayer (times) derived from the daily
sacrifices " תפילות מתמידין גמרו (Bab. Tal. *Berakhot* 26b).

Soon after the discovery of the first Qumran scrolls, attempts were
made to investigate the liturgical elements in them, especially in the
" Thanksgiving Scroll " (1QH), and to evaluate their evidence for the
beginnings of Christian liturgy. In 1952, J. A. Jungmann could point out
some similarities between the early Christian order of prayer and the
Qumran materials. [16] In 1953, Baumgärtel added further insights. [17] In
1959, the present author tried to show that in the Covenanters' Manual
of Discipline (1 QS) we may discover references to fixed prayer times and
to formulated prayers, which later are mirrored in the prayer book of the
synagogue. [18] Since then, additional liturgical materials from Qumran
have been published by Baillet, [19] Strugnell [20] and Milik. [21] To these
must be added the Psalms Scroll from Cave 11 (11 Q Ps^a), edited by
J. Sanders. [22]

Of special interest for our investigation is the extra-canonical piece
which, together with one or two other apocryphal compositions, follows
upon *Ps.* 150 and is in turn followed by *Ps.* 140 and David's autobio-
graphical song preserved as *Ps.* 151 in the Septuagint and the Syro-
Hexapla. That piece (col. XXVII) is in fact not a psalm at all but rather
a summary roster of David's songs, composed by prophetic inspiration
(*ib.* l. 11), which are said to have amounted to 4050 *in toto*. In addition to
3600 " psalms " of an apparently general nature, David also is said to
have composed 364 songs to be sung at the altar with the daily sacrifices,

16. J. A. JUNGMANN, *Altchristliche Gebetsordnung im Lichte des Regelbuches von
ᶜEn Fescha*, in *ZKTh*, 75 (1952), pp. 215-219.

17. E. BAUMGÄRTEL, *Zur Liturgie in der 'Sektenrolle' vom Toten Meer*, in *ZAW*,
65 (1953), pp. 263-265.

18. S. TALMON, *The 'Manual of Benedictions' of the Sect of the Judean Desert*, in
RQ, 8 (1960), pp. 475-500. Recent studies in this vein are those by H. HAAG, *Das
Liturgische Leben der Qumrangemeinde*, in *Archiv fur Liturgiewissenschaft*, 10 (1967),
pp. 78-109 ; and M. WEINFELD, *Traces of Kedushat Yotzer and Pesukey De-Zimra in
the Qumran Literature and in Ben-Sira*, in *Tarbiz*, 45 (1976), pp. 15-26 (Hebrew).

19. M. BAILLET, *Un Recueil Liturgique de Qumrân Grotte 4: 'Les Paroles des
Luminaires*, in *RB*, 68 (1961), pp. 195-250.

20. J. STRUGNELL, *The Angelic Liturgy at Qumran, 4Q Šerek Sirôt ᶜOlat Haššabāt*,
in *VTS*, 8, Leiden, Brill, 1960, pp. 318-345.

21. J. T. MILIK, *Milki-Sedek et Milki-Rešaᶜ dans les anciens écrits juifs et chrétiens*, in *JTS*, 23 (1972), pp. 95-144.

22. J. SANDERS, *The Psalms Scroll of Qumrân Cave 11 (DJD*, 4), Oxford, 1965.

52 songs to accompany the sabbath offerings throughout the year and an additional thirty songs for the New Moons and all the festivals.

It is obvious that all this refers to that future time when the Temple worship will be regulated in accord with the Covenanters' calendar of 364 days, or 52 weeks. In this respect the 'roster of David's songs' is of the same nature as the list of the priestly courses which, as I have tried to demonstrate, is meant to become operative in the first year of the new era (see n. 15).

There remains the question whether the *šîrôt ᶜôlat haššabat* published by J. Strugnell are to be identified with the 52 songs for the Sabbath sacrifices composed by David or whether they should be viewed as liturgical substitutes for (rather than accompaniments to) the non-existing sacrificial service in the historical period in which the new Temple had not yet been established. In view of the Covenanters' abstinence from the Temple service and the fact that there is scope for attempting the reconstruction of their prayer book (see below), I would opt for this second interpretation of the purpose and meaning of the *šîrôt ᶜôlat haššabāt*. [23]

The exact nature of the Psalms Scroll (*11Q Psᵃ*) is yet under debate. The question whether it should be viewed as a copy of the canonical book of Psalms, as its editor and many others hold, or rather as a " psalter ", *i.e.* a compilation for liturgical use, as M. M. Goshen-Gottstein and the present writer have suggested, has not yet been settled. [24] However, there can be no objection to including this scoll and other pre-Massoretic psalmodic compositions in our present investigation. [25]

These clearly defined materials, and some less obvious references and quotations in other scrolls, in fact make possible the reconstruction of the

23. For an attempt to identify and possibly reconstruct some of these unknown Davidic compositions, see: J. STRUGNELL, *More Psalms of David*, in *CBQ*, XXVII (1965), pp. 207-216.

24. See: M. M. GOSHEN-GOTTSTEIN, *The Psalms Scroll (11QPsᵃ) — A Problem of Canon and Text*, in *Textus*, V (1966), pp. 22-33; S. TALMON, *Pisqah Be'emṣaᶜ Pasuq and 11PQsᵃ, ib.*, pp. 11-21. Sanders has of late re-affirmed his opinion concerning the canonical nature of the Scroll in *Cave 11 Surprises and the Question of Canon*, in *New Directions in Biblical Archeology*, eds. FREEDMAN and GREENFIELD, New York, Doubleday, 1971, pp. 113-130 and *The Qumran Psalms Scroll (11QPsᵃ) Reviewed*, in *On Language, Culture and Religion: in Honor of Eugene A. Nida*, eds. BLACK and SMALLEY, Hague, Mouton, 1974, pp. 79-99. In the latter article (pp. 96ff.), Sanders has overstrained my own willingness to consider his point of view — a willingness not to be construed as full assent.

25. For an updated catalogue of all pre-Massoretic psalter materials from Qumran, see: J. A. SANDERS, *The Dead Sea Psalms Scroll*, Ithaca, Cornell U.P., 1967 and his comprehensive latest list of *Palestinian Manuscripts* in: Frank M. CROSS-S. TALMON eds., *Qumran and the History of the Biblical Text*, Cambridge, Mass, Harvard University Press, 1975, pp. 401-413. The forthcoming volume of *DJD* (VII), ed. M. BAILLET, will contain further Psalms fragments.

sectarian " Manual of Benedictions ", the oldest Jewish prayer book. The mainstay of the proposed identification of this Qumran " Manual " is the " Catalogue of Benedictions " which follows upon the " List of the Appointed Times ". Both are components of the final part of the Manual of Discipline (*1QS*, 9: 26-10: 28). It has been pointed out that one of the Thanksgiving Psalms (*1QH*, 12: 3-11) exhibits great similarity with the " List of the Appointed Times ", in structure and in wording. Both open with a song of praise and thanksgiving (*1QH*, 12: 3-4; *1QS*, 9: 26-10; 1; cf. *DJD*, I, 34[bis], 1-2, 4), then proceed to a listing of the appointed prayer times (*1QH*, 12: 4-10; *1QS*, 10: 1-5), and conclude with a devotional ode (*1QH*, 12: 11ff.; *1QS*, 10: 6-7; cf. *DJD*, I, 34[bis], 3, 6-7). The two compositions are not identical, however, and a closer analysis may help to establish their internal relationship: (See table, pp. 277).

The Thanksgiving Psalm provides the shorter version of the two. It lacks those details of the Manual of Discipline which refer to the appointed prayer times of the festivals, the seasons of the annual cycle, and their " leaders ", the Sabbatical and the Jubilee years, for all of which special songs were available, as detailed in " David's Compositions ". These omissions result in the loss of much of the enumerative quality which adheres to the " List of the Appointed Times ". The Thanksgiving Psalm is a free rendition, for poetic purposes, of the normative-liturgical composition which was incorporated into the authoritative Manual of Discipline. It is a work of an essentially individual rather than public character, and the author appears to have paraphrased a *Vorlage* which had achieved an almost canonical rigidity.

If this interpretation be correct, then some further conclusions of wider application present themselves. Here, as in many other instances, the Qumran materials may enlighten us with regard to the process and technique of ancient Hebrew (biblical) liturgical composition, especially the relationship between the " individual " song or psalm and the " communal " psalm. The paraphrastic, derivative nature of the Thanksgiving Psalm may be compared with the free arrangement of excerpts culled from the canonical Book of Psalms in the Book of Chronicles (*e.g. 1 Chr.*, 16: 8-36; cf. *Ps.* 105: 1-15; 96) or, for that matter, in the Book of Jonah (ch. 2).

The Qumran " Manual of Benedictions " may well have been the forerunner of the " Maḥzorta " — a combination of liturgical calendar with a breviary — still used in the Syrian Church and, with considerable modification, in Jewish worship. Like the " Maḥzorta ", it listed first the appropriate times of prayer: three at daylight and three night watches (presumably observed only by special members). One is reminded of the three times of daily prayer mentioned in the Book of Daniel (6: 10) and in Acts (third, sixth, ninth), and which are observed in Judaism to this

Qumran Cave I, nº 34 *bis*	*Serek* IX, 26-X, 8	*Hodayot* XII, 3-11
	(26) [בכול קץ נהי]ה יברך עושיו ובכול אשר יהיה יס[פר כבודו	(3) ואהללה שמכה בתוך יריאיכה
		(4) [אודך לדור] ודור
	בתרומת] שפתים יברכנו (1) עם קצים אשר חקק א[ל]	ותפלה להתנפל והתחנן תמיד מקץ לקץ
	ברשית ממשלת אור	עם מבוא אור (5) ממ[עונתו]
	עם תקופתו בהאספו על מעון חוקו·	בתקופות יום לתכונו לחוקות מאור גדול
		בפנות ערב ומוצא (6) אור·
	ברשית (2) אשמורי חושך כי יפתח אוצרו וישתהו על ת[בל]	ברשית ממשלת חושך למועד לילה
	ובתקופתו	בתקופתו
	עם האספו מפני אור	לפנות בוקר ובקץ (7) האספו אל מעונתו מפני אור
	באופיע (3) מאורות מזבול קודש עם האספם למעון כבוד	למוצא לילה ומבוא יומם תמיד
	במבוא מועדים לימי חודש יחד תקופתם עם (4) מסרותם זה לזה בהתחדשם	בכול (8) מולדי עת יסודי קץ ותקופות מועדים בתכונם באותותם לכול (9) ממשלתם
(1)]מאור גדו[ל למועד ה[	המ[אור ה]גדול לקודש קדשים ואות נ[אמן] למפתח חסדיו עולם	
(3)]וממשלתם בכל תבל		
	לראשי (5) מועדים בכל קץ נהיה ברשית ירחים למועדיהם וימי קודש בתכונם לזכרון במועדיהם (6) תרומת שפתים הברכנו	
(2)]ואין לעבור חוקיהם וכולם[	כחוק חרות לעד	בלכון נאמנד מפי אל ותעודות הויה
		והיא תהיה (10) ואין אפס וזולתה לא היה ולוא יהיה עוד כי לא הדעות הכינה ואין אחר עמו
(1) מועד שלומ[	בראשי שנים ובתקופת מועדיהם בהשלם חוק (7) תכונם יום משפטו זה לזה	
(2) למועד [קיץ כאשר עינינו נפ]שותינו לתקופ[ת (3) הארץ במוע[ד הזה כרביבים עלי [דשא]	מועד קציר לקיץ ומועד זרע למועד דשא	
	מועדי שנים לשבועיהם (8) וברוש שבועיהם למועד דרור	
(4) לדור ודור ברוך אדוני אשר שמחתנ[ו]		

Excerpted from Talmon, « Manual of Benedictions, » pp. 477-479.

day. Following this, the specific prayers to be offered at the appointed
times were recorded:

The early-morning prayer
The Shema'
The Amidah (or Eighteen Benedictions)
Grace before, and possibly after Meals
Prayers for each day of the week (or of the month)
A Prayer for the New Year
A Prayer for the Day of Atonement, which resembles the *widduy*,
    the confessional prayer occupying a central place in the later
    Jewish liturgy for the Day of Atonement. [26]

It is possible that even the name of the liturgical compilation is preserved in the War Scroll (*1QM* 15: 5), where we find a reference to the
"[B]ook of the Manual of Appointed Times" — ס[ספר סרך עתו, which
contained, certainly among other prayers, the benedictions pertaining to
times of war. [27]

3

The propagation of institutionalized prayer among the Judean Desert
Covenanters cannot be fully and adequately explained as arising solely
from the historical circumstances of their dissociation from the Temple
of Jerusalem and its sacrificial worship. Additional socio-religious factors
presumably played a decisive role in this development. One of these, it
would appear, was their "commune-ideology" which seriously
weakened the position of the individual as a self-contained unit in the
group, stressing instead his role and his function as a component of the
community's "corporate personality".

It is obvious that sacrificial worship, with its lack of individual variation and its dependence upon "objective" agents and institutitons —
priests, levites, sanctuaries and stereotyped ritual — would have been
suited well to the basic concepts and needs of the Covenanters. Indeed, it
can be shown that they never rejected sacrifice *per se*. In their vision of
the "new Jerusalem" the restored sanctuary with all its paraphernalia
takes prominent rank and the priesthood continues to play a central
role. [28] In their actual situation, however, participation in sacrificial wor-

---

26. 1Q34bis (*DJD*, 1, p. 152). The prayer for the Day of Atonement
(תפילה ליום כפורים) is preceded by a composition which may be connected
with the New Year, in view of the clear reference to the seasons of the annual cycle.

27. Cf. S. TALMON, *Manual of Benedictions*, pp. 499-500.

28. M. BAILLET, *Fragments Araméens de Qumrân 2: Description de la Jérusalem
Nouvelle*, in *RB*, 62 (1955), pp. 222-245. J. M. ALLEGRO, *Fragments of a Qumran*

ship had become for the above-mentioned reasons a practical impossibility; yet the sect never wavered in its conception of the exclusivity of the Jerusalem Temple as the site where sacrifices could legitimately be offered. This tension is reflected in the Qumran literature, which shows an intricate development of the presentation of heaven as a temple, in which the angels serve as cultic personnel. [29] The idea in itself has roots in biblical and ancient oriental traditions. However, the intensive preoccupation of the Covenanters with the image of a heavenly temple both gives expression to their critique of the contemporary Temple operative in Jerusalem and discloses their unwillingness to replace the traditional sanctuary at Jerusalem with any other terrestial centre of worship. [30]

Coerced, as it were, to dissociate from the Temple in Jerusalem, and the substitution of another cultic site being absolutely unacceptable, sacrifice automatically ceased fulfilling any function in the devotional practices of the group from the Judean Desert. [31] It is in the light of the cessation of sacrificial worhisp, and the resultant quest for a new form of divine " service ", that we must understand the Covenanters' midrashic amplification of *Proverbs*, 15 : 8 : " The sacrifice of the wicked is an abomination, but the prayer of the righteous is an offering of delight " (*CD*, 11 : 20-21). [32] In order successfully to compensate the loss of the sacrificial cult, and by reason of their group-centered ideology, the Covenanters especially promoted de-individualized, and therefore stereotyped, forms of prayer, which could be adapted without further qualification to communal devotion. Their egalitarian principles; the right of each member to scrutinize the deeds of his fellow; the hierarchical structure of the community and the resulting system of close supervision of the lower-ranking by their superiors — all of these factors were conducive to the

---

Scroll of Eschatological Midrashim, *JBL*, 77 (1958), pp. 350-354 = 4Q174. *Florilegium*, in *DJD*, V (1968), pp. 53ff. Cf. Y. YADIN, *A Midrash on 2 Sam vii and Ps. i-ii (4Q Florilegium)*, in *IEJ*, 9 (1959), pp. 95-98.

29. J. STRUGNELL, *The Angelic Liturgy* (cf. n. 20).

30. Cf. D. FLUSSER, *Two Notes on the Midrash on 2 Sam vii*, in *IEJ*, 9 (1959), pp. 99-109. The basic treatment of this motif is V. APTOWITZER, *The Heavenly Temple in the Agada*, in *Tarbiz*, 2 (1930), pp. 137-153, 257-287 (Hebrew).

31. The bones found at Qumran do not witness to sacrifice, *contra* STECKOLL, *The Qumran Sect in Relation to the Temple of Leontopolis*, in *RQ*, 6 (1967), pp. 55-69. Cf. R. DE VAUX's rejoinder in *RB* 75 (1968), pp. 204-205 and the discussion in *Archaeology and the Dead Sea Scrolls*, London, Oxford University Press, 1973, pp. 11ff.

32. זבח רשעים תועבה ותפילה צדיקים כמנקת רצון (ed. RABIN, pp. 58-59). Cf. *1QS*, 9 : 3ff.; *11QPsª*, 18 : 8-10. See the discussion of D. FLUSSER, *The Dead Sea Sect and Pre-Pauline Christianity*, in *Scripta Hierosolymitana*, 4 (1958), pp. 229-236; B. GÄRTNER, *The Temple and the Community in Qumran and the New Testament*, Cambridge, 1965, pp. 19ff., 44-46; and J. M. BAUMGARTEN, *Sacrifice and Worship Among the Jewish Sectarians of the Dead Sea (Qumrân) Scrolls*, in *HTR*, 46 (1953), p. 145.

development of worship-patterns which were fixed in time and openly observable, removed from the sphere of subjective *ad hoc* decisions with their concomitant individualized forms of expression. In short, the emergence of institutionalized prayer: " The prayer formula is stereotyped and strictly obligatory; the wording is inviolable, sacrosanct; no worshipper may dare to alter the words in the slightest degree, any more then he would think of making a change in the ritual acts of sacrifice, expiation, or consecration. " [33]

Moreover, prayer times became definitely fixed. It is quite possible that in this respect, the Covenanters again shared with other Jewish groups specific cultic developments or else exclusively based themselves on biblical prototypes. It is of interest to note that the first mention of three definite prayer times during the day is found in the Book of Daniel. There we are told that Daniel went into his house whose windows looked towards Jerusalem, " and there he knelt down three times a day and offered prayers to his God as his custom had always been " (6: 11). His enemies pounced upon this opportunity to denounce him to the king who had issued an ordinance that only he himself should be the object of adoration, and had Daniel thrown into the lions' pit in punishment for his transgression (*ib.*, 12-17). It is practically the unanimous opinion of scholars that, being among the latest works in the O.T. canon, the Book of Daniel, though possibly not all of it, was committed to writing approximately at the time of the emergence of the Qumran community, or not much earlier, *i.e.* at the end of the third or the beginning of the second century B.C.E. The information contained in the Book of Daniel, which is extant in Qumran in several copies, therefore can be adduced as corroborative evidence for the emergence of fixed prayers at the time when we first encounter them at Qumran.

In view of these characteristics it is rather surprising that the priests apparently were not accorded a special standing in the Qumran prayer service and did not fulfill the functions of ' cultic virtuosi ' (to use a term coined by Maw Weber) which they assumed in the sacrificial service. The one exception which can be elicited so far from the Qumran writings is the priests' offering of the blessing over the bread and wine at group meals which also were an occasion for study (*1QS*, 6: 2-8; cp. *CD*, 13: 2-3). The same prescription applies to the " messianic meal " in the " latter days " ('*ḥryt hymym*), as laid down in the Rule of the Congregation (*1QSa* 2: 17-21). This appears to have been a generally recognized Jewish custom since it is also mentioned in Rabbinic writings (Bab. Tal. *Gittin* 59b). [34] But there is no warrant to deduce from this single reference, as Licht would have it, that such was the priests' prerogative at all public

---

33. F. HEILER, *op. cit.*, p. 66.
34. See also: HEINEMANN, *op. cit.*, p. 10.

prayers. [35] The contrary seems to be the case, since in no other reference to prayer are priests ever singled out. I tend to explain this circumstances as pointing to an intention not to accord to the priests in the prayer service the status of intermediaries which they occupy in the sacrificial service. In prayer, the community as such assumes this function. It is possibly for this same reason that we do not find anywhere a mention of a cantor who would lead the congregation in prayer, an office which later developed in the synagogue service. One is tempted to see in this an assertion of egalitarian principles vis-à-vis the otherwise preferred status of the priests.

I propose to discern a similar meaning and intent in the composition of the council of the community (ᶜṣt hrbym) of fifteen, in which we find 12 laymen, probably representing ideally the traditional twelve tribes, and three priests (1QS, 8: 1ff.). The figure of fifteen is taken by Licht to be the minimum number required for the constitution of a self-contained Qumran community, and nothing more [36]. Differing from this interpretation, I subscribe to the explanation that the fifteen constitute a "governing council", whereas the minimum number required for a "community" is ten, including one priest (see above). If that should be the case, then at any given occasion of difference of opinion the larger number of laymen on the 'council' would outweigh the smaller number of priests, notwithstanding their prestigious status, and this would safeguard the Covenanters' egalitarian principles against disproportionate priestly self-assertion.

We have pointed to the many affinities between the "Manual of Benedictions" of the Qumran community and those basic Jewish prayers which developed in the period of the Tanna'im and 'Amora'im and which ultimately became the core of the traditional prayer book. This shared ground cannot cause any surprise since the Covenanters from the Judean Desert must be viewed after all as an offshoot of post-exilic Judaism, whose institutions and beliefs found their most salient expression in normative Judaism of the late Second Temple period. We have placed great emphasis as well on the early appearance of institutionalized prayer at Qumran, a socio-religious development paralleled in normative Judaism only after the destruction of the Temple. In view of these similarities and precedences, however, we must be alive to a number of fundamental differences in patterns of worship between the Covenanters and the larger Jewish community.

There is an astonishing absence in the Qumran writings of any references to the reading of the Law as a major feature of the divine service. The liturgical reading from the Law, as is well known, goes back to the

---

35. J. LICHT, *The Rule Scroll*, p. 139, notes *ad loc.*
36. J. LICHT, *ibid.*, pp. 112, 119, and especially 167.

times of Ezra and Nehemiah. It is usually viewed as one of the earliest components of synagogue worship, so much so that scholars are inclined to consider it the basis and the core of the service. Some even perceive in it the very reason for the establishment of the synagogue, which at first was not meant to be a " house of prayer " but rather a place for reading the Law [37].

In this context it is important to note that the technical term used to designate the Covenanters' place of worship is *byt hšthwt* (CD 11 : 21) and not *byt knst* or *byt tplh* which are the terms used in the vocabulary of the 'normative' Jewish community. *Byt hšthwt* equals the Greek προσκυνή-ση [38] rather than συναγωγή and appears to focus exclusively on the invocation character of the service held at that place. The term *byt hšthwt* is possibly derived from the biblical reference to a ' house of prostration ' dedicated to the Aramean deity Rimmon (2 *Ki.*, 5 : 18). Its Aramaic equivalent is extant in the Elephantine Papyrus no. 44, 3 (ed. Cowley, p. 147), and has its counterpart in the Arabic *misgad*.

Without intending to establish any historical links between the Qumran community and the Samaritans, another group of Jewish dissenters which preceded the Covenanters in the secession from the mother community, attention should be drawn to the fact that also in the Samaritan worship the Law is not read. Their service on the morning of the Sabbath consists exclusively of prayer chants. Even today, the appropriate portions of the Law are read in private after the service. Another public reading is performed about midday, as an adjunct, as it were, to the morning prayer. This similarity in the liturgical service between the practices of two unconnected non-normative communities whose traditions are rooted in postexilic or, in the case of the Samaritans possibly even pre-exilic times, vouches for the antiquity of the Qumran pattern of liturgical worship.

With the above *caveat* in mind, we nevertheless could venture the suggestion that the similarities of the Qumran and the Samaritan forms of worship possibly represent basic notions of an early Palestinian type of liturgical worship which may have differed to some degree from the one introduced into Palestine by the returning Exiles from Babylon in the days of Ezra and Nehemiah.

---

37. Cf. HEINEMANN, *op. cit.*, p. 83 and references to Safrai and Zeitlin.

38. Cf. Th. OLM, *Proskynese*, in *RGG* 3, Tübingen, J.C.B. Mohr, 1961, cols. 640-641; E. RIVKIN, *Ben Sira and the Non-Existence of the Synagogue. A Study in Historical Method*, in *In the Time Of Harvest Essays in Honor of Abba Hillel Silver*, New York, Macmillan, 1963, pp. 320-354, esp. Appendix B; also: S. TALMON, *A Further Link between the Judean Covenanters and the Essenes*, in *HTR*, 56 (1963), pp. 313-319.

At Qumran there emerged a form of divine service which lacks the distinct feature of Jewish synagogue ritual. It appears that the Covenanters developed a worship pattern which was structured around prayer to the very exclusion of any other element. This fact puts into even sharper relief the transition from sacrifice to prayer which seems to have taken place at Qumran without any intermediating factors.

We may add one further consideration. Historically, sacrifice in Israel was predominantly group-oriented. Though individual sacrificial offerings have their place in biblical ritual law, the main aspects are definitely of a group nature, pertaining either to the " family " (clan) or the " nation ". In some cases, as with the agricultural festivals, we may observe the prescribed rites and customs oscillating between observance within the family-circle and execution by representation on a nationwide basis. Thus, the Passover sacrifice initially was conceived as a function of a family unit (*byt 'b*) with every member of the household participating. Side by side with this pattern, rather than superseding it, there emerged the custom of observing the Passover ritual at the central sanctuary, with the representatives of the family units participating on a nationwide scale. [39] After the final disappearance of a central sanctuary in the wake of the destruction of the Second Temple, the family-bound pattern of observance regained its initial exclusiveness, which it retains to this very day.

Neither the family-oriented nor the nation-centred pattern of worship could truly gain a hold over the Judean Covenanters, who undervalued family organization to the point of idealizing the exclusively male commune [40] and who posited themselves as a self-assumed elite standing in conscious opposition to the body of the nation. The new form of worship which they adopted, that of institutionalized prayer, gave expression to the egalitarian principles of the group and at the same time furthered group-cohesion.

Our analysis suggests that, despite the enormous breadth of common ground, no definite historical interdependence can be established between the emergence of institutionalized prayer at Qumran and the early prayer of the normative Jewish community. Jewish prayer developed within the framework of pre-existing, ascriptive social entities — the family and the nation — and cannot be linked with elective groupings that have no roots in the natural structure of the society. As against this, though, one might posit a historical connection between the ritual

---

39. Cf. the non-innovative aspect of Josiah's reform, S. TALMON, *Divergences in Calendar-Reckoning in Ephraim and Judah*, in *VT* 8 (1958), pp. 48-74.

40. In this respect, the Covenanters differ significantly from the Jewish exiles in Babylonia who attached prime importance to traditional family bonds and to clan consciousness (*Ezra*, ch. 2).

prayer of the Covenanters and early institutionalized Christian prayer, as developed initially in the monastic movement. It is here that a similarity in the sociological composition of two groups may have effected a borrowing of devotional practices. This hypothesis, however, calls for further and detailed investigation.

Jerusalem, Hebrew University   Shemaryahu TALMON

My thanks are due to my assistant Mr. D. Satran for his valuable help in preparing the final version of this paper for publication.

Die Wurzel שוב in der Qumrânliteratur

Es ist ein äußerst umfangreiches Unterfangen, eine umfassende Darstellung des Bedeutungsfächers der Wurzel שוב in der qumran-essenischen Literatur zu erarbeiten. Die Vielschichtigkeit dieses Unternehmens hat hauptsächlich zwei Gründe. Einmal muß das Lexem jeweils in seinem mikrosemantischen und makrosemantischen Horizont gesehen werden. Dies ist natürlich gerade in der Erforschung der Texte aus Qumran sehr häufig erschwert durch Textverderbnis, Interpretationsschwierigkeiten und mangelhafte Einsicht in die real-historischen Hintergründe. Diese Unsicherheiten sind auch fast 30 Jahre nach dem Auffinden der ersten Rolle trotz der intensiven und findigen Arbeit so vieler genialer Gelehrter nicht beseitigt. Der zweite Grund liegt in dem außerordentlich breiten Bedeutungsfächer, in den hinein sich die Wurzel šûb während fast 2000 Jahren semitischer Sprachentwicklung aufgeschlüsselt hat. Die ältesten Belege der Wurzel finden sich in den Tontafeln von Ugarit-Ras Shamra, Onomastiken der Amoriter und vielleicht auch in den protosinaitischen Inschriften [1]. Etymologisch läßt sich die Wurzel durch akkadisches šâbû I, „ sich neigen? schwanken, taumelig werden " [2] wahrscheinlich auf ein sumerisches šub I „ wenden, umwenden, umwerfen, niederwerfen, werfen " [3] zurückführen. Das in dieser frühen Entfaltungsphase dieser Wurzel aufscheinende völlige Fehlen einer Richtungsdetermination der beschriebenen Bewegung ist maßgeblicher Grund für die ungeheure Vielfalt von Bedeutungen, wie sie besonders in der alttestamentlichen Ver-

---

1. Die Belege finden sich zusammengestellt in meiner Dissertation *Die Wurzel šûb in der Qumran-Literatur. Zur Semantik eines Grundbegriffes*, in *Bonner Biblische Beiträge* 46, 1975, 10-18. Vgl. inzwischen auch J. A. SOGGIN, שוב *šûb zurückkehren*, in *THAT*, II, München, 1976, 884-891. Im Rahmen dieses Vortrages möchte ich nicht eingehen auf die Belege der Wurzel im Hiphil und im Hophal. Es würde dies bei weitem diesen Rahmen sprengen, zumal die ganze Breite qumran-essenischer Vergeltungslehre, die Verantwortlichkeit des Menschen gegenüber Gottes Heilsangebot, zugleich die Forderung der Esoterik mit in die Betrachtung aufgenommen werden müßten. Die Nominalformative überschreiten im wesentlichen nicht die durch das Alte Testament vorgezeichneten Bereiche.

2. A. SALONEN, *Akkadian Lexicography*, in *Or*, 19, 1950, 404-407, bes. 406; W. VON SODEN, *AHw*, III, Wiesbaden, 1974, 1120.

3. F. DELITZSCH, *Summerisches Glossar*, Leipzig, 1914, 267; A. DEIMEL, *Sumerisches Lexikon*, III/2, Rom, 1937, s.v. *šabâsu*.

wendung zum Ausdruck kommt. Als wahrer Sprachkünstler im Umgang mit diesem Wort erwies sich der Prophet Jeremia, den Holladay zu Recht den „ conscious master of the word " nennt [4]. Die Deutungsschwierigkeiten aufgrund der semantischen Ambivalenz werden — auch in Qumran — durch das Fehlen von Invektiven, also beim absoluten Gebrauch, noch empfindlich vermehrt. Hier kann dann nur durch sorgfältige Analyse des Kontextes ein gültiges Kriterium gewonnen werden, das auf der etymologischen Folie der Grundbedeutung nun die aktuelle Bedeutung des belegten Formatives erhellt.

In den von Kuhn erfaßten Texten aus Qumran begegnet *šûb* ca. 154mal, davon 84mal im Qal, 42mal im Hiphil, 2mal im Hophal und 18mal als Nominalformativ *māšûb*, *tešûbāh* (das besonders beliebt ist in der rabbinischen Literatur [5] und schließlich in deutlicher Reminiszenz an *Jes.*, 30, 15 *šûbāh* [6]. Schon ein erstes grobes semantisches Einteilungsprinzip läßt die für die qumran-essenische Mönchsgemeinde typischen Schwerpunkte aufscheinen. Eine erste Kategorie ist der „ Rückzug im Kampf ", mit der umfangreichsten Beleggruppe in 1QM [7], eine militärtechnische Bewegung eigentlich profaner Provenienz. Aber bereits die zweite Kategorie „ Rückkehr zur Gemeinschaft " [8] dringt vollends in den religiösen und theologischen Bereich vor, wie sich aus zahlreichen Implikationen aufweisen läßt. Wenn wir diese Rückkehr näher zu beschreiben versuchen als eine tatsächlich örtlich vollziehbare Bewegung, so treffen wir damit sicher nur einen Aspekt, nämlich die äußere Manifestation einer inneren Haltung der Umkehr. Sie findet signifikant im freiwilligen Exil der essenischen Gemeinschaft ihren Ausdruck. Dieser Aspekt der Umkehr wird auch gefaßt — und hier zeigt sich deutlich die semantische Ambivalenz — in der 3. Kategorie, der „ Abkehr von der Sünde " [9], die sich nach qumran-essenischer Auffassung primär in der Absonderung von der frevelhaften Jerusalemer „ Orthodoxie " manifestiert. Sie ist zugleich wesentlich 4. „ Hinkehr zur Thora " [10] in ihrem komplexen Verständnis

---

4. W. L. HOLLADAY, *The Root šûbh in the Old Testament*, Leiden, 1958, 152.

5. Vgl. hierzu E. K. DIETRICH, *Die Umkehr (Bekehrung und Busse) im Alten Testament und im Judentum*, Stuttgart, 1936.

6. Vgl. K. G. KUHN, *Konkordanz zu den Qumran-Texten*, Göttingen, 1960, 134.217ff.237 ; DERS., *Nachträge zur „ Konkordanz zu den Qumrantexten "*, in *RQu*, 4, 1963, 208.229f.

7. Vgl. H. J. FABRY, *a.a.O.*, 24f.318. (1mal 1QH ; 11mal 1QM, 1mal 4QDibHam).

8. *A.a.O.*, 25ff.319 : 1QS 1, 17 ; 5, 22 ; 7, 2.17a.b.19.23.24 ; 8, 23 ; 9, 1 ; CD 19, 34 ; 20, 5.10.14 ; 1QH 14, 21 ; 4QpHosᵃ 1, 15.

9. 1QS 5, 1.14 ; 10, 20b ; CD 2, 5 ; 15, 7 ; 20, 17 ; 1QH 2, 9 ; 6, 6 ; 14, 24 ; 4QPs 37, 2, 3.4.

10. 1QS 5, 8 ; 10, 11 ; CD 15, 9 ; 16, 1.4 ; 4QpPssᵃ 11, 1 ; 4QpPs 37, 2, 2. Vgl. hierzu H. BRAUN, *Beobachtungen zur Tora-Verschärfung im häretischen Spätjudentum*, in *ThLZ*, 79, 1954, 347-352 ; M. DELCOR, *Contribution à l'étude de la législation de sectaires de Damas et de Qumrân*, in *RB*, 61, 1954, 533-553.

als Obödienz gegenüber Moses-Thora und Gemeinderegel (1QS 5, 8).
„ Umkehr zur Thora " ist eine der qumranessenischen Neuprägungen
gegenüber dem alttestamentlichen Sprachgebrauch. Sie meint kein
Augenblicksgeschehen, sondern eine das Leben bestimmende Grundhal-
tung des Frommen. Verstockung, Angst und Wankelmut (1QS 3, 3)
greifen gerade hier den Menschen an und die zahlreichen Ermahnungen
zum *šûb, dāraš, biqqēš* und *'aśāh* mit Zielobjekt „ Thora " sind deutlicher
Hinweis darauf, daß gerade in diesem Bereich der Qumran-Fromme
starken Anfechtungen ausgesetzt war. Deshalb ist die „ Umkehr zur
Thora " schon fester Bestandteil des Introitus-Rituales (CD 15, 9) und
notwendige Voraussetzung für weitere Unterweisung in den *mišpaṭîm*.
Die Neuprägung *šûb 'æl tôrāh* zeigt, daß in der Vorstellung der religiös-
ethischen Umkehr eine spürbare nomistische Verlagerung eingetreten ist.
Ein weiteres Proprium qumranischer Terminologie ist die in der Forschung umstrittene Wendung *šûb mêmiḏbar hā'ammîm* (1QM 1, 3 und
4QpJesᵃA 1), eine typologische und metaphorische Aussage, die in ten-
denziöser Weise *Ez.*, 20, 35 aktualisieren will. An dieser Stelle ist die
Wurzel *šûb* primär in der semantischen Nuancierung „ sich sammeln " [11]
zu verstehen, so daß die Aussage dieser Stelle auf die große eschatologische Sammelbewegung der verschiedenen essenischen Splittergruppen
hinzielt. Die „ Umkehr zur Wahrheit " (*šûb lā'æmæṯ*, 1QS 6, 15) ist ein
fester Bestandteil der Noviziatszeit und ein Aspekt der Abkehr von allem
Frevel. Das Manual für den Aufseher (1QS 6) versteht sie als unabdingbare Voraussetzung für die endgültige Aufnahme in die Gemeinde. Dabei
kommen auch in dem Begriff *'æmæṯ* gemeindespezifische Vorstellungen
zum Ausdruck, denn das Leben in der Gemeinde gilt als Dienst der
'æmæṯ (1QpHab 7, 11f.) und die Gemeinde selbst gilt als Verkörperung
der *'æmæṯ* (vgl. 1QS 2, 24ff.; 5, 6; 8, 9 u.ö.). Hier nun ergibt sich wiederum ein wesentlicher Aspekt der qumran-essenischen Vorstellung der
Umkehr: bei weitgehender Identität der Umkehr zur Gemeinde und der
Umkehr zur Wahrheit ist letztere doch in ihrer Eigenbedeutung erfaß-
bar, sie ist die nur innerhalb der Gemeinde vollziehbare verinnerlichende
Prolongation der Umkehr zur Gemeinde.

Damit also zeigt die qumran-essenische Umkehr eine deutliche Bipolarität, einmal vollzieht sie sich außerhalb des *jaḥaḏ* auf ihn hin; diese
Umkehr ist zu unterscheiden von der, die sich innerhalb des *jaḥaḏ* vollzieht. Diese Bipolarität zeigt sich auch in der nur in 3 Belegen vorliegenden „ Umkehr zu Gott " (1QH 16, 17; CD 20, 23; 4QDibHam
5, 13). Die Seltenheit dieser für Alttestamentler doch geläufigen Vorstellung vor allem aus dem Bereich des prophetischen Ethos, hat ihren

---

11. Diese Bedeutung zeigt *šûb* besonders im Arabischen (E. W. LANE, *Arabic-
English Lexicon*, I/1, New York, 1955 (repr.) 362f.) und im Altsüdarabischen (z.B.
RES, 3945, 2).

Grund offensichtlich darin, daß im täglichen Leben die Umkehr zu Gott
durch konkretisierende Realisationsmöglichkeiten („ Umkehr zum Bund,
Umkehr zur Wahrheit " etc.) überlagert wurde. Zugleich gründet die
Rarität dieser Formulierung auch in der allgemeinen Scheu vor dem
Gebrauch des Gottesnamens [12]. In diesem Zusammenhang ist von besonderer Aussagekraft der Beleg 1QDibHam 5, 13. Die Formulierung erin-
nert stark an die geschichtstheologisch verwendete Umkehrparänese
Deut., 30, 1-3. Hier versteht sich die Qumran-Gemeinde als „ Umkehrer-
Gemeinde ", die nach den Segnungen Gottes Ausschau hält. Gerade hier
erhält die „ Umkehr zu Gott " die Konnotation der Beharrlichkeit und
des sich beständigen Stützens auf Gott. Diese Umkehrauffassung ist
bereits bei Jesaja (*Jes.*, 10, 20) vorgeprägt, zeigt nun jedoch neue politische Relevanz, insofern sie zur politischen, kultischen und kulturellen
Separation dieser essenischen Gruppe führte. Die Umkehr als Rückfin-
dung zu Gott wird in dieser Sprache dann qualifizierter Ersatz für den
verlorenen Tempelkult als Ort der Gottesbegegnung. Umkehr wird Zeichen der Spiritualisierung des Kultes [13].

Die „ Umkehr zu Gott " wird in Qumran selten erwähnt und dadurch
vor Zerredung geschützt. Sie ist Sammelbegriff für verschiedene Konkre-
tisierungen, die, wie schon angedeutet, in zwei Hauptaspekte zu zerlegen
sind, in die Umkehr „ in communitatem " als Konversion, und die
Umkehr „ in communitate ". Das Introitus-Manual CD 15, 7-9 markiert
einen Angelpunkt, an dem beide Auffassungen sich berühren. Trotzdem
sind beide Schritte deutlich voneinander zu trennen, da der eine Schritt
notwendige Voraussetzung für den anderen ist. In der Postulation des
Eintrittswilligen manifestiert sich bereits die erste Stufe, insofern in ihr
die Umkehr zum *jaḥaḏ* und zum *b^erîṯ* zum Ausdruck kommt. Nun aber
beginnt erst die durch feierlichen Eid zu bestätigende eigentliche Arbeit
an sich selbst, die innere Ausrichtung auf die Thora und '*æmæṯ*. Hier
rühren wir an einen Kernpunkt qumran-essenischen Selbst- und Gottes-
verständnisses, und es lohnt, hier zu insistieren. Deshalb sollen die weiteren semantischen Bereiche, die von der Wurzel *šûḇ* eingenommen werden, nur genannt sein. Im Bereich des Rechts [14] begegnet die Wurzel in
vielfachen Zusammenhängen, und sie vermag selbst in Rechtssätzen

---

12. Dazu vgl. jetzt RINGGREN, FABRY, הוא *hû'*, in *ThWAT*, II, 363-375, bes.
367f.

13. Es überrascht nicht, daß die gleiche Beobachtung an der semantischen Entwicklung der parallelen Verben *dāraš* und *biqqeš* zu machen ist. „ Vom frühen Auf-
suchen der Orakelstätte und des Heiligtums geht die Entwicklung zum meditativen
Suchen der Gottesgemeinschaft zu einem ethischen Grundverhalten des gläubigen
Juden " (H. J. FABRY, *a.a.O.*, 53, Anm. 67).

14. Vgl. hierzu die ausführliche Darstellung in H. J. FABRY, *a.a.O.*, 72-110.

einer relativ homogenen Disziplinarordnung [15] eine überraschende Variabilität in Verwendung und Funktion aufzuweisen. Besonders deutlich erhält die hier genannte Umkehr das Kolorit einer durativen Lebenshaltung in der Absonderung von der Lebensweise der ʾanšê hāʿāwæl. Sie zeigt sich als eine ganzheitliche Verpflichtung, die über das Moment der reinen Ableistung hinaus eingeht in das Verständnis des Mitgliedes von Bund und Bundestreue und in sein Bewußtsein von Zugehörigkeit zur Gemeinschaft und Teilnahme an ihren Verheißungen. Das Zeugenrecht basiert deutlich auf deuteronomischen Traditionen (Deut., 17; 19); nur ist in Qumran die Befähigung zum rechtskräftigen Zeugnis eng mit der Umkehr im religiös-ethischen Sinne verbunden, die im Zusammenhang mit den Reinigungsriten die Rekonziliation ausmacht (vgl. besonders CD 10, 2f.). Die Einknüpfung von šûb in das Exkommunikationsrecht ist so häufig, daß sie bereits zu einer formelhaften Sentenz erstarrt ist. Šûb wird fester Bestandteil einer Irrevokabilitätsformel lôʾ šûb ʿôd, die der Exkommunikationsformel zur Verabsolutierung angefügt wird. Diese Formel versteht šûb als Terminus der Rückkehr zur Gemeinde und ihrem Lebensraum und einer Rückkehr zu einer verantwortlichen Mitgliedschaft.

Rein anthropologische Zusammenhänge werden berührt, wenn šûb die „ Rückkehr zum Staub “ bezeichnet. [16] Ziel dieser Aussagen ist es, die kreatürliche Ohnmacht, Gebrechlichkeit und Formlosigkeit des Menschen, seine Sündenverfallenheit und die Unfähigkeit der Rechtfertigung [17] auszudrücken. Rückkehr zum Staub wird in Qumran zum Bekenntnis eigener Bedeutungslosigkeit, fataler Lebensunfähigkeit und unüberbrückbarer Gottesferne, in der der Mensch sich in Sünden verstrickt. Hier liegt aber auch zugleich der Ansatz zum Bekenntnis zum Schöpfer, zu seiner göttlichen und theo-ökonomischen Schöpfungsordnung.

---

15. 1QS 1, 17; 5, 8-14.22; 7, 2.17.19.24; 8, 23; 9, 1; CD 9, 19; 10, 3; 15, 9.12; 16, 1.4; 20, 5.20; 4QT 24. Zur Disziplinarordnung Qumrans vgl. besonders C. H. HUNZINGER, *Beobachtungen zur Entwicklung der Disziplinarordnung der Gemeinde von Qumran*, in: H. BARDKE, *Qumran-Probleme. Schriften der Sektion für Altertumswissenschaft*, 42. Deutsche Akademie der Wissenschaften, Berlin 1963, 231-247; J. SCHMITT, *Contribution à l'étude de la discipline pénitentielle dans l'église primitive à la lumière des Textes de Qumran*, in *Les Manuscrits de la mer Morte* (Colloque de Strasbourg 1955), Paris, 1957, 93-109.

16. 1QH 10, 12; 11, 20; 12, 26f.31; Fragm 1, 4; 4, 11; 4Q 184, 1, 11, vgl. H. J. FABRY, *a.a.O.*, 110-120 und H. W. KUHN, *Enderwartung und gegenwärtiges Heil. Untersuchungen zu den Gemeindeliedern von Qumran*, in *StUNT*, 4, 1966, 27f.

17. Zum Problem der Rechtfertigung vgl. jetzt O. BETZ, *Rechtfertigung in Qumran*, in *Rechtfertigung. Festschrift für E. Käsemann zum 70. Geburtstag, herausgegeben von* J. FRIEDRICH, W. PÖHLMANN und P. STUHLMACHER, Tübingen-Göttingen, 1976, 17-36.

Es hat sich gezeigt, daß der überwiegende Anteil der qumranessenischen Belege von *šûb* in deutlicher Verbindung mit der ekklesiologischen Terminologie steht. Von hierher erfährt deshalb die Deutung der Umkehr eine wesentliche Bereicherung. Das Spezifische der qumranessenischen Selbstbenennung ist zugleich auch ein spezifischer Aspekt ihrer Umkehr.

In nachexilischer Zeit konstituierten sich viele religiöse Formierungen (*habûrôt*) [18], die als ihre wichtigste Zielsetzung die möglichst vollkommene Erfüllung der mosaischen Thora propagierten. Solche Gruppierungen nahmen ihre Selbstbezeichnung bei aller separatistischer Grundtendenz doch immer aus der traditionellen ekklesiologischen Terminologie. Wir treffen die Bezeichnungen *qahal*, *'edāh*, *'ām* [19] an, seltener auch *sôd* und *'esāh* und schließlich *bᵉrît*. [20] Die Essenergruppe von Qumran wählt jedoch für sich die Selbstbezeichnung *jahad* [21], und hebt sich damit in augenfälliger Weise von den anderen Gruppierungen ab. In der Forschung sind viele Gründe vorgelegt worden, um die Auswahl gerade dieses Terminus und seiner Verabsolutierung zum qumran-ekklesiologischen Zentralbegriff zu erklären. Dombrowski versuchte, *jahad* als Übersetzungswort für hellenistisches τὸ κοινόν religiös-kultischer Provenienz zu erweisen. Das hätte aber eine weit tiefgreifendere Hellenisierung der Qumran-Gruppe zur Folge haben müssen. Zudem wäre diese Gleichung *jahad* = τὸ κοινόν den antiken Historiographen Philo und Josephus nicht entgangen, die ihrerseits deutliche Schwierigkeiten haben, umgekehrt für

---

18. Vgl. J. NEUSNER, *Ḥbr and n'mn*, in *RQu*, 5, 1964/65, 119-122; P. SEIDENSTICKER, *Die Gemeinschaftsformen der religiösen Gruppen des Spätjudentums und der Urkirche*, in *SBF*, LA, 9, 1958/59, 94-198; H. CAZELLES, חבר, *habar*, in *ThWAT*, II, 1975f. 721-726.

19. Vgl. L. ROST, *Die Vorstufen von Kirche und Synagoge im Alten Testament*, in *BWANT*, IV/2, ²1967; G. W. ANDERSON, *Israel: Amphictyony: 'am, ḳāhāl, 'ēdāh*, in *Translating and Understanding the OT. Essays in Honor of H. G. May* (herausg. von H. Th. FRANK-W. L. REED), Nashville, 1970, 135-151.

20. *B Joma* 69a erwähnt eine Pharisäergruppe, die sich „ Heilige Gemeinde von Jerusalem " (*qahala*) nennt. Die Damaskus-Gruppe der Essener nannte sich nach CD 8, 21 „ Neuer Bund " (*bᵉrit hāhᵃdāšāh*), die Gruppe mit der Regel 1QSa bevorzugte für sich die Bezeichnung „ Gemeinde Israels (*'edat jiśra'el*) am Ende der Tage " (1QSa 1, 1).

21. Aus der zahlreichen Literatur seien hervorgehoben B. DOMBROWSKI, *HYḤD in 1QS and* τὸ κοινόν. *An instance of Early Greek and Jewish Synthesis*, in *HThR*, 59, 1966, 293-307; E. KOFFMANN, *Rechtsstellung und hierarchische Struktur des* יחד *von Qumran*, in *Bibl.*, 42, 1961, 433-442; J. MAIER, *Zum Begriff* יחד *in den Texten vom Toten Meer*, in *ZAW* 72, 1960, 48-66; J. MAUCHLINE, *The Uses of* יחד *in the OT*, in *GUOST*, 13, 1947-49, ed. 1951; S. H. SIEDL, *Qumran. Eine Mönchsgemeinde im Alten Bund. Studie über Serek ha-yahad*, in *Bibl. Carmelitica*, II/2, Rom., 1963, 7-34; W. WERNBERG-MØLLER, *The Nature of the Yaḥad according to the Manual of Discipline and related Documents*, in *AnLeeds Or.Soc.*, 6, 1966-68, 65-81.

die qumran-essenische Selbstbezeichnung ein entsprechendes griechisches Äquivalent zu finden (vgl. etwa ihre Vorschläge ϑίασος, ὅμιλος) [22].

Die Etymologie des Begriffes [23] kann einigen Aufschluß geben über den Grund der Übernahme, denn das der Wurzelbedeutung inhärente Moment des „ Eins-sein, Gemeinschaft-sein " war wohl der Anstoß, insofern es den Vorstellungen der Qumran-Essener entgegenkam. Ihrer Meinung nach war nur dieses Wort geeignet, das Wesentliche ihrer neuen Glaubensgemeinschaft programmatisch auszusagen. So vermochte *jaḥaḏ* nicht nur die „ Gemeinschaft " als Ganzes, sondern auch die „ Einigkeit " der Mitglieder untereinander und schließlich die „ Einzigkeit " und Ausschließlichkeit der Gemeinde als Weg zum Heil zu verdeutlichen [24]. Diejenigen, die *jaḥaḏ* als ihren ekklesiologischen Grundbegriff verwenden, geben damit zu verstehen, daß sie ihre Kirche als besonders horizontal geprägte Gemeinschaft, als das Miteinander von Menschen in der sacra communio verstehen wollen. Dies wird nun vollauf bestätigt durch den Gebrauch dieses Wortes, der mehrere Aspekte in unterschiedlicher Weise betont.

Das 6. Kapitel der Sektenregel versteht *jaḥaḏ* durchweg als Gemeinschaft im Sinne einer organisierten Größe; Voraussetzung zur Aufnahme in diese Sozietät ist ein zweijähriges Noviziat, dessen wesentliche und unabdingbare Komponente die Umkehr ist. Das 5. Kapitel hingegen versteht den *jaḥaḏ* mehr als lokalen Bereich, in dem der einzelne die Unbeschnittenheit seiner Triebe beschneiden (5, 5) und sich dem Bund Gottes zuwenden soll (5, 22). Die Zentral-Definition von *jaḥaḏ* schließlich in 1QS 2, 24 läßt sowohl den Charakter einer Sozietät wie auch die lokale Nuance völlig in den Hintergrund treten. Hier zeigt sich vollends die Spiritualität dieser Gemeinschaft, wenn sie ihren eigenen Gemeinschaftsbegriff als Programm einer Verhaltensweise, mehr noch: einer Lebensweise verstehen will. Die Lebensweise des *jaḥaḏ* und im *jaḥaḏ* hat als Ziel die Gottsuche (1QS 1, 1), wie es als programmatische Präambel der Sektenregel vorangestellt ist, die Manifestation des Bundes (5, 21) und den vollkommenen Lebenswandel (9, 6). Deshalb ist er ein *jaḥaḏ* in der Wahrheit (8, 5), in der Heiligkeit (9, 2), in der Thora (5, 2).

Programmatischen Charakter hat auch die Bezeichnung *jaḥaḏ 'el* „ Gemeinschaft Gottes " (1QS 1, 12; 2, 22; 3, 6), die in sich die Momente

---

22. Vgl. hierzu besonders R. MARCUS, *Philo, Josephus and the Dead Sea Yaḥad*, in *JBL*, 71, 1952, 207-209.

23. Als wichtigste Erklärungsversuche zur Etymologie sind über Anm. 21 hinaus noch zu nennen: M. D. GOLDMAN, *Lexicographic Notes on Exegesis*, in *ABR*, 1, 1951, 57-71, bes. 61ff.; J. C. DE MOOR, *Lexical Remarks concerning Yaḥad and yaḥdaw*, in *VT*, 7, 1957, 350-355; S. TALMON, *The Sectarian יחד-a Biblical Noun*, in *VT*, 3, 1953, 133-140; und zuletzt H. J. FABRY, יחד *jaḥad*, in *ThWAT*, III, 1977f. (im Druck).

24. Vgl. E. KOFFMAHN, *Rechtsstellung, a.a.O.*, 440f.

der besonderen Erwählung und der sich daraus ergebenden besonderen
Verpflichtung enthält. Hier zeigt sich dann der *jaḥaḏ* als Lebensform, als
Antwort auf alte prophetische Forderungen, als eschatologisches Programm zur Bewältigung des existentiellen Glaubensproblems im Übergang von der Naherwartung zur Fernerwartung. Suchen wir nach einem
Bindeglied zur Religion und Theologie der alttestamentlichen ἐκκλησία,
so finden wir es bei aller Radikalität des vorgenommenen Bruches zwischen Judentum und Essenertum qumranischer Prägung in der prophetischen Forderung zur Umkehr — gleich welcher Nuancierung — und in
dem Versuch, dieser Forderung existentiell nachzukommen. Schon der
Ansatz der *jaḥaḏ*-Idee gründet in dem prophetischen Postulat eines
Neuanfanges, d.h. in dem *Jes.*, 40, 3 ergangenen Auftrag, in der Wüste
den Weg für Jahwe zu bereiten. Auch hinter den anderen Grundelemen-
ten der *jaḥaḏ*-Idee, der Absonderung und Vereinigung, der Wahrung des
Bundes in Treue, Gerechtigkeit und Liebe, der Entsühnung des Volkes
frei von jedem Opferkult, ist unschwer eine Fülle alter prophetischer
Forderungen auszumachen (vgl. etwa *Jes.*, 56, 1; *Mi.*, 6, 6-8; *Jes.*, 26, 1-
3; *Jer.*, 31, 31-34; *Hos.*, 6, 1-3; *Am.*, 5, 4-6; *Jo.*, 2, 12f.; u.a.).

Im Hinblick auf den *jaḥaḏ* meint die durch *šûḇ* bezeichnete Umkehr
ein Doppeltes: Der Schritt zum *jaḥaḏ* ist die eine Umkehr. Zugehörigkeit
zum *jaḥaḏ* und damit die *jaḥaḏ*-Lebensweise sind die andere Umkehr,
deren Beständigkeit und Intensität immer wieder ins Bewußtsein
gerufen wird. Wenn der Begriff *jaḥaḏ* die Identität mit der Umkehr nicht
immer unmittelbar erkennen läßt, so zeigt sich doch im engsten
Umkreis ebenfalls eine Reihe von Eigenbezeichnungen, die diesen Aspekt
explizit verdeutlichen: so verstehen die Qumran-Essener sich als die
„ Umkehrenden der Wüste " (4QpPs 37, 3, 1), als die „ Umkehrenden
Israels " (CD 4, 2; 6, 5) [25], wobei die Partizipien die durative Aktionsart
signalisieren, als „ Bund der Umkehr ". Sie sind es, die umkehren zur
Wahrheit, umkehren aus der Wüste der Völker, umkehren zur Gemeinschaft des *jaḥaḏ*, umkehren aus Gottlosigkeit, Bosheit und Sünde. Sie
kehren um zu Gott und präzisieren diese Haltung in der „ Umkehr zum
Gesetz ". Wie CD 15, 7-9 zeigt, ist die eidliche Selbstverpflichtung der
Kardinalpunkt in der essenischen Umkehrhandlung. Die um diese eidliche Verpflichtung gruppierte Lebenshaltung der „ Umkehr des Lebens "
(1QS 3, 1) gewinnt durch das Mitwirken der Gemeindemitglieder und der
hierarchischen Stufen der Gemeinde an der Umkehr des einzelnen einen
operationalisierbaren und objektiv beurteilbaren Grundzug, der heute
vielleicht etwas fremdartig anmutet. Jedoch bewährt sich in dieser Form
der Gemeinschaft die Idee der Heilssorge füreinander und miteinander.
Dies wird uns aus einer Notiz des Philo deutlich, der bewundernd fest-

---

25. Zum Problem vgl. S. IWRY, *Was there a Migration to Damascus? The Problem
of* שבי ישראל, in *Eretz-Israel* 9, 1969, 80-88.

stellt : „ Niemand von den Herrschern, weder der grausamste noch der
arglistigste noch der falscheste konnte jemals die Gemeinschaft der
Essäer oder der Heiligen anklagen. Im Gegenteil : Sie alle sind durch die
Tugend dieser Menschen besiegt worden... Sie priesen ihre gemeinsamen
Mahlzeiten und ihr über alles Lob erhabenes Gemeinschaftsleben, was
wohl der sicherste Beweis für ihr vollkommenes und gänzlich glückliches
Leben sein dürfte “ [26]. Hier wird ein Modell der Ekklesia durchstruk-
turiert und durchpraktiziert, das damals Bewunderung erregte und
heute Impulse zu geben vermag. Hier zeigt sich eine Gemeinschaft der
Umkehr, deren erklärtes Ziel „ Gott “ lautet, selbst wenn es unter der
Chiffre „ Gesetz “ verborgen war.

Ippendorfer Allee 1c   Heinz-Josef FABRY
D-5300 Bonn 1
Deutsche Bundesrepublik

---

26. PHILO, *Quod omnis probus liber sit*, § 91.

Le célibat essénien

Les discussions récentes sur le célibat ecclésial ont ramené l'attention des historiens sur les origines de la continence et de la virginité consacrée dans le christianisme naissant [1]. Une hypothèse déjà ancienne estime en trouver l'explication au moins partielle dans la pratique des Esséniens établis le long de la mer Morte et décrits par Pline l'ancien [2]. Cette opinion a trouvé de nos jours de nouveaux défenseurs surtout à la suite de la découverte de manuscrits anciens dans une série de grottes situées aux environs du site de Qumrân [3]. L'hypothèse la plus répandue identifie les hommes religieux y établis jadis, — on les qualifie généralement de « sectaires », — avec les Esséniens [4]. Dès lors, il importe d'interroger les documents qumrâniens et de voir si vraiment ils nous mettent en présence d'un groupement d'hommes renonçant au mariage pour des motifs religieux et s'ils confirment ainsi les renseignements fournis par les anciens.

Généralement les historiens du Judaïsme de l'époque néotestamentaire sont disposés à suivre Flavius Josèphe et à distinguer avec lui deux classes d'Esséniens [5]. Les uns vivaient mariés et dispersés à travers le pays; les autres étaient groupés en nombre restreint sur les rives de la mer

---

1. Voir *L'appel du Seigneur à la virginité*, dans *Sacerdoce et Célibat* (*Bibl. Eph. Theol. Lov.*, t. XXVIII), Gembloux, 1971, pp. 268-314. — L. LEGRAND, *Saint Paul et le célibat, ibid.*, pp. 315-331. — H. CROUZEL, *Le célibat et la continence ecclésiastique dans l'Église primitive : leurs motivations, ibid.*, pp. 333-371.

2. Déjà Érasme connaissait l'opinion qui faisait remonter la pratique de la continence pour motifs religieux aux Esséniens : cf. J. COPPENS, *Érasme et le célibat*, dans *Sacerdoce et Célibat*, p. 449, note 42.

3. Sur Qumrân voir *La Secte de Qumrân et les origines du Christianisme*, dans *Recherches bibliques*, t. IV, Bruges-Paris, 1959. — A. DUPONT-SOMMER, *Les Écrits esséniens découverts près de la mer Morte*, dans *Bibliothèque historique*, Paris, 1959. — G. KUHN, *Konkordanz zu den Qumrantexten*, Goettingue, 1960. — É. LOHSE, *Die Texte aus Qumran hebräisch und deutsch*, Munich, 1964. — H. H. ROWLEY, *L'histoire de la secte qumrânienne*, dans H. CAZELLES, et autres, *De Mari à Qumrân. L'Ancien Testament, Son milieu. Ses écrits. Ses relectures juives* (*Bibl. Eph. Theol. Lov.*, XXIV), Gembloux, 1969, pp. 273-301.

4. Voir H. H. ROWLEY, *art. cit.*, pp. 276-286. — Les écrits anciens sur les Esséniens ont été réunis par A. ADAM, *Antike Berichte über die Essener*, Berlin, 1961.

5. *Antiq.*, XIII, V,9 (171-173) ; XVIII, I, 5 (18-22) ; *Bell. Jud.*, II, VIII, 2-13 (119-164), cités par H. H. ROWLEY, *art. cit.*, p. 277.

Morte et ils y observaient la continence. À en croire certains auteurs [6], précisément les nouveaux documents contesteraient le témoignage de Pline et de Josèphe au sujet du genre de vie sinon des Thérapeutes dont Philon nous entretient [7], au moins des adeptes de la secte essénienne installés dans le Désert de Juda près de la mer Morte. Les uns leur refusent toute vie célibataire [8]; d'autres sont d'avis qu'une vie célibataire n'y était guère la règle générale et que par conséquent la communauté sectaire de Qumrân comprenait aussi des membres mariés [9].

Le problème est donc de déterminer si les textes nouvellement découverts contiennent des passages attestant la présence d'hommes mariés à l'intérieur du *Yaḥad* [10], — de la *koinônia* [11], — c'est-à-dire de la communauté cénobitique qumrânienne. Nous aurons donc à examiner la portée des textes nouvellement versés au débat, puis, une fois leur sens examiné et établi, nous nous demanderons dans quelle mesure, à défaut de textes clairs, précis et définitifs, des considérations d'ordre général peuvent contribuer à résoudre le problème du prétendu statut célibataire des Esséniens résidants au monastère de Qumrân.

Que le *Document de Damas*, jadis trouvé dans la *genizah* de la synagogue du Caire et également découvert de façon fragmentaire dans les grottes de Qumrân, envisage des Esséniens mariés, ne peut nous aider à trancher la controverse. Cette pièce dont la date de composition est très discutée [12], concerne, semble-t-il, des membres de la secte établis « dans le monde » et nullement ceux qui s'étaient groupés en cénobites et occupaient le monastère construit sur le site de Qumrân [13].

---

6. Cf. par exemple R. K. HARRISON, *The Dead Sea Scrolls*, Londres, 1961, p. 44, cité par H. HÜBNER, *Zölibat in Qumran?*, dans *New Test. Stud.*, 1971, XVII, pp. 153-167.

7. PHILON, *Quod omnis probus liber sit*, XII-XIII (79-91), cité par H. H. ROWLEY, *art. cit.*, p. 277.

8. Cfr *supra*, note 6.

9. C'est la conclusion à laquelle aboutit H. HÜBNER, *art. cit.*, pp. 166, 167. Il concède que pour les autres membres, la continence était peut-être obligatoire le jour du sabbat conformément à une *halachah* du *Document de Damas* (XII, 7), que l'auteur estime avoir concerné les Qumrâniens : *ibid.*, p. 167.

10. C'est le terme qui semble désigner la communauté. H. HÜBNER *(art. cit.*, p. 158) traduit : *Einung* .

11. Cf. J. COPPENS, *La koinônia dans l'Église primitive*, dans *Eph. Theol. Lov.*, 1970, t. XLVI, pp. 116-121. — P. C. BORI, *Koinônia. L'idea della communione nell'ecclesiologia recente e nel Nuovo Testamento*, dans *Testi e Ricerche di Scienze religiose*, Brescia, 1972.

12. Cf. H. H. ROWLEY, *art. cit.*, pp. 294-296, considère l'*Écrit de Damas* (CD) plus ancien que le *Sèrèk* (1QS). J. MAIER est du même avis : *Die Texte vom Toten Meer*, Munich, 1960. A. Dupont-Sommer opte pour la priorité du *Sèrèk*, et cette dernière opinion paraît devoir l'emporter.

13. Cf. H. H. ROWLEY, *art. cit.*, pp. 294-296.

Qu'on ne renvoie pas davantage à 1QH, XVII, 14 :

[Et] Tu [porteras secours] à ceux qui te servent
[afin que] leur postérité [so]it devant toi tous les jours [14].

Ce passage des hymnes vise non pas précisément les membres du *Yaḥad* mais tous les croyants qui ont adhéré au mouvement essénien. Il en va de même en 1QM, VII, 3 [15]. En outre, le dernier texte concerne un cas spécial, celui des Esséniens mobilisés pour la lutte suprême qui devait conduire à l'avènement de l'ère eschatologique. Or les miliciens engagés dans la guerre sainte étaient astreints, semble-t-il, à une pureté spéciale, à la continence absolue [16].

Notre attention doit se concentrer sur le document dit *Sèrèk* ou *Règle de la Secte* [17] et sur les fragments appelés *Règles annexes* [18] qui s'y rapportent étroitement. Ces pièces nous livrent les ordonnances auxquelles étaient astreints les membres du *Yaḥad*, c'est-à-dire les Qumrâniens établis au monastère de Qumrân.

Un premier texte 1QS, I, 1 ne doit pas nous arrêter. On a prétendu y lire, il est vrai, la mention de « femmes », mais cette lecture repose sur une manière de compléter la lacune du manuscrit à laquelle les spécialistes n'ont guère souscrit [19]. En revanche, 1QS, IV, 7 mentionne parmi les récompenses terrestres « la fécondité » [20], impliquant par conséquent l'état conjugal des sectaires [21]. Divers auteurs ont entrepris de supprimer la difficulté en suggérant une interprétation spirituelle, c'est-à-dire en identifiant la « fécondité » avec les fils spirituels que les membres de la secte parviendraient à recruter [22]. Que ce soit là le sens obvie du texte, du moins dans sa rédaction originale, on n'a pas tort, semble-t-il, de le

---

14. Nous citons la version de DUPONT-SOMMER, *op. cit.*, p. 262. Cf. É. LOHSE, *op. cit.*, pp. 170-171.

15. A. DUPONT-SOMMER, *op. cit.*, p. 196 ; É. LOHSE, *op. cit.*, pp. 196-197.

16. Dans l'article : *Les racines du célibat essénien* (Revue de Qumrân, 1970, t. VII, n° 27, pp. 323-342), A. MARX insiste sur la guerre sainte comme motivation de la continence, mais lui donne un sens tout particulier : cf. *Sacerdoce et Célibat*, pp. 313-314. — Sur la pureté requise pour la conduite de la guerre voir R. DE VAUX, *Les Institutions de l'Ancien Testament*, t. II, Paris, 1960, p. 73.

17. Cf. A. DUPONT-SOMMER, *op. cit.*, pp. 88-118 ou É. LOHSE, *op. cit.*, pp. 4-43.

18. Cf. *ibid.*, respectivement pp. 119-127 et 46-51 (= 1QSa), 54-61 (= 1QSb). — Sur les rapports de 1QSa et 1QSb avec 1QS voir H. HÜBNER, *op. cit.*, p. 157 et p. 157, note 7.

19. Cf. É. LOHSE, *op. cit.*, p. 4 ; H. HÜBNER, *art. cit.*, p. 157.

20. *Ibid.*, p. 12 : *peròt zèraᶜ*, que HÜBNER, *art. cit.*, p. 157, traduit : « Fruchtbarkeit des Samens ».

21. D'après H. HÜBNER (*art. cit.*, p. 159), J. Maier rapprocha la promesse de postérité d'*Hénoch éthiopien*, X, 17.

22. L'interprétation spiritualisante est suggérée par W. Braun et B. Wernberg-Møller : cf. H. HÜBNER, *art. cit.*, pp. 159, 160.

contester. Au reste, une autre explication nous en est offerte. Le passage en question fait partie d'une section catéchétique : 1QS, III, 13-IV, 26, qui surgit dans le *Sèrèk* comme un corps étranger [23]. Dans ces conditions, on estime que primitivement la péricope ne concernait pas spécialement les cénobites de Qumrân mais visait tous les Esséniens sans distinction. Quand plus tard la pièce qui se présente comme une *Instruction sur les deux Esprits* fut insérée dans le *Sèrèk*, règle cénobitique, les membres du *Yaḥad* n'auront pas manqué de lui donner une portée nouvelle, une portée spirituelle [24].

L'allusion à une postérité et dès lors à la pratique de l'état conjugal se rencontre aussi en 1QSa, I, 4, 9-10. De nouveau, ce texte ne peut nous éclairer sur le statut des cénobites qumrâniens. Le passage n'entend pas décrire l'état actuel de la secte ; il concerne son avenir eschatologique. Pour la fin des temps qu'on n'estime pas très éloignée [25], 1QSa, I, 4, 9-10, envisage la pratique du mariage pour les sectaires sans exception [26].

Parmi les textes communément versés au dossier pour contester la pratique de la continence à Qumrân, un seul, à savoir 1QpPs 37, III, 1, mériterait d'être retenu. De fait, en l'occurrence il s'agit de membres de la secte qui ont fui le « monde » et qui se sont établis au désert [27]. Puis grâce à une lecture plus correcte du manuscrit en II, 15, nous pouvons préciser qu'il est question d'affiliés au *Yaḥad* [28]. Or une fois de plus il est fait allusion à une progéniture, et cette fois pour les membres constituant le noyau de la secte [29].

À notre avis, même ce dernier passage n'emporte pas la conviction. C'est que le cadre eschatologique dont nous avons pu et dû tenir compte pour interpréter 1QSa, I, 4, vaut également pour 1QpPs 37, III, 1 [30]. À

---

23. Cf. H. Hübner, *art. cit.*, p. 160.

24. Il n'est pas non plus exclu que la section vise l'ère eschatologique. Le rapprochement avec *Hénoch éthiopien* et la mention de la « Visitation » l'établiraient. Dans ces conditions, on ferait mieux de faire appel à l'explication suggérée pour 1QSa, I, 4, 9-10. Mais H. Hübner, qui l'admet pour 1QSa, I, 4, 9-10, la conteste pour 1QS, IV, 7 (*art. cit.*, pp. 159-160) sous prétexte que l'ère eschatologique n'était pas censée être proche.

25. Cf. en sens contraire 1QpHab, VII, 7.

26. Cf. É. Lohse, *op. cit.*, pp. 46-47 et p. 282 : 1QSa, note 3.

27. 1QpPs 37, III, 1, ap. É. Lohse, *op. cit.*, pp. 272-273. — H. Hübner, *art. cit.*, p. 165 traduit : « die in der Wüste Umkehrenden ».

28. H. Hübner, *art. cit.*, p. 165, avec renvoi à H. Stegemann, *Weitere Stücke von 4Qp Psalm 37, von 4Q Patriarchal Blessings und Hinweis auf eine unedierte Handschrift aus Höhle 4Q mit Excerpten aus dem Deuteronomium*, dans *Rev. Qumran*, 1960 t. VI, p. 200.

29. H. Hübner, *art. cit.*, p. 165.

30. A. Hübner (*art. cit.*) rapporte aux temps vécus par l'auteur du *péchèr* la mention de la progéniture. Mais on peut la comprendre tout aussi bien, voire mieux, de l'avenir eschatologique : cf. *Hén. éth.*, X, 17.

lire l'ensemble des fragments de ce *péchèr*, son auteur se situe lui aussi à la fin des temps, au moment où l'iniquité sera définitivement vaincue et où les membres de l'Alliance nouvelle l'auront emporté sur leurs adversaires. À ce moment, que l'auteur anonyme a pu envisager et espérer comme relativement proche, rien ne s'opposera plus à ce que les Esséniens, même ceux de la plus stricte observance, songent à s'engager dans les liens du mariage et à obéir ainsi à ce que les juifs considéraient comme un précepte promulgué en *Gen.*, I, 28.

Il reste un mot à dire de deux données omises jusqu'ici, à savoir le passage XI, 1 de l'*Écrit de Damas* [31] et la découverte de squelettes féminins sur le site de Qumrân. Jusqu'à maintenant aucune explication ne permet ou oblige de penser qu'il s'agit de restes corporels de personnes ayant vécu à l'intérieur de l'enclos qumrânien en compagnie des cénobites [32]. Puis on observe que ces restes ont été trouvés seulement dans des cimetières situés en dehors de l'enclos tandis que celui découvert à l'intérieur ne contiendrait que des squelettes d'hommes. Quant à CD, XII, 1, d'après A. Dupont-Sommer et É. Lohse, la *halachah* y reproduite ne concerne pas le monastère essénien du Désert de Juda mais la ville sainte de Jérusalem [33]. Ce texte n'entre donc pas en ligne de compte pour fixer la règle de vie des cénobites qumrâniens [34].

Concluons que nulle donnée archéologique ou littéraire sûre ne nous invite jusqu'à présent à contester l'information de Pline touchant le mode de vie des Esséniens établis sur le littoral de la mer Morte. Mais cette conclusion n'échappe-t-elle pas à d'autres données d'ordre plus général valables pour la secte essénienne?

N'est-il pas étonnant, — telle est une première remarque, — que les documents qumrâniens ne livrent aucun passage relatif à l'engagement à la vie célibataire si de fait la pratique de la continence était la règle à observer dans le *Yaḥad* de Qumrân?

Concédons qu'au premier abord ce silence surprend mais remarquons sans tarder qu'il s'observe aussi concernant le mariage: aucune *halachah* n'est édictée pour en régler l'usage. Puis l'engagement à la continence n'allait-il pas de soi dans l'acceptation de la règle de vie à laquelle les « volontaires » qumrâniens se soumettaient librement en faisant leur entrée dans le monastère? Enfin rien ne prouve que pour les cénobites

---

31. Cf. É. Lohse, *op. cit.*, pp. 90-91.

32. Voir les réflexions de F. M. Cross et J. T. Milik à ce sujet dans H. Hübner, *art. cit.*, p. 157, note 4.

33. A. Dupont-Sommer, *op. cit.*, p. 169, note 5 et É. Lohse, *op. cit.*, p. 286, note 75.

34. H. Hübner rapporte toutefois l'opinion de S. H. Steckoll qui identifie « la ville du sanctuaire » avec Qumrân. L'hypothèse ne me paraît pas devoir être retenue.

qumrâniens la pratique de la continence qu'ils observaient ait été liée à l'émission d'un vœu proprement dit.

Mais, insiste-t-on, comment des juifs pieux, soucieux d'observer la Tôrah à la perfection [35], ont-ils pu s'engager dans un genre de vie qui aux yeux de leurs contemporains, — qu'on se rappelle le logion de Éliézer ben Hyrcanos (vers 100 après J.-C. : *b Yeb* 63b), assimilant à un meurtre le renoncement au mariage, — violait le commandement primordial de Yahvé, énoncé en *Gen.*, I, 28 ?

On répond souvent que les sectaires, en particulier le Maître de justice, leur fondateur, estimaient être en état et en droit d'interpréter la Tôrah [36]. Puis le renoncement à l'état conjugal ne semble avoir été conçu que temporairement et provisoirement, soit en fonction de la guerre sainte (1QM, VII, 3), soit, à ce qu'O. Betz [37] estime avoir établi, en relation avec le culte spirituel que les cénobites devaient assurer [38], soit, ainsi que nous l'avons noté plus haut, en attendant la venue de l'âge eschatologique. En outre, du moins si l'on peut se fier à une notice de Philon sur les Thérapeutes et si l'on estime pouvoir la rapporter également aux Esséniens de Qumrân, il n'est pas interdit de penser que parmi ceux postulant leur admission dans la vie commune au monastère, plusieurs d'âge avancé avaient déjà vécu une vie familiale [39] et satisfait ainsi au précepte de la Genèse.

Quelques auteurs objectent aussi qu'à observer la continence, les Qumrâniens n'auraient pu assurer leur survivance ou, à tout le moins, n'auraient pas réussi à intégrer dans leur groupement la charge du pontificat suprême [40].

Les difficultés que par exemple H. Hübner s'imagine pour le recrutement [41], nous ne les comprenons d'autant moins qu'au témoignage de

---

35. 1QS, I, 11-14; VI, 67; VIII, 17, 22-23.

36. H. HÜBNER, *art. cit.*, p. 136, avec renvoi à 1QS, VIII, 9-10; IX, 13. — Au reste, à l'époque du christianisme naissant même les traditions rabbiniques ne refusaient pas d'envisager le célibat religieux en des cas particuliers, notamment en relation avec la possession de l'esprit prophétique : cf. A. GUILLAUMONT, *À propos du célibat des Esséniens*, dans *Hommages à André Dupont-Sommer*, Paris, 1971, pp. 395-404.

37. O. BETZ, *Le ministère cultuel dans la secte de Qumrân et dans le christianisme primitif*, dans *La Secte de Qumrân et les Origines du christianisme*, pp. 163-202.

38. *Ibid.*, pp. 172-175.

39. A. GUILLAUMONT (*art. cit.*, pp. 403-404) renvoie à PHILON, *Apologie des juifs*, 3 et *Vie contemplative*, 13, 18. Cf. PHILON, Περὶ βίου θεωρήτικοῦ ἤ ἱκετῶν ἀρετῶν. Voir E. SCHÜRER, *Geschichte des jüdischen Volkes in Zeitalter Jesu Christi*, 4ᵉ éd., t. III, Leipzig, 1909, pp. 687-691.

40. H. HÜBNER, *art. cit.*, pp. 163-164.

41. *Ibid.*, pp. 162-164. — L'auteur se rend le recrutement difficile parce que d'une part il situe 1QS au début de la naissance de la secte et que d'autre part il conçoit celle-ci comme condamnant sans exception tous ceux qui n'en font pas

Philon elles n'existaient pas davantage pour celui des Thérapeutes [42]. Quant au grand prêtre et à succession par voie de filiation, les Qumrâniens ne se sont pas posé ce cas. Envisageant la venue des temps eschatologiques, ils attendaient l'avènement des deux « Oints » des derniers temps : le Messie davidique et le Grand prêtre idéal de l'ère finale[43]. Ils n'avaient donc pas à se poser et à résoudre le problème d'une éventuelle succession sacerdotale.

Si les arguments susceptibles de faire douter de l'existence d'un régime de vie célibataire dans la communauté essénienne de Qumrân ne tiennent pas, sommes-nous par ailleurs en mesure de faire appel à des considérations d'ordre général à l'appui de l'observance du célibat ?

N'attribuons pas d'importance à l'absence de *halachôt* sur le mariage dans le *Sèrèk* comme si elle impliquait précisément le fait d'un renoncement à la vie conjugale. À juste titre on fait remarquer que le même document ne contient pas davantage une *halachah* sur le sabbat [44], institution dont l'observance à Qumrân n'est contestée par personne. Soulignons plutôt l'insistance du Sèrèk sur la pureté totale requise des membres du *Yahad* [45]. À la lumière des traditions juives, elle se comprend le mieux si elle postulait des cénobites le renoncement à toute relation sexuelle [46]. Insistons surtout sur le fait que la communauté de Qumrân se comprenait comme un temple spirituel [47] où, en union étroite avec les esprits angéliques [48], devait se célébrer sans interruption un culte spirituel [49], et où tous les membres de la secte y établis accédaient à un statut quasi sacerdotal [50]. D'où, selon O. Betz, s'est imposée la nécessité

---

partie. Il va de soi que dans de telles conditions la secte ne pouvait survivre que par une procréation assurée par ses propres membres.

42. Cf. PHILON, *Apologie des Juifs*, 3 et *Vie contemplative*, 13, 18.

43. J. COPPENS, *Le Messianisme royal*, dans *Lectio divina*, t. LIV, Paris, 1968, pp. 121-124.

44. H. HÜBNER, *art. cit.*, p. 166, note 5.

45. Cf. la « pureté des parfaits » (1QS, III, 4-5), la pureté des « rabbîm » (1QS, VI, 16, 25 ; VII, 3, 16, 19), la pureté des membres de la sainteté (1QS, V, 13 ; VIÍ₁, 17).

46. Cf. déjà pour les textes vétérotestamentaires *Lev.*, XV, 18 ; XXII, 3 ; *Exod.*, XIX, 15 ; *I Sam.*, XXI, 5.

47. Cf. 4Q flor, I, 1-16 ; 1QS, V, 5-7 ; VIII, 4-10 ; IX, 3-6. Cf. B. GÄRTNER, *The Temple and the Community in Qumran and in the New Testament*, dans *Soc. N.T. Studies. Monograph Series*, I, Cambridge, 1965. — R. J. McKELVEY, *The New Temple. The Church in the New Testament*, Londres, 1969. — Nous avons traité le problème au Congrès néotestamentaire d'Oxford en 1971 dans une communication publiée dans les *Texte und Untersuchungen : The Spiritual Temple in the Pauline Letters and its Background*, dans *Studia evangelica*, IV. *Texte und Untersuchungen*, t. CXII, Berlin, 1973, pp. 53-66.

48. Cf. 1QS, XI, 7-8.

49. 1QS, IX, 26-X, 1-16.

50. Cf. O. BETZ, *art. cit.*, pp. 172-175. Nous disons « quasi-sacerdotal » étant donné que la communauté de Qumrân comprenait aussi des « prêtres » au sens

de rendre pour tous journellement obligatoires les règles imposées aux prêtres par la Tôrah pour s'acquitter du service cultuel [51] : ce qui a tout naturellement abouti à la pratique d'une continence ininterrompue [52].

Au premier abord il peut paraître curieux qu'un autre motif de renoncer aux relations textuelles, à savoir la possession de l'Esprit-Saint, motif attesté dans le Christianisme naissant et même dans certaines traditions rabbiniques [53], n'est pas explicitement invoqué, du moins dans les documents jusqu'à présent publiés [54]. Qu'en l'occurrence, on ne perde pas de vue que les Qumrâniens ne prétendaient pas avoir été déjà gratifiés de la pleine effusion de l'Esprit. Certes cette grâce ils l'attendaient mais ils l'espéraient pour le grand avènement eschatologique [55].

Au terme de cette enquête sur le célibat essénien, la question surgit de savoir si son observance a pu influencer l'estime pour la virginité dont les évangiles et les écrits pauliniens font foi et si l'existence d'une communauté telle que celle de Qumrân a pu concourir aux origines du monachisme chrétien. Les uns, on ne l'ignore pas, admettent l'influence des traditions esséniennes sur la naissance de la vie monachique parmi les chrétiens, d'autres le contestent [56]. Les limites de cet article ne permettent pas d'aborder l'étude de ce problème pour lequel d'ailleurs la compétence nous fait défaut. Quant aux appels de Jésus et de saint Paul à l'estime et à la pratique de la virginité, le recours à une éventuelle influence essénienne me paraît ne pouvoir rien expliquer [57]. C'est que de part et d'autre le climat est radicalement différent. La préoccupation d'une pureté rituelle qui domine à Qumrân est absente chez le Christ, chez

---

propre du mot. Cf. *ibid.*, p. 173 : « La distinction se maintient entre la classe des prêtres et celle des laïcs, mais ces derniers prennent en charge des devoirs sacerdotaux ».

51. *Ibid.*, pp. 175-177.

52. *Ibid.*, p. 176 : « dans le camp sacré de Dieu et dans un service sacerdotal ininterrompu ». — Voir aussi les vues de Philon sur les Thérapeutes dans A. GUILLAUMONT, *art. cit.*, p. 403.

53. Voir A. GUILLAUMONT, *art. cit.*, pp. 396-400 les réflexions rabbiniques sur la continence de Moïse au lendemain de ses contacts avec Dieu. — Voir aussi : G. VERMES, *The Impact of the Dead Sea Scrolls on the Study of the New Testament*, dans *Journ. Jew. Stud.*, 1976, t. XXVII, pp. 112-115, avec renvoi à PHILON, *Vita Mosis*, II, 68-64 et *Sifre on Num.* 12, 1 (99), éd. H. S. HOROVITZ, 1917, p. 58.

54. O. BETZ, *art. cit.*, p. 177, ne l'exclut pas entièrement : « D'après le *Livre d'Hénoch éthiopien*, l'abstinence sexuelle favorise la réception des révélations divines. Cet élément peut lui aussi avoir joué un rôle dans la secte de Qumrân qui revendique en effet une intelligence particulière des décrets divins. »

55. Voir J. COPPENS, *Le Don de l'Esprit d'après les textes de Qumrân et l'Évangile*, dans *L'Évangile de Jean. Études et problèmes (Rech. bibliques*, 3), Bruges, 1958, pp. 209-223.

56. Cf. J. VAN DER PLOEG, *Les Esséniens et les origines du monachisme chrétien*, dans *Orientalia Christiana Analecta*, 1958, 153, pp. 321-339.

57. Cf. *supra*, note 1.

Paul et dans les Actes, voire elle est formellement récusée [58]. Puis, ainsi que nous l'avons noté plus haut, l'action du Saint-Esprit, si importante dans la genèse de la spiritualité chrétienne et pourtant partiellement attestée dans certaines traditions rabbiniques [59], fait défaut chez les sectaires du Désert de Juda. Enfin l'idée du Royaume de Dieu, idée commandant dans les évangiles le renoncement à la vie conjugale, ne s'y présente pas davantage [60]. Au contraire, ainsi que nous n'avons pas manqué de le souligner, les Qumrâniens semblent attendre l'avènement du Royaume pour s'engager dans la vie conjugale ou pour la reprendre si temporairement par leur engagement dans la communauté qumrânienne ils y avaient renoncé. Tout au plus pourrait-on renvoyer à une inspiration plus ou moins commune à la pratique chrétienne et essénienne le concept bien attesté de « sainteté » à condition d'une part d'en exclure l'idée d'une plus grande pureté rituelle étrangère à Jésus et à la tradition chrétienne primitive et d'y inclure d'abord la notion d'une anticipation partielle de la vie des anges, réputés les « saints » par excellence, puis et surtout la volonté d'une consécration totale à Dieu et à son service exclusif.

3000-Leuven, Hogeschoolplein, 3.   J. COPPENS

---

58. Cf. *Mc.*, VII, 1-23; *Mt.*, XV, 1-20; *Lc.*, XI, 37-41; VI, 39; M.-E. BOISMARD, *Synopse des quatre évangiles en français*, t. II, Paris, 1972, pp. 232-234. — *Act.*, X, 9-16. — Dans le Corpus paulinien, seul *II Cor.*, VI, 17; VII, 1 rend un son différent, mais la péricope *II Cor.*, VI, 14-VII, 1 est considérée comme un fragment reflétant des affinités qumrâniennes et inséré dans un texte de l'Apôtre: cf. J. GNILKA, *2 Cor: 14-7: 1 in the Light of the Qumran Texts and the Testaments of the Twelve Patriarchs*, dans *Paul and Qumran. Studies in New Testament Exegesis edited by* J. MURPHY-O'CONNOR, Londres, 1968, pp. 48-68, p. 68.

59. Cf. *supra*, note 54.

60. La notion du Royaume domine dans les appels de Jésus. Voir sur la virginité chrétienne les études signalées *supra*, note 1.

Fiches de calendrier

Quelques fiches de calendrier sont données ici afin de susciter d'autres recherches. Elles sont réparties en trois groupes assez hétérogènes; elles comportent des hypothèses qui, j'espère, peuvent être suggestives.

1. *Les trois semaines de Daniel* 10, 2.13.

Plusieurs fragments du livre de Daniel ont été trouvés à Qumrân, parmi lesquels Dn 10, 8-16 (grotte 6). C'est donc un livre que connaissait bien la secte. D'autre part les questions de calendrier n'étaient pas étrangères à Daniel, puisque Dn 7, 25 accuse Antiochus Épiphane d'avoir voulu « changer les temps et la Loi ». Dans le chapitre 10 se trouve la seule date du livre indiquée avec numéro de jour et de mois. Date importante puisqu'elle précède la grande vision finale des chapitres 10 à 12, la vision de la fin des temps.

Cette date (10, 4) est le 24/1. Elle introduit la vision et se situe à la fin du jeûne de Daniel: « En ces jours-là, moi, Daniel, je portai le deuil pendant trois semaines. Je ne mangeai aucun mets délicat, ni viande ni vin n'entrèrent dans ma bouche, et je ne me parfumai pas jusqu'à l'achèvement des trois semaines » (10, 2-3). Ces trois semaines correspondent aux 21 jours de combat que le prince du royaume de Perse a livré contre l'être céleste qui apparaît à Daniel (10, 13). Tandis que Daniel jeûnait, l'ange avec Michel combattait dans le ciel.

Ici se présente une difficulté. Comment faut-il comprendre ces trois semaines de jours? Contrairement à J. Van Goudoever, nous pensons qu'il faut considérer les trois semaines comme trois semaines à la suite (ou 21 jours de suite), sans interruption, donc en insérant les sabbats, bien qu'on ne jeûnât pas le jour du sabbat. Il nous semble que c'est une expression globale. Il va de soi que le sabbat interrompait le jeûne.

La date du 24/I se situe à la clôture du jeûne. Si l'on interprète cette date — comme beaucoup de spécialistes — selon le calendrier sadocite (= calendrier Jubilés/Qumrân) [1], elle tombe un vendredi. Le vendredi

---

1. Nous appelons ce calendrier « sadocite » pour simplifier, mais cela n'exclut pas son origine biblique.

correspond bien à la fin d'un jeûne, comme à la fin d'une semaine, puisque l'on ne jeûne pas le jour du sabbat. La difficulté est de savoir comment il faut exactement compter les trois semaines : probablement de
sabbat à sabbat... Sans doute faut-il penser que cette immense vision
s'étend pendant la nuit du sabbat. Plusieurs visions dans Daniel ont lieu
la nuit (2, 19 ; 7, 2 ; 7, 13).

De toute façon la date du 24/I n'est pas anodine puisqu'elle introduit
le sabbat à partir duquel l'on compte la cinquantaine de la Pentecôte
dans le calendrier des Jubilés, comme l'a bien vu J. Van Goudoever [2].
Les 21 jours préludent à cette importante cinquantaine. Or le chapitre 9
de Daniel montre un grand intérêt pour les septénaires — et pour les
groupements de sept septénaires (7 × 7) d'après 9, 25. Si Daniel 9 s'intéresse ainsi aux périodes de sept semaines et Daniel 10 à la période partant du 25/I, l'analogie avec le calendrier de Qumrân où l'on trouve au
moins trois périodes de sept semaines (jusqu'à la fête de l'huile au
22/VI) [3], permet de penser que Daniel connaissait aussi un comput avec
une succession de périodes de sept semaines.

Une suite de pentécontades — qu'il vaudrait mieux appeler périodes
de 49 jours — est signalée dans d'autres documents, chez les Thérapeutes
(cas discuté), dans le Josèphe slave à propos des Esséniens et, du côté
chrétien, dans les Constitutions apostoliques, dans le Livre d'Adam et
Ève [4]. À ces documents nous voudrions ajouter aujourd'hui le témoignage liturgique d'un manuscrit nestorien décrit par G. Diettrich [5], dont
la date est déchirée mais dont le contenu s'enracine certainement dans
une tradition judéo-chrétienne. Rappelons ici que les fameux Yezidis,
dont l'année commençait le mercredi, vivaient parmi les Nestoriens [6].

Dans le manuscrit nestorien, l'année liturgique est fondée sur une succession de « semaines de semaines ». Mais comment des périodes de sept
semaines peuvent-elles s'intégrer dans une année ? Sept fois sept semaines font 343 jours. Si l'on ajoute un huitième septénaire, il dépasse
l'année solaire réelle de 26 ou 27 jours. D'après le manuscrit nestorien, le
huitième septénaire est amputé. Le premier *shabu'a* de l'année est celui

---

2. J. Van Goudoever, *Fêtes et calendriers bibliques*, 3e éd., trad. franç., Paris,
1976, p. 128.

3. Y. Yadin, *Le Rouleau du Temple*, dans *Comptes rendus de l'Académie des
Inscriptions*, 1968, p. 612.

4. A. Jaubert, *La Date de la Cène. Calendrier biblique et liturgie chrétienne*, Paris,
1957, pp. 43 et 56, n. 1.

5. G. Diettrich, *Bericht über neuentdeckte handschriftliche Urkunden zur Geschichte
des Gottesdienstes in der Nestorianischen Kirche*, dans *Nachrichten von der König-
licher Gesellschaft der Wissenschaften zu Göttingen*, Phil-hist. Klasse, 1909, pp. 160-
218.

6. A. Jaubert, *Le mercredi de Nouvel An chez les Yezidis*, dans *Biblica*, 49 (1968),
pp. 244-248.

de Moïse; le deuxième est celui de l'Avent. Le dernier et huitième *shabu'a* est celui d'Élie, qui annonce la fin des temps et la dissolution de toutes choses; il s'achève symboliquement sur le monde à venir. C'est pourquoi ce *shabu'a* est tronqué (d'un peu plus de moitié). Or l'année liturgique, d'après ce manuscrit, s'achève le 13 septembre, date qu'il faudrait rapprocher du calendrier juif.

Voilà donc un exemple — tardif (mais on connait la fixité des traditions liturgiques nestoriennes) — où se succèdent dans l'année des périodes de sept semaines ou 49 jours. Si nous revenons à Daniel, on peut penser que l'auteur qui a fourni la date du 24/I — qui d'une part connaissait le calendrier de 364 jours et d'autre part s'intéressait aux périodes de sept semaines — cet auteur pouvait se poser le problème de concilier le calendrier de 364 jours avec une suite de sept septénaires. Or au chapitre 10 de Daniel le chiffre mis en valeur est 21 jours ou trois semaines. Si nous soustrayons 21 de 364, il reste 343, c'est-à-dire 7×49 ou sept septénaires. Voici donc l'hypothèse : les 21 jours peuvent représenter l'intercalation nécessaire pour accorder les deux computs [7].

1bis. Puisqu'il était question dans le passage de Daniel du sabbat qui suit le 24/I, je me permets de glisser ici une autre fiche tirée d'un texte curieux: l'Apocryphon de Jérémie publié par A. Mingana dans *Woodbrooke Studies* I (1927). C'est un récit — une affabulation — sur la déportation à Babylone et sur le retour de Jérémie dans le Temple au bout des soixante dix années de captivité. L'éditeur utilise deux manuscrits d'origine différente et qui divergent souvent (16ᵉ et 17ᵉ siècles), l'un passé par des mains égyptiennes, l'autre par la Syrie/Palestine/Mésopotamie.

Le passage qui nous intéresse est situé à la fin du récit dans un paragraphe commun aux deux manuscrits, paragraphe où est donnée la seule date certaine [8]. Ce petit passage tranche littérairement sur le reste du récit. Voici la traduction de A. Mingana :

(Jérémie, à son retour à Jérusalem, est censé avoir fait resurgir les objets sacrés.) As to the sons of Aaron they performed their duty, each one according to his own rank and order, and shouted with their horns and offered sacrifices and the glory of the Lord descended and filled all the house. And the fire came down from heaven and consumed the holocaust. All the people observed as a feast the twenty fifth of Nisan (Le mss P porte Hermudah, origine égyptienne) and glorified the Lord with great joy (p. 189).

---

7. Le jeûne de trois semaines de Daniel a servi de modèle à celui d'Esdras avant sa grande vision (*4 Esdras*, 6, 35-36), mais ce jeûne n'est plus daté.

8. Un peu plus haut (*Woodbrooke Studies*, p. 187) une date incertaine : le retour de Jérémie à Jérusalem aurait pu avoir lieu le 1/I.

Qu'est-ce que cette fête du 25 Nisan ou du 25/I ? La seule série connue jusqu'à présent où elle puisse entrer est précisément le sabbat qui, dans le calendrier sadocite, prélude à la cinquantaine de la Pentecôte. On aura remarqué au passage l'accent mis sur les fils d'Aaron et sur leur hiérarchie.

2. *Les explorateurs de la Terre Promise en Nombres 13.*

Le livre des Nombres ne précise pas les dates de départ et d'arrivée des éclaireurs qui firent l'exploration de la Terre Promise et qui revinrent au bout de quarante jours. La tradition juive a comblé cette lacune. Sauf Josué et Caleb, ces éclaireurs avaient démoralisé le peuple et le peuple pleure la nuit suivante. Les Hébreux se révoltent contre Moïse et veulent retourner en Égypte. Alors le Seigneur les condamne, à cause de leur manque de foi, à rester quarante ans dans le désert. Aucun des indifèles n'entrera dans la Terre. La « nuit des pleurs », le 9 Ab, est restée dans la tradition la date anniversaire de la mort des Pères dans le désert ; elle a été considérée également comme la date anniversaire de la ruine du Temple, du premier et du second Temple (Taanith 4, 6) [9].

La date du 9 Ab est bien attestée. On y lisait le passage de Nombres 14 (Meg 31b). Les éclaireurs étaient donc revenus le 8 Ab. Quant à la date de leur départ, deux textes en témoignent : le 1er targum de Jérusalem et le traité Taanith dans le talmud de Babylone. Cette date est le 29 Siwan.

Si nous appliquons à ces dates le calendrier sadocite, le 29 Siwan ou 29/III tombe un dimanche (le jour traditionnel des départs), le 8 Ab ou 8/V tombe un vendredi (le jour traditionnel des arrivées) ; le 9 Ab ou 9/V est un sabbat, jour de théophanie. Glissons ici une autre fiche : toujours dans le 1er targum de Jérusalem, l'arrivée au désert de Çin (Nb 20, 1) tombe le 10/I, encore un vendredi, alors que le texte massorétique dit seulement que le peuple est arrivé au premier mois, sans précision.

Mais le récit des explorateurs réserve une autre surprise : le calcul des quarante jours. Si l'on applique le calendrier lunaire, en comptant Siwan de 30 jours et Tammuz de 29 jours, même en comprenant à la fois le jour de départ et le jour d'arrivée, l'on n'obtient que 39 jours. Avec le calendrier sadocite au contraire, le 3e mois ayant 31 jours, il y a exactement 40 jours *entre* la date de départ et la date d'arrivée, à condition de ne pas compter à la fois le jour de départ et le jour d'arrivée.

La date du 29/III était ancienne et s'imposait aux rabbins comme le montre la discussion de Taanith 29a où le rabbin Abaye va résoudre la

---

9. La date de la ruine du premier Temple a été fort discutée à cause des dates de *Jér.*, 52, 12 et 2 Rois, 25, 8 (respectivement 10/V et 7/V). Voir *Taanith* 29a.

difficulté en disant que cette année-là Tammuz avait aussi 30 jours. Voici ce passage ; le mode de calcul des dates vaut la peine d'être cité. L'explication part de Nb 10, 11. La deuxième année, le vingtième jour du second mois, la Nuée s'était élevée au-dessus de la Demeure et les Israélites partirent pour un voyage de trois jours. « Il est écrit plus loin, poursuit le Talmud : *Vous mangerez de la viande pendant tout un mois* (Nb 11, 20) ; ceci nous amène au 22 Siwan. Et il est écrit plus loin : *Myriam fut exclue du camp pendant sept jours* (Nb 12, 14-15). Ceci nous amène au 29 Siwan. Et il est écrit plus loin : *Envoie des hommes* (Nb 13, 2). Et il a été enseigné : Moïse envoya des éclaireurs le 29 Siwan. Et il est écrit plus loin : *Ils retournèrent de leur exploration au bout de quarante jours* (Nb 13, 25). Mais n'y a-t-il pas quarante jours moins un ? Abaye répliquait : Tammuz de cette année-là était un mois plein (c'est-à-dire de trente jours), car il est écrit : *Il a convoqué contre moi une assemblée solennelle pour briser mes jeunes gens* (Lam, 1, 15). Et il est écrit plus loin : *Toute la communauté se mit à pousser des cris et le peuple pleura cette nuit-là.* Rabbah disait au nom de R. Johanan (mort en 279) : Cette nuit était la nuit du 9 Ab ».

On voit comment était obtenue la date du 29 Siwan : en calculant à partir de Nb 10, 11 qui indiquait le vingtième jour du deuxième mois. Toutes les dates s'expliquent parfaitement dans une perspective sadocite : Départ de l'arche : 20/II (mercredi) ; arrivée le 22/II (vendredi). Un mois de plus : 22/III (dimanche). Sept jours d'exclusion de Myriam 29/III (dimanche).

Il n'était donc pas possible de faire partir les éclaireurs avant le 29/III. On était tenu par la date du 20/II. Et c'est bien pourquoi la date s'était transmise dans l'enseignement oral. Mais ces calculs ne convenaient plus à un calendrier lunaire, d'où l'embarras des rabbins [10]. Notre hypothèse est qu'il s'agit là d'une interprétation sadocite dont les origines auraient été oubliées et qui s'est maintenue jusque dans le talmud.

3. *Le mercredi dans la tradition rabbinique*

Dans le calendrier sadocite le mercredi tient une place prépondérante, comme il est normal, puisqu'il est le point de départ du comput. Corrélativement il peut être intéressant de rechercher comment le jour du mercredi a été considéré dans la tradition rabbinique. Un début d'enquête permet de rassembler quelques fiches curieuses, même si elles sont parfois difficiles à interpréter.

---

10. Il est curieux que dans son ouvrage, *The Legends of the Jews*, Philadelphie, III, p. 267. L. GINZBERG fasse partir les éclaireurs le 27 Siwan. En ce cas les quarante jours ne posent plus aucun problème.

Rappelons d'abord que dans le judaïsme le plus orthodoxe le premier mercredi de Nisan, tous les 28 ans, est encore célébré comme fête du soleil [11]. C'est une singulière survivance qui est évidemment à rapprocher du cycle solaire de 28 ans [12]. Les textes qui suivent sont d'une toute autre nature.

Voici d'abord trois textes du talmud de Babylone où les nuits du mercredi sont assimilées aux nuits du sabbat.

En Taanith 22b-23a est commentée une citation du Lévitique (Lv 26, 4) : « Je vous donnerai vos pluies en leur saison ». Il s'agit dans le texte biblique d'une bénédiction et c'est bien ainsi que le comprend le talmud : une des explications proposées, c'est que l'expression « en leur saison » désigne les nuits (ou vigiles) du mercredi et du sabbat. Et le talmud poursuit : « Au temps de Simon ben Shetah (vers 90 av. J.-C.) il arriva que la pluie tomba les nuits de mercredis et de sabbats, de telle sorte que les grains de blé devenaient comme des rognons et les grains d'orge comme des noyaux d'olives ». Cette pluie était donc bénéfique. Les nuits du mercredi comme celles du sabbat sont prises en bonne part, bienfaisantes pour les Israélites. Cette explication est rapportée à une haute époque.

Le deuxième et le troisième textes sont tirés du traité Pesahim. Ils comportent un trait semblable : la crainte de mauvais esprits dans les nuits des mercredis et des sabbats. En Pesahim 112a il est stipulé qu'un homme ne doit pas boire d'eau les nuits de mercredis et les nuits de sabbats. S'il en boit, son sang est sur sa tête à cause du danger, et ce danger vient d'un mauvais esprit. Diverses pratiques ou incantations lui sont conseillées pour pouvoir cependant boire un verre d'eau !

En Pesahim 112b est rappelé — comme dans le premier texte — l'enseignement des rabbins : « ne pas sortir seul la nuit » et cela s'interprète des nuits de mercredis ou de sabbats, parce que ces nuits-là des démons sont lâchés contre les hommes.

Pourquoi la nuit du mercredi participe-t-elle au caractère un peu redoutable (ou sacré) de la nuit du sabbat ? Peut-être faut-il rapprocher la tradition pascale au mercredi (car l'on ne devait pas sortir de chez soi la nuit de la Pâque). Cette seule explication paraît cependant insuffisante. Nous avançons l'hypothèse que ce pourrait être un reliquat de l'importance ancienne du mercredi. Ces textes sont en tout cas à enregistrer jusqu'à ce qu'on puisse les expliquer de façon satisfaisante.

Voici maintenant un récit d'un autre type cité par L. Ginzberg dans *The Legends of the Jews* [13]. Il est tiré des *Ma'aseh* de R. Josua ben Levi [14]. L'épisode est raconté à propos de la création du paradis et de la

---

11. *Jewish Encyclopedia*, Sun (*Blessing of*), t. XI, 590-591.
12. *La Date de la Cène*, pp. 142sv.
13. T. I, pp. 22-23.
14. Publié par A. JELLINEK dans *Bet haMidrasch*, Leipzig, 1853, 2ᵉ partie, p. 50.

présence du Messie avec Élie dans la cinquième demeure du paradis. Élie rassure le Messie et lui annonce que la fin est proche :

« Les patriarches et les pères des douze tribus, Moïse, Aaron, David, Salomon et tous les rois d'Israël et de la maison de David viennent trouver le Messie tous les lundis, jeudis, sabbats et jours de fête ; ils pleurent avec lui et le consolent en lui disant : Apaise-toi et mets ta confiance dans ton Créateur car la fin est proche. Or également Koré et sa bande, Dathan, Abiram et Absalon viennent le trouver tous les mercredis et lui demandent : Dans combien de temps viendra la fin et ses prodiges ? Quand nous ramèneras-tu à la vie et nous feras-tu lever des abîmes de la terre ? Et lui (le Messie) leur dit : Allez trouver vos pères et demandez leur. Et quand ils entendent cela, ils ont honte et ne demandent pas aux Pères. »

Dans cette histoire étrange, c'est la mention des jours de la semaine et des jours de fête qui nous intéresse. Pourquoi les patriarches et les plus vénérés des ancêtres d'Israël viennent-ils trouver le Messie les lundis, jeudis, sabbats et jours de fête ? Les lundis et jeudis étaient jours de marché, de réunion, et chez les Pharisiens jours de jeûne. Par contre Koré et ses compagnons se présentent le mercredi ! Quelle est l'intention qui a présidé à ce choix ? Et pourquoi ce lien entre Koré et le mercredi ?

Puisqu'il faut bien proposer une hypothèse, je suppose que Koré et ses compagnons sont des représentants d'un calendrier fondé sur le mercredi, calendrier rejeté par les rabbins. Dans le calendrier sadocite, le Messie devait se manifester à la Pâque, donc dans la nuit du mercredi.

Est-ce une supposition gratuite de penser là à une opposition de calendrier ? Le talmud de Babylone en Sanhédrin 110 a parlé de Koré et de son parti comme des plus éminents parmi les fils d'Israël, selon Nombres 16, 2. Mais l'expression que Nb 16, 2 leur applique קריאי מועד le talmud l'interprète ainsi : « choisis pour les temps fixés », c'est-à-dire « sachant intercaler (עבר) les années et fixer (קבע) les mois ». Donc, d'après ce passage, Koré et ceux de son parti étaient considérés comme des experts en matière de calendrier.

Dans la suite de ce texte — toujours en Sanh 110a — voici que le soleil et la lune se mêlent de cette affaire et menacent de ne pas poursuivre leur course si satisfaction n'est pas donnée à Moïse contre Koré et son parti. Pourquoi le soleil et la lune interviennent-ils contre ces experts en matière de mois et d'intercalations ? Ceci serait cohérent avec une polémique de calendrier.

Telles sont les hypothèses ou les interrogations que soulèvent ces diverses fiches. Peut-être de plus compétents que moi en ces matières accepteront-ils de s'y intéresser.

Rue du Sergent Bauchat 23,   Annie JAUPERT
75012 Paris

Les *Antiquités Bibliques*
du Pseudo-Philon
à la lumière des découvertes
de Qumrân

Observations sur l'hymnologie
et particulièrement sur le chapitre 60

Les découvertes du Désert de Juda et, plus précisément, celles des grottes voisines de Khirbet Qumrân ont apporté des lumières nouvelles sur l'hymnologie juive ancienne. Il faut dès lors reconsidérer à leur lumière les compositions poétiques transmises dans les *Antiquités Bibliques* du Pseudo-Philon [1].

Une question de terminologie d'abord. Quelles que soient les fluctuations de l'usage, j'appellerai « psaumes » non seulement les pièces du Psautier canonique, le Ps. 151 et ses diverses attestations, les cinq psaumes syriaques [2] et les *Psaumes de Salomon*, mais aussi les pièces poétiques attribuées à David, suivant ainsi l'usage du Pseudo-Philon lui-même. Le nom de « cantique » est réservé d'abord, selon l'usage litur-

---

1. À l'initiative du P. Cl. Mondésert, le P. Daniel J. Harrington, l'abbé Charles Perrot, M. J. Cazeaux et moi-même avons préparé une édition avec traduction française et commentaire des *Antiquités Bibliques* du Pseudo-Philon (coll. *Sources Chrétiennes*, nᵒˢ 229-230). Cette communication développe un point de commentaire qui n'y est qu'évoqué. Sur des détails mineurs, je fais des choix personnels, distincts du travail d'ensemble.

2. W. BAARS a donné une édition critique de ces cinq psaumes : *Peshiṭta. The Old Testament in Syriac...*, Part IV, fasc. 6, Leyde, 1972, X-12 p., qui remplace celle de Martin NOTH, dans la *Zeitschrift für die alttestamentliche Wissenschaft*, 48, 1930, pp. 1-23. Pour la bibliographie, voir Jean MAGNE, *Recherches sur les psaumes, 151, 154 et 155*, dans *Revue de Qumrân*, t. 8, fasc. 4 (nᵒ 32), 1975, pp. 504-507. Matthias DELCOR (*Cinq nouveaux psaumes esséniens?*, dans *Revue de Qumrân*, t. 1, fasc. 1 [nᵒ 1], 1958, pp. 85-102) et Marc PHILONENKO (*L'origine essénienne des cinq psaumes syriaques de David*, dans *Semitica*, 9, 1959, pp. 35-48) se sont déclarés pour une origine essénienne, et la majorité des spécialistes à leur suite. M. Delcor distingue cependant le premier psaume, qui effectivement n'a rien de spécifiquement qumranien.

gique, aux pièces poétiques transmises par la Bible en dehors du Psautier et dans un contexte en prose et, en second lieu, aux pièces poétiques mises sur la bouche de personnages bibliques dans les apocryphes (à l'exception des « psaumes »). « Hymne » convient aux autres compositions, qu'elles soient *hôdayôth*, *qînôth*, etc.

L'apport qumranien à la connaissance de l'hymnologie juive est important. Il peut se répartir en plusieurs catégories.

a. Il y a d'abord les nombreuses pièces conservées fragmentairement. Privées de leur contexte, elles sont ici d'un usage difficile.

b. Il y a ensuite, parmi les rouleaux mieux conservés, des pièces d'origine qumranienne stricte. Le *Rouleau des Hymnes* (1QH) nous fait entrer dans l'intimité d'un héros de la communauté.

c. Toujours parmi les rouleaux, il y a les psautiers, en plus ou moins bon état, où se mêlent des pièces canoniques et d'autres [3]. Deux explications de cette promiscuité sont possibles au moins en théorie.

— Le Psautier n'était pas fixé canoniquement à Qumrân ou l'était dans une forme différente de celle que nous connaissons. C'est ce que laisse entendre la mention des quatre mille cinquante chants (dont trois mille six cents psaumes) composés par David en 11QPs[a], col. XXVII, chants utilisés dans la liturgie selon le calendrier dit qumranien.

— Le mélange de psaumes canoniques et d'autres pièces peut tenir à leur utilisation conjointe dans la liturgie, si nous sommes en présence de manuscrits liturgiques [4]. À ce propos on rappellera que, selon le P. J. van

---

3. Jim Alvin SANDERS, *Pre-Masoretic Psalter Texts*, dans *The Catholic Biblical Quarterly*, 27, 1965, pp. 114-117, à compléter par Évode BEAUCAMP, art. *Psaumes II. Le Psautier*, dans *Supplément au Dictionnaire de la Bible*, t. 9, fasc. 48, 1973, col. 201 ; ou encore Joseph A. FITZMYER, *The Dead Sea Scrolls. Major Publications and Tools for Study* (Sources for Biblical Study, 8), Missoula, Montana, 1975, XIV-171 p. (excellent index biblique).

4. Shemaryahu TALMON, *Pisqah be'emṣa' Pasuq and 11QPs[a]*, dans *Textus*, 5, 1966, pp. 11-21 ; M. H. GOSHEN-GOTTSTEIN, *The Psalms Scroll (11QPs[a]). A Problem of Canon and Text*, dans *Textus*, 5, 1966, pp. 22-33. Tous deux estiment que 11QPs[a] est une compilation liturgique ; le second pense qu'elle repose sur le psautier canonique, tel que nous le connaissons. Une intelligente démonstration en ce sens a été donnée par Patrick W. SKEHAN, *A Liturgical Complex in 11QPs[a]*, dans *The Catholic Biblical Quarterly*, 35, 1973, pp. 195-205. C'est aussi l'avis de J. A. SANDERS, *Variorum in the Psalms Scroll (11QPs[a])*, dans *Harvard Theological Review*, 59, 1966, pp. 83-94 ; l'auteur rappelle que les textes bibliques de Qumrân — qu'ils soient ou non identiques au texte massorétique — sont antérieurs à la standardisation, et il rappelle aussi la découverte à Masada d'un fragment où le *Ps.* 150, 1-6 est suivi d'une colonne en blanc, ce qui suppose le contenu massorétique du Psautier.

der Ploeg, l'ordonnance de 11QPs^b était identique à celle de 11QPs^a, mieux conservée [5]. L'explication liturgique prévaut aujourd'hui.

d. Trois des cinq psaumes syriaques ont trouvé leur équivalent ou leur modèle hébreu dans 11QPs^a. Cette découverte confirme la thèse de ceux qui, tels Matthias Delcor et Marc Philonenko [6], avaient proposé une origine essénienne pour les pièces de ce petit recueil.

Face à cet apport qumranien, fortement schématisé ici, les *Antiquités Bibliques* offrent, du point de vue de l'hymnologie, un témoignage intéressant.

a. D'abord, il y a parmi les compositions poétiques, deux psaumes davidiques non canoniques (ch. 59 et 60) et une référence vraisemblable au Ps. 151 en 62,5 [7]. Quel est le lien de ces compositions avec les autres du même genre ?

b. D'autre part, comme pour les cantiques bibliques et plus étroitement qu'eux, les pièces poétiques sont fonctionnellement insérées dans la narration en prose. Dans l'ordre il faut citer le Cantique de Débora (ch. 32), la Lamentation de la fille de Jephté, Seila (ch. 40), le Cantique d'Anne (ch. 51) et les deux psaumes davidiques (ch. 59 et 60). Dans deux cas, Lamentation de Seila et Cantique d'Anne, la référence au contexte en prose est fondamentale [8]; dans les trois autres elle est étroite. Cette constatation entraîne l'alternative suivante. Ou bien l'auteur de l'ensemble en prose a consenti tout un travail de préparation pour introduire des pièces préexistantes, ou bien il n'y a qu'un seul auteur pour le tout. La deuxième hypothèse est plus vraisemblable.

---

5. J. VAN DER PLOEG, *Fragments d'un manuscrit de Psaumes de Qumran (11QPs^b)*, dans *Revue biblique*, 74, 1967, pp. 408-412, 1 pl. Un des psaumes apocryphes est à mettre en relation avec un fragment appartenant à un autre manuscrit : J. STARCKY, *Psaumes apocryphes de la grotte 4 de Qumrân (4QPs^f VII-X)*, dans *Revue biblique*, 73, 1966, pp. 353-371, pl. XIII.

6. Voir ci-dessus note 2. Matthias DELCOR, *art. cit.*, et John STRUGNELL (*Notes on the Text and Transmission of the Apocryphal Psalms 151, 154 (= Syr. II) and 155 (= Syr. III)*, dans *Harvard Theological Review*, 59, 1966, pp. 257-281, 1 pl.) mettent à part le premier psaume syriaque (= *Ps.* 151).

7. J. STRUGNELL, *More Psalms of « David »*, dans *The Catholic Biblical Quarterly*, 27, 1965, pp. 207-216 ; voir p. 215, n. 6 ; *Notes on the Text...* (cité n. 6), p. 269.

8. La prière de Seila, fille de Jephté (ch. 40) et son contexte présentent au moins trois caractéristiques communes : l'appel à la nature ; Seila veut être consentante pour ne pas mourir en vain ; la présence de *convirgines*. Le Cantique d'Anne (ch. 51) et son contexte en présentent également trois : Samuel a été l'objet d'une prophétie ; il sera lui-même prophète (je retiens la lecture *prophetiam* de *AK*) ; l'image de l'allaitement (de Samuel et du peuple) et celle de la lumière. Ces particularités ne sont pas préparées par le texte biblique, ou allusivement.

Telles sont les données du problème. Le premier auteur moderne qui ait étudié les *Antiquités bibliques*, Léopold Cohn [9], et, à sa suite, Montague Rhodes James [10] ont envisagé une origine essénienne pour l'écarter aussitôt. Mais, dès 1921, Paul Riessler [11] reprenait l'hypothèse en l'étayant de nouvelles observations. Depuis lors, des liens entre l'essénisme (ou la communauté de Qumrân) et les *Antiquités Bibliques* ont souvent été postulés — sinon prouvés — par les chercheurs. Dans son *Prolegomenon* à la réimpression de l'ouvrage de James, Louis H. Feldman [12] a fait l'histoire de ces tentatives. Ni lui ni Matthias Delcor [13] ne considèrent que la preuve soit faite ou que la thèse soit vraisemblable.

Parmi les travaux récents, les plus originaux ont porté sur les hymnes. Dans une série d'articles sur le psaume du ch. 60, sur le Cantique d'Anne et sur la Lamentation de Seila, Marc Philonenko [14] s'est efforcé de faire avancer le commentaire dans la ligne essénienne et qumranienne. Il faut rendre hommage à ses travaux de pionnier sur des textes difficiles. Et une manière de le faire est d'accepter le débat là où il l'a lui-même situé, étant bien entendu que le dernier mot ne peut venir que d'un examen d'ensemble.

Des cinq pièces poétiques des *Antiquités Bibliques*, trois ne jouent qu'un rôle secondaire dans le débat. Le Cantique de Seila témoigne d'une coloration hellénistique indéniable, que Philonenko d'une part, Alexiou et Dronke [15] d'autre part ont bien mis en évidence, et simultanément de préoccupations typiquement rabbiniques (la dispense du vœu) [16]. Le Cantique de Débora demanderait une étude approfondie, mais personne n'y a relevé de traits esséniens, et son caractère poétique est peu apparent. Quant au psaume du ch. 59, il a été étudié par John Strugnell dans

---

9. *An Apocryphal Work Ascribed to Philo of Alexandria*, dans *Jewish Quarterly Review* (Old Series), 10, 1898, pp. 277-232.

10. *The Biblical Antiquities of Philo...*, Londres 1917.

11. Recension de l'ouvrage de M. R. JAMES, dans *Theologische Quartalschrift*, 102, 1921, pp. 219-221.

12. New York, Ktav Publishing House, 1971, voir pp. XXXVIII-XLIII.

13. Art. *Philon (Pseudo-)*, dans *Supplément au Dictionnaire de la Bible*, t. 7, 1966, col. 1354-1375.

14. *Remarques sur un hymne essénien de caractère gnostique*, dans *Semitica*, 11, 1961, pp. 43-54; *Une paraphrase du Cantique d'Anne*, dans *Revue d'histoire et de philosophie religieuses*, 42, 1962, pp. 157-168; *Iphigénie et Sheila*, dans *Les syncrétismes dans les religions grecque et romaine* (Bibliothèque des Centres d'études supérieures spécialisées), Paris, 1973, pp. 165-177.

15. Margaret ALEXIOU et Peter DRONKE, *The Lament of Jephta's Daughter: Themes, Traditions, Originality*, dans *Studi Medievali*, IIIᵉ s., t. 12, pp. 819-863.

16. P.-M. BOGAERT, *Les « Antiquités Bibliques » du Pseudo-Philon. Quelques observations sur les chapitres 39 et 40 à l'occasion d'une réimpression*, dans *Revue théologique de Louvain*, 3, 1972, pp. 334-344.

un excellent article [17]. Strugnell a montré la parenté de ce psaume avec les trois psaumes davidiques de la série syriaque, mais il ne s'est pas prononcé sur une origine essénienne. Restent alors le Cantique d'Anne et le psaume du ch. 60. L'examen du Cantique d'Anne aurait conduit à préciser la très curieuse parenté qui existe entre les *Antiquités Bibliques* et les écrits lucaniens, parenté évoquée par Paul Winter déjà et surtout par Charles Perrot. L'examen du chapitre 60 occupera ici toute la place.

I. Texte et traduction du chapitre 60.

Le texte.

Le texte et l'apparat critique, ce dernier réduit ici au minimum, est emprunté à l'édition préparée par le P. Daniel J. Harrington et actuellement sous presse [18].

> *Sigles* : A = Édition princeps (Johannes Sichardus, Bâle 1527) ; K = ms. CASSEL *Landesbibl.* theol. 4°, 3 ; P = ms. Phillipps 461 (aujourd'hui dans la collection Bodmer) ; $\Delta = AKP$; π = tous les autres manuscrits.

> 1. Et in tempore illo *ablatus est spiritus domini a Saule, et praefocabat eum spiritus pessimus. Et misit Saul* et adduxit Dauid, et *psallebat in* cythara psalmum in nocte. Et hic psalmus quem psallebat in Saulem ut *reced*eret *ab eo spiritus iniquus.*

> 2. *a.* Tenebrae et silentium erant antequam fieret saeculum,
>   *b.* et locutum est silentium et apparuerunt tenebrae.
>   *c.* Et factum est tunc nomen tuum in compaginatione extensionis
>   *d.* quod appellatum superius caelum, inferius uocatum est terra.
>   *e.* Et praeceptum est superiori ut plueret secundum tempus eius,

---

1. Cf. *1 Sam.* 16,14.19.23.

---

1 domini Δ] sanctus π 2a erant Δ] erat π 2d appellatum Δ] + est π

---

17. *More Psalms of « David »*, dans *The Catholic Biblical Quarterly*, 27, 1965, pp. 207-216. — J'ajouterais au compte de la parenté le fait que le psaume des *Antiquités Bibliques*, ch. 60, est directement suivi du combat de David avec le lion et l'ourse. Dans les trois psaumes davidiques de la série syriaque, cette mention intervient à l'intérieur même du psaume (et dans le titre) : I, 3 ; IV, titre, 3 et 11 ; V, titre et 8. Cependant dans la forme que le *Ps.* 151 a dans la Septante et à Qumrân (11QPs^a, col. XXVIII), cette mention fait défaut.

18. J'ajoute des subdivisions aux versets pour la facilité de l'exposé qui suit. En 3f, je préfère *quo*.

2. *f.* et inferiori praeceptum est ut crearet escam omnibus quae facta sunt.

g. Et post haec facta est tribus spirituum uestrorum.

3. *a.* Et nunc molesta esse noli tamquam secunda creatura.

b. Si quominus memorare tartari in quo ambulas.

c. Aut non audire tibi sufficit quoniam per ea quae consonant in conspectu tuo multis psallo ?

d. Aut inmemor es quoniam de resultatione in chaoma tonata est uestra creatura ?

e. Arguet autem te metra noua unde natus sum,

f. de quo nascetur post tempus de lateribus meis qui uos domabit.

Et cum hymnizaret Dauid, parcebat Saul spiritus.

2f omnibus quae facta sunt Δ] homini qui factus est π   3a creatura Δ] factura π   3c multis Δ] in multis π   3e te metra π] tempora Δ   3f quo Δ] qua π   nascitur *A K*   domabit π] domauit P, donauit *A K*.

Remarques de critique textuelle.

Avant de traduire, il importe de justifier certains détails du texte retenu. Qu'il suffise de rappeler ici que le *stemma* autorise les leçons *Δ* autant que les leçons *π*, les premières bénéficiant d'un a priori favorable en raison de leur plus grande proximité de l'archétype. Souvent elles conservent le texte difficile [19].

En 2f, *omnibus quae facta sunt* paraît préférable, parce que *omnibus* devait presque nécessairement recevoir une précision, tandis que *homini* se suffit à lui-même. Dans les manuscrits la confusion entre *homin-* et *omn-* est fréquente. Une mention de la création de l'homme (*qui factus est*) ne peut cependant être exclue dans ce contexte.

En 3e, il faut préférer *te metra* à *tempora*, pour plusieurs raisons. D'abord *metra* est très rare en latin et constitue la *lectio difficilior* ; la corruption de *te metra* en *tempora* ne peut dès lors surprendre. Ensuite, le mot *metra* constitue une particularité du vocabulaire du Pseudo-Philon (6, 9 ; 23, 5 ; 32, 1.5 ; 50, 4.7 ; 51, 2 et ici), pour rendre sans aucun doute le grec μήτρα. Enfin, dans le parallélisme entre 3e et 3f, *metra* est un excellent correspondant pour *lateribus*, « flancs » [20].

En 3f, on peut hésiter entre *de quo*, qui peut rendre le grec ἀφ' οὗ, « à partir du moment où », et *de qua* qui renvoie à *metra* [21].

---

19. D. J. HARRINGTON, *The Text-Critical Situation of Pseudo-Philo's « Liber Antiquitatum Biblicarum*, dans *Revue bénédictine*, 83, 1973, pp. 383-388.

20. *Lateribus* rend le grec πλευρά, qui traduit parfois l'hébreu ḥēlēṣ : voir *1 Rois*, 8, 19, précisément à propos de David et de Salomon.

21. Nous traduisons *de quo*. Préfère-t-on *de qua*, la traduction sera alors : « mais une matrice (famille) nouvelle te confondra, dont je suis né ; d'elle naîtra, après quelques temps, de mes reins, celui qui vous domptera ».

En 3f, même si *nascitur* était exact, le contexte inviterait à l'entendre d'un futur rapproché.

Toujours en 3f, le choix se limite au futur et au parfait de *domare*. Le futur s'impose en raison du contexte.

Observations sur la structure du poème.

La structure du psaume se dégage sans peine. Il est divisé en deux parties, le *et nunc* (3a) marquant le début de la seconde. L'importance de la clause *et nunc* a été souvent observée [22]. La première partie replace la naissance des esprits dans l'ensemble de l'œuvre créatrice. La deuxième évoque le châtiment des anges, sous forme de rappel d'abord (3b-d), de menace explicite ensuite (3e).

Dans chacune des deux parties, il y a passage de la deuxième personne du singulier, adressée à l'esprit qui tourmente Saül, à la deuxième personne du pluriel, englobant l'ensemble des esprits.

I	2c	nomen tuum		2g	spiritum uestrorum
II	3a	noli			
	3b	memorare			
	3c	tibi, tuo		3c	(multis)
	3d	inmemor es		3d	uestra creatura
	3e	te		3f	uos.

Au-delà de l'apaisement de l'esprit qui étouffe Saül, c'est la défaite de toute l'engeance qui est annoncée.

Parmi les parallélismes, il faut en retenir deux.

En 3c-d d'abord :

aut non	aut in-
audire tibi sufficit	memor es
quoniam	quoniam
per ea quae consonant	de resultatione
in conspectu tuo	
multis	uestra creatura
psallo	in chaoma tonata est.

Dans ce parallélisme, l'harmonie (*consonant*) s'oppose au bruit ou à la rébellion (*resultatio*) ; le chant de David (*psallo*) au tonnerre (*tonata*) ; *multis*, selon nous, correspond à *uestra creatura*.

---

22. André LAURENTIN, *We'attah-Kai nun. Formule caractéristique des textes juridiques et liturgiques (à propos de Jean 17, 5)*, dans *Biblica*, 45, 1964, pp. 168-195, 413-432.

En 3e-f, le parallélisme a aussi son prix :

3e arguet te ... metra noua   ... natus sum
3f nascetur ... de lateribus meis ... uos domabit.

Ici il y a chiasme : *arguet te* correspond à *uos domabit* ; *metra* à *lateribus* ; *natus sum* à *nascetur*.

Traduction.

Le moment est venu de proposer une traduction française [23], dont certains détails auront encore à être justifiés ou commentés.

1. En ce temps-là, l'Esprit du Seigneur se retira de Saül, et un esprit mauvais l'étouffait. Saül envoya (un messager) et fit amener David. Et (David) chantait un psaume sur la cythare, de nuit. Et voici le psaume qu'il chantait sur Saül pour que l'esprit méchant le quittât.

2. *a*. Il y avait ténèbres et silence avant que le monde fût.
   b. Et le silence vint à parler, les ténèbres se mirent à luire.
   c. C'est alors que fut fait ton nom, lors de l'agencement de l'espace,
   d. dont la partie supérieure fut appelée ciel, et la partie inférieure nommée terre.
   e. La partie supérieure reçut l'ordre de donner la pluie en son temps,
   f. et la partie inférieure reçut l'ordre de produire la nourriture pour tous les êtres créés.
   g. Après quoi fut faite la tribu de vos esprits.

3. *a*. Maintenant donc ne sois pas nuisible, toi qui es une créature du second jour,
   b. ou alors souviens-toi du tartare vers lequel tu te diriges.
   c. Ne te suffit-il pas d'entendre que, par des accords harmonieux en ta présence, je chante pour (votre) multitude,
   d. ou as-tu oublié que, suite à la rébellion, votre engeance a été foudroyée dans le gouffre ?
   e. Mais elle te confondra, la matrice nouvelle dont je suis né,
   f. du jour où naîtra, dans quelques temps, de mes reins celui qui vous domptera.

Et tandis que David proférait l'hymne, l'esprit épargnait Saül.

---

23. Cette traduction ne diffère pas réellement de celle qui est proposée dans les *Sources Chrétiennes*, mais elle se prête mieux au commentaire qui suit.

Notes sur la traduction

En 3a, *secunda* peut signifier « favorable », par opposition à *molesta*, ou « deuxième ». Toutefois l'usage de *secundus* au sens de « favorable » est peu attesté en latin tardif, et il ne l'est vraisemblablement pas du tout en latin de traduction. Nous ne retenons donc pas la traduction : « Ne sois pas nuisible, (sois) comme une créature favorable », qui est d'ailleurs laborieuse. *Secunda* doit se référer à la création du second jour (voir ci-dessous). Le grec avait soit κτίσις δευτέρα, soit κτίσις τῆς δευτέρας.

En 3b, *in quo ambulas* peut se traduire « dans lequel tu marches ». Il faut comprendre soit « vers lequel tu retournes », soit « dans lequel tu résides (habituellement) ».

En 3c, *in conspectu tuo* s'oppose à *multis* selon nous et se rattache à ce qui précède. Voir le parallélisme évoqué ci-dessus.

En 3d, *resultatio* peut s'entendre de deux manières. Il rend souvent le grec ἠχώ « bruit », mais peut aussi convenir pour « révolte ». Précédé de *de*, le second sens est préférable, mais le premier n'est pas à exclure, le « bruit » étant répercuté dans le tonnerre (*tonata*). Le parallélisme antithétique avec *per ea quae consonant* est meilleur avec « bruit », suffisant avec « rébellion ».

Encore en 3d, il faut évidemment lire *chaoma tonata*, et non *chaomato nata* ; *chaomate nata* est acceptable à la rigueur, mais non attesté. C'est d'ailleurs χάσμα que le grec devait avoir, et la bonne forme latine serait plutôt *chasma* que *chaoma*. *Tonata est* doit correspondre au grec ἐβροντήθη. Les traductions de M. R. James et de M. Philonenko dépendent de leur lecture *chaomato nata*.

II. Interprétation.

Le Professeur Philonenko a donné de l'hymne du chapitre 60 un intéressant commentaire qui a le mérite supplémentaire d'être le premier. Selon lui, l'hymne est essénien et gnostique [24].

Le caractère essénien du poème et de son encadrement narratif ressort des traits suivants :

a. La mention de l'esprit saint (d'après une partie des manuscrits) dans l'introduction en prose ;

b. La présentation de David comme un exorciste. Les textes de Qumrân ont révélé un Abraham exorciste (1QAp. Gen.) et un Daniel exorciste (4QPr.Nab.) ;

---

24. *Remarques sur un hymne essénien de caractère gnostique*, dans *Semitica*, 11, 1961, pp. 43-54.

c. Les mots *(in) multis* rendent le grec (ἐν) πολλοῖς et l'hébreu *bᵉrabbîm*, « les Nombreux », désignation technique dans les textes propres de la secte de Qumrân et présente dans le deuxième des cinq psaumes syriaques ;

d. La mention de la matrice d'où sort David et de la descendance de celui-ci autorise une interprétation messianique de la fin du psaume, « car le vainqueur des démons présenté par le Pseudo-Philon est l'objet d'une véritable attente eschatologique, ce que l'on conçoit mal de Salomon [25] ».

Le caractère gnostique de l'hymne ressort, lui, d'une manière plus globale, du fait qu'elle est une paraphrase du récit de la création, du *maʿasèh bᵉreshith* : le Pseudo-Philon serait « un des créateurs de cette mystique juive toute entière centrée... sur l'œuvre de la création [26] ». À noter toutefois que gnosticisme et mystique ne vont pas nécessairement de pair. D'autres traits sont notés comme gnostiques : la personnification du Silence et le couple Ténèbres et Silence. De cette syzygie émane une seconde, Parole et Lumière. *Resultatio* est la traduction de ἠχώ. Dès lors, M. Philonenko conclut : « La distinction de l'Écho et du Logos, qui est à l'arrière-plan du texte des *Antiquités*, est typiquement gnostique [27] ». La mention de la matrice est lue dans le même sens.

En poussant plus loin certaines des intuitions de M. Philonenko, il est possible d'arriver à d'autres conclusions.

A. *Un psaume d'exorcisme.*

Le poème du chapitre 60 est un psaume d'exorcisme [28], un charme, au sens propre et au sens étymologique que Valéry lui a rendu. Il est utile de se demander comment fonctionne l'exorcisme.

1. La musique comme telle joue un rôle, indiqué déjà par le récit biblique (*1 Sam.* 16, 17.23), rappelé dans l'introduction et la conclusion narratives par l'auteur des *Antiquités Bibliques* et souligné à l'intérieur du psaume. David, par sa musique, apaise l'esprit mauvais. La fonction apotropaïque du chant est bien connue. Ici l'harmonie s'oppose au roulement du tonnerre dans l'abîme.

2. Le chant tient son pouvoir du psalmiste. Tout se passe comme si l'action ponctuelle, le pouvoir occasionnel de David présageait celui, plus étendu, de Salomon. Et ce pouvoir se fonde sur la naissance. À la famille de Saül a succédé celle de Jessé, une nouvelle dynastie (*metra noua*). La

---

25. *Ibid.*, p. 52.
26. *Ibid.*, p. 48.
27. *Ibid.*, p. 52.
28. Voir ci-dessous la note 41.

tradition juive connaît bien le pouvoir de Salomon sur les esprits mauvais [29]. Ce pouvoir est ici étendu anticipativement au père de Salomon, en raison de leur commune origine.

3. Les termes de l'exorcisme sont évidemment décisifs. Le psaume rappelle que l'esprit et son engeance sont des créatures et qu'ils ont été châtiés. La menace de David est fondée sur un double recours au souvenir d'une condamnation passée, dont — c'est une interprétation — elle actualise les effets.

4. La mention du nom de l'esprit, pas autrement précisé, est également importante dans l'exorcisme. La connaissance de ce nom (2c) est le signe du pouvoir de David et son arme.

B. *Une réflexion sur le récit de la création.*

Marc Philonenko a le premier fait remarquer que le psaume constitue une spéculation sur l'œuvre de la création, un court midrash sur le début de la Genèse. Cette observation est indiscutable. J'ajouterai deux choses. D'abord, on peut pousser plus loin les ramifications de l'intuition première. Ensuite, il ne faut pas perdre de vue que la référence à la création tient ici à la logique de l'exorcisme, non l'inverse : Les esprits, David le leur rappelle, sont des créatures. Ce deuxième point ressort de ce qui a déjà été dit. Le premier doit être explicité.

L'œuvre du premier jour est la création de la lumière, sur la parole de Dieu « Que la lumière soit... » (*Gen.* 1, 3). C'est effectivement par là que le psaume commence (2a-b) : « le silence vint à parler, les ténèbres se mirent à luire ». Ni le nom de Dieu ni la notion de création ne sont ici mentionnés. Il n'y a pas à tirer de conclusion de ces omissions, car il s'agit essentiellement d'une référence chronologique destinée à introduire l'œuvre du deuxième jour (*et factum est tunc*).

L'œuvre du deuxième jour dans la Genèse est la séparation des eaux d'en-haut de celles d'en-bas par le firmament, et l'œuvre du troisième jour est la séparation de la terre et de la mer dans la partie d'en bas, la terre devenant fertile. Les *Antiquités Bibliques* ici schématisent, en quoi elles diffèrent de *IV Esdras* 6, 38-59, et opposent le ciel et la terre selon les catégories habituelles. Ceci dit, 2c-d correspond à l'œuvre du deuxième jour, tandis que 2e-f, pluie et fertilité, répondent à l'œuvre du troisième.

Ce qui importe ici, c'est que le nom de l'esprit à qui s'adresse David a été créé le deuxième jour, « lors de l'agencement de l'espace ». Du moins est-ce ainsi que nous avons traduit *in compaginatione extensionis*. À s'en

29. Voir quelques références dans P. BOGAERT, *Apocalypse de Baruch...* (*Sources chrétiennes*, 144-145), Paris, 1969, t. II, p. 140 en commentaire à *II Bar.* 77, 25.

référer aux anciens glossaires grec-latin et au *Thesaurus linguae latinae*, s.v., *compaginatio* doit rendre un mot de la racine ἀρμ-, συνάρμωσις par exemple. Toutefois on ne peut exclure l'équivalence [30] *compaginatio* = συμπαγία, συμπηγία ou σύμπηξις, synonyme possible de στερέωμα = *firmamentum*. Le second terme, *extensio*, peut correspondre au grec ἔκτασις faisant alors allusion à l'extension des cieux (*Ps.* 104, 2; *Jér.* 10, 12; *Zach.* 12, 1) ou plus simplement à l'espace entre ciel et terre.

Quoi qu'il en soit, la création au second jour de l'esprit qui hante Saül est à retenir.

L'œuvre du quatrième jour, les luminaires, est passée sous silence, ainsi que l'œuvre du cinquième. Mais la mention de la création de « la tribu de vos esprits », nous le verrons, peut être mise en relation avec l'œuvre du cinquième jour.

Quant à l'œuvre du sixième jour, avec entre autres la création de l'homme, elle est peut-être évoquée dans le pouvoir exercé par David et Salomon sur les esprits en tant qu'ils sont des créatures (*Gen.* 1, 28) dont l'homme, créé le sixième jour, détient le nom (*Gen.* 3, 19-20).

Bien qu'il soit difficile de dire d'après le psaume quand fut créée la tribu des esprits, une tradition rabbinique transmise dans le midrash *Bereshit Rabba* [31] et dans d'autres midrashim apporte une clé pour sa compréhension. En voici une traduction :

Quand furent créés les anges ? Rabbi Yoḥanan [32] déclare : « Les anges ont été créés le deuxième jour. Voici ce qui est écrit : *Il construit sur les eaux ses hauteurs,...* (*Ps.* 104, 3). Et il est écrit : *Il fait des vents ses anges* (*Ps.* 104, 4). » Rabbi Ḥanina [33] déclare : « Les anges ont été créés le cinquième jour. Voici ce qui est écrit : *Et que l'oiseau vole au-dessus de la terre* (*Gen.* 1, 20). Et il est écrit : *Avec deux (ailes), il (= chacun) volait* (*Is.* 6, 2). »

Rabbi Luliani bar Tabri [34] déclare au nom de Rabbi Isaac [35] : « Qu'on partage l'avis de Rabbi Ḥanina ou celui de Rabbi Yoḥanan, tous reconnaissent que rien (d'angélique) ne fut créé le premier jour, de peur qu'on ne déclare : Michel étendait au Sud du firmament, Gabriel au Nord, le Saint, béni soit-il, le mesurait (*ou* l'étendait) au milieu. Au contraire, *C'est moi, Adonai, qui fais tout. J'ai tendu les cieux, moi tout seul. J'ai fixé la terre de moi-même* (*Is.* 44, 24). »

---

30. Équivalence pour laquelle je n'ai pas trouvé d'attestation.

31. *Bereshit Rabba* I, 3; voir l'édition de J. THEODOR et Ch. ALBECK, *Midrash Bereshit Rabba. Critical Edition with Notes and Commentary*, 2e éd., Jérusalem, 1965, t. I, p. 5.

32. Fondateur de l'école de Tibériade, vraisemblablement; mort en 279.

33. Vraisemblablement R. Hanina b. Hama, d'origine babylonienne, enseignant à Sepphoris vers 225, maître de R. Yohanan.

34. Amora palestinien de la quatrième génération, vers 330.

35. Amora palestinien de la troisième génération, vers 300, d'origine babylonienne.

Le raisonnement par lequel les deux premiers rabbis cités justifient leur préférence pour le deuxième ou le cinquième jour importe peu. Ils ne cherchent qu'à appuyer a posteriori deux traditions divergentes. Quant à l'avis de Rabbi Luliani, on y reconnaîtra, avec Peter Schäfer [36], la tendance à accentuer l'infériorité des anges non seulement par rapport au Créateur, mais encore par rapport à l'homme.

Les deux traditions d'ailleurs pourraient valoir simultanément.

1. L'esprit mauvais qui tourmente Saül est créé *in compaginatione extensionis*, ce qui ne peut être que le deuxième jour. Le fait est rappelé vraisemblablement au début de la seconde partie du psaume dans l'expression *secunda creatura*. Je propose de comprendre : « créature du second jour ».

2. Dans l'abrégé de la création présenté par le psalmiste, la tribu des esprits est créée en dernier lieu. Ne peut-on éclairer sur ce point l'imprécision des *Antiquités Bibliques* par *Bereshit Rabba*, d'autant que *IV Esdras*, nous le verrons, suggère quelque chose de semblable.

En tout état de cause, le psaume distingue la création au deuxième jour d'un esprit mauvais et la création après le troisième jour de la légion des esprits.

Un autre aspect de la spéculation sur les origines est la référence à l'habitation de l'esprit au tartare et à la chute des esprits foudroyés [37]. Cet aspect, relativement traditionnel dans tous les courants du judaïsme, peut-être omis ici sans inconvénient.

C. *Un psaume autobiographique.*

John Strugnell [38] et Shemaryahu Talmon [39] ont tous deux bien noté qu'une des marques des psaumes davidiques apocryphes était leur caractère autobiographique nettement plus appuyé que dans les cas les plus sûrs du Psautier canonique. Toutefois ce type d'interprétation apparaît aussi dans le Psautier par le biais des titres et, selon S. Talmon, dans la Bible massorétique elle-même grâce à une particularité appelée *pisqa*

---

36. *Rivalität zwischen Engeln und Menschen. Untersuchungen zur rabbinischen Engelvorstellung* (*Studia Judaica*, 8), Berlin 1975, xiv-280 p. ; voir pp. 52-54.

37. Sur la punition des anges, voir *Ant. Bibl.*, 34, 2-3. Cf. J. MICHL, art. *Engel*, dans *Reallexikon für Antike und Christentum*, t. 5, 1962, col. 60-97, spécialement col. 80-81, 91 ; Johann MAIER, art. *Geister (Dämoner)*. B. III.d. *Talmudisches Judentum*, *ibid.*, t. 9, fasc. 69, 1975, col. 668-687, spéc. col. 671.

38. *More Psalms of « David »*, dans *The Catholic Biblical Quarterly*, 27, 1965, pp. 207-216 ; voir pp. 215-216.

39. *Hebrew Apocryphal Psalms from Qumran* (hébr.), dans *Tarbiz*, 35, 1965-1966, pp. 214-234.

b^eemṣa' pasuq [40]. Le psaume du chapitre 60 est un bon exemple de cette catégorie de psaumes autobiographiques et de la tendance plus générale dans laquelle ils s'inscrivent.

Après avoir esquissé les grandes lignes d'une nouvelle interprétation, il convient de répondre à l'argumentation de M. Philonenko.

III. Essénisme du chapitre 60?

1. Certes ce sont deux textes découverts à Qumrân qui nous rappellent opportunément le rôle de l'exorcisme dans le judaïsme ancien [41]. Mais la *Prière de Nabonide*, souvent considérée comme un fragment d'une source possible de Daniel, est trop ancienne pour être une composition qumranienne. Quant à l'*Apocryphe de la Genèse*, son origine est controversée, mais aucun argument intrinsèque ne révèle son caractère sectaire [42]. Ce sont d'autres considérations, externes, qui invitent à envisager cette possibilité.

Serait-il même sûrement une composition qumranienne, il faudrait encore ajouter ceci. Les sources d'information sur la piété populaire juive à cette époque sont quasi nulles. Or la croyance à la puissance de Salomon sur les esprits relève d'un tel courant. Qu'il soit attesté à Qumrân plaide aussi bien pour son universalité que pour son ésotérisme, et ici l'universalité est plus vraisemblable.

2. Bien qu'elle soit embryonnaire, la spéculation du Pseudo-Philon sur le *ma'asè b^ereshith* est incompatible avec ce que nous savons de l'angélologie qumranienne. Les *Jubilés* peuvent servir de terme de comparaison, puisque leur caractère essénien a été largement reconnu et que de nom-

---

40. *Art. cit.*, voir aussi du même, l'article cité à la note 4.

41. Voir André DUPONT-SOMMER, *Exorcismes et guérisons dans les Écrits de Qumran*, dans *Congress Volume Oxford 1959* (Supplements to Vetus Testamentum, 7), Leyde, 1960, pp. 246-261. L'auteur appuye la coloration essénienne des exorcismes sur Flavius Josèphe, *BJ*, II, VII, 6 (§ 136) et accessoirement sur *Jubilés*, 10, 12-14. Il rapproche les données qumraniennes du Nouveau Testament. Mais l'usage des exorcismes est plus répandu : voir Klaus THRAEDE, art. *Exorzismus*, dans *Reallexikon für Antike und Christentum*, t. 7, fasc. 1, 1966, col. 44-117, spéc. col. 56-58. Voir aussi David FLÜSSER, *Qumran and Jewish « Apotropaic » Prayers*, dans *Israel Exploration Journal*, 16, 1966, pp. 194-205.

42. Voir Joseph A. FITZMYER, *The* Genesis Apocryphon *of Qumran Cave I. A Commentary*, 2e éd., Rome, 1971, pp. 11-14 ; P. GRELOT, tout récemment (*Hénoch et ses écritures*, dans *Revue biblique*, 82, 1975, pp. 481-500 ; voir p. 500), attribue aux milieux qumraniens les *Jubilés*, ce que tout le monde admet, et « la littérature araméenne plus tardive des cycles hénochites et apparentés (Livre de Lamech, Livre(s) de Noé) ».

breux fragments en ont été repérés à Qumrân [43]. Or les *Jubilés*, au ch. II, § 2, placent sans doute possible la création des anges au premier jour [44].

La divergence apparaîtra dans une lumière plus juste encore si l'on fait intervenir le récit de la création en *IV Esdras* 6, 38-54. Comme les *Jubilés*, *IV Esdras* propose une paraphrase du récit de la création beaucoup plus fidèle dans le détail que celle du Pseudo-Philon conditionnée par son contexte d'exorcisme poétique. Dès lors les divergences d'avec le récit biblique apparaissent d'une manière plus claire. Or dans *IV Esdras*, il est question au premier jour (6, 39) d'un *spiritus uolans*, rappel de celui de *Gen.* 1, 2, et au deuxième (6, 41) de la création d'un esprit du firmament (*creasti spiritum firmamenti*) chargé de séparer les eaux [45]. Le psaume du Pseudo-Philon est ici très proche d'une particularité qui distingue *IV Esdras* de la Bible. Il se sépare des *Jubilés* en ce qu'il ne prend pas appui sur la mention de l'esprit au premier jour dans la Bible pour y mettre aussi la création des autres esprits.

C'est aussi *IV Esdras* (6, 47-52) avec, en parallèle, *II Baruch* 29, 4 qui apporte un nouvel indice de la création des esprits au cinquième jour. Ce jour-là — tradition biblique commune — furent créés les monstres marins. Mais — détail ajouté — Behemoth et Leviathan, créés le même jour, doivent servir de nourriture : *Et seruasti ea ut fiant in deuorationem quibus uis et quando uis* (*IV Esd.* 6, 52) ; « ... tous deux (Behemoth et Leviathan), monstres gigantesques que je créai le cinquième jour de la création et que j'ai réservés en vue de ce temps pour servir de nourriture à tous ceux qui survivront (II *Bar.* 29, 4). » N'est-ce pas d'ailleurs le sens de *Ant. Bibl.* 60, 2f : *ut crearet escam omnibus quae facta sunt*, mention suivie aussitôt de la création des esprits ?

---

43. 1QJub[a-b], 2QJub[a-b], 3QJub, 4QJub[e], 4QJub[f], 11QJub ont fait l'objet de publications ou de notices. En 1957, les grottes 1, 2 et 4 avaient livré des fragments d'une dizaine de manuscrits. On en a trouvé aussi à Masada (J. T. MILIK, dans *Revue biblique*, 78, 1971, p. 557).

44. Le texte grec est conservé pour cette partie : *Fragmenta Pseudepigraphorum quae supersunt Graeca...*, coll. et ordinauit Albert-Marie DENIS, dans *Pseudepigrapha Veteris Testamenti Graece, III*, Leyde 1970, pp. 71-72, 75 ; J. T. MILIK, *Recherches sur la version grecque du Livre des Jubilés*, dans *Revue biblique*, 78, 1971, pp. 545-557 ; voir p. 549. A.-M. Denis donne en regard une version de l'éthiopien.

45. Il faut citer comme témoin possible de la création des anges au deuxième jour *II Hénoch* (slave), au ch. 29 de la rédaction courte : G. Nathanael BONWETSCH, *Die Bücher der Geheimnisse Henochs. Das sogenannte slavische Henochbuch* (*Texte und Untersuchungen*, 44, 2), Leipzig, 1922, p. 80 ; A. VAILLANT, *Le Livre des Secrets d'Hénoch*, texte slave et trad. franç. (Textes publiés par l'Institut d'Études slaves, 4), Paris, 1952, p. 33, en haut, et la note critique sur « pour ». — Toutefois je suis fortement tenté de ranger *II Hénoch* parmi les apocryphes médiévaux, suivant ainsi J. T. MILIK, *Problèmes de la littérature hénochique à la lumière des fragments araméens de Qumrân*, dans *Harvard Theological Review*, 64, 1971, pp. 333-378 ; cf. p. 373 (IXe s.).

Création des esprits au premier ou au second jour. C'est plus qu'une discussion d'école. Le passage de *Bereshit Rabba* révèle que les Amoras de Palestine étaient encore conscients d'un enjeu théologique. À première vue l'avis de R. Isaac est un compromis. En réalité il est bien davantage. Il affirme explicitement que personne autre que le Saint n'a créé les cieux. De plus il suppose que les anges n'appartiennent pas à cette catégorie de réalités existant depuis toujours auprès de Dieu et qu'ils ne sont pas non plus à ranger parmi les premiers créés qui ont assisté Dieu dans l'œuvre créatrice. Il peut y avoir derrière cette attitude une réfutation du gnosticisme, le refus du démiurge en particulier. Il y a en tout cas la volonté d'inclure les anges et les esprits dans le cadre de la création commune [46].

3. Marc Philonenko attache une grande importance à la mention de *(in) multis* (3c) dans laquelle il reconnaît une catégorie de personnes ayant autorité dans la secte qumranienne : les *rabbîm*. Le contexte exclut cette interprétation. La pointe de la phrase est dans la distinction entre l'esprit qui hante Saül et les esprits en général. La traduction « je chante parmi les Nombreux » paraît hors de propos. David chante seul et la nuit « pour la multitude des esprits ».

4. L'esprit du Seigneur est mentionné à de nombreuses reprises dans les *Antiquités Bibliques* ; il est appelé esprit saint quatre fois, trois fois sans doute possible : en 18, 11 (Balaam), en 28, 6 (Qenaz), en 32, 14 (Débora) et, d'après les manuscrits du groupe π en 60, 1 dans l'introduction en prose du psaume d'exorcisme. M. Philonenko y voit l'indice d'une origine qumranienne sectaire. Il est vrai que la désignation « esprit saint » est exceptionnelle dans l'Ancien Testament et dans les apocryphes, et fréquente à Qumran. Mais il faut ajouter qu'elle est courante dans les Targumim [47] et tout à fait répandue dans la littérature rabbini-

---

46. Les préoccupations des tannas et amoras ont été décelées à d'autres endroits de leur lecture de l'œuvre des six jours. Voir Alexander ALTMANN, *A Note on the Rabbinic Doctrine of Creation*, dans *The Journal of Jewish Studies*, 7 (1956), pp. 195-206 ; *Gnostic Themes in Rabbinic Cosmology*, dans *Essays in Honour of the Very Rev. Dr. J. Hertz*, Londres, 1942, pp. 19-32 ; Ephraim E. URBACH, *The Sages. Their Concepts and Beliefs*, transl. by I. ABRAHAMS, Jérusalem, 1975, t. I, pp. 184-213 ; Georges VAJDA, *Notice sommaire sur l'interprétation de Genèse 1, 1-3 dans le judaïsme postbiblique*, dans *In principio. Interprétations des premiers versets de la Genèse*, Paris, 1973, in-8°, pp. 23-35. Tous évoquent la gnose comme visée au moins implicitement par les rabbins.

47. J. P. SCHÄFER, *Die Termini « Heiliger Geist » und « Geist der Prophetie » in den Targumim und das Verhältnis der Targumim zueinander*, dans *Vetus Testamentum*, 20, 1970, pp. 304-314 : le targum Neofiti et le targum fragmentaire utilisent l'expression « esprit saint » ; Onqelos emploie « esprit de prophétie » ; le Pseudo-Jonathan, les deux.

que [48]. Quelle que soit la variante que l'on préfère en 60, 1, il n'y a rien à en tirer pour une origine sectaire. Qumrân et les *Antiquités Bibliques* participent à la même évolution de la terminologie théologique.

5. Que le rejeton issu de David prédestiné à dompter les esprits mauvais (3f) soit Salomon — comme je le pense avec d'autres — ou le Messie — comme le pense M. Philonenko —, ou encore que les deux interprétations vaillent simultanément, le Messie étant à l'image de Salomon — hypothèse permise, mais inutile —, nous ne sommes guère avancés dans le sens d'une interprétation essénienne, le messianisme n'étant nullement son exclusivité [49].

6. Aux cinq points énumérés ci-dessus en réponse à l'argumentation de M. Philonenko, on peut en ajouter un sixième. Il y a une similitude entre les *Antiquités Bibliques* et les recueils qumraniens de psaumes dans leur attitude vis-à-vis du Psautier.

Le rouleau 11QPs[a], col. XXVII, attribue à David trois mille six cents psaumes et davantage de chants; le recueil syriaque comporte trois psaumes davidiques sur cinq; les *Antiquités Bibliques* en comptent deux.

Dès lors, même si l'on admet avec M. H. Goshen-Gottstein et P. Skehan [50] que 11QPs[a] suppose la reconnaissance d'un Psautier canonique identique à celui que nous connaissons, il reste que Qumrân et les *Antiquités Bibliques* s'autorisent à attribuer à David d'autres psaumes que ceux de la collection des cent cinquante. Avec une différence toutefois. Le rouleau 11QPs[a] est vraisemblablement une compilation de pièces préexistantes, alors que l'auteur des *Antiquités Bibliques* paraît bien être aussi celui de ses deux psaumes. Mais dans les deux cas il y a comme une désinvolture à l'égard de la clôture du Psautier.

Rien cependant ne permet de dire que cette attitude est propre à Qumrân. Elle est le fait d'un temps plus que d'une secte. Nous sommes avant soixante-dix et avant Jabné [51].

L'interprétation qumranienne ou essénienne n'ayant rien qui la recommande ou l'impose, il reste à examiner si l'on peut parler de gnose ou de gnosticisme. M. Philonenko lie d'ailleurs essénisme et gnose juive.

---

48. J. P. SCHÄFER, *Die Vorstellung vom Heiligen Geist in der rabbinischen Literatur* (*Studien zum Alten und Neuen Testament*, 28), Munich, 1972, 186 p.

49. La *metra* qui, par David et Salomon, dompte l'esprit et les esprits est-elle à mettre en relation avec *Gen.*, 3, 15 ? Je n'ai pas trouvé dans les *Antiquités Bibliques* ou ailleurs les jalons qui autoriseraient une telle référence, mais elle n'est pas exclue pour autant.

50. Voir ci-dessus note 4.

51. Voir P. BOGAERT, *Apocalypse de Baruch...* (*Sources Chrétiennes*, nos 144-145), Paris, 1969, t. I, pp. 252-257; et *Les Antiquités Bibliques* (*Sources Chrétiennes*, nos 229-230), Paris, 1976, t. II, pp. 66-74.

Sans entrer dans le fond du problème, désespérément vaste, quelques réflexions sont permises.

— Certains termes et couples de termes utilisés dans le psaume se retrouvent dans la terminologie gnostique, c'est évident.

— Que ces termes soient entendus dans le psaume au sens qu'ils ont dans divers systèmes gnostiques, cela paraît indéfendable.

— Que le vocabulaire de la Bible et de la littérature parabiblique, apocryphe ou non, ait été adopté par certains registres de la littérature gnostique, c'est certain.

Si le gnosticisme peut être écarté tant pour le chapitre 60 que pour le reste dans *Antiquités Bibliques*, il y a à se demander si la figure de David n'a pas reçu quelques traits de la physionomie d'Orphée dans l'hellénisme. Nous ne parlons pas ici d'une influence de l'orphisme, ce qui serait tout autre chose, mais de cette superposition des figures d'Orphée, de David et du Christ que la tradition iconographique au moins a connue [52], et qui relève plutôt d'une influence hellénistique diffuse. Une telle osmose de soi n'est pas à exclure. Elle est démontrable pour la prière de Seila (ch. 40) [53], et l'on sait mieux aujourd'hui qu'elle est ancienne et subtile dans le judaïsme. De plus, le psaume 151, et les différentes versions que nous en connaissons, permettent d'envisager pareille influence au niveau littéraire, encore que les spécialistes soient divisés sur le détail [54]. Dans le cas du chapitre 60 toutefois, le rôle des animaux et des plantes est nul, et l'interprétation ne gagne rien à découvrir Orphée en filigrane.

En définitive, aucune des interprétations, qumranienne, gnostique ou « orphique », n'est praticable, alors que le recours à la littérature rabbinique ancienne apporte des lumières appréciables et présente des correspondances non négligeables. Un exemple encore.

---

52. A. DUPONT-SOMMER, *David et Orphée*, Paris, 1964, 12 p.; M. PHILONENKO, *David-Orphée sur une mosaïque de Gaza*, dans *Revue d'histoire et de philosophie religieuses*, 47, 1967, pp. 355-357; H. STERN, *Un nouvel Orphée-David dans une mosaïque du VIe siècle*, dans *Comptes rendus de l'Académie des Inscriptions et Belles-Lettres*, 1970 (janv.-mars), pp. 63-79.

53. Voir ci-dessus notes 14 et 15.

54. J. A. SANDERS, *The Psalms Scroll of Qumran Cave 11* (*Discoveries in the Judaean Desert of Jordan*, 4), Oxford, 1965, voir pp. 61-63 (bibliographie); Isaac RABINOWITZ, *The Alleged Orphism of 11QPss 28, 3-12*, dans *Zeitschrift für die alttestamentliche Wissenschaft*, 76, 1964, pp. 193-200, avec *Responsum* de J. A. SANDERS, *ibid.*, p. 201; Jean MAGNE, *Orphisme, pythagorisme, essénisme dans le texte hébreu du Psaume 151?*, dans *Revue de Qumrân*, t. 8, fasc. 4 (no 32), 1975, pp. 508-547. — La discussion est compliquée par l'existence de quatre formes connues du Ps. 151: 11QPsª, le premier des cinq psaumes syriaques, la Septante, le même texte avec le « verset des trois pierres » en arabe: J. MAGNE, *Le verset des trois pierres dans la tradition du psaume 151*, dans *Revue de Qumrân*, t. 8, fasc. 4 (no 32), 1975, pp. 565-591.

De même que la Lamentation de Seila (ch. 40) et que le Cantique d'Anne (ch. 51), le psaume du ch. 60 est intimement lié au contexte, ici très court. L'introduction narrative dit que David jouait la nuit, *nocte*; et le poème commence avec le mot *tenebrae*. La Bible ne suggère rien dans ce sens, mais bien la tradition rabbinique. Dans le Talmud de Babylone (*Berakhoth* 3b), il est dit qu'une harpe était suspendue au-dessus du lit de David. Dès minuit, le vent se levait, et elle se mettait à chanter. Toujours au même endroit, on lit que David étudiait la Tora jusqu'à minuit et qu'ensuite il récitait chants et prières. Nous ne savons à quelles sources les Amoras palestiniens ont puisé ces traditions pour étayer leurs avis sur les temps de la prière, mais nous n'avons pas de raison de penser qu'ils les ont inventées, puisqu'elles sont destinées à faire preuve. Quant à l'auteur des *Antiquités Bibliques*, il ne devait pas être insensible à l'aspect dramatique de cette mention de la nuit qui est aussi le temps de l'errance des esprits.

Ainsi l'interprétation du chapitre 60 s'insère heureusement dans une lecture tannaïte des *Antiquités Bibliques*, celle que propose le commentaire que Ch. Perrot et moi-même avons préparé. Cette lecture reconnaît, à côté de la ligne d'interprétation principale, tannaïte, une influence hellénistique diffuse, essentiellement littéraire, un caractère populaire, une touche « féministe », et j'y ajouterais un certain caractère communautaire, non sectaire toutefois [55].

Et pour terminer, au risque d'être pédant, un point de méthode. Toute ressemblance entre Qumrân et un autre écrit apocryphe peut recevoir au moins deux interprétations. Il peut s'agir d'un bien commun ou largement commun du judaïsme d'avant soixante-dix, mais non autrement attesté. Il peut s'agir aussi d'une particularité qumranienne au sens strict. Les deux hypothèses doivent être envisagées.

Abbaye de Maredsous   P.-M. BOGAERT
5642, Denée

---

[55]. Nous apporterions cette nuance à l'opinion de notre maître J. SCHMITT, *L'organisation de l'Église et Qumrân*, dans *La Secte de Qumrân et les origines du christianisme* (*Recherches Bibliques*, 4), 1959, pp. 216-231 ; voir pp. 225-226.

Qumrān und der Hellenismus

Meinem Freund Otto Betz zum 60. Geburtstag in herzlicher Verbundenheit gewidmet.

Dieses Thema klingt wie „ Feuer und Wasser " oder, in der Sprache jener religiösen Bewegung, mit der wir uns hier beschäftigen, wie „ Licht und Finsternis ". Man ist versucht, darauf mit einem neutestamentlichen Text zu antworten, der wie kaum ein anderer essenisches Gepräge trägt : „ Ziehet nicht am fremden Joch mit den Ungläubigen! Denn was hat die Gerechtigkeit zu tun mit der Ungerechtigkeit ? Oder was hat das Licht gemein mit der Finsternis ? Wie stimmt Christus zu Beliar ? Oder was haben der Gläubige und der Ungläubige gemeinsam ? Wie verträgt sich der Tempel Gottes mit den Götzenbildern ? " (*2 Kor.*, 6, 14-16) [1]. Für die Essener von Qumrān waren die ihnen geoffenbarte göttliche *da'at* und die *ḥŏkhmat jᵉwānît* gewiß zwei völlig entgegengesetzte, unvergleichbare Größen [2]. Führt sich so das Thema durch absolute Beziehungslosigkeit der beiden Komponenten selbst ad absurdum ?

Nun, auch der schroffe Gegensatz, die harte Antithesis ist eine bestimmte Form von Beziehung. Sie setzt ja in irgendeiner Form die Thesis

---

Für die genaue Durchsicht des Manuskripts und für Hilfe bei der Beschaffung der Literatur und beim Lesen der Korrekturen danke ich meinen Assistenten Helmut Kienle und Dr. Hermann Lichtenberger.

1. Zum unpaulinischen Charakter von *2 Kor.*, 6, 14-7, 1 s. J. A. FITZMYER, *Qumran and the Interpolated Paragraph in 2 Cor 6: 14-7: 1*, in *Essays on the Semitic Background of the New Testament*, London, 1971, 205-217 = *CBQ*, 23, 1961, 271-280 ; er vermutet „ a Christian reworking of an Essene paragraph which has been introduced into the Pauline letter " (217 = 279f.). S. auch J. GNILKA, *2 Kor 6, 14-7, 1 im Lichte der Qumranschriften und der Zwölf-Patriarchen-Testamente*, in *Neutestamentliche Aufsätze. Festschrift für Prof. Josef Schmid zum 70. Geburtstag*, 1963, 86-99. Vgl. etwa auch TERTULLIAN, *De Praescr. haer.* 7, 9 : *Quid ergo Athenis et Hierosolymis? quid academiae et ecclesiae? quid haereticis et christianis?*

2. Der Begriff der „ griechischen Weisheit " erscheint erst in rabbinischen Texten, s. *BQ* 82b/83a ; *MidrTeh* 1, 17 (p. 16 Buber). Die Qumrāntexte sprechen von den Griechen nur als politischer Macht, s. die Könige bzw. den König von Jawan CD 8, 11 ; 19, 24 ; 4Q*169*(pNah) 3-4, I, 2f. Mit den häufig erwähnten „ Kittim " (*kittijjîm, kittî'îm*) können sowohl Griechen (bzw. Makedonen) als auch Römer gemeint sein.

voraus, in ihr ist — zumindest nach Hegel — die Thesis mitenthalten. Von völliger Beziehungslosigkeit kann man darum nicht reden. Zunächst müssen wir vor allem den schillernden Begriff des „ Hellenismus " näher betrachten [3]. Im Griechischen bedeutete Ἑλληνισμός ursprünglich nicht die griechische Kultur im Allgemeinen, sondern, abgeleitet von ἑλληνί-ζειν, „ einwandfrei Griechisch sprechen ", den guten griechischen Stil, die Beherrschung der griechischen Sprache. Der einzige vorchristliche Beleg, wo dieser sehr prägnante Sprachgebrauch durchbrochen ist, findet sich bezeichnenderweise in 2 Makk., 4, 13 im Zusammenhang mit dem hellenistischen Reformversuch der jüdischen Aristokratie in Jerusalem nach 175 vChr. Es ist dort von einer ἀκμή τις Ἑλληνισμοῦ die Rede. Hier erhält der Begriff Ἑλληνισμός eine klare kulturelle und dh gerade für den Juden zugleich auch religiöse Bedeutung. Der ἐπὶ τὰ Ἑλληνικὰ μετάθεσις (11, 24; vgl. 6, 9: μεταβαίνειν ἐπὶ τὰ Ἑλληνικά) wird darum folgerichtig das μένειν ἐν τῷ Ἰουδαϊσμῷ (8, 1; vgl. 2, 21; 14, 38) entgegengestellt. Da die Ursprünge der essenischen Bewegung letztlich mit der Bußbewegung der Chasidim zusammenhängen, die sich in der Zeit jenes hellenistischen Reformversuchs vor Beginn des Makkabäeraufstandes als Opposition formiert hatte, wird man auch bei den essenischen Texten vom Toten Meer ein Fortwirken jener antihellenistischen und damit zugleich fremdenfeindlichen Haltung annehmen können, die durch die chasidische Opposition und den erfolgreichen Makkabäeraufstand ausgelöst oder verschärft worden war. Doch ist damit das Verhältnis von Qumrān und Hellenismus noch nicht zureichend umschrieben. Es ist zu prüfen, ob nicht bei aller schroffen Opposition und rigorosen Absonderung von gottlos-heidnischer Weisheit dennoch der Geist der neuen Zeit im Leben und Denken der Essener von Qumrān wirksam war. Der von Droysen geschaffene Begriff des „ Hellenismus " bezeichnet einerseits eine historische Epoche, die etwa vom Alexanderzug bis in die frühe Kaiserzeit reicht, er ist aber gleichzeitig auch Ausdruck einer neuen Zivilisation und eines neuen Weltgefühls, die durchaus nicht allein durch den — zunächst überwiegenden — Einfluß griechischer Rationalität in Technik, Literatur, Philosophie und Religion bestimmt waren, sondern aus der Synthese von griechischem und orientalischem Denken erwuchsen. Die Konvergenz der Entwicklungslinien auf diese Synthese hin wird bereits in der Perserzeit sichtbar, die Eroberungen Alexanders haben sie nur beschleunigt und verstärkt.

---

3. Vgl. M. HENGEL, Judentum und Hellenismus, WUNT, 10, 2. Aufl. 1973, 2ff; DERS., Juden, Griechen und Barbaren, SBS, 76, 1976, 73ff; DERS., Zwischen Jesus und Paulus, in ZThK, 72, 1975 (151-206) 166ff. Leider hat L. H. FELDMAN, Hengel's Judaism and Hellenism in Retrospect, in JBL 36 (1977) dieses Grundproblem, daß schon der „ Hellenismus " auf einer Synthese beruht und zum „ Zeitgeist " gehört, nicht gesehen. Sein rasanter Angriff gleicht daher jene berühmten Attacke gegen Windmühlenflügel.

Es wird darum im folgenden nicht in erster Linie darum gehen, direkte „ griechische Einflüsse " in der essenischen Bewegung nachzuweisen — derartige „ Einflüsse " werden bei einer Oppositionsbewegung nur vereinzelt sichtbar werden —, vielmehr will ich auch versuchen, an gewissen Punkten aufzuzeigen, wie Leben und Lehre der Essener als Ganzes vom Geist ihrer Zeit bestimmt waren und wie sie sich in die kulturelle und religiöse Gesamtentwicklung des Judentums in der hellenistisch-römischen Epoche einordneten.

Beginnen wir mit einem scheinbar äußerlichen Phänomen. Wenn man die Reste des *essenischen Gebäudekomplexes* von Ḥirbet Qumrān [4] mit anderen Bauten aus hellenistischer Zeit im Jordangebiet und in den Seitentälern vergleicht, etwa mit der unvollendet gebliebenen Tempelanlage des Tobiaden Hyrkan in ʿIrāq al-Amīr [5] oder dem herodianischen Sommerpalast in Jericho [6], dann fällt sofort der schroffe Gegensatz zwischen der hybriden Prachtentfaltung dieser Bauwerke und der schlichten, ja ärmlichen Ausgestaltung des essenischen Zentrums ins Auge, dem jeglicher äußere Schmuck fehlt. Selbst die Säulen im Refektorium sind einfache behauene Steinblöcke. Einzelne wertvollere Bauelemente, die gefunden wurden, wie Säulenbasen und -trommeln, hat man wohl auf ein Erdbeben hin nicht mehr eingebaut [7]. Der Schlichtheit des Baues entsprechen die völlig schmucklosen Gräber. Sie und der Kultbau zum Zweck des gemeinsamen Gottesdienstes, des Schriftstudiums und der kultischen Mahlzeiten bestätigen im Grunde die essenische Selbstbezeichnung ʾäbjônîm, „ die Armen " [8].

Das Bild ändert sich jedoch, wenn man einzelne Anlagen genauer betrachtet, insbesondere das kunstvolle *Wasserversorgungssystem*, das einen kontinuierlichen Zufluß über das ganze Jahr hin garantierte und die Grundlage für die geforderten Tauchbäder zur Erhaltung der vollkommenen levitischen Reinheit bildete [9]. Nicht nur die Wasseranlagen

---

4. Dazu die Zusammenfassung von R. DE VAUX, *Archaeology and the Dead Sea Scrolls*, London, 1973, 3ff; zu den Säulen s. 26f. Vgl. H. BARDTKE, *Die Handschriftenfunde am Toten Meer. Die Sekte von Qumran*, 1958, 47ff.

5. S. M. HENGEL, *Judentum und Hellenismus*, 496ff.

6. S. A. SCHALIT, *König Herodes*, in *SJ*, 4, 1969, 398ff.

7. S. R. DE VAUX, *Fouilles de Khirbet Qumrân*, in *RB*, 63, 1956, (533-577) 563f.

8. Zu den Gräbern s. R. DE VAUX, *op. cit.*, 45ff; H. BARDTKE, *op. cit.*, 37ff. Als Kontrast dazu könnte man die Priestergräber im Kidrontal, das Grabmonument, das Simon für seinen Vater und seine Brüder in Modeïn errichtete (*1Makk.*, 13, 28ff), und das Grab des Jason in Jerusalem anführen, vgl. C. WATZINGER, *Denkmäler Palästinas*, II, 1935, 22f.63f; L. Y. RAHMANI, *The Tomb of Jason*, in ʿAtiqot Hebr. Ser., 4, 1964, 1-31.

9. Ausführlich A. STROBEL, *Die Wasseranlagen von Ḥirbet Qumrān*, in *ZDPV*, 88, 1972, 55-86; vgl. R. DE VAUX, *Archaeology* (s. Anm. 4) 8ff.75ff und S. SCHULZ, *Chirbet ḳumrān, ʿēn feschcha und die buḳēʿa*, in *ZDPV*, 76, 1960, 50-72. Die Wasseranlagen werden schon in der Kupferrolle 3Q15 5, 1-11 (*DJDJ*, IIIa, 290) erwähnt.

in der Siedlung selbst mit ihren zahlreichen Stufenbädern und Zisternen, sondern auch das innen auszementierte Aquädukt, das das Wasser vom Stausee im Wādi Qumrān an den Felsen entlang teils im gemauerten Kanal, teils durch Tunnels herabführte, und die verschiedenen Wasserzuführungen aus den Seitentälern zum Auffangbecken zeugen von hoher technischer Perfektion. Derartige Wasseranlagen begegnen uns in Palästina erst in hellenistisch-römischer Zeit. Je nach Wasserstand wurde, offenbar durch ein Schöpfwerk, das kostbare Naß vom Staubecken in den mehrere Meter höher liegenden Kanal gehoben [10]. Solche Schöpfwerke, etwa die archimedische Schraube, sind Erfindungen der hellenistischen Epoche und für Palästina literarisch erst in den talmudischen Texten nachweisbar [11]. Daß die äußere Kargheit der Bauanlagen und der Lebensführung eine hochentwickelte Funktionalität bestimmter Einrichtungen keineswegs ausschloß, zeigen auch die Töpferei, wo einfache, aber formschöne Gefäße gefertigt wurden, die große, moderne Basaltmühle, das Skriptorium und die ebenfalls mit Wasseranlagen verbundenen, in ihrer Aufgabe noch rätselhaften Betriebe im nahen 'Ain Fešḫa [12]. So sehr man an einer strengen, asketischen, ja zivilisationsfeindlichen Lebensführung festhielt — ein Beispiel dafür ist etwa das Verbot der Ölsalbung [13] —, dem gerade in der hellenistischen Zeit besonders auffallenden technisch-wirtschaftlichen Fortschritt stand man durchaus nicht völlig negativ gegenüber. Ohne die künstliche Bewässerung wäre eine Kultivierung des vorher unbebauten Küstenstreifens am Toten Meer südlich von Ḥirbet Qumrān bei 'Ain Tannūr und 'Ain Fešḫa kaum möglich gewesen [14]. Diese Urbarmachung von Ödland mit Hilfe neuer technischer

10. S. A. STROBEL, op. cit., 67f.

11. Zur künstlichen Bewässerung und zu den Schöpfwerken s. M. HENGEL, Judentum und Hellenismus, 88.90f; R. J. FORBES, Studies in Ancient Technology, II, Leiden, 1955, „ Irrigation and Drainage " (1ff); A. BEN-DAVID, Talmudische Ökonomie, I, 1974, 81ff. Zu ihrer Einführung im Palästina der hellenistischen Zeit vgl. H. J. STOEBE, Art. Wasserleitung, in BHH, III, 1966, 2142: „ Erst aus hellenist.-röm. Zeit sind W. en, die auf weite Entfernung in Rinnen, Tunneln und Röhren Quellwasser zu Zisternen... und Teichen leiten, archäologisch bekannt... ". A. STROBEL, op. cit., 68 Anm. 16 verweist auf TMiqw 4, 2: die beim Wasserheben verwendeten kbwljn machen das Wasser für das Tauchbad nicht untauglich, „ da es nicht losgerissen wird ". Es handelt sich hier offenbar um eine archimedische Schraube, vgl. A. BEN-DAVID, op. cit., 86, im Gegensatz zum bloßen Schöpfrad ('anṭlijjā = ἀντλίον); vgl. G. LISOWSKY, in Die Tosefta, VI/2, 1965, z.St.

12. Zu 'Ain Fešḫa: R. DE VAUX, Archaeology (s. Anm. 4), 60ff, bes. 75ff.

13. JOSEPHUS, Bell. jud., 2, 123. J. M. BAUMGARTEN, The Essene Avoidance of Oil and the Laws of Purity, in RdQ, 6, 1967-69, 183-192, vermutet zu Recht hinter der Vermeidung einer Berührung mit Öl Furcht vor ritueller Verunreinigung. Das Problem ist nur, daß diese Furcht hier so groß war, daß die gesamte Lebenshaltung der Essener asketische Züge annahm. Die Askese wurde schließlich doch zur eigenständigen Größe.

14. Zur wirtschaftlichen Bedeutung der künstlichen Bewässerung für die Essener

Mittel ist ein typisches Zeichen der frühhellenistischen Epoche [15]. Das schönste Beispiel dafür bietet die Kultivierung des Fayyūm durch den zweiten Ptolemäer. Der ägyptische Jude Artapanos schrieb solche Kultivierungsarbeiten schon Joseph zu; Mose habe dann allgemein die künstliche Bewässerung in Ägypten eingeführt [16]. In dem wohl vom „Lehrer der Gerechtigkeit" stammenden Hymnus 1QH 8, 4ff ist die Kenntnis künstlicher Bewässerung zur Pflanzung von Baumgärten vorausgesetzt [17]. Da die Anlage von parkartigen Gärten und Teichen zum Zweck der Irrigation gerne als Werk des jüdischen Universalweisen *Salomo* betrachtet wurde, wie *Koh.*, 2, 4ff und Josephus, *Ant.*, 8, 186 zeigen, wird verständlich, daß auch die Kupferrolle 3Q15 5, 5ff die essenische Wasserversorgungsanlage mit Stausee und Kanal mit dem Namen Salomos verbindet [18]. In ähnlicher Weise wird im Jubiläenbuch 11, 23 der damals neu in Palästina eingeführte Saatpflug als eine Erfindung Abrahams ausgegeben [19], der nach anderen jüdischen Quellen sogar die höchste aller Wissenschaften, die Astrologie, von Mesopotamien nach Phönizien und Ägypten gebracht haben soll [20]. Es taucht hier das Motiv des „ersten Erfinders" auf, das in der ganzen hellenistischen Welt einschließlich des griechischsprechenden Judentums von großer Bedeutung war [21].

Ökonomisch und rechtlich wird man die Anlagen der Essener in und um Ḥirbet Qumrān als Teile einer *Domäne* [22] betrachten dürfen, die

---

s. L. M. Pákozdy, *Der wirtschaftliche Hintergrund der Gemeinschaft von Qumrān*, in *Qumran-Probleme*, hg. v. H. Bardtke, in *SSA*, 42, 1963, 269-289.

15. S. M. Rostovtzeff, *Gesellschafts- und Wirtschaftsgeschichte der hellenistischen Welt*, Übers. v. G.u. E. Bayer, 1955/56, s. III, 1510f Index s.v. Neuland, bes. I, 284ff; II, 927f; M. Hengel, *Judentum und Hellenismus*, 69.

16. S. M. Hengel, *op. cit.*, 55.

17. Vgl. dazu H. Bardtke, *Wüste und Oase in den Hodajoth von Qumran*, in *Gott und die Götter. Festgabe für Erich Fascher zum 60. Geburtstag*, o.J., 44-55; S. Schulz, *op. cit.* (Anm. 9), 66.

18. Vgl. noch *Hhld.*, 4, 12-5, 1; 5, 12f; 6, 2; Josephus, *Bell. jud.*, 5, 145: der Teich Salomos in Jerusalem. Aus den Bezeichnungen „Teich Salomos" und „Kanal Salomos" in der Kupferrolle muß man nicht schließen, daß der Verfasser diese Anlagen Salomo zuschrieb, so J. T. Milik, in *DJDJ*, IIIa, 257f.277, für den dies ein Grund ist, eine Abfassung der Kupferrolle durch Essener vor 68 nChr zu verneinen. Den Bezeichnungen mag auch lediglich zu entnehmen sein, daß man die Erfindung derartiger Anlagen Salomo zuschrieb.

19. Vgl. M. Hengel, *Judentum und Hellenismus*, 91.

20. S. M. Hengel, *op. cit.*, 165f.168.438; vgl. unten S. 370.

21. Vgl. K. Thraede, Art. *Erfinder II*, in *RAC*, V, 1962, 1191-1278.

22. Vgl. M. Hengel, *Das Gleichnis von den Weingärtnern Mc 12, 1-12 im Lichte der Zenonpapyri und der rabbinischen Gleichnisse*, in *ZNW*, 59, 1968 (1-39) 11ff.19ff; ders., *Judentum und Hellenismus*, s. 657 Index s.v. Domänenwirtschaft. Selbstverständlich gab es schon in der altisraelitischen Königszeit Latifundienbesitz in Palästina, s. H. Bardtke, *Die Latifundien in Juda während der zweiten Hälfte des achten Jahrhunderts v.Chr.*, in *Hommages à André Dupont-Sommer*, Paris, 1971, 235-

Landwirtschaft mit Dattelpalmen und Gartenbau bei ʿAin Fešḫa,
Getreideanbau in der Buqēʿa [23], Viehzucht und Handwerksbetriebe
umfaßte und von den Gliedern der Sekte gemeinsam betrieben wurde.
Weitere Wirtschaftszweige waren vermutlich Salz- und Bitumengewin-
nung aus dem Toten Meer. Die Grabungen von ʿAin al-Ġuwēr 15 km
weiter südlich zeigen, daß Qumrān nicht das einzige, wohl aber das
wichtigste essenische Zentrum bildete [24]. Ein derartig umfassender Wirtschaftsbetrieb war notwendig, weil die Glieder der Sekte um ihres strengen priesterlichen Reinheitsideals willen darauf bedacht waren, die
Abhängigkeit von der Außenwelt auf ein Minimum zu reduzieren. Seit
der Ptolemäerzeit lassen sich solche Großbetriebe, die mit beträchtlicher
wirtschaftlicher Rationalität betrieben werden mußten, häufig nachweisen, sie bildeten in hellenistisch-römischer Zeit die Basis der palästinischen Landwirtschaft. So besaß der Dioiket Apollonios aus Alexandrien
um 250 vChr ein riesiges Weingut im galiläischen Bet ʿAnat, der
seleukidische Stratege Ptolemaios S.d. Traseas um 200 vChr mehrere
Dörfer bei Skythopolis. Die Balsamplantagen bei Jericho waren eine
königliche Domäne, ähnliches gilt wohl, in römischer Zeit, von
Engeddi [25]. Zu nennen ist auch die Domäne des Alkaios bei Gezer um
100 nChr.; weitere Beispiele bieten die Evangelien und Josephus. Ob der
essenische Wirtschaftsbetrieb am Toten Meer auf ehemaligem Königs-,
Tempel- oder Privatland eingerichtet war, wissen wir nicht; aus 1QS
9, 22: „ ... ihnen (den Männern der Grube) zu überlassen Besitz und
Arbeit der Hände, wie ein Sklave gegenüber seinem Herrn... " könnte
man schließen, daß die Essener zur Pachtzahlung verpflichtet waren [26].

254; in hellenistisch-römischer Zeit gewannen die Latifundien jedoch erhöhte
Bedeutung und wurden nicht mehr patriarchalisch, sondern mit rationalem Gewinn-
streben bewirtschaftet. Auch die essenische Gemeinwirtschaft setzte einen genau
vorgeplanten, rationellen Einsatz der Arbeitskräfte voraus.

23. Zur Buqēʿa westlich von Ḫirbet Qumrān, oberhalb des Felsabsturzes des
Wādi Qumrān bis hin zu Ḫirbet al-Mird s. F. M. CROSS, Jr.-J. T. MILIK, *Explorations in the Judaean Buqēʿah*, in *BASOR*, 142, 5-17; S. SCHULZ, *op. cit.*, (Anm. 9),
58ff.67ff. Sie war mit Ḫirbet Qumrān durch eine Straße verbunden. Es scheint mir
wahrscheinlich zu sein, daß die Dämme und Zisternen aus der israelitischen Zeit
von den Essenern wiederverwendet wurden. Daß größere Scherbenfunde fehlen,
könnte daran liegen, daß die Essener in der Buqēʿa nicht ständig siedelten, vgl.
S. SCHULZ, *op. cit.*, 69. S. auch L. M. PÁKOZDY, *op. cit.* (Anm. 14), 272ff und die
älteren Erwägungen von W. R. FARMER, *The Economic Basis of the Qumran Community*, in *ThZ*, 11, 1955, (295-308), 307f; 12, 1956 (56-58) 57f.

24. S. P. BAR-ADON, in *RB*, 79, 1972, 411-413; DERS., *Another Settlement of the
Judaean Desert Sect at ʿAin el-Ghuweir on the Dead Sea*, in *ErIs*, 10, 1971, 72-89
(hebr.).

25. S. M. HENGEL, in *ZNW*, 59, 1968, 11ff.19ff; DERS., *Judentum und Hellenismus*, 86ff.

26. Vgl. H. BARDTKE, *Qumrān und seine Probleme*, in *ThR* NF 33, 1968 (97-
119.185-236) 227f.

Der Zwiespalt zwischen antihellenistischer Haltung und bewußtem Eingehen auf die technisch bedingten Notwendigkeiten der Zeit zeigt sich auch in zwei ganz anderen Bereichen. Hier ist zum einen kurz auf die *Sprachenfrage* einzugehen [27]. Mit Bedacht versuchte die Sekte, das reine, klassische biblische Hebräisch zu pflegen, die Sprache der Schöpfung und der Engel (*Jub.*, 12, 25ff; vgl. 3, 28). Griechische Lehnwörter wurden vermieden, und ob man sich des fremden Ursprungs der wenigen persischen Lehnwörter wie *rāz* oder *naḥšîr* bewußt war, ist fraglich [28]. Das von Aramaismen und griechischen Lehnwörtern durchsetzte mischnische Hebräisch begegnet uns nur in der Kupferrolle, deren essenische Herkunft umstritten ist. Die aramäischen Schriften der Bibliothek von Qumrān sind überwiegend außer- bzw. voressenischen, chasidischen Ursprungs. Man könnte — cum grano salis — bei den Essenern vom Versuch eines „ hebräischen Attizismus " sprechen. Dennoch waren zumindest Teile der Sekte dreisprachig. Die Bibliothek, die mit ihren rund 1000 Rollen — von denen die Reste von etwa 500 erhalten sind — so etwas wie ein jüdisches „ Museion " darstellte und der im jüdischen Palästina wohl nur die in *2 Makk.*, 2, 13f auf Nehemia und Judas Makkabäus zurückgeführte Tempelbibliothek vergleichbar war, enthielt neben hebräischen und aramäischen Schriften auch griechische. Einige griechische Papyrusfragmente haben sich in Höhle 7 erhalten, darunter ein Septuagintabruchstück des Buches Exodus aus der Zeit um 100 vChr und ein weiteres vom apokryphen Brief Jeremias. Es wurden in dieser Höhle offenbar nur griechische Texte deponiert. Aus Höhle 4 stammen Bruchstücke der Septuaginta von Leviticus und Numeri; weiter wurden hier drei Fragmente mit nichtbiblischen griechischen Texten — auch liturgischen Charakters — entdeckt, die noch nicht veröffentlicht sind [29]. Auch wenn der griechische Anteil sehr viel geringer ist als bei den Funden vom Wādi Murabba'at aus dem 2.Jh. nChr — hier war die soziale und politische Situation ganz anders —, so fällt doch auf, daß überhaupt

---

27. Vgl. S. SEGERT, *Die Sprachenfragen in der Qumrāngemeinschaft*, in *Qumran-Probleme* (s. Anm. 14), 315-339; M. HENGEL, *Judentum und Hellenismus*, 112ff.415; J. N. SEVENSTER, *Do You Know Greek?*, in *NT.* S 19, Leiden, 1968, 149ff; J. A. FITZMYER, *The Languages of Palestine in the First Century A.D.*, in *CBQ*, 32, 1970, 501-531.

28. *naḥšîr*: 1QM 1, 9.10.13; 4Q243, 1-5; vgl. Y. YADIN, *The Scroll of the War of the Sons of Light Against the Sons of Darkness*, London, 1962, 260; D. WINSTON, *The Iranian Component in the Bible, Apocrypha, and Qumran*, in *HR*, 5, 1965/66, (183-216) 207 Anm. 62; J. P. DE MENASCE, *Un mot iranien dans les Hymnes*, in *RdQ* 1, 1958/59, 133f.

29. Höhle 7: *DJDJ*, IIIa, 142ff; Höhle 4: P. W. SKEHAN, *The Qumran Manuscripts and Textual Criticism*, in *Qumran and the History of the Biblical Text*, hg. v. F. M. CROSS-Sh. TALMON, Cambridge (Mass.)-London, 1975 (212-225), 219ff = in *Volume du Congrès, Strasbourg 1956* (*VT.S*, 4), Leiden, 1957 (148-160) 155ff; J. A. FITZMYER, *op. cit.*, 503 Anm. 6.

griechische Texte in der Bibliothek von Qumrān existierten. Man konnte
bei allem Haß gegen die Fremden nicht darauf verzichten. Griechische
Buchstaben begegnen uns in den chiffriert geschriebenen Horoskopen
und als Markierungen in den ersten vier Kolumnen der Kupferrolle, die
auch ein paar griechische Lehnwörter, u.a. aus dem Bausektor, aufweist,
weiter auf zwei in Ḥirbet Qumrān gefundenen Tonscherben [30]. Das Bild
wird abgerundet durch die Forderung der Damaskusschrift, der $m^e baq$-
qer, der „ Aufseher über alle Lager ", solle „ kundig sein in jedem
Geheimnis der Menschen und in jeder Sprache gemäß ihren Ge-
schlechtern " (CD 14, 8ff). Man wird das Griechische in Qumrān nicht
besonders geschätzt haben — möglicherweise ist es mit der „ fremden
Zunge " gemeint, mit der nach 1QH 4, 16 die Verführer zum Volk reden —,
eine völlige Ignorierung war aber unmöglich.

Die Berichte Philos und Josephus' schreiben den Essenern übereinstimmend *Friedensliebe* und Ablehnung von Gewaltanwendung zu (*Quod
omnis*, 76.78; *Bell. jud.*, 2, 135), wobei in der von Philo und Josephus
verwendeten gemeinsamen hellenistischen Quelle die Friedfertigkeit und
die Ablehnung von Privateigentum und Handel einem verbreiteten philosophischen Ideal entsprechend eng miteinander verbunden waren. Es
war dies jedoch nur die eine Seite einer „ Doppelstrategie ". Die andere
Seite tritt in der Sektenregel zutage, wo „ ewiger Haß gegen alle Männer
des Verderbens " freilich zunächst nur „ mit dem Geist der Verborgen-
heit " gefordert wird, dies jedoch mit zeitlicher Begrenzung auf das
„ letzte Gefecht " *hin*: „ Aber es sei jeder ein Eiferer ($m^e qanne'$) für
das Gebot und seine Zeit, für den Tag der Rache… " (1QS 9, 21-23) [31].
Dieser „ Tag der Rache " wird in der *Kriegsrolle* in Form eines vierzig-
jährigen Krieges zwischen den „ Söhnen des Lichts " und den „ Söhnen
der Finsternis " entfaltet, der sich in erster Linie gegen die „ Kittim "
aus Assur und Ägypten, dh doch wohl gegen Seleukiden und Ptolemäer,
richtet. In den ausführlichen Kampfesschilderungen, in der Beschreibung der wie auf dem Exerzierfeld exakten Bewegungen der verschiedenen Einheiten, in der Darstellung der Waffengattungen, der Details
der Bewaffnung, der Feldzeichen und der Trompeten mit ihren Signalen
zeigt sich eine eingehende Kenntnis hellenistischer Militärtechnik und
Taktik. Nachdem eine vorzügliche Analyse aus der Hand Yigael
Yadins vorliegt [32], brauche ich hier nicht weiter ins Detail zu gehen. Ich
frage mich jedoch, ob es bei dem alten Streit, ob das römische Heerwesen

---

30. Horoskope 4Q**186**: *DJDJ*, V, 88ff; Kupferrolle 3Q**15** 1, 4.12; 2, 2.4.9;
3, 7.13; 4, 2: *DJDJ*, IIIa, 284ff, dazu J. T. MILIK, *ebd.*, 221; Scherben: R. DE
VAUX, *RB*, 63, 1956, 564.

31. Vgl. M. HENGEL, *Die Zeloten*, *AGJU*, 1, 2. Aufl., Leiden-Köln, 1976, 184.

32. S.o. Anm. 28. Zur Diskussion s. H. BARDTKE, *Literaturbericht über Qumrān*,
VI. Teil, in *ThR* NF 37, 1972 (97-120.193-219), 97ff.

des 1. oder das hellenistische des 2. Jh. vChr Pate gestanden habe, nicht im Grunde um ein Scheinproblem geht. Man kann nicht mehr allein davon ausgehen, daß die Kriegsrolle 1QM aus der 1. Hälfte des 1. Jh. nChr oder aus der 2. Hälfte des 1. Jh. vChr stammt, denn die zT abweichenden Fragmente aus Höhle 4 weisen auf ältere Fassungen hin [33]. 4QMᵃ dürfte in herodianischer Zeit geschrieben worden sein; 4QMᶜ dagegen stammt aus der 1. Hälfte des 1. Jh. vChr, dh schon aus der hasmonäischen Ära. Damit ist die Hypothese einer Entstehung des Werkes in der herodianischen Epoche oder noch später überholt. Yadins Nachweise einer weitgehend römischen Herkunft von Taktik und Bewaffnung behalten jedoch ihre Bedeutung. Römische Ausrüstung und Taktik waren im hellenistischen Osten seit der Zeit des vierten Antiochos und seines Neffen Demetrios, die beide als Geiseln in Rom waren, wohlbekannt. Antiochos IV. selbst rüstete schon einen Teil seines Heeres auf römische Weise aus. Dazu kommt, daß seit Judas Makkabäus besondere Beziehungen zwischen Judäa und Rom bestanden. Auch darf man nicht vergessen, daß die Juden im ptolemäischen Ägypten von der Mitte des 2. Jh. vChr an unter Führung des Zadokiten Onias IV. große militärische Macht besaßen, in einer Zeit, als die römische Einflußnahme in Ägypten immer stärker wurde. Zudem sind wir über Ausrüstung und Taktik der hellenistischen Heere nicht so gut unterrichtet wie über die römischen; vor allem wissen wir nicht genau, was die Römer vom hellenistischen Militärwesen übernommen haben. Weitgehend unbekannt sind uns Ausrüstung und Kampfesweise des makkabäisch-hasmonäischen Heeres. Gewiß war die bewegliche Manipulartaktik nach römischer Art im judäischen Bergland der starren, schwerfälligen makedonischen Phalanx überlegen. Es ist darum unwahrscheinlich, daß die Hasmonäer einfach die traditionell makedonische Kampfesweise der Seleukiden nachahmten. Der Speer (*romah*) der „ Lichtsöhne " entspricht mit seinen ca 3 bzw. 3, 6 m Länge weder dem wesentlich kürzeren römischen *pilum* noch der viel längeren makedonischen *sarisa*; er ist auch noch rund 90 cm länger als die römische *hasta* [34]. Liegt hier eine makkabäische Entwicklung vor, die auf eigener Kampferfahrung gründete? Mir scheint möglich zu sein, daß der Ausrüstung und Taktik in der Kriegsrolle letzlich eine makkabäische Militärinstruktion in hebräischer Sprache zugrundeliegt, die selbst wiederum hellenistische *und* römische Vorbilder verarbeitet hätte. Die aus der hasmonäischen Ära stammende Grundschrift der Kriegsrolle könnte in herodianischer Zeit überarbeitet worden sein [35]. Eigenartig ist

---

33. Zu den Handschriften aus Höhle 4 und ihrer Datierung s. M. BAILLET, *Les manuscrits de la Règle de la Guerre de la grotte 4 de Qumrân*, in *RB*, 79, 1972, 217-226.

34. S. Y. YADIN, *op. cit.* (Anm. 28), 138f.

35. P. VON DER OSTEN-SACKEN, *Gott und Belial*, StUNT, 6, 1969, 72 vermutet einen Grundbestand aus der Zeit des makkabäischen Freiheitskampfes. Zum hel-

in diesem Werk auf jeden Fall, in welch bedenkenloser Weise die helle-
nistisch-römische Kriegstechnik übernommen und für die eigenen apo-
kalyptischen Zwecke fruchtbar gemacht wird. Es verbindet sich dabei
das mit rationaler Akribie geschilderte Detail mit einem utopischen
Kolossalgemälde, das die Engel in den Lüften mitkämpfen läßt. Diese
sonderbare Verschmelzung von Rationalität und Utopie begegnet uns
auch in den ausgeklügelten Schilderungen des himmlischen Jerusalems
und in der rätselhaften Kupferrolle mit ihren Schatzverzeichnissen.
Übrigens war es nicht das erste Mal, daß hellenistische Kriegstechnik einen
jüdischen Schriftsteller in Palästina faszinierte; die stolzen Hinweise
auf den Festungsbau und die kunstvollen Kriegsmaschinen des Königs
Usia 2 Chr., 26, 9.15 dürften ebenso wie die auffallend häufige Erwähnung der mit Langschild und Stoßlanze ausgerüsteten Streitmacht Judäas
in den Chronikbüchern an makedonischen Vorbildern orientiert sein [36].

Wenn wir uns dem *soziologischen und rechtlichen Status* der Sekte
zuwenden, so stoßen wir auf drei weitere Phänomene, die wir im Israel
der persischen Zeit so noch nicht finden und die man wohl auch als
Zeichen eines neuen Geistes und einer neuen Zeit betrachten muß. Es
handelt sich um die Gütergemeinschaft, um die Auffassung des Eintritts
in die Sekte als individuelle Umkehr des Eintretenden, die einen radikalen Bruch mit dem bisherigen Leben erforderte, und um den Charakter
der Sekte als einer freien religiösen Gemeinschaft, die durch die Selbstbezeichnung *jaḥad* in die Nähe des hellenistischen Vereins rückt. Wir
beschränken uns hier auf die vornehmlich in der Sektenregel angespro-
chene Kerngemeinde; die Damaskusschrift lassen wir beiseite, da sie
offenbar einem weiteren Kreis galt, der weder Gütergemeinschaft noch
ehelose *vita communis* kannte, sondern in „ Lagern " unter Beibehaltung
der Familienstruktur und des Privatbesitzes lebte [37].

Die *Gütergemeinschaft* und die Ablehnung des individuellen Eigentums,
des Handels und des Geldes beeindruckte die antiken Beobachter neben
der Ehelosigkeit am meisten an den Essenern, wie Philo, Josephus und
Plinius d.Ä. übereinstimmend zeigen [38]. Denn hier traf die essenische
Lebensform mit einer verbreiteten popularphilosophischen Theorie

---

lenistischen Kriegswesen in Palästina und zum jüdischen Söldnertum: M. HENGEL,
Judentum und Hellenismus, 21ff.

36. Vgl. M. HENGEL, *Juden, Griechen und Barbaren*, 34f.

37. Zur Damaskusschrift s. den Forschungsbericht von H. BARDTKE, *Literaturbericht über Qumrān*, VIII. Teil, in *ThR*, NF 39, 1975, 189-221.

38. Zur Gütergemeinschaft s. jetzt den mit einer ausführlichen Literaturübersicht
versehenen Überblick von D. L. MEALAND, *Community of Goods at Qumran*, in *ThZ*,
31, 1975, pp. 129-139, der trotz der Einwände von Ch. RABIN, *Qumran Studies*, in
ScJ 2, London, 1957, 22ff betont: „ ... there is good reason for holding that *some
form of community of goods* was practised at Qumran, at least in the early years of
the life of the sect " (129).

zusammen [39]. Im idealen Urstand, in der guten, alten Zeit, als die Menschen noch nicht durch Zivilisation und Habsucht, die Wurzel alles Übels, verdorben waren, lebten sie ohne privaten Besitz und anspruchsvolle Bedürfnisse in uneingeschränkter Gemeinschaft ihrer bescheidenen Habe und erfreuten sich eines naturgemäßen, einfachen Lebens. Einzelne Philosophen, aber auch der Gnostiker Epiphanes im 2. Jh. nChr, der Sohn des Karpokrates, suchten diesen vollkommenen Urstand wieder zu verwirklichen. Entsprechend ist der ideale Frauenstaat in den Ekklesiazusen des Aristophanes kommunistisch organisiert; die ganze Stadt bildet ein großes Hauswesen, die Mahlzeiten nimmt man gemeinsam ein, aus kommunalen Magazinen erhält man Kleider (590ff.670f.673ff). Auf der Wunderinsel Panchaios ist nach dem Roman des Euhemeros das ganze Land, außer „ Haus und Garten ", Gemeinbesitz, die Erträge des gemeinsam bebauten Bodens werden abgeliefert, und die weisen Priester teilen jedem das ihm Zukommende aus [40]. Ähnliche Zustände herrschen auch im Sonnenstaat des Syrers Iambulos [41]. Das Sprichwort „ Gemeinsam ist der Besitz der Freunde " in Aristoteles' Nikomachischer Ethik (1159b; 1168b) entsprach einem gemeinantiken Ideal. Philo hebt darum die ideale κοινωνία der Essener hervor (bei EUSEB., *Praep. ev.*, 8, 11; *Quod omnis*, 84ff; 84: τὴν παντὸς λόγου κρείττονα κοινωνίαν) [42]. W. Bauer beurteilte wegen solcher Zusammenhänge in seinem gelehrten Artikel über die Essener in der Realenzyklopädie von Pauly-Wissowa gerade diesen Zug als festen Topos relativ kritisch [43]. Wir haben heute auf Grund der

---

39. S. das reiche antike Material, das W. BAUER, *Essener*, in DERS., *Aufsätze und kleine Schriften*, 1967 (1-59), 33ff = PRE Suppl. IV, 1924 (386-430), 410ff zusammenstellt. Den kulturübergreifenden Charakter dieses Ideals zeigt B. GATZ, *Weltalter, goldene Zeit und sinnverwandte Vorstellungen*, in *Spudasmata*, 16, 1967, s. 229 Index s.v. *absentia rerum privatarum*. Das ganze Material ist gesammelt bei R. VON PÖHLMANN, *Geschichte der sozialen Frage und des Sozialismus in der antiken Welt*, I, II, 3. Aufl., durchges. u. um einen Anhang vermehrt v. F. OERTEL, 1925, s. II 592 Index s.v. Kollektivwirtschaft, Kommunismus. Zur Einwirkung auf das frühe Christentum s. M. HENGEL, *Eigentum und Reichtum in der frühen Kirche*, 1973.

40. DIODOR, *Bibl.*, 5, 45, 3-5.

41. *Ebd.*, 2, 55-60. Zum Motiv der utopischen Insel s. B. GATZ, *op. cit.*, 190ff.

42. Der Begriff der κοινωνία kommt der Selbstbezeichnung *jaḥad* nahe, s.u. S. 348 f.

43. *Op cit.* (Anm. 39), 40 = 416: „ Natürlich ergeben die vorgeführten Parallelen, das Vorhandensein ‚typischer' Züge, die Verwendung auch sonst beobachteter Motive, nicht die Ungeschichtlichkeit dessen was über die E. erzählt wird, oder gar dieser selbst... Etwas muß doch an dem Völkchen gewesen sein, um es zum geeigneten Gegenstand gerade solcher Berichterstattung zu machen. Aber Vorsicht in der Beurteilung und Zurückhaltung in der Annahme geschichtlicher Wirklichkeit sind für das einzelne durchaus am Platz. " 50f = 423f: vielleicht keine wirkliche Gütergemeinschaft, sondern nur „ Tischgenossenschaft ". Bauer möchte für „ die Betonung des *jüdischen* Charakters der E. ... in hohem Maße Philon verantwortlich " machen (48 = 421f). In Wirklichkeit ist es gerade umgekehrt. Philo und Josephus bringen eine *interpretatio graeca*.

essenischen Originalquellen keinen Anlaß mehr für solche Skepsis. Doch worin lag die Ursache dafür, daß die Kerngemeinde von Qumrān bei ihren Mitgliedern privates Eigentum ablehnte, so daß nach zweijährigem Noviziat — wenn es erfolgreich war — der Neueintretende angewiesen wurde, seinen Privatbesitz ganz im Gemeinbesitz der Vielen aufgehen zu lassen (1QS 6, 17ff; vgl. 1, 11ff)? Dies wurde ja nicht als schwerer Verzicht interpretiert, sondern es handelte sich um eine Forderung, die als besonderer Vorzug anzusehen war. Mit dem Besitz der Draußenstehenden und Abtrünnigen wollte man nichts zu tun haben, denn der Besitz der „ Männer der Heiligkeit " „ soll nicht vereint werden mit dem Besitz der Männer des Trugs " (1QS 9, 8) [44]. Man könnte als mögliche alttestamentliche Grundlage darauf verweisen, daß nach dem Verständnis der Tora der Boden des heiligen Landes das von Gott ans ganze Volk verliehene Erbe war und darum im Grunde Gemeinbesitz, der dann für die Stämme verlost wurde. Näher liegt der Gedanke daran, daß im Heiligtum beim Opferdienst und bei den priesterlichen Mahlzeiten das Privateigentum keine Rolle spielen sollte. Aber von diesen alttestamentlichen Ordnungen bis zu der schroffen Ablehnung von „ Privateigentum und Profit " bei den Essenern ist es doch ein weiter Schritt [45]. Die Forderung ließ sich auch begründen als Ausdruck der ganzen Hingabe an Gottes wahren Willen: „ Und alle, die willig sind gemäß seiner Wahrheit, sie sollen all ihre Erkenntnis und ihre Kraft und ihren Besitz einbringen in die Gemeinschaft (jaḥad) Gottes... " (1QS 1, 11f). So kann der Beter 1QH 10, 22f.29f bezeugen, daß er sich nicht auf „ Profit und Eigentum " gestützt, vielmehr beides verabscheut habe. Nach CD 4, 15ff gehört der Privatbesitz neben der Unzucht und der Befleckung des Heiligtums zu den drei tödlichen „ Netzen Belials ". Weiter ist zu bedenken, daß sowohl im Blick auf das eschatologische Ideal der Wiederherstellung „ aller Herrlichkeit Adams " [46] als auch im Blick auf die Gemeinschaft

---

44. S. zu dem entscheidenden Begriff 'rb D. L. MEALAND, op. cit. (Anm. 38), 132ff, der gleichzeitig jedoch auf die sonderbare Bemerkung 1QS 5, 16f verweist, die verbietet, von Nichtmitgliedern Gaben anzunehmen, den Kauf gegen Barzahlung aber gestattet. Dem würde entsprechen, daß in Ḫirbet Qumrān zahlreiche Münzen gefunden wurden. Es könnte sich um eine spätere Aufweichung handeln oder aber um eine Möglichkeit, die nur eine begrenzte, dazu — etwa aus beruflichen Gründen — legitimierte Gruppe betraf. Die Münzen könnten z.B. von Novizen oder von bestimmten wirtschaftlichen Beauftragten stammen. Die von H. BARDTKE, Die Handschriftenfunde am Toten Meer. Die Sekte von Qumran, 1958, 72 gegebene Münzstatistik zeigt eigenartige Häufungen und Lücken. Einen generellen Gebrauch von Münzen bei allen Mitgliedern können die Funde nicht beweisen. Dagegen spricht auch das weitgehende Fehlen von Münzen in den Höhlen, die ja auch zum Wohnen benutzt wurden.

45. Zur Formel hôn wābāṣaʿ vgl. 1QpHab 9, 5; 1QH 10, 29f; CD 8, 7; 10, 18; 11, 15; 12, 7; 19, 19.

46. 1QS 4, 23; 1QH 17, 15; CD 3, 20.

mit dem himmlischen Gottesdienst der Engel [47] die Sorge um „ Eigentum und Profit " alle Bedeutung verlieren mußte. Hier könnte man als Parallele — bei allen Unterschieden — auf die früheste christliche Gemeinde in Jerusalem hinweisen. Trotz dieser theologischen Deutungen der qumrānischen Gütergemeinschaft ist aber nicht zu übersehen, daß sie zugleich in den Zusammenhang der radikalen antihellenistischen Oppositionsbewegung hineingehört. Während der hundert Jahre ptolemäischer Herrschaft hatten sich große Teile der jüdischen Aristokratie in Palästina an die hellenistische Zivilisation assimiliert. Das beste Beispiel bietet die reiche Familie der Tobiaden, die zu Vorkämpfern der radikalen hellenistischen Reform in Jerusalem wurden [48]. Es gilt für diese Kreise das Wort Kohelets (10, 19): „ Zum Vergnügen veranstaltet man Mahlzeiten, und Wein erfreut das Leben, und das Geld gewährt alles " [49]. Der Makkabäeraufstand, der sich gegen die von Antiochos IV. Epiphanes unterstützten radikalen Reformer aus der Oberschicht richtete, hatte eine starke soziale Komponente, er war nicht zuletzt ein Aufstand der armen Landbevölkerung gegen die assimilationsbereite Aristokratie [50]. Als nun freilich die Makkabäer mit der Einsetzung Jonatans zum Hohepriester durch den Usurpator Alexander Balas 152 vChr selbst zu politischer Macht gelangt waren, als sie ihrerseits die „ Expropriateure expropriierten " und sich an der wachsenden Kriegsbeute bereicherten, richtete sich die Kritik der radikalen Chasidim unter Führung des „ Lehrers der Gerechtigkeit " auch gegen den neuen Hohepriester: „ ... er verließ Gott und handelte treulos gegen die Gebote um des Reichtums willen. Raubte und sammelte er doch Reichtum von den Männern der Gewalt, die sich gegen Gott empört hatten " (1QpHab 8, 10f). Über die „ letzten Priester von Jerusalem ", dh die hasmonäischen Priesterfürsten und ihren Offiziersadel, hören wir, daß sie „ Reichtum und Profit aus der Beute der Völker sammeln " (9, 4f). An der Geschichte der Hasmonäer von Jonatan bis zu seinem Großneffen Alexander Jannai kann man verfolgen, wie dieses Streben nach kriegerischem Erfolg, nach Beute und Reichtum sich schrittweise mit einer neuen Rezeption hellenistischer

---

47. Vgl. 1QS 11, 7ff; 1QH 3, 19ff; 6, 12ff; 11, 10ff; fr. 2, 10; 1QSb 4, 24ff u.ö. Vgl. H.-W. KUHN, *Enderwartung und gegenwärtiges Heil*, StUNT, 4, 1966, 66ff.

48. Vgl. M. HENGEL, *Judentum und Hellenismus*, 486ff.508ff; J. A. GOLDSTEIN, *The Tales of the Tobiads*, in *Christianity, Judaism and Other Greco-Roman Cults. Studies for Morton Smith at Sixty*, III: *Studies in Judaism in Late Antiquity*, 12/3, Leiden, 1975, 85-123,

49. Vgl. 5, 9: „ Wer Geld liebt, wird des Geldes nicht satt, und wer Reichtum liebt, nicht des Gewinns. " Vgl. M. HENGEL, *op. cit.*, 98ff.

50. Vgl. die freilich in ihrer orthodox-marxistischen Geschichtsdeutung sehr einseitige Studie von H. KREISSIG, *Der Makkabäeraufstand. Zur Frage seiner sozialökonomischen Zusammenhänge und Wirkungen*, in *Studii clasice*, 4, 1962, 143-175.

Zivilisation verband [51]. Auf der anderen Seite fällt auf, daß die schroffe
Reaktion der radikalen Chasidim ihrerseits einem philosophischen Ideal
der hellenistischen Welt entsprach, so daß Josephus die Essener mit den
Pythagoreern vergleichen konnte (*Ant.*, 15, 371). Die ehelosen, schweig-
samen Essener, die in Gütergemeinschaft ein der göttlichen Weisheit hin-
gegebenes Leben führten, *sine ulla femina, omni venere abdicata, sine
pecunia, socia palmarum,* konnten zum idealen Schaufenster des palästinischen Judentums, zu jüdischen Philosophen und ϑεῖοι ἄνδρες werden :
*ita per saeculorum milia — incredibile dictu — gens aeterna est, in qua
nemo nascitur. tam fecunda illis aliorum vitae paenitentia est* (PLINIUS
D.Ä., *Nat. hist.*, 5, 15, 73).

Diese Aussage des Plinius von der *vitae paenitentia,* die den Essenern
immer neue Anhänger zuführte, weist auf ein weiteres Phänomen hin,
das erst in hellenistischer Zeit als verbreitetes Phänomen klar zutage
tritt : die *Umkehr* als ganz individuelle Entscheidung und Lebenswende,
die zugleich einen radikalen Bruch mit allen bisherigen sozialen Bindun-
gen bedeutet. Der Gedanke, daß die Umkehr, die *tᵉšûbāh,* nicht in erster
Linie eine Sache des Kollektivs bzw. des ganzen Volkes sei, sondern mindestens ebensosehr jeden einzelnen betreffe, wird bei den großen Propheten bereits im Restgedanken angedeutet und dann bei Jeremia — etwa
in der Formel „ jeder kehre um von seinem bösen Wege " (18, 11 ; 25, 5 ;
vgl. 26, 3 u.ö.) — und noch mehr bei Hesekiel entfaltet [52]. Diese Entwicklung hängt mit der Individualisierung der israelitischen Religion
zusammen, der in der griechischen Geistesgeschichte etwa gleichzeitig
eine fortschreitende Individualisierung des Denkens bis hin zu den
Sophisten und Sokrates entsprach. In Griechenland finden wir darum
seit Sokrates und seinen Schülern den Gedanken der Bekehrung zur Philosophie im Sinne einer radikalen persönlichen Lebenswende [53]. Der
korinthische Bauer Nerinthos las Platos Gorgias und „ verließ sofort den

51. Vgl. E. SCHÜRER, *The History of the Jewish People in the Age of Jesus Christ.
A New English Version, Revised and Edited by* G. VERMES-F. MILLAR, I, Edinburgh,
1973, 174ff. Aristobul I. (104/103 v.Chr.) gab sich nach JOSEPHUS, *Ant.,* 13, 318 den
Beinamen φιλέλλην.

52. Vgl. E. WÜRTHWEIN, in *ThWNT,* IV, 982.984.

53. Vgl. W. KRANZ, *Die griechische Philosophie,* dtv Wissenschaftliche Reihe
4098, 1971, 126 zu Platos Höhlengleichnis : „ Daß wir, in den Banden der Sinnen-
welt gefesselt, nur durch eine völlige, geradezu schmerzhafte ‚Umdrehung' das
richtige Urteil über deren Wert und die Schau in die wahre Welt erhalten können ;
daß der also Befreite in gefährlicher Einsamkeit dasteht unter seinen Mitmen-
schen… ; daß aber dennoch ‚der Weg nach oben' der einzige des Menschen würdige
ist. " Dazu PLATO, *Polit.,* 7, 518c/d : So wie sich das Auge nur mit dem ganzen Leib
von der Finsternis der Helligkeit zuwenden kann, so kann auch das geistige
Erkenntnisvermögen nur mit der ganzen Seele sich von der Welt des Werdens
abkehren und der Anschauung des Seienden und hier vor allem des am hellsten
Leuchtenden zuwenden, dh der Erkenntnis des Guten. Vgl. auch M. P. NILSSON,

Acker und die Weinberge, vertraute seine Seele Plato an und säte dessen
Lehren aus und pflanzte sie ein " [54]. Es ließen sich für diese lebenserneu-
ernde Hinwendung zur Erkenntnis der Wahrheit zahlreiche Beispiele aus
der griechischen Geistesgeschichte beibringen bis hin zu der Gestalt des
Nigrinus bei Lukian. Bei einzelnen philosophischen Schulen, etwa dem
„ Garten " Epikurs, verband sich eine solche Lebenswende mit dem
Anschluß an eine feste Gemeinschaft, in der die Lehren des Gründers
streng weiterüberliefert wurden. Von diesen griechischen Vorstellungen
unterscheidet sich die essenische „ Umkehr zur Wahrheit " (vgl. 1QS
6, 15) grundlegend dadurch, daß sie zugleich als „ Umkehr zur Tora
Moses " verstanden wurde, dh nicht als eine Einkehr, die der Stimme der
eigenen Vernunft folgte, sondern als Gehorsam gegenüber dem göttlichen
verbum externum, gegenüber Gottes geschichtlicher Offenbarung; sie ist
es, die das bisher verfinsterte Erkenntnisvermögen erleuchtet und auf
den „ Weg nach oben ", zur Gemeinschaft mit Gottes himmlischer Welt
führt [55]. Die irdischen Konsequenzen waren die Aufgabe des bisherigen
Lebens und seiner Verpflichtungen und das Eintreten in eine festgefügte
Gemeinschaft, den *jaḥad*, der nicht auf gewachsenen, blutsmäßigen Bin-
dungen oder auf einer traditionellen sozialen und standesmäßigen
Ordnung beruhte, sondern allein auf der freien Entscheidung seiner Mitglieder. Die essenische „ Umkehr zur Wahrheit " erforderte dabei einen
sehr viel schärferen Bruch mit Vergangenheit und Umwelt als etwa die
hellenistische Bekehrung zur Philosophie. Andererseits ist sie aus der

---

Geschichte der griechischen Religion, II, *HAW*, V. 2. 2, 3. Aufl. 1974, 303: „ Die
Philosophie wußte aber auch Trost zu geben; sie wurde zu einer Heilstätte für
kranke Seelen, sie forderte sie auf zu bereuen und sich zu bekehren, sie hatte ihre
Heiligen und Märtyrer, die mit gutem Beispiel vorangingen. Reue kannte die alt-
griechische Religion nicht, und Bekehrung war den heidnischen Religionen, in welchen die Götter, woher immer sie kamen, sich miteinander vertrugen, überhaupt
fremd ". Umkehr setzt immer ein Wissen um den bisherigen Irrtum und die Erkenntnis einer fordernden Wahrheit voraus.

54. ARISTOTELES, fr. 64, ed. Rose; vgl. APOLLODOROS bei PLATO, *Symp.*, 172c/
173a: bevor ich Sokrates kennenlernte, „ trieb ich mich umher... und glaubte etwas
zu schaffen, war aber schlechter dran als irgend jemand ... ". Zur Sache vgl.
A. D. NOCK, *Conversion*, Oxford 1933; zur Umkehr zur Philosophie im Vergleich
mit der Bekehrung zur Tora im Rabbinat s. M. HENGEL, *Nachfolge und Charisma*,
BZNW, 34, 1968, 31ff.

55. Auffallend häufig sind die Offenbarungsbegriffe in Qumrān, die ein Erleuchten
zum Ausdruck bringen: *he'îr* 1QS 2, 3; 4, 2; 1QM 17, 7; 1QH 3, 3; 4, 5.27; 9, 27;
1QSb 4, 27; 4Q**164** 1, 5; *hôphîa'* 1QH 4, 6.23 u.ö. Zur Offenbarungsterminologie
überhaupt s. M. HENGEL, *Judentum und Hellenismus*, 403, Anm. 660. A. WLOSOK,
Laktanz und die philosophische Gnosis, *AHAW.PH*, 1960, 2, 1960, 100 Anm. 113
weist auf die Verwandtschaft der philonischen Erleuchtungsterminologie mit der
von Qumrān hin. Vgl. auch H.-J. FABRY, *Die Wurzel šûß in der Qumran-Literatur*,
BBB 46, 1975. 28ff. 36ff.

348 M. HENGEL

alttestamentlichen Überlieferung allein nicht zureichend zu erklären, vor allem, was ihre soziologische Seite anbetrifft.

Die Form der streng organisierten, hierarchisch gegliederten, freien Gemeinschaft des *jaḥad* ist ohne echte Analogie im Israel der klassischen Zeit. Die Rechabiten, die man zum Vergleich herangezogen hat, waren eine blutsmäßig verbundene Sippe, die alte beduinische Lebensformen auch noch im Kulturland zu bewahren suchten, und die Prophetenschulen, wie sie uns etwa in den Elia- und Elisageschichten entgegentreten, besaßen keine greifbare feste Organisation, die der des essenischen *jaḥad* vergleichbar wäre. Das Wort *jaḥad* in der Bedeutung der in sich geschlossenen freien Vereinigung, das in der Sektenregel eine so große Rolle spielt, findet sich in den alttestamentlichen Texten so noch nicht [56]. Zum ersten Mal begegnen wir der Aufforderung zum Zusammenschluß zu einem *jaḥad* in dem apokryphen *Ps* 154 aus Höhle 11 von Qumrān, der m.E. aus voressenischem, chasidischem Milieu stammt:

„ Verbindet euch mit den Guten
und mit den Vollkommenen, den Höchsten zu preisen,
bildet eine Gemeinschaft (*häḥᵃbîrû jaḥad*), sein Heil zu verkünden,
und werdet nicht müde, seine Macht zu verkünden... " [57].

Der nächste Parallelbegriff zu *jaḥad* ist *ḥᵃbûrāh*, das im Alten Testament noch ganz fehlt und später auf die pharisäischen Gemeinschaften und auf die Mahlgemeinden beim Sabbatmahl oder bei der Passafeier bezogen wurde [58]. Mit Recht haben H. Bardtke und andere auf Parallelen zwischen dem essenischen *jaḥad* und dem privatrechtlichen Verein der hellenistischen Zeit hingewiesen [59]. Das hebräische *hajjaḥad* entspricht, wie B. W. Dombrowski gezeigt hat, sprachlich dem griechischen τὸ κοινόν, das für ethnische und religiöse Vereine in hellenistischer Zeit verwendet wurde [60]. Wie leicht die essenische Gemeinschaft als religiöser

56. In *Dtn.*, 33, 5 bedeutet der Begriff „ Gesamtheit " (der Stämme Israels), in 1 *Chr.*, 12, 18 hat das *lᵉjaḥad* finalen Sinn: „ ... dann bin ich von Herzen bereit, mich mit euch zusammenzuschließen... "

57. Vgl. M. HENGEL, *op. cit.*, 323, dazu H. BARDTKE, *Literaturbericht über Qumrān*, V. Teil, *ThR*, NF, 35, 1970 (196-230), 224f.

58. Vgl. M. DELCOR, *Repas cultuels esséniens et thérapeutes, thiases et ḥaburoth*, in *RdQ*, 6, 1967-69 (401-425), 422ff; E. E. URBACH, *The Sages. Their Concepts and Beliefs*, Jerusalem, 1975, I, 583ff.

59. *Die Rechtsstellung der Qumrān-Gemeinde*, in *ThLZ*, 86, 1961, 93-104; *ThR*, NF, 33, 1968, 217ff; vgl. C. SCHNEIDER, *Zur Problematik des Hellenistischen in den Qumrāntexten*, in *Qumran-Probleme* (s. Anm. 14), 299-314; M. HENGEL, *op. cit.*, 445ff; W. TYLOCH, *Les Thiases et la Communauté de Qomran*, in *Fourth World Congress of Jewish Studies*, Papers I, Jerusalem, 1967, 225-228.

60. היחד *in 1QS and* τὸ κοινόν, in *HThR*, 59, 1966, 293-307; vgl. M. HENGEL, *op. cit.*, 446; für jüdische πολιτεύματα in Ägypten s. Beispiele bei V. TCHERIKOVER-A. FUKS, *Corpus Papyrorum Judaicarum*, I, Cambridge, Mass. 1957, 6ff. Der

Verein interpretiert werden konnte, zeigt die Tatsache, daß Philo zweimal davon spricht, daß die Essener κατὰ θιάσους zusammenwohnen und gemeinsame Mahlzeiten abhalten (*Quod omnis*, 85f und bei EUSEB, *Praep. ev.*, 8, 11, 5), während er am Anfang seiner Schrift, in der er die Essener behandelt, von einer Lehre des τῶν Πυθαγορείων ἱερώτατος θίασος ausgeht (*Quod omnis*, 2). Schon E. Ziebarth hat in seinem grundlegenden Werk über das griechische Vereinswesen gesehen, daß die Organisation der Essener griechischen Betrachtern durchaus wie die eines Kultvereins erscheinen mußte [61].

Man darf allerdings nicht übersehen, daß das Selbstverständnis der essenischen Gemeinde keineswegs dem eines freien griechischen Kultvereins entsprach, dafür waren ihr exklusiver Wahrheitsanspruch und die innere Ordnung ihres Gemeinschaftslebens viel zu streng. Bestenfalls können hier die sagenhaften pythagoreischen Gemeinschaften in Süditalien mit ihr verglichen werden. Die Essener selbst verstanden sich als den von Gott erwählten heiligen Rest, als das wahre Israel, als das „ Königreich von Priestern " und das „ heilige Volk " von *Ex.*, 19, 6. Dies, zusammen mit ihrem eschatologischen Selbstbewußtsein und ihrem exklusiven Wahrheits- und Heilsanspruch, ist ohne Analogie bei den philosophischen und religiösen Vereinen der hellenistisch-römischen Zeit, es hat seine nächste Parallele in dem ebenfalls im Judentum entstandenen Urchristentum. Die Vereinsstruktur betrifft so nur die äußere Rechtsform und gewisse Züge der inneren Organisation. Der hellenistische Verein erscheint etwa als Träger des gemeinsamen Besitzes, er hat feste Statuten mit Aufnahme-, Gerichtsbarkeits-, Straf- und Ausschlußbestimmungen sowie mit Angaben über den Vereinszweck, Punkte, die wir alle in der Sektenregel wiederfinden. Eine wichtige Rolle spielt die Person des Stifters; hier kann man auf den „ Lehrer der Gerechtigkeit " verweisen, dessen Bedeutung für die Sekte in der neueren Forschung freilich unterschiedlich beurteilt wird. Auch die Rechte und Funktionen der verschiedenen Vereinsorgane, der Vollversammlung und der leitenden Beamten, waren durch die Vereinsstatuten genau geregelt. Es fällt zB auf, daß in

---

Vereinscharakter des Begriffs *jaḥad* wird bestritten von E. KOFFMANN, *Rechtsstellung und hierarchische Struktur des* יחד *von Qumran*, in *Bib.*, 42, 1961, 433-442; *Die staatsrechtliche Stellung der essenischen Vereinigungen in der griechisch-römischen Periode*, in *Bib.*, 44, 1963, 46-61. Es handle sich nicht um eine *societas*, sondern um eine *universitas* (437), der Begriff drücke dabei die Einigkeit der Kommunität aus (440f). Die Verfasserin hat recht, wenn sie den theologischen Charakter des Begriffs betont; dies hebt jedoch die Frage nach dem soziologischen und rechtlichen Hintergrund nicht auf. Es geht gewiß nicht um eine bewußte, „ unbedingte Rezeption des griechischen Rechtes " (60), zumal auch für den ägyptischen und semitischen Bereich der hellenistischen Zeit religiöse Vereine nachweisbar sind, wohl aber um eine naheliegende Analogie, wie sie sich in der altisraelitischen Zeit so noch nicht findet.

61. *Das griechische Vereinswesen*, 1896, 130.

der Sektenregel der Vollversammlung, den *rabbîm*, eine entscheidende
Rolle zukommt, während in der Damaskusschrift der *mᵉbaqqer* in den
Vordergrund tritt. Die Sektenregel nennt nur einmal den *pāqîd* als
Haupt der Vollversammlung (1QS 6, 14); der *mᵉbaqqer* scheint ihm
gegenüber an zweiter Stelle zu stehen (6, 12.20), während seine Autorität
in der Damaskusschrift viel stärker hervorgehoben ist. Diesem Unterschied in der Bedeutung von Vollversammlung und leitenden Beamten
bei den Essenern entspricht, daß in den Vereinen der hellenistischen Zeit
in der Regel die Vollversammlung die oberste Instanz war, wogegen in
den *collegia* des Kaiserreichs die Beamten die eigentliche Verantwortung
innehatten. Das römische Prinzipat stand allen demokratischen Bestrebungen mißtrauisch gegenüber[62]. Die Aufnahme in die Sekte war rechtlich gesehen ein privater Vertrag zwischen dem Novizen und dem *jaḥad*,
und auch die Disziplinargerichtsbarkeit hatte nur privatrechtliche Ver-
bindlichkeit für die Mitglieder; daß sie dennoch wirksam war, zeigt die
Bemerkung des Josephus, daß die von der schärfsten Strafe, der lebens-
länglichen Ausstoßung, Betroffenen häufig verhungerten, da sie auch
weiterhin an der Verpflichtung festhielten, alle von Nichtmitgliedern
stammende Speise zu verweigern — offenbar aus rituellen Gründen (*Bell.
jud.*, 2, 143). Daß im vormakkabäischen Jerusalem die Institution des
hellenistischen Vereins bekannt war, läßt die Gründung des Gymnasiums
durch den Hohepriester Jason 175 vChr vermuten, denn die antiken
Gymnasien wurden in den hellenistischen Städten der Diadochenmonar-
chien in der Regel von freien Vereinen getragen. Auch die Synagogen-
gemeinden der Diaspora, die sich erstmals für das ptolemäische Ägypten
von der 2. Hälfte des 3. Jh. vChr an nachweisen lassen[63], waren meist
als landsmannschaftliche Vereine organisiert. Diese rechtlichen Grundlagen waren in der hellenistischen Zeit zum selbstverständlichen All-
gemeingut geworden.

Beziehungen zwischen den seit der Perserzeit in Ägypten nachweis-
baren religiösen Zusammenschlüssen und der Sektenregel vermutete der
Rechtshistoriker E. Seidl[64]. Solche Zusammenschlüsse durften auf

---

62. Vgl. H. BARDTKE, in *ThLZ* 86, 1961, 100 unter Verweis auf M. SAN NICOLÒ,
Ägyptisches Vereinswesen zur Zeit der Ptolemäer und Römer, II, in *MBPF*, 2, 1915
(2., durchges. Aufl. mit Nachträgen v. J. HERRMANN, *MBPF*, 2/II, 1972), 44f.106.
In Ägypten wird dies freilich erst seit dem 2.Jh.nChr deutlich sichtbar. Vielleicht
entstand die Ordnung der Gemeinde der Damaskusschrift erst in herodianisch-
römischer Zeit, vgl. zB CD 9, 1.

63. S. M. HENGEL, *Proseuche und Synagoge*, in *Tradition und Glaube. Festgabe für
Karl Georg Kuhn zum 65. Geburtstag*, 1971, 157-184. Der früheste Beleg für συναγωγή im Sinne eines jüdischen Gottesdienstgebäudes findet sich m.E. bei Philo in
Bezug auf die Essener: εἰς ἱεροὺς ἀφικνούμενοι τόπους, οἳ καλοῦνται συναγωγαί, *Quod
omnis*, 81. Dem entspricht wohl das *bêt hištaḥᵃwôt* CD 11, 22.

64. *Ptolemäische Rechtsgeschichte*, *ÄF*, 22, 2.Aufl. 1962, 152ff. Auch E. E.
URBACH, *op. cit.* (Anm. 58), II, 953 Anm. 69 sieht die Verwandtschaft der Straf-

Anweisung der Herrscher nur die Dauer eines Jahres haben und mußten, um fortdauern zu können, jedes Jahr neu begründet werden. Dieses Annuitätsprinzip möchte Seidl im „ Bundeserneuerungsfest " 1QS 1, 18ff und in der jährlichen Prüfung der Mitglieder 5, 20ff wiederentdecken. Freilich hatten diese ägyptischen Vereine, wie die ständig wechselnden Namen in jährlichen Mitgliederlisten zeigen, keineswegs die innere Konsistenz der Qumrāngemeinde.

H. Bardtke verglich die Prüfung der eintretenden Mitglieder auf ihren Toragehorsam und ihre geistigen Qualitäten, die sich in einer strengen Einstufung niederschlug, mit der Dokimasie bei der Aufnahme in den hellenistischen Verein [65]. Nur erfolgte die „ Dokimasie " in Qumrān nicht nur bei der Neuaufnahme, sondern sie wurde auch Jahr für Jahr wiederholt, „ um einen jeden aufrücken zu lassen gemäß seinem Verständnis und der Vollkommenheit seines Wandels oder ihn entsprechend seiner Verkehrtheit zurückzustufen " (1QS 5, 23f) [66]. Man kann dabei an das hellenistische agonistische Erziehungsideal erinnern, das durch ständige Wettkämpfe und Prüfungen zu Höchstleistungen anspornte [67]. In diesem Zusammenhang dürfen die Hochschätzung des praktisch zu bewährenden Intellekts und das Bemühen um fortschreitende geistigethische *Erziehung und Vervollkommnung* innerhalb der Sekte nicht übersehen werden, die dem zeitgenössischen philosophischen Ideal des vollkommenen Weisen, wie es etwa die Stoa vertrat, entsprachen [68]. Auch in Qumrān erscheint die Forderung des προκόπτειν und der τελειότης in der Form des vollkommenen Toragehorsams und vollkommener Erkenntnis. Dazu gehörte u.a. die absolute Selbstbeherrschung, die Schweigsamkeit und Freiheit von Affekten miteinschloß, eine Forderung, die uns sowohl in der Darstellung des Josephus wie — verbunden mit strengen Strafbestimmungen — in der Sektenregel begegnet (*Bell. jud.*, 2, 120.130.

---

bestimmungen der Sektenregel mit denen der demotischen Vereinssatzungen des ptolemäischen Ägyptens; er verweist auf W. ERICHSEN, *Die Satzungen einer ägyptischen Kultgenossenschaft aus der Ptolemäerzeit*, Hist. filos. Skr. Dan. Vid. Selsk., 4, 1, Kopenhagen 1959. Semitische Kult- und Mahlgenossenschaften beschreibt J. T. MILIK, *Recherches d'épigraphie proche-orientale*, I : *Dédicaces faites par des dieux (Palmyre, Hatra, Tyr) et des thiases sémitiques à l'époque romaine*, Paris, 1972.

65. *ThLZ*, 86, 1961, 102 ; vgl. 97f.

66. Vgl. auch PHILO, *Quod omnis*, 81 : Ordnung nach dem Alter; dies war offenkundig nicht der alleinige Maßstab.

67. Zum agonistischen Ideal in der griechischen Erziehung : H.-I. MARROU, *Geschichte der Erziehung im klassischen Altertum*, 1957, s. 647 Index s.v. Wettkampf. Es betraf vor allem die sportlichen und „ musikalischen " Disziplinen, aber etwa auch Ärzte (285). Vgl. auch M. HENGEL, *Judentum und Hellenismus*, 124.402.

68. Man prüfe einmal in der Konkordanz die Begriffe *tôm, tāmîm*, meist in Verbindung mit *däräkh* bzw. *hālakh*, weiter die Begriffsgruppe *bîn, bînāh, da'at, de'āh, jāda', 'ŏrmāh, śekhäl* und *haśkîl*. Zum stoischen Ideal des Weisen s. M. POHLENZ, *Die Stoa*, (I), 4.Aufl. 1970, 153ff.

132f.135 : ὀργῆς ταμίαι δίκαιοι, θυμοῦ καθεκτικοί, πίστεως προστάται, εἰρήνης
ὑπουργοί; 1QS 5, 25f ; 6, 10ff.25ff ; 7, 1ff.8ff u.ö.) [69]. Sie hat eine Fülle von
Parallelen in der philosophischen Ethik der hellenistischen Zeit. Auch
hier konnten — ähnlich wie bei der Gütergemeinschaft — die Essener
der hellenistischen Welt als philosophische Idealtypen des palästinischen
Judentums vorgestellt werden.

Damit stehen wir beim eigentlichen Kernpunkt unserer Fragestellung,
nämlich beim Verhältnis der *religiös-theologischen Anschauungen* der
Essener von Qumrān zur hellenistischen Geisteswelt. Es ist dies freilich
das schwierigste Problem, denn unmittelbare Einflüsse hellenistischer
Literatur, Philosophie und Religion auf das Denken der Männer vom
Toten Meer lassen sich — wenn wir von der Zwei-Geister-Lehre und den
rätselhaften Horoskopen absehen — kaum nachweisen. Die geistigen
Quellen der Essener waren nach deren eigenem Bekenntnis ausschließlich
die Mose anvertraute Tora — inklusive der Tempelrolle — und die Vielfalt der prophetischen Schriften. Ihnen wollte man in vollkommener
Weise gehorchen ; ihre göttlichen Geheimnisse für die endzeitliche Gegenwart auslegen.

Dennoch gibt es auch hier unübersehbare Beziehungen, sowohl forma-
ler wie inhaltlicher Art. Beginnen wir mit einem zentralen Problem. Bei
den Essenern wird — m.E. zum ersten Mal in der jüdischen Geistesgeschichte — ansatzweise ein „ *System* " *universaler Weisheit* vorgelegt, das
Gott, Himmel und Erde, Menschheit und Geschichte umfaßt und in dem
alle Phänomene von Natur — oder besser Schöpfung — und Geschichte
ihren bestimmten Ort zugewiesen erhalten. Vorstufen finden wir in der
priesterlichen Weisheit, wie sie sich etwa im Schöpfungsbericht der
Priesterschrift niedergeschlagen hat, oder auch im Hiobbuch. Jetzt begegnet uns darüber hinaus ein umfassendes, relativ einheitliches Geschichtsbild. Es sind hier allerdings einige Einschränkungen zu machen. Einmal durchschauen wir — zumal ein beträchtlicher Teil der Qumrāntexte
noch nicht veröffentlicht ist — den inneren Zusammenhang und die
literarische Entwicklung der essenischen Quellenschriften nur zum Teil.
Dasselbe gilt von der geistigen und organisatorischen Geschichte der
Sekte ; die Abgrenzung gegenüber anderen chasidisch-apokalyptischen
Gruppen, etwa im Zusammenhang mit der Daniel- und Henochliteratur,
dem Jubiläenbuch oder dem Genesisapokryphon, ist schwierig. Aus diesen Gründen muß bei der Rekonstruktion des essenischen „ Systems "
manches hypothetisch bleiben. Zum andern : Wenn ich von einem „ System " spreche, so geht es mir ganz gewiß nicht um einen geistigen Kosmos, der mit einiger Sicherheit auf *einen* Denker, etwa den dunklen
„ Lehrer der Gerechtigkeit ", zurückgeführt werden könnte und der deshalb von widerspruchsloser Geschlossenheit wäre. An diesem „ System "

69. Vgl. PHILO, *Quod omnis*, 84.88.

haben vermutlich mehrere Generationen gebaut, und es enthält innere Spannungen und Widersprüche. Solche begegnen uns ja auch in den wichtigsten antiken philosophischen Schulen und ihren „ Systemen ", in der platonischen Akademie und der Stoa; die Geschlossenheit der Schule Epikurs wurde demgegenüber mit einer inneren Erstarrung erkauft. Schließlich und endlich handelt es sich nicht um ein durchgehend rationales Denksystem, das von bestimmten Axiomen aus stets logisch stringent deduziert werden könnte. Es bleibt vielmehr — bei aller erstaunlichen Rationalität — ein mythisches „ System ", dessen Quellen in erster Linie in der alttestamentlichen Tradition und der altorientalischen Weisheit zu suchen sind. Es wird auch nicht primär in der Form des systematisch-theologischen Traktats vorgetragen, vielmehr stehen ihm zahlreiche Gattungen zur Verfügung, nicht zuletzt der Pescher, die Liturgie und der Hymnus sowie die utopische Apokalypse. Auf der anderen Seite kann nicht übersehen werden, daß gerade die auffälligste und umfangreichste erhaltene essenische Schrift, die Tempelrolle, im Vergleich mit den gesetzlichen Partien des Pentateuch wie auch mit der pharisäischen Halacha der Mischna eine ausgesprochen systematisierende, formende Kraft enthält, die verstreute Einzelgebote verbindet und ordnet, Widersprüche ausgleicht und Fehlendes ergänzt. Sie ist damit ein Ausdruck jener strengen essenischen Rationalität, die im Alten Testament und in der älteren jüdischen Tradition ihresgleichen sucht.

Seine Einheit erhält der systematische Entwurf der Essener nicht dadurch, daß er von einem unveränderlichen Sein ausging, sondern dadurch, daß er an dem einen Gott Israels, dem Schöpfer Himmels und der Erde, dem Herrn der Geschichte, orientiert war. M.a.W.: er ist ganz und gar theozentrisch. Sein Ausgangspunkt sind *Gottes freier Ratschluß und Offenbarung* [70]. Er beruht im vollen Sinne des Wortes auf „ apokalyptischer Weisheit ", die dem Nicht-Erwählten verborgen bleibt. Als Beispiel braucht man nur auf die Einleitung des vielleicht bekanntesten essenischen Textes zu verweisen, des Traktates über die beiden Geister [71]: „ Vom Gott der Erkenntnisse stammt alles Seiende und Geschehende " (1QS 3, 15). Wir stoßen hier — noch stärker als bei Kohelet und Ben-Sira

---

70. Zum Offenbarungsbegriff s. O. BETZ, *Offenbarung und Schriftforschung in der Qumransekte, WUNT*, 6, 1960, 6ff u.ö.

71. Dazu J. LICHT, *An Analysis of the Treatise of the Two Spirits in DSD*, in *Aspects of the Dead Sea Scrolls, ScrHie*, 4, Jerusalem, 2.Aufl., 1965, 88-100; P. WERNBERG-MØLLER, *A Reconsideration of the Two Spirits in the Rule of the Community (1Q Serek III, 13-IV, 26)*, in *RdQ*, 3, 1961/62, 413-441; J. MURPHY-O'CONNOR, *La genèse littéraire de la Règle de la Communauté*, in *RB*, 76, 1969, (528-549) 541ff.; P. VON DER OSTEN-SACKEN, *op. cit.* (Anm. 35), 17ff; 26: „ Die lehrhaften Darlegungen in S III, 13-IV, 14; IV, 15-23a.23b-26 müssen Gegenstand lebhaften Interesses in der Gemeinde von Qumran gewesen sein, wie die immer neue, aus den Ergänzungen ersichtliche Arbeit an dem Lehrstück verdeutlicht. "

— auf eine systematisierende, abstrakte, fast philosophisch klingende
Begrifflichkeit. E. Kamlach möchte dieses *kôl hôwäh wenihjāh* geradezu
mit πάντα τὰ ὄντα καὶ τὰ γινόμενα wiedergeben und bemerkt dazu: „ Es
ist nicht allein der iranische Dualismus, mit dem sich der israelitische
Schöpfungsglaube hier auseinandersetzt, sondern auch ein Weltverständ-
nis, das sich zu Sein und Werden abstrahiert hatte: Das griechische
also " [72]. Im Schlußhymnus der Sektenregel spricht der Beter davon, daß
ihm Gottes Erleuchtung das „ Geheimnis des Gewordenen und des ewigen Seins " (*rā[z] nihjāh wehôwe' 'ôlām*) enthüllt habe (11, 3f; vgl. 11,
5f) [73]. Ewiges Sein und die Ereignisse der Geschichte in Vergangenheit
und Zukunft sind für essenisches Denken in keiner Weise Gegensätze,
beide entspringen dem einen göttlichen Ratschluß und sind Teil der von
Gott ausgehenden und von ihm determinierten Heilsgeschichte, in die
auch die ganze Schöpfung, die Engel, die Gestirne und alle Naturphäno-
mene, eingeordnet sind: „ ... und durch sein Wissen ist alles entstanden,
und alles, was ist, ordnet er nach seinem Plan (*ûbeda'tô nihjāh kôl wekôl
hôwäh bemaḥašabtô jekînô*), und ohne ihn geschieht nichts " (11, 11;
vgl. 11, 18; 1QH 1, 7f) [74]. Die strenge Prädestination alles Geschehens
bis hin zum Handeln des einzelnen Menschen liegt in der inneren Konsequenz dieses allein am göttlichen Ratschluß orientierten, theozentrisch-
heilsgeschichtlichen „ Systems ". Sie hat ihre nächste hellenistische
Parallele im Determinismus der Stoa, wo die göttliche Weltvernunft das
ganze All durchwaltet und alles Geschehen im voraus bestimmt [75].

---

72. *Die Form der katalogischen Paränese im Neuen Testament, WUNT*, 7, 1964,
44 Anm. 1; vgl. zur Zwei-Geister-Lehre 39ff.

73. Die Übersetzung des *nihjāh* ist umstritten, es kann sowohl futurisch wie im
Präteritum wiedergegeben werden, s. P. WERNBERG-MØLLER, *The Manual of Disci-
pline, STDJ*, 1, Leiden, 1957, 68 Anm. 48 zu 1QS 3,15: die Übersetzung von
H. Bardtke (undE. Lohse) „ alles Sein und Geschehen " sei vielleicht vorzuziehen,
„ because it avoids any specific time-aspect read into the text. " Vgl. auch
M. HENGEL, *Judentum und Hellenismus*, 396f.

74. Vgl. M. HENGEL, *op. cit.*, 397.

75. Vgl. M. HENGEL, *op. cit.*, 397ff.420ff; G. MAIER, *Mensch und freier Wille,
WUNT*, 12, 1971, 165ff; E. H. MERRILL, *Qumran and Predestination, STDJ*, 8,
Leiden, 1975. Zum stoischen Determinismus s. M. POHLENZ, *op. cit.* (Anm. 68) 101ff
und die schönen Verse des KLEANTHES *SVF* I, fr. 527 (p. 118) (Übers. nach
POHLENZ 106):

„ Führ du mich, Zeus, und du, Pepromene,
wohin der Weg von euch mir ist bestimmt!
Ich folg' euch ohne Zaudern. Sträub' ich mich,
so handl' ich schlecht, — und folgen muß ich doch. "

Man könnte damit 1QS 9, 24 vergleichen: „ In allem, was durch ihn (Gott) getan
wird, finde er willig Gefallen, aber außer Gottes Willen soll ihm nichts gefallen. "
Vgl. auch das astrologische Bekenntnis des VETTIUS VALENS, *Anth.*, 5, 9: ...ἐγκρατῶς
φέρουσι τὰ νενομοθετημένα καὶ πάσης ἡδονῆς ἢ κολακείας ἀλλοτριωθέντες στρατιῶται τῆς
εἱμαρμένης καθίστανται (p 220, 26ff Kroll).

Die dualistische *Lehre von den beiden Geistern* der Wahrheit und des Frevels, den Fürsten des Lichts und der Finsternis, Michael und Beliar, *Malkîṣädäq* und *Malkîrāša'* [76], die die Existenz und das Verhalten des Menschen beherrschen, ist ein weiterer wesentlicher Baustein im essenischen „ System ". Sie ermöglicht es, an Gottes Allwirksamkeit festzuhalten und ihn doch von der unmittelbaren Verursachung des Bösen zu entlasten; weiter kann auf diese Weise die transsubjektive Macht des Bösen in der Menschheitsgeschichte wie auch der Kampf zwischen Gut und Böse im Individuum selbst erklärt werden, ohne daß — wie in der Gnosis — die Welt in einem völligen Dualismus auseinanderbrechen und die Schöpfung antigöttlichen Mächten überantwortet werden mußten. Steht am Anfang der Geschichte der herrliche Plan Gottes, die *maḥᵃšäbat kᵉbôdô* (1QS 3, 16), so ist der Verlauf der Geschichte bestimmt durch den dauernden Kampf der beiden Mächte „ zu gleichen Teilen bis zur letzten Zeit " (1QS 4, 16f. 25). Am Ende jedoch „ wird der Frevel vor der Gerechtigkeit verschwinden, wie die Finsternis vor dem Licht verschwindet, und wie der Rauch vergeht und nicht mehr ist, so wird der Frevel für immer vergehen, aber die Gerechtigkeit wird offenbar werden wie die Sonne, die Grundordnung der Welt... " (1Q**27** 1, 5-7). Der Blick richtet sich daher nicht nur auf die kampferfüllte Gegenwart, sondern immer zugleich auf die nahe Zukunft der Überwindung des Bösen im eschatologischen Endkrieg, wobei die kleine auserwählte Heilsgemeinde schon jetzt in der Gegenwart eine Antizipation der kommenden Erlösung darstellt [77]. Im Anschluß an diesen eschatologischen Ausblick läßt der unbekannte Verfasser des Fragments vom „ zukünftigen Geheimnis " (*rāz nihjāh*) einige rhetorisch scharf formulierte Antithesen folgen, die fast den Charakter einer geschichtsphilosophischen Reflexion tragen:

> „ Hassen nicht alle Völker das Unrecht?
> Und doch breitet es sich durch sie alle aus.
> Hört man nicht aus dem Munde aller Völker (das Lob der) Wahr-
> heit?
> Aber gibt es eine Lippe oder Zunge, die daran festhielte?
> Welches Volk wünscht, daß es von einem stärkeren bedrückt wird?

---

76. Dazu J. T. MILIK, *Milkî-ṣedeq et Milkî-reša'* dans les anciens écrits juifs et chrétiens (I), in *JJS*, 23, 1972, 95-144; DERS., *4Q Visions de 'Amram et une citation d'Origène*, in *RB*, 79, 1972, 77-97. Vgl. besonders 4Q'Amramᵇ 1, 10-12: „ (Ich sah Wächterengel) in meiner Vision, der Traumvision, und siehe, zwei (von ihnen) disputierten über mich und sprachen [...] und sie gerieten wegen mir in einen großen Streit. Und ich fragte sie: Ihr warum... [... Und sie antworteten und sprachen zu mir: Wir haben Herr]schaft empfangen, und wir herrschen über alle Menschensöhne. Und sie sprachen zu mir: Welchen von uns [hast du erwählt... ".

77. Zur Heilsgegenwart in Qumrān s. H.-W. KUHN *op. cit.* (Anm. 47) passim und G. W. E. NICKELSBURG Jr. *Resurrection, Immortality, and Eternal Life in Intertestamental Judaism*, *HThS*, 26, Cambridge, Mass./London 1972, 144ff.152ff.

Wer wünscht, daß sein Besitz durch Frevel geraubt wird?
Aber welches Volk hat nicht seinen Nachbarn unterdrückt?
Wo gibt es ein Volk, das nicht den Besitz [eines andern] geraubt
                                    hat...? " (1Q **27** 1, 8-12)

Es wird hier jener Zwiespalt sichtbar, der den Skeptiker Karneades in
seiner zweiten Rede über die Gerechtigkeit bei dem berühmten Philoso-
phenbesuch in Rom 156/155 vChr zu dem Urteil führte, es gebe im politischen Leben der Völker nur Eigennutz und keine wirkliche Gerechtigkeit [78]. Die Grundproblematik der menschlichen Existenz, die nach Tertullian vor allem *apud haereticos et philosophos uolutatur...: unde malum
et quare? et unde homo et quomodo? (De praescr. haer.*, 7, 5) [79], versuchten
die Essener in einer Weise zu lösen, die die Macht des Bösen über den
Menschen und dessen Heillosigkeit sehr viel tiefer sah als die alte optimi-
stische Weisheit oder auch die rationalistische Anthropologie der zeitgenössischen philosophischen Systeme und die dennoch die Gefahr des
ontologischen Dualismus überwand, dem die spätere Gnosis zum Opfer
fiel. So radikal der Entwurf der Essener dem philosophischen Denken der
Zeit schon von seinem theozentrischen Ansatz her entgegengesetzt war,
auch er suchte Antworten auf Grundfragen des Menschseins, die hier wie
dort die Herzen bewegten. Es ging um den rechten Weg zur Erkenntnis
der Wahrheit, die das gute Handeln begründet, um das Glück bzw. das
Heil des Menschen, um den Ursprung und die Notwendigkeit des Bösen,
dh um die Theodizee, um die Ordnung der Welt und um den Sinn des
Menschseins. Auf beiden Seiten dachte man dogmatistisch, dh es wurden bestimmte Axiome zugrundegelegt, von denen aus man eine in sich
schlüssige, das eigene Denken befriedigende Gesamtschau von Welt und
Geschichte zu gewinnen suchte. Auch im Ziel bestand ein Stück weit
Übereinstimmung. Dem altstoischen Ideal des ὁμολογουμένως ζῆν, des
Lebens in Übereinstimmung mit dem göttlichen Logos [80], dem Denken

---

78. S. J.v. ARMIN Art. *Karneades.* 1, in *PRE*, X, 1919, (1964-1985), 1980f.

79. Vgl. die gnostische Fragestellung bei CLEMENS ALEX., *Exc. ex Theod.*, 78, die
neuplatonische bei PORPHYRIOS, *De abst.*, 1, 27: ... ἀνθρώπῳ δὲ λελογισμένῳ, τίς τέ
ἐστιν καὶ πόθεν ἐλήλυθεν ποῖ τε σπεύδειν ὀφείλει... S. auch HIPPODAMAS VON SALAMIS
nach JAMBLICH, *Vit. Pyth.*, 82: ὦ θεοί, πόθεν ἐστέ, πόθεν τοιοίδ' ἐγένεσθε; /ἄνθρωποι
πόθεν ἐστέ, πόθεν κακοὶ ὧδ' ἐγένεσθε; und dazu auch die Frage nach dem Menschen
1QH 10, 3ff: „ Und was ist er denn, der Mensch? Erde ist er, geformter [Lehm],
und zum Staub geht seine Rückkehr, daß du ihn klug machst für Wunder wie diese
und ihn im Rat [deiner] Wa[hrheit] belehrst? Ich bin Staub und Asche. Was soll
ich denken, ohne daß du es willst?... "; vgl. 4, 29f; 13, 14ff; 1QS 11, 20ff u.ö. Vom
weisheitlichen Optimismus des *Ps.*, 8 ist hier nichts mehr zu spüren. Zum Ganzen
vgl. M. HENGEL, *Was ist der Mensch?*, in *Probleme biblischer Theologie. Gerhard von
Rad zum 70. Geburtstag*, 1971, 116-135.

80. *SVB*, III, fr. 16 (p. 6, 9f); vgl. fr. 12 (p. 5, 13f); II fr. 127 (p. 39, 5).

Gottes [81], hätte — freilich auf ganz anderer Grundlage — auch ein Essener zustimmen können. Sowohl die Stoiker wie der Beter der Hodajot reflektieren über den Ursprung der Sprache, die den Menschen erst zum Vernehmen des Logos bzw. des Wortes Gottes und zur Antwort darauf befähigt [82]. Indem der Essener inmitten der „ Lichtsöhne " in vollkommener Harmonie mit Gottes Schöpfung, der Ordnung der Gestirne und Zeiten, und in Gemeinschaft mit dem himmlischen Kult der Engel das Lob Gottes anstimmte, hatte er seine eigentliche Bestimmung erreicht, denn in der Doxologie gelangen Welt und Geschichte zu ihrem gottgegebenen Ziel. Man muß sich fragen, ob dieser systematische Entwurf der essenischen Gemeinde im Grunde nicht tiefer und originaler war als die religionsphilosophischen Vermittlungsversuche der jüdischen Alexandriner wie des Aristobul, des Aristeasbriefes, des 4. Makkabäerbuches, ja selbst Philos.

Wenn wir im folgenden einige Neuentwicklungen im essenischen Denken herausgreifen, die eine Affinität zu Entwicklungen in der hellenistischen Umwelt besitzen, so soll keineswegs immer ein direkter Einfluß behauptet werden; vielfach geht es lediglich darum, eine gleichlaufende Tendenz aufzuzeigen.

Besonders auffallend ist in den essenischen Schriften die überragende Bedeutung jener Begriffe, bei denen es um Weisheit, Erkenntnis, Offenbarung, Geheimnis geht. Dies ist Zeichen für eine „ Intellektualisierung der Frömmigkeit " (J. Hempel [83]), wie sie uns ähnlich im Pharisäismus, aber auch in der griechischen Mystik, in der Gnosis und im Neuplatonismus begegnet. Nur der Weise und Gelehrte, der über die beherrschende und durchdringende Kraft des Denkens verfügt, kann wirklich fromm, wirklich gut sein [84]. Die Erkenntnis erhält dabei den Charakter des Heilswissens, das dem irrenden Menschen durch Gottes Offenbarung erschlossen werden muß. Mit einer zeitlichen Verschiebung von etwa ein bis zwei Jahrhunderten gewinnt diese „ Erkenntnis durch göttliche

---

81. Auffallend ist in Qumrān die außerordentliche Häufigkeit von Erkenntnisbegriffen (*bînāh, da'at, de'āh, śekhäl, 'örmāh* u.a.), vielfach bezogen auf Gott. Er ist der *m^eqôr da'at*, 1QS 10, 12; 11, 3; vgl. 1QH 2, 18; 5, 26; 8, 6; vgl. M. HENGEL, *Judentum und Hellenismus*, 401f.

82. S. M. POHLENZ, *op. cit.* (Anm. 68), 37ff; 1QH 1, 27ff; vgl. 11, 4ff.33f; vgl. O. BETZ, *op. cit.* (Anm. 70), 83 Anm. 5; R. BERGMEIER-H. PABST, *Ein Lied von der Erschaffung der Sprache*, in *RdQ*, 5, 1964-66, 435-439.

83. *Weitere Mitteilungen über Text und Auslegung der am Nordwestende des Toten Meeres gefundenen hebräischen Handschriften*, *NAWG.PH*, 1961 (281-374) 349 (auch separat: *Die Texte von Qumran in der heutigen Forschung, Weitere Mitteilungen...*, 1962).

84. Dies entsprach — aus chasidischer Wurzel kommend — auch dem pharisäischen Ideal. Vgl. die Worte Hillels *'Abot* 1, 13: „ Wer nicht lernt, ist des Todes schuldig "; 2, 5: „ Kein Ungebildeter ist sündenscheu und kein *'am hā'āräṣ* ist fromm ".

Offenbarung " ab der Zeitenwende auch in der hellenistischen Welt, im Neupythagoreismus und in einem volkstümlichen Platonismus, Bedeutung. Der erste historisch greifbare Philosoph der neuen, auf Offenbarung gegründeten hellenistischen Wahrheitserkenntnis ist der Außenseiter Philo von Alexandrien (ca 30 vChr-45 nChr). Hier, wo beide Strömungen, die dualistisch gefärbte essenische Apokalyptik und ein ebenfalls — freilich in ganz anderer Weise — dualistischer, volkstümlicher Platonismus zusammentrafen, wurde die Grundlage für das gnostische Denken geschaffen; möglicherweise hat den letzten Anstoß dazu die Katastrophe des Judentums 70 nChr gegeben.

Ein gemeinsamer Zug ist auch die Bindung an autoritative, ja „ heilige " Schriften, deren Gültigkeit nicht mehr in Frage gestellt wird. In der hellenistischen Philosophie proklamierte Antiochos von Askalon das *veteres sequi*, die Orientierung an den alten großen Autoritäten, die man seit dem Timaioskommentar des Poseidonios immer häufiger auslegte. In Qumrān richtete man sich an der von Gott gegebenen Tora Moses und den prophetischen Schriften aus, die durch „ inspirierte " Exegese auf die endzeitliche Gegenwart gedeutet wurden. Zugleich zeigen die Tempelrolle, die „ Worte Moses " oder das Jubiläenbuch, hinter dem wohl eine Offenbarung Michaels steht, daß die Bindung an „ Heilige Schriften " neue Offenbarung nicht ausschloß, wobei man diese mit Hilfe der pseudepigraphischen Fiktion in die normative Frühzeit zurückversetzte [85].

Ein Sonderproblem ist die Herkunft der stark anthropologisch bestimmten heilsgeschichtlichen *Lehre von den zwei Geistern* und des damit verbundenen Dualismus. Aus dem Alten Testament ließe sich dieser bestenfalls auf großen Umwegen ableiten. Deuterojesaja konnte — vermutlich in Auseinandersetzung mit dem iranischen Dualismus — das Böse direkt auf Jahwe zurückführen: „ Ich bin Jahwe, und sonst ist keiner. Der das Licht bildet und die Finsternis schafft, der das Heil wirkt und das Unheil schafft. Ich bin Jahwe, der dies alles wirkt (45, 6f). Die Essener haben offenbar aus dieser eindeutigen, ganz unspekulativen Aussage das Gegenteil herausgelesen, nämlich die Erschaffung der Fürsten des Lichts und der Finsternis. Seit dem Aufsatz von K. G. Kuhn „ Die Sektenschrift und die iranische Religion " [86] ist trotz vereinzelten Widerspruchs anerkannt, daß die nächste religionsgeschichtliche

85. Zum Problem der Pseudepigraphie in der jüdischen Literatur s. MORTON SMITH, *Pseudepigraphy in the Israelite Literary Tradition*, in *Pseudepigrapha*, I, *Entretiens sur l'antiquité classique*, 18, Genf 1972, 191-215; M. HENGEL, *Anonymität, Pseudepigraphie und „ Literarische Fälschung " in der jüdisch-hellenistischen Literatur*, in *op. cit.*, 231-308. Zur Tempelrolle s. Y. YADIN, S. 115-119.

86. *ZThK*, 49, 1952, 296-316; vgl. D. WINSTON, *op. cit.* (Anm. 28) 200ff; H. LICHTENBERGER, *op. cit.* (Anm. 105), 249ff.

Parallele zur Lehre von den beiden Geistern in den Gathas des Awesta zu
finden ist, dh im zoroastrisch-iranischen Dualismus. Ich verweise etwa
auf Yasna 45, 2: „ Verkündigen will ich die beiden grundlegenden
Bestrebungen des Lebens,/von denen die heilvollere folgendermaßen zur
bösen sprechen soll:/ Nicht stimmen unsere Gedanken, nicht unsere
Anweisungen, nicht unsere Geister,/nicht unsere Entscheidungen, nicht
unsere Aussprüche, nicht unsere Werke,/nicht unsere Gesinnungen und
nicht unsere Atemhauche zusammen' " [87]. Offen bleibt der Weg der
Vermittlung dieser Vorstellungen. Als die frühesten essenischen Texte
entstanden, war das Perserreich bereits rund 200 Jahre zerstört. K. G.
Kuhn vermutet indirekte Vermittlung an Kreise des palästinischen
Judentums über Mesopotamien, in der Zeit etwa vom 5. bis zum 3. Jh.
vChr. Es fällt jedoch auf, daß sich innerhalb des Judentums nur noch in
zwei jüdisch-*hellenistischen* Texten nahe Parallelen zu der Zwei-Geister-
Lehre von Qumran finden, einmal im Testament Asser, wo die Zwei-
Geister-Lehre in eine Zwei-Wege-Lehre verwandelt ist, die dann in der
christlichen Tradition, im Hirten des Hermas, in der Didache und im
Barnabasbrief, weiterwirkt, und zum andern — noch prägnanter — in
Philos *Quaestiones in Ex.*, I, 23: [88] „ Into every soul at its very birth
there enter two powers, the salutary and the destructive. If the salutary
one is victorious and prevails, the opposite one is too weak to attack.
And if the latter prevails, no profit at all or little is obtained from the
salutary one. Through these powers the world too was created... " [89].
Auch Sonne und Gestirne sind durch diese beiden Kräfte geschaffen,
genauer in Übereinstimmung mit der guten Kraft, die der bösen ein
Ende bereitet. Diejenigen aber erhalten Unsterblichkeit, die von der heil-
bringenden Kraft beherrscht werden. Eine weitere griechische Parallele

---

87. Übers. nach H. HUMBACH, *Die Gathas des Zarathustra*, I, 1959, 124. Vgl.
Yasna, 30, 3-5 (*op. cit.*, 84f): „ Das sind die beiden grundlegenden Bestrebungen,
die Zwillinge, die als beiderlei Träume bekannt geworden sind,/als beiderlei Gedanken und beiderlei Worte, als beiderlei Werke, das bessere und das schlechte;/und
zwischen diesen beiden scheiden recht die Gutesgebenden, nicht die Schlechtes-
gebenden.

(4) Und wenn diese beiden Bestrebungen feindlich aufeinander stoßen, dann
schafft man sich die Grundlage seines Lebens,/Lebensfülle und Mangel an ihr, und
die Art, wie das Leben zuletzt sein wird./Gar schlecht wird das der Trughaften sein,
aber dem Wahrhaften wird der beste Gedanke zuteil werden.

(5) Von diesen beiden Bestrebungen erwählt sich die trughafte das schlechteste
Tun, die Wahrhaftigkeit erwählt sich die heilvollste Bestrebung, die in die härtesten
Steine gekleidet ist,/und diejenigen, die sich, bekennend, des Kundigen Lebensherrn
mit lauteren Taten annehmen. "

Zur eschatologischen Überwindung des Bösen s. *Yasna*, 30, 9-11 (*op. cit.*, 86f).

88. S. dazu E. KAMLAH, *op. cit.* (Anm. 72), 50ff und A. WLOSOK, *op. cit* (Anm.
55), 107ff, die auf platonisch-pythagoreische Parallelen hinweist.

89. Übers. nach R. MARCUS.

besitzen wir im Bericht des Plutarch über den persischen Dualismus [90]:
„ Ormazd, der aus dem reinsten Licht, und Ahriman, der aus der Finsternis stammt, kämpfen miteinander ". In der Welt — und dh auch im
Menschen — sind Gut und Böse immer vermischt. Es kommt aber eine
festbestimmte Zeit, wo Ahriman völlig vernichtet wird, dann werden
glückliche Menschen in einer Lebensweise und einer Herrschaft mit gleicher Sprache existieren (*De Is. et Os.*, 47, 369F-370C). Gemeinsam ist den
Berichten Philos und Plutarchs und der Zwei-Geister-Lehre von 1QS
3, 13ff, daß sie sowohl den kosmologischen Bereich wie den Kampf der
beiden Geister im Menschen und dazu die eschatologische Überwindung
des Bösen umfassen. Der monotheisierende Rahmen, die Prädestination
und der endgültige Sieg des Guten weisen auf eine zervanistische Gestalt
dieser Traditionen hin; der Zervanismus scheint sich jedoch erst in hellenistischer Zeit voll entwickelt zu haben. Die Zwei-Wege-Lehre des Testaments Asser beschränkt sich dagegen auf den Kampf der Triebe im
Menschen ($\delta\acute{v}o \; \delta\iota\alpha\beta o\acute{v}\lambda\iota\alpha$ 1, 3.5) und den daraus folgenden ewigen Lohn
bzw. die ewige Strafe, auch wird die Willensfreiheit nicht geleugnet; dh
hier liegt eine anthropologisch-katechetische Einengung vor. Die Feststellung Philos, daß der weise und der böse Mensch verschiedene quantitative Mischungen der beiden Kräfte darstellten, führt hinüber zu der
quantifizierenden Anthropologie der essenischen Horoskope. Da der iranische Dualismus, wie Eudoxos von Knidos und Theopomp zeigen, schon
im 4. Jh. vChr der griechischen Welt wohlbekannt war und nach Hermippos um 200 vChr die Bibliothek von Alexandrien zahlreiche Zarathustra zugeschriebene Schriften besaß, ist die Möglichkeit einer Vermittlung der Zwei-Geister-Lehre an die Essener durch eine hellenistische
Quelle und bereits in einer zervanistischen Form durchaus in Betracht zu
ziehen. Dafür würde auch sprechen, daß sowohl bei Philo wie bei Plutarch
eine ältere Fassung vorliegt, nach der die Welt selbst durch die beiden
Geister erschaffen wurde, während der essenische Text die Einheit der
Schöpfung im Sinne der israelitischen Tradition vertritt. Vermutlich geht
auch die Gleichsetzung Zarathustras mit Hesekiel bei Clemens Alex.,
Strom., 1, 15, 70 auf jüdisch-hellenistische Kreise zurück, dasselbe mag
für die Identifikation Zarathustra-Nimrod in den *Pseudoclementinischen
Homilien*, 9, 4f gelten [91].

Ein Ausdruck der rationalen, systematisierenden Weltbetrachtung ist
auch die essenische *Engellehre*, die, wie das astronomische Buch *1 Hen.*,
72-82 zeigt, von dem aramäische Fragmente in Qumrān gefunden
wurden, eng mit der Lehre von den Gestirnen und dem Ablauf der Zeiten

---

90. Dazu E. KAMLAH, *op. cit.*, 57ff.
91. Vgl. M. HENGEL, *Judentum und Hellenismus*, 418ff; D. WINSTON, *op. cit.*
(Anm. 28), 185.213ff.

zusammenhängt [92]. Die hierarchisch gestuften Engelheere bilden Gottes Werkzeuge in seinem Weltregiment, sowohl im Blick auf die Ordnung seiner Schöpfung wie im Blick auf den Geschichtsverlauf. Die untersten Engel sind nichts anderes als personifizierte Naturkräfte (*Jub.*, 2, 2; *1 Hen.*, 60, 12ff; 75; 80). Alle Unordnung auf Erden wurde durch die Rebellion und den Fall der bösen Engel nach *Gen.*, 6, 1ff ausgelöst, die endgültige Herstellung der Gottesherrschaft im letzten endzeitlichen Kampf ist in erster Linie das Werk der guten Engel unter Führung des Lichtfürsten Michael. Vom Engelfall und dem damit anhebenden Wechsel von Unheils- und Heilsgeschichte wird in dem Pescher über die von Gott geschaffenen Zeiten 4Q**180** und **181** gesprochen, vom Endkampf außer in der Kriegsrolle in dem Fragment 11QMelch; J. T. Milik vermutet, daß es sich bei 11QMelch um dasselbe Werk handelt wie bei 4Q**180** und **181** [93]. Michael-*Malkîṣädäq* erscheint hier als der mit Gott aufs engste verbundene endzeitliche, „himmlische Erlöser" [94]. Wir haben hier jetzt eine Schlüsselfigur zum besseren Verständnis der neutestamentlichen Christologie. Der Ursprung des gottnahen, vom Himmel kommenden Erlösers, des Mittlers zwischen Gott und den Menschen, muß nicht mehr in der gnostischen Mythologie gesucht werden; dieser Erlöser ist nicht hellenistisch-paganer, sondern eher jüdisch-essenischer Herkunft.

So sehr uns die essenisch-apokalyptische Engellehre jedoch jüdisch oder auch iranisch anmutet, sie hat auch gewisse Analogien in der Entwicklung der hellenistischen Religiosität. Eine frühe, auf gemeinsame altorientalische Traditionen zurückgehende Analogie besteht zwischen der Bestrafung der gestürzten Titanen bei Hesiod (*Theog.*, 726ff) und der gefallenen Engel nach *Gen.*, 6. Bei Hesiod werden die Menschen des goldenen Zeitalters zu guten δαίμονες und „Wächtern der sterblichen Menschen" (*op.*, 121ff). Der Platoschüler Xenokrates füllte den Raum zwischen der Fixsternsphäre und der Erde mit solchen halbgöttlichen „Daimones", die für die niederen Kultformen, für die Magie, aber auch für böse Ereignisse wie Krankheiten und andere Übel verantwortlich waren [95]. Die Stoa systematisierte diese Vorstellungen; vor allem Posei-

---

92. S. J. T. MILIK (ed.), *The Books of Enoch. Aramaic Fragments of Qumrân Cave 4*, Oxford 1976, 7ff.273ff: *The Astronomical Book*. Vgl. M. LIMBECK, *Die Ordnung des Heils*, *KBANT*, 1971, 63ff; M. HENGEL, *op. cit.*, 422ff.

93. S. J. T. MILIK, in *JJS* 23, 1972, 96ff.109ff.124ff.

94. Vgl. die grundlegenden Sätze J. T. MILIKS, *op. cit.*, 125: „Milkî-ṣedeq est par conséquent quelque chose de plus qu'un ange créé, ou même le chef des bons esprits, identifiable à Michaël... Il est en réalité une hypostase de Dieu, autrement dit le Dieu transcendant lorsqu'il agit dans le monde, Dieu lui-même sous la forme visible où il apparaît aux hommes, et non pas un ange créé distinct de Dieu (*Ex* 23, 20)." Dazu M. HENGEL, *Der Sohn Gottes*, 1975, 128f und passim.

95. U. VON WILAMOWITZ-MOELLENDORFF, *Platon*, 5.Aufl. bearb. v. B. SNELL, 1959, 579: „ ... er ist der eigentliche Vater des hellenischen Geister- und Teufels-

donios dachte sich „ den Luftraum von zahllosen Geistern bevölkert, die Teilchen des feurigen göttlichen Urgeistes sind " [96]. Wenn in *1Hen.*, 15, 8ff; 16, 1; *Jub.*, 10, 1ff die bösen Dämonen als die Totengeister jener Riesen gelten, die durch die Verbindung der Wächterengel mit den Menschenfrauen nach *Gen.*, 6 gezeugt wurden, so kommt dies hellenistischen Anschauungen relativ nahe. Die Hervorhebung des Finsternisfürsten und Frevelgeistes mit seinen bösen Engeln als Gegenspieler des Lichtfürsten bei den Essenern zog mit Notwendigkeit eine reichhaltige Dämonologie nach sich. Vermutlich hatte auch die von Josephus hervorgehobene Heilertätigkeit der Essener eine exorzistische Komponente (*Bell. jud.*, 2, 136) [97]. Die jüdisch-apokalyptische Engellehre und die hellenistischen Anschauungen von den δυνάμεις und δαίμονες bewegten sich aufeinander zu. Wie leicht beides verbunden werden konnte, zeigt die Interpretation des Engelfalls von *Gen.*, 6 bei *Philo, De gig.*, 6ff.

Der philosophisch und religiös begründete Glaube an die Gesetzmäßigkeit und Vollkommenheit der *Gestirnbewegungen* war eine communis opinio der hellenistischen Welt [98]. Man sah darin den Ausdruck göttlicher Vollkommenheit. In schöner Weise faßt dies Cicero, *De nat. deor.*, 2, 56 in Worte, allerdings mit der Einschränkung auf den Bereich jenseits des Mondes: *Nulla igitur in caelo nec fortuna nec temeritas nec erratio nec vanitas inest, contraque omnis ordo, veritas, ratio, constantia*; in dem Raum *infra lunam* wohnt dagegen der Irrtum. Aus der wissenschaftlichen Betrachtung des „ gestirnten Himmels über mir " erwachsen Gotteserkenntnis, Frömmigkeit, Gerechtigkeit, ja wahre Seligkeit: *Quae contuens animus accipit [ad] cognitionem deorum, e qua oritur pietas, cui coniuncta iustitia est reliquaeque virtutes, e quibus vita beata existit, par et similis deorum...* (2, 153) [99]. Auch in Qumrān sind die himmlischen Lichter und hier vor allem die Sonne Zeichen der unverrückbaren göttlichen Ordnung, freilich tritt der theozentrische Bezug dieser

---

spukes. " Zu paganen Engelvorstellungen in hellenistisch-römischer Zeit s. J. T. MILIK, *Recherches...* (s. Anm. 64), 423ff; L. ROBERT, *Reliefs votifs et cultes d'Anatolie* (I), in *Anat.*, 3, 1958 (103-136) 115f; DERS., *Hellenica* XI/XII, Paris, 1960, 433.

96. M. POHLENZ, *op. cit.* (Anm. 68), 230.

97. Vgl. den von J. P. M. VAN DER PLOEG veröffentlichten Text 11QPsAp[a]: *Un petit rouleau de psaumes apocryphes (11QPsAp*a*)*, in *Tradition und Glaube* (s. Anm. 63), 128-139: 1, 2 Nennung Salomos; 1, 3f Nennung von *šedîm*; 1, 7 Begriff „ Heilung " (*rᵉphû'āh*); 3, 2(?).5 der „ starke Engel ", der gegen die Dämonen kämpfen soll. Vermutlich diente der Psalm exorzistischen Zwecken. S. auch unten S. 370 f.

98. Vgl. dazu M. HENGEL, *Judentum und Hellenismus*, 427ff; W. GUNDEL-H. G. GUNDEL, *Astrologumena*, in *Sudhoffs Archiv*, Bh. 6, 1966, passim.

99. Vgl. 2, 140: *Qui primum eos humo excitatos celsos et erectos constituit, ut deorum cognitionem caelum intuentes capere possent. Sunt enim ex terra homines non ut incolae atque habitatores sed quasi spectatores superarum rerum atque caelestium, quarum spectaculum ad nullum aliud genus animantium pertinet.*

Ordnung sehr viel stärker hervor. Die Gestirne folgen nicht einer eigenen, ihnen innewohnenden Gesetzmäßigkeit, sondern allein Gottes Fest-
setzung, hebräisch *ḥôq* oder *tikkûn* — Begriffe, die man in diesem Zusammenhang fast mit „ Naturgesetz " übersetzen könnte [100]. Die göttliche
Fixierung der Gestirnläufe, an erster Stelle des Sonnenlaufes, hat jedoch
zugleich eine unmittelbare Beziehung auf die Menschen und die ihnen
durch Mose gegebene Tora: Sie bestimmt die exakte Einhaltung der großen jährlichen Festtermine, der Neumonde, der Sabbate, schließlich der
täglichen Gebetszeiten und sichert damit die völlige Harmonie im
gemeinsamen Gotteslob der himmlischen und der irdischen Gemeinde:

> „ Beim Kommen der Zeiten entsprechend den ersten
> Tagen des Monats mit ihrem Wendepunkt,
> bei ihrem Übergang von der einen (Zeit) zur andern,
> wenn sie sich erneuern (ist es) ein großer Tag
> für das Allerheiligste
> und ein Zeichen für das
> Auftun seiner ewigen Gnade
> ...
> entsprechend dem Gedächtnis in ihren Zeiten will
> ich als ein Hebeopfer der Lippen ihn preisen
> nach der für immer eingegrabenen Satzung,
> an den Anfängen der Jahre und am Wendepunkt ihrer
> (Jahres-) Zeiten, wenn sie das Gesetz ihrer Ordnung
> erfüllen...
> ...
> (in) den Festjahren entsprechend ihren sieben (Jahren)
> und an der Spitze ihrer sieben (Jahrwochen) ent-
> sprechend der Festzeit der
> Freilassung. "
> (1QS 10, 3-8) [101]

Diese Bindung an Gottes ewige Ordnung erklärt auch die einzigartige
Bedeutung des essenischen Sonnenjahrs, ganz gleich, wo sein Ursprung
zu suchen ist, sei es in Babylonien oder Ägypten. Das Sonnenjahr von
364 Tagen garantierte, daß jedes Fest immer auf denselben Wochentag
fiel, Kollisionen zwischen kultischen Festgeboten und Ruhegebot wurden
so vermieden. Das scheinrationale Kalkül war hier stärker als die exakte
Beobachtung. Die durch die tatsächliche Jahresdauer bewirkte Jahres-
zeitenverschiebung wurde in einer kühnen Umkehr der wirklichen

---

100. S. dazu M. LIMBECK, *op. cit.* (Anm. 92), 175ff. 1Q27 1, 6f wird die Sonne
tikkûn tebel genannt, denn sie gibt die zeitliche Ordnung für die Festzeiten des
Jahres und den ganzen Lauf der Heilsgeschichte.
101. Übers. nach M. LIMBECK, *op. cit.*, 162ff.

Kausalität als Folge des widergöttlichen Mondkalenders erklärt [102]. Die
besondere Wichtigkeit der Sonne bei den Essenern, die ja auch Josephus
bezeugt, war zugleich durch den Gegensatz Licht-Finsternis begründet;
sie galt offenbar als Symbol der Macht des Lichts. Auf die Verehrung der
Sonne in hellenistischer Zeit, von Kleanthes an, der sie als ἡγεμονικὸν τοῦ
κόσμου betrachtete [103], bis hin zum spätrömisch-syrischen *Sol invictus*,
brauche ich nicht weiter hinzuweisen. Die liturgische Ordnung des Jahres war für die Essener nur ein Ausschnitt aus der großen göttlichen
Ordnung der Heilsgeschichte nach Jahrwochen und Jubiläen, deren Ziel,
das eschatologische Befreiungsjahr, das in 11QMelch nach *Lev.*, 25 und
Jes., 61 geschildert wird [104], in unmittelbarer Nähe bevorstand. Auch
hier stoßen wir wieder auf den systematisch-rationalen Charakter des
essenischen Denkens, das nicht davor zurückscheute, die astronomisch-
chronologische Wirklichkeit zu vergewaltigen.

Ein weiterere Bereich, wo die Tendenz des essenischen Denkens bei
aller Eigenständigkeit eine ähnliche Richtung aufweist wie in der hellenistischen Welt, ist die *Anthropologie* [105]. Zwar kennen die Essener weder
schon die spezifische Form der Dialektik von Fleisch und Geist, wie sie
bei Paulus vorliegt, noch erst recht die platonische Entgegensetzung, die
den Leib als das Gefängnis der Seele abqualifiziert. Es wird aber doch in
immer neuen, aus der alttestamentlichen Vorstellungswelt geschöpften
Bildern die Vergänglichkeit, ja Nichtigkeit des Menschen als eines leib-
lichen Wesens geschildert. Ich zitiere den Schluß der Sektenregel:
„ Und was ist es, wirklich, das Menschenkind unter deinen wunderbaren
Werken? Und der vom Weibe Geborene, wofür ⟨wird er geachtet⟩ vor
dir? Er, dessen Knetung aus Staub und dessen Wohnung Wurmfraß ist.
Er, der ausgepreßter Speichel [106], geformter Lehm ist und dessen Begeh-

---

102. Vgl. M. HENGEL, *Judentum und Hellenismus*, 428ff; M. LIMBECK, *op. cit.*
134ff. Limbeck sieht im qumrānischen Kalender im Anschluß an A. Jaubert einen
alten Priesterkalender (144ff).

103. *SVB*, I, fr. 499 (p. 112).

104. A. S. VAN DER WOUDE, *Melchisedek als himmliche Erlösergestalt in den neugefundenen eschatologischen Midraschim aus Qumran Höhle XI*, in *OTS*, 14, 1965 (354-
373) 358 Z. 9, vgl. 364; J. T. MILIK, in *JJS*, 23, 1972, 97f Z.4.9.14.19f.

105. Dazu W. H. BROWNLEE, *Anthropology and Soteriology in the Dead Sea
Scrolls and in the New Testament*, in *The Use of the Old Testament in the New and
Other Essays. Studies in Honor of William Franklin Stinespring*, Durham, N.C.,
1972 (210-240), 212ff. Speziell zu den Begriffen *bāśār* und *rûaḥ* s. E. BRANDENBUR-
GER, *Fleisch und Geist*, WMANT, 29, 1968, 86ff; 86: „ ... ist hier im Unterschied
zur Apokalyptik die negative Wertung von Fleisch und Erdenstofflichkeit und
zumal der Zusammenhang zwischen Fleisch und Sünde von vornherein für die theologische Konzeption insgesamt grundlegend. " S. jetzt die vorzügliche Arbeit von
H. LICHTENBERGER, *Studien zum Menschenbild in Texten der Qumrangemeinde*, Diss.
theol., Marburg, 1974-75.

ren sich auf den Staub richtet. Was soll der Lehm erwidern, das von der Hand Geformte, und einen Ratschluß, wie soll er ihn verstehen? " (1QS 11, 20-22). Diese Schwäche, ja Nichtigkeit des Menschen, wird noch dadurch gesteigert, daß er über keinen freien Willen verfügt; sein Handeln und Schicksal sind vorherbestimmt. Man darf darum in diese Sätze, die den menschlichen Leib als Knetung aus Staub und Nahrung für Würmer bezeichnen, nicht eine dualistische Leib-Seele-Anthropologie hineinlesen, in der die Seele einen höheren Rang hätte. Die Aussagen von der Nichtigkeit des Leibes führen hinüber zur Verfallenheit des ganzen Menschen an die Sünde: „ Ich aber bin vom Staube gen[ommen und aus Lehm ge]formt zu einer Quelle der Unreinheit und schmachvoller Schande, ein Haufe Staub und [mit Wasser] geknetet [...] und eine Wohnung der Finsternis " (1QH 12, 24-26). Noch deutlicher umschreibt 1QH 13, 14ff den Sachverhalt: Nicht nur ist der vom Weib Geborene „ ein Gebäude von Staub und geknetet mit Wasser ", nicht nur ist sein Rat „ schmachvolle Schande ", die höchste Steigerung liegt in der Aussage, daß „ ein verkehrter Geist in ihm herrscht " [107]. Auch das Denken des Menschen ist ganz und gar verdorben. Die Hoffnung für den Menschen beschränkt sich nicht auf irgendein besseres Selbst, sie gilt dem ganzen Menschen und ruht allein in Gottes freier Erwählung, Offenbarung und Erlösung von den Mächten der Gottlosigkeit: „ Und ich erkannte, daß es Hoffnung gibt für den, den du aus Staub gebildet hast zur (Teilhabe an der) ewigen Ratsversammlung. Und den verkehrten Geist hast du gereinigt von großer Missetat, daß er sich stelle an den Standort mit dem Heer der Heiligen und in die Gemeinschaft eintrete mit der Gemeinde der Himmelssöhne " (1QH 3, 20-22).

Auf der anderen Seite fällt auf, daß wir in den eigentlichen Qumrāntexten kein einziges wirklich eindeutiges Zeugnis für die *Auferstehung* des Leibes besitzen [108]. Nach dem Bericht des Josephus (*Bell. jud.*, 2, 154ff), der dem etwas verworrenen Parallelreferat des Hippolyt (*Philos.*, 9, 27) vorzuziehen ist, erwarteten die Essener keine leibliche Auferstehung, sondern waren der Unsterblichkeit ihrer Seelen gewiß. G. W. E. Nickelsburg betont mit Recht, daß die möglichen Auferstehungsaussagen (1QH 6, 29f.34) auch anders gedeutet werden können, selbst wenn gewisse sprachliche Anklänge an Dan 12, 2 vorliegen [109].

---

106. *mṣj rwq* P. WERNBERG-MØLLER.

107. Zur *rûᵃḥ naʿᵃwāh* s. auch 1QH 1, 22; 3, 21; 11, 12.

108. Vgl. dazu J. BUITKAMP, *Die Auferstehungsvorstellungen in den Qumrantexten und ihr alttestamentlicher, apokryphischer, pseudepigraphischer und rabbinischer Hintergrund*, Diss. Groningen (1965); H.-W. KUHN, *op. cit.* (Anm. 47), s. 240 Index s.v. Auferstehung; G. W. E. NICKELSBURG, *op. cit.* (Anm. 77), 144ff; M. HENGEL, *Judentum und Hellenismus*, 357ff; H. LICHTENBERGER, *op. cit.* (Anm. 105), 280ff.

109. *Op. cit.*, 149ff. Möglicherweise ist auch in 4Qps-Danᶜ ein Hinweis auf die Auferstehung enthalten, J. T. MILIK, « *Prière de Nabonide* » *et autres écrits d'un cycle*

Ähnliche Probleme ergeben sich aus dem rätselhaften Text *Jub.*, 23, 30f,
wo zunächst davon die Rede ist, daß die Diener Gottes „ sich erheben
und großen Frieden sehen werden ", und dann die „ Gerechten " die Verheißung erhalten, „ daß ihr Geist viel Freude haben wird ", während „ ihre
Gebeine in der Erde ruhen werden ". Überhaupt wird in den essenischen Texten die Hoffnung über den Tod hinaus meist nur am Rande
und in recht allgemeinen Begriffen wie „ ewiges Leben ", „ ewige
Freude ", „ neue Schöpfung " und durch die Vorstellung von der ständi-
gen Gemeinschaft mit der himmlischen Gemeinde zum Ausdruck
gebracht, wobei jeweils zu fragen ist, ob nicht bereits — ähnlich wie im
Johannesevangelium — eine präsentische Eschatologie wirksam ist, die
in der Vorstellung von der gegenwärtigen Gemeinschaft mit den Engeln
ihren Ausdruck findet [110]. Das Heil wird dabei — ganz ungriechisch —
nicht individuell sondern kollektiv umschrieben. In der Katechese 1QS
3, 13-4, 26 werden diese Heilsbegriffe erst durch den Kontrast zu der
immerdauernden Strafe für „ Finsternissöhne " 4, 11ff in ihrer Zukunfts-
bezogenheit eindeutig [111]. Die Gemeinschaft mit dem himmlischen Chor
der Engel und ihrer Liturgie in Gottes Gegenwart wird schon jetzt durch
das Gotteslob des *jaḥad* wirklich und gegenwärtig, gewissermaßen als
Vorwegnahme der künftigen Vollendung. G. W. E. Nickelsburg verweist
auf den schönen Satz Philos über die Therapeuten, in denen er mit Milik
und Geoltraine „ an Alexandrian branch of the Essenes " sieht [112]:
„ ... wegen ihrer Sehnsucht nach dem unsterblichen und seligen Leben
glauben sie, daß sie das sterbliche Leben bereits beendet haben... " (*De
vit. contempl.*, 13). Danach wäre die essenische Zukunftserwartung
sowohl von der hellenistischen Unsterblichkeitshoffnung zu unterscheiden, wie sie uns etwa in der *Sapientia Salomonis* begegnet, wie auch von

---

de Daniel, in *RB*, 63, 1956 (407-415) 414. Doch dies besagt für die Anschauungen
der Essener selbst wenig, da ja auch *Dan.*, 12, 2f und die Henoch-Texte, in denen
Auferstehungsaussagen erscheinen, bei ihnen bekannt waren. Zu den Texten aus
1 Hen, s. G. W. E. NICKELSBURG, *op. cit.*, 112ff. 134ff sowie G. STEMBERGER, *Der
Leib der Auferstehung, AnBib*, 56, Rom, 1972, 27ff. Es ist bezeichnend, daß
Stemberger die Qumrāntexte beiseitelassen kann : Sie sagen zum „ Leib der Auferstehung " nichts (3).

110. Vgl. J. J. COLLINS, *Apocalyptic Eschatology as the Transcendence of Death*, in
CBQ, 36, 1974 (21-43) 36: „ ... the community believed that death was already
transcended by its fellowship with the angelic host. " G. STEMBERGER, *op. cit.* 58f
sieht diese Tendenz zur Vergegenwärtigung des Heils auch in den Psalmen Salomos
wirksam. Zur Gemeinschaft mit den Engeln s.o.S. 345 Anm. 47 und H. LICHTEN-
BERGER, *op. cit.* (Anm. 105), 287ff.

111. Vgl. G. W. E. NICKELSBURG, *op. cit.*, 156ff.165f; 165: „ This pericope is
characterized by a highly realized eschatology ", was freilich „ a powerful , not
yet ' " nicht ausschließt. Zur „ kollektiven Heilserwartung " s. H. LICHTENBERGER,
op. cit., 292ff.

112. *Op. cit.*, 169.

der massiven Auferstehungserwartung der späteren Pharisäer vom 1.Jh. nChr an. Dabei ist zu bemerken, daß selbst in *Dan.*, 12, 2 die Form der Auferstehung noch nicht klar umrissen ist, zumal sie sich in 12, 3 mit dem typisch hellenistischen Motiv der astralen Unsterblichkeit verbindet, die auch in den Qumrāntexten Anklänge besitzt [113]. Daß hinter der Entwicklung der todesüberwindenden Hoffnung in der chasidischen Apokalyptik *auch* hellenistische Einflüsse stehen ist nicht unwahrscheinlich [114]. Ein entscheidender Unterschied bleibt jedoch bestehen: Die auf das individuelle Schicksal der Einzelseele bezogene griechische Zukunftshoffnung wird in der chasidischen Apokalyptik dadurch überboten, daß es hier vor allem um die Restitution des Volkes bzw. der auserwählten Frommen geht. Dagegen taucht ein hellenistisches Motiv bei der Vorstellung der Bestrafung der Gottlosen in Gottes Gericht auf; M. P. Nilsson betont zu Recht, daß die Hölle als Strafort eine griechische Erfindung sei [115].

Eindeutig läßt sich fremder Einfluß schließlich in den essenischen *Horoskopen* erkennen, die die Zwei-Geister-Lehre und den damit verbundenen Determinismus in massiver, fast materialistischer Weise interpretieren. Einmal handelt es sich um drei in chiffrierter Schrift abgefaßte individuelle Horoskope (4Q**186**), in denen physiognomische Beobachtungen mit dem Sternbild bei der Geburt verbunden sind; aus beidem zusammen wird die quantitative Bestimmung der Betroffenen durch Licht- und Finsternisteile erschlossen [116]. Im ersten Horoskop ist von der Geburt (*môlād*) „ am Fuße des Stiers " (*bᵉrägäl haššôr*) die Rede, beim zweiten ist die Angabe über das Sternbild leider nicht erhalten, beim dritten kann man nur noch lesen „ ...das ist sein Tier... " (*h*]*û'ah bᵉhäbtô* [sic]), vor dem Namen des Sternbilds bricht das Fragment ab. Ein weiteres, noch unveröffentlichtes Fragment aus Höhle 4 bezieht zwei Monatstage auf das Zeichen des Krebses und sagt für den Fall von Donner im Zeichen der Zwillinge Angst und Schrecken, verursacht durch die

---

113. Vgl. M. HENGEL, *Judentum und Hellenismus*, 358f.

114. Dazu jetzt J. J. COLLINS, *op. cit.* (Anm. 110), 38ff.

115. *Op. cit.* (Anm. 53), 558; vgl. 234.242.549ff. Daneben kommen Einflüsse iranischer Vorstellungen in Frage, deren Alter freilich schwer zu bestimmen ist; s. D. WINSTON, *op. cit.* (Anm. 28), 205ff.

116. Die ersten beiden Horoskope wurden 1964 vorweg veröffentlicht von J. M. ALLEGRO, *An Astrological Cryptic Document from Qumran*, in *JSSt*, 9, 1964, 291-294. Die endgültige Edition *DJDJ*, V, 88-91 enthält noch einen dritten Text. Weitere Literatur nennt J. A. FITZMYER, *A Bibliographical Aid to the Study of the Qumran Cave IV Texts* 158-186, in CBQ 31, 1969 (59-71), 70f. Wichtige Textverbesserungen gibt J. STRUGNELL, *Notes en marge du volume V des „ Discoveries in the Judaean Desert of Jordan "*, in RdQ, 7, 1969-71 (163-276) 274ff, vor allem zu Fragment 2. Zur Anthropologie s. H. LICHTENBERGER, *op. cit.* (Anm. 105), 173ff.

Heiden, voraus [117]. Eine aramäische Weissagung schließlich, die ihrer Schriftform nach wohl aus der 2. Hälfte des 1. Jh. vChr stammt, schildert die Physiognomie und das zukünftige Schicksal einer von Gott erwählten und mit einzigartiger Weisheit ausgestatteten Gestalt. Leider sind das Ende der ersten und die zweite Kolumne so fragmentarisch, daß keine Angaben über das Datum bzw. Sternbild ihrer Geburt zu entnehmen sind. Wer die Gestalt ist, ist umstritten. Der Herausgeber J. Starcky vermutete ein Horoskop des Messias, ihm widersprach J. A. Fitzmyer, der an eine Weissagung auf Noah dachte [118]. Wie dem auch sei, unbestreitbar ist, daß physiognomische Details, u.a. Muttermale [119], mit der Geburt und dem eigenartigen wunderbaren Schicksal einer von Gott erwählten Heilsgestalt verbunden werden.

Das Auftauchen von Horoskopen und anderen astrologisch-mantischen Schriften in der Bibliothek von Qumrān ist auffällig; es zerstört die Vorstellung einer völligen geistigen Autarkie und Unbeeinflußbarkeit der Essener gegenüber den weltanschaulichen Strömungen ihrer Zeit. Denn das Horoskop ist eine typische Erscheinung der hellenistischen Ära, und die von Babylonien ausgehende Astrologie eroberte vom 3. Jh. vChr an den ganzen Mittelmeerraum bis nach Italien, wobei sie vor allem im ptolemäischen Alexandrien rasch zu einer Hochblüte gelangte. Bereits Chrysipp verteidigte sie, ähnliches gilt von Poseidonios; vor allem verhalf ihr Hipparch von Nikaia (2. Jh. vChr), der wohl bedeutendste antike Astronom, zum Siege. Die Astrologie galt als die höchste aller Wissenschaften, und zugleich konnte sie sich in die Form göttlicher Offenbarungswahrheit kleiden, wie das dem König Nechepso und dem Priester Petosiris zugeschriebene, etwa zwischen 150 und 120 vChr in Alexandrien entstandene astrologische Werk zeigt. In gewisser Weise wurde sie die Religion der Gebildeten. Von Tiberius sagt Sueton (*Tib.*, 69): „ Gegenüber den Göttern und den religiösen Verpflichtungen verhielt er sich recht lax, er hatte sich jedoch der Astrologie ergeben und war fest überzeugt, daß alles vom Schicksal abhängig sei ". Die Zahl der

---

117. S. J. T. Milik, *Dix ans de découvertes dans le Désert de Juda*, Paris, 1957, 38; M. Hengel, *Judentum und Hellenismus*, 436.

118. Erstedition: J. Starcky, *Un texte messianique araméen de la grotte 4 de Qumrân*, in *École des langues orientales anciennes de l'Institut Catholique de Paris. Mémorial du cinquantenaire 1914-1964*, in TICP, 10, Paris, 1964, 51-66. Eine ausführliche Analyse gibt J. A. Fitzmyer, *The Aramaic ‚ Elect of God ' text from Qumran Cave 4*, in *Essays...* (s. Anm. 1), 127-160 = CBQ, 27, 1965, 348-372.

119. Dazu J. Licht, *Legs as Signs of Election*, in *Tarb.*, 35, 1965/66 (18-26), 21ff (hebr.); Th. Hopfner, Art. Μαντική, in *PRE*, XIV/1, 1928 (1258-1288), 1287f. Zur populären Verbindung von Physiognomik und Astrologie s. J. Schmidt, Art. *Physiognomik*, in *PRE* XX/1, 1941 (1064-1074), 1066. Vgl. auch M. Hengel, *op. cit.*, 434f.

— meist pseudepigraphischen — astrologischen Schriften wuchs mehr und mehr, unübersehbar ist die dem Hermes Trismegistos zugeschriebene Literatur, die ursprünglich nicht theologisch-mystischer, sondern astronomisch-astrologischer und iatromantischer Art war [120]. Daß sich selbst das Urchristentum der Herrschaft astrologischer Vorstellungen nicht ganz entziehen konnte, zeigen *Mt.*, 2 und die Johannesapokalypse [121]. Auch bei den essenischen Horoskopen und verwandten Texten kann man — ähnlich wie bei der Zwei-Geister-Lehre — fragen, ob die zugrundeliegenden Vorstellungen direkt aus Babylonien oder nicht eher über den Umweg hellenistischer Astrologie vermittelt wurden, etwa über Alexandrien, dem größten geistigen Umschlaghafen der Antike. Bei dem astronomischen Buch *1Hen.*, 72-82, das ursprünglich auf Aramäisch geschrieben war, möchte man — ähnlich wie bei großen Teilen der Henochtradition überhaupt — babylonische Herkunft annehmen, bei den Horoskopen scheint mir dies weniger wahrscheinlich zu sein. Einmal finden wir in den babylonischen Horoskopen, soweit ich sehe, die eigenartige Verbindung von Physiognomik und Nativität, wie sie für die essenischen Fragmente charakteristisch ist, noch nicht, andererseits fehlen in Qumrān — zumindest in den bisher bekanntgewordenen Texten — Hinweise auf die Planetenkonstellation, die in Babylonien von entscheidender Bedeutung war, die uns aber auch in dem berühmten „Löwenhoroskop" des Königs Antiochos I. von Kommagene vom Nemrud Dagh begegnet (ca 70-35 vChr) [122]. Eratosthenes im 3. Jh. vChr spricht von Sternen bei den Knien und Klauen des Stiers, eine ähnliche Bestimmung könnte bei der Geburtskonstellation *b^erägäl haššôr*, „am Fuße des Stiers", vorliegen [123]. M. Delcor weist auf die Polemik Hippolyts gegen die Astrologen hin [124], der nicht nur die Horoskopstellung als

---

120. Einen vorzüglichen Überblick geben W. GUNDEL-H. G. GUNDEL, *op. cit.* (Anm. 98), passim; zur jüdischen Astrologie s. 51ff.

121. S. M. HENGEL-H. MERKEL, *Die Magier aus dem Osten und die Flucht nach Ägypten (Mt 2) im Rahmen der antiken Religionsgeschichte und der Theologie des Matthäus*, in *Orientierung an Jesus. Für Josef Schmid*, 1973, 139-169; F. BOLL, *Aus der Offenbarung Johannis*, in *ΣTOIXEIA*, 1, 1914; W. GUNDEL-H. G. GUNDEL, *op. cit.*, 200ff.

122. Zum „Löwenhoroskop" s. H. DÖRRIE, *Der Königskult des Antiochos von Kommagene im Lichte neuer Inschriften-Funde*, in *AAWG.PH*, 3. Folge 60, 1964, 201ff. O. NEUGEBAUER-H. B. VAN HOESEN, *Greek Horoscopes*, Philadelphia, 1959, 14ff errechneten als Datum der Konstellation den 7.7.62 vChr. Der König glaubte zu diesem Zeitpunkt seine eigene Verstirnung, den „Katasterismos", erlebt zu haben. Eine schöne Darstellung des Horoskop-Löwen findet man bei W. HAASE, *Voraussetzungen und Motive des Herrscherkultes von Kommagene*, in *Antike Welt*, 6, 1975, Sondernummer Kommagene (17-21.86f), 21, Abb. 19.

123. ERATOSTHENES, *Catasterismorum reliquiae*, ed. C. ROBERT, 1878 (Nachdr. 1963), 112. Vgl. M. HENGEL, *Judentum und Hellenismus*, 435.

124. *Recherches sur un horoscope en langue hébraïque provenant de Qumrân*, in *RdQ*, 5, 1964-66 (521-542) 541f.

solche ad absurdum führt, sondern vor allem auch die Kombination der Geburt unter einem bestimmten Tierkreiszeichen mit Körpermerkmalen, Charakter und Schicksal verspottet. Dabei werden auch die im Stier Geborenen beschrieben: „ runder Kopf, dichtes Haar, breite viereckige Stirn... Ihr Charakter: gefällig, verständig... streitsüchtig, stumpfsinnig... Teilweise sind sie mißmutig, gleichgültig gegen Freundschaft, ihres Verstandes wegen nützlich, Pechvögel " (*Philos.*, 4, 16; vgl. schon 4, 6). Bereits Sextus Empiricus, von dem Hippolyt in weiten Teilen seiner Polemik abhängig ist, sucht die unsinnige Verbindung des Zodiakus mit menschlichen Körperteilen bzw. Charaktereigenschaften lächerlich zu machen (*Adv. math.*, 5, 95ff); er weist damit auf ältere hellenistische Traditionen zurück. Diese offenbar beliebte Kombination war Ausdruck der verbreiteten, vor allem in der Stoa geschätzten Vorstellung einer „ Sympatheia " zwischen dem Makrokosmos des Alls und dem Menschen als Mikrokosmos, ein Gedanke, den man gerne auf Demokrit zurückführte, der das Wort ὁ ἄνθρωπος μικρὸς κόσμος geprägt haben soll [125]. Die bedeutendsten Stoiker — außer Panaitios — schätzten die Astrologie, weil sie die strenge Determination alles Geschehens durch den göttlichen Logos zu demonstrieren schien, getreu der bekannten Sentenz des Manilius: *fata regunt orbem, certa stant omnia lege* (*Astron.*, 4, 14). Aus ähnlichen Gründen nahmen auch die Essener die Astrologie in ihr „ System " auf, obwohl sie, wie *Jub.*, 8, 3f und *1 Hen.*, 8, 3 zeigen, als Lehre der abtrünnig gewordenen Wächterengel verurteilt wurde. Vermutlich stellten sie der von den Engeln Belials stammenden Astrologie der „ Finsternissöhne " in der Welt draußen eine wahre, geoffenbarte Gestirnlehre entgegen. Sie konnte man auf Henoch zurückführen oder auf Abraham, der nach dem samaritanischen Anonymus die Astrologie aus Chaldäa in den Westen brachte und selbst die ägyptischen Priester in Heliopolis darin unterwies; bei Artapanos belehrt Abraham sogar den ägyptischen König [126]. In der hellenistischen Welt waren schon sehr früh astrologische Schriften in Umlauf, die auf Gestalten des Alten Testaments zurückgeführt wurden, ähnlich wie bei der Magie. Schon gegen Ende des 3. Jh. vChr soll Hermippos, der Schüler des Kallimachos, astrologische Bücher des „ sehr bewundernswerten Abraham " gekannt haben [127]. Als andere Autoren werden Seth, der nach einem astrologischen Traktat durch einen Engel Gottes in die Geheimnisse der Astrologie eingeweiht

---

125. Fr. B. 34 DIELS-KRANZ. Daß diese „ Sympatheia " ältere, orientalische Vorbilder hat, zeigen Texte wie *Ri.*, 5, 20 und *Ex.*, 25, 9, die eine Entsprechung zwischen himmlischer und irdischer Welt zum Ausdruck bringen.

126. S. M. HENGEL, *Judentum und Hellenismus*, 158.165ff.175.438.

127. VETTIUS VALENS, *Anth.*, 2, 28 (p. 96, 7ff KROLL); vgl. 2, 29 (p. 96, 22ff). FIRMICUS MATERNUS, *Nath.*, 4, 17, 2 spricht vom *divinus ille Abram*; vgl. 17, 5; 18, 1.

wurde [128], weiter Mose, David, Salomo, Esra und Daniel genannt. Die Haltung des antiken Judentums gegenüber der Astrologie war stets ambivalent, sie schwankte zwischen Faszination und schroffer Ablehnung hin und her [129]. Für die Essener war die Astrologie vor allem deshalb verführerisch, weil sie mit ihrer Hilfe einen streng deterministischen Zusammenhang zwischen der kosmologischen Zwei-Geister-Lehre und der Anthropologie bei jedem Menschen demonstrieren konnten. Schon in 1QS 4, 15f wird gesagt, daß jeder Mensch Anteil an den beiden Geistern habe, „ es sei viel oder wenig ", nach 4, 23 „ kämpfen die Geister der Wahrheit und des Frevels im Herzen des Menschen ". Die sachlich eng damit verwandten Aussagen Philos in *Quaest. in Ex.*, 1, 23 beleuchten die Bedeutung der Geburtskonstellation; er spricht davon, daß „ in jede Seele bei der Geburt zwei Kräfte eintreten, die heilbringende und die zerstörende ". Sowohl im weisen wie im gottlosen Menschen ist nach Philo eine Mischung dieser beiden Kräfte, alles kommt darauf an, daß die heilbringende überwiegt, denn nur so erhält man Anteil an der ewigen Seligkeit. Für die Essener war dies durch göttliches Dekret vorherbestimmt; warum sollten da nicht Astrologie und Physiognomik zusammenwirken, um Gottes Ratschluß erkennen zu lassen? Die Aufnahme astrologischer Elemente, ihre Kombination mit physiognomischen Details und der Versuch, von hier aus das Verhältnis von Licht- und Finsternisteilen im Menschen zu bestimmen, *beweist wieder den Drang der Essener zur systematischen, rationalen Durchdringung aller Geheimnisse von Natur und Geschichte.* Sie mußte der axiomatischen Basis, dem theozentrischen Offenbarungsgedanken, durchaus nicht widersprechen: Gott hatte ihnen seine Geheimnisse geoffenbart und einen erleuchteten Verstand gegeben. Der „ Sitz im Leben " der geheimen Texte von Qumrān könnte die Beurteilung der Novizen sein, über deren Aufnahme entschieden wurde. In wessen Geist die Finsternisteile überwogen, der war kaum dazu geeignet, ein Glied der Sekte zu werden. Weiter wird man annehmen dürfen, daß dieses Geheimwissen der Essener in engem Zusammenhang mit ihrer von Josephus berichteten mantischen, medizinisch-magischen Praxis stand, mit der Kenntnis von Wurzeln und Steinen wie auch der Geheimhaltung der Engelnamen, die ja selbst wieder mit der Gestirnwelt in engster Verbindung standen (*Bell. jud.*, 2, 136.142) [130].

---

128. *CCAG*, VII, 87. Bei JOSEPHUS, *Ant.*, 1, 69ff sind Seths Nachkommen die Erfinder der Gestirnkunde.

129. Zur positiven Haltung gegenüber der Astrologie im Judentum s. W. GUNDEL-H. G. GUNDEL, *op. cit.* (Anm. 98), 51ff.

130. Vgl. oben S. 362. Auch die Traumdeutung der Essener (JOSEPHUS, *Ant.*, 17, 345ff) gehört in diesen Zusammenhang. Vgl. A. DUPONT-SOMMER, *Exorcismes et guérisons dans les écrits de Qoumrân*, in *Congress Volume*, Oxford, 1959, VT.S, 7, Leiden 1960, 246-261.

Wir kommen zum Schluß. Das Thema „ Qumrān und der Hellenismus " hat sich durchaus nicht als Gegensatz zweier sich ausschließender
Größen erwiesen. Zwar ist die essenische Bewegung eine besonders radikale Frucht der Gegenreaktion auf den hellenistischen Reformversuch,
der die Makkabäerkämpfe auslöste. Die Reaktion der völligen Abgrenzung gegenüber heidnischem Frevel und heidnischer Unreinheit erhielt
hier ihre schärfste Form und führte so weit, daß man selbst die ehema-
ligen chasidischen Kampfgenossen als Abtrünnige betrachtete. Darum
spielte auch bei ihr — im Gegensatz zum Pharisäismus — die Gewin-
nung von Heiden keine Rolle; nicht missionarische Expansion, sondern
eine radikale Reduktion auf den „ heiligen Rest " war ihr Ziel. Doch
konnte dieser — eschatologisch motivierte — Versuch der radikalen
Abschließung das Eindringen des fremden Geistes nicht verhindern.
Unmittelbare hellenistische Einflüsse sind uns im ökonomisch-techni-
schen Bereich, in der Militärtechnik der Kriegsrolle, in der Rechtsform
des privaten religiösen Vereins, in der Zwei-Geister-Lehre und in den
Horoskopen begegnet. Der allgemeinen Tendenz der neuen Zeit entsprachen die Intellektualisierung und Individualisierung der Frömmigkeit
und der Zug zur systematischen Erfassung von Welt und Geschichte von
einem Axiom, Gottes freier Offenbarung, her; dasselbe gilt von dem
dadurch begründeten strengen Determinismus. Auch die Vorliebe für
angelologische und astronomische Spekulationen, das Streben, im liturgischen Tages- und Jahreslauf der göttlichen Harmonie der himmlischen
Welt zu entsprechen, die relativ spiritualistische Hoffnung über den Tod
hinaus und die Ansätze zu einer dualistischen Anthropologie stimmen
mit der geistigen Tendenz der Epoche überein. In diesem Sinne sind die
Essener von Qumrān ein Paradigma dafür, daß die „ Hellenisierung "
des Judentums auch die schroffsten Gegner des griechischen Geistes
nicht ausschloß. Eben darum waren sie auch — so sonderbar das klingt
— für jene *interpretatio graeca* prädestiniert, die ihnen in den Schriften
des Philo, des Josephus, des Plinius, des Dio Chrysostomus und anderer
widerfuhr und die dazu führte, daß sie in der Forschung lange Zeit
immer wieder als jüdische Neupythagoreer betrachtet werden konnten.

Schwabstrasse 51   M. HENGEL
D-7400 Tübingen

Où en est le problème
des analogies qumrâniennes
du Nouveau Testament ?

Il y a dix-neuf ans, au moment où les premiers documents qumrâniens venaient d'être publiés et où ce qu'on a appelé une fièvre qumrânienne avait saisi pas mal d'exégètes ou d'historiens des origines chrétiennes, Lucien Cerfaux communiquait aux Journées bibliques ses premières impressions sur le contenu des nouveaux textes et sur la portée qui leur revenait pour une meilleure intelligence de son domaine de prédilection, le Nouveau Testament et, en particulier, la figure de Jésus et la théologie paulinienne [1]. Il le faisait de la manière et dans le style qui lui étaient propres, multipliant les remarques pertinentes, invitant ses collègues à se défier de tout engouement [2], à conserver le droit à la réflexion [3], à dresser, préalablement à toute comparaison, la carte sur laquelle s'étalent les termes théologiques et les thèmes du judaïsme contemporain des origines chrétiennes [4], à ne pas verser une nouvelle fois dans l'aventure malheureuse d'Eusèbe de Césarée [5]. Une lecture attentive du *De vita contemplativa* de Philon d'Alexandrie avait révélé à l'écrivain ecclésiastique les accointances de cet écrit avec l'histoire de l'Église [6]. Il en avait conclu que Philon avait en vue les chrétiens [7]. Il ne faudrait pas, notait Cerfaux, qu'à notre tour nous croyions en sens contraire que les premiers chrétiens se soient inspirés des contemplatifs du philosophe alexandrin, c'est-à-dire des Esséniens [8].

Pour L. Cerfaux, les nouveaux documents ne risquaient nullement de mettre en cause l'originalité et la transcendance de la personne de

---

1. L. CERFAUX, *Influence de Qumrân sur le Nouveau Testament*, dans *La Secte de Qumrân et les origines du Christianisme (Rech. Bibl.*, 4), Bruges, 1959, pp. 233-244.

2. *Ibid.*, p. 237.

3. *Ibid.*, p. 237.

4. *Ibid.*, p. 238.

5. *Ibid.*, p. 238.

6. *Ibid.*, p. 238.

7. *Ibid.*, p. 238.

8. *Ibid.*, p. 238.

Jésus [9], ni l'originalité de l'Église apostolique [10], ni celle de l'apôtre Paul [11], vu, touchant ce dernier, le peu de vraisemblance qu'il ait rencontré, sur ses routes, en terre païenne, des sectaires de Qumrân [12]. Les disciples de Jean que, d'après les Actes (XVIII, 25-XIX, 4), Paul trouva à Éphèse ne furent pas des Esséniens, mais, selon toute vraisemblance, des disciples recrutés par le Baptiste lors de sa levée [13]. Et de conclure, non sans quelque danger d'outrepasser ses propres visées finales : « Le Nouveau Testament est né d'une expérience religieuse qui ne doit rien à Qumrân » [14], et « Nous croyons que le mouvement chrétien ne doit rien aux moines de Qumrân, comme nous affirmions qu'il ne devait rien aux Esséniens quand nous ne connaissions que ceux-ci » [15].

Passant en revue successivement l'expérience initiale des mouvements chrétien et qumrânien [16], leurs principales personnalités [17], les formes littéraires de leurs écrits [18], leur vocabulaire et leurs thèmes religieux et théologiques [19], L. Cerfaux mitigea cependant à plus d'un égard sa fin de non-recevoir trop radicale. Certes il n'eut pas tort de souligner fortement l'originalité et l'indépendance de l'expérience initiale, celle de Jésus [20]. Elle plaça en effet le Sauveur dans une allégeance de Dieu si immédiate, si totale et si pure qu'elle constitua une nouveauté presque absolue, même quand elle s'enveloppa de formules de l'Ancien Testament ou s'exprima par confrontation avec elles [21]. Quant à l'apôtre Paul, le fond de sa personnalité, de sa vocation, de ses principales théories, ne sont pas tributaires des moines de la mer Morte [22] : ainsi, sa théologie de la parousie, de la résurrection du Christ, de la vie dans le Christ, du don de l'Esprit, de la Cène [23]. Et puis, peut-on oublier, notait le professeur de Louvain, que Qumrân n'offre pas de personnalités comparables à celles de l'Évangile et de l'Église naissante, personnalités dont le portrait nous a été conservé [24], ni l'éclosion d'une littérature aussi originale et aussi bien appropriée à la nouveauté du mouvement qu'elle fut appelée à ser-

9. *Ibid.*, p. 234.
10. *Ibid.*, p. 241.
11. *Ibid.*, p. 243.
12. *Ibid.*, p. 243.
13. *Ibid.*, p. 243.
14. *Ibid.*, p. 234.
15. *Ibid.*, p. 241.
16. *Ibid.*, p. 234.
17. *Ibid.*, pp. 234-235.
18. *Ibid.*, pp. 235-236.
19. *Ibid.*, pp. 237-241.
20. *Ibid.*, p. 234.
21. *Ibid.*, p. 234.
22. *Ibid.*, p. 243.
23. *Ibid.*, p. 243.
24. *Ibid.*, p. 234.

vir [25], ni l'explosion spirituelle d'un mouvement missionnaire d'une ampleur inégalée dans le judaïsme [26], ni enfin des phénomènes tels la résurrection de Jésus et les manifestations de l'Esprit-Saint, phénomènes qui furent au point de départ d'une mission œcuménique jusqu'aux confins de la terre ? [27]

Cependant, une fois ces différences posées et fortement soulignées, L. Cerfaux avouait qu'entre Qumrân et le christianisme il y avait des ressemblances indéniables [28], d'autant plus impressionnantes qu'en général la documentation qumrânienne est d'un âge supérieur [29]. Deux passages des épîtres pauliniennes, ajoutait l'auteur, à savoir *II Cor.*, VI, 14-VII, 1 et *Eph.*, V, 6-20, pourraient même, à la rigueur, passer pour des productions qumrâniennes [30]. Et puis Paul partagea avec les qumrâniens des vues sur la prédestination, la nécessité de la grâce et la justice donnée par Dieu [31]. Enfin et surtout, une comparaison et une similitude s'imposent à propos de quelques grands thèmes ou courants de pensée, tels l'utilisation, la citation, l'intelligence des Écritures, — l'attente eschatologique, — l'attitude chrétienne négative envers le temple de Jérusalem et l'insistance sur le temple spirituel, — l'estime de la virginité et du célibat, — diverses pratiques liturgiques, comme par exemple le baptême, — certains aspects et accents de la piété psalmique [32]. Pour d'éventuels contacts, voire emprunts, L. Cerfaux écartait toutefois l'expérience de Jésus lui-même [33], ou les débuts très créatifs de l'Église apostolique [34]. Il suggérait de songer plutôt à la période de stagnation dans laquelle la communauté judéo-chrétienne entra à un moment ultérieur de son développement [35], puis à l'époque suivant la ruine de Jérusalem, quand les gens de Qumrân et les judéo-chrétiens, les uns et les autres des réfugiés, se sont rencontrés dans des lieux de refuge communs [36]. Dans de tels endroits, on s'entraide, on échange des idées, des aspirations, des espoirs, et on se communique des trésors littéraires [37]. Et de songer aux symbioses qui se sont par exemple réalisées à notre époque, au cours de la deuxième guerre mondiale, dans les camps de dépor-

---

25. *Ibid.*, p. 236.
26. *Ibid.*, p. 234.
27. *Ibid.*, p. 234.
28. *Ibid.*, p. 237.
29. *Ibid.*, p. 237.
30. *Ibid.*, p. 249.
31. *Ibid.*, p. 243.
32. *Ibid.*, p. 238.
33. *Ibid.*, p. 234.
34. *Ibid.*, p. 242.
35. *Ibid.*, p. 242.
36. *Ibid.*, p. 242.
37. *Ibid.*, p. 242.

tation, dans le maquis, dans la résistance à un commun ennemi. Mais, concluait le professeur, on fut alors à une époque relativement éloignée des toutes premières origines chrétiennes. D'où le fait que le plus grand potentiel de ressemblance du Nouveau Testament avec Qumrân affecte les parties néotestamentaires les moins archaïques, celles aussi dont les contours historiques se prêtent le moins à une précision tangible [38]. On songera par exemple à l'évangile de l'enfance, — puis au début des Actes, — ou encore au discours ecclésial dans l'évangile de Matthieu et les épisodes conjoints [39], — à l'Évangile de Jean et à l'Apocalypse [40]. Même dans ces divers cas, on ne perdra pas de vue que bien souvent les similitudes se limitent à des lieux communs du judaïsme [41], auxquels aussi bien que les qumrâniens les chrétiens venus du judaïsme, et non seulement des milieux galiléens mais aussi de cercles proches du pharisaïsme, ont pu puiser [42].

À ces vues d'un maître louvaniste qui n'ont guère vieilli, il est aujourd'hui intéressant de comparer celles d'un expert en littérature rabbinique, Géza Vermes, auquel par ailleurs une connaissance et une certaine expérience chrétienne ne manquent pas [43]. Lui aussi est d'avis, d'accord avec L. Cerfaux, que pour une comparaison avec Qumrân, Jésus, appelé par lui « un charismatique galiléen peu sophistiqué » [44], n'entre pas en ligne de compte [45]. L'accord avec le professeur de Louvain persiste quand l'article découvre des affinités qumrâniennes dans le recours des chrétiens aux Écritures [46], dans leur attente eschatologique [47], leur doctrine sur la communauté des croyants en tant que temple spirituel [48], leur estime de la virginité [49]. Toutefois, en toutes ces matières, l'auteur reconnaît la présence de traits propres aux chrétiens, traits auxquels L. Cerfaux ne s'était pas arrêté. En revanche, l'article ne souffle mot des baptêmes, de la piété psalmique, des notions de prédestination, de justice de Dieu, de grâce, notions bien attestées dans les lettres pauliniennes et relevées par L. Cerfaux tandis que celui-ci n'accorda pas d'importance à

---

38. *Ibid.*, p. 242.
39. *Ibid.*, p. 242.
40. *Ibid.*, pp. 242-243.
41. *Ibid.*, p. 238.
42. *Ibid.*, p. 239.
43. G. VERMES, *The Impact of the Dead Sea Scrolls on the Study of the New Testament*, dans *Journ. Jew. Stud.*, 1976, t. XXVII, pp. 107-116.
44. *Ibid.*, pp. 114, 115.
45. *Ibid.*, p. 115. — Vermes écarte également toute influence sur les premiers missionnaires itinérants de l'évangile qui avaient appris, au service de leur Maître, à se prévaloir de liberté dans la mobilité leur imposée par leur mission.
46. *Ibid.*, pp. 109-110.
47. *Ibid.*, p. 110.
48. *Ibid.*, p. 111.
49. *Ibid.*, p. 112.

l'organisation communautaire de la première communauté hiérosolymi-
taine [50], ni au choix de la Pentecôte pour les débuts de l'Église chrétienne [51], ni au rapport éventuel entre la fonction d'épiscope chrétien et
de *mebaqqēr* qumrânien [52], ni à la conscience qu'eut l'Église apostolique de
constituer le vrai Israël [53]. Quelles que soient les raisons de ces divergences sur lesquelles les auteurs cités ne nous éclairent pas, voyons de
plus près les affinités retenues par le *Journal of Jewish Studies*.

Qu'il y ait une certaine correspondance dans la manière d'utiliser les
Écritures, le fait est généralement reconnu [54]. Mais qu'on ne perde pas
de vue les différences. Si de part et d'autre les textes vétérotestamentaires sont censés avoir prédit les deux nouvelles communautés religieuses, l'essénienne et la chrétienne, les écrits néotestamentaires, répon-
dant davantage à des préoccupations missionnaires, apologétiques ou
même polémiques, ont multiplié davantage les prétendues annonces prophétiques et ils les ont rapportées beaucoup plus à Jésus qu'à son Église.
À Qumrân, le fondateur de la secte est moins l'objet des textes scripturaires que leur herméneute par excellence [55].

Des deux côtés l'attente de l'ère eschatologique est particulièrement
vive. Elle est même conçue comme imminente ou comme partiellement
anticipée, et quand les fidèles s'étonnent du retard, on leur inculque des
deux côtés l'espérance et la patience [56]. L'article cité néglige pourtant, ce
nous semble, d'attirer l'attention sur de notables divergences. Jusqu'à
présent Qumrân ne parle presque pas du « royaume de Dieu » et la figure
du Fils de l'homme y fait défaut. Puis, au jugement dernier, la norme
divine n'y est pas, comme dans l'évangile, la pratique des œuvres de
miséricorde. Dans les présents rapports des 27es Journées bibliques,
J. Carmignac souligne fortement un autre aspect distinctif du jugement
dernier tel que l'Église chrétienne apostolique l'a envisagé, à savoir que
ce jugement impliquait la fin du monde et, pour les mortels, le passage à
une vie supra- ou extraterrestre.

Qu'en fonction de l'attente eschatologique Qumrân se soit considéré
comme le *verus Israel*, on peut y souscrire [57]. Que la même conscience se

---

50. *Ibid.*, p. 111.

51. *Ibid.*, p. 113.

52. *Ibid.*, p. 111.

53. *Ibid.*, p. 109.

54. Voir J. A. Fitzmyer, *The Use of Explicit Old Testament Quotations in Qum-*
ran Literature and in the New Testament, dans *New Test. Stud.*, 1961, t. VII,
pp. 297-233 et J. Coppens, *Les arguments scripturaires et leur portée dans les lettres*
pauliniennes, dans *Stud. Paul. Congressus Internat. Cathol. 1961*, Rome, 1963, t. II
(243-253), p. 246.

55. G. Vermes, *art. cit.*, p. 109 : cf. 1QpHab, VII, 4-5.

56. Cf. 1QpHab, VII, 9-14 ; *IIPetr.*, III, 3-10.

57. *Art. cit.*, p. 109.

soit imposée à l'Église naissante, voire à Jésus, on l'a affirmé [58]. Mais au terme d'une enquête menée dans les écrits néotestamentaires, nous pensons pouvoir contester que la notion de *L'Église, peuple de Dieu, dans les Écrits du Nouveau Testament* [59] y soit primordiale. C'est uniquement en *Apoc.*, XVIII, 4; XXI, 3 et *Act.*, XV, 14, que la notion de « peuple de Dieu » et, par conséquent éventuellement, celle de *verus Israel* s'applique directement à la communauté des chrétiens [60]. Le seul texte formel qu'on peut être tenté de retenir est *Gal.*, VI, 16, où Paul évoque « l'Israël de Dieu », τὸν Ἰσραὴλ τοῦ Θεοῦ, par opposition à l'« Israël selon la chair » (*I Cor.*, X, 18). Mais il s'agit alors d'un *topos* paulinien, basé sur une exégèse largement allégorique : *Gal.*, III, 29 (cf. *Mt.*, III, 9), dont l'équivalent, en particulier l'idée d'une circoncision spirituelle l'emportant sur la corporelle : *Phil.*, III, 3, n'est pas courante à Qumrân.

Une quatrième prétendue analogie, à savoir la conscience qu'aussi bien l'Église apostolique que Qumrân aurait eue d'être un temple spirituel, substitut valable de celui de Jérusalem, a fait l'objet d'une communication faite au congrès néotestamentaire d'Oxford en 1971 [61]. Nous y avons examiné en détail les vues de B. Gärtner et R. J. McKelvey [62] et, tout en rendant hommage à leurs travaux, nous avons estimé devoir nous écarter à plus d'un point de vue de leurs conclusions. Si l'on excepte *I Petr.*, II, 4-10, la notion de la communauté-temple spirituel se rencontre seulement en trois endroits du dossier paulinien, à savoir en *I Cor.*, III, 16-17; *II Cor.*, VI, 16-VII, 1; *Eph.*, II, 18-22. En effet, *I Cor.*, VI, 19-20 concerne les croyants individuels et non la communauté. De ces trois passages, l'un : *Eph.*, II, 18-22 est deutéro-paulinien, et un deuxième appartient à une section : *II Cor.*, VI, 16-VII, 1 que beaucoup d'exégètes interprètent comme une enclave qui pourrait être d'inspiration, voire d'origine qumrânienne. Même à retenir les trois passages, nous sommes en présence d'une conception différente de celle attestée à Qumrân. Le temple spirituel paulinien n'est pas comme celui de Qumrân un substitut du temple de Jérusalem; il ne comprend pas les deux compartiments qumrâniens, l'un pour le clergé, l'autre pour les laïques; l'expiation, une de ses missions principales à Qumrân, n'en est pas affirmée et le vocable-

---

58. Cf. W. TRILLING, *Das wahre Israel*, Leipzig, 1959.

59. Dans *Annuaire de l'Institut de Philologie et d'Histoire orientales et slaves* (Mélanges Pirenne), 1968-1972, t. XX, pp. 165-173.

60. *Ibid.*, p. 170.

61. J. COPPENS, *The Spiritual Temple in the Pauline Letters and its Background*, dans *Studia evangelica* VI éd. E. A. LIVINGSTONE, dans *TU*, t. CXII, Berlin, 1973, pp. 53-66.

62. B. GÄRTNER, *The Temple and the Community in Qumran and the New Testament*, Cambridge, 1965. — R. J. McKELVEY, *The New Temple. The Church in the New Testament*, Londres, 1969.

clef : 'ἐμὲτ, ἀλήθεια en est absent dans les deux passages proto-
pauliniens [63].

Ajoutons que l'article cité relève aussi cette autre différence capitale
entre la notion qumrânienne du temple spirituel et celle des lettres pauliniennes. D'aucune façon, Qumrân ne renonce au temple de Jérusalem.
En 1QM, II, 3-6, il entrevoit explicitement que le culte sacrificiel y sera
rétabli au cours de la septième année de la guerre sainte [64]. Et puis, nous
savons désormais grâce au *Rouleau du Temple* quelle place le sanctuaire
continuait à occuper dans l'attente des Qumrâniens. Or, pour les chrétiens, le temple spirituel, nous l'avons déjà noté, n'est même pas un substitut de celui de Jérusalem. Et puis, pour l'*Apocalypse*, XXI, 22, il n'y
aura finalement plus de temple même spirituel, sinon le Seigneur Dieu
dominateur et l'Agneau.

Une cinquième analogie, en rapport comme les deux précédentes avec
l'avènement des derniers temps, concerne la pratique de la continence.
Dans notre contribution aux présents mélanges : *Le célibat essénien* [65],
nous nous sommes rallié à l'opinion de ceux qui attribuent aux cénobites
qumrâniens cette pratique. Mais les motifs qui en inspirent l'observance dans l'Église apostolique, sont nettement différents. À Qumrân, et
l'article du *Journal of Jewish Studies*, en convient, la pratique est dictée
par des préoccupations de pureté rituelle qui furent étrangères à Jésus [66].
Elles le furent également dans l'Église naissante. Par ailleurs, pas plus
qu'à Qumrân il ne s'y est agi d'une misogynie telle que par exemple
Philon et Flavius Josèphe la développent [67]. Paul rapporte d'abord une
préoccupation utilitaire, celle de s'épargner les épreuves et les charges
d'une vie familiale : *I Cor.*, VII, 28, 32-34. Puis il n'omet pas une référence à l'éventuelle imminence des derniers temps : *I Cor.*, VII, 29, 31.

---

63. J. COPPENS, *The Spiritual Temple*, p. 62. — En revanche, une certaine analogie se constate touchant les sacrifices spirituels à offrir par les chrétiens et les vues
qumrâniennes exprimées en 1QS, VIII, 3-4 et 1QS IX, 4-5. Cf. G. VERMES, *art. cit.*,
p. 113 : « It is legitimate to surmise that Paul was acquainted, directly or indirectly,
with Qumran symbolism and that he adapted it in formulating his own teaching on
spiritual worship. »

Relevons encore (*ibid.*, pp. 109-110) que l'auteur allègue pour la doctrine qumrânienne du temple spirituel un texte difficile à interpréter, 1QFlor, I, 6-7, qu'il
propose de traduire : « the (God) commanded that a *sanctuary of men* (c'est nous qui
soulignons) be built for Himself, that they may send up, like a smoke of incense,
the works of the Law. »

64. G. VERMES, *art. cit.*, p. 111.

65. Voir *supra*, pp. 295-303.

66. Cf. G. VERMES, *art. cit.*, p. 114 avec renvoi à 1QM, VII, 3-6. — Voir aussi
H. BURGMANN, *Gerichtsherr und Generalankläger: Jonathan und Simon*, dans *Rev.
Qumrân*, 1977, t. IX, n° 33, p. 9.

67. PHILON, *Apol.*, 14-17 ; FLAVIUS JOSÈPHE, *Ant.*, VIII, 21 ; *Bell. Jud.*, II, 121,
passages cités par G. VERMES, *art. cit.*, p. 114.

Mais pour lui, aussi bien que pour Jésus, et l'article de G. Vermes l'admet sans réticence [68], les raisons déterminantes sont plus profondes, plus transcendantes, plus spirituelles. Il n'y a pas simplement l'exemple de Paul lui-même [69], ou le conseil qu'il estime pouvoir donner en l'Esprit [70], mais il y a d'abord l'avantage que cet état de vie comporte pour un missionnaire itinérant, puis l'attachement exclusif au service d'un Maître aussi prestigieux que Jésus, ensuite le désir de réserver ses préoccupations au commerce spirituel avec Dieu et son Christ dans la prière, ultérieusement la volonté de se consacrer entièrement au Royaume de Dieu, à sa prédication et à son attente, et de manifester sa foi en la venue de ce Royaume par la pratique d'une vie anticipant en quelque sorte la condition angélique qui en sera le trait distinctif [71]. En outre, dans notre contribution aux présents mélanges : *Le célibat essénien* [72], nous avons estimé pouvoir appeler l'attention sur une donnée curieuse qui, si l'on y souscrit, marque d'une façon patente l'opposition entre les deux points de vue : alors que dans la perspective chrétienne, l'ère eschatologique invite à s'y préparer par la continence et comportera pour tous un état de vie angélique, dans l'optique essénienne le mariage y subsistera et même, à ce qu'il nous a paru, les cénobites pourront à ce moment s'y engager à leur tour.

Nous pouvons être bref en ce qui concerne les trois analogies secondaires relevées par le *Journal of Jewish Studies*. Il est naturel, note-t-on [73], que les premières communautés chrétiennes n'ayant pas d'expérience aient cherché des modèles d'organisation dans les communautés existant autour d'elles, notamment auprès des Esséniens : d'où par exemple la pratique de la bourse commune [74] et celle de la mise en commun des biens attestée dans les *Actes*, II, 44-45 ; V, 1-11 [75]. La bourse de Judas, avouons-le, prouve bien peu de chose. Quant à l'initiative de la primi-

---

68. *Art. cit.*, p. 112.

69. *Art. cit.*, p. 112. G. Vermes n'hésite pas à noter, en renvoyant à *I Cor.*, VII, 8 ; IX, 5 que Paul ne fut pas marié. Il s'écarte donc à juste titre de l'hypothèse de G. BOUWMAN, *Paulus en het Celibaat*, dans *Bijdragen*, 1976, t. XXXVII, pp. 379-389. Reprenant à son compte la plupart des vues de J. JEREMIAS, *War Paulus Witmer?*, dans *ZNW*, 1926, t. XXV, pp. 310-312, Bouwman en dépasse les conclusions faisant de Paul non seulement un veuf mais un divorcé.

70. *I Cor.*, VII, 40.

71. Sur les motifs du célibat et de la virginité dans l'Église lire : *L'appel du Seigneur à la virginité*, dans *Sacerdoce et Célibat* (*Bibl. Eph. Theol. Lov.*, t. XXVIII), Gembloux, Duculot, 1971, pp. 268-314. — L. LEGRAND, *Saint-Paul et le célibat*, *ibid.*, pp. 315-331. — H. CROUZEL, *Le célibat et la continence ecclésiastique dans l'Église primitive : leurs motivations*, *ibid.*, pp. 333-371.

72. Cf. *supra*, pp. 295-303.

73. G. VERMES, *art. cit.*, p. 114.

74. *Ibid.*, p. 111 avec renvoi à *Jn*, XII, 6 ; XIII, 29.

75. *Ibid.*, p. 111.

tive église de Jérusalem, L. Cerfaux estime que d'autres parallèles
l'expliquent aussi bien, voire mieux, et qu'en fin de compte il s'y est agi
moins d'une richesse que d'une pauvreté commune [76]. Quant à l'analogie
entre le *mebaqqēr* et l'*episcopos*, le problème fort discuté est loin d'avoir
trouvé une solution susceptible d'obtenir un consensus, car le monde
hellénistique offre lui aussi des parallèles pour l'« épiscope » [77]. Il reste la
suggestion, qui me paraît neuve, touchant le choix de la Pentecôte
comme journée où l'Église est censée avoir débuté. Ladite solennité,
observe-t-on, était celle où la communauté qumrânienne réitérait
l'alliance, acceptait de nouveaux volontaires et s'agrégeait définitivement les candidats après deux années de noviciat, en d'autres mots elle
était la journée où elle se constituait chaque année en « église ». Il y a là,
concédons-le, une coïncidence intéressante. Qu'elle ne porte pas à conséquence, c'est que nous n'avons pas de preuves que la Pentecôte ait été
dans la suite particulièrement observée durant l'âge apostolique ou que
des cérémonies analogues à celles de Qumrân y aient été prévues et
pratiquées. Que plus tard elle ait acquis une importance liturgique nota-
ble et qu'alors en ce jour de nouveaux fidèles aient été agrégés à l'Église,
on n'en disconviendra pas, mais d'autres facteurs y ont sans doute à ce
moment concouru.

Ne quittons pas l'article du *Journal of Jewish Studies* sans mentionner
trois observations importantes de son auteur. D'abord celui-ci note que
nulle part textes chrétiens ou qumrâniens ne paraissent s'affronter ; ils
semblent s'ignorer mutuellement ; ce qui n'est guère favorable à l'hypothèse d'une influence exercée par Qumrân sur un rival qu'il eût pu considérer comme dangereux [78]. En second lieu, il conteste l'opinion de J. A.
Fitzmyer [79], là où celui-ci pose en thèse que l'araméen qumrânien serait
la source la plus importante pour nous rapprocher du « colloquial gali-
laean aramaic », la langue parlée par Jésus. Enfin, spécialiste de la littérature rabbinique, il hésite à croire que les écrits qumrâniens l'emportent

---

76. L. Cerfaux, *art. cit.*, p. 241. — G. Vermes, *art. cit.*, p. 111, note pour sa part
que la sanction prévue par 1QS, VI, 24-25 est beaucoup moins sévère que celle
rapportée en *Act.*, V, 1-11.

77. Voir sur les origines de la hiérarchie ecclésiale J. Coppens, *La Chiesa e
l'Origine delle Strutture ministeriali*, dans *Vita e Pensiero*, nouv. sér., mai 1971,
pp. 206-235.

78. *Art. cit.*, p. 113. — À la page 113, l'auteur concède toutefois une confrontation sur la notion de *verus Israel* : « The same comment may apply to the genesis of
Paul's concept on the « Israel of God » (*Gal.*, 6 : 16) : in shaping his own doctrine, he
imitated, but simultaneously, *contradicted* (nous soulignons), the sectarian claims of
the Scrolls. »

79. *The Contribution of Qumran Aramaic to the Study of the New Testament*, dans
NTS, 1974, t. XX, pp. 382-407. — *Methodology in the Study of the Aramaic Sub-
stratum of Jesus' Sayings in the New Testament*, dans *Aux Origines de la Christologie*.
Éd. J. Dupont, dans *Bibl. Eph. Theol. Lovan.*, t. XLI, Gembloux, 1975, pp. 73-102.

sur les plus vieilles traditions rabbiniques pour cerner le milieu de Jésus : « In fact, if I may return to the main conclusion of this paper, if the Qumran Scrolls are invaluable in shedding new light on early Christianity, rabbinic literature skilfully handled, is still the richest source for the interpretation of the original Gospel message, and the most precious aid to the quest for the historical Jesus » [80].

Au total, l'auteur de l'article du *Journal of Jewish Studies* est d'accord avec celui publié il y a une vingtaine d'années par L. Cerfaux pour ne pas faire appel à Qumrân pour comprendre Jésus [81], pour ne pas admettre sans réserves les analogies versées au débat, et finalement, pour expliquer les similitudes, de faire appel, comme à une source commune, aux traditions religieuses du peuple juif et sans doute aussi aux tendances et aux aspirations qui s'étaient répandues à l'époque de Jésus dans certaines couches populaires, éventuellement charismatiques et galiléennes.

* * *

Au cours de son article, l'auteur rappelle que trois théories principales ont été avancées pour rendre compte des affinités entre Qumrân et le Christianisme. La première, soutenue par J. Teicher et V. Baer [82], voyait dans la documentation qumrânienne l'œuvre de Judéo-chrétiens. La deuxième, patronnée par A. Dupont-Sommer, reprenant à son compte un slogan d'Ernest Renan, affirma que le christianisme dépendait essentiellement de l'essénisme et même que la vie et le martyre de Jésus avaient été modelés sur ceux du Maître de justice. La troisième a cherché à comprendre les analogies par le recours à un milieu religieux identique où ont puisé, pour le vocabulaire et pour pas mal de notions, aussi bien Qumrân que Jésus et l'Église apostolique. En outre, selon cette hypothèse, les rapprochements concernent la périphérie, car aussi bien l'expérience de Jésus que celle qui donna naissance à l'Église, à savoir le contact avec le Christ ressuscité et l'effusion de l'Esprit, n'ont rien de commun avec Qumrân. Elle ajoute que pour mieux cerner et mieux comprendre les analogies, il convient avant tout de faire appel à des enquêtes et des monographies critiques minutieuses, telles que le présent volume de mélanges a l'ambition d'en offrir. Certes il n'est pas défendu d'instruire le grand public par des ouvrages de vulgarisation bien faits par des spé-

---

80. *Art. cit.*, p. 116.

81. *Art. cit.*, p. 115 : les textes qumrâniens, note l'auteur, contribuent plus à nous faire comprendre ce que Jésus n'a pas été qu'à nous instruire sur ce qu'Il a été de fait.

82. Y. BAER, *The Manual of Discipline. A Jewish-Christian Document from the Beginning of the Second Century C.E.*, dans *Zion*, 1964, t. XXIX, pp. 1-60.

cialistes, et il est utile de marquer les étapes de la recherche scientifique par des aperçus réguliers sur les progrès accomplis, mais, en toute hypothèse, la priorité doit rester au travail laborieux de ceux qui creusent les textes pour en faire jaillir les authentiques données historiques.

3000-Leuven, Hogeschoolplein 3   J. COPPENS

Qumrân et la Première Génération judéo-chrétienne

Vingt-cinq ans ont passé depuis que la publication des premiers manuscrits trouvés à Qumrân en a montré la proximité particulière à l'égard de certains textes néotestamentaires.

Le jugement positif mais nuancé dès lors porté sur la contribution des documents nouvellement découverts pour une meilleure connaissance des origines chrétiennes est à présent corroboré dans tous ses points essentiels.

Qumrân souligne l'originalité du fait évangélique et son actualité en regard de l'attente palestinienne. L'apparentement n'est qu'indirect sans doute de Jean-Baptiste et du groupe sadocite. Le propos de la restauration ecclésiale est, de même, l'analogie clé entre Jésus de Nazareth et le mouvement essénien. Discipline communautaire et polémique antijuive sont, au reste, les ressemblances les plus marquantes de Qumrân et de l'Assemblée apostolique : compte tenu des anciennes traditions judéo-chrétiennes, elles pourraient bien s'expliquer par l'accès de certaines recrues sadocites (cf. *Act.*, VI, 7) à l'Église de Jérusalem [1].

Au fait, ce n'est que vers l'avènement de la deuxième génération apostolique que les contacts littéraires et idéels commencent à se faire plus nets et plus importants entre Qumrân et les lettres pauliniennes, l'*Épître aux Hébreux* et les écrits johanniques, ainsi que le soulignent deux ouvrages récents [2] qui donnent l'état momentané des parallèles et des discussions. Encore convient-il de noter que la plupart des concordances sont d'un caractère avant tout doctrinal et que l'histoire des traditions en est le critère d'appréciation immédiat, en toute occurrence décisif.

Car le vrai apport des textes sadocites est de l'information inédite sur un aspect secondaire mais original d'un judaïsme encore pluraliste.

Le donné est à la fois de l'expression et du vocabulaire, des genres et des formes littéraires, des croyances religieuses et des institutions communautaires. Au regard de l'exégète il n'est pas indifférent de constater que la séquence du macarisme et de son antithème, la malédiction, dans

---

1. Voir sur la question H. BRAUN, *Qumrân und das Neue Testament*, Tubingue, 1966, t. I, pp. 153 s. ; t. II, pp. 145 et 158 s.

2. Cf. J. MURPHY-O'CONNOR (etc.), *Paul and Qumrân*, Londres, 1968 et J.-H. CHARLESWORTH (etc.), *John and Qumrân*, Londres, 1972.

Lc., VI, 20-26, apparaît « préformée » au dire de H.-Th. Wrege [3] dans le formulaire du renouvellement de l'alliance dans *1QS* I, 18 ss. L'exemple n'est que formel ; il tient lieu néanmoins de multiples parallèles en principe équivalents.

Or, que pareilles ressemblances pourraient bien n'être point particulières aux textes sadocites et judéo-chrétiens, la recherche targumique récente invite du moins à le penser — par la richesse de ses données et d'abord, au témoignage d'A. Diez Macho [4], par le constat de leur provenance obédientielle diverse. L'événement à ce dernier point de vue fut à coup sûr la découverte de fragments targumiques dans les grottes 11 et 4 de Qumrân, soit « les bribes d'un *Targum du Lévitique*, apparemment très littéral, qui ne sont pas encore publiées » [5] et un *Targum* fragmentaire de *Job* [6], dont « la tonalité qumranienne est discutée » [7]. Tous ces textes offrent à n'en pas douter un intérêt crucial pour l'exégèse du Nouveau Testament. Ils ne montrent pas seulement l'ample éventail des formes de la lecture scripturaire dans la communauté sadocite au point de poser le problème des limites du particularisme qumranien ; tenus dans l'araméen parlé entre *Daniel* et l'*Apocryphe de la Genèse*, « probablement au premier siècle avant notre ère » [8], ils fondent dans une large mesure la recherche sur le substrat araméen des *Actes* et des évangiles et donnent, pour leur part, un regain d'actualité au débat sur les vestiges des premières églises palestiniennes.

À l'heure, en effet, où des moyens nouveaux étaient ainsi fournis à l'investigation du judaïsme préchrétien, l'exégèse, précisant ses conclusions sur les fragments prépauliniens des épîtres et d'ailleurs sur lesdits primitifs de Jésus, s'interrogeait, de son côté, sur la foi et la vie de la première génération judéo-chrétienne.

Dans quelle mesure les textes de Qumrân en particulier pouvaient-ils contribuer, dès lors, à déterminer la provenance communautaire ou jésuanique des logia évangéliques, à reconnaître les traces des plus anciennes traditions apostoliques, à établir le sens et l'origine des premiers énoncés théologiques, à préciser enfin la teneur de la catéchèse dispensée dans les milieux judéo-chrétiens primitifs ?

---

3. Cf. *Die Ueberlieferungsgeschichte der Bergpredigt*, Tubingue, 1968, pp. 9 s.

4. Voir en particulier *Le Targum palestinien*, dans J.-E. MENARD, *Exégèse biblique et judaïsme*, Strasbourg, 1973, pp. 15-77.

5. J. CARMIGNAC dans *Introduction critique au Nouveau Testament*. Volume 1 : *Au seuil de l'ère chrétienne*, Paris, 1976, p. 156.

6. Cf. J. P. M. VAN DER PLOEG, O.P. et A. S. VAN DER WOUDE, *Le Targum de Job de la grotte XI de Qumrân*, édité et traduit, Leyde, 1971.

7. J. CARMIGNAC, *op. cit.*, p. 156.

8. J. CARMIGNAC, *op. cit.*, p. 156.

L'objectif est multiple, et — mise à part la Didachè, dont l'étude majeure par J.-P. Audet [9] est de 1958 — la discussion en est somme toute récente. Centrée sur l'exégèse apostolique et, pour l'heure, sur le vocabulaire de la christologie naissante, elle se distingue d'ores et déjà par d'importants résultats, convergents avec les données des recherches parallèles sur l'apocalyptique et sur les targums. Les analyses et tout d'abord les rappels que voici répondent au propos d'en marquer les principales conclusions et promesses du moment [10].

* * *

C'est la présentation, en décembre 1972, d'un inédit offrant la première attestation sadocite du vocable « fils de Dieu » qui semble avoir avivé l'intérêt pour Qumrân chez les spécialistes de la christologie apostolique. Faite par J.-T. Milik dans une conférence à la Harvard University et signalée aux biblistes en 1974 par J. Fitzmyer dans une communication remarquée des *New Testament Studies* [11], l'information, en effet, est mise à profit dès l'année suivante par F. Mussner dans un « essai de reconstitution » intitulé « Origines et développement de la théologie du Christ, Fils de Dieu, dans le Nouveau Testament » [12].

Le texte, qui porte le sigle *4Q ps.-Dan. A*[5] (= *4Q 243*), est daté « des trente dernières années du premier siècle avant l'ère chrétienne » [13]. De caractère apocalyptique, il pose certes divers problèmes d'interprétation générale, d'une solution rendue difficile par la mutilation du fragment. Qui est, en particulier, le sujet appelé « fils de Dieu » (II, 1 : $b^ereh\ dy\ 'el$) et « fils du Très-Haut » (*ibid.* : *bar 'el^{e}yon*) : Alexandre Balas, « le [diadoque du] grand [roi] », que les monnaies frappées à son effigie qualifient de $\vartheta \epsilon o \pi \acute{a} \tau \omega \rho$ ou de « né de Dieu », comme le pense Milik, ou plutôt, suivant la restitution non codée du texte proposée par Fitzmyer, un personnage apocalyptique, « descendant » du prince que les forces du mal vont réduire à la détresse [14] ? La question restera ouverte tant que n'aura

9. Cf. *La Didachè. Instructions des Apôtres*, Paris, 1958.

10. À comparer, en première ligne, J.-A. FITZMYER, *Essays in the Semitic Background of the New Testament*, Londres, 1971 et les divers articles cités plus loin ; cf. d'ailleurs les études plus particulières de H. BRAUN, *Die Urgemeinde*, dans *Qumrân und das Neue Testament*, Tubingue, 1966, pp. 144-165 et de M. WILCOX, *Dualism, Gnosticism and Other Elements in the Pre-Pauline Tradition*, dans M. BLACK (etc.), *The Scrolls and Christianity*, Londres, 1969, pp. 83-96.

11. *The Contribution of Qumrân Aramaic to the Study of the New Testament*, t. XX, pp. 382-407.

12. *Ursprung und Entfaltung der neutestamentlichen Sohneschristologie. Versuch einer Rekonstruktion*, dans H. FRIES (etc.), *Grundfragen der Christologie heute* (*Quaestiones disputatae*, t. LXXII), Fribourg-en-Br., 1975, pp. 77-113.

13. J.-A. FITZMYER, *op. cit.*, p. 391.

14. J.-A. FITZMYER, *op. cit.*, pp. 392 s.

point paru l'édition définitive du morceau. Mais en tout état de cause il
est désormais établi que le vocable « fils de Dieu », dans la forme araméenne « inattendue » b^ereh dy 'el [15], a fait partie de l'expression eschatologique du judaïsme préchrétien en occurrence avec le parallèle bar
'el^eyon, inattesté de même dans l'Apocryphe de la Genèse.

Ce constat invite à reconsidérer plus d'une exégèse néotestamentaire.

Milik et Fitzmyer notent d'emblée les parallèles remarquables que le
message de l'ange au récit de l'Annonciation (Lc I, 31-35) présente en
regard du fragment apocalyptique :

[w]rb lhwh 'l 'r'' (I, 7)	οὗτος ἔσται μέγας (I, 32)
wbr 'lywn yqrwnh (II, 1)	υἱὸς ὑψίστου κληθήσεται (I, 32)
mlkwth mlkwt 'lm (II, 5)	βασιλεύσει... εἰς τοὺς αἰῶνας (I, 33)
brh dy 'l yt'mr (II, 1)	κληθήσεται υἱὸς θεοῦ (I, 35),

voire

[']lwhy srt (I, 1)	ἐπελεύσεται ἐπὶ σέ (I, 35) [17].

La concordance des textes apparaît telle qu'elle ne fonde pas seulement l'hypothèse d'un matériau judaïque mis à contribution dans le récit
chrétien [18], mais qu'elle pose à vrai dire le problème de la formation pré-
lucanienne de ce dernier [19].

De fait, c'est dès les premières traditions judéo-chrétiennes que se
laisse vérifier l'impact de l'apocalyptique sur le vocabulaire de la christologie néotestamentaire.

Le récit de Mc., I, 9-11 par. sur la théophanie du Jourdain met en
œuvre le texte hébreu d'Is., LXIII, 11, et 19 touchant Moïse « sauvé des
eaux », l'« Esprit mis sur » lui, la « déchirure des cieux » et la « descente »
de Yahvé. Mussner s'autorise de ces faits, déjà valorisés par A. Voeg-
tlé [20], pour conclure à la provenance palestinienne du fragment prémar-
cien et pour suggérer au moins le rapprochement de l'expression ὁ υἱός
μου au verset 11 avec le vocable b^ereh dy 'el du morceau pseudodanié-
lique plutôt que d'avec le thème du « serviteur... mon élu » dans Is.,
XLII, 1 par. [21].

---

15. J.-A. FITZMYER, op. cit., pp. 393 s.

17. J.-A. FITZMYER, op. cit., p. 394.

18. Rappelons dans ce contexte que Lc., II, 14 : ἐν ἀνθρώποις εὐδοκίας a ses
parallèles sadocites, hébreu et araméen, dans 1QH IV, 33 ('l kwl bny rswnw) ; XI, 9
(lkwk bny rswnkh) et dans 4Q Hazut 'Amram^e, fragment 9, 18s. (b'nws r'wt[h wy]qrh).
   Sur ce dernier texte voir J.-A. FITZMYER, « Peace upon Earth among Men of His
Good Will » (Lk 2, 14), dans Th.St., t. XIX, 1958, pp. 225-227.

19. Comparer J.-A. FITZMYER, The Contribution of Qumrân Aramaic..., p. 394.

20. Cf. Die sogenannte Taufperikope Mk I, 9-11, dans EKK Vorarbeiten, fasc. 4,
Zurich et Neukirchen, 1972, pp. 105 et 139.

21. Cf. op. cit., p. 85, note 25.

Il est, toutefois, un autre vestige judéo-chrétien qui commande, quant à lui, le rapprochement avec notre texte. L'énoncé prépaulinien en *Rom.*, I, 3-4, porte dans sa teneur initiale restituée par H. Schlier [22] :

ὁ γενόμενος ἐκ σπέρματος Δαυίδ,
ὁ ὁρισθεὶς υἱὸς θεοῦ ἐξ ἀναστάσεως νεκρῶν.

Tout est emprunté à la messianologie judéo-palestinienne dans ces deux stiques : 1) le motif du « davidide », personnage eschatologique, attesté d'ailleurs avec l'expression *zera* = σπέρμα et sans la désignation de messie dans *4Q Bén. Patr.*, 3-4, et dans *4Q Flor.*, I, 10-11 ; 2) le vocable « fils de Dieu », reçu — nous l'avons dit — dans l'expression apocalyptique ; 3) enfin, et comme dans le *Florilège*, la mise en valeur vraisemblable du thème littéraire « susciter » (*qum*, ἀνίστανι), proposé en *II Sam.*, VII, 12 ss. L'originalité chrétienne de la phrase est réduite et, au reste, d'une importance inégale. L'exaltation pascale est le fondement du rapport de gradation établi entre les deux temps et niveaux dans la fonction messianique de Jésus. D'ailleurs, il n'est pas invraisemblable que, selon la remarque de M. Hengel [23], la désignation originale *br'* = ὁ υἱός, appliquée à Jésus en divers logia évangéliques, ait amené certains milieux judéo-chrétiens à la doubler pour ainsi parler moyennant le titre parallèle *bᵉreh dy 'elah*, à la fois moins particulier et plus adéquat à l'expression communautaire.

Rappelons dans le même contexte que la croyance au Christ Seigneur, dont la genèse a hier encore donné lieu à des hypothèses contraintes, puise de son côté au vocabulaire religieux du judaïsme araméen.

La preuve en est à présent fournie par l'*Apocryphe de la Genèse*, le *Targum de Job* et les fragments araméens de *I Hénoch*. *Mareh* n'est pas seulement prédicat divin, apposé aux diverses dénominations de Dieu ; dans la forme relevée du parallélisme littéraire, le vocable tient la place même du nom divin :

« Dieu (*'elaha'*) fera-t-il vraiment ce qui est faux ?
Le Seigneur (*mareh*) ne fait pas fléchir le droit »,

— pour ne citer que l'un des trois exemples de pareille équation nominale contenus aux colonnes XXIV et XXVI du *Targum* fragmentaire de *Job* (XXIV, 6-7 = *Jb.*, XXXIV, 12 ; cf. XXIV, 4-5 et XXVI, 8).

L'exégèse discerne une double indication dans ce fait pour l'heure majeur. En contexte cultuel, « seigneurie » est synonyme de grandeur

---

22. Voir *Die Anfaenge des christologischen Credo*, dans B. WELTE (etc.), *Zur Fruehgeschichte der Christologie* (Quaestiones disputatae, t. LI), Fribourg-en-Br., 1970, p. 25.

23. Cf. *Der Sohn Gottes*, Tubingue, 1975, p. 99.

divine. Quel qu'en soit le genre exact, de l'appel ou de l'acclamation, la formule araméenne *maranatha* (*I Cor.*, XVI, 22 par.) implique la reconnaissance du Christ exalté en condition divine [24]. Au demeurant, l'équivalence désormais attestée d'*'elaha'* et de *mareh* revalorise à n'en guère douter l'ancienne conjecture touchant l'origine palestinienne de la lecture septuagintale εἶπεν ὁ κύριος τῷ κυρίῳ μου du *Ps.* CX, 1. L'influence de ce texte sur la christologie apostolique pourrait à tout le moins dater, elle aussi, de la chrétienté araméenne [25].

Semblables précisions sont typiques de l'apport fourni par les nouveaux fragments esséniens au répertoire des parallèles palestiniens aux textes néotestamentaires. Encore, à mesure que la recherche se développe, le donné juif apparaît-il moins particulier à Qumrân. La récente discussion sur le sens du vocable *bar 'enash* dans l'araméen parlé au temps de Jésus [26] en fournit un exemple probant. L'affinité spécifiquement sadocite est somme toute secondaire sinon incertaine en regard de l'apparentement judaïque.

* * *

Les parallèles de Qumrân aux fragments prépauliniens n'éclairent que certains aspects de la naissante christologie apostolique : dans quelle mesure les textes esséniens contribuent-ils à expliquer et d'abord à identifier les autres vestiges néotestamentaires du judéo-christianisme initial, — à savoir les matériaux archaïques mis en œuvre dans la rédaction de la première partie des *Actes* ?

Une remarque préjudicielle s'impose.

Le constat du matériau traditionnel moyennant les critères idéel et littéraire définis par M. Wilcox [27] en particulier est la condition même du rapprochement avec le donné juif présumé parallèle. Le sommaire du chapitre II, versets 42 à 47 sur la première Communauté à Jérusalem, par exemple, est trop rédactionnel pour autoriser plus qu'un exercice de

---

24. M. BLACK, *The Christological Use of the Old Testament in the New Testament*, dans *NTS*, t. XVIII, 1971-1972, pp. 6-11 et *The Maranatha Problem*, dans B. LINDARS-S. S. SMALLEY, *Christ and Spirit in the New Testament. Studies in Honour of C.F.D. Moule*, Cambridge, 1973, précise la dimension eschatologique de ce contenu fondamental.

25. Cf. J.-A. FITZMYER, *op. cit.*, pp. 389 ss.

26. Les exposés sur ce point en partie discordants de J. FITZMYER, dans *op. cit.*, pp. 396 s. et dans *Methodology in the Study of the Aramaic Substratum of Jesus Sayings in the New Testament*, dans J. DUPONT (etc.), *Jésus aux origines de la christologie*, Louvain, 1975, pp. 92 ss., sont, après la controverse entre G. Vermes et R. Le Déaut, des épisodes les plus significatifs du débat.

27. *The Semitisms of Acts*, Oxford, 1965. A comparer en particulier E. GRAESSER, *Acta-Forschung seit 1960*, dans *Th.Ru.*, t. XLI, 1976, pp. 181-185.

comparaison purement académique entre l'idéal ecclésial de Luc et la réalité communautaire à Qumrân.

Inversement, le parallèle, s'il est adéquat, confirme le matériau prélucanien. L'ancienne tradition judéo-chrétienne sur le sacrilège d'Ananie (V, 1-6) ne se trahit pas seulement aux divers archaïsmes interprétés et prétérités dans la deuxième partie, rédactionnelle, du récit (vv. 7 à 11) ; elle se reconnaît directement à la correspondance de l'expression sadocite « mentir au sujet des avoirs » en *1QS* VI, 24 s., et de sa variante dualiste « mentir à l'Esprit Saint » [28] dans *Act.*, V, 3.

Or tel est exactement le fait de la plupart des concordances à ce jour notées entre *Act.*, I à XV et Qumrân, d'une manière plus particulière entre les exégèses judéo-chrétiennes et les lectures scripturaires dans la communauté essénienne.

C'est, en effet, la découverte, dans les grottes 1 à 8 de Qumrân, d'une dizaine de manuscrits appartenant à la littérature prérabbinique des *Excerpta* du Pentateuque, dont les *Testimonia*, qui a établi le bien-fondé de l'hypothèse naguère proposée par C.-H. Dodd [29] touchant l'usage en milieu judéo-chrétien de chaînes de citations bibliques, dont le chapitre III des *Actes*, par exemple, aurait gardé la trace.

De même, c'est la place très large tenue par le *pesher*, continu et fragmentaire, dans la lecture sadocite des Psaumes (*1Q p Ps 57, p Ps 68, p Ps 107 ; 4Q p Ps 37, p Ps 45, p Ps 60, p Ps 118, p Ps 127, p Ps 129*) et des Prophètes (*1Q p Hab, p Mi, p Soph ; 3Q p Is ; 4Q p Is ᵃ⁻ᵉ, p Os ᵃ⁻ᵇ, p Nah, p Soph, p Mi[?]*) qui en a conduit d'aucuns à reconsidérer sous l'angle de la technique du commentaire les vestiges de la première exégèse apostolique. Le *midrash* du *Ps.* II, 1 dans la prière de l'Église à Jérusalem (*Act.*, IV, 25-28) est remarquablement parallèle à l'« interprétation » de la même écriture dans le *Florilège* (I, 18-19 ; II, 1-3) de Qumrân. De part et d'autre on relève les mêmes traits caractéristiques du *pesher*, au jugement de M. Black [30] en particulier, soit le postulat de l'objet eschatologique, le décryptement du texte moyennant sa contorsion, s'il en est besoin, et le constat, enfin, de l'écriture ponctuellement accomplie dans la situation d'à présent. L'interprétation qumranienne conclut au « jugement » inéluctable des « nations » à cause de leur opposition à l'« Élu d'Israël ». D'une facture plus libre, le *pesher* judéo-chrétien souligne, quant à lui, le caractère eschatologique de la « persécution » subie à Jérusalem par les disciples, prédicateurs de Dieu et du Christ.

Il pourrait n'être pas l'unique emploi du genre en exégèse apostolique.

---

28. *I Thess.*, V, 19 ; *I Cor.*, II, 12b ; *Rom.*, I, 4a ; *Eph.*, IV, 30 fournissent — avec les parallèles qumrâniens respectifs — la clé pour l'intelligence de cet archaïsme de pensée et d'expression.

29. Cf. *According to the Scriptures*, Londres, 1952, pp. 53 ss.

30. Voir *The Christological Use...*, pp. 1 ss.

Partant des travaux de Doeve [31] et de Bowker [32], E. Earle Ellis discerne des *midrashic features* du moins dans l'interprétation judéochrétienne proposée de

— *Joël*, III, 1-5, dans le commentaire de l'expérience « pentecostale » en *Act.*, II, 17-21 ;
— *Ps.* XVI, 8-11, dans la « preuve » de la Résurrection en II, 25 à 28 et 29 à 32 ;
— *Ps.* CXVIII, 22, dans le kérygme à l'adresse du Sanhédrin en IV, 11 ;
— et *I Sam.*, XIII, 14, dans la « récapitulation du salut » au discours d'Antioche en XIII, 16 à 23 et 32 à 37.

L'argument est ample et porte en premier lieu sur les divers traits marquants de ce que l'auteur appelle le « technique du *pesher* », en particulier sur

— la formule λέγει ὁ θεός, introductoire de la citation,
— les clauses d'application οὗτος et τοῦτ' ἐστιν,
— les éléments de paraphrase intégrés à la citation,
— et, pour ce qui est de l'interprétation même, le rappel des mots indicatifs du thème [33],
— ainsi que le jeu des vocables à sens ambivalents [34] et à sens parallèles [35].

Ces faits, toutefois, n'ont guère le poids de critères univoques. Communs en partie du moins au *pesher* sadocite et au *midrash* rabbinique, mis en valeur d'ailleurs dans une hypothèse qui se fonde à la fois sur les textes de Qumrân et sur la tradition homilétique de la synagogue ancienne [36], ils soulignent la dense imprégnation judaïque de la naissante

---

31. Cf. *Jewish Hermeneutics in the Synoptic Gospels and Acts*, Assen, 1954.
32. Cf. *Speeches in Acts. A Study in Proem and Yellammedenu Form*, dans *NTS*, t. XIV, 1967-1968, pp. 96-111.
33. Exemples : *a*) *Act.*, II, 17-21 (= *Jl.*, III, 1-5) et *Act.* II, 22, 33 ; *b*) *Act.*, II, 25-28 (= *Ps.*, XVI, 8-11) et *Act.*, II, 31 ; *c*) *Act.*, XIII, 22 (= *I Sam.*, XIII, 14) et *Act.*, XIII, 23, 28, 30, 34, 37.
La même technique indicative d'une exégèse « midrashique » est relevée dans la deuxième partie, christologique, du discours d'Antioche, par D. GOLDSMITH, *Acts XIII, 33-37 : a Pesher on II Sam., VII* [vv. 11-16], dans *JBL*, t. LXXXVII, 1968, pp. 321-324.
34. Le trait aura été marquant en particulier du vocabulaire pascal, et dès la première génération judéo-chrétienne : *e.g.* zqr = ἀναιρέω/ἀνίστημι (cf. *Act.*, II, 23-24 ; rapprocher X, 39-40 ; XIII, 28, 30) et zqp = « dresser »/« élever » (cf. *Jn.*, III, 14 par.).
35. L'exemple majeur en est le verbe qwm aux sens de ἀνίστημι (cf. *Act.*, III, 22[12] et 26) et de ἐγείρω (cf. *Act.*, XIII 22, 30, 37).
36. Cf. *Midrashic Features in the Speeches of Acts*, dans A. DESCAMPS-A. DE HALLEUX, *Mélanges bibliques en hommage au R.P. Béda Rigaux*, Gembloux, 1970,

exégèse apostolique. Ils ne suffisent guère à en déterminer l'héritage spécifiquement sadocite.

L'étude comparative des citations scripturaires reproduites dans les discours d'*Act.*, II à XV et des citations parallèles rapportées dans les manuscrits de Qumrân apparaît autrement constructive à ce point de vue. Il est remarquable, en effet, — ainsi que l'ont noté J. de Waard [37] et la critique à sa suite — que les citations de l'Ancien Testament dans la première partie des *Actes* ne se lisent, à une exception près (VIII, 32-33 = *Is.*, LIII, 7-8), que dans les exposés du kérygme apostolique, qu'elles se retrouvent, à la même exception près, dans les divers textes communautaires de Qumrân et qu'elles se distinguent de part et d'autre par la même teneur textuelle, ni massorétique ni du reste septuagintale. Nous récapitulons :

— la citation du *Deut.*, XVIII, 18-19, sur « le prophète comme Moïse » se lit dans la même forme en *4Q 175*, 5-8, et en *Act.*, III 22-23, au discours de Pierre au Temple ;

— la citation d'*Am.*, V, 26-27, touchant la déportation, châtiment de l'idolâtrie se rencontre dans le *Document de Damas* VII, 14-15, et dans *Act.*, VII, 43, ou le discours dit d'Étienne ;

— la citation d'*Hab.*, I, 5, sur l'« œuvre » eschatologique en instance d'accomplissement est reproduite en *1Q p Hab* I, 16-17 ; II, 1-10, et dans *Act.*, XIII, 41, 17-39, avec des « interprétations » thématiquement parallèles ;

— la citation d'*Am.*, IX, 11, relative à la « restauration » de la « hutte branlante de David » se lit, suivie d'un « commentaire » messianique, dans *4Q 174*, I, 12-13 (cf. CD VII, 16-18) comme en *Act.*, XV, 15-21, au discours de Jacques à l'Assemblée de Jérusalem ;

— ajoutons, enfin, qu'au discours de Paul dans la synagogue d'Antioche en *Act.*, XIII, 22, la référence au texte d'*Hab.*, I, 5 est renforcée par le renvoi secondaire à *II Sam.*, VII, 5-16, cité de même dans le *Florilège*, I, 10-12.

En un mot : la concordance est nette et ferme dans la mise en valeur des mêmes lieux scripturaires.

* * *

Comment rendre compte de ces divers faits : par le postulat d'un fonds communément palestinien ou par l'hypothèse, au contraire, d'un courant

---

pp. 303-312, et *Midraschartige Zuege in den Reden der Apostelgeschichte*, dans *ZNW*, t. LXII, 1971, pp. 94-104.

37. *A Comparative Study of the Old Testament Text in the Dead Sea Scrolls and in the New Testament*, Leyde, 1965.

exégétique particulier, se développent dans le réformisme judaïque de 150 avant à 70 après Jésus-Christ ?

La critique à présent ne s'arrête guère au problème.

Et pourtant, les indices ne font pas défaut qui suggèrent une réponse différenciée à la question.

L'un des témoignages les plus importants à ce sujet est fourni, pensons-nous, par l'appel pénitentiel qui, dans *Act.*, III 19 à 24, prépare et contient précisément la citation deutéronomique.

Le fragment, en effet, est de formation judéo-chrétienne et met en œuvre des matériaux judaïques, sans parallèle adéquat dans aucun écrit du Nouveau Testament. Nous citons : 1) le thème du personnage eschatologique « reçu au ciel » avant sa « mission » de « Christ » ou Messie d'Israël (vv. 20-21) ; 2) les vocables singuliers « temps de rafraîchissement » et « temps de la restauration universelle » (*ibid.*) ; 3) l'antique motif pénitentiel de l'impie « retranché du peuple » (v. 23) ; et 4) d'abord le thème deutéronomique du « prophète » eschatologique nouveau « Moïse » (vv. 22-23) — dans une teneur plus palestinienne que dans la citation parallèle du discours d'Étienne (VII, 37). Rarement archaïsmes se trouvent à ce point concentrés en aussi peu de versets.

Or, c'est la comparaison du fragment avec les textes de Qumrân qui en indique pour l'heure l'enracinement dans un judaïsme apparemment pluraliste.

Au fait : la citation reproduite dans *Act.*, III, 22-23, n'est guère du *Deutéronome*, XVIII, 15 et 18-19. Selon toute probabilité, elle est puisée directement au texte samaritain d'*Exode*, XX, 19 à 21, dont P.-W. Skehan [38] et J. Strugnell [39] ont reconnu les exemplaires en deux manuscrits trouvés dans la grotte 4 de Qumrân : le numéro *175*, un recueil de *Testimonia* » [40], et le fragment 6 du manuscrit *158*, une « Paraphrase biblique » [41], dont Strugnell a récemment proposé la restitution critique [42].

Les textes, rappelons-le, sont largement concordants. Les passages, en particulier, qui en sont parallèles à la citation néotestamentaire ne diffèrent que par quelques variantes au reste secondaires [43]. La « Paraphrase » (*4Q 158*, 6, 6-7) « est en fait presque entièrement le texte biblique *samaritain*... avec toutes ses caractéristiques composites bien identifiables » [44]. Quant aux « *Testimonia* » (*4Q 175*, 5-8), ils n'ont d'original que

---

38. Cf. *Qumrân and the Present State of Old Testament Text Studies. The Massoretic Text*, dans *JBL*, t. LXXVIII, 1959, pp. 21-25.

39. Cf. *Notes en marge du volume V des « Discoveries in the Judaean Desert of Jordan »*, dans *Revue de Qumrân*, t. VII, 1970, pp. 163-276.

40. Voir *DJD* V, pp. 57-60.

41. Voir *DJD*, V, pp. 3 s.

42. Cf. *op. cit.*, p. 171.

43. Voir *op. cit.*, pp. 227 s.

44. Cf. *op. cit.*, p. 172.

leur accord remarquable avec le *Samareitikon* d'Origène contre la version samaritaine d'ailleurs connue [45]. Bref, le texte exodial reçu en l'occurrence dans la communauté sadocite a dû se lire comme suit :

(5) Je leur susciterai d'entre (*mtwk*, 175, contre *mqrb* [du milieu de], *158*, 6, 6 et *175ᵉ*) leurs frères un prophète comme toi, je mettrai mes paroles ;

(6) dans sa bouche — tout (*158*, 6, 6 et *175*) ce que je lui commanderai, et s'il est un homme

(7) qui n'écoutera pas mes paroles (*dbry*, *175*, contre *dbryw*, *158*, 6, 7) que le prophète (*158*, 6, 7 et *175*) dira en mon nom, moi-même

(8) je lui en demanderai compte ('*drws m'mw*, *175* et *158*, 6, 7).

La comparaison de ce texte avec le parallèle des *Actes* appelle une remarque préjudicielle. La citation apostolique accuse un double propos, communautaire et christologique. Moïse parle au lieu de Dieu, et le passif théologique alterne avec l'expression divine à la première personne. Ὑμῖν remplace *l'hmh*, et la leçon ἐκ τοῦ λαοῦ valorise la clause *m'mw* [46]. Le relief ainsi donné aux thèmes du « peuple » eschatologique et de Moïse, type du Messie, est l'originalité clé du fragment. La signature en est plus vraisemblablement judéo-chrétienne que rédactionnelle ou lucanienne.

Et cependant, *Act.*, III, 22-23, est, suivant l'expression de J. Strugnell, « un témoin » au moins « possible du texte palestinien, compte tenu du caractère textuel » ou littéral « du document » [47]. Ce jugement mesuré est fondé en particulier sur les indices et les faits que voici.

1) La variante πάντα du verset 22*b* : αὐτοῦ ἀκούσεσθε κατὰ πάντα ὅσα ἂν λαλήσῃ ὑμῖν, inattestée dans les Septante, répond de forme et de contexte à la leçon *kwl* dans la phrase : « Il leur dira *tout* ce que je lui commanderai », commune aux deux manuscrits. Il est remarquable qu'elle ait persisté dans une citation qui comprime et paraphrase en l'occurrence le texte biblique.

2) Il faut en dire autant des variantes τοῦ προφήτου ἐκείνου et ἔσται δέ au verset 23 : elles correspondent point par point aux leçons *whyh* (*158*, 6, 6 et *175*) et *hnby* (*175* ; cf. *158*, 6, 8: *hnby' hhw'*) des fragments qumraniens.

3) La finale ἐξολεθρευθήσεται ἐκ τοῦ λαοῦ de la citation judéo-chrétienne n'a d'appui, en revanche, ni dans la « Paraphrase » ni dans les

---

45. Ainsi, à la ligne 7, *dbry* (*TM*, *4Q 175*, *Hexaples*) contre *dbryw/dbrw* (texte samaritain, LXX).

46. Ponctuez *me immo* et non point *me ammo* ainsi que le propose J. DE WAARD, *op. cit.*, p. 24.

47. Cf. *op. cit.*, p. 227.

« *Testimonia* », qui s'accordent à lire avec les Septante *'drws m'mw*
= ἐκδικήσω ἐξ αὐτοῦ. Nous ne pensons pas que ce désaccord puisse être
levé par la conjecture du texte samaritain relu *'oryš -hifil* de *yrs-
me'ammo* [48] ni, du reste, par l'hypothèse d'un septuagintisme rédactionnel (cf. *Ex.* XXX, 33 et *Lév.*, XXIII, 29[LXX]) [49] malgré la présence
épisodique du thème de l'extermination dans la suite du récit lucanien.
Divers faits marginaux, mis en relief dans une discussion récente [50],
paraissent du moins fonder une explication plus positive du texte apostolique. Les *targums* palestiniens, en effet, varient de même entre les
racines *drs* = « demander compte » (*Onk.*) et *pr'* = « venger » (*Ps.-Jon.*,
Néof.) au passage cité. Le *Néofiti*, d'ailleurs, emploie le verbe *str*
= « détruire » là où les Septante usent du vocable ἐξολεθρεύειν [51]. Enfin,
la tendance à la lecture confluante est caractéristique du texte samaritain, ainsi que le soulignent précisément les commentateurs des manuscrits sadocites. On peut en conclure que la citation des *Actes* est selon
toute vraisemblance composite, — la fin du verset 23 étant puisée sans
doute *à Lév.*, XXIII, 29.

Le fragment, somme toute, ne témoigne ni d'« une *Vorlage* semblable »
à *4Q 175* [52] ni au reste de la lecture lucanienne des Écritures. Il est simplement un témoin de la Bible judéochrétienne de tradition palestinienne
et, à un point de vue plus formel, le vestige d'un matériau plus étendu
qui aura appartenu, de son côté, au genre des chaînes scripturaires.
L'hypothèse de naguère [53] n'est pas seulement corroborée, nous l'avons
noté, par *4Q 175* parallèle ; elle rend compte de la référence globale à
« tous les prophètes... depuis Samuel et ses successeurs », qui fait suite à
la citation du *Deutéronome* et la met en valeur. *Act.*, III, 24 est le renvoi
sommaire à d'autres « écritures » concordantes et dont le rédacteur se
contente de rappeler la thématique commune.

La principale objection faite au constat de l'origine traditionnelle de la
citation est d'ordre littéraire et porte précisément sur la clause ἐξολεθρευθήσεται κτλ. du verset 23. La formule, observe-t-on, est de l'expression
exodiale : elle aura été d'un réemploi obvie à qui se proposait de retou-
cher le texte du *Deutéronome* par une glose de style biblique [54]. Certes !

---

48. Voir J. DE WAARD, *op. cit.*, pp. 23 s.

49. Cf. C.-M. MARTINI dans *Biblica*, t. L, 1969, p. 274.

50. On en a le témoignage en première ligne dans les correctifs apportés à sa
thèse initiale, par J. DE WAARD, *The Quotation from Deuteronomy in Acts* III, 22-
23 *and the Palestinian Text. Additional Arguments*, dans *Biblica*, t. LII, 1971,
pp. 537-540.

51. Cf. *op. cit.*, p. 540, note 1.

52. J. DE WAARD, *A Comparative Study...*, p. 24.

53. C.-H. DODD, *op. cit.*, pp. 53s.

54. C.-M. MARTINI, *L'esclusione dalla Communità del Popolo di Dio e il nuovo
Israelo secondo Atti III, 23*, dans *Biblica*, t. L, 1969, pp. 1-14.

Mais à supposer que Luc ait effectivement renforcé la tournure septuagintale ἐκδικήσω ἐξ αὐτοῦ par le vocable de l'extermination, quel motif aurait-il eu à ce faire dans un temps où, au témoignage de *I Tim.*, I, 20, l'ancien thème apostolique de l'impie à retrancher de la Communauté (cf. *I Cor.*, V, 5; XI, 30) n'offrait plus la valeur que d'un trait archaïsant, rapporté à des fins littéraires et à dire vrai pseudépigraphiques?

La clause d'*Act.*, III, 23, en fait n'a rien de formel. Portant une sanction ponctuelle d'une rigueur extrême, elle doit être jugée à son propos particulier, à son Sitz propre. Selon le contexte immédiat, c'est le rappel de l'antique principe que Dieu est le gardien et au besoin le vengeur de l'intégrité essentielle à sa Communauté. Or tel apparaît justement le motif commun à deux récits judéo-chrétiens, de structures et de traditions diverses, reproduits dans la première partie des *Actes*: la péricope sur la mort d'Hérode Agrippa I (XII, 20-23) et d'abord le fragment relatif au châtiment d'Ananie (V, 1-6).

Deux traits marquent, en effet, ce texte, d'une provenance palestinienne probable [55].

La conclusion du verset 5*b*: «Une grande *crainte* s'empara de tous ceux qui *l'apprirent*» est prérédactionnelle comme l'indique l'inclusion ἀκούων δὲ ὁ Ἀνανίας... (v. 5a) et ... πάντας τοὺς ἀκούοντας (v. 5b), qui n'a point laissé de trace dans le deuxième volet, lucanien, du récit sur le châtiment de Saphire (vv. 7-11). Elle est la réplique de l'autre thème exodial, de l'intimidation correctrice: «Tu feras disparaître le mal du milieu de toi, et *tout le peuple* en *l'apprenant* sera saisi de *crainte*» (*Deut.*, XVII, 13; XIX, 20; XXI, 20 etc.), tout comme le motif complémentaire de l'extermination est repris dans la citation en III, 23. Au regard de la Formgeschichte elle invite à penser que le récit a dû être formé pour servir de paradigme dans la catéchèse touchant l'intégrité communautaire et les impératifs qui en découlent quant à la tenue ecclésiale des fidèles.

Un ultime trait souligne, au reste, la place centrale tenue par l'idée de pureté dans le texte. Ce sont les νεώτεροι, entendez: non pas les «jeunes gens» (cf. v. 10*b*) mais les recrues les plus récentes de la Communauté, qui enlèvent le corps d'Ananie — préservant ainsi la «sainteté» déjà confirmée des «anciens» (v. 6).

La concordance, assurément, n'est que thématique entre la finale de la citation deutéronomique et ce récit, où les vocables ψεύδεσθαι (v. 3) et νοσφίζεσθαι (v. 2) sont les seules allusions à la «parole» mosaïque, à «écouter» pour n'être pas jugé. Elle est néanmoins assez nette pour mettre en relief un aspect réel et, pensons-nous, majeur de la conscience ecclésiale qui aura caractérisé certains milieux du judéo-christianisme initial.

---

55. Voir à ce sujet H. BRAUN, *Qumrân und das Neue Testament*, Tubingue, 1966, t. I, pp. 144-147.

La contribution de Qumrân à l'exégèse des autres archaïsmes d'*Act.*, III, 19-24, est moins directe et plus limitée. À ce point de vue l'éclairage n'est que du vocabulaire et des formes littéraires. En précisant l'arrière-plan judéo-palestinien du morceau, indiqué d'ailleurs par divers parallèles rabbiniques [56], il permet du moins d'en mieux cerner l'originalité proprement dite.

L'appel à la pénitence (vv. 19 à 21) est construit selon le schème « conversion - Messie - restauration » : l'« *apokatastase* » et d'abord la « mission » parousiaque du « Christ » sont la fin même (ὅπως) de la « repentance » pour l'heure prêchée [57]. Le schème, dont la forme initiale, binaire, remonte à la prédication prophétique ancienne (cf. *Deut.*, XXX, 1-5), se retrouve aux abords de l'ère chrétienne, avec la référence au personnage messianique, en divers textes sadocites, témoins du relief habituellement donné à la thématique en question dans l'eschatologie de Qumrân [58]. Nous renvoyons, entre autres attestations :

— au *Testament de Lévi*, XVIII, 1 à 9, sur le Prêtre « nouveau », auteur de « paix » et de « justice » universelles ;
— au fragment V, 20 à 29 du *Recueil des bénédictions* (*1Q 28b*) touchant le « Prince de la Congrégation », garant de l'« intégrité » des « pauvres » ou des « humbles du pays », qui « renouvellera l'alliance de la communauté » et « restaurera le royaume de son peuple » ;
— enfin, au *Florilège* (*4Q 174*) et d'une manière plus particulière au morceau I, 10 à 13, sur le « Germe de David », « qui se lèvera avec le Scrutateur de la Loi » et « qui à la fin des jours restaurera à Sion la hutte branlante de David » (*Am.*, IX, 11).

À la similitude des structures il convient d'ajouter la proximité des vocabulaires.

Pour désigner les temps eschatologiques *Act.*, III, 19 ss., use des *hapax legomena* καιροὶ ἀναψύξεως (v. 20) et χρόνοι ἀποκαταστάσεως πάντων (v. 21 [59]), équivalents de fond au regard des commentateurs récents.

---

56. Cf. en particulier P. BILLERBECK, *Kommentar zum Neuen Testament aus Talmud und Midrasch*, t. II, Munich, 1924, pp. 626 ss. et D. DAUBE, *The New Testament and Rabbinic Judaism*, Londres 1956, pp. 295 s.
57. Cf. F. MUSSNER, *Die Idee der Apokatastasis in der Apostelgeschichte*, dans H. GROSS-F. MUSSNER, *Lux tua veritas. Festschrift fuer H Junker*, Trèves, 1961, pp. 293-296.
58. Nous ne pouvons que renvoyer en l'occurrence aux principaux travaux récents sur le messianisme sadocite : J. BECKER, *Das Heil Gottes*, Goettingue, 1964 ; H.-W. KUHN, *Enderwartung und gegenwaertiges Heil*, Goettingue, 1966 ; J. PRYKE, *Eschatology in the Dead Sea Scrolls*, dans M. BLACK (etc.), *The Scrolls and Christianity*, Londres, 1969, pp. 45-57 ; O. BETZ, *The Relevance of Some Recently Published Messianic Fragments from Qumrân*, dans *Proceedings of the Fourth World Congress of Jewish Studies. Volume I*, 1969, pp. 201-210.
59. À comparer *Act.*, I, 6 (ἀποκαθιστάνεις) et *Lc.*, VI, 10 (ἀπεκατεστάθη).

Au premier de ces vocables répondent dans le registre qumrânien l'expression *qṣy šlwm* en *1QH* XVIII, 30 et *1QS* III, 15 (cf. *Testament de Lévi*, XVIII, 4) ainsi que le motif du « repos » dévolu à la communauté après la réduction définitive de ses ennemis, une idée que développe en particulier *4Q 174* I, 7 à 9 — dans le contexte immédiat du *midrash* sur *Am.*, IX, 11 que nous avons cité. Rapproché de ces parallèles, le grec ἀνάψυξις (cf. *Ex.*, VIII, 11 [LXX] désigne le « soulagement » ou la « quiétude » à venir du peuple messianique [60] plutôt que son « raffraîchissement » par l'« Esprit d'en haut », comme le pense W.-H. Lane à partir d'*Is.*, XXXII, 15 dans la version de Symmaque (ἀνάψυξις ἐξ ὑψοῦ pour πνεῦμα ἀφ' ὑψηλοῦ [LXX]) [61]. En tout état de cause, il vise l'aspect préjudiciel, avant tout humain, psychologique du salut.

L'*apokatastase* en est le moment décisif. Bien que tenues dans la ligne biblique, les attestations sadocites du thème se distinguent par deux particularités, à rappeler dans ce contexte. La restauration eschatologique a pour objet central et direct la « communauté » et d'abord l'« alliance » qui la fonde (*1QS*, V, 22 ; *1QM* XIII, 7 ; *CD* III, 13 par. ; cf. *1Q p Hab* X, 10). Et l'expression littéraire en n'est plus marquée par le vocable *shub* de la tradition prophétique, mais par le verbe *qum* (*1Q 28b* V, 21, 23 ; *1QH* XIII, 12 ; *4Q 174* I, 12-13 par.), que les textes appliquent d'ailleurs, en corrélation avec le verbe *ʿamad*, à la venue des personnages messianiques, du « Prince de la Congrégation » (*1Q 28b* V, 27), par exemple, et du « Maître de justice » (*CD* I, 11), du « Scrutateur de la Loi » (*CD* VII, 19) et *last not least* du « Prophète » à qui se réfère la citation exodiale commune des *Testimonia* et d'*Act.*, III, 22 à 23.

Ces faits, pensons-nous, invitent l'exégète à poser plusieurs questions marginales dont la prise en considération pourrait préciser l'exégèse reçue du fragment pénitentiel rapporté par Luc.

N'y aurait-il pas, en effet, un lien immédiat entre la clause scripturaire προφήτην... ἀναστήσει du verset 22 et le motif de l'ἀποκατάστασις πάντων au verset 21, tout comme il est un lien thématique et littéraire entre la restauration (*qwm, ʿmd*) et la venue (*ʿmd, qwm*) du « Germe de David » dans le commentaire d'*Am.*, IX, 11 en *4Q 174* I, 10-13 ? Et dans l'hypothèse n'y a-t-il pas lieu de conclure à l'unité originelle de l'appel à la

---

60. Ainsi G. STAEHLIN, *Die Apostelgeschichte*, Goettingue, 1962, p. 67 (et dans un sens foncièrement parallèle F. MUSSNER, *op. cit.*, pp. 293 s. ; H. CONZELMANN, *Die Apostelgeschichte*, Tubingue, 1963, p. 34 ; E. HAENCHEN, *Die Apostelgeschichte*, Goettingue, 1965⁵, p. 168, note 3) contre O. BAUERNFEIND, *Die Apostelgeschichte*, Leipzig, 1939, p. 68, selon qui « die Fristen des Aufatmens sollen... jedenfalls Atempausen *in* der Not der messianischen Wehen sein ».

61. *Times of Refreshment. A Study of Eschatological Periodization in Judaism and Christianity* (thèse, Harvard University, [s.d.] ; cf. *H.Th.R.*, t. XLVI, 1963, pp. 88 s.).

repentance (vv. 19-21) et de la citation scripturaire (vv. 22-23), qu'exprime au reste la formule de référence finale du verset 21 ?

Bien plus, et sans que soit mis en question le caractère « cosmique » de la restauration « universelle » (cf. *1QS* IV, 25 ; *1QH* XIII, 11-12 par.), celle-ci n'offre-t-elle pas en premier lieu une dimension communautaire, ainsi que l'indique d'emblée l'appel même à la conversion ?

Ces questions cependant marquent les limites de l'apport qumranien à la compréhension du morceau. Partiels et relativement inadéquats, les parallèles sadocites confirment la provenance judéo-chrétienne du matériau prélucanien, mais ne suffisent point à la déterminer.

Ce constat n'est certes pas démenti par le donné christologique du fragment.

La phrase touchant le Christ « que le ciel doit recevoir jusqu'aux temps de la restauration » (v. 21) est rigoureusement singulière de contenu et d'expression. La clause ἄχρι mise à part (cf. *I Cor.*, XI, 26 ; *Phil.*, I, 6 ; *Ap.*, II, 25), la formule ne répond guère au vocabulaire traditionnel du thème parousiaque. Quant à l'idée d'un personnage eschatologique épisodiquement élevé au ciel entre deux manifestations ou venues salvatrices, elle n'a de parallèle ni dans la messianologie de Qumrân ni d'abord dans l'éventail christologique des écrits lucaniens.

Et pourtant, l'apparentement en paraît obvie au motif apocalyptique du personnage de naguère ou de jadis devant revenir les derniers temps comme précurseur ou messie. E.-L. Dietrich en a relevé les nombreuses variations palestiniennes, dont le simple rappel souligne l'ampleur du champ de la recherche : Élie (*Mc.*, IX, 11-13 par.), Hénoch (*I Hén.*, XC, 31), Moïse (*Mc.*, IX, 4 et 5 par.), Esdras (*IV Esd.*, III, 1 ss.), les premiers patriarches, Jean-Baptiste (*Mc.*, VI, 14-16 par.) et dans un sens *Ta'eb*, le messie des Samaritains [62].

L'heure n'en est sans doute qu'aux hypothèses. Otto Bauernfeind, précisant une exégèse naguère esquissée dans son commentaire [63], conclut à la mise en œuvre par Luc d'un vieux matériau puisé, non pas — comme le conjecture E. Haenchen [64] — à quelque liturgie judéo-chrétienne, mais plutôt à une tradition johannite où l'invitation à la repentance aura été motivée précisément par la croyance au retour d'Élie. « Dans l'hypothèse vraisemblable d'une *Vorlage* préchrétienne, écrit-il, plusieurs indices portent à rechercher l'origine du matériau dans un milieu plutôt restreint du judaïsme palestinien. Aux termes de *Mal.*, III, 23 à 24, Élie revenant sera 'envoyé' (v. 23 = *Act.*, III, 20 : ἀποστείλῃ) avant le Jour de Jahvé

---

62. Cf. *Shwb shbwt. Die endzeitliche Wiederherstellung bei den Propheten*, Giessen, 1925, pp. 58 s.

63. Voir *op. cit.*, pp. 66 ss.

64. Cf. *op. cit.*, pp. 148 s.

aux fins particulières de la « restauration » (v. 24 = *Act.*, III, 21 : ἀποκατάστασις). Or ἀποκατάστασις est de même la fonction de Jean-Baptiste,
Élias redivivus, dans le dit de *Mc.*, IX, 12 par. On est autorisé d'en conclure que, suivant l'explication la plus obvie, le donné traditionnel utilisé
a dû venir du mouvement johannite et que la référence au « Christ »
Jésus en est la relecture chrétienne » [65].

L'argument, ponctuel, est limité ; et l'hypothèse, d'ailleurs, ne se veut
guère exclusive. La difficulté la plus sérieuse à son encontre, pensons-
nous, est posée par le thème à tout le moins complémentaire du « prophète comme Moïse ». Le renvoi au *Deut.*, XVIII, 18-19 dans la teneur
samaritaine est difficilement l'œuvre de la rédaction lucanienne, glosant
l'archaïsme christologique du verset 21 par la citation également archaï-
que des versets 22 à 24. Dans l'hypothèse il serait plutôt le fait du milieu
judéo-chrétien qui aura formé le fragment prélucanien — non sans appliquer aussi à Moïse le rôle eschatologique attribué d'abord à Élie seulement : *Mc.*, IX, 4 par. et *Ap.*, XI, 3-6 ne s'accordent-ils pas, en effet,
à associer les deux personnages dans une commune fonction messianique ?

Cette conjecture ne peut assurément clore le débat. En l'état présent
de l'information littéraire et critique, trois faits dûment établis invitent
du moins à préciser les termes du problème : *Deut.*, XVIII, 15, 18-19 est
« le » lieu scripturaire de la messianologie samaritaine ; l'« écriture » est
reproduite dans la forme samaritaine en *Act.*, III, 22-23, et selon toute
apparence dans ce texte seulement ; enfin, le vocable *ta'eb*, appliqué au
messie samaritain, désigne « celui qui revient » et non point « celui qui
restaure ». L'ultime précision, certes, est restrictive. Elle ne rend guère
compte du motif de l'*apokatastase* dans le fragment prélucanien. Mais
suffit-elle encore à écarter sans prise en considération préjudicielle
l'hypothèse d'une influence samaritaine sur le messianisme judéo-chrétien ? La question, pensons-nous, est désormais [66] à poser.

Dans quelque sens que sur ce point on se prononce, il reste que le morceau analysé rapporte d'après toute probabilité le kérygme apostolique
dans une de ses teneurs les plus anciennes. Un appel pénitentiel à moti-

---

65. *Tradition und Komposition in dem Apokatastasisspruch Apostelgeschichte III,
20f.*, dans O. BETZ-M. HENGEL-P. SCHMIDT, *Abraham unser Vater. Festschrift fuer
O. Michel*, Leyde, 1963, pp. 16 s.
La critique de l'hypothèse par G. LOHFINK, *Christologie und Geschichtsbild in
Apg. III, 19-21*, dans *BZ*, t. XIII, 1969, pp. 223-241, ne tient guère compte des
coordonnées directes et particulières du morceau.

66. Les indications d'ailleurs données à ce congrès par J.-T. Milik sur la « présence » de la Samarie dans le judaïsme au premier siècle de notre ère laissent entrevoir le renouvellement prochain de notre information sur la pensée, les traditions et
les textes samaritains aux origines du christianisme.

vation eschatologique et finalité communautaire, s'insérant dans la ligne
des messages respectifs de Jésus, de Jean-Baptiste et du réformisme juif :
telle apparaît en l'occurrence, et dans ses données essentielles, la prédication du judéo-christianisme initial.

Université des Sciences humaines   J. SCHMITT
Place de l'Université, 9
F - 67.084/Strasbourg

La Mención neotestamentaria de Damasco

(Gál 1,17;2Cor 11,32;Act 9,2-3.8.10par.19.22.27par.)
¿ciudad de Siria o región de Qumrân?

La relación entre la literatura neotestamentaria y qumránica ha sido y sigue siendo objeto de estudio. Una ya nutrida bibliografía ha extendido el análisis a todos los autores neotestamentarios [1], entre los que las epístolas paulinas y la doble obra lucana ocupan un puesto de relieve [2]. Un interrogante, sin embargo, queda en suspenso: El origen de esas relaciones literario-doctrinales. ¿Se deben éstas a un influjo qumránico en el curso de la tradición cristiana? ¿Conocieron Lucas y Pablo la literatura de Qumrân? ¿Tuvo el Apóstol contacto con los esenios en Damasco de Siria? ¿Visitó personalmente, durante su actividad misionaria en Arabia (*Gál.*, 1, 17), es decir, en el reino de los Nabateos, a la vecina comunidad qumránica? A estas hipótesis formuladas, muy distantes de adquirir el asentimiento general, responden otros autores con un prudente escepticismo: El problema es, hoy por hoy, insoluble [3]. Es lícito, sin embargo, interrogarse: ¿Ha sido ese problema rectamente planteado?. A este interrogante intentan responder, a modo de hipótesis de trabajo, los análisis que siguen, esforzándonos por llevar aquel interrogante sobre la relación entre la literatura qumránica y las epístolas paulinas así como la segunda obra lucana (Act) hasta su origen histórico: La conversión de Pablo en Damasco [4].

---

1. Cf. H. BRAUN, *Qumran und das Neue Testament*, I-II, Tübingen 1966 (bibliogr.) y la bibliografía citada en nuestra obra: S. SABUGAL, *La conversion de San Pablo*, Barcelona, 1976, 211 (nn. 152-153).

2. Cf. H. BRAUN, *o.c.*, I, 77-95.139-240; II, 144-180.243 ss.; J. MURPHY-O'CONNOR (ed.), *Paul and Qumran*, London, 1968; S. SABUGAL, *o.c.*, 222, nn. 175-176 (bibliogr.).

3. Cf. H. BRAUN, *o.c.*, I, 95. 168;II, 178-180.343-357; R. E. OSBORNE, *Did Paul go to Qumran?*, en *CanJTh*, 10 (1964), 15-24; S. SABUGAL, *o.c.*, 222, n. 177 (bibliogr.).

4. Cf. S. SABUGAL, *La conversión de S. Pablo en Damasco: ¿ciudad de Siria o región de Qumrân?*, en *Aug*, 15 (1975), 213-24; ID., *El primer autotestimonio de Pablo sobre su conversión (Gál 1, 1.11-17)*, en *Aug*, 15 (1975), 429-43; ID., *o.c.*, 161-224: En las páginas siguientes condensamos los análisis, más extensamente expuestos en

1. Los datos neotestamentarios [5].

En el contexto del primer autotestimonio sobre su conversión (*Gál.*, 1, 13-24) afirma Pablo que, inmediatamente después de la vocación, revelación y misión universal recibida de Dios (v. 16), no regresó a Jerusalén (v. 17a) sino que, más bien, partió para Arabia (v. 17b) y, de nuevo, volvió a Damasco (v. 17c). Si la mención de un(no realizado) *regreso* a Jerusalén supone su previa estancia jerosolimitana, donde « en otro tiempo » vivió como observante y celoso judío y persiguió « desmesuradamente a la iglesia de Dios » (vv. 13-14), la rápida *vuelta* (ὑπέστρεψα) desde Arabia — el reino de los Nabateos — a Damasco (cf. v. 17b.c) deja insinuar, con suficiente claridad, que el escenario de su previa vocación y misión apostólica se identifica o relaciona estrechamente con esta última localidad, geográficamente sita, por tanto, fuera de Arabia [6]. Sólo « después de tres años » subió el neoconverso y misionero Pablo a Jerusalén (v. 18a), para, tras su breve estancia en casa de Cefas (vv. 18b-19), *ir* (ἦλθον) « a las regiones *de Siria* y Cilicia » (v. 21). Su actividad en Arabia y Damasco (v. 17b.c) primero, así como en « las regiones de Siria y Cilicia » (v. 21) después, fue, sin duda, esencialmente misionaria: Anunciar « entre los gentiles » al Hijo de Dios (cf. v. 16a), es decir, « la fe, que antes intentaba devastar » (v. 23). Y durante su misión triennal en Damasco experimentó la primera de sus múltiples persecuciones (cf. *2 Cor.* 11, 23b-36) o flaquezas (cf. *2Cor.* 11, 27-29), de las que gustosamente se gloría (*2Cor.* 11, 30), cuando, en esa localidad, « el etnarca del rey Aretas vigilaba la ciudad de los damascenos para » apresarle, pero fue « descolgado, en una cesta, muro abajo, y » escapó así « de sus manos » (*2Cor.*, 11, 32s).

El autotestimonio paulino coincide fundamentalmente con los datos históricos de la tradición o fuente empleada por Lucas, para la redacción de su triple relato (*Act.*, 9, 1-19a; 22, 1-21; 26, 4-18) sobre la conversión de Pablo [7]. El autor de Act, en efecto, nos informa que el perseguidor Saulo, insatisfecho de los estragos por él realizados en la iglesia de Jerusalén (cf. 8, 3; 9, 1 par.), pidió autorización al sumo sacerdote « para las sinagogas de Damasco, a fin de, si encontrase allí algunos miembros del Camino, llevarlos presos a Jerusalén » (9, 1b; cf. 22, 5b; 26, 12); pero en el camino, cerca ya de Damasco (9, 3; 22, 6a) y hacia el mediodía

---

nuestra monografía sobre la conversión de san Pablo (*o.c.*, 11-224), especialmente la segunda parte (*o.c.*, 161 ss.); de ahí las frecuencías referencias a la misma.

5. Un análisis de los mismos ofrecemos en nuestra monografía: cf. S. SABUGAL, *op. cit.*, 9-159, en la que citamos abundante bibliografía: pp. 4 (n. 1).51 (n. 1).

6. Y políticamente no sometida al dominio del entonces monarca nabateo Aretas IV: cf. S. SABUGAL, *art. cit.* (Aug. 15, 1975), 436 s; ID., *o.c.*, 165 s.

7. Un análisis histórico-tradiccional de los mismos hemos abordado en nuestra monografía: S. SABUGAL, *o.c.*, 51-159: 69 ss.

(22, 6b; cf. 26, 13), se la apareció el Señor Jesús (9, 4-5 par.), identificándose con los cristianos por él perseguidos (cf. 9, 5 par.) y ordenándole entrar "en la ciudad", donde se le diría lo que debe hacer (9, 6; 22, 10); una orden, que el devenido ciego Saulo cumplió, "llevado de la mano" por sus acompañantes (9, 8; 22, 11); hospedado « en casa de Judas », sita « en la via recta » (9, 11), fue curado y bautizado (9, 17-18; 22, 13-16) por « un discípulo de Damasco, llamado Ananías » (9, 10), un « hombre piadoso según la Ley, bien acreditado por los judíos allí residentes » (22, 12); el neoconverso Pablo predicó durante algún tiempo « en las sinagogas » de Damasco, ante el asombro de cuantos le oían: Jesús es el Hijo de Dios, el Mesías (cf. 9, 19b-22). Los contactos literarios entre *Act.*, 9, 24-25 y *2Cor.*, 11, 32-33 [8] muestran, que fue en Damasco donde, habiendo « los judíos » decidido matar a Pablo, « hasta las puertas de la ciudad estaban vigiladas día y noche... », pero « los discípulos le tomaron y le descolgaron de noche por el muro, en una cesta » (9, 23-25).

Tanto el autotestimonio paulino como el informe lucano coinciden, pues, en relacionar no sólo la actividad persecutoria anticristiana de Saulo, sino tambien su conversión, primer kerygma y asechanza sufrida, con Damasco. ¿Se identifica esta localidad con la respectiva ciudad de Siria? ¿Hay que ubicarla, más bien, en la región de Qumrân?

2. Premisas histórico-geográficas.

a) La historia de Damasco de Siria, cuyos orígenes se hunden en la penumbra, no puede ser esbozada aquí [9]. De nuestro interés, por lo demás, es solo el periodo helenístico y romano. Conquistada por el macedónico Alejandro Magno (ca. 333 a.C.), permaneció bajo el casi ininterrumpido dominio de los Seléucidas, deviniendo incluso capital del reino de Antíoco IX (a.111 a.C.) y manteniendo ese rango metropolitano hasta su conquista por el rey nabateo Aretas III (a.85 a.C.). En el a.70 es, sin embargo, independiente. Y como tal permanece hasta su ocupación por el romano Pompeyo (a.64 a.C.), quien la incorporó a la provincia romana de Siria, formando parte, probablemente (ciertamente en la primera mitad del s. I d.C.), de la Decápolis. Cedida luego por Antonio a Cleopatra (a.38 a.C.), pasó a formar nuevamente parte del Imperio, como lo atestigua la numismática bajo Augusto, Tiberio y Nerón. La falta de monedas imperiales bajo Calígula (a.37-41 d.C.) y Claudio (a.41-54 d.C.) no es indicio de su independencia durante ese periodo, como tampoco la análoga laguna numismática en Jerusalén bajo Calígula prueba la independencia de Judea durante el gobierno de ese emperador [10]. La « ilustre ciudad »

---

8. Cf. S. SABUGAL, *art. cit.* (Aug. 15, 1975), 223; ID., *o.c.*, 153.196 s.

9. Cf. S. SABUGAL, *o.c.* 177-186 (bibliogr: 177, n. 51).

10. Cf. S. SABUGAL, *o.c.*, 179-181.

(Estrabón) siriana continuó, más bien, bajo el ininterrumpido dominio de Roma, elevada más tarde por Adriano (a.117-138 d.C.) al rango de « metrópoli » y deviniendo, bajo Alejandro Severo (a.222-235 d.C.), colonia romana. Fue, sin embargo, Diocleciano (284-305 d.C.), quien incrementó notablemente suc omercio e industria bélica, así como numerosas construcciones — muro, calles, canalización hidráulica etc. — ya iniciadas algunas por sus predecesores Septimio Severo y Caracalla. Particular mención merecen sus murallas, cuya construcción no debió ser muy anterior a Diocleciano [11], así como la « via recta » (Act., 9, 11), denominación ignorada por las fuentes extra-lucanas y, por lo demás, no correspondiente a todo su trazado urbano [12].

b) El autotestimonio paulino de 2Cor., 11, 32-33 relaciona expresamente Damasco (¿ciudad de Siria?) con el rey Aretas, quien tenía un etnarca o representante oficial en esa localidad. Se trata, sin duda, del monarca nabateo Aretas IV Filopatris (9 a.C-40 d.C.) [13], casado con una hija de Herodes Antipas, a la que, sin embargo, decidió repudiarla, para unirse con la mujer (Herodías) de su hermano Filipo (cf. Mc., 6, 17-18 par.). Este incidente enturbió las hasta entonces amistosas relaciones entre ambos jefes. Unos años más tarde (ca. 36-37 d.C.), en efecto, decidió Aretas vengar el ultraje ocasionado a su hija, invadiendo — con pretextos fronterizos — parte del territorio herodiano, e inflijiendo a su ejército una grave derrota. Informado por Herodes, el emperador Tiberio mandó al legado de Siria (Vitelio) ir contra el Nabateo, quien marchó efectivamente contra Petra, ocupó Ptolemaís y se dirigió a Jerusalén; enterado, sin embargo, de la muerte del emperador (marzo-abril 37 d.C.), suspendió la campaña bélica [14]. Esto hace ya del todo improbable, que el Monarca nabateo tuviese en la « ilustre ciudad » de la provincia romana de Siria un representante oficial (etnarca): ¿Habría permitido Vitelio, por otra parte, que éste vigilase « la ciudad... » (2Cor., 11, 32) o « las puertas » (Act., 9, 24) de la misma? Ningúna de las numerosas inscripciones o

11. Cf. H. von KIESLING, Damaskus. Altes und neues aus Syrien, Leipzig, 1919, 41-42: « In antiker Zeit besass Damaskus keine eigentliche Stadtmauer » (41)... « Aus römischer Zeit stammen nur einige Tore und der eine oder andere quadratische Turm, alles andere rührt aus späterer Zeit her ». Cf. también C. WATZINGER-K. WULZINGER, Damaskus. Die antike Stadt, Berlin-Leipzig, 1921, 57; S. SABUGAL, o.c., 182.

12. Cf. J. SAUVAGET, Le plan antique de Damas, en Syr., 26 (1949), 314-58: 330 (« ...loin d'être rectiligne sur tout son développement..., s'articulait en trois tronçons de direction différente et de longueur différente, et que les deux arcs que l'enjambaient avaient justement pour rôle... de dissimuler les déviations de l'avenue »); C. WATZINGER-K. WULZINGER, o.c., 42.

13. Cf. S. SABUGAL, o.c., 168-177 (bibliogr.).

14. Así el informe de Fl. JOSEFO, Ant. Jud., XVIII, 119-125: cf. S. SABUGAL, o.c., 173 s (bibliogr.).

monedas de Aretas IV [15] delatan, por lo demás, su dominio sobre Damasco de Siria. La hipótesis de una presunta conquista por el monarca nabateo y cesión a éste por Calígula está, pués, desprovista de todo fundamente histórico [16].

c) Los descubrimientos de Qumrân constituyen, sin duda, uno de los más transcendentales logros arqueológicos de nuestro siglo [17]. Si la paciente labor de los arqueólogos ha logrado reconstruir, con impresionante precisión, los dos complejos industriales-comunitarios de Khirbet Qumrân y Ain Feshkah, rodeados en ambos casos por un muro y relacionados al exterior por una (Ain Feshkah) o más (Khirbet) puertas, algunos de sus más principales documentos (1QS, 1QM, 1QSa y CD) nos permiten individuar sus pobladores y conocer, con bastante objetividad, su organización comunitaria, interna y externa. Eran, en efecto, judíos-esenios, los cuales habitaban en « ciudades » [18] o « congregaciones » [19] integradas por almenos diez miembros, después que salieron « del país de Judá » (CD 4, 3 ; 6, 5) y se establecieron en « el país de Damasco » (CD 6, 5.19), donde « entraron en la nueva alianza » (CD 6, 19 ; 8, 21 ; 19, 33-34 ; 20, 12). ¿ Envuelve en estos textos Damasco un significado literal [20] o, más bien, simbólico [21] ? Un análisis de su respectivo contexto favorece decisivamente esta última interpretación [22]. Así denominó la comunidad

---

15. Cf. S. SABUGAL, o.c., 174, n. 38.

16. Cf. S. SABUGAL, o.c., 174-77.179-81.197 s.

17. La bibliografía sobr eel tema es inabarcable : cf. A. G. LAMADRID, Los descubrimientos del Mar Muerto[2] (BAC, 319), Madrid, 1973, 3-10 ; B. JONGELING, A Classified Bibliography of the Desert of Juda 1958-1969, Leiden, 1971 ; S. SABUGAL, o.c., 200-209 (bibliogr.).

18. Asi ya FILON A. (Apol. pro Iud. XI, 1) y Fl. JOSEFO, Bell. Jud., II, 124-126. También la literatura qumránica, empleando reiteradamente el vocablo 'ir (principal equivalente al septuagintista πόλις : cf. H. STRATHMANN, art. πόλις, en ThWNT, VI, 516-35 : 522), para designar los centros residenciales de las diversas congregaciones (cf. S. SABUGAL, o.c., 210, n. 148) esénicas (1QM 12, 13 ; 19, 5 ; CD 11, 5 ; 12, 1-2.19) : cf. S. SABUGAL, o.c., 215 s.

19. La literatura qumránica emplea, a este respecto, los vocablos hebraicos qahal (ca. 35x) y 'edah (ca. 130x), que LXX traduce generalmente por συναγωγή : cf. S. SABUGAL, o.c., 210.

20. Así varios autores : cf. S. SABUGAL, o.c., 206, n. 140.

21. Es la opinión sostenida por A. JAUBERT, Le pays de Damas, en RB, 65 (1958), 215-248 ; R. DE VAUX, L'Archéologie et les Manuscrits de la mer Morte, London, 1961, 87s, y otros muchos autores : cf. S. SABUGAL, o.c., 209, n. 144.

22. Rremitimos principalmente a los analisis de A. JAUBERT, art. cit. ; cf. también S. SABUGAL, o.c., 206-208. El silencio de Filón A., Fl. Josefo y Plinio sobre esa designación simbólica de la región habitada por los esenios se explica perfectamente a la luz del carácter esotérico de la comunidad y literatura qumránica, así como del conocimiento « ab extra » de aquella comunidad, reflejados por los informes de los tres autores sobre los esenios : cf. E. F. SUTCLIFFE, art. Comunidad de Qumrân, en Enc. Bibl., IV (Barcelona 1965), 48-52 : 48. Sobre este problema, cf. también

judeo-esénica, autodesignada « el camino » (*1QS* 9, 17s; 10, 20s; CD 1, 13; 2, 6), a la región nord-occidental del Mar Muerto, por ella habitada: « El país de Damasco ».

3. Damasco: ¿ciudad de Siria o región de Qumrân?

Los precedentes prolegómenos nos permiten ya intentar una respuesta al interrogante sobre la identificación de Damasco, cuyo empleo neo-testamentario, exclusivamente en la forma absoluta determinada o indeterminada, se circunscribe a los textos paulinos y lucanos relacionados con a) la persecución anticristiana del judío Saulo, b) su conversión y c) primer kerygma cristiano, así como con d) el asecho que le impuso el etnarca del rey Aretas [23]. Lo haremos, por lo demás, con extremada cautela, esforzándonos por — a la luz de los anteriores desarrollos — interrogar a los mismos textos. ¡Éstos tienen la palabra!

a) Según los tres relatos de *Act* (9, 1-19a; 22, 1-21; 26, 4-18), el fariseo celoso Saulo, tras haber perseguido a los fieles de Jerusalén (9, 1; 22, 4-5a; 26, 10-11a), recibió de las autoridades religiosas judaicas autorización escrita para « las sinagogas » (9, 2a) o « los hermanos » (22, 5b) de Damasco, a fin de llevar encarcelados a Jerusalén a « los (miembros) del camino » (9, 2b), allí posible (9, 2b) o ciertamente (22, 5b) residentes (9, 1-2; 22, 5; 26, 12), « para que fuesen castigados » (22, 5c). Se trataba, pues, de una verdadera extradición. La jurisdicción tanto del sumo sacerdote como del sanedrín (cf. 9, 1b; 22, 5a.b; 26, 12), limitada entonces a la *Judea* [24] y, por tanto, inválida para las sinagogas de Damasco de Siria, tenía, sin embargo eficacia jurídica, si aquéllas se identifican con « las congregaciones » (= sinagogas) qumránicas (cf. *supra*) del « país de Damasco » ó región *judaica* de Qumrân. Una identificación, por lo demás, favorecida por el tercer relato lucano, según el cual el Damasco, a donde se dirigía el perseguidor Saulo (26, 12a), se encuentra entre las καὶ εἰς τὰς ἔξω πόλεις, es decir, entre las regiones [25] de afuera, pero no

---

J. P. AUDET, *Qumrân et la notice de Pline sur les Esséniens*, en *RB*, 68 (1961) 346-87; E. M. LAPERROUSAZ, « *Infra hos Engada* », en *RB* 69 (1962) 369-80; Ch. BURCHARD, *Pline et les Esséniens*, en *RB*, 69 (1962) 533-69.

23. *Gál.*, 1, 17; *2 Cor.*, 11, 32; *Act.*, 9, 2.3.8.10.19.22.27; 22, 5.6.10.11; 26, 12.20. La expresión « Damasco de Siria » es desconocida de estas fuentes, siendo sorprendente su ausencia de *Gál.*, 1, 17 (cf. 1, 21), así como la no mención de Siria en *2 Cor*, 11, 32 (cf. F. JOSEFO, *Ant. Jud.*, IX, 92-93).

24. Cf. E. SCHÜRER, *Geschichte des judischen Volkes im Zeitalter Jesu Christi*[4], II, Leipzig 1907, 236.245.258 s; S. SABUGAL, *o.c.*, 187 s.

25. Ese significado de πόλις (= región), atestiguado por la literatura greco-profana (cf. H. G. LIDDEL-R. SCOTT, *Lexicon*, Oxford, 1968, col. 1434, II *ad voc.*; A. STEPHANUS, *Thesaurus Graecae Linguae*, VII, Graz, 1954, col. 1347 : « Sensu

lejanas [26] de Jerusalén (cf. 26, 11b-12). Por otra parte, la existencia de cristianos en Damasco de Siria contradice abiertamente al plan de Act (cf. 1, 8), consecuentemente desarrollado por Lucas, sobre el testimonio cristológico « en Jerusalén » (2, 5-8, 1), « en toda Judea y Samaría » (8, 1b-9, 43) y « hasta el fin de la tierra » (10, 1-28, 31). El primer relato lucano sobre la conversión de Saulo y su kerygma en Damasco (9, 3-22) así como su previo conato perseguidor en esa localidad (9, 1-3a) se en marca en el contexto de la segunda parte del plan global de Act : el kerygma cristológico « en toda Judea y Samaría » (8, 1b-9, 43) o, más exactamente, « en toda Judea » (8, 25-9, 43). Ese kerygma no había ultrapasado aún estas fronteras. No había sido predicado aún a los gentiles (10, 1ss) : Porque limitado a « Judea y Samaría », no había llegado aún a Damasco *de* Siria [27]. Es, sin embargo, probable, que, cuando a raíz de la « gran persecución » desencadenada en Jerusalén después del martirio de Esteban, « todos — con excepción de los apóstoles — se dispersaron por las regiones *de Judea* y Samaría » (8, 1b.c), algunos fieles hayan encontrado refugio en la favorable — porque desértica y acidentada — región *judaica* de Qumrân o « país de Damasco », donde pudieron relacionarse con los esenios allí residentes y, a imitación de éstos, autodenominarse « el camino » [28]. Que esta designación cristiana sea empleada, por vez primera, en el contexto del relato sobre la persecución de Saulo en « Damasco » (9, 2), no parece ser casual. Por lo demás, la cerrada afinidad entre la doctrina y organización de la comunidad esénica y de « la secta de los nazarenos » [29] justificaba la sospecha del judaísmo « ortodoxo » jerosolimitano y, por tanto, de Saulo sobre la existencia de « algunos miembros del camino » (9, 2b) en « el país de Damasco », para cuyas « sinagogas » (9, 2a) o congregaciones (cf.

---

latiore de tota regione dicitur, in qua una vel plures urbes sitae sunt, unde $\pi\acute{o}\lambda\iota\varsigma$ per $\tau\grave{\eta}\nu$ $\chi\acute{\omega}\rho\alpha\nu$ exp. »; y cita, junto con otros autores, el testimonio explícito de ESTRABON : $\Sigma\tau\eta\sigma\acute{\iota}\chi\rho\rho\rho\varsigma$ $\kappa\alpha\lambda\epsilon\hat{\iota}$ $\pi\acute{o}\lambda\iota\nu$ $\tau\grave{\eta}\nu$ $\chi\acute{\omega}\rho\alpha\nu$ $\Pi\hat{\iota}\sigma\alpha\nu$ $\lambda\epsilon\gamma\rho\mu\mu\acute{e}\nu\eta\nu...$) y neotestamentaria, evangélica y lucana (cf. S. SABUGAL, *o.c.*, 117s), es en *Act.*, 26, 11b (cf. 26, 12.20) del todo probable : cf. S. SABUGAL, *o.c.*, 118s.

26. El adv. $\acute{e}\xi\omega$, en relación con $\pi\acute{o}\lambda\iota\varsigma$, traduce constantemente en *Act* « las afueras no lejanas » : cf. 7, 58; 14, 19; 21, 5.

27. Cf. S. SABUGAL, *art. cit.* (Aug. 15, 1975), 213s.; ID., *o.c.*, 188-190. Ya A. LOISY (*Les Actes des Apôtres*, Paris, 1920) comentaba con acierto : « Dans la perspective des Actes, il ne devrait y avoir un seul croyant à Damas...! » (388). Y. H. CONZELMANN (*Die Apostelgeschichte* [Handb. NT, 7], Tübingen, 1963) saca las últimas consecuencias de esa dificultad : « In Wirklichkeit ist Paulus nicht von Jerusalem aus nach Damaskus gekommen » (57 : ad 9, 2).

28. *Act*, 9, 2; 19, 9.23; 22, 4; 24, 14.22. La relación entre ésta denominación y la respectiva de la comunidad qunránica (cf. *supra*) ha sido objeto de reiterado análisis : cf. S. SABUGAL, *o.c.*, 211 (n. 153 : bibliogr.)-213.

29. *Act.*, 24, 5.14; 28, 22. Sobre esa relación, además de H. BRAUN, *o.c.*, espec. II, 1-342 y la voluminosa bibliografía ahí críticamente valorada, cf. también otros más recientes autores, citados en nuestra monografía : S. SABUGAL, *o.c.*, 211 (n. 152).222 (n. 176).

supra) pudo éste obtener válida jurisdicción (cf. *supra*) escrita de las autoridas judaicas (9, 1b-2a y par.). La peligrosa traversía del « desierto de Judá »[30] justificaba, por otra parte, su acompañamiento (cf. 9, 7; 22, 9).

b) La vocación y revelación (*Gál*) o kyriofanía (*Act*) de Pablo, es decir, su conversión tuvo lugar en o cerca de Damasco (cf. Gál 1, 15-17; Act 9, 3-6 par). Una localidad no identificable con la respectiva ciudad siriana. El misionero Pablo, en efecto, después de su viaje a Arabia (= reino de los nabateos), *regresó* a Damasco (*Gál* 1, 17b.c). Y sólo tres años más tarde (cf. *Gál* 1, 18a), tras su estancia de quince dias en Jerusalén visitando a Cefas (*Gál* 1, 18b-19), *fue* — !no: « regreso »! — a « las regiones de Siria y Cilicia » (*Gál* 1, 21)[31]. Este viaje a la provincia romana de Siria[32] no tuvo, pues, precedente alguno. Por lo demás, la kyriofanía junto a Damasco (*Act* 9, 3 = 22, 6) tuvo lugar « hacia el medio dia » (22, 6; cf. 26, 13) del mismo dia[33]. Un viaje pedestre[34] irrealizable hacia Damasco de Siria, distante más de 250 kms de Jerusalén[35], separada, sin embargo, por sólo 22 kms (via recta) del « país de Damasco » (región de Qumrân). Esta distancia, cómodamente efectuable a pie en cinco ó seis horas, está en asonancia con el informe lucano (*Act.*, 26, 11b-12), según el cual Damasco (v. 12) se encuentra entre las καὶ εἰς τὰς ἔξω πόλεις (v. 11b), es decir, entre las regiones de afuera, pero no lejanas de Jerusalén (cf. *supra*). Y si la mención de « la ciudad » (9, 6) de Damasco (cf. 9, 8; 22, 11), en donde por orden del Señor entró Saulo, se armoniza con la morada de los esenios qumránicos en ciudades (cf. *supra*), la caracterización de Ananías, — « un discípulo de Damasco » (9, 10) « bien acreditado por los allí residentes judíos » (22, 12b) *de Judea*[36] —, como « varón pia-

---

30 Cf. *Lc.*, 10, 30; F. JOSEFO, *Ant. Jud*, XX, 5.124.160.185. Aún hoy sigue siendo peligroso su tránsito. Cf. G. DALMANN, *Orte und Wege Jesu*[3] (BFChTh, II, 1), Gütersloh, 1924, 261; J. JEREMIAS, *Die Gleichnisse Jesu*[7]; Göttingen, 1965, 201 (trad. españ., Estella, 1970, 246).

31. Cf. S. SABUGAL, *art. cit.* (Aug. 15, 1975), 438 s; ID., *o.c.*, 17-18.165-167.

32. Cf. S. SABUGAL, *o.c.*, 167.

33. Si la construcción περὶ μεσεμβρίαμ (22, 6) pertenece a la tradición o fuente prelucana (cf. S. SABUGAL, *o.c.*, 143), los tres relatos de Act dejan a entender, que la kyriofanía junto a Damasco tuvo lugar en el mismo dia de la partida de Saulo de Jerusalén: Cf. 9, 1-3; 22, 5-6; 26, 11-13.

34. Pablo fue ciertamente a pie, no a caballo: cf. S. SABUGAL, *o.c.*, 191; ID., *art. cit.*, 216.

35. Siguiendo « la via del norte », unos 250 Kms; y ateniéndonos a la « via » romana: Helya Capitolina-Neapolis-Scytopolis-Gadara-Capitolias-NeveÂere-Damascus, la distancia era de 190 millas romanas, es decir (1 milla = 1478 metros), 276.820 ms.: cf. S. SABUGAL, *o.c.*, 192.

36, La expresión: ὑπὸ πάντων τῶν καταικούντων Ἰουδαίων (22, 12), característica lucana, traduce constantemente, relacionada (como en *Act.*, 22, 12) con los judíos, la

doso según la Ley » (22, 12a), refleja la conducta de un judeo-cristiano, afín al ideal de la comunidad esénica: !Vuelta, en el estudio y observancia, a la Ley mosaica! (cf. *1QS*, 1, 1-9; 6, 6-7; 9, 13-15; 5, 8; *CD* 15, 8-9.12; 16, 4-5).

c) El viaje de Pablo a Arabia (*Gál.*, 1, 17b) inmediatamente después de su vocación, revelación y misión divina (cf. *Gál.*, 1, 15-17a) recibida en Damasco (cf. *supra*), se comprende bien, si tuvo una finalidad misionaria: Cumplir la orden divina de « anunciar al Hijo » de Dios ἐν τοῖς ἔθνεσιν (*Gál.*, 1, 16b), entre los (más cercanos) gentiles de Arabia, es decir, del vecino reino de los nabateos, separado solamente por la Perea del « país de Damasco » o región de Qumrân [37]. Un viaje facilitado, por lo demás, tanto por la cercanía entre ambas regiones como por las amistosas relaciones, hasta el conflicto bélico del a. 36-37 d.C., entre Herodes (tetrarca de la Perea) y Aretas IV (cf. *supra*). Ignoramos el motivo del rápido retorno de Pablo desde Arabia (= reino nabateo) a « Damasco » (cf. *Gál.*, 1, 17b.c). Ciertamente permaneció tres años en esta última localidad (cf. *Gál.*, 1, 17c-18a). Anunciando, sin duda, — como *luego* en « las regiones de *Siria* y Cilicia » (1, 21) — « la fe, que antes intentaba devastar » (ἐπόρθει: 1, 23b). En ese periodo hay que situar, con toda probabilidad, el relato lucano sobre el kerygma de Pablo « en las sinagogas » de Damasco (cf. *Act.*, 9, 19b-22), sobre la filiación divina (v. 20) y dignidad mesiánica (v. 22) de Jesús. Un kerygma en perfecta sintonía, ciertamente, con la esperanza mesiánica de la comunidad qumránica, sobre la venida del Mesías [38], hijo (adoptivo) de Dios [39]. Y la admiración de « las iglesias *de Judea* » ante el kerygma del misonero Pablo: « Quien antes nos perseguía, anuncia ahora la fe, que antes intentaba devastar » (*Gál.*, 1, 23), coincide substancialmente (cf. *supra*) con la respectiva de « todos cuantos » *en Damasco* le oían: « ¿No es éste, el que devastaba en Jerusalén a quienes invocaban este Nombre...? » (*Act.*, 9, 21) [40].

d) La misión damascena de Pablo fue bruscamente interrumpida por un incidente, que puso en serio peligro su vida: « En Damasco, el etnarca del rey Aretas hacía vigilar la ciudad de los damascenos, para apresarme;

---

residencia *dentro de Judea* (cf. *Lc.*, 13, 4; *Act.*, 1, 19; 2, 5.14; 4, 16; 9, 35; 13, 27). *Dentro de Judea* se encuentra, pues, Damasco, residencia de Ananías (9, 10; 22, 11-12), localidad junto a la que el Señor se apareció a Saulo (9, 3a par.) y donde, tras hospedarse « en casa de Judas » (9, 8-11), fue bautizado por aquél (9, 17-18 par): cf. S. SABUGAL, *art. cit.*, 217.

37. Cf. S. SABUGAL, *o.c.*, 17-18.164-167.214; ID., *art. cit.*, 436-439.

38. Cf. 1QS 9, 11; CD 12, 23; 13, 21; 14, 19; 19, 10s; 20, 1; 1QSa 2, 11-12.14.20; 4QpIs a 2, 14-28; 4QPB 1, 3-4; 4QFlor 1, 11-12; 11QMelch 18: S. SABUGAL, *o.c.*, 217s (bibliogr.).

39. Cf. 4QFlor 1, 11 (1QSa 211s).

40. Cf. S. SABUGAL, *o.c.*, 153.218; ID., *art. cit.*, 223.442.

pero por una ventana fui descolgado, en una cesta, muro abajo; y escapé (así) de sus manos» (*2Cor.*, 11, 32-33). El informe paralelo de *Act.*, 9, 23-25, si se exceptúa el sujeto activo (= «los judíos») del asecho (v. 23), coincide substancialmente con el autotestimonio paulino [41]. Uno y otro relato tropiezan, sin embargo, con insuperables dificultades, si Damasco se identifica con la respectiva ciudad de Siria. Es difícil, en efecto, que un representante oficial (etnarca) del rey Aretas IV — cuyo dominio sobre la ilustre ciudad no se puede demostrar — vigilase «*la* ciudad» (*2Cor.*, 11, 32) o «*las* puertas» (*Act.*, 9, 24) de la misma. Tal asechanza, irralizable sin el empleo de fuerza militar, difícilmente pudo escapar al conocimiento del legado romano Vitelio. Y si se tiene en cuenta el incidente bélico entre ambos (cf. *supra*), una autorización romana, para tal empresa, es del todo problemática. Por otra parte, el asecho — no contra «la ciudad *de* Aretas» sino contra «la ciudad *de los* damascenos» — del etnarca nabateo, del que Pablo pudo escapar siendo descendido «por el muro» (*2Cor.*, 11, 32; *Act.*, 9, 25), está en franca contradición con los datos arqueológicos de la antigua ciudad siriana, cuyas murallas no fueron construídas en un periodo anterior al s. II-III d.C.: « In antiker Zeit besass Damaskus keine eigentliche Stadmauer » [42].

Muchas de estas dificultades — añadámoslo seguidamente — se despejan, si Damasco designa simbólicamente la región de Qumrân. El hallazgo, en esta región judaica, de dos monedas nabateas del s.I.d.C. así como de un contrato nabateo, con expresiones jurídicas afines al Talmud [43], delata la existencia de relaciones entre « el país de Damasco » y el vecino reino nabateo de Aretas IV [44]. Es, pues, comprensible la presencia de un etnarca de éste en esa región judaica, así como su activa participación — instigado, quizá, por « los judíos » (*Act.*, 9, 23) — contra el misionero Pablo (*2Cor.*, 11, 32). Por otra parte, si el mismo autotestimo-

---

41. Cf. S. SABUGAL, *o.c.*, 196-197.

42. H. VON KIESLING, *o.c.*, 41.

43. Sobre el hallazgo de las monedas nabateas nos informa R. DE VAUX, *Fouilles au Kirbet Qumrân*, en *RB*, 63 (1956), 533-577: 565. A cerca del contrato nabateo, cf. J. STARCKY, *Un contrat nabatéen sur papyrus*, en *RB*, 61 (1954), 161-181: El autor ofrece el texto y versión del contrato (163-165), sometiéndolo seguidamente a un detallado análisis (166-179).

44. Cf. J. STARCKY, *art. cit.*, 180-181: Tras haber detectado los contactos de la lengua nabatea del contrato con términos del arameo judaico (¡empleado también por Qumrân!), así como la cerrada afinidad de algunas expresiones jurídicas con respectivas del Talmud (180), el a. subraya el alcance del documento, para la comprensión de las relaciones judeo-nabateas: Ese documento muestra que « des Juifs vivaient mêlés aux Nabatéens des confins méridionaux de la Judée, avant la Première Révolte. Nous savions déjà à quel point certaines villes de la côte ou de collines de la Judée étaient hellénisées: nous constatons maintenant qu'au sud et à l'est, les contacts avec les Nabatéens n'étaient pas moins étroits, et ces découvertes viennent confirmer ce que Joséphe avait appris au sujet d'Hérode et de son entourage » (181).

nio paulino parece distinguir entre Damasco («en Damasco») y la localidad concreta («la ciudad de los damascenos») donde fue asediado el Apóstol (*2Cor.*, 11, 32), no es, en rigor, del todo imposible identificar ambos datos con «el país de Damasco» (= «en Damasco») y la más importante ciudad («*la* ciudad de los damascenos») habitada por sectarios de Qumrân, en cuyas sinagogas o congregaciones (cf. *supra*) predicó previamente Pablo (*Act.*, 9, 19b-22). Por lo demás, la mención del «muro» (*2Cor.*, 11, 32; *Act.*, 9, 25) y «las puertas» (*Act.*, 9, 24) de Damasco, son datos no extraños a las hallazgos arqueológicos de los dos más grandes centros urbanísticos — Khirbet y Ain Feshkah — de la región qumránica (cf. *supra*) o «país de Damasco».

Resumamos los precedentes análisis: El autotestimonio paulino y del triple relato lucano sobre el viaje del perseguidor Saulo a Damasco, su conversión y kerygma en esa localidad así como el asecho por él allí sufrido, tropiezan con grandes dificultades de ínhole histórica, arqueológica, geográfica y exegética, si aquella localidad — como tradicionalmente — se identifica con la respectiva ciudad de Siria. La mayor parte de ellas, sin embargo, se despejan, si por la misma se entiende «el país de Damasco» ó región judaica de Qumrân. No todos los pormenores topográficos, debemos subrayarlo, encuentran una satisfactoria explicación. No debe exigirlo el exégeta. Tampoco el arqueólogo. ¡Cuántos datos topográficos, relacionados con la vida de Jesús y de la Comunidad primitiva, están aún envueltos en la más densa penumbra! ¿Dónde localizar exactamente la gruta de Belén (*Lc.*, 2, 7), la casa de las bodas de Caná (*Jn.*, 2, 1-12) y de Juan Marcos (*Act.*, 12, 12)...? Es lícito, pues, interrogarse: ¿Dónde localizar la «via recta» y «la casa de Judas» (*Act.*, 9, 11) así como «la ciudad de los damascenos» (*2Cor.*, 11, 32) con su muro (*2Cor.*, 11, 32; *Act.*, 9, 25) y puertas (*Act.*, 9, 24)? Sobre aquéllos como sobre estos interrogantes, el exégeta y el arqueólogo tienen que resignarse, hoy por hoy, a pronunciar el veredicto excéptico: «Ignoramus et forsitan ignorabimus». Sin olvidar, que la arqueología puede un dia — como lo ha hecho en el caso de Qumrân — despertarnos con nuevas y gratas sorpresas. Nuestra hipótesis — ¡sólo quiere ser eso! — queda, pues, abierta a ulteriores estudios. Una cosa es cierta: En caso de verificarse objetiva, no sólo se abren nuevas y prometedoras pistas de solución al problema sobre et origen de las relaciones qumránico-neotestamentarias; también la exégesis paulina y lucana (*Act.*) recibiría nuevo impulso; y la historia del cristianismo primitivo estaría en grado de escribir uno de sus más prístinos e interesantes capítulos.

Instituto Patristico «Augustianum»   Santos SABUGAL OSA
via S.-Uffizio, 25, 00193, Roma

Conclusions
Lignes de force du Congrès

Le marathon qumrânien est terminé. Le programme que vous avez entre vos mains demande au président de conclure ce congrès, ce qui me met dans un grand embarras.

Il y a eu en effet deux sortes de communications ; les unes reprenaient des problèmes depuis longtemps débattus, les autres révélaient des textes nouveaux. Il serait évidemment assez facile de résumer les conclusions déjà données par les conférenciers eux-mêmes. Mais est-ce tellement nécessaire ? Je risquerais peut-être de déformer leur pensée. Je me contenterai plutôt de rappeler les grandes lignes de force de ce congrès. Tout le monde n'a pas eu la chance de pouvoir étudier des textes nouveaux. Aussi a-t-il fallu revenir à de grands thèmes qui avaient déjà été l'objet de nombreuses recherches — tels l'histoire du messianisme, le problème de l'existence d'un ou plusieurs Maîtres de Justice, le problème de l'origine des peshârim, le problème du Jugement de Dieu dans la pensée de Qumrân, les problèmes de calendrier, les désignations de Dieu à Qumrân, l'institutionalisation de la prière comme substitut des sacrifices, l'apport de Qumrân à la critique textuelle de l'Ancien Testament.

De grands sujets sur les problèmes de relations de milieu à milieu ont été également traités ici : les relations entre Qumrân et l'hellénisme, les relations entre Qumrân et le karaïsme, les relations entre Qumrân et les vestiges de la première génération judéo-chrétienne, les problèmes de relations entre Qumrân et les Antiquités Bibliques du Pseudo-Philon — un exemple entre autres de la littérature apocryphe —, le problème des relations des Sadducéens et des Sadocites.

De l'histoire assez complexe du messianisme à Qumrân le professeur A. Caquot nous a donné une magistrale et éblouissante reconstruction. Sa conférence a illustré fort opportunément les rapports entre politique et messianisme. À Qumrân, l'espérance messianique changeait de nature selon les réactions passagères à des événements contemporains. Reprenant à propos l'hypothèse d'un savant juif, il a montré qu'à Qumrân l'attente du Messie a été un moment donné liée à la croyance que le prophète Élie restituerait à la fin des temps l'huile cachée parfaitement sainte destinée à l'onction.

— Le problème de l'existence d'un ou de plusieurs Maîtres de Justice a été à nouveau finement débattu par J. Starcky, très attentif à la fois aux données archéologiques des fouilles de Khirbet Qumrân, aux questions de datation des manuscrits à partir de la paléographie et au contenu des textes à partir desquels on peut essayer de reconstruire une histoire de la secte. Pour lui, le « Maître de Justice » était un titre qui a pu s'appliquer à plusieurs individus.

— L'origine des peshârim, thème cher à Brownlee, a été de nouveau étudiée. Ce mode d'exégèse, à première vue étrange, plonge ses racines soit dans le courant apocalyptisant dans ses relectures des divers livres prophétiques, soit dans la réinterprétation typologique du passé déjà attestée dans les Chroniques et les Jubilés, soit dans l'exégèse targumique et midrashique, soit dans les méthodes d'interprétation mises en œuvre par les sopherim.

— Analysant à travers les textes les trois phases de la future intervention de Dieu selon la pensée de Qumrân, l'intervention punitive des Kittim, la destruction des Kittim et des transgresseurs de l'Alliance et la paix paradisiaque qui doit en être la conséquence, Carmignac, attentif aux temps des verbes, a exposé les raisons pour lesquelles il a renoncé à identifier le jugement final de Qumrân au Jugement Dernier de Mathieu, les sectaires de Qumrân plaçant sur la terre l'ère du bonheur des Justes et les chrétiens mettant leur espérance dans un au-delà.

— Mademoiselle A. Jaubert est revenue sur un problème qui lui est cher et qu'elle avait déjà admirablement débrouillé ; elle a cru retrouver dans plusieurs textes, notamment dans Daniel et dans la tradition rabbinique des survivances d'un calendrier sadocite. Le Rouleau du Temple a donné une confirmation éclatante aux vues de Mademoiselle Jaubert.

— Le professeur Stegemann a étudié les désignations diverses du Dieu de la tradition juive dans les textes araméens et hébreux de Qumrân. Il a cherché à situer ces désignations dans leur cadre historico-géographique. Il s'est posé même la question de savoir si le titre de « kurios » n'aurait pas influencé la désignation araméenne de « seigneur ». On a eu plaisir à entendre sur des textes qumrâniens précis les travaux des participants de son séminaire à Marbourg.

— Un thème jusqu'ici peu étudié, le « Prayer-Book » de Qumrân a fait l'objet d'une intéressante recherche du professeur Talmon. Il a essayé de reconstituer ce qui pouvait être le livre de prières de Qumrân, la prière se substituant comme institution, en raison de la rupture des sectaires avec le Temple, aux sacrifices du sanctuaire de Jérusalem.

— Le professeur Skehan, dans de longues et patientes recherches où il a témoigné d'une grande maîtrise, nous a parlé des matériaux bibliques non publiés de Qumrân, en particulier des textes du psautier de la grotte 4. Il conclut principalement que rien à Qumrân, même dans la grotte 11, ne tend à nous éclairer sur la période au cours de laquelle le Psautier biblique s'est constitué.

— Le problème des relations entre Qumrân et l'hellénisme a été traité de main de maître par M. Hengel. Il a bien distingué les influences directes de l'hellénisme des tendances générales propres à une époque. Le résultat de son enquête est nuancé. L'influence apparaît notamment dans les horoscopes, sans doute d'origine hellénistique et que les Stoïciens tenaient en grande estime.

— Monsieur Szyszman, évoquant les richesses si peu exploitées jusqu'ici des collections Firkowicz a souligné l'étonnante parenté entre la tradition karaïte et le milieu sadocite dans le domaine des lois de pureté et de la législation matrimoniale, ainsi que dans la technique des peshârim.

— C'est avec une profonde et sûre érudition que le professeur Schmitt a fait pour nous le point sur les rapports entre Qumrân et la première génération judéo-chrétienne, à travers un examen très minutieux de certaines formules du vocabulaire christologique et de la méthode exégétique des *Actes*. Pour lui, si Qumrân a pu exercer son influence sur le christianisme judéo-palestinien, il faut parler plus généralement de l'empreinte d'un judaïsme pluraliste. Faut-il comme le professeur Sabugal, aller jusqu'à supposer que Paul ait été converti à Qumrân, le « pays de Damas » ?

— L'exposé très clair du professeur Bogaert s'est attaché à l'étude d'un hymne des Antiquités Bibliques du Pseudo-Philon, pour y déceler éventuellement une origine essénienne. On y a retrouvé la sûreté de jugement dont il avait fait montre dans son beau livre sur l'Apocalypse syriaque de Baruch. Sa conclusion rejette nettement la prétendue origine essénienne de cet hymne.

— Bammel a cherché quant à lui, à rattacher les Sadducéens aux Sadocites de Qumrân (¹).

L'archéologie n'a pas été complètement oubliée dans un congrès où dominent exégètes et philologues. Le professeur Laperrousaz a choisi de nous donner un avant-goût de son dernier livre qui vient tout juste de sortir des presses en montrant les résultats de l'application de la méthode du carbone 14 à divers objets provenant de Qumrân pour en permettre une datation de plus en plus précise.

La théologie biblique enfin n'a pas été totalement absente de ce congrès avec la belle communication du Dr Fabry sur la racine « šub » à Qumrân, thème auquel il a consacré une importante thèse de doctorat à l'Université de Bonn.

L'apport des éditeurs de textes, impatiemment attendu, ouvre des perspectives nouvelles — et de ce fait ne permet guère de conclusions.

---

(1) N'ayant pas reçu en temps requis le texte de la communication, les éditeurs regrettent de n'avoir pu l'accueillir dans le présent recueil.

Ce que le professeur Yadin nous a révélé du contenu très riche du Rouleau du Temple nous rend d'autant plus curieux de la parution prochaine de l'édition de ce manuscrit. Presque à toutes les lignes de ses 66 colonnes, il soulève de multiples problèmes et notamment dans le domaine de la Halakah essénienne comparée à la Halakah pharisienne. Ce congrès n'aurait-il comporté que la présentation par Yadin de cet extraordinaire document qu'il aurait trouvé par cela seul sa pleine justification. Nous devons remercier tout spécialement le professeur Yadin d'avoir traversé les mers pour nous donner la primeur de ses découvertes dans un exposé, hélas trop court, qui en a brillamment et vigoureusement dégagé les grandes lignes.

— De même les révélations de M. Baillet sur le contenu de l'ouvrage qu'il va mettre à l'impression ne justifient pas l'excessive modestie avec laquelle il les a présentées. Ce qu'il nous a dit sur une prière d'exorcisme et sur le rituel du mariage à Qumrân permet d'entrevoir toutes sortes de développements nouveaux — par exemple sur le thème « célibat et mariage à Qumrân » ou sur le développement de la démonologie aux alentours de l'ère chrétienne.

— Les spécialistes de la littérature apocryphe de l'Ancien Testament garderont à Milik une profonde reconnaissance pour la qualité et l'importance de sa recherche, notamment dans le domaine de la littérature hénochienne. Par la publication des fragments qumrâniens en araméen de la grotte 4, c'est une véritable œuvre de pionnier, ô combien difficile, qu'il a accomplie. On peut désormais tenter de reconstruire l'histoire ancienne des livres d'Hénoch dont nous ne possédions jusqu'ici qu'une version grecque fragmentaire ou une traduction éthiopienne tardive.

— Les anciens qumranologues attendaient depuis longtemps des « nova » et voici que le professeur van der Ploeg vient de nous livrer un fragment halachique inédit où Yadin reconnaît le *Rouleau du Temple*, ce qui est un véritable coup de théâtre.

Le professeur van der Ploeg et le professeur van der Woude ont eu l'honneur des deux dernières communications, eux qui avaient été associés dans le travail d'édition du targum de Job. Le Dr Jongeling de Groningue n'a pu venir au Congrès mais il nous a envoyé une communication sur la détermination et l'indétermination dans le Targum de Job (11*Qtg Job*) que nous publierons dans les Actes de ces Journées Bibliques.

Non, Qumrân n'a pas encore dit son dernier mot. Nous avons dépassé l'époque des révélations sensationnelles qui semblaient devoir bouleverser les fondements mêmes de la tradition chrétienne; mais une nouvelle ère d'études qumrâniennes, espérons-le moins passionnées et d'autant plus fructueuses, va sans doute commencer. Merci à vous tous d'en avoir assuré ici le départ, merci aussi au professeur Coppens d'en avoir eu l'idée.

M. DELCOR

Indices

I. Index des Matières

II. Index onomastique

1. *Miscellanea dogmatica in honorem Eximii Domini J. Bittremieux*. Louvain, 1947. In-8°, 235 p. FB 220.

2-3. *Miscellanea moralia in honorem Eximii Domini Arthur Janssen*. Louvain, 1948. 2 vol. in-8°, 672 p. (épuisé).

4. Gérard PHILIPS. *La grâce des justes de l'Ancien Testament*. Louvain, 1948. In-8°, 78 p. (épuisé).

5. Gérard PHILIPS. *De ratione instituendi tractatum de gratia nostrae sanctificationis*. Louvain, 1953. In-8°, 20 p. (épuisé).

6.7. *Recueil Lucien Cerfaux*. Gembloux, Duculot, 1954. 2 vol. in-8°, 504 et 577 p. FB 500 par tome. Cfr *infra*, n° 18.

8. Gustave THILS. *Histoire doctrinale du mouvement œcuménique*. Nouvelle édition. Louvain, Imprimerie Orientaliste, 1963. 338 p. FB 135.

9. Joseph COPPENS, Lucien CERFAUX, Gustave THILS, Albert VAN ROEY, Roger AUBERT, Gérard PHILIPS. *Études sur l'Immaculée Conception. Sources et sens de la doctrine*. Gembloux, Duculot, 1955. In-8°, 110 p. FB 150.

10. James A. DONOHOE. *Tridentine Seminary Legislation. Its Sources and its Formation*. Louvain, Publications Universitaires, 1957. In-8°, 194 p. (épuisé).

11. Gustave THILS. *Orientations de la théologie*. Louvain, Ceuterick, 1958. In-8°, 188 p. (épuisé).

12-13. *Sacra Pagina. Miscellanea Biblica Congressus Internationalis Catholici de Re Biblica*. Ediderunt Joseph COPPENS, Albert DESCAMPS, Édouard MASSAUX. Gembloux, Duculot, 1959. 2 vol. in-8°, 579 et 486 p. (épuisé).

14. Son Éminence le Cardinal VAN ROEY, Son Excellence Mgr FORNI, Son Excellence Mgr VAN WAEYENBERGH, J. COPPENS, L. HALKIN, R. POST, M.-L. STOCKMAN. *Le Pape Adrien VI, sa personne et son œuvre. Mémorial du cinquième centenaire de sa naissance*. Gembloux, Duculot, 1959. In-8°, 150 p. (épuisé).

15. F. CLAEYS BOUUAERT. *Les déclarations et serments imposés par la loi civile aux membres du clergé belge sous le Directoire (1795-1801)*. Gembloux, Duculot, 1960. In-8°, 74 p. (épuisé).

16. Gustave THILS. *La « Théologie Œcuménique ». Notion-Formes-Démarches*. Louvain, Imprimerie Orientaliste, 1960. In-8°, 84 p. FB 42.

17. Gustave THILS. *Primauté pontificale et prérogatives épiscopales. « Potestas ordinaria » au Concile du Vatican*. Louvain, Imprimerie Orientaliste, 1961. In-8°, 104 p. FB 50.

18. *Recueil Lucien Cerfaux*, t. III. Gembloux, Duculot, 1961. In-8, 458 p. (épuisé).

19. *Foi et réflexion philosophique. Mélanges Franz Grégoire*. Gembloux, Duculot, 1961. In-8°, 213 p. (épuisé).

20. *Mélanges Gonzague Ryckmans*. Gembloux, Duculot, 1963. In-8°, 168 p. (épuisé).

21. Gustave THILS. *L'infaillibilité du peuple chrétien « in credendo »*. Louvain, Imprimerie Orientaliste ; Bruges-Paris, Desclée De Brouwer, 1963. In-8º, 66 p. FB 50.

22. J. FÉRIN et L. JANSSENS. *Progestogènes et morale conjugale*. Gembloux, Duculot, 1963 (épuisé).

23. *Collectanea Moralia in honorem Eximii Domini Arthur Janssen*. Gembloux, Duculot, 1964. FB 200.

24. *L'Ancien Testament et son milieu d'après les études récentes. De Mari à Qumrân*. (Hommage J. Coppens, I.), par H. Cazelles, J. Angénieux, A. Charue, M. Dahood, R. Le Déaut, A. Descamps, G. Dossin, A. M. Dubarle, E. Jacob, J. Lust, A. Petitjean, J. Scharbert, A. Schoors, G. Thils, D. Winton Thomas, J. van der Ploeg, L. Van Peteghem, Gembloux, Duculot, 1969. In-8, 370 p. FB 800.

25. I. DE LA POTTERIE (éd.), *De Jésus aux évangiles. Tradition et rédaction dans les évangiles synoptiques*, par P. Bonnard, J. Delorme, A.-M. Denis, M. Didier, A. George, J. Lambrecht, X. Léon-Dufour, S. McLoughlin, F. Neirynck, E. Rasco, M. Sabbe, B. M. F. van Iersel. Gembloux, Duculot, 1967. In-8, 272 p. FB 500.

26. *Exégèse et théologie*. Éd. G. THILS et R. E. BROWN. (Hommage J. Coppens, III.), par P. Asveld, R.E. Brown, J. Cahill, P. Grelot, L. Malevez, M.-L. Ramlot, U. Scheire, S. Trooster, G. Van Riet A. Vögtle, Gembloux, Duculot, 1968. In-8, 328 p. FB 550.

27. *Ecclesia Spiritu Sancto edocta*. Mélanges Gérard Philips. Gembloux, Duculot, 1970. In-8º, 640 p. FB 580.

28. *Célibat et Sacerdoce. Études historiques et théologiques*. Gembloux, Duculot, 1971. In-8º, 740 p. FB 600.

29. M. DIDIER (éd.), *L'évangile selon Matthieu. Rédaction et théologie*, par É. Cothenet, A. Descamps, M. Devisch, J. Dupont, K. Gatzweiler, L. Hartman, J. Kahmann, J. Lambrecht, S. Légasse, C. M. Martini, F. Neirynck, D. Senior, J. Smit Sibinga, G. Strecker, F. Van Segbroeck, A. Vögtle. Gembloux, Duculot, 1971. In-8, 432 p. FB 750.

30. J. KEMPENEERS. *Le Cardinal van Roey en son temps*. Gembloux, Duculot, 1971. In-8º, 312 p. (épuisé).

31. F. NEIRYNCK, *Duality in Mark. Contributions to the Study of the Markan Redaction*. Leuven University Press, 1972. In-8, 214 p. Out of print. New edition in preparation.

32. F. NEIRYNCK (éd.), *L'évangile de Luc. Problèmes littéraires et théologiques. Mémorial Lucien Cerfaux*, par L. Cerfaux, J. Coppens, B. Dehandschutter, J. Delobel, A. Denaux, A. Descamps, J. Duplacy, J. Dupont, E. E. Ellis, W. G. Kümmel, F. Neirynck, R. Pesch, É. Samain, W. C. van Unnik. Gembloux, Duculot, 1973. In-8, 386 p. (épuisé).

33. C. BREKELMANS (éd.), *Questions disputées d'Ancien Testament. Méthode et Théologie*, par J. Barr, P. A. H. de Boer, P. Buis, M. Dahood, L. Dequeker, E. Kutsch, J. Lévêque, D. J. McCarthy, R. Martin-Achard, H. D. Preuss, J. F. A. Sawyer. Leuven University Press & Gembloux, Duculot, 1974. In-8, 202 p. (épuisé).

34. M. SABBE (éd.), *L'évangile selon Marc. Tradition et rédaction*, par K. Aland, H. W. Bartsch, E. Best, M.-E. Boismard, J. Coppens, B. Dehandschutter, A. Descamps, M. Devisch, D. L. Dungan, W. Hendriks, J. Konings, J. Lambrecht, P. Mourlon Beernaert, F. Neirynck, N. Perrin, R. Pesch,

J. Radermakers, J. M. Robinson, T. Snoy, J. M. Van Cangh. Leuven University Press & Gembloux, Duculot, 1974. In-8, 596 p. (épuisé).

35. *Miscellanea Albert Dondeyne. Godsdienstfilosofie. Philosophie de la religion.* Gembloux, Duculot ; Louvain, Leuven University Press, 1974. In-8º, 456 p. FB 500.

36. G. PHILIPS. *L'Union personnelle avec le Dieu vivant.* Gembloux, Duculot, 1974. In-8, 302 p. (épuisé).

37. F. NEIRYNCK in collaboration with T. HANSEN and F. VAN SEGBROECK, *The Minor Agreements of Matthew and Luke against Mark with a Cumulative List.* Leuven University Press, 1974. In-8, 330 p. FB 800. Distr. : Duculot, Gembloux.

38. J. COPPENS. *Le Messianisme et sa Relève prophétique. Les anticipations vétérotestamentaires. Leur accomplissement en Jésus.* Louvain, Leuven University Press ; Gembloux, Duculot, 1974. In-8º, 270 p. (épuisé).

39. D. SENIOR, *The Passion Narrative according to Matthew. A Redactional Study.* Leuven University Press, 1975. In-8, 433 p. (épuisé). Distr. : Duculot, Gembloux.

40. J. DUPONT (éd.), *Jésus aux origines de la christologie,* par P. Benoit, M. de Jonge, I. de la Potterie, A.L. Descamps, J. Dupont, E.E. Ellis, J. A. Fitzmyer, A. George, E. Käsemann, X. Léon-Dufour, E. Linnemann, D. Lührmann, J. B. Muddiman, F. Neirynck, M. Rese. Leuven University Press & Gembloux, Duculot, 1975. In-8, 376 p. (épuisé).

41. J. COPPENS (éd.), *La notion biblique de Dieu. Du Dieu révélé au Dieu des Philosophes. Volume jubilaire des Journées Bibliques* par Card. B. Alfrink, A. P. Ackroyd, J. Coppens, A. Baruch, P. Bonnard, H. Cazelles, K. P. Donfried, A. Gesché, J. Giblet, M. Gilbert, A. Houssiau, J. Jóhnsson, L. Légasse, L. Legrand, N. Lohfink, J. Lust, B. Rigaux, E. Schweizer, H. Servotte, J. Van der Veken, W. C. van Unnik, A. Vögtle, W. Zimmerli. Louvain, Leuven University Press ; Gembloux, Duculot, 1976. In-8º, 504 p. FB 1.100.

42. H. DEMEESTER - J. LINDEMANS, *Liber Amicorum Monseigneur Onclin,* par R. Baccari, P. Ciprotti, P. A. D'Avack, F. X. De Ayala, A. Del Portillo, W. Delva, A. Dordet, P. Fedele, G. Franssen, J. Gaudemet, J. H. Herbots, J. Herranz, J. Hervada, S. Kuttner, G. Leclerc, P. Lombardia R. Metz, C. Moeller, K. Mörsdorf, M. Petroncelli, J. S. Quinn, J. Ronse, L. Spinelli, W. Van Gerven, W. Van Hecke. Distr. : Gembloux, Duculot, 1976. In-8º, 396 p. FB 900.

43. R. E. HOECKMAN (éd.), *Pluralisme et Œcuménisme en Recherches théologiques. Mélanges offerts au R.P. Dockx, O.P.,* par Y. Congar, G. Dejaifve, H. de Lubac, P. de Vooght, J. Guitton, J. Hajjar, R. E. Hoeckman, T. I. Jiménez-Urresti, J. Lécuyer, P. Meinhold, É. Melia, Methodios, †M. Nédoncelle, K. Rahner, J. Ratzinger, E. Schlink, Ed. Schweizer, T. F. Torrance, J. J. von Allmen, J. H. Walgrave, N. Zernov, Gembloux, Duculot, 1976. In-8º, 316 p. F.B. 900.

44. M. DE JONGE (éd.). *L'Évangile de Jean,* par M.-E. Boismard, P. Bonnard, P. Borgen, R. Brown, J. Coppens, M. de Jonge, I. de la Potterie, J. Delobel, K. P. Donfried, J. Giblet, K. Hanhart, C. J. A. Hickling, Y. Janssens, B. Lindars, J. L. Martin, F. Neirynck, J. Painter, T. L. Pollard, E. Ruckstuhl, M. Sabbe, R. Schnackenburg, S. M. Schneiders, B.

Schwank, J. Seynaeve, H. Thyen, Gembloux, Duculot; Leuven, University Press, 1977. In-8°, 416 p. FB 950.

45. E. J. M. van Eyl (éd.). *Facultas S. Theologiae Lovaniensis 1432-1797. Bijdragen tot haar geschiedenis. Contributions to its History. Contributions à son histoire*, par A. J. Black, H. J. Brandt, L. Burie, L. Ceyssens, E. J. M. van Eyl, J. IJsewijn, W. Lourdaux, E. De Maesschalck, J. Orcibal, J. Roegiers, M. Rotsaert, G. Tournoy, A. Vanneste, L. Vinken. Leuven, University Press, 1977. In-8°, 570 p. F.B. 1500. — avec une bibliographie: pp. 495-551, comprenant 1026 titres sur le passé de la faculté.

46. M. Delcor (éd.). *Qumrân. Sa piété, sa théologie et son milieu* par M. Delcor, H. Stegemann, E. M. Laperrousaz, E. Szysman, M. Baillet, J. T. Milik, J. van der Ploeg, Y. Yadin, A. S. van der Woude, B. Jongeling, H. Pabst, H. Lichtenberger, P. W. Skehan, H. W. Brownlee, J. Carmiqnac, A. Caquot, J. Starcky, N. Ilg, Sh. Talmon, H. F. Fabry, J. Coppens, A. Jaubert, P. M. Bogaert, M. Hengel, J. Schmitt, S. Sabugal. Gembloux, Duculot; Leuven, Leuven University Press, 1978. In-8°, 432 p. F.b. 1550. [En souscription jusqu'au 31 juillet 1978 1250 F.b. aux Éditions Duculot, rue de la Posterie B-5800 Gembloux].

47. M. Caudron (éd.). *Foi et Société* par R. Aubert, A. Gesché, F. Dumont, F. Houtart, E. Schillebeeckx, J. Kerkhofs, K. Börresen, E. Boné, A. Vergote, A. Pitrou, M.-Th. Van Lunen-Chenu, J. Van Nieuwenhove, F. De Graeve, J. Ponthot, P. Asveld, H. Borrat, K. Dobbelaere, J. Billiet, J. Remy, H. Legrand, J. F. Lescrauwaet. Gembloux, Duculot; Leuven, Leuven University Press, 1978. In-8°, 304 p. F.b. 1150. [En souscription jusqu'au 31 juillet 1978 950 F.b. aux Éditions Duculot, rue de la Posterie, B-5800 Gembloux.]